ZOUXIANG ZIYOU
JIAOYU ZHIDU YU REN DE QUANMIAN FAZHAN

国家社会科学基金（教育类）"社会转型时期的教育制度研究"课题成果

四川师范大学学术著作出版基金资助出版

李江源 敬仕勇 沈成明　著

走向自由

教育制度与人的全面发展

四川出版集团

四川教育出版社

·成 都·

图书在版编目（CIP）数据

走向自由：教育制度与人的全面发展 / 李江源，敬仕勇，沈成明著.
成都：四川教育出版社，2011.12
ISBN 978-7-5408-5878-0

Ⅰ.①走…　Ⅱ.①李…　②敬…　③沈…　Ⅲ.①教育制度–研究
Ⅳ.①G512

中国版本图书馆 CIP 数据核字（2011）第 258012 号

责任编辑　穆　戈　赵　文
封面设计　何一兵
版式设计　王　凌
责任校对　严道丽
责任印制　黄　萍
出版发行　四川出版集团　四川教育出版社
　　　　地　　址　成都市槐树街 2 号
　　　　邮政编码　610031
　　　　网　　址　www.chuanjiaoshe.com
印　　刷　成都东江印务有限公司
制　　作　四川胜翔数码印务设计有限公司
版　　次　2011 年 12 月第 1 版
印　　次　2011 年 12 月第 1 次印刷
成品规格　184mm×260mm
印　　张　54.5　插页 5
定　　价　138.00 元

如发现印装质量问题，请与本社调换。电话：（028）86259359
营销电话：（028）86259477　邮购电话：（028）86259694
编辑部电话：（028）86259381

目录
C O N T E N T S

第三章 教育制度的本质

第四章 教育制度的观念前提和实践基础

第五章　教育制度与人的发展

□ 序 言
追寻"人"的制度教育学

劳凯声

　　这是一个制度万能的时代，也是一个制度无用的时代；这是一个信仰的时代，也是一个怀疑的时代；这是一个彰显个性的时代，也是一个戕害个性的时代；这是一个自利、竞争、效率等经济理性高扬的时代，也是一个保护、培育公共理性的时代。这是一个市场理性与传统伦理道德冲撞的年代，也是一个个人权利与集体精神磨合的年代；这是一个现代公共意识与熟人社会博弈的年代，也是一个公民参与与"为民做主"残余思想抵牾的年代；这是一个开拓创新与迷茫困惑互相交织的年代，也是一个诚实守信与世风日下相伴相生的年代；这是一个充满理性、包容、合作、共赢心态的年代，也是一个夹杂浮躁、喧嚣、暴戾、冷漠情绪的年代。很不幸，我们就生活在这样一个"天使"与"魔鬼"共存的世界，我们必须面对这样一个"一半是海水"与"一半是火焰"同在的时代。是的，当制度以它磅礴的气势、铁一般的逻辑侵入到人类生活的各个领域，当人们的内心欲念与经济社会的分工不断相互加强，将个人卷入一个不能自主的历史漩涡的时候，我们感到了陷入人人皆输的"囚徒困境"的焦虑，我们感到了人与人作战的"霍布斯丛林"的恐惧，我们感到了制度"麦当劳化"的冰冷，我们感到了"制度神话"使人成为巴甫洛夫实验室中那条狗的悲伤，我们感到了置身于制度所构建的"铁笼"的阵阵寒意，我们感到了栖居在制度筑就的"目中无人"的世界而无法挥洒"花样年华"的凄凉，我们感到了因被制度"所悬为厉禁的乃是独异性"（密尔语）而对人的个性发展的伤害，我们感到了因制度的"脱魅化"、形式化、理性化而使其失去了"通往真实幸福之路"（韦伯语）的威胁，我们感到了因人心秩序与社会秩序的正当性根基被抽掉而无法"确定此岸世界的真理"（韦伯语）的无奈。我们难以驾驭制度

— 1 —

理性对标准化、规格化、模式化、齐一化的追求，我们难以抵御制度逻辑对人文情怀、道德滋养、心性体贴、民间乡愁的侵蚀，正如我们不能抗拒它对我们的诱惑。我们如何驾驭这个既陌生又亲切、既吸引人又拒斥人、既热情似火又冷若冰霜的世界？我们如何思考"有制度"固然不一定走遍天下，但"无制度"注定寸步难行的生活世界。当我们暂时离开喧嚣的外部世界，走入内心；或者在静谧的月夜，仰望苍穹，做哪怕是片刻的沉思，发问自己：你觉得这样的生活幸福吗？你的内心感到充盈吗？你已经在心灵深处摆脱焦虑了吗？……对此我们该如何回答？这样的问题还有很多，而全部问题本质只有一个，制度真能给人带来幸福生活吗？制度真能促进人的发展吗？什么样的制度能促进人的发展？我们认为，只有立足于马克思主义关于人的全面而自由的发展理论以及制度理论，坚持马克思主义的基本价值向度，坚持从当代的教育制度实践以及人类的教育制度建设进程中吸取营养，才能有效地解决教育制度与人的全面而自由发展的张力问题，也才能寻求到化解张力的现实路径。应该说，《走向自由——教育制度与人的全面发展》一书从选题和内容组织上都体现了上述背景。

一

马克思主义关于人的全面而自由的发展理论、制度（教育制度）理论，从其产生起就是一种对当代资本主义教育制度文明的批判和反思的理论体系。这一理论体系不仅触动了资本主义教育制度文明的基础，对它的教育制度和所谓的人的发展理论进行了深入的分析和批判，而且勾画了一个超越既有的所谓"教育自由"、"教育民主"、"教育平等"与"教育公平"的教育制度安排，以追求"人类解放"、"人的全面而自由的发展"为目标的崭新的教育制度文明形态；以追求让人们的教育权利都得到保证、让人们的奋斗都获得价值为目标的教育制度伦理关怀。马克思对资本主义教育制度文明的批判不是什么后现代主义的，而是要解答资本主义教育现代化进程中所出现的致命性问题，要致力于探讨一种不同于资产阶级的"理性王国"的以人的全面而自由的发展为目标的"自由王国"；要致力于建构一种不同于资产阶级的以模特般冷峻面孔、以警察式怀疑目光打量一切、睥睨一切为特征的"冷酷的理性规则"而以"人本化"为目标的教育制度。马克思在理论上所探索的"人的全面而自由的发展"正是中国共产党人在教育现代化实践与教育制度建设实践上所孜孜以求的目标。由此把马克思主义关于人的全面而自由的发展理论、制度理论与我国教育现代化实践、教育制度建设实践结合起来就成为中国共产党人的必然选择。

马克思主义关于人的全面而自由的发展理论与我国走向现代教育制度文明的历史运动相结合，不仅使我国的教育制度建设不断地迈上一个又一个新的历史台阶，而且使马克思主义关于人的全面而自由的发展理论、制度理论得到一次又一次的丰富和发展。新中国成立以来，在以毛泽东、邓小平、江泽民为核心的党的三代中央领导集体和以胡锦涛为总书记的党中央领导下，中国共产党紧紧依靠人民，不断总结我国社会主义教育建设经验，同时借鉴国际教育发展经验，经过不断探索，开辟了中国特色社会主义教育发展道路，形成了中国特色社会主义教育理论体系，确立了中国特色社会主义教育制度。中国特色社会主义教育发展道路，是实现我国教育现代化的必由之路，是保障亿万人民群众受教育权利的必由之路，是创造人民美好生活的必由之路。中国特色社会主义教育理论体系，是指导党和人民沿着中国特色社会主义教育发展道路，实现人的全面而自由的发展的正确理论。中国特色社会主义教育制度，是我国教育发展进步的根本制度保障，集中体现了中国特色社会主义教育的特点和优势。我们推进社会主义教育制度的自我完善和发展，形成了一整套相互衔接、相互联系的符合国情、顺应教育发展潮流、有利于解放和发展教育生产力、有利于维护和促进教育公平正义的社会主义教育制度体系。虽然在不同的历史时期，中国共产党人所面临的教育任务不同，但是中国共产党人带领中国人民所为之奋斗的教育目标是一致的，这就是坚持教育为社会主义现代化建设服务，为人民服务，与生产劳动和社会实践相结合，培养德智体美全面发展的社会主义建设者和接班人；这就是坚持以人为本，以实现人的全面而自由的发展为目标，从人民群众的根本教育利益出发谋划教育发展、促进教育发展，不断满足人民群众日益增长的教育需求，切实保障人民群众的教育权益，让教育发展的成果惠及全体人民。这无疑是一种新的教育制度文明形式。今天，建设有中国特色的社会主义的各项事业，我们进行的一切工作，既要着眼于人民现实的物质文化生活需要，同时又要着眼于促进人民素质的提高，也就是要努力促进人的全面而自由的发展。既要努力提高全民族的思想道德素质和科学文化素质，实现人们思想和精神生活的全面发展，又要大力发展教育科学事业，繁荣社会主义文化，使人人都有受教育的机会和享受文化成果的充分权利，使人们的精神世界更加充实、文化生活更加丰富多彩。这是马克思主义关于建设社会主义社会的本质要求。显然，我们建设中国特色社会主义教育制度体系，就是要建设这样的新的教育制度文明形式，就是要努力使马克思主义关于人的全面而自由的发展理论在中国得到实现。

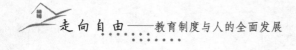

　　马克思主义从产生一开始就探讨一种不同于资本主义教育制度文明的现代教育制度文明形式——一种超越既有的形式主义的教育自由、教育民主、教育平等，实现人类解放、人的全面而自由的发展的"自由王国"。中国共产党人所领导的我国教育制度建设和教育制度实践也是要实行一种不同于资本主义的崭新的现代教育制度文明——建设中国特色社会主义教育制度体系。以马克思主义指导我国的社会主义教育现代化运动、教育制度实践，既是马克思主义关于人的全面而自由的发展理论自身发展的要求，也是我国教育现代化运动、教育制度实践的必然要求。正因为如此，马克思主义关于人的全面而自由的发展理论在我国的发展离不开对世界教育现代化历程的反思，离不开对我国教育现代化运动的深刻思考，离不开对世界各国教育制度实践、我国教育制度实践的深入分析。离开了对现代教育制度文明的深入思考，离开了对我国教育现代化实践活动的深入分析，马克思主义关于人的全面而自由的发展理论就会成为脱离教育实践基础的空中楼阁，成为无根基的形而上学的玄思。同时，马克思主义关于人的全面而自由的发展理论的丰富与发展，也离不开教育现代化实践、教育制度实践。虽然马克思主义关于人的全面而自由的发展理论、制度理论是颠扑不破的科学真理，但是，马克思主义关于人的全面而自由的发展理论、制度理论并不是空洞、僵硬、刻板的教条，必须随着教育实践、教育制度实践的发展而不断丰富、发展与完善。马克思主义关于人的全面而自由的发展理论、制度理论的源泉是教育实践，发展依据是教育实践，检验标准也是教育实践。任何固守本本、漠视教育实践、超越或落后于现实教育生活的做法都不会获得成功。即，我们应以科学的态度对待马克思主义关于人的全面而自由的发展理论、制度理论，并用发展着的马克思主义指导教育现代化实践、教育制度实践。

　　在新的历史条件下，坚持马克思主义关于人的全面而自由的发展理论、制度理论，关键是要解放思想、实事求是、与时俱进，准确把握世界教育发展趋势、准确把握社会主义初级阶段基本国情、深入研究我国教育发展的阶段性特征、系统总结我国教育发展的新鲜经验、高举教育公平正义大旗，并作出新的理论概括，永葆马克思主义关于人的全面而自由的发展理论、制度理论的旺盛生命力。教育理论、教育制度理论上的与时俱进是行动上锐意进取的前提。教育实践发展永无止境，教育理论、教育制度理论创新永无止境。教育实践、教育制度实践是不断前进的，指导教育实践、教育制度实践的理论也要不断前进。中国特色社会主义教育发展道路是在党和人民的创造性教育实践、教育制度实践中不断拓展的，中国特色社会主义教育制度是在深化改革、扩大教育开放中不断完善的。这一过程必将为教育理论、教育制度创新开辟广阔前景。当今世界和我们所处的时代，同过去相比发生了很多深刻变化。无论是从国际教育发展趋势还是从我国教育发展实际看，我们都面临着许多新情况、新问题。在社会主义教育现代化深入推进的过程中，及时回答教育实践、教育制度实践提出的新课题，并为教育实践、教育制度实践提供科学指导，既是时代赋予我们的使命，也是丰富中国特色社会主义教育理论体系的必要。在深化教育改革过程中，只有不失时机地推进教育领域关键环节的改革，破除一切妨碍教育发展的思想观念和体制机制弊端，正确把握教育改革、教育发展与教育秩序的关系，不断提高教育改革决策的科学性、教育改革措施的协调性，坚定推进各项比较成熟的教育改革举措，妥善处理教育改革引起的教育利益关系调整，合理补偿相关方面的教育利益损失，才能不断完善中国特色社会主义教育制度。

创新是一个民族进步的灵魂，是一个国家兴旺发达的不竭动力，也是教育制度建设的动力。世界在变化，我国的教育现代化建设在推进，人民群众的伟大教育制度实践在发展，迫切要求我们以马克思主义的理论勇气，总结教育制度实践的新经验，借鉴当代人类教育制度文明的有益成果，在教育制度理论上不断扩展新视野，作出新概括。只有这样，我们的教育制度理论才能引导和鼓舞人民群众把中国特色社会主义教育事业不断推向前进。教育制度实践基础上的教育制度理论创新是教育发展和变革的先导。通过教育制度理论创新推动教育制度实践以及其他各方面的创新，不断在教育制度实践中探索前进，永不自满，永不懈怠。反之，如果我国的教育现代化建设、教育制度建设离开了马克思主义关于人的全面而自由的发展理论的指导，那么就有可能使我国的教育现代化运动、教育制度建设实践偏离从物的奴役和人对人的奴役中摆脱出来的"人类解放"这一现代性的主题，从而滑入一种"野蛮"的现代性。因此，我国教育现代化的发展以及教育制度的建设都离不开马克思主义，而在我国要实现马克思主义关于人的全面而自由的发展理论的创新，实现"以人为本"的教育制度创新，也离不开我国轰轰烈烈的教育现代化运动、教育制度建设实践。只有把马克思主义关于人的全面而自由的发展理论的研究和不断深化的我国教育现代化运动、教育制度建设结合起来，我国素质教育的实施以及教育制度建设才能真正地结出硕果。同样，只有以马克思主义关于人的全面而自由的发展理论为指导，我国的教育制度建设才能避免资本主义教育制度建设所走过的曲折老路，避免资本主义教育制度的内在缺陷。

马克思主义关于人的全面而自由的发展理论、制度理论是一种批判的理论。马克思是在批判资本主义社会人和物的主客体关系颠倒，即物对人的奴役、人和人的主体间关系的物化的过程中，是在揭露资本主义社会对"现实的个人"发展的压制的基础上，阐明自己的本体论、辩证法、人的全面而自由的发展理论、制度理论的，西方马克思主义的某些学者甚至直接把马克思主义贴上"批判理论"的标签。但是，马克思主义理论不仅仅是一种批判的理论。马克思一再强调，他的理论工作就是要在"批判旧世界"中发现和建设"新世界"。换句话说，马克思主义理论既是批判的理论，又是建设的理论。马克思是在批判资本主义制度文明形式的基础上，以追求理想的激情和探索现实的精神，致力于从理论上探讨"自由王国"的可能性和从实践上建设"自由王国"的现实途径的。波普尔说："如果不承认马克思的真诚，我们就不能公正地对待他。马克思的开放的心灵、敏锐的现实感、不信空言、尤其是不信道德方面的空言，使他成了世界上反对伪善和法利赛主义的最有影响的战士之一。他有着帮助被压迫者的强烈欲望；他充分意识到，需要在行动上而不只是在言词中证实自身。尽管马克思的主要才能是在理论方面，但是为铸造他认为是科学的战斗武器，以改进大多数人的命运，他付出了巨大辛劳。"（波普尔著，郑一明等译：《开放社会及其敌人》（第二卷），中国社会科学出版社，1999 年版）如果落实到我们今天的教育现代化建设来说，那么我们认为，马克思主义教育理论的研究既要有批判，也要有建设。从批判的角度来看，马克思主义关于人的全面而自由的发展理论、制度理论就是要不断地反思迄今为止的现代教育制度文明发展的历史过程中所出现的问题、矛盾、挫折和教训；批判一切反文化、反人类、反人的全面而自由的发展的丑恶现象；深入思考现代教育制度文明发展过程中所出现的各种自我矛盾，特别是受资本主义教育现代化影响而出现的种种异化现象，分析这些问题、矛盾产生的根源和解决的路径。从建设的角度来说，马克思主义关于人的全面而自由的发展理论、制度理论就是要积极地思考建设新形式的现代教育制度文明的可能性和途径，探讨教育制度建设的道路、途径和方法，努力避免教育制度建设过程中出现形式上的自由平等、公平正义、民主法治，实际上是新的奴役结局，努力以马克思主义所追求的新的教育制度文明价值校正教育实践中的偏差，"必须推翻哪些使人成为被侮辱、被奴役、被遗弃和被蔑视的东西的一切关系"，从而"把人的世界和人的关系还给人自己"，把以"每个人的自由发展"为目标的"自由王国"的理想和教育制度建设的实践结合起来，促进教育制度建设的健康发展，为推动人类教育制度文明的进步，为当代世界教育制度文明的发展作出开创性的贡献。

二

在一个充满文明对话、思想撞击的全球化语境中，探索马克思主义关于人的全面而自由的发展理论与教育制度建设的关系，必然要触及一系列深层的问题，并汲取各种重大的制度、教育制度资源：其一，汲取当年马克思主义关于人的全面而自由的发展理论的思想资源，必须在当代语境中重新打开马克思主义关于人的全面而自由的发展理论的本真意义。伽达默尔说："处境这一概念的特征在于：我们并不处于这处境的对面，因而也就无从对处境有任何客观性的认识。我们总是处于这种处境中，我们总是发现自己已经处于某个处境里，因而想要阐明这种处境，乃是一项绝不可能完成的任务。"（伽达默尔著，洪汉鼎译：《真理与方法》〔上卷〕，上海译文出版社，2004 年版）出场语境是马克思思想赖以出场的现实基础，同时也是一种"改变世界"的实践化出场方式。换句话说，为了今天的制度、教育制度理论创新必须"首先廓清理论的地平"，以时代的视野去重新理解马克思关于人的全面而自由的发展理论的原初语境，而对其原初语境的分析是一种渐次展开的"历史现象学"。马克思关于人的全面而自由的发展理论不是"现成在手"而是要"重新打开"和"重新上手"。当然，"重新上手"解读马克思关于人的全面而自由的发展理论、制度理论，需要获得一种时代的视野，而时代视野来源于当代实践与当代对话。其二，汲取马克思主义制度理论的思想资源，必须要系统研究马克思主义经典作家的制度理论，然后再沿着马克思主义经典作家的思维变化轨迹梳理出其具有普遍意义的一面。其三，汲取当代西方社会学、政治学、制度经济学、教育学等学科有关制度、教育制度的思想资源，在与当代西方学者展开对话中全面梳理关于制度、教育制度的各种理论。其四，汲取当代人的全面而自由的发展理论研究成果与"理论实践"、教育制度理论与教育制度实践资源。其五，汲取理性有序的制度环境有利于大大降低教育关系调节的成本，温和渐进的教育制度变革是历史进步的明智选择等现代社会不可动摇的共识。只有在对人的发展理论、制度理论，教育制度理论、教育制度实践经验进行深入总结和分析的基础上，进而展开对马克思关于人的全面而自由的发展理论、制度理论等思想资源的重新解读，与西方制度学说展开对话，对人的发展与教育制度重建的关系做系统的反思，才能真正把握教育制度与人的全面发展这一主题的深刻内涵。《走向自由——教育制度与人的全面发展》一书正是在马克思主义关于人的全面而自由的发展理论的引领下，通过与中外制度学者的思想理论的对话，来诠释人的全面发展与教育制度理论的一部著作。

任何理论活动都有问答逻辑。马克思主义关于人的全面而自由的发展理论至少实现了两个层次的重大变革：第一，对旧的形而上学式的人的发展理论解答方式、人的发展理论体系的变革，颠覆了作为一种先验的形而上学的人的发展理论。第二，对旧的形而上学式的人的发展理论提问方式和问题本身的解构。这是比批判解答方式的形而上学更深刻、更为基础的批判，是前提性批判。人的发展理论不仅表现在解答层面上、理论层面上，而且首先表现在问题本身、提问方式上。如果我们对旧的形而上学式的人的发展理论批判仅仅颠覆了旧的解答方式或思想体系，而没有颠覆问题本身或提问方式，那么，旧的形而上学式的人的发展理论将借助于旧的问题和提问方式而全面复制、还原如初。因此，马克思用革命的、批判的实践，用改变教育世界的实践与旧的形而上学式的人的发展理论相对立。全部问题不是"从来的哲学家"所做的那种解释世界的工作，即建构一种人的发展理论来遮蔽教育实践世界的本真意义，而是转变为"改变世界"、在教育实践中使现实教育世界革命化。"正如阶级的所有制的终止在资产者看来是生产本身的终止一样，阶级的教育的终止在他们看来就等于一切教育的终止。资产者唯恐失去的那种教育，对绝大多数人来说是把人训练成机器。"（《共产党宣言》，人民出版社，2004 年版）那么，我们需要的就不再是一种从先验的逻辑出发去构造的人的发展理论，而是人的全面而自由的发展之实践的理论，即世界观和方法论。如果不从这一角度去审思马克思关于人的全面而自由的发展理论，那么，对于人的发展理论的讨论将难以深入。但是，问题回到感性活动的实践，如果没有批判的反思，也并不能够完全撇开旧的形而上学式的人的发展理论的笼罩。因为，旧的形而上学式的人的发展理论不仅有先验方式，而且借助于实证主义的方式。这一方式更具有欺骗性，因为，它似乎也是从"事物、现实、感性"出发，而不是从先验出发。但是，这一旧的形而上学式的人的发展理论的真正伪装就在于此。《1844 年经济学哲学手稿》、《资本论》中所集中解构的"人的发展"，就是这一旧的形而上学式的人的发展理论的典型。一种社会关系的本真意义被遮蔽在物与物的交换关系中，遮蔽在物的自然属性中。异化地颠倒了物的关系与人的关系，人的活动及其结构和产品变成某种自律的东西并反过来支配人、压制人，人成了物的奴仆，人与人的关系表现为物与物的关系。从思维方式看，产生这一人的发展理论的主要认识论根源在于对"事物、现实、感性"只是从客体的或感性直观的方式去理解，而不是从主体方面，从人的感性活动方面、从实践、教育实践、教育制度实践方面去理解。因此，直观性而不是反思性，成为产生人的发

展理论的主要根源。从对感性存在的直观性出发，人的发展理论是以感性外观
遮蔽现实的本真意义，在于异化地颠倒关系。要解构这一人的发展理论，就需
要"抽象力"或无情的反思批判。

　　《走向自由——教育制度与人的全面发展》一书所展示的是西方各学科学
者围绕制度、教育制度的不同含义，从各个不同角度所进行的分析和阐释。对
此，我们进行了一系列研究和思考。第一，从卢卡奇、葛兰西开始，西方的马
克思主义对马克思文化批判、异化理论进行了系统深入的研究，具有一定的价
值。过去，在苏联"左"的教条影响下，曾经有一种意见认为：既然马克思主
义思想是人类认识史上的一次大革命，那么，在他之后，整个西方文化、思
想、制度衰落腐朽，没有价值了。既然马克思思想是一种现成的、永恒不变的
"现在在场状态"，过去、现在和将来一劳永逸地指向在场，那么，我们只需要
去认真解读和理解其本真意义就行了。这一论断当然也包括西方各学科领域的
制度学者。其实，这一见解过于武断。与时俱进的马克思主义从来没有离开人
类制度文明大道，正如马克思思想的产生需要批判地汲取当时古典哲学、经济
学、社会主义学说的思想资源，他在世的思想发展需要进一步与当时思想家对
话一样，在他之后，马克思主义的发展同样需要与当代一切具有代表性的思想
流派对话，并从中批判性地汲取有益的思想资源，不断丰富和发展自己。马克
思的思想旨趣是不断"出场"的，永远不是一种凝固不变的"在场形态"，不
是一种所谓"在场的形而上学"。马克思通过"改变世界"的方式出场，通过
"批判旧世界"发现新世界，对资本全球化的一切进行无情的批判，从来就坚
决反对将自己的思想奉为一成不变的圭臬。在这一意义上说，没有承接人类制
度文明发展的成就、吸纳人类制度文明发展的成果；没有超越资本主义制度观
念的视野与界限的胸怀；没有消除"零和"博弈改行"双赢"共生模式的气
量；没有破除"不同即敌对"思维模式基础上的与当代西方各学科领域制度学
者的平等对话；没有"说话与听人说话"，"我不同意你的看法，但我誓死捍卫
你说话的权利"以及在"存异"中"求同"这一现代文明的基本共识，就不会
有当代的马克思主义理论以及制度理论。准确地说，尽管当代西方各种制度流
派并不是时代精神的精华，但可以说是时代的制度思想，因为它们的问题来自
时代或者就是时代的，它们的论证理路来自时代，它们的解答方式也来自时
代。作为时代精神精华的马克思主义，与当代西方制度流派的对话是基于历史
的底板、时代问题的本原以及实践的尺度，在时代精神与时代思想之间的对
话。这一对话是使马克思主义与时俱进的思想机制——思想观念的价值，在竞
争中才会彰显，在实践中才能检验。对当代马克思主义制度思想研究越深入，

就越能够推进对话，发展马克思主义关于人的全面而自由的发展理论、制度理论。第二，资本全球化造就了一个既相互分裂又紧密一体的世界格局。赫尔德等人说："简单说来，全球化指的是社会交往的跨洲际流动和模式在规模上的扩大、在广度上的增加、在速度上的递增，以及影响力的深入。它指的是人类组织在规模上的变化或变革，这些组织把相距遥远的社会联结起来，并扩大了权力关系在世界各地区和各大洲的影响。但不应该把全球化视为预示着一个和谐的全球社会的到来，也不应该把它看成是一个普遍的全球一体化的进程，各种文化和文明都将日益趋同。因为不仅日益增强的内在联系产生了新的敌意与冲突，而且它还能够激起反动的政治和根深蒂固的排外主义。其原因在于，全球化是一个深刻分化并充满激烈斗争的过程。全球化的不均衡性使得它远不像整个星球都体会到的那样是一个日趋一致的过程。"（赫尔德等著，陈志刚译：《全球化与反全球化》，社会科学文献出版社，2004 年版）西方与东方、发达与不发达之间的对立与对垒，造就了全球在空间上的对立与分裂。分裂的空间必然造就分裂的实践，造就对这一资本全球化在不同空间效应的批判。资本全球化造就了世界的两极分化，也同样使人的发展、制度及教育制度理论在这一两极上形成对峙的空间形态。保守主义、自由主义等从各自的立场出发对全球化时代作出了相应的解读或反应，全球化论者认为全球化是一个现实的、深刻的变革过程，全球化怀疑论者认为全球化其实就是"西方化"或者"美国化"，是西方帝国主义的代名词。米勒说："如今，世界在'全球化'的口号下正经历着一场伟大变革。我们用这个概念来描述一系列同时发生的变化过程，其中首屈一指的是，资本主义市场经济的最终全面胜利。"（米勒著，郦红等译：《文明的共存》，新华出版社，2002 年版，2002 年版）。西方学者对于人的发展理论、教育制度理论在西方的实践效应的分析、批判，与我国学者对于人的发展理论、教育制度理论在我国的实践效应的分析、批判之间，构成了问题和解答不同的出场形态、出场路径。因此，我们既不能将西方学者关于人的发展理论、制度理论、教育制度理论简单地搬用于我国，崇尚"西教条"，也不能将我国学者关于人的发展理论、制度理论、教育制度理论简单地移植于西方，推崇"中国模式"。换句话说，作为具体的人，东西方学者谁都不敢说自己绝对"真理在握"，谁都不应有过高的"理性优越感"，企望用所谓"理性教育制度"的符号行走天下。但是，正如资本全球化造就对立的两极世界是相互依赖的统一空间一样，来自两极的批判本身也构成一个统一的、相互补充和相互依赖的人类文明的理论整体。亨廷顿的"文明冲突"和米勒的"文明共存"即提出了文明分析的世界框架——文明冲突和文明共存引发了世界文明的变迁、演进、发展和多样化，不同文明在交融中发展碰撞而走向整合。诚如米勒所说："各种文化总是在不断地交汇前行，它们不断发展、不断改变各自突出的特性——大多数时候这种变化非常缓慢，但有时也会突飞猛进，产生质的飞跃——我们可以将它们理解为文化的重构和重建，这是一种自我完善的发展过程。正是基于这个原因，我们不能因为不同的文化在一个特定的历史阶段表现出不同特征，而固执地将它们对立起来，预言它们的种种冲突和不可调和性。"（米勒著，郦红等译：《文明的共存》，新华出版社，2002 年版）同样，来自两极的批判本身也构成一个统一的、相互补充和相互依赖的关于人的发展理论、教育制度理论整体。改变资本全球化对教育的控制成为西方学者、我国学者的共同理论旨趣。因此，今日的教育工作者，如何超越资本全球化造就的东西方分裂格局，如何超越"制度文化的对抗"，在改变现实教育世界中"联合起来"进行自由探索、自由审视和自由创造；在教育思想上响应《共产党宣言》的召唤；在教育实践上遵循教育制度文化的共存与对话，并更多地尝试进行合作而不是简单的对抗；在尊重差异中扩大教育制度认同，在包容多样中形成教育制度思想共识，就成为当代教育理论研究、教育制度研究与教育实践的主旨。第三，在全球化时代，各种有关人的发展理论、制度理论、教育制度理论进入开放的中国，与我国教育学界展开制度、教育制度对话以及思想撞击，是必然的现象。我们欢迎各种有关人的发展、教育制度理论的对话，因为马克思主义既不惧怕对话，自身也正是在对话中发展起来的；因为马克思主义既能在对话中宽容和包容教育理论创新中的不同意见，又能用实践去检验有争议的教育理论创新见解。对话是教育思想的磨刀石，争鸣是教育观念的过滤器。因为，"良心的声音——责任的声音——只有在不和谐调子的嘈杂声中才可以被听到"。（鲍曼著，郇建立等译：《后现代性及其缺憾》，学林出版社，2002 年版）但是，也不能不看到，一种有关制度、教育制度多元主张的侵入，正在某些方面排斥马克思主义制度理论、教育制度理论所占据的主导地位，甚至话语权；正在某些方面使马克思主义制度理论、教育制度理论被边缘化，甚至沦为"沉没的声音"。这无疑就成为了一个大问题、成为了一个值得引起高度重视的论题。因为，话语权不是指有没有说话的权利，而是指话语背后体现着的权力关系；争夺话语权的目的不是更改话语的根本意义，而是更改权力的归属。1970 年 12月，福柯在其就任法兰西学院院士时的演讲《话语的秩序》之中，提出了"话语即权力"的著名命题。他深刻地认识到话语不仅仅是思维符号和交际工具，而且是人们斗争的手段和目的。"在任何社会里，话语一旦产生，即刻就受到若干程序的控制、筛选、组织和再分配。"而所谓的"若干程序"，其实就是权力的形式，"一种话语就是一种调控权力之流的规则系统"。没有纯乎其纯、不计功利的话语，存在的只是权力笼罩下的话语，"我们没有谈论一切的自由"。而且，在一定条件下，话语本身也可以转变为权力。话语是权力，人通过话语赋予自己权力。真理即是权力的一种，它"激发了尊敬和恐惧，由于它支配了一切，故而一切必须服从它，它是掌握权力的人们根据必需的礼仪说出的话语；它是提供正义的话语。"话语不仅在外部受着法律、禁忌、礼仪等权力因素的钳制，而且还从内部受到"评论"等权力表征的约束。即便是传授话语的教育，也是权力的一种方式。"每一种教育制度都是以伴随话语而来的知识和权力来保存或修改话语占用的政治手段"。福柯随后在其开设的"惩罚理论与机构"课程里，进一步提出了知识与权力的共生关系："权力关系……不仅对知识起着促进或阻碍的作用；它们也不只满足于怂恿或激励、歪曲或限制它；权力和知识不是唯一由社会利益或意识形态的作用来连结的；因此，问题不在于确定权力如何征服知识并使它终身侍奉，或是确定权力怎样在知识上打下权力的烙印并把意识形态的内容和限制强加于知识。倘若没有本身就是权力的一种形式，并以它的存在和功能与其它形式的权力相联系的传播、记录、积累和置换的系统，那么知识体系便无法形成。反之，假如没有知识的摘要、占用、分配或保留，那么权力也无法发挥作用。在此层面上……唯有知识/权力的根本形式。"（谢里登著，尚志英等译：《求真意志》，上海人民出版社，1997年版）也就是说，没有权力便没有知识，没有知识也没有权力；权力控制了知识，知识也能给人以权力。显然，人的全面而自由的发展理论、中国特色社会主义教育制度理论正是触及这一话语权和领导权的理论。不过，人的全面而自由的发展理论、中国特色社会主义教育制度理论要取得话语权，就必须为人的全面而自由的发展理论、中国特色社会主义教育制度理论提供包括科学依据、道德精神和利害关系论述在内的强有力的逻辑论证，使其具有说服力。

表面上看，人的发展理论、教育制度理论是一个纯学术探究，但本质上不能不与世界政治格局、社会主义初级阶段的大背景有关。冷战后的时代，西方不仅在实力地位上、而且在价值观和意识形态上处于强势地位，其在政治、经济、文化、教育等各个领域提供的"全球公共物品"几乎可以通行天下，自由平等、民主法制、公平正义、人权、市场经济等话语成为国际社会的"普通话"、成为西方社会为国际社会绘制道义地图的"关键词"。福山说："'西方文明'的典型特征是人权、市场经济、现代化技术、典型的民主体制、公民权；'西方文明'所代表的是文化的多元化、政教分离、自由和宽容。"（米勒著，郦红等译：《文明的共存》，新华出版社，2002年版）。与此同时，欧美诸国利

益的扩展也使其对教育议题的设置和教育制度的制定更加关注，并积极利用其
话语优势地位牟取战略制高点。"在全球化的当前阶段，美国发挥着核心作用，
这是由诸多原因造成的，其中包括美国的溶合文化、市场规模、某些机构的有
效性及其军事实力。反过来，这种向心力也给美国带来了硬实力和软实力：美
国有能力诱使他者做自己不愿意做的事情，以及说服他者做美国希望他们做的
事情。"（基欧汉等著，门洪华译：《权力与相互依赖》，北京大学出版社，2002
年版）如果说冷战时代社会主义阵营和第三世界国家的话语权在一定程度上左
右着国际政治，并制衡着西方话语，那么冷战后的西方话语则因失去了制衡而
取得了"话语霸权"。从 1989 年柏林墙倒塌到 1991 年苏联崩溃，当时相当多
的人都相信资本主义取得了完全的胜利。福山因此发表了著名的论断"历史的
终结"，宣称资本主义与社会主义对立的历史已经结束，以实现自由之理念为
目的的历史阶段已经完成。在福山狂热的话语中，似乎"马克思已经死了，共
产主义已经灭亡，所以它的希望、它的话语、它的理论以及它的实践，也随之
一同灰飞烟灭"。（德里达著，何一译：《马克思的幽灵》，中国人民大学出版
社，1999 年版）由《共产党宣言》曾向世界宣告出场的"共产主义的幽灵"，
随着苏东剧变与社会主义制度遭遇挫折，再一次退场为"幽灵"。因此，从根
本上说，马克思主义在场性和当代性受到严重挑战，话语权和领导权被淡化，
甚至遭遇当代"退场"的危险。西方有关人的发展话语、教育制度话语成为某
种受到追捧的教条，是冷战终结这一国际政治格局变动的结果。同时，从国际
来看，教育制度已经成为教育核心竞争力的重要因素，越来越多的国家把提高
教育制度软实力作为重要发展战略。随着世界多极化、经济全球化深入发展，
围绕综合国力的全方位竞争更趋激烈，世界范围内各种教育思想、教育制度的
交流交融交锋更加明显，国际教育思想领域的斗争尖锐复杂。在社会主义初级
阶段，我国社会经济成分、组织形式、利益关系和分配方式日益多样化，人们
的教育价值选择、教育意识、教育生活方式也日趋多样化。这种多样化虽是社
会进步的体现，但是我们也必须看到，意识形态越是纷纭复杂，就越需要主心
骨；教育价值选择、教育意识、教育生活方式越是多样的个性表达，就越需要
整合各种意见形成统一意志的能力；教育越是多样化，就越需要引导教育健康
发展的核心教育价值体系，越需要保障教育健康发展的核心教育制度体系。核
心教育价值、核心教育制度体系是一个国家、一个民族、一个政党能否代表先
进文化的前进方向的标志，也是一个政党能否把握人类社会教育发展规律和趋
势的标志，更是促进人的全面发展的旗帜。建设中国特色社会主义教育，最根
本的就是坚持马克思主义的指导地位，用马克思主义关于人的全面而自由的发

展理论指导教育思想的整合和引领教育多样化的追求，在坚持马克思主义关于人的全面而自由的发展理论、制度理论主导地位的前提下，尊重差异，包容多样。人类教育发展的历史表明，同一社会虽然可以有多种并存的教育思想价值体系，但国家的教育指导思想应当是共同的、应当是"公共话语"。这是一个社会教育健康、稳定、协调发展的保证。形成中国特色社会主义教育理论体系，构建中国特色社会主义教育制度，面对教育价值观念的多样化，我们更需要强调和坚持马克思主义关于人的全面而自由的发展理论、制度理论，更需要坚持用发展中的马克思主义制度理论指导教育实践，牢牢掌握教育领域的指导权、主动权、话语权。当然，把握中国特色社会主义教育制度理论的话语权和领导权，改革是根本途径，创新是强大动力。

马克思主义关于人的发展理论在当代中国化的伟大教育实践，造就了以坚持教育为社会主义现代化建设服务，为人民服务，与生产劳动和社会实践相结合，培养德智体美全面发展的社会主义建设者和接班人为中心的实践。马克思主义的制度理论在当代中国化的伟大教育实践，造就了带有根本性、全局性、稳定性和长期性的中国特色社会主义教育制度实践。一般而言，随着开放发展的步伐的加快，教育要经过一个转型期，这一时期的一个重要任务就是搭建引导教育发展的制度平台。在我国经济体制深刻变革、社会结构深刻变动、利益格局深刻调整、思想观念深刻变化的环境下，完善的教育体制机制和教育制度体系更为必要、更为紧迫。因此，构建内容协调、程序严密、配套完备、有效管用的教育体制和教育制度体系，是促进人的全面而自由的发展的基础；建设科学有效的教育利益协调机制、教育诉求表达机制、教育矛盾调处机制、教育权益保障机制，是消解教育冲突最有效的解药，是实现教育权利公平、教育机会公平、教育规则公平和教育结果公平的最有效的路径；树立教育法律面前人人平等、教育制度面前没有特权、教育制度约束没有例外的观念，是实现教育公平正义的根本保证。

以上几点是当代中国的马克思主义关于人的全面而自由的发展、教育制度的主导话语，也是凝聚人心，共谋教育发展的思想基础。中国的教育工作者当然首先研究中国自己的教育问题，以正在做的事情为中心，着眼于马克思关于人的全面而自由的发展理论、教育制度理论中国化的伟大实践，着眼于马克思关于人的全面而自由的发展理论、教育制度理论的时代发展，只有这样，才能成为中国人民教育实践、教育制度实践的指导思想，才是改变中国教育、发展中国教育的世界观和方法论，才有生命力。

三

一个无法真正容纳外来思想和理论的民族，它对理论的需要本身是狭隘的、片面的、肤浅的。我们往往一味地责备把外来思想搬到我国来的做法，但却不反省我们民族在深层心理结构中固有的惰性。我们可以毫无保留地接受西方的音乐、舞蹈、艺术风格、科技、服饰乃至娱乐方式，可是一旦涉及科学精神、理论思维、世界观、人生体验这些最根本的领域，我们却沿着既定的方向滑行，直到这一"路径依赖"把我们的民族精神和文化引到近代的严重危机。值得庆幸的是，中华民族在最近一百年来滋生的文化的与社会的保守主义被消解了，中国人的狭隘性和封闭性在最近一百年来被打破了。人们不仅对"经过加工"的外来思想感兴趣，而且对"原汁原味"的外来思想也有了兴趣。正如没有一种动物全靠反刍可以维持自己的生命一样，一个民族也必须从外界吸收新鲜的、活生生的食料，才能摆脱死气沉沉的颓境。当然，对外来思想的吸收，不可避免地要带上中国人的眼光，要对之加以改造和咀嚼，用自己的胃去加以消化。对外来思想的吸收，不可避免地要带上中国人自己的取舍标准，并对之加以筛选、梳理、分析，而不是食洋不化。"人只不过是一根苇草，是自然界最脆弱的东西，但他是一根能思想的苇草。……因而，我们全部的尊严就在于思想。"（帕斯卡尔著，何兆武译：《思想录》，商务印书馆，1997 年版）现代中国人已逐渐意识到，单靠老祖宗传下来的那一套自成体系的法宝，已无法在当今世界上继续生存，必须正眼来看看西方人另一套完全不同的生存方式和思维方式了。然而，传统的力量是强大的，尤其在一个有着如此悠久而深厚的文明传统的民族那里更是如此。一方面，中国人过于盲信传统，言必古人，艺必古典，亦步亦趋鹦鹉学舌式的克隆品，不仅不能成为文化发展的"救命稻草"，只能作为"文化啃老族"创造力贫乏的注脚。实际上，在言必古人，艺必古典的背后，既没有强调重温历史、面向未来，也不着眼于继承传统、开拓创新，取而代之的是盲目依赖传统，在古人麾下讨生活的可怜，厚古薄今。优秀文化遗产是中华民族历经五千年的历史创造，是我们祖先聪明智慧的结晶、是中华民族进步的阶梯和文明的象征。她代表着民族的过去，记录着曾经的辉煌，但决不能成为子孙后代坐吃山空的资本。珍视传统，绝不意味着躺在祖宗的功劳簿上坐享其成，"搭便车"；绝不意味着固守在祖辈的成就中坐吃山空、停滞不前。"述往事"是为了"思来者"，"扬弃旧义"是为了"创立新知"。没有创新的文化，是停滞不前的文化；没有发展的文化，是毫无生气的文化。优秀文化遗产不仅需要"承"而且需要"传",更需要用马克思主义立场观点方法去梳理、辨析和扬弃,吸收它能够与现代社会发展相适应的内容,赋予其时代价值和现代意义,并使之实现创造性的现代转化。我们的文化遗产、文化传统不是已经完成了的产品,而是有待于我们不断拓展开发的精神家园。我们处在一个伟大的变革时代,中华民族励精图治开创历史的创举,需要大量与之相匹配的具有鲜明时代特点和民族风格的文化创造,需要大量具有核心竞争力的文化精品。如果不能给后世留下诸多光耀世界的遗产,那就是当代文化的失职。另一方面,中国人过于讲求实际,不屑于埋头纯学术问题,这恰好反过来给我们在实际事务中带来屡遭败绩的苦果。因为一个民族要想真正吸取另一个民族的优秀文化的精华,不通过纯学术的途径,不诚心诚意地、认真翔实地研究、尽量客观地介绍和理解别人的文化成果,是绝不可能做到的。贺麟说:"中国人如欲进科学之门,入科学之宫,一改崇拜物质、崇拜武力的世俗实用的态度,而认识理论的真价值,首先就必须认识观念的力量,特别认识抽象观念的力量与价值。"(贺麟著:《文化与人生》,商务印书馆,1988年)同时,一个民族要想吸收和消化外来的文化成果,不通过对其他文化系统持基本的宽容和欣赏态度,不通过对别人的尊重,是绝对不可能做到的。"每种文化都有自己明确的目标和伦理,不能以另一种文化的目标和伦理为尺度加以评价。"(亨廷顿等主编,程克雄译:《文化的重要作用》,新华出版社,2010年版)试想,如果没有一大批学人对西方制度、教育制度原典的忠实翻译和解释,单凭对法家教育制度思想、儒家教育制度思想的研读很难取得实质性的突破。但不知自什么时候起,中国人似乎日益丧失了纯学术的精神,固执于极端"为我所用"的实用主义,急功近利,气量越来越狭小。即使在近、现代,在民族危机的逼迫之下,国人逐渐意识到文化上的开放心态的必要性,但在潜意识中,却仍然只是凭借当前实用的眼光,去到西方文化的宝库中挑选几件合用的"宝典",及待将它们轮番试用过之后,便觉得还是自己的"宝典"更实用、更好。今天,世界日益成为一个"地球村",不同文化的交流、交融、交锋比以往任何时候都更加频繁,世界历史的巨轮也把当代中国带入了一个普遍交往、相互融合的国际社会。面对这一"千年未有之变局",远远地站在国际社会之外,充当一名"看客"、"局外人"已是不可能的了。改革开放的大潮使中国人面临了一个生死攸关的选择:是继续闭关自守,还是向外进取,走入国际社会,充当一名积极的参与者、成为"局内人"乃至"守门人"?在思想界、学术界也是如此:是继续自言自语、自说自话,还是与人家对话,进入国际学术和人类思维的"大文化"氛围?是继续自言自语、自说自话,还是具备一种全球性的思维背景，确立研究成果是全人类思想财富的"人类情怀"？是继续自言自语、自说自话，还是以理性、科学的态度进行文化的反思、比较、展望，既正确看待自己的文化、又正确对待别人的文化，既不倡导"复归"、又不主张"全盘西化"或"全盘他化"，既不忘自己的文化传统、又吸收外来的文化成果、更着眼于将来的文化发展？是继续自言自语、自说自话，还是立足于人类文化的大视野，正确理解"古为今用，洋为中用"之"用"？显然，在当代中国，"用"就是对建设中国特色社会主义实践有"用"，为中国特色社会主义事业"所用"。

　　文化和思想是人类智慧的结晶。德谟克里特说，智慧生出三种果实：善于思想、善于说话、善于行动。经历了改革开放的中国，历史和现实给我们提出了更深层的课题，为了实现中国在新世纪的伟大复兴，我们固然需要从优秀的传统文化中汲取精华，同时还要从多类文化的宝库汲取思想文化的营养。王国维说："中西二学，盛则俱盛，衰则俱衰，风气既开，互相推助。"所言极是！今日之中国已迥异于一个世纪之前，文化间相互交往日趋频繁，"风气既开"无须赘言，中外学术"互相推助"更是不争的事实。当今世界，知识更新愈加迅猛，文化交往愈加深广。全球化和本土化两极互动，构成了这个时代的文化动脉。一方面，经济的全球化加速了文化上的交往互动；另一方面，文化的民族自觉日益高涨。于是，学术的本土化迫在眉睫。虽说"学问之事，本无中西"（王国维语），但"我们"与"他者"的身份及其知识政治却不容回避。《走向自由——教育制度与人的全面发展》一书的主题——梳理和探究西方教育制度文明的根源及脉络，打开教育制度理论的户牖，让有关教育制度的思想八面来风。把外域教育制度智慧引进、吸收到本土文化中来，把外域教育制度与人的发展之关系脉络"充实"到本土制度资源中来。获取外域教育制度思想资源，已成为我们理解并提升自身要义的借镜。如果扩展开去，我国整个人文社会科学的发展也大抵如此，这其实是改革开放以来中国知识分子以"开放"自信的心态学习西方的写照，也是中国学术的一个客观状况。至少，对于谁在塑造中国人的人文素养、公民意识和国家精神，谁在影响中国人的知性、心智这一问题，我们已经有了一个较清晰的答案。除了马克思主义思想、毛泽东思想、中国特色社会主义理论体系外，除了国学经典外，就是德（亚里士多德、康德、庞德、萨义德、赫尔德、柯林武德）、尔（海德格尔、卡西尔、黑格尔、托克维尔、贝尔、波普尔、加达默尔）、克（哈耶克、洛克、诺齐克、克拉克、布莱克、拉塞克）、斯（诺斯、科斯、霍布斯、罗尔斯、哈贝马斯、吉登斯、雅斯贝尔斯）。从某种意义上言，这就是三十多年来中国人文社会科学发展为当代奠定的阅读和研究语境，也是我们思考和回答中国问题的起点，更是为我们返回中国教育之核心问题奠定了坚实的文本基础。一浪高过一浪的欧美经典著作译介工作，使得"远处的事件侵入我们的日常生活"（吉登斯语），使得丰富多样的学术资源不断地引入中国学界，不仅在材料和方法上，而且在眼界和观念上，重新塑造着中国学人的文风、方法、论证前提和学术生活。尽管西方学人有关制度、教育制度、教育制度与人的发展的论述，会因其理论色彩和语言风格而让中国学人信感艰涩，会因其表达形式和论证路径而让中国学人信感迷茫，但该项研究工作却绝非寻常意义上的"纯学术"。此中论辩的话题和学理，将会贴近我们的日常生活，渗入我们的表象世界，滤入我们的"思想场"，丰满我们"此在"的种种教育生活，改铸我们的教育制度文明，完善我们的教育制度文化。同样，尽管西方学人的论述大多分量厚重、艰深晦涩，大多在体裁和风格上独具特色、阐幽发微，且多为西方学术共同体所"认同"，但也不应将其标榜为"经典"，将其视为"通则"。此类方生方成的教育制度思想资源，尚没有资格被我们当成享受保护的"文化遗产"，尚没有资本被我们视为放之四海而皆准的"公共话语"，尚没有条件被我们看做教育制度世界的"桥头堡"而任其随意行使"自我阐释权"，尚没有理由被我们奉为"人类精华"而任其到处"开药方"、"指点迷津"。因此，我们必须保持知识进化的姿态，思想创生的态度，固守批判性吸收的立场，持存"冷眼向洋看世界"的思维方式，破除带有"文化下乡"、"知识扶贫"、"制度理性启蒙"意味的欧美教育制度霸权，追究西方教育制度渊源，探明西方教育制度语境，拷问西方教育制度文化，爬梳西方教育制度优劣。同时，整理和传承我国教育制度文明传统，盘点我国教育制度资源，爬梳我国教育制度建设，总结我国教育制度实践，以期为反思我们的教育和精神处境铺建思考的进阶。走出文化上的数典忘祖、自惭形秽的自卑心理或唯我独尊、夜郎自大的傲慢态度的误区，走出"言必称希腊"或"言必称尧舜"的程式化套路，寻求本土教育制度文明与外域教育制度文明、本土教育制度文化与外来教育制度文化的契合点，而此二者的契合交汇，无疑是塑造我国教育制度精神品格的必由之路。思考和理解我们自己的教育制度问题，只有属于我们自己的教育制度思想和教育制度理论，才能思考民族性、人类的生命和人的全面而自由的发展问题，才能根本实现并弘扬自身的教育制度价值。从中国大地上"生"出既具有中国特色、中国风格、中国气派又具有普世情怀、普适意义的教育制度资源，从中国土壤里"长"出既具有文化滋养、道德温存、心性体贴、人性光辉又具有"冷酷的理性规则"特质的能促进人的发展的教育制度资源，从中国环境中"生发"出既符合世界教育发展潮流又具有浓厚的实践特色、时代特色、民族特色的教育制度资源。如果离开了对东西方现代教育制度文明的深入思考，离开了对我国教育制度建设实践活动的深入分析，教育制度理论就会成为脱离教育实践基础的空中楼阁，成为无根基的形而上学的玄思。或者用维特根斯坦的话说，在这里，我们的语言"放假"了。

在马克思主义关于人的全面而自由的发展理论、制度理论的引领下，面对一些国家教育制度体系呈现多元主义的"沙拉碗"现象、一些国家用主流教育制度对其他教育制度加以融化和改造的"大熔炉"现象时，外来冲击中被动打开国门接受西方教育制度文明的古老国度，却采用了自己特有的教育制度模式。这样的教育制度模式，是中国式的"和而不同"、求同存异：你中有我，我中有你，既保留自己的个性，又有着和谐的关系、共同的家园；这样的教育制度模式，是中国特色的社会主义教育制度体系：以我为主，博采众长，既拒斥"文化霸权主义"，又反对"我族中心主义"，既"各美其美"，也"美人之美"，既做到内不失自己固有之血脉，又做到外能适应世界教育浩荡之潮流。

四

在对人的全面而自由的发展的实践研究和理论探索中，《走向自由——教育制度与人的全面发展》一书将目光锁定在教育制度问题上。"如何建设教育制度，如何建构促进人的全面而自由的发展的教育制度？"，自然成为本书研究的中心问题之一。从当代我国的教育发展实际看，人的发展问题主要表现为人的全面、自由、充分发展的问题，解决这一问题的基本理路就是教育制度建设。

我们不否认人们对如何从教育制度上解决人的全面、自由、充分发展问题所进行的实践探索和理论研究的意义，但同时也发现，在社会科学尤其是教育科学的教育制度研究中，尚存在几个方面的不足：第一，从研究方法看，各学科的教育制度研究大多是实证的、具体的、甚至是琐碎的，很少上升到教育哲学的高度和教育哲学的层次；第二，各学科往往只是把教育制度当成不言而喻的前提，很少去思考和研究教育制度本身是什么、不是什么以及应该是什么等带有根本性的问题；第三，在各学科之间，对其他学科的教育制度研究资源至多是平面化的借取，少有立体性的沟通与共享；第四，各学科对教育制度的研究虽然都或明或暗地是针对人的发展的、是针对教育自由与教育秩序的，但由于学科的限制，很少从人与教育制度、人的发展与教育制度这一带根本性的问题角度，对教育制度的本质进行综合研究；第五，我们过去基本上是把"教育制度"理解为基本教育制度，将其等同于"教育形态"，从而使教育生活中大量的教育制度现象和教育制度问题未能进入教育哲学研究的题域，将其排除在教育研究的视野之外。

若要克服上述教育制度研究现状中的不足，必须从教育哲学高度对教育制度问题进行深入的研究。基于这一考量，李江源等人选取教育制度与人的发展这一论题，试图从马克思主义关于人的全面而自由的发展理论的角度，对教育制度的本质、功能以及教育制度与人的全面而自由的发展的关系等问题，进行较深入的思考和系统的研究。《走向自由——教育制度与人的全面发展》一书的理论意义在于：通过系统的研究，李江源等人试图在概括和总结各门社会科学关于制度、教育制度研究的大量材料基础上，将教育制度的研究推进到教育哲学的高度。在我国过去对教育制度的各种理解中，人们往往侧重于考虑那些宏观层次上的基本教育制度，而对那些中观层次上的教育体制等具体制度、微观层次上的教育制度安排则缺乏必要的研究。侧重于基本教育制度的变革与革命，而忽视了对教育体制和教育制度缓慢变迁与渐进发展规律的研究，侧重于教育制度的历史诠释，而未能对教育制度的本质、教育制度的观念前提、教育制度的实践基础以及教育制度的作用机制进行研究。其结果是，我们对教育制度的理解长期停留在"教育形态"的水平上。在此情况下，从教育哲学层面上研究复杂多样的教育制度现象，成为既无必要，也不可能之事。无必要是因为，一旦我们将教育制度等同于基本教育制度，将教育制度等同于"教育形态"，教育制度问题就被直接纳入马克思主义所发现的教育结构体系中，而这是一个马克思早已从理论上解决了的问题；不可能是因为，在把教育制度定位在基本教育制度与教育形态这一层面上后，教育制度问题就自然地转换成为一个政治问题，因而不再具有从教育哲学层面上进行研究的空间。改革开放以来，我国在教育实践探索的层面上，在基本教育制度之外，拓展出了"教育体制"这一具体制度、"教育制度安排"的空间，从而使教育制度成为教育理论研究的问题。适应这一转变，李江源等人将教育制度置于马克思主义关于人的全面而自由的发展理论的视野中，以期从教育哲学的层面上推进教育制度研究，并为教育政治学、教育社会学等学科的教育制度研究提供具有方法论性质的总体视野。同时，通过对教育制度问题的研究，为人的全面而自由的发展的研究寻找理论上的生长点和拓展空间，以深化教育制度与人的全面而自由的发展之关系的研究。《走向自由——教育制度与人的全面发展》一书的现实意义在于：通过系统的研究，李江源等人试图在认真研究和总结国内外教育制度研究资源的基础上，提出一系列教育制度建设的主要问题和基本路径，以期为我国教育现代化、人的全面而自由的发展实践中的教育制度建设问题做出贡献。《走向自由——教育制度与人的全面发展》一书尽管主要是从理论上探讨人的发展问题、教育制度问题，但无论是理论研究的动机，还是研究的目的，都来自人的全面而自由的发展的实际状况、都来自我国教育体制改革与教育制度变革的现实。

问题一旦确定之后，它会立即变成令人困惑、也令人着迷的难题，这一难题一直伴随着李江源等人研究和写作的全过程。首先，教育制度为什么长期"搁置"在教育哲学研究的视域之外？教育制度概念能否成为一个教育哲学范畴？如果能，怎样给予它一个恰当的定位？其次，教育制度的本质是什么？教育制度的功能是什么？作为教育制度最基本的价值取向，教育制度与人的发展之间存在着一定程度的冲突。我们如何从马克思主义关于人的全面而自由的发展理论视角，寻求这一问题的解答？教育制度在人的全面而自由的发展中究竟发挥什么样的作用？其作用机制是什么？针对这些难题，《走向自由——教育制度与人的全面发展》一书以教育制度与人的全面而自由的发展为中心线索，把教育制度置于马克思主义关于人的全面而自由的发展理论的视野中，集中考察了教育制度在促进人的全面而自由的发展中所具有的机制及其实现机制。

在叙述的安排上，全书共分五章。第一章对马克思主义关于人的全面而自由的发展的科学涵义、历史进程、内容、条件等进行了深入的分析。第二章提出了一个一般性的教育制度定义。在综合考察、吸收了有代表性的社会学家、经济学家、政治学家、法学家、文化学家、教育学家提出的制度、教育制度定义的基础上，从教育制度不是什么、教育制度是什么两个维度着手，将教育制度界定为用以调整个体行动者之间以及特定教育组织内部行动者之间关系的强制性、权威性、普适性的行为规则体系。第三章论证了教育制度的本质属性。把对教育制度本质的思考置于历史唯物主义视野中，教育制度无疑是一个历史范畴、一个规范范畴和一个关系范畴。同时从教育制度的客观性与主观性两个维度，进一步论证了教育制度的本质属性。第四章考察了教育制度变迁与演进问题。对教育制度的产生与演进而言，教育制度观念起着重要的导向作用，但是教育制度的真正基础是教育制度实践而不是教育制度观念。教育制度变迁过程虽然充满不确定性，但并不是没有规律可循的。第五章系统诠释了教育制度与人的全面而自由的发展的根本性问题。从教育制度对现实生命的张扬与约束、教育制度对教育关系的规范与调节、教育制度对个性发展的引导与制约、教育制度对人性发展的促进与规约等四个方面书写了有关"人"的制度教育学。

— 21 —

五

李江源等人积十余年潜心研究之结晶而写成的这部专著，应是目前我国教育界理论层次颇高、理论分量很重的一本不可多得的教育制度论著。《走向自由——教育制度与人的全面发展》一书怀着对生命的敬畏和尊崇、对自由的心驰与神往、对人的全面而自由的发展的期盼与热望，以冷静而理性的思索努力追寻教育制度的本真，引导教育制度的实践：将人融于教育制度，将教育制度融于教育生活，将教育制度与人的发展，人的主动的、生动活泼的发展相勾连，让教育制度成为人的诗意的存在，凸显生命的灵动与鲜活、自由与独特，并以此渐臻发展的全面、充分与自由，生命的精彩、美好与幸福。全书眼界宏阔，思想深邃，不仅做到了与大师神交，而且处处能跳出研究对象有关制度的论述并对之加以客观分析和评述。运用马克思主义历史与逻辑相一致的方法，展示了教育制度内在的发展进程，读后给人一种厚重扎实的感觉。全书立论的整个角度也是富有创新意义的，作者对西方制度、教育制度理论有相当程度的钻研，对马克思主义理论也十分熟悉，这些都给作者全面透彻地把握这一极为困难的主题提供了有利的条件。全书在行文方面，既朴实又颇具文采，侃侃而谈，发人深思，可谓持之有故，言之成理。尤其是我作为李江源攻读博士学位时的指导教师以及朋友，对这一成果自然是感到欣慰的。但同时我也感到，本书虽然观点新颖，论述简练清晰，然而毕竟还处于初创和开拓阶段，有许多问题还有待于进一步深入和细致地展开。例如，马克思主义教育制度理论对西方教育制度理论的影响，西方思想家的制度理论与教育制度理论之间切合点的深层次的揭示等等。总之，本书不宜看做一种观点和理论的终结，而应看作另一部更大、更完备的著作的纲要或导论，这是我寄希望于李江源等人以他们的聪慧、敏锐和耐心来完成的。是为序。

2011 年 8 月于北京

□ 第一章
人的全面而自由的发展理论

人的全面而自由的发展既是人类的美好理想，也是人类的现实追求。人类社会发展的历史就是人类不断地追求自由和解放，不断地从必然王国走向自由王国的历史。教育作为一种有目的地培养人的活动，理应把人的全面而自由的发展作为重要目的，并积极创造条件促进人的全面而自由的发展。"把一个人在体力、智力、情感、伦理各方面的因素综合起来，使他成为一个完善的人，这就是对教育基本目的的一个广义的界说。"[①] 在整个人类社会的发展过程中，在马克思主义经典作家们那里，在哲学家和道德学家们那里，在大多数教育理论家和理想家们那里，都可以找到这个教育理想。它一直是马克思主义理论以及各个时代人文主义思潮的一个根本主题。尽管这一理想在现实教育生活中的实践并不完善，但它是有成效的，对于许多极其崇高的教育事业具有启发作用。

第一节　人的全面而自由的发展思想的提出

人的全面而自由的发展是人类千百年来的执著追求。从历史上看，从古希腊起就已经有人在思考这一问题了。文艺复兴时代的启蒙思想家和以后的许多资产阶级哲学家都不同程度地提出了这个问题。特别是近代以来，人的发展成了人们关注的中心。文艺复兴时期西方人文主义关注的主题就是人的潜在能

---

① 联合国教科文组织、国际教育发展委员会编著，华东师范大学比较教育研究所译：《学会生存》，教育科学出版社1996年版，第195页。

力、创造能力的唤醒、发展问题，而要达到这个目的的手段就是教育。布洛克说："人文主义者不仅对教育寄予中心地位的重视，而且他们也在总体上主张打下全面教育的基础，目的在全面发展个性和充分发挥个人才能。"① 康德认为，教育的目的在于使人的各种能力和谐发展、充分发展，"使每个人都得到他所能达到的充分完善。"② 黑格尔指出，如同人们在繁复杂多的艺术因素中要深入寻找出"一个更高更普遍的目的"，让艺术的各个方面共同趋向它、实现它一样，人们在社会生活中也是如此。"社会和国家的目的在于使一切人类的潜能以及一切个人的能力在一切方面和一切方向都可以得到发展和表现。"③ 空想社会主义者圣西门在弥留之际对自己的弟子们说："你们要记住，为了完成一项伟大的事业，必须具备热情……我终生的全部劳动的目的，就是为一切社会成员创造最广泛的可能来发展他们的才能。"④ 马克思是在汲取了前人的卓越思想的基础上创建他的人的全面而自由的发展学说的。马克思主义的人的全面而自由的发展学说同以往种种有关人的发展的学说的不同之处在于，以往一切有关人的全面而自由的发展学说，或者是脑力劳动与体力劳动相对立的社会基础上解决人的发展问题，或者把人看做抽象的，脱离具体历史条件，脱离其所处的经济地位的个体，抽去了人的全面而自由的发展问题的基本前提。因此，这些学说的局限性是明显的。马克思从分析现实的人和现实的生产关系入手，指出了人的全面而自由的发展的内涵、内容、条件、手段和途径，预言了在生产高度发展的基础上，在消灭了阶级对立和阶级压迫的社会制度中人的全面而自由的发展的现实性和必要性。马克思使人类千百年来的一个浪漫主义理想成为一个完整的科学体系，成为马克思主义伟大真理的一个重要组成部分。

一、"现实的个人"是人的全面而自由的发展学说的理论前提

任何一种学说都有自己的理论前提和出发点，一种新的学说，往往带着一个新的名称或者范畴出现，这个范畴常常就是其理论前提或者出发点。马克思在批判吸收了黑格尔"绝对观念"和"感性直观的现实的人"等主体概念之后，找到了专属于自己的理论出发点：感性活动着的"现实的个人"。他在

---

① 阿伦·布洛克著，董乐山译：《西方人文主义传统》，生活·读书·新知三联书店1997年版，第234页。
② 张人杰主编：《国外教育社会学基本文选》，华东师范大学出版社2009年版，第2页。
③ 黑格尔著，朱光潜译：《美学》（第1卷），商务印书馆2006年版，第59页。
④ 圣西门著，董果良等译：《圣西门选集》（第3卷），商务印书馆2004年版，第250页。

《关于费尔巴哈的提纲》中精辟地论述道:"从前的一切唯物主义(包括费尔巴哈的唯物主义)的主要缺点是:对对象、现实、感性,只是从客体的或者直观的形式去理解,而不是把它们当做感性的人的活动,当做实践去理解,不是从主体方面去理解。因此,和唯物主义相反,能动的方面却被唯心主义抽象地发展了,当然,唯心主义是不知道现实的、感性的活动本身的。"① 也就是说,现实世界的存在问题,不是一个抽象的物质问题,人们周围的感性世界绝不是开天辟地以来就直接存在的、始终如一的,它是"工业和社会状况的产物,是历史的产物,是世世代代活动的结果"。② 我们对这个世界的认识不能仅仅从客体的方面来看,而且还要从主体的方面、从主体的活动方面来看。马克思、恩格斯在《德意志意识形态》中不厌其烦地指出:全部人类历史的前提,从而也是自己理论的逻辑前提,并不是任意提出的,"它的前提是人,但不是处在某种虚幻的离群索居和固定不变状态中的人,而是处在现实的、可以通过经验观察到的、在一定条件下进行的发展过程中的人"。③ 他们在这里所说的个人,"是现实中的个人",也就是说,"这些个人是从事活动的,进行物质生产的,因而是在一定的物质的、不受他们任意支配的界限、前提和条件下活动着的"。④ 思想、观念和意识的生产最初是直接与人们的物质活动、物质交往交织在一起的。观念、思维、人们的精神交往是人们物质关系的直接反映。"人们是自己的观念、思想等的生产者,但这里所说的人们是现实的、从事活动的人们,他们受自己的生产力和与之相适应的交往的一定发展——直到交往的最遥远的形式——所制约。意识在任何时候都只能是被意识到了的存在,而人们的存在就是他们的现实生活过程。"⑤ 马克思的哲学研究较之传统的哲学研究发生了根本的转向——不是"从天国降到人间"而是"从人间升到天国"。"我们不是从人们所说的、所设想的、所想象的东西出发,也不是从口头说的、思考出来的、设想出来的、想象出来的人出发,去理解有血有肉的人。我们的出发点是从事实际活动的人,而且从他们的现实生活过程中还可以描绘出这一生活过程在意识形态上的反射和反响的发展。甚至人们头脑中的模糊幻象也是他们的可以通过经验来确认的、与物质前提相联系的物质生活过程的必然升华物。"⑥ 简言

---

① 《马克思恩格斯选集》(第1卷),人民出版社1995年版,第54页。
② 《马克思恩格斯选集》(第1卷),人民出版社1995年版,第76页。
③ 《马克思恩格斯选集》(第1卷),人民出版社1995年版,第73页。
④ 《马克思恩格斯选集》(第1卷),人民出版社1995年版,第71~72页。
⑤ 《马克思恩格斯选集》(第1卷),人民出版社1995年版,第72页。
⑥ 《马克思恩格斯选集》(第1卷),人民出版社1995年版,第73页。

之，"现实的个人"是从事感性活动着的人，是在现实的条件中生活和生产的人，从而也是社会的、历史的个人。"现实的个人"凝结着人和自然、个体和社会、现实和历史的最基本、最普遍的关系。这一概念的提出，表明了马克思哲学与旧哲学的分野，实现了马克思思想的历史起点和逻辑起点的统一。

二、资本主义社会"现实的个人"发展的真实处境

当马克思把观察的视野真正转向现实中的人的时候，他发现了现实的人的真实处境：异化，从而为自己的时代，同时也为自己的理论研究找到了最深刻的课题。马克思发现，资本主义不是没有解放生产力，而是没有解放人。在《共产党宣言》这篇批判资本主义的檄文中，马克思用抒情诗般的语言肯定了资本主义所取得的成就："资产阶级在历史上曾经起过非常革命的作用"，"资产阶级在它的不到一百年的阶级统治中所创造的生产力，比过去一切世代创造的全部生产力还要多，还要大。"[①] 马克思在《资本论》中指出："资本家只有作为人格化的资本，他才有历史的价值……也只有这样，他本身的暂时必然性才包含在资本主义生产方式的暂时必然性中。但既然这样，他的动机，也就不是使用价值和享受，而是交换价值和交换价值的增殖了。作为价值增殖的狂热追求者，他肆无忌惮地迫使人类去为生产而生产，从而去发展社会生产力，去创造生产的物质条件；而只有这样的条件，才能为一个更高级的、以每一个个人的全面而自由的发展为基本原则的社会形式建立现实基础。"[②] "利润率是资本主义生产的推动力；那种而且只有那种生产出来能够提供利润的东西才会被生产出来。……发展社会劳动生产力，是资本的历史任务和存在理由。资本正是以此不自觉地为一个更高级的生产形式创造物质条件。"[③] 然而，资本主义所取得的这些伟大成就并没有能够使人获得实际的解放，反而使人处于深刻的异化状态。"随着资产阶级即资本的发展，无产阶级即现代工人阶级也在同一程度上得到发展；现代的工人只有当他们找到工作的时候才能生存，而且只有当他们的劳动增殖资本的时候才能找到工作。这些不得不把自己零星出卖的工人，像其他任何货物一样，也是一种商品。……由于推广机器和分工，无产者的劳动已经失去了任何独立的性质……工人变成了机器的单纯的附属品，要求

---

① 《共产党宣言》，人民出版社 2004 年版，第 32 页。
② 《资本论》（第 1 卷），人民出版社 2004 年版，第 683 页。
③ 《马克思恩格斯选集》（第 2 卷），人民出版社 1995 年版，第 466 页。

他做的只是极其简单、极其单调和极容易学会的操作。"① 在资本主义时代，每一种事物好像都包含自己的反面。机器具有减少人类劳动和使劳动更有成效的神奇力量，然而却引起了饥饿、过度的疲劳，"破坏着工人生活的一切安宁、稳定和保障，使工人面临这样的威胁：在劳动资料被夺走的同时，生活资料也不断被夺走，在他的局部职能变成过剩的同时，他本身也变成过剩的东西"。② 机器的采用虽然提高了劳动生产率，却"加剧了社会内部的分工，简化了作坊内部工人的职能，扩大了资本积累，使人进一步被分割"。③ 同时，它还夺去了儿童的游戏时间和家庭所需要的自由劳动时间。"资本主义使用机器的第一个口号是妇女劳动和儿童劳动！这样一来，这种代替劳动和工人的有力手段，就立即转化为这样一种手段，它使工人家庭全体成员不分男女老少都受资本的直接统治，从而使雇佣工人人数增加。为资本家进行的强制劳动，不仅夺去了儿童游戏的时间，而且夺去了家庭本身惯常需要的、在家庭范围内从事的自由劳动的时间。"④ 新的生产方式的采用，新发现的财富的源泉，由于某种奇怪的、不可思议的魔力而变成贫困的根源。"资本主义生产方式的……进步，同它的所有其他历史进步一样，首先也是以直接生产者的完全贫困化为代价而取得的。"⑤ 技术的胜利，似乎是以道德的败坏为代价换来的，"机器消灭了工作日的一切道德界限和自然界限"。⑥ 随着人类愈益控制自然，个人却似乎愈益成为别人的奴隶或自身的卑劣行为的奴隶，甚至科学的纯洁光辉仿佛也只能在愚昧无知的黑暗背景上闪耀。当科学技术被作为目的而不是手段来追求时，人和自然之间的和谐就被破坏了。人从自然的奴隶变成了主人，但不是明智、审慎、机警的，而是一个愚蠢的、鲁莽的主人，一个疯狂的挥霍者。装备着日益精密和强大的工具和技术，人从自然物品的被动消耗者变成了一个专横、残暴的侵略者和剥削者。他掌握着自然的秘密，用暴力迫使自然交出它全部的财富和珍宝。人从被自然的魔力迷住的沉思者，变成了贪得无厌的掠夺者。瓜尔蒂尼说："在成为自己和世界的主人的意志指引下，他打碎、重新组合、使用和构造……他创造了一种新的劳动，这种劳动不再像过去只是延续或改造自然的原

① 《共产党宣言》，人民出版社 2004 年版，第 34 页。
② 《马克思恩格斯选集》（第 2 卷），人民出版社 1995 年版，第 210 页。
③ 《马克思恩格斯选集》（第 1 卷），人民出版社 1995 年版，第 167 页。
④ 《资本论》（第 1 卷），人民出版社 2004 年版，第 453～454 页。
⑤ 《马克思恩格斯选集》（第 2 卷），人民出版社 1995 年版，第 539 页。
⑥ 《资本论》（第 1 卷），人民出版社 2004 年版，第 469 页。

初结构，而是精神完全自主的创造。"① 我们的一切发现和进步，似乎结果是使物质力量具有理智生命，而人的生命则化为愚昧的物质力量。从《1844年经济学哲学手稿》中的异化劳动理论到《资本论》中的三大拜物教思想，马克思努力揭示着资本主义的异化现象。

《1844年经济学哲学手稿》中，马克思虽然借助于异化理论的思辨传统，更多的却是立足于资本主义的经济事实，运用异化概念揭露了资本主义社会异化劳动的实质和表现形式。在马克思看来，资本主义的经济事实是：工人生产的财富越多，他的产品的力量和数量越大，他就越贫穷。工人创造的商品越多，他就越变成廉价的商品。物的世界的增值同人的世界的贬值成正比。劳动生产的不仅是商品，它生产作为商品的劳动自身和工人，而且是按它一般生产商品的比例开始的。这一经济事实表明："劳动所生产的对象，即劳动的产品，作为一种异己的存在物，作为不依赖于生产者的力量，同劳动相对立。劳动的产品是固定在某个对象中的、物化的劳动，这就是劳动的对象化。劳动的现实化就是劳动的对象化。"② 劳动的现实化表现为非现实化，以致工人非现实化到饿死的地步。对象化表现为对象的丧失，以致工人被剥夺了最必要的对象——不仅是生活的必要对象，而且是劳动的必要对象。异化劳动不仅表现在劳动者同自己劳动的产品的异化这一结果上，而且表现在生产行为中，表现在生产活动本身中。"产品不过是活动、生产的总结。因此，如果劳动的产品是外化，那么生产本身必然是能动的外化，活动的外化，外化的活动。在劳动对象的异化中不过总结了劳动活动本身的异化、外化。"③ 具体而言，异化劳动的突出表现形式体现在：首先，劳动者同自己劳动的产品的异化。工人对自己的劳动的产品的关系是一个异己的对象的关系。工人在劳动中耗费的力量越多，他亲手创造出来的反对自身的、异己的对象世界的力量就越强大，他自身、他的内部世界越贫乏，归他所有的东西就越少。"工人把自己的生命投入对象；但现在这个生命已不再属于他而属于对象了。因此，这种活动越多，工人就越丧失对象。凡是成为他的劳动的产品的东西，就不再是他自身的东西。因此，这个产品越多，他自身的东西就越少。工人在他的产品中的外化，不仅意味着他的劳动成为对象，成为外部的存在，而且意味着他的劳动作为一种与他相异的东西不依赖于他而在他之外存在，并成为同他对立的独立力量；意味着他给予对象

---

① B. 莫迪恩著，李树琴等译：《哲学人类学》，黑龙江人民出版社2005年版，第147~148页。
② 《1844年经济学哲学手稿》，人民出版社2008年版，第52页。
③ 《1844年经济学哲学手稿》，人民出版社2008年版，第54页。

的生命是作为敌对的和相异的东西同他相对立。"① 其次，劳动者和劳动活动本身的异化。劳动对工人来说是外在的东西，也就是说，不属于他的本质。因此，他在自己的劳动中不是肯定自己，而是否定自己，不是感到幸福，而是感到不幸，不是自由地发挥自己的体力和智力，而是使自己的肉体受折磨、精神遭摧残。结果是，人（工人）只有在运用自己的动物机能——吃、喝、生殖，还有居住、装饰等等的时候，才觉得自己在自由活动，而在运用人的机能时，觉得自己只不过是动物。动物的东西成为人的东西，而人的东西成为动物的东西。"吃、喝、生殖等等，固然也是真正的人的机能。但是，如果加以抽象，使这些机能脱离人的其他活动领域并成为最后的和唯一的终极目的，那它们就是动物的机能。"② 再次，劳动者和其内本质的异化。异化劳动由于使自然界、使人本身，使他自己的活动机能，使他的生命活动同人相异化，也就使类同人相异化。"人的类本质——无论是自然界，还是人的精神的类能力——变成对人来说是异己的本质，变成维持他的个人生存的手段。异化劳动使人自己的身体，同样使在他之外的自然界，使他的精神本质，他的人的本质同人相异化。"③ 复次，人和人的异化。人同自己的劳动产品、自己的生命活动、自己的类本质相异化的直接结果就是人同人相异化。"当人同自身相对立的时候，他也同他人相对立。凡是适用于人对自己的劳动、对自己的劳动产品和对自身的关系的东西，也都适用于人对他人、对他人的劳动和劳动对象的关系。"④ 简言之，马克思通过运用异化劳动这一概念，揭示了资本主义社会的劳动过程以及由这种劳动体系所带来的全社会的非人化和反人道的性质。

在《资本论》及一系列经济学手稿中，马克思在唯物史观和剩余价值学说的基础上，完成了对早期异化劳动理论的改造，大量启用了异化话语，深刻地揭露了资本主义社会人和物的主客体关系颠倒，即物对人的奴役、人和人的主体间关系的物化。资本主义社会关系的对抗不仅集中于无产阶级和资产阶级方面，而且贯穿于人与物、人与人、人与自身关系的一切方面。资本主义这样一种倒立的、颠倒的、异化的世界必然引起观念上的"错乱"，商品拜物教、货币拜物教、资本拜物教等。三大拜物教观念正是这种异化了的现实世界的反映，是资本主义社会异化的深刻表现。

西方马克思主义者卢卡奇在充分吸收、继承马克思思想资源、异化理论的

---

① 《1844 年经济学哲学手稿》，人民出版社 2008 年版，第 52~53 页。
② 《1844 年经济学哲学手稿》，人民出版社 2008 年版，第 55 页。
③ 《1844 年经济学哲学手稿》，人民出版社 2008 年版，第 58 页。
④ 《1844 年经济学哲学手稿》，人民出版社 2008 年版，第 59 页。

基础上，创造性地提出了"物化意识"理论，深刻地剖析了资本主义的"物化结构"如何造成人的物化。何为"物化"？概而言之，物化就是人的活动及其结构和产品变成某种自律的东西并反过来支配人、压制人，人成了物的奴仆，人与人的关系表现为物与物的关系。用卢卡奇的话说，物化就是"人自己的活动，人自己的劳动，作为某种客观的东西，某种不依赖于人的东西，某种通过异于人的自律性来控制人的东西，同人相对立"。① 在他看来，物化已经成为资本主义社会的"普遍现象"，是"资本主义社会各个方面的主要结构"，是资本主义社会每一个人都必须面对的"必然的直接的现实"②。具体而言，资本主义社会的物化结构表现在两个方面。

从客观方面而言，物化是指人所创造的东西"非人化"和"自律化"，似乎人所创造出来的商品以及商品交换关系，具有某种与人相对立的"非人"的存在。充满客体和事物之间关系的世界即商品世界处处制约着人的活动，制约着人的主体性、能动性的发挥，人只是利用和掌握客观世界的规律以为自己服务，却不能通过自己的活动改变它。他说："在客观方面是产生出一个由现存的物以及物与物之间关系构成的世界（即商品及其在市场上的运动的世界），它的规律虽然逐渐被人们所认识，但是即使在这种情况下还是作为无法制服的、由自身发生作用的力量同人们相对立。"③ 即，在商品社会，商品作为人的创造物却获得了"幽灵般的对象性"，成为某种自律的东西，人不能驾驭自己的创造物及其运动过程，反而受其控制，"人无论在客观上还是在他对劳动过程的态度上都不表现为是这个过程的真正的主人，而是作为机械化的一部分被结合到某一机械系统里去"④，不管人是否愿意，他都必须服从机器的规律。显然，卢卡奇在此所说的"物"不是指先于人而存在、与人无涉的纯粹的自然物，而是指经人类"染指"过的"人化自然物"。各种物品本来是人的创造物，体现并展示着人的主体性，确证着人的本质，然而一旦它们被创造出来就获得了一种"摆脱了"人的独立性和自律性。诚如卢卡奇所说："满足需要的各种物品不再表现为某一共同体（例如在一个乡村公社里）的有机生活过程的产品，而是一方面表现为抽象的类样品（它原则上不同于它的类的其他样品），另一方面表现为孤立的客体（拥有或不拥有它取决于合理的计算）。"⑤ 随着资

---

① 卢卡奇著，杜章智等译：《历史与阶级意识》，商务印书馆 2009 年版，第 150 页。
② 卢卡奇著，杜章智等译：《历史与阶级意识》，商务印书馆 2009 年版，第 295 页。
③ 卢卡奇著，杜章智等译：《历史与阶级意识》，商务印书馆 2009 年版，第 150 页。
④ 卢卡奇著，杜章智等译：《历史与阶级意识》，商务印书馆 2009 年版，第 153~154 页。
⑤ 卢卡奇著，杜章智等译：《历史与阶级意识》，商务印书馆 2009 年版，第 156 页。

本主义商品经济的不断发展，它们不仅独立地存在并发挥着作用，而且变得越来越强大。人在它们面前既渺小又软弱，于是商品拜物教、货币拜物教、资本拜物教就自然而然地产生了。

从主观方面而言，物化是指人的"客体化"和"非人化"。即人的能力、人的活动、人的关系越来越与自身相分裂，越来越不属于他自己，人的一切成为商品的筹码，成为有价的可以用钱买到的东西。卢卡奇说："在主观方面——在商品经济充分发展的地方——，人的活动同人本身相对立地被客体化，变成一种商品，这种商品服从社会的自然规律的异于人的客观性，它正如变为商品的任何消费品一样，必然不依赖于人而进行自己的运动。"① 卢卡奇对资本主义"物化结构"的分析主要集中在对人的物化的分析上。在他看来，人的物化首先表现为主体的"客体化"、劳动力的"商品化"。由于资本主义生产和交换过程严格遵循可计算性原则，表现为一个服从自身理性原则的自律运转的体系，人不过是这个体系中的一个零件和可替换的数字化的组成部分，人就自然丧失了其主体地位。在生产中是机器在指挥着人，在交换中是商品在支配着人，人变成了对象和客体。不仅如此，人本身也成为一种商品，工人的劳动力同他的个性相分离，变成了一种物，一种可以在市场上"自由买卖"的对象。因此，工人变成生产过程的纯粹客体是通过资本主义生产方式实现的，即"通过工人被迫违背他的整个人格而把他的劳动力客体化，并把它作为属于自己的商品而出卖"② 来实现的。其次，人的物化表现为人的活动（劳动）的合理化和机械化。卢卡奇认为，人的劳动过程从手工业经过协作、手工工场到机器工业的发展就是一个合理化范围不断增加、机械化程度不断提高的过程。到了资本主义社会，劳动过程完全被分解为一些抽象合理的局部操作，工人的工作被简化为机械性重复的专门动作，可计算性原则成为劳动进行与否及如何进行的决定性准则，一切建立在以社会必要劳动时间为基础的"劳动定额"之上。这样，人的劳动过程变成了机器按照"客观"规律和"精确计算"原则运转的过程，"相互联系起来的和在产品中结合成统一体的各种局部操作的有机必然性"被消除了，人也被排除在劳动之外，活劳动变成死劳动。再次，人的物化表现为人与人关系（社会关系）的物化。资本主义社会的一个重要特点在于消除了所有的"自然障碍"，把人与人的全部关系都变为"纯粹的社会关系"。卢卡奇说："现代资本主义产生的所有经济—社会前提，都在促使以合理物化的关系

---

① 卢卡奇著，杜章智等译：《历史与阶级意识》，商务印书馆2009年版，第150~151页。
② 卢卡奇著，杜章智等译：《历史与阶级意识》，商务印书馆2009年版，第256页。

取代更明显展示出人的关系的自然关系"①。然而，这种合理物化的关系并不是人对人的直接关系，而是"典型的被生产过程的客观规律中介了的关系，而这些'规律'必然变为人的关系的直接的表现形式"②。也就是说，由于商品结构和商品生产的发展，资本主义条件下人的关系虽然摆脱了纯自然的形式，但并没有获得真正人的形式，而是获得了"物的性质"，变成了物与物的关系。

三、未来社会"现实的个人"的发展理想

针对资本主义的异化现象，马克思提出了他一生所追求的未来社会的理想目标：异化的消除，无产阶级乃至整个人类的解放，每个人的全面而自由的发展。马克思基于客观历史规律的把握，把共产主义视为资本主义之后更高的社会形式。而马克思在自己的思想发展过程中，从来都是把共产主义与人的全面发展联系在一起的。马克思在《1844年经济学哲学手稿》中指出，私有财产不过是下述情况的感性表现：人变成对自己来说是对象性的，同时，确切地说，变成异己的和非人的对象；他的生命表现就是他的生命的外化，他的现实化就是他的非现实化，就是异己的现实。"私有财产是外化劳动即工人对自然界和对自身的外在关系的产物、结果和不然后果。"③ 而扬弃恰是"把外化收回到自身的、对象性的运动。"④ 即通过扬弃对象性本质的异化来占有对象性本质，通过消灭对象世界的异化的规定、通过在对象世界的异化存在中扬弃对象世界而现实地占有自己的对象性本质。对私有财产的积极的扬弃也就意味着，为了人并且通过人对人的本质和人的生命、对象性的人和人的作品的感性的占有，不应当仅仅被理解为直接的、片面的享受，不应当仅仅被理解为占有、拥有。对私有财产的积极的扬弃，作为对人的生命的占有，是对一切异化的积极的扬弃，从而是人从宗教、家庭、国家等等向自己的人的存在即社会的存在的复归。对私有财产的扬弃，是人的一切感觉和特性的彻底解放；但这种扬弃之所以是这种解放，正是因为这些感觉和特性无论在主体还是在客体上都成为人的。眼睛成为人的眼睛，正像眼睛的对象成为社会的、人的、由人并为了人创造出来的对象一样。"共产主义是私有财产即人的自我异化的积极的扬弃，因而是通过人并且为了人而对人的本质的真正占有；因此，它是人向自身、向社

---

① 卢卡奇著，杜章智等译：《历史与阶级意识》，商务印书馆2009年版，第156页。
② 卢卡奇著，杜章智等译：《历史与阶级意识》，商务印书馆2009年版，第267页。
③ 《1844年经济学哲学手稿》，人民出版社2008年版，第61页。
④ 《1844年经济学哲学手稿》，人民出版社2008年版，第112页。

会的即合乎人性的人的复归，这种复归是完全的、自觉的和在以往发展的全部财富的范围内生成的。这种共产主义，作为完成了的自然主义等于人道主义，而作为完成了的人道主义等于自然主义，它是人和自然界之间、人和人之间的矛盾的真正解决，是存在和本质、对象化和自我确证、自由和必然、个体和类之间的斗争的真正解决。它是历史之谜的解答，而且知道自己就是这种解答。"① 共产主义作为私有财产的扬弃就是要求归还真正人的生命即人的财产，就是实践的人道主义的生成。共产主义是以扬弃私有财产作为自己的中介人道主义。只有通过扬弃这种中介——但这种中介是一个必要的前提——积极地从自身开始的，即积极的人道主义才能产生。然而，"共产主义决不是人所创造的对象世界的消逝、舍弃和丧失，即决不是人的采取对象形式的本质力量的消逝、舍弃和丧失，决不是返回到非自然的、不发达的简单状态去的贫困。恰恰相反，它们倒是人的本质的或作为某种现实东西的人的本质的现实的生成，对人来说的真正的实现。"② 他在《共产党宣言》中说，共产主义"将是这样一个联合体，在那里，每个人的自由发展是一切人的自由发展的条件"。③ 他在《资本论》中指出，共产主义是"以每一个个人的全面而自由的发展为基本原则的社会形式"。④他在《给〈祖国纪事〉杂志编辑部的信》中指出，共产主义是"达到在保证社会劳动生产力极高度发展的同时又保证每个生产者个人最全面的发展的这样一种经济形态"。⑤

　　任何制度都是一定价值体系的实体化、具体化。共产主义是一种制度，也是一种价值，它以每个人全面而自由的发展为最高价值。这种价值是共产主义制度的核心和灵魂，集中反映了该制度的性质，决定着其演化发展的方向，为它奠定最终的合法性和正当性的基础。正是在这个意义上，马克思称它为共产主义的基本原则，"根据共产主义原则组织起来的社会，将使自己的成员能够全面发挥他们的得到全面发展的才能"。⑥ 离开这一基本原则，对共产主义的理解就会不得要领，共产主义的实践也会不可避免地走向歧途。

---

① 《1844年经济学哲学手稿》，人民出版社2008年版，第81页。
② 《1844年经济学哲学手稿》，人民出版社2008年版，第112~113页。
③ 《共产党宣言》，人民出版社2004年版，第50页。
④ 《资本论》（第1卷），人民出版社2004年版，第683页。
⑤ 《马克思恩格斯选集》（第3卷），人民出版社1995年版，第342页。
⑥ 《马克思恩格斯选集》（第1卷），人民出版社1995年版，第243页。

第二节　人的全面而自由的发展规定之根据

人的发展是人之为人的规定性的发展，即人的本质和人性的发展。其中，人的本质是人成其为人的根据，也是人性的内在原因，它决定着人性，同时也从根本上规定着人的发展内容。马克思认为，"人的根本就是人本身"，"人本身是人的最高本质"，① 人总是"使自己成为衡量一切生活关系的尺度"，人是衡量一切价值之价值，人是至高的价值。理所当然，人也总是要以自己的尺度来衡量、估价、安顿人自身。"成为人"是人的终极价值追求，人的其他一切价值追求都是为了把自己创造成为真正的人。"全部历史是为了使'人'成为感性意识的对象和使'人作为人'的需要成为需要而作准备的历史（发展的历史）。"② 人的最根本的需要不是别的，而是要去做成一个人，成为一个配称之为人的人，也即要去获得人的本质，实现人的价值，完成人的使命。因此，人的发展说到底是人的本质的发展，人的全面发展就是"人以一种全面的方式，就是说，作为一个总体的人，占有自己的全面的本质"。③ 因此，要说明人的全面发展的内涵，首先必须明确人的全面发展规定之根据；必须理解人是什么，说明人的本质和人性。诚如马克思所言："批判的武器当然不能代替武器的批判，物质力量只能用物质力量来摧毁；但是理论一经掌握群众，也会变成物质力量。理论只要说服人，就能掌握群众；而理论只要彻底，就能说服人。所谓彻底，就是抓住事物的根本。但是，人的根本就是人本身。"④

马克思主义哲学确立了实践的观点，以实践为基础去理解人，克服了历史上长期以来对人的抽象解释，给予人的本质和人性以科学的说明，有三点相互联系的主要结论。

一、"人的本质"的含义

人的本质究竟是什么？一个最常见的解答思路和方式，就是把"人性"作为"人的本质"。这样，人们自然就得出了许多不同的结论，诸如食、色是人

---

① 《马克思恩格斯选集》（第 1 卷），人民出版社 1995 年版，第 16 页。
② 《1844 年经济学哲学手稿》，人民出版社 2008 年版，第 90 页。
③ 《1844 年经济学哲学手稿》，人民出版社 2008 年版，第 85 页。
④ 《马克思恩格斯选集》（第 1 卷），人民出版社 1995 年版，第 9 页。

的本质，理性是人的本质，社会性是人的本质，等等。其实，这些结论都是不正确的。

要理解人的本质，首先必须理解人的本质中"本质"二字的含义。关于本质，我们通常的理解是：第一，事物的内部联系，相对于事物的表现形式。马克思曾说，如果事物的表现形式和事物的本质会直接合二为一，一切科学就成为多余的了。在这个意义上，本质即本质联系。第二，事物的根本性质，相对于事物的一般属性、非本质属性而言，是事物众多属性中的一种重要属性。在这个意义上，本质即本质属性。根据这一理解，本质就有两个十分显著的特点：内在性和稳定性。换言之，本质是事物内部深藏的，是看不见、摸不着的东西；本质是比较稳定的，是相对不变的东西。

用"本质"这种含义和特性来理解人的本质，那就合乎逻辑地得出：人的本质是人本身所固有的，是深藏于人的内部、比较稳定和相对不变的。哲学史上众多思想家之所以把人的本质归结为人的自然性或理性，从方法论上而言，就是基于对"本质"的这种传统的、静态的理解。而这种结论则是同马克思对人的本质的哲学理解相对立的。我们知道，马克思主义始终坚持："人的本质不是单个人所固有的抽象物"；人的本质是历史的和不断发展变化的。

按照德国古典哲学家的一般理解，本质这一概念主要包括两个含义，或者是从属性的意义上说的，或者是从起源、原因、根据等意义上说的。马克思主义讲的人的本质也兼有这两种含义：第一，指它是由什么决定的，它不是来自神，不是来自绝对精神，也不是人固有的，而是来自"一切社会关系的总和"。第二，指它的根本属性，不是抽象的理性，也不是自然性，而是现实性、社会性。[①] 因此，在马克思主义哲学中，人的本质问题实际上是指什么使人成为人的问题，是人如何产生和发展的问题。人们探讨人的本质，就是要洞察人的根本，揭示人产生的原因，找出人存在、发展的根据，以及反映人的发展趋势。

在马克思主义看来，人的本质虽然和人性有联系，但并不等同，它们是关于人的不同层次的两个问题，人性是人作为类存在物所具有的共性，是人区别于其他动物的外在差异性。人的本质则是人成其为人从而区别于动物的根源，也就是产生、形成人及其特性的内在根据和原因。人的本质决定着人的特性，人的特性从一定的侧面表现和反映着人的本质。

就人与动物的不同而言，人性是人在外在属性方面与动物的区别。马克思

---

① 黄济等主编：《现代教育论》，人民教育出版社 2001 年版，第 229 页。

认为，可以根据意识、宗教或随便别的什么来区别人和动物，① 这种区别的标志是多种多样的。而人的本质则是作为人的内在根据，是人如何成为人而动物如何不能成为人的原因方面的区别。这种区别是最后的、唯一的区别。恩格斯指出："动物仅仅利用外部自然界，简单地通过自身的存在在自然界中引起变化；而人则通过他所作出的改变来使自然界为自己的目的服务，来支配自然界。这便是人同其他动物的最终的本质的差别，而造成这一差别的又是劳动。"② 很明显，这里的"最终的本质的"和"造成这一差别"等字眼无疑是很重要的，可惜并未引起人们始终如一的重视。

如果说，人性是人和动物的一种区别，那么产生这些特性，"造成"人和动物区别的原因的人的本质，则是人和动物区别的区别。在这个意义上（也只有在这个意义上），人的本质也可以说是人的一种特性，人不同于动物的根本之处，人的最根本的属性。但是，我们必须注意的是，这已经不是同一个层次的问题了。在人性层次上，是把人和其他动物并列作一种静态的比较，在整个动物系统内说明人是动物的一种，和其他动物有所不同，因此常见的说法是"人是……动物"，如人是理性动物、人是社会动物，等等。在人的本质的层次上，是对人和动物所作的一种动态分析，说明人是怎样从动物中脱胎而来，提升出来的。因此，在这个意义上，"人是……动物"，如人是劳动动物，人是自由的有意识的活动动物就很不恰当了。因为在本质层次上动物不能劳动，劳动把人和动物分开，劳动是人所独有的。人的劳动和动物的活动有着本质的差别。在这里，人不再是动物的一种和其他动物相并列，而是作为自然、生物进化中的崭新形态和整个动物界相区别。人是由于克服了所有动物的存在方式、活动方式的局限性而最终从动物中"提升"出来的劳动者、社会历史活动的主体。③

当然，这并不是说在人的劳动和动物的本能活动之间存在着不可逾越的鸿沟。从历史过程看，劳动虽然只是人所特有的活动，是专属于人的范畴，但它却是从高级动物的本能活动逐渐演化而来的。在这个漫长的历史过程中，劳动经历了从纯粹动物的本能活动，经过"最初的动物式的本能的劳动形式"，最后达到"专属于人的那种形式的劳动"④。与此相联系，人类祖先的生物形态也经历了亦猿亦人、亦人亦猿，"亦此亦彼"、"非此即彼"的演化过程。

① 《马克思恩格斯选集》（第1卷），人民出版社1995年版，第67页。
② 《马克思恩格斯选集》（第4卷），人民出版社1995年版，第383页。
③ 袁贵仁著：《马克思的人学思想》，北京师范大学出版社1996年版，第80—81页。
④ 《资本论》（第1卷），人民出版社2004年版，第208页。

二、自由的有意识的活动是人的类特性

作为人的形成和发展的原因、根据，人的本质是什么，这在马克思主义诞生之前，由于种种原因一直未能得到很好的回答。是马克思首先把人的本质和自由的有意识的活动、劳动联系起来，正确解答了这个人学之谜，并由此奠定了整个人学理论的科学基础。

（一）自由的有意识的活动是人的本质

费尔巴哈从未看到真实存在着的、活动的人，而是仅仅停留在抽象的"人"上。虽然承认人是"感性的对象"，但并未把人看做"感性的活动"。费尔巴哈关于人与人之间的关系的全部推论无非是要证明：人们是互相需要的，而且过去一直是互相需要的。① 他希望确立对这一事实的理解，并且"只是希望确立对存在的事实的正确理解"。究竟何谓"存在"呢？费尔巴哈的回答是："某物或某人的存在同时也就是某物或某人的本质；一个动物或一个人的一定生存条件、生活方式和活动，就是使这个动物或这个人的'本质'感到满意的东西。"② 显然，费尔巴哈既承认存在的东西同时又不了解存在的东西。如果一个动物或一个人的一定生存条件、生活方式和活动，就是使这个动物或这个人的"本质"感到满意的东西，那么，任何例外在这里都被肯定地看做是不幸的偶然事件，是不能改变的反常现象。按照费尔巴哈的逻辑，如果人们不满意他们的生活条件，如果他们的"存在"同他们的"本质"完全不符合，他们只能把这看做是"不可避免的不幸"，并"平心静气地忍受这种不幸"。当人们力图使自己的"存在"同自己的"本质"协调一致时，"费尔巴哈从来不谈人的世界，而是每次都求救于外部的自然界，而且是那个尚未置于人的统治之下的自然界。"③ 也就是说，费尔巴哈没有看到人们是通过实践、实践活动使自己的"存在"同自己的"本质"协调一致的。马克思、恩格斯在吸收费尔巴哈有关人是"感性的对象"等唯物主义思想的基础上，创造性地提出了自由的有意识的活动是人的类特性，劳动是人的本质。

---

① 《马克思恩格斯选集》（第1卷），人民出版社1995年版，第96页。
② 《马克思恩格斯选集》（第1卷），人民出版社1995年版，第97页。
③ 《马克思恩格斯选集》（第1卷），人民出版社1995年版，第97页。

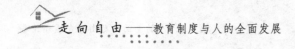

1. 作为类存在物，人的本质是人的自由的有意识的活动

马克思在《1844年经济学哲学手稿》中，从哲学人本学的立场出发，把人理解为类的存在物，并深刻地揭示了自由的有意识的活动是人的类本质。马克思指出："人是类存在物，不仅因为人在实践上和理论上都把类——他自身的类以及其他物的类——当作自己的对象；而且因为——这只是同一事物的另一种说法——人把自身当作现有的、有生命的类来对待，因为人把自身当作普遍的因而也是自由的存在物来对待。"① 这实际上是说，所谓人是类的存在物，是指人一方面能自觉地把握外部世界和自身的类，另一方面能够作为自由自在的类存在物而实际地进行创造活动。因此，人区别于动物的类本质特征，就在于人是自由自觉的类的存在物。马克思指出："一个种的整体特性、种的类特性就在于生命活动的性质，而自由的有意识的活动恰恰就是人的类特性。"② 自由的有意识的活动或劳动这种生命活动，对人来说不过是满足一种需要即维持肉体生存的需要的一种手段，而生命活动就是类生活，这是产生生命的生活。"动物和自己的生命活动是直接同一的。动物不把自己同自己的生命活动区别开来。它就是自己的生命活动。人则使自己的生命活动本身变成自己意志的和自己意识的对象。他具有有意识的生命活动。这不是人与之直接融为一体的那种规定性。有意识的生命活动把人同动物的生命活动直接区别开来。正是由于这一点，人才是类存在物。或者说，正因为人是类存在物，他才是有意识的存在物，就是说，他自己的生活对他来说是对象。仅仅由于这一点，他的活动才是自由的活动。"③ 由于这种自由的有意识的活动或劳动本身构成人的类本质，因而，人的劳动、人的生产、人的实践实际上是一种对象性的活动，即实际地改变对象、创造对象的活动。马克思指出："人通过自己的活动按照对自己有用的方式来改变自然物质的形态。"④ 而人的对象世界，人生活于其中的感性世界，作为人的实践活动的产物实质上是劳动的对象化，即自由的有意识的类本质的对象化。马克思即把劳动对象化称之为"人的本质的对象化"，把工业"看成为人的本质力量的公开展示"，并形象地指出："工业的历史和工业的已经生成的对象性的存在，是一本打开了的关于人的本质力量的书。"⑤ 人改造对象世界的实践活动并不是机械地、简单地复制对象本身，而是把人的需要、愿

① 《1844年经济学哲学手稿》，人民出版社2008年版，第56页。
② 《1844年经济学哲学手稿》，人民出版社2008年版，第57页。
③ 《1844年经济学哲学手稿》，人民出版社2008年版，第57页。
④ 《资本论》（第1卷），人民出版社2004年版，第88页。
⑤ 《1844年经济学哲学手稿》，人民出版社2008年版，第88页。

望、计划、目的等主观性的对象客观化到对象之中，从而在主客体统一的活动结果中确证人的本质力量。马克思曾提出了人的活动的双重尺度的著名观点。即是说，人不同于动物，人能同时按照任何物种的尺度和自己内在的尺度进行生产和创造。"通过实践创造对象世界，改造无机界，人证明自己是有意识的类存在物，就是说是这样一种存在物，它把类看作自己的本质，或者说把自身看作类存在物。诚然，动物也生产。它为自己营造巢穴或住所，如蜜蜂、海狸、蚂蚁等。但是，动物只生产它自己或它的幼仔所直接需要的东西；动物的生产是片面的，而人的生产是全面的；动物只是在直接的肉体需要的支配下生产，而人甚至不受肉体需要的影响也进行生产，并且只有不受这种需要的影响才是真正的生产；动物只生产自身，而人生产整个自然界；动物的产品直接属于它的肉体，而人则自由地面对自己的产品。动物只是按照它所属的那个种的尺度和需要来构造，而人懂得按照任何一个种的尺度来进行生产，并且懂得处处都把内在的尺度运用于对象；因此，人也是按照美的规律来构造。"① 至此，马克思关于类本质对象化的思想就比较清晰、完整地展示出来了。这一范畴对于理解人的本质、人的存在、人的世界都是至关重要的。马克思在《1844年经济学哲学手稿》中具体阐述了人的自由的有意识的类本质和人的劳动对象化的思想之后，明确地概括了类本质对象化的思想："因此，正是在改造对象世界中，人才真正地证明自己是类存在物。这种生产是人的能动的类生活。通过这种生产，自然界才表现为他的作品和他的现实。因此，劳动的对象是人的类生活的对象化：人不仅像在意识中那样在精神上使自己二重化，而且能动地、现实地使自己二重化，从而在他所创造的世界中直观自身。"② 因此，人类自动物进化而来，人与动物根本区别就在于人对人的世界的创造。只有从人创造人的世界的对象活动中，才能够显示人的本质，人类的这一对人的世界的创造，正是人的自由的有意识的活动的结果。

作为类存在物，人的本质是人的自由的有意识的活动，即实践活动，最集中的表现是劳动③。卡西尔在《人论》一书中曾说："人的突出特征，人与众不同的标志，既不是他的形而上学本性也不是他的物理本性，而是人的劳作（work）。正是这种劳作，正是这种人类活动的体系，规定和划定了'人性'的

① 《1844年经济学哲学手稿》，人民出版社2008年版，第57~58页。
② 《1844年经济学哲学手稿》，人民出版社2008年版，第58页。
③ 《哲学百科全书》一书说，劳动就是"指向一个有用结果的所有物质和精神活动"。更准确地说，劳动是一种通过身体和工具的适用改变事物使其满足人的需要的体力活动。转引自 B. 莫迪恩著，李树琴等译：《哲学人类学》，黑龙江人民出版社2005年版，第138页。

圆周。语言、神话、宗教、艺术、科学、历史，都是这个圆的组成部分和各个扇面。"① 马克思指出，劳动是为每个人设定的天职，全部人的活动迄今为止都是劳动。1868 年 7 月，马克思在给路·库格曼的信中指出："任何一个民族，如果停止劳动，不用说一年，就是几个星期，也要灭亡，这是每一个小孩都知道的。小孩子同样知道，要想得到和各种不同的需要量相适应的产品量，就要付出各种不同的和一定量的社会总劳动量。"② 恩格斯指出："历史破天荒第一次被置于它的真正基础上；一个很明显的而以前完全被人忽略的事实，即人们首先必须吃、喝、住、穿，就是说首先必须劳动，然后才能争取统治，从事政治、宗教和哲学等等，——这一很明显的事实在历史上的应有之义此时终于获得了承认。"③ "劳动是生产的主要要素，是'财富的源泉'，是人的自由活动。"④ 对于马克思、恩格斯的这一伟大发现，西方学者如汉娜·阿伦特给予了高度的评价。她在《人的条件》一书中说："劳动从社会中最低下、最为人看不起的位置一下子上升为一种人类最值得尊敬的活动，这种变化是从洛克发现劳动是一切财产的来源后开始的。当亚当·斯密断言劳动是一切财富的源泉，当马克思的'劳动体系观'——劳动成了一切生产力的源泉，是人性的一种表达，使劳动达到至高无上的地位时，情形更是如此。"⑤ 阿伦特不仅指明了马克思将劳动看成是人性的表达，从而将"现实中的个人"同劳动本身相同一，而且也指明了上述三人中，只有马克思才是关注劳动本身。在对三人进行了比较之后，她明确说道："就马克思而言，劳动就是'劳动者自身生命的再生产'，这种劳动保证了个人的生存，而生育则是'另一生命'的生产，它保证了'整个人类的生存'。这种观点始终成为马克思的起源……马克思以此道出了一种其前人……和其后来者从未达到过的深刻的体验。"⑥ 当然，马克思在主张人的本质是人的自由的有意识的活动、实践活动时，并未把实践活动神圣化。在他看来，实践活动并不具有神圣性，实践活动的根本特征恰在于现实性。现实具有两面性、历史性，是合理性与不合理性的统一。现实性的两面性对应于实践活动的两面性。马克思在《1844 年经济学哲学手稿》中曾说明了劳动的两面性。劳动一方面是正面的创造，另一方面也是问题产生的重要原因。在批判黑

---

① 恩斯特·卡西尔著，甘阳译：《人论》，上海译文出版社 1985 年版，第 15 页。
② 《马克思恩格斯选集》（第 4 卷），人民出版社 1995 年版，第 580 页。
③ 《马克思恩格斯选集》（第 3 卷），人民出版社 1995 年版，第 335~336 页。
④ 《马克思恩格斯全集》（第 3 卷），人民出版社 2002 年版，第 458 页。
⑤ 汉娜·阿伦特著，竺乾威译：《人的条件》，上海人民出版社 1999 年版，第 93 页。
⑥ 汉娜·阿伦特著，竺乾威译：《人的条件》，上海人民出版社 1999 年版，第 95 页。

格尔的劳动观时，马克思指出："黑格尔站在现代国民经济学家的立场上。他把劳动看作人的本质，看作人的自我确证的本质；他只看到劳动的积极的方面，没有看到它的消极的方面。"①

自由的有意识的实践活动以及劳动，是主体有目的、有意识地改造客体，同时自身也得到改造的人类特有的对象性活动。马克思指出："劳动首先是人和自然之间的过程，是人以自身的活动来中介、调整和控制人和自然之间的物质变换的过程。人自身作为一种自然力与自然物质相对立。为了在对自身生活有用的形式上占有自然物质，人就使他身上的自然力——臂和腿、头和手运动起来。当他通过这种运动作用于他身外的自然并改变自然时，也就同时改变他自身的自然。他使自身的自然中蕴藏着的潜力发挥出来，并且使这种力的活动受他自己控制。"② 一部人类的历史就是人有意识地通过自己的有目的的对象性活动创造的历史，人类的历史不过是追求着自己目的的人的活动而已。恩格斯指出："随同人，我们进入了历史。动物也有一部历史，即动物的起源和逐渐发展到今天这样的状态的历史。但是这部历史对它们来说是被创造出来的，如果说它们自己也参与了创造，那也是无意识的。相反地，人离开狭义的动物越远，就越是有意识地自己创造自己的历史，未能预见的作用、未能控制的力量对这一历史的影响就越小，历史的结果和预定的目的就越加符合。"③ 只有人的实践活动才真正是有目的的活动，因为只有人才能自觉地预先设定实践活动的目的，使自己的实践活动服从这个目的，并在实践活动的结果中实现这个目的。马克思、恩格斯即是从人的活动来规定人的本质的，人的本质规定性就是实践性，他们把"自由的有意识的活动"、劳动活动——对象化的实践看作是人与其他动物的根本区别。

2. 自由的有意识的活动，使人兽相揖别

自由的有意识的活动、实践活动以及劳动使人兽相揖别。意大利人文主义者皮科认为，任何动物的活动都受到它本性的限制，狗只能像狗那样生活，狮子也只能像狮子那样生活。可是人却相反，人没有强制自己应该如何生活的本性，人没有使自身受限制的本质，人只有从事活动时才成其为人，人是自己的主人，人的唯一限制就是要消除限制，就是要获得自由，人奋斗的目的就是要使自己成为自由人，自己能选择自己的命运，用自己的双手编织光荣的桂冠或

① 《1844年经济学哲学手稿》，人民出版社2008年版，第101页。
② 《资本论》（第1卷），人民出版社2004年版，第207～208页。
③ 《马克思恩格斯选集》（第4卷），人民出版社1995年版，第274页。

是耻辱的锁链。他说："人类生存的条件就是消除限制他的条件，人必须回答的问题是，他是'谁'，而不是他'为什么'。人是原始的动因，是自由的'现实'。人就是一切，因为人可以成为一切，成为动物、植物、石头，也可以成为羊羔和'上帝之子'。人和上帝的形象有相似之处正是在于：人是动因、是自由、是行动，也是自身行为的结果。"① 莫迪恩曾说："劳动是人的一种很特殊的活动：实际上，人是唯一能够进行劳动的存在。劳动……可以把人与野兽区别开来。……当动物仍然只能承受大自然的反复无常，人却通过劳动，成功地使自然服从自己的希望和目标。因此，劳动构成了人的一个特殊的、本质的维度。"② 在他看来，"每个人都是自己劳动的产物"。③ 人的活动是自由的有意识的，与动物的生命活动有着质的不同，劳动是人与动物的本质区别。恩格斯在《自然辩证法》中指出："人类社会区别于猿群的特征在我们看来又是什么呢？是劳动。"④ "动物所能做到的最多是搜集，而人则从事生产。"⑤ 他在给拉甫罗夫的信中说："人类社会和动物社会的本质区别在于，动物最多是搜集，而人则能从事生产。"⑥ 人来自于动物，把人从动物中提升出来的是劳动。"劳动是一切人类生活的第一个基本条件，而且达到这样的程度，以致我们在某种意义上不得不说：劳动创造了人本身。"⑦ 他以人手为例写道：手不仅是劳动的器官，它还是劳动的产物。"只是由于劳动，由于总是要去适应新的动作，由于这样所引起的肌肉、韧带以及经过更长的时间引起的骨骼的特殊发育遗传下来，而且由于这些遗传下来的灵巧性不断以新的方式应用于新的越来越复杂的动作，人的手才达到这样高度的完善。"⑧ 随着手的发展，随着劳动而开始的人对自然界的统治，随着每一新的进步又扩大了人的眼界，他们在自然对象中不断地发现新的、以往所不知道的属性。另一方面，劳动的发展必然促使社会成员更紧密地互相结合起来，因为它使互相支持和共同协作的场合增多了，并且使每个人都清楚地意识到这种共同协作的好处。一句话，这些正在生成的人，已经达到彼此间不得不说些什么的地步了。这样，语言从劳动中并和劳动一起

---

① E. 加林著，李玉成译：《意大利人文主义》，生活·读书·新知三联书店 1998 年版，第 102 页。
② B. 莫迪恩著，李树琴等译：《哲学人类学》，黑龙江人民出版社 2005 年版，第 137 页。
③ B. 莫迪恩著，李树琴等译：《哲学人类学》，黑龙江人民出版社 2005 年版，第 140 页。
④ 《马克思恩格斯选集》（第 4 卷），人民出版社 1995 年版，第 378 页。
⑤ 《马克思恩格斯选集》（第 4 卷），人民出版社 1995 年版，第 372 页。
⑥ 《马克思恩格斯选集》（第 4 卷），人民出版社 1995 年版，第 623 页。
⑦ 《马克思恩格斯选集》（第 4 卷），人民出版社 1995 年版，第 373～374 页。
⑧ 《马克思恩格斯选集》（第 4 卷），人民出版社 1995 年版，第 375 页。

产生出来，"首先是劳动，然后是语言和劳动一起，成了两个最主要的推动力，在他们的影响下，猿脑就逐渐地过渡到人脑"。① 马克思指出，人和动物的区别在于人的本质，而人的本质是劳动。劳动把人和动物区别开来，劳动是人所独有的。"可以根据意识、宗教或随便别的什么来区别人和动物。一当人开始生产自己的生活资料的时候，这一步是由他们的肉体组织所决定的，人本身就开始把自己和动物区别开来。人们生产自己的生活资料，同时间接地生产着自己的物质生活本身。"② 当然，这并不是说在人的劳动和动物的本能活动之间存在着不可逾越的鸿沟。马克思曾以生动的譬喻揭示了人的自由自觉的活动同动物的本能活动之间的区别："蜘蛛的活动与织工的活动相似，蜜蜂建筑蜂房的本领使人间的许多建筑师感到惭愧。但是，最蹩脚的建筑师从一开始就比最灵巧的蜜蜂高明的地方，是他在用蜂蜡建筑蜂房以前，已经在自己的头脑中把它建成了。劳动过程结束时得到的结果，在这个过程开始时就已经在劳动者的表象中存在着，即已经观念地存在着。他不仅使自然物发生形式变化，同时他还在自然物中实现自己的目的，这个目的是他所知道的，是作为规律决定着他的活动的方式和方法的，他必须使他的意志服从这个目的。但是这种服从不是孤立的行动。"③ 马克思在这里指出了一个基本事实，即人的全部活动所表现出来的一个主要的和基本的特征就是，人在实践活动之先，对活动过程所取得的结果，就已经在头脑中预先存在着了。人在观念中提出和设定目的，又通过实践活动来实现和达到目的。

在自由的有意识的活动中，人对动物的超越还表现在制造工具的能力上。劳动是从制造工具开始的。一般来说，劳动过程只要稍有一点发展，就已经需要经过加工的劳动资料。马克思指出："没有生产工具，哪怕这种生产工具不过是手，任何生产都不可能。没有过去的、积累的劳动，哪怕这种劳动不过是由于反复操作而积累在野蛮人手上的技巧，任何生产都不可能。"④ 在人类历史的初期，除了经过加工的木块、木头、骨头和贝壳外，被驯服的，也就是被劳动改变的、被饲养的动物，也曾作为劳动资料起着主要的作用。劳动资料的使用和创造，虽然就其萌芽状态来说已为某几种动物所固有，但是这毕竟是人类劳动过程独有的特征，所以人是制造工具的动物。"各种经济时代的区别，不在于生产什么，而在于怎样生产，用什么劳动资料生产。劳动资料不仅是人类

---

① 《马克思恩格斯选集》（第4卷），人民出版社1995年版，第377页。
② 《马克思恩格斯选集》（第1卷），人民出版社1995年版，第67页。
③ 《资本论》（第1卷），人民出版社2004年版，第208页。
④ 《马克思恩格斯选集》（第2卷），人民出版社1995年版，第3页。

劳动力发展的测量器，而且是劳动借以进行的社会关系的指示器。在劳动资料本身中，机械性的劳动资料（其总和可称为生产的骨骼系统和肌肉系统）远比只是充当劳动对象的容器的劳动资料（如管、桶、篮、罐等，其总和一般可称为生产的脉管系统）更能显示一个社会生产时代的具有决定意义的特征。"① 恩格斯认为，人也是由分化而产生的。不仅从个体方面来说是如此，而且从历史方面来说也是如此。经过多少万年的搏斗，手脚的分化，直立行走得以最终确立下来，于是人和猿区别开来，于是奠定了音节分明的语言的发展和人脑的巨大发展的基础，从此人和猿之间的鸿沟就成为不可逾越的了。"手的专业化意味着工具的出现，而工具意味着人所特有的活动，意味着人对自然界的具有改造作用的反作用，意味着生产。狭义的动物也有工具，然而这只是它们的身躯的肢体，蚂蚁、蜜蜂、海狸就是这样；动物也进行生产，但是它们的生产对周围自然界的作用在自然界面前只是零。只有人才办得到给自然界打上自己的印记，因为他们不仅迁移动植物，而且也改变他们的居住地的面貌、气候，甚至还改变了动植物本身，以致他们活动的结果只能和地球的普遍灭亡一起消失。而人所以能做到这一点，首先和主要是借助于手。甚至蒸汽机这一直到现在仍是人改造自然界的最强有力的工具，正因为是工具，归根到底还是要依靠手。但是随着手的发展，头脑也一步一步地发展起来，首先产生了对影响某些个别的实际效益的条件的意识，而后来在处境较好的民族中间，则由此产生了对制约这些条件的自然规律的理解。随着自然规律知识的迅速增加，人对自然界起反作用的手段也增加了；如果人脑不随着手、不和手一起、不是部分地借助于手而相应地发展起来，那么单靠手是永远造不出蒸汽机来的。"② 在劳动领域，人对动物的超越不仅仅是因为制造工具的能力，而更多的是因为人所独具的形成"工具"概念的能力。人明白，不仅通过手，通过工具的使用可以达到确定的结果，因为工具的使用延伸和加强了手的能力；人还可以产生利用具有某些特性的工具以完成某些特定类型的工作的观念。莫迪恩说："动物不能创造艺术作品，尽管他们能够制造非常美丽的东西出来，但是这些东西是本能的产物、而不是自由的创造，是精确地按照自然的指令、而不是依赖幻想这样的发明才能。人却有着单纯为了愉悦（不是根据自然所确定的方案，而是通过自己的聪明才智进行创造）而自由创造美丽的作品——艺术作品的能力。"③

---

① 《资本论》（第1卷），人民出版社2004年版，第210页。
② 《马克思恩格斯选集》（第4卷），人民出版社1995年版，第273~274页。
③ B. 莫迪恩著，李树琴等译：《哲学人类学》，黑龙江人民出版社2005年版，第137页。

动物靠自然本性而生存，它们的一切活动都不能超出其本性，而人则能在他的自由的有意识的活动——实践、劳动中实际创造一个对象世界，改造无机自然界。劳动不再被看作对自然的简单模仿，而是看作对自然的支配，人们虽然对自然仍存敬畏之感，但也开始利用各种手段开发自然，揭示自然的奥妙。动物仅仅利用外部自然界，而人则通过他所作出的改变来使自然界为自己的目的服务，来支配自然界。恩格斯认为，自然条件到处决定人的历史发展，同样的人也反作用于自然界，改变自然界，为自己创造新的生存条件。"动物仅仅利用外部自然界，简单地通过自身的存在在自然界中引起变化；而人则通过他所作出的改变来使自然界为自己的目的服务，来支配自然界。……我们连同我们的肉、血和头脑都是属于自然界和存在于自然之中的；我们对自然界的全部统治力量，就在于我们比其他一切生物强，能够认识和正确运用自然规律。"① 以这样的方式，人"渐渐地反抗落在自己头上的命运，希望逃脱从古老得无法追忆的时候起他就被告知不可征服的宿命"。② 人不仅为了自己的目的支配自然界，而且还支配、控制社会力量。恩格斯指出："社会力量完全像自然力一样，在我们还没有认识和考虑到它们的时候，起着盲目的、强制的和破坏的作用。但是，一旦我们认识了它们，理解了它们的活动、方向和作用，那么，要使它们越来越服从我们的意志并利用它们来达到我们的目的，就完全取决于我们了。"③ 同时，在创造一个对象世界，改造无机自然界的过程中，进而创造了人自身。马克思指出："整个所谓世界的历史不外是人通过人的劳动而诞生的过程，是自然界对人来说的生成过程，所以关于他通过自身而诞生、关于他的形成过程，他的直观的、无可辩驳的证明。因为人和自然界的实在性，即人对人来说作为自然界的存在以及自然界对人来说作为人的存在，已经成为实际的、可以通过感觉直观的，所以关于某种异己的存在物、关于凌驾于自然界和人之上的存在物问题，即包含着对自然界的和人的非实在性的承认的问题，实际上已经成为不可能的了。"④ 劳动是人性的一个有价值的方面，因为人不仅通过劳动使自然向着符合自己需要的方向改变，而且在劳动中他实现了人的本质，使自己的谋划得到了实现，每个人都是自己劳动的产物。马克思指出："在我个人的生命表现中，我直接创造了你的生命表现，因而在我个人的活动中，我直

① 《马克思恩格斯选集》（第4卷），人民出版社1995年版，第383~384页。
② B. 莫迪恩著，李树琴等译：《哲学人类学》，黑龙江人民出版社2005年版，第141页。
③ 《马克思恩格斯选集》（第3卷），人民出版社1995年版，第754页。
④ 《1844年经济学哲学手稿》，人民出版社2008年版，第92页。

接证实和实现了我的真正的本质，即我的人的本质，我的社会的本质。"① 实际上，劳动可以展示人对动物的超越以及人的精神维度，不管是为了发明工具还是为了劳动，人都必须调动他所有的最高级的精神活动——推理能力、自由、深思熟虑、决策，才能进入行动的领域，实施某项工作。恩格斯指出："推动人去从事活动的一切，都要通过人的头脑，甚至吃喝也是由于通过头脑感觉到饥渴而开始，并且同样由于通过头脑感觉到饱足而停止。外部世界对人的影响表现在人的头脑中，反映在人的头脑中，成为感觉、思想、动机、意志。总之，成为'理想的意图'，并且以这种形态变成'理想的力量'。"②

3. 自由的有意识的活动，规定着人的本质

实践活动是人生存生活的基础，是人发展的动力，是人的自我表现、自我肯定的形式，也是形成人的特性的客观基础和理解人的特性的主要依据。"社会的活动和社会的享受决不仅仅存在于直接共同的活动和直接共同的享受这种形式中，虽然共同的活动和共同的享受，即直接通过同别人的实际交往表现出来和得到确证的那种活动和享受，在社会性的上述直接表现以这种活动的内容的本质为根据并且符合其本性的地方都会出现。"③ 实践活动是人的生命之根和立命之本，其他的活动都是在实践基础上形成和发展的，并统一于人的实践活动。因此，人不需要从实践之外，也即从人之外去寻找生存的根据和追求的目标，而是在实践中生成为一个具有"实践本性"的"人"。

实践是一种活动，但却不是一般意义上的活动，它规定着人类特征，规定着人的本质的活动。人在实践中与世界、与他人发生着各种各样的关系，随着实践的进展，关系的丰富和扩大，人性的全面性随之而发展，人的能力和智慧也随之而提升，人在实践中不断生成。毛泽东指出："马克思主义者认为人类的生产活动是最基本的实践活动，是决定其他一切活动的东西。人的认识，主要地依赖于物质的生产活动，逐渐地了解自然的现象、自然的性质、自然的规律性、人和自然的关系；而且经过生产劳动，也在各种不同程度上逐渐地认识了人和人的一定的相互关系。一切这些知识，离开生产活动是不能得到的。"④ 人的本质特征在历史性实践中日益显示，实践是人的存在方式，是人所特有的存在方式。实践这种存在方式的特征就在对于给定性（包括自然和自身）的否定与扬弃，在于对人自身和人的世界的创造和再创造。莫迪恩曾说："人之区

① 《1844年经济学哲学手稿》，人民出版社2008年版，第184页。
② 《马克思恩格斯选集》（第4卷），人民出版社1995年版，第232页。
③ 《1844年经济学哲学手稿》，人民出版社2008年版，第83页。
④ 《毛泽东选集》（第2卷），人民出版社1991年版，第282~283页。

别于动物，是在于动物已由自然为其安排了生存所必需的一切，而人却必须依靠自己的力量获取这些必需品。与动物不同，人是没有'自然'环境的，因此不得不去通过自己的活动创造环境和生存的条件。因为这个原因，他注定要成为'普罗米修斯'，它通过创造第二自然来弥补自己适应环境上的天然不足，这个第二自然就是文化。文化因此成为'第二自然'——也就是人类的自然——这个自然由人自己所创造，只有人才能生活于其中——那'非自然'的文化的创造者本人就是一个'非自然'的存在者——这个世界独一无二的存在者，他是在与环境的鲜明对比中构造出来的。对动物而言是'自然环境'的地方，对人来说就是文化的世界——也就是说，人是在维持生命的过程中实现对文化世界维持和控制的。"① 恩格斯认为，人的历史发展一方面受自然条件的制约，另一方面人也反作用于自然界，改变自然界，为自己创造新的生存条件。"自然科学和哲学一样，直到今天还全然忽视人的活动对人的思维的影响；它们在一方面只知道自然界，在另一方面又只知道思想。但是，人的思维的最高本质的和最切近的基础，正是人所引起的自然界的变化，而不仅仅是自然界本身；人在怎样的程度上学会改变自然界，人的智力就在怎样的程度上发展起来。"②

（二）自由的有意识的活动影响、制约着人的属性

马克思和恩格斯在《德意志意识形态》中指出，人的物质生产劳动表现为双重关系：一方面是自然关系，另一方面是社会关系。劳动的自然关系就是在劳动过程中人与自然的关系，劳动的社会关系就是劳动过程中人与人的关系。人固然有许多特性，但人的基本特性是劳动，是在劳动过程中人与自然、人与他人或社会关系中表现出来的自然属性、社会属性和精神属性。人的自然属性、社会属性和精神属性是由劳动派生的，是受劳动的影响和制约的。也只有通过劳动，这些属性才可能被统一理解为一个有机的"属性集"，并在劳动的基础上通过"属性集"而得到合理的解释。

人具有自然属性，但人的自然属性是在劳动过程中相应得到改造的自然属性。人在历史进化过程中，通过劳动不断培养和积累了某些对社会有益的品质和属性，这些社会品质和属性对人的"自然"本性起着日益增长的反作用。例

---

① B. 莫迪恩著，李树琴等译：《哲学人类学》，黑龙江人民出版社 2005 年版，第 146～147 页。

② 《马克思恩格斯选集》（第 4 卷），人民出版社 1995 年版，第 329 页。

如，人经常控制、限制自己的某些"自然"要求，摆脱对生物需要压力的绝对服从，使自己的行动适应人类社会生活的道德规范和价值观念。恩格斯指出："人是唯一能够由于劳动而摆脱纯粹的动物状态的动物——他的正常状态是和他的意识相适应的而且是要由他自己创造出来的。"①

人具有社会属性，但人类社会及人的社会属性都是劳动的产物，是适应劳动的需要而产生并通过劳动而发展的。没有劳动，就没有社会，也不需要社会，也自然不会形成人与人之间的社会关系。要劳动，就需要人与人之间的社会交往。一切劳动都是社会性的，都是社会劳动。劳动是社会性的劳动，进行劳动的人是社会性的人。不是人的本性决定劳动的社会性，而是劳动的社会性决定人的社会性。

人具有精神属性，但人改造世界的生产劳动与动物的简单适应环境的本能不同，它是一种能动的创造性活动。物质的创造以观念的、精神的创造为前提，人的生产劳动要求人具有动物所没有的创造性和目的性。恩格斯指出："我们并不想否认，动物是有能力作出有计划的、经过事先考虑的行动的。……但是一切动物的一切有计划的行动，都不能在地球上打下自己的意志的印记。这一点只有人才能做到。"② 人的意识既可以能动地反映世界，也可以通过劳动有目的地对世界施加影响。在现有的一切生物中，劳动仅仅为人所有，意识、思维也仅仅为人所有。也就是说，人的劳动是有意识的、有意志的活动；人通过劳动产生意识，意识在任何时候都只能是被意识到了的存在，而人们的存在就是他们的实际活动过程。同时，"通过实践创造对象世界，改造无机界，人证明自己是有意识的类存在物。"③

总之，人的自然属性、社会属性和精神属性，都不能脱离人的实践活动以及劳动而独立存在，都不能脱离实践活动以及劳动而得到科学的说明。

三、作为社会存在物，人的本质在其现实性上是一切社会关系的总和

对人的本质的回答，仅仅了解人的劳动的本质远远不够，还必须考虑到一定的社会形态、社会结构对人的影响，看到不同历史时期的经济关系、政治关系和思想关系对人的不同的作用。人所有优越于动物的特征，人的类本质的存

---

① 《马克思恩格斯选集》（第 4 卷），人民出版社 1995 年版，第 275 页。
② 《马克思恩格斯选集》（第 4 卷），人民出版社 1995 年版，第 383 页。
③ 《1844 年经济学哲学手稿》，人民出版社 2008 年版，第 57 页。

在只有人作为类存在的物存在时才有可能。异化劳动使人丧失了类本质，凡是属于类的、精神的类能力都变成维持他的个人生存的手段，自由的有意识的活动便为强制性的劳动所代替。而人同他的类本质相异化，"说的是一个人同他人相异化，以及他们中的每个人都同人的本质相异化"①，即人与人关系的异化，人对自身的任何关系，只有通过人对他人的关系才得到实现和表现。可见，对于自由的有意识的活动具有决定意义的是人类在生产活动中所形成的社会关系。因此，人的现实活动永远处在社会关系之中，社会关系构成人和人、人与社会之间相互作用的方式和生存状态。

（一）人的本质是社会关系的总和

自由的有意识的活动、劳动是人的本质。更准确地说，劳动是人类的本质，或人的类本质。

1. 人生活在普遍的社会联系之中

对于一般的事物或动物来说，找到它区别于其他事物、其他动物的类特性也就够了。一窝蜜蜂实际上只是一只蜜蜂，蜜蜂的类特性也就是个体的特性。人则不同，劳动并不是人类个体所固有的特性。从人类的形成看，为了在发展过程中脱离动物状态，实现自然界中最伟大的进步，还需要一些因素：以群的联合力量和集体行动来弥补个体能力之不足。莫迪恩曾说："劳动是由本质上是精神的具体化的人来实施的，为了实现自己，他必须进行劳动并与他人合作。因此，劳动有一种双重价值：个人的和社会的。"② 在现实的社会中，一切劳动都离不开个人，但劳动并不是个人的单独劳动，"孤立的一个人在社会之外进行生产——这是罕见的事"。③ 只有在社会中和通过社会，劳动才能成为财富和文化的源泉，"孤立的劳动（假定它的物质条件是具备的）即使能创造使用价值，也既不能创造财富，又不能创造文化"。④ 马克思指出，社会活动和社会享受，无论就其内容或其存在方式来说，都是社会的活动和社会的享受。"甚至当我从事科学之类的活动，即从事一种我只在很少情况下才能同别人进行直接联系的活动的时候，我也是社会的，因为我是作为人活动的。不仅我的活动所需的材料——甚至思想家用来进行活动的语言——是作为社会的产品给予我的，而且我本身的存在是社会的活动；因此，我从自身所做出的东西，是

---

① 《1844年经济学哲学手稿》，人民出版社2008年版，第59页。
② B. 莫迪恩著，李树琴等译：《哲学人类学》，黑龙江人民出版社2005年版，第149页。
③ 《马克思恩格斯全集》（第30卷），人民出版社1995年版，第25页。
④ 《马克思恩格斯选集》（第3卷），人民出版社1995年版，第300页。

我从自身为社会做出的，并且意识到我自己是社会存在物。"① "个体是社会存在物。因此，他的生命表现，即使不采取共同的、同他人一起完成的生命表现这种直接形式，也是社会生活的表现和确证。人的个体生活和类生活不是各不相同的，尽管个体生活的存在方式是——必然是——类生活的较为特殊的或者较为普遍的方式，而类生活是较为特殊的或者较为普遍的个体生活。"② 劳动把人彼此联系起来，人总是处在这样一种普遍的联系之中。劳动首要的特征就在于它将人联合起来，从而构成了劳动的社会力量：这就是构成一个共同体的力量。无疑，在这个共同体内，劳动者必须把自己联合起来，同样地也与劳动手段的控制者或者所有者联合起来。"劳动把人彼此联系起来。不论是在工作还是在消费的时候，人总是处在这样一种普遍的联系之中。今天，几乎所有的工作都是社会化的，自给自足的情况已经非常罕见。"③ 一旦人们以某种方式彼此为对方劳动，他们的劳动也就取得了社会的形式。劳动的社会力更是借助人们相互协作的劳动成果——科学技术发明获得了日益的改进。"大规模的生产，资本的积累，劳动的联合、分工，机器，改良的方法，化学力和其他自然力的应用，利用交通的运输工具而达到时间和空间的缩短，以及其他各种发明，科学就是靠这些发明来驱使自然力为劳动服务，劳动的社会性质或协作性质也由于这些发明而得以发展。④ 劳动不仅把人彼此联系起来，而且我们每个人在自己的劳动过程中双重地肯定了自己和另一个人。"（1）我在我的生产中使我的个性和我的个性的特点对象化，因此我既在活动时享受了个人的生命表现，又在对产品的直观中由于认识到我的个性是对象性的、可以感性地直观的因而是毫无疑问的权力而感受到个人的乐趣。（2）在你享受或使用我的产品时，我直接享受到的是：既意识到我的劳动满足了人的需要，从而使人的本质对象化，又创造了与另一个人的本质的需要相符合的物品。（3）对你来说，我是你与类之间的中介，你自己认识到和感觉到我是你自己本质的补充，是你自己不可分割的一部分，从而我认识到我自己被你的思想和你的爱所证实。（4）在我个人的生命表现中，我直接创造了你的生命表现，因而在我个人的活动中，我直接证实和实现了我的真正的本质，即我的人的本质，我的社会的本质。"⑤

① 《1844年经济学哲学手稿》，人民出版社2008年版，第83~84页。
② 《1844年经济学哲学手稿》，人民出版社2008年版，第84页。
③ B. 莫迪恩著，李树琴等译：《哲学人类学》，黑龙江人民出版社2005年版，第153~154页。
④ 《马克思恩格斯选集》（第2卷），人民出版社1995年版，第71页。
⑤ 《1844年经济学哲学手稿》，人民出版社2008年版，第184页。

马克思在承认人的一般本质的前提下，还揭示了不同劳动条件下造就了不同的个人。"个人怎样表现自己的生活，他们自己就是怎样。因此，他们是什么样的，这同他们的生产是一致的——既和他们生产什么一致，又和他们怎样生产一致。因而，个人是什么样的，这取决于他们进行生产的物质条件。"① 个人怎样发展，发展到什么程度，不是由人们随意设计、随意规定的，而是客观社会生活条件，其中主要是物质生产条件决定的，个人只能在客观条件所提供的可能性范围内得到发展。马克思认为，人们不能自由地选择自己的生产力——这是他们的全部历史的基础，因为任何生产力都是一种既得的力量，是以往活动的产物。可见，生产力是人们应用能力的结果，但是这种能力本身决定于人们所处的条件，决定于先前已经获得的生产力，决定于在他们以前已经存在、不是由他们创立而是由前一代人创立的社会形式。后来的每一代人都得到前一代人已经取得的生产力并当作原料来为自己新的生产服务，由于这一简单的事实，就形成人们的历史中的联系，就形成人类的历史，这个历史随着人们的生产力以及人们的社会关系的愈益发展而愈益成为人类的历史。简言之，"人们的社会历史始终只是他们的个体发展的历史，而不管他们是否意识到这一点。他们的物质关系形成他们的一切关系的基础。这种物质关系不过是他们的物质的和个体的活动所借以实现的必然形式罢了。"②

2. 人的本质体现在社会关系之中

社会关系是人类特有的社会现象，是人区别于动物的最显著标志之一。马克思、恩格斯指出："凡是有某种关系存在的地方，这种关系都是为我而存在的；动物不对什么东西发生'关系'，而且根本没有'关系'；对于动物来说，它对他物的关系不是作为关系存在的。"③ 人的本质是社会关系，从根本上改变了历史上关于人的本质的思考方式。按照传统的讲法，本质和关系相比是属于个人的，而马克思恰恰是根据关系来说明"本质"，认为个体不是人们关系的起源或构成的基础，而是这些关系的"承受者"，是社会关系使个体变成社会的人，形成独特的社会品质。马克思对人的考察始终坚持了这个原则，紧紧抓住了资本主义的生产关系。他在《资本论》（第一版序言）中指出："我决不用玫瑰色描绘资本家和地主的面貌。不过这里涉及的人，只是经济范畴的人格化，是一定的阶级关系和利益的承担者。我的观点是把经济的社会形态的发展

① 《马克思恩格斯选集》（第1卷），人民出版社1995年版，第67~68页。
② 《马克思恩格斯选集》（第4卷），人民出版社1995年版，第532页。
③ 《马克思恩格斯选集》（第1卷），人民出版社1995年版，第81页。

理解为一种自然史的过程。不管个人在主观上怎样超脱各种关系，他在社会意义上总是这些关系的产物。"① 在谈到资本家和工人的区别时，马克思强调指出："这种生产方式的主要当事人，资本家和雇佣工人，本身不过是资本和雇佣劳动的体现者，人格化，是由社会生产过程加在个人身上的一定社会性质，是这些一定的社会关系的产物。"因此，以社会关系来说明人，在社会之外是不存在人的。人始终是社会的人，他的本质是同社会的本质不可分割的，社会的性质也就是社会的人的一定性质。一方面人是社会关系的总和，另一方面人也体现社会。"社会本身，即处于社会关系中的人本身。"社会关系既决定个人的本质，又构成社会的内容。"社会不是由个人构成，而是表示这些个人彼此发生的那些联系和关系的总和。"② 人的本质是社会关系说明了所有实在论的错误。实在论把个人看成社会首要因素，把人的本质看成个人自身固有的实在物，把人类、社会和历史看成由个人的这种内在本质所决定的，进而以这种不变的内在本质作为衡量不断变化发展的人类社会历史的尺度。马克思主义坚决反对这种历史唯心主义的观点，在《关于费尔巴哈的提纲》一文中明确指出："人的本质不是单个人所固有的抽象物，在其现实性上，它是一切社会关系的总和。"③ 马克思关于人的本质的完整论述包括两句话，前一句"不是单个人所固有的抽象物"，这是否定；后一句"是一切社会关系的总和"，这是肯定。一个否定一个肯定，一个反一个正，鲜明地表现了马克思人的本质观的理论特色。

动物是孤立的，每个个体即使离群索居，其本质并不发生变化，它们的本质是先在决定的，是通过生物遗传一次从亲代那里获得的。人则不同，人的本质是后天获得的。一个人刚生下来还不是一个真正的人，或只是一个可能的人。人作为人，作为一个现实的人，是后天在与他人的交往中形成的，是由他在社会关系体系中的地位决定的。马克思指出："从社会的角度来看，并不存在奴隶和公民；两者都是人。……成为奴隶或成为公民，这是社会的规定，是人和人或 A 和 B 的关系。A 作为人并不是奴隶。他在社会里并通过社会才成为奴隶。"④ 因此，人的本质是"一切社会关系的总和"，要求人们从发展着的社会关系去理解人的本质，去理解人的个体本质，而不是从固定的人的本质的概念去理解社会。

---

① 《资本论》（第1卷），人民出版社2004年版，第10页。

② 《马克思恩格斯全集》（第30卷），人民出版社1995年版，第221页。

③ 《马克思恩格斯选集》（第1卷），人民出版社1995年版，第60页。

④ 《马克思恩格斯全集》（第30卷），人民出版社1995年版，第221～222页。

3. 社会关系是一切社会关系

马克思在《关于费尔巴哈的提纲》一文所讲的"社会关系",不是某一种社会关系,而是一切社会关系,它包括物质的和精神的,政治的和经济的等各个方面。社会是复杂的,人也是复杂的,马克思特别强调要注意到一定历史条件下人与人、人与社会相互关系的各个方面,切忌简单化。当然,在马克思看来,这"一切社会关系"之中是有主有次的,其中生产关系是最主要的,它是决定其他一切社会关系的基本关系,在"社会关系的总和"中起着支配作用。马克思指出:"人们在自己生活的社会生产中发生一定的、必然的、不以他们的意志为转移的关系,即同他们的物质生产力的一定发展阶段相适合的生产关系。这些生产关系的总和构成社会的经济结构,即有法律的和政治的上层建筑竖立其上并有一定的社会意识形式与之相适应的现实基础。物质生活的生产方式制约着整个社会生活、政治生活和精神生活的过程。不是人们的意识决定人们的存在,相反,是人们的社会存在决定人们的意识。"① "人,只是经济范畴的人格化,是一定的经济关系和利益的承担者。我的观点是把经济的社会形态的发展理解为一种自然史的过程。不管个人在主观上怎样超越各种关系,他在社会意义上总是这些关系的产物。"② 即,人在生产关系中获得的规定性构成人的最基本的规定性。恩格斯在谈到马克思的这一伟大贡献时指出:"正像达尔文发现有机界的发展规律一样,马克思发现了人类历史的发展规律,即历来为繁芜丛杂的意识形态所掩盖着的一个简单事实:人们首先必须吃、喝、住、穿,然后才能从事政治、科学、艺术、宗教等等;所以,直接的物质的生活资料的生产,从而一个民族或一个时代的一定的经济发展阶段,便构成基础,人们的国家设施、法的观点、艺术以至宗教观念,就是从这个基础上发展起来的,因而,也必须由这个基础来解释,而不是像过去那样做得相反。"③ 人的本质是"一切社会关系",而这一切关系不是简单地堆积拼凑在一起的,它们是作为整体,以"总和"的形式存在着并发挥着巨大的作用。"人的本质是一切社会关系的总和"清楚地表明:人的本质体现在社会关系体系中,要正确认识人的本质只有在分析社会关系的历史过程中才有可能。

《关于费尔巴哈的提纲》一文有关人的本质的论断,特别强调其"现实性"。"在其现实性上"这个"社会关系"的限制词无非是强调,分析人的本质

---

① 《马克思恩格斯选集》(第 2 卷),人民出版社 1995 年版,第 32 页。

② 《马克思恩格斯选集》(第 2 卷),人民出版社 1995 年版,第 102 页。

③ 《马克思恩格斯选集》(第 3 卷),人民出版社 1995 年版,第 776 页。

要从"现实的前提出发",要看到使人成为现在这个样子的周围的生活条件。可见,马克思所说的人,是"现实的人",人的本质是现实的本质。其次,马克思所说的人是具体的人,人的本质是具体的本质。再次,马克思所说的人是历史的人,人的本质是历史的本质。

（二）自由的有意识的活动与社会关系之关系

人的本质是自由的有意识的活动或劳动与人的本质是社会关系,这是马克思关于人的本质的两种表述。如何理解二者之间的关系,人们的意见并不一致。我们认为,要全面理解马克思有关人的本质是自由的有意识的活动以及社会关系的思想,只有从马克思思想发展的脉络中寻求答案。

在马克思的思想发展史上,从自由的有意识的活动或劳动到社会关系,不是后者对前者的否定,而是由前者上升到后者,由一般的自由的有意识的活动或劳动深入到现实的自由的有意识的活动或劳动,根据劳动的物质条件,人是怎样劳动的,用什么方式劳动的,来进一步思考和揭示人的本质问题。应当这样看待它们之间的关系:劳动是人的本质的看法是正确的,但完整地看还是不充分的、不全面的。人的本质是"自由的有意识的活动"或劳动有待于深化或具体化为人的本质是"一切社会关系的总和"。人的本质是"一切社会关系的总和"是以人的本质是"自由的有意识的活动"为前提的。如果说对人的认识从人性到人的本质是从"现象"到"本质",那么从自由的有意识的活动或劳动到社会关系可以理解为从不甚深刻的本质到更深刻的本质,从一级本质到二级本质。① 作为这种理解的一个证明,我们可以看看《关于费尔巴哈的提纲》。马克思在《关于费尔巴哈的提纲》一文中,明确提出人的本质是社会关系的主张,但是它并不否认劳动,更确切地说,它的理论前提或基础就是劳动实践。劳动实践是《关于费尔巴哈的提纲》的中心思想,"全部社会生活在本质上是实践的。凡是把理论引向神秘主义的神秘东西,都能在人的实践中以及对这个实践的理解中得到合理的解决"。② 因此,与其说《关于费尔巴哈的提纲》是从"社会关系"的角度来规定人的本质的,毋宁说它是从社会关系和劳动实践的结合上讨论人和人的本质问题的,并以此来批判旧唯物主义和唯心主义。列宁正是从这个角度看待和肯定《关于费尔巴哈的提纲》一文的主题和意义的。他在《卡尔·马克思》一文中指出,旧唯物主义者"抽象地理解'人的本质',

① 袁贵仁著:《马克思的人学思想》,北京师范大学出版社1996年版,第93页。
② 《马克思恩格斯选集》(第1卷),人民出版社1995年版,第56页。

而不是把它理解为'一切社会关系的（一定的具体历史条件下的）总和'，所以他们只是'解释'世界，而问题在于'改变'世界，也就是说，他们不理解'革命实践活动'的意义。"①

实际上，自由的有意识的活动或劳动在马克思的思想体系中从来都不是对立的，它们有机地联系着。马克思的思维逻辑是：第一，人们创造着自己的历史，历史不过是追求着自己目的的人的活动而已。第二，"人们为了能够'创造历史'，必须能够生活。但是为了生活，首先就需要吃喝住穿以及其他一些东西。因此第一个历史活动就是生产满足这些需要的资料，即生产物质生活本身，而且是这样的历史活动，一切历史的一种基本条件，人们单是为了能够生活就必须每日每时去完成它，现在和几千年前都是这样。"② 第三，人们在劳动实践过程中必然发生一定的社会联系，产生不以他们意志为转移的社会关系。马克思指出："人们在生产中不仅仅影响自然界，而且也互相影响。他们只有以一定的方式共同活动和互相交换其活动，才能进行生产。为了进行生产，人们相互之间便发生一定的联系和关系；只有在这些社会联系和社会关系的范围内，才会有他们对自然界的影响，才会有生产。"③ 第四，社会关系一旦形成又反过来影响和决定着劳动实践过程中的人与人的劳动实践。无论劳动实践活动的内容、范围、方式，还是劳动能力的发展，都是受人所处的社会关系及在社会关系中的地位所制约的。劳动实践活动受社会关系的制约，并不能说人只能囿于原有的社会关系中。相反，人的劳动实践活动不仅在不断建构着原有的社会关系，而且还以新的劳动能力，变革劳动实践活动的内容、范围和方式，创造新的社会关系。正如马克思所说，作为社会中的个人，"不过是处于相互关系中的个人，他们既再生产这种相互关系，又新生产这种相互关系"。④ 事实上，自由的有意识的活动、实践活动是在人与人的交往和社会关系中来进行的，人也只有在现实的社会关系中才能开展其实践活动。

在马克思主义思想体系中，自由的有意识的活动或劳动与社会关系之间既不是绝对对立的，也不是完全等同的。

1. 自由的有意识的活动或劳动是社会关系的源泉，自由的有意识的活动或劳动创造社会关系

自由的有意识的活动或劳动是在人与人的交往和社会关系中来进行的，人

---

① 《列宁全集》（第26卷），人民出版社1972年版，第55页。
② 《马克思恩格斯选集》（第1卷），人民出版社1995年版，第78~79页。
③ 《马克思恩格斯选集》（第1卷），人民出版社1995年版，第344页。
④ 《马克思恩格斯全集》（第31卷），人民出版社1998年版，第108页。

也只有在现实的社会关系中才能开展其实践活动。同时，自由的有意识的活动或劳动是社会关系的源泉，自由的有意识的活动或劳动创造着社会关系。马克思主义认为，在人的活动体系中，物质生产具有决定的意义。在物质生产过程中全面性地生成着人与自然的关系和人与人之间的社会关系。"生命的生产——无论是通过劳动而达到的自己生命的生产，或是通过生育而达到的他人生命的生产，就立即表现为双重关系：一方面是自然关系，另一方面则是社会关系；社会关系的含义在这里是指许多个人的共同活动。"① 恩格斯指出："生产本身又有两种。一方面是生活资料即食物、衣服、住房以及为此所必需的工具的生产；另一方面是人自身的生产，即种的繁衍。"② 生产劳动的自然关系就是生产劳动过程中人与自然的关系，生产劳动的社会关系就是劳动过程中人与人的关系。这是因为，自由的有意识的活动或劳动是在人与自然和人与人关系的双重网络中进行的。人与自然的关系从来就不是脱离人与人的关系的，"人对人的直接的、自然的、必然的关系是男人对妇女的关系。在这种自然的类关系中，人对自然的关系直接就是人对人的关系，正像人对人的关系直接就是人对自然的关系"③。马克思在此以男女之间的关系为例说明了人对自然占有的对象性。

　　人来源于自然，人依赖自然，人包含自然。"没有自然界，没有感性的外部世界，工人什么也不能创造。它是工人的劳动得以实现、工人的劳动在其中活动、工人的劳动从中生产出和借以生产出自己的产品的材料。但是，自然界一方面在这样的意义上给劳动提供生活资料，即没有劳动加工的对象，劳动就不能存在，另一方面，也在更狭隘的意义上提供生活资料，即维持工人本身的肉体生存的手段。"④ 关于这一点，马克思在谈到氏族社会的自然作用时讲得最为明白，他说："正像劳动的主体是自然的个人，是自然存在一样，他的劳动的第一个客观条件表现为自然，土地，表现为他的无机体，……这种条件不是他的产物，而是预先存在的；作为他身外的自然存在，是他的前提。"⑤ 而这种物质资料的生产表现为一个持续的、开放的过程。用马克思、恩格斯的话来说就是，"第二个事实是，已经得到满足的第一个需要本身、满足需要的活动和

---

① 《马克思恩格斯选集》（第1卷），人民出版社1995年版，第80页。
② 《马克思恩格斯选集》（第4卷），人民出版社1995年版，第2页。
③ 《1844年经济学哲学手稿》，人民出版社2008年版，第80页。
④ 《1844年经济学哲学手稿》，人民出版社2008年版，第53页。
⑤ 《马克思恩格斯全集》（第30卷），人民出版社1995年版，第480页。

已经获得的为满足需要用的工具又引起新的需要"。① 这种物质资料的生产本身就是人自身的生产：它不但再生产人的自然生命，而且现实地创造着人的精神世界，使人作为一个全面的、现实的人而存在。这种物质资料的生产从一开始就伴随着另一种生产，"一开始就进入历史发展过程的第三种关系是：每日都在重新生产自己生命的人们开始生产另外一些人，即增殖。这就是夫妻之间的关系，父母和子女之间的关系，也就是家庭"。② 此种生产并不是单纯的人类种的繁衍，而是揭示了他人生命的生产所具有的丰富内涵。实质上，他人生命的生产不仅仅是生产人类的生命个体，更重要的是使人作为一个现实的、在一定社会关系中的人再生产出来，也就是说再生产出人的全面的社会关系，从而使人类社会得以延续。"人如何生产人——他自己和别人；直接体现他的个性的对象如何是他自己为别人的存在，同时是这个别人的存在，而且也是这个别人为他的存在。"③ 更为主要的是，在再生产的行为本身中，不但客观条件改变着，而且生产者也改变着，"他炼出新的品质，通过生产而发展和改造着自身，造成新的力量和新的观念，造成新的交往方式，新的需要和新的语言"。④ 当然，即便是"新的交往方式"也不是固定不变的，而是随时处于变动之中。"在整个历史发展过程中构成一个有联系的交往形式的序列，交往形式的联系就在于：已成为桎梏的旧交往形式被适应于比较发达的生产力，因而也适应于进步的个人自主活动方式的新交往形式所代替；新的交往形式又会成为桎梏，然后又为别的交往形式所代替。"⑤ 人类实践活动的创造性不断地改造人自身，造成新的需要，并促使人去满足这种新的需要，从而推动了物质生产的发展。另一方面，随着物质资料生产的发展和人的新的特性的形成，人与人之间的关系网络不断扩展，从直接的、自然的、必然的关系——男人对女人的关系逐渐地扩大到家庭关系以及全面的社会关系。

随着生产的发展，随着人的进步和人的能力的完善，人们不仅仅同自然界发生关系，而且人与人之间相互发生关系。在任何情况下，个人总是"从自己出发的"，由于他们的需要，即他们的本性，以及他们求得满足的方式，把他们联系起来（两性关系、交换、分工），所以他们必然要发生相互关系。从根本上而言，一方面社会关系是人们生产出来的，另一方面人们又是在社会关系

---

① 《马克思恩格斯选集》（第1卷），人民出版社1995年版，第79页。
② 《马克思恩格斯选集》（第1卷），人民出版社1995年版，第80页。
③ 《1844年经济学哲学手稿》，人民出版社2008年版，第82页。
④ 《马克思恩格斯全集》（第30卷），人民出版社1995年版，第487页。
⑤ 《马克思恩格斯选集》（第1卷），人民出版社1995年版，第124页。

中进行生产的。马克思指出："各个人借以进行生产的社会关系，即社会生产关系，是随着物质资料的生产、生产力的变化和发展而变化和改变的。生产关系总和起来就构成所谓社会关系，构成所谓社会，并且是构成一个处于一定历史发展阶段上的社会，具有独特的特征的社会。"① 人与人之间的相互关系是由生产资料的性质决定的。"生产者相互发生的这些社会关系，他们借以互相交换其活动和参与全部生产的条件，当然依照生产资料的性质而有所不同。随着新作战工具即射击火器的发明，军队的整个内部组织就必然改变了，各个人借以组成军队并能作为军队行动的那些关系就改变了，各个军队相互间的关系也发生了变化。"② 有什么样的生产，就有什么样的社会关系，适应自己的物质生产水平而生产出社会关系。马克思认为，资本主义生产过程，不仅是生产商品，不仅生产剩余价值，而且还生产和再生产资本关系本身：一方面是资本家，另一方面是雇佣工人。"资本主义生产过程是社会生产过程一般的一个历史地规定的形式。而社会生产过程既是人类生活的物质生存条件的生产过程，又是一个在特殊的、历史的和经济的生产关系中进行的过程，是生产和再生产着这些生产关系本身，因而生产和再生产着这个过程的承担者、他们的物质生存条件和他们的互相关系即他们的一定的经济的社会形式的过程。因为，这种生产的承担者同自然的关系以及他们互相之间的关系，他们借以进行生产的各种关系的总体，就是从社会经济结构方面来看的社会。资本主义生产过程像它以前的所有生产过程一样，也是在一定的物质条件下进行的，但是，这些物质条件同时也是各个个人在他们的生活的再生产过程中所处的一定的社会关系的承担者。这些物质条件，和这些社会关系一样，一方面是资本主义生产过程的前提，另一方面又是资本主义生产过程的结果和创造物；它们是由资本主义生产过程生产和再生产的。"③ 在现实社会生活中，当某一生产决定其他一切生产的地位和影响时，适应这一生产的社会关系也决定其他一切关系。"在一切社会形式中都有一种一定的生产决定其他一切生产的地位和影响，因而它的关系也决定其他一切关系的地位和影响。这是一种普照的光，它掩盖了其他一切色彩，改变着它们的特点。"④

社会关系是人们生产的产物，因此，社会关系不可能是从来就有的或固定不变的。人们在生产呢子、麻布、丝绸时，"人们还按照自己的生产力而生产

---

① 《马克思恩格斯选集》（第1卷），人民出版社1995年版，第345页。
② 《马克思恩格斯选集》（第1卷），人民出版社1995年版，第344页。
③ 《资本论》（第3卷），人民出版社2004年版，第926～927页。
④ 《马克思恩格斯选集》（第2卷），人民出版社1995年版，第24页。

出他们在其中生产呢子和麻布的社会关系"。① 即便是适应物质生产水平而生产
出的各种范畴，也和它们所表现的关系一样是变化的。"适应自己的物质生产
水平而生产出社会关系的人，也生产出各种观念、范畴，即恰恰是这些社会关
系的抽象的、观念的表现。所以，范畴也和它们所表现的关系一样不是永恒
的。它们是历史性的和暂时的产物。"② 即，人们的观念、观点和概念，一句
话，人们的意识，随着人们的生活条件、人们的社会关系、人们的社会存在的
改变而改变。生产发展了，社会关系也随之发展。随着新的生产力的获得，人
们改变着自己的生产方式，而随着生产方式的改变，他们便改变所有不过是这
一特定生产方式的必然关系的经济关系。"人们永远不会放弃他们已经获得的
东西，然而这并不是说，他们永远不会放弃他们在其中获得一定生产力的那种
社会形式。恰恰相反。为了不致丧失已经取得的成果，为了不致失掉文明的果
实，人们在他们的交往（commerce）方式不再适合于既得的生产力时，就不得
不改变他们继承下来的一切社会形式。"③

2. 社会关系是自由的有意识的活动或劳动的必然形式，社会关系制约着
自由的有意识的活动或劳动

自由的有意识的活动或劳动创造了社会关系，"以一定的方式进行生产活
动的一定的个人，发生一定的社会关系和政治关系"④，但社会关系又是自由的
有意识的活动或劳动不可缺少的形式。"生产本身是以个人之间的交往为前提
的。这种交往形式又是由生产决定的。"⑤ 一切生产活动都是在一定的社会交
往、社会关系中的生产劳动。马克思指出："他们的物质关系形成他们的一切
关系的基础。这种物质关系不过是他们的物质的和个体的活动所借以实现的必
然形式罢了。"⑥ 在这一点上，唯物主义历史观的实在在于，虽然在一定意义上
可以把生产关系解释为自由的有意识的活动的结果，但这种结果不仅不依赖于
一定的主体，而且还决定着一定主体的活动。每一个人、每一代人都遇到某种
现成的物质关系和思想关系，并以此作为他或他们自己生命活动的基础。

3. 自由的有意识的活动与社会关系相互联系

自由的有意识的活动或劳动与社会关系是相互联系的。在马克思和恩格斯

---

① 《马克思恩格斯选集》（第4卷），人民出版社1995年版，第539页。
② 《马克思恩格斯选集》（第4卷），人民出版社1995年版，第539页。
③ 《马克思恩格斯选集》（第4卷），人民出版社1995年版，第532~533页。
④ 《马克思恩格斯选集》（第1卷），人民出版社1995年版，第71页。
⑤ 《马克思恩格斯选集》（第1卷），人民出版社1995年版，第68页。
⑥ 《马克思恩格斯选集》（第4卷），人民出版社1995年版，第532页。

看来，自由的有意识的活动或劳动与社会关系之关系就是："个人相互交往的条件……是与他们的个性相适合的条件，对于他们来说不是什么外部的东西；它们是这样一些条件，在这些条件下，生存于一定关系中的一定的个人独立生产自己的物质生活以及与这种物质生活有关的东西，因而这些条件是个人的自主活动的条件，并且是由这种自主活动产生出来的。"① "人们是在一定的生产关系中制造呢绒、麻布和丝织品的。但……这些一定的社会关系同麻布、亚麻等一样，也是人们生产出来的。社会关系和生产力密切相联。随着新生产力的获得，人们改变自己的生产方式，随着生产方式即谋生的方式的改变，人们也就会改变自己的一切社会关系。手推磨产生的是封建主的社会，蒸汽磨产生的是工业资本家的社会。"② 因此，马克思关于人的本质的论述既克服了脱离社会的自然主义的局限性，又克服了把个人只是看作社会关系的消极产物、消融于社会结构之中的局限性。他在《1844 年经济学哲学手稿》中的精辟论述是对这一"关系"的最好注解："社会性质是整个运动的普遍性质；正像社会本身生产作为人的人一样，社会也是由人生产的。活动和享受，无论就其内容或就其存在方式来说，都是社会的活动和社会的享受。自然界的人的本质只有对社会的人来说才是存在的；因为只有在社会中，自然界对人来说才是人与人联系的纽带，才是他为别人的存在和别人为他的存在，只有在社会中，自然界才是人自己的人的存在的基础，才是人的现实的生活要素。只有在社会中，人的自然的存在对他来说才是自己的人的存在，并且自然界对他来说才成为人。因此，社会是人同自然界的完成了的本质的统一，是自然界的真正复活，是人的实现了的自然主义和自然界的实现了的人道主义。"③ 人可以在一定条件下，通过自由的有意识的活动或劳动创造新的社会关系，以适应新的自由的有意识的活动或劳动的需要。"社会的物质生产力发展到一定阶段，便同它们一直在其中运动的现存生产关系或财产关系（这只是生产关系的法律用语）发生矛盾。于是这些关系便由生产力的发展形式变成生产力的桎梏。那时社会革命的时代就到来了。随着经济基础的变更，全部庞大的上层建筑也或快或慢地发生变革。"④ 人受社会关系的制约，说明人有受动的一面；人通过实践活动、劳动创造社会关系，说明人有能动的一面。马克思指出："人对世界的任何一种人的关系——视觉、听觉、嗅觉、触觉、思维、直观、情感、愿望、活动、爱——总

---

① 《马克思恩格斯选集》（第 1 卷），人民出版社 1995 年版，第 123 页。
② 《马克思恩格斯选集》（第 1 卷），人民出版社 1995 年版，第 142 页。
③ 《1844 年经济学哲学手稿》，人民出版社 2008 年版，第 83 页。
④ 《马克思恩格斯选集》（第 2 卷），人民出版社 1995 年版，第 32～33 页。

之，他的个体的一切器官，正像在形式上直接是社会的器官的那些器官一样，是通过自己的对象性关系，即通过自己同对象的关系而对对象的占有，对人的现实的占有；这些器官同对象的关系，是人的现实的实现（因此，正像人的本质规定和活动是多种多样的一样，人的现实也是多种多样的），是人的能动和人的受动，因为按人的方式来理解的受动，是人的一种自我享受。"① 人的本质说明，人在社会历史发展中是"一身二任"的，是能动和受动的统一。马克思主义的原则是，要"把这些人既当成他们本身的历史的剧作者又当成剧中人物"，一旦把人们当成他们本身历史的"剧中的人物"和"剧作者"，就能"回到真正的出发点。"② 虽然自由的有意识的活动或劳动与社会关系是相互联系的，自由的有意识的活动或劳动不存在于社会关系之外，社会关系也不存在于自由的有意识的活动或劳动之外，但不能由此得出结论说，自由的有意识的活动或劳动与社会关系是等同的，或者说马克思主义关于人的本质的两个命题可以互相替代，或只要保留一个命题就足够了。这显然是不对的。自由的有意识的活动或劳动与社会关系作为人的本质各有不同的侧重点，它们相互结合，从不同角度、不同层次全面地揭示了人的本质。

总之，人的本质是自由的有意识的活动或劳动与人的本质是社会关系都是科学的命题，都是必要的。在一定意义上甚至可以说，"自由的有意识的活动"或劳动比"社会关系"更根本，因为社会关系是自由的有意识的活动或劳动的结果。然而，在现实中了解人的现实本质比人的一般本质更重要。从劳动实践的观点考察人，则可以发现人的社会属性，阶级社会中人的阶级属性。严酷的社会现实告诉我们，由于在社会关系体系中人的地位不同，虽然每个人都是人，但资产阶级并不把工人、农民当人看待。资产者把无产者不是看作人，而是看作创造财富的工具，"对工人阶级来说，性别和年龄的差别再没有什么社会意义了。他们都只是劳动工具"。③ 在阶级社会中，如果只认识到农民和地主、工人和资本家都是人，都和动物不同，并以这种抽象的理论指导现实的革命和建设活动，其结果必然是迷失方向，导致失误。

---

① 《1844年经济学哲学手稿》，人民出版社2008年版，第85页。
② 《马克思恩格斯选集》（第1卷），人民出版社1995年版，第147页。
③ 《共产党宣言》，人民出版社2004年版，第35页。

四、作为完整的个体的人，人是自然属性、社会属性和精神属性的统一体

人与动物的根本区别在于：人是以自由自觉的活动不断扬弃和超越给定性和自在性的，从而使人生活在一个属人的世界里，即体现了自然的人化和人的本质力量的对象化的世界中，而不再像动物那样与自在自然处于未分化的同一之中，凭着本能而自在自发地存活。马克思指出，一方面，随着对象性的现实在社会中对人来说到处成为人的本质力量的现实，成为人的现实，因而成为人自己的本质力量的现实，一切对象对他来说也就成为他自身的对象化，成为确证和实现他的个性的对象，成为他的对象，这就是说，对象成为他自身。对象如何对他来说成为他的对象，这取决于对象的性质以及与之相适应的本质力量的性质；正是这种关系的规定性形成一种特殊的、现实的肯定方式。每一种本质力量的独特性，恰好就是这种本质力量的独特的本质，因而也是它的对象化的独特方式，它对象性的、现实的、活生生的存在的独特方式。因此，"人不仅通过思维，而且以全部感觉在对象世界中肯定自己"。① 另一方面，从主体方面来看，社会的人的感觉不同于非社会的人的感觉。只是由于人的本质客观地展开的丰富性，主体的、人的感性的丰富性，如有音乐感的耳朵、能感受形式美的眼睛，总之，那些能成为人的享受的感觉，即确证自己是人的本质力量的感觉，才一部分发展起来，一部分产生出来。因为，不仅五官感觉，而且连所谓精神感觉、实践感觉（意志、爱等等），一句话，人的感觉、感觉的人性，都是由于它的对象的存在，由于人化的自然界，才产生出来的。总之，"一方面为了使人的感觉成为人的，另一方面为了创造同人的本质和自然界的本质的全部丰富性相适应的人的感觉，无论从理论方面还是从实践方面来说，人的本质的对象化都是必要的"。②

"自由自觉的活动"就是哲学意义上的实践。这样一来，实践就体现了人的具体特征和总体性的统一，它既反映了人的各种属性和活动的规定性，又不直接等同于其中任何一种属性；它既是"多"，又是"一"。在这里，"一"体现为人是总体性的存在物，这"多"则体现为人是多维度的存在物：既是自然存在物、也是社会存在物，还是有意识的存在物。

---

① 《1844年经济学哲学手稿》，人民出版社2008年版，第87页。
② 《1844年经济学哲学手稿》，人民出版社2008年版，第88页。

（一）人是自然存在物

人首先是一个自然存在物，是自然界的一部分，具有自然属性。马克思一贯反对把人看成纯粹的"自然人"，反对把人的自然属性说成是人的唯一的或根本的属性，反对单纯地用生物学的规律、自然法则来解释人的行为和社会现象。但是，马克思并不否认人是一种自然存在物，是自然界的一部分，具有自然属性，并不否认人的自然因素在人类生命活动中的作用。马克思在《1844 年经济学哲学手稿》中指出："自然界，就它自身不是人的身体而言，是人的无机的身体。人靠自然界生活。这就是说，自然界是人为了不致死亡而必须与之处于持续不断的交互作用过程的、人的身体。所谓人的肉体生活和精神生活同自然界相联系，不外是说自然界同自身相联系，因为人是自然界的一部分。""人直接地是自然存在物。人作为自然存在物，而且作为有生命的自然存在物。"① 如果说马克思此时的思想还带有费尔巴哈人本主义痕迹的话，那么，《德意志意识形态》这部成熟的马克思主义著作在专门批判了费尔巴哈的人本主义思想之后，仍然非常明确地坚持人是自然存在物的观点："全部人类历史的第一个前提无疑是有生命的个人的存在。"② 在《资本论》中，马克思再次肯定了人是自然存在物这一观点。他指出，劳动生产率是同自然条件相联系的。"这些自然条件都可以归结为人本身的自然（如人种等等）和人的周围的环境"，劳动过程就是"人自身作为一种自然力与自然物质相对立"，"是为了人类的需要而对自然物的占有，是人和自然之间的物质变换的一般条件，是人类生活的永恒的自然条件"。③ 在《1857～1858 年经济学手稿》中有这样的表述："生产的原始条件表现为自然前提，即生产者的自然生存条件，正如他的活的躯体一样，尽管他再生产并发展这种躯体，但最初不是由他本身创造的，而是他本身的前提；他本身的存在（肉体存在），是一种并非由他创造的自然前提。被他当作属于他所有的无机体来看待的这些自然生存条件，本身具有双重的性质：（1）是主体的自然，（2）是客体的自然。"④ 恩格斯在坚持马克思认为人是自然存在物的观点的同时，进一步论证和发挥了这一观点。恩格斯认为，谁设想人已经完全克服了自己身上作为生物机体而固有的自然因素，谁就是天真的和错误的。他在《自然辩证法》中指出："我们统治自然界，决不像征服者统治异族人那样，决不是像站在自然界之外的人似的，——相反地，我们连同我

---

① 《1844 年经济学哲学手稿》，人民出版社 2008 年版，第 56～57、105 页。
② 《马克思恩格斯选集》（第 1 卷），人民出版社 1995 年版，第 67 页。
③ 《资本论》（第 1 卷），人民出版社 2004 年版，第 586、208、215 页。
④ 《马克思恩格斯全集》（第 30 卷），人民出版社 1995 年版，第 481～482 页。

们的肉、血和头脑都是属于自然界和存在于自然之中的。"① 他在《反杜林论》中甚至如此说道："人来源于动物界这一事实已经决定人永远不能完全摆脱兽性，所以问题永远只能在于摆脱得多些或少些，在于兽性或人性的程度上的差异。"② 虽然马克思、恩格斯都强调指出，人的自然属性由于社会的影响，也不同于动物的自然属性，但他们也同时肯定，受社会影响的人的自然属性仍然是自然属性，而不是社会属性。

首先，人来源于自然。马克思、恩格斯认为，人不是某种精神的产物，也不是由神仙上帝创造的，而是大自然长期进化的结果。人来源于动物，来源于生物，最终来源于自然。恩格斯在《自然辩证法》一书的"历史导论"中，深刻地揭示了自然界总的发展过程和基本规律，系统地阐明了最初的生命物质即原生生物的产生之后指出："最初发展出来的是无数种无细胞的和有细胞的原生生物……在这些原生生物中，有一些逐渐分化为最初的植物，另一些则分化为最初的动物。从最初的动物中，主要由于进一步的分化而发展出了动物的无数的纲、目、科、属、种，最后发展出神经系统获得最充分发展的那种形态，即脊椎动物的形态，而在这些脊椎动物中，最后又发展出这样一种脊椎动物，在它身上自然界获得了自我意识，这就是人。"③ 在此，恩格斯科学地揭示了人与自然之间天然的血缘关系，明确阐述了人类是自然界发展到一定历史阶段的结果，是自然界的一部分。涂尔干认为，就人而言，自然并不只是他活动的直接可见的舞台。他本身是与自然不可分割的。因为他所有的根基都扎在自然之中。"人类只是万物生灵当中的一种；如果把人和整个进化过程相割裂，那就不可能理解任何关于人的事情。"④

其次，人依赖于自然。人来源于自然这一事实，决定了人永远不能割断自身同自然的联系。人类在与自然界的相互关系中依靠自己自由的有意识的活动、依靠自己的智慧，从自然界那里获得自身生存与发展的条件。马克思在《1844年经济学哲学手稿》中指出："无论是在人那里还是在动物那里，类生活从肉体方面来说就在于人（和动物一样）靠无机界生活，而人和动物相比越有

① 《马克思恩格斯选集》（第4卷），人民出版社1995年版，第383~384页。
② 《马克思恩格斯选集》（第3卷），人民出版社1995年版，第442页。
③ 《马克思恩格斯选集》（第4卷），人民出版社1995年版，第273页。
④ 爱弥尔·涂尔干著，李康等译：《教育思想的演进》，上海人民出版社2003年版，第473页。（有些译者将爱弥尔·涂尔干译为爱弥尔·迪尔凯姆。为了使用方便，全书采用爱弥儿·涂尔干这一译法。）

普遍性，人赖以生活的无机界的范围就越广阔。"① 从理论领域来说，植物、动物、石头、空气、光等等，一方面作为自然科学的对象，一方面作为艺术的对象，"都是人的意识的一部分，是人的精神的无机界，是人必须事先进行加工以便享用和消化的精神食粮"。② 从实践领域来说，这些东西"也是人的生活和人的活动的一部分"。整个自然界不但是人的直接的生活资料的来源，而且是人的生命活动的对象和工具的源泉。他说："自然界，就它自身不是人的身体而言，是人的无机的身体。人靠自然界生活。这就是说，自然界是人为了不致死亡而必须与之处于持续不断的交互作用过程的、人的身体。所谓人的肉体生活和精神生活同自然界相联系，不外是说自然界同自身相联系，因为人是自然界的一部分。"③ 涂尔干认为，人是这个世界的一部分，那么要把人从这个世界中抽离出来，就不可能不对人强行剪裁，去除了人的自然属性。然而，"人并不是一个自足的实体，而只是整体当中的一个部分，他在这个整体中履行自己特定的功能。因此，他只有先在一定程度上理解了自然，理解了自己与自然之间的关系，才能够理解他自己。因为自然就是他所处的环境，他依赖于自然"。④

再次，人包含自然。人是自然的一部分，自然也是人的一部分，人在一定意义上包含着自然。马克思指出："人不仅仅是自然存在物，而且是人的自然存在物。"⑤

第四，人的发展不能违背自然，而是在自然中完成的。莫迪恩曾说："人是一种精神的化身：在世界之中存在是它的自然状态，所以人类使命的完成不是在自然之外或违背自然的，而是在自然之中，不能脱离自然而进行的。自然不是人类的天敌，而是人类的原则和人类最忠心的侍女。"⑥

第五，人的历史表现为自然的历史过程。什么是历史？"全部历史是为了使'人'成为感性意识的对象和使'人作为人'的需要成为需要而作准备的历史（发展的历史）。"⑦ 马克思的这一论断包含两层意义：一方面，从历史作为

---

① 《1844年经济学哲学手稿》，人民出版社2008年版，第56页。
② 《1844年经济学哲学手稿》，人民出版社2008年版，第56页。
③ 《1844年经济学哲学手稿》，人民出版社2008年版，第56~57页。
④ 爱弥尔·涂尔干著，李康等译：《教育思想的演进》，上海人民出版社2003年版，第471页。
⑤ 《1844年经济学哲学手稿》，人民出版社2008年版，第107页。
⑥ B. 莫迪恩著，李树琴等译：《哲学人类学》，黑龙江人民出版社2005年版，第89页。
⑦ 《1844年经济学哲学手稿》，人民出版社2008年版，第90页。

人类实践活动的结果来说，它本身是主体的自然史，因为人的劳动力"不过是一种自然力的表现"，它在改造自然界时，"也就同时改变他自身的自然"①。整个人类史不过是人作为自然存在物展开自身自然力的过程，正是从此意义上马克思说，"历史本身是自然史的即自然界生成为人这一过程的一个现实部分"②。另一方面，马克思从客体的角度对历史作了规定。他把"经济的社会形态的发展理解为一种自然史的过程"③。这种自然的历史过程表现在：其一，人们总是在预先规定的历史条件下进行自己的创造活动，不管这种预先的条件是最初自然形成的，还是在以后作为人化自然的结果留下的，人们的实践活动只能在这种物质预先存在的条件下才能进行。马克思批评费尔巴哈只注重"眼前"的东西的普遍直观时说："他没有看到，他周围的感性世界决不是某种开天辟地以来就直接存在的、始终如一的东西，而是工业和社会状况的产物，是历史的产物，是世世代代活动的结果，其中每一代都立足于前一代所达到的基础上，继续发展前一代的工业和交往，并随着需要的改变而改变它的社会制度。"④ 其二，历史展开过程的规律也是客观的。人是历史的主体，他创造历史，但并不是随心所欲地进行的，在经济形态发展的过程中，这个主体的人，不过是"经济范畴的人格化，是一定的阶级关系和利益的承担者"。⑤ 其三，历史过程最终呈现为一种自然的过程，"劳动首先是人和自然之间的过程，是人以自身的活动来中介、调整和控制人和自然之间的物物变换的过程"。⑥ 这种"物物变换"是在不同的社会形式下进行的，但人类史本身置于这种自然史之中。

当然，马克思、恩格斯不是抽象地讨论人的自然属性，而是把自然属性与自然的实践的、能动的关系作为基点。换句话说，实践活动是人的本质力量的对象化活动，只有在这种对象性活动中才能说明人与自然的本质。马克思说："在人类历史中即在人类社会的形成过程中生成的自然界，是人的现实的自然界；因此，通过工业——尽管以异化的形式——形成的自然界，是真正的、人本学的自然界。"⑦ 自然，并不是如费尔巴哈所想的那种原始的大森林，现实的自然界已深深打上了人类实践活动的痕迹。"先于人类历史而存在的那个自然

---

① 《资本论》（第1卷），人民出版社2004年版，第208页。
② 《1844年经济学哲学手稿》，人民出版社2008年版，第90页。
③ 《资本论》（第1卷），人民出版社2004年版，第10页。
④ 《马克思恩格斯选集》（第1卷），人民出版社1995年版，第76页。
⑤ 《资本论》（第1卷），人民出版社2004年版，第10页。
⑥ 《资本论》（第1卷），人民出版社2004年版，第207~208页。
⑦ 《1844年经济学哲学手稿》，人民出版社2008年版，第89页。

界，不是费尔巴哈生活其中的自然界；这是除去澳洲新出现的一些珊瑚岛以外今天在任何地方都不再存在的、因而对于费尔巴哈来说也是不存在的自然界。"① 马克思在这里点明了现实自然的本质是一种"人化的自然"②。人化自然是人的本质力量对象化的结果，"无论从理论方面还是从实践方面来说，人的本质的对象化都是必要的"。即人的本质力量对象化有理论和实践两个途径。从实践方面来说，人的本质力量对象化指的是作为人的生活活动和生产活动的对象，这些对象作为人化自然就是指被人的物质实践活动改造过的自然界。自然界没有制造出任何机器，没有制造出机车、电报、铁路等，这些都是"人的产业劳动的产物，是转化为人的意志驾驭自然界的器官或者说在自然界实现人的意志的器官的自然物质。它们是人的手创造出来的人脑的器官；是对象化的知识力量"。③ 从理论方面来说，人的本质力量的对象化指的是自然可以作为人的认识能力和审美能力的对象。这些对象作为人化的自然虽然没有改变物质形态，但已成为人的"精神生活的资料"。无论是理论形态还是实践形态，"人化自然"都是人的各种本质力量（物质的或精神的）在自然界中的外化，在自然界中的确定。"人不仅仅是自然存在物，而且是人的自然存在物，就是说，是自为地存在着的存在物，因而是类存在物。他必须既在自己的存在中也在自己的知识中确证并表现自身。"④ 总之，现实的自然界是人化的自然界，是人的本质力量对象化的结果，"正是在改造对象世界中，人才真正地证明自己是类存在物。这种生产是人的能动的类生活。通过这种生产，自然界才表现为他的作品和他的现实"。⑤

（二）人是社会存在物

人不仅是自然存在物，具有自然属性，更重要的是人是社会存在物，具有社会属性。人只有作为自然存在物，只有来自自然界才能展开对象性的活动，而且这种活动并不是凭空去创造对象，它不过证明了人是一个客观的自然存在。"它所以只创造或设定对象，因为它是被对象设定的，因为它本来就是自然界。因此，并不是它在设定这一行动中从自己的'纯粹的活动'转而创造对象，而是它的对象性的产物仅仅证实了它的对象性活动，证实了它的活动是对

① 《马克思恩格斯选集》（第1卷），人民出版社1995年版，第77页。
② 《1844年经济学哲学手稿》，人民出版社2008年版，第87页。
③ 《马克思恩格斯全集》（第31卷），人民出版社1998年版，第102页。
④ 《1844年经济学哲学手稿》，人民出版社2008年版，第107页。
⑤ 《1844年经济学哲学手稿》，人民出版社2008年版，第58页。

象性的自然存在物的活动。"① 人是自然存在物,但人又不仅仅是自然存在物。个人的自然存在从来不是纯粹的自然,个人是社会的存在物。卢卡奇认为,人和自然的关系包括两种,一种是人和他周围自然的关系,一种是人和自身自然的关系。但无论是哪种自然关系,自然都是一个社会的范畴,它都不过是社会的另一种称谓而已。"在社会发展的一定阶段上什么被看作是自然,这种自然同人关系是怎样的,而且人的自然的阐明又是以何种形式进行的,因此自然按照形式和内容、范围和对象性应意味着什么,这一切始终都受社会制约的。"②

1. 人的社会属性

由于人的社会存在、社会属性的影响和作用,人的自然存在、自然属性才成为与一般动物不同的人的特性。亚里士多德认为,人并非独立自足,而是在本质上就是一个社会存在物。处在城邦之外的无论是谁,都不是人,他或者是"野兽"或者是"神祇"。凡人由于本性或由于偶然而不归属于任何城邦的,他如果不是一个鄙夫,那就是一位超人。"凡隔离而自外于城邦的人——或是为世俗所鄙弃而无法获得人类社会组合的便利或因高傲自满而鄙弃世俗的组合的人——他如果不是一只野兽,那就是一位神祇。"③ 在他看来,只有生活在一个城邦之中并参与政治,我们才能完全地实现我们作为人类的本性。我们注定为了政治联盟而存在,要比蜜蜂和其他群居动物更高级。"作为动物而论,人类为什么比蜂类或其他群居动物所结合的团体达到更高的政治组织?"他所给出的原因如下:自然不会徒劳地创造任何事物,与其他动物不一样,人类拥有语言能力。其他动物能发出声音,声音能够表明快乐与痛苦,可是,语言是一种与众不同的人类能力,他不仅仅是为了表达出快乐与痛苦,还要声明何谓公正、何谓不公正,并在对错之间作出区分。"人类所不同于其他动物的特性就在他对善恶和是否合乎正义以及其他类似观念的辨认都由言语为之互相传达。"④ 我们并不是先默默地理解这些事物,然后再用词语表达出来;语言是我们识别、慎议善的介质。他认为,我们只有在政治联盟之中才能使用人类独特的语言能力,因为我们只有在城邦之中才与他人慎议公正与不公正,以及良善生活的本性。他认为,城邦出于自然而存在,并且要先于个体。这里所谓的"先于"是指功能上或目的上的先于,而非时间顺序上的先于。"城邦,在本性上则先于个人和家庭。就本性来说,全体必然先于部分。……我们确认自然生

① 《1844年经济学哲学手稿》,人民出版社2008年版,第105页。
② 卢卡奇著,杜章智等译:《历史与阶级意识》,商务印书馆2009年版,第325页。
③ 亚里士多德著,吴寿彭译:《政治学》,商务印书馆1996年版,第9页。
④ 亚里士多德著,吴寿彭译:《政治学》,商务印书馆1996年版,第8页。

成的城邦先于个人，就因为每一个隔离的个人都不足以自给其生活，必须共同集合于城邦这个整体。"① 个体、家庭以及宗教存在于城市之前，可是只有在城邦之中，我们才得以实现自己的本性。当我们孤独自处的时候，我们是不自足的，因为我们不能发展自己的语言能力和道德慎议能力。费希特认为，人只有在人群中才成为人，"人注定是过社会生活的；他应该过社会生活；如果他与世隔绝，离群索居，他就不是一个完整的、完善的人，而且会自相矛盾"。② 马克思在《资本论》中明确指出："这是因为人即使不像亚里士多德所说的那样，天生是政治动物，无论如何也天生是社会动物。"③ 在《经济学手稿（1857～1858）》中，他明确指出："人是最名副其实的政治动物，不仅是一种合群的动物，而且是只有在社会中才能独立的动物。"④ 虽然马克思在这里使用了"政治动物"的概念，实质上是在"社会动物"的概念上来使用的。

2. 人是社会劳动的产物

人是在社会中产生的。人是自然进化的结果，也是社会劳动的产物。恩格斯在《自然辩证法》中不仅详细考察了人从自然界演化出来的过程，而且深刻揭示了社会劳动在从猿到人转化过程中的作用。他用"我们在某种意义上不得不说，劳动创造了人本身"的著名论断阐释了人和社会的内在联系。即使是人的自然存在也是在社会中、在人的劳动活动中逐步发展起来的。恩格斯认为，"直立姿势行走"、"手变得自由"以及"人脑的形成"等等，无一不是社会活动的产物。"随着完全形成的人的出现又增添了新的因素——社会，这种发展一方面便获得了强有力的推动力，另一方面又获得了更加确定的方向。"⑤ 从个人形成看，人并不是生下来就是真正的人。只有通过教育、学习、各种各样的人际交往和社会学习，人才具有社会性，成为社会存在的人，成为真正的人，"社会本身生产作为人的人"。⑥ "education"（教育）这个词在拉丁语中的原意为"引出"、"引导"，意思是通过一定的手段，把某种本来潜在于人身体和心灵内部的东西引发出来。

在西方人文主义者看来，教育是把人从自然的状态中脱离出来发现他自己的人性的过程。他们的中心主题就是人的潜在能力（交往的能力，观察自己、

---

① 亚里士多德著，吴寿彭译：《政治学》，商务印书馆1996年版，第9页。
② 费希特著，梁志学选编：《自由的体系》，商务印书馆2008年版，第111页。
③ 《资本论》（第1卷），人民出版社2004年版，第379页。
④ 《马克思恩格斯全集》（第30卷），人民出版社1995年版，第25页。
⑤ 《马克思恩格斯选集》（第4卷），人民出版社1995年版，第378页。
⑥ 《1844年经济学哲学手稿》，人民出版社2008年版，第83页。

进行推测、想象和辩白的能力）和创造能力，但是这种能力包括塑造自己的能力，是潜伏的，需要唤醒，需要让它们表现出来，加以发展，而要达到这个目的的手段就是教育。布洛克曾说："教育的目的不是具体任何或技术方面的训练，而是唤醒对人类生活的可能前景的认识，引发或者说培养青年男女的人性意识。有的人生来就具有这种意识，他们的潜力就自然得到发挥。但是大多数人需要唤醒他们这种意识。"① 通过教育，通过有系统的文化知识的学习，人才能成为真正的人。若望·保禄二世在联合国教科文组织的一次大会上说："文化就是这样一种东西：凭借它，人的本质会逐渐得到实现，人就更是一个'人'，人就离'存在'更近。文化也是划定人之所是与人之所有的重要界限的东西。"② 世界上有关"狼孩"的故事有力地证明，一旦脱离了社会环境，脱离了社会文化的滋养，任何健全的婴儿最终都不过是一个人形野兽。兰德曼曾说："许多动物也生活在群体中，但是对人来说，生活在群体中有另外一种更深刻的作用。一个离开其物种的其他成员长大的动物——例如在人们中间长大的动物——将仍然像正常情况下长大的动物一样准确地行动，动物特殊的行为是它自己产生出来的。但是，人只有在担负着传统的、他自己同类的群体中成长，才能完全成为一个人，他的文化方面只有以这种方式才能发展起来。如果独立地成长，他在精神上就仍然处在儿童的水准上；如果在狼群（狼人）或熊群中成长，那么他模仿其环境的冲动会十分强烈，以致他会接受这些动物的习惯。"③

其次，人在社会中存在。人是自然存在，但是，从根本上说，人是一种社会存在物，而且"只有在社会中，人的自然的存在对他来说才是自己的人的存在"。④ 离开了社会，仅有人的自然存在，是无法成为"人的存在"的。意大利文艺复兴时期的代表人物皮科洛米尼认为，人是一种"文明的和相互交往的产物"。我们应当从这点出发，并塑造这样的人。一个人，即使他能孤独地生活，满足自己的需要，但如果他不同自己的同类交往，那么他并不是人，而是"铁和大理石"。在尘世间，人只有通过相互交往，才能升入天堂和达到幸福的境界。他说："交往和仁爱……多么令人愉悦，……只有通过人与人之间的互爱，人类才能获益。相互帮助也就是接近上帝。"他不仅把人们共同的行为规范视

---

① 阿伦·布洛克著，董乐山译：《西方人文主义传统》，生活·读书·新知三联书店 1997 年版，第 234 页。

② B. 莫迪恩著，李树琴等译：《哲学人类学》，黑龙江人民出版社 2005 年版，第 115 页。

③ M. 兰德曼著，阎嘉译：《哲学人类学》，贵州人民出版社 2006 年版，第 209 页。

④ 《1844 年经济学哲学手稿》，人民出版社 2008 年版，第 83 页。

为神圣的，而且认为科学本身以及默祷都同"文明、友谊、与人为善和与人交谈"的环境密不可分。在他看来，人就是语言。在发音和鸣叫的动物中，人是唯一能够讲话甚至侃侃而谈的。通过语言，人不仅可以向同类表达自己的思想和计谋，而且还可以在同别人的交谈中进一步完善自己的思想和计谋，这点是独居避世的人所无法办到的。因此，人类应当继承这种精神以完善自己，并要继承只能通过集体努力才能获得的科学知识，"因为对于人来说……发出声音不仅仅是为了发泄自己的喜怒哀乐或是满足自身的需要。人依靠自然所赋予的说话能力才能在头脑里形成各种有益的和有道德的思想，科学发明也才能借此得以传播，人们通过相互支持、帮助和取长补短也就使科学和道德日臻完善。而科学和道德完善的程度如何，又决定着人类的最高利益和幸福"。[1] 不愿同别人交谈，隐居到深山老林中去的人，"不是疯子也是倒霉鬼"，如果他还有一张人脸的话，最多也只能同"杂草和石头"对话。这样的人也丧失了人性，"隐修者与其说是人还不如说是禽兽"，因为人为了自己的生活舒适和美观，他必须得到那些"没有别人的帮助就不可能得到的东西"。正因为如此，皮科洛米尼强调教育的永恒性，倡导城市里的文明生活。他说："城市包含着人们的共处、友谊和亲缘关系。因此，人为了城市的幸福可以牺牲自己的财产、朋友、亲人甚至自己的鲜血。"[2]

再次，人在社会中发展。动物是纯粹的自然存在物，只有自然属性、自然本能。动物之间不存在学习、发展的情况，而人则能在分工合作、与他人的交往中学习他人的长处，弥补自身的不足，用他人以及全人类的智慧丰富和提高自己，在相互合作与激烈的竞争中产生作为个体原本所不具有的能力、智慧。人不是一个孤立的存在者：人不是天使，甚至不是一种单细胞生物，按照其本性来说，人是一种社会性的存在者，只有在社会中，他才能够生存、成长、实现自我，和他人交流，人的自我实现与他自身存在的社会性维度是正相关的。我们不仅生活在自然界中，而且生活在人类社会中。一旦人们不与任何人交往、交流，孤独地生活，他的生活乃至思想必定是闭塞的。恩格斯曾以费尔巴哈为例进行了分析和论证，他说："在社会领域内，正是费尔巴哈本人没有'前进'，没有超过自己在1840年或1844年的观点，这仍旧主要是由于他的孤寂生活，这种生活迫使这位比其他任何哲学家都更爱好社交的哲学家从他的孤

---

[1] E·加林著，李玉成译：《意大利人文主义》，生活·读书·新知三联书店1998年版，第166页。

[2] E·加林著，李玉成译：《意大利人文主义》，生活·读书·新知三联书店1998年版，第167页。

寂的头脑中，而不是从同与他才智相当的人们的友好或敌对的接触中产生出自己的思想。"① 布伯说："人是一个社会性的存在者：人是在同他人的接触活动中理解自身的。"② 人不是一个封闭的"我"，而是一个开放的"我"，是处于"我—你"关系之中的"我"，"我"的成长与"你"的成长是成比例、相协调的。人置身于二重世界之中，人既筑居于"它"之世界，又栖身于"你"之世界。此种二重性是人的真实处境。此种二重性既是人生的悲哀，也是人生的伟大。因为，尽管人为了生存不得不留存在"它"之世界，但人对"你"的炽烈渴仰又使人不断地反抗它，超越它，正是这种反抗造就了人的精神、道德与艺术，正是它使人成其为人。"人呵，伫立在真理之一切庄严中且聆听这样的昭示：人无'它'不可生存，但仅靠'它'则生存者不复为人。"③

　　3. 人的本质属性决定了人是社会存在物

　　人之所以是社会存在物，无疑是由人的本质属性决定的。首先，人具有群体性。从起源上看，人就是以群体的社会化的形式，而不是以个体的形式一个一个单独地由动物发展而来的。马克思指出："人最初表现为类存在物，部落体，群居动物——虽然决不是政治意义上的政治动物。"④ 恩格斯指出："我们的猿类祖先是一种群居的动物，人，一切动物中最爱群居的动物，显然不能从某种非群居的最近的祖先那里去寻找根源。"⑤ "社会本能是从猿进化到人的最重要的杠杆之一。最初的人想必是群居的，而且就我们所能追溯到的来看，我们发现，情况就是这样。"⑥ 在现实生活中，任何个人都不是孤立地站在自然面前的。人始终生活在群体之中作为群体的成员而和自然相对立。也就是说，只有通过社会劳动，只有通过人类的联合力量，人才能有效地改造自然，并在改造自然的过程中改造自己。处于社会群体之外的人，离开社会群体而孤立的人，充其量不过是只有在思维中可以容许的抽象。

　　其次，人具有合作性。人的社会群体是由人的合作及其关系形成的，人具有相互依存、相互作用，在社会交往中相互合作的属性。恩格斯指出："劳动的发展必然促使社会成员更紧密地互相结合起来，因为它使互相支持和共同协

---

① 《马克思恩格斯选集》（第4卷），人民出版社1995年版，第231页。
② B. 莫迪恩著，李树琴等译：《哲学人类学》，黑龙江人民出版社2005年版，第65页。
③ M. 布伯著，陈维纲译：《我与你》，生活·读书·新知三联书店1986年版，第51页。
④ 《马克思恩格斯全集》（第30卷），人民出版社1995年版，第489页。
⑤ 《马克思恩格斯选集》（第4卷），人民出版社1995年版，第376页。
⑥ 《马克思恩格斯选集》（第4卷），人民出版社1995年版，第624页。

作的场合增多了，并且使每个人都清楚地意识到这种共同协作的好处。"① 马克思认为，个体是社会存在物。因此，他的生命表现，即使不采取共同的、同他人一起完成的生命表现这种直接形式，也是社会生活的表现和确证。即使在表面上看来不是以群体形式进行的活动，如学者的劳动，那也是社会劳动。马克思指出："甚至当我从事科学之类的活动，即从事一种我只在很少情况下才能同别人进行直接联系的活动的时候，我也是社会的，因为我是作为人活动的。不仅我的活动所需的材料——甚至思想家用来进行活动的语言——是作为社会的产品给予我的，而且我本身的存在是社会的活动；因此，我从自身所做出的东西，是我从自身为社会做出的，并且意识到我自己是社会存在物。"② 正因为人的劳动是社会劳动，马克思才一针见血地指出："孤立的一个人在社会之外进行生产——这是罕见的事，在已经内在地具有社会力量的文明人偶然落到荒野时，可能会发生这种事情——就像许多个人不在一起生活和彼此交谈而竟有语言发展一样，是不可思议的。"③ 同时，人的力量来自人的合作或协作。单独地看，个人的许多方面的能力不如动物。人能优于其他动物，成长为万物之灵，利用一切存在物为人类自身服务，一个很主要的原因就是人的劳动协作。合作或协作把每个人的力量结合在一起，完成每一个单独的个人无法分期分批完成的任务。合作或协作使每个人之间取长补短，作为一个整体发挥作用，形成单独的个人中所没有的力量或能力。马克思指出："一个骑兵连的进攻力量或一个步兵团的抵抗力量，与每个骑兵分散展开的进攻力量的总和或每个步兵分散展开的抵抗力量的总和有本质的差别，同样，单个劳动者的力量的机械总和，与许多人手同时共同完成同一不可分割的操作所发挥的社会力量有本质的差别。"④ 他把此种"力量"称之为"集体力"，"不仅是通过协作提高了个人生产力，而且是创造了一种生产力，这种生产力本身必然是集体力"。⑤ 暂且不说由于许多力量融合为一个总的力量而产生的新力量。即使"在大多数生产劳动中，单是社会接触就会引起竞争心和特有的精神振奋，从而提高每个人的个人工作效率"。⑥

再次，人具有归属性。每个人生活在社会中都有一定的归属或依附，或归

---

① 《马克思恩格斯选集》（第 4 卷），人民出版社 1995 年版，第 376 页。
② 《1844 年经济学哲学手稿》，人民出版社 2008 年版，第 83~84 页。
③ 《马克思恩格斯全集》（第 30 卷），人民出版社 1995 年版，第 25 页。
④ 《资本论》（第 1 卷），人民出版社 2004 年版，第 378 页。
⑤ 《资本论》（第 1 卷），人民出版社 2004 年版，第 378 页。
⑥ 《资本论》（第 1 卷），人民出版社 2004 年版，第 379 页。

属于某个民族、文化社区、家庭，或归属于某个阶级、政党、职业阶层。人的这种归属性一方面说明人都是社会的人，他需要他人，需要社会，另一方面又说明人的社会性无不是现实的、具体的。

（三）人是有意识的存在物

人不仅是自然界的一部分和社会化动物，而且"人……是有意识的存在物"。① 人不仅有自然属性和社会属性，而且具有精神属性，具有意识和自我意识。

马克思反对把人只是看做某种精神，或把理性夸大为人的本质属性，但同时认为人的确是有精神需要、精神能力以及精神生活的存在物，现实的、能动的人的确是有意识、有理性、有思维的人。人的意识性是人区别于一般动物和人之为人的重要特征之一。动物和自然界是直接同一的，动物和自己的生命活动是直接同一的。动物只是自然界的一部分，它没有意识，没有"我"，不能说出一个"我"字。而人不但能够实现其存在，还能够对其行动进行反思。人能够抛开其他事物，只专注于自身；人能够将自身从其他事物中分离出来，首先提出"我"的存在，并将之视为一个特殊的客体进行研究。恰恰是自我意识使人有可能将自己视为一个独特的客体。动物也和人一样能听、能看，但它和人不一样的地方在于它并不知道、不懂得它在听、它在看。莫迪恩曾说："动物事实上只能同它周围的事物、同它的环境一起构成一个事物。……动物能够知道……但只有人才能够知道自己知道，知道自己具有意识。"② 动物具有一定的心理活动，但动物决不可能成为思考自己心理活动的生理学家和心理学家。而人是有意识的存在物，他自己的生命对他来说是对象。"人则使自己的生命活动本身变成自己意志的和自己意识的对象。他具有有意识的生命活动……有意识的生命活动把人同动物的生命活动直接区别开来。"③ 简言之，人是能思维的人，人是有理性的动物。恩格斯指出："在自然界中（如果我们把人对自然界的反作用撇开不谈）全是没有意识的、盲目的动力，这些动力彼此发生作用，而一般规律就表现在这些动力的相互作用中。在所发生的任何事情中……都没有任何事情是作为预期的自觉的目的发生的。相反，在社会历史领域内进行活动的，是具有意识的、经过思虑或凭激情行动的、追求某种目的的人；任

---

① 《1844 年经济学哲学手稿》，人民出版社 2008 年版，第 57 页。
② B. 莫迪恩著，李树琴等译：《哲学人类学》，黑龙江人民出版社 2005 年版，第 65 页。
③ 《1844 年经济学哲学手稿》，人民出版社 2008 年版，第 57 页。

何事情的发生都不是没有自觉的意图，没有预期的目的的。"① 只不过，意识一开始就是社会的产物，而且只要人们存在着，它就仍然是这种产物。"我们的意识和思维，不论它看起来是多么超感觉的，总是物质的、肉体的器官即人脑的产物。物质不是精神的产物，而精神本身只是物质的最高产物。"②

具体地说，人类认识离不开理性思维。感觉是认识的起点，但人的感觉在任何时候都不能脱离思维。为了能够生存和生长，自然赋予动物某些特定的本能和辅助手段使其能够进行自我防御和保护，与动物不同，"人没有这些本能和手段，但是人却拥有理智和双手，它们在所有器官之中最为强大，因为在它们的帮助下，人可以无限地为自己获取用于各种目的的工具"。③ 莫迪恩认为，感性知识是由一定的感觉器官生成的，但是，感性知识只是将特殊的、具体的物质作为自己的对象。人之所以能将普遍和抽象作为自己的对象，全赖于人的判断和推理能力。他说："人能够通过对此一事物的思考得出彼一结论，能够从此一事物的存在中推导出彼一事物的存在。"④ 恩格斯认为，人的感觉在许多方面不如动物，人的感知能力之所以胜过动物，是因为"除了眼睛，我们不仅还有其他的感官，而且我们还有思维能力"。"——脑和为它服务的感官、越来越清楚的意识以及抽象能力和推进能力的发展，又反作用于劳动和语言，为这二者的进一步的发育不断提供新的推动力。"⑤ 人的感觉既具有直接性、具体性又具有片面性，而思维则能克服这一局限。认识的任务在于发现事物的本质和规律，感觉对此无能为力。凡能直接感知的都不是本质和规律，而只是表现本质和规律的现象。马克思在《资本论》（第一版序言）中指出："分析经济形式，既不能用显微镜，也不能用化学试剂。二者都必须用抽象力来代替。"⑥

其次，人的意识、思维形成的基础在于实践，但是，人的意识、思维一旦形成又能对人的实践产生巨大的反作用。人类实践活动的能力和水平直接取决于实践活动"在多么大的程度上受到一般智力的控制并按照这种智力得到改造"。⑦ 恩格斯指出："自然科学和哲学一样，直到今天还全然忽视人的活动对人的思维的影响；它们在一方面只知道自然界，在另一方面又只知道思想。但

① 《马克思恩格斯选集》（第4卷），人民出版社1995年版，第247页。
② 《马克思恩格斯选集》（第4卷），人民出版社1995年版，第227页。
③ B. 莫迪恩著，李树琴等译：《哲学人类学》，黑龙江人民出版社2005年版，第114页。
④ B. 莫迪恩著，李树琴等译：《哲学人类学》，黑龙江人民出版社2005年版，第34页。
⑤ 《马克思恩格斯选集》（第4卷），人民出版社1995年版，第378页。
⑥ 《资本论》（第1卷），人民出版社2004年版，第8页。
⑦ 《马克思恩格斯全集》（第31卷），人民出版社1998年版，第102页。

是，人的思维的最本质的和最切近的基础，正是人所引起的自然界的变化，而不仅仅是自然界本身；人在怎样的程度上学会改变自然界，人的智力就在怎样的程度上发展起来。"① 人类实践是有目的的活动，而目的是思维的产物。人类实践必须借助并运用工具，而一切实践的工具，实质上都不过是"物化的智力"。恩格斯认为，人离开动物越远，就越是有意识地自己创造自己的历史，未能预见的作用、未能控制的力量对这一历史的影响就越小，历史的结果和预定的目的就越加符合。"人离开动物越远，他们对自然界的影响就越带有经过事先思考的、有计划的、以事先知道的一定目标为取向的行为的特征。"② 虽然动物是有能力作出有计划的、经过事先考虑的行动的，但是一切动物的有计划的行动，都不能在地球上打下自己的意志的印记。这一点只有人才能做到。例如，动物在消灭某一地带的植物时，并不明白它们是在干什么。人消灭植物，是为了腾出土地播种五谷，或者种植树木和葡萄，他们知道这样可以得到多倍的收获。毛泽东指出："做就必须先有人根据客观事实，引出思想、道理、意见，提出计划、方针、政策、战略、战术，方能做得好。……一切根据和符合于客观事实的思想是正确的思想，一切根据于正确思想的做或行动是正确的行动。"③ 随着实践和科学的发展，人的理性思维愈发达，它在人类实践和认识中的作用也愈益突出。当然，在理性的推进过程中，一定要避免把理性等同于科学理性的做法。恩格斯在《反杜林论》中对近代理性主义的历史贡献与历史局限进行了深刻的揭示。对永恒理性的倡导者、18世纪的启蒙学者而言，"他们不承认任何外界的权威，不管这种权威是什么样的。宗教、自然观、社会、国家制度，一切都受到了最无情的批判；一切都必须在理性的法庭面前为自己的存在作辩护或者放弃存在的权利。思维着的知性成了衡量一切的唯一尺度。……以往的一切社会形式和国家形式、一切传统观念，都被当做不合理性的东西扔到垃圾堆里去了；到现在为止，世界所遵循的只是一些成见；过去的一切只值得怜悯和鄙视。只有现在阳光才照射出来。从今以后，迷信、非正义、特权和压迫，必将为永恒的真理，为永恒的正义、为基于自然的平等和不可剥夺的人权所取代。"④ 永恒性的理性是近代以来理性主义的价值轴心。但从现实看，这种所谓永恒的理性并没有建立起永恒的正义、真实的平等。恩格斯指出："现在我们知道，这个理性的王国不过是资产阶级的理想化的王国；永恒

① 《马克思恩格斯选集》（第4卷），人民出版社1995年版，第329页。
② 《马克思恩格斯选集》（第4卷），人民出版社1995年版，第382页。
③ 《毛泽东选集》（第2卷），人民出版社1991年版，第477页。
④ 《马克思恩格斯选集》（第3卷），人民出版社1995年版，第355～356页。

的正义在资产阶级的司法中得到实现；平等归结为法律面前的资产阶级的平等；被宣布为最主要的人权之一的是资产阶级的所有权；而理性的国家、卢梭的社会契约在实践中表现为，而且也只能表现为资产阶级的民主共和国。18世纪伟大的思想家们，也同他们的一切先驱者一样，没有能够超出他们自己的时代使他们受到的限制。"① 也就是说，永恒的理性在现实中却成为一部分人所拥有、为一部分人服务的局部理性。在恩格斯看来，只要人们还从这种绝对的理性出发，就不可能真实地理解这个世界，也不可能找到真实改变这个世界的途径。恩格斯指出，空想社会主义者之所以成为空想，其重要方法论原因就在于没有超越近代理性主义的方法。空想社会主义，"他们和启蒙学者一样，并不是想解放某一个阶段，而是想解放全人类。他们和启蒙学者一样，想建立理性和永恒正义的王国；但是他们的王国和启蒙学者的王国是有天壤之别的。按照这些启蒙学者的原则建立起来的资产阶级世界也是不合理性的和非正义的，所以也应该像封建制度和一切更早的社会制度一样被抛到垃圾堆里去。现实理性和正义至今还没有统治世界，这只是因为它们没有被人们正确地认识"。② 只要人们固守绝对理性方法，就不可能真正理解世界、认识世界。

再次，精神这个概念不仅包括"理性"，而且包括人的情感、愿望、意志、直觉、欲望等"非理性"。马克思主义认为，人的精神活动主要是一种理性活动，理性在人的精神活动中居于主导地位，但并不否认人存在着情感、意志等非理性因素，并不否认这些非理性因素对人的行为产生的影响。情感是人作为主体对客体是否符合自己需要的某种心理反应、内部体验，是人的行为不可缺少的因素。马克思指出："人作为对象性的、感性的存在物，是一个受动的存在物；因为它感到自己是受动的，所以是一个有激情的存在物。激情、热情是人强烈追求自己的对象的本质力量。"③ 健康的激情、积极的热情、强烈的愿望可以促使人全身心地投入实践活动。恩格斯认为，愿望是由激情或思虑来决定的，而直接决定激情或思虑的杠杆是各式各样的。有的可能是外界的事物，有的可能是精神方面的动机，如功名心、"对真理和正义的热忱"、个人的憎恶，或者甚至是各种纯粹个人的怪想。但是，在这些动机背后隐藏着的是什么样的动力呢？旧唯物主义的回答是：在历史领域中起作用的精神的动力是最终原因。恩格斯认为旧唯物主义在历史领域内背叛了自己，旧唯物主义不彻底的地

---

① 《马克思恩格斯选集》（第3卷），人民出版社1995年版，第356页。
② 《马克思恩格斯选集》（第3卷），人民出版社1995年版，第357页。
③ 《1844年经济学哲学手稿》，人民出版社2008年版，第107页。

方并不在于承认精神的动力，而在于不从这些动力进一步追溯到它的动因。"如果要去探究那些隐藏在——自觉地或不自觉地，而且往往是不自觉地——历史人物的动机背后并且构成历史的真正的最后动力的动力，那么问题涉及的，与其说是个别人物，即使是非常杰出的人物的动机，不如说是使广大群众、使整个整个的民族，并且在每一民族中间又是使整个整个阶级行动起来的动机；而且也不是短暂的爆发和转瞬即逝的火光，而是持久的、引起重大历史变迁的行动。"①

第四，意志虽然是在已有认识的指导下展开的，但意志又可以支配、调节认识。科学认识是一种复杂的、异常艰苦的劳动，它要求人们必须有坚强的意志，否则，不可能完成复杂而艰苦的科学认识活动。马克思在《资本论》（法文版序言和跋）中指出："在科学上没有平坦的大道，只有不畏劳苦者沿着陡峭的山路攀登的人，才有希望达到光辉的顶点。"② 同时，就单个人而言，他的行动的一切动力，"都一定要通过他的头脑，一定要转变为他的意志的动机，才能使他行动起来"。③

第五，人的实践活动是一种有目的的活动，"他不仅使自然物发生形式变化，同时还在自然物中实现自己的目的"。而要实现这一目的，"他必须使他的意志服从这个目的"。但是，这种服从不是孤立的行为，除了从事劳动的那些器官紧张之外，"在整个劳动时间内还需要有作为注意力表现出来的有目的的意志。而且，劳动的内容及其方式和方法越是不能吸引劳动者，劳动者越是不能把劳动当做他自己体力和智力的活动来享受，就越需要这种意志"。④

人的精神属性表明，人与动物不同，一个重要的方面是人有一个包括知、情、意在内的特殊的心理结构，有一个与外部客观世界不同的内部的"主观世界"，并由此产生人的精神生活、精神需要和精神能力，产生了人的活动不同于动物活动的"主观能动性"或"自觉的能动性"。毛泽东指出："思想等等是主观的东西，做或行动是主观见之于客观的东西，都是人类特殊的能动性。这种能动性，我们名之曰'自觉的能动性'，是人之所以区别于动物的特点。"⑤ 动物的活动可以说是客观的、感性的活动，但不能称之为主观的能动性的活动。人的精神属性表明，人是一种有理想的存在物。动物的活动纯粹是由欲望

① 《马克思恩格斯选集》（第4卷），人民出版社1995年版，第249页。
② 《资本论》（第1卷），人民出版社2004年版，第24页。
③ 《马克思恩格斯选集》（第4卷），人民出版社1995年版，第251页。
④ 《资本论》（第1卷），人民出版社2004年版，第208页。
⑤ 《毛泽东选集》（第2卷），人民出版社1991年版，第477页。

所决定的，是一种本能活动，它既没有关于过去的意识，也没有关于将来的设想。动物除了生物规定性外，没有历史的规定性。人则不同，由于意识的存在，人的活动是创造性的。兰德曼曾说："数千年来，蜜蜂一直在建造同样的蜂房，但是人却'前进'了。他作为一种文化的存在，也是一种历史的存在，这一点也具有双重意义：他对历史既有控制权，又依赖于历史；他决定历史，又为历史所决定。"① 人们在了解事物过去和现在的基础上，能把握事物的未来发展趋势，并根据事物的未来发展趋势提出自己的理想、奋斗目标。恩格斯指出，推动人去从事活动的一切，都要成为"理想的意图"或"理想的力量"。当然，人们在创造自己的历史的过程中，并不是随心所欲地创造，并不是在他们自己选定的条件下创造，而是在直接碰到的、既定的、从过去承继下来的条件下创造。马克思指出："一切已死的先辈的传统，向梦魇一样纠缠着活人的头脑。"② 人的精神属性表明，人是"自由的存在物"。按照马克思、恩格斯的看法，自由来源于对于客观世界必然性的认识和在认识指导下对客观世界的改造，而人的意识的首要功能就是反映事物的规律。恩格斯赞同黑格尔的"自由是对必然性的认识"这一命题。他说："黑格尔第一个正确地叙述了自由和必然之间的关系。在他看来，自由是对必然的认识。'必然只是在它没有被了解的时候才是盲目的。'自由不在于幻想中摆脱自然规律而独立，而在于认识这些规律，从而能够有计划地使自然规律为一定的目的服务。这无论对外部自然的规律，或对支配人本身的肉体存在和精神存在的规律来说，都是一样的。这两类规律，我们最多只能在观念中而不能在现实中把它们互相分开。因此，意志自由只是借助于对事物的认识来作出决定的能力。因此，人对一定问题的判断越是自由，这个判断的内容所具有的必然性就越大；而犹豫不决是以不知为基础的，它看来好像是在许多不同的和相互矛盾的可能的决定中任意进行选择，但恰好由此证明它的不自由，证明它被正好应该由它支配的对象所支配。因此，自由是在于根据对自然界的必然性的认识来支配我们自己和外部自然界；因此它必然是历史发展的产物。"③ 人的意识还反映人本身的需要，并由此把客体规律和主体需要结合起来，按照"两个尺度"实现对世界的自由改造。马克思在《1844年经济学哲学手稿》中指出，人的活动是自由自觉的活动，动物的活动是盲目的活动，原因就在于"动物只是按照它所属的那个种的尺度和

---

① M. 兰德曼著，阎嘉译：《哲学人类学》，贵州人民出版社2006年版，第210页。

② 《马克思恩格斯选集》（第1卷），人民出版社1995年版，第585页。

③ 《马克思恩格斯选集》（第3卷），人民出版社1995年版，第455~456页。

需要来构造，而人懂得按照任何一个种的尺度来进行生产，并且懂得处处都把内在的尺度运用于对象；因此，人也是按照美的规律来构造"。①

（四）人天生是社会动物

人是自然存在物、社会存在物和有意识的存在物，但从根本上说是社会存在物；人有自然属性、社会属性和精神属性，但从根本上说是社会属性。马克思在《资本论》中指出："人即使不像亚里士多德所说的那样，天生是政治动物，无论如何也天生是社会动物。"② 本能是本性的外在表现，所以恩格斯说："社会本能是从猿进化到人的最重要的杠杆之一。最初的人想必是群居的，而且就我们所能追溯到的来看，我们发现，情况就是这样。"③ 单独地看，人是一种自然存在物、精神存在物，人有生理欲望、有理性。旧唯物主义强调人的自然存在，他们所说的人是"生物人"，唯心主义强调人的精神存在，他们所说的人是"理性人"。旧唯物主义和唯心主义的共同缺陷在于割裂了"生物人"和"理性人"的关系，看不到人根本上是"社会人"。

人具有自然属性，这是客观事实，但动物也具有自然属性，这也是客观事实。问题在于人的自然属性不仅是自然属性，而是"人的"自然属性，是作为社会存在物的人所具有的属性。人有自然需要，但人的自然需要具有社会的表现形式，它"不是纯粹的自然需要，而是历史上随着一定的文化水平而发生变化的自然需要"。马克思确实认为，吃、喝、性行为等，都是真正的人的机能，但是马克思根本不把人的这些机能看作是纯粹动物的机能，而主张这些机能是由社会劳动决定的。马克思指出："但是，如果加以抽象，使这些机能脱离人的其他活动领域并成为最后的和唯一的终极目的，那它们就是动物的机能。"④ 他还以"吃"为例指出："饥饿总是饥饿，但是用刀叉吃熟肉来解除的饥饿不同于用手、指甲和牙齿啃生肉来解除的饥饿。因此，不仅消费的对象，而且消费的方式，不仅在客体方面，而且在主体方面，都是生产所产生的。"⑤ "上衣、麻布以及任何一种不是天然存在的物质财富要素，总是必须通过某种专门的、使特殊的自然物质适合于特殊的人类需要的、有目的的生产活动创造出来。"⑥

---

① 《1844年经济学哲学手稿》，人民出版社2008年版，第57~58页。
② 《资本论》（第1卷），人民出版社2004年版，第379页。
③ 《马克思恩格斯选集》（第4卷），人民出版社1995年版，第624页。
④ 《1844年经济学哲学手稿》，人民出版社2008年版，第55页。
⑤ 《马克思恩格斯全集》（第30卷），人民出版社1995年版，第33页。
⑥ 《资本论》（第1卷），人民出版社2004年版，第56页。

可见，不仅人的活动是社会的，而且他本身的自然也渗透了历史与社会的因素。同时，人的精神因素也离不开人的自然因素，意识、思维是人脑的机能，是人脑这一人的特殊生理器官的产物，而人脑连同人的整个身体都是大自然的产物。恩格斯指出，思维和意识"都是人脑的产物，而人本身是自然界的产物，是在自己所处的环境中并且和这个环境一起发展起来的；……归根到底也是自然界产物的人脑的产物"。① "我们自己所属的物质的、可以感知的世界，是唯一现实的；而我们的意识和思维，不论它看起来是多么超感觉的，总是物质的、肉体的器官即人脑的产物。物质不是精神的产物，而精神本身只是物质的最高产物。"② 更为重要的是，人的精神因素离不开人的社会因素，它以社会活动为基础，以社会因素为中介。马克思、恩格斯指出："意识一开始就是社会的产物，而且只要人们存在着，它就仍然是这种产物。"③ 思维、意识的器官——人脑是自然的产物，也是社会的产物，更准确地说是社会劳动的产物。"首先是劳动，然后是语言和劳动一起，成了两个最主要的推动力，在他们的影响下，猿脑就逐渐地过渡到人脑。"④

人是以自由的有意识的活动不断地扬弃和超越给定性和自在性的，从而使人生活在一个属人的世界里。即，体现了自然的人化和人的本质力量的对象化的世界中，而不再像动物那样与自在自然处于未分化的同一之中，凭着本能而自在自发地存活。这一"自由自觉的活动"也就是哲学意义上的实践。这样一来，实践就体现了人的具体特征和总体性的统一，它既反映了人的各种属性和活动的规定性，又不直接等同于其中任何一种属性；它既是"多"，又是"一"。在这里，"一"体现为人是总体性的存在物。人的总体性是人的本质性的存在方式，"它为人的活动提供一个基本框架，在这里，人的理性、感性、情感、直觉、意志、直至本能都取得一席之地，它们构成一个有机的总体，一个自在自律演进的总体。"⑤ 这"多"则体现为"人是多维度的存在物：既是自然的、生物的、感性的存在物，也是精神的、心理的、意向性的存在物；既是理性的存在物，也是非理性的存在物；既是经济动物、政治动物，也是文化动物；既是工具的制造者，也是符号和象征的创造者。人的这多种属性在人的社会实践活动中有机地统一起来。因此，只有当人的各种属性、各方面的活动、

---

① 《马克思恩格斯选集》（第3卷），人民出版社1995年版，第374～375页。
② 《马克思恩格斯选集》（第4卷），人民出版社1995年版，第227页。
③ 《马克思恩格斯选集》（第1卷），人民出版社1995年版，第81页。
④ 《马克思恩格斯选集》（第4卷），人民出版社1995年版，第377页。
⑤ 衣俊卿著：《历史与乌托邦》，黑龙江教育出版社1995年版，第200页。

各种规定性、各种需要和价值都得到协调和有机的发展，才会有自由和全面发展的人，才会有健全的社会，即自由人的联合体。与此相应，人的自然属性、社会属性和精神属性方面所表现出的相对稳定的品质和质量，就是人的素质，即人的自然素质、社会素质和精神素质。人的素质是主体进行一定活动的一种内在根据和准备状态，素质的高低决定人的活动能力的大小。个体素质的独特性及其在社会实践活动和生活领域中的发挥则是人的个性，也就是个人独特的主体性，这种个性，或者说主体性，是个体品质的最集中表现。马克思把劳动及其产品看做是人的本质力量、主体性的物化及对象化，同时也理解为人的个性的物化、对象化。"我在劳动中肯定了自己的个人生命，从而也就肯定了我的个性的特点。"① 同时，"要完全实现自己，人类必须充分地、和谐地发展所有的方面：意志、理性、语言和实践"。② 因此，任何关于人的见解，任何历史设计，都不应片面强调或突出这一多样性统一的总体之中的某一方面。在迄今为止的历史中，正是由于人的某一属性、某一活动或某一规定性被片面地，并以牺牲其他属性、活动或规定性为代价地强调与发展，才出现了马克思和当代许多思想家所剖析的"异化的人"或"经济的人"，以及卢卡奇所批判的"物化的人"、马尔库塞所揭示的"单面人"或"单向度的人"。同时，只有当人的各种属性、各方面的活动、各种规定性、各种需要和价值都得到协调和有机的发展，才会有自由和全面发展的人，也才会有健全的社会，即自由人的联合体。

第三节　人的全面而自由的发展的科学含义

马克思对人的全面而自由的发展的涵义进行了丰富而详尽的论述。

一、人的发展

所谓人的发展是指随着时间的推进在人身上发生的变化，"人的发展是一个扩大向个人提供的可能性的过程。原则上讲，这些可能性也许是无限的，而

---

① 《1844年经济学哲学手稿》，人民出版社2008年版，第184页。
② B. 莫迪恩著，李树琴等译：《哲学人类学》，黑龙江人民出版社2005年版，第143页。

且随着时间的推移可能发生变化"。① 人的发展与马克思所讲的人的全面而自由的发展有什么不同？人的全面而自由的发展有狭义和广义之分。狭义上的人的全面而自由的发展是指作为共产主义社会目标的"人的全面而自由的发展"；广义上的人的全面而自由的发展是指比个人原已获得的发展状况更进一步的提高，即我们一般所谓的人的发展。我们知道，马克思在考察人的发展时，主要是针对资本主义社会人的发展状况而言的，他谈论最多的就是如何改变资本主义社会人的发展状况而实现"人的全面而自由的发展"。也就是说，马克思主要是在狭义上来讲"人的全面而自由的发展"的。广义上的人的全面而自由的发展之所以成立，就是因为人的全面而自由的发展不只是一种理想目标，也是一个动态的历史过程，人的全面而自由的发展的每一个具体状态，都是历史性的和暂时性的，都是通向人的全面而自由的发展总过程中的一个阶段。马克思指出："先前的历史发展使这种全面的发展，即不以旧有的尺度来衡量的人类全部力量的全面发展成为目的本身。在这里，人不是在某一种规定性上再生产自己，而是生产出他的全面性；不是力求停留在某种已经变成的东西上，而是处在变易的绝对运动之中。"②

　　人的发展，主要指的是"个人"的全面而自由的发展。一般地说，人是包括个人、集体、社会或人类等多种不同形式的，既可以是复数，也可以是单数。人是类与个体、社会与个人的统一。马克思、恩格斯站在人类实践活动的历史高度审视、思考现实个人的发展，着重于个人作为类存在物、社会存在物和个体存在物的发展，或者说是个人身上的类特征、社会特征和个性的发展。马克思清楚地看到，在很长的历史时期内，人类社会的发展是以牺牲个人发展为代价的，"劳动为富人生产了奇迹般的东西，但是为工人生产了赤贫。劳动生产了宫殿，但是给工人生产了棚舍。劳动生产了美，但是使工人变成畸形。劳动用机器代替了手工劳动，但是使一部分工人回到野蛮的劳动，并使另一部分工人变成机器。劳动生产了智慧，但是给工人生产了愚钝和痴呆"。③ 马克思、恩格斯所面临的历史任务就是要揭示社会发展的规律，探讨个人发展的途径，寻求个人发展和社会发展相统一的方法，最后他得出的结论是：第一，"要不是每一个人都得到解放，社会本身也不能得到解放。"④ 个人的发展归根

---

① 联合国教科文组织教育丛书，联合国教科文组织总部中文科译：《教育——财富蕴藏其中》，教育科学出版社 2005 年版，第 67 页。
② 《马克思恩格斯全集》（第 30 卷），人民出版社 1995 年版，第 480 页。
③ 《1844 年经济学哲学手稿》，人民出版社 2008 年版，第 54 页。
④ 《马克思恩格斯选集》（第 3 卷），人民出版社 1995 年版，第 644 页。

到底取决于整个社会的发展，人的发展的片面性的消灭归根到底取决于旧的社会分工的消灭。第二，私有制只有在个人得到全面发展的条件下才能消灭。马克思、恩格斯指出："在大工业和竞争中，各个人的一切生存条件、一切制约性、一切片面性都融合为两种最简单的形式——私有制和劳动。货币使任何交往形式和交往本身成为对个人来说是偶然的东西。因此，货币就是产生下述现象的根源：迄今为止的一切交往都只是在一定条件下个人的交往，而不是作为个人的个人的交往。这些条件可以归结为两点：积累起来的劳动，或者说私有制，以及现实的劳动。"[1] 要使人获得全面而自由的发展，必须消灭私有制和异化劳动，同时，也只有个人在得到全面而自由的发展的条件下才能消灭私有制和异化劳动。恩格斯认为，社会阶级的消灭是以这样一个历史发展阶段为前提的，在这个阶段上，不仅某个特定的统治阶级而且任何统治阶级的存在，从而阶级差别本身的存在，都将成为时代的错误，成为过时的现象。所以，社会阶级的消灭是以生产高度发展的阶段为前提的，在这个阶段上，某一特殊的社会阶级对生产资料和产品的占有，从而对政治统治、教育垄断和精神领导的占有，不仅成为多余的，而且成为经济、政治和精神发展的障碍。"由社会全体成员组成的共同联合体来共同地和有计划地利用生产力；把生产发展到能够满足所有人的需要的规模；结束牺牲一些人的利益来满足另一些人的需要的状况；彻底消灭阶级和阶级对立；通过消除旧的分工，进行产业教育、变换工种、所有人共同享受大家创造出来的福利，通过城乡的融合，使社会全体成员的才能得到全面的发展；——这就是废除私有制的主要结果。"[2] 因此，从这个意义上讲，共产党人可以把自己的理论概括为一句话：消灭私有制。第三，共产主义是"以每一个个人的全面而自由的发展为基本原则的社会形式建立现实基础"。[3] 马克思在此所言的个人不是孤立的个人，而是"社会中的个人"；不是"某一个人"而是"每一个人"。"人是一个特殊的个体，并且正是他的特殊性使他成为一个个体，成为一个现实的、单个的社会存在物，同样，他也是总体，观念的总体，被思考和被感知的社会的自为的主体存在，正如他在现实中既作为对社会存在的直观和现实享受而存在，又作为人的生命表现的总体而存在一样。"[4] 针对斯密、李嘉图以及卢梭等人有关"人是孤立的个人"的主张，马克思对他们的主张给予了深刻的批判。例如，卢梭在分析社会的起源时，假

---

① 《马克思恩格斯选集》（第 1 卷），人民出版社 1995 年版，第 127 页。
② 《马克思恩格斯选集》（第 1 卷），人民出版社 1995 年版，第 243 页。
③ 《资本论》（第 1 卷），人民出版社 2004 年版，第 683 页。
④ 《1844 年经济学哲学手稿》，人民出版社 2008 年版，第 84 页。

设了一种"自然状态",他相信人在这种自然状态下是孤独的,不需要结成社会。他曾有一段诗情画意般的描绘:"我看到他在橡树下饱餐,在随便遇到的一条河沟里饮水,在供给他食物的树下找到睡觉的地方,于是他的需要便完全满足了。"① 卢梭确定的这个"孤独的人"的前提,使他的整个政治学说失去了现实的起点,变成一种推论,因而无法科学地说明社会现象和社会生活。马克思明确指出:"在社会中进行生产的个人,——因而,这些个人的一定社会性质的生产,当然是出发点,被斯密和李嘉图当作出发点的单个的孤立的猎人和渔夫,属于18世纪的缺乏想象力的虚构。这是鲁滨逊一类的故事,这类故事决不像文化史家想象的那样,仅仅表示对过度文明的反动和要回到被误解了的自然生活中去。同样,卢梭的通过契约来建立天生独立的主体之间的关系和联系的'社会契约',也不是以这种自然主义为基础的。这是假象,只是大大小小的鲁滨逊一类故事所造成的美学上的假象。……在18世纪的预言家看来(斯密和李嘉图还完全以这些预言家为依据),这种个人是曾在过去存在过的理想;在他们看来,这种个人不是历史的结果,而是历史的起点。因为按照他们关于人性的观念,这种合乎自然的个人并不是从历史中产生的,而是由自然造成的。"② 马克思凡是在其论著中讲到"人的发展"的地方,大都明确指出是"个人的发展";在讲到"个人的发展"时,大都指出是"社会全体成员的普遍发展"。用马克思的话说,是"每个人"的发展,是"各个个人"的发展,是"每一个单个人"的发展;用恩格斯的话说,是"社会的每一个成员"的发展;用列宁的话说,是"社会全体成员"的发展。这无疑是马克思与旧思想家的一个根本不同之处,卢梭只关心他的"自然人",亚当·斯密只看到"单个的孤立的猎人和渔夫",资产阶级讲"个人"实际上是讲他们"自己",而马克思讲的个人则是指每一个劳动者。

人的发展的具体含义是什么? 在马克思看来,人的发展就是"人以一种全面的方式,就是说,作为一个总体的人,占有自己的全面的本质",是"人的本质客观地展开的丰富性"。也就是说,人的发展其实就是人的本质力量的发展。人的本质从根本上规定着人的发展的内容和方向,人的发展具体地体现在人的社会关系、人的活动及能力、人的需要、人的素质和人的个性的发展上。

---

① 卢梭著,李常山译:《论人类不平等的起源和基础》,商务印书馆1996年版,第75页。
② 《马克思恩格斯全集》(第30卷),人民出版社1995年版,第22~25页。

二、资本主义条件下人的发展状况

马克思关于人的发展的论述是建立在对资本主义社会全面剖析的基础之上的。因此，要了解马克思关于"人的发展"的涵义，就要了解资本主义条件下人的发展的实际状况和马克思对于资本主义条件下人的发展状况的评述。

作为人类社会历史发展过程的一个阶段，资本主义对于人的发展具有双重性。马克思在《1857～1858 年经济学手稿》中认为，只有资本才能创造出资产阶级社会，并创造出社会成员对自然界和社会联系本身的普遍占有。由此产生了资本的伟大的文明作用；它创造了这样一个社会阶段，与这个社会阶段相比，一切以前的社会阶段都只表现为人类的地方性发展和对自然的崇拜。"只有在资本主义制度下自然界才真正是人的对象，真正是有用物；它不再被认为是自为的力量；而对自然界的独立规律的理论认识本身不过表现为狡猾，其目的是使自然界（不管是作为消费者，还是作为生产资料）服从于人的需要。资本按照自己的这种趋势，既要克服把自然神化的现象，克服流传下来的、在一定界限内闭关自守地满足于现有需要和重复旧生活方式的状况，又要克服民族界限和民族偏见。资本破坏这一切并使之不断革命化，摧毁一切阻碍发展生产力、扩大需要、使生产多样化、利用和交换自然力量和精神力量的限制。"[①] 具体而言，相对于前资本主义，它创造了前所未有的生产力，提供了人的全面发展的物质前提。"资产阶级在它的不到一百年的阶级统治中所创造的生产力，比过去一切世代创造的全部生产力还要多，还要大"。[②] "资本的文明面之一是，它榨取这种剩余劳动的方式和条件，同以前的奴隶制、农奴制等形式相比，都更有利于生产力的发展，有利于更高级的新形态的各种要素的创造。因此，资本一方面会导致这样一个阶段，在这个阶段上，社会上的一部分人靠牺牲另一部分人来强制和垄断社会发展（包括这种发展的物质方面和精神方面的利益）的现象将会消灭；另一方面，这个阶段又会为这样一些关系创造出物质手段和萌芽，这些关系在一个更高级的社会形式中，使这种剩余劳动能够同物质劳动一般所占用的时间的更大的节制结合在一起。"[③] 同时，斩断了一切血缘纽带和封建羁绊。"资产阶级在它已经取得了统治的地方把一切封建的、宗法的和田

---

① 《马克思恩格斯全集》（第 30 卷），人民出版社 1995 年版，第 390 页。

② 《共产党宣言》，人民出版社 2004 年版，第 32 页。

③ 《资本论》（第 3 卷），人民出版社 2004 年版，第 927～928 页。

园诗般的关系都破坏了。它无情地斩断了把人们束缚于天然尊长的形形色色的封建羁绊，它使人和人之间除了赤裸裸的利害关系，除了冷酷无情的'现金交易'，就再也没有任何别的联系了。它把宗教虔诚、骑士热忱、小市民伤感这些情感的神圣发作，淹没在利己主义打算的冰水之中。它把人的尊严变成了交换价值，用一种没有良心的贸易自由代替了无数特许的和自力挣得的自由。总而言之，它用公开的、无耻的、直接的、露骨的剥削代替了由宗教和政治幻想掩盖着的剥削。"① 资产阶级还对生产工具，从而对生产关系以及对全部社会关系不断地进行革命。生产的不断变革，一切社会状况不停的动荡，永远的不安定和变动，这就是资产阶级时代不同于过去一切时代的地方。资产阶级更是突破了地域和民族的局限，把个人和世界联系起来，客观上促进了人的某些方面的、一定程度的发展。"资产阶级，由于开拓了世界市场，使一切国家的生产和消费都成为世界性的了。……过去那种地方的和民族的自给自足和闭关自守状态，被各民族的各方面的互相往来和各方面的互相依赖所代替了。物质的生产是如此，精神的生产也是如此。各民族的精神产品成了公共的财产。民族的片面性和局限性日益成为不可能。"② "大工业便把世界各国人民互相联系起来，把所有地方性的小市场联合成为一个世界市场，到处为文明和进步作好了准备，使各文明国家里发生的一切必然影响到其余各国。"③ 同时，资本主义生产力的大发展不仅为人的全面发展提供了物质前提，而且推动了人的全面发展，资本主义给"社会劳动生产力和一切生产者个人的全面发展以极大的推动"。④ 另一方面，由于"资本来到世间，从头到脚，每个毛孔都滴着血和肮脏的东西"。⑤ 因此，资本主义只是把工人作为创造剩余价值的手段，工人不是为自己生产，而是为资本生产。马克思指出："资本主义生产不仅是商品的生产，它实质上是剩余价值的生产。工人不是为自己生产，而是为资本生产。因此，工人单是进行生产已经不够了。他必须生产剩余价值。只有为资本家生产剩余价值或者为资本的自行增殖服务的工人，才是生产工人。……生产工人的概念决不只包含活动和效果之间的关系，工人和劳动产品之间的关系，而且还包含一种特殊社会的、历史地产生的生产关系。这种生产关系把工人变成资本增殖的

① 《共产党宣言》，人民出版社 2004 年版，第 30 页。
② 《共产党宣言》，人民出版社 2004 年版，第 31 页。
③ 《马克思恩格斯选集》（第 1 卷），人民出版社 1995 年版，第 234 页。
④ 《马克思恩格斯选集》（第 3 卷），人民出版社 1995 年版，第 341 页。
⑤ 《资本论》（第 1 卷），人民出版社 1995 年版，第 871 页。

手段。"① 因此，为了实现资本的自行增殖，资本主义总是有限制地发展工人某一局部的才能。"在资本主义制度内部，一切提高社会劳动生产力的方法都是靠牺牲工人个人来实现的；一切发展生产的手段都变成统治和剥削生产者的手段，都使工人畸形发展，成为局部的人。"② 同时，在资本主义社会，生产表现为人的目的，而财富则表现为生产的目的。财富不是在普遍交换中产生的个人的需要、才能、享用、生产力等等的普遍性，财富不是人对自然力——既是通常所谓的"自然"力，又是人本身的自然力——的统治的充分发展，财富不是人的创造天赋的绝对发挥。因此，"在资产阶级经济以及与之相适应的生产时代中，人的内在本质的这种充分发挥，表现为完全的空虚化；这种普遍的对象化过程，表现为全面的异化，而一切既定的片面目的的废弃，则表现为为了某种纯粹外在的目的而牺牲自己的目的本身"。③ 简言之，资本主义相对于前资本主义来说，工人是有一定程度发展的，不过这是一种"畸形发展"，是一种有限度的发展，它具有明显的片面性、工具性和有限性。

在马克思看来，真正的人的发展只能是全社会的每一个人的发展，而不能是一部分人的发展和另一部分人的不发展，因为"一个人的发展取决于和他直接或间接进行交往的其他一切人的发展"。④ 但是，资本主义的现实却是，工人经常地为满足最迫切的生存需要而进行斗争，失去了全面发展的可能性。在资本主义社会，"一些人（少数）得到了发展的垄断权；而另一些人（多数）经常地为满足最迫切的需要而进行斗争，因而暂时（即在新的革命的生产力产生以前）失去了任何发展的可能性"。⑤ 千百万人只有通过那种伤害身体、使道德和智力畸形发展的紧张劳动，才能挣钱勉强养活自己，"最低的和唯一必要的工资额就是工人在劳动期间的生活费用，再加上使工人能够养家糊口并使工人种族不致死绝的费用。……通常的工资就是同'普通人'即牲畜般的存在状态相适应的最低工资"。⑥ 资产者"花在工人身上的费用，几乎只限于维持工人生活和延续工人后代所必需的生活资料"，"机器使劳动的差别越来越小，使工资几乎到处都降到同样低的水平，因而无产阶级内部的利益、生活状况也越来越趋于一致。资产者彼此间日益加剧的竞争以及由此引起的商业危机，使工人的

---

① 《资本论》（第 1 卷），人民出版社 1995 年版，第 582 页。
② 《资本论》（第 1 卷），人民出版社 2004 年版，第 743 页。
③ 《马克思恩格斯全集》（第 30 卷），人民出版社 1995 年版，第 480 页。
④ 《马克思恩格斯全集》（第 3 卷），人民出版社 1960 年版，第 515 页。
⑤ 《马克思恩格斯全集》（第 3 卷），人民出版社 1960 年版，第 507 页。
⑥ 《1844 年经济学哲学手稿》，人民出版社 2008 年版，第 7 页。

工资越来越不稳定；机器的日益迅速的和继续不断的改良，使工人的整个生活地位越来越没有保障"。① 同时，资本主义生产——实质上就是剩余价值的生产，就是剩余劳动的吮吸——通过延长工作日，从而剥夺了工人的自由时间、生活时间。马克思指出："工人终生不外是劳动力，因此他的全部可供支配的时间，按照自然和法律都是劳动时间，也就是说，应当用于资本的自行增殖。至于个人受教育的时间，发展智力的时间，履行社会职能的时间，进行社交活动的时间，自由运用体力和智力的时间，以至于星期日的休息时间（即使是在信守安息日的国家里），——这全都是废话！"② 在资本主义制度内部，一切发展生产的手段都"使工人的劳动条件变得恶劣，使工人在劳动过程中屈服于最卑鄙的可恶的专制，把工人的生活时间变成劳动时间，并且把工人的妻子儿女都抛到资本的札格纳特车轮下"。③ 自由时间、生活时间的剥夺，实质上就剥夺了人的全面发展的条件，"使人的劳动力由于被夺去了道德上和身体上正常的发展和活动的条件而处于萎缩状态"。④ 不仅劳动者失去了全面发展的可能性，即便是剥削、压迫工人的资本家也得不到全面发展。"这种发展的局限性不仅在于一个阶级被排斥于发展之外，而且还在于把这个阶级排斥于发展之外的另一个阶级在智力方面也有局限性。"⑤ 资本家仅仅作为短暂的、恣意放纵的个人而行动，并且把别人的奴隶劳动、把人的血汗看做自己的贪欲的虏获物，所以他把人本身，因而也把自己本身看做可牺牲的无价值的存在物。他把人本质力量的实现，仅仅看做自己无度的要求、自己突发的怪想和任意的奇想的实现。他既是自己财富的奴隶又是它的主人，财富是一种凌驾于他之上的完全异己的力量。恩格斯指出："不仅是工人，而且直接或间接剥削工人的阶级，也都因分工而被自己用来从事活动的工具所奴役；精神空虚的资产者为他自己的资本和利润欲所奴役；律师为他的僵化的法律观念所奴役，这种观念作为独立的力量支配着他；一切'有教养的等级'都为各式各样的地方局限性和片面性所奴役，为他们自己的肉体上和精神上的短视所奴役，为他们的由于接受专门教育和终身从事一个专业而造成的畸形发展所奴役——哪怕这种专业纯属无所事事，情况也是这样。"⑥ 按照辩证法的观点，事物是永恒发展的，人也是这样。

① 《共产党宣言》，人民出版社 2004 年版，第 36 页。
② 《资本论》（第 1 卷），人民出版社 2004 年版，第 306 页。
③ 《马克思恩格斯全集》（第 2 卷），人民出版社 1995 年版，第 259 页。
④ 《资本论》（第 1 卷），人民出版社 2004 年版，第 307 页。
⑤ 《马克思恩格斯全集》（第 3 卷），人民出版社 1960 年版，第 507 页。
⑥ 《马克思恩格斯选集》（第 3 卷），人民出版社 1995 年版，第 642～643 页。

马克思所说的"人的发展",不是就发展的一般意义来说的,不是关于人的发展的抽象议论,而是有着特定的含义。

马克思把资本主义生产条件下人的片面性具体化为两个方面:一方面是个人体力上的片面发展,另一方面是个人在智力上的片面发展。在资本主义生产条件下,由于劳动被分割,人也被分割了。为了训练某种单一的活动,其他一切肉体的和精神的能力都成了牺牲品。人的这种畸形发展和分工齐头并进,分工在工场手工业中达到了最高的发展。工场手工业把一种手艺分成各种局部操作,把每种操作分给个别工人,作为终身的职业,从而使他一生束缚于一定的局部职能和一定的工具之上。马克思指出:"工场手工业把工人变成畸形物,它压抑工人的多种多样的生产志趣和生产才能,人为地培植工人片面的技巧。……不仅各种特殊的局部劳动分配给不同的个体,而且个体本身也被分割开来,成为某种局部劳动的自动的工具。"① 而这种自动工具在许多情况下只有通过工人的肉体和精神的真正的畸形发展才达到完善的程度。生产过程的智力同体力劳动相分离,"生产上的智力在一个方面扩大了它的规模,正是因为它在许多方面消失了。局部工人所失去的东西,都集中在和他们对立的资本上面了。工场手工业分工的一个产物,就是物质生产过程的智力作为他人的财产和统治工人的力量同工人相对立"。② "在资本主义制度内部,一切提高社会劳动生产力的方法都是靠牺牲工人个人来实现的;一切发展生产的手段都变成统治和剥削生产者的手段,都使工人畸形发展,成为局部的人,把工人贬低为机器的附属品,使工人受劳动的折磨,从而使劳动失去内容,并且随着科学作为独立的力量被并入劳动过程而使劳动过程的智力与工人相异化。"③ 由于工人终身从事"极其简单、极其单调和极容易学会的操作",其结果是使工人在智力上越来越愚蠢和无知。斯密曾说:"大多数人民的职业,就局限于少数极单纯的操作,往往单纯到只有一两种操作。可是人类大部分智力的养成,必由于其日常职业。一个人如把他一生全消磨于少数单纯的操作,而且这些操作所产生的影响,又是相同的或极其相同的,那么,他就没有机会来发挥他的智力或运用他的发明才能来寻找解除困难的方法,因为他永远不会碰到困难。这样一来,他自然要失掉努力的习惯,而变成最愚钝最无知的人。"④ 1864 年,英国《公

① 《资本论》(第 1 卷),人民出版社 2004 年版,第 417 页。
② 《资本论》(第 1 卷),人民出版社 2004 年版,第 418 页。
③ 《资本论》(第 1 卷),人民出版社 2004 年版,第 743 页。
④ 亚当·斯密著,郭大力等译:《国民财富的性质和原因的研究》(下卷),商务印书馆 2003 年版,第 349 页。

共卫生报告书》中有这样一段话："陶工这一类人，不论男女，在体力和智力方面都是居民中最退化的部分。"① 不仅成年的工人如此，更为可怕的是童工也是如此。马克思指出："现代工厂和手工工场雇佣的大部分儿童从最年幼的时期起就被束缚在最简单的操作上，多年遭受着剥削，却没有学会任何一种哪怕以后只是在同一手工工场或工厂中能用得上的手艺。"而当他们长大到不适于从事儿童劳动时，他们往往会走上犯罪的道路。"企图在别的地方为他们找到职业的某些尝试，也都由于他们的无知、粗野、体力衰退和精神堕落而遭到了失败。"② 可见，在资本主义生产条件下，人的片面性发展、工人智力和体力畸形发展是何等的触目惊心。

三、人的全面而自由的发展的内涵

马克思强调的不是人的发展与否的问题，而是如何发展的问题。针对工人在资本主义条件下的"畸形发展"的片面性、工具性和有限性，提出了人的发展应当是一种全面发展、自由发展和充分发展。

（一）人的全面发展

人的全面发展是相对于人的片面发展而言的，而片面发展是资本主义工场手工业中的旧式分工造成的。分工为人的活动提供了确定的舞台和条件，具体地规定了人的发展性质和方向。马克思和恩格斯指出："个人就是受分工支配的，分工使他变成片面的人，使他畸形发展，使他受到限制。"③

1. 资本主义工场手工业中的旧式分工造成人的片面发展

在恩格斯看来，到目前为止的一切生产的基本形式是分工，一方面是社会内部的分工，另一方面是每个生产机构内部的分工。分工起初只是性别方面的分工，后来是由于天赋（例如体力）、需要、偶然性等等才自发地或"自然形成"分工，"分工只是从物质劳动和精神劳动分离的时候起才真正成为分工"④。由于这种分工不仅使精神活动和物质活动、享受和劳动、生产和消费由不同的个人来分担这种情况成为可能，而且成为现实。"只要社会总劳动所提供的产品除了满足社会全体成员最起码的生活需要以外只有少量剩余，就是说，只要

---

① 《马克思恩格斯选集》（第 2 卷），人民出版社 1995 年版，第 601 页。
② 《资本论》（第 1 卷），人民出版社 2004 年版，第 558 页。
③ 《马克思恩格斯全集》（第 3 卷），人民出版社 1960 年版，第 514 页。
④ 《马克思恩格斯选集》（第 1 卷），人民出版社 1995 年版，第 82 页。

劳动还占去社会大多数成员的全部或几乎全部时间，这个社会就必然划分为阶级……因此，分工的规律是阶级划分的基础。"① 这样，生产资料的拥有者获得了精神发展的垄断权，而他们的对立面却从根本上失去了这种发展的可能性。马克思认为，劳动者在经济上受劳动资料即生活源泉的垄断者的支配，是一切形式的奴役，社会贫困、精神屈辱和政治依附的基础。尤其是剩余劳动的生产，更是为"不劳动的、不直接劳动的人口创造出一定的自由时间，也就能够发展智力等等；精神上掌握自然"。② 而对于物质生产者而言，他们注定成为劳动的工具，"当分工一出现之后，任何人都有自己一定的特殊的活动范围，这个范围是强加于他的，他不能超出这个范围：他是一个猎人、渔夫或牧人，或者是一个批判的批判者，只要他不想失去生活资料，他就始终应该是这样的人"。③

在马克思、恩格斯看来，物质劳动和精神劳动的最大的一次分工，就是城市和乡村的分离，"第一次社会大分工是城市和乡村的分离"。而城市和乡村的分离，"立即使农村人口陷于数千年的愚昧状况，使城市居民受到各自的专门手艺的奴役。它破坏了农村居民的精神发展的基础和城市居民的体力发展的基础"。④ 城乡之间的对立无疑是个人屈从于分工、屈从于他被迫从事的某种活动的最鲜明的反映，"这种屈从把一部分人变为受局限的城市动物，把另一部分人变为受局限的乡村动物，并且每天都重新产生二者利益之间的对立"。⑤ 随着生产力的发展，物质劳动和精神劳动的分工逐步深入到了生产过程内部，其表现形式就是生产机构内部脑力劳动和体力劳动的分离。这种分离，是社会分工的进一步扩大化。马克思指出："一切发达的、以商品交换为中介的分工的基础，都是城乡的分离。可以说，社会的全部经济史，都概括为这种对立的运动。"⑥ 而脑力劳动和体力劳动的分离，"直到处于敌对的对立状态"，则使得一部分人只运用体力而另一部分人只运用脑力。"在这被迫专门从事劳动的大多数之旁，形成了一个脱离直接生产劳动的阶级，它掌管社会的共同事务：劳动管理、国家事务、司法、科学、艺术等等。"⑦

① 《马克思恩格斯选集》（第3卷），人民出版社1995年版，第632页。
② 《马克思恩格斯全集》（第31卷），人民出版社1995年版，第179页。
③ 《马克思恩格斯选集》（第1卷），人民出版社1995年版，第85页。
④ 《马克思恩格斯选集》（第3卷），人民出版社1995年版，第642页。
⑤ 《马克思恩格斯选集》（第1卷），人民出版社1995年版，第104页。
⑥ 《资本论》（第1卷），人民出版社2004年版，第408页。
⑦ 《马克思恩格斯选集》（第3卷），人民出版社1995年版，第632页。

分工一方面使工人越来越有依赖性、越来越片面化。随着分工的扩大以及资本的积累，工人日益完全依赖于劳动，依赖于一定的、极其片面的、机器般的劳动。每一个人都只是熟悉整个生产的某一部门，发展自己能力的一方面而偏废了其他方面，个体本身也被分割开来，成为某种局部劳动的自动的工具。"他们每一个人都只隶属于某一个生产部门，受它束缚，听它剥削，在这里，每一个人都只能发展自己才能的一方面而偏废了其他各方面，只熟悉整个生产的某一个部门或者某一个部门的一部分。"① 由于劳动被分成几部分，人自己也随着被分成几部分。为了训练某种单一的活动，其他一切肉体的和精神的能力都成了牺牲品。人的畸形发展和分工齐头并进。"工场手工业把工人变成畸形物，它压抑工人的多种多样的生产志趣和生产才能，人为地培植工人片面的技巧，……不仅各种特殊的局部劳动分配给不同的个体，而且个体本身也被分割开来，转化为某种局部劳动的自动的工具。"② 另一方面，分工越细，劳动就越简单化，工人在智力上也就越来越愚蠢和无知。斯密曾对局部工人的愚钝进行了细致的刻画："大多数人的智力，必然由他们的日常活动发展起来。终身从事少数简单操作的人……没有机会运用自己的智力……他的迟钝和无知就达到无以复加的地步。""他的呆板的、单调的生活自然损害了他的进取精神……它甚至破坏了他的身体的活力，使他除了从事他所会的那种局部工作以外，不能精力充沛地持久地使用自己的力量。因此，他在自己的专门职业中的技能是靠牺牲他的智力的、社会的和军事的品德而取得的。但是，在每一个工业的文明的社会中，这是劳动贫民即广大人民群众必然陷入的境地。"③ 马克思透过局部工人的愚钝这一现象，深刻地指出了造成这一现象的原因，"分工越细，劳动就越简单化。工人的特殊技巧失去任何价值。工人变成了一种简单、单调的生产力，这种生产力不需要投入紧张的体力或智力。他的劳动成为人人都能从事的劳动了"。④

机器的采用更是加剧了社会内部的分工，简化了作坊内部工人的职能，集结了资本，使人进一步被分割。资本主义社会内部分工既产生了特长和专业，同时也产生了职业的痴呆，产生了人们某种智力上和身体上的畸形化。勒蒙特说："我们十分惊异，在古代，一个人既是杰出的哲学家，同时又是杰出的诗人、演说家、历史学家、牧师、执政者和军事家。这样多方面的活动使我们吃

① 《马克思恩格斯选集》（第1卷），人民出版社1995年版，第242页。
② 《资本论》（第1卷），人民出版社2004年版，第417页。
③ 《资本论》（第1卷），人民出版社2004年版，第419页。
④ 《马克思恩格斯选集》（第1卷），人民出版社1995年版，第360页。

惊。现在每一个人都在为自己筑起一道藩篱，把自己束缚在里面。我不知道这样的分割之后活动领域是否会扩大，但是我却清楚地知道，这样一来，人是缩小了。"① 恩格斯把15世纪下半叶开始的被法国人称之为文艺复兴、被德国人称之为宗教改革、被意大利人称之为"五百年代"的时代称之为"伟大的时代"。② 他说："这是人类以往从来没有经历过的一次最伟大的、进步的变革，是一个需要巨人而且产生了巨人——在思维能力、激情和性格方面，在多才多艺和学识渊博方面的巨人的时代。给资产阶级的现代统治打下基础的人物，决不是囿于小市民习气的人。相反地，成为时代特征的冒险精神，或多或少地感染了这些人物。"在这个"需要巨人而且产生了巨人"的"伟大的时代"，"那时的英雄们还没有成为分工的奴隶，而分工所具有的限制人的、使人片面化的影响，在他们的后继者那里我们是常常看到的。但他们的特征是他们几乎全都处在时代运动中，在实际斗争中生活着和活动着，站在这一方面或那一方面进行斗争，有人用舌和笔，有人用剑，有些人则两者并用。因此就有了使他们成为全面的人的那种性格上的丰富和力量"。③ 在恩格斯看来，分工导致了人们某种智力上和身体上的畸形化，压制了"成为全面的人的那种性格上的丰富和力量"。在工场手工业和手工业中，是工人利用工具；在工厂中，是工人服侍机器。"在工场手工业中，工人是一个活机构的肢体。在工厂中，死机构独立于工人而存在，工人被当作活的附属物并入死机构。"④ 劳动者不再是活动的主体，他的活动是服务于他人的意志和他人的智力，并受这种意志和智力的支配。马克思指出："生产过程的智力同体力劳动相分离，智力转化为资本支配劳动的权力，是在以机器为基础的大工业中完成的。变得空虚了的单个机器工人的局部技巧，在科学面前，在巨大的自然力面前，在社会的群众性劳动面前，作为微不足道的附属品而消失了；科学、巨大的自然力、社会的群众性劳动都体现在机器体系中，并同机器一道构成'主人'的权力。"⑤ 工人的劳动变成了机械的操作，活的工人的活动变成了机器的活动，工人的活动是从属于机

---

① 《马克思恩格斯选集》（第1卷），人民出版社1995年版，第169页。
② 在恩格斯看来，文艺复兴、宗教改革、五百年代等名称，"没有一个能把这个时代充分地表达出来"。参见《马克思恩格斯选集》（第4卷），人民出版社1995年版，第261页。
③ 《马克思恩格斯选集》（第4卷），人民出版社1995年版，第262页。
④ 《资本论》（第1卷）人民出版社2004年版，第486页。
⑤ 《资本论》（第1卷）人民出版社2004年版，第487页。

器的，"工人自己只是被当作自动的机器体系的有意识的肢体"①。机器原本是智慧的结晶，现在它却作为"把科学思想客体化了"的"有灵性的怪物"同劳动者的劳动相对立，而劳动者则"作为有灵性的单个点，作为活的孤立的附属品附属于它"。② 工人本应把工具当作器官，通过自己的技能和活动赋予它以灵魂，因此，掌握工具的能力取决于工人的技艺，相反，机器则代替工人而具有技能和力量，它本身就是能工巧匠，它通过在自身中发生作用的力学规律而具有自己的灵魂。马克思指出："只限于一种单纯的抽象活动的工人活动，从一切方面来说都是由机器的运转来决定和调节的，而不是相反。科学通过机器的构造驱使那些没有生命的机器肢体有目的地作为自动机来运转，这种科学并不存在于工人的意识中，而是作为异己的力量，作为机器本身的力量，通过机器对工人发生作用。"③ 这样，劳动本身所具有的智力因素被一步步地从工人的劳动中分离出来，劳动逐渐变成了一种单调乏味、令人厌恶的，只是为了谋生才不得不从事的活动。正是由于劳动成了一种毫无内容的机械运动，加之工人又被长期固定在某一固定的操作上，因而这种劳动不仅造成工人智力的荒废，而且也造成了工人身体的畸形。马克思指出："机器劳动极度地损害了神经系统，同时它又压抑肌肉的多方面的运动，夺取身体上和精神上的一切自由活动。甚至减轻劳动也成了折磨人的手段，因为机器不是使工人摆脱劳动，而是使工人的劳动毫无内容。一切资本主义生产既然不是劳动过程，而且同时是资本的增殖过程，就有一个共同点，即不是工人使用劳动条件，相反地，而是劳动条件使用工人。"④

在此需要提及的是，马克思、恩格斯对机器劳动的深刻批判，既引起了与他们同时代的西方学者诸如拉斯金、莫里斯的共鸣，也引起了当代西方学者诸如舍勒、胡塞尔、海德格尔、伯纳诺斯、马尔库塞、萨特等人的共鸣。这从一个侧面证明了马克思、恩格斯思想的深邃、境界的高远、识见的精辟，足以无愧于字字珠玑。拉斯金认为，19世纪西方文明的丑恶和人对尊严的漠视，是资本主义社会据以组织的原则造成的。资本主义社会片面注意财富的生产，而不注意人的生产。他说，所谓分工这个名词用词不当，"说分工，这么说是不严

---

① 《马克思恩格斯全集》（第31卷），人民出版社1998年版，第90页。
② 《马克思恩格斯全集》（第30卷），人民出版社1995年版，第464页。
③ 《马克思恩格斯全集》（第31卷），人民出版社1998年版，第91页。
④ 《资本论》（第1卷），人民出版社2004年版，第486~487页。

格的，分的是人：人分成了碎块，分成了生活的小碎片和小碎屑"。① 莫里斯不仅同意拉斯金的看法，而且把拉斯金的论点推进了一大步。他说："除了希望制造美的东西以外，我一生中的主要激情是对现代文明的憎恨……关于它对机械力量的掌握和浪费，它对人生苦难的惊人组织……我怎么说呢？这一切最终都要到灰烬堆上的会计室中……世界不再能悦目，荷马的地位要被赫胥黎取代？"② 在莫里斯看来，要改变这一切，必须对工人阶级进行教育，使他们认识到，他们"面对着一个错误的社会，而他们自己才可能是一个真实社会的材料"。③ 同时还必须进行一场社会革命，打碎资本主义社会的组织形态。但是，在 19 世纪末期的西方社会，他们的声音是荒野中的呼声，无人置理。当代西方学者反对失控的和不加区别的机器劳动、技术发展的声音越来越高。伯纳诺斯在《欧洲精神与机器的世界》一书中说："机器不是根据人的需要增长的，而是根据投机的需要：这一点很重要。人们不能把一个诚实的婚姻中介机构与卖淫的组织混淆起来。科学提供了机器，投机用它们赚钱。它总是要求越来越多的科学，已便将它的'事业'扩展到整个地球……如果机器一直只是手段而不是目的，它将不会颠覆人的生活，就不会几乎耗掉人的全部精力，它就会促进人的生活，使它更加美丽，却不篡夺其他艺术的权利，因为它本身也将成为艺术。但是，我重申，普遍的投机立刻看出可以把机器作为实现自己力量的工具……机器文明从一开始就被看做一群暴徒的结合。它有组织地掠夺整个世界，然后一点一点地按照自己的形象塑造这个世界。"④ 国家这个高级牧师所宣扬的福利理想与机器之间的结合，十分不幸没有生产出健康而有活力的孩子，而是产生出丑陋、恶心的怪物。"历史总有一天要说——如果那一天还有能够思考的生命来书写历史——机器对这个星球的改变远不如对这个星球的主人的改变。人制造了机器，机器却通过神秘的道成肉身式的凶暴的倒转变成了人……我看到一个世界正在形成，这个世界，哎！说人不能够再在其中生活并不是夸大其词；当然，他可以继续在那里居住，但是在这种情况下，他永远难以

---

① 阿伦·布洛克著，董乐山译：《西方人文主义传统》，生活·读书·新知三联书店 1997 年版，第 172 页。
② 阿伦·布洛克著，董乐山译：《西方人文主义传统》，生活·读书·新知三联书店 1997 年版，第 172 页。
③ 阿伦·布洛克著，董乐山译：《西方人文主义传统》，生活·读书·新知三联书店 1997 年版，第 172 页。
④ B. 莫迪恩著，李树琴等译：《哲学人类学》，黑龙江人民出版社 2005 年版，第 144~145 页。

说是充分的人。"① 伯纳诺斯在20世纪中期刻画的机器对人的摧残这一历史景观，在20世纪七八十年代变得更加严峻。人变成了机器、技术的奴隶，这比伯纳诺斯的时代更加"严酷"。机器、技术被作为目的而不是手段来追求，且渐渐获得了巨大的力量，以至于抢夺了人的位置，而把人置于被征服、被奴役的地位。潘能伯格曾说："人努力保证自己生存安定的手段支配了人自己，因为他必须将自己生存的安全托付给这些手段。现代人、现代文明和现代技术的特征就是人变成了自己的手段和发明的奴隶，他为它们劳动，使自己适应它们的内在逻辑。人发明来控制世界的这些手段反过来主宰了人，这就像古代的人对有限存在的神化和崇拜一样，他们尊敬它们，就好像其中充满了神圣的力量。"② 因此，现代文明已经把技术变成了神，把人变成了奴隶。蒂利希在《乐宴》一书中认为，现代工业主义的根本错误就是把人降到了劳动手段的奴隶的地位。这个手段应该帮助个体提高效率、扩大个体作用的范围，而不是制造奴隶和主人。人需要能够提高它的精力和想象的技术，而不是奴役他和命令他如何做的技术。工业文明因此是在按照与人的真实需要相反的方向发生作用。资本主义社会的目的只有一个：生产力的圣化，不惜一切代价的巨大增长。这一目的导致了如下结果：环境的恶化；过分的垄断阻碍了活动的自由实施；过度程式化将某个阶层的生活方式强加给所有人；贫富的两极分化。③ 但是，西方学者只是就机器、技术的弊害而论弊害，没有认清产生这一弊害的根源，更不可能提出如何"救治"机器、技术对人的戕害之道。他们能揭露一切，抨击一切丑恶，但作为具体的个人，他们是苍白的、无力的，他们除了给我们一种伦理上的震撼和痛苦，一种毫无希望的唯美主义的遐想以外，什么都不能解决。唯有马克思、恩格斯提出了解决之道。

2. 人的全面发展是大工业生产的产物

马克思从资本主义的劳动分工中分析了工人在生产劳动中体力和智力两个方面的片面发展，又从资本主义内部出现的新的经济条件出发，论证了工人尽可能多方面的发展是社会生产的普遍规律，这种多方面的发展，无疑应当看成是工人的体力和智力的发展。同时，马克思还揭示了机器的资本主义应用的特点：工人不是为自己生产，而是为资本生产。"工人为生产过程而存在，不是生产过程为工人而存在。"④ 工人的发展是被动的、不自由的、屈从于分工的。

① B. 莫迪恩著，李树琴等译：《哲学人类学》，黑龙江人民出版社2005年版，第145页。
② B. 莫迪恩著，李树琴等译：《哲学人类学》，黑龙江人民出版社2005年版，第145页。
③ B. 莫迪恩著，李树琴等译：《哲学人类学》，黑龙江人民出版社2005年版，第146页。
④ 《资本论》（第1卷），人民出版社2004年版，第563页。

因此，人在劳动领域内的全面而自由的发展必须以根本废除旧式分工，改造资本主义劳动的性质为前提。在这个领域内取得的自由只能是："社会化的人，联合起来的生产者，将合理地调节他们和自然之间的物质变换，把它置于他们的共同控制之下，而不让它作为一种盲目的力量来统治自己；靠消耗最小的力量，在最无愧于和最适合于他们的人类本性的条件下来进行这种物质变换。"①但是，马克思的论证并没有到此为止。在《资本论》中，人的发展领域包括两个方面，即劳动时间和自由时间。劳动时间创造了人类才能的发展所必需的物质财富，而自由时间"就是财富本身"。因此，自由时间同劳动时间一样，也是人的全面而自由的发展不可缺少的一个方面，是人的先天和后天的各种才能与志趣、道德和审美能力充分发展的又一个广阔领域，马克思称其为"真正的自由王国"。同时，马克思还对自由时间内人的发展问题作了严格的经济学上的论证。自由时间的长短与劳动时间的长短有关，而劳动时间的长短取决于劳动生产率的高低和劳动普遍化的程度。由于科学技术的发展，劳动生产率的大幅度提高成为了可能。但在资本主义社会里，劳动生产率的提高成为资本家攫取更多剩余劳动的手段，"财富的基础是盗窃他人的劳动时间"，"资本的趋势始终是：一方面创造可以自由支配的时间，另一方面把这些可以自由支配的时间变为剩余劳动"。② 因此，在资本主义社会里，不可能真正缩短劳动时间。只有到了共产主义社会，那时"群众的剩余劳动不再是一般财富发展的条件，同样，少数人的非劳动不再是人类头脑的一般能力发展的条件。于是，以交换价值为基础的生产便会崩溃，直接的物质生产过程本身也就摆脱了贫困和对立的形式。个性得到自由的发展，因此，并不是为了获得剩余劳动而缩减必要劳动时间，而是直接把社会必要劳动时间缩减到最低限度，那时，与此相适应，由于给所有的人腾出了时间和创造了手段，个人会在艺术、科学等等方面得到发展"。③

总之，人的全面发展主要是指人的劳动活动和劳动能力的全面发展、人的社会关系的全面发展，也就是人的本质的全面丰富和展开，是对人的本质的全面占有。

---

① 《资本论》（第 3 卷），人民出版社 2004 年版，第 928 页。
② 《马克思恩格斯全集》（第 31 卷），人民出版社 1998 年版，第 103～104 页。
③ 《马克思恩格斯全集》（第 31 卷），人民出版社 1998 年版，第 101 页。

（二）人的自由发展

自由是人类固有的权利和恒久的追求，是人类不懈追求的崇高理想。卢梭曾感叹说："我愿意自由地生活，自由地死去。"① 亨利曾说："是不是生命真的如此重要，和平真的如此甜蜜，以至我们要为此忍受镣铐和奴役？万能的神啊，禁止吧！——我不知道别人要做什么，但至于我，要么给我自由，要么让我死。"② 自由是古代历史和现代历史的一个共同主题：无论哪一个民族、时代、宗教、哲学、科学，都离不开这个主题。正因为如此，自由不仅引起人们在实践活动中对它的追求和向往，也引起众多思想家对它的思索。亚里士多德提出了"人本自由"这一命题，第一次把自由看做人的本性。他说："人本自由，为自己的生存而生存，不为别人的生存而生存。"③ 卢梭也提出了"人生而自由"的命题。自由"乃是人性的产物"，是人的天生本性，是"人的一切能力中最崇高的能力"。自由是人区别于动物的根本标志，失去了自由或意识不到自己的自由，人无法显示自己的"精神的灵性"。"在一切动物之中，区别于人的主要特点的，与其说是人的悟性，不如说是人的自由主动者的资格。自然支配着一切动物，禽兽总是服从；人虽然也受到同样的支配，却认为自己有服从或反抗的自由。而人特别是因为他能意识到这种自由，因而才显示出他的精神的灵性。"④ 在卢梭看来，放弃自己的自由，就是放弃自己做人的资格，就是放弃人类的权利，甚至就是放弃自己的义务。回顾历史，古往今来多少思想家在自由理论面前失败了，始终未能揭示自由的真谛。只有马克思主义者，最终在历史唯物主义的基础上，创立了科学的自由观，并引领无产阶级和劳动人民去争取自由和捍卫自由。

1. 马克思主义的自由观

马克思所说的人的自由根本上是社会劳动的自由、社会实践的自由，马克思的自由观是建立在他的人的本质理论基础之上的。人是什么？人就是人的劳动，劳动是人的存在方式。人的自由说到底是人的劳动自由。离开劳动谈论自由，这种自由是虚幻的，没有实际意义的。马克思在批判亚当·斯密把自由、幸福理解为逃避和摆脱劳动时指出："人不是自由逃避某种事物的消极力量，而是由于有表现本身的真正个性的积极力量才得到自由。""自由见之于活动恰

---

① 卢梭著，李常山译：《论人类不平等的起源和基础》，商务印书馆1996年版，第51页。
② D. B. 贝克著，王文斌等译：《权力语录》，江苏人民出版社2008年版，第117页。
③ 亚里士多德著，吴寿彭译：《形而上学》，商务印书馆1983年版，第5页。
④ 卢梭著，李常山译：《论人类不平等的起源和基础》，商务印书馆1996年版，第83页。

恰就是劳动"①。即，只有通过劳动，才能实现主体的对象化，才能获得真正的自由。恩格斯在《反杜林论》中从人的活动的角度深刻地揭示了人的自由的两种形式：认识的自由和实践的自由。恩格斯指出："自由不在于幻想中摆脱自然规律而独立，而在于认识这些规律，从而能够有计划地使自然规律为一定的目的服务。……自由就在于根据对自然界的必然性的认识来支配我们自己和外部自然界；因此它必然是历史发展的产物。"② 这里，"认识这些规律"即"认识的自由"；"支配我们自己和外部自然界"即"实践自由"。毛泽东概括了自由理论发展的历史，深刻地指明了马克思主义哲学在自由理论上所实现的革命性变革。他指出："欧洲的旧哲学家，已经懂得'自由是必然的认识'这个真理。马克思的贡献，不是否认这个真理，而是在承认这个真理之后补充了它的不足，加上了根据对必然的认识而'改造世界'这个真理。'自由是必然的认识'——这是旧哲学家的命题。'自由是必然的认识和世界的改造'——这是马克思主义的命题。"③ 可见，马克思主义者一方面摆脱了欧洲的旧哲学家关于人的自由的抽象议论，把人的自由归结为劳动自由。另一方面纠正了欧洲的旧哲学家关于人的自由的片面议论，政治自由、出版自由、理性自由、意志自由等虽然都是属于人的自由的范畴，但这种简单罗列是不全面的，其外延是不周全的。从人的活动角度而言，人的自由无非是认识自由和实践自由，也就是认识必然和利用必然、反映世界和改造世界，其他形式的自由都不过是认识自由和实践自由在某一特殊领域的具体表现。同时还克服了欧洲的旧哲学家关于人的自由的空洞议论。马克思主义自由观的真正基础在于实践，在于通过实践认识必然和利用必然，通过实践追求自由和获得自由。恩格斯指出："仅仅有认识，即使这种认识比资产阶级经济学的认识更进一步和更深刻，也不足以使社会力量服从于社会的分配。为此首先需要有某种社会的行动。"④

2. 自由是人的活动状态

自由是对必然的认识和对客观世界的改造，这是马克思主义者的一个重要命题。人有认识自由、实践自由，不等于说人的认识就是自由、人的实践就是自由，而是指在认识活动和实践活动中获得自由、表现自由。那么，在马克思主义者那里，究竟什么是自由呢？

根据马克思主义者的看法，自由是主体在认识活动和实践活动中追求和表

---

① 《马克思恩格斯全集》（第30卷），人民出版社1995年版，第615页。
② 《马克思恩格斯选集》（第3卷），人民出版社1995年版，第455～456页。
③ 《毛泽东著作选读》（下册），人民出版社1986年版，第485页。
④ 《马克思恩格斯选集》（第3卷），人民出版社1995年版，第668页。

现出的一种状态。马克思把这种状态称之为"自由王国"。马克思指出："自由王国只是在由必要性和外在的目的规定要做的劳动终止的地方才开始"，在物质生产领域，"自由只能是：社会化的人，联合起来的生产者，将合理地调节他们和自然之间的物质变换，把它置于他们的共同控制之下，而不让它作为一种盲目的力量来统治自己；靠消耗最小的力量，在最无愧于和最适合于他们的人类本性的条件下来进行这种物质变换"。① 恩格斯认为，人类"从必然王国进入自由王国的飞跃"表现为："人们周围的、至今统治着人们的生活条件，现在受人们的支配和控制，人们第一次成为自然界的自觉的和真正的主人，因为他们已经成为自身的社会结合的主人了。人们自己的社会行动的规律，这些一直作为异己的、支配着人们的自然规律而同人们相对立的规律，那时就将被人们熟练地运用，因而将听从人们的支配。"② 毛泽东指出，我们对于社会主义时期的革命和建设，还有一个很大的盲目性，还有一个很大的未被认识的必然王国。只有克服了盲目性，才能进入"自由王国"。他说："对于建设社会主义的规律的认识，必须有一个过程。必须从实践出发，从没有经验到有经验，从有较少的经验，到有较多的经验，从建设社会主义这个未被认识的必然王国，到逐步地克服盲目性、认识客观规律、从而获得自由，在认识上出现一个飞跃，到达自由王国。"③ 根据马克思主义者的论述，人的自由可以看做是人在活动中通过认识和利用必然表现出的一种自觉、自为、自主的状态，自由活动就是自觉的（或有意识的）、自为的、自主的活动。

自由活动首先是一种自觉的、有意识的活动。自觉是相对于盲目而言的，指主体活动具有自觉的意图或预期的目的。自由活动在一定意义上说就是依据"自我提出的目的"的活动。恩格斯指出："无论历史的结局如何，人们总是通过每一个人追求他自己的、自觉预期的目的来创造他们的历史。"④ 人的活动的目的性和围绕这种目的性的自我决定、自我创造和自我实现，就是人的自由的主要表现和确证。人的活动之所以是自由的而动物的活动是不自由的，就在于人的活动是有意识、有目的的，而动物的活动是盲目的、无目的的。马克思在《资本论》中指出："他不仅使自然物发生形式变化，同时他还在自然物中实现自己的目的，这个目的是他所知道的，是作为规律决定着他的活动的方式和方

---

① 《资本论》（第 3 卷），人民出版社 2004 年版，第 928 页。
② 《马克思恩格斯选集》（第 3 卷），人民出版社 1995 年版，第 757～758 页。
③ 《毛泽东文集》（第 8 卷），人民出版社 1999 年版，第 300 页。
④ 《马克思恩格斯选集》（第 4 卷），人民出版社 1995 年版，第 248 页。

法的，他必须使他的意志服从这个目的。"① 同样，共产主义社会的劳动之所以是自由的，而资本主义条件下的异化劳动是不自由的，主要是由于"异化劳动把自主活动、自由活动贬低为手段"，异化劳动是"一种被迫的活动，它加在我身上仅仅是由于外在的、偶然的需要"。劳动者不是依据自己的而是按照别人（资本家）的目的进行生产，"这种劳动不是他自己的，而是别人的；劳动不属于他；他在劳动中也不属于他自己，而是属于别人"。② 而在共产主义条件下，"外在目的失掉了单纯外在自然必然性的外观，被看做个人自己提出的目的，因而被看做自我实现，主体的对象化，也就是实在的自由"。③

自由活动是一种自为的活动。自为活动是相对于自在、自发而言的。活动从自发到自为，活动者从自在到自为的过程，就是从不自由到自由的过程。自由在此表示的是活动的能力，说明人通过对必然性的认识，"熟练地运用"自由从而支配和控制"我们自己和外部自然"。恩格斯指出："意志自由只是借助于对事物的认识来作出决定的能力。因此，人对一定问题的判断越是自由，这个判断的内容所具有的必然性就越大；而犹豫不决是以不知为基础的，它看来好像是在许多不同的和相互矛盾的可能的决定中任意进行选择，但恰好由此证明它的不自由，证明它被正好应该由它支配的对象所支配。"④

自由活动是一种自主的活动。自主活动是相对于强制、被迫而言的，自主活动意指活动者在社会活动过程中是活动的真正主人，对劳动工具、劳动资料的占有，劳动方式的选择以及劳动产品的分配具有一定的权利。对生产力总和的占有本身不外是同物质生产工具相适应的个人才能的发挥，仅仅因为这个缘故，"对生产工具一定总和的占有，也就是个人本身的才能的一定总和的发挥"。⑤ 同时，劳动本身是我的内在的必然的需要，而不是外在的、偶然的需要，"我的劳动是自由的生命表现"。劳动是一种自愿的劳动，而不是被迫的强制劳动，我在劳动中肯定自己，肯定自己的个人生命，肯定自己的个性的特点，而不是否定自己。"在我个人的活动中，我直接证实和实现了我的真正的本质，即我的人的本质，我的社会的本质。"劳动是我的真正的、活动的财产，"我的劳动是什么，它在我的物品中就只能表现为什么。它不能表现为它本来

---

① 《资本论》（第 1 卷），人民出版社 2004 年版，第 208 页。
② 《1844 年经济学哲学手稿》，人民出版社 2008 年版，第 55 页。
③ 《马克思恩格斯全集》（第 30 卷），人民出版社 1995 年版，第 615 页。
④ 《马克思恩格斯选集》（第 3 卷），人民出版社 1995 年版，第 455~456 页。
⑤ 《马克思恩格斯选集》（第 1 卷），人民出版社 1995 年版，第 129 页。

不是的那种东西"。① 马克思曾对计件工资制给予了较高的评价，这是因为计件工资制给予了工人一定的自主活动的空间。他说："计件工资给个性提供了较大的活动场所，一方面促进了工人个性的发展，从而促进了精神自由、独立性和自我监督能力的发展；但是另一方面也促进了他们之间的相互竞争。"②

根据马克思、恩格斯的上述分析，自由可以被理解为主体在认识、改造客体的活动中，有目的地选择、支配、控制活动以及活动结果的能力和权利的统一。自由也可以被理解为通过认识和利用必然，主体在活动中有目的、有能力、有权利做他应该做、能够做和愿意做的事情，从而达到自觉、自为、自主的状态。主体在认识、改造客体的活动中，都有三个维度，分别指向自然、社会和人自身。换句话说，自然、社会和人自身都可能是主体活动所指向的对象。因此，人的自由可以具体表现为人对自然的自由、人对社会的自由和人对人自身的自由。在人与自然的关系上，自由就是主体"合理地调节他们和自然之间的物质变换"，既不是自然对人的奴役，也不是人对自然的征服，而是人与自然的相互协调，人与自然的和谐发展，也就是人"同已被认识的自然规律和谐一致的生活"。③ 人与自然和谐相处，就是生产发展，生活富裕，生态良好。江泽民指出："促进人和自然的协调与和谐，使人们在优美的生态环境中工作和生活。坚持实施可持续发展战略，正确处理经济发展同人口、资源、环境的关系，改善生态环境和美化生活环境，改善公共设施和社会福利设施。"④在人与人的关系上，自由就是人与人的相互协调、个人自由和共同体自由的一致。这里，共同体不是个人自由的桎梏，而是个人自由得以实现的重要前提。"只有在共同体中，个人才能获得全面发展其才能的手段，也就是说，只有在共同体中才可能有个人自由。……在真正的共同体的条件下，各个人在自己的联合中并通过这种联合获得自己的自由。"⑤ 同样，个人也不是他人、共同体自由的障碍，"在那里，每个人的自由发展是一切人的自由发展的条件"。⑥ 那种压迫、损害他人的人自以为是自由的，实际上由于他们的自由是以他人的不自由为代价的，他们并不是真正自由的，从根本上说他们同被压迫者、被损害者一样是不自由的。

---

① 《1844年经济学哲学手稿》，人民出版社2008年版，第184、185页。
② 《资本论》（第1卷），人民出版社2004年版，第639页。
③ 《马克思恩格斯选集》（第3卷），人民出版社1995年版，第456页。
④ 《江泽民文选》（第3卷），人民出版社2006年版，第294页。
⑤ 《马克思恩格斯选集》（第1卷），人民出版社1995年版，第119页。
⑥ 《共产党宣言》，人民出版社2004年版，第50页。

尤其值得注意的是，在马克思、恩格斯的论述中，自由是具体的自由，而不是抽象的自由。自由并不是主体的随心所欲、为所欲为，而是主体和客体的统一、权利和义务的统一、自由和责任的统一。自由是相对的，没有绝对的自由。自由是有界限的，自由和限制的关系是辩证的。毛泽东指出："我们的目标，是想造成一个又有集中又有民主，又有纪律又有自由，又有统一意志、又有个人心情舒畅、生动活泼，那样一种政治局面。"① 自由是历史的，没有永恒的自由。自由"必然是历史发展的产物。最初的、从动物界分离出来的人，在一切本质方面是和动物本身一样不自由的；但是文化上的每一个进步，都是迈向自由的一步"。②

3. 人的自由发展

人的全面发展与人的自由发展从广泛的意义上讲并无实质性的区别。在马克思和恩格斯的著作中，常常把"人的全面发展"和"人的自由发展"并提。例如，"社会的每一个成员都能完全自由地发展和发挥他的全部才能和力量"、"个人的独创的和自由的发展"、"全部才能的自由发展"以及"每个人都可以在任何部门内发展"、"不受阻碍的发展"等等。他们经常把"自由发展"和"全面发展"联系起来，称之为"每个人的全面而自由的发展"或"自由的全面发展"。

针对工人在资本主义条件下的"畸形发展"的工具性，马克思提出了人的发展应当是一种自由发展。马克思、恩格斯指出："随着资产阶级即资本的发展，无产阶级即现代工人阶级也在同一程度上得到发展；现代的工人只有当他们找到工作的时候才能生存，而且只有当他们的劳动增殖资本的时候才能找到工作。这些不得不把自己零星出卖的工人，像其他任何货物一样，也是一种商品。"③ 马克思彻底弄清了资本和劳动的关系，换句话说，就是揭示了在现代社会里，在现存资本主义生产方式下，资本家对工人的剥削是怎样进行的。"现代资本主义生产方式使以两个社会阶级的存在为前提的，一方面是资本家，他们占有生产资料和生活资料，另一方面是无产者，他们被排除于这种占有之外而仅有一种商品即自己的劳动力可以出卖，因此他们不得不出卖这种劳动力以占有生活资料。但是一个商品的价值是由体现在该商品的生产中、从而也体现在它的再生产中的社会必要劳动量决定的；所以，一个平常人一天、一月或一

---

① 《建国以来毛泽东文稿》（第6册），中央文献出版社1992年版，第543页。
② 《马克思恩格斯选集》（第3卷），人民出版社1995年版，第456页。
③ 《共产党宣言》，人民出版社2004年版，第34页。

年的劳动力的价值，是由体现在维持这一天、一月或一年的劳动力所必需的生活资料量中的劳动量来决定的。"① 在资本主义条件下，工人始终屈从于分工和自己的生产工具，"各个人的自主活动受到有局限的生产工具和有局限性的交往的束缚，他们所占有的是这种有局限性的生产工具，因此他们只是达到了新的局限性"。② 在资本主义条件下，尽管工人也获得了一定程度的发展，但其发展是被动的、不自由的，屈从于分工的。马克思指出："资本主义生产的整个体系，是建立在工人把自己的劳动力当做商品出卖的基础上的。分工使这种劳动力片面化，使它只具有操纵局部工具的特定技能。"③ 由于分工使工人日益完全依赖于劳动，依赖于一定的、极其片面的、机器般的劳动，因此，即便工人的某些方面得到发展，那也是强加于他的，那也是不自由的发展，是把人作为手段的一种发展，"工人在精神上和肉体上被贬低为机器"。④ 恩格斯认为，机器的资本主义的应用特点是"不是生产者支配生产资料，而是生产资料支配生产者"。因此，在资本主义生产条件下，"每一种新的生产杠杆都转化为生产资料奴役生产者的新手段"。⑤ 工人在某些方面的发展是为资产阶级创造更多的剩余价值服务的。"在资本主义社会里，资本具有独立性和个性，而活动着的个人却没有独立性和个性。"⑥ 在资本主义社会里，每个劳动者没有自由，没有独立性和个性。马克思指出："货币占有者要把货币转化为资本，就必须在商品市场上找到自由的工人。这里所说的自由，具有双重意义：一方面，工人是自由人，能够把自己的劳动力当做自己的商品来支配，另一方面，他没有别的商品可以出卖，自由得一无所有，没有任何实现自己的劳动力必需的东西。"⑦ "原来的货币占有者作为资本家，昂首前行；劳动力占有者作为他的工人，尾随于后。一个笑容满面，雄心勃勃；一个战战兢兢，畏缩不前，像在市场上出卖了自己的皮一样，只有一个前途——让人家来鞣。"⑧ 在资本主义社会里，任何人都有自己一定的特殊的活动范围，这个范围是由于分工强加于他的，他不能超出这个范围：他是一个猎人、渔夫或牧人，或者是一个批判的批判者，只

① 《马克思恩格斯选集》（第3卷），人民出版社1995年版，第337页。
② 《马克思恩格斯选集》（第1卷），人民出版社1995年版，第129页。
③ 《资本论》（第1卷），人民出版社2004年版，第495页。
④ 《1844年经济学哲学手稿》，人民出版社2008年版，第10页。
⑤ 《马克思恩格斯选集》（第3卷），人民出版社1995年版，第642页。
⑥ 《马克思恩格斯选集》（第1卷），人民出版社1995年版，第287页。
⑦ 《资本论》（第1卷），人民出版社2004年版，第197页。
⑧ 《资本论》（第1卷），人民出版社2004年版，第205页。

要他不想失去生活资料，他就始终应该是这样的人。马克思指出："社会活动的这种固定化，我们本身的产物聚合为一种统治我们、不受我们控制、使我们的愿望不能实现并使我们的打算落空的物质力量。"① 人的自由发展主要表现为个性自由，而在资本主义条件下，人的发展是不自由的。

人的自由发展是指人作为主体的自觉、自愿、自主的发展，是为了自身人格完善和促进社会进步而发展，是把人作为目的而发展。也就是说，人的自由发展的实质是人按照自身所固有的内在本性的要求去支配自身的发展，而不是被动地从属于某种外在的强制，使自身的发展偏离和压抑了自己的内在本性。人的自由发展除了受物质文化条件的制约外，还受到以经济关系为基础的社会关系、阶级关系的制约，"各个人的社会地位，从而他们的个人的发展是由阶级决定的"。② 因此，只有到了共产主义社会，每个人才能得到自由发展。马克思指出："建立在个人全面发展和他们共同的、社会的生产能力成为从属于他们的社会财富这一基础上的自由个性"，是经历了资本主义之前的"人的依赖关系"和资本主义的"物的依赖性"之后的人类社会发展的第三个阶段。③ 恩格斯指出，人类社会只有到了"不再有任何阶级差别，不再有任何对个人社会资料的忧虑"时，才"第一次能够谈到真正的人的自由"。④ 这是因为：第一，在共产主义社会，废除了旧式分工，对资本主义劳动的性质进行了根本的改造，使人在劳动领域获得了全面发展。社会化的人，联合起来的生产者，将合理地调节他们的共同活动产生的社会力量。由于这种共同活动本身是自愿形成的，所以这种社会力量是他们自身的联合力量。第二，在共产主义社会，打破了旧式分工，消灭了剥削、压迫，每个人都不再有固定的活动范围，"我有可能随自己的兴趣"，今天干这事，明天干那事，"这样就不会使我老是一个猎人、渔夫、牧人或批判者"。⑤ "在共产主义的社会组织中，完全由分工造成的艺术家屈从于地方局限性和民族局限性的现象无论如何会消失掉，个人局限于某一艺术领域，仅仅当一个画家、雕刻家等等，因而只用他的活动的一种称呼就足以表明他的职业发展的局限性和他对分工的依赖这一现象，也会消失掉。在共产主义社会里，没有单纯的画家，只有把绘画作为自己多种活动中的一项

---

① 《马克思恩格斯选集》（第1卷），人民出版社1995年版，第85页。
② 《马克思恩格斯选集》（第1卷），人民出版社1995年版，第118页。
③ 《马克思恩格斯全集》（第30卷），人民出版社1995年版，第107~108页。
④ 《马克思恩格斯选集》（第3卷），人民出版社1995年版，第456页。
⑤ 《马克思恩格斯选集》（第1卷），人民出版社1995年版，第85页。

活动的人们。"① 同时，无论是作为猎人、渔夫、牧人或批判者，都不再是作为他人致富的工具和个人谋生的手段，而是为了满足人的自我发展、自我实现的需要。恩格斯指出："大工业及其所引起的生产无限扩大的可能性，使人们能够建立这样一种社会制度，在这种社会制度下，一切生活必需品都将生产得很多，使每一个社会成员都能够完全自由地发展和发挥他的全部力量和才能。"② 第三，在共产主义社会，废除了私有制，消灭了阶级差别，为每个人的自由发展创造了条件。恩格斯指出："根据共产主义原则组织起来的社会一方面不容许阶级继续存在，另一方面这个社会的建立本身为消灭阶级差别提供了手段。"③

（三）人的充分发展

充分发展是人们全面、自由发展的程度问题，指的是人的高度发展。充分发展是马克思对人的发展的又一规定。马克思多次提到"一切天赋得到充分发展"、"自由而充分的发展"、"体力和智力获得充分的自由的发展和运用"，等等。

在资本主义条件下，人的发展是有限度的，仅仅停留在充当机器的附件，生产的手段的范围之内，超出了这个范围，发展就要受到限制。精明的资本家一方面把浪费工人的生命和健康，压低工人的生存条件本身，看做不变资本使用上的节约，从而看做提高利润的手段。马克思指出："工人一生的大部分时间是在生产过程中度过的，所以，生产过程的条件大部分也就是工人的能动生活过程的条件，是工人的生活条件，这些生活条件中的节约，是提高利润的一种方法。"④ 工人挤在狭窄的有害健康的场所，在危险的场所工作而没有必要的保护设施等，更不用说缺乏一切对工人来说能使生产过程合乎人性，舒适或至少可以忍受的装置了。另一方面资本由于无限度地盲目追逐剩余劳动，像狼一般地贪求剩余劳动，不仅突破了工作日的道德极限，而且突破了工作日的纯粹身体的极限。它侵占人体成长、发育和维持健康所需要的时间；它掠夺工人呼吸新鲜空气和接触阳光所需要的时间；它克扣吃饭时间，尽量把吃饭时间并入生产过程本身。资本把积蓄、更新和恢复生命力所需要的正常睡眠，变成了恢复精疲力竭的有机体所必不可少的几小时麻木状态。在这里，不是劳动力的正

---

① 《马克思恩格斯全集》（第3卷），人民出版社1960年版，第460页。
② 《马克思恩格斯选集》（第1卷），人民出版社1995年版，第237页。
③ 《马克思恩格斯选集》（第1卷），人民出版社1995年版，第243页。
④ 《资本论》（第3卷），人民出版社2004年版，第101页。

常状态的维持决定工作日的界限，相反地，是劳动力每天尽可能达到最大量的耗费决定工人休息时间的界限。资本是不管劳动力的寿命长短的，它唯一关心的是在一个工作日内最大限度地使用劳动力。然而，通过延长工作日，不仅使人的劳动力由于被夺去了道德上和身体上正常的发展和活动的条件而处于萎缩状态，而且使劳动力本身未老先衰和过早死亡。它靠缩短工人的寿命，在一定期限内延长工人的生产时间。一般来说，资本为了自身的利益，本应规定一种正常的工作日，以延长工人的寿命，延长他们的劳动力发挥作用的时间。因为，已经消耗掉的劳动力，必须更加迅速地得到补偿，这样，在劳动力的再生产上就要花更多的费用，正像一台机器磨损得越快，每天再生产的那一部分机器价值也就越大。而要延长劳动力发挥作用的时间，必须对劳动力进行培训与教育。"要改变一般人的本性，使它获得一定劳动部门的技能和技巧，成为发达的和专门的劳动力，就要有一定的教育和训练，而这就得花费或多或少的商品等价物。劳动力的教育费用随着劳动力性质的复杂程度而不同。"① 但是，由于资本无限度地追逐自行增殖，增殖的实现是靠工作日延长到违反自然的程度而不是靠发展工人的劳动力，使他获得一种技能，尽管"这种教育费用——对于普通劳动力来说是微乎其微的"，"这种劳动的教育费和训练费是微不足道的"②，精明的资本家仍不愿在工人身上花一个子儿的"教育费"、"培训费"，更不允许在工人发展方面的投资大于甚至等于他所由此得到的利润。"花在工人身上的费用，几乎只限于维持工人生活和延续工人后代所必需的生活资料。"③ 马克思一针见血地指出，资本主义生产尽管非常吝啬，但对人身材料却非常浪费。资本主义生产"对人，对活劳动的浪费，却大大超过任何别的生产方式，它不仅浪费血和肉，而且也浪费神经和大脑"。④ 这实际上只是用最大限度地浪费个人发展的办法来保证和实现人类本身的发展，换句话说，"人类本身的发展实际上只是通过极大地浪费个人发展的办法来保证和实现的"。⑤ 共产主义则把每个人的充分发展作为一切活动的目的和尺度，经济的增长、消费能力的增长，只有在成为每个人不断发展的手段、基础，而不是使个人变得更加畸形和受到重大毁损的情况下，才具有真正价值。"在资产阶级社会里，活的劳动只是增殖已经积累起来的劳动的一种手段。在共产主义社会里，已经积累

---

① 《马克思恩格斯选集》（第 2 卷），人民出版社 1995 年版，第 174 页。
② 《马克思恩格斯选集》（第 2 卷），人民出版社 1995 年版，第 76 页。
③ 《共产党宣言》，人民出版社 2004 年版，第 34 页。
④ 《资本论》（第 3 卷），人民出版社 2004 年版，第 103 页。
⑤ 《资本论》（第 3 卷），人民出版社 2004 年版，第 103 页。

起来的劳动只是扩大、丰富和提高工人的生活的一种手段。"① 由此，人的发展是一个过程，本身就是人始终努力追求的目标，它是没有限制的，是一种日益充分的发展。

　　根据马克思的论述，所谓人的发展，它的实际意思就是：每个人在实践活动、社会关系和个体素质诸方面的全面、自由而充分的发展。人的全面发展不仅意指"全面"，而且包含着"自由、充分发展"。全面发展与片面发展相对，是指人的本质的全面展开和丰富；自由发展指的是人作为主体自觉、自愿、自主的发展；充分发展是人们全面、自由发展的程度问题。事实上全面发展、自由发展、充分发展在"每一个个人的发展"内部是相互联系，不可分割的。

第四节　人的全面而自由的发展的内容

　　人的全面而自由的发展的涵义决定了人的全面而自由的发展的内容。

一、人的活动特别是人的劳动活动的发展

　　空想社会主义者圣西门、欧文、傅立叶等深刻洞察到：分工既使工人畸形发展，又使劳动活动本身畸形发展，即劳动活动局限于单调地机械地终身重复同一的动作。因此，他们把消灭城市和乡村之间的对立，作为消灭整个旧的分工的第一个基本条件。为了消灭城市和乡村之间的对立，他们主张人口应该分成 1600 人到 3000 人的许多集团，分布于全国。每个集团居住在他们那个地区中央的一个巨大的宫殿中，"共同管理家务"。每个集团中的每个成员既从事农业生产，又从事工业生产。无论是从事农业生产还是从事工业生产，每个人都应"尽可能多地调换工种"，并相应地"训练青年从事尽可能全面的技术活动"。他们认为，人的全面发展要靠全面的实践活动来推进，"人应当通过全面的实践活动获得全面的发展；劳动应当重新获得它由于分工而丧失的那种吸引人的力量，这首先是通过经常调换工种和相应地从事每一种劳动的'会期'不过长的办法来实现"。② 圣西门、欧文、傅立叶等空想社会主义者提出的有关未来社会的主张，诸如消灭城乡对立，消灭家庭，消灭私人营利，消灭雇佣劳动

① 《共产党宣言》，人民出版社 2004 年版，第 42 页。
② 《马克思恩格斯选集》（第 3 卷），人民出版社 1995 年版，第 643 页。

制，提倡社会和谐，把国家变成纯粹的管理机构等对启发工人的觉悟提供了极为宝贵的材料。恩格斯指出，由于脱离现实的经济生活，超乎阶级斗争的幻想而使他们的学说"失去任何实践意义和任何理论依据"。"不成熟的理论，是同不成熟的资本主义生产状况、不成熟的阶级状况相适应的。解决社会问题的办法还隐藏在不发达的经济关系中，所以只有从头脑中产生出来。社会所表现出来的只是弊病；消除这些弊病是思维着的理性的任务。于是，就需要发明一套新的更完善的社会制度，并且通过宣传，可能时通过典范示范，从外面强加于社会。这种新的社会制度是一开始就注定要成为空想的，它越是制定得详尽周密，就越是要陷入纯粹的幻想。"① 只不过，"虽然这三个人的学说含有十分虚幻和空想的性质，但他们终究是属于一切时代最伟大的智士之列的，他们天才地预示了我们现在已经科学地证明了其正确性的无数真理"。②

人的全面发展，主要表现在人的劳动活动的全面发展。马克思指出："在共产主义社会里，任何人都没有特殊的活动范围，而是都可以在任何部门内发展，社会调节着整个生产，因而使我有可能随自己的兴趣今天干这事，明天干那事，上午打猎，下午捕鱼，傍晚从事畜牧，晚饭后从事批判，这样就不会使我老是一个猎人、渔夫、牧人或批判者。"③ 马克思这段话常被人解释成：在共产主义社会，劳动将不再是一件严肃的事情，而变成一种娱乐和消遣，人人都可以随心所欲，而无须受任何约束。这种解释显然是错误的，是孤立地、片面地看待马克思思想的结果。这段话的重要性在于马克思指明了未来社会的劳动的性质，它包含三方面的含义：第一，劳动的多样性。共产主义社会将消灭旧式分工，个人将不再被终生固定在一个特定的活动范围，体力和智力也不再片面发展。第二，劳动的自主性。共产主义社会消除了劳动的私有性质，因而劳动不再被当做仅仅是谋生的手段，不再同人相对立，劳动活动从目的到内容都与个人的需要相一致。马克思、恩格斯指出："在资产阶级社会里，活的劳动只是增殖已经积累起来的劳动的一种手段。在共产主义社会里，已经积累起来的劳动只是扩大、丰富和提高工人的生活的一种手段。"④ 第三，劳动的创造性。共产主义社会将消除劳动的外在强制性，人人都可以从事创造性的劳动，自由参与各种科学活动和艺术活动，都可以得到充分的自我实现。马克思的这段话以形象的方式说明人类对劳动活动的多样性、自主性和创造性的需求，表

---

① 《马克思恩格斯选集》（第2卷），人民出版社1995年版，第635~636页。
② 《马克思恩格斯选集》（第3卷），人民出版社1995年版，第724页。
③ 《马克思恩格斯选集》（第1卷），人民出版社1995年版，第85页。
④ 《共产党宣言》，人民出版社2004年版，第42~43页。

明只有共产主义社会才会为人的这种需求提供物质条件和社会条件。我们不应拘泥于这段话的文字，而应当理解它所表达的未来劳动的根本特征。以上是就这段话的本意所作的分析。如果我们从马克思的一贯思想来分析，问题就更清楚了。马克思在高度评价法国空想社会主义者傅立叶关于在未来社会里，劳动将成为享受的思想的同时，亦指出了傅立叶认识的幼稚性。马克思指出，在共产主义社会，劳动将不再是外在的强制，而是个人内在的需要，是一种享受，劳动由此成为吸引人的劳动，成为个人的自我实现，"但这决不是说，劳动不过是一种娱乐，一种消遣，就像傅立叶完全以一个浪漫女郎的方式极其天真地理解的那样。真正自由的劳动，例如作曲，同时也是非常严肃，极其紧张的事情"。① 马克思接着指出，物质生产的劳动要变为个人的内在需要，变为一种享受，必须具备下列条件："（1）劳动具有社会性；（2）这种劳动具有科学性，同时又是一般的劳动，这种劳动不是作为用一定方式刻板训练出来的自然力的人的紧张活动，而是作为一个主体的人的紧张活动，这个主体不是以单纯自然的，自然形成的形式出现在生产过程中，而是作为支配一切自然力的活动出现在生产过程中。"② 也只有当"劳动的内容及其方式和方法"越来越吸引劳动者时，劳动者才会"把劳动当做他自己体力和智力的活动来享受"。③ 马克思这段话亦告诉我们，人的劳动活动、实践活动的全面发展表现为活动的内容和形式充分达到丰富性、完整性与可变动性，而不是活动的贫乏化、片面化与固定化。改造自然的活动、改造社会的活动、改造人自身的活动（如教育活动、艺术活动、宗教活动和审美活动等）全面生成和丰富，同时人们不再屈从于被迫的分工和狭隘的职业。每个人按自己的天赋、特长、爱好，自由地选择活动领域，不仅从事体力劳动，而且从事脑力劳动，不仅参加物质生产劳动，而且参加经济、政治、社会生活的管理活动，进行科学艺术的创造活动等。

简言之，作为类存在物，人是劳动的产物，也是劳动的主体。劳动是人和动物的最后的、本质的区别。劳动的产生，就是人类的产生；劳动的非人化，就是人类的非人化；劳动的解放，就是人类的解放。人只有通过劳动在改造客观世界同时才能改造自己本身，在劳动发展中获得自身的发展。离开劳动，人类的存在和发展都是不可思议的。在这个意义上，人的发展实质就是人的劳动的发展。

---

① 《马克思恩格斯全集》（第30卷），人民出版社1995年版，第616页。
② 《马克思恩格斯全集》（第30卷），人民出版社1995年版，第616页。
③ 《资本论》（第1卷），人民出版社2004年版，第208页。

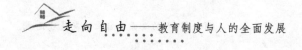

二、人的需要的发展

人的需要是人对其生存、享受和发展的客观条件的依赖与需求。

（一）人的需要与人的本性相联

在马克思看来，人的需要是和人的本性联系在一起的。他在《德意志意识形态》中说，人在任何时候，都不是孤立的个体，"他们的需要即他们的本性，以及求得满足的方式，把他们联系起来"。① 马克思的论述说明，人的需要是人的本性，即人天生所固有的特性。人的真正的需要是符合"人的本性"的需要，或作为"人的本性"的需要。人有很多需要，但并不是凡存在于人身上的需要都是合理的。需要按性质可分为"人的"和"非人的"两种，所谓"人的需要"即符合人的本性的需要，所谓"非人的需要"即背离人的本性的需要。在马克思的理论中，人性是人的自然属性、社会属性和精神属性的综合，因此，所谓符合人性的需要，从其类型上说，无疑是人的自然需要、社会需要和精神需要。当然，人的需要并非是毫无节制、无限膨胀的，也有合理和不合理之分，合理的需要是有利于人的本质力量发展的需要。佩西曾说："从长远观点和全球范围来说，需要是相对于满足这种需要的可能性而言，因此，人的需求必须服从于合理满足这种需求的可能性。否则只会引起混乱和导致挫折。用更深奥的术语来说，它意味着人类素质和能力的发展是使人类需求合理化和有适度希望满足这种需求的必需条件。"②

（二）人的肉体存在的需要和人的社会存在的需要

马克思在《工资、价格和利润》中说："劳动力的价值由两种要素构成：一种是纯生理的要素，另一种是历史的或社会的要素。劳动力价值的最低界限是由生理的要素决定的。这就是说，工人阶级为了维持和再生产自己，为了延续自己肉体的生存，就必须获得生存和繁殖所绝对需要的生活必需品。……除了这种纯粹生理的要素，劳动的价值还取决于每个国家的传统生活水平。这种生活水平不仅要满足生理上的需要，而且要满足人们赖以生息教养的那些社会

---

① 《马克思恩格斯全集》（第3卷），人民出版社，第514页。

② 奥雷利奥·佩西著，薛荣久译：《人类的素质》，中国展望出版社1988年版，第182页。

条件所产生的某些需要。"① 即，在马克思看来，人的需要可划分为人的肉体存在的需要和人的社会存在的需要。人的肉体存在的需要主要指人的生理需要，满足人的生理需要是人生存的必要条件。马克思指出："饥饿是自然的需要；因此，为了使自身得到满足，使自身解除饥饿，它需要自身之外的自然界、自身之外的对象。饥饿是我的身体对某一对象的公认的需要，这个对象存在于我的身体之外，是使我的身体得以充实并使本质得以表现所不可缺少的。"② 但人终究是社会的存在物，人的社会需要是更为根本的需要。所谓社会需要，"即从社会生产和交换中产生的需要"。③ 例如，生产制造出适合需要的对象，在消费中，产品直接变成个人需要的对象，供个人享受而满足个人需要。社会需要包括平等交往、相互尊重的需要，政治的、经济的需要以及社会活动、社会生活的需要。人作为精神存在物还有精神生活需要。马克思在《资本论》中说，工人除了满足吃、喝、住这些自然需要外，还"必须有时间满足精神需要和社会需要"，④ 满足人们的求真、向善和爱美的需要。精神需要的产生和满足，当然是和人的社会生活的精神领域联系在一起的，但满足人的精神需要并不仅限于人的精神生活。而最能体现人的本性的需要，应当是使人成其为人，使人的素质不断提高，主体力量不断增强的需要。人是自由自觉的劳动者，在其现实性上，人是一切社会关系的总和。人的形成和发展的需要，也就是人对自由自觉的劳动的需要和与之相应的社会关系的需要。自由自觉的劳动是人的类特性，从事自由自觉的劳动是人的最根本的需要。人的需要和动物需要的不同，最根本的一点就是，人的需要不仅指向某一类能够满足需要的物品，而且指向生产这些物质财富和精神财富的劳动本身。劳动需要的满足，是人的本质力量的实现过程。人有实现自己的社会本能，这种实现的唯一途径就是劳动。只有劳动，才能客观地表现和确证人的本质力量与人的主体地位。因此，劳动的需要在一定意义上说，就是人"表现一切体力和智力"的需要。劳动需要的满足，也是人的本质力量的发展过程。马克思认为，正是生产劳动"给社会劳动生产力和一切生产者个人的全面发展以极大的推动"。⑤ 在马克思主义经典作家的著作中，人"发展"自己和"表现"、"实现"自己以及"发挥他的全部才能和力量"是统一的，其统一的基础就是劳动。在一定意义上，人的权利就是劳

---

① 《马克思恩格斯选集》（第2卷），人民出版社1995年版，第93页。
② 《1844年经济学哲学手稿》，人民出版社2008年版，第106页。
③ 《马克思恩格斯全集》（第30卷），人民出版社1995年版，第524页。
④ 《资本论》（第1卷），人民出版社2004年版，第269页。
⑤ 《马克思恩格斯选集》（第3卷），人民出版社1995年版，第341页。

动的权利，人的自由就是劳动的自由，人的价值就是能够创造、使用工具从事劳动，并通过劳动为他人、为社会作出贡献。劳动的需要是人的最根本、最有决定意义的需要。此外，人还有社会关系的需要。人需要劳动，就必然需要社会关系。人的劳动都是社会的劳动，都是在一定社会关系下的劳动。社会关系使人的劳动变成社会—历史活动。

（三）人的需要是一个多样性的复合体

由于社会生活丰富多彩，纷繁复杂，所以人的需要也是一个多样性的复合体。莫迪恩曾说："人的生命之丰富性与多样性令人叹为观止，这也是人的生命特征之一。即使是进化程度最高的动物总是做着同样的事情：吃、喝、繁殖……它们总是按照同样的方式千篇一律地做着同样的事情。相反，人的生活极其具丰富多样性：他们睡觉，但是他们也有能力在必要的情况下数天不休息；他们吃饭喝水，但是他们也能以最多样的方式为自己提供最丰富的饮食；他们娱乐，但是却不断地改变娱乐方式；他们也有学习、工作、思考、祈祷等其他活动。"[①] 马克思认为，在现实世界中，个人有许多需要，"通过人所处的自然环境的变化，促使他们自己的需要、能力、劳动资料和劳动方式趋于多样化"。[②] 马克思不仅把人的需要和人性、人的本质的理论相联系，提出人的自然需要、社会需要和精神需要，以及人的劳动需要和社会关系需要，而且进一步从主体的角度把人的需要分为个人需要和社会需要，从作用上把人的需要分为生存需要、享受需要和发展需要。恩格斯把人的需要的对象分为"生活资料、享受资料和发展资料"。他在《自然辩证法》中指出："把动物社会的生活规律直接搬到人类社会中来是不行的。生产很快就造成这样的局面：所谓生存斗争不再单纯围绕着生存资料进行，而是围绕着享受资料和发展资料进行。"[③] 1891年，恩格斯在为马克思《雇佣劳动与资本》单行本所写的导言中指出："通过有计划地利用和进一步发展一切社会成员的现有的巨大生产力，在人人都必须劳动的条件下，人人也都将同等地、愈益丰富地得到生活资料、享受资料、发展和表现一切体力和智力所需的资料。"[④]

生存需要是人的最基本的需要。只有满足了生存需要，人类才能存在和发展，才能实现其他需要。马克思指出，一切历史的第一个前提是：人们为了能

---

① B. 莫迪恩著，李树琴等译：《哲学人类学》，黑龙江人民出版社2005年版，第25页。
② 《马克思恩格斯选集》（第2卷），人民出版社1995年版，第219页。
③ 《马克思恩格斯选集》（第4卷），人民出版社1995年版，第372页。
④ 《马克思恩格斯选集》（第1卷），人民出版社1995年版，第330页。

够"创造历史",必须能够生活。而为了生活,首先就需要吃、喝、住、穿以及其他一些东西。因此第一个历史活动就是生产满足这些需要的资料,即生产物质生活本身。由于生活资料的这种作用,马克思又把它称之为"必要的需要"或"必需的自然需要"。马克思在《1857~1858年经济学手稿》中指出:"必要的需要就是本身归结为自然主体的那种个人的需要。"① 在《1859~1861年经济学著作和手稿》中,他把货币贮藏者称之为交换价值的殉道者,坐在金塔顶上的神圣的禁欲主义者。这些货币贮藏者,"为了想象中的无限享受,他放弃了一切享受。因为他希望满足一切社会需要,他就几乎不去满足必需的自然需要"。② 生存需要是一切社会形态中人的共同需要,但不同社会形态由于生产力发展水平不同,因此生存需要的内容和水平也不同。"在文化初期,已经取得的劳动生产力很低,但是需要也很低,需要是同满足需要的手段一同发展的,并且是依靠这些手段发展的。"③ 尽管生存需要是人的基本需要,但人类的全部活动决不只是为了生存。马克思曾说,只有当人的活动不再是"维持人的肉体生存的手段",只有"在劳动已经不仅仅是谋生的手段,而且本身成了生活的第一需要"之后,人类才能真正地脱离动物界。"动物只生产它自己或它的幼仔所直接需要的东西……而人甚至不受肉体需要的影响也进行生产,并且只有不受这种需要的影响才进行真正的生产。"④ 享受需要是在人的生存需要基本得到满足的前提下形成的一种旨在提高生活质量,优化生存条件的需要,是唯有人类才有的需要。恩格斯肯定了拉甫罗夫在《社会主义和生存斗争》中提出的观点,即"人不仅为生存而斗争,而且为享受,为增加自己的享受而斗争……准备为取得高级的享受而放弃低级的享受"。⑤ 恩格斯还进一步得出了如下的结论:"人类的生产在一定的阶段上会达到这样的高度:能够不仅生产生活必需品,而且生产奢侈品,即使最初只是为少数人生产。这样,生存斗争——我们暂时假定这个范畴在这里是有效的——就变成为享受而斗争,不再是单纯为生产资料而斗争。而是为发展资料,为社会地生产出来的发展资料而斗争。"⑥ 恩格斯认为,生产力的本性一旦被理解,它就会在联合起来的生产者手中从魔鬼似的统治者变成顺从的奴仆。"当人们按照今天的生产力终于被认识

① 《马克思恩格斯全集》(第30卷),人民出版社1995年版,第525页。
② 《马克思恩格斯全集》(第31卷),人民出版社1998年版,第528页。
③ 《马克思恩格斯选集》(第2卷),人民出版社1995年版,第218页。
④ 《1844年经济学哲学手稿》,人民出版社2008年版,第57~58页。
⑤ 《马克思恩格斯选集》(第4卷),人民出版社1995年版,第623页。
⑥ 《马克思恩格斯选集》(第4卷),人民出版社1995年版,第623页。

了的本性来对待这种生产力的时候，社会的生产无政府状态就让位于按照社会总体和每个成员的需要对生产进行的社会的有计划的调节。那时，资本主义的占有方式，即产品起初奴役生产者而后又奴役占有者的占有方式，就让位于那种以现代生产资料的本性为基础的产品占有方式：一方面由社会直接占有，作为维持和扩大生产的资料，另一方面由个人直接占有，作为生活资料和享受资料。"① 享受需要除了在生存需要活动及其对象中产生的享受要求外，还包括与生存需要活动及其对象没有直接联系的"奢侈需要"，"奢侈是自然必要性的对立面"。随着社会发展和人类进步，享受需要和生存需要的对立将逐步消失，"以前表现为奢侈的东西，现在成为必要的了"。② 发展需要表现为劳动者在诸如思想道德、科学文化等精神领域内自由发展的需要。恩格斯指出，有计划地合作而组织起来的共产主义社会将占有大量的生产力，"以便保证，并且在越来越大的程度上保证社会全体成员享有生存和自由发展其才能的资料"。③ 发展需要还表现为劳动者在物质领域内自由从事劳动的需要。马克思指出："我的劳动是自由的生命表现，因此是生活的乐趣。"④ 即，劳动需要在生存需要中是谋生的手段，在发展需要中则是发展的目的本身，是为了在自由劳动中发展其才智和创造力从而获得精神上的愉悦和满足。诚如恩格斯所说："生产劳动给每一个人提供全面发展和表现自己全部的即体力的和脑力的能力的机会。这样，生产劳动就不再是奴役人的手段，而成了解放人的手段，因此，生产劳动就从一种负担变成一种快乐。"⑤

人的需要是人从事实践活动、劳动活动的动力和目的。纵观历史，没有哪一样实践活动、劳动活动不是由人的需要引起的。任何人如果不同时为了自己的某种需要和为了这种需要的器官而做事，他就什么也不能做。马克思指出："没有需要，就没有生产。"⑥ 生产直接是消费，消费直接是生产。没有生产，就没有消费；但是，没有消费，也就没有生产，因为如果没有消费，生产就没有目的。"生产为消费创造作为外在对象的材料；消费为生产创造作为内在对象，作为目的的需要。"一方面，消费生产着生产，"消费创造出新的生产的需要，也就是创造出生产的观念上的内在动机，后者是生产的前提。……消费在

---

① 《马克思恩格斯选集》（第3卷），人民出版社1995年版，第754页。
② 《马克思恩格斯全集》（第30卷），人民出版社1995年版，第525页。
③ 《马克思恩格斯选集》（第3卷），人民出版社1995年版，第493页。
④ 《1844年经济学哲学手稿》，人民出版社2008年版，第184页。
⑤ 《马克思恩格斯选集》（第3卷），人民出版社1995年版，第644页。
⑥ 《马克思恩格斯选集》（第2卷），人民出版社1995年版，第9页。

观念上提出生产的对象，把它作为内心的图像、作为需要、作为动力和目的提出来。消费创造出还是在主观形式上的生产对象。没有需要，就没有生产。而消费则把需要再产生出来"。① 另一方面，生产创造出、生产出消费。生产既为消费创造材料，也为需要提供材料。人们改造世界，"制造使用价值的有目的的活动，是为了人类的需要而对自然物的占有"。② 人们生活的需要，是不断增长的。需要刺激生产的不断发展，生产也不断创造新的需要。其次，精神生产、科学理论都是适应社会需要而产生的。恩格斯指出："社会一旦有技术上的需要，这种需要就会比十所大学更能把科学推向前进。"③ 再次，"人类自身的生产"同样是由需要推动的，生产者也改变着，炼出新的品质，通过生产而发展和改造着自身，造出新的力量和新的观念，造成新的交往方式，新的需要和新的语言。"语言和意识具有同样长久的历史；语言是一种实践的、既为别人存在因而也为我自身而存在的、现实的意识。语言也和意识一样，只是由于需要，由于和他人交往的迫切需要才产生的。"④ 因此，把语言看做单个人的产物，无疑是荒谬绝伦的，语言本身是一定共同体的产物。"个人在生产过程中发展自己的能力"，消费生产出生产者的素质，因为它在生产者身上引起一定目的的需要，"艺术对象创造出懂得艺术和具有审美能力的大众"。⑤

人的全面而自由的发展的内在根据就是人的需要的不断丰富：从片面到全面的需要，从低层次到高层次的需要，从具有占有性的（利己）需要到充实人的本质力量的需要，体现出人的全面发展的渐进过程。人的需要总是随着生存需要、享受需要和发展需要的层次发展表现出需要的丰富性和全面性。人的需要的全面性和丰富性，反映着人的发展的全面性。人的需要的满足不是靠大自然的恩赐，不是靠上帝的安排，而是通过自己的辛勤劳动改变世界，创造适合需要的对象物，从而满足自己的需要。在通过劳动活动满足人的已有需要的基础上又产生新的需要，由此引起新的劳动。同时，人在通过劳动活动、实践活动不断满足自己需要的同时，人自身也得到发展，也就是说，人的发展是随着人的需要的发展而发展的。人的全面而自由的发展就是在人的需要全面性的驱动下向前推进的。

---

① 《马克思恩格斯选集》（第2卷），人民出版社1995年版，第9页。
② 《马克思恩格斯选集》（第2卷），人民出版社1995年版，第181页。
③ 《马克思恩格斯选集》（第4卷），人民出版社1995年版，第732页。
④ 《马克思恩格斯选集》（第1卷），人民出版社1995年版，第81页。
⑤ 《马克思恩格斯选集》（第2卷），人民出版社1995年版，第10页。

三、人的劳动能力的发展

人的劳动发展在马克思著作中，主要被看做人的劳动能力、人的本质力量的发展。人的劳动与动物的自然的、本能的活动不同，它是自由的、自觉的，这取决于人的劳动能力，取决于人能够按照"种的尺度"、"内在的尺度"和"美的规律"来制造工具和改造对象。历史和现实都说明，人的劳动和人的能力是分不开的，劳动发展的核心是劳动能力的发展。人的劳动能力是人所具有的表现、实现和确证自己社会本质的内在力量，是主客体对象性关系得以建立的必要条件之一。劳动力只是作为活的个人的能力而存在，劳动力的生产要以活的个人的存在为前提，"我们把劳动力或劳动能力，理解为一个人的身体即活的人体中存在的、每当他生产某种使用价值时就运用的体力和智力的总和"。① 劳动力只有表现出来才能实现，只有在劳动中才能发挥出来。任何劳动的形成都"取决于对象的性质以及与之相适应的本质力量的性质"。② 劳动过程是主体能力在特定环境中对特定对象的外化和实现，"劳动过程，……是制造使用价值的有目的的活动，是为了人类的需要而对自然物的占有，是人和自然之间的物质变换的一般条件，是人类生活的永恒的自然条件，因此，它不以人类生活的任何形式为转移，倒不如说，它为人类生活的一切社会形式所共有"。③ 在劳动过程中，人的活动借助劳动资料使劳动对象发生预定的变化。劳动的结果是人的本质力量的"证实和实现"，是"人的本质力量的公开的展示"。④ 不了解人的劳动能力、人的本质力量，就不可能理解人的劳动主体性，不能说明人的自由劳动和在劳动中的主体地位。因此，在谈到人的全面发展时，马克思经常用的概念和表述是："全面地发展自己的一切能力"，"发挥他的全部力量和才能"，"人类全部力量的全面发展"，"使一切社会成员尽可能全面地发展、保持和施展自己能力。"⑤ 在谈到全面发展的人时，恩格斯说这是"各方面都有能力的人"。

人的劳动能力是多方面的，按照马克思关于人的能力的论述，主要包括以下几方面。

---

① 《资本论》（第 1 卷），人民出版社 2004 年版，第 195 页。
② 《1844 年经济学哲学手稿》，人民出版社 2008 年版，第 86 页。
③ 《资本论》（第 1 卷），人民出版社 2004 年版，第 215 页。
④ 《1844 年经济学哲学手稿》，人民出版社 2008 年版，第 89 页。
⑤ 《马克思恩格斯选集》（第 3 卷），人民出版社 1995 年版，第 544～545 页。

（一）个体能力和集体能力

人的发展主要指每个人劳动能力的发展，但由于人的劳动都是社会劳动，所以个人的能力是以集体力的形式存在着和实际地表现出来的。马克思指出："许多人在同一生产过程中，或在不同的但互相联系的生产过程中，有计划地一起协同劳动，这种劳动形式叫作协作。"① 集体力首先取决于集体中每个个体的能力，没有个体能力的提高，集体力的提高是很难想象的。同时，在集体力的提高过程中，个体能力也获得了相应的发展。"劳动者在有计划地同别人共同工作中，摆脱了他的个人局限，并发挥出他的种属能力。"②但是，集体力又不仅仅是集体中每个个体能力的机械相加，实际上，"不仅是通过协作提高了个人生产力，而且是创造了一种生产力，这种生产力本身必然是集体力"。③ 这种集体力不仅可能大于每个个人力量之和，而且在活动发展的方向上，还作为"许多力量融合为一个总的力量而产生的新力量"④ 发挥作用。人的劳动能力既包括个人能力也包括集体能力。

（二）"自然力"和社会能力

"自然力"是人的自然机体中"作为天资而存在的那种能力"。人是大自然的产物，大自然的长期进化使人"具有自然力、生命力，是能动的自然存在物；这些力量作为天赋和才能、作为欲望存在于人身上"。⑤ 它是人的全部能力的生理基础，主要有人的体力、感觉力、思维力以及一定意义上的情感力和意志力。与"人本身的自然力"不同，人的社会能力是人在后天社会实践中通过锻炼、培养和学习而形成的能力。社会能力是个复杂的系统，是多样性的动态统一，其中"生产力"在社会能力中占有特殊地位，其余的还有政治力、思想力、知识力、理想力和信念力等等。人的能力的发展包括人的自然力的发展，但主要是指社会能力的发展，通过社会能力及其物化的手段，延长和强化人的自然力。

（三）"潜力"和现实能力

人的"潜力"简单地说就是一种潜在的、尚未在劳动中表现出来的能力。

① 《资本论》（第1卷），人民出版社2004年版，第378页。
② 《资本论》（第1卷），人民出版社2004年版，第382页。
③ 《资本论》（第1卷），人民出版社2004年版，第378页。
④ 《资本论》（第1卷），人民出版社2004年版，第379页。
⑤ 《1844年经济学哲学手稿》，人民出版社2008年版，第106页。

一般地说，潜力主要指人的潜在的自然力。马克思指出，劳动是人和自然之间的过程，使人以自身的活动来中介、调整和控制人与自然之间的物质变换的过程。人自身作为一种自然力与自然物质相对立。为了在对自身生活有用的形式上占有自然物质，人就使他身上的自然力——臂和腿、头和手运动起来。"当他通过这种运动作用于他身外的自然并改变自然时，也就同时改变他自身的自然。他使自身的自然中蕴藏着的潜力发挥出来，并且使这种力的活动受他自己控制。"① 实际上，人的潜力既包括人的自然力，也包括人的社会能力。人的潜力通过社会实践，就能转变成现实的能力。

（四）体力和智力

人的任何活动都是体力和智力的支出。比较而言，体力劳动所支出的主要是体力，智力劳动所支出的主要是智力。马克思虽谈到过人的各种能力，但与人的全面发展相联系的还是人的体力和智力。劳动力是劳动者肉体的精神的能力，"自然力即人的劳动力"。② 《资本论》指出："我们把劳动力或劳动能力，理解为一个人的身体即活的人体中存在的、每当他生产某种使用价值时就运用的体力和智力的总和。"③ 劳动力只有表现出来才能实现，只有在劳动中才能发挥出来，而劳动力的发挥即劳动，耗费人的一定的肌肉、神经、脑等等。"不管有用劳动或生产活动怎样不同，它们都是人体的机能，而每一种这样的机能不管内容和形式如何，实质上都是人的脑、神经、肌肉、感官等等的耗费。"④ 尽管人的全面发展在马克思那里虽然包括较多的内容，但主要是指人的体力和智力的全面发展，体力劳动和脑力劳动相结合。这是因为，马克思讲全面发展是针对劳动者的片面发展而言的，而片面发展是由旧式分工造成的。

人的能力的全面发展意味着人全面地发展自己的一切能力，即全面发展自己的个体能力和集体能力、"自然力"和社会能力、"潜力"和现实能力、体力和智力，等等，并在实践活动中发挥他的全部才能和力量。马克思指出："在共产主义的社会组织中，完全由分工造成的艺术家屈从于地方局限性的现象无论如何会消失掉，个人局限于某一艺术领域，仅仅当一个画家、雕刻家等等，因而只用他的活动的一种称呼就足以表明他的职业发展的局限性和他对分工的依赖这一现象，也会消失掉。在共产主义社会里，没有单纯的画家，只有把绘

---

① 《资本论》（第 1 卷），人民出版社 2004 年版，第 208 页。
② 《马克思恩格斯全集》（第 3 卷），人民出版社 1995 年版，第 298 页。
③ 《资本论》（第 1 卷），人民出版社 2004 年版，第 195 页。
④ 《资本论》（第 1 卷），人民出版社 2004 年版，第 88 页。

画作为自己多种活动中的一项活动的人们。"① 当然，人的能力的全面发展并不是说每个人都要成为"无所不能"的人，而是指以个人天赋为前提的个体内在发展，使每个人潜能的发展。马克思指出："劳动组织者根本没有像桑乔所想象的那样认为每个人应当完成拉斐尔的作品，他们只是认为，每一个有拉斐尔的才能的人都应当有不受阻碍地发展的可能。""即使在一定的社会关系里每一个人都能成为出色的画家，但是这决不排斥每一个人也成为独创的画家的可能性。"② 真正的全面而自由的发展只能以个人的天赋为前提，因而是"人的创造天赋的绝对发挥"，是"人的内在本质"的"充分发挥"③。

四、人的社会关系的发展

社会关系是劳动实践活动的展开，社会关系实际上决定着一个人能发展到什么程度。马克思指出："交往的普遍性，从而世界市场成了基础。这种基础是个人全面发展的可能性。……个人的全面性不是想象的或设想的全面性，而是他的现实联系和观念联系的全面性。"④ 人的能力的发展固然是人的发展的重要内容，但马克思主义从不把人的发展简单地归结为能力的发展，因为人的能力的形成、发展和表现都离不开人的关系。生产力要在生产关系中表现出来，政治力量要在政治的社会关系中表现出来，精神力量要在精神的社会关系中表现出来。现实的社会关系既可以促进人的发展，也可以阻碍人的发展，但无论如何，人的能力的单独发展是不可能的。

人总是在一定的社会关系中生存和发展的。马克思指出："人就是人，而人对世界的关系是一种人的关系。……你对人和自然界的一切关系，都必须是你的现实的个人生活的、与你的意志的对象相符合的特定表现。"⑤ "各个人过去和现在始终是从自己出发的。他们的关系是他们的现实生活过程的关系。"⑥ 人类初期作为不发展的特质之一就是个人没有丰富的社会关系，在范围上主要囿于血缘和地缘关系，在内容上由于活动本身的不发展，社会关系呈现出简单、贫乏的特征。社会关系的单调、贫乏，既妨害了人的生存，又阻碍了人的

① 《马克思恩格斯全集》(第3卷)，人民出版社1960年版，第460页。
② 《马克思恩格斯全集》(第3卷)，人民出版社1960年版，第460页。
③ 《马克思恩格斯全集》(第30卷)，人民出版社1995年版，第480页。
④ 《马克思恩格斯全集》(第30卷)，人民出版社1995年版，第541页。
⑤ 《1844年经济学哲学手稿》，人民出版社2008年版，第146页。
⑥ 《马克思恩格斯选集》(第1卷)，人民出版社1995年版，第135页。

发展。马克思在《路易·波拿巴的雾月十八日》中指出，法国小农人数众多，他们的生活条件相同，但是彼此间并没有发生多种多样的关系。"他们的生产方式不是使他们相互交往，而是使他们互相隔离。这种隔离状态由于法国的交通不便和农民的贫困而更为加强了。他们进行生产的地盘，即小块土地，不容许在耕作时进行分工，应用科学，因而也就没有多种多样的发展，没有各种不同的才能，没有丰富的社会关系。每一个农户差不多都是自给自足的，都是直接生产自己的大部分消费品，因而他们取得生活资料多半是靠与自然交换，而不是靠与社会交往。"① 可见，人的生存和发展受社会历史条件的制约，同时也受社会关系的影响。分工是一定社会关系的具体体现，人的发展表现为个人社会关系的丰富，也就表现为旧式分工的逐步消失，表现为全面发展的个人代替只是固定承担一种社会局部职能的局部个人。社会关系的全面丰富意味着个人与他人，不仅是作为社会群体中某一成员的身份，而且还作为个人与他人发生相互的关系；人们摆脱了以往个体、分工、地域、民族的狭隘局限性，形成了各方面、各个领域、各个层次的社会联系；人们的经济关系、政治关系、法律关系、伦理关系、宗教关系、文化关系、教育关系等全面生成，由贫乏变得丰富，由封闭变得开放，由片面变得全面，并且得以协调和谐发展。

人的社会关系的全面丰富必然包含着人的社会交往的普遍性。交往是指人与人之间的物质和精神的变换过程，是社会主体之间的相互作用、相互沟通，是人与人之间发生社会关系的一种中介，是人类特有的存在方式和活动方式。马克思在致巴·瓦·安年柯夫的信中讲道："我在这里使用'commerce'一词是就它的最广泛的意义而言，就像在德文中使用'verkehr'一词那样。"②德文"verkehr"（交往）这个术语的含义很广，它包括个人、社会团体、许多国家的物质交往和精神交往。马克思、恩格斯在《德意志意识形态》中认为，物质交往——首先是人们在生产过程中的交往，乃是任何另一种交往的基础。"生产本身又是以个人彼此之间的交往［verkehr］为前提的。这种交往的形式又是由生产决定的。"③ "只有随着生产力的……普遍发展，人们的普遍交往才能建立起来。"④ 因此，交往是人类所有活动的前提，也是社会关系形成的前提。交往的普遍性意味着随着生产力、分工和交换的发展，个人作为独立的主体越来越积极地参与各领域、各层次的社会交往，使个体之间的交往，个体与群体、社

---

① 《马克思恩格斯全集》（第1卷），人民出版社1995年版，第677页。
② 《马克思恩格斯选集》（第4卷），人民出版社1995年版，第533页。
③ 《马克思恩格斯选集》（第1卷），人民出版社1995年版，第68页。
④ 《马克思恩格斯选集》（第1卷），人民出版社1995年版，第86页。

会的交往得以广泛的建立和实现，从而使个人摆脱个体的、地域的和民族的狭隘性，开阔视野，刷新观念，充分地显示自己的聪明才智，在服务于他人和社会的过程中，得到社会和历史的尊重，并由此实现自我。人的物质交往和精神交往的充分发展，同时摆脱了相互之间的分离状态，它们不再是独立地属于不同的人，而是在每个个体中有机统一起来，并形成良性互动。交往从自发的自然共同体交往、社会共同体交往转向世界共同体交往，个人越来越成为世界历史中的个人，成为世界性的公民，同整个世界的生产发展实际相联系，能够利用人类全面生产的一切积极成果丰富和发展自己。马克思、恩格斯认为，只有成为"世界历史性的"个人，才有可能成为全面而自由发展的人。在此意义上，"各个人的世界历史性的存在，也就是与世界历史直接相联系的各个人的存在"，"每一个单个人的解放的程度是与历史完全转变为世界历史的程度一致的"①。只有人们的活动扩大为世界历史性的活动，并通过生产力的发展，克服在所有制条件下世界历史对于各个个人的异己性质，"单个人才能摆脱种种民族局限和地域局限而同整个世界的生产（也同精神的生产）发生实际联系，才能获得利用全球的这种全面的生产（人们的创造）的能力"。②

人的社会关系的发展不仅表现在它的丰富性上，而且还表现为个人之间的关系成为他们自己的共同的关系，联合起来的个人实现对他们社会关系的全面占有和共同控制。人是社会关系的产物，倘若舍弃资本主义社会关系及其对于人的作用，就根本不存在工人和资本家，二者都只是人。诚如马克思所说："黑人就是黑人。只有在一定的关系下，他才成为奴隶。"③ 全面发展的人、自由的人，也就是作为社会关系、社会结合形式的主人的人。恩格斯认为，一旦社会占有了生产资料，商品生产就将被消除，而产品对生产者的统治也将随之消除。社会生产内部的无政府状态将为有计划的自觉的组织所代替。个体生存斗争停止了。于是，"人在一定意义上才最终地脱离了动物界，从动物的生存条件进入真正人的生存条件。人们周围的、至今统治着人们的生活条件，现在受人们的支配和控制，人们第一次成为自然界的自觉的和真正的主人，因为他们已经成为自身的社会结合的主人了。人们自己的社会行动的规律，这些一直作为异己的、支配着人们的自然规律而同人们相对立的规律，那时就将被人们熟练地运用，因而将听从人们的支配。人们自身的社会结合一直是作为自然界

---

① 《马克思恩格斯选集》（第 1 卷），人民出版社 1995 年版，第 89 页。
② 《马克思恩格斯选集》（第 1 卷），人民出版社 1995 年版，第 89 页。
③ 《马克思恩格斯选集》（第 1 卷），人民出版社 1995 年版，第 344 页。

和历史强加于他们的东西而同他们相对立的，现在则变成他们自己的自由行动了。至今一直统治着历史的客观的异己的力量，现在处于人们自己的控制之下了。只有从这时起，人们才完全自觉地自己创造自己的历史；只是从这时起，由人们使之起作用的社会原因才大部分并且越来越多地达到他们所预期的结果。这是人类从必然王国进入自由王国的飞跃"。① 到了共产主义社会，人类实现了从必然王国到自由王国的飞跃，"生产资料摆脱了它们迄今具有的资本属性，使它们的社会性有充分的自由得以实现"，于是"人终于成为自己的社会结合的主人，从而也就成为自然界的主人，成为自身的主人——自由的人"。②

客观地说，资本主义条件下，人的社会关系还是比较丰富的，商品以其特有的魅力把人们联系起来。马克思抨击资本主义对人的发展的限制主要是由于资本主义生产关系对于工人的奴役，因此，废除一再生产非人关系的私有制就成了每个人全面发展的必要条件。

简言之，人是社会关系的产物，是社会关系的主体。人的存在无不历史地受到他在具体的社会关系体系中的地位所制约，人的发展无不现实地表现在具体的社会关系变革中。正是人的社会关系的不同使我们得以区分不同时代的人和同一时代不同阶级、阶层的人，得以了解人的国民性、民族性、阶级性。在这个意义上，人的发展就是人的社会关系的发展。

五、人的个性的发展

人是自然属性、社会属性和精神属性的统一体，人的全面发展表现为由人的实践活动和社会关系所决定的完整人性的发展，即人的自然属性、社会属性和精神属性的全面发展。人性的全面发展集中表现为人的素质全面提高和个性的自由发展。人的素质和个性随着人的活动的多样化、社会关系的丰富化形成、发展起来。人的素质的普遍提高，表现为人的身体素质、心理素质、思想道德素质和科学文化素质等发展和完善，以及各种素质之间的均衡协调发展，而人的素质的发展主要体现在人的个性的发展上。

个性是每一主体的个别性、独特性，个性是人的主体性的个体表现。马克思把劳动及其产品看做人的主体性、本质力量的物化和对象化，同时也把劳动及其产品理解为人的个性的物化、对象化。马克思在《1844 年经济学哲学手

---

① 《马克思恩格斯选集》（第 3 卷），人民出版社 1995 年版，第 757~758 页。
② 《马克思恩格斯选集》（第 3 卷），人民出版社 1995 年版，第 760 页。

稿》中指出："我在我的生产中使我的个性和我的个性的特点对象化，因此我既在活动时享受了个人的生命表现，又在对产品的直观中由于认识到我的个性是对象性的、可以感性地直观的因而是毫无疑问的权力而感受到个人的乐趣。""我在劳动中肯定了自己的个人生命，从而也就肯定了我的个性的特点。"① 因此，在马克思看来，人的个性和人的主体性始终是统一的，具有个性的人必然是能动地创造世界的主体。大致而言，人的个性的发展主要表现在以下几个方面：

（一）人的主体性发展

人的主体性和个性的统一，不仅表现在主体性是个性的前提，主体性越强，个性也越强，而且人的主体性也以个性为前提，个性越强，主体性也就越强。一个人有无个性或个性的强弱，总是以他有无创造精神或创造精神的高低为标准的。马克思指出："全面发展的个人——他们的社会关系作为他们自己的共同的关系，也是服从于他们自己的共同的控制的——不是自然的产物，而是历史的产物。要使这种个性成为可能，能力的发展就要达到一定的程度和全面性。"② 曾被恩格斯称之为"伟大的时代"时期的思想家都是主体意识很强、个性特点鲜明的人。布克哈特概括意大利文艺复兴是"发现世界和发现人"——前者探索外部世界，是客观的，后者探索人的个性，是主观的。"回归自然"是当时普遍使用的一句话，与"回归古人"相配。"发现人"则使科学和艺术相关联，意大利文艺复兴时期的艺术始终抓住男人和女人人性的心理力量。许多艺术家的艺术作品所表现的就是人的形象，虽然形态各异，但是却用视觉形式传达了对人的尊严的信念。克拉克在《人文主义的艺术》一书中说："他们的题材是人，严肃而热情、全心全意和具有头脑的人。"③ 从此，大写的"人"字重新获得了尊严和光辉。诚如布克哈特所说："意大利开始充满具有个性的人物，施加于人类人格上的符咒被解除了；上千的人物各自以其特别的形态和服装出现在人们面前。但丁的伟大诗篇在欧洲的任何其他国家都是不可能产生的，单只提它们还处在种族诅咒下这一理由就足以说明。对于意大利来说，这位堂堂的诗人，由于他显示出来的丰富的个性，是他那个时代的最具有民族性的先驱。……14 世纪的意大利人对于任何形式的虚伪的谦恭或者伪

① 《1844 年经济学哲学手稿》，人民出版社 2008 年版，第 184 页。
② 《马克思恩格斯全集》（第 30 卷），人民出版社 1995 年版，第 112 页。
③ 阿伦·布洛克著，董乐山译：《西方人文主义传统》，生活·读书·新知三联书店 1997 年版，第 54 页。

善很不熟悉；他们之中没有一个人害怕与众不同，害怕在穿着打扮上和在立身行事上是一个和他的邻居不同的人。"① 当然，我们也不能排除产生于"伟大的时代"的思想家，诸如彼特拉克、萨鲁塔蒂等这些毫无个性的人的出现。布洛克说："人文主义者中不乏趋炎附势之辈，以其才能巴结权势人物，当然也有书呆子。他们就像今天纽约、伦敦或巴黎的任何学术圈子一样，是一群争论不休、脾气暴躁、动辄生气、性好妒忌的人，总是不断地互相写信，指责和挑剔对方。"② 但不管怎么说，那些缺乏创造精神，单纯服从环境支配，模仿他人并处处使自己更像他人的人，无疑是使自己的个性融于共性之中的人。莫斯科维奇说："毫无疑问，人是一种社会动物，其原因就是他能够接受暗示。一致性是主要的社会特征，也是接受暗示、恢复源自低级阶段的轻松思维和感觉的基础，而在意识清醒的状态下，人类对此一无所知。自然和社会组织起来的方式都促进了这种一致性，这种一致性把个体聚集起来，并把他们推进梦幻的黑暗世界中。他们像机器人一样模仿，像梦游者一样听话，并且融入人性的大潮中。"③ 模仿他人并处处使自己更像他人的人，只希望被当做别人眼里的他，只要有可能，他们总是将个性扼杀在萌芽之中。他们被投于一条大江的急流，冒出头来望着岸上依稀可见的残垣破壁，但惊涛又把他们卷了进去，推向深渊。放弃个性，意味着对健全的精神生活构成威胁。康德认为，模仿者（陷在风俗习惯中）是没有个性的，古怪的人是有个性的人的效仿者。气质上的驯良是一幅水彩画，而不是个性特征。个性在于思想方式的独创性，它的行为举止汲取的是由它自己所开辟的源泉，"具有一种绝对的个性则是意味着意志的这样一种特点，主体根据它把自己束缚在一定的实践原则之上，而这些原则是他通过自己的理性独立地为自己所规定的。尽管这些基本原则有时也可能是错误的和有缺点的，但一般而论，根据坚定的原则行事（而不像蝇营狗苟之徒一下子跳到这里，一下子跳到那里），这种意志的公式本身就具有一种值得珍视和值得赞叹之处；因为它往往也是罕见的"。④ 具有个性是能够要求一个有理性的人的最低限度，又是人的内在价值（人的尊严）的最高限度，因此，"做一个有原

---

① 雅各布·布克哈特著，何新译：《意大利文艺复兴时期的文化》，商务印书馆 1988 年版，第 126 页。

② 阿伦·布洛克著，董乐山译：《西方人文主义传统》，生活·读书·新知三联书店 1997 年版，第 21 页。

③ 塞奇·莫斯科维奇著，许列民等译：《群氓的时代》，江苏人民出版社 2006 年版，第 216 页。

④ 康德著，邓晓芒译：《实用人类学》，上海人民出版社 2005 年版，第 218 页。

则的人（即具有一个确定的个性），这对于最普通的人类理性都必定是可能的，因而从等级上说必然比最大的才能还要高"。① 马克思之所以批判"粗陋的共产主义"，就是因为它到处鼓吹绝对平均主义，抹杀人的个人的特性。他说："这种共产主义——由于到处否定人的个性——只不过是私有财产的彻底表现，私有财产就是这种否定。"② 正是因为人的个性和人的主体性相统一，个性的解放才有利于人的主体性提高和人格完善。马克思在《1844 年经济学哲学手稿》中揭露了异化劳动条件下人的个性异化，本来"我在劳动中肯定了自己的个人生命，从而也就肯定了我的个性的特点。劳动是我真正的、活动的财产。在私有制的前提下，我的个性同我自己外化到这种程度，以致这种活动为我所痛恨，它对我来说是一种痛苦，更正确地说，只是活动的假象"。③《共产党宣言》进一步指出，为了解放、发展劳动者的个性，必须"消灭资产者的个性、独立性和自由"。针对资产阶级所说的"从个人财产不再能变为资产阶级财产的时候起……个性被消灭了"的谬论，马克思、恩格斯明确回答说："你们所理解的个性，不外是资产者、资产阶级私有者。这样的个性确实应当被消灭。""的确，正是要消灭资产者的个性、独立性和自由。"④

（二）人的自主性发展

人的个性的发展的一个很重要的方面是人，或者换句话说，只有自主的人才可能是真正的有个性的人。马克思把人的个性叫做"自由个性"，就是说，只有独立才能自主，只有自主才能自由，只有自由才有"个性"。马克思指出："任何一个存在物只有当它用自己的双脚站立的时候，才认为自己是独立的，而且只有当它依靠自己而存在的时候，它才是用自己的双脚站立的。靠别人恩典为生的人，把自己看成一个从属的存在物。"⑤ 只有当人类靠自己的双脚站立和前进时，人才能够在自然界中创造自己、发展自己，证明自己是自己命运的主人。马克思、恩格斯认为，在资本主义社会里，"资本具有独立性和个性，而活动着的个人却没有独立性和个性"。⑥ 没有独立性和个性的人，不能支配自己的命运，不能筹划自己的生活，他们的生活条件被偶然性即价值规律的盲目

---

① 康德著，邓晓芒译：《实用人类学》，上海人民出版社 2005 年版，第 221~222 页。
② 《1844 年经济学哲学手稿》，人民出版社 2008 年版，第 79 页。
③ 《1844 年经济学哲学手稿》，人民出版社 2008 年版，第 184 页。
④ 《共产党宣言》，人民出版社 2004 年版，第 43 页。
⑤ 《1844 年经济学哲学手稿》，人民出版社 2008 年版，第 91 页。
⑥ 《共产党宣言》，人民出版社 2004 年版，第 43 页。

力量所支配，马克思把这种没有独立性和个性的人称之为"偶然的人"。消灭异化，就是使"偶然的人"向"有个性的人"转变。毛泽东在谈到民族压迫和封建压迫时指出，这些压迫剥夺了人的主体地位和主体权利，也就束缚了主体个性的发展。他说："民族压迫和封建压迫残酷地束缚着中国人民的个性发展……我们主张的新民主主义制度的任务，则正是解除这种束缚和停止这种破坏，保障广大人民能够自由发展其在共同生活中的个性。"[①] 在阶级社会里，个人的政治自由只是对那些统治阶级范围内的个人来说才是存在的，他们在阶级社会中能够独立自主地决定自己的生活，而广大的劳动者阶级则丧失了自主性，难以形成和展示自己的个性。在阶级社会里，人都是阶级性和个性的统一。

（三）人的独特性发展

人的个性发展的一个重要方面就是个人独特性的增加和丰富，也就是说，人的自觉能动性、创造性、主体性和自主性得到全面发展，个性的模式化、同步化、标准化被消除，个性的单调化、定型化被打破，每个人都追求并保持着独特的人格、理想、社会形象和能力体系，显示着自己独特的存在，呈现出与众不同的差异性，即个人的唯一性、不可重复性、不可取代性，社会因此而充满生机和活力。马克思主义重视人的个性的独特性发展，是与其重视个人的历史作用联系在一起的。恩格斯认为，社会历史中的一切从根本上说，无非是人、人的活动以及活动的结果。"无论历史的结局如何，人们总是通过每一个人追求他自己的、自觉预期的目的来创造他们的历史。而这许多按不同方向活动的愿望及其对外部世界的各种各样作用的合力，就是历史。"[②] 恩格斯在此提出的"合力论"，进一步解释了个人是如何创造历史、推动社会历史的发展的。恩格斯指出："历史是这样创造的：最终的结果总是从许多单个的意志的相互冲突中产生出来的，而其中每一个意志，又是由于许多特殊的生活条件，才成为它所成为的那样。这样就有无数互相交错的力量，有无数个力的平行四边形，由此就产生出一个合力，即历史结果，而这个结果又可以看做一个作为整体的、不自觉地和不自主地起着作用的力量的产物。因为任何一个人的愿望都会受到任何另一个人的妨碍，而最后出现的结果就是谁都没有希望过的事物。所以到目前为止的历史总是像一种自然过程一样地进行，而且实质上也是服从

---

① 《毛泽东选集》（第 3 卷），人民出版社 1991 年版，第 1058 页。
② 《马克思恩格斯选集》（第 4 卷），人民出版社 1995 年版，第 248 页。

于同一运动规律的。但是，各个人的意志——其中的每一个都希望得到他的体质和外部的、归根到底是经济的情况（或是他个人的，或是一般社会性的）使他向往的东西——虽然都达不到自己的愿望，而是融合为一个总的平均数，一个总的合力，然而从这一事实中决不应作出结论说，这些意志等于零。相反地，每个意志都对合力有所贡献，因而是包括在这个合力里面的。"① 也就是说，个人的历史活动一方面要受社会历史规律的制约，每个人不可能随心所欲地创造历史，另一方面每个人的独特性发展对历史的发展有所贡献，他们的意志不等于零。

（四）人的社会性发展

马克思、恩格斯既重视人的个性，也十分重视人的社会性，并坚持二者的统一。在寻找有关人和人类社会的规律时，马克思看到："正像社会本身生产作为人的人一样，社会也是由人生产的。"实践作为人的活动，既体现着人的内在尺度、人的社会的批判性和创造性，又包含着人的自我发展在其中。从实践出发去理解社会，也就是从"现实中的个人"出发去理解社会。"现实中的个人"及其活动是社会的现实前提，"社会结构和国家总是从一定的个人的生活过程中产生的"②。马克思认为，从个人发展来考察社会发展，同从生产力和生产关系相统一的整体发展来考察社会发展，具有内在的一致性。这是因为，"生产力和生产关系——这二者是社会个人的发展的不同方面"。③ 换言之，应当把生产力与生产关系及其矛盾运动看做是对个人活动的抽象，二者是在个人的活动及其发展中统一起来的。马克思认为，人们不能自由地选择自己的生产力——这是他们的全部历史的基础，因为任何生产力都是一种既得的力量，是以往活动的产物。"后来的每一代人都得到前一代人已经取得的生产力并当做原料来为自己新的生产服务，由于这一简单的事实，就形成人们的历史中的联系，就形成人类的历史，这个历史随着人们的生产力以及人们的社会关系的越益发展而越益成为人类的历史。简言之，人们的社会历史始终只是他们的个体发展的历史。"④ 因此，把社会和个人对立起来的方法论根源，就在于脱离了从"感性的人的活动"去理解社会与个人的关系。马克思断定，只有把人"当成他们本身的历史的剧作者又当成剧中人物"，才能达到社会研究的"真正的出

---

① 《马克思恩格斯选集》（第 4 卷），人民出版社 1995 年版，第 697 页。
② 《马克思恩格斯全集》（第 1 卷），人民出版社 1995 年版，第 71 页。
③ 《马克思恩格斯全集》（第 31 卷），人民出版社 1998 年版，第 101 页。
④ 《马克思恩格斯选集》（第 4 卷），人民出版社 1995 年版，第 532 页。

发点"。

马克思、恩格斯反对用个性代替社会性以及个性绝对自由的主张,"各个人的出发点总是他们自己,不过当然是处于既有的历史条件和关系范畴之内的自己,而不是玄想家们所理解的'纯粹的'个人。然而在历史发展的进程中,而且正是由于在分工范围内社会关系的必然独立化,在每一个人的个人生活同他的屈从于某一劳动部门以及与之相关的各种条件的生活之间出现了差别。这不应当理解为,似乎像食利者和资本家等等已不再是有个性的个人了,而应当理解为,他们的个性是由非常明确的阶级关系决定和规定的,上述差别只是在他们与另一个阶级的对立中才出现,而对他们本身来说,上述差别只是在他们破产之后才产生。在等级中(尤其是在部落中)这种现象还是隐蔽的:例如,贵族总是贵族,平民总是平民,不管他的其他关系如何;这是一种与他的个性不可分割的品质"。① 在现实社会中,不同阶级的成员具有不同的个性,"他们的个性是由非常明确的阶级关系决定和规定的"。人的个性解放和个性发展,是一个不断进步的历史过程。马克思指出:"个性得到自由的发展,因此,并不是为了获得剩余劳动而缩减必要劳动时间,而是直接把社会必要劳动时间缩减到最低限度,那时,与此相适应,由于给所有的人腾出了时间和创造了手段,个人会在艺术、科学等等方面得到发展。"② 人是社会的人,人的个性受社会历史条件的制约,同时社会也是人的社会,社会历史条件也受人的个性的影响。马克思在通过对法国农民特性的分析说明,一个群体,其成员越是缺少个性就越是没有凝聚力,他把那些无个性个体的结合比喻为一袋马铃薯。在《路易·波拿巴的雾月十八日》中说:"小农人数众多,他们的生活条件相同,但是彼此间并没有发生多种多样的关系。……一小块土地,一个农民和一个家庭;旁边是另一小块土地,另一个农民和另一个家庭。一批这样的单位就形成一个村子;一批这样的村子就形成一个省。这样,法国国民的广大群众,便是由一些同名数简单相加形成的,好像一袋马铃薯是由袋中的一个个马铃薯所集成的那样。……他们不能代表自己,一定要别人来代表他们。他们的代表一定要同时是他们的主宰,是高高站在他们上面的权威,是不受限制的政府权力。"③可见,人的个性发展对于一个充满活力的社会是不可缺少的。个性解放也就是人类的解放,个性的发展也就是社会的发展。毛泽东明确指出:"没有

---

① 《马克思恩格斯选集》(第1卷),人民出版社1995年版,第119页。

② 《马克思恩格斯全集》(第31卷),人民出版社1998年版,第101页。

③ 《马克思恩格斯选集》(第1卷),人民出版社1995年版,第677~678页。

几万万人民的个性的解放和个性的发展……要想在殖民地半殖民地半封建的废墟上建立起社会主义社会来，那只是完全的空想。"①

　　人的发展在一定意义上就是"有个性的个人"逐步代替"偶然的个人"。所谓"有个性的个人"就是社会关系、交往条件与个人相适应，个人对社会关系有自主性；所谓"偶然的个人"就是社会关系、交往条件与个人不相适应，个人对社会关系没有自主性，处于被奴役的地位。人的自主性也表现在对自己活动能力的控制上，"使这种力的活动受他自己控制"。② 马克思、恩格斯明确指出，人的全面发展、人的"自由个性"只有到了"外部世界对个人才能的实际发展所起的推动作用为个人本身所驾驭"③ 的时候才能实现。在未来的共产主义社会中，阶级已经消灭，人都是作为"自由个性"的个人而确定下来的。即使在某一社会范围内，人人都具有很高的才能，譬如人人都是出色的画家，这也不排除每个人都是独特的画家的可能性。事实上，恰恰是因为他们的个性，他们各有所长、各具特色，才使得他们每个人都成为出色的画家的。马克思、恩格斯指出："即使在一定的社会关系里每一个人都能成为出色的画家，但是这决不排斥每一个人也成为独创的画家的可能性。"④

　　总之，人的活动和人的需要及能力的发展、人们社会关系的丰富、人的素质和个性的发展之间也是相互联系、渗透、制约着的，并在劳动实践中内在地统一起来。人的需要、能力是在实践活动中形成和发展的，而人的需要、能力的发展又扩展了人的活动领域。实践活动产生并决定着社会关系。人的活动、需要和能力又是处于一定的社会关系之中，同时被既定的社会关系所制约。人的素质和个性作为人性的集中体现，也是在人的劳动活动和特定的社会关系中形成和发展的，反过来它又对人的活动和社会关系发生影响。人的全面而自由的发展，它的实际意思是指每一个人在以上各方面的充分和最大限度的发展，人由此从自然、社会和自身中获得最大的自由，并从这种自由中获得最大幸福。

---

① 《毛泽东选集》（第3卷），人民出版社1991年版，第1060页。
② 《马克思恩格斯选集》（第2卷），人民出版社1995年版，第177页。
③ 《马克思恩格斯全集》（第3卷），人民出版社1960年版，第330页。
④ 《马克思恩格斯全集》（第3卷），人民出版社1960年版，第460页。

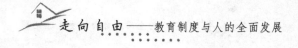

第五节　人的全面而自由的发展的历史进程

在马克思主义的人的全面而自由的发展学说中，自始至终贯穿着这样一个思想，即人的全面而自由的发展是历史的过程和历史的产物。

人是历史的前提和出发点，也是历史的产物和结果。人们的社会历史始终只是他们的个体发展的历史，马克思正是从人的发展的视角去透视人类社会历史，揭示了人的发展的历史过程及其规律。他指出："人的依赖关系（起初完全是自然发生的），是最初的社会形式，在这种形式下，人的生产能力只是在狭小的范围内和孤立的地点上发展着。以物的依赖性为基础的人的独立性，是第二大形式，在这种形式下，才形成普遍的社会物质变换、全面的关系、多方面的需要以及全面的能力的体系。建立在个人全面发展和他们共同的、社会的生产能力成为从属于他们的社会财富这一基础上的自由个性，是第三个阶段。第二个阶段为第三个阶段创造条件。因此，家长制的、古代的（以及封建的）状态随着商业、奢侈品、货币、交换价值的发展而没落下去，现代社会则随着这些东西同步发展起来。"① 这样，马克思不仅对历史进程有了新的诠释，也使他的人的全面而自由的发展的理想具有巨大的历史感和现实感。它表明人的全面发展这一价值理想不是抽象的浪漫主义的主观想象，而是以人类社会历史的发展为基础，是一个非虚幻的现实历史过程。

一、"人的依赖关系"

在前资本主义社会即"人的依赖关系"这一最初的社会形式中，个人的生存状态是低下的，人的发展表现为：狭隘的社会关系、"原始丰富性"的活动以及能力和个性的缺失。

（一）狭隘的社会关系

人们的社会关系在这一最初的社会形式中，是以自然血缘、宗法关系、经验常识为纽带的地方性联系，表现为人对自然的依赖关系以及人自身的依附关系。个人依附于一定的共同体，"我们越往前追溯历史、个人，从而也是进行

---

① 《马克思恩格斯全集》（第30卷），人民出版社1995年版，第107~108页。

生产的个人，就越表现为不独立，从属于一个较大的整体：最初还是十分自然地在家庭和扩大成为氏族的家庭中；后来是在由氏族间的冲突和融合而产生的各种形式的公社中"。① 每一个单个的人，只有作为这个共同体的一个肢体，作为这个共同体的成员，才能取得成员的身份存在和发展。"在这个自由竞争的社会里，单个的人表现为摆脱了自然联系等等，而在过去的历史时代，自然联系等等使他成为一定狭隘人群的附属物。"② 同时，人们在生产中只是把自己作为共同体的成员再生产出来，把单个人对共同体的原有的关系再生产出来，不可能形成自己丰富的社会关系。马克思指出，个人从一开始就不表现为单纯劳动的个人，而是拥有土地财产作为客观的存在方式，这种客观的存在方式是他的活动的前提，并不是他的活动的简单结果，这就和他的皮肤或他的感官一样是他的活动的前提，这些东西在他的生命过程中虽然也被他再生产并加以发展等等，但毕竟作为前提存在于再生产过程本身之前，直接要以个人作为某一公社成员的自然形成的、或多或少历史地发展了的和变化了的存在，要以他作为部落等等成员的自然形成的存在为中介。"孤立的个人是完全不可能有土地财产的，就像他不可能会说话一样。……在这里，个人决不可能像单纯的自由工人那样表现为单个的点。如果说，个人劳动的客观条件是作为属于他所有的东西而成为前提，那么，在主观方面，个人本身作为某一公社的成员就成为前提，因为他对土地的关系是以公社为中介的。他对劳动客观条件的关系是以他作为公社成员的身份为中介的。"③ 在此情况下，"人们在劳动中的社会关系始终表现为他们本身之间的个人的关系，而没有披上物之间即劳动产品之间的社会关系的外衣"。④ 自然血缘关系、政治上的统治和服从关系、人身依附关系是人们之间关系的主要特征。"人都是互相依赖的：农奴和领主，陪臣和诸侯，俗人和牧师。物质生产的社会关系以及建立在这种生产的基础上的生活领域，都是以人身依附为特征的。"⑤ 这种血缘关系、统治和服从的关系，不管是自然发生的还是政治性的，其性质不论是家长制的、古代的或是封建的，根本上都是人的依赖关系，表现为人的限制即个人受他人限制的那种规定性，而这种规定性妨碍着个性自由或自由发展的实现。马克思指出："虽然个人之间的关系表现为较明显的人的关系，但他们只是作为具有某种规定性的个人而互相发生

---

① 《马克思恩格斯选集》（第2卷），人民出版社1995年版，第2页。

② 《马克思恩格斯选集》（第2卷），人民出版社1995年版，第1～2页。

③ 《马克思恩格斯全集》（第30卷），人民出版社1995年版，第477页。

④ 《资本论》（第1卷），人民出版社2004年版，第95页。

⑤ 《资本论》（第1卷），人民出版社2004年版，第94～95页。

关系,如作为封建主和臣仆、地主和农奴等等,或作为种姓成员等等,或属于某个等级等等。"① 按照马克思的理解,这些关系都包括"个人相互之间的统治和从属关系","不管这种统治和从属的性质是家长制的、古代的或封建的"。② 在"人的依赖关系"这一最初的社会形式中,发展的基础都是单个人对公社的被作为前提的关系——或多或少是自然地或又是历史地形成的但已变成传统的关系——的再生产,以及他对劳动条件和劳动同伴、对同部落人等等的关系上的一定的、对他来说是前定的、客观的存在。因此,这一发展基础从一开始就是有局限的。"这里,在一定范围内可能有很大的发展。个人可能表现为伟大的人物。但是,在这里,无论个人还是社会,都不能想象会有自由而充分的发展,因为这样的发展是同原始关系相矛盾的。"③

(二)"原始丰富性"的活动和能力

在"人的依赖关系"这一最初的社会形式中,人的活动和能力表现为"原始的丰富性"。在这一最初的社会形式中,活动的目的是人,而不是别的什么。马克思认为,根据古代的观点,人,不管是处在怎样狭隘的民族的、宗教的、政治的规定上,总是表现为生产的目的。"各个个人都不是把自己当做劳动者,而是把自己当做所有者和同时也进行劳动的共同体成员。这种劳动的目的不是为了创造价值……相反,他们劳动的目的是为了维持各个所有者及其家庭以及整个共同体的生存。"④ 由于社会分工极不发达,人的活动还没有被分割,人作为劳动者独立完成生产过程中的全部活动,其本质力量能够通过多样性活动生成和发挥出来,使人的发展具有全面性,即"丰富性"。单个人显得比较全面,无疑是相对于其所处关系和需要的狭隘性而言的,人的满足仅仅是"从狭隘的观点来看的满足"。⑤ 为什么"在发展的早期阶段,单个人显得比较全面"呢?马克思分析道:"那正是因为他还没有造成自己的丰富的关系,并且还没有使这种关系作为独立于他自身之外的社会权力和社会关系同他自己相对立。"⑥ 正因为如此,马克思把人的发展的这一"全面性"称之为"原始的丰富"。即,人的活动和活动能力的发展是不充分的、不深刻的,具有简单、粗陋的性质。

---

① 《马克思恩格斯全集》(第30卷),人民出版社1995年版,第113页。
② 《马克思恩格斯全集》(第30卷),人民出版社1995年版,第108页。
③ 《马克思恩格斯全集》(第30卷),人民出版社1995年版,第479页。
④ 《马克思恩格斯全集》(第30卷),人民出版社1995年版,第466页。
⑤ 《马克思恩格斯全集》(第30卷),人民出版社1995年版,第480页。
⑥ 《马克思恩格斯全集》(第30卷),人民出版社1995年版,第112页。

由于生产力发展水平十分低下，人受制于自然，没有成为与自然对立并征服自然的自主存在，个人缺少对外部世界的积极主动追求与占有，不能改变和改变自身去征服世界，从而使自身处于自我满足和自我抑制的状态中，他们只是"满足于现有需要和重复旧生活方式的状况"。在奴隶制和农奴制的依附关系中，劳动者的劳动能力是属于他人的物。"社会的一部分被社会的另一部分当作只是自身再生产的无机自然条件来对待。奴隶同他的劳动的客观条件没有任何关系；而劳动本身，无论是奴隶形式的，还是农奴形式的，都被作为生产的无机条件与其他自然物列为一类，即与牲畜并列，或者是土地的附属物。"①

（三）个性的缺失

与人的活动及社会关系发展的局限性、狭隘性相联系，人的个性表现为缺失或者说贫乏。作为生命过程主体的不是个人，而是集体，群体的主体性压倒了个体的主体性。一方面，个人缺乏独立的自我意识，有的只是群体意识，社会以家族集团等共同体而非以个人为本位，另一方面，个体的人无论在自然面前，还是在社会之中都缺乏必要的能动性、自主性，没有自主活动，没有独立自主的意义和价值。同时，个人之间由于在需要、能力和活动上尚未分化，具有天然的同质性，所以个人与个人之间缺乏差异性、独特性。个人之间的同质性表明，人的活动方式还带有他所脱胎的动物活动方式的遗迹。个性缺失的人事实上仍处在"精神的动物世界"。马克思把那些无差异性、无独特性、无个性个体的结合比喻为一袋马铃薯。

很显然，在"人的依赖关系"这一最初的社会形式中，尚未形成个体本位的主体性，人的生存状态呈现为自在自发的自然状态，无论个体还是社会总体均缺乏创造力和超越性，无论个体还是群体的发展都是有限的。难怪马克思一针见血地指出："留恋那种原始的丰富，是可笑的，相信必须停留在那种完全的空虚化之中，也是可笑的。"②

二、"以物的依赖性为基础的人的独立性"

资本主义市场经济取代自给自足的自然经济，人和社会发展到以物的依赖性为基础的人的独立性的阶段。在这一社会形式中，人的发展表现为片面发展

---

① 《马克思恩格斯全集》（第 30 卷），人民出版社 1995 年版，第 481 页。
② 《马克思恩格斯全集》（第 30 卷），人民出版社 1995 年版，第 112 页。

的活动和能力，物化的社会关系，独立、物化的个性。

所谓"人的独立性"，是指在这一社会形式中，"人的依赖纽带、血统差别、教养差别等等事实上都被打破了，被粉碎了（一切人身纽带至少都表现为人的关系）；各个人看起来似乎独立地（这种独立一般只不过是错觉，确切些说，可叫做——在彼此关系冷淡的意义上——彼此漠不关心）自由地互相接触并在这种自由中互相交换"。① 人不再是附属于某一共同体所特有的身份生存和发展，而是开始以独立的个人的身份来安排和决定自己的生活和活动，至少在表面上是如此。这对于个性自由、自由发展以及全面发展、充分发展来说，无疑是一大进步。但是，马克思针对资本主义社会人的发展的现实状况，异常敏锐地在这种"人的独立性"前面，加上了"以物的依赖性为基础的人的"这一限定语。可见，所谓"人的独立性"并不是人的真正独立，而是"人的社会关系转化为物的社会关系；人的能力转化为物的能力"，② 对人的依赖转化为对物的依赖。马克思指出："在发达的形态上表现为物的限制即个人受不以他为转移并独立存在的关系的限制（……他的自由看起来比较大。……个别人偶尔能战胜它们；受它们控制的大量人却不能，因为它们的存在本身就表明，各个人从属于而且必然从属于它们。）""个人现在受抽象统治，而他们以前是互相依赖的。"③ 因此，在这种对"物"的依赖关系中，人依然不能获得真正的独立、自主地位，人的发展仍然不能获得真正的自由，个性自由也不能得到真正的实现。

（一）片面发展的活动和能力

人类社会的生产并不是一成不变的，而是随着人类社会的发展而发展的。在此社会形式中，分工发展起来了，以私有制为基础的雇佣劳动制产生了。"分工和私有制是相等的表达方式，对同一件事情，一个是就活动而言，另一个是就活动的产品而言。"④ 随着分工的发展，一方面产生了单个人的利益或单个家庭的利益与所有互相交往的个人的共同利益之间的矛盾，而且这种共同利益不是仅仅作为一种"普遍的东西"存在于观念之中，而首先是作为彼此有了分工的个人之间的相互依存关系存在于现实之中。"正是由于特殊利益和共同利益之间的这种矛盾，共同利益才采取国家这种与实际的单个利益和全体利益

① 《马克思恩格斯全集》（第30卷），人民出版社1995年版，第113页。
② 《马克思恩格斯全集》（第30卷），人民出版社1995年版，第107页。
③ 《马克思恩格斯全集》（第30卷），人民出版社1995年版，第114页。
④ 《马克思恩格斯选集》（第1卷），人民出版社1995年版，第84页。

相脱离的独立形式，同时采取虚幻的共同体的形式。"① 正因为各个人所追求的仅仅是自己的特殊的、对他们来说是同他们的共同利益不相符合的利益，所以他们认为，这种共同利益是"异己的"和"不依赖"于他们的，即仍旧是一种特殊的独特的"普遍"利益。只要特殊利益和共同利益之间还有分裂，只要人们还处在自然形成的社会中，只要分工还不是出于自愿，而是自然形成的，那么人本身的活动对人来说就是一种异己的、同他对立的力量，这种力量压迫着人，而不是人驾驭着这种力量。"受分工制约的不同个人的共同活动产生了一种社会力量，即扩大了的生产力。因为共同活动本身不是自愿地而是自然形成的，所以这种社会力量在这些个人看来就不是他们自身的联合力量，而是某种异己的、在他们之外的强制力量。"② 同时，随着资本主义经济的发展，人们被动地卷入了普遍的交换关系，"形成普遍的社会物质变换，全面的关系"，即"物的联系"。而"物的联系"是各个人在一定的狭隘的生产关系内的自发的联系，虽然这种"物的联系"比单个人之间没有联系要好，或者比只是以自然血缘关系和统治从属关系为基础的地方性联系要好，但是，人们对这种"物的联系"无法掌控，"在个人创造出他们自己的社会联系之前，他们不可能把这种社会联系置于自己的支配之下"，③ 而只能服从和受制于它。因此，马克思强调指出："如果把这种单纯物的联系理解为自然发生的、同个性的自然（与反思的知识和意志相反）不可分割的、而且是个性内在的联系，那是荒谬的。""这种联系借以同个人相对立而存在的异己性和独立性只是证明，个人还处于创造自己的社会生活条件的过程中，而不是从这种条件出发去开始他们的社会生活。"事实上，"这种联系是各个人的产物。它是历史的产物。它属于个人发展的一定阶段"。④

在这一社会形式中，人的活动和能力特别是改造自然的活动和能力得到前所未有的发展。"自然力的征服，机器的采用，化学在工业和农业中的应用，轮船的行驶，铁路的通行，电报的使用，整个大陆的开垦，河川的通航，仿佛用法术从地下呼唤出来的大量人口——过去哪一个世纪料想到在社会劳动里蕴藏有这样的生产力呢？"⑤ "资产阶级揭示了，在中世纪深受反对派称许的那种人力的野蛮使用，是以极端怠惰作为相应补充的。它第一个证明了，人的活动

---

① 《马克思恩格斯选集》（第1卷），人民出版社1995年版，第84页。
② 《马克思恩格斯选集》（第1卷），人民出版社1995年版，第85~86页。
③ 《马克思恩格斯全集》（第30卷），人民出版社1995年版，第111页。
④ 《马克思恩格斯全集》（第30卷），人民出版社1995年版，第112页。
⑤ 《共产党宣言》，人民出版社2004年版，第32页。

能够取得什么样的成就。它创造了完全不同于埃及金字塔、罗马水道和哥特式教堂的奇迹;它完成了完全不同于民族大迁徙和十字军征讨的远征。"①同时,现代大工业生产还通过机器和其他方法,使工人的职能和劳动过程的社会结合不断地随着生产的技术基础发生变革。"资产阶级除非对生产工具,从而对生产关系,从而对全部社会关系不断地进行革命,否则就不能生存下去。……生产的不断变革,一切社会状况不停的动荡,永远的不安定和变动,这就是资产阶级时代不同于过去一切时代的地方。""资产阶级,由于一切生产工具的迅速改进,由于交通的极其便利,把一切民族甚至最野蛮的民族都卷到文明中来了。……一句话,它按照自己的面貌为自己创造出一个世界。"② 对工人而言,这本来是为他们提供了活动和能力全面丰富、全面发展的机遇。但是,资本主义社会化大生产却反而使人的活动和能力呈现出片面化、畸形化。马克思说,工场手工业分工的消失并不等于片面的局部工人的消失,因为大工业在它的资本主义形式上再生产出旧的分工及其固定化的专业。人的活动不仅片面化、畸形化,还发生了异化。劳动对工人说来是外在的东西,不属于他的本质的东西,劳动者在劳动中不是肯定自己,而是否定自己;不是感到幸福,而是感到不幸,成为生产工人不是一种幸福,而是一种不幸。工人不是自由地发挥自己的体力和智力,而是使自己的肉体受折磨、精神受摧残。"由于推广机器和分工,无产者的劳动已经失去了任何独立的性质,因而对个人也失去了任何吸引力。工人变成了机器的单纯的附属品,要求他做的只是极其简单、极其单调和极容易学会的操作。……不仅如此,机器越推广,分工越细致,劳动量也就越增加,这或者是由于工作时间的延长,或者是由于在一定时间内所要求的劳动的增加,机器运转的加速,等等。""现代工业已经把家长式的师傅的小作坊变成了工业资本家的大工厂。挤在工厂里的工人群众就像士兵一样被组织起来。他们是产业军的普通士兵,受着各级军士和军官的层层监视。他们不仅仅是资产阶级的、资产阶级国家的奴隶,他们每日每时都受机器、受监工、首先是受各个经营工厂的资本者本人的奴役。""手的操作所要求的技巧和气力越少,换句话说,现代工业越发达,男工也就越受到女工和童工的排挤。对工人阶级来说,性别和年龄的差别再没有什么社会意义了。他们都只是劳动工具,不过因为年龄和性别的不同而需要不同的费用罢了。"③ 可见,这种劳动对劳动者来说

---

① 《共产党宣言》,人民出版社 2004 年版,第 30 页。
② 《共产党宣言》,人民出版社 2004 年版,第 32 页。
③ 《共产党宣言》,人民出版社 2004 年版,第 34、35 页。

是异己的、敌对的活动。劳动活动的异化的直接结果就是劳动产品和劳动者相异化，劳动的实现表现为劳动者对劳动产品的丧失。因此，"在资产阶级经济以及与之相适应的生产时代中，人的内在本质的这种充分发挥，表现为完全的空虚化；这种普遍的对象化过程，表现为全面的异化，而一切既定的片面目的的废弃，则表现为为了某种纯粹外在的目的而牺牲自己的目的本身"。①

对于马克思这一深刻分析，西蒙从另一个角度作了类似的论述。西蒙认为，许多文化都向往以前黄金时代的神话，我们的文化也不例外，那个时代生活快乐，人们都安居乐业。而在18世纪的理性年代，这样的神话更加盛行。让·雅克·卢梭说过："人生而自由，却无往不在枷锁之中。"黄金时代的理想到现在还没有消亡，因为在当今时代里，我们都用怀旧的眼光看待过去，想象着昔日简单幸福的时光一去不复返，只剩下当今工业社会的复杂和混乱。但是，黄金时代的神话所描述的并不都是快乐的野人。在工业化以前还有一个黄金时代，根据推测，社会上居住着快乐的工匠和农人。这个黄金时代与工业革命早期工厂和矿山里凄惨的现实生活之间形成强烈的反差，这成了19世纪社会批评家的中心话题。英国作家阿拉斯戴尔·克雷尔曾搜集了一些当时流行的诗歌和劳动歌曲，这些诗歌和劳动歌曲描述了现代大工业生产造成了严重的非人性化和疏离感，充满着工人对现代大工业生产的控诉。大约1730年，一位名叫史蒂芬·达克的人所写的一首诗的节选："一周又一周，工作枯又板。除非去糠日，才有新鲜事。真有新鲜事，往往更糟糕。产量不满意，主人骂不停。数着蒲式耳，看有多少量。然后咒骂说，偷了半天工。"所有证据完全一致，无论是农场还是海上的工作，都是既辛苦又累人。工作完成之后，兴许有娱乐的时间，兴许没有。克雷尔总结说："我们在全部传统歌曲中，罕见把工作当成无关情爱、无关打情骂俏、无关玩乐、无关报酬，而仅仅是具有内在价值的活动。"② 虽然证据不如我们所希望的那样完全，但它显然揭示了已经被机器和工厂破坏掉工作的"黄金时代"的现实。同时，我们不可走入另一个极端，认为工业革命本身就是一个黄金时代。我们对于工厂制兴起后100年的惨状非常了解，所以不至于陷入这种错误中。

（二）物化的社会关系

资本主义市场经济使得个人之间由于通过交换价值，可以自由地在一切方

---

① 《马克思恩格斯全集》（第30卷），人民出版社1995年版，第480页。
② H. A. 西蒙著，詹正茂译：《管理行为》，机械工业出版社2007年版，第146页。

面相互交往，人与人之间的交往形式也由直接交往逐渐转变成以物（主要指货币）为媒介的间接交往。以物为媒介的间接交往，突破人与人交往的狭隘的血缘、地区界限，从而产生出个人间社会联系的普遍性和全面性。但是，随着自然形成的共同体解体，在社会的生产中"物"取得了全面的统治。而物的依赖关系无非是与外表上独立的个人相对立的独立的社会关系，也就是与这些个人本身相对立而独立化的、他们互相间的关系。因此，以交换价值为媒介建立起来的人与人之间的相互依赖，表现为社会生产中人的绝对的丧失。"活动的社会性质，正如产品的社会形式和个人对生产的参与，在这里表现为对于个人是异己的东西，物的东西；不是表现为个人的相互关系，而是表现为他们从属于这样一些关系，这些关系是不以个人为转移而存在的，并且是由毫不相干的个人互相的利害冲突而产生的。活动和产品的普遍交换已成为每一单个人的生存条件，这种普遍交换，他们的相互联系，表现为对他们本身来说是异己的、独立的东西，表现为一种物。在交换价值上，人的社会关系转化为物的社会关系；人的能力转化为物的能力。"[1] 不管活动采取怎样的个人表现形式，也不管活动的产品具有怎样的特性，活动和活动的产品都是交换价值，即一切个性，一切特性都已被否定和消灭的一种一般的东西。由于交换价值是目的，一切都必须转化为交换价值，交换价值又必然从一般等价物发展到货币，人们之间的关系经过交换中介的物化就成为不可避免的了。人们信赖的是物（货币），而不是作为人的自身。每个个人以物的形式占有社会权力，"每个个人行使支配别人的活动或支配社会财富的权力，就在于他是交换价值的或货币的所有者。他在衣袋里装着自己的社会权力和自己同社会的联系"。[2] 人的社会关系的"客观化"、"商品化"，使得人与人的关系变成了物与物的关系。卢卡奇说："在资本主义社会中人的环境，尤其是经济范畴，以对象性形式直接地和必然地呈现在他的面前，对象性形式掩盖了它们是人和人之间的关系"，使人与人的关系"表现为物以及物之间的关系"。[3]

（三）独立、物化的个性

资本主义市场经济带来资本主义社会中人的个性的发展呈现为内在矛盾。马克思说，一方面，在货币关系中，在发达的交换制度中，人的依赖纽带、血

---

① 《马克思恩格斯全集》（第 30 卷），人民出版社 1995 年版，第 107 页。
② 《马克思恩格斯全集》（第 30 卷），人民出版社 1995 年版，第 106 页。
③ 卢卡奇著，杜章智等译：《历史与阶级意识》，商务印书馆 2009 年版，第 64 页。

统差别、教养差别等等事实上都被打破了，被粉碎了（一切人身纽带至少都表现为人的关系）；各个人看起来似乎独立地自由地互相接触并在这种自由中互相交换。人成为纯粹商品经济中的独立的个人，人的发展开始表现为独立的人的发展。另一方面，社会关系的物化使得人的主体性、独立性实际变成货币拥有者的主体性、独立性，货币持有者是独立的、自由的，即他可以用货币去换取任何一种必需的商品，但这种"独立性"却又必须以对货币（物）的依赖为基础，是"以物的依赖性为基础的人的独立性"。离开了对货币（物）的依赖，这种"独立性"则无从谈起。"在资本主义社会里，资本具有独立性和个性，而活动着的个人却没有独立性和个性。"① 对于深受货币拜物教支配的有产者来说，"货币的力量多大，我的力量就多大。货币的特性就是我的——货币占有者的——特性和本质力量。因此，我是什么和我能够做什么，决不是由我的个人特征决定的。"② 对于个体劳动者来说，"我的个性同我自己外化到这种程度，以致这种活动为我所痛恨，它对我来说是一种痛苦"。③ 可见，对"货币（物）"的依赖，是"物化"社会关系的本质，而"物役"的个性即"以物的依赖性为基础的独立性"则是"物化"社会关系的必然的产物。卢卡奇认为，随着资本主义社会物化的普遍化，人的生活世界就变成了一个冷冰冰的非人世界，人越来越变成没有灵魂、没有真实情感的商品，人的真实价值取向、真实情感被消除，人变成了商场上的一架"自动售货机"。生产和管理机制的机械化、专门化和理性化，使生产活动获得了超人的自律性，劳动者在生产中失去了主体性与能动性，人同生产活动的整体失去了联系，进而人与人之间的有机联系也被割断了，人越来越成为各自孤立的、被动的原子，人被机器系统分割成非总体的碎片。正如卢卡奇所说："生产的机械化也把他们变成一些孤立的原子，他们不再直接—有机地通过他们的劳动成果属于一个整体，相反，他们的联系越来越仅仅由他们所结合进去的机械过程的抽象规律来中介。"④ 不仅如此，随着管理的计量化、科学化，科学原理及其方法的泛化，人的特质、个性上的差异被逐渐清除了，人被"拉平"了。诚如卢卡奇所说："如果我们纵观劳动过程从手工业经过协作、手工工场到机器工业的发展所走过的道路，那么就可以看出合理化不断增加，工人的质的特性、即人的——个体的特性越来越被

① 《共产党宣言》，人民出版社 2004 年版，第 43 页。
② 《1844 年经济学哲学手稿》，人民出版社 2008 年版，第 143 页。
③ 《1844 年经济学哲学手稿》，人民出版社 2008 年版，第 184 页。
④ 卢卡奇著，杜章智等译：《历史与阶级意识》，商务印书馆 2009 年版，第 155 页。

消除。"①

这一切使资本主义社会出现两个相反而紧密相连的奇怪现象，即人的价值的丧失和物的价值的上升。从表面上看，人的确是自由了，它彻底地和生产手段相分离，它自由得一无所有，它成了一个孤独的、微小的原子，它的存在在呼啸运转的商品规律面前算得上什么呢？只不过是一粒尘埃，一只蚂蚁，人们根本无法支配自己的命运。这就是在商品的世界中，在异化的世界中人的命运，也是整个社会凄凉、悲惨结局的一个缩影，"工人必须作为他的劳动力的'所有者'把自己想象为商品。他的特殊地位在于，这种劳动力是他唯一的所有物。就他的命运而言，对于整个社会结构有典型意义的是，这种自我客体化，即人的功能变为商品这一事实，最确切地揭示了商品关系已经非人化和正在非人化的性质。"② 在社会的另一极则是物的价值的上升。货币像神奇的魔术师戏弄着人，物成为主宰，人成了奴隶。马克思在谈到莎士比亚时说："莎士比亚特别强调货币的两个特性：（1）它是有形的神明，使一切人的和自然的特性变成它们的对立物，使事物普遍混淆和颠倒；它能使冰炭化为胶漆。（2）它是人尽可夫的娼妇，是人们和各民族的普遍牵线人。"③ 问题的严重性还不仅如此，异化已经深入到法律、文化等广阔的社会领域。韦伯说："凡是彻底实行行政管理的官僚体制化的地方，那里就建立一种统治关系的实际上牢不可破的形式。官员个人不能摆脱他所属的机构。职业官员连同他的整个物质的和精神的生活都与他的工作紧紧地联系在一起，这恰好同以名誉职务和兼职职务进行行政工作的'名士豪绅'们形成对照。职业官员——按其绝大多数——只不过是在一台机器上赋予专门化任务的一个环节，机器仅仅从最高峰处，但是（一般），不是从旁给予推动，或者使之停止运转，机器无间歇地运转着，它为他规定一个基本要受约束的行进路线。通过这一切，它首先被牢牢地锻造在所有被纳入这台机器的干部们的利益共同体上，使它继续运作，并使按社会化方式实施的统治继续存在下去。"④ 显然，在国家机构中的工作人员和在生产机构之中的工人有类似之处：一切都是可计算的，它不过是一个机械系统中的一环，生活单调、刻板和枯燥无味使人对生活和工作毫无兴致。这种异化在学术领域中以一种更加"控制"的形式表现出来，正如卢卡奇所说的"专门化的'大

---

① 卢卡奇著，杜章智等译：《历史与阶级意识》，商务印书馆 2009 年版，第 152 页。
② 卢卡奇著，杜章智等译：《历史与阶级意识》，商务印书馆 2009 年版，第 157 页。
③ 《1844 年经济学哲学手稿》，人民出版社 2008 年版，第 144 页。
④ 马克斯·韦伯著，林荣远译：《经济与社会》（下卷），商务印书馆 1998 年版，第 309 页。

师'，即他的客体化了的和对象化了的才能的出卖者"①，仍逃不脱商品结构这个大网，尽管他们学富五车，满腹经纶，但到头来仍是商品的出售者。一旦与商品联系在一起，就必然要发生灵魂的分裂，因而这些人类的"头脑"其结局也是悲惨的。例如，商品结构在新闻界的表现最为怪诞，"在那里，正是主体性本身，即知识、气质、表达能力，便成了一架按自身规律运转的抽象的机器，它既不依赖于'所有者'的人格，也不依赖于被处理的各种对象的客观—具体的性质。新闻工作者们'没有气节'，出卖他们的信念和经验，这些只有当做资本主义物化的极端表现才能被理解"②。更为甚者，两性关系也被对象化了，异化已经侵入私人生活的最隐秘部分——性生活。康德说："性的共同体就是一个人和另一个人相互利用对方的性器官和能力……婚姻……就是异性的两个人的结合，为了相互占有对方的性特性，达到传种接代之目的。"③ 因此，商品关系所带来的腐败，所导致的异化的痛苦，所产生的心灵的震荡渗透到人们生活的方方面面，它像那带着毒气的晨雾，每个人都在吞吐着它，谁也离不开它。其结果是，纯洁、善良没有了，独立的人格、自由的思想消失了。

资本主义社会，人的发展具有悲壮的色彩，人类整体发展总是伴随着个体的巨大付出和牺牲；人的发展表现为异化和颠倒的状态。然而，马克思说，这种异化和颠倒既不是人的天生的类的需要，也不是罪恶的人性的堕落，而是生产发展到一定历史阶段的必然产物。"全面发展的个人——他们的社会关系作为他们自己的共同的关系，也是服从于他们自己的共同的控制的——不是自然的产物，而是历史的产物。"④ 相对于过去最初的社会形式中的那种人的依赖性关系，毫无疑问是历史的进步，"这种物的联系比单个人之间没有联系要好，或者比只是以自然血缘关系和统治从属关系为基础的地方性联系要好"⑤。正是在此社会形式中，全面发展的个人成为可能，"这正是以建立在交换价值基础上的生产为前提的，这种生产才在产生出个人同自己和同别人相异化的普遍性的同时，也产生出个人关系和个人能力的普遍性和全面性"⑥。正是在此社会形式中，人的交往关系得以普遍建立，人的能力的发展达到了一定的程度和全面性"在这种形式下，才形成普遍的物质变换、全面的关系、多方面的需要以

---

① 卢卡奇著，杜章智等译：《历史与阶级意识》，商务印书馆2009年版，第167页。
② 卢卡奇著，杜章智等译：《历史与阶级意识》，商务印书馆2009年版，第167页。
③ 转引自卢卡奇著，杜章智等译：《历史与阶级意识》，商务印书馆2009年版，第167页。
④ 《马克思恩格斯全集》（第30卷），人民出版社1995年版，第112页。
⑤ 《马克思恩格斯全集》（第30卷），人民出版社1995年版，第111页。
⑥ 《马克思恩格斯全集》（第30卷），人民出版社1995年版，第112页。

及全面的能力的体系"。① 也就是说，资本主义市场经济在造成人的异化的同时，也为这种异化状态的克服提供了前提条件，为人的全面而自由的发展提供了历史前提和基础。马克思指出，在现代世界，生产表现为人的目的，而财富则表现为生产的目的。事实上，如果抛掉狭隘的资产阶级形式，那么，财富不就是在普遍交换中产生的个人的需要、才能、享用、生产力等等的普遍性吗？财富不就是人对自然力——既是通常所谓的"自然"力，又是人本身的自然力——的统治的充分发展吗？财富不就是人的创造天赋的绝对发挥吗？"这种发挥，除了先前的历史发展之外没有任何其他前提，而先前的历史发展使这种全面的发展，即不以旧有的尺度来衡量的人类全部力量的全面发展成为目的本身。在这里，人不是在某一种规定性上再生产自己，而是生产出他的全面性；不是力求停留在某种已经变成的东西上，而是处在变易的绝对运动之中。"②

简言之，在这一社会形式中，独立的个体本位的主体性开始形成，人的理性创造力和自由得以展示，由此给社会发展注入极大的活力，创造了前所未有的物质财富和精神财富。这是人的发展历史上的一次巨大的进步和飞跃，但是，这一社会形态中人的主体性还存在着很大的局限性，用马克思的话来说，此时人的独立性是以物的依赖性为基础的，因此，人的存在呈现出物化和异化的特征。

三、"自由个性"

基于对最初的社会形式、第二大社会形式中个人发展的考察，马克思揭示了第三大社会形式——未来共产主义社会中个人全面而自由的发展的趋向：建立在个人全面发展和他们共同的、社会的生产能力成为从属于他们的社会财富这一基础上的自由个性。在这一阶段，人的发展表现为全面和谐的社会关系、个性的自由发展、自主全面的活动和能力。

资本主义社会关系的物化和颠倒，绝不是社会生产的某种绝对必然性，而是一种暂时的必然性。马克思指出："如果把这种单纯物的联系理解为自然发生的、同个性的自然（与反思的知识和意志相反）不可分割的、而且是个性内在的联系，那是荒谬的。"③ 将这种历史性的物化了的社会关系视为社会的天然

---

① 《马克思恩格斯全集》（第 30 卷），人民出版社 1995 年版，第 107 页。
② 《马克思恩格斯全集》（第 30 卷），人民出版社 1995 年版，第 479~480 页。
③ 《马克思恩格斯全集》（第 30 卷），人民出版社 1995 年版，第 111~112 页。

形式，将人的发展的这种异化和颠倒状态视为人性的天然要求，正是全部资产阶级意识形态的本质。事实上，历史不会停留在这一状态，它通过资本主义这种极端异化的形式造就了人的全面发展的条件和因素，提出了人的全面发展的客观要求。人的活动和历史发展的辩证法使人的全面发展成为客观的历史指向，先前的历史发展使人的全面发展成为目的本身。共产主义取代资本主义，成为资本主义之后的更高阶段，其使命就在于：把物的独立性变成人的独立性，把孤立的、片面的、空虚的人变成全面联系的、丰富的、自由的人，他表现为自主的活动和全面的能力、丰富和谐的社会关系、自由的个性。"只有在这个阶段上，自主活动才同物质生活一致起来，而这又是同各个人向完全的个人的发展以及一切自发性的消除相适应的。同样，劳动向自主活动的转化，同过去受制约的交往向个人本身的交往的转化，也是相互适应的。"① 具体而言，在这一社会形式下，人的发展主要表现为：全面和谐的社会关系、个性的自由发展和自主全面的活动和能力。

（一）全面和谐的社会关系

在共产主义社会，由于旧有的商品生产和交换已不复存在，人与人之间关系中的物化因素消失，使得"人们同他们的劳动和劳动产品的社会关系，无论在生产上还是在分配上，都是简单明了的"，② 人们之间的社会关系无须采取物与物的表现形式。共产主义是一种世界历史性的存在，共产主义社会中的个人只能是世界历史性的存在，"各个人的世界历史性的存在，也就是与世界历史直接相联系的各个人的存在"。③ 每个人都直接或间接地同整个世界的生产发生实际联系，个人的个体局限、职业局限、地域局限和民族局限将彻底被摆脱、被超越，从而在人与人之间形成普遍的世界性社会关系。在共产主义社会，人的社会关系不仅是全面丰富的，也是和谐发展的。共产主义和所有过去的运动不同的地方就在于：它推翻一切旧的生产关系和交往关系的基础，并且第一次自觉地把一切自发形成的前提看做是前人的创造，消除这些前提的自发性，使它们受联合起来的个人的支配。随着共产主义历史时代的到来，"各个人的全面的依存关系，他们的这种自然形成的世界历史性的共同活动的最初形式，由于这种共产主义革命而转化为对下述力量的控制和自觉的驾驭，这些力量本来

---

① 《马克思恩格斯选集》（第 1 卷），人民出版社 1995 年版，第 130 页。
② 《资本论》（第 1 卷），人民出版社 1995 年版，第 96~97 页。
③ 《马克思恩格斯选集》（第 1 卷），人民出版社 1995 年版，第 87 页。

是由人们的相互作用产生的，但是迄今为止对他们来说都作为完全异己的力量威慑和驾驭着他们"。① 这时的社会关系不再是异己的力量支配人，而是建立在人的共同控制之下，人们将在自由、丰富、全面的社会关系中获得全面的发展，成为具有自由个性的人。

（二）个性的自由发展

在共产主义社会，人们成为社会的主人，并在社会中自由地、全面地交往和发展，形成"自由人的联合体"。在"自由人的联合体"那里，"各个人都是作为个人参加的"，这种自由人的联合体才是"真正的共同体"，"在真正的共同体的条件下，各个人在自己的联合中并通过这种联合获得了自己的自由"。② 而在以往个人自发地、被迫地交往的条件下，个人不是作为个人，而是作为自然的或政治的共同体成员、作为阶级的成员处于一定的社会关系中，由此形成的共同体是"冒充的共同体"、"虚幻的共同体"。而在冒充的、虚假的共同体中，"个人自由只是对那些在统治阶级范围内发展的个人来说是存在的，他们之所以有个人自由，只是因为他们是这一阶级的个人。从前各个人联合而成的虚假的共同体，总是相对于各个人而独立的；由于这种共同体是一个阶级反对另一个阶级的联合，因此对于被统治的阶级来说，它不仅是完全虚幻的共同体，而且是新的桎梏"。③ 与此相反，在共产主义社会，人最终从物的统治下解放出来，人与人之间结成自由人的联合体，产生出个人关系和个人能力的普遍性和全面性。在这种社会形式下，人发展成为自由、自觉、自为的主体，对物的追求变成人对自身全面发展的追求，人剥夺了物的社会权利，并把它置于自己的控制之下，使物的价值从属于人的价值。个人作为个人按照自己的个性特点自由地安排自己的生活和活动，根据自己意愿充分自由地表现和发挥其主体性和创造能力，自由地创造和展示自己的本质与独特性，自由地实现自己的个人生活和社会生活。"在这里，人不是在某一种规定性上再生产自己，而是生产出他的全面性。"④ 在这种社会形式下，个人之间的关系是平等地实现和发展自身自由的关系。每个人都具有独立性，并相互把他人当做发展自己力量所需要的对象，一个人的发展取决于和他直接或间接进行交往的其他一切人的发展，每个人的自由发展是一切人的自由发展的条件。每个人在自己的联合中并

---

① 《马克思恩格斯选集》（第1卷），人民出版社1995年版，第89~90页。
② 《马克思恩格斯选集》（第1卷），人民出版社1995年版，第119页。
③ 《马克思恩格斯选集》（第1卷），人民出版社1995年版，第119页。
④ 《马克思恩格斯全集》（第30卷），人民出版社1995年版，第480页。

通过这种联合获得自己的自由。在这种社会形式下，人们创造出他们自己的社会联系，并且把这种社会联系置于自己支配之下，"他们的社会关系作为他们自己的共同的关系，也是服从于他们自己的共同的控制的"。① 在这种社会形式下，人真正地摆脱了在人与社会的抽象对立中所受到的种种限制，同时也扬弃了人与社会你我不分，个性得不到发展的封闭的统一性。个性成了集体运动的目的，而个性本身的发展又是集体本身的发展，由此，个人达到了完全自主地支配自己的生活过程，个人真正地获得了解放，人终于成了人。马克思指出，任何解放都是使人的世界和人的关系回归于人自身，"只有当现实的个人把抽象的公民复归于自身，并且作为个人，在自己的经验生活、自己的个体劳动、自己的个体关系中间，成为类存在物的时候，只有当人认识到自身'固有的力量'是社会力量，并把这种力量组织起来因而不再把社会力量以政治力量的形式同自身分离的时候，只有到了那个时候，人的解放才能完成"。② 到了共产主义社会，"人终于成为自己的社会结合的主人，从而也就成为自然界的主人，成为自身的主人——自由的人"。③

当然，全面发展的个人，不是自然的产物，而是历史的产物。全面发展的个人是历史的生成，是历史本身辩证运动的结果，表现了历史的辩证法。同时，共产主义并不意味着人的发展的终点，"共产主义是作为否定的否定的肯定，因此，它是人的解放和复原的一个现实的、对下一段历史发展来说是必然的环节。共产主义是最近将来的必然的形式和有效的原则。但是，共产主义本身并不是人的发展的目标，并不是人的社会的形式"。④ 人是实践的存在物，实践是开放的、生成的，正是实践的特点、本质内容和实践的内在矛盾运动使人"不是力求停留在某种已经变成的东西上，而是处在变易的绝对运动之中"⑤，从而使人的全面发展呈现为一个在实践中不断生成的过程和一种无限开放的状态，永远也不会达到所谓"完美"的终点。共产主义的实现只是人的全面发展的"开始"，到了共产主义社会，"作为目的本身的人类能力的发挥，真正的自由王国，就开始了"。⑥

---

① 《马克思恩格斯全集》（第 30 卷），人民出版社 1995 年版，第 112 页。
② 《马克思恩格斯全集》（第 3 卷），人民出版社 2002 年版，第 189 页。
③ 《马克思恩格斯选集》（第 3 卷），人民出版社 1995 年版，第 760 页。
④ 《1844 年经济学哲学手稿》，人民出版社 2008 年版，第 93 页。
⑤ 《马克思恩格斯全集》（第 30 卷），人民出版社 1995 年版，第 479~480 页。
⑥ 《资本论》（第 3 卷），人民出版社 2004 年版，第 929 页。

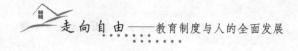

（三）自主全面的活动和能力

共产主义是肯定和发展人的需要的丰富性的社会。"在社会主义前提下，人的需要的丰富性，从而某种新的生产方式和某种新的生产对象具有什么样的意义。人的本质力量的新的证明和人的本质的新的充实。"① 个人在自己的自我解放中要满足一定的、自己真正体验到的需要，否则，"现实的个人就被'这个人'所代替，而对现实需要的满足则被对空幻的理想、对自由本身、对'人的自由'的追求所代替"。② 人是通过活动取得一定的外界物，从而满足自己的需要的。劳动是满足人的需要的最基本的活动。作为劳动成果的财富，如果抛掉狭隘的资产阶级形式，那么，就会如马克思所说的那样："财富不就是在普遍交换中产生的个人的需要、才能、享用、生产力等等的普遍性吗？财富不就是人对自然力——既是通常所谓的'自然'力，又是人本身的自然力——的统治的充分发展吗？财富不就是人的创造天赋的绝对发挥吗？这种发挥，除了先前的历史发展之外没有任何其他前提，而先前的历史发展使这种全面的发展，即不以旧有的尺度来衡量的人类全部力量的全面发展成为目的本身。"③ 随着社会化大生产和交往的发展，人的活动范围日益扩大，使"每一个人的需要的满足都依赖于整个世界"，个人的历史开始转变为"各个人的世界历史性的存在"。在这个阶段，单个人才能"摆脱种种民族局限和地域局限而同整个世界的生产（也同精神的生产）发生实际联系，才能获得利用全球的这种全面的生产（人们的创造）的能力"。④ 马克思指出："一个人，他的生活包括了一个广阔范围的多样性活动和对世界的实际关系，因此是过着一个多方面生活，这样一个人的思维也像他的生活的任何其他表现一样具有全面的性质"，反之，一个活动内容贫乏、与"世界的关系降至最低限度"的人的"思维不可避免地就会成为和他本人以及他的生活一样地抽象"。⑤ 在自主活动的条件下，个人能够适应不同的劳动需求并且在交替变换的职能中使自己的各种能力得到自由发展。每个人按自己的天赋、特长、爱好，自由地选择活动领域，不仅从事体力劳动，而且从事脑力劳动，不仅参加物质生产劳动，而且能够参加经济、政治、社会生活的管理活动，进行科学艺术的创造活动，等等。共产主义的目的就是"把社会组织成这样：使社会的每一个成员都能完全自由地发展和发挥他

---

① 《1844年经济学哲学手稿》，人民出版社2008年版，第120页。
② 《马克思恩格斯全集》（第3卷），人民出版社1960年版，第347页。
③ 《马克思恩格斯全集》（第30卷），人民出版社1995年版，第479~480页。
④ 《马克思恩格斯全集》（第1卷），人民出版社1995年版，第89页。
⑤ 《马克思恩格斯全集》（第3卷），人民出版社1960年版，第296页。

的全部才能和力量"。

（四）简要评述

马克思在《1857~1858 年经济学手稿》中依据人的发展，把社会形态划分为"人的依赖关系"、"以物的依赖性为基础"和"个人全面发展"三个阶段。而人的发展的这三个阶段恰恰是由人和自然的关系的三种状态所决定的。马克思以资本主义社会中人与自然的关系为立足点，认为在人类发展史上人与自然的关系有三种类型。第一，在前资本主义阶段，人从属于自然。自然作为人的生产条件是自然存在的，人把这些自然条件作为自己身体的延伸，人与自然浑然一体。正因为如此，"人不是同自己的生产条件发生关系，而是人双重地存在着：从主体上说作为他自身而存在着，从客体上说又存在于自己生存的这些自然无机条件之中"。[①] 第二，在资本主义生产阶段，人与自然相对立。一方面，人全面地占有了自然，另一方面工人与自己的自然劳动条件完全分离。"劳动为富人生产了奇迹般的东西，但是为工人生产了赤贫。劳动生产了宫殿，但是给工人生产了棚舍。劳动生产了美，但是使工人变成畸形。劳动用机器代替了手工劳动，但是使一部分工人回到野蛮的劳动，并使另一部分工人变成机器。劳动生产了智慧，但是给工人生产了愚钝和痴呆。"[②] 工人"成为自然界的奴隶"。这也即是卢卡奇所说的"异化的自然"，霍克海默所说的"痛苦的自然"。第三，在共产主义阶段，人与自然和谐统一。在这一阶段"已经不再是工人把改变了的形态的自然物作为中间环节放在自己和对象之间；而是工人把由他改变为工业过程的自然过程作为中介放在自己和被他支配的无机自然界之间。工人不再是生产过程的主要作用者，而是站在生产过程旁边。在这个转变中，表现为生产和财富的宏大基石的，既不是人本身完成的直接劳动，也不是人从事劳动的时间，而是对人本身的一般生产力的占有，是人对自然界的了解和通过人作为社会体的存在来对自然界的统治，总之，是社会个人的发展。"[③] 换句话说，人与自然界的对立只有在共产主义社会才能得到真正的消解。可见，马克思的历史—自然理论既不是纯粹的历史主义也不是纯粹的自然主义，而是二者的统一："社会是人同自然界的完成了的本质的统一，是自然界的真正复活，是人的实现了的自然主义和自然界的实现了的人道主义"。[④]

---

① 《马克思恩格斯全集》（第 30 卷），人民出版社 1995 年版，第 484 页。
② 《1844 年经济学哲学手稿》，人民出版社 2008 年版，第 54 页。
③ 《马克思恩格斯全集》（第 31 卷），人民出版社 1998 年版，第 100~101 页。
④ 《1844 年经济学哲学手稿》，人民出版社 2008 年版，第 83 页。

马克思在对劳动发展的考察中，则发现了人的发展规律。当马克思从劳动者和劳动资料的关系来考察劳动时，人类的劳动历程呈现三种形态：自然劳动、异化劳动和自由劳动。所谓自然劳动，即在原始条件下的劳动。"正像劳动的主体是自然的个人，是自然存在一样，他的劳动的第一个客观条件表现为自然，土地，表现为他的无机体……这种条件不是他的产物，而是预先存在的；作为他身外的自然存在，是他的前提。"① 土地是人们天然的粮仓，河流是人们延长的手臂，这些生存条件双重性地存在着，它既是主体的自然，又是客体的自然。"他把一定的自然（这里说的还是土地）当作是自身的无机存在，当作是自身的生产和再生产的条件。"② 因而，马克思认为这种劳动表现为一种"自然劳动"。生产的发展必然出现分工，而分工就造成劳动分化。只要分工还不是出于自愿，而是自然形成的，那么人本身的活动对人来说就成为一种异己的、同他对立的力量，这种力量就压迫着人，而人却无法驾驭这种力量。"当分工一出现之后，任何人都有自己一定的特殊的活动范围，这个范围是强加于他的，他不能超出这个范围：他是一个猎人、渔夫或牧人，或者是一个批判的批判者，只要他不想失去生活资料，他就始终应该是这样的人。"③ 自然界再也不是劳动者自然的手臂，劳动者和劳动资料分手了。此时，劳动者开始受到自己劳动产品的支配，这种劳动的突出表现就是资本主义条件下的劳动。劳动成为"异化劳动"。对异化劳动的否定就是"自主活动"即自由劳动。在马克思看来，异化劳动使物质生产和物质生活的再生产相分离，工人只能用摧残自己生命的方式来维持他们的生命。而自主活动则是对生产资料总和的占有，是个人才能的总的发挥，这种自主活动同物质生活的统一只有无产阶级才能实现。这种自由劳动正如马克思所说的："（1）劳动具有社会性；（2）这种劳动具有科学性，同时又是一般的劳动，这种劳动不是作为用一定方式刻板训练出来的自然力的人的紧张活动，而是作为一个主体的人的紧张活动，这个主体不是以单纯自然的，自然形成的形式出现在生产过程中，而是作为支配一切自然力的活动出现在生产过程中。"④

正是在对劳动的三种形态的分析中，马克思得出了人的发展的三种状态与阶段。对"人的依赖"是在"自然劳动"阶段个人发展的一个根本特点。因为人离不开原始的共同体，对人的群体的依赖"是人类占有他们生活的客观条

---

① 《马克思恩格斯全集》（第30卷），人民出版社1995年版，第480页。
② 《马克思恩格斯全集》（第30卷），人民出版社1995年版，第482页。
③ 《马克思恩格斯选集》（第1卷），人民出版社1995年版，第85页。
④ 《马克思恩格斯全集》（第30卷），人民出版社1995年版，第616页。

件，占有那种再生产自身和使自身对象化的活动（牧人、猎人、农人等的活动）的客观条件的第一个前提".① 对"物的依赖"是与"异化劳动"相适应的个人的根本特征。在劳动分工的推动下，生产的发展改变了劳动的方式，从而对人性的发展产生了重大影响。一方面随着对自然的开发就要发现创造和满足由社会本身产生的新的需要，就要培养社会的人的一切属性，并且把它作为具有尽可能丰富的属性和联系的人，因而具有尽可能广泛需要的人被生产出来。但是，资本的伟大文明作用是一把双刃剑，它既打破了对自然的崇拜，使人摆脱了对人的依赖，走出了民族和地域的狭小天地，同时却用货币关系代替了一切自然关系，商品成了人类的主宰，"劳动本身成为工人不堪忍受的东西"。自由的人是"自由劳动"所产生的必然结果，"只有在这个阶段上，自主活动才同物质生活一致起来，而这又是同各个人向完全的个人的发展以及一切自发性的消除相适应的。同样，劳动向自主活动的转化，同过去受制约的交往向个人本身的交往的转化，也是相互适应的".② 生产的高度发展打破了异化劳动的枷锁，人性得到了充分的发展，人们可以随自己的兴趣今天干这事，明天干那事，上午打猎，下午捕鱼，傍晚从事畜牧，晚饭后从事批判，人再不是分工的奴隶。正是这种自由劳动的实现才创造出了"具有人的本质的这种全部丰富性的人，创造着具有丰富的、全面而深刻的感觉的人作为这个社会的恒久的现实"。③ 马克思的上述论证，具有何等恢弘的气势！多么博大广阔的胸怀！历史上有哪一家学说能像马克思这样对人的发展和演化作出如此深刻而又科学的说明？又有哪一种理论能像马克思这样对人的解放与自由给以如此巨大的热情和关注？

总之，马克思关于人的全面而自由的发展的理论，把历史观与人的发展有机地结合了起来。从历史角度看，马克思关于人的全面而自由的发展的理论揭示了历史发展的过程、阶段和特点，说明了劳动对历史的制约，从而解开了历史之谜。从人的角度看，马克思关于人的全面而自由的发展的理论揭示了人的本质、特点和发展，说明了在不同阶段人所处的不同境遇和特点，以劳动和历史两个角度规范了人。马克思的历史观与人的发展是一个问题的两面，二者都是由劳动这个中枢所决定的，正是通过"劳动"这一概念把二者紧密地联系起来。

---

① 《马克思恩格斯全集》（第 30 卷），人民出版社 1995 年版，第 466 页。
② 《马克思恩格斯选集》（第 1 卷），人民出版社 1995 年版，第 130 页。
③ 《1844 年经济学哲学手稿》，人民出版社 2008 年版，第 88 页。

第六节 人的全面而自由的发展的条件

提出并探讨人的全面而自由的发展的现实条件，这是马克思主义有关人的发展观的重要特点。在马克思、恩格斯之前，历史上许多思想家曾经提出人的全面发展的理想，然而他们往往都是把人抽象化，"公然舍弃实际条件"，找不到从理想通往实际生活的现实道路。马克思将人的全面而自由的发展这一理想，奠基于人的活动规律，即实践辩证法、历史辩证法的基础之上，并努力寻找人类解放的现实途径、全面而自由的发展现实条件和道路，同时以实际行动去改变这些条件，推动人的发展。

从理论上讲，凡同人的生存、发展有联系的都属于人的发展条件的讨论范围。马克思和恩格斯指出："一定的生产方式或一定的工业阶段始终是与一定的共同活动方式或一定的社会阶段联系着的，而这种共同活动方式本身就是'生产力'；由此可见，人们所达到的生产力的总和决定着社会状况，因而，始终必须把'人类的历史'同工业和交换的历史联系起来研究和探讨。"① 因此，推进人的全面而自由的发展，同推进经济、文化的发展和改善人民物质文化生活，是互为前提和基础的。人越全面而自由发展，社会的物质文化财富就会创造得越多，人民的生活就越能得到改善，而物质文化条件越充分，又越能推进人的全面而自由的发展。

一、生产力与人的全面而自由的发展

生产力标志人和自然之间的现实关系，是人类改造自然使其适应人和社会需要的客观物质力量。它是人的存在的物质前提，也是人的全面发展和社会发展的最终决定力量。马克思指出："事实上，自由王国只是在必要性和外在目的规定要做的劳动终止的地方才开始；因而按照事物的本性来说，它存在于真正物质生产领域的彼岸。像野蛮人为了满足自己的需要，为了维持和再生产自己的生命，必须与自然搏斗一样，文明人也必须这样做；而且在一切社会形式中，在一切可能的生产方式中，他都必须这样做。这个自然必然性的王国会随着人的发展而扩大，因为需要会扩大；但是，满足这种需要的生产力同时也会

---

① 《马克思恩格斯选集》（第1卷），人民出版社1995年版，第80页。

扩大。这个领域内的自由只能是：社会化的人，联合起来的生产者，将合理地调节他们和自然之间的物质变换，把它置于他们的共同控制之下，而不让它作为一种盲目的力量来统治自己；靠消耗最小的力量，在最无愧于和最适合于他们的人类本性的条件下来进行这种物质变换。但是，这个领域始终是一个必然王国。在这个必然王国的彼岸，作为目的本身的人类能力的发挥，真正的自由王国，就开始了。但是，这个自由王国只有建立在必然王国的基础上，才能繁荣起来。工作日的缩短是根本条件。"①

（一）生产力的发展创造日益丰富的生活资料，保证了人们全面而自由的发展

人的发展无疑是以人的生命存在为前提，生产力的发展创造日益丰富的生活资料，使人摆脱贫困状态，并在基本满足生存需要的前提下追求享受和发展。马克思认为，劳动力的生产要以活的个人的存在为前提。假设个人已经存在，劳动力的生产就是这个个人本身的再生产或维持。活的个人要维持自己，需要有一定量的生活资料，因此，"生活资料的总和应当足以使进行劳动的个人能够在正常生活状况下维持自己"。② 事实充分说明，当人们还不能使自己的吃、喝、住、穿在质和量方面得到充分供应的时候，人们就根本不能获得解放。马克思、恩格斯指出："当人们还不能使自己的吃、喝、住、穿在质和量方面得到充分保证的时候，人们就根本不能获得解放。'解放'是一种历史活动，不是思想活动，'解放'是由历史的关系，是由工业状况、商业状况、农业状况、交往状况促成的。"③ 同时，生产力的发展，为人的全面而自由发展提供了丰厚的物质基础。生产劳动给每一个人提供了全面发展和表现自己全部的即体力的和脑力的能力的机会，"通过社会生产，不仅可能保证一切社会成员有富足的和一天比一天充裕的物质生活，而且还可能保证他们的体力和智力获得充分的自由的发展和运用"。④

（二）生产力的发展丰富和提高了人的能力

人的发展首先表现为人的活动和能力的发展，生产力是人的最重要的实践活动及其能力本身。在人的实践活动中，最重要的是物质生产活动，它制约和

---

① 《资本论》（第3卷），人民出版社2004年版，第928~929页。
② 《资本论》（第1卷），人民出版社2004年版，第199页。
③ 《马克思恩格斯选集》（第1卷），人民出版社1995年版，第74~75页。
④ 《马克思恩格斯选集》（第3卷），人民出版社1995年版，第757页。

决定着人的其他的现实活动，正是在改造自然的物质生活活动的基础上，才产生和分化了人们的社会活动、政治活动、思想活动，等等。物质生产活动是生产力的动态的表现，生产力是物质生产活动的静态显示，生产力同时也是人在改造自然的物质活动中所呈现出的人自身的本质力量，是人改造自然的能力，因此，生产力的发展和人的能力的发展从根本上说也是一件事情，生产力的发展同时也就是人的能力的发展。马克思、恩格斯在谈到人的发展时总是反复强调，人的全面发展不是自然的产物，而是历史的产物，归根结底是社会生产力的产物。"至今的全部历史都是在阶级对立和阶级斗争中发展的；统治阶级和被统治阶级，剥削阶级和被剥削阶级是一直存在的；大多数人总是注定要从事艰苦的劳动而很少得到享受。为什么会这样呢？这只是因为在人类发展的以前一切阶段上，生产还很不发达，以致历史的发展只能在这种对立形式中进行，历史的进步整个说来只是极少数特权者的事，广大群众则注定要终身从事劳动，为自己生产微薄的必要生活资料，同时还要为特权者生产日益丰富的资料。……无产阶级由于自己的整个社会地位，只有完全消灭一切阶级统治、一切奴役和一切剥削，才能解放自己；社会生产力已经发展到资产阶级不能控制的程度，只等待联合起来的无产阶级去掌握它，以便确立这样一种状态，这时社会的每一成员不仅有可能参加社会财富的生产，而且有可能参加社会财富的分配和管理，并通过有计划地组织全部生产，使社会生产力及其成果不断增长，足以保证每个人的一切合理的需要在越来越大的程度上得到满足。"① 只有大力发展生产力，"才能为一个更高级的、以每一个个人的全面而自由的发展为基本原则的社会形式建立现实基础"。②

发展社会生产力的根本途径是促进"个人生产力"水平的提高，个人的全面而自由的发展又作为最大的生产力反作用于"劳动生产力"。生产力包括科学技术，科学技术促进生产力发展，"生产力的……发展，归根到底总是来源于发挥着作用的劳动的社会性质，来源于社会内部的分工，来源于智力劳动特别是自然科学的发展"。③ 生产力的发展对人的发展的作用也包括科学技术的作用。科学技术丰富人的知识，扩大人的力量，使人的体力和智力都直接或间接地得到进步。马克思指出："自然科学……通过工业日益在实践上进入人的生活，改造人的生活，并为人的解放作准备，尽管它不得不直接地使非人化充分

---

① 《马克思恩格斯选集》（第 3 卷），人民出版社 1995 年版，第 336 页。
② 《资本论》（第 1 卷），人民出版社 2004 年版，第 683 页。
③ 《马克思恩格斯选集》（第 2 卷），人民出版社 1995 年版，第 411 页。

发展。"① 科学技术武装的大工业为"全面发展的个人"代替"局部个人"提供了物质基础，并使其成为可能。马克思指出："用适应于不断变动的劳动需求而可以随意支配的人，来代替那些适应于资本的不断变动的剥削需要而处于后备状态的、可供支配的、大量的贫穷工人人口；用那种把不同社会职能当估互相交替的活动方式的全面发展的个人，来代替只是承担一种社会局部职能的局部个人。"② 科学技术通过生产力引起人的生产关系的变革。手推磨产生的是封建主为首的社会，蒸汽磨产生的是工业资本家为首的社会。科学技术的发现、发明及其运用，必然是劳动时间的缩短和自由时间的延长。而对于自由王国的实现来说，工作日的缩短是根本条件，"由于给所有的人腾出了时间和创造了手段，个人会在艺术、科学等等方面得到发展"。③

人的发展也表现为人的社会关系的发展，生产力是交往关系、生产关系以及全部社会关系的基础，正是生产力的发展变化引起了交往关系、生产关系从而全部社会关系的变化，实现了社会制度、社会形态的完善和更替。只有生产力的普遍发展，人们之间的普遍交往才能建立起来，过去那种地方的和民族的自给自足与闭关自守，被各民族的各方面的互相往来和各方面的互相依赖所代替，历史才能转化为世界历史，狭隘地域性的个人才能转化为世界历史性的、真正普遍的个人。马克思指出："生产力——财富一般——从趋势和可能性来看的普遍发展成了基础，同样，交往的普遍性，从而世界市场成了基础。这种基础是个人全面发展的可能性。"④ 只有通过生产力的发展才能促进生产关系的调整和变革，实现社会制度、社会形态的完善和更替。"生产力和生产关系——这二者是社会个人的发展的不同方面。"⑤ 在马克思看来，人的本质是社会关系的总和，"不管个人在主观上是怎样超脱各种关系，他在社会意义上总是这些关系的产物"。⑥ 他认为，对于工人的单方面的、畸形的发展来说，生产力是根本原因，生产关系则是直接原因。如果这个人的生活条件使他只能牺牲其他一切特性而单方面地发展某一种特征，如果生活条件只供给他发展这一种特性的材料和时间，那么，这个人就不能超出单方面的、畸形的发展。任何道德说教在这里都不能有所帮助，因此，要改变资本主义对工人的奴役，减轻劳动

① 《1844年经济学哲学手稿》，人民出版社2008年版，第89页。
② 《资本论》（第1卷），人民出版社2004年版，第561页。
③ 《马克思恩格斯全集》（第31卷），人民出版社1998年版，第101页。
④ 《马克思恩格斯全集》（第31卷），人民出版社1998年版，第541页。
⑤ 《马克思恩格斯全集》（第31卷），人民出版社1998年版，第101页。
⑥ 《马克思恩格斯全集》（第23卷），人民出版社1972年版，第12页。

力的巨大浪费，就必须改变其生产关系，废除私有制，使社会全体成员以自觉自愿的联合活动对那些异己力量加以控制和驾驭。马克思说："个人的全面性……要达到这一点，首先必须使生产力的充分发展成为生产条件，使一定的生产条件不表现为生产力发展的界限。"①

人的发展还包括人的个性发展，而"自由个性"的实现必须"在真实的集体的条件下，各个个人在自己的联合中并通过各种联合获得自由"。而要做到这一点，必须以"发达的生产力为基础"。马克思曾说自由个性是建立在个人全面发展和他们共同的社会生产能力成为他们的社会财富这一基础之上的。自由个性的实现必须消灭旧社会的生存条件，消灭个人隶属于一定阶级的现象，建立新的自由人联合体，"在真正的共同体的条件下，各个个人在自己的联合中并通过这种联合获得自己的自由"。② 而要做到这一点，必须以"发达的生产力为基础"，生产力是不断发展的，人的个性也是不断发展的。由于生产力的发展是个过程，人的个性发展也只能是个过程。

（三）生产力的发展使自由时间增多，从而为个人全面而自由发展创造了条件

在马克思主义看来，时间是人的积极存在，它不仅是人的生命的尺度，而且是人的发展的空间。"时间是人类发展的空间。一个人如果没有自己处置的自由时间，一生中除睡眠饮食等纯生理上必需的间断以外，都是替资本家服务，那么他就还不如一头载重的牲畜。他不过是一架为别人生产财富的机器，身体垮了，心智也狂野了。现代工业的全部历史还表明，如果不对资本加以限制，它就会不顾一切和毫不留情地把整个工人阶级投入这种极端退化的境地。"③ 可见，每个人必须有时间满足精神需要和社会需要，满足自己的发展需要。

人的发展领域包括两个方面：必要劳动时间和自由时间。何谓必要劳动时间呢？"社会必要劳动时间是在现有的社会正常的生产条件下，在社会平均的劳动熟练程度和劳动强度下制造某种使用价值所需要的劳动时间。"④ 何谓自由时间呢？"自由时间——不论是闲暇时间还是从事较高级活动的时间——自然要把占有它的人变为另一主体，于是他作为这另一主体又加入直接生产过程。

---

① 《马克思恩格斯全集》（第 30 卷），人民出版社 1995 年版，第 541 页。
② 《马克思恩格斯选集》（第 1 卷），人民出版社 1995 年版，第 119 页。
③ 《马克思恩格斯选集》（第 2 卷），人民出版社 1995 年版，第 90 页。
④ 《马克思恩格斯选集》（第 2 卷），人民出版社 1995 年版，第 118 页。

对于正在成长的人来说，这个直接生产过程同时就是训练，而对于头脑里具有积累起来的社会知识的成年人来说，这个过程就是（知识的）运用，实验科学，有物质创造力的和对象化中的科学。"① 如何缩减必要劳动时间，增加自由时间呢？在马克思、恩格斯看来，必须大力发展生产力，提高劳动生产率。生产力的高度发展，必然使劳动生产率提高，人类为了生存而从事物质生产的社会必要劳动时间必然大大减少。尤其是以科学技术为代表的生产力高度发展意味着劳动生产率得到极大提高，单个工作日中必要劳动时间所占比例越来越小，整个社会和社会的每个成员可以自由支配的时间越来越多。马克思指出："在必要劳动时间之外，为整个社会和社会的每个成员创造大量可以自由支配的时间（即为个人生产力的充分发展，因而也为社会生产力的充分发展创造了广阔余地）。"② 在未来社会里，财富的尺度决不再是劳动时间，而是可以自由支配的时间。"社会生产力的发展将如此迅速，以致尽管生产将以所有的人富裕为目的，所有的人的可以自由支配的时间还是会增加。因为真正的财富就是所有个人的发达的生产力。"③ 恩格斯也指出："只有通过大工业所达到的生产力的大大提高，才有可能把劳动无例外地分配于一切社会成员，从而把每个人的劳动时间大大缩短，使一切人都有足够的自由时间来参加社会的理论的和实际的公共事务。"④

作为历史的产物，人的全面而自由的发展有着现实的前提，除了在社会历史层面扬弃人的依赖性及物的依赖性等等之外，需要予以特别关注的是自由时间。自由时间首先相对于必要劳动时间而言，从社会的角度看，只有当用于生产生活资料与生产资料的劳动时间减少到一定程度之时，精神等领域的生产才成为可能；投入到前者的时间越少，则花费于后者的时间便越多："社会为生产小麦、畜生等等所需要的时间越少，它所赢得的从事其他生产，物质的或精神的生产的时间就越多。"⑤ "从整个社会来说，创造可以自由支配的时间，也就是创造产生科学、艺术等等的时间。"⑥ 同样，对个体而言，在个人的所有时间完全为必要劳动占据的条件下，其多方面的发展只能是空幻的理想，唯有获得可以自由支配的时间，个体的多方面发展才可能提上日程，通过劳动时间的

① 《马克思恩格斯全集》（第 31 卷），人民出版社 1998 年版，第 108 页。
② 《马克思恩格斯全集》（第 31 卷），人民出版社 1998 年版，第 103 页。
③ 《马克思恩格斯全集》（第 31 卷），人民出版社 1998 年版，第 104 页。
④ 《马克思恩格斯选集》（第 3 卷），人民出版社 1995 年版，第 525 页。
⑤ 《马克思恩格斯全集》（第 30 卷），人民出版社 1995 年版，第 123 页。
⑥ 《马克思恩格斯全集》（第 30 卷），人民出版社 1995 年版，第 379 页。

节约而使个体拥有更多的自由时间，其意义首先也在于为个体的充分发展创造条件："正像在单个人的场合一样，社会发展、社会享用和社会活动的全面性，都取决于时间的节省。一切节约归根到底都归结为时间的节约。"① "节约劳动时间等于增加自由时间，即增加使个人得到充分发展的时间。"② 在个人的充分发展与必要劳动时间的减少、自由时间的增加之间，不难看到内在的相关性。一旦通过缩减必要劳动时间而给所有的人提供自由的时间，则个性的自由发展便会成为现实："个性得到自由的发展，因此，并不是为了获得剩余劳动而缩减必要劳动时间，而是直接把社会必要劳动时间缩减到最低限度，那时，与此相适应，由于给所有的人腾出了时间和创造了手段，个人会在艺术、科学等等方面得到发展。"③ 在这里，个性的自由发展与个人在不同的领域的多方面发展之间彼此统一，而二者的共同前提，则是自由时间的获得，因为"所有自由时间都是供自由发展的时间"。④ 总之，以自由时间为基础，人的全面而自由的发展展示了其现实性的品格。

（四）生产力的发展使新的产业不断兴起，劳动变换加速，从而要求人必须全面而自由的发展

由于大工业的技术基础是革命的，它使劳动者的职能，劳动过程和社会结合都随同生产的技术基础的不断变革而发生变革。因此，它必然使社会内部的分工不断发生革命，要求劳动有变换，职能有变动，个人有全面流动性，这样，人的全面而自由的发展也就成为必须和可能。马克思指出："现代工业的技术基础是革命的，而所有以往的生产方式的技术基础本质上保守的。现代工业通过机器、化学过程和其他方法，使工人的职能和劳动过程的社会结合不断地随着生产的技术基础发生变革。这样，它也同样不断地使社会内部的分工发生革命，不断地把大量资本和大批工人从一个生产部门投到另一个生产部门。因此，大工业的本性决定了劳动的变换、职能的更动和工人的全面流动性。"⑤ 但是，马克思并没有一般地论述人的全面而自由的发展的条件，而是把人的全面而自由的发展看成是共产主义的一个重要特征和主要内容，把能否实现人的全面而自由的发展看成是区别资本主义还是共产主义的一个重要标准。

---

① 《马克思恩格斯全集》（第30卷），人民出版社1995年版，第123页。
② 《马克思恩格斯全集》（第31卷），人民出版社1998年版，第107页。
③ 《马克思恩格斯全集》（第31卷），人民出版社1998年版，第101页。
④ 《马克思恩格斯全集》（第31卷），人民出版社1998年版，第23页。
⑤ 《资本论》（第1卷），人民出版社2004年版，第560页。

　　资本主义的分工制度在工场手工业时期达到它的顶点之时，也开始走向它的反面。消灭旧的分工，已经被大工业变为生产本身的条件。马克思指出："机器生产不需要像工场手工业那样，使同一些工人始终从事同一种职能，从而把这种分工固定下来。因为工厂的全部运动不是从工人出发，而是从机器出发，所以不断更换人员也不会使劳动过程中断，……最后，年轻人很快就可以学会使用机器，因此也就没有必要专门培养一种特殊的工人成为机器工人。"①然而，机器的资本主义应用方式不得不继续实行旧的分工及其僵死的专业化，虽然这些在技术上已经成为多余的了，"机器本身就起来反对这种时代的错误"。现代工业的技术基础是革命的。现代工业通过机器、化学过程和其他方法，使工人的职能和劳动过程的社会结合不断地随着生产的技术基础发生变革。这样，它也同样不断地使社会内部的分工发生革命，"现在已被机器破坏了的分工，即把一个人变成农民、把另一个人变成鞋匠、把第三个人变成工厂工人、把第四个人变成交易所投机者，将完全消失"。②同时不断地把大量资本和大批工人从一个生产部门投到另一个生产部门。因此，"大工业的本性决定了劳动的变换、职能的更动和工人的全面流动性"。③虽然大工业从技术上消灭了那种使一个完整的人终生固定从事某种局部操作的工场手工业分工，然而，"大工业的资本主义形式又更可怕地再生产了这种分工：在真正的工厂中，是由于把工人转化为局部机器的有自我意识的附件；在其他各处，一部分是由于间或地使用机器和机器劳动，一部分是由于采用妇女劳动、儿童劳动和非熟练劳动作为分工的新基础"。④这样，大工业在它的资本主义形式上再生产出旧的分工及其固定化的专业与大工业的本性要求劳动的变换、职能的更动和工人的全面流动性之间的矛盾激化，"这个绝对的矛盾"通过工人阶级的不断牺牲、劳动力的无限度的浪费和社会无政府状态造成的灾难而放纵地表现出来。这无疑是其消极方面。但是，如果说劳动的变换现在只是作为不可克服的自然规律并且带着自然规律在任何地方遇到障碍时都有的那种盲目破坏作用而为自己开辟道路，那么，"大工业又通过它的灾难本身使下面这一点成为生死攸关的问题：承认劳动的变换，从而承认工人尽可能多方面的发展是社会生产的普遍规律，并且使各种关系适应于这个规律的正常实现"。"大工业还使下面这一点成为生死攸关的问题：用适应于不断变动的劳动需求而可以随意支配的人，来代

---

① 《资本论》（第 1 卷），人民出版社 2004 年版，第 484~485 页。
② 《马克思恩格斯选集》（第 1 卷），人民出版社 1995 年版，第 243 页。
③ 《资本论》（第 1 卷），人民出版社 2004 年版，第 560 页。
④ 《资本论》（第 1 卷），人民出版社 2004 年版，第 557 页。

替那些适应于资本的不断变动的剥削需要而处于后备状态的、可供支配的、大量的贫穷工人人口；用那种把不同社会职能当作互相交替的活动方式的全面发展的个人，来代替只是承担一种社会局部职能的局部个人。"①

　　大工业对新技术、新工具的广泛采用，"必须相应地发展使用这些手段的人的能力"。② 大工业用整个社会的力量来共同经营生产和由此而引起的生产的新发展，"也需要完全不同的人，并将创造出这种人来"。③ 由整个社会共同地和有计划地来经营的工业，"更加需要才能得到全面发展、能够通晓整个生产系统的人"。④ 这样，马克思、恩格斯从资本主义内部的生产规律出发，科学地揭示了人的全面发展的客观趋势。大工业及其所引起的生产无限扩大的可能性，使人们能够建立这样一种社会制度，在这种社会制度下，一切生活必需品都将生产得很多，使每一个社会成员都能够完全自由地发展和发挥他的全部力量和才能。恩格斯指出，正是近百年来的全部工业革命，人的劳动生产力达到了相当高的水平，以致在人类历史上破天荒第一次创造了这样的可能性。即，"在所有的人实行明智分工的条件下，不仅生产的东西可以满足全体社会成员丰裕的消费和造成充足的储备，而且使每个人都有充分的闲暇时间去获得历史上遗留下来的文化——科学、艺术、社交方式等等——中一切真正有价值的东西；并且不仅是去获得，而且还要把这一切从统治阶级的独占品变成全社会的共同财富并加以进一步发展"。⑤ "摆脱了资本主义生产的局限性的社会可以在这方面更大大地向前迈进。这个社会造就全面发展的一代生产者，他们懂得整个工业生产的科学基础，而且其中每一个人对整整一系列生产部门从头到尾都有实际体验。"⑥ 而这样的"社会"，只能是根据共产主义原则组织起来的社会。"根据共产主义原则组织起来的社会，将使自己的成员能够全面发挥他们的得到全面发展的才能。"⑦

　　总之，在马克思看来，个人是什么样的，这同他们的生产是一致的，取决于他们进行生产的物质条件、高度发展的社会生产力，构成个人全面而自由的发展的现实内容和现实基础。它造成人的新的本质力量、新的交往方式、新的

① 《资本论》（第1卷），人民出版社2004年版，第560～561页。
② 《马克思恩格斯选集》（第1卷），人民出版社1995年版，第242页。
③ 《马克思恩格斯选集》（第1卷），人民出版社1995年版，第242页。
④ 《马克思恩格斯选集》（第1卷），人民出版社1995年版，第243页。
⑤ 《马克思恩格斯选集》（第3卷），人民出版社1995年版，第150页。
⑥ 《马克思恩格斯选集》（第3卷），人民出版社1995年版，第647页。
⑦ 《马克思恩格斯选集》（第1卷），人民出版社1995年版，第243页。

需要、新的语言、新的观念,大大缩短人的劳动时间,延长人的自由时间。人的全面而自由的发展是历史的产物,归根到底是社会生产力的产物。如果没有生产力的巨大增长和高度发展的前提,人的全面而自由的发展的思想尽管可以表述千百次,但对于实际发展没有任何意义,"那就只会有贫穷、极端贫困的普遍化,而在极端贫困的情况下,必须重新开始争取必需品的斗争,全部陈腐污浊的东西又要死灰复燃"。①

二、教育与人的全面而自由的发展

马克思曾设想全面而自由发展的人将是体力劳动和脑力劳动相结合,在体力和智力上得到协调发展的人。这一设想已被人类历史的进程所证实。特别是近几十年来,随着人类进入"信息时代",知识和信息成为战略资源,成为经济社会发展的关键性因素。劳动的内容将逐步由体力劳动为主转化为脑力劳动、科学性劳动为主,社会劳动将走向以智力和知识为基础,劳动技术将不断地智力化。劳动内容、劳动形式的转变必然给人的体脑结合和全面而自由的发展带来新的动力。而人的全面而自由的发展同教育有着密切的关系,教育是培养和造就全面而自由的发展的个人的重要途径。

(一) 马克思对人的全面而自由的发展与教育之关系的考察

马克思曾深刻地批判了欧文等空想社会主义者所进行的各种社会试验,这些试验企图通过教育来改变社会关系和人的本性,它已被实践证明是行不通的。同时,马克思又从欧文的试验中看到了大工业生产给教育带来的根本变化,看到了未来教育的因素已经在资本主义内部生长起来,看到了这种新教育的因素对培养未来社会全面而自由的发展的个人的巨大作用。

马克思认为,人的全面而自由的发展同教育有着密切的关系,教育是培养和造就全面而自由的发展的个人的重要途径。"为改变一般人的本性,使它获得一定劳动部门的技能和技巧,成为发达的和专门的劳动力,就要有一定的教育或训练。"② 在马克思生活的那个时代,由于大工业的发展,教育将使年轻人能够很快熟悉整个生产系统,将使他们能够根据社会需要或者他们自己的爱好,轮流从一个生产部门转到另一个生产部门。因此,"教育将使他们摆脱现

---

① 《马克思恩格斯选集》(第1卷),人民出版社1995年版,第86页。
② 《资本论》(第1卷),人民出版社2004年版,第200页。

在这种分工为每个人造成的片面性"。①

马克思主要从以下几个方面对大工业生产条件下的教育问题作了细致的考察和深入的思考。首先，考察了男女青少年参加现代生产劳动的可能性："尽管在其自发的、野蛮的、资本主义的形式中，也就是在工人为生产过程而存在，不是生产过程为工人而存在的那种形式中，是造成毁灭和奴役的祸根，但在适当的条件下，必然会反过来转变成人道的发展的源泉。"② 其次，考察了由于先进科学技术的出现和综合技术教育的实施而出现的各种新型学校：综合技术学校和农业学校是这种变革过程在大工业基础上自然发展起来的一个要素；职业学校是另一个要素，在这种学校里，工人的子女受到一些有关工艺学和各种生产工具的实际操作的教育。③ 再次，考察了当时制定的工厂法中有关使初等教育同工厂劳动结合起来的条款："尽管工厂法的教育条款整个说来是不足道的，但还是把初等教育宣布为劳动的强制性条件。这一条款的成就第一次证明了智育和体育同劳动相结合的可能性，从而也证明了体力劳动同智育和体育相结合的可能性。"④ 考察了"十小时工作日法案"对于"工厂工人在体力、道德和智力方面引起的非常良好的后果"。⑤ 通过这些考察，马克思以极其敏锐的洞察力发现，未来社会全面而自由发展的教育已经在工厂制度中萌发出来："正如我们在罗伯特·欧文那里可以详细看到的那样，从工厂制度中萌发出了未来教育的幼芽，未来教育对所有已满一定年龄的儿童来说，就是生产劳动同智育和体育相结合，它不仅是提高社会生产的一种方法，而且是造就全面发展的人的唯一方法。"⑥ 马克思的预见，抓住了未来教育的最基本的特征，即教育与生产劳动的结合，揭示了这种新教育在社会发展和新人形成过程中的深远意义。而这一预见的正确性，已经被今日无产阶级的革命实践所证实，并将继续得到证实。

在当代社会，科学技术时代意味着知识正在不断地变革，革新正在不断地日新月异。显然，科学技术的发展带来了教育领域的变革。就中小学教育而言，今天小学教育乃至中学教育的共同趋势是：把理论、技巧和实践结合起来，把脑力劳动和体力劳动结合起来，把智力的、体力的、美感的、道德的和

---

① 《马克思恩格斯选集》（第1卷），人民出版社1995年版，第243页。
② 《资本论》（第1卷），人民出版社2004年版，第563页。
③ 《资本论》（第1卷），人民出版社2004年版，第561页。
④ 《资本论》（第1卷），人民出版社2004年版，第555～556页。
⑤ 《马克思恩格斯选集》（第2卷），人民出版社1995年版，第604页。
⑥ 《资本论》（第1卷），人民出版社2004年版，第556～557页。

社会的组成部分结合起来；学校不能和生活脱节；儿童的人格不能分裂成为两个互不接触的世界——在一个世界里，儿童像一个脱离现实的傀儡一样，从事学习；而在另一个世界里，他通过某种违背教育的活动来获得自我满足。就高等教育而言，教育已经较少地致力于传递和储存知识，而是寻求获得知识的方法和能力的养成。诚如《教育——财富蕴藏其中》所说："在工业部门，特别是对机器操作员和技术员来说，由于知识和信息对生产系统起着支配作用，专业资格的概念变得有些过时，个人能力的概念则被置于首要地位。技术的进步实际上正在不可避免地改变新的生产过程需要的资格。随着机器变得更加'聪明'，体力劳动的强度日益减轻，单纯的体力劳动正在被更带有知识性和脑力劳动的生产劳动（如机器的操作、维修、监视）和设计、研究、组织方面的工作所取代……雇主们越来越注重能力方面的要求，而不是资格方面的要求；在他们看来，资格与实际技能的概念仍然过于密不可分，而能力则是每个人特有的一种混合物，它把通过技术和职业培训获得的严格意义上的资格、社会行为、协作能力、首创能力和冒险精神结合在一起。"[1] 传统的教育模式尤其是高等教育模式——让学生呆在远离真实生活，远离生产活动，不能自行作出决定和担负职责的候车室里消磨时间，显然已经过时。"不仅就工人阶级来说，甚至从实用上考虑对资产阶级青年来说（这种模式本来是为他们设计的），这种学院模式已经过时和陈旧了。它顽固地维持着前几代人的怪癖。它过分地依赖理论和记忆。它给予传统的、书面的和复述的表达方式以特殊的地位，损害了口语的表达、自发精神和创造性的研究。它任意地把人文学和科学分开，又拒不承认'科学的人道主义'的出现。它把所谓普通教育和技术教育分开，表现出对抽象思维的偏爱，而这种偏爱显然是过去贵族反对实际应用的偏见的具体体现，把实际应用视为奴隶们做的事情——犹如柏拉图谴责机械学的创造者一样。这种学院模式至今对所有的实际工作仍然是非常厌恶的。"[2] 此外，职业和技术训练学院的发展必须和中学教育体系结合起来，这类学校在教学之后，必须继之以工作现场的实践训练。这一切尤其应通过更新教育和职业训练来完成。

　　教育并不是培养青年人和成人从事一种特定的、终身不变的职业，而是培养他们有能力在各种专业中尽可能多地流动并不断刺激他们自我学习和培训自

---

[1] 联合国教科文组织教育丛书，联合国教科文组织总部中文科译：《教育——财富蕴藏其中》，教育科学出版社 2005 年版，第 79 页。

[2] 联合国教科文组织、国际教育发展委员会编著，华东师范大学比较教育研究所译：《学会生存》，教育科学出版社 1996 年版，第 13 页。

己的欲望。很久以来，教育的任务是为一种刻板的职能、固定的情境、一时的生存、一种特殊行业或特定的职位作好准备。教育灌输着属于古旧范畴的传统知识。这种见解至今仍然十分流行。然而，那种想在早年时期一劳永逸地获得一套终身有用的知识或技能的想法已经过时了。传统教育的这个根本准则正在崩溃。现在不是已经到了寻求完全不同的教育体制的时候了吗？我们要学会生活，学会如何去学习，这样便可以终身吸收新的知识；要学会自由地和批判地思考；学会热爱世界并使这个世界更有人情味；学会在创造过程中并通过创造性工作促进发展。"为人们投入工作和实际生活作准备的教育，其目的应该是较多地注意到把青年人培养成能够适应多种多样的职务，不断地发展他的能力，使他能跟得上不断改进的生产方法和工作条件，而较少地注意到训练他专门从事某一项手艺或某一种专业实践。这种教育应该帮助青年人在谋求职业时有最适度的流动性，便于他从一个职业转换到另一职业或从一个职业的一部分转换到另一部分。"① 总之，今日教育的目的在于使人成为他自己，变成他自己。

（二）人的全面而自由的发展与当代教育实践

根据马克思主义关于人的全面而自由的发展学说，个人发展应该是一个历史的、动态的概念，就其最一般的意义而言，它是指人从自然、社会和自身中争得自由的程度，以及社会对个人的政治、经济、文化、交往等主体需要的满足程度。由于在不同的历史阶段社会对人的主体发展的满足程度是不同的，因此对该社会每一个个人的发展都会有相应的规定性。人的发展既有马克思揭示的那种一般性，同时又具有这个历史阶段的具体历史条件所决定的特殊性。

1. 当代社会对培养全面而自由发展的人的探索

为一个新世界培养完人、培养全面而自由发展的人，这是时代赋予教育的使命。在过去相当长的岁月里，无知和无能注定使人们对于外界影响（无论这种影响是来自自然的，来自其他人的或来自一般社会的）作出的反应，不是逆来顺受，便是神经过敏。但是，今日之社会正在出现的人是这样一种人，他的知识和行为手段已经发展到如此地步，以至他认为可能开发的新领域是无限的。而且，事实上，现代社会的人由于掌握了知识和科学法则而开始能够控制自然过程并且能够对它们担负起责任。赫胥黎说："他（人）所起的作用，不

---

① 联合国教科文组织、国际教育发展委员会编著，华东师范大学比较教育研究所译：《学会生存》，教育科学出版社 1996 年版，第 239 页。

管愿意不愿意，乃是要当地球上进化过程的领导者，而他的任务是指导这个进化过程向着日渐改进的方向前进。"① 今日社会的人已经在领会、认知和理解这个世界了，他已经具备必要的技术，可以根据他自己的利益合理地影响这个世界。然后，他又用物质产品和技术结构丰富这个世界。所有这一切都表明，人已经成为他自己命运的潜在主人。《学会生存》一书说："如果人类心理有什么固定特点的话，那么就突出的特点也许就是：人要排除令人苦恼的矛盾；他不能容忍过度的紧张；他努力追求理智上的融贯性；他所寻求的快乐不是机械地满足欲望，而是具体地实现他的潜能和认为他自己和他的命运是协调一致的想法——总之，把自己视为一个完善的人。"②

在大多数现代社会中，希望培养出一个完人、一个全面而自由发展的人可能是不现实的。人在各方面都遭遇到分裂、紧张和不协调状态的困扰，"有些社会结构蔑视一切有关公正与和谐的规律。这不可能不影响到他生存的各个领域。社会分成各个阶级；人与工作的脱离以及工作的零星杂乱；体力劳动与脑力劳动之间人为的对立；意识形态上的危机；人们所信仰的神话的崩溃；身心之间或物质价值与精神价值之间分为两端——人们周围的这些情况看来都在促使一个人的人格产生分裂"。③ 而目前教育青年人的方式、对于青年人的训练、人们接收的大量信息等等，都对人格的分裂起到了推波助澜的作用。为了训练的目的，一个人的理智认识方面已经被分割得支离破碎，而其他的方面不是被遗忘，就是被忽视；不是被还原到一种胚胎状态，就是随它在无政府状态发展。为了科学研究和专门化的需要，对许多青年人原来应该进行的充分而全面的培养被弄得残缺不全。卡佩沙说："如果专家受过广泛的教育，那么必要时他就能通过自学来掌握新的科学而无需学习新课程。所以大学应反对过于专业化的倾向，但事实上这却是整个当代科学发展的特点。"④ 为从事某种内容分得很细或者某种效率不高的工作而进行的训练，显然过高地估计了提高技术才能的重要性而损害了其他更有人性的品质。

---

① 联合国教科文组织、国际教育发展委员会编著，华东师范大学比较教育研究所译：《学会生存》，教育科学出版社 1996 年版，第 192 页。注释①。
② 联合国教科文组织、国际教育发展委员会编著，华东师范大学比较教育研究所译：《学会生存》，教育科学出版社 1996 年版，第 193 页。
③ 联合国教科文组织、国际教育发展委员会编著，华东师范大学比较教育研究所译：《学会生存》，教育科学出版社 1996 年版，第 193 页。
④ 联合国教科文组织、国际教育发展委员会编著，华东师范大学比较教育研究所译：《学会生存》，教育科学出版社 1996 年版，第 193 页。注释①。

　　尽管获得知识、掌握研究与表达思想的工具在人的发展中占有重要地位，但是，一个人的观察、试验和对经验与知识进行分类的能力，在讨论过程中表达自己和听取别人意见的能力，从事系统怀疑的能力，不断进行阅读的能力，把科学精神和诗情意境两相结合以探求世界的能力等，在人的发展中也占有同样的地位。而人的好奇心则是这些活动的根源，"这种才能是极其可贵的。有人认为，只有诗人才需要幻想，这是没有理由的，这是愚蠢的偏见！甚至在数学上也是需要幻想的，甚至没有它就不可能发明微积分"。① 其次，如果一个人按照他自己及其同伴所应该发展的方向去发展，那么尊重人格的各个方面在教育过程中就特别重要。一般而言，在同一人格中往往同时存在着几种人的情况，而且这些人之间还可能存在互相对立的关系。例如，"'技巧的人'总是乐意探求具体事物，而'智慧的人'则总是愿意寻求抽象的东西。当'智慧的人'追求目的时，'艺术的人'却欣赏没有目标的过程。当'政治的人'追求自由并设法冲破国界时，'宗教的人'却偏偏相信确定的东西，相信命运。当'智慧的人'和'艺术的人'大胆探索未知的、抽象的东西时，'技巧的人'和'宗教的人'则害怕未知的、抽象的东西而只相信具体的、已知的、当前的东西"。② 可见，复合的态度是使人格的各组成部分保持平衡发展所不可缺少的因素，教育显然应鼓励人们养成这种态度。再次，培养人们感情方面的品质，尤其是人与人关系中的感情品质。系统的教育、专门的训练显然有助于人们学会彼此如何交往，如何在共同的任务中彼此合作。"教育由于人文科学的许多发明而得到了加强。这种教育也有责任消除各种思想障碍，这些思想障碍是由于无知，或是由于早期训练不良或训练不足而产生的。"③

　　第四，教育应致力于培养人们的审美能力，开展各种美感活动。"对美的兴趣，识别美的能力，把美吸收到一个人的人格中去以及其他美感经验的组成部分等等，都是和一项或几项艺术活动实践分不开的。"④ 第五，加强身体素质的训练，激发人们的生命活力。教育人们学会欣赏自己的身体，并把它当作生

---

① 联合国教科文组织、国际教育发展委员会编著，华东师范大学比较教育研究所译：《学会生存》，教育科学出版社1996年版，第194页。注释①。
② 联合国教科文组织、国际教育发展委员会编著，华东师范大学比较教育研究所译：《学会生存》，教育科学出版社1996年版，第194页。注释②。
③ 联合国教科文组织、国际教育发展委员会编著，华东师范大学比较教育研究所译：《学会生存》，教育科学出版社1996年版，第194页。
④ 联合国教科文组织、国际教育发展委员会编著，华东师范大学比较教育研究所译：《学会生存》，教育科学出版社1996年版，第194~195页。

命力与体格的和谐、美感享受、自信心、个人表现与情绪体验的源泉。如果我们要控制身体，控制身体的力量和质量，我们就需要知识、训练和练习，诸如加强体力锻炼，提高技能技巧，训练肌肉与神经，等等。"严肃负责的教育工作者们从现在起就要经常关心培养各种感官，养成人们的卫生与饮食习惯，抵制由于各种刺激所引起的自我堕落和败坏的倾向。"①

2. 社会现代化与人的素质能力及知识结构的现代化

社会现代化的进程造成了一个高度复杂、迅速变化的社会环境。科学技术的迅速发展，知识技能物化和老化的速度都在加快，许多原来被看做是必要的知识和技能很快过时，而代之以新的知识和技能。这样一个瞬息万变的社会要求每一个劳动者在知识、技能、素质、能力等各方面都要有一个较大的突破。从知识结构来说，要求从只专一门到掌握各种丰富的科学知识，建立网状、立体的知识结构；从心理素质来说，要求具有敏感性、灵活性、机动性；从操作能力来说，要求具有创造和发明的能力、自我学习和知识更新的能力、提出问题和解决问题的能力、观察和试验的能力、对知识与经验进行归纳、概括、分类的能力等等。应该说，人的素质、能力与知识结构上的这种变化趋势本身就是马克思主义所设想的人的全面而自由的发展所包含的一项重要内容。作为处于社会主义初级阶段的我国，一方面，经济社会的发展水平与当今的发达国家相比还有一定的差距，因此对人才素质的各方面要求应该根据经济社会的发展水平而定。但另一方面，我国正处于经济社会发展的大变革时期，劳动密集型产业逐步向高新技术产业迈进，这样一种社会经济发展态势必然对人才的数量和质量提出新的要求。这就要求我国必须摆脱应试教育的羁绊，大力实施素质教育。

社会现代化对人的全面而自由的发展的要求呼唤素质教育。素质教育要以实现人的全面而自由的发展作为根本使命，这也是教育的本质所在。素质教育是一种贯彻人的全面而自由的发展学说的当代教育思想，它所要解决的基本问题是克服"应试教育"使人片面发展的弊病，其最终目的是全面提高受教育者的综合素质。1999年，《中共中央国务院关于深化教育改革全面推进素质教育的决定》指出："素质教育就是全面贯彻党的教育方针，以提高国民素质为根本宗旨，以培养学生的创新能力和实践能力为重点，造就'有理想、有道德、有文化、有纪律'的，德、智、体、美等全面发展的社会主义事业的建设者和

---

① 联合国教科文组织、国际教育发展委员会编著，华东师范大学比较教育研究所译：《学会生存》，教育科学出版社1996年版，第195页。

接班人。"但在我国目前的教育实践中，仍然存在着重知识传授，轻能力培养；重考试分数，轻知识运用；片面强调科学教育，相对忽视人文教育；在科学教育中，重视科学知识教育，忽视科学精神和科学方法教育；在人文教育中，偏重人文知识教育，忽视人文精神教育等限制学生全面发展的问题。而要解决上述问题，必须对素质教育有着科学的认识。素质教育既不是一种教育模式，更不是一种教育方法，而是教育的本质、教育的理念和教育的根本使命。教育，就其本质取向而言，就是人的素质的养成和塑造，就是人的全面而自由的发展的实现。

社会现代化对人的全面而自由的发展的要求呼唤建立终身学习体系。人的发展与经济社会的发展是辩证统一的，是两个永无止境的历史过程。因此，素质教育体系应该是一个终身学习体系。一方面，实施素质教育应贯穿于各级各类教育之中，另一方面，素质教育不仅要重视受教育者当前的发展，还要重视当前发展对未来发展的价值，培养人们自我发展的能力、终身学习的能力。诚如《教育——财富蕴藏其中》一书所说："学习知识的过程永无止境，并可通过各种经历得到进一步的充实。从这个意义上说，随着工作性质和内容一成不变的情况日益减少，学习过程与生活经历的结合就越来越紧密。如果最初的教育提供了有助于终身继续在工作之中和工作之外学习的动力和基础，那么就可以认为这种教育是成功的。"[1]

素质教育不是选择教育，它虽然不反对英才教育，但反对用英才的统一标准来衡量所有的受教育者，它强调在学生的已有发展水平和可能发展潜能上全面提高其综合素质，使之达到全面而自由的发展。教育要做到"人人完全发展其所有天赋"，就要因人而异，因材施教，尊重人的主体性和主动精神，注重开发人的潜能，注重形成人的自由个性。

3. 社会生活的现代化与自由时间

现代科学技术在生产中的应用极大地提高了劳动生产率，加速了生产力的发展，从而使人的体力劳动和脑力劳动得到解放，更多地享有自由支配的时间。当然，享有更多的自由支配时间仅仅是人的全面而自由的发展的条件之一，并非充分条件。马克思认为，个人要全面而自由地发展他各方面的才能和丰富他的个性，必须有足够的由他自己支配的时间。自由时间是精神自由的基本条件，人们有了充裕的自由时间，就等于享有了充分发挥自己一切爱好、兴

---

[1] 联合国教科文组织教育丛书，联合国教科文组织总部中文科译：《教育——财富蕴藏其中》，教育科学出版社2005年版，第78页。

趣、才能、力量的广阔空间。在这个自由的天地里，人们可以摆脱外在物质财富的束缚，可以不再为谋取生活资料而奔波操劳，为"思想"提供了自由飞跃的舞台。马克思指出："个性得到自由的发展，因此，并不是为了获得剩余劳动而缩减必要劳动时间，而是直接把社会必要劳动时间缩减到最低限度，那时，与此相适应，由于给所有的人腾出了时间和创造了手段，个人会在艺术、科学等等方面得到发展。"① 事实上，一个一生为起码的生存条件疲于奔命的人，是无法得到全面而自由的发展的。诚如《教育——财富蕴藏其中》一书所说："自由时间也是每个人可用于消遣和个人发展的时间"。② 当一个人要不断地为明天的食物操心的时候，他就会连思考自我发展的时间都没有；当一个人总是担心明天生大病之后的医疗费的着落的时候，他就不可能放心地去发展他的其他能力；当一个人要为年老时生计担忧的时候，他就不会充分利用他的壮年时光，放心一搏。

个人较多的自由支配的时间，只有在科学技术和生产力高度发展的前提下才有可能。随着生产效率的日益提高，随着家务劳动日趋自动化和社会化，人们也将获得更多的自由支配时间。这就为人们从事生产活动以外的其他各种活动，诸如科学研究活动、艺术创作活动、体育锻炼活动以及形形色色的文化娱乐活动提供了更多的机会，为人们接受更多的教育，培养较高文化素养、良好道德风尚以及高尚的情感和趣味创造了有利条件。我们在研究和确定教育目的、教育模式以及教育制度时，应注意这一变化，进一步研究如何指导人们更好地利用日益增多的自由时间，培养人们多方面的才能和丰富的个性。为此，教育必须延伸到社会的各个方面、各种年龄和各种职业的社会成员中，形成一个普及开放的大教育环境。"不管怎样，空余时间增加后，应随之增加接受教育的时间，即接受启蒙教育的时间或成人培训的时间。同时，社会在教育方面的责任也就大了，这尤其是因为教育已成为一个多方面的过程，它不局限于获取知识，不仅仅与教育系统有关。同样，教育时间已成为终生的时间，教育场所和学习机会均有增加的趋势。我们的教育环境更加多样化，而且教育已超出正规系统的范围，以受益于其他社会参与者的贡献。"③ 这一体系既包括制度化教育，也包括非制度化教育；既包括青少年的职前准备教育，也包括成人的职

① 《马克思恩格斯全集》（第31卷），人民出版社1998年版，第101页。
② 联合国教科文组织教育丛书，联合国教科文组织总部中文科译：《教育——财富蕴藏其中》，教育科学出版社2005年版，第99页。
③ 联合国教科文组织教育丛书，联合国教科文组织总部中文科译：《教育——财富蕴藏其中》，教育科学出版社2005年版，第95页。

后继续教育；既包括普通教育，也包括特殊教育；既包括基础教育，也包括职业技术教育。从时间上看，既有全日制、全脱产的教育，也有半日制、半脱产的教育等等。从内容上看，既有基本知识、基本技能教育，也有政治思想、品德修养教育，还有职业技术、岗位培训教育，还有娱乐休闲、老年颐养教育等。从方式上看，除了常规的学校班级授课、讲习、研讨外，还有远距离广播电视教育，以及网络教育。互联网的诞生和迅速发展不仅仅给人们带来了诸多方便，更重要的是它为人们的生活营造了一个不同于现实生活空间的另类空间——"赛博空间"（即互联网空间或网络空间）。"赛博空间"不同于真实的物理空间，它不仅仅是一种虚拟的空间，更是一个社会空间，越来越与人的教育交往相联系。网络教育是伴随互联网的诞生和发展而出现的一种以计算机为中介、以互联网为基础的新型教育方式。目前网络教育是通过电子邮件、公共网络交流平台、网络聊天、网络寻呼、网络调查、网络搜索与浏览、文件传输与远程登录等主要形式实现的。网络教育是人类教育方式的革命，既促进了人们教育关系的发展，也促进了人的活动及能力的发展。

伴随着学习化社会的形成，传统教育只强调共性要求，忽视多样性发展的弊端逐渐显现。以一致性和统一性为原则的教育体系很难满足人们对学习的多方面需求，很难完全满足社会成员个性多样性发展的需求。"在传统社会，生产、社会和政治结构的稳定，为拥有一个相对不变的、带有循规蹈矩的启蒙习俗色彩的教育和社会环境提供了保证。现代社会扰乱了传统的教育空间：教会、家庭和四邻。此外，由于社会生活的变革和科技进步及其对个人工作和环境的影响，认为学校可独自满足人生所有教育需要的一种理性主义幻想已经破灭。"① 因此，教育必须适应学习化社会这一现实，在教育目标、内容、方法乃至制度体制上都应体现社会和个人多方面教育需求。"教育已成为所有人的事情。它涉及全体公民，公民们今后都是学校施行的教育的积极参与者，而不再仅仅是被动的享受者。每个人均可在各种教育环境中学习，甚至可在教育社会中轮流充当学生和教员。由于毫不犹豫地把非正规教育与正规教育结合起来，教育已成为社会的经常性生产任务，全社会都应对教育负责，只有通过教育，社会才能面目一新。"②

---

① 联合国教科文组织教育丛书，联合国教科文组织总部中文科译：《教育——财富蕴藏其中》，教育科学出版社 2005 年版，第 92 页。

② 联合国教科文组织教育丛书，联合国教科文组织总部中文科译：《教育——财富蕴藏其中》，教育科学出版社 2005 年版，第 102 页。

4. 全球化与人的全面而自由的发展

在马克思看来，世界历史形成的根本原因就在于生产力的发展以及与之相应的交往的普遍发展。世界历史的形成促进了生产力的普遍发展，世界交往建立起来，这不仅为人的全面而自由发展创造了充分条件，而且直接促进人的全面发展。在唯物史观看来，全球化是人类生产力发展和交往不断扩大的必然结果。时至今日，随着全球化进程的加速发展，人类的交往无论在广度还是深度上都发生了较大的变化。无论是交往手段、交往主体，还是交往范围、交往内容都出现了完全不同于以往时期的交往状况。

全球的相互依赖和全球化是当代的重要现象。它们已经在发挥作用，并将为 21 世纪留下深刻的烙印。全球化无疑对教育提出了新的要求，要求教育培养和造就一代熔世界优秀文化于一体，具有高度文化修养和道德文明的多方面发展的新人，培养"面向世界"的人才，逐渐成为世界公民。全球化要求教育使每个人都能够通过对世界的进一步的认识来了解自己和了解他人。"在接受我们的精神和文化差异的基础上，使世人有更多的相互了解、更有责任感和更加团结。教育有助于人们获得知识，因而在完成这项世界性任务方面有非常明确的作用——帮助人们了解世界和他人，从而更好地了解自己。"① 尽管全球化正在逐步实现，但仍是局部的。其实，既有前途又有风险的全球化是不可避免的，而全球化的主要风险是："有能力在这个正在出现的新世界中找到出路的少数人与感到自己受各种事件的摆布、无力影响共同命运的大多数人之间出现了分裂，并有出现民主倒退和各种反抗的危险。"② 但是，最不可容忍的风险是忽视每个人的独特性格；每个人都应在其传统及其固有的、如不注意便会受到正在发生的演变威胁的文化财富范围内选择自己的命运，发挥自己的所有潜力。为此，"教育不但应致力于使个人意识到他的根基，从而使他掌握有助于他确定自己在这个世界中的位置的标准，而且应致力于使他学会尊重其他文化"。③

---

① 联合国教科文组织教育丛书，联合国教科文组织总部中文科译：《教育——财富蕴藏其中》，教育科学出版社 2005 年版，第 37 页。

② 联合国教科文组织教育丛书，联合国教科文组织总部中文科译：《教育——财富蕴藏其中》，教育科学出版社 2005 年版，第 37 页。

③ 联合国教科文组织教育丛书，联合国教科文组织总部中文科译：《教育——财富蕴藏其中》，教育科学出版社 2005 年版，第 35 页。

三、教育制度与人的全面而自由的发展

在唯物史观看来，教育制度是在教育交往过程中形成的调整教育交往活动主体之间以及教育关系的规则体系，是对人类教育实践和教育生活中一切教育制度形式的概括，它旨在约束教育交往主体的教育行为符合某种要求，以达到维护特定教育教学以及教育组织的秩序。或者说，人类在长期的教育实践中经过反复的教育交往实践，将某些教育交往关系、教育关系固定下来、规范起来，或者通过理性的设计规范和固定某些教育交往关系、教育关系，从而形成教育制度。教育制度从哲学的角度看，就是社会化了的人类群体的结合方式，是稳定、规范、固化的教育关系。

由于人类社会的教育交往活动不是一成不变的，而是经常处于变动之中，因此，在教育交往实践之中形成并为教育交往活动服务的教育制度，就必将随着人类社会教育交往活动的变化而发生改变。在教育交往的不同历史阶段，形成了与之相适应的教育制度形态。在历史上，人类社会每一次教育交往活动的改变，都带来了教育制度的重大变革。教育制度一旦形成，就对人们的教育交往活动起着规范和限制作用。教育制度对人的教育交往活动的重要作用，就在于为教育交往活动提供规则。教育制度是规则，规则即限制，它不仅告诉人们不能做什么，同时也告诉人们能够做什么。教育制度的限度为人们的教育行为划定了界限，这条界限标志着教育共同体认可的教育行为准则。在教育交往实践中，伴随着教育交往主体队伍的扩大、教育交往领域的拓展、教育交往对象的复杂，原有的教育制度不能适应人们教育交往的需要，这时就要对约束机制进行相应的调整，又是教育制度变革的根本原因。人是按照教育制度生活和发展的，教育制度构成人的现实教育生活世界。一定历史阶段的人，首先生活在历史上生成的教育制度环境之中，特定历史阶段的教育制度安排，是人的发展的基础和前提条件。诚如《教育的使命》一书所说："教育以某种融会才能以知识的工厂形式服务于社会。如果没有综合的教育制度，已经成为过去几十年标志的科学和技术的进步就不可能得以实现。……在现代社会，科学和技术是迫切需要成千上万各种天才的宽广领域，因此就需要教育系统来培养明天的科学家和技术专家。由于科学和技术推进着知识的前沿，教育必须紧步跟上。提及科学和技术的惊人进步时自然会使人们想到研究机构和大学，但我们必须牢记，造就明天的科学家的这一'生产线'延伸至小学和幼儿园。这样，解决这类问题的方法在一定程度上依赖于更好的理解和新知识，依赖于一个国家从

最高点到最基础的教育制度的有效性。"① 人的发展是通过人的教育实践活动实现的，教育实践作为人存在和发展的方式，现实地决定着人的发展状况。人的发展是通过人的教育实践活动实现的，教育制度变革对人的发展的作用突出地表现在通过改变人的教育活动的空间来改变人的教育活动。教育制度框定的空间是可以改变的，教育活动空间的大小，直接影响着人的教育活动的自由程度。教育制度变革便是改变人的教育活动空间的途径，它可以为人的发展开拓更加广阔的教育行为空间。拓展教育行为空间，改变人的教育活动，进行教育制度变革的基本取向，就是设立这样一种教育制度，在这种教育制度下人的积极性、主动性、能动性、创造性和潜能能够得到最大限度的发挥。诚如卡尔森所说："学校的使命不再是纯粹简单地传授一定数量的知识了（如过去它曾经做的那样）。一所基础学校的根本目的，尤其是指导教学的根本目的，在于使每一个人有可能自由地发展他的才能和爱好。"②

---

① 联合国教科文组织教育丛书，赵中建编：《教育的使命》（编者的话），教育科学出版社 2003 年版，第 3 页。

② 联合国教科文组织、国际教育发展委员会编著，华东师范大学比较教育研究所译：《学会生存》，教育科学出版社 1996 年版，第 39 页。

□ 第二章
教育制度定义

　　教育制度是本书的关键概念。如果说，各教育分支学科可以根据理论上的需要和研究者的偏好去选取一个现成的教育制度定义，并以此作为讨论的前提，那么，在我们这本对教育制度与人的全面而自由发展之关系进行专题研究的专著中，却不能不使用一个存在歧义的教育制度概念并进行反思，并把它作为讨论人的全面而自由发展的逻辑前提。

　　从经验角度而言，教育制度已经成为我国教育学术研究的重要问题。在20世纪80年代，我们很少直接使用"教育制度"这一概念，更多地使用"教育体制"一词。在对西方教育文献的翻译和介绍中，在遇到"educational institution"的地方，人们大都将其译为"教育体制"。20世纪90年代，随着制度学派在我国的传播，人们又把许多与"educational institution"无关的词都译为教育制度，比如有人将"educational system"译成"教育制度"。当然，这可能与我国翻译界对"institution"、"system"乃至"regime"这三个词的翻译一直没有约定俗成有关。我们在此无意考究"教育制度"一词的译法，只是想说明我们在教育制度概念的使用上，确实存在一定的混乱。特别是在20世纪90年代后期的我国教育学界，还程度不同地存在着"泛教育制度主义"的倾向。在此背景下，澄清教育制度概念的意义显得尤为重要。这就要求在各学科研究材料基础上，清理出教育制度之为教育制度的要素和内涵，使我们对人的全面而自由发展与教育制度关系之思考有一个清晰的前提。

第一节 作为分析教育制度前提的制度范畴

就一本教育科学著作有关"教育制度"的定义来说，总有可能谈到它是否受"历史学派"、"实证主义"或"马克思主义"的影响，并且是从这些学派或思想体系各自发展的哪个阶段上出现的。在有关"教育制度"的研究中，研究者的"社会地位""渗透"到了他对教育制度的研究结果和所有的"环境制约"之中，或者说教育制度研究与作为其基础的教育现实相关联。教育制度研究是在一定"视角"关照下进行的，"'视角'在这种意义下表示一个人观察事物的方式，他所观察到的东西以及他怎样在思想中构建这种东西，所以，视角不仅仅是思想的外形的决定，它也指思想结构中质的成分，而纯粹的形式逻辑必然忽略这些成分。正是这些因素成了如下事实的原因：两个人即使以同样的方式采用同样的形式逻辑法则（如矛盾规律或演绎推理程式），也可能对同一事物作出极不相同的判断"。[①] 因此，人们对"教育制度"的定义是很不一致的，有时甚至是矛盾的。教育文献中的"教育制度"一词有着众多和矛盾的定义。不同教育学派和不同时代的教育学家们赋予这个词以如此之多可供选择的含义，以至于除了将它笼统地与教育行为规则性联系在一起外，未能给出一个普适的定义来。

科学地界定教育制度范畴，首先就遇到一个如何做出界定的方法问题。只有把教育制度放进一个合适的方法论框架中去观察，才能准确把握教育制度的内在本质。我们认为，这样一种方法论框架至少应当具备两个特征，一个是逻辑分析与经验分析相统一，另一个是规定与限定的结合。在前一方面，我们试图把教育制度放进一个社会哲学的视界之内，着重考虑它的逻辑内涵。需要指出的是，我们并不是从某一先验的理论预设出发，逻辑地推论出一个教育制度定义，而是根据各学科有关制度、教育制度研究的思想资源，在概括、总结、分析、提炼、评估各学科制度研究得失的基础上，合乎逻辑地提出我们对教育制度的规定。在后一方面，我们既要考察教育制度是什么，分析出教育制度的主要特征和基本规定性，又要思考教育制度不是什么，限定教育制度的外延和边界，以明确和凸显教育制度概念的内涵。

在给"教育制度"下定义之前，我们必须对其他社会学科有关制度的已有

---

① 卡尔·曼海姆著，黎鸣等译：《意识形态与乌托邦》，商务印书馆 2000 年版，第 277 页。

研究成果和研究材料进行系统的梳理、深刻的总结，以便为我们给教育制度下一个准确的定义提供必要的思想资源。

通过对各学科制度研究资源的归纳总结和理论梳理之后，我们发现，人们所提出的制度定义，大致有以下几种类型，它们是人类理解制度内涵的几个基本维度。

一、制度是一种规则或规范

制度是一种规则或规范（体系），这是人们对制度最基本、最普遍的一种规定。诺思曾说："制度是一个社会的游戏规则，更规范地说，它们是为决定人们的相互关系而人为设定的一些制约。"① 制度不仅是一个社会的游戏规则，而且制度是由人设计的，具有约束力的规则，"制度是一系列被制定出来的规则、守法程序和行为的道德伦理规范，它旨在约束追求主体福利或效用最大化利益的个人行为"。② 诺思的这一制度定义最有价值的地方，是他抓住了"行为规则"这一关键，但是它也存在着严重缺陷和不足，主要表现在，在他将制度界定为规则的时候，他一方面犯了过分泛化制度定义的逻辑错误，甚至把一切文化和意识形态都看成制度的内容和形式，从而模糊了制度与非制度的界限，另一方面他的制度定义又太窄，不足以囊括现实存在的制度现象，因为他认为，只有"被制定出来的"或"人类设计的"规则才是制度，而人们制定规则的目的是要"约束追求主体福利或效用最大化利益的个人行为"，从而把习俗、习惯和惯例都排除在了制度之外。高兆明对诺思的这一制度定义作了如下评说："一是对制度作了过于宽泛化的规定，一是忽视了制度作为规范化、定型化了的行为方式与交往关系结构这一客观内容。"③ 只不过，所幸的是，诺思并没严格按照他对制度概念的界定去运用这一概念，因而使他能够在制度的经济学研究上取得丰硕成果。诺思的这一制度定义在新制度经济学圈内流行甚广、信徒众多。舒尔茨、拉坦、柯武刚等大多数西方学者，还有林毅夫、黄少安、张宇燕等中国学者，他们对制度的定义都未越出此范围。舒尔茨认为，制度是一种"涉及社会、政治及经济行为"的"行为规则"，"从最一般的意义上讲，

---

① D·C·诺思著，刘守英译：《制度、制度变迁与经济绩效》，上海三联书店 1994 年版，第 3 页。

② D. C. 诺思著，陈郁等译：《经济史中的结构与变迁》，上海三联书店 1994 年版，第 225～226 页。

③ 高兆明著：《制度公正论》，上海文艺出版社 2001 年版，第 27 页。

制度可以被理解为社会中个人遵循的一套行为规则"。① V. W. 拉坦认为："一种制度通常被定义为一套行为规则,它们被用于支配特定的行为模式与相互关系。"② 柯武刚等人认为："制度在这里被定义为由人制定的规则。它们抑制着人际交往中可能出现的任意行为和机会主义行为。"③ 林毅夫认为："从最一般的意义上讲,制度可以被理解为社会中个人遵循的一套行为规则。"④ 黄少安认为："制度是至少在特定社会范围内统一的、对单个社会成员的各种行为起约束作用的一系列规则。"⑤ 张宇燕认为："制度的本质内涵不外乎两项,即习惯和规则。"⑥

制度是一种规则的观点,无疑是基于这样一种认识,即,我们在现实生活中所观察到的各种关系之间的互动是建立在一种共同理解的基础之上的,如果不遵循这些共同的理解将受到惩罚或导致低效率,"制度为一个共同体所共有,并总是依靠某种惩罚而得以贯彻。没有惩罚的制度是无用的。只有运用惩罚,才能使个人的行为变得较可预见。带有惩罚的规则创立起一定程度的秩序,将人类的行为导入可合理预期的轨道"。⑦ 这显然是一种个体主义的观点,因为在个体主义看来,规则指导行为。制度通过规则约束行动者实现自我利益的最大化,通过规则使得个体之间互动以节约交易成本,通过规则让人们知道该去做什么、不该去做什么等等。

如果说新制度经济学派是从经济学的角度把制度定义为规则的话,许多学者从社会学、法学和政治学的角度,也把制度定义为规则。

马克斯·韦伯从社会学、法学的角度,给制度下了这样一个定义:"制度应是任何一定圈子里的行为准则。"⑧ 他还对这一制度定义给予了进一步的说明:"一种制度应该称之为:a) 惯例,如果在偏离它时,在可以标明的一定范围内的人当中,会遇到某种(比较)普遍的和在实际上可以感受到的指责,在

---

① R. 科斯等著,刘守英等译:《财产权利与制度变迁》,上海三联书店 2000 年版,第 375 页。
② R. 科斯等著,刘守英等译:《财产权利与制度变迁》,上海三联书店 2000 年版,第 329 页。
③ 柯武刚等著,韩朝华译:《制度经济学》,商务印书馆 2000 年版,第 32 页。
④ R. 科斯等著,刘守英等译:《财产权利与制度变迁》,上海三联书店 2000 年版,第 375 页。
⑤ 黄少安著:《产权经济学》,山东人民出版社 1995 年版,第 90 页。
⑥ 张宇燕著:《经济发展与制度选择》,中国人民大学出版社 1992 年版,第 120 页。
⑦ 柯武刚等著,韩朝华译:《制度经济学》,商务印书馆 2000 年版,第 32 页。
⑧ M. 韦伯著,林荣远译:《经济与社会》(上卷),商务印书馆 1998 年版,第 345 页。

外在方面，它的适用有这种机会保证的话；b）法律，如果在外在方面，它的适用能通过（有形的和心理的）强制机会保证的话，即通过一个专门为此设立的人的班子采取行动强制遵守，或者在违反时加以惩罚，实现这种强制。"① 虽然韦伯的这一制度定义十分有名，但它并不是在韦伯对各种客观的制度现象进行了专题性研究之后才提出的。韦伯提出这一定义的动机，仅仅是为了从社会学的角度去界定"法律制度"这一概念。因此，韦伯只是把"制度"当成一个无需讨论的基本假设和逻辑前提。他运用制度概念所要说明的问题就是：法律是一种社会学意义上的社会制度（而且是现代社会制度中最基本的一种），而不是法学家意义上理想的"语言模式"或"规范意向"。因为，社会学意义上的制度是一种事实上发生着的东西，它一定是被人们主观上认作为自己行为取向的客观准则。作为这样的一种准则或规则，社会制度必然会在一定社会环境中实际地适用于人们行为，而不是逻辑的、理想的规范，也不是某种"规范意向"。"参加共同体行为的人们……主观上把一定的制度视为是适用的，而且在实践中，也是这样对待的，即让他们的行为以之为取向。"② 在他看来，没有社会行为也就没有社会制度，反之，没有社会制度也就没有社会行为。社会制度在本质上也就是现实的社会行为、社会关系本身，与社会行为共同存在，"在社会行为的领域，我们可以发现各种规则，即由行为者重复的或在无数行为者中同时进行的具有典型意义的行为过程"。③

罗尔斯从政治学的角度给制度下了一个简明扼要的定义："我要把制度理解为一种公开的规范体系，这一体系确定职务和地位及它们的权利、义务、权力、豁免等等。"④ 他的这一制度定义突显了制度的"公开性"特征，这虽然是一个认识上的巨大进步，但是这一定义过于简单，因而忽略了制度的许多甚至是最基本的含义，而且，由于受到形式主义方法论的影响，他过于强调制度的形式方面，把公开性看成制度必须具备的基本条件，这就使他的制度定义不能全面地概括现实中存在的各种制度现象。

只不过，我们应该注意到，虽然"规则"确实是制度很重要，甚至是很核心的内容，但规则毕竟不是制度的全部。如果仅仅把制度定义为一种规则，就抹杀了规则与制度之间的差异。

---

① M. 韦伯著，林荣远译：《经济与社会》（上卷），商务印书馆 1998 年版，第 64 页。
② M. 韦伯著，林荣远译：《经济与社会》（上卷），商务印书馆 1998 年版，第 345 页。
③ M. 韦伯著，埃德华·希尔斯等译：《论经济与社会中的法律》，中国大百科全书出版社 1998 年版，第 4 页。
④ 约翰·罗尔斯著，何怀宏等译：《正义论》，中国社会科学出版社 1988 年版，第 50 页。

二、制度是一种系统或体系

制度是一种系统或体系这一定义十分流行，比如我们说"资本主义制度"、"社会主义制度"，就是从系统或体系的意义上使用"制度"一词的。在此，"制度"被看成是社会基本制度，是指同生产力发展的一定阶段相适应的经济基础和上层建筑的统一体。这无疑是把制度等同于"社会形态"或社会结构。不可否认，我们的确可以在马克思和恩格斯的著作中找到不少证据，来论证这一制度定义。例如，马克思依据俄国当时的条件认为，有可能"使俄国可以不通过资本主义制度的卡夫丁峡谷，而把资本主义制度所创造的一切积极的成果用到公社中来"。[①] 马克思和恩格斯虽然没有把制度当成一个专门术语来使用，但是，他们却经常在社会基本制度（即社会形态）意义上使用"制度"概念。我国学者过去也主要以这种方式去理解和界定制度概念，长期以来，人们习惯于把制度作为一种上层建筑，而不把制度视作一种社会资源。一说到制度，人们自然会把它和作为政治上层建筑的社会基本制度联系起来，这在学理上无疑是一种简单化。人类社会发展到今天，已形成了庞大而复杂的制度系统，即分领域、有层次、多形式的"制度之网"，不同领域、不同层次、不同形式的制度之间相互制约和相互作用，共同导向与规范着人们的政治行为、经济行为、文化行为和教育行为。在把制度界定为"社会形态"之后，人们将一切制度上的差异和对立，都上升为社会基本制度的对立。这无疑产生了十分严重的消极后果，阻碍了人们全方位、多层次地进行制度创新，也影响到人们对制度的认识和思考。由于我们把一切制度都看成与社会结构相关的东西，将不同制度的区别简单地等同于社会主义与资本主义的区别，似乎没有必要对制度的具体特征、功能、作用、机制做深入研究，讨论了资本主义制度和社会主义制度，却没有讨论制度本身，没有看到资本主义与社会主义视野之外的制度现象和制度问题。

吉登斯试图将微观方法与宏观方法结合起来，提出了关于制度的独特界定："制度是社会当中跨越时空的互动系统。……在很长的一段时间和一个确切的地点中，当规则和资源被再生产的时候，就可以说制度存在于一个社会之

---

① 《马克思恩格斯选集》（第3卷），人民出版社1995年版，第765页。

中。"① 制度是在社会系统与人的互动过程中形成的，或者说制度就是一个互动过程。在社会总体再生产中"时空延伸程度最大的那些实践活动，我们则可以称其为制度（institutions）"。② 在吉登斯看来，制度与结构是一种动态而共生的关系。他将结构理解为由人的创造性活动不断生产，又对个体活动具有条件性、制约性的变动性结构。结构是具有约束性的整体性特征，同时这种整体性特征又随着时间与人的活动而变化。结构也就是变动的、过程中的整体性。吉登斯认为，结构与规则（或制度）、资源处于生态互动之中。"结构化理论中的'结构'，指的是社会再生产过程里反复涉及的规则与资源；我们说社会系统的制度化特性具有结构性特征，就是指各种关系已经在时空向度上稳定下来。我们可以抽象地把'结构'概念理解为规则的两种性质，即规范性要素和表意性符码。而资源也具有两种类型：权威性资源和配置性资源。前者源于对人类行动者活动的协调，后者则出自对物质产品或物质世界各个方面的控制。"③ 结构与规则相互依存、相互说明，一方面，结构也就是规则，另一方面，规则也就是结构。"规则体现着社会互动中的'方法性程序'。""规则在一方面与意义的构成联系在一起，另一方面则牵涉到对各种类型社会行为的约束。"④ 在吉登斯看来，规则与资源都是说明社会构成变动整体性的范畴，但规则导向知识化、观念化、价值与理想，资源导向现实、既成事实。可以说，规则是说明结构观念特征的范畴，资源是说明结构实体特征的范畴。规则与人的观念性、知识性密不可分，以人的自我反思性、自我监控能力为基础。规则首先是一种惯例，"惯例（依习惯而为的任何事情）是日常社会活动的一项基本要素"。惯例也就是一种重复性活动，"各种活动日复一日地以相同方式进行，它所体现出的单调重复的特点，正是我所说社会生活循环往复的特征的实质根基"。⑤ 惯例与人的安全等心理需求相共生，"社会生活日常活动中的某些心理机制维持着某种

---

① 乔纳森·特纳著，邱泽奇等译：《社会学理论的结构》（下），华夏出版社 2001 年版，第173 页。
② A. 吉登斯著，李康等译：《社会的构成》，生活·读书·新知三联书店 1998 年版，第80 页。
③ A. 吉登斯著，李康等译：《社会的构成》，生活·读书·新知三联书店 1998 年版，第52～53 页。
④ A. 吉登斯著，李康等译：《社会的构成》，生活·读书·新知三联书店 1998 年版，第81 页。
⑤ A. 吉登斯著，李康等译：《社会的构成》，生活·读书·新知三联书店 1998 年版，第43 页。

信任或本体性安全的感觉，而这种机制的关键正是例行化"。① 惯例也就是一种实践意识，"所谓实践意识，指的是行动者在社会生活的具体情境中，无需明言就知道如何'进行'的那些意识。对于这些意识，行动者并不能给出直接的话语表达"。②"惯例主要体现在实践意识的层次上，将有待引发的无意识成分和行动者表现出的对行动的反思性监控分隔开来。"③ 吉登斯从过程结构论对制度、规则进行思考，其意义是重大的。一方面，通过这种揭示，制度、规则的整体性、变化性、观念性、行动性等特征得到了很好的说明；另一方面，将结构理解为过程性、变动性，无疑深化了对社会本身的理解。

迪韦尔热也是从结构论这一角度来界定制度的："制度是作为一个实体活动的结构严密、协调一致的社会互动作用整体，它理所当然地主要是在这个范围内设立的模式。"④ 青木昌彦则从博弈论的角度给制度下了这样一个定义："制度是关于博弈如何进行的共有信念的一个自我维系系统。制度的本质特征是对均衡博弈路径显著和固定特征的一种浓缩性表征，该表征被相关域几乎所有参与人所感知，认为是与他们策略决策相关的。这样，制度就以一种自我实施的方式制约着参与人的策略互动，并反过来又被他们在连续变化的环境下的实际决策不断再生产出来。"⑤ 这一制度定义涉及制度的五个特征：内生性（隐含在"自我维持"、"自我实施"和"不断再生产"三个词组中），信息浓缩（隐含在"浓缩性表征"一词中），对于环境连续性变化和微小动荡的刚性（"均衡路径显著和固定特征"、"被所有参与者所感知"和"在连续变化的环境下……不断再生产出来"），与相关域几乎所有参与人相关的普遍性（"共享的"、"制约着参与人策略互动的方式"和"被所有的参与人所感知"）和多重性。一项制度可以简要地代表域内不同类型的行动决策规则或所有参与人共同的决策规则，这具体取决于域内参与人的行动集合是否对称。青木昌彦的这一制度定义，突出了制度的博弈性质，并且是在一个动态的过程中解释制度。在这一动态过程中，制度体现为一个有行为主体和行为对象的系统。

---

① A. 吉登斯著，李康等译：《社会的构成》，生活·读书·新知三联书店 1998 年版，第 43 页。
② A. 吉登斯著，李康等译：《社会的构成》，生活·读书·新知三联书店 1998 年版，第 42 页。
③ A. 吉登斯著，李康等译：《社会的构成》，生活·读书·新知三联书店 1998 年版，第 43 页。
④ M. 迪韦尔热著，杨祖功等译：《政治社会学》，华夏出版社 1987 年版，第 200 页。
⑤ 青木昌彦著，周黎安译：《比较制度分析》，上海远东出版社 2001 年版，第 28 页。

把制度定义为"一种系统或体系",与我们对制度认识的常识相吻合。在我们对制度的理解中,固然单个的一些条文是制度,但是众多条文所组成的"体系"或"系统"更是制度。正如我们在讨论"制度是一种规则或规范"时所言,制度之所以不等同于规则,就在于在规则之外,它还是一个"体系"或"系统"。

三、制度是"集体行动控制个体行动"

人们在定义制度时,往往将制度与集体行动和社会互动联系起来。在康芒斯对制度的著名定义中,"集体行动"成为了制度最基本的规定性。在他看来,"如果我们要找出一种普遍的原则,适用于一切所谓属于制度的行为,我们可以把制度解释为'集体行动控制个体行动'"。[①] 集体行动的种类和范围很广,"从无组织的习俗到那许多有组织的所谓'运行中的机构',例如,家庭、公司、控股公司、同业行会、工会、联邦储备银行、'联合事业的集团'以及国家。大家所共有的原则或多或少是个体行动受集体行动的控制。"所谓"集体行动",有两种基本形式:一是组织起来的集体(康芒斯称之为"运行中的机构")所进行的交易(transaction)活动,二是个体行动者(包括个人和个别公司或组织)之间所形成的互动过程(interaction),"个体行动真正是'交互影响的行动'——就是,个体之间的行动——同时也是个体的行为。"二者对个体行动都具有控制、解放和扩张的作用,或如康芒斯所说的制度就是"集体行动抑制、解放和扩张个体行动"[②]。

在人们对制度概念的定义中,康芒斯的这一制度定义是一个重大的进步,它既强调了制度的社会意义,又看到制度的行动意义,因而具有较强的解释力,把习俗、习惯、惯例、道德、法律等等形式都包括进去了。其次,他还看到制度在起源上的生成意义,认识到制度本身就存在于个体的行动及其互动过程中的事实。再次,他把"运行中的机构"、"各种社会经济组织形式、企业和国家本身"都看成是一种制度,充分看到了制度实体性的一面。第四,康芒斯的这一制度定义,还显示了人的整体性和个体性的结合。人在出生之后已经是人,个体在学会了母语之后,也可以作为社会中的人来对待。但是,人只有在社会化后才能作为一个具有民事行为能力的人被法律所认可。经济分析中的人

---

① 康芒斯著,于树生译:《制度经济学》(上册),商务印书馆1997年版,第87页。
② 康芒斯著,于树生译:《制度经济学》(上册),商务印书馆1997年版,第92页。

是成人，也就是制度化了的人，而不可能是生物意义下尚没有经过社会化调教的人。这样的人，已经不是一个抽象的个人，而是社会整体中的一员，和这个整体形成了正的（虽然有时也会是负的）反馈关系的人。如果离开整体或个体都无法把握制度的本质。人与动物的重要区别之一，就是人必须经过社会化过程之后才能进入社会。人的社会化过程和再社会化过程就是人类个体把握与再把握社会行为规范的过程；也就是使社会的制度内化为个体的行为规范的过程。不过，康芒斯的制度定义有一个重大的缺陷，就是他过于突出了制度的实体含义，认为具有一定规则的组织本身就是制度，甚至直接把制度等同于"机构"。"这种运行中的机构，有业务规则使得它们运转不停；这种组织，从家庭、公司、同业协会、直到国家本身，我们称为'制度'。"① "这种运行中的机构本身是一个比较大的单位，可以比作生物学上的费尔默所谓'有机体'，或是物理学上的洛克所谓'机构'。可是它的组织成分不是活的细胞、不是电子、不是原子——而是'交易'。"② 这无疑忽视和弱化了制度作为规则和规范的基本方面。

四、制度是一种"组织"

康芒斯突出了制度的实体含义，将制度看成一种"运行中的机构"。其实，最早将制度作为一个社会学专门术语的斯宾塞，他所用"制度"一词指称的，就是"履行社会功能的机构"③。制度的这一含义也被沿用至今。

诺思等人甚至直接把制度等同于组织，把制度与组织看成是一回事。他们在考察了西方近现代制度的演进轨迹之后，得出了如下结论："有效率的经济组织是经济增长的关键；一个有效率的经济组织在西欧的发展正是西方兴起的原因所在"，因为有效率的经济组织，能够"在制度上作出安排和确立所有权以便造成一种刺激，将个人的经济努力变成私人收益率接近社会收益率的活动"。④ 拉坦把制度与组织看做是一回事，他说："人们常常将制度与组织区分开来。一种制度通常被定义为一套行为规则，它们被用于支配特定的行为模式与相互关系。一种组织则一般被看做是一个决策单位——一个家庭，一个企

---

① 康芒斯著，于树生译：《制度经济学》（上册），商务印书馆 1997 年版，第 86 页。
② 康芒斯著，于树生译：《制度经济学》（上册），商务印书馆 1997 年版，第 74 页。
③ 邓肯·米切尔主编，蔡振扬等译：《新社会学词典》，上海译文出版社 1987 年版，第 177 页。
④ D. C. 诺思等著，厉以平等译：《西方世界的兴起》，华夏出版社 1992 年版，第 5 页。

业、一个局——由它来实施对资源的控制。就我们的目的而言，这是一种没有差别的区分。一个组织（例如一个家庭或一个企业）所接受的外界给定的行为规则是另一组织的决定或传统的产物，诸如有组织的劳工，一个国家的法院体制或一种宗教信仰。"[①] 我国学者李建德把组织看成是制度本身，他说："组织不仅是人们进行活动的场所，而且是规则的集合。这些规则先于组织的个别成员而存在，因此，组织也就是人们作出选择时所处的博弈结构。组织正是通过规则，影响着参与人的策略以及对他的支付，从而制约着人们的选择。不同的组织，有着不同的规则集合，也就形成不同的博弈结构。"[②]

只不过，诺思并没严格按照他对制度概念的界定去运用这一概念，这是他的矛盾所在。他一方面把制度与组织严格分开，另一方面又把制度等同于组织。他曾经十分通俗而又明确地说，"制度是一个社会的游戏规则"，而组织就是游戏的参与者，是具有实现组织目标的共同意图约束的个人集团。它们包括政治集团（政党、参议院、市政委员会、管理机构）、经济集团（企业、贸易团体、家庭农场、公司）、社会集团（教堂、俱乐部、体育协会）、教育集团（学校、大学、职业培训中心）。为了强调自己不同于康芒斯的研究路径，他十分明确地表示不同意把组织与制度混淆起来。他说："本研究的一个重要特点是将制度与组织区分开来"，"本研究所要强调的是作为游戏规则基础的制度，我们对组织（和它们的企业家）的关注主要集中于它们对制度变迁的代理人的作用"。[③] 布罗姆利的研究路径大致与诺思一致，他也认为，"制度为规则、准则和所有权，而不是由这些规则、准则和所有权所确定的组织机构"。[④]

五、制度是一种行为模式

在持这一思路的学者之中，最具代表性的，可能要算亨廷顿了。他认为："制度就是稳定的、受珍重和周期性发生的行为模式。"[⑤] 在此，亨廷顿所强调

---

① R. 科斯等著，刘守英等译：《财产权利与制度变迁》，上海三联书店 2000 年版，第 329 页。

② 李建德著：《经济制度演进大纲》，中国财政经济出版社 2000 年版，第 184 页。

③ D. C. 诺思著，刘守英译：《制度、制度变迁与经济绩效》，上海三联书店 1994 年版，第 6 页。

④ D. W. 布罗姆利著，陈郁等译：《经济利益与经济制度》，上海三联书店 1996 年版，第 44 页。

⑤ S. P. 亨廷顿著，王冠华等译：《变化社会中的政治秩序》，生活·读书·新知三联书店 1989 年版，第 12 页。

的是制度的过程性一面，他定义"制度"的初衷，就是要说明"制度化"概念。在他看来，所谓现代化，其核心和要害就是制度化，而制度化，就是现代社会组织和规范程序获得人们稳定的价值认同的进程。在深入系统地研究了处于社会现代转型期的国家的政治实践基础上，亨廷顿作出的基本结论是：现代化的关键不是建构某种合理有效的制度框架，而是如何将现代制度转化为人们的行动，变成人们的行为模式。从这种意义上说，他从制度化的角度，把制度规定为一种行为模式，这并不是没有道理的。

其实，将制度与行动或行为联系起来，是社会学界定制度的一种基本方式。社会学家米切尔在总结了社会学家对制度的规定之后，就十分明确地指出，几乎所有学者都在这样的意义上使用了"制度"一词："制度是已建立的行为方式"。①

六、制度是一种"习惯"

"制度"一词，凡勃伦虽曾在许多场合中加以使用，但他却没有明确地给出有关它的一个完整的定义。《有闲阶级论》一书是讨论制度的较详细的著作。也许是由于受到达尔文进化论的影响，凡勃伦总是将制度纳入生存竞争分析的框架之中。他认为，人类在社会中的生活，正同别种生物的生活一样，是生存的竞争或淘汰适应过程；而社会结构的演进，却是制度上的一个自然淘汰过程。人类制度和人类性格的一些已有的和正在取得的进步，可以概括地认为是出于最能适应的一些思想习惯的自然淘汰，是个人对环境的强制适应过程，而这种环境是随着社会的发展、随着人类赖以生存的制度的不断变化而逐渐变化的。就制度而言，不但其本身是精神态度与性格特征的一般类型所形成的淘汰适应过程的结果，而且它也是人类生活与人类关系中的特有方式。因此，反过来说，它也是淘汰的有利因素。这就是说，变化中的制度也足以促进具有最相适应的气质的那些人的进一步汰存，足以使个人的气质与习性，通过新制度的构成，对变化中的环境作进一步的适应。他进而把制度理解为"思想习惯"、"流行的精神态度"或"流行的生活理论"。"制度必须随着环境的变化而变化，因为就其性质而言它就是对这类环境引起的刺激发生反应时的一种习惯方式。而这些制度的发展也就是社会的发展。制度实质上就是个人或社会对有关的某

---

① 邓肯·米切尔著，蔡振扬等译：《新社会学词典》，上海译文出版社 1987 年版，第 177 页。

些关系或某些作用的一般思想习惯；而生活方式所由构成的是，在某一时期或社会发展的某一阶段通行的制度的综合，因此从心理学方面来说，可以概括地把它说成是一种流行的精神态度或一种流行的生活理论。如果就其一般特征来说，则这种精神态度或生活理论，说到底，可以归纳为性格上的一种流行的类型。……人们是生活在制度——也就是说，思想习惯——的指导下的，而这些制度是早期遗留下来的。……今天的制度——也就是当前的公认的生活方式。"① 在《不在所有者和近代企业》一书中，凡勃伦曾将制度定义为"一种自然习俗，由于被习惯化和被人广泛地接受，这种习俗已成为一种公理化和必不可少的东西。它在生物学中的对应物，类似于各种习惯性的上瘾"。② 可见，凡勃伦的制度定义更多的是对制度起源的一种认识，而且强调了制度的内在性和与人的行为的内在契合，即所谓的"上瘾"。凡勃伦的制度定义无疑弱化、淡化了制度的外在强制性。

后来的一些历史制度主义者将"制度"界定为嵌入政体或政治经济组织结构中的正式或非正式的程序、规则、规范和惯例。诚如豪尔等人所说："历史制度主义所说的制度是与组织和正式组织所制定的规则和惯例相连的。"③

七、制度是一种规范化、定型化了的正式行为方式与交往关系结构

制度是从非个人关系角度表示一种人与人之间关系且具有规范意义的范畴。我国学者高兆明从政治、伦理学的角度，将制度定义为："规范化、定型化了的正式行为方式与交往关系结构，这种规范化、定型化了的正式行为方式与交往关系结构，受到一定权力机构的强有力保障，它表现于外则体现为具有管束、支配、调节作用的行为规则、程序。"④

这一制度定义与制度经济学派（尤其是以诺思为代表的制度经济学派）的区别在于，它是在一种更为严格规定，且更为狭义的立场上理解制度的，特别重视制度作为规范化、定型化了的行为方式与交往关系结构这一客观内容。这一思路大致与罗尔斯的旨趣相似，罗尔斯曾说："我要把制度理解为一种公开的规范体系，这一体系确定职务和地位及它们的权利、义务、权力、豁免等

---

① 凡勃伦著，蔡受百译：《有闲阶级论》，商务印书馆2002年版，第139～140页。
② 张宇燕著：《经济发展与制度选择》，中国人民大学出版社1992年版，第110页。
③ 薛晓源等主编：《全球化与新制度主义》，社会科学文献出版社2004年版，第196页。
④ 高兆明著：《制度公正论》，上海文艺出版社2001年版，第27页。

等。"① 作为客观化了的且具有一定约束力的行为方式与交往关系结构，制度是对社会成员权利—义务关系的一种客观性安排，或者说制度是一系列权利—义务或责任的集合。制度之所以能具有这样一种社会功能，就在于制度本身是社会成员权利—义务关系的实体性存在。制度首先体现的是一种权利—义务关系，一套制度安排的核心就是其下各类人的不同权利及其相对称的义务的总和，权利实质就是规定人们的行为规则和活动空间，义务则是行使权利的约束与责任。无权利的人们也不承担义务，无义务的人们将滥施权利，两者均可导致制度的毁灭。

从上面的分析可以看出，不同学者总是站在自己的学科领域，出于自己理论研究的需要，去理解和界定制度，结果往往是片面地抓住了制度的某一（些）方面、因素、层面，其解释力也必然会存在各种局限和缺陷。从方法上分析，这与他们缺乏对制度进行辩证唯物主义和历史唯物主义的反思不无关系。这需要我们在对各学科有关制度的研究成果进行系统总结和概括的基础上，在马克思主义哲学方法论的指导下，结合教育自身发展规律，给出一个能够解释各种教育制度现象的科学的教育制度定义。

第二节　教育制度不是什么

教育制度是一个涵盖范围极广的概念。不过，即使这样，它也不可能囊括一切。人们在理解和界定教育制度的时候，常常忽视了对教育制度概念的边界和外延的界定，把许多非制度的因素放进教育制度定义里去，结果使有关教育制度的讨论出现了一些不必要的混乱。只有对教育制度与非教育制度作必要的划分，在廓清了教育制度不是什么之后，我们才能从理论上科学地把握教育制度的基本内涵。这在存在"泛制度主义"倾向的今天，尤其显得重要。

何谓教育制度？答案似乎已很明白，从字面上看，教育制度是教育活动的规则、规范或规矩。从角色而言，教育制度是社会制度的重要组成部分和关键因素。这一切，从研究方法论上看，都是以"教育制度是……"为取向的。我们不妨换一种研究取向，即从"教育制度不是……"去探究教育制度的本质，那么，教育制度究竟有哪些"不是……"？

---

① 约翰·罗尔斯著，何怀宏等译：《正义论》，中国社会科学出版社 1988 年版，第 50 页。

一、教育制度不是教育组织

（一）教育制度与教育组织的区别

何谓组织呢？陈奎憙认为："所谓组织，简言之，即一群人彼此之间分工合作，为达成某一目的而形成的一种有机的结构。"在他看来，"一个正式组织至少应具备三个条件。首先，必须有共同的宗旨或目标；正式组织均以完成某种特殊任务为目的。其次，一个组织中必须有比较固定的交互作用的形态；这种形态逐渐形成权力或权威的结构，此即科层体制（bureaucracy）之由来。第三，协调合作为一个组织的基本活动；高度科层体制形成后，必须通过相当的协调合作，才能完成组织的目标。这种协调作用表现于组织成员之间的就是能够充分沟通彼此的意见。"[①] 现代管理理论鼻祖巴纳德认为，组织是指"有意识地协调两个以上的人的活动或力量的一个系统"。[②] 杨俊一认为："组织是各种资源的结合体。它们具有一定的目的，并在适当的时期内持续存在。组织在一定程度上是由其领导层以科层制方式来协调的。"[③] 现实中不存在什么一般的抽象的组织，存在的只是各种具体的组织，各种组织要素诸如管理主体、管理客体、组织环境以及组织目的必须以一定的方式结合起来，才能构成现实的具体的组织。芮明杰等人则将组织区分为有形的组织机构与无形的组织活动："从实体角度看，组织是为实现某一共同目标，经由分工与合作，及不同层次的权力和责任制度而构成的人群集合系统。""无形的'组织'活动，是指在特定环境中为了有效地实现共同目标和任务，确定组织成员、任务及各项活动之间关系，对资源进行合理配置的过程。"[④] 简言之，组织是人们按照一定的目的、任务和形式联合而成的集体或结成的同盟，它是由生活在其中的人们选择和决定的，同样也制约着人们的行为。当然，人与人之间还需要进一步扩大合作的范围，这时，就往往采取组织与组织之间、组织与个人之间的合作。

何谓教育组织呢？教育组织是学校、办学机构、教育管理机构的总称。教育组织不仅提供了人之生存与发展的各种基本条件，而且也创造了人之心智潜能、品行形成与发展的可能空间。从最广泛的意义上讲，所有不是由市场这只

① 陈奎憙著：《教育社会学》，（台湾）三民书局印行1990年版，第187页。
② G. L. 巴纳德著，孙耀君等译：《经理人员的职能》，中国社会科学出版社1997年版，第60页。
③ 杨俊一等著：《制度哲学导论》，上海大学出版社2005年版，第187页。
④ 芮明杰主编：《管理学》，上海人民出版社1999年版，第76页。

"看不见的手"指导的教育活动，都是有组织的活动。

在现实教育生活中，一些学者往往把教育制度（educational institution）等同于教育组织（educational organization）。细田俊夫指出："一般所谓'制度'，系指国家或社会具有统制力量的组织机构而言，此制度所能表现的机能，则因其所具有的统制力量的方式而异。"① 仲新等人认为："教育制度，即教育的机构及功能，依据法规并以社会传统或教育观为基础而成立或发展的教育组织。教育制度即教育政策借法规而具体化的设施，也可以说是以教育法令为中心的组织。"② 台湾学者也认为："教育史之研究，可就教育思想与教育制度两端入手。教育思想史，侧重历代贤人哲士、学者专家对教育问题所持之见解与理论；而教育制度史则以历朝教育行政组织及学校教育之设施为重心。"③ 国内教育学界对教育制度与教育组织的关系也未能进行认真的爬梳，往往也认为构成教育制度的基本要素是"规范"和"组织"。成有信认为："现代教育制度是现代国家各种教育机构系统的总称。……不但包括教育的各种施教机构系统，而且还包括教育的各种管理机构系统。"④ 国内十二所重点师范大学联合编写的《教育学基础》认为："教育制度是指一个国家各级各类教育机构与组织的体系及其管理规则。它包括相互联系的两个基本方面：一是各级各类教育机构与组织的体系；二是教育机构与组织体系赖以存在和运行的一整套规则，如各种各样的教育法律、规则、条例等。""教育制度不仅包括教育的各种施教机构与组织，而且包括教育的各种管理机构与组织；教育的施教机构与组织既包括学校教育机构与组织，也包括幼儿教育机构与组织、校外儿童教育机构与组织、成人教育机构与组织，等等。"⑤

实际上，如果我们不对"教育制度"与"教育组织"进行有效的区分，那么，制度分析在教育组织分析中兜圈子的情况就会一而再、再而三地发生。米亚拉雷等人曾指出："制度应该从组织这个含义上，从组织的全部意义上，也许可以说从亚里士多德所说的组织的'灵魂'这个意义上来理解。只要这种认

---

① 细谷俊夫等著，林本译：《世界各国教育制度》，（台湾）开明书店印行 1975 年版，第 1 页。

② 仲新等著，雷国鼎等译：《学校制度》，（台湾）中华书局 1972 年版，第 2~3 页。

③ 雷国鼎著：《西洋近代教育制度史》，（台湾）教育文物出版社有限公司 1985 年版，第 1 页。

④ 黄济等主编：《现代教育论》，人民教育出版社 1996 年版，第 255~256 页。

⑤ 国内十二所重点师范大学联合编写：《教育学基础》，教育科学出版社 2002 年版，第 85 页。

识还没有完成，实践者和研究者就只能在组织分析的圆形场地中兜圈子。"① 组织分析往往从组织理论关于正式组织的必备特征出发，来制定一些关于教育组织的指标，诸如组织效率、组织气氛、组织中人的作用等。欧文斯曾说："从20世纪50年代中期开始，人们越来越关注如何去更好地理解组织结构特征、组织成员的个性特征（及其相应的需要）与工作中的行为的关系。"② 以上述指标来与现实组织对照，从而确定组织变革的方向，同时对教育组织中的教育制度作某种程度的说明。这种分析一般在以下三个层次上展开："在第一个层次上，我们可以把组织看成追求目标而工作的个人的集合。在第二个分析层次上，可以把重点放在组织成员在小组、群体和车间中的相互影响上。最后，我们可以把组织视为一个整体来分析组织行为。"③ 它主要关心两个基本问题：第一个问题是组织对其成员的思想、感情和行动的影响方式；第二个问题涉及组织的各个成员的行为方式及其绩效对整个组织绩效的影响。④ 一般而言，这种组织分析是很常见的。人际关系和组织气氛的研究常常取代了影响人际关系与组织气氛的制度研究。然而这种情况对于力图建立制度教育学的学者们来说，无疑是沉重的打击。为此，米亚拉雷等人指出："组织分析根据对组织进行类比描述的参考模式是有生命物还是机器，从而可以告诉我们，组织的运转怎样会有好坏，组织的机能有什么不良，组织有哪些危机、毛病和故障；它可以在这个范围内告诉我们组织为什么这样运转（假设有一种合适的解释决定论），但它永远无法告诉我们这类组织为何占有优势，更不能一下子告诉我们是什么原因和为了什么，人们同样很容易放弃指责这种组织。现代社会科学中有关人类行为学的大部分研究（从 T·帕森斯到 P·布迪厄和 M·克罗齐埃）就停留在这一水准上。由于未把组织和制度加以区分，人们只能抱克制态度，不去问及某事为什么产生，尤其是不去问及社会机器的运转情况，只限于在发挥组合功能这一毫无争议的公理范围内谋求革新、改革和调整。这种由功能主义的偏见实现的布局既是政治方面的，又是认识论方面的。强调制度的实用功能，贬低制度的象征性功能，忘记个人、团体或社会有想象不存在之物的能力，亦即忘记人的发明创造能力，这些都使学校的再生产功能在体系内得以巩固和合法

---

① Gaston Mialaret, Jean Vial 主编，张人杰等译：《现代教育史（1945年至今）》，五南图书出版公司1993年版，第118页。

② R. G. 欧文斯著，窦卫霖等译：《教育组织行为学》，华东师范大学出版社2004年版，第84页。

③ 休·阿诺德等著：《组织行为学》，中国人民大学出版社1990年版，第5页。

④ 休·阿诺德等著：《组织行为学》，中国人民大学出版社1990年版，第1~2页。

化……尽管组织社会学的意图是批判性的，但当这种学说想要有所行动时（由于实证主义偏见的缘故，这不是最常见的现象），它仍然是那种要从决定论实体和已订制度的影响出发的命定的社会学。制度分析是反社会学的（与社会学中这些居于支配地位的观念相比较而言）。"[1]

作为制度、组织亚层次概念的教育制度、教育组织，两者之间具有可通约性，因此，诺思对制度与组织的区分，对于我们区分教育制度与教育组织无疑具有方法论的意义。诺思认为，组织是在基础规则即制度约束下，为实现一定目标而创立的个人团体。制度类似于运动员的比赛规则，而组织则是运动员在该规则下为赢得比赛胜利，把其策略和技能加以组织或模型化的方式。制度是"基本规则"，这一规则不仅创造了一系列机会，也形成了约束，组织是在既定约束下为了捕捉这些机会以实现一定目的而创立的。组织的存在和演进受到制度的根本影响。[2] 诺思曾以团队体育比赛里的规则来比喻制度，并对制度与组织的区别进行了分析。在一场足球比赛中，两个球队必须严格按照事先确定的正式规则来踢球。这些规则相当于一个社会的法律规则，同时，队员们还要遵守一些不成文的规则，如不能暗中有意使对方某个主要队员受伤等。这相当于社会里的习俗和道德。队员无论是违反哪种规则，正式的也好，不成文的也好，都要受到相应的惩罚。如果说制度是规则，那么，组织是什么呢？在诺思看来，组织是社会"玩游戏"的角色，是规则之下受约束的行动者，但同时通过反向作用又是规则的制定者。在球队这个比喻中，比赛规则是制度，球队是组织。可见，组织与制度最大的不同在于一个组织具有目标，而制度没有。一个球队的目标是通过应用一定的策略（包括违反规则）赢得比赛，而球赛的规则只是裁判这些策略是否违规，并规定相应的惩罚。在此，我们应注意的是：诺思在论述要区分组织与制度时，举例说了应当区分运动的规则和运动队的策略。[3] 诺思的这一主张本身并没有错。不过，重要的是，在这里需要区分的是不同层次的规则和不同层次的组织。球赛的规则和球队的规则并不在同一个层次上，这两种规则的载体也就不同。因此，球赛的组织与球队的组织也并不在一个层次上。规则所规范的可能是个人也可能是组织。赖以形成合作的共同信

---

① Gaston Mialaret，Jean Vial 主编，张人杰等译：《现代教育史（1945 年至今）》，（台湾）五南图书出版公司 1993 年版，第 118 页。

② D. C. 诺思著，刘守英译：《制度、制度变迁与经济绩效》，上海三联书店 1994 年版，第 5～7 页。

③ D. C. 诺思著，刘守英译：《制度、制度变迁与经济绩效》，上海三联书店 1994 年版，第 5 页。

息，可以是在两个人之间，也可以是在两个组织之间。在球队中，球员个人是规则的玩家；在球赛中，球队是规则的玩家。因此，我们不能把一个层次上的规则与另一个层次上的组织混淆起来。除诺思外，柯武刚、布罗姆利等人也不赞同把制度等同于组织的做法。柯武刚认为，组织不是制度，组织是有目的的，而制度是没有目的的。"普通英语的习惯用法经常将这里所定义的制度与'组织'混为一谈。组织是对资源的系统安排，其目的在于实现一个共同目标或目标集。因此，公司、银行、政府机构是有目的的组织，而基督教的'十诫'和交通规则却是制度。"① 布罗姆利的研究路径大致与诺思一致。他在《经济利益与经济制度》一书中对拉坦等人将组织当做制度并在此基础上建立诱致性制度变迁模型提出了质疑。他说："如果对制度的定义不能对作为'便于协调人们行为的社会规则和准则'的 institutions 与作为诸如市政委员会、大学、教堂、农业研究所和其他政府机关之类组织的 institutions 作出区分，那么就有理由对建立在这一概念之上的制度创新模型抱持谨慎态度。……认为这个制度创新模型可以把市政委员会——或者市政办事机构同样看做是一个 institution，就是否认该模型有任何意义。如果说想为市政委员会的变化建立一个模型，那又有什么意义呢？人们为其建立模型，或者试图解释、预测的是市政委员会运行规则的变化，或者说它沿袭的确定我相对于我植树邻居的法宝地位的规则的变化。"② 他认为，"制度为规则、准则和所有权，而不是由这些规则、准则和所有权所确定的组织机构"。③

教育制度不同于教育组织，主要表现在两者的着眼点不同。教育制度强调规则及其制约作用，而教育组织强调的是主体及其行为能力。尽管各种教育组织内部存在各种各样的作为规则的教育制度，但教育组织本身并不是教育制度，因为，教育组织机构往往是具体的。例如，牛津大学作为一个国际著名的大学，它是一个典型的教育组织，我们能不能说牛津大学是教育制度呢？显然不能。这里，人们之所以会将教育组织看做教育制度，主要是没有将教育组织与教育组织制度区别开来。所谓教育组织制度，指的是有关教育组织这种主体的构造形式或结构的内部规则，它是不同教育组织区分开来的依据。例如，教育行政组织与学校组织所以不同，就在于其内部构造规则不同。布罗姆利曾

① 柯武刚等著，韩朝华译：《制度经济学》，商务印书馆 2000 年版，第 33 页。
② D. W. 布罗姆利著，陈郁等译：《经济利益与经济制度》，上海三联书店 1996 年版，第 28～30 页。
③ D. W. 布罗姆利著，陈郁等译：《经济利益与经济制度》，上海三联书店 1996 年版，第 44 页。

说:"学校、企业和期货市场只有从制度上理解才有意义;这些组织之所以存在只是因为有界定它们的一套工作规则。一家公司作为一个独立的法律实体而存在只是因为有一套工作规则(所有权)定义什么是以及什么不是一家公司。期货市场、学校和医院同样如此。制度界定某些组织或社会规则,但最好不要认为这种规则和组织是制度。它们只是由制度界定的。在制度中有两类工作规则和社会组织有关。(1)通过社会其他部分界定一个组织的制度;(2)描绘出组织内部特征的制度。这两类制度可以在权力授予法、宪法、地方法规、宪章或者组织的行政法规中找到。"① 其次,教育制度和教育组织是不相同的。教育制度是"教育游戏"的规则,是人们创造的、用以约束人们相互交流行为的框架。如果说教育制度是"教育游戏"的规则,那么教育组织就是社会玩游戏的角色。教育制度是"教育游戏"规则,而教育组织是"游戏人"。再次,教育制度是一般规则,它旨在规范教育个体的行为。教育组织是具体规则,它旨在协调教育个体的行为。复次,教育制度不但适用于教育个体,还适用于教育组织。

(二)教育制度与教育组织的联系

我们说教育制度不是教育组织,并不意味着教育制度与教育组织没有关联。教育制度与教育组织是两个不同的概念,但两者的关系是互动的。在给定教育制度的条件下,教育组织会做出相应的调整,或者,新的教育组织将出现,以适应这个教育制度。但是,教育组织不是教育制度的被动接受者,相反,它们是教育制度的制定者。每个教育组织为了自己的利益都会有兴趣参与教育制度的制定,特别是当它的参与对教育制度的制定起重要作用的时候。其次,教育制度与教育组织往往是一个事情的两个侧面,很难将其严格地区别开来。V·W·拉坦甚至说:"人们常常将制度与组织区分开来。一种制度通常被定义为一套行为规则,它们被用于支配特定的行为模式与相互关系。一种组织则一般被看做是一个决策单位———一个家庭,一个企业、一个局———由它来实施对资源的控制。就我们的目的而言,这是一种没有差别的区分。一个组织(例如一个家庭或一个企业)所接受的外界给定的行为规则是另一组织的决定或传统的产物,诸如有组织的劳工,一个国家的法院体制或一种宗教信仰。"②

---

① D. W. 布罗姆利著,陈郁等译:《经济利益与经济制度》,上海三联书店1996年版,第54页。
② R. 科斯等著,陈昕主编:《财产权利与制度变迁》,上海三联书店1994年版,第329页。

涂艳国认为："教育制度是指一个国家各级各类教育机构与组织的体系及管理规则。它包括相互联系的两个基本方面：一是各级各类教育机构与组织体系；二是教育机构与组织体系赖以存在和运行的一整套规则。……就教育机构与组织体系而言，教育制度不仅包括教育的各种施教机构与组织，而且包括教育的各种管理机构与组织。"① 那么，教育制度与教育组织究竟有何联系呢？

首先，教育组织本身就是规则，准确地说，教育组织是一定规则的集合。西蒙认为："组织一词是指群体内人们交流的复杂模式和其他关系。该模式给群体中每个人提供了决策所需的大量信息、假设、目标和态度，同时也给他提供了关于群体内其他人所作所为和别人对自己言行的反应的一系列稳定和可理解的预期。"② 教育组织不仅是人们进行教育活动的场所，而且是规则的集合。这些规则先于教育组织的个别成员而存在，因此，教育组织也就是人们作出教育选择时所处的博弈结构。教育组织正是通过规则，影响着参与人的策略以及对他的支付，从而制约着人们的教育选择。不同的教育组织，有着不同的规则集合，也就形成不同的博弈结构。简言之，教育组织，不仅是人们之间进行博弈的具体场所，而且也是一组约束博弈参与人行为的规则集合。

相同的教育组织具有相同的规则，而不同的规则形成不同的教育组织。因此，教育组织可以按各自不同的规则集合而进行分类。正如凯尔森所说，如果个人的"相互行为由秩序、规范制度所调整时，他们才被组织起来。构成这一联合，使几个人组成一个联合的，就是这种秩序，或者就是说这种组织"，"社团及'其'法律、调整某些人行为的规范秩序以及由秩序所'构成'的联合（共同体），并不是两个不同的本体，它们是同等的。说社团是一个联合或一个共同体只不过是表示秩序的统一体的另一种方式而已。"③ 同时，也应根据不同的教育组织形态选择具体、不同的教育制度形式。孟德斯鸠曾说："为某一国人民而制定的法律，应该是非常适合于该国的人民的；所以如果一个国家的法律竟能适合于另外一个国家的话，那只是非常凑巧的事。"④

其次，教育规则是无形的，而教育组织则是有形的。不论是教育的基本规则还是形成一定教育组织的规则都是如此。如果说，正式规则还可能有一个自

---

① 全国十二所重点师范大学联合编写：《教育学基础》，教育科学出版社 2002 年版，第 85 页。

② 青木昌彦著，周黎安译：《比较制度分析》，上海远东出版社 2001 年版，第 97 页。

③ 汉斯·凯尔森著，沈宗灵译：《法与国家的一般原理》，中国大百科全书出版社 1996 年版，第 111 页。

④ 孟德斯鸠著，张雁深译：《论法的精神》（上册），商务印书馆 1997 年版，第 6 页。

身存在的物质形式，比如，一个教育法律文本，一张贴在墙上的学生守则，但是，这并不是规则的物质形态，而是规则表达的物质形态。对非正式规则而言，就连这个表达的物质外壳也不存在。而教育组织通常都是有形的，因为，教育组织既有一定的教育活动场所，也有或多或少的组织成员。

再次，教育规则相对于教育组织而言是稳定的，而教育组织则总是处于变化之中。尽管人员不断地流动，但是规则的稳定性保证了教育组织的稳定。而当教育组织的规则遭到破坏，或教育组织的规则失灵、失效，不管教育组织成员的愿望如何，教育组织最终会瓦解。

第四，教育制度与教育组织的关系是互动的。在给定教育制度的条件下，教育组织会做出相应的调整，或者，新的教育组织将出现，以适应这个教育制度。例如，在计划经济这种制度下，衡量高等学校表现的是学生的数量，高等学校的目标自然是毕业生数量的最大化；相反，在市场经济条件下，计划被废除了，高等学校的目标自然转向了学生质量的最大化，否则的话它就无法生存。但是，教育组织不是教育制度的被动接受者，相反，它们是教育制度的制定者。每个教育组织为了自己的利益都会有兴趣参与教育制度的制定，特别是当它的参与对教育制度的制定起重要作用的时候。

第五，任何教育规则都是通过教育组织来体现的，或者说，教育组织是教育制度的载体和化身。一个教育组织之所以能够成为一个组织，就是因为它有一套明确的、具有约束力的运行和协调规则，这套规则为教育组织内的每个要素所理解和遵守。反过来说，一定的教育制度或规则总是以一定的教育组织为对象，起到制约和协调教育组织之间及其内部的各种关系的作用。不存在没有规则的教育组织，就像不存在没有实施对象的教育规则一样，谢维和指出："所谓教育制度的组织系统，这里指的是一定社会中教育制度的目标得以实现和规范得以运行的基本载体，包括必要的组织机构和各种实体性要素……任何教育制度中的目标系统和规范系统都必须通过学校和其他教育组织的活动加以实现。社会的各种教育组织和教育机构，把具有各种共同需要的人们集中在一起，根据一定的目标和职能，通过对组织成员的规范，从而体现一定教育制度的要求和实现其目标。从另一个角度看，教育制度也必须通过各种教育组织的规章制度表现出来，并体现在学校或其他教育机构的各种成文或不成文的习惯和风气之中。"① 不同类别的教育组织具有不同的教育规则，这些教育规则以该组织的边界为边界，这是因为教育组织必须遵循一定的规则才能形成，没有规

① 谢维和著：《教育活动的社会学分析》，教育科学出版社 2000 年版，第 220 页。

— 173 —

矩不成方圆。从这个意义上可以说，有形的教育组织是无形规则的载体。

总之，尽管教育机构、教育组织与教育制度密切相关，教育制度对教育机构、教育组织以及教育机构、教育组织内部的各种关系具有约束、协调作用，但教育制度毕竟不是教育机构、教育组织，教育制度也不仅仅是教育机构、教育组织存在与运行的规则。

二、教育制度不是教育体系或系统

在教育制度定义中，一些学者常常把教育制度等同于教育体系或系统。《中国大百科全书·教育》对教育制度作了两种解释：一是"指根据国家的性质制订的教育目的、方针和设施的总称"，二是"指各种教育机构系统"。[①] 顾明远主编的《教育大词典》对教育制度的定义是："一个国家各种教育机构的体系。包括学校教育制度（学制）和管理学校的教育行政机构体系。教育制度是一定社会历史阶段的产物，受一定社会的政治、经济、文化的影响和学生身心发展特点的制约。有的国家把教育制度看做按国家性质确立的教育目的、方针和设施的总称。"[②] 成有信认为："教育制度不但包括教育的各种施教机构系统，而且还包括教育的各种管理机构系统；教育的施教机构系统既包括学校教育机构系统，也包括幼儿教育机构系统、校外儿童教育机构系统和成人教育机构系统等等。所以说，教育制度是由上述这些教育机构构成的教育机构网络的总和，或这些教育机构系统的总称。"[③] 陈孝彬认为："教育制度是为实现一定社会的教育目的而建立起来的教育活动组织系统。"[④] 这种"教育制度"、"教育系统"研究，在张人杰看来，主要有如下特色：第一，用系统的概念来更新结构的概念，即从静态的观点过渡到动态的观点，突出教育系统的变动及其复杂性；第二，突出教育系统的时间性，也就是说，要从自然的时间概念过渡到社会学的时间概念；第三，突出教育系统中的信息概念，或者说，突出了机制上的联系要用功能上的一致和调节来取代；第四，突出社群的概念，把有关社群

---

① 中国大百科全书总编辑委员会《教育》编辑委员会：《中国大百科全书·教育》，中国大百科全书出版社 1985 年版，第 187 页。
② 顾明远主编：《教育大词典》（第 1 卷），上海教育出版社 1990 年版，第 68 页。
③ 黄济等主编：《现代教育论》，人民教育出版社 1996 年版，第 256 页。
④ 陈孝彬主编：《教育管理学》，北京师范大学出版社 1990 年版，第 116 页。

作为教育系统的关键。① 然而，这种研究的缺陷也非常明显，在我们看来，这种研究基本上都偏离了教育制度的范畴，背离了教育制度的内核。《教育大辞典》和《中国大百科全书·教育》中关于"教育制度"的定义把教育制度泛化了，泛化到了教育的精神方面（教育目的和教育方针属于教育思想范畴）和教育的物质方面（教育设施属于教育的物质范畴）。成有信关于"教育制度"的定义则把教育制度"窄化"了，窄化到了教育组织方面和教育机构方面。而两者唯独没有抓住教育制度的本质属性——教育规则。同时，这种研究还混淆了"教育制度"（educational institution）与"教育系统"（educational system）的概念。"所谓'系统'，是指由许多独立活动而又互相联系的因素，为了达到过去所宣布的目标而结合起来的总体。所以系统不仅是那些组成这个系统的许多因素，而且是使它发生作用的各个组成部分之间的组织关系。"② 查有梁认为："处在一定相互联系中，与环境发生关系的各个组成部分的整体，即是系统。"③而教育制度，最一般性的定义是：教育制度是教育活动的规则或教育行为的准则。谢维和认为："所谓教育制度，这里指的是整个教育领域中具有普遍性的、正式的行为规范的体系。它强调三个方面：其一，这种教育制度注重的是具有整体性和普遍性的行为规范，而不是个别的和零散的；其二，这种教育制度强调的是比较正式的行为规范，而不是一定约束性的风俗或习惯；其三，它基本上表现为一种规范体系，尽管规范体系的构成方式有所不同，但它们之间的联系却是稳定的和有机的。"④ 当然，在教育制度的各种类型中，教育法律制度最纯粹地表现着教育制度作为规则或规范的存在。从教育制度是规则或规范这一特定意义上说，教育法律制度是教育制度发展的最高形式。不过，即使是自发的教育习俗或教育习惯，也具有规范性的一面；即使是在人们不假思索的教育行为中，也必然有规则的存在，人们常常把这种规则称为默示的规则（或潜规则），以区别于教育法律制度一类明示的规则（或显规则）。简言之，教育制度只是教育系统的支撑框架，只是教育系统正常有效运转的一个基本条件，把教育制度等同于教育系统，无疑扩大了它的外延，并经常导致我们对教育制度本

① 张人杰著：《西方"学校社会学"研究》（上），《外国教育资料》，1987 年第 4 期，第 24～26 页。
② 联合国教科文组织、国际教育发展委员会编著，华东师范大学比较教育研究所译：《学会生存》，教育科学出版社 1996 年版，第 164 页，注释①。
③ 查有梁著：《控制论、信息论、系统论与教育科学》，四川省社会科学院出版社 1986 年版，第 85 页。
④ 谢维和著：《教育活动的社会学分析》，教育科学出版社 2000 年版，第 215 页。

身的忽视和对教育制度建设的轻视。因此，我们应该把对教育制度的分析和一般的系统分析区分开来。

教育制度分析面对的基本问题是：教育发展、人的全面而自由的发展究竟何以可能？人们既意识到存在着教育发展、人的全面自由发展的种种好处，尤其是经由专业化、专门化而带来的规模经济效益；但是人们也意识到，对专业化、专门化的任何形式的教育制度化都意味着对人的全面自由发展的压抑，意味着一些人可能从教育制度获得权力来奴役、束缚另一些人。在教育制度这样一种机械性的装置面前，或如韦伯所说的"铁的牢笼"面前，个人的一切欲望、情感、个性、内心世界、精神状态等等都被一概抹平了，或者被"悬置"起来了。人甚至成为教育制度这部大机器的零部件或"螺丝钉"，没有人性和个性，没有内心生活和情感，没有全面自由的发展，也没有自己的精神世界和生活世界，人们在"妄自尊大情绪的掩饰下产生一种机械的麻木僵化"，最终成为如韦伯所言的"专家没有灵魂，纵欲者没有心肝"。① 蔡元培在批判我国的旧教育制度时曾说："吾国之旧教育……是教者预定一目的，而强受教者以就之；故不问其性质之动静，资禀之锐钝，而教之止有一法，能者奖之，不能者罚之，如吾人之处置无机物然，石之凸者平之，铁之脆者煅之；如花匠编松柏为鹤鹿焉；如技者教狗马以舞蹈焉；如凶汉之割折幼童，而使为奇形怪状焉；追想及之，令人不寒而栗。""吾国教育界，乃尚牢守几本教科书，以强迫全班之学生，其实与往日之《三字经》、四书、五经等，不过五十步与百步之相差。"② 其实，这些弊端都是教育制度化惹的祸。诚如美国哲学家弗罗姆所言："我们无法选择问题，我们无法选择我们的产品；我们被推着前进——被什么力量？一种制度，一种任何目标及目的都无法超越的制度，这种制度使人成了附属物。"③

因此，面对已然存在的教育发展、人的全面自由发展，教育制度分析的基本任务便是指出理性的个人在何种条件下意识到参与或接受某种形式、类型、层次的教育带来的好处超过了成本，或者，指出理性的个人在何种条件下不得不遵从所处特定社会为其规定的教育行为方式，以及寻求改进其教育处境的基本途径。这就构成了教育制度分析的"效率"原则。另一方面，人的全面自由

---

① M. 韦伯著，于晓等译：《新教伦理与资本主义精神》，生活·读书·新知三联书店1996年版，第143页。

② 中国蔡元培研究会编：《蔡元培全集》（第3卷），浙江教育出版社1997年版，第337~338、339~340页。

③ E. 弗洛姆著，孙恺祥译：《健全的社会》，贵州人民出版社1994年版，第69页。

发展，意味着自由主体选择放弃一些可能的生活，投入到他选择去实现的另一些可能生活中去。在自由主体选择了的诸种可能生活当中，教育生活显然是最可能的一种。但是面对教育生活，自由主体必须进一步选择：不仅争取自身的全面自由发展，而且由于参与了教育生活，所以还必须争取其他社会成员的同等全面自由发展。同等全面自由发展就构成了教育制度分析的"公正"原则。而系统分析所面对的问题是：获得最大可能的教育效率何以可能。那么，何谓系统分析呢？"系统分析是……在不确定的情况下，就全部问题，找出其目标与各种可采用的方案，比较其结果，并以其对问题的判断与直觉，帮助决策者就复杂问题从事最好的抉择，并提供建议。"[1] 系统分析就是用环境的力量对一个组织不断地进行调整，使之处于流动的平衡状态，从而促使这个组织具有最好的结构。系统分析的目的是"根据行为的成就去确切地测量这个目标在当地范围内完成的情况，并把有限的因素统一起来，以求得合理的运筹模式"。[2] 只要系统使我们能够把许多因素结合成为一个统一的过程，也就能得到最大可能的效率。系统分析在此采用的是经济学的成本—收益分析方法，即，从各种备选方案中挑选出成本最低，收益最高的方案。可见，系统分析关注的是教育系统的各种构成要素，而不是作为教育系统支撑体系的教育制度。正如《学会生存》一书所说："看来，系统分析是一个理智的工具，可以用来对现有教育体系进行全面的、批判性的研究，并且还有可能提出一些用科学计算得出来的新的教育模式。"[3]

教育制度不是教育系统，教育制度是对教育系统遵循成本—收益原则所设计的教育模式的规范和约束。

三、教育制度不是教育关系

教育关系是人与人在教育教学过程中结成的相互关系，包括彼此所处的地位、作用和相互对待的态度等等。它是一种特殊的社会关系和人际关系，是教育教学过程中的人为实现教育目标，以各自独特的身份和地位通过教与学的直

---

[1] 杨国赐著：《系统分析在教育革新上的应用》，（台湾）水牛图书出版事业有限公司，1987 年版，第 8 页。

[2] 联合国教科文组织、国际教育发展委员会编著，华东师范大学比较教育研究所译：《学会生存》，1996 年版，第 164 页。

[3] 联合国教科文组织、国际教育发展委员会编著，华东师范大学比较教育研究所译：《学会生存》，1996 年版，第 164 页。

接交流活动而形成的多性质、多层次的关系体系。人之为人，不仅是世界上唯一的有意识、能思维、会创造的自身存在物，也是一种社会存在物。人只有在与他人结成的复杂的教育关系中才能获得全面自由的发展，才会充分的社会化。正是在这个意义上，马克思指出："人的本质不是单个人所固有的抽象物，在其现实性上，它是一切社会关系的总和。"[①] 而"社会关系的含义是指许多个人的合作。"马克思的这一结论对教育有着重要的意义：教育作为一种培养和造就人才的社会现象，决不可能脱离交往而独自存在，教育是根据一定社会的要求，在一定的教育交往前提下对新生一代施加影响，传授经验，将他们塑造成社会需要的人才的一种特殊的社会活动。教育交往活动的结果，不是像直接生产活动那样改变物质客体的形态，而是变革和更新人本身的社会存在形式，更新人与人之间的社会关系，形成某种教育共同体或教育组织。教育关系形成于人的教育交往活动之中，交往主体怎样交往，怎样同他人交换其活动，怎样安排教育生活，他的教育关系也就怎样。然而，教育关系一旦形成，则对人的教育活动构成限制。作为人与人的互动关系，教育关系的含义，用马克思的话来说，就是指"许多个人的共同活动"[②]。而许多个人的共同教育活动表现为人们之间的教育合作。合作是人的本质属性，也是人类存在和发展的基本方式，然而教育合作又与教育制度是分不开的。

首先，教育合作是以承认自由主体之间的各自独立性、自主性以及教育利益上的差异性、教育价值上的多元性为前提的，是不同教育利益主体之间的相互沟通。[③] 离开这种差异性，也就无所谓教育合作。罗尔斯对制度特性的分析，对于我们理解教育制度的这一特性无疑有方法论的启发意义。他认为，社会应当是一个"持久的、公平的社会合作体系"，而现代制度就是"要使社会成为自由平等的、被各自持有合理的综合性信条深刻分裂的公民间的一个公平稳定的合作体系"。[④] 所谓"综合性信条深刻分裂"，是指现代社会在世界化过程中出现的价值及信仰的多元化趋势。在趋势的多元化这种背景下，规则化、形式化的制度，就成为持相互分裂甚至对立的自由主体之间借以沟通、交往、互动和合作的公共结构和整合机制。英国政治思想家伯林说："各种价值尽管互不

---

① 《马克思恩格斯选集》（第1卷），人民出版社1995年版，第56页。
② 《马克思恩格斯选集》（第1卷），人民出版社1995年版，第80页。
③ 教育利益表现在三个方面：第一，发展权利与发展机会；第二，发展条件（或称为教育资源）；第三，发展水平和资格。
④ 刘军宁等编：《市场社会与公共秩序》，生活·读书·新知三联书店1996年版，第330~331页。

相容，但是它们的种类不可能无穷无尽。因为人性虽然歧异多变，却必须保有某些种属上的特性，否则就不再称为人性。"正是基于这个信念，他才笃定地宣称："世界上纵使没有普遍价值，至少也有某些最起码的规范。缺少这些规范，人类社会几乎无法生存。"① 由于现代制度的抽象性、明晰性、平等性和工具性，生活在多元文化传统中、持多元价值观的人们，可以通过中介化和理性化的制度规则形成对他人行为的稳定的预期机制，可以大大减少根源于价值多元化及复杂的多元互动所带来的不确定性因素，形成一种促进人们互动和交往的激励结构，并通过消除各种外部性来达到个人价值与社会价值的均衡。② 因此，我们可以说，教育制度只能存在于教育价值、教育态度的多样性和对不同教育价值、教育态度的宽容基础之上。

其次，教育制度的本质无非是某种特定的信息。如果个体只有个人信息，就无法与别人交流，不能交流就无法形成人与人之间的教育合作。在不能形成任何教育合作的情况下，私人信息就失去了意义。于是，一定的共同信息（common knowledge）——教育制度就是十分必要的了。教育制度作为信息，只有在你有、我有、他有、大家都有时，而且每一个人都知道你有、我有、他有、大家都有时才能发挥所需要发挥的作用。教育制度是且仅为共同信息时，才是对每一个个体有价值的。换言之，教育制度的主要特征之一，即它们是社会共有的：关于教育制度的存在和应用的知识，为相关教育团体和教育团体成员所分享。教育制度的这一特征将教育制度与经验法则区分开来。与针对某些个体教育行动者的教育规则不同，一个教育规则要成为教育制度，必须被确认为对社会所有人普遍适用。当然，这并不意味着，要求这类教育规则对所有教育行为者都同等对待，而是意味着，当教育团体成员参与到相关教育规则所覆盖的互动中时，他们了解这类教育规则对他们所有人都适用。

再次，进一步而言，不同利益、不同价值的主体之所以能进行教育合作，还在于他们之间有着共通性，这种共通性构成他们教育合作的中介和通道。这种共通性就是对物的依赖性。所谓现代社会，其实就是一个由以物为中介的自由主体所组成的社会。货币就是现代社会一种交换媒介的原型，布希丁把货币定义为："那些习惯上被用来交换各种各样其他财富的财富，它们被人们要求，主要是因为一种对于它们具有可以这样被交换的持久能力的信念。"③ 藤尼斯认

① 许纪霖主编：《公共性与知识分子》，江苏人民出版社 2003 年版，第 186~187 页。
② 袁礼斌著：《市场秩序论》，经济科学出版社 1999 年版，第 12~14 页。
③ P. 布劳著，孙非等译：《社会生活中的交换与权力》，华夏出版社 1988 年版，第 309 页。

为："面对金钱，任何人都是自由的和不受约束的。"① 哈耶克则说："钱是人们所发明的最伟大的自由工具之一"。② 只不过，货币的直接功能基本上局限于经济领域，社会生活及发生于其中的交换要比之广阔得多。布劳曾说："由于在社会交换中没有货币的准确配对物，没有任何东西像它那样流动——社会贡献的普遍主义标准和后天获致的地位发挥相似的功能。"③ 在社会生活领域，考试的分数、工作的成绩充当着像经济领域中的货币一样的功能，成为社会交换的"配对物"，成为社会生活中的普遍主义的尺度。事实上，就教育世界而言，对考试分数、能力的追求已经极大地推动了教育的发展和进步，这些普遍主义标准已经成为教育发展和进步的伟大杠杆，它为人类相互交换其智力、知识、信息找到了一个公共的标尺，为教育制度的建立提供了最基本的技术条件，它势如破竹地冲击着一切特殊主义的标准，诸如身份、地位、特权和血缘等等，从而极大地激发了人们学习的积极性和创造性。《学会生存》一书指出："现在又重新确认了一种意识形态，这种意识形态是以成绩优劣为根据的。从历史上讲，这种意识形态是民主的，因为这是以成绩优劣取得权利去代替过去那种以出身与幸运取得权利。"以"成绩优劣"为根据选拔人才，在一定程度上堵塞了"裙带关系或任人唯亲"。④ 因此，教育制度从某种意义上是通过对中介化的物性关系的调整，去协调相互独立的人与人之间关系的，把共同依赖于物的主体联结起来，形成他们之间的教育合作关系。

第四，教育合作从某种意义上来讲，是把彼此独立的个体聚合起来的一种共同的、有组织的教育活动，而这些教育活动的实施，又是通过制订参与教育活动的人必须遵守的共同规则来实现的。离开这些共同的规则，就不会有组织行为。

第五，教育合作绝非理想中的亲密无间，荣辱与共，教育合作以教育冲突为前提，是教育冲突的肯定形式。为了减少因为教育冲突而造成的损失，就必须通过制定相应的教育规则把冲突限制在一定的教育秩序范围内。可见，教育制度既对教育关系起着稳定性的作用，又能保证其有序性。

---

① F. 滕尼斯著，林荣远译：《共同体与社会》，商务印书馆 1999 年版，第 106 页。

② F. A. 冯·哈耶克著，王明毅等译：《通向奴役之路》，中国社会科学出版社 1997 年版，第 88 页。

③ P. 布劳著，孙非等译：《社会生活中的交换与权力》，华夏出版社 1988 年版，第 310 页。

④ 联合国教科文组织、国际教育发展委员会编著，华东师范大学比较教育研究所译：《学会生存》，教育科学出版社 1996 年版，第 105～106 页。

从上面的分析可以清楚地看出，教育关系虽然离不开教育制度，但它本身并不是教育制度。我们可以说教育制度是用来调节教育关系的规则或规范，但是，却不可以因此就将教育制度等同于教育关系，或者把教育关系等同于教育制度。因为，教育关系是教育行动者之间的互动结构和互动过程，它既有形式方面，又有关涉行动者目的和内在性的实质性方面。教育制度仅仅表征着教育关系的形式方面，对其内在的实质方面，则存而不论，或者说，教育关系的实质性方面不属于教育制度存在其间并发挥作用的领域。

因此，教育关系不同于教育制度，把教育关系看成是教育制度，这是不准确的。因为，教育关系作为在教育和教学过程中形成的人—人关系，的确是教育制度存在其间的领域，而且教育也只能在教育制度的规范与约束条件下进行，但是，教育制度只关注教育过程中人—人关系的规则方面或形式方面，界定什么样的关系是没有违反规则的，而不是对教育关系的一切方面都加以规范，因为教育制度只说明特定教育关系在形式上是否合理，但它不说明"为什么"合理，后一方面的问题只能由权力、地位、利益的实际占有情况来说明，或者由特定的教育传统或教育价值观等非制度因素来加以说明，如果将教育关系等同于教育制度，这无异于取消了教育制度这一问题本身。

四、教育制度不是教育政策或教育策略

行动者在教育活动或互动过程中所采取的各种策略不是教育制度。不论是个人行动者，或是像教育组织和国家一类的集体行动者，它们为达到某一特定目的所采取的各种教育策略、措施，严格地说也不是教育制度。因为，教育制度是目的各异的行动者之间互动的公共规则，它主要关涉行动的形式方面，而教育政策或教育策略则是行动者为了达到自己的特殊目的而采取的教育行动计划、方案、对策、措施、方法。正如罗尔斯所说，"我们有必要把一个确定各种权利义务的基本规则，与如何为了某些特定目标而最好地利用这个制度的策略和准则区别开来"。[①] 从学理的分析上而言，这是十分必要的。

如果说个人在教育活动中采取的各种策略不是教育制度，这不会有多大异议，但国家行动者所采取的各种教育策略（尤其是具有普遍性和正式性的教育政策），难道也不是教育制度吗？说国家行动者采取的各种教育策略、教育政策不是教育制度，这似乎很难取得共识。这一误读现象的产生，有其深刻的认

---

① 约翰·罗尔斯著，何怀宏等译：《正义论》，中国社会科学出版社1988年版，第52页。

识论根源。也就是说，人们往往分不清作为国策之一的教育政策与教育制度的区别，其认识论根源是国家行动者身份的双重性和双重化。一方面，国家是独立的行动者和教育决策者，为了实现自己的目的而采取各种教育策略，但另一方面，国家又是各种适用于包括国家在内的行动者的行动（及互动）规则的制定者，它确立和保障着教育制度的实施。如果将国家的这一双重身份混淆起来，就会导致对教育制度与教育政策的混淆，这不仅会引起不少理论上的混乱，而且不利于正确有效地进行教育制度建设。在这方面，我们是有深刻教训的。在建国后很长一段时间里，由于我们把教育法律制度简单地看成国家意志或统治阶段意志的体现，因而使教育法律制度政策化，同时又用教育政策取代教育法律制度，结果是取消了教育法律制度本身，用落后的"人治"取代先进的"法治"，这又影响和妨害了我国教育制度建设的正常进程。

（一）教育制度与教育政策的区别

"教育政策"一词在日常用语中，有时是指一种教育行为规则，如统一招生、统一分配政策等等；有时则是指政府的一种目标，如教育现代化政策，等等。在我们看来，只有教育规则意义上的教育政策才属于教育制度，目标意义上的教育政策则不属于教育制度。由于教育政策往往由国会或政府制订，故"规则性"教育政策在某种意义上属于教育制度（此处的教育制度意指一切由统治机关颁布的法律、法规、法令、政策），但它是这一教育制度定义中的非基本、非核心部分。它往往比这一教育制度定义中的基本部分、核心部分更易变动。之所以如此，是因为规则性教育政策往往是为了达到某种目标而制订的，一旦目标达到，教育政策便可放弃或改变。而这一教育制度定义中的基本制度、核心制度则不同，它们虽然也是与一定的目标相联系的，但它们的功能似乎主要是为了保持某种目标状态，而不是为了达到某种目标状态。

具体而言，教育政策与教育制度的区别主要表现在：

首先，教育政策与教育制度的属性不同。教育政策不具有国家意志的属性，它之所以能指导国家的教育事业和调整、解决教育工作中的问题，主要是由执政党的地位所决定的。而教育制度尤其是教育法律制度是国家意志的体现。教育政策必须由一定的国家机关根据执政党的教育政策的内容和精神，通过一定的法律形式和法定程序才能转化为国家的教育法律制度，才能成为人们普遍遵守的准则，才能依靠国家强制力保障实施。

其次，教育政策与教育制度产生的途径不同。教育制度的产生有两条途径：一是内在途径，二是外在途径。所谓内在途径是指教育制度的形成是从人类社会的教育发展经验中积累、演化而来的。它体现着过去曾最有益于人类解决教育问题的各种办法，并且对未来也有一定的价值。通过内在途径得来的教育制度也叫"内在教育制度"。柯武刚对"内在制度"的分析无疑有助于我们更好地理解"内在教育制度"。他说："规则及整个规则体系靠人类的长期经验而形成。人们也许曾发现过某些能使他们更好地满足其欲望的安排。例如，向约见的人问好的习惯可能也被证明是有用的。有用的规则如果被足够多的人采用，从而形成了一定数量（临界点）以上的大众，该规则就会变成一种传统并被长期保持下去，结果它就会通行于整个共同体。当规则逐渐产生并被整个共同体所了解时，规则会被自发地执行并被模仿。不能满足人类欲望的安排将被抛弃和终止。因此，在我们日常生活中占有重要地位的规则多数是在社会中通过一种渐进式反馈和调整的演化过程而发展起来的。并且，多数制度的特有内容都将渐进地循着一条稳定的路径演变。我们称这样一种规则为'内在制度'。"① 教育习俗、教育习惯、伦理规范等就属于"内在教育制度"的范畴，违反"内在教育制度"通常会受到共同体中其他成员的非正式惩罚。所谓外部途径是指教育制度的形成并非自发的，是因为人为设计而产生，并被自上而下地强加和执行的。通过外在途径得来的教育制度也叫"外在教育制度"。柯武刚对"外在制度"的理解同样有助于我们更好地分析"外在教育制度"。他说，"外在制度""因设计而产生。它们被清晰地制订在法规和条例之中，并要由一个诸如政府那样的、高踞于社会之上的权威机构来正式执行。这样的规则是由一批代理人设计出来并强加给社会的。这些代理人由一个政治过程选举出来，并高踞于社会之上。这样的规则最终要靠强制性法律手段来执行，如通过司法系统。我们称这些制度为'外在制度'。"② 教育法律制度、教育法规等就属于"外在教育制度"的范畴，它们是由一批代理人设计和确立的，这些代理人通过一个政治过程获得权威。"外在教育制度"配有惩罚措施，这些惩罚措施以各种正式的方式强加于社会并可以靠法定暴力的运用来强制实施。当然，"外在教育制度"的有效性在很大程度上取决于它们是否与内在演化出来的教育制度互补。"外在教育制度"既可以作为必要的后盾服务于"内在教育制度"，也可以在某种程度上取代"内在教育制度"。但是，如果用"外在教育制度"取代所有的"内在教育制度"，则会给教育发展带来灾难。柯武刚等人曾说："如果试图用外在制度来取代一个社会的所有内在制度，就会出现问题——就像20

---

① 柯武刚等著，韩朝华译：《制度经济学》，商务印书馆 2000 年版，第 35~36 页。

② 柯武刚等著，韩朝华译：《制度经济学》，商务印书馆 2000 年版，第 36 页。

世纪的各种专制政体的情形一样，它们推行越来越多损害市民社会内在运转的外在规则，监督和执行成本急剧上升，人们的自发动力萎靡不振，行政协调部门不堪重负。在那种情况下，外在协调常常导致行政失灵。"① 简言之，教育制度的产生既有内在途径，又有外在途径。

教育政策的产生只有外在途径，所有的教育政策都是由政策主体，包括政党、政府、政治团体以及利益集团等设计出来的。所有的教育政策都反映一个国家的政治决策、它的传统与价值以及它对未来的看法。可见，"教育政策首先是每一个国家的主权具有的职能"②。制定教育政策必须遵循一定的原则，第一，保证教育目标服从于全面目标；第二，全面的政治政策所准许的目的推演出实际的教育目标；第三，使教育目标和国家其他部门所采取的目标协调一致。但是，不能把教育政策缩减为宣布几条总的指导原则，它必须含有一个由许多特定目标组成的严密的统一结构，这些特定目标包括：反映某种人生观的，具有精神、哲学和文化性质的一般目标；符合国家主要抉择的政治目标；根据一定社会观点与发展观点所规定的社会经济目标；为了达到教育范围以外的某种目标，规定教育体系主要指导方针的广义的教育目标；在体系范围内，为各级各类教育机构或行动所认可的严格表示方向的教育目标。一旦决定了目标，只是把它们列举出来显然是不够的。"我们必须把这些目标按照它们的先后关系安排成为一个协调的整体并确定这些目标在这个整体中的地位。这样一个整体才称得上是教育政策。"③

再次，教育政策和教育制度的稳定性不同。从教育制度的起源看，"内在教育制度"具有相当大的稳定性，要想改变不太容易。俗语云"江山易改，本性难移"可谓是对"内在教育制度"特性的生动写照。"外在教育制度"与"内在教育制度"相比，稳定性较小，特别是一些教育团体的章程、协议更易发生变化。教育政策同样应当具有稳定性，否则令人无所适从，尤其是对那些根本性的教育政策、元教育政策更是如此。诚如《教育——财富蕴藏其中》一书所说："教育政策应是长期性的政策，这意味着在选择和实行改革方面要能保证有连续性。因此，在教育领域，应该超越目光短浅的政策阶段或断断续续

---

① 柯武刚等著，韩朝华译：《制度经济学》，商务印书馆 2000 年版，第 138~139 页。
② 联合国教科文组织、国际教育发展委员会编著，华东师范大学比较教育研究所译：《学会生存》，教育科学出版社 1996 年版，第 209~210 页。
③ 联合国教科文组织、国际教育发展委员会编著，华东师范大学比较教育研究所译：《学会生存》，教育科学出版社 1996 年版，第 210 页。

的改革，这种改革有可能在每次政府换届时引起争议。"① 值得注意的是，教育政策的稳定性与教育政策灵活性是相对立而存在的。教育政策因教育问题而存在，随教育问题的变化而变化。在我国教育政策执行中流行的"土政策"，"上有政策、下有对策"，"用足政策"也从侧面反映了教育政策的灵活性。

第四，教育政策与教育制度的实施机制不一样。除极少数符号性和象征性教育政策外，绝大部分教育政策都要付诸实施。教育政策是一个国家居统治地位的阶级意志的反映，它们的实施必定以暴力强制为后盾。而教育制度的实施大致可分为三种：一是以暴力为依托，这主要是指与教育政策相重叠的宪法对有关教育的规定、教育法律法规；二是靠集体教育利益的减损来执行的某一教育团体的章程；三是教育习俗、教育习惯这类"内在教育制度"的实施是靠集体意志的道德制裁。教育政策的约束对象不具有普遍性。对违背教育政策的行为在处理上往往采取批评、教育等手段。教育制度的约束对象具有普遍性，违反教育制度的行为往往会受到制裁。

第五，教育政策与教育制度调控的范围不同。从时间上看，教育政策是阶级社会的产物，仅仅存在于人类社会的一定阶段。在古老的原始社会及未来的共产主义社会，就不会存在体现统治阶级意志的教育政策。教育制度则与人类社会共始终。在原始社会，人类的一切活动（包括教育活动）都是靠习俗（或教育习俗）来规范的。恩格斯曾指出："十分单纯质朴的氏族制度是一种多么美妙的社会制度啊！没有大兵、宪兵和警察，没有贵族、国王、总督、地方官和法官，没有监狱、没有诉讼，而一切都是有条有理的。一切争端和纠纷，都由当事人的全体即氏族或部落来解决，或由各个氏族相互解决……一切问题，都由当事人自己解决，在大多数情况下，历来的习俗就把一切调整好了。"② 从空间上来看，教育制度调控的范围是相当广泛的，小到个体、学校、家庭，大到教育行政部门以及国家的教育行为都被纳入。正如柯武刚等人所说："一旦制度被统治者、议会或官僚外在地强加于社会之后，一个基本问题也就产生了。即本应按公民利益行事的政治代理人往往会超越其权限，为自己的利益使用规则和执行规则。由于这个原因和其他一些原因，政治过程本身就必须服从一定的规则。"③ 教育政策相对于教育制度而言，管辖和约束的范围要小得多，只有特定的教育关系或者说教育行为活动才受其调控。换句话说，只有特定的

---

① 联合国教科文组织教育丛书，联合国教科文组织总部中文科译：《教育——财富蕴藏其中》，教育科学出版社 2005 年版，第 155 页。

② 《马克思恩格斯选集》（第 4 卷），人民出版社 1995 年版，第 95 页。

③ 柯武刚等著，韩朝华译：《制度经济学》，商务印书馆 2000 年版，第 36 页。

教育问题——引起社会公众关注的教育问题才是教育政策作用的领域。比如说学校乱收费问题,当这一现象最初只是发生在个别人、个别学校或少数人、少数学校身上时,显然被排除在教育政策的调控范围之外。这种乱收费的行为仅由教育习俗或公众舆论对其加以规范,乱收费者将受到道德或伦理的制裁,有时也会导致经济制裁。当乱收费成为教育生活中的普遍现象时,这一个别问题就上升为社会问题。它能否成为教育政策的调整对象还取决于教育决策系统对该问题的价值判断。只有在决策中枢认为该教育问题确实需要解决并已采取或准备采取措施时,乱收费这一行为才最终变为教育问题,从而纳入教育政策调整的范围。

(二)教育制度与教育政策的联系

教育政策与教育制度之间的边界并不是泾渭分明的,它们之间有交叉、重叠的地方。从教育政策的定义就能明白一二:教育政策是国家、政党为实现一定历史时期的教育路线和教育任务而规定的行动准则。陈振明指出:"政策是国家机关、政党及其他政治团体在特定历史时期为实现或服务于一定社会政治、经济、文化目标而采取的政治行为或规定的行动准则,它是一系列谋略、法令、措施、办法、方针、条例等的总称。"[①] 具体而言,教育政策可以理解为党和政府用以规范、引导各级教育组织的准则或指南,其表现形式有教育法律、教育规章、行政命令、政府首脑有关教育的书面或口头声明和指示以及教育行动计划与策略等。因此,特定社会群体(如国家、学校、团体、社团)的教育政策,对于身处其中的个别行动者来说,就构成了它们行动的教育规则或教育制度。

具体而言,教育政策与教育制度的联系主要表现在:

首先,外在形式上的重叠性。教育政策与教育制度的外在形式多种多样,在这众多的表现形式中,宪法、教育法律、教育法规既隶属于教育政策,同时也包含于教育制度之中,从教育政策角度看为教育法律政策,从教育制度角度看则为教育法律制度。

其次,功能的共同性。教育政策与教育制度都是调节人类教育关系,规范人类教育活动的重要工具和手段,是人类教育发展的助动器。可以毫不夸张地说,根本性的教育政策或教育制度的价值取向决定了教育的性质。其他一些非根本性的教育政策与教育制度或是促进或是阻碍教育的进步与发展。

---

① 陈振明著:《政策科学》,北京大学出版社 1997 年版,第 6 页。

再次，适用的互补性。教育政策与教育制度虽然具有功能上的共性，但作用范围各异。所谓"尺有所短，寸有所长"，二者在功能上的互补体现在：教育政策规范不到的地方由教育制度加以约束。这是因为教育制度除了包括教育法律、教育法规等正式的教育制度之外，还包括道德、教育习俗、教育习惯等非正式教育制度，这些非正式教育制度能弥补教育政策作用的不足之处。比方说，关于"尊敬师长，尊重他人"，教育政策所起的作用就极其有限，而教育习俗、教育习惯就能发挥它的优势，利用道德、舆论的作用规范学生的教育行为。教育制度调节不到的"死角"由教育政策予以规范。不管是正式的教育制度还是非正式的教育制度都是经过长期积淀而成的，可现实社会教育的发展是日新月异的，若仅仅依靠教育制度调整、规范人类的教育行为，就必然会留下许多空白，这时教育政策就可发挥其灵活性。

复次，作用的冲突性。教育政策与教育制度的作用基本上是同向的，但也有相互冲突的时候，当然这主要是指教育习俗、教育习惯等这些非正式的教育制度。教育习俗、教育习惯这些非正式的教育制度都是经过长时间积淀而自然形成的，要想转变并非一朝一夕之事。而教育政策相对来说现实性更强，随外部社会环境的变化而不断调整。例如，我国在计划经济体制下形成的大学办社会的做法所导致的大学教职员工对大学过分依赖的观念，对教职员工参加养老社会保险也构成了巨大的挑战。

教育政策在追求某些教育目标上对政治手段的系统应用，通常是在既定的教育制度约束中展开的，但它也可以靠努力改变教育制度的方式来实施。教育制度变革既可以通过明确的直接的方式来实现，也可以表现为教育政策行动的一种负效应。

五、教育制度不是教育习俗

习俗的逻辑，是制度存在与发展的众多解释理论的来源。但是，习俗并未引起理论界的重视和关注。对此，本尼迪克特分析说："至今习俗仍未普遍地被看做一个重要的课题。我们一般都有这样一种想法，认为只有我们自己大脑内部的活动才是值得研究的，而习俗只不过是最平常的行为。可实际的情形恰是相反。世间流行的传统习俗就是大量的琐细行为，这比任何个人在个体行动中（无论他的行为有多古怪）所能展开的东西更令人惊异不止。然而，这仅仅是问题的无关紧要的一面。至关重要的是，习俗在经验和信仰方面都起着一种主导性作用，并可以显露出如此众多殊异的形态。"① "习俗未曾引起社会理论家们的注意是因为习俗正是这些人自己的思想的真正素材。习俗犹如一面透镜：没有这面透镜，社会理论家们便一无所见。正是由于习俗是基本的，因而习俗就存在于意识的关注领域之外。要说这是视而不见，并不玄乎。"② 我们在此并不打算分析习俗未引起理论界系统研究的原因，而是更为关注习俗的内涵与本质。何谓习俗呢？一般而言，习俗即"一般的协定或者同意，不论是故意的还是含蓄的，构成任何风俗、制度以及意见等等的起源和基础。具体体现在任何习惯用法、行为标准、艺术处理等方面"，或者是"基于意见一致的规则与做法，社会大体都接受或者支持；任何艺术或者行业中硬性规定的规则与做法"。③ 当然，即使在平常的使用中，习俗的概念也不仅指规则与做法的存在，而且还指它们的发展以及形成过程。

在习俗概念的基础上，我们试着给教育习俗进行如下定义：所谓教育习俗，是指人民群众在教育生活中世代传承、相沿成习的、具有一定程度强制性和权威性的教育生活模式和行为准则，它是一个教育共同体在语言、行为和心理上的集体习惯。④ 当然，要给教育习俗下一个很准确的定义实在是件很难的事，因为在目前的习俗研究中，有关经济习俗、宗教习俗、社会习俗的研究成果较多，而有关教育习俗的研究资源较少，目前仅见石中英有这方面的论述。

如果说教育习俗是一系列的教育行为规则，那么，教育习俗与教育制度究竟有什么区别和联系呢？

（一）教育制度与教育习俗的区别

要对教育制度与教育习俗进行详细的区分，确实有一定的困难。埃尔斯特曾对习俗与社会规范作了如下区分，"（1）工具理性主义告诉人们：你要达到

---

① 露丝·本尼迪克特著，王炜译：《文化模式》，生活·读书·新知三联书店 1988 年版，第 4~5 页。
② 露丝·本尼迪克特著，王炜译：《文化模式》，生活·读书·新知三联书店 1988 年版，第 11 页。
③ J. 奈特著，周伟林译：《制度与社会冲突》，上海人民出版社 2009 年版，第 100~101 页。
④ 石中英认为："所谓教育习俗就是指由广大劳动人民在长期的教育活动中所创造、传承和享用的教育方式、手段、制度、谚语、故事、诗歌、仪式等的集合体，是绵延不绝的民间智慧，是鲜活的教育文化遗留物。"（石中英著：《教育学的文化性格》，山西教育出版社 1999 年版，第 148 页）只不过，他把教育习俗过于泛化，把那些非制度的方式、手段、谚语、故事和诗歌等都包括在内。

Y，做 X。（2）习俗告诉人们：因为大家都在做 X，你自然也会做 X，且在大家都在做 X 的情况下，你的最好选择可能也是做 X。（3）而社会规范则告诉人们：你要做 X；或者告诉人们：你应该做 X，或不应该做 X。你要做或应该做 X 是因为大家都在做 X，因而你最好也做 X；你不要做 X 或不应该做 X 是因为大家都不做 X，因而你最好也不要做 X。"[1] 埃尔斯特的区分无疑对我们认识教育制度与教育习俗的差异有一定的启发意义。

1. 生成路径不同

教育习俗的生成路径直接来源于教育生活，甚至可以说教育习俗就是教育生活方式本身。教育习俗本身并不是神神秘秘地从天而降，而是产生于诸多并且明确意识到其所作所为会有如此结果的人们的各自教育行动，因而它是无意识的人类教育行为的积累的结果，是通过学习和模仿而传播沿袭下来的整个教育文化的遗产。换句话说，大量的教育习俗可以用作为非正式的教育规则。选择机制与重复的人际教育互动相关联，教育习俗是这些互动的非有意的结果。非有意的结果，可能是正面的，也可能是负面的。因此，教育习俗作为人们教育活动与教育交往中的一种演化稳定性、一种博弈均衡，大致是通过自生自发的路径型构而成的。奈特曾说："社会习俗的主要特点，在于遵循习俗对于某一互动中的行为人是有利的。每个行为人，都愿意与一种有利的习俗保持协调（无论私下里还是按约行事），而不愿意协调就会产生不利的结果。习俗规则提供了其他行为人未来行动的必要信息，从而达到协调的结果。正规的说法是，习俗构成了博弈行为人的均衡结果：遵循习俗是他们面对其他行为人策略选择的最好回应。因此，如果他们能够与某一规则保持协调，这些规则就是自我实施的。这便是说，只要个体行为人遵守制度产生的结果比放弃制度的结果好，无论外部实施制度是否存在，行为人都会继续遵守这些限制规则。"[2] 教育习俗一旦生成，它就是教育共同体或社会内部的一种自发秩序。只有在这种自发教育秩序下，人们才能有信心地与他人有序地进行教育交往，即每个人均自我强制地遵守这种自发教育秩序，并且也会有信心地预计到他人亦会这样做。这里并不是要求每个人都是理性的，而是每个人均假定大家今天会大致继续昨天的情形，因而会放心地进行教育活动与教育交往。这样，就使人们不必每天揣度、算计并周详地考虑别人要干什么和正在干什么，而只是简单地假定别人亦会遵循以前的教育行为模式。

---

[1] 韦森著：《社会制序的经济分析导论》，上海三联书店 2001 年版，第 188 页。
[2] J. 奈特著，周伟林译：《制度与社会冲突》，上海人民出版社 2009 年版，第 101 页。

至于制度的生成路径，大致有两派观点：一种是康芒斯的观点，即制度是"集体行动控制个体行动"，① 这个路子按照哈耶克的说法是"constructivist"的方法，是一种设计的制度。哈耶克是方法论个体主义的旗手，他着力地指出了建构的理性主义的谬误："在科学的时代，唯有一种人造的道德制度、一种人为杜撰的语言，甚或一种人造的社会，才能够被证明是正当合理的；此外，人们也越来越不愿意遵循他们无法经由理性证明其功效的任何道德规则，或者越来越不愿意遵循他们并不知道其理据的那些惯例。"上述信念和倾向在制度层面上则表现为唯理主义的设计："人们所持的上述信念和倾向，实际上只是同一个基本观点的不同表现而已——而这个基本观点就是：所有的社会活动都必须成为一个设计严密的且得到人们公认的计划的一部分。他们都是唯理主义的'个人主义'产物，因为这种伪个人主义想让所有的事情都变成有意识的个人理性的产物。"② 另一种观点是斯密、门格尔到哈耶克，再到肖特、萨金等人所说的演化生成论传统。他们认为，所有的制度应该是一种演化生成过程的结果。这个演化生成的起点，就是从习俗开始，大家在共同博弈中，形成一个自发秩序，然后到"惯例"，英文为"convention"和"practice"，然后到法律制度。换句话说，人们通过社会博弈产生出秩序，也就是习俗，然后通过维持习俗秩序而慢慢使它变成一种非正式的约束及惯例，再通过惯例升华或者上升到法律制度。这种情形就是哈耶克所说的自生自发的社会秩序（在哈耶克的理论中，秩序是制度的同义词——作者注）。哈耶克无疑是演化生成论传统的重要代表人物，他提出了与建构的理性主义相对立的演进的理性主义。他说："我的基本观点是，尤其包括财产建制、自由体制和公正制度在内的道德准则，并不是人类理性的创造物，而是一种明确的第二天资，是文化进化赋予人类的东西"，"使人类脱离野蛮的是道德与传统，而不是理智和精于计算的理性"，"所有的进化，不管是文化进化还是生物进化，都表现为一种不断适应难以预见的事件、未曾预见的意外环境的过程。也正因此，进化理论才永远不能使我们合理地预测进而控制未来的进化。"③ 在哈耶克看来，道德、宗教、法律、习惯、传统、货币、市场以及社会的整个制度，都是自生自发的社会秩序。他在《自由秩序原理》一书中清晰地表明了这一点："我们之所以能够彼此理解并相互交往，且能够成功地根据我们的计划行事，是因为在大多数的时间中，我们文

① 康芒斯著，于树生译《制度经济学》（上册），商务印书馆1997年版，第86页。
② F. A. 冯·哈耶克著，邓正来译：《个人主义与经济秩序》，生活·读书·新知三联书店2003年版，第34页。
③ F. A. 冯·哈耶克著，刘戟锋等译：《不幸的观点》，东方出版社1991年版，第30页。

明社会中的成员都遵循一些并非有意构建的行为模式，从而在他们的行动中表现出了某种常规性；这里需要强调指出的是，这种行动的常规性并不是命令或强制的结果，甚至常常也不是有意识地遵循众所周知的规则的结果，而是牢固确立的习惯和传统所导致的结果。对这类惯例的普遍遵守，乃是我们生存于其间的世界得以有序的必要条件，也是我们在这个世界上得以生存的必要条件，尽管我们并不知道这些惯例的重要性，甚或对这些惯例的存在亦可能不具有很明确的意识。如果这些惯例或规则常常得不到遵守，那么在某些情形下，为了社会的顺利运行，就有必要通过强制来确保人们遵循它们。因此，强制在有些时候之所以是可以避免的，乃是因为人们自愿遵守惯例或规则的程度很高；同时这也就意味着自愿遵守惯例或规则，乃是自由发挥有益作用的一个条件。当时，在唯理主义学派以外，许多伟大的自由倡导者都始终不渝地强调着这样一个真理，即如果没有根深蒂固的道德信念，自由绝不可能发挥任何作用，而且只有当个人通常都能被期望自愿尊奉某些原则时，强制才可能被减至最小限度。"① 简言之，这些自生自发的社会秩序都不是因设计而生成的，而是"人之行动而非人之设计的结果。"② 只不过，自生自发秩序的产生并非经济学家所独有。自达尔文以来的科学家得出了如下结论：生物界呈现出高度秩序，并非是由上帝或某位别的造物主所创造，而是由于比较简单的物种之间的相互作用而产生的。蜜蜂表现出的行为很复杂，但它们并不是由蜂王或其他任何蜜蜂所控制，而是由单个蜜蜂按照相对简单的行为规则产生出来的（如飞往有花蜜的地方，避免碰上障碍物，不和其他蜜蜂分开等）。非洲白蚁种类繁多，它们筑起的蚁冢非常复杂，其高度超过人的身高，而且里面还有自己的取暖和空气调节系统，但那不是由人设计的，更不是由建造蚁冢的那些神经系统比较简单的生灵事先设计好的。"凡此种种，足见在整个自然界，秩序是在进化和自然选择这一盲目和非理性过程中创造出来的。"③

我们认为，各学派就制度生成的争论，都有一定的片面性。其实，制度是理性建构与自然演进的对立统一。在马克思主义看来，人类社会的发展一方面是一个自然历史过程，有其不以某一个体（个人或群体）的意志为转移的内在规律性；另一方面又有其不同于自然演化过程的独特性质，因为在社会历史领

---

① F. A. 冯·哈耶克著，邓正来译：《自由秩序原理》（上），生活·读书·新知三联书店 1997 年版，第 71～72 页。

② F. A. 冯·哈耶克著，邓正来等译：《法律、立法与自由》（代译序），中国大百科全书出版社 2000 年版，第 7 页．

③ F. 福山著，刘榜离等译：《大分裂》，中国社会科学出版社 2002 年版，第 187 页。

域内进行活动的，"是具有意识的、经过思虑或凭激情行动的、追求某种目的的人"。① 作为主体的存在，他们具有能动性和创造性。前一方面决定了主体并不能随心所欲地活动，它只能在社会规律和社会制度制约下能动地活动，不论是集体理性还是个体理性，都必须以尊重客观的社会规律和公共的社会规则为前提，而不能超出社会规律与社会制度思考和行动。布劳曾说："一种社会的制度构成了社会的子宫，个体就在其中成长和社会化，结果，制度的某些方面被反映在他们的人格之中，其他的方面对于他们似乎就是人类存在的不可避免的外在条件。"② 伯格等人曾说："在经验上，制度是一个客观的现实。它是个人出生前即已存在，而当人死后仍持续下去，这种历史之自身就是现存各制度的传统，具有高度的客观性；相对而言，个人的一生只是客观的历史和社会中的插曲。……无论个人是否喜欢，制度是外在于人，并且持续存在于现实中。"③ 可见，社会制度是先于个人的社会存在，虽然这个制度又是经过在此之前的众多个人的行为才得以发展的，但是作为个人他只能是制度的接受者，是制度的孵化物，他只能在一定的制度中生存，在这个制度的约束下选择。④ 制度是对人的一种外在的约束和"压制"，个体生长的社会化过程，实际上也是其被不断制度化的过程。后一方面则决定了人的制度观念与制度理性对社会历史发展的重要性，它表明，随着人类实践的发展，社会规律与社会制度将越来越成为人们在社会实践过程中必须遵循的规律，社会规律与社会制度直接存在于个体的自觉活动与相互作用过程之中。

因此，根据马克思主义的观点，我们认为，教育制度既是个体教育活动的前提，又是这一活动的结果。作为个体教育活动前提的教育制度，都是从教育

① 《马克思恩格斯选集》（第4卷），人民出版社1995年版，第247页。
② P. 布劳著，孙非等译：《社会生活中的权力与交换》，华夏出版社1988年版，第29页。
③ P. L. Berger & T. Luckmann 著，邹理民译：《社会实体的建构》，（台湾）巨流图书公司，1991年版，第76页。
④ 在管理学中的霍桑实验是说明这个问题的经典案例之一。梅奥在霍桑实验的第四阶段的结果表明：如果人是为了追求最大收益的，那么，工人将会按计件工资尤其是累进的计件工资的要求，努力争取完成最大的生产定额。这个适合于市场制度的假设，在企业组织内部却并不成立。在班组中的工人宁可完成大部分工人所完成的生产定额，既不愿超额，尤其不愿过多地超额而做"高速非凡人物"；也不做生产不足的"骗子"。为什么同样是人，甚至就是同一个人，在面对似乎相同的情景时，仅仅一是在市场中，一是在企业内部，所作的行为选择却会如此不同呢？那是因为同一个人在处于不同的制度结构中，他的行为选择就会有所不同；在这里是制度决定着个体行为，而不是个体行为决定着制度。

实践中来的，都有一个现实的基础。它的生成不仅是一个超越于个体行动的社会过程，还是改变个体行为模式和互动方式的原因。因而，教育制度的生成是一个自然演进过程。另一方面，作为个体教育活动与互动的长期后果，教育制度的生成受到人们教育制度观念的指引，是人们推动的理性建构过程。在当今任何国家和任何社会里，很大一部分教育制度都是人为设计和制定的，不可能一个社会的所有教育制度全都是自发生成的或者全都是设计出来的。并且在当今理性社会中，自发生成和人为设计的区分已很模糊，没有多少意义了。实际情形是，在当今社会，大量教育制度和教育法律都是学者们、立法者们和政府决策者们在综合考虑多方面意见和可能影响下理性制定出来的。排除理性设立的教育制度规则这一条路子，不是无知，就是"视而不见"的偏执。这是我们应该"纠偏"哈耶克思想倾向的地方。

2. 强制程度不同

就有无一种特殊的强制——权力而言，教育制度是权力规范，是应该且必须如何的行为规范；教育习俗则是非权力规范，是应该而非必须如何的行为规范。教育制度与教育习俗的区别究竟在于什么？二者的区别，依我们所见，在于有无一种特殊的强制：权力。

任何社会，哪怕仅由两人组成，要存在和发展，都必须有管理者（包括领导者），且管理者还必须拥有一种被该社会所承认的迫使被管理者服从的强制力量。这种强制力量非他，正是所谓权力。就是说，权力首先属于强制范畴：凡是权力都是强制力量，都是迫使人们不得不服从的力量。韦伯曾说："权力意味着在一种社会关系里哪怕是遇到反对也能贯彻自己意志的任何机会，不管这种机会是建立在什么基础之上。"① 巴克认为：权力是"在个人或集团的双方或各方之间发生利益冲突或价值冲突的形势下执行强制性的控制。"② 但是，强制并不都是权力，只有管理者所拥有的强制才是权力，迪韦尔热曾说："一种权力的存在意味着一个集体的文化体制建立起了正式的不平等关系，把统治他人的权力赋予某些人，并强迫被领导者必须服从后者。"③ 不过，权力虽是仅为管理者拥有的强制，但管理者所拥有的强制未必都是权力，管理者所拥有的只有得到社会承认的强制才是权力。为什么老师有强迫学生遵守课堂纪律的权力，却没有打骂学生的权力？岂不就是因为前者得到而后者却未得到社会的承

---

① M. 韦伯著，林荣远译：《经济与社会》（上卷），商务印书馆1998年版，第152页。
② W. 巴克著，南开大学社会学系译：《社会心理学》，南开大学出版社1984年版，第420页。
③ M. 迪韦尔热著，杨祖功等译：《政治社会学》，华夏出版社1987年版，第116页。

认？所以，迪韦尔热把社会的承认、大家的同意当做权力之为权力的根本特征而称之为"权力的合法性"："权力的合法性只不过是由于本集体的成员或至少是多数成员承认它为权力。如果在权力的合法性问题上出现共同同意的情况，那么这种权力就是合法的。不合法的权力则不再是一种权力，而只是一种力量。"① 一句话，权力是仅为管理者拥有且被社会承认的迫使被管理者服从的强制力量。这样，从权力是仅为管理者所拥有的迫使人们不得不服从的力量方面来看，权力具有必须性，是人们必须服从的力量；从权力是社会承认、大家同意的力量方面来看，权力具有应该性，是人们应该服从的力量。即，权力是人们必须且应该服从的力量。

从权力之如是界说不难看出：教育制度是权力规范，教育习俗则是非权力规范。教育习俗所规范的是每个人的全部具有社会效用的（教育）行为，而教育制度尤其是教育法律制度所规范的则仅仅是其中的一部分，即那些具有重大社会效用的行为。换句话说，由于教育习俗对于教育共同体的意义不同，只有那些对教育共同体的生存发展直接具有至关重要作用的习俗，社会才会给予最强烈的重视与强制。试想：为什么"教育必须符合国家和社会公共利益"是法，而应该"遵守公共场所的有关规定，不扰乱秩序，不起哄"则仅仅是习俗？岂不就是因为"教育必须符合国家和社会公共利益"具有重大社会效用，而"遵守公共场所的有关规定，不扰乱秩序，不起哄"则不具有重大社会效用？所以，一种教育习俗是在组成一定社会集团的个人一致或几乎一致地具有这样感觉，认为如果不使用社会的强力来保障遵守这种规则，则教育连带关系就会受到严重危害时才成为教育法律制度。在一个组织良好的教育体系中，最重要和不可缺少的教育行为规则将具有法律强制性，而那些重要性较轻者则由有事实根据的教育习俗来维系。教育法律仿佛构成教育秩序的骨架，教育习俗则布满以肉与血。教育法律所规范的是具有重大社会效用的教育行为，决定了教育法律不能不具有各种强制性；从最弱的舆论强制到最强的肉体强制，决定了教育法律的强制是有组织的强制，是仅为教育的管理者所拥有的强制，说到底，是权力的强制，是应该且必须如何的强制。奥斯丁曾说，法律是由政治优势者对政治劣势者的设定，是"由政治优势者确立的规则集合体"。法律是"为了指引一个理智人而由一个对他有权力的理智人设定"的规则。"一条法律是强迫一个人或一些人从事某种行为的命令"，它借助于"优势"关系而进行。命令无非是某种政治"意志"，命令是某种意志的表达，是某个意愿的表示，

---

① M. 迪韦尔热著，杨祖功等译：《政治社会学》，华夏出版社 1987 年版，第 117 页。

其显著特征是"在该意愿被忽视的情况下发布命令施加恶或痛苦的那一方的权力和目的"。由于应遭受不幸,被命令的一方受到该命令"束缚或强迫",被置于"服从它的义务之下"①。教育法律制度无疑也是依公权力之强制而为教育生活之规范,教育法律制度是一种权威性的教育行为规则。反之,教育习俗所规范的是一切具有社会效用的教育行为,便决定了教育习俗具有最弱的强制性:舆论强制。舆论强制显然是一种无组织的因而为全社会每个人所拥有的强制,说到底,是非权力强制,是应该而非必须如何的强制。

3. 实现机制不同

教育习俗不是依靠外在的强制约束机制,而是内在的心理约束,不是依靠外界的压力,而是依靠内心的自省和自觉。即使违反了也只是受到良心、舆论的谴责和道德的批判,一般不会受到教育法律制度的制裁,只要自己的内心感到心安理得,一般也不会因此而付出什么代价。博弈论制度经济学家肖特、萨金,哲学家刘易斯等人在如何认识习俗问题上有一个共识,这就是"习俗是自我实施的自发秩序,或没有第三者'enforce'的非正式约束。大家都遵守一种自发博弈秩序,他们都这么做,我不这么做我就觉得心里很愧疚,这就有了萨金所认为的道德与习俗同一个自发社会过程共同生成的认识。一个社会和一个社群有一种习俗存在,一般来说对于这个共同体来说,并不存在第三方的威胁机制或者实施机制。由于一般没有第三者强制'enforce'其存在的实施机制,习俗的实施是通过两个方式昭示其约束力的:一个是自我自觉遵循大家共同遵循的非正式约束,这主要靠自我道德约束力;第二是通过我违反习俗所引起第二方,即我的行动所导致的利益受损当事人的报复,比如我违反这个规则,损害了你的利益,你下次可能就不跟我玩了。当然,这里所说的报复,并不一定是你一定惩罚我,而可能是你下次可能就不跟我打交道了。一般来说,习俗就是这样来维持的。当然,如果一个人的行动选择违反了某种习俗,知道这一行动的社群的成员就都不跟他玩了,你可以说这是一种'共同行动'。但这种'共同行动',应该是自发的。"② 例如,儿童养育习俗大致可分为个体性习惯和群体性习俗。群体性养育习俗,是在一定社会生活圈子中长期形成并普遍盛行的育儿习俗。尽管群体性养育习俗有一定的舆论做基础,但"各人自扫门前雪"也较为常见。因为究竟该不该管别人的孩子或干预别人管教孩子,对成年人而言有时确实难以决断。许多做父母的认为这是多管闲事,干预了别人的

---

① 韦恩·莫里森著,李桂林等译:《法理学》,武汉大学出版社 2006 年版,第 228 页。

② 汪丁丁等著:《制度经济学三人谈》,北京大学出版社 2005 年版,第 26 页。

事。这样一来，群体性养育习俗往往由个人自我实施。不过，总体而言，舆论监督与自我实施都是存在的。石中英认为："教育习俗在教育生活中发生作用一般是通过两个途径，一个是朴素的信仰；一个是道德的压力。就前者而言，一般说来，某类教育习俗总是反映了历史上或传说中某类成功的教育事实，并获得了它们的支持，在民间培育了一种朴素的教育信仰。……就后者而论，与许多的风俗一样，教育习俗构成一个地方的舆论压力。习俗是社会性的，一般为传承区域的人们所广泛地遵守。如果谁不遵守的话，那么就会受到社会道德的谴责。"① 只不过，教育习俗作为对人们教育行为具有约束力的隐含性规范，还是具有一定的强制性和权威性。事实上，只要在抽象思维中保持严格的逻辑一致性，就应当承认，任何形式的教育规范，只要是作为规范存在，就必须且必然以一定的强制力为前提，以保证教育规范本身的效力和权威，至于此强制力的具体内容、表现形式及其强制强度则是另外一回事。韦伯指出："'习俗'是一种外在方面没有保障的规则，行为者自愿地事实上遵守它，不管是干脆出于'毫无思考'也好，或者出于'方便'也好，或者不管出于什么原因，因而他可以期待这个范围内的其他成员由于这些原因也很可能会遵守它。"② 依据韦伯的上述论证，我们可以得出，教育习俗在强制性和权威性上具有如下两个特点：一方面，教育习俗诉诸行为者的自愿。就此而言，它没有强制性，从而与教育制度、教育法律区别开来，然而，另一方面，这并不等于说教育习俗完全没有强制性。因为，超越或违反教育习俗的行为，虽然在一定范围内可能没人干涉，但这并不意味着教育习俗可以随便违反，因为对教育习俗的遵守总是"期待"他人的遵守，往往以对他人遵守的预期为条件。换句话说，教育个体并不总是会自动地遵守教育习俗，他们往往是在别人的期待或强迫下才遵守的。本森曾说："违反这种制度并不会自动地引发有组织的惩罚，但共同体的其他人都会非正式地监督遵守规则的情况。违规者会落下不好的名声或发现自己被社会排斥，在极端情况下，甚至会遭到谴责或放逐。"③ 例如，在东亚家庭中，常常不许做了错事的孩子进屋；西方的惩罚一般基于另一种排斥，即做了错事的孩子一般被"禁止出屋"。就此而言，即使教育习俗这种似乎仅仅依靠行为者自愿遵守维持下来的边缘性教育制度形式，也渗透着强制性和权威性。尽管教育习俗与教育制度、教育法律等一样具有强制性和权威性，但是，教育

---

① 石中英著：《教育学的文化性格》，山西教育出版社 1999 年版，第 154 页。
② M. 韦伯著，林荣远译：《经济与社会》（上卷），商务印书馆 1998 年版，第 60 页。
③ 柯武刚等著，韩朝华译：《制度经济学》，商务印书馆 2000 年版，第 124 页。

习俗是完全契合了在面对面互动的"共同体"内生活的人们的愿望和要求，因而人们对教育习俗的遵守是完全自愿的，基本上不需要外在的强制，即使是在某人被确定为祭祀的"牺牲"的极端情况下，也是如此，"一个人如果知道自己是巫术加害的对象，那么根据他那个部落人的最神圣的传统，他便会坚信自己在劫难逃，他的亲人们对此也深信不疑"。①

而教育制度具有比较浓厚的强制色彩，这种强制，通常是由教育制度制定机构的权威性（国家），或教育制度在形成、维系过程中凝固的权威性予以实施的。制度"因设计而产生。它们被清晰地制订在法规和条例之中，并要由一个诸如政府那样的、高踞于社会之上的权威机构来正式执行。这样的规则是由一批代理人设计出来并强加给社会的。这些代理人由一个政治过程选举出来，并高踞于社会之上。这样的规则最终要靠强制性法律手段来执行，如通过司法系统"。② 因此，教育制度具有外在的强制约束机制，凡生活在一定的教育组织机构内，其教育行为都受到某种教育制度规则的约束，不管你愿意与否，都必须遵守和执行这种行为规则；否则，就可能遭受组织纪律或国家法律的制裁，为自己的违规行为付出代价。

简言之，教育制度作为一种外力"要求"或"禁止"你怎么做，而教育习俗作为"人"的一种内在的无意识动因"使"你这么做。

4. 实施成本有差异

教育习俗的实施是依靠人们的自觉自愿，既不需要设立专门的教育组织机构，也不需要雇请特别人员监督和执行，因而其实施几乎不要花费太多的社会成本。教育习俗是人的自我规范，教育习俗的约束性是人的自我约束。韦森曾说："习俗作为一种自发社会秩序，一旦生成，它就能作为人们社会活动与事务中的一种常规性固化习俗本身所覆盖的团体、社群或社会中成员的现象型行为，从而它本身也就作为一种事态、一种情形像一种社会规则那样对成员的各自行为有一种自我强制性的规约。"③ 当然，这种自我规范、自我约束也可有不同的理解，但它的核心却是人通过良知、信念、情感、意志所做出的自我规范与约束。教育习俗具有强大的道德教化功能，入其习俗者，遂不免为所熏染，而难超出其限界之外。拉德布鲁赫认为："在这个'社会'中还生活着数量众多的'社会'边缘人，民众阶级和蒙昧的民族，在他们当中还保持着习俗未曾

① 克劳德·列维－斯特劳斯著，陆晓禾等译：《结构人类学》，文化艺术出版社 1989 年版，第 1 页。
② 柯武刚等著，韩朝华译：《制度经济学》，商务印书馆 2000 年版，第 36 页。
③ 韦森著：《社会制序的经济分析导论》，上海三联书店 2001 年版，第 181 页。

中断的一致性，对于这些人习俗也起到了教化的作用。如同在共同生活中，习俗的统治准备变成道德（和法律）一样，在教育中，人们首先会将道德置于习俗的形式中予以讲解；任何教育在它的初始阶段都不可能缺乏绝对的规范："人们不能那么做"——这也就是说任何教育都不缺乏对习俗的引导。习俗在现代还保持的这种功能，并不改变它以前确定的任何内容，它没有将法律和道德系统性的并列起来，而是将它们历史性的前后排列——战斧和标枪即使在今天仍然在使用，即使它不会出现在除了历史课导论以外的、武器系统学的任何篇章中。"① 一定教育习俗体现出来的道德观念、道德意志和道德情感，潜移默化地作用于个人，无形自然地渗入他们的日常教育行为之中，成为个体作出选择、采取行动的最深沉、最根本的支点。"你应该这样做，决不应该那样做"，教育习俗就像本能的自明性一样，以绝对命令的形式要求人，而不附加任何条件。由于从小受到教育习俗的教化，美德的种子在一个个幼小的心灵中播下，淳朴的道德根植于他们的心中化为内在的禀性。因此，当一个人尚未具备健全的判断力、理解力和理智的时候，他就已经在教育习俗的熏染下习惯做什么和不做什么。当养成了习惯，德行也就成了一种习性，一个人就更容易地甚至在不知不觉中去实践道德行为。虽然许多教育习俗以外在权威形象出现，但如果权威意志在教育习俗中不以外在的强力和恐怖统治个人，而是能为个人接受且愿意在一切环境下，即使没有强制性力量也会遵守的命令意志，那么，良心无非就是"对风俗的意识或风俗在个人意识中的存在"。② 教育习俗可以节约人们在教育活动中的交易费用。阿罗说："我吁求人们注意社会活动的不太明显的形式：社会行为的规范，包括伦理的和道德的准则。我认为，一种可能的解释是，它们是互补市场失灵的社会应策。人们之间有一些相互信任是有用的。在缺乏信任的条件下，来设定一些可供选择的法令与保险将会代价甚高，以至于有益于相互合作的许多机会将会失去。……非市场行动可采取相互约同的形式。但是要把这些约同安排尤其是要把这些约同安排扩展到新进入社会网络中来的人时可能代价颇高。作为一种选择，社会可以把这些规范内在化，以在一个无意识的水平上达成一种理想的约同。……（在社会中）存在一整套习俗与规范。这些习俗与规范可以被解释为经由提供价格体制所不能提供的（从广义的个人价值满意上）某些商品而增进经济体制效率的约同。"③ 阿罗虽是就习俗

---

① G. 拉德布鲁赫著，王朴译：《法哲学》，法律出版社 2005 年版，第 51 页。

② 德里希·包尔生著，何怀宏等译：《伦理学体系》，中国社会科学出版社 1988 年版，第 310 页。

③ 韦森著：《经济学与哲学》，上海人民出版社 2005 年版，第 157 页。

在经济社会中的作用而论，但无疑对我们思考教育习俗具有一定的帮助。从某种意义上说，教育习俗在教育活动中的存在也是一种帕累托增进。当然，并不是所有的教育习俗均是帕累托增进的。教育习俗渗透于教育生活之中，存在于教育生活方式之中，甚至就是教育生活方式本身。置身于教育生活世界中的人，无时无刻不是处在教育习俗之中，享用着教育习俗赋予他在教育生活世界之中存在的合法性。教育习俗渗透在人们的日常教育实践之中，持续地浸润人的心灵，人们依据教育习俗而行动，就好像是出于本能。包尔生为此称习俗为"意识到自身的本能"。既然犹如本能意志，那每个人出于教育习俗而行动，就被视为必然的。腾尼斯表示："我把习惯的类似定为风俗（Brauch），把性情的类似定为习俗（Sitte）。因此，风俗和习俗是人的共同体的动物性意志。它们以一种经常反复的、共同的活动为前提，不管其原始的意义是什么，通过实际的练习、流传、遗传而变成为轻而易举和自然而然的——变为不言而喻的，因此在既定的环境下，被认为是必需的。"[1] 同时，教育习俗渗透在人们的日常教育实践之中，逐渐形成一种巨大的惯性力量，潜在地影响着人们的教育观念、信念、价值或行为方式。密尔指出："凡因系习俗就照着办事的人则不作任何选择"，"仅仅因系习俗而遵从习俗，那并不会对他有所教育，也不会使他的作为人类专有禀赋的任何属性有所发展。"[2]

教育制度的制定和执行却是一个公共选择的过程，一方面需要建立一套专门的教育组织机构，配备一套专门的班子，"如果没有一个能够强制人们遵守权力准则的机构，权力也就等于零"。[3] 教育制度的制定和执行还需要通过一定的工作程序，其间不乏讨价还价等活动，这些都要耗费一定的社会资源。教育制度的执行更需要依赖于正式机制（国家和组织）对它们进行监督和实施，而且支持遵守教育制度的激励经常是物质的，虽然从来不完全是这样的。因而，其运行成本较高。

5. 知识表达与传导方式不同

教育制度一般可分为教育基本制度、教育制度安排和具体的教育规章制度，并由权力结构、逻辑结构、合理性结构和有效性结构等构成一个严密的结构体系。而各种形式的教育习俗之间都是独立地存在和传承，不存在一个从属的问题，且因为它既不是纯粹的"事实性或描述性的知识"，也不是"价值性

---

① F. 滕尼斯著，林荣远译：《共同体与社会》，商务印书馆 1999 年版，第 301 页。
② 约翰·密尔著，程崇华译：《论自由》，商务印书馆 2005 年版，第 68 页。
③ 《列宁选集》（第 3 卷），人民出版社 1995 年版，第 200 页。

或建议性的知识"，而是各种知识形式的错综复杂的纠结，包含了传统和现实中人们对教育现象的认知、感情、命令、建议、策略、信仰等等，很难对它们进行清晰的逻辑分析。例如，"孟母三迁"这样一个流传了两千多年的教育故事既"描述"了一定的家庭教育生活，又包括了人们对孟母的崇敬，对后世母仪的"建议"与"要求"，以及对家庭教育作用的朴素"信仰"等。教育制度如要取得合法性，就得说服人们接受、认同并实践它们，就得提供一定的制度背景知识作为支持，对自己作出充分的说明，说明自己为什么制定这样或那样的教育制度。而教育习俗作为一类教育知识，从来不回答"为什么"，不为自己寻找"科学的基础"，人们也不要求它阐明自己的科学基础，只是强调一种"如是性"，即平常所说的"就是这样"、"就得这么办"、"别人都是这么干的"，近乎一种"不证自明的意见"，植根于集体性、历史性的文化力。"那些弦外之音（overtones）、'不言而喻的知识'（tacit knowledge）成分，以及洞见之类不宜应用原理和规则的东西，是不能以明确的言语进行传授的，而要通过内心联想，通过对动作执行者的典型行为的移情来获得。"① 对于这种"如是性"，在它的流传区域是人人都明白的，不需要特别的解释或解说。人们对它的掌握也不需要特别的训练，它就存在于日常的生活之中，存在于一定文化背景下的每个人的内心深处。每个人凭借自己的生活经验都可以毫无困难地掌握它、理解它。教育习俗从这方面而言，类似于分析哲学家以及波兰尼所说的"缄默的知识"，即"为而不显"的、"日用而不知道"的知识。② 教育制度的建立和运行，其依据和表现的是编码化的显性知识，它可以通过语言或以符号形式进行表述、传递和存贮。而教育习俗形成和运行所依据的是心照不宣的、默认的知识，它一般不能被明确表达，也不能通过编码化的知识进行传递，只能通过传

---

① E. 希尔斯著，傅铿等译：《论传统》，上海人民出版社 1991 年版，第 29 页。

② 英国物理化学家和思想家波兰尼 1958 年在《人的研究》一书中明确提出："人类有两种知识。通常所说的知识是用书面文字或地图、数学公式来表述的，这只是知识的一种形式。还有一种知识是不能系统表述的，例如我们有关自己行为的某种知识。如果我们将前一种知识称为显性知识的话，那么我们就可以将后一种知识称为缄默知识。"波兰尼认为，无论是在日常生活中，还是在科学活动中，不可言说的知识就像是可以言说的知识一样是大量存在的，甚至从数量上说，前者会比后者更多，因为它们显得似乎根本就是不可计数的。两者共同构成了人类知识的总体。波兰尼曾用一句精练的话进行了概括："我们所认识的多于我们所能告诉的"。他还分析了这两种知识之间的差别，与显性知识相比，缄默知识有下列特征：第一，不能通过语言、文字或符号进行逻辑的说明。第二，不能以正规的形式加以传递。第三，不能加以批判性反思。转引自石中英著：《知识转型与教育改革》，教育科学出版社 2001 年版，第 223、224 页。

递双方的共同理解和信任在实践中获得。教育习俗不说明人们相传什么，相传之事物的特定组合如何，或者它是一种物质实体还是一种文化建构；它已不说明它已被相传多久，以何种方式相传，是口头的还是书面的。维克托·尼等人曾说："非正式规范是一个团体或共同体的规则，它们可以或不能清晰地加以表述，而且依赖诸如社会认可和不认可这样的非正式监督机制。指导人际关系的规范通过明确团体中对个人的激励结构（物质的和非物质的）既能约束也能支持行为。遵从非正式规范的过程也可以适用于正式规范，然而如果有的话，也很少发生，因为从社会关系中抽象出来的正式规范对个体几乎从不产生直接影响。"① 教育习俗作为非正式教育制度的重要组成部分，显然具有如维克托·尼等人所主张的意义。

6. 作用范围不同

教育习惯经过较长时间的沉淀，就成为了教育习俗。教育习俗一般都是在比较长期的教育生活中、在各种现有的制约条件下通过人们的教育行为互动逐步形成的规范。因此，一般说来，教育习俗融会了更多的种族的、地方的、教育生活世界的比较长期有影响的具体情况，并且最重要的是它是以规则形式表现出来的，是一种内生于社会的制度，是人们在教育生活世界中必须遵循的"定式"。难怪在论述教育习俗时，人们通常要添加上反映某个"区域"或"民族"特征的限定词，如"中国的教育习俗"、"彝族的教育习俗"等等。这些称谓本身便反映出教育习俗的"地方性"特征，即教育习俗总是"身在某处"或"归属某群"，与特定文化或地理区域中特定人群的生活方式和教育传统相关。可见，作为人们日常教育实践活动的产物，教育习俗一方面具有鲜明的地域性、地方性，"习俗依赖于土地"并且"和土地结合在一起"②。另一方面教育习俗又具有鲜明的民族性，它显示了不同民族教育生活的独特性。教育习俗是在某个特定的地域范围内、某个特定的民族范围内产生、传承和享用的地方法，并且也是在这个范围内得到尊重的，越出这个范围一般不会起到规范人们教育行为的作用。在这个意义上，可以把教育习俗看成是一种"地方性的知识"。③ 而教育制度的一般精神是：一般性或形式化，这既体现在它的稳定性和长期性上，又体现在它形式地针对不确定的人与事上，还体现在它的普遍有效性上，"经得起长期的检验"；确定性，即一切教育制度都"应当是公知的且确

---

① 薛晓源等主编：《全球化与新制度主义》，社会科学文献出版社 2004 年版，第 309 页。

② 爱德华·汤普森著，沈汉等译：《共有的习惯》，上海人民出版社 2002 年版，第 2 页。

③ 梁治平编：《法律的文化解释》，生活·读书·新知三联书店 1998 年版，第 72～171 页。

定的"①；平等性，每一项教育制度都应当平等地适用于所有的人，即教育制度面前人人平等，教育制度面前人人平等意味着，教育制度的内容应当是一些通例。从形成和演变的过程来看，教育习俗的建立和形成需要较长的时间，有的甚至是长期历史发展的产物，而一旦形成就具有较大的稳定性，其变化和演进也是一个相对较慢的、渐进的过程。教育制度可以在一夜之间发生变化，而教育习俗的改变却是一个相当长期的过程。例如，一个国家进行革命后，即使整个教育制度都发生了变化，但这个国家的许多教育习俗仍然保持着。教育制度的建立虽然需要通过一定的程序，但是建立的过程所需时间较短，甚至一个决定、一道命令即可完成，其教育制度变迁也可以在较短的时间内以激进方式完成。

7. 表现形式不同

教育习俗是无形的，它一般没有正式地形成文字，制成条文，也不需要正式的组织机构来实施，它直接产生并存在于日常教育生活和交往活动中，以谚语、故事、诗歌、仪式、符号、习惯、笑话的方式相互传递，世代传承。正是这种无形的表现方式，使得教育习俗可以渗透到教育生活的方方面面之中发挥作用。而教育制度都有其相应明确的具体存在和表现形式，它通过正式、规范、具体的文本来确定，并借助于正式的教育机构来实施或保障，且这种具体有形的存在方式是教育制度的正规性、严格性的必要保障。有关习俗与制度表现形式的不同，福山曾说："总的来说，自发产生的规矩（类似于我们所言的习俗——笔者注）往往是非正式的，也就是说没有形成文字或出版成书，而由等级制产生的条条框框常常以法律、宪法、规章制度、宗教经文或官办机构的图表形式出现。"②

（二）教育制度与教育习俗的联系

尽管教育制度确实不同于教育习俗，但教育制度确实又与教育习俗存在着非常密切的联系。习俗（包括教育习俗）是原始社会基本的制度形式。恩格斯曾指出："十分单纯质朴的氏族制度是一种多么美妙的社会制度啊！没有大兵、宪兵和警察，没有贵族、国王、总督、地方官和法官，没有监狱、没有诉讼，而一切都是有条有理的。"③ 当恩格斯惊叹于原始社会如此美妙的时候，我们却

---

① F. A. 冯·哈耶克著，邓正来译：《自由秩序原理》（上），生活·读书·新知三联书店1997年版，第264～267页。
② F. 福山著，刘榜离等译：《大分裂》，中国社会科学出版社2002年版，第187～188页。
③ 《马克思恩格斯选集》（第4卷），人民出版社1995年版，第95页。

要思考：为什么？为什么原始社会在没有文明社会的各种强制性制度的情况下，却能保持有条有理？原因肯定是多方面的，但其中有一个原因不可忽视，那就是习俗对原始社会的制度化起着巨大作用。恩格斯曾明确指出，习俗是人类最早的自我规范方式。在原始氏族社会，习俗调节着初民们的日常生活，"一切问题，都由当事人自己解决，在大多数情况下，历来的习俗就把一切调整好了"。① 虽然没有一个时代不存在习俗，正如亚里士多德所说："积习所成的'不成文法'比'成文法'实际上还更有权威，所涉及的事情也更为重要。"② 但是，没有一个时代像原始社会那样因依赖于习俗而变得"有条有理"，因此，我们说习俗是原始社会基本的制度形式。梅因曾说："可以断言，在人类初生时代，不可能想象会有任何种类的立法机关，甚至一个明确的立法者。法律还没有达到习惯的程度，它只是一种惯行。用一句法国成语，它还只是一种'气氛'。"③ 梅因所说的"惯行"、"气氛"，即习俗。我们由此可以大胆地说，教育习俗不仅是原始社会最基本的规范，即便在现代社会，教育习俗也是教育制度规范的一个重要组成部分，是调节人与人教育关系的规则。正如汤普森所言："习俗可以简化为规则和惯例，它在某种情况下被编纂成法典并可以当做法律来实施。"④ 这不仅因为教育制度不可能规定一切，需要各种教育习俗才能起作用，而且更重要的是许多教育制度往往只是对教育生活中通行的教育习俗的确认、总结、概括或升华。简言之，教育制度一开始是作为教育习俗而出现的，后经重新定义，遂寄身于教育制度，化解教育习俗所无法解决的教育冲突。

首先，教育制度与教育习俗是浑然一体的，很难给出明确的区分。从历史上看，制度的演进具有三种历史类型：习俗、道德和法律。萨姆纳认为，制度演变大致经历了民俗→民德→法律制度的历史过程。在他看来，"民俗"（folk-ways）是同一社会群体中的内部成员所共有的思考、情感和行为方式，它们"不是人类目的和智慧的创造物。它们犹如自然力的产物，由人们在实践中无意识地建立，它们也像是由经验发展而来的动物的本能行为"。在群体内部，民俗是统一的和普遍适用的，并且具有强制性和不可变易性，随着时间的推移，它们则日益变得独断、绝对和不可违抗。民俗如果被公认为是有助于社会福利的，并成为个体头脑中有意识的东西，就成为所谓的"民德"（mores）。

① 《马克思恩格斯选集》（第4卷），人民出版社1995年版，第95页。
② 亚里士多德著，吴寿彭译：《政治学》，商务印书馆1996年版，第169~170页。
③ 梅因著，沈景一译：《古代法》，商务印书馆1997年版，第5页。
④ 爱德华·汤普森著，沈汉等译：《共有的习惯》，上海人民出版社2002年版，第3页。

如果一个社会中某种民德获得普遍遵守，它就会发展成为正式的法律制度。[①]
波普诺也认为，制度演变大致经历了社会习俗→民德→法律的历史过程。他认
为，不同的规范其社会重要性极为不同，许多规范被违反后并不会产生严重后
果。例如，虽然男性通常被要求留短发，但还是有许多男性留长发甚至还有人
留辫子。虽然存在反对这种行为的规范，但它们没有太强的约束力，因此在很
大的范围内很轻易地就被突破了。类似于这样的规范，我们称之为社会习俗
（folkways）。其他规范几乎都被视为神圣的，对它们的违反将带来严重后果。
当一个人违反了严禁杀人的规范时，就不能仅仅因为他是初犯就可以原谅他或
原谅他的行为。杀人者将得到惩罚。这种得到严格执行、被认为是关键的和必
须严格实施的规范，我们称之为民德（mores）。法律则是一种正式的规范，通
常也是民德的一种，它是由国家颁布的用以控制人类行为的规范。[②] 萨姆纳、
波普诺等人的认识基本上符合历史事实，并为社会人类学研究所证实。只不
过，这些演变虽可从理论上将它们分开，但在经验事实上它们是难以分开的。
韦伯认为，习俗、习惯、道德和法律等的区分只能是相对的，并不存在绝对的
泾渭分明的区分界限。"从'习俗'到'惯例'，从'惯例'到'法'，其过渡
界限是模糊的。"[③] 习惯、法律、道德是人的社会行为连续体中同一规则的不同
表现形式，任何将它们绝对对立、划分的观念与方法都是有问题的。福山曾
说："在有些情况下，自发产生的规矩与官方颁布的法令之间的界限并不清晰。
例如，在英国和美国这些讲英语的国家，虽然习惯法是通过无数法官和倡导者
之间相互影响而自然形成的，但它们同样具有约束力，被正式的司法制度所认
可。"[④] 拉德布鲁赫说得更为极端，"从概念上，把法律和习俗彼此划分开的尝
试，依旧是一无所获的。……至今所做的一切尝试都无功而返，这也使认识法
律和习俗之间的界限变得不可能了，事实上，这个不可能性也是能够被证
明的。"[⑤]

尽管教育制度与教育习俗是浑然一体的，但是现实教育生活告诉我们，调
节、约束教育行为的规范又确实是从教育习俗向教育制度转化和推进的。那
么，教育习俗是如何向教育制度转化和推进的呢？一般而言，一旦人们长期按

① A. Javier Trevino, *The Sociology of Law*：Classical and Contemporary Perspectives . New York：St. Martin's Press, 1996，p. 50~54.
② 戴维·波普诺著，李强等译：《社会学》，中国人民大学出版社 2002 年版，第 71 页。
③ M. 韦伯著，林荣远译：《经济与社会》（上卷），商务印书馆 1998 年版，第 187 页。
④ F. 福山著，刘榜离等译：《大分裂》，中国社会科学出版社 2002 年版，第 188 页。
⑤ G. 拉德布鲁赫著，王朴译：《法哲学》，法律出版社 2005 年版，第 48 页。

某种教育习俗行事，他们就会惯性地或无意识地认为应该保持着这种现象型教育行为的一致性。这样，一种教育习俗也就会逐渐地或潜移默化地向人们的心理层面推进，从而转化为一种社会性教育规范或教育制度。我们在此面临的问题是，为什么一种教育习俗的长期驻存会在人们的社会心理层面铭刻成一种教育制度规范呢？其主要原因在于，大多数人均有让他人认同的意愿。人本身是一种在群体中生活的社会动物，如果生活在这一社会群体中的个人在大家都遵守一种教育习俗条件下而自己采取偏离这种教育习俗的行为，尽管他可能不会遭到教育共同体的制裁或他人的报复，但却有可能遭到他人的耻笑、冷遇、愤懑或斥责。这就使之会有一种难以在这一社会群体立足之感。福山说："人类习惯于按规定行事，好像在生物学方面也能找到可靠的根据：人们希望自己遵守规定，同时希望别人也能这样做。当他们自己没有做到这一点时，他们会感到愧疚，而当别人没有做到这一点时，他们会感到愤怒。"① 例如，在中国古代，莘莘学子为了博取功名，往往足不出户，目不窥园，形成了"苦学"的风气，"囊萤"、"映雪"的故事，"三更灯火五更鸡"的诗歌都反映了教育习俗的这种作用。凡想在学业上有所成就的人，都应该刻苦学习。如果作为一个学生，整日贪图安逸，三天打鱼，两天晒网，就会受到父母师长的指责、冷落，产生道德压力。因此，一种教育习俗持存得越长久，人们就会在教育交往中形成一种更强、更有信心的预期：他人会遵从这一教育习俗。反过来也正是因为对他人遵从这一教育习俗的强烈预期，每一个人又会发现人人（包括自己）遵从这一教育习俗可能更符合自己的利益，进而他会在意愿上希望他人会继续遵从这种教育行为的常规性。奈特曾说："构成社会基础的非正式制度产生于自发形成的过程。这些非正式的习俗和准则，通过提供有关社会行为人预期行为的相关信息，稳定了社会预期并且构建了社会生活。"② 在这种双向强化的正反馈机制的作用下，教育习俗就会固化为一种教育制度（规范）。

其次，教育制度从教育习俗→教育惯例→教育制度、教育法律演进的历史类型不仅有历史递进性，还存在历史的交错。教育文明的发展并不是单纯的取新舍旧。教育发展总是获取新的，却不舍旧的。教育文明因此是一种不断延伸的链条，最初环节的作用必将体现在最近环节上；教育文明也是"冲击层"，积淀起来的古老教育文明成为现代教育文明的底层而在现代教育文明中不断再现出来。哈耶克曾说："文明乃是经由不断试错、日益积累而艰难获致的结果，

---

① F. 福山著，刘榜离等译：《大分裂》，中国社会科学出版社 2002 年版，第 190~191 页。
② J. 奈特著，周伟林译：《制度与社会冲突》，上海人民出版社 2009 年版，第 178 页。

或者说它是经验的总和，其中的一部分为代代相传下来的明确知识，但更大的一部分则是体现在那些被证明为较优越的制度和工具中的经验；关于这些制度的重要意义，我们也许可以通过分析而发现，但是即使人们没有透彻认识和把握这些制度，亦不会妨碍这些制度有助于人们的目的的实现。"① 因此，人类可以不断发现和更新教育制度的形式，但不能因此与包含着大量经过精炼和检验的先人智慧的教育习俗一刀两断，而是在教育习俗基础上创造新的教育制度。纵览中国教育史，我们可以清楚地看到：统治者在整合社会、传递文化的过程中，既重视正式的教育制度建设与教育制度的不断创新，又重视对教育习俗的继承、整理和改造。教育习俗往往是教育制度创新的初始制度条件，或者说，教育制度创新就是在特定的教育习俗下展开的。杨宽认为，我国古代学校教育制度，如果要推溯其来源，是由过去氏族公社的原始教育制度发展而来的。他说："我国古代贵族教育的学校教育制度，规定男孩在童年进入小学，要'出就外傅，居宿于外'，就是沿袭氏族公社训练孩童要住宿在外的方法；规定男孩到成童时进入大学的制度，也该是沿袭氏族公社中训练成童的办法而有所发展的。氏族公社训练成童的目的，在于培养公社成员，使取得应有的氏族权利和应尽的义务，因此，其训练是和'成丁礼'密切结合在一起的。西周贵族教育成童的目的，在于培养贵族成员，因此，其教育是和'冠礼'联系在一起的。前引《礼记·内则》的话（即'出就外傅，居宿于外'——笔者），很清楚地可以看到这点。"② 教育制度与教育习俗之间的关系其实就像一枚硬币上的两面，是一个整体上既相对独立、又密不可分的两面，二者的融合，即构成了完整的中国教育制度体系。在传统中国社会，教育习俗具有明显的生活性和伦理性特点，唯其具有强烈的生活性，教育习俗才与以知识传递为主的教育制度区别开来，后者在中国传统社会背景中所表现出的是高度的"政治性"。同样，唯其具有鲜明的伦理性，教育习俗才能与正式的教育制度融为一体，从而使教育制度在民间得到顺利推行。就国家方面而言，各地方官员总是自觉地利用教育习俗来推行社会伦理教化。如朱熹任职漳州时，就时常使用惯用的教育习俗形式，包括"述古今礼律"、"采古丧葬嫁娶之仪"等形式。就民间而言，民间社会也会积极主动地认同国家的教育制度。在这一点上，最突出的表现莫过于宗族在内部推行教化的同时，还将获得教育制度的权威承认当成宗族昌盛的首

① F. A. 冯·哈耶克著，邓正来译：《自由秩序原理》（上册），生活·读书·新知三联书店 1997 年版，第 68 页。
② 李国钧主编：《中国教育大系·历代教育制度考》（上卷），湖北教育出版社 1994 年版，第 70 页。

要标志。例如，有许多"宗室"都把"文运昌盛"作为本宗族兴旺发达的最高证明。教育制度与教育习俗都是政治文化活动实现教育秩序的两大基本途径：一方面，通过教育制度，从民间社会培养、选拔出具有儒家理想的官僚阶层（仕）来对社会进行纵向的伦理化管理，另一方面，在民间社会，则通过教育习俗的教化活动，塑造家族成员的伦理观念。中国传统社会被一个纵向的制度化教育体系和横向的教育习俗体系"整合"得井井有条，同时能以低廉的管理成本维持"大教育"的有序运行，且在大部分历史时期内保持着惊人的效率，这在很大程度上是由于在国家政治与社会生活领域里同时实施了各自的教育制度，且教育制度与教育习俗能有机融合。例如，《汉书》曾云："上之所化为风，下之所化为俗。""上之所化"指由上而下的教化，像风一样传遍四方；"下之所化"指下层人民的自我教化，在民间就以习俗形式存在。教育制度与教育习俗之间所共有的"精神气质"以及协调性无疑为中国传统社会教育秩序的普遍稳定提供了强大的精神动力。正是在这个意义上，孟德斯鸠认为中国古代政治秩序（包括教育秩序）长盛不衰的力量源泉在于实现了宗教、法律、风俗和礼仪的有机结合。"中国的立法者们……把宗教、法律、风俗、礼仪都混在一起。所有这些东西都是道德。所有这些东西都是品德。这四者的箴规，就是所谓礼教。中国统治者就是因为严格遵守这种礼教而获得了成功。中国人把整个青年时代用在学习这种礼教上，并把整个一生用在实践这种礼教上。文人用之以施教，官吏用之以宣传；生活上的一切细微的行动都包罗在这些礼教之内，所以当人们找到使他们获得严格遵守的方法的时候，中国便治理得很好了。"[1] 通过上面的分析可以看出，教育制度创新要获得应有的效力，获得人们的认同，一定要尊重教育习俗、理解教育习俗。黑格尔说："智慧与德行，在于生活合乎自己民族的伦常礼俗。"[2] 如果教育制度创新与教育习俗相背，不仅不会求得教育的进步与发展，而且会导致教育秩序的混乱。涂尔干说："每一个社会在我们加以审视的某一发展阶段，都有一个普遍的以不可抗拒的力量强加给个体的教育制度。相信我们能够把儿童培养成我们所希望的人，这是枉费心机。有一些习俗是我们不得不遵循的；如果我们非常严重地违背了这些习俗，它们就会对我们的儿童进行报复。这些儿童长大成人之后，感到不能够在同辈人的环境中生活，因为他们无法与同辈和谐相处。"[3] 一项教育制度创新如

---

① 孟德斯鸠著，张雁深译：《论法的精神》（上册），商务印书馆 1997 年版，第 313 页。
② 黑格尔著，贺麟等译：《精神现象学》（上卷），商务印书馆 1997 年版，第 235 页。
③ 张人杰主编：《国外教育社会学基本文选》，华东师范大学出版社 2009 年版，第 4 页。

果不具备一致性，即便有证据证明其可能带来积极效果，也会遇到阻力。换言之，为什么人们通常以特定方式来做事，是因为他们对这种方法已经习惯了。数不清的事例说明，很多证据充足的教育制度创新得不到支持，原因就是教育制度创新与习俗不相吻合。就学校而言，很多教育习俗早已存在。例如，一位教师负责一个由几乎同龄学生组成的班级的教学，白天的时间被切割成标准的时段，课程按照学科领域来划分，每周五天工作制和每年十个月工作制，在修完课程时给学生打分或决定学生的升级或跳级等。正因为如此，"教育的基本'规则'，就像教室的形状，数十年维持不变。用'规则'一词，我们的意思是教学工作已经有一套常规的结构和规程……教学规则的延续性常使一代又一代企图改革这些标准组织形式的改革者一筹莫展"。① 如果不顾学校教育习俗的存在，强行推进各种形式的教育制度创新，只能造成混乱，"如果立法者在目标上犯了错误，他所采取的原则不同于由事物的本性所产生的原则……那么，我们便可以看到法律会不知不觉地削弱，体制便会改变，而国家便会不断地动荡，终于不是毁灭便是变质"。②

再次，教育习俗是教育制度的源头活水，教育制度是基于教育习俗而设计和创立的，或者说教育制度脱胎于教育习俗这一母体。教育制度的源头是教育习俗，教育习俗为教育制度提供了合法性。诺思曾说："正式规则、非正式的习俗及其实施方式决定着经济绩效。尽管正式规则可以在一夜之间改变，非正式的习俗通常变化缓慢。由于只有习俗才为一组正式规则提供'合法性'，革命性的变化从来不具有像它的支持者所希望的那样的革命性，而其绩效也有利于想象。当一些经济实体采用另一个经济实体的正式规则时，其绩效将与那个经济实体有很大不同，因为它们有不同的非正式习俗和实施方式。这意味着把成功的西方经济的政治和经济规则引入第三世界和东欧经济实体不是（产生）好的经济绩效的充分条件。私有化不是包治百病的良药。"③ 诺思虽不是专门就教育习俗与教育制度之关系而论，但他的论述给我们的启示在于：那些不是源于教育习俗的外来教育制度就面临合法性的问题。例如，清朝末年我国教育制度近代化之所以困难重重，主要在于谋求教育近代化的过程中，一直未能与教育习俗取得协调，未能获得教育习俗的协助，甚至相互干扰，从而牵制了教育制度近代化的脚步。教育习俗不是在教育的系统关系中，而是在教育的历史关

---

① B. 莱文著，项贤明等译：《教育改革》，教育科学出版社 2004 年版，第 146 页。
② 卢梭著，何兆武译：《社会契约论》，商务印书馆 2003 年版，第 68 页。
③ 转引自姚洋著：《制度与效率》，四川人民出版社 2002 年版，第 103 页。

系中，支持着教育制度。在人们的教育交往和教育运作中，教育制度的作用只是保障人们按照教育习俗和惯例行事，教育制度的实际作用在于对教育习俗和惯例的维系、支撑和补救。奈特曾说："有的时候，正式规则的确立，是作为稳定或者改变现行的非正式规则的一种手段；而有的时候，则是为了规范某些缺乏非正式制度框架的社会互动行为。"① 同时，一切教育法律制度均源于教育习俗，直到非常晚近，才经由法学家们或者教育法学者创制之。在萨维尼看来，法律并不是对理想道德规范的宣示，而是对习俗的宣示，这种习俗孕育于文明社会的生活经验之中。韦伯也说："没有任何一条在社会方面重要的'习俗的'戒律，不是在某个时候、某个地方曾是一条法的戒律。"② 在中国的传统社会中，儒教所包含的一些教育习俗曾对社会的整合、教育的发展曾起到了至关重要的作用。诚如福山所言："儒教包含了一系列据说可以使整个社会良性运转的伦理道德准则。而这样的社会并不是靠它所产生的宪法和法律制度来治理，而是靠儒教的伦理道德准则对每一个个体的内在化影响而整治的，这种内在化影响是在社会化过程中逐步形成的。儒教的这些伦理道德准则界定了各种社会关系的恰当行止，五纲即是规定君臣、父子、夫妻、长幼和朋友关系的准则。"③ 或许可以说，两千五百年来，中国是靠着"儒家的玄想"来维持的教育的发展，靠着它关于人类教育秩序与自然秩序相互作用的理论，关于君主对社会与宇宙之间和谐负责的理论，关于依靠对礼仪的示范和遵守而非教育法律制度和惩罚而达于和谐的理论。不仅中国如此，即便在现代西方民主国家，如果仅仅尊崇教育法律制度，也会对教育发展造成莫大的伤害。诚如郝大维等人所说："求助于法律来替代风俗和传统的社会互动，对于一个民主国家的目标是有害的。因为这不仅使经济利益高于社群社会利益永久化（这样做的手段是将富人的利益法典化），它还把以法律调节的社会关系改造为互动的抽象方式，以至于对于共同目标的共享承诺情感丧失殆尽。"④ 当然，一旦当教育习俗为教育法律作好准备，并使之成为可能之后，教育习俗的规定将会由教育法律取代。

第四，教育制度只是人类教育规范体系中的一个组成部分，尽管教育制度在现代社会已经取得了凌驾于教育习俗等之上的特殊地位，但这并不意味着教

---

① J. 奈特著，周伟林译：《制度与社会冲突》，上海人民出版社 2009 年版，第 178 页。
② 马克斯·韦伯著，林荣远译：《经济与社会》（上卷），商务印书馆 1998 年版，第 363 页。
③ F. 福山著，彭志华译：《信任》，海南出版社 2001 年版，第 84 页。
④ 郝大维等著，何刚强译：《先贤的民主》，江苏人民出版社 2004 年版，第 71 页。

育习俗等的消失。相反，现代国家往往会通过教育法律来支持或强化社会的固有教育习俗──任何具有重要社会意义、教育意义的教育习俗或迟或早都会成为一种教育法律命令。且教育习俗反过来也会为教育法律提供支持，或者在教育法律所无法触及的教育生活领域发生作用。卡多佐说："如果要在单位与单位之间、个人与个人之间避免冲突和浪费，那么法律就构成了社会成员的行为和关系所必须遵循的一种秩序原则的表示。……许多社会力量──逻辑、历史、习惯、功利和公认的是非标准等──都有助于形成被称之为法律的规范体系。"[①] 尽管教育习俗不具备教育法律的特征，但它对规范特定群体、特定区域人们的教育行为模式，避免教育冲突，预测人们的教育行为等方面绝不比教育法律逊色，况且，它还能为教育法律的制定、实施提供支持。庞德说："法律既不能远离伦理习俗，也不能落后太多。因为法律不会自动地得到实施。必须由单个的个人来启动、维持、指导法律装置的运转；必须用比法律规范的抽象内容更全面的事物，来激励这些人采取行动，并确定自己的行动方向。"[②] 因此，教育习俗不仅不会消失，反而应为教育习俗调整教育生活留下"一席之地"。

六、教育制度不是教育习惯

教育习惯是人们处理所熟习教育环境中之问题时所遵循的有效行为准则，教育习惯是为不同阶级或各种群体所普遍遵守的教育行为习惯或行为模式。教育制度虽不同于教育习惯，但两者决非水火不容，而是互补或相辅相成的。

（一）对习惯概念的审视

在经济学史上，把习惯作为经济学理论分析之"集中意识"来处理的，最早应该说始于凡勃伦。在凡勃伦看来，制度是由思想和习惯形成的，"制度实质上就是个人或社会对有关的某些关系或某些作用的一般思想习惯"。[③] 制度不仅源于习惯，且是思想和习惯长期积累的产物。制度的演进过程就是人类的思想和习惯的自然淘汰过程，或人类应付外界环境的心理的变化过程，"人类在社会中的生活，正同别种生物的生活一样，是生存的竞争，因此是一种淘汰适

---

① E. 博登海默著，邓正来译：《法理学》，中国政法大学出版社 2004 年版，第 159 页。
② R. 庞德著，陈林林译：《法律与道德》，中国政法大学出版社 2003 年版，第 162 页。
③ 凡勃伦著，蔡受百译：《有闲阶级论》，商务印书馆 2002 年版，第 139 页。

应过程；而社会结构的演进，却是制度上的一个自然淘汰过程。人类制度和人类性格的一些已有的与正在取得的进步，可以概括地认为是出于最能适应的一些思想习惯的自然淘汰，是个人对环境的强制适应过程，而这种环境是随着社会的发展、随着人类赖以生存的制度的不断变化而逐渐变化的"。① 除凡勃伦之外，其他经济学家也注意到习惯在现实经济活动过程以及在人们社会生活形式本身型构中的作用。奈特特别强调习惯在社会生活中的作用，他确信，形成人类社会过程的各种力量"属于处在本能与智能之间的中间类型。它们是习俗、传统或制度等事物。这些准则被导入社会之中，通过不太费力甚至无意识的模仿而被每个社会个体所掌握，而这些准则在任何时候被任何一个成年个体所认同就形成习惯"。② 卡纳托认为，习惯在经济行为中起着非常关键的作用，这不仅适用于消费者，也适用于商业研究。在他看来："有大量的论据显示，惯例化行为在商业活动中是非常常见的"，而且，"要真正了解商业生活，必须研究作出真正的决策的过程中习惯性及惯例化行为和反其道而行之的行为。因为习惯性行为的经常出现，商业活动不能视为一个随条件的改变而不断调整的过程。"③ 克拉克也像凡勃伦、奈特、卡纳托一样，特别重视人们的习惯性行为在他们经济活动和决策中的作用。不过，受美国实用主义哲学家詹姆斯哲学的影响，克拉克的理论分析更带有一种工具理性主义的气味。克拉克认为，人类的大部分行为是习惯性的，而不是按理性"最大化原则"为基础的。但克拉克断言，信息和决策成本的计算是习惯产生的原因。因为，人们作决策要付出精力。克拉克说："当计算的麻烦似乎有可能大于其价值的时候，正常的享乐主义者照样会停止计算。"但他进一步指出，这并不是说人们的计算正好做到边际成本等于边际收益那一点。个人不可能"理所当然"地知道到底什么时候达到最优点。因为，每个人不是（也不可能是）一台计算器。相反，人们养成习惯，而"习惯是自然的机器，它总是把由自觉审慎的较高级器官所承担的工作移交给较低级的大脑和神经中枢去做"。因此，他认为，只有通过习惯，"边际效用原则才能在现实生活中近似成立"。④

既然"习惯"像许多经济学家所理解的那样，在人们的习俗、惯例和制度

---

① 凡勃伦著，蔡受百译：《有闲阶级论》，商务印书馆 2002 年版，第 138 页。
② G．M•霍奇逊著，向以斌等译：《现代制度主义经济学宣言》，北京大学出版社 1993 年版，第 149 页。
③ G．M．霍奇逊著，向以斌等译：《现代制度主义经济学宣言》，北京大学出版社 1993 年版，第 149～150 页。
④ 韦森著：《经济学与哲学》，上海人民出版社 2005 年版，第 139～140 页。

等等社会生活形式的生发、型构、演化与变迁中起着一种十分重要的作用，那么，"习惯"概念本身的规定性又是什么？在探析这个问题之前，我们必须首先要注意到这样一个事实：在英文中，有两个词对应中文的"习惯"一词：一个是"habit"，另一个是"usage"。"habit"的英文含义是 thing a person does often and almost without thinking。而"usage"的英文解释则是：habitual or customary practices。因此，"habit"是指个人行为中基于或出于本能而行事的一种心理定势；而"usage"则是指个人经由这种心理定势所影响而行事所呈现出来的一种行为的状态和行为的结果。① 或者说，英文的"habit"应该更精确地被理解为个人的"习性"，而"usage"则应该被理解为"惯行"。② 在社会科学尤其是经济学的研究中，许多学者均不区分这二者。笔者经反复推敲，觉得区分开这两者是至关重要的。因为，制度经济学所要研究的"习惯"，应是个人行为的一种状态、结果与情形，即英文的"usage"，或如凡勃伦所使用的"habituation"，而不是作为个人行事时的一种心理定势，即英文的"habit"。更精确地说，"usage"属于制度经济学研究领域内部最靠近边缘的东西；而"habit"则是处于作为一种社会科学的经济学研究领域边缘外的东西。

在对英文的"habit"和"usage"的含义作了上述辨析之后，让我们继续探析作为经济学研究对象一部分的"usage"意义上的"习惯"概念本身的规定性（在本文以下的分析中，凡使用到"习惯"一词，我们均是在英文"usage"的含义上使用的）。作为英文"usage"含义的习惯，一般是指个人在自己的活动与社会交往中的重复性活动，或借用维特根斯坦逻辑哲学的一个术语，我们可以更精确地把"习惯"定义为个人在其活动与社会交往中所呈现的诸多"单元事态"中的同一性，即在个人行动中所呈现出来的诸多"单元事态"中

---

① 美国著名实用主义哲学家和心理学家詹姆斯（William James）在其所著的《心理学》一书中，把"habit"定义为"大脑形成的排水通道，一定量的注水今后会倾向于经由这里流出。"他认为，这种所谓的"大脑的通道"具有高度的弹性，即它有"一种脆弱得不能免受影响而又顽强得足以抵御一切突发事件的结构"。因此，习惯"极易"形成，但却"不易消失"。所以，这种作为人们生理的本能和特性而行事的一种心理定势的习惯一旦确立，就表现出对变化的抗拒，尽管是不完全的抗拒。他认为，人们之所以出现这一形成"habit"的倾向，是因为人"在他的神经中枢生来就有一种想做多于他已经安排好的事的禀性"。（W. James, Psychology, New York: Holt, 1893, p. 138.）

② 英文"habit"与"usage"的区别，也可以从一些非人格化的单位存在体的行事所呈现出来的事态中体现出来。比如，澳大利亚 ABC 国家电视台的晚间新闻，每天都要大量报道澳社会上发生的重大事件，这可以说是澳大利亚 ABC 国家电视台的"usage"，而不宜说是它的"habit"。

重复的、稳定的和驻存的一种行为事态的轨迹、一种重复出现的个人活动的
"单元事态"。正如许多论者所注意到的那样，一个人之所以有习惯性的活动，
往往是在没有经由缜密的逻辑推理和思考仅仅出于自己的一种稳定的行事惯行
模式来重复自己过去的行动。个人的习惯在人们的活动中的主要功能在于使自
己所面临的复杂生活环境、状况简单化。诚如赖尔所说："凭死记硬背对乘法
运算问题作出正确解答的能力在某些重要的方面不同于靠计算答出这些问题的
能力。当我们说某人出于纯粹的或盲目的习惯在做某事时，我们的意思是说，
他机械地做了这件事而无须留心他在做的事情。他没有用心，没有作出防范，
也没有进行批判。过了蹒跚学步的年龄之后我们在人行道上行走时并不留心自
己的步伐。但登山运动员在黑夜和狂风中跨过冰雪覆盖的岩石时却不会依靠盲
目的习惯移动他的四肢；他思考着他正在做的事情，随时准备应付突然事件，
避免作不必要的努力，不断进行试验和实验；简而言之，他运用某种程度的技
能和判断行走着。假如他犯了一个错误，他就力图不再重犯，假如他发现了一
种新的技法有效，他就会继续使用它并改进它。他一边行走一边教导着自己怎
样在这类情况下行走。纯粹的习惯性行事方式的本质是，一个行为是它的先前
行为的复制品。显示出智力的行事方式的本质是，一个行为靠它的先前行为得
到修正。行动者仍然在学习。"[1] 也就是说，习惯作为个人行为的复制与重复，
使人免去了对哪怕一项最简单的选择背后所牵涉的复杂信息的总体理性计算之
负担。因为，在人们的现实生活中，当一个人要作出一项选择（甚至一项非常
小的教育决策）时，要达到个人效用或收益的最大化，其所要求的信息及计算
能力的容量往往大大超出了个人的能力。因此，一个当事人要对其行为的所有
方面进行完全有意识的信息收集与理性思考，往往是不可能的。于是，当事者
就采取一种简单地重复自己过去的行为的做法，使其要实际进行的行动从不断
的和连续的理性估算中摆脱出来，这就呈现了人们所说的个人的习惯。诚如霍
奇逊所言："习惯的一项功能是应付日常生活的复杂性，它提供给我们一个手
段，使我们不必进行包括巨大数量的复杂信息的总体理性计算，就可以掌握一
种行为范式。行为过程就以一种有层次的方式组织起来，以便在不同水平与等
级上以不同的程度对获得的信息作出反应。"[2]

[1] 吉尔伯特·赖尔著，徐大建译：《心的概念》，商务印书馆2005年版，第44页。
[2] G. M. 霍奇逊著，向以斌等译：《现代制度主义经济学宣言》，北京大学出版社1993年
版，第150页。

（二）教育习惯的生发机制

从个人教育习惯的生发机制来看，凡勃伦认为，习惯是从人类本能中产生的。在凡勃伦看来，本能树立了人类行为的最终目的，推动了人类为达到这种目的而作的努力，理智则不过是达到目的的一种方法。个人和社会的行动都是受本能支配和指导的，而这些行动则逐渐形成了习惯。弗洛伊德指出："人性最根本的东西是基本本能，基本本能存在于任何人身上，其目的是满足某些基本需要。这些本能本身，无所谓'好'与'坏'。"[1] 而在我们的心灵中，有两种基本的本能：自我本能和性本能。自我本能是"保存自己的本能"，性本能则是追求满足的本能，"前者包举个体的生存、延续及发展，后者包括幼稚及倒错的性生活"。[2] 这两种本能始终存在于人的心灵世界之中，它们之间的斗争构成了我们心理生活的实质。自我本能与性本能实际上分别代表着人的社会性和动物性。人是从动物进化来的，动物性是人的基础部分，人的社会性是在动物性的基础上发展起来的。动物性是内在的，是人一生下来就具有的，通过遗传而获得，社会性则是外来的——主要通过后天教育而获得，"文明是放弃本能满足的结果，它要求每一个新的社会成员放弃同样的东西。个人的一生，经历了一个不断将外部的强制因素转化为内部因素的过程。文明的影响不断加强，使自我中心的倾向转变为利他主义和社会的倾向"。[3] 从这一角度而言，个人和社会的行动实际上都是受本能控制和支配的，久而久之，这些行动逐渐演化为习惯。弗洛伊德在其后期著作中更是对习惯的形成机制进行了系统的论述。他认为，生命有机体具有那种重复早期经验的先天取向，重复、对同一事物的重新体验，是愉快的源泉。"儿童们……会不厌其烦地一再央求大人们重复他曾教过他们或和他们一起玩过的游戏，直到这个大人累得无法进行下去才肯罢休。如果一个孩子听大人讲了一个有趣的故事，他就会再三再四地要求大人一遍又一遍地重复这个故事，而不愿换一个新的。而且他还会严格地规定，大人必须把故事重复得一模一样，并且会纠正说故事的人所作的任何更动——哪怕后者做这些改动实际上是想要赢得小听众的新的赞许。"[4] 据此弗洛伊德论

---

① 弗洛伊德著，孙恺祥译：《弗洛伊德论创造力与无意识》，中国展望出版社 1986 年版，第 212～213 页。

② 弗洛伊德著，高觉敷译：《精神分析引论》（译序），商务印书馆 2005 年版，viii。

③ 弗洛伊德著，孙恺祥译：《弗洛伊德论创造力与无意识》，中国展望出版社 1986 年版，第 214 页。

④ 弗洛伊德著，林尘等译：《弗洛伊德后期著作选》，上海译文出版社 2005 年版，第 39 页。

证道，因循守旧和侧重过去的取向，牢牢地扎根在婴儿的生性资质之中，"一切有机体的本能都是保守性的，都是历史地形成的，它们趋向于恢复事物的早先状态"。[1] 因此，他把这种人们心理中因循守旧、侧重过去的倾向称之为"强迫重复"。

　　教育习惯除了源自人的本能之外，亦可以起先经由个人的理性计算，即有意识的选择的结果而来。密尔曾说："凡是听凭世界或者他自己所属的一部分世界代替自己选定生活方案的人，除需要一个人猿般的模仿力外便不需要任何其他能力。可是要由自己选定生活方案的人就要使用他的一切能力了。他必须使用观察力去看，使用推论力和判断力去预测，使用活动力去搜集为作决定之用的各项材料，然后使用思辨力去做出决定，而在做出决定之后还必须使用毅力和自制力去坚持自己的考虑周详的决定。"[2] 即，一个人开始做出自己的选择时，理性的计算、反复的考虑与斟酌、周详的权衡利弊得失是十分重要的。例如，在一个人决定攻读博士学位时，他要收集大量的有关各大学招收博士生的信息，并要做出复杂的理性计算。既要考虑工作、事业之需以及其他诸如面子、自我实现等之需，又要考虑自己的经济收入状况、家庭开支预算以及自己的预期收入，还要考虑攻读其他学位的机会成本。在具体攻读某一学科的博士学位时，他又要考虑有关各大学该学科的学术力量、指导教师水平、科研设备、人际氛围、研究条件，等等，并要尽力收集有关各大学的学习费用以及该大学所在地方的生活费用等信息，并比较有关各大学该学科的博士生培养质量、水平等。因此，在做出攻读博士学位的选择时，一个人总是要思前想后、顾左及右，并反复掂量。一项决策越重大，一个人所要做的信息收集工作就往往越多，其理性计算与有意识的思考往往也就越复杂、越缜密、越周全。但是，一旦一个人选择了攻读某大学的某一学科或某一专业的博士学位后，他往往就不再进行有关的理性计算了。比如，当一个人经过理性计算和有意识的思考而攻读了某大学的某一学科或某一专业的博士学位后，他就会习惯地在此大学的某一学科或某一专业领域进行学习、研究了，而不再每时每刻都得考虑和计算并且比较攻读其他学位的机会成本了。当然，在一个人攻读某大学的某一学科或某一专业的博士学位时，考虑的可能只是充实完善自己或跨进学术研究的大门，或者是出于"从众效应"、或者是出于"虚荣效应"等而攻读了某一

---

[1]　弗洛伊德著，林尘等译：《弗洛伊德后期著作选》，上海译文出版社 2005 年版，第 41 页。

[2]　约翰·密尔著，程崇华译：《论自由》，商务印书馆 2005 年版，第 69 页。

学科、某一专业的博士学位。但一个人一旦做出了选择，即攻读某大学的某一学科或专业的博士学位之后，他就从心底认定它只是一个表明自己学习经历、研究经历的凭证而已。在以后的时间里，这位当事人往往就不再考虑和理性计算攻读某大学的某一学科或专业的学习成本、研究成本了，即总是安心地在某大学的某一学科或专业进行研究和学习而不是选择其他大学的某一学科或专业了。这样，这个人可能就形成一个到了某大学就开始在自己的学科或专业领域进行学习、研究的习惯。从这个例子可以看出，尽管在一个人开始作出一项选择时，理性的计算和反复的考虑与斟酌是十分关键的，但一旦做出抉择，他就往往不假思索地重复过去的行动，而不再每次进行理性计算了。这也就形成了人们所说的习惯。诚如霍奇逊所言："习惯是公开的有意识选择的结果。在有意识地选择购买了一部小汽车以后，结果就习惯性地使用它，一般地不太仔细考虑和比较各种交通工具的边际成本。也许我们最初用小汽车是因为觉得它更舒服，于是在此认识上选择它作交通工具。但是在以后情形下，这样的考虑就没有了。我们只简单地'养成习惯'用这种而不是那种工具，尽管有意识的盘算在最开始是十分关键的。"①

教育习惯的生发机制源于模仿。一个人的教育习惯还可能是经由模仿他人的教育行为模式而形成，而并不是全盘的有意识的理性选择的结果。因为，按照生物学的理论，所有的动物物种生来就有模仿能力。儿童的智能与实际技能的培养在很大程度上亦是以模仿为基础的，并且人们在以后的生活中会始终保持着这种模仿能力，对于他们正在干什么经常不进行有意识的思考。哈耶克曾指出："通过模仿进行学习的能力，是我们漫长的本能发展过程所提供的主要好处之一。大概人类个体由遗传赋予的超越了本能反应的最重要能力，就是他能够主要通过模仿式的学习掌握各种技巧。根据这个观点，十分重要的一点就是，即掌握各种技巧的能力是从理性中产生的。"② 从哈耶克的这一段话中，也可以看出，一个人可以经由模仿他人的教育行为模式形成自己的一种惯行模式，即习惯。这种经过模仿而形成的习惯，它"一方面超越了本能，并且往往与它对立；另一方面它又不是理性能够创造或设计的"。③

---

① G. M. 霍奇逊著，向以斌等译：《现代制度主义经济学宣言》，北京大学出版社 1993 年版，第 152 页。

② F. A. 冯·哈耶克著，冯克利等译：《致命的自负》，中国社会科学出版社 2000 年版，第 19 页。

③ F. A. 冯·哈耶克著，冯克利等译：《致命的自负》，中国社会科学出版社 2000 年版，第 19 页。

教育习惯的生发机制源于操练，"习惯的树立依靠操练"①，学成于行。没有人能够通过读一本书，或听一次讲座就学会怎样演奏一种乐器，我们得去练习。也没有人能够通过只读有关烹饪的书籍，就成为一名优秀的厨师，我们得花很多时间练习烹饪。聆听水平高超的音乐家演奏，并听出他们是如何演奏的，这很有用，但是，你不可能不拉小提琴就能成为一名小提琴家。操练（或引起条件反射）在于强制做一些重复动作。例如，儿童学习广播操的方法就是反复地来回多次做一些完全相同的动作以及儿童以同样的方式学习字母表和乘法表。赖尔曾说："直至小学生对别人给他的提示作出了机械的反应，形象地说，直至他能够'在睡梦中这样做'，他才算学会了那些习惯做法。"② 洛克认为，教育工作者尤其是父母不能让儿童背上过于累赘的规条，而应该用养成习惯的方式来教育儿童。那么，儿童的教育习惯怎样养成呢？教育习惯的养成靠练习。洛克曾说："一种动作经过多次练习，可以在他们身上变成习惯，它便不必再靠记忆与回想，自然而然就做得出了。"③ 教育行为经过多次练习，并且时常应用的缘故，"一件与呼吸空气一样自然的事；用不着思考，也用不着回想。"④ 例如，为了培养学生的道德行为习惯，我国封建社会特别注重对学生进行行为训练。一般认为，"礼仪"起源于原始宗教和祭祀活动的仪式。进入阶级社会以后，这些仪式逐步演变成了规范人们之间交往及其他社会活动的"礼"。"礼"以"仪"来完成，仪是一种法式，法式中渗透着礼。从文献上看，中国古代社会的礼节仪式非常繁琐和严格。据《仪礼》记载，当时的各种活动从仪式开始到仪式终了，对人们的一言一行、一举一动，从每个人站立的方位到每件器物陈放的位置等，都有明确规定。因此，孔子说："不学礼，无以立。"这些仪式看似繁文缛节，其实大有深意。古代的礼是等级之礼，通过无所不在的各种仪式，区分出人们的尊卑，并把它们体现在人们日常生活的每一个行为中，"化"在人们的头脑里。《礼记·经解》说："故朝觐之礼，所以明君臣之义也。聘问之礼，所以使诸侯相尊敬也。丧祭之礼，所以明臣子之恩也。乡饮酒之礼，所以明长幼之序也。婚姻之礼，所以明男女之别也。……故礼之教化也微，其止邪也于未形，使人日徙善而远罪而不自知也。"

---

① 吉尔伯特·赖尔著，徐大建译：《心的概念》，商务印书馆 2005 年版，第 44~45 页。
② 吉尔伯特·赖尔著，徐大建译：《心的概念》，商务印书馆 2005 年版，第 45 页。
③ 纳坦·塔科夫著，邓文正译：《为了自由》，生活·读书·新知三联书店 2001 年版，第 197 页。
④ 纳坦·塔科夫著，邓文正译：《为了自由》，生活·读书·新知三联书店 2001 年版，第 197 页。

在人们的现实教育生活中，除了人的本能、经由理性计算、模仿以及操练这样一些教育习惯的生发机制之外，教育习惯的生成主要源于教育尤其是教师。在教育习惯的生成过程中，教育具有重大的作用。良好习惯的养成，仅靠外在的强制是不够的，必须依靠教育的力量从内心去铸成。洛克非常清楚教育在良好习惯养成过程中承担的角色。"他从教育中所应获得的、那种将左右和影响他的生活的东西，必须及时地赋予他；习惯应该植入儿童的天性当中；而不是一种伪装的举止和外表，为了避免父亲生气，害怕不让他继承财产而装出来的。"① "最好的、最保险的办法就在于将良好的原则植入他的心灵，让他养成习惯，这也是最应该重视的东西。因为反复的告诫和规劝，无论它如何反复地灌输，如果不是经实践建立起习惯，你不能指望有什么成效。"② 同时，在教育习惯的生成过程中，教师的作用也不能忽视。洛克认为，家庭教师的目标在于："塑造学生的举止，形成学生的心智；在学生的心中植入良好的习惯，以及德行和智慧的原则；一点一点地教给他人世的知识；使他养成对优秀的、为人称赞的行为的喜爱和模仿；并在教育的过程中，教给他活力、敏捷与勤奋的品质。"③《荀子·修身》说："礼者，所以正身也；师者，所以正礼也。无礼，何以正身？无师，吾安知礼为是也？"即，在学生行为习惯的养成中，必须维护教师对学生的权威。在教育习惯的养成中，仅仅借助于教师的权威还不够，教师还必须严慈相济。南怀瑾在《论语别裁》中说："一个真正的教育家，爱人爱世，须要有舍身饲虎，入海救人的牺牲精神才行，又像是亲自施用换心术，硬要把自己的东西装到他的脑子里去的这种心情。"④

榜样对于人们教育习惯的养成也具有重大作用。洛克曾说："礼节的学习，榜样的作用远胜于规则"，"不好的榜样比好的规则更容易让人跟从。"⑤ 人的模仿本性决定了人只能用人来建树，只有人格才能影响到人格的发展和规定，只有性格才能养成性格。叔本华认为，由于人太缺乏自己的判断了，甚至常常太缺乏知识了，不懂得如何自我思考，独辟蹊径，因而，人总是喜欢跟在别人的屁股后面，亦步亦趋，邯郸学步。"事实上，我们的确发现，绝大多数人的指路明星都是以其他人为榜样的。在他们全部的生命旅程中，不论大事还是小事，最终的结果仅仅是单纯的模仿。哪怕在微不足道的琐事上，他们也不是根

---

① 洛克著，熊春文译：《教育片论》，上海人民出版社 2005 年版，第 123 页。
② 洛克著，熊春文译：《教育片论》，上海人民出版社 2005 年版，第 103 页。
③ 洛克著，熊春文译：《教育片论》，上海人民出版社 2005 年版，第 123 页。
④ 南怀瑾著：《论语别裁》，复旦大学出版社 1990 年版，第 313 页。
⑤ 洛克著，吴棠译：《理解能力指导散论》，人民教育出版社 2005 年版，第 160 页。

据他们自己的判断行事的。模仿和习惯，几乎是人类一切行为的根源。"在这一过程中，"人失去了全部的和各种各类的反思，失去了对他们自己的辨别力的正确信任"。① 例如，"孟母三迁"的故事说明了榜样在习惯养成中的作用。"孟母三迁"之所以会在教育生活中产生作用，是因为孟母把孟子培养成了大思想家、大教育家，成为了仅次于孔子的"亚圣"。人们由此类比，如果也想让自己的孩子成名成家，就必须效法孟母。

此外，职业选择及性质、教育本身的特点及某些品质，以及对模范教师、优秀学生的报道等等，均可以是一个人的教育习惯生成机制的路径诱因。

不管教育习惯生发的起因是什么，一个人不断地重复一种教育行为就往往会使这种教育行为模式固化为一种教育习惯，形成一种个人教育行为轨迹中诸多"单元事态"中的持存性、同一性和重复性，或者说一种不断重复出现的"单元事态"。一旦一个人的某一重复教育行为固化为教育习惯，它就往往使人们从理性计算和有意识的思考中解脱出来，使其像理性计算和其他非深思熟虑的思考（如感情冲动、他人的说教）一样，在人们的教育生活与教育交往的选择与决策中发挥着重要作用。

（三）教育制度与教育习惯的区别

要对教育习惯与教育制度进行区分，只需我们对它们各自的特征进行描述就能一目了然。

1. 教育习惯的特征

一般而言，教育习惯具有如下特征。首先，相对于人们所追求的特定教育目标而言，教育习惯是行之有效的，至少曾经是行之有效的。换句话说，只有那些在特定教育情境中有效的教育行为方式，才能广为人们所接受并最终成为教育习惯，即教育习惯有其特定的功能，好的或不好的、优的或劣的。其次，教育习惯是由历史来驱动的，意即它一方面具有历史性，另一方面它又是在人们多次的反复的教育实践中积累并形成的。换言之，人们是在反复计算了成本——收益后，或在学习过程中逐步形成其习惯的。诚如柯武刚等人所说："习惯这种规则的便利性毋庸置疑，以至人们基本上都能出于自利动机而自动地服从这类规则。例如，人们遵守某些词语的定义和语法规则，因为使别人理解自己是人们自身之利益所在。……因此，人们遵守习惯是因为这样做显然是合算

---

① 叔本华著，范进等译：《叔本华论说文集》，商务印书馆 2006 年版，第 570 页。

的，并且如果他们选择不遵守习惯，就会将自己逐出交往。"① 再次，教育习惯的产生和对教育习惯的遵从是一个自发的过程或人们自觉的教育行为。它通常以分散性、个人性和非强制性为土壤，尽管有时带有强制色彩的灌输会出现。也就是说，教育习惯最具分散性、个体性，是人们在共同教育行动、教育实践中所形成的不自觉，或者说自在状态的规则。熊彼特说："一切知识和习惯一旦获得，就牢固地根植在我们之中，它不要求被继续不断地更新和重复生产，却深深地沉落在下意识的底层之中。它通过遗传、教育、培养和环境压力，几乎是没有摩擦地传递下去。我们所想的、所感知的或所做的每一件事情，常常变成了自动的，而我们有意识的生活并不感受到它的累赘。"② 当然，每一个人既可以是教育习惯的自觉或不自觉的遵守者，也可能是潜在的教育习惯破除者或更有效之教育习惯的变革者、创新者。第四，正是由于教育习惯的自发性，对教育习惯本身及其改变通常不需要做过多的解释，换言之，人们把它看成是理所当然或不言而喻的。第五，作为人类面对教育环境压力（如不要败于竞争对手）时所做出的反应，教育习惯既有被动性又有明显的滞后性。

教育习惯的上述特征，很容易让人想起"文化"。马凌诺斯基曾说："文化的真正要素有它相当的永久性、普遍性及独立性，是人类活动有组织的体系，就是我们所谓的'社会制度'。"③ 换言之，教育习惯和文化之间有很强的相似性。例如，在许多美国中学中，教师和管理者都发现很难以任何其他的方式使他们的组织工作形成概念，唯一的办法是使用建立在卡内基学分基础上的作息时间表。确实，使用"学分"来间隔美国中学的日常课程的传统经久不衰、被视为理所当然，以至于如今几乎没有教师知道卡内基学分到底是什么，尽管这是他们职业操作中最具有决定性的影响之一。卡内基学分是由卡内基促进教学基金会于 1905 年为了使中学标准化而发明的，这样，大学比较容易对比申报者的学习成绩报告单。它曾经是、现在仍然是一个时间测量单位：课堂教学120 小时。这样，一门课程的一个学分要求学生上课 120 小时。对排课的应用显而易见：比方说，如果某人想设置 48 分钟长的课时计划，从而允许课间时间的话，那么一个学分的课程必须一年中上 150 次。这为传统的作息时间表打下了基础，作息时间表不仅仅对教师和学生行为施加权力，而且形成了他们"学校是什么、应该是什么"的概念，限定了什么是可能的、什么是不可能的，

---

① 柯武刚等著，韩朝华译：《制度经济学》，商务印书馆 2000 年版，第 123 页。
② 约瑟夫·熊彼特著，何畏等译：《经济发展理论：对于利润、资本、信贷、利息和经济周期的考察》，商务印书馆 1990 年版，第 123 页。
③ 马凌诺斯基著，费孝通译：《文化论》，华夏出版社 2002 年版，第 19 页。

指令什么是正确的、什么是不正确的。这是美国中等教育一个稳固的传统，常常与质量及良好的职业实践联系在一起，教师当中学生时的亲身经历、在大学的训练以及他们的职业经验一直不断地强化着他们的职业实践。这一点说明了组织文化中始终存在着一种力量，它们是看不见的无形的部分环境，并形成和铸造参与者的行为。欧文斯曾说："卡内基学分表明了文化的人工环境的顽固一致，在组织中影响思维和行为的时间远远长于它们本来期望的目标。……卡内基学分得到法律和规范的加强，成为许多人与学校教学计划的质量相联系的历史悠久的品质证明，88 年来无人挑战，一直保持为中等教育的国家质量的重要标准之一。"①

尽管养成教育习惯的能力对于各种实际的和智力的技能之培养是必不可少的，例如，掌握一门技能时，必须专心致志于正在学习的每一个细节；学习一门语言要花费大量的时间与精力，演奏一种乐器、打字也是如此。而当智力的和实际的教育习惯养成了，我们就掌握了这项技能。霍奇逊曾说："当人们可以不再全盘地有意识的推理或思考就能应用分析的或实际的规则时，则可以说他已经掌握了这门技术。"② 但是，正如凯斯特勒所说的，"技能的这种逐渐机械化的趋向有两方面的意义"。③ 就积极的意义而言，机械的教育习惯使我们得以在教育行为的一些方面免去有意识的深思熟虑之苦，从而能应付各种复杂教育情况及超载的信息，这样当我们参加竞争性的教育考试时，不必把精力放在更换钢笔或橡皮擦上。我们自发地这样做，把有意识的注意力放在潜在的难题上，以及答题的时间分配上。从消极的方面讲，机械的教育习惯可能会在必要的思维训练和创造性的技能中忽略某些重要的教育行为，在更为复杂的、更高层次的教育行为中，这个局限性很可能更为严重。靠纯粹的习惯或反应就能准确地按下打字机的键是非常有用的，"但是一个由老一套的及预测的词语顺序组成的固定模式，尽管它能使私人打字服务员打完更多的信件，也当然只是一个混合的祈祷"。④ 在学习、研究过程中，养成固定的思维习惯甚至是非常危险

---

① R. G. 欧文斯著，窦卫霖等译：《教育组织行为学》，华东师范大学出版社 2001 年版，第 205~206 页。
② G. M. 霍奇逊著，向以斌等译：《现代制度主义经济学宣言》，北京大学出版社 1993 年版，第 153 页。
③ G. M. 霍奇逊著，向以斌等译：《现代制度主义经济学宣言》，北京大学出版社 1993 年版，第 153 页。
④ G. M. 霍奇逊著，向以斌等译：《现代制度主义经济学宣言》，北京大学出版社 1993 年版，第 153 页。

的。习惯性地使用某些特定的概念和思维方式也许会掩盖所使用的隐蔽的假设与公理。我们也许不经过对问题的所有各个方面进行充分思考，就被某些论据或论点所"说服"。一些教育研究者可能习惯性地使用某些范畴或概念而不问这样做是否恰当。例如，在教育界，"教育制度"、"教育规范"、"教育规则"等概念就被非常随意地使用，而不问在一特定的上下文中它们的意义与运用是否恰当。

2. 教育制度的特征

相比于作为某一教育群体、某一教育共同体中成员所必须共同遵守的教育规范——教育习惯而言，教育制度自然有着一系列有别于教育习惯的特征。

首先，虽然教育制度也是由某一教育群体、某一教育共同体乃至国家相关权力机关成员自己制定或选择的，但它却带有更为浓厚的强制性和有意识性：它（们）明确以奖励和惩罚的形式规定什么是可以做的，什么是不可以做的。诚如柯武刚等人所言："制度……被定义为由人制定的规则。它们抑制着人际交往中可能出现的任意行为和机会主义行为。制度为一个共同体所共有，并总是依靠某种惩罚而得以贯彻。没有惩罚的制度是无用的。只有运用惩罚，才能使个人的行为变得较可预见。带有惩罚的规则创立起一定程度的秩序，将人类的行为导入可合理预期的轨道。"[①] 教育制度之成为教育制度必定与强制性相伴随，没有强制性也就没有教育制度。而按照教育习惯办事，通常是以无意识或潜意识的方式进行的。理性化的思考或计算在这里常常是多余的。当然，教育制度的强制性本身并不能保证杜绝一切违背教育制度的现象或行为的发生，因为在现实的教育生活中常有这样的情况，即不循规蹈矩的教育行为之预期收益大于安分守己时的预期收益，铤而走险的事情常常发生。

其次，对博弈参与者来说，教育制度更像是一种外在的约束，而不像教育习惯那样可以纳入自己的控制地盘。在协调教育关系方面，教育制度所能够提供的只是最低的和最起码的教育行为规范，因为，也只有这种最低限度的教育规范才可能强制性地要求教育活动中的每一个个体共同遵守和执行。但是，对于教育体系的良性运行来说，只有教育制度的规范是远远不够的。比如，教育制度可以要求人们做什么或不做什么，却无法要求人们在做什么时以什么态度去做。尤其是对于教育官员而言，他们行使教育权力的灵活性是不可能在教育制度的规范中体现出来的。这样一来，教育制度的规范必然会有着许许多多覆盖不到的空间，即使在它的覆盖范围内，它所提供的也仅仅是一个原则性的框

---

① 柯武刚等著，韩朝华译：《制度经济学》，商务印书馆 2000 年版，第 32 页。

架而已,这个框架中的具体内容的规范意义却只有让渡给教育习惯。我们知道,教育习惯不像教育制度尤其是教育法律制度那样具有外在的强制性,而是人的内在的自我约束以及外在某种"压力"的约束。例如,每个社会都有一些与教育生活中不太重要的方面相关的教育习惯。大多数社会对于教师、学生在学校的着装以及言行举止都有一定的惯例。当这类教育习惯被违反时,社会往往会通过表达不满或不快的方式来做出反应;如果某个教师或学生重复不断地违反教育习惯时,那么他很快就会发现自己已被排斥在教师或学生的"圈子"以外了。与此相对应,现实教育生活中一定会有教育制度的维护者,而教育习惯则没有明显的监督者。这一点,在传统社会的教育世界中可能不成立,但在今天却是成立的。

再次,如果说相对于特定教育环境而言的教育习惯,对于每一位遵守者来讲都是有利可图的话,那么在特定的教育制度下情况就远非如此。分配教育机会的差异,恐怕恰在于制度的不同,例如推荐制度和高考制度。其结果便是一些优秀人才在推荐制度下被排除在享受某一教育机会之外,或一些优秀人才在高考制度下被排除在享受某一教育机会之外。这是因为,特定的选拔人才规则限定了某些人在此规则下成功的机会,或相反,它(们)为那些能够应运而生者创造了出人头地的条件。简言之,同一教育制度常常使一部分人受益而另一部分人受损。当然,人们所感受到的损益程度可能因人而异。

第四,对于教育习惯而言,教育制度所扮演的是一种外部决定变量或环境的角色。换言之,教育制度本身在既定的条件下对教育习惯的养成和演化施加着不同程度的影响。当组织教育活动的规则由计划转为适者生存的市场竞争时,原有的教育习惯是非改变不可的。例如,传统教育制度尤其是公立学校教育制度强调人人都可以上同一种学校,表面上很公平,但由于其僵化的科层体制和所谓的民主管理制度,难以对学生和家长的不同需求做出灵活的反应,而在学校教育尤其是公立教育中引进市场机制无疑可以大大改变这种弊端。其一,市场制度引入公立学校将改变其决策方式,把决策权移交到服务者和消费者手中。也就是说,市场将有效的教育决策权非中心化,并移交到服务者和消费者手中。其二,市场制度引入公立学校将有效地保证学生和家长的中心地位与影响力,并赋予学生和家长对学校进行自由选择的权利。其三,学生、家长对学校进行自由选择,必然引起学校之间的竞争,促使他们提高教育标准,以质取胜。因此,从某种程度上讲,教育习惯被改变或被废除的程度取决于教育制度规范改弦更张的幅度。相对于教育制度对教育习惯的直接明确的影响而言,尽管对教育制度加以解释的"大众观念"部分就源于教育习惯,教育习惯对教育制度的影响却隐蔽得多。

第五，教育制度的设立，尤其是教育制度的修改、变革乃至废除，需要加以解释、说明、劝说，而不是理所当然或不言自明的。这也就是说，教育制度的背后，存在着某种一般原则的利益，或统称为社会（此处的社会可大可小）的教育目标。正是在这个意义上，我们可以把教育制度看成是教育冲突利益——个人的或集团的——之间的均衡。换句话说，教育制度试图让个人的或集团的种种教育利益冲突受到某些规则的约束，并试图限制各种教育利益冲突，避免矛盾的激化，因为教育制度有利于让冲突双方缔结某种契约或规则，并且为冲突双方提供了可能的调节场所。

第六，教育制度具有典型的集体行动的性质。教育制度至少要由某个教育共同体的成员遵守，其结果便是集体行动。每个人可以有自己的教育习惯，但不可能有自己的教育制度规范，因为教育制度规范是共同的约定或契约。这里需要说明的是，教育习惯的社会性（即某一教育共同体内大家共同遵守的东西）才是教育制度理论要关心的内容。

只不过，应注意的是，区分教育习惯和教育制度的意义，决非仅限于揭示两者的不同本身，更重要的在于指出两者在影响人类教育行为过程中的不同作用、领域和层次，在于揭示人类教育行为与教育制度相互作用的不同侧面。借助于对教育习惯和教育制度的区分，我们还可以引申出更进一步的问题，如在企图变革教育制度以获取潜在的"好处"或教育利益的时候，或当教育所处的环境改变了的时候，至少我们拥有了两种选择：走分散的、自下而上的人类教育行动之路，即从教育习惯形成到教育习惯的规则化，或是相反，走由现行教育制度的维护者和监督者推行的、自上而下的改变教育制度进而影响人类教育行动之路。此外，教育习惯和教育制度两者之间的界限并不是清晰的，特别是在传统社会中，教育习惯本身似乎就是教育制度规范。从某种意义上而言，传统社会中的教育制度不过是对普遍接受的教育传统、教育习惯进行了发布。传统社会对教育的控制或者通过教育习惯，或者通过宣示教育习惯的规范，或者通过成文教育法规，但它们之间的界限是非常细微的。教育制度的强制性或来自教育传统、或来自心理、或来自个人、或来自专门组织。因此，我们应该根据教育制度规范程度即强制性来源的历史性、实证性来认识教育制度与道德规范、教育习惯之间的有机转换关系。韦伯说："从仅仅是习惯的自然形成，到自觉地接受根据某规范行动的普遍原则，两者之间的转换并无明确的界限。对某种行动的反复调整，会导致具有相应内容的道德和法律的信念。另一方面，物理的和心理强制力威胁会对一定的行为方式产生影响，因而形成习惯及行动规则。"① "实际的行动规则（习惯）是有关行动的规则（惯例、法律）的渊源，反之亦然。法律规范、行动本身或与其他因素的结合，都可能产生规则。"②

七、教育制度不是道德规范

一般而言，道德规范与教育制度规范是人类社会教育生活世界的两个维度。人类的教育行为规范经过了图腾、禁忌、教育习俗、礼仪节文、箴言格言、教育行为准则、义务、责任、良心、教育法律法规等等历史性的深化、分化的过程，越来越诉诸人的理性判断和考量。现代社会中的教育行为规范被区分为两大领域：教育制度（包括教育法律）规范和道德规范。教育制度规范不同于道德规范，其效力亦非依恃于道德规范。"这并非只是一种纯粹逻辑的或者形式的对比，而是肯定了人类社会并存的两种不同规范。"③ 大体而言，道德规范与教育制度规范是教育生活世界中两个不同的规范体系，道德维度关注的是人的价值精神层面，寻求人的存在意义、生命价值与内心意志自由。教育制度维度关注的是人的教育行为层面，寻求人的教育行为自由，而道德规范指向的是自律。马克思指出："道德的基础是人类精神的自律"④。马克思的这一论断在深刻揭示道德的本质特征的同时，也点出了道德之所以能成为一种制度形态的原因，这就是"律"，也就是道德所具有的规范性使得道德成为了制度的一种形态。而教育制度尤其是教育法律制度指向的是他律。米尔恩曾说："道德和法律皆为行为的指南，但它们之间又存在明显的区别。如果我犯法而被捕，我将被送交法庭、被判刑并受到惩罚。但是，如果我被发现不合乎道德而不是非法行事，如撒谎或背信弃义，就没有任何法庭能判刑于我。虽然我会招致谴责、非难甚至敌视，但仅此而已。法律以官方制裁为依托，这种制裁由司法和刑事当局判处和实施。道德则仅仅以舆论的非正式制裁为依托。但是，两者尽管不同，也相互交错。刑法所禁止的行为，无论如何都是非法的，它们在

---

① M. 韦伯著，埃德华·希尔斯等译：《论经济与社会中的法律》，中国大百科全书出版社1998年版，第27页。
② M. 韦伯著，埃德华·希尔斯等译：《论经济与社会中的法律》，中国大百科全书出版社1998年版，第31页。
③ 丹尼斯·劳埃德著，许润章译：《法理学》，法律出版社2007年版，第36页。
④ 《马克思恩格斯全集》（第1卷），人民出版社1956年版，第15页。

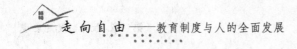

道德上通常也是错误的。"① 具体而言，道德规范与教育制度二者之区分在于是否具有强制性。

（一）原初的教育规范形式

原始社会处于混沌一体未分化状态，在原始的混沌状态中不仅包含着习俗、习惯、宗教、道德规范的胚芽，亦包含着制度的胚芽。原始的习俗、习惯、宗教、道德规范、制度（包括法律制度），浑然一体。在人类社会早期发展阶段，调整人们相互关系的习惯、宗教、教条、禁忌以及具有强制力的道德信条等行为规范之间没有多少区别。这是因为，原始人的规范意识与道德观念尚未从其精神文化中分化独立出来，它们取一种最原始的方式存在，表现为一个共同体所有的一套风俗习惯。西美尔说："社会的必要秩序看起来一般都是源自一种根本没有分化的形式，其中，道德的认可、宗教的认可、法律的认可尚紧密统一在一起。"② 而所谓的"法律"，在实际使用中其实是不作辨别的，它经常被同一作者用来指称传统的宗教习惯或仪式、传统社会习惯、传统道德理念以及某条具体的成文法规。且最初的立法不过是对普遍接受的传统进行了发布而已。庞德说："在法律发展的始期——我们称之为前法律阶段或原始法阶段——宗教、法律和道德不分彼此地混杂在一种简单的社会控制中。……不同社会控制——通过大众行为的习惯，通过宣示那些习惯的规范，以及通过成文法规的社会控制——之间的分析性界限，在很长一段时期内是极细微的，并且只能逐渐得到承认。而那些成文法规，最初是自发制定的，那时被认为不过是对习惯进行发布；之后，它们被有意识地予以制定，但仍假托是在宣示习惯；最后，它们作为新规则被自觉地予以制定。"③ 根据有些西方学者的研究，在西方这种浑然一体状况直到古希腊罗马时代才出现分化。弗兰克指出："在所有的原始社会中，由具有宗教仪式性质的唯一的习惯法来规范人的关系，其中体现了密不可分的人的整个道德及法律意识；到了古希腊罗马时代，倒是认识到'自然'法——有内在权威、有宗教来源的法——与实证法——源于国家政权或人与人之间约定的契约——之间的差异（赫拉克利特最先指出这种差

---

① A. J. M. 米尔恩著，夏勇等译：《人的权利与人的多样性》，中国大百科全书出版社1997年版，第15页。

② 西美尔著，曹卫东等译：《现代人与宗教》，中国人民大学出版社2003年版，第5页。

③ R. 庞德著，陈林林译：《法律与道德》，中国政法大学出版社2003年版，第37～38页。

异，后在哲人那里得到发展并在索福克勒斯的《安提戈涅》中得到艺术再现）。"① 莱特武德则从另一个层面给出了答案。他说："只要道德和法律只存在于习惯中，要区分它们就会有难度，但是一旦它们被表述为规则，我所指出的那种区别就开始呈现了。"② 暂且摆脱对混沌一体以及何时分化的纠缠，我们可以说：历史地看，社会发展的每一时期往往存在着与该时期的社会状况相适应的行为规范，这些规范最初也许不一定取得系统的、自觉的形态，而更多地表现为某种习俗、习惯、礼仪、禁忌等等，但它在一定时期却作为影响人们实际行为的实际制约因素而起着规范或准规范的作用。

人类教育作为教育共同体存在，就必然有用以协调相互关系的教育行为规范，且这些教育行为规范是人类基于一定的自然基质，在教育交往实践中形成的。那么，人类最初的教育行为规范是什么？以什么形式存在？中国古人有"异姓异德，异德异类"③ 一说，如果将其中"德"理解为包括禁忌在内的习俗礼仪，问题就比较清楚。包括禁忌在内的习俗礼仪可能是人类最初的规范（包括教育规范）存在的形式。除习俗外，亲族生活规范、礼、禁忌等是原始社会最主要的规范形式。对于原始社会的亲族结构，张博树曾做了精彩的分析："亲族结构（kinship structure）是理解氏族社会生活世界诸具体特征的关键。一般来说，一个亲族系统乃由若干个家庭，根据血亲关系和合法世系联结组成，社会成员身份正是借助于这些关系得以界定，角色区分（性、辈分等）也只有在亲族系统内部才具有现实性，而这同时意味着：亲族关系决定着该社会群体的边界所在。在边界内的全体成员都有对本氏族其他成员（也就是，对本氏族群体本身）表现诚实、忠诚、守信与相互支持的义务，用哈贝马斯的话说就是，他们都必须按照达致相互理解的行为取向来行动。尽管与此同时原始人的神话世界观（mythical worldviews）往往使他们无法获得对客观世界、社会世界和主观自我世界诸范畴的清晰界分，但鉴于神话世界观实际促成着行为取向的形成，这又使这种界分变得不甚紧要，同时使行为者很难具备反思甚或拒绝传统加诸于他的有效性要求的能力。在这种情况下，传统的保存显然大于对它的修正。"④ 亲族生活从一开始就拥有某些制度因子。当然，这种制度不是成文的或由某种社会权力机构保证加以强制实施的，而是仪式、习俗、传统、道

① C. 弗克兰著，王永中译：《社会的精神基础》，生活·读书·新知三联书店 2003 年版，第 100 页。
② R. 庞德著，陈林林译：《法律与道德》，中国政法大学出版社 2003 年版，第 168 页。
③ 《国语·晋语》。
④ 张博树著：《现代性与制度现代化》，学林出版社 1998 年版，第 68 页。

德伦理、巫术等可以统称为"文化"的因素。"人类文化是一个内含着模型，丰富而复杂的神话故事和象征隐含着人们对他们所处的世界的信念和对他们的行为规则的正确性的信念。"① 这些文化因素，就是制约人际关系、决定人们互动行为的一种规则。所谓亲族生活规范，就是存在于亲族结构之中调节人与人之间相互关系的各种规范的总和。而亲族生活规范本身则是对儿童及成人进行日常教育的制度性安排。米德曾研究过萨摩亚人的行为准则：它要求孩子安静，早起，顺从，伶俐，干起活来要卖力，心甘情愿，要和同性别的孩子玩；年轻人要勤劳，不要傲慢，要和族外结婚，对亲人要忠诚，不说粗话，不惹是生非；成年人要睿智，平和可亲，安详，慷慨，要为他们村子的名誉担忧，生活作风要好。② 这些行为准则规定了教育性情境中人与人之间互动模式的基本性质，因而对个人的身心发展有着切实的影响。制度经济学家凡勃伦对日常生活礼节的研究，就清楚地表明了它的"成人"功效："礼节在开始时是一种象征，是一种姿态，只在作为所象征的事实与性质的代表物时有其实用性；但后来发生了变化，一般不再把它看作人类交往中的象征事实。不久，在一般理解中，礼貌本身就具有一种实际效用，具有一种神秘的特性，大部分同它原来象征的事实无关。这时违礼失仪已成为人所共弃的行为，而有教养、有礼貌，则在通常理解中不仅是品质优良的表面标志，而且是心灵高洁的主要特征。破坏礼法是一件恶行，很少别的事物会那样地激起人们本能上的反感；这时遵守礼节具有内在价值这一观念已经发展到了这样的程度，以致有人如果有违礼举动，他就会被人看成一钱不值，能把违礼行动跟违礼者本人一无可取的那种感觉分开来看的人是绝无仅有的。违背信义或者还可以宽恕，破坏礼法却是罪在不赦的。'有礼方能成人'。"③ 禁忌、巫术则是初民习俗礼仪中的核心，在一定意义上甚至可以说，在禁忌、巫术这一粗俗外表之下隐含着人类最初的自由主体精神的萌芽，这种自由主体精神萌芽中就有人类自我规范立法之胚胎。禁忌是律令的前身。任何社会都曾存在着一套具有复杂结构的禁忌体系，它在社会初期隐含着宗教与道德的全部意义。杰文斯曾把禁忌说成是一种绝对命令，一种原始人当时所知道和能理解的唯一命令。这种命令虽然不依靠经验就先天地把某些事情说成是危险的，因而确是一种谬误，"但是这种谬误乃是一个护套，

---

① 米歇尔·沃尔德罗普著，陈玲译：《复杂》，生活·读书·新知三联书店 1997 年版，第 247 页。

② 威廉·A·哈维兰著，王铭铭等译：《当代人类学》，上海人民出版社 1987 年版，第 301 页。

③ 凡勃伦著，蔡受百译：《有闲阶级论》，商务印书馆 2002 年版，第 39～40 页。

它包藏并保护着一个就要开花并结出无价之宝的胚胎——社会契约的胚胎"。[①]

(二) 教育规范的分化

在抽象的意义上推测,原初未分化的教育规范体系有多方面的规范内容或要求,这些要求都是作为社会共同体成员的个人应当做的,并且都有一定的强制力作保证。金生鈜认为:"我们每个人并不是一个孤单的个体,而是相互依赖的,我们对现实中自己和他人都有一种规范化的期待。我们可以假设一种原初状态,在其中每个单个的人基本上都是自利的,在追求自己的目的和利益,因此每个单个的人之间就存在着利益的冲突,但是单个的人只有在与其他的人共同生活中,也就是必须通力合作中才能生存,并且由于社会合作使每个人都能够过一种比单个人所能过的更好的生活,这种利益的一致使得每个在社会中存在的人自然地约定产生共同行为的规则,这就是自然状态下的社会契约,每个人与每个人的契约。契约的缔结虽然保证了每个人在相互依赖中实现合作,但是契约所设定的规范具有一种强制性,以使每个人都能够产生他人所能期待的行为。这其实设计了一种权力的机制,目的是制裁任何个体违反规范性期待的行为,权力教训我们每个人在进行自己的利益预测时必须遵守既定的规范,越轨行为在群体中是受处罚的。规范的压力在原初意义上就是这样形成的。"[②]只不过,不同的教育规范内容对教育共同体的意义并非完全一样,彼此间可能有所差别。其中有些教育规范要求可能对于社会共同体存在极其重要以致生死攸关,有些教育规范要求对于社会共同体虽然重要,但尚未达到生死攸关之地步。这样,社会共同体对这些教育规范要求的态度也会有相应差别。同时,我们亦有理由假定:在初民社会中的这些教育规范要求对于初民而言,既然是"应当"的,那么,这些教育规范要求本身就均是最原初意义上的道德规范。如是,我们就可以根据初民社会共同体对其成员遵守教育规范要求的强烈程度及其强制程度之差别,将初民社会共同体的教育规范要求大致分为三类:

A. 应当的,其所要求与强制的强度一般;

B. 应当且倡导的,其所要求与强制的强度中等;

C. 应当且必需的,其所要求与强制程度强烈。

A、B类教育规范对于行为者个人而言,具有自由选择的相对空间,而C类教育规范对于行为者个人而言,没有什么自由选择的空间,要么遵从,要么

---

① 卢红等著:《宗教:精神还乡的信仰系统》,南开大学出版社1990年版,第158页。

② 金生鈜著:《规训与教化》,教育科学出版社2004年版,第18~19页。

受到惩罚。这三类教育规范在其要求强度上呈现为递进性。能够合理解释这一强度递进现象的只有一种可能：这些教育规范对于社会共同体的意义不同，只有那些对社会共同体的生存发展直接具有至关重要的教育规范，社会才会给予最强烈的重视与强制。如果我们的上述假定在原则上可以成立，在抽象的意义上可以将这些在教育生活中应当遵循的教育规范都理解为道德规范的话，那么从中我们可以得出三个结论：第一，诸道德规范对社会公共生活、教育生活的意义本身具有层次差别；第二，对于社会成员而言，那些对人类公共生活、教育生活或者说对人类生存与发展直接具有至关重要意义的教育规范不仅是应当做的，而且是必须做的，否则，社会共同体乃至教育共同体就失去了存在的可能，因而，初民们对这些至关重要的教育规范要求会给予特别的重视与维护；第三，初民们会通过特殊程序、特殊方式来维护这些生死攸关的教育规范要求。一般而言，只有通过社会共同体的某些专门机构、专门人员以某种专门程序行使某种强权，才有可能在普遍意义上做到 C。

如果我们从教育规范与强制力的角度进一步认识道德规范与教育制度规范的关系，那么，对此会有更清楚的认识。在起源的意义上看，我们有理由设想，初民社会的教育共同体最初是依靠教育习俗、教育习惯或原初的"道德规范"来调节公共教育生活的，对于这些原初道德规范亦有某种特殊的强制力来加以保证。只不过，这些规范的实施机制很多是内在的，并没有外部强力机构做后盾，或者说，它更多地采用的是内部的、非正式的控制而不是外部的、正式的控制形式。诚如詹世友所言，这些规范都是"诉诸人们的恐惧与感恩，传统的承续、权威等等非理性因素，从事严格的约束，不使人的行为有任何僭越，它们枉把人们塑造成型的同时，又体现为一种暴威和个人无理性的盲从，它们是真与假，美与丑，善与恶的绝然分界"。[①] 由于原初道德规范自身的多样性及各自对初民社会公共教育生活的意义不同，因而原初道德规范的强制力又有两种状态：强强制力和弱强制力。社会共同体对于那些应当且必需的原初道德规范施行的是强强制力，其他的则是弱强制力。根据这种理解，上述 A、B 类即为弱强制力，C 类则为强强制力。与其相应，C 类规范即为原初形态的"教育制度"。

如是，在道德规范与教育制度混沌一体的原初状态中，"道德规范"与"教育制度"的区别原来在于："教育制度"是最重要、最基本的道德规范，因

---

① 詹世友著：《道德规范的本质维度："器"还是"道"？》，《人文杂志》，1999 年第 5 期，第 22 页。

而是一种强强制力规范。事实上，只要在抽象思维中保持严格的逻辑一致性，就应当承认，任何形式的规范，只要是作为规范存在，就必须且必然以一定的强制力为前提，以保证规范本身的效力与权威。至于此强制力的具体内容、表现形式及其强制强度则是另外一回事。后来，随着国家的出现，教育制度从道德规范中分化，强强制力就为国家所垄断，成为一种国家强权力量，"事实上，政治机构区别于其他机构的最明显之处是凭借其对强制手段的垄断性控制。西方政治社会思想的主导传统……把强制视为最终和唯一'真实'的权力形式，视为除最小社区以外一切社会秩序本身的真实基础"。① 因此，强强制力所维护的调节公共教育生活的制度规范就演化为不同于一般道德规范的教育制度。教育制度（尤其是教育法律）无疑是依公权力之强制而为教育生活之规范，教育法律是"一种权威性的价值准则"②。一般来说，教育制度的根本特征，在于它具有规范性和系统性。在其规范性方面，无论是法制性教育制度，还是惯例性教育制度，都具有比较浓厚的强制色彩。这种强制，通常是由教育制度制定机构的权威性（如国家），或教育制度在持久的形成、维系过程中凝固的权威予以实施的。教育制度"因设计而产生。它们被清晰地制订在法规和条例之中，并要由一个诸如政府那样的、高踞于社会之上的权威机构来正式执行。这样的规则是由一批代理人设计出来并强加给社会的。这些代理人由一个政治过程选举出来，并高踞于社会之上。这样的规则最终要靠强制性法律手段来执行，如通过司法系统"。③ 也就是说，教育制度具有外在的强制约束机制，凡生活在一定的教育组织机构内，其教育行为都受到教育制度的约束，不管你愿意与否，都必须遵守和执行这种行为规范，否则，就可能遭受组织纪律或国家法律的制裁，为自己的违规行为付出代价。此后，人类社会的教育世界就是一个道德规范与教育制度的二维规范世界，道德规范尽管与教育制度有着内在的相关性，但各自又遵循其自身的规律发生演化。

根据上述分析，我们就不能否认道德规范作为一种规范应当且必须有其强制力基础。或者说，并非只有教育制度才是强制力规范，实际上，道德规范也是一种强制性规范。因为，所谓强制，就是使人不得不放弃自己意志而服从他人意志的力量，"当一个人被迫采取行动以服务于另一个人的意志，亦即实现

① 丹尼斯·朗著，陆震纶等译：《权力论》，中国社会科学出版社2001年版，第50页。
② R.庞德著，沈宗灵译：《通过法律的社会控制》，商务印书馆2008年版，第24页。
③ 柯武刚等著，韩朝华译：《制度经济学》，商务印书馆2000年版，第36页。

他人的目的而不是自己目的时，便构成强制"。① 一般而言，强制的外延极为广泛：第一是肉体的强制，如各种刑法、纪律。肉体的强制在于竭力生产"温顺而有用的肉体"。强制成为一种预防社会越轨的机制，它的存在并不是打击越轨者，而是保证制度规范的彻底的实现。福柯说："人的身体是一个工具或媒介。如果人们干预它、监禁它或强使它劳动，那是为了剥夺这个人的自由，因为这种自由被视为他的权利和财产。根据这种刑法，人的身体被控制在一个强制、剥夺、义务和限制的体系中。肉体痛苦不再是刑法的一个构成因素。"② 尽管强制性的惩戒规范脱离肉体的残酷暴力，但惩戒最终涉及的是肉体。第二是权力强制，如各种处分。现实社会中最大的权力单位是国家。尼采说："国家，也就是有组织的非道德——内里：警察、刑法、等级、商业、家庭；外表：权力意志、战争意志、掠夺意志、复仇意志。众人去干个别人也许毫不明白的事，怎样才能做到这一点呢——分散责任、命令和实施。通过植入服从、义务、对祖国和王公之爱等道德观念的办法。"③ 国家是通过其体制下的各种组织，把权力强制作用于个体身上的。准确地说，国家开始转变自身"形象"，逐渐变为藏身于一组织的制度、手续、分析方法、检讨过程、计算估量和策略盘算之中，其目的是利用各种精打细算的监察及行政手段，去塑造个体。罗斯等人说："一个政府、一个国家部门、一个地方当局、一个军官或一个企业经理的'权力'，都是取决于他们如何能组成和稳定各种力量组合，以使其目的和指引被转译为其他人的行为和计算……成功的转译是视乎权力行使者能否将一种特定的思考与行动方式加诸他人身上，又将众人卷进一个网络，让他们依照里面指定的语言和逻辑、各种千丝万缕的关系来了解各自的利益，而正因为他们也认同了其他人，将他们看成共同负担着不可分割的目标和命运，所以可以将他们招揽进去。"④ 国家权力强制有时表现为温和的支配性权力，有时表现为否定性的压迫性霸权，有时则是运作积极的公共权力。国家权力强制在教育中以多种方式渗透，它有时通过教育制度的安排，形成了压迫性的规训制度；它有时对知识进行规范化的选择，强化了知识对人的精神心智的培育作用。福

① F. A. 冯·哈耶克著，邓正来译：《自由秩序原理》（上），生活·读书·新知三联书店1997年版，第164页。
② 米歇尔·福柯著，刘北成等译：《规训与惩罚》，生活·读书·新知三联书店1999年版，第11页。
③ 尼采著，张念东等译：《权力意志》，商务印书馆1998年版，第374页。
④ 华勒斯坦等著，刘健芝等编译：《学科·知识·权力》，生活·读书·新知三联书店1999年版，第196~197页。

柯说："权力以符号学为工具，把'精神'（头脑）当作可供铭写的物体表面；通过控制思想来征服肉体；把表象分析确定为肉体政治学的一个原则，这种政治学比酷刑和处决的仪式解剖学要有效得多。"① 第三是文化强制与舆论强制。从某种意义上说，文化具有使人不得不放弃自己意志而屈从众人意志、他人意志、社会意志的力量。道德规范确实不具有肉体强制性和行政强制性，却具有文化强制性，这是因为，"文化是一种无形的、虚无缥缈的、不可捉摸的，同时又被视为理所当然的东西。但每个组织都发展出一套核心的假设、理念以及隐含的规则来管理工作环境中员工的日常行为……组织的新成员直到学会按这些规则做事，他才能算彻底成为组织的一员了。不管是高层管理者，还是一线员工，只要有人违背这些规则，就会受到普遍的指责和严厉的惩罚。遵循这些规则则是得到奖励和向更高方向发展的基本前提"。② 舆论无疑也具有使人放弃自己意志而屈从于他人意志的力量。道德规范确实不具有肉体强制性和行政强制性，却具有舆论强制性，这是因为，道德规范对人们行为的强制作用是凭借公共舆论，是通过"集体意见的道德制裁"来实行的，③ 或者说"道德的制裁是意见一致的强制力"。④ 可见，道德规范也具有使人不得不放弃自己意志而服从他人意志的力量，因而也具有强制性。康德指出："如果人们打击儿童那种希望被尊敬和喜爱的禀好——这些禀好是服务于道德的辅助手段——就是在进行道德性的惩罚；比如冷淡漠然地面对儿童，以此来羞辱他。但这些禀好应该尽可能加以保护和培养。因此，道德性的惩罚是最好的方式，因为它会有助于道德的养成，比如在儿童撒谎时，蔑视般的一瞥就足够了，这已经是最合适的惩罚了。"⑤ 换句话说，道德规范与教育制度都具有强制性，或者说，道德规范与教育制度之区别便不在于有无强制。诚如卡普坦特所说："社会的有组织化同等地依赖于法律和道德。法律规范与道德规范都具有约束力。"⑥ 只不过应注意的是，人无疑应服从于教育制度与道德规范，但这种服从不是消极地、无力地、被迫屈从于势力，"服从的基础是自愿并且只是人类关系中自愿听从客观

---

① 米歇尔·福科著，刘北成等译：《规训与惩罚》，生活·读书·新知三联书店1999年版，第113页。

② 斯蒂芬·罗宾斯著，孙健敏等译：《组织行为学》，中国人民大学出版社2005年版，第576页。

③ 康芒斯著，于树生译：《制度经济学》（上册），商务印书馆1997年版，第89~90页。

④ 康芒斯著，于树生译：《制度经济学》（下册），商务印书馆1997年版，第375页。

⑤ 康德著，赵鹏等译：《论教育学》，上海人民出版社2005年版，第37页。

⑥ R. 庞德著，陈林林译：《法律与道德》，中国政法大学出版社2003年版，第172页。

真理、真正的善的间接反映"。① 康德也指出："儿童——特别是学童——的品格中首要的一条是服从。这种服从是双重的，首先是服从一个领导者的绝对意志，其次是服从领导者那种被承认为理性和善意的意志。服从可以来自强制，这时它是绝对的；也可以来自信赖，而这就是另一种类型的服从了。这种自愿的服从是非常重要的；但那种强制的服从也极其必要，因为它使得儿童为将来遵守公民的法则做好准备——即便这些法则会让他感到不舒服。"②

在教育制度从道德规范中分化独立以后的教育生活世界中，道德规范的强制力可以有两种不同层次但又并不矛盾的解释：其一，最基本、最重要的道德规范成为教育生活世界中的教育制度，依靠国家强权的强强制力维护。正如米勒所说："在任何社会里，统治者都会利用他的权力进行管制和惩罚，把强制规则和法典镌刻'在文物上甚至人们的肉体里'，从而造成一个'法规的世界'。"③ 其二，与此相对应，其他道德规范则作为通常意义上的教育规范出现在教育生活世界，并以相对于国家强权强强制力而言的弱强制力维护。道德规范维护的弱强制力，在社会层面则是社群压力，社群压力也是一种强制力，否则就不能合理解释历史上曾经存在过的道德规范"伤人"现象。例如，同伴的压力是一种有力的自我督察的力量。有关未尽责的教师——亦即意味着低于合同所规定的最小工作量——的传闻不胫而走……其他教师也有意无意地开始施加压力——冷淡的态度、非难的目光、不中听的评论，等等。博登海默曾说："一个社会的道德准则对人们的要求往往不只是培养纯洁的心灵。为了使个人将善意转化为符合道德的高尚行为，社会道德准则常常会将舆论的压力施加于他们。不道德的行为会受到公众的谴责，即使这一行为未越出法律所允许的范围。尽管法律不会因某人没有表现出宽容与忍耐的德行而将他逮捕入狱，但是一个人的行为如果不断违反社会道德准则，那么他就会发现要在他所置身于的群体中做一个自尊的成员是很困难的。"④ 而在个人层面是个人意志力，个人意志力是一种特殊的自我控制的强制力。时下人们在讲到道德规范时，往往以为道德规范没有强制性，对道德规范的遵守只需自律。其实，自律的精神搏斗是非常痛苦的，没有坚强的意志力，很难做到。坚强意志力，就是强制之一种。

概言之，在起源的意义上，那些最基本的道德规范要求，不仅是应当的，

---

① C. 弗兰克著，王永译：《社会的精神基础》，生活·读书·新知三联书店 2003 年版，第 153 页。

② 康德著，赵鹏等译：《论教育学》，上海人民出版社 2005 年版，第 36 页。

③ 詹姆斯·米勒著，高毅译：《福柯的生死爱欲》，上海人民出版社 2003 年版，第 400 页。

④ E. 博登海默著，邓正来译：《法理学》，中国政法大学出版社 2004 年版，第 390 页。

亦是必需的，因而具有极大的强制性。在社会历史演进过程中，它们中的一部分就演进为教育制度。博登海默曾说："那些被视为是社会交往的基本而必要的道德正当原则，在所有的社会中都被赋予了具有强大力量的强制性质。这些道德原则约束力的增强，当然是通过将它们转化为法律规则而实现的。"[①] 教育制度的强制力是国家权力机关的强权力。在教育制度从原初道德规范中分化出来以后，作为两个相对独立领域，道德规范的强制力与教育制度的强制力是有区别的：教育制度是一种强强制力，是行为者自身没有自由裁量权且由国家机关强权实施的强制力，无论行为者自身对此是否认同、在情感意志上是否接受，都必须如此。诚如米尔恩所说，规则不允许任何自由裁量权，"遵守规则者对于要做什么毫无自由裁量权。规则告诉他要做的一切"。"为了遵守一项规则，所必需的一切就是知道它是什么，并能够认识它所适用的场合。规则支配的行为是简单的对或错的行为。"[②] 教育制度与道德规范的最根本区别，在于强制力的垄断和专门化。教育制度尤其是教育法律制度以理性为基础，并有一个专门的组织、体系、机构保障其存在与运行。没有强制力的垄断与强制的合理化、专门化，也就没有现代性意义上的教育制度。而没有这种合理性、专门化的教育制度，也就没有现代社会教育的发展。韦伯说："在'概念上'，'国家'也不是经济活动所必不可少的，但是，如果没有'国家的'法律秩序，经济制度，尤其是现代经济制度是不可能存在的。如今，没有什么经济生活可以离开契约而进行。习惯、惯例至今仍影响着契约义务的私人利益和通过对财产的互相保护而实现的共同利益。但是，这些影响随传统的崩溃而减弱。"[③] 也就是说，法律性规则（包括教育法律制度）已经成为现代社会的事实性、实证性的选择。道德规范则是一种弱强制力，是行为者具有一定自由裁量权的强制力。道德规范内含着应当，以善的认定为根据，道德规范无疑涉及善恶的分辨：在肯定何者当为、何者不当为的同时，它也确认了何者为善，何者为恶。米尔恩说："依据原则行事者具有自由裁量权。原则虽然设定一项要求，但并没有告诉他如何满足此项要求。他必须自行决定。一个道德主体必须识别他所面临的各种邪恶，并确定哪一种是最小的邪恶。""在某种意义上，原则支配的行为也是或者对或者错的：当作出一种尝试，以依照一项适当的原则行事时，就是对

---

① E. 博登海默著，邓正来译：《法理学》，中国政法大学出版社 2004 年版，第 391 页。

② A. J. M. 米尔恩著，夏勇等译：《人的权利与人的多样性》，中国大百科全书出版社 1997 年版，第 23 页。

③ M. 韦伯著，埃德华·希尔斯等译：《论经济与社会中的法律》，中国大百科全书出版社 1998 年版，第 35 页。

的，反之，如果忽略原则行事，那就是错的。"① 然而，道德规范作为普遍的当然之则，总是具有超越并外在于个体的一面，它固然神圣而崇高，但在外在的形态下，却未必能为个体所自觉接受，并外化为个体的具体行动。同时，道德规范作为普遍的律令，对个体来说往往也具有他律的特点，仅仅以道德规范来约束个体，也使行为难以完全避免他律性。如果换一种提问的方式，也就是：如何担保普遍的道德规范这一弱强制力对个体具有约束力？这里无疑应当对个体自身内在的情感意志、个体的内在品格予以特别的关注。杨国荣指出："道德规范与其他社会规范一起，构成了社会秩序所以可能的一种担保。与秩序的维护相辅相成的，是对失序或失范的抑制。在社会生活中，失序常常与反常或越轨相联系……而反常与越轨的控制，则离不开规范（包括道德规范）的制约。在反常与越轨未发生时，道德规范的作用主要表现在通过展示道德责任和义务以及提供行为选择的准则，以抑制可能的越轨动机；在越轨和反常发生之后，规范则作为行为评价的依据，参与了外在的舆论谴责和内在良心责备等道德制裁的过程，并由此促使和推动行为在越轨之后重新入轨。"② 同时，个体还必须形成对道德规范的理想和价值观的承诺。如果只遵守道德规范而没有形成对道德规范本身的理想和价值观的承诺，就意味着仅仅只有伦理行为的外在表现。弗洛里斯曾说："注意到伦理性的行为与成为有伦理的人之间的实质性区别很重要。一个人虽然能够做正确的事，但却是为错误的原因而做。举例来说，就像一个人把诚实作为操纵别人的手段，我们不会认为这样的人是一个道德良好的人。"③

尽管从强制力角度而言，教育制度与道德规范存在着差别，但是教育制度和道德规范都是人的教育行为连续体中同一规则的不同表现形式，任何将它们绝对对立、划分的观念与方法都是有问题的。韦伯曾说："如果以为法律规则只调整外部行为，而道德仅规范良知的问题，由此划分法律与道德的界限，也是错误的。"④ 教育制度与道德规范具有内在的相通性。

---

① A. J. M. 米尔恩著，夏勇等译：《人的权利与人的多样性》，中国大百科全书出版社1997年版，第23页。
② 杨国荣著：《伦理与存在——道德哲学研究》，上海人民出版社2002年版，第43页。
③ A. Flores, *"What Kind of Person Should a Professional Be?"* In A. Flores (ed), *Professional Ideals*. Belmont, Calif.: Wadsworth, 1988, p. 2.
④ M. 韦伯著，埃德华·希尔斯等译：《论经济与社会中的法律》，中国大百科全书出版社1998年版，第25页。

（三）教育制度与道德规范的区别

尽管教育制度与道德规范具有内在的相通性，但教育制度与道德规范毕竟是两个有着各自特定内涵的独立范畴，是不能混同的。理论上混同和实践中的替代，无论是就教育制度与道德规范自身的发展还是各自功能的发挥都是不利的。

1. 教育制度与道德规范内容的确定性不同

教育制度尤其是教育法律制度是上升为国家意志的统治阶级意志的体现，所要保障的是统治阶级最根本的利益，在此基础上兼顾其他阶级或阶层的利益，即体现为公共利益的那一部分。从形式上看，教育制度尤其是教育法律制度常由国家采用一定的程序加以制定或者认可，具有普遍的约束力和强制性。哈耶克说："任何法律都应当平等地适用于人人"[1]。从内容上看，教育制度尤其是教育法律制度所确认的教育权利和义务通常是对事实上的教育权利和义务的认可，即教育制度具有确定性。尽管教育法律制度的完全确定性，只是一个我们须努力趋近但却永远不可能彻底达到的理想，然而，这一事实并不能减损教育法律制度确定性对教育发展和人的发展所具有的重要意义。而强强制性却不是道德规范的基本特征，道德规范最多只是一种弱强制力，往往是借助于教育习俗、社会舆论和社会风气等实现。里普森说："人的行为方式是环境塑造的结果。在他们看来，我们大多数时候都不是按照自己的意愿，而是按照社会为我们规定的模式来行动的。父母、老师、朋友，还有我们的老板、主顾，他们的社会期待在我们心中构成强大的压力，迫使我们就范。我们之所以屈从于这种压力，一方面是因为期待着别人的称赞，另一方面，顺流而下总比逆水撑篙来得轻松。"[2] 道德规范对人们的行为要求具有理想的成分，一般是作为一种原则性要求，这使得道德规范的内容往往比较抽象和原则，而不像教育制度那样准确和确定。道德规范是一种内化的规范，道德规范必须内化为人的自觉，才能真正发挥作用。诚如柯武刚等人所说："人们通过习惯、经验和经验习得了规则，并达到在正常情况下无反应地、自发地服从规则的程度……这样的内化规则构成了像道德那样的东西。"[3] 此外，教育制度的制定通常是有意识的自觉行为，需要在一定的教育制度理念的指导下，经过特定的程序加以立、改、废，而道德规范的形成往往具有自发的性质。

---

[1] F. A. 冯·哈耶克著，邓正来译：《自由秩序原理》（上册），生活·读书·新知三联书店 1997 年版，第 266 页。

[2] L. 里普森著，刘晓等译：《政治学的重大问题》，华夏出版社 2001 年版，第 174 页。

[3] 柯武刚等著，韩朝华译：《制度经济学》，商务印书馆 2000 年版，第 123 页。

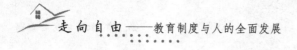

2. 教育制度与道德规范作用的范围不同

教育制度与道德规范对人的教育行为规范有着不同的层次要求。教育制度的要求是消极的，一般只规定最起码的教育行为要求；而道德规范的要求是积极的，可以解决人们精神生活、教育生活和教育行为中更高层次的问题。教育制度要求是以功利性为基础的，而道德规范虽然不能说完全不讲功利性，但主要不是以功利性为依托，而是非功利的、超功利的。这也就是为什么道德规范可以要求人们在学习中相互帮助，而教育制度只能规定人们在考试时不许交头接耳，不许作弊。更进一步讲，教育制度只能对我们期望目标的底线做出规定，却无法对我们目标的上限提出要求，而道德规范本身具有内在价值和目的性，甚至可以超越我们现实的目标，取得超乎我们想象的效果。诚如葛德文所说："道德是考虑到最大限度的一般福利而确定的行为准则；一个人，如果他的行为在绝大多数情况下，或者在最重要的时刻，为行善的观点所支配，并服从于公众的利益，那他就应该得到最高的道德上的赞许。"①

教育制度与道德规范除了对人们的教育行为规范有着不同的层次要求外，它们调整的对象范围也不同。教育制度着重要求的是人们外部教育行为的协调、合法，着眼于人们的教育行为及后果，而不过问人们教育行为背后的动机、目的。道德规范对人们的要求并不仅仅是教育行为，或主要不是教育行为，而是教育行为动机本身是否善良、高尚等等。即，教育制度调整人们的外部教育关系，而道德规范支配人们的内心生活和动机。教育制度仅仅是关乎外在教育行为的规则，而道德规范则是关乎内在行为的规则。人们常说，教育制度即便是旨在处理动机之际，根据"人的思想是不可审判的，连魔鬼自己也不懂人的思想"这一原则，确实是只关注其外在教育行为表现。换句话说，教育制度不考虑潜在的动机问题，只要求人们从外部教育行为上服从现行的教育制度规范及规则，而道德则诉诸人的良知，道德规范要求人们根据高尚的意图——首先是根据伦理责任感——而行事，它还要求人们为了善而去追求善。诚如穆尔所说："道德规范并不威胁适用外部的强制手段：有关执行道德规范要求的外部保证，对于它们来讲并无用处。它们能否得到执行，完全在于有关个人的内心。它们唯一的权威是以人们对它们的认识为基础的，即它们指明了行事的正当方式。使道德规范得以实现的并不是外部的物理性强制与威胁，而是人们对道德规范所固有的正当性的内在信念。因此，道德命令所诉诸的乃是我

---

① 威廉·葛德文著，何慕李译：《政治正义论》（第 1 卷），商务印书馆 2007 年版，第 81 页。

们的内在态度、我们的良知。"①

3. 教育制度与道德规范承担的责任不同

违反教育制度尤其是教育法律制度的教育行为会受到教育制度的制裁，主要是在国家暴力机器的强制下，承担一定的法律后果，使其教育行为得以纠正，并对其教育行为所造成的后果承担物质上或精神上的责任。尽管制裁、惩罚并非教育制度的唯一形式，可人类社会教育的发展历史表明，必要的制度性制裁是任何教育制度体系的组成部分。而违反道德规范的教育行为主要受良心或社会舆论的谴责，其教育行为能否得到改正，主要靠主体良心的觉醒程度和对社会舆论压力的承受能力。康德认为，人在努力协调动物性自我和理性自我的过程中，会体认到自身的两个方面，一个是内在的，一个是外在的。也就是说，人的行为具有两面性，一方面，它们是自身意志的外部表现，另一方面它们是动机激励下的意志决断。一方面，他处在与其他相同的人以及外部世界的关系中，另一方面，他和以往一样，是独立自主的。在康德看来，当我们自律地行动——也即根据我们给自己所立的法则而行动时——我们做某事是为了其自身的目的，是作为目的本身。自由地行动就是自律地行动，自律地行动就是根据我给自己所立的法则而行动——而不是听从于本性或社会传统的指令。"自律概念和自由概念不可分离地联系着，道德的普遍规律总是伴随着自律概念"。② 与"自律地行动"相对的则是"他律地行动"。当我根据他律而行动时，我就是根据那外在于我而给定的规定性而行动。例如，当你丢下一个台球时，它会落到地上；当它下落的时候，它并不是在自由地行动，其行动受到自然法则——在这种情况下就是地球引力——的支配。法律涉及其行为的一个方面，道德涉及行为的另一个方面。"法律要解决的问题，是使具有自由意志的、自觉的人们，免于互相侵犯。法律因而命令，每个人应以与其他所有人的自由相协调的方式，去行使自己的自由，因为其他人本身也同样被视为是目的。但是，法律与外部行为相关。所以，它只涉及外部强制的可能性。在法律意义上，权利只在强制其他人尊重它的范围内存在。"③ 简言之，教育制度尤其是教育法律制度是外在强制性的，是来自主体外部的教育规范，道德规范是内在约束性的，是主体的自我约束。教育法律尤其是教育法律制度是从外部对教育制度、教育法律制度受众施加的意志，人们必须对其负责，受其约束，道德规范

---

① E. 博登海默著，邓正来译：《法理学》，中国政法大学出版社 2004 年版，第 388 页。
② 康德著，苗力田译：《道德形而上学原理》，上海人民出版社 1986 年版，第 107 页。
③ R. 庞德著，陈林林译：《法律与道德》，中国政法大学出版社 2003 年版，第 140 页。

则被称为"自律",因为每个人都是根据自己的道德品格来承担道德法则的。

4. 教育制度、道德规范与行为者的关系不同

教育制度要求人们绝对服从它的规则与命令,而不论特定个人是否赞成这些规则和命令;教育制度尤其是教育法律制度的特征在于这样一个事实,即它总是威胁适用物理性的强制手段。因此,教育制度在形式上表现为"你应当"(You ought to…)之类的社会约束。相对于此,道德规范则以"我应当"(I ought to…)为约束的形式。对教育行为者来说,"你应当"似乎呈现为某种外在的命令,"我应当"则源于教育行为者的自我要求,后者乃是基于向善的意愿、善恶的辨析与认定、好善恶恶的情感认同等精神定势,它可以看作是个体内在德性结构综合作用的结果。在"你应当"的形式下,教育行为者是被要求、被作用的对象,在"我应当"的形式下,教育行为者则呈现为主体。仅仅停留在"你应当"之类的命令关系中,教育行为很难摆脱他律的性质,唯有化"你应当"为"我应当",才能扬弃教育行为的他律性,并进而走向自律的教育制度。换言之,道德(规范)是自律的(产生于人的内心),而教育制度则是他律的(从外界强加于人的)。在此,我们必须强调指出的是,尽管道德规范是自律的,是以"我应当"为约束的主要形式,但这并不意味着道德规范排除了"你应当"的行为约束方式。一般而言,教育生活世界中道德规范之所以建立,乃是源于有组织的群体希望创造教育生活的起码条件的强烈愿望。开展道德教育的目的,在于使人际行为规则内在化。柯武刚等人曾说:"在东亚传统中,尤其是在儒家学说中,对道德教育给予了高度重视。这使年轻人将人际行为规则内在化。由此,使社会成员被根深蒂固的道德制度所浸透,看上去他们是在自愿地接受制度的约束,或者至少无需大量依赖法律规则和程序。"① 制定教育生活世界中的道德规范,就是为了约束群体间的"过分"教育行为,减少失范性教育行为和违背良心的教育行为,培养对教育共同体中其他人的关心、关爱,从而增加和谐共处的可能性。贝尔曾说:"当遵循自私规则有害于他人时,道德规则便是用来压倒那些自私规则的普遍原则。"② 尽管反复灌输正当的思想、态度是达到这一目的的一个重要手段,但是道德规范、道德律令的主要目的则是引发被社会认为可欲的教育行为。因此,我们有充分的理由把教育生活世界中的道德规范看成是对客观的教育价值等级的承认,而这些教育价值是用来指导特定社会中人与人之间的教育行为的。

---

① 柯武刚等著,韩朝华译:《制度经济学》,商务印书馆 2000 年版,第 123~124 页。

② E. 博登海默著,邓正来译:《法理学》,中国政法大学出版社 2004 年版,第 390 页。

5. 教育制度与道德规范的制约机制不同

人们对教育制度的遵守主要依靠外在的强制力量。这种强制力量以国家的暴力机器为代表，通过对教育行为主体形成一定的威慑力，制约教育行为主体的教育行为。大多数时候，人们一般都会遵守教育制度，从某种意义上说，教育制度本身也期待着这种遵守。一旦这种期待落空，教育制度制定者会用惩罚或借助国家暴力来强迫人们遵守。林赛说："很多人认为国家对暴力的使用揭穿了政府的存在依据是同意的主张的虚伪性。然而，显而易见的是，没有一定的同意，政府的暴力也将不复存在。这些难题比看上去还要令人困惑。人们根深蒂固的想法是，法律是用来限制他人而不是自己的，因此很容易就会认为国家的暴力只有在确保一些人能够限制其他人的情况下才是必需的……但是，只要稍微考虑一下就不难发现，我们自己也需要国家权力的限制。就拿交通管制这个简单的例子来说，我们中的大多数人都认为应该有一些交通法则，规定在什么时候亮车灯等等。这样的法则就得到了我们的同意。然而，如果足够诚实，很多人都会承认有时也想违反这些法则，而大多数时候都是由于担心受到制裁而不得不悬崖勒马。几乎所有的法律都是如此，它们之所以有效和能够被施行是因为人们的大多数经常想到要维护它们。国家可以拥有和使用有组织的暴力也是因为大多数人需要一般的法则，而且希望这些法则得到普遍的遵守。暴力之所以是必需的，是因为有那么一些法则，如果不是人人遵守的话，就将失去意义；暴力之所以是必需的，是因为它可以使法律由多数人经常的遵守变成为所有人的一直遵守。"[1] 尽管惩罚或者制裁并非教育制度的唯一形式，可人类社会的教育历史表明，必要的规范性制裁是任何教育制度体系的组成部分。而人们对道德规范的遵守，主要依靠教育行为主体主观内在的价值判断，即主要靠发自内心的信念力量以及良心的感召。良心是作为人而应尽的职责，是对自己行为（成功或失败）的认识。弗洛姆认为，良心"是我们自己的声音，它存在于每个人的心中，它不受外界制裁和奖赏的影响"，良心"是我们对整个人格是否完全发挥其功能的反应……是对构成我们人类和个体之存在的整体能力的反应"。[2] 良心代表了真正自我的声音，那些有利于我们整个人格的行为、思想和情感，产生一种内心的赞成和正直，乃"善良"之心的特征；那些有害于我们整个人格的行为、思想和情感，产生一种内心的忧虑和不安，乃"罪

---

[1] A. D. Lindsay, *The Modern Democratic State*, New York: Oxford University Press, 1947, p. 206.

[2] 冯川主编：《弗洛姆文集》，改革出版社 1997 年版，第 189 页。

恶"之心的特征，因此，"良心是我们自己对自己的反应。它是真正的我们自己的声音，这声音召唤我们返回自身"。① 当人们违背社会道德规范时，无疑违背了人之为人而应尽的职责，会感到自责和不安。如果某种教育行为是不正义的或不仁爱的，会使人受到良心的谴责。叔本华曾指出："含道德价值的行为具有一种内在的、不甚明显的特征，那就是，此种行为可以使人感到某种自我满足，即良心的认可。同理，此种行为的反面，即非正义和不仁爱的行为，特别是恶意和残酷的行为，会使人受到内心的责备。"② 一个有道德的人拒绝攫取短期利益，因为他已投资于长期的道德规范。当实际上只有自我进行约束时，有道德的人的教育行为就像为教育法律所约束一样。从一般伦理学的角度看，在个体道德体系中，道德原则、道德规范，要转化为人们的道德实践，必须以人们的认同为中介，并变成主观良心的感召，才能起到道德的激励、教育和规劝、禁止等作用，也才能唤起人们对道德规范的遵守。

不管是强强制力的教育制度还是弱强制力的道德规范，其逻辑出发点都是相同的：获取教育秩序。两者的共同作用，为教育世界带来了和谐的教育秩序。斯密曾说："同样通过不断试错来学习，人们建立起内部和外部制裁来限制自私自利的行为。这种制裁给社会成员的行为带来了某种程度的公正公平，通过关注社会中的'公正观众'将会如何来考虑适当的行为而节制了自私现象。虽然外部制裁要求个人的愿望获得社会的认可，但是内部制裁，则是满足个人自我认可愿望所必需的一个内部化过程的产物。这样，一个双层的制裁机制开始约束自私行为，并维护社会整体的利益。"③

6. 教育制度与道德规范作用结果不同

教育制度是强化共性的，而道德是偏重个性的。赫拉克利特就曾强调"逻格斯"是共同性、普遍性的尺度。教育制度对同类条件下的同类对象的要求是一样的，无论从内容（质）和尺度（量）上都不应有差别，也就是教育制度面前人人平等。正如韦伯所说，它"没有憎恨和激情，因此也没有'爱'和'狂热'……'不因人而异'，形式上对'人人'都一样"。④ 教育制度是一种无差别同一性的制度，它不因教育制度执行者或教育行为主体的不同而变化自己的权威，并不因为教育行为主体的变更而变更自己的作用效力。教育制度只针对客观上存在的教育行为和教育事实，而不会因人而异，而且我们在制定教育制

---

① 冯川主编：《弗洛姆文集》，改革出版社1997年版，第189页。
② 转引自慈继伟著：《正义的两面》，生活·读书·新知三联书店2001年版，第253页。
③ J. 奈特著，周伟林译：《制度与社会冲突》，上海人民出版社2009年版，第6页。
④ M. 韦伯著，林荣远译：《经济与社会》（上卷），商务印书馆1998年版，第250页。

度时，事先并不知道谁、在什么情况下会使用它们，因而，教育制度具有对事不对人的"盲目性"和"无知性"。道德规范是主体的自我约束，因不同的主体对自身的要求不尽相同，无论在内容上还是程度上往往会有差别，不是整齐划一的。这一点不仅是不可避免的，而且是正常的。

（四）教育制度与道德规范的联系

教育制度从道德规范中分化出来以后，就获得了自身相对独立的发展途径与形式。教育制度以国家强权为依托、通过专门机构制定出来、有一群经过专门训练的专职人员施行的规范，它具有自身发展的内在逻辑，并在发展过程中日趋完备化、技术化、实证化。甚至教育制度从道德规范中分化出来本身也推进了教育现代化的进程。教育制度从道德规范中的分化，一方面通过强制的力量表达了一整套道德规范体系的要求，在这个意义上强化了社会对教育所应遵循的基本道德规范要求，另一方面，由于教育制度自身发展的内在逻辑及其实证化趋向，又使得人类教育在教育制度统摄之下有可能淡漠道德规范及其权威性，疏远了教育制度与道德规范之间的内在联系，模糊了二者在价值上的一致性，这种模糊又由于日常教育生活中教育制度与道德规范对同一教育事件的不同评价之可能，而被进一步加深。在当今的很多国家，由于日益注重教育制度的实在规范条文方面，使得教育制度正在变得更加零碎、主观，更加接近权术和远离道德，更多关心直接后果而更少关心一致性和连续性。也就是说，由于教育制度的价值取向日益偏重于理性、逻辑性、客观性、自我利益的重要性、明确性、个体性以及分离性。在强调这些价值取向的同时，恰恰忽略了作为附加价值的情感、团体成员身份的重要性、意识和意义、道德、自我牺牲、责任和义务。显而易见的是，教育制度与道德的关联被严重割裂了。显然，这是违背教育制度演进、发展逻辑的。虽然教育制度不同于道德规范，其效力亦非依恃于道德规范。这并非只是一种纯粹逻辑的或者形式的对比，而是肯定了人类社会并存的两种不同规范体系之间，存在着事实上的差别。但是，对于人类社会教育的运行与发展而言，"它们之间广泛的一致性才是基本的"①。

首先，完整意义上的教育制度不仅仅包括教育规则、教育规范，而且还包括规则背后的理念。教育制度不能没有其可实证性的躯体，即"实在性教育制度"，但是，"实在性教育制度"主要是一个科学实证、教育技术问题，而不是一个价值问题。在那里，教育制度主要表示一个社会特定的教育组织技术，而

---

① 丹尼斯·劳埃德著，许润章译：《法理学》，法律出版社 2007 年版，第 36 页。

不是表示这个教育组织本身在道德价值上的正义、善。说一个社会具有教育秩序，并不意味着这个教育秩序本身是好的或公正的。因此，教育制度不能没有其作为灵魂的理念、价值。教育制度理念赋予教育制度本身以价值属性，并使全部"实在性教育制度"具有灵性。我们已经知道，教育制度在抽象的意义上，是最基本、最重要的道德规范。公正的教育制度不过是从道德规范中精选出来的一部分。道德规范以一定的方式成为教育制度或者教育制度发展的一个内在组成部分，道德性"隐藏于"教育制度体系的"缝隙之中"。迪尔凯姆在谈到道德规范的作用时曾指出："我们可以这样认为，一般而言，道德规范的特点在于它们明示了社会凝聚的基本条件。"① 与其他形式的当然之则一样，道德规范具有普遍性的品格，它规定了社会共同体成员应当履行的义务和责任。社会是一个道德规范的聚合系统，而"法律在当代世俗社会中是上述道德规范的基本体现和重要后盾，以此来弥补作为现代社会聚合基础的普遍共有的价值观念的明显缺如"。② 教育制度是许多因素的结果。在这些因素中，每一种力量——正义感、功利的信念、习惯的力量——都具有重要地位。即使教育正义不是我们所有教育制度的基础，它也是决定教育交往中相互义务和权利之重要教育制度体系的基础。可见，强权教育制度的出现，最初是要在维护教育共同体秩序这一现象层面之下，维护作为教育共同体存在灵魂的最基本道德精神价值。综观历史上的教育制度发展可以看出，凡是优良的具有约束力的教育制度都体现了基本的道德精神，闪耀着教育公平、教育正义、教育利益、教育秩序、教育自由、教育平等的神圣光芒；闪耀着人性的光辉。在一个社会共同体、教育共同体中生活的每个人，需要遵守社会为维护共同教育生活的福祉而建立的各种教育制度规范。尽管这些制度规范是强制的，但是出自人性的，是人实现自我的方式，而不是贬低人性或破坏人性的方式。没有这些制度规范的控制与约束，人类社会的教育就不可能获得为了全体人福祉的更好的治理。假如，一种教育制度规范对人性构成了破坏，无论它是多么强大，都不可能持续，因为它不可能扎根于人的良知的深处。因此，摒弃道德精神、文化温存、心性体贴、人性光辉和终极关怀的教育制度是没有生命力的，它只有教育制度的外壳而没有感人的力量，只是一时的强制力而没有持久的生命力，只是冷酷的理性规则、管制利器和牟利工具而游离了民众情感、疏离了生活世界、偏离

---

① Emile Durkheim, *On Morality and Society*. Chicago：The University of Chicago Press，1973，p. 136.

② 肖金泉主编：《世界法律思想宝库》，中国政法大学出版社 1992 年版，第 384 页。

了日常伦理。格龙多纳说："道德有三个基本层次。最高的层次是利他主义和无私自我——这是圣人和殉道者的道德。最低的层次是犯罪，不顾他人的权利和无视法律。中间的层次则是雷蒙德·阿伦所说的'合理的利己主义'：个人的行为既不是圣人，也不是犯罪，而是在履行社会责任和遵守法律的范围之内，合理地谋求自己的利益。……在有利于发展的文化中，人们广泛地遵守法律和行为准则，这些法律和准则并不过分苛求，因而是现实可行的。道德方面的法律与社会现实是实际上相吻合的。而在阻碍发展的文化中，则是存在着彼此不通的两个世界。一个是最高标准的崇高世界，另一个是寡廉鲜耻、普遍伪善的现实世界。法律是遥远的、乌托邦式的理想，只不过是表达人们在理论上抱有的向往，而现实的世界却全然与法律无涉，通行的准则是弱肉强食，巧取豪夺，充斥着披着羊皮的狐狸和豺狼。"[①]

正是在这个意义上，我们可以说教育制度作为一种社会控制工具，它还是对道德规则所作的宣示，对人类理性所理解的道德准则的一种表达，是习惯的一种派生物。诚如霍姆斯所说："法律乃是我们道德生活的见证和外部积淀"[②]，或如杜威所说："所有的法律，那些约束技术程序的规范除外，都是现行社会风俗及其相伴的道德习惯与目的的登录。"[③] 由此，我们就会明白，为何人们认为，除非一条教育制度和道德准则相吻合，否则它就不能成为一条有效的教育制度——这不仅仅指违背道德准则的规则不应该成为教育制度——以及为何人们认为道德同样具有教育制度上的强制力。如是，教育制度与道德规范至少在教育规范起源的意义上是统一的，两者之间具有内在的联系：它们构成了所有用于判断任一社会系统中个体和团体教育行动的性质或品质的尺度，构成了确定教育关系中对与错、正当与不正当、公正与不公正、好与坏的标准。杨国荣曾说："'法'是一种强制性的规范，尽管它不同于道德律，但在规范性上，与道德领域的当然之则又有相通之处。"[④] 教育制度也是决定人们在教育生活中应该如何行为的规范、规则或标准，教育制度——绝大多数——同时也是道德规范，因此，道德规范与教育制度之间存在着内在联系。包尔生曾说："道德宣

---

① S. P. 亨廷顿等主编，程克雄译：《文化的重要作用》，新华出版社 2010 年版，第 92～93 页。
② E. 博登海默著，邓正来译：《法理学》，中国政法大学出版社 2004 年版，第 394 页。
③ 郝大维等著，何刚强译：《先贤的民主》，江苏人民出版社 2004 年版，第 70 页。
④ 杨国荣著：《伦理与存在——道德哲学研究》，上海人民出版社 2002 年版，第 152 页。

称应当是什么……法律也无疑是表现着应当是什么。"① 米拉格利亚也表达了与包尔生相类似的观点:"道德与法律乃是伦理学的两支,是实现人类目标或伦理实体的两种方法。因而道德不是完全地存在于意识之中,也表现在行为之中。另一方面,法律也不能归为一种完全外形和仪式的实践,本质上也包括某种程度之内容。"② 道德规范与教育制度一样——绝大多数教育制度同时也是道德规范——就其自身来说,不过是对人的某些欲望和自由的压抑、侵犯,因而是一种害和恶,而就其结果和目的来说,却能够防止更大的害或恶(教育的崩溃、人的发展的迟缓)和求得更大的利或善(教育的存在发展、人的全面发展),因而是净余额为善的恶,是必要的恶。伯林曾说:"正常的说法是,在没有其他人或群体干涉我的行动程度之内,我是自由的。在这个意义下……自由只是指一个人能够不受别人阻挠而径自行动的范围。我本来是可以去做某些事情的,但是别人却防止我去做——在这个限度以内,我是不自由的;这个范围如果被别人压缩到某一个最小的限度以内,那么,我就可以说是被强制(coerced)或是被奴役(enslaved)了。但是,强制一词无法涵盖所有'不能'的形式。例如,我无法跳过十英尺高;我是瞎子,所以不能阅读;或者,我无法了解黑格尔著作中比较晦涩的部分等。如果基于以上理由,而说:在以上这些限度以内,我是被别人强施以压力、被别人所奴役,那就是偏颇之论了。强制意指:某些人故意在我本可以自由行动的范围内,对我横加指责。"③ 在伯林看来,"每个人在一个特定的范围内,都不能对别人施加强制力"岂不既是教育制度规范同时也是道德规范吗? 在教学楼和科学实验楼的教室、实验室、楼道、中厅主阅览室周围(包括住宿生楼)"不准追跑打闹,大声喧哗,吹口哨或踢球,打球","不准在楼道或门口扎堆聊天"以及"不打架,不说脏话,不欺负弱小同学","不浪费水、电、粮食","不损毁和私自拆装宿舍设备,不留宿异性"等等岂不都既是教育制度规范同时也是道德规范吗?

其次,教育制度与道德规范是相互促进的。在现实的教育生活中,教育制度与道德规范是相互促进的,不论是教育制度与道德规范本身,还是各自功能的实现,都离不开对方的支持。拉德布鲁赫说:"道德一方面是法律的目的,

---

① 弗里德里希·包尔生著,何怀宏等译:《伦理学体系》,中国社会科学出版社 1988 年版,第 18 页。

② 李建华著:《法治社会中的伦理秩序》,中国社会科学出版社 2004 年版,第 34 页。

③ 刘军宁等编:《市场逻辑与国家观念》,生活·读书·新知三联书店 1995 年版,第 201 页。

也就因此，在另一方面，道德是法律约束力的基础。"① 教育制度发展一方面要以道德为依托，并接受道德的引导与评判，另一方面道德的践履又需要教育制度的支持，并通过教育制度实现与强化。一般而言，教育行为的道德化是教育制度、教育权力体制、教育组织结构以及教育规章制度等具有道德合理性。这种道德的合理性能够协调教育组织、机构之间良好的合作关系和改善教育服务供给，使整个教育体系进入良好的运行状态。教育行为的道德化主要是指教育制度的道德化，因为只有教育制度的道德才是深刻的和广泛的，才是具有稳定的引导功能的教育行为规范，在这一点上，是任何个体道德所无法达到的。诚如邓小平所说："我们过去发生的各种错误，固然与某些领导人的思想、作风有关，但是组织制度、工作制度方面的问题更重要。这些方面的制度好可以使坏人无法任意横行，制度不好可以使好人无法充分做好事，甚至会走向反面。"② 只有当教育制度被个人良心赋予了道德约束力之后，我们才能谈及教育制度、教育制度的应然、教育制度的有效性和教育制度义务。教育生活世界中人们之间的伦理关系、道德原则不仅存在和展开于人们的日常生活世界中，而且同时存在于教育制度设计和教育结构之中，并总是通过教育制度框架和制度安排而发挥作用。伦理关系和道德原则不仅是教育制度的基本内容，而且是教育制度效力的保证。皮亚杰在对儿童道德发展的研究中发现，认知因素远比强制因素重要，科尔伯格在对道德的研究中发现，人类中普遍存在从"权利"到"服从"到"公正"的有序思维模式。正如心理学研究已经证明的那样，"在确保遵从规则方面，其他因素如信任、公正、信实性和归属感等远较强制力为重要。正是在受到信任因此而不要求强力制裁的时候，法律才是有效率的；依法统治者无须处处都仰赖警察"。③ 在调节、规范、约束教育行为的教育制度及运行机制上，应包含道德内容，并有着把这些内容付诸实施的具体方式和方法。罗尔斯指出："一个人的职责和义务预先假定了一种对制度的道德观，因此，在对个人的要求能够提出之前，必须确定正义制度的内容。这就是说，在大多数情况里，有关职责和义务的原则应当在对于社会基本结构的原则确定之后再确定。"④ 教育制度的道德性对个体道德具有客观约束力。它既不为个体的偏爱所左右，而且对个体的偏爱、价值追求还起矫正作用，把个体的教育行为纳入

---

① G. 拉德布鲁赫著，王朴译：《法哲学》，法律出版社 2005 年版，第 44 页。
② 《邓小平文选》（第 2 卷），人民出版社 1994 年版，第 333 页。
③ 哈罗德·J·伯尔曼著，梁治平译：《法律与宗教》，中国政法大学出版社 2003 年版，第 17 页。
④ 约翰·罗尔斯著，何怀宏等译：《正义论》，中国社会科学出版社 1988 年版，第 110 页。

到统一的道德秩序中来。不仅如此，教育制度道德化对于有觉悟的教育行动者还可以起到激励作用，对于道德觉悟低的教育行动者，则可以表现为惩处和制裁的作用。换言之，教育制度的道德化能够实现对教育行为的调控，能够通过鼓励人们的道德自觉性，强化道德的他律性，把褒扬和惩治结合起来，使一切教育行为能够在这一道德化的条件下有章可循，有据可查。教育行为模式道德化在制度建设方面应达到了这样一种效果："如果他不再履行对共同体有利的某个行为，或者如果他不再履行义务，他的自尊的丧失，他对共同体的福利的关切，他由于被共同体抛弃所带来的不幸，就不亚于抵消了他可以得到的任何物质上的好处。"① 因此，在教育生活世界，教育制度的伦理化是实现教育行为道德化的前提，这就需要以教育制度的形式建立一系列明确的约束、规范教育生活世界的道德规范，让教育行动者知道什么是应当做和什么是不应当做的，使教育行动者有着正确的道德价值定位和价值取向。

再次，教育制度与道德规范相互转化。教育制度与道德规范相互转化在此指的是，道德在充分发挥自己本质特点的前提下，逻辑地走向教育制度；教育制度在充分实现自身功能的同时，也逻辑地走向了道德规范。一般而言，教育制度是一种外在的规范，但当这一规范实行相当长的时间，并对人们的教育行为具有有效的规范之后，它便会在不同范围、程度和层次上成为人们共同接受的做法，人们就会按它的要求去思、去想、去行动、去生活，经过无数次重复之后，这些做法便自然而然地演变为人们的教育活动方式、教育生活方式，进而成为人们的教育价值观念，教育生活态度和道德要求，教育制度由此逐渐内化为道德规范。本尼迪克特说："个体生活的历史中，首要的就是对他所属的那个社群传统上手把手传下来的那些模式和准则的适应。落地伊始，社群的习俗便开始塑造他的经验和行为。到咿呀学语时，他已是所属文化的造物，而到他长大成人并能参加该文化的活动时，社群的习惯便已是他的习惯，社群的信仰便已是他的信仰，社群的戒律亦已是他的戒律。"② 最初的教育制度往往只是为人们提供一定的教育行为准则与要求，而当社会或教育共同体的成员通过自己的教育行为去认识、验证、实践这些教育行为准则，以至在任何同类场合都以这种教育模式行事时，教育行为模式即被道德化了。更为重要的是，这种教育行为模式的道德化不仅体现在会改变人们的当下教育行为模式，还体现为能

---

① A. 塞森斯格著，江畅译：《价值与义务》，中国人民大学出版社 1992 年版，第 140 页。

② 露丝·本尼迪克特著，王炜译：《文化模式》，生活·读书·新知三联书店 1988 年版，第 5 页。

改变人们对自己的预期与设计;不仅会影响人们现存的教育抱负,而且还会塑造人们未来的教育抱负。诚如罗尔斯所说:"社会的制度形式影响着社会的成员,并在很大程度上决定着他们想要成为的那种个人,以及他们所是的那种个人。"① 另外,教育制度的道德化甚至还会影响和改变人性。马克思对制度决定人性的论述入木三分:"专制制度的唯一原则就是轻视人类,使人不成为其人,而这个原则比其他很多原则好的地方,就在于它不单是一个原则,而且还是事实。专制君主总把人看得很下贱。他眼看着这些人为了他而淹在庸碌生活的泥沼中,而且还像癞蛤蟆那样,不时从泥沼中露出头来。"② 在马克思看来,专制制度必然具有兽性,并且和人性是不相容的。最后,道德一旦为人们所真正接受,就如一双无形的手,以一种无形但却强有力的力量,把人们的教育行为导入、引入符合道德规范的轨道。

总之,教育制度与道德规范,从来都是相辅相成、相互促进的,寻求教育秩序必须把教育制度与道德规范结合起来。教育制度以强制约束方式,惩罚于人的教育行为之后,使人对不当、不良的教育行为"不敢";道德规范以引导提升方式,规范于人的教育行为之前,使人对不当、不良的教育行为"不愿"。教育制度是道德的底线,一切教育制度的设立与实施,都以一定的道德为基础,都是为了适应和满足一定道德的要求。同时,道德规范的实施既要靠自律、又要靠他律,要把道德规范纳入教育制度之中,约束和制止不文明和不道德的教育行为。

第三节 教育制度是什么

教育制度究竟是什么?基于以上分析,我们可以将教育制度大致地界定为:教育制度是权威性规则体系,更准确地说,教育制度是用以调整个体行动者之间以及特定教育组织内部行动者之间关系的强制性或权威性的行为规则体系。这一规定既继承和吸收了各学科制度定义的基本因素,又打破学科界限,力图在找出各学科制度定义共同因素基础上,尽可能完整地揭示出教育制度的丰富内涵和独特性质。这一教育制度定义包含以下层面。

---

① 约翰·罗尔斯著,万俊人译:《政治自由主义》,译林出版社 2000 年版,第 285 页。
② 《马克思恩格斯全集》(第 1 卷),人民出版社 1995 年版,第 411 页。

一、教育制度是教育活动的规则

教育制度概念最基本的含义就是规则或规范。一般而论，教育制度就是由一系列内在相关的规则或规范构成的系统。从动态而言，教育制度是未来教育行动的指南。这些指南，大体上能够通过口头表达来确立，它们可能管理现存的教育行为方式或者构成新的教育行为或教育实践方式。虽然它们经常仅被当成规定，但事实上，它们可能是"处罚、禁止、要求、负责、规定、通知、引导、授权、允许、认可、许可、促进、使有资格、命令、定义、指派、制定、分配、描述、免除及识别"[①] 未来教育行为。可见，不管是从静态还是动态而言，教育制度都是教育活动的规则。

在教育制度的各种类型中，教育法律制度最纯粹地表现着教育制度作为规则或规范的存在，因此，从教育制度是规则或规范这一特定意义上说，教育法律制度是教育制度发展的最高形式。不过，即使是自发的教育习俗、教育习惯，也具有规范性的一面；即使是在人们不假思索的教育行为中，也必然有规则的存在，人们常常把这种规则称为默示的规则（或曰潜规则），以区别于教育法律制度一类明示的规则（或曰显规则）。许多在反思的意义上被称为教育制度的东西，比如教育习惯、教育习俗等等，在日常状态下却并不被人们看成是教育制度。原因就是，在人们的心目中，似乎只有预先以明确的、公开的形式表现出来的并加以规则化的东西才是教育制度，而像教育习俗、教育习惯一类制度形式，从规则的意义上来看，往往是模糊的，人们对它们的遵守，也往往是自发的、不假思索的，甚至还是本能的。然而，我们并不能因此就否定教育习俗、教育习惯的制度本质。因为，教育习俗、教育习惯虽然是默示的、边界不清的，但它仍然真实地影响、制约、塑造、型构着人们的教育行动和互动。恩格斯指出："在社会发展的某个很早的阶段，产生了这样的一种需要：把每天重复着的生产、分配和交换用一个共同规则约束起来，借以使个人服从生产和交换的共同条件。这个规则首先表现为习惯，不久便成了法律。"[②] 也就是说，文明社会初期的教育法律制度大都是由于教育习惯转化而来的。马克斯·韦伯认为，使人类的集体生活得以有序进行的主要社会规范有三种，即习

---

① D. Miller and L. Siedentop（eds.），*The Nature of Political Theory*. Oxford：Oxford University Press，1983，p. 188.

② 《马克思恩格斯选集》（第 3 卷），人民出版社 1995 年版，第 211 页。

惯、惯例和法律。"我们把习惯定义为一种典型的始终如一的行动方式，它之所以保持着常规的模式，仅仅是因为人们对它已经习以为常，从而不加反思地模仿行事。""一种秩序将被定义为：惯例：如果它的效力是由这样一种可能性来加以外在保障的话：在一个特定的社会群体中，对它的违反将导致一种相对普遍的而且具有实际影响力的谴责性反应。法律：为了保障人们遵守它或者是对违反它的行为进行惩罚，有一群专职人员来维持进行（身体或心理）强制的可能性，从而赋予它一种外在的保障。"① 在马克斯·韦伯看来，习惯、惯例和法律都是把个人的社会行动导向某种社会秩序的规则，从历史和社会实践两方面看，这些规则之间都没有一个明显的界限，这些规则之间的界限在现实生活中是流动不居的。它们都是"人类的规矩"，是人作为社会的动物所必须遵循的行为准则。奈特也说："在社会最基本的层面上，一系列社会习俗、规则和准则，影响着我们日常生活的方式。它们对社会生活的影响是重大和多种多样的：它们构建了男女和家庭生活日常事务之间的关系；它们确立了邻里或社会成员之间的行为准则；它们还成了代际间社会知识和信息传递的一个重要来源。简言之，这些非正式习俗，构成了大量的正式制度组织和影响经济及政治生活的基础。……很多经济和政治制度通过法律实施来支持，而法律本身就是一种最具普遍性的制度形式，在许多重要方面只是非正式习俗和准则的正式化。"② 因此，从此种意义上说，教育习俗、教育习惯是内在于人们教育行为中的规则，它虽然不易为人觉察，但却实际地存在于人们的教育行为之中。因此，从最广泛的意义上讲，教育制度一定是作为人们教育交往或互动的规则发生作用的东西，那种不表现为规则、不规范教育行为的东西，是不能被称为教育制度的。但是另一方面，再纯粹、再外在的教育制度性规则，都不是现成地摆在那里的东西，不是写在纸上的东西，它一定要体现在教育行动中，一定是在特定社群范围内为人们所实际地遵守的规则。作为规则的教育制度，不仅一定要体现在教育行为和教育活动中，而且本身就是在人们的教育行动与互动中历史地形成的，其意义也只有在教育行动中才能真正地被理解。

在现实教育生活中，教育制度的规则方面与教育行为方面总是融为一体、不可分割的。但是仔细分析起来，二者在性质和取向上都存在着相互矛盾和相互对立，由此形成了教育制度内在的两极。维特根斯坦关于"规则悖论"的思想，对我们认识教育制度的这一两极性质，将有方法论的启发意义。维特根斯

---

① 李猛编：《马克斯·韦伯：法律与价值》，上海人民出版社 2001 年版，第 57~58 页。
② J. 奈特著，周伟林译：《制度与社会冲突》，上海人民出版社 2009 年版，第 1 页。

坦在研究语言游戏现象及其规则时发现，语言规则（即语法）与语言实践（即语用）之间存在着不可克服的悖论：人们在行为中所要遵守的规则，恰恰生成于人们遵守规则的行为过程之中。"这就是我们的悖论：没有什么行为方式能够由一条规则来决定，因为每一种行为方式都可以被搞得符合于规则。答案是，如果一切事物都能被搞得符合于规则，那么一切事物也就都能被搞得与规则相冲突。因而在这里既没有什么符合也没有冲突。"① 一方面，任何游戏活动都是在一定规则下进行的，规则是游戏各方都必须遵守的前提（否则就不是规则了），而且对规则的遵守是非常确定的，"'实际上所有的步骤都已采用'意味着：我已别无选择。规则一旦被印上一种特定的意义，就划出这样一些线来，在所有情况下我们都应按照它们来遵循规则"。正因为对规则的遵守是如此的确定，以至于"当我遵守规则时，我并不选择。我盲目地遵守规则"。② 然而另一方面，游戏规则又不是现成的东西，它只能存在于人们行动及互动的具体过程中，这又使人们的行动与互动表现为一种无规则的状态，具有不确定性。"难道不是也存在着这种情况吗？其时'我们一边玩，一边制定规则'？甚至还有这种情况，我们一边玩一边改变规则。"③ 不仅游戏规则往往具有"事后的"性质（即人们所遵守的是人们在行动及互动中事先并不知道的"规则"，规则只存在于过程结束之后，是人们事后从游戏活动中概括总结出来的），而且即使是预先存在的规则，也只有在游戏过程之中，才能显露其特定的、确切的意涵。于是，在一切实践活动中，人们都陷入了一个两难的境地：游戏活动需要公共规则，但规则产生于活动过程结束之后。维特根斯坦认为，规则悖论的解，就存在于创造性的、开放的、规则化的游戏过程中，通过这一游戏过程，不仅使规则得到必要的确定，同时又使人的活动规则化。

米尔恩则从另一种视角说明了规则与行动的关系。他提出了两种不同的规则观，即调控性规则和构成性规则。调控性规则是调整行为的。它们的界定性特征是，调控性规则所调整的行为在逻辑上独立于它们。在住宅区将车速限制在每小时 30 英里的规则就是一个例子。这一规则预先假定人们可以在住宅区不顾任何调控车速的规则驾驶车辆，然后通过限定车速来调控驾驶的速度。至于构成性规则，情况则恰恰相反。它们所调整的行为在逻辑上依赖于它们。各种比赛规则即是例证。国际象棋比赛是由这样一些规则构成的，这些规则规定

---

① 维特根斯坦著，李步楼译：《哲学研究》，商务印书馆 2000 年版，第 121 页。
② 维特根斯坦著，李步楼译：《哲学研究》，商务印书馆 2000 年版，第 127～128 页。
③ 维特根斯坦著，李步楼译：《哲学研究》，商务印书馆 2000 年版，第 58～59 页。

棋子是什么、棋子如何移动和比赛的目的是什么。没有这些规则，就无法有这样的比赛，棋子也无法移动。不仅比赛如此，而且所有的制度也都是凭借构成性规则而存在。以所有制度中最为普遍存在的语言现象为例，如果没有词法、语法和句法的规则，就根本不可能有言语，因为在那种情况下，根本没有遣词造句的可能。诸如陈述、提问、要求、呼吁和命令这样一些个人的言语行为，都必须或多或少地正确遵守它们在其中得以表达的语言的构成性规则。① 色尔对规则与行动关系的分析大致类似于米尔恩，只不过从另一种视角说明了规则与行动的关系。他提出了两种不同的规则观，即创构性的规则（constitutive rules）和规范性的规则（regulative rules）。创构性的规则创造出一种实践（practice），它在没有这种规则之前是不存在的。例如象棋规则就是创构性的规则。在象棋这种游戏及它的规则未被发明之前，世界上不存在下象棋这种活动，是象棋的规则使得这种活动得以出现。而在下棋活动中，根据规则去玩时，我们可以说它们使得我们有了指标去行动，给我们创造了一个活动的天地。当然，这种活动中也会对我们怎么做作出限制，但这是任何人类活动所不可避免的。规范性的规则所规定的对象则是一个已经存在的活动。这种规则规定人们应该遵循一些什么规则去做。例如用膳这种活动本来已存在，一条规范性的规则可以规定用膳时不可说话。这一类的规则并没有创造一种新的活动，而只是对已经存在的活动给了一些规范。②

维特根斯坦的规则悖论主张，米尔恩以及色尔有关规则与行动关系的论述，对我们正确理解教育制度，是有方法论意义的。因为，教育制度作为一种最重要的教育规则，也存在着悖论：一方面，教育制度须由变动不居的教育行动及其互动来体现和确定，另一方面，人们的教育行动和互动，又受着不确定的、未定性的制度的约束，甚至由后者所构成。我们可仿维特根斯坦之法，称之为"教育制度悖论"。因此，我们面对的问题是：教育规则与具体教育行动都是不确定的，处在一种紧张过程中。问题的解则是：赋予人们教育行动与互动确定性的教育制度，它的确定性只能在既遵守规则又形成规则的、不确定的教育行动与互动的过程中，逐渐开展和显露出来。

吉登斯在对当代社会的研究中，从社会——个人互动角度切入对制度所作的研究，对我们理解、分析教育制度也很有启发意义。列维－斯特劳斯与帕森

① A. J. M. 米尔恩著，夏勇等译：《人的权利与人的多样性》，中国大百科全书出版社1997年版，第16~17页。
② John Seerle，*Speech Act*. London：Cambridge University Press，1969，p. 33~42.

— 253 —

斯认为，规则与结构是共生而同质的。结构的永恒性决定了规则的永恒性、固定性，而规则也就是一种永恒不变的结构。在吉登斯看来，列维－斯特劳斯与帕森斯对结构与规则的揭示过于理论化，以建立社会理论为目的，而相对忽视了具体行动的多样性与人的主体转换能力，没有看到结构与规则、资源的互动性、二重性，导向主、客关系的二元化、对立化。吉登斯将这种结构论称为片面的客体主义、结构主义。他认为，在帕森斯的"理论框架中，客体（即社会）无疑支配着主体（即具有认知能力的行动者）"。[①] 为此，应克服帕森斯结构论规则观的局限，从真实社会行动这个层面揭示社会的构成。也就是说，对社会的研究需要超越片面的客体主义与片面的主体主义，既要关注整体性结构也要关注人的主体能力，"必须从概念上把这种二元论重新构建为某种二重性，即结构的二重性，这一假设正是结构化理论的基础"。[②] 与列维—斯特劳斯与帕森斯不同，吉登斯将结构理解为由人的创造性活动不断生产，又对个体活动具有条件性、制约性的变动性结构。结构是具有约束性的整体性特征，同时这种整体性特征又随着时间与人的活动而变化。具体而言，吉登斯的主要观点是：个人作为行动者其活动既受制于环境条件，又通过自己的活动创造出自己的活动环境。个人具有认识能力与行动能力，个人生活需要安全感与信任感，这种安全感与信任感得以形成的基本机制是日常生活中的习惯与惯例。而惯例究其要旨而言则是社会结构这一所谓虚拟秩序的表达。惯例形成于人们的日常生活实践中，并通过日常生活实践的重复在人们的意识中形成一种指导人们行为举止的"实践意识"。这种实践意识无须言说，也不需要意识形态话语的宣扬，就能内在地指导行动者的日常行为，制约着行动者。个人受着实践意识的潜移默化，因此他们大凡能够"反思性地监管"（reflexively monitoring）自己的行为，调适自己与他人、社会的关系，久而久之使自己和他人达成一种默认的共识，使人在社会中定位及社会这棵大树在个人心目中生根成为可能。作为现实行动者的个人与社会结构体现着一种二重性，在这种结构性二重性中，社会系统的结构对于反复组织起来的个人实践来说，既是其中介，又是其结果。从一个固定的眼光看，社会结构、制度体制先在于个人，但人及其社会是作为过程而存在的；从一个流动的过程中来看，社会结构、制度体制与个人的现实性活动又是互为因果、互动生长的。"人的能动性发挥和社会的制度化构成，都是

---

① A. 吉登斯著，李康等译：《社会的构成》，生活・读书・新知三联书店 1998 年版，第40 页。

② A. 吉登斯著，李康等译：《社会的构成》，生活・读书・新知三联书店 1998 年版，第40 页。

在我们日常司空见惯、看起来支离破碎的活动中实现的。"①制度、制度结构是个人活动的现实背景，个人又在自己的现实活动中改变这个活动背景。他说："我把在社会总体再生产中包含的最根深蒂固的结构性特征称之为结构性原则。至于在这些总体中时空伸延程度最大的那些实践活动，我们则可以称其为制度（institutions）。"② 也就是说，制度是社会结构与个体行动之间的联结物。

依照吉登斯的主张和分析，我们可以说，教育制度本身作为一种规则体系是虚拟而非实在的，它是对人的反复不断实践教育规则的"记忆"，并协调着人们的现实教育交往活动过程。这样，教育制度本身就同样具有如吉登斯在谈到社会结构时所揭示的那种"二重性"特征，它既是被它所组织起来的反复教育实践的中介，又是这种反复教育实践的结果。在一个时空延伸的过程中，它在调控教育自身再生产的同时，又"记忆"下主体在教育实践过程中所创造出的新的内容，"所谓制度化实践，就是在时空之中最深入地积淀下来的那些实践活动"。③ 教育制度本身作为虚拟性存在、作为教育自身再生产的规则调控系统，与其调控对象，即主体及其教育活动处于一种双向互动状态。

教育规则与教育行为的有机统一或张力平衡，构成了各种具体的教育行为模式之类型。从这一意义上说，教育制度是一种教育行为模式或模式化的教育行为，或者说教育制度是已建立的教育行为方式。难怪亨廷顿要说："制度就是稳定的、受珍重和周期性发生的行为模式。"④ 当然，这种教育行为模式不是刚性的，它具有不确定性，是一种有弹性的"教育行为模式"。同时，教育制度内蕴含着教育规则与教育行为这样两个存在张力的方面或要素，它们之间紧张关系的解除与缓和，是在一个不断模式化又不断打破模式的交替过程中实现的。

二、教育制度是社会性的规则（体系）

教育制度不仅表现着一定的教育结构和教育过程，而且它本身就体现在个

---

① A. 吉登斯著，李康等译：《社会的构成》（译序），生活·读书·新知三联书店 1998 年版，第 7 页。

② A. 吉登斯著，李康等译：《社会的构成》，生活·读书·新知三联书店 1998 年版，第 80 页。

③ A. 吉登斯著，李康等译：《社会的构成》，生活·读书·新知三联书店 1998 年版，第 85 页。

④ S. P. 亨廷顿著，王冠华等译：《变化社会中的政治秩序》，生活·读书·新知三联书店 1989 年版，第 12 页。

体之间的教育活动和互动之中。我们至少可以从这样几层意义上说教育制度是"社会的"：

任何个人的生存、发展，以及个人所能作的任何选择，都只能建立在社会存在的客观基础之上。麦克尼尔就十分强调契约的社会性，他在分析契约的性质时，第一句话就是"我们需要从源头开始。源头就是社会"。"没有社会创造的共同需求和爱好，契约是不可想象的；在完全孤立、追求功利最大化的个人之间的契约不是契约，而是战争；没有语言契约是不可能的；没有社会的结构和稳定，契约——仅从字面上看——也是不可思议的，就像远离社会的人不可思议一样。契约的基本根源，它的基础，是社会。没有社会，契约过去不会出现，将来也不会出现。把契约同特定的社会割裂开来，就无法理解它的功能。"① 麦克尼尔虽是就契约的社会属性而言，但这一分析又何尝不适合于我们对教育制度的思考。

（一）教育制度体现了特定社会的教育结构

教育制度是一种宏观的社会现象，它以规则的形式型构着特定社会群体、特定教育共同体的基本教育关系，并使这些基本教育关系有序化，形成人们生活于其中的、具有稳定性和周期性的时空结构。作为教育合作、教育竞争、教育交往的构成方式和规则体现，教育制度的主要功能是对特定社会群体、教育共同体成员的动员和组织作用，教育制度是教育得以组织化的主要方式。李建德曾说："通过制度才使个人组织成为社会，也通过制度人类才成为社会的。"② 既然特定的教育组织需要有相应的教育制度，那么，不同的教育制度形成不同的教育组织类型。具体而言，教育组织是教育制度的基础、载体；教育组织是教育制度的现实与逻辑起点；有教育组织，必然产生教育制度；无教育组织，也就意味着无教育制度。

教育组织对教育制度的基础作用主要体现在以下几方面。首先，教育组织的产生决定教育制度的产生，教育组织的发展与持存意味着教育制度的成熟与完善。教育组织是一种紧密性、目的性集合，是诸多个体由于生存、发展、利益、意义等原因而整合成的具有共同利益、共同意识、共同追求、共同行为导向的教育共同体。教育组织的产生经历了较为漫长的历史演化过程。不论是自

---

① R. 麦克尼尔著，雷喜宁等译：《新社会契约论》，中国政法大学出版社 1994 年版，第 1－2 页。
② 李建德著：《经济制度演进大纲》，中国财政经济出版社 2000 年版，第 135 页。

发产生，还是自觉建构，特定教育组织都有一个从无到有，从松散型共同体到紧密型共同体的发展过程。教育组织逐渐产生的过程，也就是教育组织构成成员之间的关系与结构的逐渐明晰过程，也就是教育制度从"无"到有，从混沌到清晰，或者说从"潜规则"到"显规则"的发展过程。在此意义上，所谓教育制度，也就是教育组织对自身构成方式、行为方式、价值导向等的确认，所谓教育制度的发展与成熟，也就是教育组织对自身存在方式、共同利益、结构方式、组织与成员关系、组织与环境关系等的明晰化。其次，教育组织的性质与状态决定教育制度的性质与状态。教育组织的结构，决定教育制度的价值实质。教育正义被大多数思想家、教育学者认定为教育制度的根本价值导向。但教育正义的内容与实质却差异巨大。在古希腊，所谓教育制度正义就是等级性的教育秩序；在近代，所谓教育制度正义就是个体教育权利的平等；在现代，所谓教育制度正义就是国家与个人、个人与社会和谐的制度。这三种具体内涵的教育制度正义，之所以产生、之所以有差异，其根本原因，是每一种教育制度正义所对应的教育组织特性存在差异。永恒等级教育秩序意义上的教育制度正义，对应于严格的等级性教育组织；抽象教育平等、教育权利意义上的教育制度正义，对应于以个体教育权利为中心的教育组织、教育组织状态；以教育公正为核心的教育制度正义，对应于现代国家控制并对个体教育权利进行合理制约的教育组织，对应于自觉的理性控制型教育组织。也就是说，教育组织的构成与特性，决定教育制度的价值实质。判断教育制度性质的根本尺度，不是抽象的价值范畴，而是教育组织的实际状态。再次，教育组织类型决定教育制度类别，教育组织方式的转换决定教育制度类型的转换。教育组织形式的多样化，决定教育制度内容的多形态；教育组织形式的统一性，决定教育制度的共同性。不同教育组织形式所具有的共性和个性，决定不同教育制度所具有的共性和个性。教育组织因目的、环境、构成要素、存在时间等的不同而呈现出不同的特性，正是这种特性决定了教育制度的个性。教育制度相对于不同教育组织及教育组织在不同阶段的需要而呈现出多样性。同时，虽然不同教育组织互有个性，但教育组织之所以成其为组织，都存在着个体对整体的服从、整体对个体的约束等一般共同问题，这些结构、问题的共同性，决定了不同教育制度在具有个性的同时，也具有共性。因此，区别教育组织类型是区别教育制度类型的重要基础。

不仅教育组织对教育制度的产生、教育制度的性质与状态、教育制度的类别具有基础性作用，而且教育制度也对教育组织的确认与建构具有重要作用。教育制度的形成是教育组织成为教育组织的重要标志。合理教育制度的普遍化，将为教育发展、组织化教育交往提供低成本交往平台。"一个社会的教育体制不能简单地以狭隘的新古典主义语言来表述，因为许多教育都是直接并反复灌输一套价值观，尽管它不是人力资本的投资。"① 教育的目的是对教育制度的合法性进行投资，是唤起或输入人的教育制度意识，并通过教育制度意识的生活化、行为化，推动人的组织状态的良性化，人与教育组织行为的规范化、秩序化。具体而言，教育制度对教育组织的可能与实现具有以下作用。首先，没有教育制度，就没有教育组织。为教育组织成员所接受、认可、遵守的形式化教育制度的形成，是一个教育共同体从前组织状态进入组织状态、从松散关系状态进入紧密关系状态的重要尺度与标志。其次，教育制度变迁可能导致教育组织生存状态的改善，也可能导致其非组织状态。单纯教育制度的创立虽然并不意味着教育组织的产生，但某一教育制度的废除，一定意味着与其对应的教育组织的消亡。再次，教育制度状态是教育组织状态的重要标志。教育制度所面对与处理的是人与人、人与教育组织、教育组织与教育组织、教育组织与环境的关系，教育制度是教育组织状态的集中反映。教育制度意识的自觉、教育制度交往的专业化、专门化，是教育组织程度提高的重要条件与标志。

任何一个教育组织都处于教育制度的保护与约束之下。奈特曾说："就制度是构建行为人之间互动的一系列规则而言，组织即是可能受制度约束的集体行为人。组织一般有其内部结构，一个制度框架制约着构成这个组织的个人之间的互动。因此，有几种共同的实体，可以被认为既是一个制度也是一个组织，例如一个公司，一个政府机关，一个教堂，或者一所大学。"② 不同的教育组织活动，不同的教育组织活动领域，不同的教育组织关系，不同的教育组织行动，产生、对应着不同的教育制度规则，不同的教育制度规则既具有共性，更具有不同的内容、具有个性特殊性的发展机理。教育制度及与教育制度共存的共同意志、公意，是教育组织凝聚力的重要来源，明确的教育制度的形成及对教育制度的遵守，是教育组织形成共同意志、维护共同利益的基础。无教育制度，即无教育组织。在一定意义上，教育制度成为教育组织生命本身，寻找教育制度也就是寻找教育组织存在的框架，维护教育制度也就是维护教育组织的生存。

通过各种制度化的教育组织的作用，教育获得了基本结构。许多学者因此

① D. C. 诺思著，陈郁等译：《经济史中的结构与变迁》，上海三联书店1994年版，第59页。

② J. 奈特著，周伟林译：《制度与社会冲突》，上海人民出版社2009年版，第3~4页。

就把教育组织作为教育制度的基本规定，把教育制度建设等同于教育组织建设，教育制度创新的关键就是教育组织创新。这在一定意义上是基本正确的。通过各种教育组织形式，教育制度使现实的教育得以结构化。

（二）教育制度是多元社会的公共规则

教育制度作为一个必须专题性考虑和研究的问题向人们突显出现的社会背景，就是现代社会分工、分层和分化。社会分化和分层的发展，客观上要求用公共的教育制度取代一些非制度性的私人性纽带（如血缘、地缘、人缘、价值观等）来作为教育发展的基本形式。

社会分化的实质，就是社会的多元化，包括利益多元化、价值多元化、思想多元化、权利多元化、权力多元化、地位多元化、文化多元化等等。多元社会并不是简单地指有多个利益集团的社会，而是指利益集团间相互平等包容性、社会结构开放性、价值评价体系非单一性的社会。严格地讲，任何一个社会都有多元利益存在，但并非所有社会均是多元社会。一个社会只有在经过充分分化基础之上，不同社会群体彼此间获得平等身份、相互包容，才有可能是多元社会。正是在这个意义上，多元社会是一个现代社会。萨托利曾说："历史地看，单纯的多元主义（指这个观念，而不是最近才出现的这个词），是在16和17世纪蹂躏欧洲的宗教战争之后，随着对宽容的逐渐接受而出现的。……多元主义以宽容为前提，也就是说，不宽容的多元主义是假多元主义。它们的不同之处是，宽容尊重各种价值，而多元主义设想各种价值。多元主义坚持这样的信念：多样性和异见都有价值，它们使个人以及他们的政体和社会变得丰富多彩。"[①] 多元社会是一个非排他性的生活世界。在这个生活世界中，所有存在者身份都是平等的，并以一种理性的态度在经验生活中彼此商谈、交流，构建起主体间关系。说现代多元社会是一个非排他性社会，并不是指这个生活世界中不再存在着利益对立、冲突、斗争，事实上，这种利益对立、冲突、斗争有时还十分尖锐激烈乃至残酷，而是指作为一种生活范型，现代社会不同于以往社会的基本区别之一就在于，这是一个民主的社会，是一个以平等身份为前提，每一个人拥有平等的基本自由权利的社会，因而，在普遍意义上，这个社会中的基本社会关系范型应当是以一种平等的精神协商共处的关系。非排他性的多元社会，是合理多元社会。

---

① 刘军宁等编：《直接民主与间接民主》，生活·读书·新知三联书店1998年版，第53页。

在现代社会，存在着多元的利益、多元的价值、多元的思想、多元的权利、多元的权力、多元的地位、多元的文化等，然而，这多元的利益、价值、思想、权利、权力、地位相互间又不能是绝对离散拒斥的，它们中贯穿着一种基本价值精神，正是这种基本的价值精神将整个社会凝聚为一个生命整体，并保持社会的长久活泼、和谐稳定。这种基本的价值精神，就是多元社会价值体系中的一元共识。萨托利认为："共识并不是实际的同意：它不需要所有的人积极赞同某事。因此，许多被称为共识的情况，实际上不过是接受而已，也就是说，那属于分散的、基本上消极的同时认可。然而尽管如此，共识仍是一种有一定黏合力的共同财富。正是在这种松散的共识背景下，自由主义民主社会的'多元主义表现'为自己找到最适宜的土壤。"① 而这个基本价值精神，罗尔斯用"重叠共识"来表达，本书则用"一元共识"来表达。"一元共识"，相对于多元社会，更能揭示其内在的统一性，多元的共生性。在多元社会中，确实存在着多元的价值体系，然而，每一个价值体系中，都存在着一种晶核，这个晶核所占的绝对空间可能并不大，但它一方面处于价值体系的核心地位，另一方面又与其他价值体系有着某种沟通和可对话之处。

多元社会确实以利益间差别为基础，因为每一个主体都有其特有的利益，且这种差别不仅仅是经济的，还有政治、文化、教育、信仰、习俗的。然而，既然合理多元社会是一个平等自由的社会，那么，社会成员相互间关系就应当是合作共存共生的关系。所谓合作共存共生关系，并不简单地指一个协作关系，因为协作关系可以在一种最高权威发布命令之下的共同协调活动。它意指：这是一个由平等的基本自由权利主体所构成的关系；它是由公众认可的活动规则与程序所引导、所规范了的；所进行的每一个合作项目都是由每一个参加者所认可与合理接受的；所有介入合作并按规则与程序行事，履行职责的人，都能合理得利，且这种合理得利能为每一个参加者所接受。② 多元社会确实是一个竞争的社会，然而，这种竞争不是一种格斗，而是一种合作性竞争、冲突性共谋。多元社会确实以个体独立自由权利、独特界域为基础，然而，每一个个体又都是首先以对他人权利与界域的承认、尊重为前提。

多元不是杂多。排他性多元是以多元面貌出现的杂多，一切均处于偶然性的支配之下，漂泊孤立，因而是形式的多元而不是真实的多元。真实的多元以

---

① 刘军宁等编：《直接民主与间接民主》，生活·读书·新知三联书店 1998 年版，第 63 页。

② 约翰·罗尔斯著，万俊人译：《政治自由主义》，译林出版社 2000 年版，第 15~21 页。

自由为其内在规定，在非排他性的独立自主活动中，整个社会表现出一种生动有序性。真实多元即为合理多元。在合理多元社会中，每一种存在都有其存在的理由，每一种存在都将其他存在真诚地视作与自己一样拥有平等的自由权利的存在，因而，都承认、尊重乃至维护其他存在的正当权利。然而，那些伤害其他主体基本权益的存在（如法西斯主义、恐怖主义、邪教等），则由于其反社会、反他在的性质，而规定了其不具备存在的合理性，故不在合理多元社会之列。所以，合理多元社会是一个有限规定的无限样式社会。

任何一个社会都以一种结构方式存在，因而也总是要以一定的秩序状态存在。纯粹杂多的社会由于缺少内在的统一性、凝聚力与秩序，不可避免地要遭受毁灭的厄运。排他性的多元社会，或者通过纯粹的生物竞争走向强权霸道，或者通过无政府主义走向独裁专制。这两种中的无论哪一种在性质上完全是同质的，那是一个人性被充分扭曲，或者说，是人性中恶的成分被充分激发出的社会，是一个没有自由的社会。合理多元表明各存在具有存在的合理性理由，表明彼此在经验生活世界中，能通过学习提高生活的智慧与能力，形成一个平等的基本自由基础之上的社会秩序。这样，多元社会事实上就是一个"制度化"的社会或法治社会。

就多元社会的教育而言，不同利益集团之间的教育价值评价体系可能是不同的，然而，一般说来，除了那些违反教育制度或为教育制度所特殊规定的情况外，这些不同的教育价值评价体系之间亦不是绝对排他性的。在这里存在着教育价值宽容，是对异的尊重。当然，这种教育价值宽容并不意味着相互没有批评、交锋，相反，彼此会存在着批评、交锋，只不过它们都以一种平等的身份，在教育制度的范围内通过说理的方式进行。这样，多元社会的教育价值评价体系的非单一性，事实上又隐含着一个前提：多元社会起码存在着一种为多元教育价值体系所共同接纳的一元教育价值评价标准，且这种共同认可的一元教育价值标准在一个立宪民主社会中又必定通过立宪、立法而得到制度化。换言之，在一个民主社会中，当人们生活在这样一个教育制度之中，形成、表达并维护自己的教育主张、教育思想与教育价值要求时，已经隐含着一个前提：大家对于在这个社会中教育生活的最基本方面是有共同识见的，只有有了这样一个共同识见，才能够畅所欲言，表达自己的意见。虽然人们在日常教育生活中，对这样一个最基本的共识隐而不言，但它却深藏于人们内心。这个基本前提的具体表达可能是多样的，但它的基本精神则是：平等的自由权利，遵守教育规则、服从多数、尊重少数。这样，共同认可的多元共识，就集中体现为教育法治精神以及在教育规则面前人人平等的精神。一元教育法治表达了合理多元社会的基本教育价值要求，只不过这种共同认可的基本教育价值要求以教育法律、正式教育制度的形式被肯定、固化。这样，在一个多元民主社会中，只有教育法律、正式教育制度的统治，才有可能不仅具有形式上的合法性，而且也才有可能具有实质上的合法性。

现代化社会是一个多元社会，在这个多元社会中，既然有一元共识，且这种一元共识又实体化为教育法律、正式教育制度，既然教育法律、正式教育制度是大家在共同教育生活的经验世界中通过理性累积学习而成的基本生活规则要求，教育法律、正式教育制度是一个社会的最基本的教育规范，不仅是应当的，而且是必需的，那么，教育法律、正式教育制度就是自由的另一种存在样式，就是统摄多元社会教育世界的一元内在规定。多元社会的教育世界与一元教育法律或正式教育制度，互为依赖、互为规定。在现代社会，教育的发展首先是教育法律、正式教育制度的发展。即教育法律、正式教育制度已成为多元互动的公共规则，成为多元社会教育世界的基本力量，并构成教育世界中最具公共性的领域。教育活动的内容、样式可以无限，用以调节教育活动的基本教育规则无疑是一元的、公共的，规则面前人人平等。奈特认为，尽管社会学理论提供了很多制度的定义方式，从那些具有明确规则和行政实施形式的正式组织，到人际关系以及行为的稳定模式。虽然这些定义各自都只是阐述了制度细节的某个方面，不过，获得一个可行定义最简单也是最直接的方式，就是在这些各种各样的情形里找出这些制度的共同特征。他说："第一，一个制度是一套以某些方式构建社会互动的规则。第二，一套规则要成为一个制度，相关团体和社会的每个成员都必须了解这些规则。这个定义给制度赋予了很广的范围，同时也排除了一些经常被视为制度的行为。这样，一些经验法则，如'我一拿到工资就付账'、'每天锻炼一小时，一周进行五天'、'一年进行一次身体检查'等箴言，就不能算作制度。尽管这些规则可能会帮助某个人来组织日常生活，但它们纯粹是局限于私人范畴的，是个人行为者的特殊行为。"① 奈特对制度的思考和分析，无疑印证了我们的上述主张。

合理多元与一元教育法律、正式教育制度共识的内在张力与统一，在现实教育生活中演化为"制度化"教育或形成依法治教、依法办学的教育形态，同时，亦勾勒出在"制度化"教育关系整合框架中教育制度认同的优先性。

---

① J. 奈特著，周伟林译：《制度与社会冲突》，上海人民出版社2009年版，第2～3页。

（三）作为一种文化现象，教育制度构成了任何个人的存在前提

教育制度之所以是一种文化现象，是因为我们很难想象在没有文化的背景下还能有个人的存在以及教育制度的存在。

1. 文化的公共性

法国结构人类学家列维—斯特劳斯认为，文化是人类心智积累性创造的一种共享的符号系统，而人类恰是在对"文化域"（culture domains——诸如社会组织、亲属关系、神话、宗教、原始艺术和语言等）的心智构建中来型构这种共享符号系统的。柯武刚等人把文化视为"一套基本上不可言传的规则系统，它靠各种符号和其他有关其制度性内容的有形提示物而得到巩固"。[①] 格尔兹把文化定义为"文本的汇聚"，"有序排列的意义的符号丛"，是一种人们的"行动的记存"。[②] 作为"文本的汇聚"，"有序排列的意义的符号丛"和"行动的记存"，文化无疑具有公共的性质，"它们是公共的，而不是私有的"，"虽说文化是观念性的，但它并不存在于人的头脑之中；虽然它是非物质性的，但它并非超自然的存在"。[③] 列维—斯特劳斯、柯武刚、格尔兹把文化理解为某一人群所共享的、社会地传承下来的知识和意义的公共符号体系的理论识见，可以从一定文化体系中人们之间的"集体意会"这一维度中非常清楚地体现出来。而"集体意会"的含义大致与列维—斯特劳斯所说的"解码"、柯武刚所说的"不可言传的规则系统"和格尔兹所说的"文化文本"或"行动的记存"等同。因为，处在同一文化体系中的社会成员，可以通过这种"解码"或"行动记存"的文化文本知识，来破解其他成员的行动或发出的某一种符号的意义。而在人们交流中对用来表达这种"集体意会"内容的信号、符号和物体（如绘画、雕塑和其他艺术品等等），按格尔兹的理解，就是一种"符号"。由种种"符号"所包含和承载的意思，处在同一文化背景中的人是很容易解读的，但要让处于其他文化背景中的人去解读就异常困难。因此，"凭借武力来把自己的风俗、制度、价值观念灌输给不同的文化，而且对不接受者施以惩罚，这可能引起文化的不安。文化的不安对双方都是不利的"。[④] 可以说，这些在特定社会场景中承载着"集体意会"的标识符号丛或文本的汇聚，本身就构成了文化。

① 柯武刚等著，韩朝华译：《制度经济学》，商务印书馆 2000 年版，第 196 页。
② 克利福德·格尔兹著，纳日碧力戈等译：《文化的解释》，上海人民出版社 1999 年版，第 417、459、511 页。
③ 韦森著：《文化与制序》，上海人民出版社 2003 年版，第 20 页。
④ 殷海光著：《中国文化的展望》，上海三联书店 2002 年版，第 82 页。

　　文化的本质特征在于其公共性，那么，何为公共性，我们的理解就是一种集体性共识。① 文化的公共性主要表现在以下几方面：首先，共同的价值观。文化的核心是价值观，柯武刚等人甚至直接把文化定义为"共享的价值和一套规则系统。"② 价值观构成文化结构的核心内容，具有极强的辐射力和穿透力，不仅影响人们做什么，而且影响人们怎么做，以及为什么做。即，人的价值观和人的行为是互动的。一方面，人的社会行为是其价值观形成的基础，另一方面，人的行为又都是在一定的价值观的指导下形成的，人的行为及其方式的变革取决于价值观的变革，价值观是人的行为及其方式变革的前导。价值观决定了"好与坏"的标准，因而与一定时期群体共同的理想、信念关系密切。它要解决的是"为什么做"的问题，是人们活动的取向、导向问题。正是价值观的不同，最终决定了人们"做什么"和"怎么做"。它不是和"做什么"、"怎么做"并列，而是渗透于人的活动及其成果之中，影响和制约着人们"做什么"和"怎么做"。人的活动是由价值观所指导的，人的活动及其成果，说到底，不过是人的价值观的外在表现。心理学的研究证明，明确而坚定的价值观的有无是区分一个人心理是否成熟、人格是否健康的重要标准。个人是这样，群体也是如此。民族和国家的价值观，决定着民族心理的成熟和国格的健康。其次，共识。作为文化公共性重要体现的共识，在不同时代有着不同的表现。在古代文明社会中，文化是特定社会中最基本的公共性，是社会所形成的最大可能的共识。虽然它不一定为各成员明确表达出来，或者清晰地、反思性地认识到，但它深藏在世代相传的传统中，体现在成员之间的默契里。这是一种完全感性化了的认识，但又确实是特定文化共同体内所有成员共同享有的、可以认识和解释的东西，就此而言，我们有理由称之为"共识"。它不是私人的事情而是公共性的意识，其制约作用体现在人们社会生活的一切方面。当然，在现代社会，文化逐渐丧失了公共性。一是因为随着政教分离原则的确立，包括宗教、道德、艺术在内的文化逐渐成为私人的事情，成了个人内心世界的私事。二是因为随着建构主义文化知识观的确立，文化逐渐成为个体的主观建构。再

---

① 当然，共识并非传统基础主义认识论所谓的本质，即从西方古希腊柏拉图以降的共相、基督教哲学中的至善万能的上帝（包括斯宾诺莎泛神论意义上的自然科学中的规律）、笛卡儿基于"我思"的第一原理、经验主义通过观察实验而获得的因果关系推断等等。在严格的意义上，共识是反实在论的，它不承认各种所谓普适性的、亘古不变的"真理"和"意义"等的存在，而毋宁说它更强调文化自身的历史与社会局限性。但是，承认文化的历史与社会的局限性存在，绝不表明文化是完全个人主观建构的产物。

② 柯武刚等著，韩朝华译：《制度经济学》，商务印书馆 2000 年版，第 200 页。

次，同感。文化正是通过唤起人们的共同感情、感受、感觉、情绪、倾向、偏好、趣味、情趣、品味，将不同个体联结起来，以此发挥它对教育的整合作用。因此，生活在同一文化共同体中的人们，不管他们的权力、地位、财富、身份有多大的不同，都分享着各种同感，这些同感微妙地决定着人们的言行举止，以自身自发的方式，安排和调整着所有社会成员的生活及其互动关系。柯武刚等人指出："社会的共同文化支持着劳动的分工，因为它减少了交往的风险和成本。这是为什么共享同一种文化的社会成员常常会受到好评：与他们易于交往。那些在幼年时往往无反应地掌握了这种文化的人，在其文化共同体的其他成员当中会感到如鱼得水。从个人的角度来看，他们自己的文化，在主观上，总是优于其他文化，因为他们对自己文化中的制度非常熟悉，这节约了他们的成本。"[1]

文化的公共性虽然受特定文化的地域边界限制，但在边界之内却是一切公共性的存在前提。文化公共性的内容十分广泛，包括价值观念层面、生活方式层面、器物的层面、制度和行为规范层面。其中，制度层面的地位和作用，将会随着社会的发展和进步而不断加强。

2. 教育制度是一种文化现象

在漫长的原始社会时期，生产力水平低下，物质生活水平不发达，人类主要以狩猎、畜牧、农业为生。在这一时期，由于没有产生专门的教师，没有专门的传授知识的场所，学校教育系统还没有建立起来，原始人的教育活动主要发生在家庭、日常生活以及生产中。"在原始社会里，教育是复杂的和连续的。这时教育的目的在于形成一个人的性格、才能、技巧和道德品质，一个人是通过共同生活的过程来教育自己的，而不是被别人所教育的。家庭生活或氏族生活、工作或游戏、仪式或典礼等都是每天遇到的学习机会；从家里母亲的照管到狩猎父亲的教导，从观察一年四季的变化到照管家畜或聆听长者讲故事和氏族巫士唱赞美诗，到处都是学习的机会。"[2] 教育内容主要包括一些生产、生活经验、基本的礼仪以及一些军事知识等，使用的方法从头至尾都是简单的、无意识的模仿，主要依靠习俗、宗教仪式、成人礼等方式来对儿童进行教育，向他们传授一些基本的技能和道德规范。而家族规则、习俗、宗教仪式、成人礼等事实上是一种教育规范，因为它们是经过长期的"积淀"而"自发"形成的

---

① 柯武刚等著，韩朝华译：《制度经济学》，商务印书馆 2000 年版，第 196 页。

② 联合国教科文组织、国际教育发展委员会编著，华东师范大学比较教育研究所译：《学会生存》，教育科学出版社 1996 年版，第 27 页。

一套基本规则，尽管它们是与日常生产、生活联系在一起，却成为我们祖先教育后代的基本方式。《学会生存》一书曾说："从很早时期起，人类就已经有意识地运用他的语言天才，在个人与个人之间、集体与集体之间、上一代与下一代之间交流丰富的实践经验——如解释自然现象的法则、规则、习惯和禁忌等等——从而使个人记忆社会化成为种族生存的必要手段。"① 杨宽认为，生命仪式在我国的原始社会中也普遍存在。"在原始氏族公社中，儿童教育大体上可分为三个阶段：幼年女孩一般由妇女教养，男孩则由男子教养，在母权制下则由舅父教养，在父权制下则由父亲或伯叔父教养。到六岁或八岁以后，开始离开长辈，住到另外的小屋中，学习各种生产，并参与具有狩猎和军事性质的运动和游戏。到快成年时，在连续几年中，必须经历一定程序的训练和考验，使具有必要的知识、技能和毅力，具备充当正式成员的条件。如果训练被认为合格，成年后便可参与'成丁礼'，成为正式成员。这种在'成丁礼'前的训练制度，可以说是一种原始的教育制度，也是学校的起源。"②

在原始社会，教育绝大部分是无意识地对个体施加影响的过程，而这个过程最先应该始于家族，"最基本的社会组织——家族是最早阶段唯一的教育机构"③。那个时候的家族教育，主要通过一种模仿来进行。宗教仪式在原始人的生活中也具有重要的地位，如对神的崇拜、丧礼、图腾仪式等。然而，宗教并不只是一种信仰，它还有许多实际的功能。如丧礼的主要功能"与其说是为死者打算，还不如说是为生者打算。……丧礼强调个人在所属的社会中的价值，这是它的一大功能；它又帮助人们把分裂的群体重新结合在一起，使人们认识到应当建立新的关系，这是它的另一个重要功能"④。格尔兹认为，宗教是："（1）一个象征的体系；（2）其目的是确立人类强有力的、普遍的、恒久的情绪与动机；（3）其建立方式是系统阐述关于一般存在秩序的观念；（4）给这些观念披上实在性的外衣；（5）使得这些情绪和动机仿佛具有独特的真实性。"⑤ 而"宗教象征符号合成了一个民族的精神气质——生活的格调、特征和品质，

---

① 联合国教科文组织、国际教育发展委员会编著，华东师范大学比较教育研究所译：《学会生存》，教育科学出版社 1996 年版，第 27 页。
② 李国钧主编：《中国教育大系·历代教育制度考》（上卷），湖北教育出版社 1994 年版，第 70 页。
③ 瞿葆奎主编：《教育学文集·教育与教育学》，人民教育出版社 1993 年版，第 183 页。
④ 雷蒙德·弗思著，费孝通译：《人文类型》，华夏出版社 2002 年版，第 146 页。
⑤ 克利福德·格尔兹著，纳日碧力戈等译：《文化的解释》，上海人民出版社 1999 年版，第 105 页。

即道德与审美的风格及情绪——和世界观——即他们所认为的事物真正存在方式的图景，亦即他们最全面的秩序观念。"① 远古的人们正是通过宗教仪式来形成一种秩序观念，从而影响他们的世界观以及存在的方式。如果说习俗、宗教仪式对儿童的影响还具有"泛化"特征的话，那么，成人礼的教育意义则具有"专门化"的特色。成人礼是原始人在抵御自然灾害、与外界恶劣的生存条件作斗争中自发产生的一种教育后代的教育规范，成人礼赋予儿童刚毅、吃苦耐劳的品质，使他们不仅在恶劣的环境中生存下去，最终成为部落中正式的一员，而且担当起保卫家族的重任。尽管原始部落千差万别，但成人礼方式大同小异：这些仪式以诸多同类形式出现在非洲、南美洲和澳大利亚。在南非，男孩子们被大人用长棍赶在一起，这些人无论在什么时候都可以随意用这些棍子来打他们。男孩子们必须从打手们排成的夹道里跑过，这时棒击便雨点般地落到他们身上，他们当然料想到棒击会伴着嘲弄从背后不断打来。他们在一年中最冷的月份里也得不盖毯子赤身裸体睡觉，他们的头，不是脚，却冲着火。他们不能捻死那些夜晚咬他们的小白虫，以免把地弄脏。天刚破晓他们就得去水塘，全身泡在冷冷的水里直到太阳升起。三个月的成年仪式的野营生活中，他们不能喝一滴水，吃的是腐变的食物。……在美洲印第安人的部落里，往往不用这么多时间来搞男孩子们的成年仪式，然而观念往往是相同的。和祖尼有很多关联的阿帕切人就说，制服一个男孩就像制服一匹小马驹。人们强迫这个男孩在冰上凿洞沐浴，嘴里含着水跑步，在让他尝试战争的晚会上百般戏弄他，谁都可以欺负他。南加利福尼亚的印第安人还将男孩埋在那种咬人的蚂蚁的穴山里。②

在博伊德等人看来，虽然青春期纳入仪式在不同时代和世界上不同地区，在细节上有极大的差别，但它们的基本特征的一致性却是惊人的。年轻人必须完全中止与家庭的日常往来，要离开家庭，过上相当时间的隔离生活。在这期间，他一般要经受这样那样的严酷考验，如冲浸、禁食、鞭身、敲掉牙齿、斩断手指节或施行割礼等，并常以假埋葬和复生形式而告结束。一旦他们被纳入成人集团，就得学习一些适应其新地位的秘密的宗教仪式。青年可以看从事巫术的器物或象征超人的力量的神器；学习在一定的生活情境中有用的习惯语；接受有关部落的种种传统的习俗的指导，尤其是禁忌和婚姻法规的指导。"在

---

① 克利福德·格尔兹著，纳日碧力戈等译：《文化的解释》，上海人民出版社 1999 年版，第 103 页。
② 露丝·本尼迪克特著，王炜译：《文化模式》，生活·读书·新知三联书店 1988 年版，第 102 页。

这些青春期的始礼式中，有着极大的教育因素。担心部落中一部分人降祸于全体部落成员的恐怖感，不断威胁着原始民族，迫使部落长者，按照亚干（Achan）的方式，以稳重的行为规范来尽早地教导青年一代。也有一些很容易收到教育效果但没有教育特征的仪式，如鞭身。"①

可见，以习俗、宗教仪式、成人礼等形式体现出来的教育规范，除了在知识以及经验的传授活动中起着关键性的作用之外，还体现着以下一些特征：第一，体现了文化性。从制度规范起源来看，它一开始就与文化密切关联。尽管制度规范是建立在一定的物质基础上，有它特定的规律和技术，但是，从前面的论述来看，无论是习俗还是宗教仪式，无不体现出一种原始文化的特征。换句话说，原始人的各种教育规范较简单，没有那么全面——有时直至接近完全缺乏规范的边缘。"存在的规则——并非必然仅仅是由习惯确定下来的规则——数目甚少，而且没有用文字固定下来。"主导教育规范的理念与原始的文化状态是相适应的，"除了泛灵论的和魔法的各种观念的影响外，它们的特点是具有深刻的群体感，强烈的威望需要"。② 第二，潜在的行为约束作用。在原始社会，由于缺乏一种强制性的制度约束，非正式制度替代了这种"强制力"，它潜移默化地对人的行为产生影响，能给人的行为以约束，帮助一个人树立对于人生和宇宙总的态度，并帮助人们建立对未来的希望。韦伯斯特在《原始神秘社会》一书中说，在巴布亚海湾人中间，习俗、成人礼往往具有约束行为的功用。"在男人们屋里进行的教育过程是部落习俗的长期训练。与新学者同住又担任指导者的老年人以复杂的禁忌方式教育青年：什么季节某种鱼不可食；什么季节要贮备某种食物以作将来节日用。他们的监护人给他们种种告诫，要他们履行对部落的义务。"巴布亚海湾的孩子们都被告诫道："'不要盗窃'，未经许可不得擅取东西。……你现在不能再和男孩女孩子们玩耍，你已成人而不再是孩子了；也不能再玩小船或鱼叉玩具了；孩提时代结束了……要照顾父母；你或你的妻子缺少什么，也不必介意。你的鱼分一半给你父母；不要吝啬。不要恶言对待母亲。"③ 第三，增强了人的安全感。"原始住民对生存斗争中的不确定性怀有深深的恐惧"。的确，在原始社会中，人们对一些自然现象，诸如打雷、闪电、台风、地震等无法解释，并对之怀有恐惧感。不确定性始终

① 威廉·博伊德等著，任宝祥等主译：《西方教育史》，人民教育出版社 1986 年版，第 8 页。
② H. 科殷著，林荣远译：《法哲学》，华夏出版社 2002 年版，第 114 页。
③ 威廉·博伊德等著，任宝祥等主译：《西方教育史》，人民教育出版社 1986 年版，第 9 页。

是恐惧的根源，于是，成人礼、宗教仪式等成为人们摆脱危险、减少恐惧的训练方式："起初，宗教教义的阐发者无意中利用了普通人的那种不安全感……他们详细描述了这样一种理论：人身边的有关人与世界的一切有价值之物，甚至那些确定的和可预知的事物，都被危险所包围，并深深地陷入危险之中，只有用一种特殊方法，也就是用宗教教义的阐发者本人设计并加以完善的方法，才能摆脱这些危险。"① 成人礼、宗教礼仪等不仅仅使原始人的心理上得到一种安慰，同时亦使他们在实践中树立起了信念与信心、鼓起了勇气和斗志。尽管宗教礼仪并不能取代实践活动，但它对于实践也并不是完全消极、没有价值的。也就是说，在原始宗教的禁忌、礼仪中，个人获得了某种程度的稳定感和安全感。

虽然在原始社会就有"青年之家"之说，但是只有在人类进入到奴隶社会、封建社会之后，随着书写（首先是印刷的书籍）的诞生，学校才开始出现，较为系统、正规的教育才开始产生。"学校是一切类型的社会中，在不同的时期，但在类似的阶段上逐渐发展起来的。这个事实证明了学校作为一种制度，从历史上来讲是必要的。在教育中采用学校结构看来基本上是和书面文字运用的系统化与逐渐增加相联系的。要学会怎样去阅读，自然就需要有一个老师，许多青年人围在他的周围，在一个'课堂'里，在一个学校里学习。"② 在中国整个古代教育史上，官学时兴时衰，唯有私学绵延而不绝，兴盛而不衰，成为官学的有益补充或某种程度上的替代物。中国早期的教育规范初建于夏、商，成熟于春秋战国时期。春秋战国时期《管子》一书中的《弟子职》记载了有关学则之事："先生施教，弟子是则。温恭自虚，所受是极。见善从之，闻义则服。温柔孝悌，毋骄恃力。志毋虚邪，行必正直。游居有常，必就有德。颜色整齐，中心必式。夙兴夜寐，衣带必饰。朝益暮习，小心翼翼。一此不懈，是谓学则。"③ 随着私学的发展，自发形成的学则与日俱增。宋代有所谓"（胡）瑗教人有法，科条纤悉备具"；宋仁宗至和元年制订的"京兆府小学规"，规定了学生、学长、教授职责，对于教法、学校组织行为均有规约。④ 具有私学性质的书院，同样形成了自己的规约与学则。朱熹的《白鹿洞书院揭

---

① 齐格蒙·鲍曼著，洪涛译：《立法者与阐释者》，上海人民出版社 2000 年版，第 12 页。

② 联合国教科文组织国际教育发展委员会编著，华东师范大学比较教育研究所译：《学会生存》，教育科学出版社 1996 年版，第 28 页。

③ 李国钧等主编：《中国教育制度通史》（第 1 卷），山东教育出版社 2000 年版，第 129 页。

④ 丁钢等著：《书院与中国文化》，上海教育出版社 1992 年版，第 54 页。

示》是其中的代表之作，成为后世书院学规的指导思想与样板，诸如岳麓书院的学规、《丽泽堂学约》、《续白鹿洞书院学规》、明朝东林书院的《会约》、清朝紫阳书院的《讲堂会约》等等都以此为参照。可见，私学与书院的运作主要依赖于上述这些教育规范，其中的管理不是依靠监督、行政干预，而是依靠一种师生之间合作、信任的亲密关系、宽松的文化环境以及民主的学术氛围。

在奴隶社会、封建社会，教育机构以及学校主要依赖教育制度规范这一"文化资本"来运作，诸如学则、学规、规约、教规等等，尽管教育结构以及学校组织形式比较散漫，但是其运作的基本规则是内生的、自发的，它给学校创造了一种氛围，这种氛围或是文化意义上的，或是宗教上的，或具有极浓的人情味。这种氛围曾被杜里—柏拉等人描述为"家庭式氛围"，"家长们对农村学校的'家庭式氛围'赞赏不已。所谓'家庭式氛围'也就是与教师的个人化关系，没有暴力现象，对学生的全方位呵护"。[①] 应该说，在近代意义上的国家产生以前，或者城市化和工业化以前，教育机构以及学校基本打上了这种"农村学校"或"乡村学校"的烙印。即使奴隶制或封建制国家开办的学校多集中在城镇，如中国的官学、中世纪的主教学校等，但它们毕竟是少数，况且它们的教育组织形式也是"师徒制"的，也深受这种"家庭式氛围"的影响。直至现在，这种影响依然存在。《学会生存》一书认为，尽管农村学校地处偏远、设备简陋、建筑破败，但借助于新型的师生关系以及树立新的教育氛围弥补了上述缺陷。"在开阔的农村里，在帐篷里上课的班级采用新教育方法或采取最简陋的手段所得到的成果，往往比那些具有高价设备而没有适当专业教师的学校或那些由于缺乏富于创造性的气氛而不能实现所预期目标的学校所获得的成果，更令人信服。"[②] 李书磊在考察作为"村落中的'国家'"的乡村学校时指出："教师与村子的亲族关系极大地缩短了当代学校作为乡村中一种外来的、陌生的系统与村庄的距离，在相当程度上弥合了学校与村庄的疏离感，它有助于农民及其子弟将当代教育这种本质上是异己的东西当然地接受为自己的东西，它也有助于教师们将一种陌生的话语系统更好地翻译成村落社会易于理解、便于接受的东西，并在这种翻译中用村庄的精神对教育的主流话语进行一些修正或产生一些误读，这反倒有意无意地在教育中保留了一些新鲜的、有活

---

① 玛丽·杜里—柏拉等著，汪凌译：《学校社会学》，华东师范大学出版社 2001 年版，第 90 页。

② 联合国教科文组织、国际教育发展委员会编著，华东师范大学比较教育研究所译：《学会生存》，教育科学出版社 1996 年版，第 173 页。

力的东西。"① 在"村落中的'国家'"——乡村学校之中，教师多是当地居民，对于村民来说，"自己人"，彼此都知根知底，而且有感情上的亲近与信任，因而教育、教学表现出较多的家庭气氛。乡村学校代表着几代人受教育经验的传统和持续，它是"人人都可触及的"。人们对乡村学校的依恋之情，并不只是以对其教学有效性的青睐为基础的，而更是以对学校在维持地方性文化动力中所发挥作用的认识为基础的。尽管我们对教育机构、学校组织的"家庭式氛围"是留恋的、向往的，但应引起我们注意的是，贯穿于奴隶社会、封建社会的教育制度浸润着"道德至上主义"、"伦理本位主义"，这点在中国古代社会尤甚。而根源于"道德至上主义"的教育制度不仅把人神性化，而且背离了人的发展。诚如陈少明所说："这种道德至上主义就是把人的一切都道德化。它预先假定人性就是德性，即善，而把人的自然本性当作恶的根源。然后又把人性善恶之消长当作社会存在与发展的基础。整个道德说教的特点就是强调人的义务感与服从意识，从而把每个人的权利意识降到最低限度，以使社会秩序的稳定有了保障。依此驯化出来的人便是一种'单向度的人'，不过它与马尔库塞描述的那种类型指向相反。后者是人的物性化，前者则把人神性化，都背离了人的自由与潜能的全面发展（现代意义上的'尽性'）。不过后者是现代性的病根，前者则是传统的病根。"②

工业革命的大规模展开，标志着人类进入了一个新的世纪。机器的轰鸣、人口的大量迁徙、城市的扩张，划破了前现代社会的宁静。前现代的人，生活在一个狭小而稳定的社会中，现代性的入侵，使"原始性社会结构"（科尔曼语）土崩瓦解了。随着国家干预范围的迅速扩大，它想要控制的对象可谓包罗一切，生活的所有方面都将置于它的控制之下。随着支配现代性的权力即国家的"牧人式"权力的展开，以及完成对所有成员的监视或控制，人们不得不服从一个普遍的制度模式，这个制度模式在任何地方、对任何人都有效。这种"文化价值普遍性"的假设为近代国家的政治统一提供了合法性："在'太阳王'的统治下，无论城镇的还是乡村的民间文化都遭到了几乎灭绝性的破坏。其内在的统一性无疑已不复存在。它不再是一种赖以生存的制度，或一种生活的哲学。理性的法兰西，后来是启蒙的法兰西，为唯一的一种关于世界的概念和关于生活的概念开了道路：这是一个属于宫廷的概念，一个属于城市精英的概念，是理性知识的文化载体。在尽可能的范围内，削弱多样性，使之趋于一

---

① 李书磊著：《村落中的"国家"》，浙江人民出版社 1999 年版，第 184 页。
② 陈少明著：《儒学的现代转型》，辽宁大学出版社 1992 年版，第 206 页。

致，这一努力构成了法国的'文明化的征服'的真实基础。"① 而现代教育制度恰是工业化的产物，是在机器大工业和现代工厂制度的基础上产生的。学校亦成为为社会消费而加工原材料的工厂，成为培训适应社会经济生活需要的人才的专门机构，成为强制性的垄断组织。赫梅尔说："在19世纪，学校这一对受纪律和僵死的选拔制度约束的年轻人进行正式和体制化教育的场所，获得了教育的垄断权。学校变为强制性的，并且被认为是工业化社会迅速进步的主要原因。"② 为了适应大工业社会对人才的渴求，各主要资本主义国家相继开始直接干预教育，颁布了一系列教育法律制度，制定了一系列教育制度规范。教育法律制度是"建立在国家对各种群体和个人的充分的、至高无上的地位之上的，建立在国家对'强制的垄断'之上的"。③ 所有的教育制度规范"根据理想——是彻底'理性化的'，而且服务于一种——同样根据理念——由理性的动机决定的社会。局限于群体或者法的共同体，如果说不是已经消失，也受到大大的限制。"④ 其次，传统的个别教学制或师徒制的历史使命已经完成，一种新的教育组织形式——班级授课制应运而生。班级授课制从一开始产生，其组织形式就与工厂、企业的组织模式相类似。工业革命以后，"工厂的一些特征诸如标准化、同步性、集中化、集权化、等级制等，开始在学校、医院、政府机构等其他组织甚至整个社会公共生活中体现出来，并逐渐变得普遍。例如，在学校中，教师成为专家并按资格形成等级；学生按班、组编排；知识被分成科目，课程由简单到复杂来编排；学生由低年级到高年级进行线性的'提升'（就像工人在工厂一样），直到毕业"。⑤ 再次，教育逐渐演变成为制度化的教育，此时的教育于人而言，不但不能使人获得知识，使人获得解放，反而使人的心智受到损伤，学习效率也十分低下。"在学校里，以努力、纪律、竞争为基础进行学习，往往比不上那些比较轻松活泼而非强制地教育青年与成人的方式。"⑥ 复次，科层化重塑教育机构、学校组织，使其更多地趋向于技术化。一般而言，现代社会的科层制具有如下特征：（1）全体员工分化成较小的部门，这就

① 齐格蒙·鲍曼著，洪涛译：《立法者与阐释者》，上海人民出版社2000年版，第79页。
② 查尔斯·赫梅尔著，王静等译：《今日的教育为了明日的世界》，中国对外翻译出版公司，1993年版，第23页。
③ H·科殷著，林荣远译：《法哲学》，华夏出版社2002年版，第115页。
④ H. 科殷著，林荣远译：《法哲学》，华夏出版社2002年版，第115页。
⑤ Hedley Beare, *Creating the future school*. London：Routledge Falmer，2001，p. 31~32.
⑥ 联合国教科文组织、国际教育发展委员会编著，华东师范大学比较教育研究所译：《学会生存》，教育科学出版社1996年版，第174页。

是办公室和局。每一个局的责任都有详细描述，办公室人员的工作预先都有严格的规划。（2）权责分明。雇员都处于一定的等级制度中，每人都对上一级的监督者负责。这种结构有利于分工协作，共同努力实现组织目标。（3）基于专业技术资格之上的人员用工制度。在科层制中，常常是聘用具备某一特定资格的人员来工作，诸如一定的文化程度、多年的工作经验等等。聘用某人是基于其个人资格最适合于某一工作需要。（4）详细的规章制度严格规定了工作人员的操作规程。规章制度严格限制了雇员发号施令的工作权威，它不能根据个人的能力和偏好来随意改变。（5）在科层制中确立了一套科层制职业发展的方式，根据职位、资历和业绩，以可以享有的工作年限、有价值的服务等形式来对员工进行晋级、提拔和酬赏等。正因为法理统治的非人格化特点，科层制这一制度设计迅速在各民族国家蔓延。除教育行政部门按科层制设计外，公立学校体制中的科层制也迅速扩张，"美国的公立学校既是科层制的，又是政治化的。同其他几乎所有的大大小小的科层制组织一样，它们依靠层级化、劳动分工、专业化、正式规范等方式协调控制其成员以达到共同的目标，而且这些手段常常也是实施有效社会行动的必要途径。"[1] 学校组织中的传统、习俗、仪式和故事等已被大量明确的、抽象的、正式的教育规则和程序所替代。教育机构、学校组织逐渐被典型的制度化形式所主宰，即走向教育的制度化、学校组织的官僚化，学校的运作更多地依赖于正式教育制度，成员之间更多地强调一种正式性的关系如工作关系、岗位关系等。但是，教育机构、学校组织科层化也给教育发展带来了致命的伤害。诚如塞尔兹尼克所说，为创立一个机构，我们需要使用许多方法把机构的长期目标及其意义贯彻到日常行为中去。其中最重要的方法，是精心创造社会性整合的神话。这些"神话"用道德净化和理性主义的语言来告诉人们，这个企业独特的目标和工作方法是什么，成功的机构通常可以宣传说："我们在本地区引以为自豪的是……"有时可以构造一句相当明晰的团体哲学，但更常见的是，是建构一种在团体成员中以非正式的途径传播的使命感，非正式的传播并不意味着降低其意义。赋予某些活动以很高的威望，有助于创造一种"神话"，特别是对这类威望时常润色时更是如此。设计"神话"有如传播神话一样，有各种各样的特殊方法。对于一个有创造性的领导者来说，问题不在于依赖神话的宣传作用，而在于领导者是否具有愿望和眼光，要看到"神话"的必要性，发现成功的规律，总之要创造一个组织环境

---

[1] 约翰·E·丘伯等著，蒋衡等译：《政治、市场和学校》，教育科学出版社 2003 年版，第 29 页。

去支持这些主张。①

　　总之，文化的公共性在一定程度上决定着和表征着教育制度的社会性。一方面，共同的文化背景是教育制度在其中运行和展开的条件，"社会的共同文化支持着劳动的分工，因为它减少了交往的风险和成本。这是为什么共享同一种文化的社会成员常常会受到好评：与他们易于交往"。② 另一方面，教育制度借助于文化公共性而获得天然的合理性、社会性和有效性。教育制度不仅仅是一些教育规则、教育条文，而是有着深厚的文化支撑的，"规则系统是文化的组成部分"（柯武刚语）。例如，随着人类合作范围的扩大，需要有统一的语言，而正式教育制度需要在语言演化成文字之后才有可能，正如心理学家皮亚杰所说："言语表达是一种集体制度。言语的规则是个人必须遵守的。自从有了人，言语就一代一代地以强制性方式传递下来。"③ 更为重要的还在于，教育制度是文化中最能体现出公共性的一部分。但是，不同的文化又成为教育制度发挥其作用的疆界和边界。教育制度在不同的文化里，具有十分不同的意义和作用，也就是说，教育制度作为文化的要素并非在一切的文明里都具有相同的意义和作用。诚如柯武刚等人所说："在协调人们的行为或应付变化上，并非所有的文化都能同样地有效作用。"④ 同时，教育制度还不是以相同的方式形成的。各个部落、国家和文化的教育制度，虽然可能会有相互来回影响，但都是在各自的发展过程中形成的。"在统一的制度意义上的'法'是没有的：文化史向我们显示的东西，毋宁说是多种多样的单一的制度，它们相互并存和先后为序地发展起来，而且在各自的发展中达到了十分不同的阶段。"⑤ 在此，文化界定着特定社会的教育制度的内在意义、作用方式和作用机制。

　　3. 作为一种文化现象的教育制度是任何个人存在的前提

　　教育制度是任何个人存在的前提，它是一个人一旦出生就处身其中，只有死亡才能脱离的东西。教育制度的存在是任何个人所不能选择的，个人还没有出生，教育制度就已经存在着。伯格等人曾说："在经验上，制度是一个客观的现实。它是个人出生前即已存在，而当人死后仍持续下去，这种历史之自身就是现存各制度的传统，具有高度的客观性；相对而言，个人的一生只是客观

---

① Philip Selznick, *Leadership in administration*. New York：Harper and Row，1957，p. 151.
② 柯武刚等著，韩朝华译：《制度经济学》，商务印书馆 2000 年版，第 196 页。
③ J. 皮亚杰著，倪连生等译：《结构主义》，商务印书馆 1984 年版，第 52 页。
④ 柯武刚等著，韩朝华译：《制度经济学》，商务印书馆 2000 年版，第 196 页。
⑤ H. 科殷著，林荣远译：《法哲学》，华夏出版社 2002 年版，第 112 页。

的历史和社会中的插曲。……无论个人是否喜欢，制度是外在于人，并且持续存在于现实中。"① 涂尔干也说："规范本质上是一种外在于人的存在。我们只能把它想象成一种秩序，或至少想象成一种有约束力的忠告，它来源于我们之外。"② 教育制度对后一代人总是"先在"的，作为个人他只能是教育制度的接受者、教育制度的孵化物，他只能在一定的教育制度中生存，在这个教育制度的约束下选择或发展。因此，我们不能不通过对这个教育制度特征的理解来理解这个个人。每一代都被"抛掷"到他的先辈所创造的教育制度中，在教育制度所构建的生活境域中成长。诚如布劳所言："一种社会的制度构成了社会的子宫，个体就在其中成长和社会化，结果，制度的某些方面被反映在他们的人格之中，其他的方面对于他们似乎就是人类存在的不可避免的外在条件。"③ 教育制度不仅作为一代人生存的"大地"，而且作为"以往世代所获得的'知识仓库'"（柯武刚语）是每一代人成长的食粮，为每一代人的发展和教育实践提供了准则、规范，因而教育制度总是"活"的，是有后效的，这一后效就体现在它对每代人的作用上。每一代人不可能离开"以往"教育制度而创造教育制度，因而"以往"教育制度为他们提供了生存的"大地"，没有"以往"的教育制度，任何人都不能成长为人。"我们的制度是某种自然选择的结果，它们是一些继续实施着的制度。……在筹划、改革制度的过程中，在革新的过程中，如果遇到了如何选择的问题，我们必须从对历史的反思中寻求指导。因为，那正是汲取人类经验教训的正确途径。"④ 人总是属于"以往"的教育制度，在"以往"教育制度的前提下存在。"人类的存在决不会重新开始；相反地，它总是发现它本身被'投入'到它不寻求的一种历史形势中。我们全部是由我们在其中成长和存在的共同群体的传统塑造的，我们是由自己的过去塑造成的。我们是这种'遗产'的承担者，这种遗产也为我们的未来规定了路线。……因此，任何时候人的决定的主权，都要受到过去生活的砝码的限制。"⑤ 人的存在不是从无开始的，不是悬挂在虚空之中的，同样教育制度也不是从无开始的，不是从"空无"中衍生的，教育制度属于"以往"的教育制度。教育制

---

① P. L. Berger & T. Luckmann 著，邹理民译：《社会实体的建构》，（台湾）巨流图书公司，1991 年版，第 76 页。
② 爱弥尔·涂尔干著，陈光金等译：《道德教育》，上海人民出版社 2006 年版，第 24 页。
③ P. 布劳著，孙非等译：《社会生活中的权力与交换》，华夏出版社 1988 年版，第 29 页。
④ 埃德蒙·柏克著，蒋庆等译：《自由与传统》（英文版导言），商务印书馆 2001 年版，第 9 页。
⑤ M. 兰德曼著，阎嘉译：《哲学人类学》，贵州人民出版社 2006 年版，第 199 页。

度在"以往"教育制度中存在，它使一代一代的人从历史的、坚实的"大地"上站立起来，受"以往"教育制度的启迪，对"以往"教育制度进行创造。雅斯贝尔斯曾说："对我们的自我认识来说，没有任何现实比历史更为重要的了。它向我们显示人类最广阔的天地，给我们带来生活所依据的传统的内容，指点我们用什么标准衡量现世，解除我们受自己时代所加予的意识的束缚，教导我们要从人的最崇高的潜力和不朽的创造力来看待人。"① 教育制度要"规范"人，必须先使"以往"教育制度"进驻"个人心灵，使个人在"以往"教育制度经验中汲取养分。"以往"教育制度是人类既存的教育制度经验史，它"蜿蜒曲折"，穿越时空，而能延续（至今），均因它能在发皇延续的教育历史进程中，容纳百川，汲取制度文明的要素，将自身汇合成浩荡的巨流，它将告诉我们如何约束、限制、解放人。人基本的不确定性，总是由他所处的"以往"教育制度来标明、"注解"的。"以往"教育制度对他的造就，不少于自然对他的造就。"我既是自然，又是历史。"（狄尔泰语）的确，"人没有自然（天性），只有历史。"（加塞特语）其实，狄尔泰、加塞特两人的论述并不矛盾：像德谟克利特所阐述的一样，教育通过改造人，创造了另一个自然。人作为人的统一性就融汇在"以往"教育制度之中。诚如狄尔泰所说："人这种类型融化在历史过程中"，"人是什么，不是靠对人本身的思索来发现，而只能通过历史来发现。"② "以往"教育制度是指向未来的，"以往"教育制度是未完成的，它是人类教育制度存在的过程，它是为了我们现在和将来的教育制度。柏克说："我们的制度是某种自然选择的结果，它们是一些继续实施着的制度。如果它们在我们所处的时代出现了故障，那需要对其加以改革。唯有当它们在某些新情况下完全瘫痪，或产生邪恶的时候，才可以将其换掉。因为彻底的革新是一种投机生意，是性命攸关的事。在筹划、改革制度的过程中，在革新的过程中，如果遇到了如何选择的问题，我们必须从对历史的反思中寻求指导。因为，那正是汲取人类经验教训的正确途径。"③ 从此意义上来说，的确是个人的本质先于他个体的存在。他的本质是由他所生存或生活于其中的教育制度来决定的，不可能离开具体的教育制度背景，来谈论他的存在、他的偏好、他的选择、他的个人利益以及他的发展。

只不过应注意的是：人发展什么、怎样发展，根本上是由生产力决定的，

---

① 田汝康等选编：《现代西方史学流派文选》，上海人民出版社 1982 年版，第 36 页。

② M. 兰德曼著，阎嘉译：《哲学人类学》，贵州人民出版社 2006 年版，第 214 页。

③ 埃德蒙·柏克著，蒋庆等译：《自由与传统》（英文版导言），商务印书馆 2001 年版，第 9 页。

而直接的则是教育关系即教育制度来决定的，人是由教育制度塑造出来的，而不是天生如此，"我们可以将自己看成是我们的制度和习俗的产物，也可以看成是它们的创造者；是漂浮在事件川流中的漂浮物，也可以是能够指挥其流向的指挥者"。[①]

（四）教育制度体现在集体行动或人际互动的过程之中

暂时搁下社会、教育宏观结构方面不论，从微观的教育行为层面讲，教育制度的社会基础体现在各种形式的互动中，包括个人之间的互动，个人所组成的各种集体、集团、组织、群体之间的互动，以及集体内部等级的、平等的行动单位和个人之间的互动等等。奈特曾说："世界上任何地方，人们只要想在一起生活和工作，社会制度就必然存在。我们在处理社会生活各个方面之时，将各种社会制度创造出来，包括从最简单的一直到最复杂的各种制度。从政治决策到经济生产和交易，再到管理个人关系的规则，制度安排为这些社会互动的开展建立了框架。成为一个群体或者社会的一员，也就是要生活在一系列的社会制度当中。"[②] 教育制度正是一套套的教育行动规则，这些教育规则以特定的方式构建教育世界中的集体教育行动或人际互动。这些教育规则提供了关于预期人们在某种情形下如何行动的信息；能够被相关教育共同体的成员辨认其他人在这些情况下遵守的教育规则；构成教育行为者的产生均衡结果的策略选择。教育制度不仅成功地构建了集体教育行动或人际互动，而且通过如下机制确保教育共同体成员遵守它们：一是提供关于其他教育行动者选择的信息。二是其他教育行动者对不遵守教育规则给予制裁的威胁。三是教育制度本身具有前瞻性。教育制度是未来教育行动的指南，教育制度是指导我们在未来教育行动中与过去互动相似的教育行为。英格拉姆曾说："要遵守一个规则，或从更普遍的意义上来说，要遵守指导行为的一系列规则，就是要接受相似情形做相似处理这一原则。这就是说，当我并且只有当我按照某个规则要求我做的那样，去处理所有归入该规则的情形时，我才是在遵守一个规则。"[③] 就此而言，教育制度是集体教育行动或人际互动的规则，是教育交往、教育运行得以进行的规则、机制和路径。在此需要强调指出的是，教育制度是"大块的和粗线条

---

① L. 里普森著，刘晓等译：《政治学的重大问题》，华夏出版社 2001 年版，第 3 页。
② J. 奈特著，周伟林译：《制度与社会冲突》，上海人民出版社 2009 年版，第 1 页。
③ Peter Ingram, "*Maintaining the Rule of Law*". *Philosophical Quarterly* 35 (1985), p. 361.

的"①，因此，从教育制度中形成的可行的教育规则必定是有限的。也就是说，在大多数情形下，只存在少量的教育行动方式。换句话说，只有少量的教育规则构建了大多数的互动。

教育制度规范着人们的教育行为，使人与人之间发生一定的相互影响的关系，从而使人与人之间的教育合作、教育竞争和相互交往成为可能。教育制度的普遍适用性，"不仅引导我们自己的未来行为，而且还引导我们对互动对方的未来行为做出预期"。② 在此，教育制度真实地作用于人们的实际教育行动，并通过对人们教育行动的激励与约束使教育交往和教育合作成为可能，因而是教育发展和人的发展的基本前提与条件。

三、教育制度具有程度不同的权威性或强制性

在教育制度的所有类型中，教育法律制度的强制性和权威性特征最为明显，它不仅以各种方式要求人们遵守和服从，而且会毫不含糊地制裁任何违反和破坏教育法律的行为，以便能把人们的教育行为限定在教育法律规范的界定之内。汉密尔顿指出："政府意味着有权制定法律。对法律观念来说，主要是必须附有制裁手段；换言之，不守法要处以刑法或惩罚。如果不守法而不受处罚，貌似法律的决议或命令事实上只不过是劝告或建议而已。这种处罚，无论是什么样的处罚，只能用两种方法来处理：由法院和司法人员处理，或者由军事力量来处理；行政上的强制，或者武力上的强制。"③ 在凯尔森看来，正是由于法律所特有的强制性和约束力，才使得法律与其他规则区别开来了，从而使法律成为不同于一般规则（rule）的特殊"规范"（norm）。④ 法律与强制是两个在逻辑上具有必然联系的概念，哪里没有强制，哪里就没有法律。吉登斯曾将社会规范系统分为强约束力与弱约束力两类，那些通过话语表达并被正式化了的规范即为法律，法律具有强约束力。"有些规则不仅在话语层次上得以形式化，而且还以正式法规出现，法律的形式规则就是一种典型的情况。法律当然属于社会规则中最具约束力的类型，在现代社会里，它还具有正式的、事先

---

① J. 奈特著，周伟林译：《制度与社会冲突》，上海人民出版社 2009 年版，第 120 页。
② J. 奈特著，周伟林译：《制度与社会冲突》，上海人民出版社 2009 年版，第 71 页。
③ 汉密尔顿等著，程逢如等译：《联邦党人文集》，商务印书馆 2004 年版，第 75 页。
④ 汉斯·凯尔森著，沈宗灵译：《法与国家的一般理论》，中国大百科全书出版社 1996 年版，第 132 页。

规定的惩罚等级。"① 在此，法学家所重视的，只是法律对行为的外在强制性。当然，除了法律制度之外，其他正式的制度规则也都是一种外在的强制约束，凡生活在一个组织机构内的人们，其行为都受到某种正式制度的规范和约束，不管你愿意不愿意，都必须遵守和执行这种行为规则，否则，就可能招致组织纪律或国家法律的制裁，从而为自己的违规行为付出代价。柏森斯指出，制度不仅是组织的结构，"而且是规范的模式，用来规定在一特定的社会中，什么是适当的、合法的或期望的行为或社会关系的方式。"② 其实，不仅教育法律制度，而且一切正式教育制度都具有外在的强制性。教育制度尤其是教育法律制度除了外在的强制性外，还具有内在的强制性和权威性。教育法律制度，不仅为人们维护其教育权利、教育自由、教育利益乃至教育地位所必需，而且表现了人们共同的教育价值观、道德理念，因而能够得到人们的自觉遵守，获得人们的信仰。"法律固有的优点，远不如一个民族信服并遵守法律的精神重要。如果一个民族爱护并遵从法律——因为这些法律出自一个神圣的源头，是它所崇拜的一代代先人的遗产，并与它的道德观念水乳交融——那么法律就会使它品德高尚，而且，即使这些法律并不完善，但是同仅仅根据权力的命令而实施的更好的法律相比，仍然会产生更大的美德，以及随之而来的更大的幸福。"③ 伯尔曼曾说："在任何一个社会，法律本身都力促对其自身神圣性的信念。它以各种方式要求人们的服从，不但诉诸他们物质的、客观的、有限的和理性的利益，而且求诸他们对超越社会功利的真理、正义的信仰，也就是说，它以那些与流行理论所描绘的现世主义和工具主义面目不同的方式要求人们的服从。"④ 也就是说，教育生活世界中的教育制度尤其是教育法律制度只有靠原则的公正以及人们对它感兴趣、信任才能获得支持，也才能获得认同。没有信仰的教育制度尤其是教育法律制度将退化为僵死的教条，而没有教育制度尤其是教育法律制度的信仰将蜕变为狂信。教育制度尤其是教育法律制度不只是世俗教育政策的工具，它也是终极目的和教育生活意义的一部分。

---

① A. 吉登斯著，李康等译：《社会的构成》，生活·读书·新知三联书店 1998 年版，第 86 页。

② G. M·霍奇逊著，向以斌等译：《现代制度主义经济学宣言》，北京大学出版社 1993 年版，第 148 页。

③ 邦雅曼·贡斯当著，阎克文等译：《古代人的自由与现代人的自由》，上海人民出版社 2003 年版，第 298 页。

④ 哈罗德·J. 伯尔曼著，梁治平译：《法律与宗教》，中国政法大学出版社 2003 年版，第 18 页。

教育制度不仅具有法律的一面，而且还具有纪律的一面。我们在强调"依法治教"的同时，千万不能忽略纪律的作用。如果出现纪律废弛的情况，既不利于"依法治教"方略的实施，也使教育制度结构不完善。特别是对作为公共权力机关的教育行政部门，"理性的纪律"（韦伯语）是十分必要和重要的。韦伯把"接受严格的、统一的职务纪律和监督"看做是现代官僚制度的一个重要标志。其原因就在于，要使教育法律意志得到贯彻，就需要有"令行禁止"的纪律来保障。这对于教育行政部门尤其重要，因为只有受到纪律严格约束的机关，才不会徇私情，才能坚持"不看人办事"的原则，达到"精确、迅速、明确、精通档案、连续性、保密、统一性、严格的服从、减少摩擦、节约物资费用和人力"① 的效果。加尔布雷斯也表达了与韦伯类似的主张，他说："纪律是必不可少的，我们必须接受并乐意追求一个共同的目标，只有如此才能使组织可能存在并且更加有效率。"② 在现实教育生活中，纪律不仅具有维护教育秩序的功效，而且还具有一定的强制性和权威性。纪律确立了一种"内部处罚"，它分割了教育法律所不染指的领域，纪律"规定和压制着重大惩罚制度不那么关心因而抬手放过的许多行为"③。当然，教育组织中最明显的有害趋势，是纪律取代了思想，这在大型教育组织中尤甚。"纪律的实施过程无疑会压制，并且经常会取代创造性的思想。那些有独立见解的人——他们认识到组织里的缺点或错误，并且看到或预见到了改变的需要——可能被认为是不合作、不负责任或是古怪的人。用一个政府喜欢的说法，就是他或她'没有用'。"④ 因此，我们的问题不是要不要纪律，而是需要什么样的纪律。

如果说，教育法律制度的强制性是靠"有组织的暴力制裁"体现出来的，而经济制度的强制性是通过"经济利益或损失的集体制裁"实施的，那么，教育生活世界中的道德制度对人们教育行为的规范作用，则是凭借公共舆论、通过"集体意见的道德制裁"体现出来的，⑤ 或者说"道德的制裁是意见一致的强制力"。⑥ 除开这些较为典型的教育制度形式之外，那些非正式的、不成熟的

---

① M. 韦伯著，林荣远译，《经济与社会》（下卷），商务印书馆 1998 年版，第 296 页。

② J·K·加尔布雷思著，王中宝等译：《美好社会》，江苏人民出版社 2009 年版，第 86 页。

③ 米歇尔·福柯著，刘北成等译：《规训与惩罚》，生活·读书·新知三联书店 1999 年版，第 201 页。

④ J·K·加尔布雷思著，王中宝等译：《美好社会》，江苏人民出版社 2009 年版，第 87 页。

⑤ 康芒斯著，于树生译：《制度经济学》（上册），商务印书馆 1997 年版，第 89~90 页。

⑥ 康芒斯著，于树生译：《制度经济学》（下册），商务印书馆 1997 年版，第 375 页。

教育制度形式，也具有程度不同的强制性。在这些不成熟的教育制度形式中，可能要数教育习俗最具代表性。马克斯·韦伯指出："'习俗'是一种外在方面没有保障的规则，行为者自愿地事实上遵守它，不管是干脆出于'毫无思考'也好，或者出于'方便'也好，或者不管出于什么原因，而且他可以期待这个范围内的其他成员由于这些原因也很可能会遵守它。"① 在此，马克斯·韦伯突显了作为制度的习俗，在强制性和权威性上所具有的两个特点：一方面，习俗诉诸行为者的自愿。就此而言，它没有强制性，从而与正式制度或法律制度区别开来，然而另一方面，这并不等于说习俗完全没有强制性。因为，超越或违反习俗的行为，虽然在一定范围内可能没人干涉，但这并不意味着习俗可以随便违反，因为对习俗的遵守总是"期待"他人的遵守，往往以对他人遵守的预期为条件。就此而言，即使是习俗这种似乎仅仅依靠行为者自愿遵守维持下来的边缘性制度形式，也渗透着权威性和强制性。即使是在现代法律社会，人们也不可忽视或无视那些依靠行为者自愿和良心才得以维系的习俗的作用。在任何一种社会形态下，人类都不可回避和否认"历史存留物"。康芒斯不仅把"无组织的习俗"看成制度最普遍的存在形式，而且还认为，在一定意义上，法律和有组织的机构，不过是习俗的一个特殊部分。在他看来，习俗，以及与之紧密相关的身份、地位，在现代社会生活中远未被自由契约和竞争所取代，"如果习俗的征候是它对个人的强制，要求遵守，那么，契约在过去三百年中也是一种新的习俗"。"现代经济社会没有从习俗变化到契约——它已经从原始的习俗变化到商业的习俗。"② 只有从更深的社会行为意义上，人们才能发现过去在构造现的过程中的重要性，现在就是历史：我们创造它，同时又被它所创造。历史学家梅因在《古代法》一书中也表达了类似的思想，在他看来，习俗"在今天可能还是非常命令性的，连一个独裁者也没法推翻它们"。③ 卢梭在研究法律时曾经指出，在政治法、民法和刑法这三种法律之外，还要加上一个"第四种法"，而且是一切之中最重要的一种，"这种法律既不是铭刻在大理石上，也不是铭刻在铜表上，而是铭刻在公民们的内心里；它形成了国家的真正宪法；它每天都在获得新的力量；当其他的法律衰老或消亡的时候，它可以复活那些法律或代替那些法律，它可以保持一个民族的创制精神，而且可以不知不觉地以习惯的力量取代权威的力量。我说的就是风尚、习俗，而尤其是舆

---

① M. 韦伯著，林荣远译，《经济与社会》（上卷），商务印书馆 1998 年版，第 60 页。
② 康芒斯著，于树生译：《制度经济学》（下册），商务印书馆 1997 年版，第 373 页。
③ 康芒斯著，于树生译：《制度经济学》（上册），商务印书馆 1997 年版，第 90 页。

论；这个方面是我们的政治家所不认识的，但是其他一切方面的成功全都有系于此。这就正是伟大的立法家秘密地在专心致力着的方面了；尽管他好像把自己局限于制定个别的规章，其实这些规章都只不过是穹隆顶上的拱梁，而唯有慢慢诞生的风尚才最后构成那个穹隆顶上的不可动摇的拱心石"。① 这种源于公民内心的"第四种法"就是现代法学家所说的"自然法"，就是吉尔兹所说的"法律的地方性知识"，一个地方长期以来形成的独具特色的法律习俗。拉德布鲁赫认为，习俗不是在系统关系中，而是在历史关系中，支持着法律和道德。在习俗为法律和道德做好准备，并使之成为可能之后，习俗的规定随即由法律和道德全部取代。由于习俗是法律和道德的前期素材，人们便赋予它在所有具有同样权利的意义上的法律的外部现象性和道德的内部本质性。正是因为习俗自身把约束方式的外部的和内部的双重效力统一了起来，无论其是否只有通过虚构的方式，所以习俗才比道德和法律更具有威力。奥尔巴赫说："世界不是由善良风俗统治的，而是由它的一种更冷酷的形式，即习俗，来统治的。当世界一下子形成了之后，它更愿意原谅对善良风俗的违反，而不是对习俗的违反。"② 这些论述都从另一极端证明了这样一个不难理解的道理：作为制度的习俗内在地具有强制性和权威性。

不仅习俗是如此，教育习俗同样具有程度不同的强制性和权威性。尽管工业革命以来，随着现代性教育的展开，教育习俗开始与现代性教育的追求相冲突。密尔指出："习俗的专制在任何地方对于人类的前进都是一个持久的障碍，因为它和那种企图达到某种优于习俗的事物的趋向是处于不断冲突之中的。那种要胜过习俗的趋向，根据各种情况，可以叫作自由精神，或者叫作前进精神或进步精神。进步精神并不总是等于自由精神……但是前进的原则，无论是在爱好自由还是在爱好进步的哪一种形态之下，与习俗统治总是处于敌对地位，至少含有要从那个束缚下解放出来的意思。这二者之间的斗争构成人类历史中的主要瞩目之点。"③ 冲突的结果只能是，教育习俗开始遭到无情的批判，被挑剔，被指责，被教育法律所禁止。教育习俗被剥夺了合法性，民众的教育生活方式由此被重新塑造。"这是一个价值重估的时代，民间文化这一样式'被认为是过去时代的遗物'，是低劣的、可笑的，最重要的是，他们认为民间风俗在日渐边缘化、日益萎缩，在劫难逃。"④ "经历了前现代荒野文化到现代性园

---

① 卢梭著，何兆武译：《社会契约论》，商务印书馆2003年版，第70页。
② G. 拉德布鲁赫著，王朴译：《法哲学》，法律出版社2005年版，第50页。
③ 约翰·密尔著，程崇华译：《论自由》，商务印书馆2005年版，第83页。
④ 齐格蒙·鲍曼著，洪涛译：《立法者与阐释者》，上海人民出版社2000年版，第82页。

艺文化的发展，经历了始终充斥着邪恶的、残忍而漫长的文化改造运动，经历了争夺社会主导权及时间、空间的控制权的社会权力的重新分配，经历了新的统治结构的逐渐确立，其真正的、最终的、最重要的结果是：知识的统治和作为一种统治力量的知识。"① 在鲍曼看来，国家利用正式教育制度或教育法律制度，把触角延伸到了教育生活的方方面面，正式教育制度或教育法律制度成为教育运行的主宰力量，"一种对于专业'行政管理者、教师和社会的科学家'的新的需求，后者的专长就是改造和培育人类的灵魂和肉体"。② 中国教育发展的情形也大致类似。从某种意义上可以说，一部 20 世纪的中国教育史，基本上是激进的、反中国教育传统和教育习俗的历史，是一部"欧美大学的凯旋"史。1949 年以前，"无根"的文化教育界，以及各种急于获得新的文化合法性的政治势力，都习惯性地将民间的教育传统、教育习俗批判为"封建传统"或"迷信活动"，与之相联系，民间各种教化活动都成了"现代化的敌人"，纷纷提出要用革命的手段对民间教育传统、教育习俗进行彻底的"改造"。现代中国"在世界革命中被定位，在革命之窗中返照自己，寻找自己的将来。整个世界被笼罩在'革命是历史的火车头'的现代观念中，对中国来说，似乎只有通过革命，才能摆脱传统的耻辱，一跃进入现代之途。"③ 非理性地反教育传统、反教育习俗，是情感的发泄，直接遭殃的是民间教育文化、民间教育习俗和民间教育信仰。然而，具有讽刺意味的是，向教育传统、教育习俗发出的火力最猛烈的时候（如"文化大革命"时期），也是我国教育失序最严重的时候。因为，没有比借口服务于民族国家的教育利益而对教育习俗使用暴力更为荒唐的事情了。幸福是首要的利益，而构成我们幸福的基本成分就是我们的教育习俗。柯武刚等人曾说："革命性地颠覆在演化中形成的制度系统，然后用自觉设计出来的规则系统取代它们，必然是破坏性的。当承继下来的秩序被突然打碎，人们会失去方向；协调他们的行动变得困难起来。在 20 世纪的极权主义革命中，许多内在制度被设计出来的外在制度所取代。而这些外在制度后来都归于失败。"④ 换言之，正式教育制度或教育法律制度只是人类教育制度体系中的一个组成部分，尽管它在现代社会已经取得了凌驾于教育习俗等之上的特殊地位，但这并不意味着教育习俗等的消失。相反，现代国家往往会通过教育法

---

① 齐格蒙·鲍曼著，洪涛译：《立法者与阐释者》，上海人民出版社 2000 年版，第 87 页。
② 齐格蒙·鲍曼著，洪涛译：《立法者与阐释者》，上海人民出版社 2000 年版，第 87~88页。
③ 陈建华著：《革命的现代性》，上海古籍出版社 2000 年版，第 164 页。
④ 柯武刚等著，韩朝华译：《制度经济学》，商务印书馆 2000 年版，第 469 页。

律制度来支持或强化社会的固有教育习俗——任何具有重要社会意义、教育意义的教育习俗或迟或早都会成为一种教育法律命令。教育习俗反过来也会为教育法律制度提供支持，为教育法律制度的实施提供条件，否则，"在法的强制对抗习俗的地方，哪怕是企图对实际行为施加影响的地方，法的强制则常常是失败的"。① 在教育法律制度所无法触及的教育生活领域，教育习俗不仅对教育秩序的形成发挥了一定的作用，而且为教育法律制度体系的完善提供了充足的养料。卡多佐说："如果要在单位与单位之间、个人与个人之间避免冲突和浪费，那么法律就构成了社会成员的行为和关系所必须遵循的一种秩序原则的表示。……许多社会力量——逻辑、历史、习惯、功利和公认的是非标准等——都有助于形成被称之为法律的规范体系。"② 尽管教育习俗不具备教育法律制度的特征，但它对规范特定教育群体、特定教育区域的人们教育行为的强制性和权威性绝不比教育法律逊色。"在学校中，家长、教师、校长和学生总是能感受到有关学校的一些特殊的、不确定的东西——极有权威但又很难描述。数十年来，'氛围'和'风气'这些术语被用来描述这种有效力的、到处渗透的但又难以捉摸的力量，那就是学校自身的一些不成文的规则、传统、惯例和期望等。"③ 例如，教师群体的奉献精神，是人们"公认"的教育习俗。但是，教育个体选择做教师的目的，并不是为了奉献自己，而是为了更好地增进个体利益，实现个体效用最大化。可是，为什么教师走进学校、走上讲台后，就会养成奉献精神呢？其实道理很简单，奉献精神可以提高教师群体的社会地位和社会影响力，这是老教师以及整个教育发展证明了的"公理"。当青年教师进入学校后，如果他们遵循这条"公理"，他们就会得到学校管理者以及其他教师的认可，使得自己的职业生涯顺利展开，如果他们违背这条"公理"，要么被教师群体边缘化，要么被学校组织处罚。由于这条"公理"在一代代教师中流传、循环，因此，学校组织中占主流的永远都是这条"公理"——教育习俗的信仰者和实践者。

在对教育制度的理解上，我们还应注意以下几点。首先，从来源而言，教育制度是个体行动者（包括个人和组织）互动过程中，在人们已有的教育思想和教育观念指导下形成的。其次，从外延上看，特定社会的教育制度，就是规范和约束人们教育行动、调节人们教育交往关系的规则，或者说是由这些教育

---

① M. 韦伯著，林荣远译：《经济与社会》（上卷），商务印书馆 1998 年版，第 357 页。

② E. 博登海默著，邓正来译：《法理学》，中国政法大学出版社 2004 年版，第 159 页。

③ Terrence E. Deal and Kent D. Peterson, *Shaping school culture*. San Francisco, CA：Jossey-bass, 1999, P. 2.

规则所构成的有机体系。再从内涵而言，作为教育规则，教育制度不仅构成人们教育行动及互动的教育模式，而且是人们在其中生活、思想和行动的教育结构和活动框架，界定了个体自由行动的机会空间，对生活在教育制度下的人们来说，教育制度具有程度不同的权威性和强制性。

　　总之，我们对教育制度的这一规定，既继承和吸收了各学科制度定义、教育制度定义的基本因素，又打破了学科界限，力图在找出各学科制度定义、教育制度定义共同因素的基础上，尽可能完整地揭示出教育制度的丰富内涵和独特性质。我们希望这一教育制度定义具有较强的解释力和合理性，并能成为我们讨论教育制度与人的发展问题的理论前提和逻辑起点。

□ 第三章
教育制度的本质

对教育制度的定义是研究教育制度的基础，尽管定义本身就是某种程度上对教育制度本质的一种分析与揭示，但仅仅停留于定义还是远远不够的，尚需从教育制度的历史形态、教育制度的基本特征和教育制度的根本性质等方面做出进一步的探讨。

第一节　教育制度的若干本质特征

马克思主义哲学是一种具体的实践哲学，马克思主义的实践哲学为我们理解有关教育制度的基本问题、教育制度的本质提供了重要视域。在马克思主义哲学视野中，教育实践本身具有两重性，它既是一种关系性范畴，也是一种活动性范畴。作为前者，它反映了教育活动中所结成的人与人之间的教育交往关系；作为后者，它反映了人在教育交往关系中进行着对客观世界的改造。实践本身是"以个人彼此之间的交往为前提的。这种交往的形式又是由生产决定的"。[①] 同时，社会关系和社会生活在本质上是实践的，"全部社会生活在本质上是实践的"[②]。因此，对于教育制度本质的理解，既不能从它本身来理解，也不能从所谓的人类精神的一般发展来理解，而是要从它根源于教育实践、教育交往实践和教育交往实践关系来理解。教育制度不仅是人的观念、意志、思维、要求的表现，而且是教育实践方式的反映。

---

① 《马克思恩格斯选集》（第1卷），人民出版社1995年版，第68页。
② 《马克思恩格斯选集》（第1卷），人民出版社1995年版，第56页。

一、教育制度是一个历史范畴

教育制度在本质上是一个历史范畴，其根源在于社会经济基础。随着经济基础的变化，教育制度的形式与内容也将发生变化。在不同的社会形态中，教育制度有着不同的表现。恩格斯指出："在社会发展的某个很早的阶段，产生了这样的一种需要：把每天重复着的生产、分配和交换用一个共同规则约束起来，借以使个人服从生产和交换的共同条件。这个规则首先表现为习惯，不久便成了法律。随着法律的产生，就必然产生以维护法律为职责的机关——公共权力，即国家。"[①] 这不仅说明了制度的历史性起源，还简明扼要地说明了制度历史形态的演变过程。

教育制度的产生与人类有目的的教育实践活动密切相关。人区别于动物的类本质特征，就在于人是自由的有意识的类存在物。马克思指出："一个种的整体特性、种的类特性就在于生命活动的性质，而自由的有意识的活动恰恰就是人的类特性。"[②] 而教育制度则为人类教育更为有效地实现自身的目的提供了最为便捷、可靠的条件。人们在长期的教育实践过程中，经过无数次的重复，逐渐认识到哪些教育行为对自身目的的实现和需求的满足有利，哪些教育行为则不利于甚或有害于自身目的的实现和需求的满足。于是，人们有意识地继续一些有利的教育行为，避免一些有害的教育行为。久而久之，就形成了一整套用来指导人们教育活动的行为规范。这种规范一开始以教育习俗、教育习惯、礼仪、（教育）风俗的形式表现出来。在人类的原初状态，人们的教育行为并不受某种特定的教育规范制约。人们按照自然本性来选择他们的教育行为，以他们认为合适的方式与他人进行着教育交往。随着教育交往的不断发展，人们对某些教育行为方式和教育交往模式慢慢形成了一种默契，从而使得这种教育行为方式和教育交往模式以教育习俗的方式成为人们日常教育行为选择的依据。这样，人类社会就产生了最早的教育制度形式——教育习俗。梅因曾说："可以断言，在人类初生时代，不可能想象会有任何种类的立法机关，甚至一个明确的立法者。法律还没有达到习惯的程度，它只是一种惯行。用一句法国成语，它还只是一种'气氛'。"[③] 随着人类教育生活的不断丰富，教育交往方

---

① 《马克思恩格斯选集》（第3卷），人民出版社1995年版，第211页。

② 《1844年经济学哲学手稿》，人民出版社2008年版，第57页。

③ 梅因著，沈景一译：《古代法》，商务印书馆1997年版，第5页。

式日趋复杂和多样，仅靠教育习俗已不足以有效地规范人们的教育行为、维持理想的教育秩序，因而在教育习俗的基础上形成了更加系统、更加有效的教育制度形式——纪律、（正式）教育制度和教育法律制度。诚如施里特所言："制度并不是在真空中形成的。它们在相当程度上依赖和继承于过去的行为组合合法化观念，也就是说，依赖于习俗。"① 简言之，教育制度具有明确的历史阶段性，教育制度不能超越历史阶段。教育制度与任何事物一样，在其内外因素的共同作用下，都经历着一个由形成、发展再到灭亡的过程。并且，随着"旧"过程的结束，新过程亦随即开始，从而由低级到高级、由简单到复杂不断发展，生生不息。教育制度存在和发展的过程性及其不断更替，导致教育制度一方面是具体的，即教育制度必须是对教育关系存在和发展某一过程上的本质或规律的基本反映，另一方面，教育制度又是历史的，即教育制度是由一个阶段到另一个阶段不断推移、由低级到高级不断上升的。

任何教育制度都是具体的、历史的。在考察分工时，蒲鲁东认为，存在一个现在永恒的"权威原理"，"有一个起指挥作用的企业主按照预先制定的规则将工作分配给共同体的各个成员"。② 马克思明确指出，并不存在所谓抽象的权威原理，也不存在抽象的预先存在的所谓规则，"实际上情况却完全不是这样。当现代工厂中的分工由企业主的权威详细规定的时候，现代社会要进行劳动分配，除了自由竞争之外没有别的规则、别的权威可言"。③ 在马克思看来，任何规则都是具体的、历史的，规则总是"一定的"，规则的重要特点是历史性、多样性。"在宗法制度、种姓制度、封建制度和行会制度下，整个社会的分工都是按照一定的规则进行的。这些规则是由哪个立法者确定的吗？不是。它们最初来自物质生产条件，只是过了很久以后才上升为法律。"④ 马克思指出："历史是不能靠公式来创造的"⑤。历史的具体性、时间性，决定了规则的具体性、历史性、非抽象性。马克思虽是就制度而论，但教育制度又何尝不是具体的、历史的。教育制度源于人的创造、设计，并不等于人可以随意地创造、设计教育制度。教育制度变革是一个自然的历史过程，是当下性与历史性的辩证统一。一方面，教育制度在根本上由当下人的当下教育实践创造，是人的教育实践构建物，另一方面，历史性是教育制度的内在属性。人们对教育制度的创

① 埃克哈特·施里特著，秦海译：《习俗与经济》，长春出版社2005年版，第3页。
② 《马克思恩格斯选集》（第1卷），人民出版社1995年版，第163页。
③ 《马克思恩格斯选集》（第1卷），人民出版社1995年版，第163页。
④ 《马克思恩格斯选集》（第1卷），人民出版社1995年版，第163页。
⑤ 《马克思恩格斯选集》（第1卷），人民出版社1995年版，第163页。

造、设计只能在"既有"的条件下进行。"人创造环境，同样，环境也创造人。每个个人和每一代所遇到的现成的东西：生产力、资金和社会交往形式的总和，是哲学家们想象为'实体'和'人的本质'的东西的现实基础，是他们神化了的并与之斗争的东西的现实基础，这种基础尽管遭到以'自我意识'和'唯一者'的身份出现的哲学家们的反抗，但它对人们的发展所起的作用和影响却丝毫也不因此而受到干扰。"① 涂尔干认为，决定着社会每一阶段占优势的教育类型的教育习俗以及教育观念，并不是个别地形成的，它们是共同生活的产物，表明了共同生活的必要性。"在很大程度上，它们甚至是前人的业绩。人类的全部历程，都有助于形成这一切正在指导着今日之教育的行为准则；……所有高一级的组织，就这样既反映了一切生物的进化过程，又是生物进化的结果。当人们历史地研究教育制度形成和发展的方式时，便可发现，教育制度受制于宗教、政治组织、科学发展水平和产业发展状况等；如果离开了这些历史原因，教育制度就变得不可理解。从那时候起，个体怎能仅仅通过自己个人的思考，去重新组织不属于个人思考范围的事情呢？在个体面前的，并不是一块光秃秃的土地，即可以在上面建设他所愿意建设的东西，而是不能随意地创造、摧毁和改变的已存在的现实。"② 也就是说，任何社会对教育制度创造、设计都是在一定的"历史和文化背景"之下展开的。教育发展的事实充分证明，完全不顾历史性和民族性的教育制度建设，最终都将因这种建设无法被社会所完全接受和与一定的社会精神相吻合，而陷入危机和破产。正因如此，曾担任哈佛大学校长 40 年之久的艾略特曾说："一所名副其实的大学必须是发源于本土的种子，而不能在枝繁叶茂、发育成熟之际，从英格兰或德国移植而来。它不同于棉纺厂，运营 6 个月就可以满足一种迫切需要。一所大学不是靠多在报纸发表一些社论，大量发布广告，或多拍几封电报就能建立起来的。"③ 费孝通在《乡土中国》一书中反复提醒我们的一点就是：尊重"乡土本色"。陈平原也说，谈论当代中国的大学制度变革，涉及理想与现实、中国与西方、制度与精神、个人与国家等，远不只是制定若干操作手册那么简单。陈平原在《大学三问》一文中指出："今天谈论大学改革者，缺的不是'国际视野'，而是对'传统中国'以及'现代中国'的理解与尊重。"④ 在《国际视野与本土情怀》一文中指出："大学不像工厂或超市，不可能标准化，必须服一方水土，

---

① 《马克思恩格斯选集》（第 1 卷），人民出版社 1995 年版，第 92～93 页。
② 张人杰主编：《国外教育社会学基本文选》，华东师范大学出版社 2009 年版，第 4～5 页。
③ 立方著：《北大清华一流难撼》，《参考消息》，2006 年 11 月 14 日。
④ 陈平原著：《大学何为》，北京大学出版社 2006 年版，第 186 页。

才能有较大的发展空间。百年北大，其迷人之处，正在于她不是'办'在中国，而是'长'在中国——跟多灾多难而又不屈不挠的中国民族一起走过来，流血流泪，走弯路，吃苦头，当然也有扬眉吐气的时刻。你可以批评她的学术成就有限，但其深深介入历史进程，这一点不应该被嘲笑。如果有一天，我们把北大改造成为在西方学界广受好评、拥有若干诺贝尔奖获得者，但与当代中国政治、经济、文化、思想进程无关，那绝对不值得庆贺。"[1] 简言之，历史性是教育制度的内在属性。

每一特定时代的人们，其认知能力只能达到为该时代的条件所容许的范围和程度。因此，任何教育制度、任何教育制度模式都是一种历史性存在，从来不会存在所谓永恒的教育制度。例如，在古代希腊和罗马，学校受到高度的尊敬。学校的理想是要培养具有智力、审美感和体质平衡发展的和谐人格。知识、智慧、艺术欣赏和崇高的品德在少数杰出人才教育中具有最高的价值。这种贵族思想是帝国的、王朝的、封建的和贵族的社会历代所肯定和采用的，因为这种社会从其结构上看，是致力于发展一种为少数人服务的、选择性的、往往高质量的教育，并承认杰出人才论是高贵的。因此，尽管这种古典教育享有较高的声望，但是这一教育制度体系无疑是"闭关自守"。与此相关联，不同时代的教育制度也具有各自历史性的特点。教育制度的历史性，意味着它在不同时期有不同的时代特征，并在不同程度上准备了为解决任务的必需条件，"因为只要仔细考察就可以发现，任务本身，只有在解决它的物质条件已经存在或者至少是在生成过程中的时候，才会产生"。[2] 即便在当今社会，世界上一些国家仍停留在封建社会的发展阶段，教育制度发挥着使僵硬的社会和文化差别制度化。尽管这一教育制度体系由于具有许多等级森严的形式和歧视性的实践而受到人们的批评，但是，"实际上，这些等级森严的形式和具有歧视性的实践，乃是一种为不同于现在社会的社会类型而设计的教育所留下的残余"。[3] 因此，教育制度是具体的，它是一定条件下只能显现为特定的形态，并具备特定的内容，同时教育制度又是历史的，它随着变化的新的条件而又有新的形态。按照辩证法的理解，具体是静态中的历史，历史是动态中的具体，或者说，具体是凝缩着的历史，历史是展开了的具体，二者在本质上是统一的。离开历史性谈具体性，教育制度就会成为凝固不变的东西，离开具体性来谈历史

---

① 陈平原著：《大学何为》，北京大学出版社 2006 年版，第 190 页。
② 《马克思恩格斯选集》（第 2 卷），人民出版社 1995 年版，第 33 页。
③ 联合国教科文组织、国际教育发展委员会编著，华东师范大学比较教育研究所译：《学会生存》，教育科学出版社 1996 年版，第 30 页。

性，教育制度就会成为没有实际内容的抽象的东西。在此，马克思、恩格斯有关道德规范的论述，有助于我们对教育制度历史性、具体性的理解。在马克思主义哲学视野中，在本质上，任何一种规则、任何一种道德规范，都是具体的、历史的，人们实践活动的具体性，决定了道德内容、道德水平的具体性。在批判蒲鲁东的超历史的抽象一元道德观时，马克思指出："平等趋势是我们这个世纪所特有的。认为以往各世纪及其完全不同的需求、生产资料等等都是为实现平等而遵照天命行事，这首先就是用我们这个世纪的人和生产资料来代替过去各世纪的人和生产资料，否认后一代人改变前一代人所获得的成果的历史运动。经济学家们很清楚，同是一件东西对甲来说是成品，对乙来说只是从事新的生产的原料。"① 不同历史条件下、不同地域条件下、不同交往背景下，平等、道德具有不同的具体内容，对任何一种道德观的永恒化，其本质是否认了历史发展的可能，否认了不同的具体性与存在、发展的可能。恩格斯指出："我们拒绝想把任何道德教条当作永恒的、终极的、从此不变的伦理规律强加给我们的一切无理要求，这种要求的借口是，道德世界也有凌驾于历史和民族差别之上的不变的原则。相反地，我们断定，一切以往的道德论归根到底都是当时的社会经济状况的产物。"② 不同的实践方式、不同的社会关系状况，决定着不同的道德，决定社会规则的具体性、历史性、多样性。

　　教育制度的历史性还表现为教育制度是有生命周期的，它的存在与否取决于自身的客观规律。一种教育制度的存在以一种具体教育共同体的存在为基础，随着某一教育共同体的消失，与此教育共同体相共生的教育制度也将随之不存。恩格斯指出："在每一个民族中形成的神，都是民族的神，这些神的王国不越出它们所守护的民族领域，在这个界限以外，就无可争辩地由别的神统治了。只要这些民族存在，这些神也就继续活在人们的观念中；这些民族没落了，这些神也就随着灭亡。"③ 神正是共同体的规则凝聚物，恩格斯对神的民族性、历史性的揭示，也正是对规则历史性、当下性的揭示。教育制度总是服从于人类教育事业的规律的，它总是会变得衰老，并逐渐枯萎。霍尔巴赫曾说，教育制度"诞生、成长、从健康到疾病，从疾病到健康，最后，它们也像人类一样，经过童年、青年、成年、衰老以至死亡，达到自然为它所造万物所规定的极限。"④ 因此，人为地延长一种教育制度的寿命或者催化某一教育制度的诞

---

① 《马克思恩格斯选集》（第1卷），人民出版社1995年版，第150~151页。
② 《马克思恩格斯选集》（第3卷），人民出版社1995年版，第435页。
③ 《马克思恩格斯选集》（第4卷），人民出版社1995年版，第254页。
④ 霍尔巴赫著，陈太先等译：《自然政治论》，商务印书馆2002年版，第279页。

生都是违背客观规律的，是要受到客观规律惩罚的。例如，对于已经丧失生命力的教育制度，如果一味采取消极的态度去保留它，不仅会丧失教育制度变革的机会，而且会使教育世界中的各种矛盾不断积累，直到激化。此时，原本可能采用有序的、理性化的教育制度化变革将会被一种无序的、非理性的教育混乱所代替，甚至还可能导致社会暴力的出现。恩格斯警示我们说："一切政府，甚至最专制的政府，归根到底都不过是本国状况的经济必然性的执行者。它们可以通过各种方式——好的、坏的或不好不坏的——来执行这一任务；它们可以加速或延缓经济发展及其政治和法律的后果，可是最终它们还是要遵循这种发展。"① 简言之，作为一种历史存在物，教育制度的发展是一个不断对自身进行扬弃的过程。

尽管一经确立的教育制度会表现出一定的稳定性和凝固化的特征，但从发展的观点来看，它是在不断地变化中存在的。教育制度的价值在于通过规范人的教育行为、调节教育关系给教育以稳定和秩序。教育制度尤其是教育法律制度是经过法定程序固定下来的国家意志，一经制定，就应保持相对稳定，不能随意修改或废止。作为人们教育行为规范的教育制度很显然必须足够明确和稳定，才易于理解、易于执行。一方面，如果教育制度规范非常模糊，那么不仅行为人本人难以遵守，而且他们会认为其他人也不会遵守同样的规范，这样最终会导致人们的教育制度信仰被破坏。另一方面，如果教育制度规范变化太快，那么即使这些规范是简单明晰的，人们也无法有效地掌握这些规范。在人类的教育活动中，教育制度既然是人们的行为准则，人们建立教育制度无非是为了减少不确定性，获得一种比较稳定的预期，并据以选择和确定自己的行为，而教育制度的稳定性恰恰有利于教育秩序的建立和维持。博登海默曾说："法律所具有的保守且侧重过去的特点，保证了某种程度的连续性、可预见性和稳定性，这使人们有可能在安排他们的活动时依赖一些业已确立的、先行告知的行为规则，并使人们能够避免因缺乏对人的行为方式的预见而与他人发生冲突。"② 换句话说，只有稳定的教育制度才能使人们产生信赖，才能使人们计划自己的教育活动、保持自身教育行为的一致性并预测自己教育行为的制度后果，才能使教育秩序成为人们教育生活的保障。教育制度的稳定性也是教育制度的作用得以发挥、教育制度的优劣得以检验的基础和条件，如果教育制度丧失了稳定性，人们也就不可能对其做出正确的评价和判断，进一步的教育制度

① 《马克思恩格斯选集》（第4卷），人民出版社1995年版，第715页。
② E. 博登海默著，邓正来译：《法理学》，中国政法大学出版社2004年版，第422页。

选择也就很难进行，教育秩序的混乱势成必然。但是，问题的另一面则是，教育制度的稳定性形成一种惯性，使教育秩序固定化和僵化。一般而言，教育制度相对于教育生活、教育实践本身具有滞后性。任何教育制度总是对教育生活世界中的内在秩序的具象反映与表达，并从教育生活世界本身获得其存在合理性的证明，在教育生活激烈变革的时代，教育制度对教育生活的反映并不能同步进行，常常是落后于教育生活的变化和教育的发展，且教育制度一旦形成后，就获得了相对的独立性与稳定性，亦不能伴随着教育生活的变革和教育的发展而随时发生相应的变动。这是因为，虽然人的教育行为不断变化，新的教育关系不断产生，教育制度却不能随着变化而变化，它一旦发生变化，就将失去稳定性，不再成为自身。那么，面对人的教育行为的不断变化、面对不断生成的新的教育关系，教育制度在做什么呢？它像一个恒温器，在对变化实施负反馈调节，把不断升高的"温度"降下去。由于教育制度力图增进社会的教育秩序，因此它就必定注重连续性和稳定性的观念。教育生活中的秩序所关注的是建构人的教育行动或教育行为的模式，而且只有使今天的教育行为与昨天的教育行为相同，才能确立起这种模式。如果教育制度对频繁且杂乱的变化不能起到制动作用的话，那么其结果便是混乱和失序，因为无人能够预知明天将出现的信息和事件。"'制度'不会，事实上也不可能给我们以恩惠。如果有所不同的话，教育制度正在走向自杀，当它面对社会要求进行重大改革的时候，却更多地服务于现状。"① 教育制度对变化的压制，在开始阶段基本上有利于教育的发展，其后就会逐渐成为教育发展的阻碍因素。诚如布劳所说："制度以常常引起严重困难的僵化和不平等的代价去满足一个社会对于社会秩序和稳定性的需要"②。因此，每一次教育改革，教育制度都是首当其冲的对象。

作为上层建筑的一部分，教育制度在保持相对稳定的基础上，必须不断地适应教育关系的实际状况和教育发展的变化，根据现实的教育需要进行调整、修改、完善。教育制度的稳定性和确定性本身并不足以为我们提供一个行之有效的、富有生命力的教育制度，教育制度还必须服从社会进步、教育进步所提出的正当要求进行持续不断的变革。一个教育制度，如果跟不上时代的需要或要求，而且死死抱住上个时代的只具有短暂意义的教育观念不放，那么显然是不可取的。在一个变幻不定的世界中，如果把教育制度仅仅视为是一种永恒的

---

① 迈克尔·富兰著，中央教育科学研究所，加拿大多伦多国际学院组织译：《变革的力量——透视教育改革》，教育科学出版社 2004 年版，第 52 页。

② P. 布劳著，孙非等译：《社会生活中的交换与权力》，华夏出版社 1988 年版，第 383 页。

工具，那么它就不可能有效地发挥作用。因此，我们必须在运动与静止、保守与创新、僵化与变化无常这些彼此矛盾的力量之间谋求某种和谐。作为使松散的教育结构紧紧凝聚在一起的黏合物，教育制度必须巧妙地将过去与现在连接起来，同时又不忽视未来的迫切要求。当然，从这个角度而言，教育制度的稳定性也存在一个适度的问题，只不过"社会规范的清晰和稳定难以确定一个确切的范围，这属于经验的范畴，因此无法对它们的原则作出界定"。① 尽管如此，教育制度的历史性，已为人类教育交往实践、教育实践所证明。不仅有很多"旧"的教育制度已经或者正在消亡，"新"的教育制度已经和正在生长，就是一些一直延续和留传下来的教育制度，也与其初始形态有了很大的不同。绝对不变的教育制度是不存在的，不同国家和不同社会中的教育制度存在着明显的差别，同一国家的教育制度在不同时期的变异和发展，都是教育制度历史性的证明。难怪博登海默指出："只有那些以某种具体的和妥协的方式将刚性与灵活性完美结合在一起的法律制度，才是真正伟大的法律制度。在这些法律制度的原则、具体制度和技术中，它们把稳定连续性的优长同发展变化的利益联系起来，从而获得了一种在不利的情形下也可以长期存在和避免灾难的能力。"② 教育制度总是要服从于人类教育事业发展规律的，它总是变得衰老，并逐渐枯萎。如果教育制度要继续成为一个生机勃勃的有机体，能够运用智慧和精力去满足个人全面而自由的发展、教育发展以及经济社会发展的需要，那么它就必须克服自满和墨守成规的缺点。

如果我们意识到了教育制度的历史性，就不会设想存在着一种亘古不变的、完美的、能解决一切教育问题的最高或最终教育制度的存在。我们就会意识到所有的教育制度都必然具有局限性，都要受到当时社会形态和社会环境的制约，也就会意识到今天被认为是合理的教育制度也肯定有它隐蔽着的、以后会显露出来的错误的内容，今天已经被认为是不合理的教育制度也有它合乎理由的方面，因而它"从前"曾被认为是合理的教育制度。

二、教育制度是一个规范范畴

教育制度告诉人们"能、不能、必须这样、必须不这样、可以或者不可以

---

① Frank Lovett，"*A Positivist Account of The Rule of Law*". *Law & Social Inquiry*，Winter 2002，p. 62.

② E. 博登海默著，邓正来译：《法理学》，中国政法大学出版社 2004 年版，第 423 页。

做"，① 这大概是所有对教育制度的判断中最没有争议的一个判断，这其实道出了教育制度作为一个规范范畴的本质。

教育制度的产生不仅为个人的教育行为选择提供了依据，而且为教育世界的运行设定了一个轨道。从个人的角度而言，教育制度是人们参与教育生活的行为准则，并对人们的教育行为作了具体规定。罗尔斯曾说，作为公开的规范体系，教育制度"指定某些行为类型为能允许的，另一些则为被禁止的，并在违反出现时，给出某些惩罚和保护措施。……一种制度可以从两个方面考虑：首先是作为一种抽象目标，即由一个规范体系表示的一种可能的行为形式；其次是这些规范指定的行动在某个时间和地点，在某些人的思想和行为中的实现"。② 一般而言，教育行为是由两类教育制度共同实施与控制的，一类是指令性教育制度，它精确地指示人们应采取什么行动以实现特定的结果，例如从 A 点移到 B 点。另一类是禁令性教育制度，它禁止、排斥某些难以接受的教育行为——"汝不应……"教育制度所划定的这条边界标志着教育共同体认可的教育行为准则，在界限以内的教育行为，得到社会许可、赞赏、鼓励，超越界限的教育行为，则受到教育共同体的排斥、舆论谴责和权威部门的惩处。从社会的角度讲，教育制度是人类的教育生活模式，它对人与人之间应如何进行教育交往、教育合作与竞争、如何通过与他人或社会的关系来满足自己的教育需求，以及如何最终在群体中实现教育利益的分配作了具体的规定。柯武刚等人曾说，教育制度是人们为"追求其个人目标而与他人交往时所必需的"。③ 一套完备、健全的教育制度，不仅为人们规定了在教育生活中可以并且是应当追求的教育目标，而且还为人们规定了应采用何种方式和手段去实现教育目标。

教育制度作为人们教育行为的准则和人类的教育生活模式，是对人们教育行为的一种约束和限制，有形或无形的教育制度如同一条条边界，限制着人们的教育行动方向、教育活动路线，由此划定了人们的教育活动空间。以教育习俗形式出现的教育制度是一种约定俗成，它成为道德律令，依靠伦理的力量来约束人们的教育行为。教育习俗是自我实施的自发秩序，或没有第三者"强制"的非正式约束。汪丁丁说："一个社会和一个社群有一种习俗存在，一般来说对于这个共同体来说，并不存在第三方的威胁机制或者实施机制。由于一般没有第三者强制'enforce'其存在的实施机制，习俗的实施是通过两个方式

---

① 康芒斯著，于树生译：《制度经济学》（上册），商务印书馆 1997 年版，第 86 页。
② 约翰·罗尔斯著，何怀宏等译：《正义论》，中国社会科学出版社 1988 年版，第 54～55 页。
③ 柯武刚等著，韩朝华译：《制度经济学》，商务印书馆 2000 年版，第 113 页。

昭示其约束力的：一个是自我自觉遵循大家共同遵循的非正式约束，这主要靠自我道德约束力；第二是通过我违反习俗所引起第二方，即我的行动所导致的利益受损当事人的报复，比如我违反这个规则，损害了你的利益，你下次可能就不跟我玩了。当然，这里所说的报复，并不一定是你一定惩罚我，而可能是你下次可能就不跟我打交道了。一般来说，习俗就是这样来维持的。当然，如果一个人的行动选择违反了某种习俗，知道这一行动的社群的成员就都不跟他玩了，你可以说这是一种'共同行动'。但这种'共同行动'，应该是自发的。"① 而以条令形式出现的教育制度具有强制性，它要求人们执行与服从，它以法律的、行政的、纪律的力量来保证贯彻。柯武刚等人曾说，制度"因设计而产生。它们被清晰地制订在法规和条例之中，并要由一个诸如政府那样的、高踞于社会之上的权威机构来正式执行。这样的规则是由一批代理人设计出来并强加给社会的。这些代理人由一个政治过程选举出来，并高踞于社会之上。这样的规则最终要靠强制性法律手段来执行，如通过司法系统"。② 即，教育制度作为一种外力"要求"或"禁止"你怎么做，而教育习俗作为"人"的一种内在的无意识动因"使"你这么做。人的教育活动无不处在种种教育制度之中，人的教育活动空间被种种教育制度所限定，教育制度确定和限制了人们的教育选择集合。但是，约束和限制并不是人类社会形成教育制度的目的所在。人类社会之所以需要教育制度来约束和限制自己的行为，无疑是为了使自身的教育需求能得到更好的满足。所有的教育制度（包括教育法律、道德、教育习俗等等）都是人类为了更好地满足自身的教育需求、为了更好地实现自身的价值追求而产生、形成和制定的。一种教育制度就是一种使人类教育需求得以满足、人性得以自由发展的教育生活模式。马克思指出："在民主制中，不是人为法律而存在，而是法律为人而存在；在这里法律是人的存在。"③ "在民主制中，国家制度、法律、国家本身，就国家是政治制度来说，都只是人民的自我规定和人民的特定内容。"④ 教育制度是为人而设的，而人非为教育制度而设。衡量某一社会的教育制度是否具有合理性，主要看它在当时的历史条件下是否最好地满足了人类自身的教育需求，并使人性得到最充分的发展。因此，教育制度产生于人类自身的教育需求，只有符合人类自身教育需求的教育制度才能使人性得到自由的发展。

① 汪丁丁等著：《制度经济学三人谈》，北京大学出版社2005年版，第26页。
② 柯武刚等著，韩朝华译：《制度经济学》，商务印书馆2000年版，第36页。
③ 《马克思恩格斯全集》（第3卷），人民出版社2002年版，第40页。
④ 《马克思恩格斯全集》（第3卷），人民出版社2002年版，第41页。

教育制度规范人们的教育行为，主要依靠规定人们教育活动的空间。教育制度建设的目的是通过提高某些教育行为的代价，并奖赏另一些教育行为，来解决教育激励机制的问题。教育制度可以通过改变人们的"相对收益"及其"偏好顺序"，来限制他们的选择范围，从而引导他们干某些事，不干另外一些事；教育制度为人们协调其选择提供的指导有助于减少他们互动关系中的不确定性，使之走向有序化。因此，从维护教育目标和保障教育有序稳定角度看，教育制度规定得越详细越好。但教育制度规定越细，意味着人们教育活动的空间越小，而人们越是遵守教育制度，循规蹈矩于被分割的越来越狭小的空间范围内，就越显得机械、呆板，这显然不利于发挥人的积极性、主动性和创造性，不利于发挥人们在教育活动中的创新和自由。霍尔巴赫指出："人世间如果完全没有法律，让人民听任自然的、健全的理智去管理，比起受繁多法令约束以致连认识本身的权利也受到干扰的情况来，他们常会感到幸福得多。"① 从有利于发挥人的积极性、主动性和创造性而言，教育制度应当给人的选择留出充分空间，使其能自主、自立、自强，自己解决问题，自己做出选择，自己承担责任。但这样一来，教育制度就为违规行为提供了机会，使违规行为成为可能。

当然，在教育制度的规范性面前，人并不是无所作为的，人也并不是教育制度的奴隶。在马克思主义哲学视野中，教育制度是由人创造、设计的。在人与教育制度的关系中，一方面人受到"既有"教育制度的约束，只能在"既有"的教育制度条件下进行创造，另一方面，人也可以具体地、历史地创造、选择教育制度。没有教育制度层面的选择权，也就没有真实、感性、现实的自由可言。在《德意志意识形态》中，马克思、恩格斯对强制分工进行了深刻批判，对可选择的本质、未来社会中人的选择权利进行了形象描绘。马克思、恩格斯认为，从自然的社会关系、自然的规则走向社会性的社会规则，走向人对规则的选择，是脱离强制分工，实现人的自由的根本路径与制度保证。"分工立即给我们提供了第一个例证，说明只要人们还处在自然形成的社会中，就是说，只要特殊利益和共同利益之间还有分裂，也就是说，只要分工还不是出于自愿，而是自然形成的，那么人本身的活动对人来说就成为一种异己的、同他对立的力量，这种力量压迫着人，而不是人驾驭着这种力量。原来，当分工一出现之后，任何人都有自己一定的特殊的活动范围，这个范围是强加于他的，他不能超出这个范围：他是一个猎人、渔夫或牧人，或者是一个批判的批判

————————

① 霍尔巴赫著，陈太先等译：《自然政治论》，商务印书馆 2002 年版，第 282 页。

者，只要他不想失去生活资料，他就始终应该是这样的人。而在共产主义社会里，任何人都没有特殊的活动范围，而是都可以在任何部门内发展，社会调节着整个生产，因而使我有可能随自己的兴趣今天干这事，明天干那事，上午打猎，下午捕鱼，傍晚从事畜牧，晚饭后从事批判，这样就不会使我老是一个猎人、渔夫、牧人或批判者。"①在马克思、恩格斯看来，所谓选择，一个重要的内容就是个体生活角色的多样化，非强制性，而实践这种个体选择的重要基础是社会制度的可选择性，没有社会制度的可选择性，也就没有个体生活的可选择性。虽然"社会活动的这种固定化，我们本身的产物聚合为一种统治我们、不受我们控制、使我们的愿望不能实现并使我们的打算落空的物质力量，这是迄今为止历史发展的主要因素之一"。②教育制度的不可选择曾经是教育发展的重要因素之一，但教育发展、人的发展的趋势却是教育制度从不可选择逐渐走向可选择，从教育制度的单一与不可选择，走向多样性教育制度并存，走向教育制度的可选择。

　　教育制度的规定性和选择性的矛盾并非完全否定性的。说明这一点，可以对照计划经济下的教育制度情形和市场经济下的教育制度情形。在计划经济下的教育制度，可供人们选择的空间很小，因而违规现象很少发生，但计划经济下的教育制度没有效率。对强制性激进改革，以哈耶克为首的新自由主义学派有着鞭辟入里的论述，那种高度集权，以牺牲人类自由创造力为代价的"计划经济＋全国国有制"模式注定会失败，它会使人民以公益的名义走向"被奴役之路"。这一假定已得到大多数经验事实的验证和支持，原因在于激进的社会改革包含有太多的不确定性，人们担心会被带入一个混乱和难以自我控制的自下而上的环境中。这就势必从某种程度上抑制了人们的创造性，影响其利益表达行为，特别是影响对更为有效的制度方案的积极性探索，并可能使低效率的制度得以维持。例如，在以集中控制为基础的我国教育制度安排中，由于存在太多的变数，安全目标的追求自然成为学校管理者的首选目标。他们不得不将自己的管理行为限制在教育制度的遵循和照办方面，为了不和已有的教育制度发生冲突，为了不给教育主管部门添乱，为了不给自己的"仕途"设置人为的障碍，也就是不降低安全系数，学校的管理者放弃了自身的主动性、创造性、创新精神，对与教育制度"相悖"的改革方案，哪怕是行之有效的也束之高阁，弃置不用，而只是在教育制度许可的条件下选择一些"小打小闹"、"修修

① 《马克思恩格斯选集》（第1卷），人民出版社1995年版，第85页。
② 《马克思恩格斯选集》（第1卷），人民出版社1995年版，第85页。

补补"的改革方案。学校的管理者成了遵守制度的模范，但越过了一定的"度"，则成了墨守成规、不思进取的代名词。以集中控制为基础的教育制度安排还形成了特有的奖惩机制，使"听话"、善于领会上级意图和严格按教育制度行事的管理者，能获得提拔和升迁，反之，不按教育制度行事的管理者则会受到批评、惩罚，甚至降级与撤职。因此，这种奖惩机制的着眼点不是管理者创造力的大小、管理能力的高低和主动精神的有无，而是理解、执行各种教育制度的能力。凡是不折不扣地执行这些制度，哪怕这些制度在执行中存在这样或那样的问题，也能获得奖赏，而对这些制度的任何非议、变更乃至创新，都会被视为没有与上级保持一致，没有理解这些制度的精神实质。这就势必导致教育效率低下乃至出现教育制度"几十年一贯制"和"以不变应万变"的僵化现象。而市场经济下的教育制度强调选择性，做什么、不做什么都由当事人根据自己的利益和判断自主决定，因而违规现象经常发生，但市场经济下的教育制度有效率。市场经济提供了一种解释，对物质利益的追求不仅是必然的，而且是合理的。一般而言，人总是从自我的利益出发，去认识客体和改造客体，去处理与他人的关系，去选择对待社会、对待组织以及对待政府的态度。所以，在人的一般意义上，我们把人的利益需要看做是人类社会发展的动力源或原动力。但是，在追求利益尤其是物质利益过程中，什么事情都可能发生。这就是说，市场经济本性中即隐含有引导人们走向无序的一面，它创造了一种条件，使人们能够自发地做出瓦解教育秩序的奇异事情。市场经济不仅使一般民众有一种为了自身利益而违规的冲动，也大大扩展了政府官员腐败的可能性空间。

三、教育制度是一个关系范畴

在马克思主义哲学视野中，教育制度是一种关系存在物。没有教育关系，就没有教育制度，有教育制度必然有教育关系。同时，作为关系存在的教育制度必然是一个有主体的存在物，没有抽象无主体的神秘教育制度。当教育关系与时间相关联时，必然产生教育制度，教育制度也就是属人教育关系的持存。

（一）教育制度的存在论基础

"存在"一词在《中国大百科全书·哲学》中有两种解释：一种解释是把存在看作是物质的同义语，与思维相对。在这个意义上，存在包括外部世界一切具体客观实在。另外一种解释把存在看作为有，与无相对。在这个意义上，存在是对世界上所有事物的一般概括，包括世界上的一切物质现象与精神现象。① 主观唯心主义者巴克莱认为存在就是被感知，而黑格尔则认为存在就是绝对理念的一种最简单的规定。20 世纪 20 年代在德国形成了一种重要的哲学思潮，即存在主义。存在主义的创始人海德格尔与雅斯贝尔斯分别持有不同的主张。雅斯贝尔斯是有神论的存在主义者，而海德格尔则是一个无神论的存在主义者。后来，存在主义哲学在世界上很多国家都得到了广泛的流传。马克思则对存在的属人性、现世性、过程性、生活性进行了系统的揭示。马克思指出："意识在任何时候都只能是被意识到了的存在，而人们的存在就是他们的现实生活过程。"② 在马克思主义哲学看来，存在具有下列属性：一是属人性。所谓存在也就是人的存在，离开了人而思考所谓存在问题在本质上只是一个假问题。二是现世性。存在是现实的，存在的根本生长点在于现实人的现实活动。离开了当下时间思考所谓存在问题只是一个纯理论的抽象问题。三是过程性。存在是变化的，并不存在永恒抽象固化的存在问题。离开了变化性的存在并不存在。四是生活性。存在在本质上也就是人的生活过程，离开了现实生活对存在的思考必然走向抽象。五是可认知性。存在作为属人的现世存在能够为人所认知，任何导致存在问题神秘化的理论，在本质上都会导致经院哲学。

当我们思考教育制度时，有一个潜在的话语前提背景，就是教育制度已然存在，教育制度已经成为人们不可避免的处境。所谓已然存在，主要包括两方面的内容：一是时间性、历史性。在这个方面，或者是这样一种状态：教育制度是永恒的，始终伴随众人左右，教育制度没有历史，没有生死；或者是这样一种状态：教育制度在人生的教育路途中突然呈现或逐渐出现，教育制度有一个被人意识到或没有意识到的生死、消长过程。二是存在性、在场性。在这个方面，或者是这样一种状态：不管你是否意识到，教育制度就在你的左右，就在你有意或无意的教育行动中，正如命运；或者是这样一种状态：教育制度是众人在旅途中斗争、博弈的产物，是众人为了维持存在或实现发展的自觉选择。

教育制度首先是一个存在论层面的问题。教育就是人类的一种有意识地依照自觉设定的目的所进行的对象性活动，是一种有意识、有目的、有计划的培养人的社会实践活动，是人类为使种族生命繁衍、社会生活延续所必需的自觉

---

① 中国大百科全书总编辑委员会《哲学》编辑委员会：《哲学》，中国大百科全书出版社 1985 年版，第 109 页。
② 《马克思恩格斯选集》（第 1 卷），人民出版社 1995 年版，第 72 页。

的活动。显然，对象性教育关系是教育制度是什么的存在论基础。马克思对世界存在状态的揭示，对我们理解教育制度是什么具有基础意义。在《1844年经济学哲学手稿》中，马克思对世界的存在状态进行了深刻的揭示："非对象性的存在物是非存在物。"① 这个论断是马克思主义教育哲学存在论的基础核心命题。如果说，从存在出发是所有哲学的重要共同特点，那么，从存在出发的马克思主义教育哲学也就是从教育关系出发，马克思主义教育哲学也就是一种从教育关系出发的教育关系哲学。如果说，在黑格尔那里，存在只是一个没有内容的空范畴，那么，在马克思主义教育哲学语境中，教育关系就是存在，存在也就是教育关系，马克思主义教育哲学的存在范畴也就是教育关系范畴。马克思主义教育哲学的存在论也就是教育关系论。

在马克思主义教育哲学视野中，存在与教育关系是同一层面的范畴。教育世界本身就是对象性存在，所谓存在也就是对象性存在、教育关系性存在。马克思指出："假定一种存在物本身既不是对象，又没有对象。这样的存在物首先将是一个唯一的存在物，在它之外没有任何存在物存在，它孤零零地独自存在着。因为，只要有对象存在于我之外，只要我不是独立存在着，那么我就是和在我之外存在的对象不同的他物、另一个现实。因此，对这个第三对象来说，我是和它不同的另一个现实，也就是说，我是它的对象。这样，一个存在物如果不是另一个存在物的对象，那么就要以没有一个对象性的存在物存在为前提。只要我有一个对象，这个对象就以我作为对象。"② 如果说有"非对象性的存在物"，那么这种非对象性、孤立的存在物只不过是非现实的抽象物，"非对象性的存在物，是一种非现实的、非感性的、只是思想上的即只是想象出来的存在物，是抽象的东西"。③ 具体性是马克思主义教育哲学教育关系存在论的重要特点。在马克思主义教育哲学语境中，教育关系是一种理论的抽象，更是对具体现实感性教育关系的描绘与反映，马克思主义教育哲学语境中的教育关系是有丰富内容的具体教育关系。这种教育关系首先是存在物，特别是人与环境（自然界）的关系。教育关系首先是一种自然关系。马克思指出："一个存在物如果在自身之外没有自己的自然界，就不是自然存在物，就不能参加自然界的生活。一个存在物如果在自身之外没有对象，就不是对象性的存在物。一个存在物如果本身不是第三存在物的对象，就没有任何存在物作为自己的对

---

① 《1844年经济学哲学手稿》，人民出版社2008年版，第106页。
② 《1844年经济学哲学手稿》，人民出版社2008年版，第106~107页。
③ 《1844年经济学哲学手稿》，人民出版社2008年版，第107页。

象，就是说，它没有对象性的关系，它的存在就不是对象性的存在。"① 教育关系也就是人与环境（自然）、人与社会、人与自身的多样属人关系。一方面，离开了环境（自然）的先在性，教育关系无以存在，另一方面，离开了人的主体地位、离开了社会，教育关系便没有意义，"凡是有某种关系存在的地方，这种关系都是为我而存在的；动物不对什么东西发生'关系'，而且根本没有'关系'；对于动物来说，它对他物的关系不是作为关系存在的"。② "我们现在假定人就是人，而人对世界的关系是一种人的关系，那么你就只能用爱来交换爱，只能用信任来交换信任，等等。如果你想得到艺术的享受，那你就必须是一个有艺术修养的人。如果你想感化别人，那你就必须是一个实际上能鼓舞和推动别人前进的人。你对人和对自然界的一切关系，都必须是你的现实的个人生活的、与你的意志的对象相符合的特定表现。如果你在恋爱，但没有引起对方的爱，也就是说，如果你的爱作为爱没有使对方产生相应的爱，如果你作为恋爱者通过你的生命表现没有使你成为被爱的人，那么你的爱就是无力的，就是不幸。"③ 简言之，环境（自然）先在性与属人性的辩证统一，是马克思主义教育哲学语境中教育关系具体性的根本内容。

作为教育关系的教育世界、存在的属人性的特点，在于教育关系的创造性、知识性。在马克思主义教育哲学视野中，教育关系性存在不是自在的自然关系性存在，而是由人的教育活动创造，始终有人的教育观念进行"观照"的教育关系存在。马克思指出："人不仅仅是自然存在物，而且是人的自然存在物，就是说，是自为地存在着的存在物，因而是类存在物。他必须既在自己的存在中也在自己的知识中确证并表现自身。因此，正像人的对象不是直接呈现出来的自然对象一样，直接地存在着的、客观地存在着的人的感觉，也不是人的感性、人的对象性。自然界，无论是客观的还是主观的，都不是直接同人的存在物相适合地存在着。正像一切自然物必须形成一样，人也有自己的形成过程即历史，但历史对人来说是被认识到的历史，因而它作为形成过程是一种有意识地扬弃自身的形成过程。历史是人的真正的自然史。"④ 也就是说，离开了人的自觉创造与自觉意识，教育关系便不成其为关系。在马克思主义教育哲学视野中，所谓教育关系也就是作为人的教育活动过程、教育交往过程及其教育结果的实践关系。任何教育关系都是教育实践活动的产物，并随着教育实践的

---

① 《1844年经济学哲学手稿》，人民出版社2008年版，第106页。
② 《马克思恩格斯选集》（第1卷），人民出版社1995年版，第81页。
③ 《1844年经济学哲学手稿》，人民出版社2008年版，第146页。
④ 《1844年经济学哲学手稿》，人民出版社2008年版，第107页。

发展而改变。马克思指出："环境的改变和人的活动或自我改变的一致，只能被看作是并合理地理解为革命的实践。"① 教育关系的根本特点是实践性，是作为自觉性、感性、经验性等相统一的具体实践性。

　　马克思主义教育哲学对教育世界教育关系性、教育关系实践性的揭示，为我们理解教育制度是一种关系存在物提供了根本方向、重要存在论基础。第一，教育制度的存在论前提是教育关系、属人关系，没有属人关系也就没有教育制度。对作为教育关系的存在的确认，是揭示教育制度是一种关系存在物的存在论前提，没有对属人关系的确认也就没有对教育制度的确认。离开了教育关系性、属人关系，对教育制度的认识必然走向抽象。第二，所谓教育制度也就是属人关系的存在、持存自身。在这个意义上，所谓教育制度，也就是属人关系的持存自身，也就是人对属人关系结构、特点等的自觉体验、把握、反思与构建，也就是人对教育活动、教育交往、教育实践的结构、规律、趋势、相对稳定特点的自觉体验与把握。离开了人的教育实践过程，教育制度无以产生、无以发展、无以变革。第三，所谓教育制度也就是人们对教育实践过程中属人关系的教育行为认同、心理认同与知识化确认。教育制度主要存在于教育行为、心理、知识三个层面。从教育行为层面看，教育制度也就是人们教育行动的结构化，教育行动范围、内容、边界、趋势等的相对稳定化，处于教育关系中的人们教育行动的相对协调。从体验层面看，教育制度也就是人们在教育关系、教育关系过程中对这种教育关系、教育行动特点与趋势的自觉或不自觉的心理认同。教育制度体验是"敬"与"畏"的统一，这种"敬"与"畏"的深层原因在于人的主体性的现实有限性。正如休谟所说，"假若每个人随时都有充分的远见卓识，都有促使他保证奉行公正与公平的强有力爱好，都有足以坚持不懈地奉行普遍利益和未来利益原则的思维能力，抗拒眼前的快乐和利益之诱惑，那么，在这种情形中，就永远不会存在政府或政治社团这类的东西；而且，每个人受其天赋自由的引导，早就生活在完整的和平之中，彼此和睦相处"。② 或正如莫里森所说，制度与源于自身无力的人的畏惧感相共生，"或许在后现代环境中，我们必须承认我们是不可能补足我们存在的缺陷的；我们必须承认高度神秘的存在物；对此，除了认为它存在于神圣的领域中外，我们几乎无能为力。……我们完全意识到，任何答案以及因此而构建的任何社会秩

---

① 《马克思恩格斯选集》（第 1 卷），人民出版社 1995 年版，第 55 页。
② 丹尼斯·C. 缪勒著，杨春学等译：《公共选择理论》，中国社会科学出版社 1999 年版，第 13 页。

序，都只是间歇，只是我们愿望的某种化身，只是对我们恐惧的安慰"。① 在这个意义上，可以说，教育制度也就是与人的主体现实有限性相共生的敬与畏，敬与畏是教育制度体验的具体核心内容。从知识层面看，教育制度也就是人们对教育关系、教育行动特点等的自觉揭示和符号化固定。教育制度就是共同教育信息。所谓共同，是指各个个人之间所拥有的这一种认识是完全相同的。教育制度作为一种教育信息，在教育共同体内的成员间是均匀分布的，是一种共有、共享的共同的教育信息。汪丁丁说："制度知识的功能在于通过提供'公共知识'减少博弈中的行为不确定性。""如果均衡（例如纳什均衡）是一群人得以组成'社会'的基础，那么这个基础是建立在共享知识层面上的。……不论如何，这是一种'大家共享的知识的传统'，它使得我们在许多可能的均衡策略中一眼看出哪些是'明显'的玩儿法。"② 一方面，只有经过社会化的过程，个人才能获得这些共同的教育信息，另一方面，通过把这些共同的教育信息给予符号化固定，从而内化为教育共同体内各个成员的教育行为规则。当然，教育制度是社会共享的事实并不意味着，它为社会所有成员所偏好或者接受。例如，南非曾经建立的强制种族隔离的教育制度安排，最能说明这一问题。强制种族隔离的教育制度安排中重要的一部分，是管理黑人与白人的教育关系，它对白人提供有利的教育条件，并同时限制黑人的教育活动。很显然，这些教育制度规则并没有同等地对待所有人，但是，它们大体上同等对待同一种族中的所有成员。大多数黑人和一些白人可能不喜欢这些教育规则，不过他们都了解，这些教育规则对在南非从事教育活动的所有黑人和白人都是适用的。第四，教育制度是属人的制度，是教育实践的制度，也就是可变革的制度。诚如诺思所言："制度是人类所创造的，并由人类而改进，我们的理论必须从个人开始。"③ 人对教育关系的反思与建构必然发展教育制度，教育制度既不是神的创造也不是自然的赋予，而是人自身的建构物、创造物，教育制度既不神秘也不神圣。

　　总之，从马克思主义教育哲学角度看，教育关系的持存也就是教育制度，教育制度也就是属人关系的可持续，也就是人们对持存属人关系的心理性体验、知识化反思和行动性构建。

---

① 韦恩·莫里森著，李桂林等译：《法理学》，武汉大学出版社 2006 年版，第 557 页。

② 汪丁丁著：《在经济学与哲学之间》，中国社会科学出版社 1996 年版，第 19 页。

③ D. C. 诺思著，刘守英译：《制度、制度变迁与经济绩效》，上海三联书店 1994 年版，第 6 页。

（二）教育制度是一个关系范畴

马克思、恩格斯并没有特别将制度作为一个独立的概念或范畴进行讨论。在马克思、恩格斯的全部著作中，只是在《德意志意识形态》中明确给制度下了一个定义："制度只不过是个人之间迄今所存在的交往的产物。"① 这一看似简单的定义确实抓住了制度之所以为制度的本质特征，这就是"交往的产物"。孤独的个体如果不与其他个体交往，也就没有联系，不会产生社会关系。交往是一种社会性的活动，通过交往，人的个体活动加入和转化为社会总体活动，形成社会的各种关系形态，在对各种关系形态的规范过程中也就产生了制度。

就教育世界而论，教育制度作为整合教育主体要素和教育客体要素的存在，在本质上是一个教育关系范畴。教育制度使得相关对象之间真正相互发生作用，并以相互联系代替完全异己式的对立和隔离（至少从形式上而言），从而打破了人的生存的"原子状态"或"马铃薯状态"。在此，柯武刚的有关论述对我们分析此问题无疑具有较大的启发意义。他说，现在，我们必须强调一个明显的事实，即人类总在相互交往，必须从社会联系中来考察人的行为。事实上，没有什么人能在稍长一点的时期内单靠自己而很好地生活与行动，他们都需要其伙伴的反应来激励和控制。人完全是因为与其伙伴的个人联系才在智力上、道德上、文化上和情感上不断成长的。实际上，对绝大多数人来讲，孤立无援、无人知晓、众叛亲离的境地都是最难以忍受的。因此，"我们在研究制度时并不采用'孤立主义的个人主义'立场，而是采用一种将人们视为'社会动物'的立场。前一种立场视个人为孤岛，而后一种立场则认为人们是在与他人的合作之中追求其自身目标的。因此，采用像我们所拥有的这种个人主义立场，并不意味着将人们作为孤立存在的个人来研究。个人主义意味着，社会研究和经济研究的最终尺度并非个人的欲望，而是生活于社会联系中并受制度约束的个人。这基本上定义了我们所说的'社会性'一词。制度经济学方法承认，人们确立双向的关系并需要各种持续的群体结合。每一种与他人的联系都给我们一种归属感，但同时也将一种制度约束加于我们。这样的联系使人们体验到一种深深的满足，并给人以一种认同感和安全感。可以说，社会联系有助于控制我们自私的、返祖的、机会主义的个人本能，如我们已经看到的那样，制度在限制受本能驱使的机会主义上占有着中心地位"。②

---

① 《马克思恩格斯全集》（第3卷），人民出版社1960年版，第79页。

② 柯武刚等著，韩朝华译：《制度经济学》，商务印书馆2000年版，第70～71页。

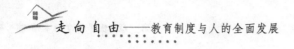

1. 人与社会之间的关系

人是社会动物，人的生存和发展离不开特定的社会环境。社会既是人通过交往建构起来的存在，又是制约和决定人的存在的先在前提。正是在这种生成和预成的关系中，展开了人与社会之间的互动关系。马克思指出："凡是有关人与人的相互关系问题都是社会问题。"① 但人与社会之间的关系是复杂而辩证的，一方面两者是一种相互依存、相互联系的关系，另一方面两者之间又是一种相互对立、相互排斥的关系。

教育实际上是一种社会构成的过程，所谓人的自然，最多只是一块白板，"它"能够成为一个人并具有的一切特性，都是不同的他人、不同的社会环境、不同的事件在这块白板上描画而成的。本来并没有什么所谓人的概念，人是通过社会生成的，有什么样的社会，就会有什么样的"人"；人之所以彼此不同，是因为选择用来构成他的社会要件的不同。卡尔曾说："当我们出生的时候，这个世界就开始对我们产生影响，并把我们从纯粹的生物单位转变为社会单位。历史每个阶段或者史前时期的人来到一个社会，从其早年时代就被那个社会所铸造。他所说的语言并不是一种个人的天赋，而是他从其生活群体中的获得物。语言和环境都有助于决定他的思想特征；他的最早的观念来自于别人。脱离了社会的人既不会说话，也不会思想。"② 在费希特看来，个体本身什么也不是，个体离开社会什么也不是，个体离开群体什么也不是。个体不存在，他一定消失了。只有群体存在，只有它才是真实的。"个体并不存在，他不再有意义，而一定彻底消灭；只有群体存在。"个体的人必须尽力回报社会，他必须在人群中就位，他必须在某一方面力求促进其他人的地位。他说："人只能在一种条件下作这样的假定，那就是人是按照我们上面所说的意义，同其他理性存在者进行交往的。""人注定是过社会生活的；他应该过社会生活；如果他与世隔绝，离群索居，他就不是一个完整的，完善的人，而且会自相矛盾。"③ 人之所以是人，是因为他生活在社会之中。涂尔干说，事实上，"正是社会使我们从自身中摆脱出来，迫使我们考虑自身以外的其他利益，正是社会使我们学会支配自己的激情和本能，学会用法律来驾驭自己的激情和本能，学会约束自己、控制自己和作出自我牺牲，学会使我们个人的目标服从更高的目标。同样地，也正是社会在我们的道德心中形成了整个表象系统，而这种表象系统使

---

① 《马克思恩格斯全集》（第 4 卷），人民出版社 1960 年版，第 334 页。

② E. H. 卡尔著，陈恒译：《历史是什么?》，商务印书馆 2007 年版，第 118～119 页。

③ 费希特著，梁志学选编：《自由的体系》，商务印书馆 2008 年版，第 110～111 页。

我们对内部和外部的道德准则、纪律持有某种观念与情感。"① 只有通过协作和社会传统，人才能成为人，人在很大程度上是社会的产物。我们身上所有最好的东西，我们所有高等的行为方式，都来源于社会。柏克认为，人这种被造物，之所以从其原始状态，即自然状态，步入社会和国家，并不是因为他觉得这样做比较便利，相反，因为人的本性只能在世俗社会中才可能得以完善。脱离社会，人就无法作为一个充分成熟的存在物存在下去。"市民社会……就是一种自然状态，比起粗野而散漫无纪的生活方式来，它更是如此。因为人在本性上是通情达理的，不过他绝不会完全地处在自然的状态中，只有当他被置入那种理性在其中可以得到最佳培育并占据最大优势的环境中时，他才可能是如此。文化是人类的本性。至少，无论在成型的壮年期还是在稚弱可怜的婴儿期，人们同样是处于自然状态之中。"② 社会、社会制度以及国家等都是个体构成的网络，无论个体愿意与否，它们都是这个网络的有机组成部分，他们都是在这一网络中获得发展的。诚如吉登斯所说："社会就是把个体连接在一起的具有内在相互关系的系统……所有社会的整合都依赖这样一个事实：它们的成员是在共同文化造就的结构化的社会关系中被组织起来的。没有社会，文化就不可能存在；反之亦然，没有文化，社会也不可能存在。没有文化，我们便根本不能被称为通常意义上我们所理解的'人'。我们将失去表达自我的语言，没有自我意识，我们的思考和推理能力也将受到极大的限制。"③ 同时，个人既是社会发展进程的产物，也是社会发展进程的推动者。在马克思看来，"正像社会本身生产作为人的人一样，人也生产社会"。实践作为人的活动，既体现着人的内在尺度、人对社会的批判性和创造性，又包含着人的自我发展在其中。"现实的个人"及其活动是社会的现实前提，"社会结构和国家总是从一定的个人的生活过程中产生的"。④ 社会运动在其直接的意义上不过是追求着自己目的的人的活动而已，社会历史是"个体发展的历史"，社会关系"不过是他们的物质的和个体的活动所借以实现的必然形式罢了"。⑤ 正是这种既重视社会在个人发展中的作用，又不排除个体在社会发展中的作用，使得马克思主义关于社会与人的发展的研究整体上高出了西方学者的研究。

---

① 张人杰主编：《国外教育社会学基本文选》，华东师范大学出版社 2009 年版，第 11 页。
② 埃德蒙·柏克著，蒋庆等译：《自由与传统》（英文版导言），商务印书馆 2001 年版，第 11 页。
③ A. 吉登斯著，赵旭东等译：《社会学》，北京大学出版社 2003 年版，第 29 页。
④ 《马克思恩格斯选集》（第 1 卷），人民出版社 1995 年版，第 71 页。
⑤ 《马克思恩格斯选集》（第 4 卷），人民出版社 1995 年版，第 532 页。

首先，社会和个人是彻底地互相关联的，就整体而言是社会，就其差别而言则是个人，只有通过个人，社会的共同善才能实现，同样也只有通过社会，个体的理性境界才能完成。罗尔斯曾说："一个组织良好的社会是一个被设计来发展它的成员们的善并由一个公开的正义观念有效地调节着的社会。因而，它是这样的社会，其中每一个人都接受并了解其他人也接受同样的正义原则，同时，基本的社会制度满足着并且也被看作是满足着这些正义原则。在这个社会里，作为公平的正义被塑造得和这个社会的观念一致。……而且，一个组织良好的社会也是一个由它的公开的正义观念来调节的社会。这个事实意味着它的成员们有一种按照正义原则的要求行动的强烈的通常有效的欲望。"① 反之，如果一个社会道德败坏，社会共同善不仅是一句空话，而且人的发展，精神境界的提升也无从实现。加塞特说，一个伟大的国家，一定有伟大的学校；同样，没有伟大的学校，也就成不了伟大的国家。但是，"国家的宗教信仰、政治家的治国才能和经济以及其他众多因素也同样说明了这个问题，一个国家的伟大与否取决于诸多因素综合体现的结果。如果一个民族政治腐败，那么要想拥有完善的学校体系是徒劳的，因为在这种情况下，学校只是为那些远离广大民众的少数人服务"。②

其次，社会与个人是水乳相融的，它们之间互为需要、互为补充，并不对立。没有社会，就没有个人，这如同我们所了解的没有个人、没有自我客体化的动因，也就没有社会一样真实。社会与个人之间那种想象的对立，只不过是以不相干的东西转移我们的注意力来扰乱我们的思想而已。阿德勒认为，如果孤身一人置身于没有任何文明的工具，生活在一片原始森林，将比任何别的生物更为力不从心。他没有别的动物的速度和力量，没有肉食动物的尖利牙齿，没有灵敏的听觉和敏锐的嗅觉，而这一切都是生存斗争所必需的。因而，人需要大量的工具来保证他的生存，同时，他的营养、他的特征以及他的生活方式，都要求得到广泛的保护。人只有置身于特别有利的条件下，才能生存，而社会生活恰恰为他提供了这些有利条件。"社会生活成为必需，因为通过社会和劳动分工，每一个体都使自己从属于群体，这种物种才能继续生存下来。劳动分工（从本质而言，意味着文明）本身能使人类获得进攻和防御的工具，这些工具能使人占有一切必需的东西。人只有在学会了劳动分工以后，才学会如

---

① 约翰·罗尔斯著，何怀宏等译，《正义论》，中国社会科学出版社 1988 年版，第 456～457 页。

② 奥尔特加·加塞特著，徐小洲等译：《大学的使命》，浙江教育出版社 2001 年版，第 48 页。

何显示自己的威力。……社会是人类继续生存的最佳保障。"①

再次，社会的发展与个人的发展是齐头并进互为条件的。卡尔曾说："像原始人一样，文明人也是由社会铸造的，其效果就像个人影响了社会一样。你不能只要鸡蛋而不要母鸡，同样，你也不能只要母鸡而不要鸡蛋。"② 同时，个人也只有在社会中进行有效的社会合作，社会交往，才有可能实现自身的价值。罗尔斯指出："正是通过建立在社会成员们的需要和潜在性基础上的社会联合，每一个人才能分享其他人表现出来的天赋才能的总和。我们达到了一种人类共同体的概念，这个共同体的成员们从彼此的由自由的制度激发的美德和个性中得到享受；同时，他们承认每一个人的善是人类完整活动的一个因素，而这种活动的整体系统是大家都赞成的并且给每个人都带来快乐。"③ 往日的社会容易满足于"不断更新它本身存在的条件"（涂尔干语），但是，在社会经济、科学技术发生变革的年代里，社会就不能再这样了，社会需要教育人们能够适应变化乃至促进变化。"如果在 70 年代人们把教育视为达到较大范围的经济与社会目标的一个手段，那末教育体系之是否有效就要涉及较大范围的一系列目标。把这个问题换一个方式来说，即教育如何利用资源，以实现社会为它所确立的目标？"④

第四，个人只有在社会中进行持续的交往，他的个性才可能得到自由和充分的发展。马克思指出："只有在共同体中，个人才能获得全面发展其才能的手段，也就是说，只有在共同体中才可能有个人自由。"⑤ 个人只有在社会中进行持续的交往，才能把自我从纯主观性和纯偏执性中解放出来，从特殊性走向普遍性与特殊性的统一，从个性走向个性与共同性的统一，也才能养成个体的社会共同体意识。诚如《学会生存》一书所说，教育共同体的任务是"保持一个人的首创精神和创造力量而不放弃把他放在真实生活中的需要；传递文化而不用现成的模式去压抑他；鼓励他发挥他的天才、能力和个人的表达方式，而不助长他的个人主义；密切注意每一个人的独特性，而不忽视创造也是一种集

---

① A. 阿德勒著，陈太胜等译：《理解人性》，贵州人民出版社 2000 年版，第 13~14 页。
② E. H. 卡尔著，陈恒译：《历史是什么？》，商务印书馆 2007 年版，第 120 页。
③ 约翰·罗尔斯著，何怀宏等译，《正义论》，中国社会科学出版社 1988 年版，第 526 页。
④ 联合国教科文组织、国际教育发展委员会编著，华东师范大学比较教育研究所译：《学会生存》，教育科学出版社 1996 年版，第 55 页。注释②。
⑤ 《马克思恩格斯选集》（第 1 卷），人民出版社 1995 年版，第 119 页。

体活动。"① 唯其如此，我们才能使"每一个人虽然与所有的人相联合，却只是服从他自己，并且仍然同以前一样自由"。② 人的精神世界是在社会场景中展现的，人的内在的精神是不可能在一种孤立的状态中形成的，人的才能是不可能在孤立的社会场景中获得发展的，"只有远出他乡，漂洋过海，归来时他才有故事可讲"。③ 卢梭说："游历可以促使一个人的天性按它的倾向发展，以至最终使他成为一个好人或坏人。一个周游过世界的人，在回来的时候是什么样子，他今后一生都永远是那个样子。……生长在善良人家的青年……游历归来之后，个个都会变得比他们在游历以前更好和更聪明。"④ 托克维尔在其晚年给斯韦琴夫人的一封信中，曾坦陈心迹："我向你坦言我的弱点，孤立总是令我恐惧；而为了得到幸福或者只是安宁，我总是需要——或许不太明智——我总是需要有人在一起相处，我总是依赖于我的许多朋友们的理解。这句深刻的古谚再合适我不过：一个人独处不好。"⑤ 托克维尔的要旨在于建立强大的公民社会，从而战胜在冷漠中窒息心灵的孤独或独处。涂尔干说："在我们身上，存在着一种与我们自身不同的状态，即社会，社会在我们身上并通过我们把这种状态表达出来。这样的状态构成了社会本身，同时也存留在我们身上，在我们的身上起作用。当然，社会比我们更大，它超越了我们，因为它无限地大于我们的个体存在；可是，与此同时，社会也走进了我们每个人。它在我们外面，围住我们，它也在我们里面，完全是我们的本性的一个方面。我们与社会融为一体。正如我们的物质机体在自己的外面获得其营养一样，我们的精神机体依靠观念、情感和实践得到滋养，而所有这些都是我们从社会中获得的。"⑥ 即，构成我们自己最重要的组成部分是社会，人是在社会中获得发展的，人的精神世界是在社会中丰富的。社会使我们脱离了我们自身，迫使我们考虑到我们自身以外的其他利益，是社会教会我们驾驭我们的激情和本能，为它们制定法则，是社会教会我们约束自己、奉献自己和牺牲自己，使我们的个人目的服从于更高的目的。正因为有了整个表现体系，我们的心中才会留有与规范和纪律

---

① 联合国教科文组织国际教育发展委员会编著，华东师范大学比较教育研究所译：《学会生存》，教育科学出版社 1996 年版，第 188 页。

② 北京大学哲学系外国哲学教研室：《十八世纪法国哲学》，商务印书馆 1979 年版，第 171 页。

③ 叔本华著，范进等译：《叔本华论说文集》，商务印书馆 2006 年版，第 100 页。

④ 卢梭著，李平沤译：《爱弥儿》（下卷），商务印书馆 2006 年版，第 698~699 页。

⑤ 《思想与社会》编委会编：《托克维尔：民主的政治科学》，上海三联书店 2006 年版，第 72 页。

⑥ 爱弥尔·涂尔干著，陈光金等译：《道德教育》，上海人民出版社 2006 年版，第 54 页。

有关的观念与情感，无论它们是内在的，还是外在的——只有社会，才能在我们的意识中确立这样的表现体系。于是，我们便获得了控制我们自身的力量，而这种对我们自身倾向的控制恰恰是人类独一无二的特征，并随着我们成为更加完满的人而获得更大程度的发展。"为了成为名副其实的人，我们必须尽快与人类特有的精神生活和道德生活这个最重要的来源联系起来。这一源泉并非存在于我们的内部，而是在社会之中。社会是文明的全部财富的生产者和贮藏者，没有社会，人就会降至动物的水平。所以，我们必须迅速接受社会的影响，而不是怀有妒心，返回自身去保护我们的自治。"①

　　社会理论中有一个比喻非常形象：人得以确立自身的"我"，并不是一个先在的设定，而是通过社会这面镜子反射构成的，因而所谓"我"（self），实际上是社会中各种图像所组成的结合，甚至连身体上的"我"，也是依据类似的途径被构造出来的。任何自我皆由他者构成，任何自我都是经过社会这面镜子的反射而凝聚成的人。科诺里指出：尽管"每一种形式的社会形成及形成过程的内部都包含着征服和残忍"，但"如果没有社会形式，人类这种动物从本质上说是不完整的，共同的语言、制度环境、一套传统，阐述公共目的的政治论坛对获得生活中必要的个性和共性来说都必不可少"。② 没有一个自我是纯粹的自我，它永远处在社会的境遇之中，永远是一个现实的、在各种社会场景中表现的自我。"我只能依据那些要紧的事物背景来定义我自己。但是，排除历史、自然、社会、团结要求，排除发现自我之外的每件东西，就会消灭一切要紧事物的候选者。仅当我存在于这样的一个世界里，在其中，由历史、自然的要求、我的人类同伴的要求、公民的职责、上帝的号召或其他这类东西来确定有决定性关系的事物，我才能为自己定义一个非琐碎的同一性。"③ 没有一个自我是纯粹的自我，他永远处于与他人的交往之中，永远是一个在交往中表现、发展的自我。涂尔干指出："一个并不独自生活、并不为了自己而生活的人，一个奉献自己的人，一个与周围世界交融在一起并允许世界渗入其自身的人，他的生活，肯定比那些离群索居的利己主义者的生活更丰富、更有活力，这种利己主义者把自己封闭起来，使自己疏离于其他的人和物。正因为如此，一个真正有道德（而不是庸庸碌碌的、不敢越雷池一步）的人，一个有着主动的和

① 爱弥尔·涂尔干著，陈光金等译：《道德教育》，上海人民出版社 2006 年版，第 55 页。
② W. 范伯格等著，李奇等译：《学校与社会》，教育科学出版社 2006 年版，第 74～75页。
③ 查尔斯·泰勒著，程炼等译：《现代性之隐忧》，中央编译出版社 2001 年版，第 47 页。

积极的道德的人，不可能不拥有一种很强的人格。"① 交流把每个自我带入一种精神相遇的视野中。尽管自我的创造并不意味着必定是人性在道德上善的建构，但是自我的任何创造乃是展现在生活空间的交往之中的。米德说："自我所由产生的过程是一个社会的过程，它意味着个体在群体内的相互作用，意味着群体的优先存在。它还意味着群体的不同成员都参与其内的某种合法性活动。"② 每个人的自我实现或自我创造只有在社会或共同体的规定下才是可能的，因为社会或共同体为自我的认同、发展提供了社会性的背景和际遇。尽管自我是偶在的，自我的创造是偶在的，但是在共同体的生活境域中，我们成为了自己。

因此，卢梭所说的人在其假设的"自然状态"下是孤独的，不需要结成社会，确乃偏颇之论。他说："我看到他在橡树下饱餐，在随便遇到的一条河沟里饮水，在供给他食物的树下找到睡觉的地方，于是他的需要便完全满足了。"③ 卢梭所谓的这个孤独的人的前提，使他的整个教育学说失去了现实的起点，成为一种抽象的推论，无法科学地说明教育生活和人的发展。萨特在《厌恶及其他》一书中，曾借洛根丁之口"说"出了自己的道德原则——"我是孤零零地活着，完全孤零零一个人。我永远也不和任何人谈话。我不收受什么，也不给予什么"。④ 而这一道德原则显然是不成立的，"以自我为中心的人，即利己主义的生活……违背了人的本性。……要想切断，或试图切断各种把我们与他人联系起来的纽带，这种做法其实是徒劳的。我们自己无法做到这一点。我们必须依附于围绕着我们的环境。这种环境笼罩着我们，与我们交融在一起。……而且，甚至可以说，绝对的利己主义者是一种不可能实现的抽象。为了过一种纯粹利己主义的生活，我们将不得不消除掉我们的社会本性，而这就像摆脱掉我们的影子一样，是不可能的"。⑤ 一旦我们脱离社会，不但不会得到任何的发展，而且会使自身发生分裂。"在社会与我们之间，有一种最有力、最密切的联系，因为社会是我们自身存在的一个组成部分，在某种意义上构成了我们身上最好的东西。"⑥ 当然，虽然人是被社会"形塑"的、是被社会构造

---

① 爱弥尔·涂尔干著，陈光金等译：《道德教育》，上海人民出版社2006年版，第56页。
② 乔治·H·米德著，赵月瑟译：《心灵·自我与社会》，上海译文出版社1992年版，第145~146页。
③ 卢梭著，李常山译：《论人类不平等的起源和基础》，商务印书馆1996年版，第75页。
④ 萨特著，郑永慧译：《厌恶及其他》，上海译文出版社1987年版，第13页。
⑤ 爱弥尔·涂尔干著，陈光金等译：《道德教育》，上海人民出版社2006年版，第55页。
⑥ 爱弥尔·涂尔干著，陈光金等译：《道德教育》，上海人民出版社2006年版，第55页。

的，但并不能说人可以由社会替代。也就是说，虽然每个人的自我都是靠社会来构成的，但这并不意味着每个人的自我都等同于每个人的社会。相反，虽说社会构成了自我，但自我依然作为一个独立的范畴，有其自身的规定性；只不过这种规定性不再像以前那样被理解成纯粹自然的规定性而已：我们不再通过人的自然状态来理解人，而只通过人的社会状态来理解人；即便我们时常会提到人的自然，那也是被社会化了的社会自然。自我是被"镶嵌于"或"置于"现存的社会常规之中的——我们不可能总是能够选择退出这些常规。显然，我们应对"康德式"自我观予以纠偏。当康德坚定地捍卫下列观点，即自我优先于它的社会角色和社会关系，并且，仅当自我能够与他的社会处境保持一定的距离并且能够按照理性的命令对其进行裁决时，自我才是自由的。麦金太尔指出，在确定生活方式的时候，我们"都把自己的处境当作是在承载某种特定的社会身份……因此，对我有益的事物就必然是角色承当者的利益"。[1] 泰勒对"康德式"自我观进行了批驳，"完全的自由就是虚无：没有什么事情值得追求，没有什么事情值得重视。通过置所有的外部约束与影响于一旁而达成自由的自我，实在是没有特性的，因此根本就缺乏确定的目的"。在他看来，真正的自由必须是"处境中的"。要想使我们社会处境的方方面面都服从理性的自我决定，是一个空洞的愿望，因为，这种自我决定的要求是茫然无措的。这种要求"不可能为我们的行为确定任何内容，因为它脱离了为我们设置目标的处境——正是这样的处境才塑造了理性同时也激发我们的创造力"。[2] 我们必须接受由处境"为我们设置的目标"。如果我们不接受这样的目标，追求自我决定就会导向尼采式的虚无主义，我们就会把所有共同价值当作绝对任意的设定而加以拒斥——于是，"生活的权威视域，如基督教的和人道主义的，一个接着一个被当作意志的镣铐而加以抛弃。最后，只剩下强力意志"。如果我们否认共同价值是"权威视域"，它们就会被我们当作对意志的任意限制，于是，我们的自由就要求把它们统统拒斥。[3]

当然，我们应特别注意以下情况。"社会"往往容易成为类似于霍布斯所说的"利维坦"怪物，以所谓的普遍意志凌驾于每一个个体的人之上。马克思、恩格斯在《德意志意识形态》中所说的"虚假的集体"就是社会与人对立的一个例证。他们说："从前各个人联合而成的虚假的共同体，总是相对于各

① W. 金里卡著，刘莘译：《当代政治哲学》（下），上海三联书店 2004 年版，第 405 页。
② W. 金里卡著，刘莘译：《当代政治哲学》（下），上海三联书店 2004 年版，第 406 页。
③ W. 金里卡著，刘莘译：《当代政治哲学》（下），上海三联书店 2004 年版，第 406 页。

个人而独立的；由于这种共同体是一个阶级反对另一个阶级的联合，因此对于被统治的阶级来说，它不仅是完全虚幻的共同体，而且是新的桎梏。"① 正因为这种对立，人与社会之间的关系又走向了另外一个极端。爱因斯坦曾说："现在的个人比以往都更加意识到他对社会的依赖性。但他没有体会到这种依赖性是一份可靠的财产，是一条有机的纽带，是一种保护性的力量，反而把它看作是对他的天赋权利的一种威胁。更为甚者，个人在社会中过分强调以自我为中心，社会意识变得越来越淡薄。人类——不管他们在社会中处于何种地位——都在遭受这种非社会化倾向的痛苦，不知不觉地成为自我主义的囚徒。许多人感到无安全感、孤独，他们被剥夺了天真、单纯和对生活无忧无虑体验的权利。"② 爱因斯坦把此现象称之为"我们时代危机的本质原因"。

如何避免上述两种情况的出现，协调好两者之间的关系，使得两者之间相互促进、相互发展，而不是相互对立、相互压制，就有待于制度的安排。诚如哈耶克所言："实际上就是如何才能发现一套激励制度，以便激励人们根据自己的选择和依从那些决定着其日常行为的动机而尽可能地为满足所有其他人的需要贡献出自己的力量。"③

2. 教育制度是一个关系范畴

在现实的教育生活世界中，如何把我们引入"社会"，与社会环境、与他人"交融在一起"，并发展自己的个性，无疑需要一定的制度框架，或者说需要制度搭建平台。一方面，人类生存和发展的制度规范是由"社会"定位的，是由"社会"界定的，是由"社会"赋予其意义的。阿德勒曾说："任何确保人类生存的法则，诸如法规、图腾和禁忌，迷信或教育，都必须受制于社会的概念并适合它。"④ 另一方面，制度是社会和社会生活约束力的载体，"社会和社会生活的约束力存在于制度中，对这些制度的种种形式我们无须完全理解，比如宗教就是这样。在宗教中，社会规范的神圣化成了社会成员间的一种契约。如果我们的生活状况首先要决定于宇宙的支配力，那么它还进一步要受到人类社会和公共生活的制约，以及从社会生活中自发产生的法则和规律的制

---

① 《马克思恩格斯选集》（第1卷），人民出版社1995年版，第119页。

② 爱因斯坦著，许良英等编译：《爱因斯坦文集》（第3卷），商务印书馆1979年版，第271页。

③ F. A. 冯·哈耶克著，邓正来译：《个人主义与经济秩序》，生活·读书·新知三联书店2003年版，第17页。

④ A. 阿德勒著，陈太胜等译：《理解人性》，贵州人民出版社2000年版，第15页。

约。社会需要调整着人与人之间的所有关系。人的社会生活先于其个人生活"。① 教育制度，既在我们的外面牵引我们，把我们引入滋养我们的社会环境并与他人"交融在一起"，同时又使我们能够发展自己的个性。教育制度是教育交往的产物，指明了教育制度作为教育关系范畴的本质。人类社会的教育、"人性向善"、人的发展等正是通过教育交往在教育制度中实现自身种种的历史进化的。任何人都是在教育交往中获得发展的，人的精神只有在人与人之间的相互交往中才能产生和发展。"个性从最初就是在社会中产生的，人是作为具有一定的自然特性和能力的个体而参加到历史中（以及儿童参加到生活中）的，并且他只有作为社会关系的主体才能成为个性。"② 也就是说，人的个性及精神是由个体在其中进行着教育活动的教育关系所创造出来的，任何人只有在与其他人的教育交往活动中获得人之为人的精神。"一个人的发展取决于他直接和间接进行交往的其他一切人的发展"③。而教育制度是在教育交往实践基础上，对教育关系或形式的规范化、体系化表达，它根源于社会经济基础。借助于教育制度，使得人与人之间的关系真正成为马克思主义经典作家所说的，一方面，"不言而喻，要不是每一个人都得到解放，社会也不能得到解放"④，社会的发展又通过人的发展得到实现。另一方面，"在真实的集体条件下，各个个人在自己的联合中并通过这种联合获得自由"⑤ 人的发展以社会的发展为前提。

　　教育制度既是沟通、对话、商谈、交往等得以进行的条件，同时也是沟通、对话、商谈、交往的重要内容。而人的全面而自由的发展恰是在沟通、交往、对话、商谈等形式中实现的，恰是在沟通、交往、对话、商谈等形成的一种相互依赖与互动的良好秩序中实现的。富勒曾说："交往不只是活着的手段。它是保持活力的方法。正是通过交往，我们才继承了人类过去的努力所达到的成就。交往的可能性向我们保证我们取得的成就将丰富后来者的生活，它由此而使我们不会对死亡的观念感到不安。我们怎样、在什么时候实现彼此之间的交往，这将扩大或缩小生活本身的范围。用维特根斯坦的话来说：'我的语言的限度就是我的世界的限度'。""打开、保持和保留交往渠道的整体性，因为

---

① A. 阿德勒著，陈太胜等译：《理解人性》，贵州人民出版社 2000 年版，第 12 页。
② 列昂介夫著，李沂等译：《活动·意识·个性》，上海译文出版社 1980 年版，第 125 页。
③ 《马克思恩格斯全集》（第 3 卷），人民出版社 1979 年版，第 515 页。
④ 《马克思恩格斯选集》（第 3 卷），人民出版社 1995 年版，第 644 页。
⑤ 《马克思恩格斯全集》（第 3 卷），人民出版社 1960 年版，第 84 页。

人们借助于交往彼此传达着他们的认知、感觉和希望。"① 教育制度是教育交往的媒介，这一媒介的任务从某种意义上说并不是确保稳定性、教育秩序和义务，而是创造一种使沟通、对话、商谈、交往得以发生的教育秩序。因此，没有教育制度，人的自由而全面发展将是没有大地支撑的空中楼阁。教育制度是人的发展的根本条件，排斥了教育制度，人其实就是自我闭塞的。因为，这拒绝了同社会中他人对话的可能，拒绝了来自共同生活对人性的支持，对人的自由而全面发展的支持。个人是生存的最基本的和真实的样态，也只有个体的鲜活的生存才照亮存在，使存在"在"起来。因此，存在的一切意义都应该、也必然通过个体生存实现并显现。个体生存并不是自足的和封闭的单子，而是自为的和开放的生命活动，每一个个体与其他个体之间都存在着强烈的主体间性与意向性，促使个体间发生沟通与关联，并形成一种共在的生存整体，共在的生存整体不过就是个体生存在场的形式，是存在的具体化。"我"是如此，"你"是如此，每一个"他者"都是如此。在胡塞尔看来，每个认识主体都有一个"自我的"生活世界，每个人都是一个"自我"，这些诸"自我"拥有共同的世界——世界不只是我的，世界也是你的，世界是他的，世界是向我们的世界。于是，自我与他我通过拥有共同的世界而成为一个共同体。海德格尔曾说："此在的世界所开放出来的有这样一种存在者：它不仅根本和用具与物有别，而且按其作为此在本身存在这样一种存在的方式，它是以在世的方式'在'世界中的，而同时它又在这个世界中以在世界之内的方式来照面。这个存在者既不是现成的也不是上手的，而是如那有所开放的此在本身一样——它也在此，它共同在此。"② 这个"共同"是一种此在式的共同，这个"也"是指存在的同等，存在则是寻觅着操劳在世的存在。"由于这种有共同性的在世之故，世界向来已经总是我和他人共同分有的世界。此在的世界是共同世界。'在之中'就是与他人共同存在。他人的在世界之内的自在存在就是共同此在。"③ 当然，也只有个人把完全与自己不同的他人视为自己，视为人，从而打通与他人的接触，他才在与他人的严密的、变动的接触中打破自己的孤独感。海德格尔曾说："人原则上不是或不是一种其本质存在于主体—客体关系中的

① 韦恩·莫里森著，李桂林等译：《法理学》，武汉大学出版社 2006 年版，第 414~415页。
② 马丁·海德格尔著，陈嘉映等译：《存在与时间》，生活·读书·新知三联书店 2009 年版，第 137 页。
③ 马丁·海德格尔著，陈嘉映等译：《存在与时间》，生活·读书·新知三联书店 2009 年版，第 138 页。

意向地指向客体的（认识论）的主体，人在本质上首先是存在于'存在'的开放性中，这种开放性是一片旷野，它包括了主—客关系能呈现于其中的'中间'地带。"① 也就是说，海德格尔在"此在"中渗入了世界与他人，将人变成"共在"，从而将人从自我中心论或形而上学主体论的束缚中解放出来。其实，在海德格尔之前的康德也认为，人与人之间相互交往对于人性的形成、人的发展有极其重要的意义。康德反对把人看作孤立的个体，主张从人与人的关系中来考察人（这成为了贯穿康德人类学中的一个普遍原则）。在他看来，人的思想不可能是封闭的（为此他大力鼓吹出版自由），人的欲望不可能是孤芳自赏的，人的欲望只有在相互交往中才能得到满足。只不过，康德眼中的社会交往只限于在上流社会的客厅和娱乐场所，而对于人类的社会物质生产劳动，尽管他把它看作最高的感官享受方式并称为"最高的自然的善"，他却并没有看到它在形成一个社会中人与人的交往模式方式的决定意义。在他看来，介于感官享受与精神享受之间、作为这二者过渡的"最高的道德—自然的善"，充其量不过是邀请几位趣味纯正的先生美美地吃上一顿的社交愉快。

教育制度作为教育关系范畴体现为中介。教育制度是一个具有中介作用、整合功能的教育关系范畴。哈耶克曾说："我们唯有通过理解那些指向其他人并受其预期行为所指导的个人行动，方能达致对社会现象的理解。"② 每一个教育主体与其他教育主体发生关系都要遵循教育制度。社会借助教育制度这根纽带，把整个教育要素整合、凝聚在一起，使彼此间的相互交往有章可循，而且其关系还具有一定的稳定性和可预期性。例如，就中国古代的科举取士制度而言，尽管"它总是精英的，从形式到实质都是少数人的一种活动。它的选择标准是受到某种先定的实质内容的限制的，它虽不涉及传统国家和政府合法性的根本基础，但它为社会提供了一种稳定的、可以合理预测的期望，对社会资源的分配、社会分层的确立以及个人地位的变迁意义至关重大"。③ 教育制度作为社会或教育组织的规则、规范，其功能就是通过帮助人们在与别人展开教育交往中形成合理的预期来对人际关系进行协调，教育制度提供了对于别人教育行动的保证，并在教育关系这一复杂和不确定的世界中给予预期以秩序和稳定

---

① R. 弗莱德·多尔迈著，万俊人等译：《主体性的黄昏》，上海人民出版社 1992 年版，第 43 页。

② F. A. 冯·哈耶克著，邓正来译：《个人主义与经济秩序》，生活·读书·新知三联书店 2003 年版，第 12 页。

③ 何怀宏著：《选举社会及其终结》，生活·读书·新知三联书店 1998 年版，第 110~111页。

性。人类的相互交往，包括教育生活中的相互交往，都依赖于某种信任。"信任以一种秩序为基础。而要维护这种秩序，就要依靠各种禁止不可预见行为和机会主义行为的规则。"① 可见，教育主体之间若是要想获得教育合作和教育交往所必需的稳定预期，就离不开相应的教育制度。诚如维克托·尼等人所说："制度的可靠性提供了一种信任或可信承诺的可替代的基础……投资者购买了公司的股票或共同基金，不是因为他们与管理方有私人关系，而是因为企业具有可靠的利润纪录和诚实的信用。同样，全国最好的高中的毕业生申请顶级名校主要不是因为他们是校友的孩子，而是因为他们被学校的声望所吸引。由于美国的大学招生办公室在英才教育方面具有可信的承诺，所以高中毕业生更愿意接受学习能力倾向测验，而不是花费时间和资源培养与委员会成员的私人关系。"②同时也只有通过以教育法律为基本形式的教育制度体系，才能建立和维持这样一种预期机制。例如，在我们的日常教育生活中，我们要与许多陌生的教育工作者和教育组织打交道，但我们却对他们的可预见行为寄予了很大的信任。在一所学校里，我们可能对其教育质量、教师水平一无所知，却毫不犹豫地将自己的孩子"送"到学校。然而，在这一场合，我们都相信，我们肯定能得到优质的教育服务，学校会对家长、孩子履行其承诺。为什么，因为学校教育工作者都具备提供优质服务和从事教育、教学的专业知识与技能，因为他们都受制于教育制度——对其不提供优质教育服务或蒙骗我们的机会主义动机施加限制。我们完全可以设想，拒不履行承诺或自私地违背教育制度将招致这样或那样的惩罚。反之，没有惩罚的教育制度是无用的，只有运用惩罚，才能使学校教育工作者的教育行为变得较可预见。而带有惩罚的教育制度创立起一定程度的教育秩序，将学校教育工作者的教育行为导入可合理预期的轨道。另外，如果没有教育制度这一中介存在，人和教育都将不再具有其自身的规定性。人的现实规定性是一切社会关系的总和，所以人如果脱离了一切社会关系、教育关系，就将失去其作为人的规定性。柯勒律治说："人确因与他人共存而改变。他的才能不可能在其自己独处的情况下、光靠其自己而发展起来。"③ 而社会作为一种人在存在过程中形成的结构关系的特殊集合体，如果没有制度、教育制度这种中介存在，人就会变成一个个"孤独的鲁滨逊"。

教育制度作为一般性的存在，是教育的组织方式，反映了教育内部各要素

① 柯武刚等著，韩朝华译：《制度经济学》，商务印书馆2000年版，第3页。
② 薛晓源等主编：《全球化与新制度主义》，社会科学文献出版社2004年版，第315页。
③ 柯武刚等著，韩朝华译：《制度经济学》，商务印书馆2000年版，第50页。

之间的内在教育关系，也总要或多或少地遵循并体现一定的教育客观规律。教育内部各要素之间的相互交往或相互作用中的联系，就是它们之间的关系，而教育制度体现这种关系，并将它们凝结化、固定化，只是这种关系不是一般的关系，而是社会共同体、教育共同体认可的关系。其本质就在于以物化的形式使教育社会化、精神交往全面化，从而实现人的社会化。韦伯认为："'社会化'应该称之为一种社会关系"①。马克思指出："人们在生产中不仅仅影响自然界，而且也互相影响。他们只有以一定的方式共同活动和互相交换其活动，才能进行生产。为了进行生产，人们相互之间便发生一定的联系和关系；只有在这些社会联系和社会关系的范围内，才会有他们对自然界的影响，才会有生产。"② 因此，我们固然不能说教育关系就是教育制度，但"以一定方式结合起来"必然离不开教育制度的作用。

教育制度与人、教育制度与社会之间的关系是一种辩证的互动关系。一方面，教育制度的性质与形态对于人的发展和社会的发展具有直接的意义。伊梅古特说："制度——核心是法律和宪法——因此发挥着双重作用。它们束缚和腐蚀人类的行为，但它们也提供了解放人类的途径。社会制度不包括人类的基本特性，相反，作为历史的产物，制度促生了特定行为。而作为人类的创造物，它们能够被政策加以改变。政治制度可以更公正，在这些制度下做出的政治决策也将为塑造更好的公民而改变它们。"③ 在承认教育制度对人的发展和社会发展具有重大作用的同时，也应看到不同的教育制度形态对人的发展和社会发展的作用是不一样的。教育制度是保证人的发展和社会的发展得以实现的关系范畴，但是，在专制性教育制度下人们所从事的并不是与人的本质相符的那种"自由的自觉的活动"，而是与人的本质相悖离的那种活动，是一种非人的活动。马克思指出："专制制度的唯一原则就是轻视人类，使人不成为其人，而这个原则比其他很多原则好的地方，就在于它不单是一个原则，而是还是事实。专制君主总把人看得很下贱。他眼看着这些人为了他而淹在庸碌生活的泥沼中，而且还像癞蛤蟆那样，不时从泥沼中露出头来。"④ 在马克思看来，专制性教育制度必然具有兽性，并且和人性是不相容的。另一方面，人和社会的发展状况又反过来影响着教育制度的具体形态与性质。社会作为教育关系的结合体，是教育制度发挥作用的场所和环境。《学会生存》一书说："教育是附属于

---

① M. 韦伯著，林荣远译：《经济与社会》（上卷），商务印书馆 1998 年版，第 70 页。
② 《马克思恩格斯选集》（第 1 卷），人民出版社 1995 年版，第 344 页。
③ 薛晓源等主编：《全球化与新制度主义》，社会科学文献出版社 2004 年版，第 108 页。
④ 《马克思恩格斯全集》（第 1 卷），人民出版社 1995 年版，第 411 页。

社会的一个体系，它必然反映着那个社会的主要特征。在一个不公平的社会里，希望有合理的、人道的教育，这将是徒劳的。一个官僚主义的，惯常脱离生活的体系会感到难于接受这样的想法，即学校是为儿童而设立的，而不是儿童为学校而生存的。上面发号施令，下面唯命是听，建筑在这样的基础上的政权，不可能发展自由教育。在工作一般处于隔绝状态的社会经济条件下，要想培养学生爱好创造性的工作，这将是困难的。人们又如何能够想象由特权和歧视所构成的社会可能产生民主的教育体系呢？"① 简言之，教育制度通过整合各种教育关系实现社会的发展、教育的发展以及人的发展，社会为教育制度体现其存在提供了场所。

当然，作为一种关系存在物，教育制度在协调人与社会、人与人的关系过程中，教育制度本身也得到了完善与发展。人既是教育制度的创造者，教育制度又是人的创造的制约者。教育制度与人是相互发明的。从微观角度而言，教育制度创新，既是一个社会整体目标，更是生活于其中的个人的选择目标。这就意味着，教育现代化不仅是一个教育制度变革、创新的过程，更是一个人的转化过程。个人既是主动的，又是被动的，个人的实际感受，在一定意义上决定着教育制度的创新方向、方式与速度。可见，人的现代化是社会与教育制度现代化的基本出发点，无论一个国家引入了多么现代的教育制度和教育管理方法，也无论这个国家如何仿效"最"现代的教育制度，如果执行这些教育制度的人，没有从心理、思想和行为方式上实现由传统人到现代人的转变，那么，这个国家的教育现代化只是徒有虚名。傅斯年说："如欲改革学校制度，不可不有新风气。若风气不改，一切事无从改，不止教育而已。"国民党统治时期虽移植了美国的教育制度，也根据教育的发展情况创新了一些教育制度，但由于风气太坏，高等教育仍处于崩溃的边缘。他说："我们……一切是官样文章，重视自己的利益；交朋友，为的是联络；弄组织，为的是盘踞；居其位则便于享受支配，弄到和人民脱节，不知道老百姓心中想些什么。办事呢，全不以事之办好为对象，消极的以自己能对付下去为主义；积极的以自己飞黄腾达为主义，肯认真办事的有多少人？肯公事公办的有多少人？肯对事用心去想的有多少人？肯克服自己的无知有私的有多少人？吃苦得罪人已经不肯，牺牲更少？假如这样的风气不彻底改变，则孟子有云：'由今之道，无变今之俗，虽与之

---

① 联合国教科文组织、国际教育发展委员会编著，华东师范大学比较教育研究所译：《学会生存》，教育科学出版社 1996 年版，第 88 页。

天下，不能一朝居也'。"① 教育制度不仅在创生时需要人的努力，而且在执行时更是需要人的用心、努力。傅斯年曾说："只知道法要紧的，一定弄得法令细如牛毛，结果仍是行不通；只知道人要紧的，一定弄得'万事在于一心'，结果是不上轨道的"，"有法，有人，法持大体，人用心思，这样才可把一件事办得好。好的法，不是不妥的人的代替品，好的人也不是不妥的法的代替品。"② 波普尔也表达了类似的思想："不仅制度的结构包含有重要的人格决定，而且即使是最好的制度……也常常在很大程度上依赖于相关的人。制度好似堡垒，它们得由人来精心设计并操纵。"③ 这就要求我们用新的教育制度文化、新的教育制度去塑造人、教育人，以便促使人们从忠诚和信仰"旧"教育制度向创新的教育制度转移。

第二节 教育制度的客观性

关于"客观性"，黑格尔的论述比较系统和全面。黑格尔认为："客观性一词具有三个意义。第一为外在事物的意义，以示有别于只是主观的、意谓的，或梦想的东西。第二为康德所确认的意义，指普遍性与必然性，以示有别于属于我们感觉的偶然、特殊和主观的东西。第三为刚才所提出的意义，客观性是指思想所把握的事物自身，以示有别于只是我们的思想，与事物的实质或事物的自身有区别的主观思想。"④ 我们这里对客观性的理解是从本体论意义上讲的，客观性是指事物不依赖于人的主观意识而独立存在，按自己固有的规律运转的性质，是外在于人的、具有必然性的、具有确定内容的，等等。

一、教育制度形态的历史必然性

从教育制度形态的历史必然性上来看教育制度的客观性，主要是想说明教育制度的形态不是人想当然创造的，从根本意义上而言，人也不能随意选择教育制度的具体形态。在不同的社会历史发展阶段，教育制度也呈现为不同的历

---

① 欧阳哲生主编：《傅斯年全集》（第 5 卷），湖南教育出版社 2003 年版，第 220 页。
② 欧阳哲生主编：《傅斯年全集》（第 5 卷），湖南教育出版社 2003 年版，第 209~210 页。
③ 卡尔·波普尔著，陆衡等译：《开放社会及其敌人》（第 1 卷），中国社会科学出版社 1999 年版，第 237 页。
④ 黑格尔著，贺麟译：《小逻辑》，商务印书馆 2007 年版，第 120 页。

史形态。

关于教育制度的历史形态，可以从两个方面来认识，一个方面是教育制度的社会历史形态，另一个方面是教育制度的自然历史形态。

（一）教育制度的社会历史形态

教育制度与人类社会的发展形态相对应，有什么样的社会发展形态，就有什么样的教育制度。

马克思主义认为，历史上的制度形态主要有五种，即"亚细亚的、古代的、封建的和现代资产阶级的生产方式"[①]，以及未来共产主义社会的生产方式所形成的社会制度形态。后来，斯大林把马克思、恩格斯的思想概括为五种社会经济形态，即原始公社制度的、奴隶制的、封建占有制的、资本主义的、共产主义的（包括社会主义在内）。

社会历史发展的五种制度形态，是与个人发展的三大历史阶段相对应的。马克思将人的发展分为三个阶段："人的依赖关系（起初完全是自然发生的），是最初的社会形式，在这种形式下，人的生产能力只是在狭小的范围内和孤立的地点上发展着。以物的依赖性为基础的人的独立性，是第二大形式，在这种形式下，才形成普遍的社会物质变换、全面的关系、多方面的需要以及全面的能力的体系。建立在个人全面发展和他们的共同的、社会的生产能力成为从属于他们的社会财富这一基础上的自由个性，是第三个阶段。第二个阶段为第三个阶段创造条件。因此，家长制的、古代的（以及封建的）状态随着商业、奢侈、货币、交换价值的发展而没落下去，现代社会则随着这些东西同步发展起来。"[②] 这里所分析的是社会的历史衍化，按马克思的看法，社会形态的变迁与个体存在形态的变化之间，呈现出对应关系：社会的最初形态对应于个人对其他个人的依赖性（"自然的人"），社会的第二大形式，以个人对物的依赖性为特点（"偶然的人"或"阶级的个人"），社会发展的第三阶段，则基于个人的全面发展及自由的个性之上（"有个性的人"）。在社会历史的以上衍化中，个人的存在意义无疑得到了突显：它的存在形态构成了区分不同历史阶段的重要依据。

就教育而言，人的发展的三个阶段："人的依赖关系"、"以物的依赖性为基础的人的独立性"和"自由个性"与三种教育制度（前资本主义教育制度、

---

① 《马克思恩格斯选集》（第 2 卷），人民出版社 1995 年版，第 33 页。
② 《马克思恩格斯全集》（第 30 卷），人民出版社 1995 年版，第 107～108 页。

资本主义教育制度、共产主义教育制度）发展过程以及它们给人们提供的发展空间密切相关。在"人的依赖关系"这一最初的社会形态下，个人依附于群体，个人基本上不具有独立性，只不过是"一定的狭隘人群的附属物"。人类依赖相互间形成的丰富的人际关系而生活，人的发展只是在狭窄的范围内和孤立的地点上发展着。"在原始社会里，教育是复杂的和连续的"，"一个人是通过共同生活的过程来教育自己的，而不是被别人所教育的。家庭生活或氏族生活、工作或游戏、仪式或典礼等都是每天遇到的学习机会；从家里母亲的照管到狩猎的父亲的教导……到处都是学习的机会。"① 因而，个体既不会想要单独生活，也不可能单独生活，而是处于彼此结合的生活状态；他们永远是大家集体地在一起，正好像是蜂蜜环绕着他们的蜂王一样。在"人的依赖关系"下，教育制度并未使相关对象之间真正发生相互作用，相关对象之间处于异己式的对立和隔绝状态，人的发展是一种"原子状态"。

在"以物的依赖性为基础的人的独立性"这一社会形态下，个人摆脱了人身依附关系而获得了空前的独立性和自主性，人与人之间的关系是一种契约式的联合。教育制度成为人们教育交往的中介，成为人们自由发展以及创造能力开发的重要条件。社会借助教育制度这根纽带，把社会的整个教育要素整合、凝聚在一起，使彼此间的相互交往有章可循，而且其关系具有一定的稳定性和可预期性。但是，个人在教育生活中"独立性"的获得是以对教育制度的依赖性为基础的，人在对教育制度的依赖中"再度丧失了自己"。伴随着教育制度的理性化，教育制度却反过来威胁人自身的存在，成为奴役人们的力量。诚如伯林所言："规律与制度本身就是人类心智与双手的产物，它们历史地满足特定时代的需要，后来被误解为无情的客观力量……我们受制度、信念或神经症的暴虐……我们受到我们自己创造的——虽然不是有意识地——那些邪恶精灵的囚禁。"② 也就是说，教育制度成为一种异化的力量，教育制度成为一种异化的制度。何谓教育制度异化呢？教育制度异化就是将教育制度的主体与客体对立起来，将教育制度的目的与手段颠倒过来，割裂教育制度的本意，扭曲教育制度的本质，最后将教育制度变成社会和人的发展的桎梏。教育制度是为了促进人的发展的，但在"以物的依赖性为基础的人的独立性"这一社会形态下，教育制度却发生了异化。具体表现在：教育制度同自己的目标相异化，教育制

---

① 联合国教科文组织、国际教育发展委员会编著，华东师范大学比较教育研究所译：《学会生存》，教育科学出版社 1996 年版，第 26～27 页。

② 以赛亚·伯林著，胡传胜译：《自由论》，译林出版社 2003 年版，第 213～214 页。

度同自己的功能结果相异化。处于教育制度框架中的人同自己遵守教育制度的活动相异化，同自己的类本质相异化，人与人相异化。这种教育制度异化反映着教育制度与人、社会的分离、转化和对立关系。

从理论上而言，人的本性是"自由的有意识的活动"，这种"自由的有意识的活动"只有在社会中，按照制度的安排，通过社会的活动才可能实现，"正像社会本身生产作为人的人一样，社会也是由人生产的。活动和享受，无论就其内容或就其存在方式来说，都是社会的活动和社会的享受"。① 因此，社会在本质上应该是人的本质的体现，社会应该是人们通过同其他人的实际聚合来表现自己和确证自己的那种活动和享受的手段或场所，制度则是保证这种活动和享受得以实现的关系规范。但是，在"以物的依赖性为基础的人的独立性"这一社会形态下，人们在资本主义教育制度的规范下从事的不是与人的本质相符的那种"自由的有意识的活动"，而是与人的本质相背离的那种自由的有意识的教育活动，是一种非人的、异化的教育活动。当人们遵守教育制度的时候，却发现在这种异化的教育制度环境中，教育制度的全部要素：规范、对象、理念、载体都与人本身相对抗，成为了一种与人相敌对的、异己的力量。人不仅不能在遵守它的过程中获得自由，反而处处受到它的控制。人在遵守教育制度的过程中"不是肯定自己，而是否定自己，不是感到幸福，而是感到不幸，不是自由地发挥自己的体力和智力，而是使自己的肉体受到折磨、精神遭摧残"。② 在资本主义社会，教育制度对人的发展和社会发展的促进作用越来越大，因而教育制度异化在很多时候并未引起人们的重视。教育制度与政治制度、文化制度乃至经济制度有机地结合在一起，渗透到教育生活的方方面面，对人们施加潜移默化的影响，成为奴役人们的力量。马尔库塞认为，由于迅猛发展的科学技术创造出崭新的生活方式，满足了那些可能会反抗的人的需要，因此促进了人们与现存制度的同一，从而使人成为单向度的人。"人们早就已经适应于这种控制的接受器。决定性的差别在于把已有的和可能的、已满足和未满足的需要之间的对立（或冲突）消去。在这里，所谓阶级差别的平等化显示出它的意识形态功能。如果工人和他的老板享受同样的电视节目并漫游同样的游乐胜地，如果打字员打扮得同她雇主的女儿一样漂亮，如果黑人也拥有凯迪拉克牌高级轿车，如果他们阅读同样的报纸，这种相似并不表明阶级的消灭，而是表明现存制度下的各种人在多大程度上分享着用以维持这种制度的需

---

① 《1844 年经济学哲学手稿》，人民出版社 2008 年版，第 83 页。
② 《1844 年经济学哲学手稿》，人民出版社 2008 年版，第 54 页。

要和满足。"①

在"个人全面发展和他们的共同的、社会的生产能力成为从属于他们的社会财富这一基础上的自由个性"这一社会形态下，个人摆脱了对人与对物的依赖，成为独立的、有个性的个人，个人是作为个人参加共同体。"代替那存在着阶级和阶级对立的资产阶级旧社会的，将是这样一个联合体，在那里，每个人的自由发展是一切人的自由发展的条件。"② "每个人的自由发展是一切人的自由发展的条件"这个命题，正确地解决了人类社会与历史发展中所包含的最基本的几种关系：第一，在人类历史上，存在着性质不同的"共同体"，《德意志意识形态》对此作了区分：一曰"虚假的共同体"；二曰"真正的共同体"（或"联合体"）。参加"虚假的共同体"的不是作为个人的个人，而是阶级的成员。掌管这个共同体的是占统治地位的阶级，但它打着代表全人类利益的旗号，实际上只代表少数统治者的利益，因此，对于被统治的大多数人而言，这个共同体不仅是"虚假"的、"冒充"的和"虚幻"的，而且是新的桎梏。马克思和恩格斯把共产主义社会称为"真正的共同体"，参加这个共同体的不是阶级的成员，而是作为个人的个人。在这里，个人与共同体之间已经消除了异化与对立关系。一方面，个人的发展是在共同体中实现的，通过共同体个人才能获得和控制全面发展其才能的手段，才有个人自由；另一方面，只有以个人身份（不是阶级成员）参加的共同体，才是自由人的联合体。马克思指出："共产主义所造成的存在状况，正是这样一种现实基础，它使一切不依赖于个人而存在的状况不可能发生，因为这种存在状况只不过是各个人之间迄今为止的交往的产物。"③ 所以，共同体本身也依赖个人。个人是发展的主体和目的，共同体是个人发展的形式和条件。第二，个人与个人之间的关系，是互为主体、互为客体的关系。在历史上，个人与个人之间，由于利益的分野和对立，一部分人的发展是以牺牲另一部分人的发展为条件的，这里存在的是"一切人反对一切人的战争"。在"真正的共同体"中，个人与个人之间的关系，具有完全不同的性质和状况。个人的存在由于消除了阶级属性，由于消除了为争夺有限的生活资源的竞争，每个人都有自己的个性，又都是发展的主体。他们的关系是平等、互动、互补、互助与合作的关系。在这里，个人的发展不仅不以牺牲他人的发展为前提，而且是为他人的发展创造条件；他人的发展同样为个

① H. 马尔库塞著，刘继译：《单向度的人》，上海译文出版社 2006 年版，第 9 页。
② 《马克思恩格斯选集》（第 1 卷），人民出版社 1995 年版，第 294 页。
③ 《马克思恩格斯选集》（第 1 卷），人民出版社 1995 年版，第 122 页。

人的发展创造条件，也就是互为对方创造条件。第三，每个人与一切人的关系。"每个人"与"一切人"，是两个不同的概念。前者是个体，后者是"整体"；前者是"现在"，后者是"未来"。过去历史上的"虚幻的集体"，总是打着代表"全人类"、"一切人"的旗号，鼓吹"一切人的发展是个人发展的前提"，是用一个抽象的、虚幻的前提，掩盖其真实的意图与行径。马克思则相反，他强调每个人的发展是一切人发展的条件，阐明只有每个人都能自由发展，才可能有一切人的自由发展，这里的前提是"每个人"而不是"一切人"。马克思没有反过来说一切人的发展是每个人发展的条件，正是要同历史上那种"虚假的共同体"假借"集体"的名义剥夺多数人的自由区别开来。"一切人的发展"是结果，只有在每个人自由发展的基础上，这个结果才出现。

摆脱对人的依赖与对物的依赖是走向"每个人的自由发展"、"自由个性"的必由之路。当每个人尚受到人的依赖性或物的依赖性制约时，人的能力、兴趣、活动方式等等，往往也处于各种形式的限定之中。在人的依赖性处于主导地位的历史条件下，个人首先被定格于某种凝固不变的社会角色；在物的依赖关系中，个人则往往被归结为某种物化功能的承担者，工业化大生产典型地体现了这一点：在大工业的生产流水线中，个体常常被化约为这一物质生产过程中的一个环节。就人的存在形态和存在方式而言，个人的自由发展以扬弃以上的种种限定为其历史前提，它既要求个体潜能的多方面实现，也以个体活动在深度与广度上的多方面展开为指向。马克思在谈到个人的理想存在方式时，曾对此作了形象的阐述："……在共产主义社会里，任何人都没有特殊的活动范围，而是都可以在任何部门内发展，社会调节整个生产，因而使我有可能随自己的兴趣今天干这事，明天干那事，上午打猎，下午捕鱼，傍晚从事畜牧，晚饭后从事批判，这样就不会使我老是一个猎人、渔夫、牧人或批判者。"[①] 这里重要的是个人不会"老是"同一特定个体，它意味着超越外在角色、功能对个人的限定，使个人真正得到多方面的发展。

因此，在"个人全面发展和他们的共同的、社会的生产能力成为从属于他们的社会财富这一基础上的自由个性"这一社会形态下，不是人为教育制度而存在，而是教育制度为人而存在。由于消灭了教育制度的强制性，克服了教育制度的异化，教育制度真正成为了激扬人性、充实人性、展示人性、丰满人性，促进"自由个性"的必由之路。诚如恩格斯所说："人们周围的、至今统治着人们的生活条件，现在受人们的支配和控制，人们第一次成为自然界的自

---

① 《马克思恩格斯选集》（第1卷），人民出版社1995年版，第85页。

觉的和真正的主人,因为他们已经成为自身的社会结合的主人了。人们自己的社会行动的规律,这些一直作为异己的、支配着人们的自然规律而同人们相对立的规律,那时就将被人们熟练地运用,因而将听从人们的支配。人们自身的社会结合一直是作为自然界和历史强加于他们的东西而同他们相对立的,现在则变成他们自己的自由行动了。至今一直统治着历史的客观的异己的力量,现在处于人们自己的控制之下了。"①

(二)教育制度的自然历史形态

如果从教育制度本身出发,不把它与社会形态联系起来,而是将它相对抽象和独立出来看,教育制度本身也有一个自然的历史形态。关于教育制度的自然历史形态,大致有三种:教育习俗(教育习惯)、道德规范和正式教育制度(包括教育法律制度)。一般而言,教育习俗(教育习惯)是教育制度规范的最初形态,道德规范是教育制度规范的第二种形态,正式教育制度或教育法律制度是教育制度规范的最高形态。

当我们从教育实践存在论层面,从教育实践关系论层面确认教育制度规范是体验、知识、行动等的统一,是教育关系本身的持存性时,并不意味着只有一种单一形态的教育制度规范,并不意味着忽视、抹杀教育习俗、道德规范、正式教育制度等的特殊性、个性。从空间向度看,一方面,教育制度规范是教育习俗、道德规范和正式教育制度的统一,另一方面,教育习俗、道德规范和正式教育制度又具有相互区别的个性。从教育关系论层面对教育制度规范作为教育习俗、道德规范和正式教育制度等共性、统一性的揭示,其中一个重要方面,就是为了更深刻地理解教育习俗、道德规范和正式教育制度等作为教育制度规范的个性和共性。

教育习俗、道德规范和正式教育制度的共性在于,它们都是体验、知识、行动的统一,都是人的教育实践、教育交往的产物,都是一种教育规范或教育规则。其个性在于,在体验、知识与行动的统一中,教育习惯具有分散性、个体性,是人们在共同教育活动、教育生活实践中所形成的不自觉,或者说自在状态的教育规范,人们往往把教育习惯称为重要基础层面的"潜规则"。教育习俗是教育习惯的发展和凝结,是更具有群体性的共同心理与共同行动,与教育习惯相比较,教育习俗的体验更具共同性、更具自觉性,开始走向较为明晰的知识化存在,但教育习俗仍是行动层面的共同知识,通过共同行动而传承,

---

① 《马克思恩格斯选集》(第3卷),人民出版社1995年版,第757~758页。

作为知识的教育习俗往往具有不确定性。教育世界中的道德规范与教育习俗相比更具有自觉性，道德规范主要作为经过提炼、反思的共同意识、共同心理而存在，虽然道德规范开始走向知识化的行动，但道德规范仍然更侧重于体验化行动，与正式教育制度尤其是教育法律相比，道德规范的知识内容不具有明晰的系统性，道德规范的效力往往不具硬性约束力。正式教育制度尤其是教育法律则是自觉的知识化行动的规则，以垄断的强制力为效力后盾。与教育习俗、道德规范相较，正式教育制度尤其是教育法律在形态、程序与作用方式上都更为明晰，正式教育制度尤其是教育法律的知识内容具有系统性，正式教育制度尤其是教育法律的行动内容具有程序性，正式教育制度尤其是教育法律的效力具有强制性。

对于任何一个曾经真实存在、长时间存在、持存发展，具有现实性的教育共同体、教育组织而言，其教育制度规范状态都是教育习俗、道德规范和正式教育制度的多样性统一。一个不断发展，走向发达的教育组织必然是一个多样性具体教育制度规范并存、互动的教育共同体，只有一种教育制度规范的教育共同体只是在人们的思维、观念中的想象物。现代教育的推进与发展，似乎使正式教育制度成为人们应该唯一关注的教育规则，但如果没有教育习俗、道德规范的支撑，如果只有知识化的教育制度规范，而没有教育制度规范的体验化、行动化，所谓正式教育制度并不能真实地存在，也将失去重要的发展动力、形式和内容。诚如庞德所说："在我们生活的地上世界里，如果法律在今天是社会控制的主要手段，那么它就需要宗教、道德和教育的支持；而如果它不能再得到有组织的宗教和家庭的支持的话，那么它就更加需要这些方面的支持了。"[1]

二、教育制度形成、发展与变革的客观必然性

教育制度形成、发展与变革的客观必然性，是指教育制度形成、发展与变革本身所展现的合乎规律的、确定不移的趋势。正是这种确定的趋势，使得教育制度形成、发展与变革在一定条件下成为一种不可避免的运动。也就是说，教育制度的形成、发展与变革虽然反映着人们的一些主观愿望和特殊的价值需求，但是，人们并不是也不可能随心所欲地制定、发展、变革、选择教育制度，而是建立在一定的教育发展的客观规律之上的。教育制度形成、发展与变

---

[1] R. 庞德著，沈宗灵译：《通过法律的社会控制》，商务印书馆 2008 年版，第 30 页。

革的客观必然性是教育制度形成、发展与变革内在规律作用的体现。当然，有的可能体现得直接一些，有的可能体现得间接一些。

阅读马克思主义经典作家关于制度客观性的一些精彩论述，无疑对我们认识教育制度的客观性有极大的帮助。马克思在《哲学的贫困》中指出："人们按照自己的物质生产率建立相应的社会关系，正是这些人又按照自己的社会关系创造了相应的原理、观念和范畴。"① "在宗法制度、种姓制度、封建制度和行会制度下，整个社会的分工都是按照一定的规则进行的。这些规则是由哪个立法者确定的吗？不是。它们最初来自物质生产条件，只是过了很久以后才上升为法律。"② 在《资本论》（第一版序言）中指出："我的观点是把经济的社会形态的发展理解为一种自然史的过程。不管个人在主观上怎样超脱各种关系，他在社会意义上总是这些关系的产物。同其他任何观点比起来，我的观点是更不能要个人对这些关系负责的。"③ 在《路易·波拿巴的雾月十八日》中指出："人们自己创造自己的历史，但是他们并不是随心所欲地创造，并不是在他们自己选定的条件下创造，而是在直接碰到的、既定的、从过去承继下来的条件下创造。"④ 恩格斯在《反杜林论》中指出："唯物主义历史观从下述原理出发：生产以及随生产而来的产品交换是一切社会制度的基础；在每个历史地出现的社会中，产品分配以及和它相伴随的社会之划分为阶级或等级，是由生产什么、怎样生产以及怎样交换产品来决定的。一切社会变迁和政治变革的终极原因，不应当到人们的头脑中，到人们对永恒的真理和正义的日益增进的认识中去寻找，而应当到生产方式和交换方式的变更中去寻找；不应当到有关时代的哲学中去寻找，而应当到有关时代的经济学中去寻找。对现存社会制度的不合理性和不公平、对'理性化为无稽，幸福变成苦痛'的日益觉醒的认识，只是一种征兆，表示在生产方法和交换形式中已经不知不觉地发生了变化，适合于早先的经济条件的社会制度已经不再同这些变化相适应了。同时这还说明，用来消除已经发现的弊端的手段，也必然以或多或少发展了的形式存在于已经发生变化的生产关系本身中。这些手段不应当从头脑中发明出来，而应当通过头脑从生产的现存物质事实中发现出来。"⑤ 在《家庭、私有制和国家的起源》中说："一种社会活动，一系列社会过程，越是超出人们的自觉的控制，越是超

① 《马克思恩格斯选集》（第1卷），人民出版社1995年版，第142页。
② 《马克思恩格斯选集》（第1卷），人民出版社1995年版，第163页。
③ 《资本论》（第1卷），人民出版社2004年版，第10页。
④ 《马克思恩格斯选集》（第1卷），人民出版社1995年版，第585页。
⑤ 《马克思恩格斯选集》（第3卷），人民出版社1995年版，第617~618页。

出他们支配的范围，越是显得受纯粹的偶然性的摆布，它所固有的内在规律就越是以自然的必然性在这种偶然性中去实现自己。"① 在《路德维希·费尔巴哈和德国古典哲学的终结》中说："历史进程是受内在的一般规律支配的。……历史事件似乎总的说来同样是由偶然性支配着的。但是，表面上是偶然性在起作用的地方，这种偶然性始终是受内部的隐蔽着的规律支配的。"② 在《致约·布洛赫》的信中说："历史总是像一种自然过程一样地进行，而且实质上也是服从于同一运动规律的。"③ 在《致瓦·博尔吉乌斯》的信中说："并不像人们有时不加思考地想象的那样是经济状况自动发生作用，而是人们自己创造自己的历史，但他们是在既定的、制约着他们的环境中，在现有的现实关系的基础上进行创造的，在这些现实关系中，经济关系不管受到其他关系——政治的和意识形态的——多大影响，归根到底还是具有决定意义的，它构成一条贯穿始终的、唯一有助于理解的红线。""人们自己创造自己的历史，但是到现在为止，他们并不是按照共同的意志，根据一个共同的计划，甚至不是在一个有明确界限的既定社会内来创造自己的历史。他们的意向是相互交错的，正因为如此，在所有这样的社会里，都是那种以偶然性为其补充和表现形式的必然性占统治地位。在这里通过各种偶然性而得到实现的必然性，归根到底仍然是经济的必然性。"④ 我们在此大量引述经典作家的这些论断其实要说明的就是一个意思，不仅人类社会的发展是建立在一定的客观规律之上，有着其不以人的意志为转移的客观必然性，教育制度的形成、发展与变革也是建立在客观规律之上的，也是有着不以人的意志为转移的客观必然性的。

教育制度形成、发展与变革是由政治发展、经济发展决定的，并随着政治发展、经济发展而发展。由于政治是经济的集中表现，政治发展是由经济发展决定的，因此，教育制度形成、发展与变革从根本上说是由经济决定的。教育制度形成、发展与变革的必然性，归根到底是经济发展的必然性。也就是说，教育制度形成、发展与变革走向的中轴线，必定是与经济发展走向的中轴线相平行的。恩格斯指出："我们所研究的领域越是远离经济，越是接近于纯粹抽象的意识形态，我们就越是发现它在自己的发展中表现为偶然现象，它的曲线就越是曲折。如果你划出曲线的中轴线，你就会发现，所考察的时期越长，所

---

① 《马克思恩格斯选集》（第 4 卷），人民出版社 1995 年版，第 175 页。
② 《马克思恩格斯选集》（第 4 卷），人民出版社 1995 年版，第 247 页。
③ 《马克思恩格斯选集》（第 4 卷），人民出版社 1995 年版，第 697 页。
④ 《马克思恩格斯选集》（第 4 卷），人民出版社 1995 年版，第 733~734 页。

考察的范围越广，这个轴线就越同经济发展的轴线接近于平行。"① 如果在思想意识形态发展的轨迹中划出这样的中轴线，还有一点困难的话，那么在教育制度形成、发展与变革的曲折走向中划出这样的中轴线，就相对容易多了。如果找到了这条中轴线，人们也就同时发现了教育制度形成、发展与变革的一条基本原则：在教育制度形成、发展与变革中，教育制度形成、发展与变革的必然性总是占主导和统治地位，它指导教育制度形成、发展与变革的全过程。教育制度形成、发展与变革取决于经济发展，也就是说，当教育制度形成、发展与变革的必然性尚未在经济发展中获得相应的物质基础之前，必然性的演进将是不彻底的或暂时的。换句话说，必然性的充分展开，是需要足够的物质力量予以推动的。

在教育制度形成、发展与变革中，占主导地位的必然性主要体现为三个方面的必然性：第一，教育制度形成、发展与变革本身的必然性。在教育生活中，发展与变革是教育制度的本质属性，世界上不存在完全不发展、不变革的教育制度。这也就意味着，对于教育制度来说，发展与变革是必然的，而不发展、不变革则是暂时的。博登海默曾说："一个法律制度，如果跟不上时代的需要或要求，而且死死抱住上个时代的只具有短暂意义的观念不放，那么显然是不可取的。在一个变幻不定的世界中，如果把法律仅仅视为是一种永恒的工具，那么它就不可能有效地发挥作用。"② 第二，教育规律作用的必然性。教育制度发展与变革在任何时候，在任何条件下，都必然要受到其内在的发展规律支配。在教育制度形成、发展与变革中，不管人为的因素有多大，但从根本上讲，教育制度形成、发展与变革的每一过程，都是内在规律作用的结果。诚如恩格斯所说，虽然"在社会历史领域内进行活动的，是具有意识的、经过思虑或凭激情行动的、追求某种目的的人；任何事情的发生都不是没有自觉的意图，没有预期的目的的"，但是，这"丝毫不能改变这样一个事实：历史进程是受内在的一般规律支配的"。③ 第三，教育制度形成、发展与变革趋向的必然性。在历史上，任何一次教育制度形成、发展与变革的最终趋向，都不是人为设定的，都是社会运动发展规律决定的，因此，这种趋向在教育制度形成、发展与变革的一开始就是必然的。毛泽东指出："历史法则，是一个必然的、不可避免的趋势，任何力量，都是扭转不过来的。"④

---

① 《马克思恩格斯选集》（第 4 卷），人民出版社 1995 年版，第 733 页。
② E. 博登海默著，邓正来译：《法理学》，中国政法大学出版社 1998 年版，第 326 页。
③ 《马克思恩格斯选集》（第 4 卷），人民出版社 1995 年版，第 247 页。
④ 《毛泽东选集》（第 3 卷），人民出版社 1991 年版，第 1069 页。

当然，教育制度形成、发展与变革遵循客观规律，有着一种历史的必然性，并不意味着否认社会历史的偶然因素对教育制度形成、发展与变革的作用，并非一切教育制度都是刻板既定的。马克思在《德意志意识形态》中指出："一些纯粹偶然的事件，例如蛮族的入侵，甚至是通常的战争，都足以使一个具有发达生产力和有高度需求的国家处于一切都必须从头开始的境地。"①在《路易·波拿巴的雾月十八日》中，马克思批判了蒲鲁东的绝对必然论，在很大程度上也以"偶然状态"为转移。恩格斯在马克思观点的基础上，对历史必然性和偶然性的关系作了更深入的阐述。恩格斯在《致约·布洛赫》的信中，在肯定"历史过程中的决定性因素归根到底是现实生活的生产和再生产"的同时，承认对历史斗争发生影响的还有上层建筑的各种因素。他说："这里表现出这一切因素间的相互作用，而在这种相互作用中归根到底是经济运动作为必然的东西通过无穷无尽的偶然事件向前发展。"②"迄今为止的整个历史，就重大事件来说，都是不知不觉地完成的，就是说，这些事件及其所引起的后果都是不以人的意志为转移的。要么历史事件的参与者所希望的完全不是已成之事，要么这已成之事又引起完全不同的未预见到的后果。"③也就是说，没有脱离偶然性的必然性，偶然性是必然性的补充和表现形式。毛泽东曾说："'物之所以然'是必然性，这必然性的表现形态则是偶然性。必然性的一切表现形态都是偶然性，都用偶然性表现。因此，'没有这部分的原因就一定不会有十月十日的武昌起义'是对的，但辛亥革命的必然性（大故）必定因另一偶然性（小故）而爆发，并经过无数偶然性（小故）而完成，也许成为十月十一日的汉阳起义，或某月某日的某地起义。'不是在那最恰当的时机爆发起来就不一定成为燎原之火'是对的，但也必定会在另一最恰当的时机爆发起来而成为燎原之火。"④简言之，由于偶然性的存在，也使得教育制度具有了多样性。教育规律是普遍地起作用的，但教育规律的普遍性寓于特殊性之中，教育规律的普遍性不能脱离同类事物的各个个别的存在而发挥作用，它是以个别事物的存在和运动为载体，并通过个别来表现。相对于同类事物来说，教育规律的普遍性是客观的，不以人的意志为转移的；但作为教育规律普遍性的载体因其是个别的，因而在人力所能及的范围内，是可以选择，并可以优化的。因而，这又为发挥人的主观能动性，有价值地运用规律提供了可能。

① 《马克思恩格斯选集》（第1卷），人民出版社1995年版，第107页。
② 《马克思恩格斯选集》（第4卷），人民出版社1995年版，第696页。
③ 《马克思恩格斯选集》（第4卷），人民出版社1995年版，第742页。
④ 《毛泽东书信选集》，人民出版社1983年版，第141页。

三、教育制度内容的客观独立性

用教育制度内容的客观独立性来说明教育制度的客观性主要是针对人与教育制度的关系而言的，也就是说，由于教育制度内容具有客观的独立性，所以它相对于人来说就具有了客观性。教育制度内容的客观独立性包括两个方面的含义，主要是指教育制度的相对稳定性和教育内容的确定性、教育制度内容的普遍适用性。

（一）教育制度内容的相对稳定性、确定性

从静态特征而言，教育制度内容的稳定性是以达到均衡结果为条件的。在其他人都遵守教育制度规则的情况下，如果没有人愿意违背它，那么这个教育制度就是均衡的。从一个较弱的意义上来说，教育制度内容的稳定性，是指没有个体具有违反教育制度规则的动机；从较强的意义上来说，教育制度内容的稳定性，是指没有群体具有结成联盟去违反或改变教育制度规则的动机。从动态特征而言，在如下条件满足的情况下，教育制度内容是动态稳定的。即，如果少数教育行为者无意中背离了教育制度规则，其他教育行为者则宁可依然遵循，违规的教育行为者也会愿意回到现有的教育制度形式中来。这一动态稳定的教育制度内容，更可能在长期中保持下来，因为它们比较少受变化的影响。

在人类的教育活动中，教育制度既然是人们的行为准则，人们建立教育制度无非是为了减少不确定性，获得一种比较稳定的预期，并据以选择和确定自己的教育行为。人之所以需要教育制度，是因为人的理性能力有限，他在作决策时要支付信息费用，以及人生活环境与教育活动中的不确定性。教育制度的主要作用恰恰就是消除或降低教育交往中的不确定性，教育制度存在的目的也是为了减少人类教育互动、教育交往过程中的不确定性。海纳认为，作为理性的人，我们其实并不可能在日常生活中的每一时刻都作出理性的决定。倘若我们想要那样做，我们的行为就会变得不可预测，而且可能陷于"瘫痪"，因为我们要时刻不停地计算是不是该给侍者小费，是不是应该扣减出租汽车的车费，或者是不是每个月该在自己的养老金账户上储存一笔不同的金额。[1] 就教育世界而言，理性的做法往往是人们简化自己教育行为的规则，即使这些规则

---

[1] R. A. Heiner，*The Origin of Predictable Behavior*. *American Economic Review* 73 (1983)，p. 560~595.

并不能每一次都让我们作出正确的决策，因为决策本身是费时费力的，而且往往需要必要的信息。因而，人们需要用教育制度来确保教育安全、教育秩序和教育交往，需要用教育制度来指导人们的教育交往。科殷说："在法和'政府'提出的任务中，维护和平和秩序、镇压暴力和犯法，首当其冲。歌德说过：'我宁愿犯下某种不公正，也不愿意忍受混杂无序'。"[1] 同时，教育制度可促进人们相互间的教育合作，将复杂的教育生活简单化。奈特说："制度使生活更为便利；在一个互相依赖的世界中，它们提供了一种共同生活与工作的方法。制度使得社会成员能够与其他人一起行动，从而获得他们独自一人无法获得的利益。在某些情况下，这些利益被称为贸易的收获；而在其他情况下，被称为合作的收获；还有一些情况下，则是协调的益处。这些制度的稳定性，以及一个群体或社会的成员都了解这种稳定性，使获得这些利益所必需的各种行为成为可能。"[2] 因此，在现实教育生活中，为了充分实现教育制度的功能，教育制度本身必须具有稳定性，教育制度内容也应具有相对的稳定性。

首先，教育制度内容的稳定性有利于教育秩序的建立和维持。教育制度的有益的效力大都是建立在教育制度的稳定性之上的。人们总是力争建立持久的教育状况和教育机构设置，他们能够在教育制度的保护下展开自己的教育生活；他们亦想使自己的教育生活免于长久的变幻莫测，把教育生活导入固定的和井然有序的轨道之上，使之免遭不断出现的"新东西"的侵袭和干扰。教育制度显然应该为他们提供这种把握性和可预期性。而教育制度所具有的保守且侧重过去的特点，保证了教育生活某种程度的连续性、可预见性和稳定性，这使人们有可能在安排他们的教育活动时依赖一些业已确立的、先行告知的教育行为规则，并使人们能够避免因缺乏对人的教育行为方式的预见而与他人发生冲突。换句话说，只有稳定的教育制度才能使人们产生信赖，才能使人们计划自己的教育活动、保持自身教育行为的一致性并预测自己教育行为的制度后果，才能使教育秩序成为人们教育生活的保障。只有稳定的教育制度才能使人们产生信赖，才能使人们能够预计有一个固定的、不会改变的范围，人们也才能在这个范围内安排自己的教育生活，并在这个制度的保护下建设自己的教育生活。其次，教育制度的稳定性减少了教育制度的执行成本，提高了教育制度的可信赖性，并因此而促进着人际合作、教育合作以及教育交往。同时，"稳定制度的优越性在于，人们已使自己的优点最佳地适应于老的制度，并养成了

---

[1] H. 科殷著，林荣远译：《法哲学》，华夏出版社 2002 年版，第 118 页。

[2] J. 奈特著，周伟林译：《制度与社会冲突》，上海人民出版社 2009 年版，第 26 页。

近乎本能地遵守它们的习惯"。① 再次，作为人们教育行为规则的教育制度必须是明确的和稳定的，只有如此，人们才既易于理解又容易认可它。一方面，如果教育制度规则非常模糊，不仅行为人本人难以遵守，而且他们会认为其他人也不会遵守同样的规则，这样最终会导致教育制度信仰被破坏。霍尔巴赫认为，如果教育制度乱七八糟，含义不清，就会使得主张公道的人不知道自己应该站在哪一个方面，只有由心血来潮作出决定。教育制度订得神秘、含糊、复杂，说明教育制度制定者故意设置陷阱，引人入彀。因此，教育制度"应该写得清楚明白，使应该守法的人一目了然"。② 另一方面，如果教育制度变化太快，那么即使这些教育制度规则是简单而且清晰的，人们既无法有效地掌握这些规则，也无法按规矩办事。富勒曾说："规则不能经常变动。规则不应该变化得太快，以至于不可能形成一种行为过程的指引体系来使人们依法行事。"③因此，教育制度所规定的东西，应该摆脱随心所欲，教育制度制定者也好，教育制度所要求约束的对象也好，都不得违反它。复次，教育制度的稳定性还是教育制度的规范、约束等作用得以发挥、教育制度的优劣得以检验的基础和条件，如果教育制度丧失了稳定性，人们也就不可能对其做出正确的评价和判断，进一步的教育制度选择以及变革也就很难进行，教育秩序的混乱实属必然。诚如亚里士多德所说："变革实在是一件应当慎重考虑的大事。人们倘使习惯于轻率的变革，这不是社会的幸福，要是变革所得的利益不大，则法律和政府方面所包含的一些缺点还是姑且让它沿袭的好；一经更张，法律和政府的威信总要一度降落，这样，变革所得的一些利益也许不足以抵偿更张所受的损失。"④ 第五，教育制度内容的稳定性降低教育中的交易费用。教育制度既是节约教育中的个人交易费用的装置，也是从总体上节约社会交易费用的装置。教育制度内容的稳定性可以节约教育中的人员组织成本，即以较低的组织成本调动教育领域中各方面人员的积极性；教育制度内容的稳定性可以降低教育资源的配置成本；教育制度内容的稳定性可以减少不确定性，提高教育发展的可控性以及个人把握教育机会的能力，节约教育信息成本和协调成本。第六，长期存在的东西，对于人们来说，具有熟悉和保险可靠的性质，而他们在教育制度里寻找的东西恰恰是这种性质。一种教育制度越稳定，存在的时间越久远，人们将会感到他们的教育权利越能得到保障。而一种刚刚产生的"新"教育制

---

① 柯武刚等著，韩朝华译：《制度经济学》，商务印书馆 2000 年版，第 114 页。
② 霍尔巴赫著，陈太先等译：《自然政治论》，商务印书馆 2002 年版，第 282 页。
③ 韦恩·莫里森著，李桂林等译：《法理学》，武汉大学出版社 2006 年版，第 413 页。
④ 亚里士多德著，吴寿彭译：《政治学》，商务印书馆 1996 年版，第 81 页。

度，从某种意义而言还不是真正的教育制度，只有经历数代人而存在的教育制度，才切实被人民感觉到是持久的教育制度。格林曾说："我任何时候都倾向于保持原状，无论如何，认为破坏是一种不虔诚，由于窘困，不虔诚可以得到原谅，但是永远不会是有道理的。"① 综观世界教育发展史，大凡具有教育制度传统的民族的教育历史都显示出一种传统的、保守的特色。它们在教育制度建设过程中，往往是小心翼翼地爱护教育传统、并特别注重不要撕裂教育传统。如果有某种可能，就把"新"教育制度和"旧"教育制度的形式与思想结合起来，"旧瓶装新酒"。教育制度本身的发展史已充分证明，"没有在任何地方有过一项原则性的改革彻底弃旧图新"。②

一个完全不具稳定性内容的教育制度尤其是教育法律制度，只能是一系列仅为了对付一时性变故而制定的特定措施，它会缺乏逻辑上的自恰性和连续性。这样，人们在为将来谋划教育生活或制定教育计划的时候，就会无从确定昨天的教育制度是否会成为明天的教育制度。教育制度作为一种行为指南，如果不为人知而且也无法为人所知，那么就会成为一纸空话。"由于法律力图增进社会的价值秩序，因此它就必定注重连续性和稳定性的观念……社会生活中的秩序所关注的是建构人的行动或行为的模式，而且只有使今天的行为与昨天的行为相同，才能确立起这种模式。如果法律对频繁且杂乱的变化不能起到制动作用的话，那么其结果便是混乱和失序，因为无人能够预知明天将出现的信息和事件。这样，遵循先例原则与遵守业已颁布的制定法规范，就会成为促进秩序的恰当工具。"③ 即便要对教育制度进行变革，也只能持循序渐进的立场，以渐进的方式进行。点滴调整、零敲碎打是普遍而典型的变革形式，诚如柯武刚所说："创新往往是适应性的和零敲碎打的。我们也常能看到重要的突变性创新，但它们与科学无关。"④ 这是因为，过分变动和时常变化的状况会导致教育制度的朝令夕改，而这些状况与真正含义上的教育制度变革是不相符合的。其次，一个完全不具稳定性的教育制度，无疑会使人们的教育权利、教育利益处于一个不稳定的状态之下，人们无法获得一种比较稳定的预期，并使遵守教育制度之人无所适从。"大规模或突然地更改法律，也会扰乱人们的预期，因为人们在进行工作或安排个人事务时总是忠实于现状的。"⑤ 再次，一个完全不

① H. 科殷著，林荣远译：《法哲学》，华夏出版社 2002 年版，第 122 页。
② H. 科殷著，林荣远译：《法哲学》，华夏出版社 2002 年版，第 123 页。
③ E. 博登海默著，邓正来译：《法理学》，中国政法大学出版社 2004 年版，第 341 页。
④ 柯武刚等著，韩朝华译：《制度经济学》，商务印书馆 2000 年版，第 293 页。
⑤ E. 博登海默著，邓正来译：《法理学》，中国政法大学出版社 2004 年版，第 235 页。

具稳定性的教育制度不仅会破坏教育制度所应有的确定性、可预期性和权威性，还会造成社会的权势者通过教育制度侵害私人教育权利和公共教育利益。科殷曾说："法所规定的东西，应该摆脱随心所欲；立法者也好，法所要求约束的对象也好，都不得违反它。它应该是持久的；人们能够信赖它。因此，人们能够预计有一个固定的、不会改变的范围。人们能够在这个范围内安排自己的事情；他能够在制度的保护下建设自己的生活。"① 况且，教育制度不断的任意的变化所导致的严重结果，对于人来讲，似乎只有在他们生理的和心理的结构所确定的范围内才能为他们所承受。除非是在历史的特别反常时期，否则就有必要对教育变革进行安排和计划。第四，一个完全不具稳定性的教育制度，人们不可能建立比较长期的稳定的预期，其行为就会短期化，甚至莫衷一是，机会主义盛行，整个教育活动就会因缺乏秩序而陷于混乱之中。克拉克认为，大张旗鼓的教育制度变革，"必然导致错误的实验、荒谬的开端、忽左忽右的调整和乱哄哄的行动，其结果总是产生一些令人始料不及的变化。这类变化常常带有戏剧性"。② 如果教育制度多变，朝令夕改，必然造成教育行政部门的官员急功近利的心态，所谓"为官一任，造福一方"往往变成"乱翻小鲜"，"瞎折腾"，其结果是教育事业的发展受阻。难怪哈耶克说："法律的确定性，对于一个自由社会得以有效且顺利地运行来讲，具有不可估量的重要意义。就西方的繁荣而言，可能没有任何一个因素比西方普行的法律的相对稳定性所作出的贡献更大。"③ 第五，一个完全不具稳定性的教育制度，导致了教育资源的浪费。教育制度的变动并不是无代价的，而是有成本的，有的教育制度变革乃至废止，其成本还相当高。马基雅维里曾说："再没有比着手率先采取新的制度更困难的了，再没有比此事的成败更加不确定、执行起来更加危险的了。这是因为革新者使所有在旧制度之下顺利的人们都成为敌人了，而使那些在新制度之下可能顺利的人们却成为半心半意的拥护者。这种半心半意之所以产生，一部分是这些人由于对他们的对手怀有恐惧心理，因为他们的对手拥有有利于自身的法律；另一部分则是由于人类的不轻易信任的心理——对于新的事物在没有取得牢靠的经验以前，他们是不会确实相信的。因此，那些敌人一旦有机会进攻的时候，他们就结党成帮地干起来；而另一方面，其他的人们只是半心半

---

① H. 科殷著，林荣远译：《法哲学》，华夏出版社 2002 年版，第 120 页。
② 伯顿·R. 克拉克著，王承绪等译：《高等教育系统》，杭州大学出版社 1994 年版，第262 页。
③ F. A. 冯·哈耶克著，邓正来译：《自由秩序原理》（上册），生活·读书·新知三联书店 1997 年版，第 264 页。

意地进行防御。"① 第六，一个完全不具稳定性的教育制度不仅难以被了解，而且在指引人们的教育行动上效率也较低。

　　教育制度在一定的时间段、在一定的环境中、在一定的对象上、在一定的事件上，教育制度内容是稳定的、教育制度内容是确定而不可更改的，否则也就不成其为教育制度。这就是教育制度内容的相对确定性。一般来说，这一时间段是一个比较长的时期，尽管有些时候这一时间段可能很短，但无论多短，只要是在上一次改变和下一次改变之间的这一时间段内，教育制度内容就必须是也肯定是确定的，人不能随意去改变，尽管他可能拥有改变权。所以，在这一时间段内，教育制度无疑具有确定的客观性。当然，教育制度内容的稳定性和确定性本身却并不足以为我们提供一个行之有效的、富有生命力的教育制度。教育制度还必须服从社会进步、教育进步所提出的正当要求，不断地予以变革；必须随着经济社会的发展、教育的发展、教育关系的改变，不断地予以调整和改变。霍尔巴赫认为，教育制度应当随着社会生活条件和教育需要的变化而变化。"社会像自然界任何物体一样，常常发生变革、变化和革命；又像一切生物一样，经历着发生、成长和毁灭的过程。同样的法不可能适用于社会发展的各个阶段：在一个时代有益的法，在另一个时代可能变成无益的，甚至有害的。……为了社会的福利，社会理性应该对法加以修改或废除，因为社会福利始终应当是立法的目的。"②简言之，教育制度必须是稳定的，但不可一成不变。

　　因此，我们必须在运动与静止、保守与创新、僵化与变化无常这些彼此矛盾的力量之间谋求某种和谐。作为使松散的教育结构紧紧凝聚在一起的黏合物，教育制度必须巧妙地将过去与现在勾连起来，同时又不忽视未来的迫切要求。诚如柏克所言："我们的制度是某种自然选择的结果，它们是一些继续实施着的制度。如果它们在我们所处的时代出现了故障，那需要对其加以改革。唯有当它们在某些新情况下完全瘫痪，或产生邪恶的时候，才可以将其换掉。因为彻底的革新是一种投机生意，是性命攸关的事。在筹划、改革制度的过程中，在革新的过程中，如果遇到了如何选择的问题，我们必须从对历史的反思中寻求指导。因为，那正是汲取人类经验教训的正确途径。法国的理性主义压根儿不这样做，因为它否认历史之中寓有理性，仅在头脑中寻求理性。"③ 纵观

---

① 尼科洛·马基雅维里著，潘汉典译：《君主论》，商务印书馆2009年版，第26~27页。
② 霍尔巴赫著，陈太先等译：《自然政治论》，商务印书馆2002年版，第24页。
③ 埃德蒙·柏克著，蒋庆等译：《自由与传统》（英文版导言），商务印书馆2001年版，第9页。

教育制度发展史，我们可以看到，只有那些以某种具体的、适切的、妥当的方式将刚性与灵活性完美结合在一起的教育制度，才是真正伟大的教育制度。在这些教育制度的原则、具体教育制度安排和技术中，它们把稳定连续性的优长同发展变化的教育利益、教育权力联系起来，从而获得了一种在不利的情形下也可以长期存在和避免教育制度僵化的能力。当然，要实现这一创造性的结合，是极为困难的，因为这要求教育制度制定者具有政治家的智慧、敏锐，具有教育传统意识以及对教育未来发展之趋势和需求的明见；还要求对未来的教育制度执行者进行训练，这种训练除专门强调教育世界里教育制度所特有的持久性外，还训练他们千万不能忽视教育政策和教育正义的要求。只有在教育制度文化经历了数个世纪缓慢且艰难的发展以后，教育制度才能具备这些特征，并使其得到发展。

（二）教育制度内容的普遍适用性

教育制度内容不仅具有相对的稳定性和确定性，而且还具有普遍适用性。柯武刚等人认为，普适性是制度的本质特征，"第一项准则是制度应具有一般性。换言之，制度不应在无确切理由的情况下对个人和情境实施差别待遇。哈耶克将一般性定义为'适用于未知的、数目无法确定的个人和情境'。第二项准则是，有效规则必须在两种意义上具有确定性：它必须是可认识的（显明的），它必须就未来的情境提供可靠的指南。因此，确定性准则意味着，正常的公民应能清晰地看懂制度的信号，知道违规的后果，并能恰当地使自己的行为之与对号。……第三项准则是制度应具有开放性，以便允许行为者通过创新行动对新环境作出反应。这三项准则都已被归入普适性概念"。[1] 富勒列举了被创造和设计出来的制度会在以下八种情况下流产，或者说有八条通向灾难的独特道路："第（1）种、也是最明显的一种情况就是完全未能确立任何规则，以至于每一项问题都不得不以就事论事的方式来得到处理。其他的道路包括：（2）未能将规则公之于众，或者至少令受影响的当事人知道他们所应当遵循的规则；（3）滥用溯及既往性立法，这种立法不仅自身不能引导行动，而且还会有效破坏前瞻性立法的诚信，因为它使这些立法处在溯及既往式变更的威胁之下；（4）不能用便于理解的方式来表述规则；（5）制定相互矛盾的规则，或者（6）颁布要求相关当事人做超出他们能力之事的规则；（7）频繁地修改规则，以至于人们无法根据这些规则来调适自己的行为；以及最后一种（8）无法使

---

[1] 柯武刚等著，韩朝华译：《制度经济学》，商务印书馆2000年版，第148页。

公布的规则与它们的实际执行情况相吻合。"① 反之，被创造和设计出来的制度应具备以下八种卓越品质（legal excellence）：具有充分的一般性；公开地公布；可预期；清晰明了；不矛盾，从不溯及既往；相当一致，彼此协调；能够实现；由官员按照制度的内容来加以管理，官方行为与公布的规则必须一致。具体而言，教育制度内容的普遍适用性主要包括以下几方面。

教育制度的抽象性或一般性。一般性教育制度作为已阐明的一般性正当教育行为规则，指涉的总是处在特定时空情势中的不同个人的具体教育行为所共有的抽象的、一般的特征，而不指涉这些教育行为的具体的细节的特征。米尔恩曾说："规则所支配的行为所着眼的东西被限于各种情况的共性。对任何情况来说，要紧的是适用于那一类情况的规则是什么。为那一类情况规定的那类行为必须去做。针对那一类情况禁止的那类行为则不得去做。没有必要把某一情况作为个别情况加以考虑。某一情况的细节、特征和特定环境，都可以忽略不计。"② 或者也可以这样说，一般性教育制度只是从某种抽象的、一般的层面上为处在特定时空情势中的不同个人提供其教育行为的"可能性范围"，只规定其教育行为的"一般方案"，而不规定这些个人在各自的特定时空情势中具体应该做什么。米尔恩曾说："就规则而言，对于做什么没有任何选择的余地，但是，在规则规定的行为中却有选择的余地。虽然人们相互交谈必须遵守语言规则，但这并非他们正在做的一切。他们谈话、交谈、辩论、争吵、谈判、提出和回答的问题，或者用某种其他方式相互交流。不服从语言规则，他们无法交谈，同时，规则并不能告诉他们谈些什么。那是他们自己决定的事。一场比赛除非比赛者大体上能遵守规则，否则就无法进行。但在比赛中，他们并不是单纯地遵守规则，他们还以规则许可的方式作出种种行动，包括进攻和防守，佯攻和调遣。描述一场比赛的过程，就是描述这些行动，包括比赛者所展示的技能和判断力，辨别力和灵巧性。"③ 在这个意义上，处在特定时空情势中的不同个人的具体教育行为只要符合这些一般特征，或者说在这种"可能性范围"之内，那么我们就可以说他是在遵循一般性教育制度规则行事，进而也可以说他的教育行为是合法的，甚至我们也可以说，他的教育行为是正当的，是具有道德合理性的。可见，任何一种教育制度，如果要成其为真正意义上的教育制

① 朗·L. 富勒著，郑戈译：《法律的道德性》，商务印书馆2007年版，第46～47页。
② A. J. M. 米尔恩著，夏勇等译：《人的权利与人的多样性》，中国大百科全书出版社1997年版，第24页。
③ A. J. M. 米尔恩著，夏勇等译：《人的权利与人的多样性》，中国大百科全书出版社1997年版，第25页。

度的话，它都必须是抽象的或一般性的，只有具有这种抽象性或一般性，它才能适合于未知其数的未来情势。哈耶克说："一般且抽象的规则，乃是实质意义上的法律；一如我们所见，这些规则在本质上乃是长期性的措施，指涉的也是未知的情形，而不指涉任何特定的人、地点和物。"①

教育制度目的独立性。教育制度目的独立性是指，一般性教育制度必须独立于，或者说不得服务于任何相关特定个人或教育组织（包括政府教育行政部门）的即时性的特定目的。如果任何教育制度服务于这种特定目的的话，那么它就不能成其为真正意义上的教育制度，而只能沦为服务于教育组织秩序的即时性"命令"。一般性教育制度的目的独立性实际上是它的抽象性或一般性的一个引申。这在于，既然抽象的一般性教育制度只指涉处在特定时空情势中的不同个人或教育组织（包括教育行政部门）的具体教育行为的一般特征，而不指涉其具体特征，或者说必须"适用于未知其数的未来情势"② 的话，那么这种一般性教育制度自然不能服务于不同个人或教育组织（包括政府教育行政部门）的特定的具体的目的或目标。

教育制度的可普遍化性或适用于人人的平等性。教育制度的可普遍化性，即，一般性教育制度必须能够毫无例外地普遍适用于处在类似境况中的所有不同个人或教育组织，或者说，应用于某一具体情况的教育制度必须能够普遍应用于所有类似的情况。只有在这个意义上，它才是可普遍化的。马歇尔说："规则显然不能是特定的，而就某种意义来说必须是一般的；对一般性的要求如何并不容易说清楚……人们希望，秩序和可预见性可以从一般性中产生，并能假定，相似情形得以相似处理。但是，这对于某些所谓规则的制定会加以何种限制就不甚明了……所必需的是要有一种规则来处理一类情形式（无论是人、物或场合），要有一定程度上的一般性，无论它是什么，都能在这些情形中得到它。"③ 一般性教育制度的可普遍化还要求"平等对待"，即要求把所有不同个人当作（形式上）平等的一员加以对待。在现实的教育生活中，确实存在着教育制度制定者和教育制度服从者的相对划分，即，在现实的教育生活中确实存在着一些群体和个人总能制定、改变教育制度，而另一些群体和个人只

---

① F. A. 冯·哈耶克著，邓正来译：《自由秩序原理》（上册），生活·读书·新知三联书店 1997 年版，第 264 页。
② F. A. 冯·哈耶克著，邓正来等译：《法律、立法与自由》（第 2、3 卷），中国大百科全书出版社 2001 年版，第 55 页。
③ David Miller and Larry Siedentop（eds.），*The Nature of Political Theory*. Oxford：Oxford University Press，1983，p. 183～184.

能被动地接受教育制度这一客观事实。尽管如此，只要某项教育制度一经制定出来并颁布实施，教育制度本身就具有了不以设计和制定者意志为转移的客观性，具有了普遍适用性，包括教育制度制定者在内的任何人都必须受其约束。更为甚者，在普遍适用的一般性教育制度面前，个人与政府也是平等的。就此而言，政府不是作为教育制度的制定者和执行者高高在上，相反，它与个人一样，都是一般性教育制度的遵从者，政府对一般性教育制度的任何僭越都将被视作是不正当的或不正义的。

教育制度的否定性。所谓教育制度的否定性是指，一般性教育制度一般不向遵循它的个人或教育组织（包括政府教育行政部门）提出肯定性的要求，而只是提出否定性的要求，即不从肯定的角度规定遵循者具体应当做什么，而只从否定的角度规定他们不应当做什么，"正当行为规则一般都是对不正当行为的禁令"。同时，"正当行为规则之所以必须成为否定性的规则，实是因规则不断扩展其适用范围并超出了那种能够共享甚或能够意识到共同目的的生活共同体而造成的一个必然结果"。① 一般性教育制度所具有的否定性根源于它的抽象性或一般性。这在于，既然一般性教育制度作为一种已阐明的一般性正当行为只指涉处在特定时空情势中的不同个人或教育组织的具体教育行为的抽象特征或一般特征，而不指涉其具体特征，那么这意味着，它不能告诉不同的个人或教育组织在特定时空情势中具体应当做什么，只是在一般意义上提供其教育行为的"可能性范围"，这实际上也就是规定他们不应当做什么。不仅一般性教育制度本身具有否定性特征，而且检测它们是否正义的标准也是否定性的，这种正义性检测标准即"内在一致性判准"。这种"内在一致性判准"的实质在于，它并不要求从肯定的角度检测某一项教育制度的具体内容或规定，只是关注这项教育制度与整个一般性正当教育行为规则系统内部的其他所有规则（既包括已阐明的，也包括未阐明的）是否"相容"或"一致"，亦即它们之间是否会发生冲突。如果一项教育制度能较好地与其他一般性正当教育行为规则"相容"或"一致"，即不发生冲突的话，那么这项教育制度就可能是正当的或正义的。

教育制度的公知性、确定性和长期性。所谓教育制度的公知性，即一般性教育制度作为已阐明的正当教育行为规则，它必须由立法机关、教育行政部门或教育组织广为公布，为参与教育活动的所有教育行为相关人（或教育组织）

① F. A. 冯·哈耶克著，邓正来等译：《法律、立法与自由》（第2、3卷），中国大百科全书出版社2001年版，第57页。

都知道并了解。教育制度必须被公开，"这些规则发表的方式和时间必须能使人们发现这些规则是什么，并相应地调整自己的行为"。① 所谓教育制度的确定性，即一般性教育制度必须对相关教育行为或教育制度安排所涉及的可能情况，做出明确的毫不含糊的规定。教育制度的确定性有助于节约成本，"如果制度界定不清，而行为者的领导机构又把规则体系搞得极其复杂，制度就会陷入复杂性机能障碍。例如，当公共政策涉及大量具体后果并导致指令性规则激增时，协调成本会滚雪球似地不断膨胀。清晰、简单的制度能大大削弱协调成本"。② 所谓教育制度的长期性，即一般性教育制度必须能长期适用，不能朝令夕改。因此，可以毫不夸张地说，教育制度的确定性，对于任何社会之教育得以有效且顺利地运行来讲，具有不可估量的重要意义。就教育发展而言，可能没有任何一个比教育制度的相对稳定所做出的贡献更大。尽管教育制度的完全确定性，也只是一个我们须努力趋近但却永不可能彻底达到的理想，然而这一事实并不能减损教育制度确定性对于教育发展所具有的重要意义。

第三节　教育制度的主观性

尽管人的本质受社会关系的制约，这对于每一个人都是不以人的意志为转移的。但是，人在教育制度面前并不是消极被动的，因为，任何现实的教育制度存在本身都是人创造和建构的结果。同时，人又根据自己的价值尺度（不同教育制度主体的价值尺度可能是对立的）不断变更、调整、重构着教育制度。凯尔塞等人说："人们互不相同，不管训斥他们多少次，他们都不会改变。同时，我们也没有任何理由来改变人们之间的差异，因为这些差异可能是好事，而不是坏事。人们往往在一些根本问题上存在差异。他们的追求不同；他们有不同的动机、目的、目标、价值观、需要、驱动力、冲动、欲望。没有什么比这些东西更为基本了。他们的想法不同：他们用不同的方式思考、认知、构思、感知、理解、领会、考虑。"③ 尽管人的教育行为乃至品质是由教育制度塑造出来的，但人对教育制度的意义并不亚于教育制度对人的意义。教育制度不会自动地得到实施，必须由单个的个人来启动、维持、指导教育制度装置的运

---

① 韦恩·莫里森著，李桂林等译：《法理学》，武汉大学出版社 2006 年版，第 412 页。
② 柯武刚等著，韩朝华译：《制度经济学》，商务印书馆 2000 年版，第 154~155 页。
③ D. Keirsey & M. Bates, *"Please Understand Me"*, *Character and Temperament Types*. DM, CA: Prometheus Nemesis Book Company, 1984, p. 2.

— 343 —

转。波普尔说："不仅制度的结构包含有重要的人格决定，而且即使是最好的制度，如民主制衡，它的功用也常常在很大程度上依赖于相关的人。制度好似堡垒，它们得由人来精心设计并操纵。"① 因此，如果说教育制度从根本上是依据教育的客观规律的，有着不以人的意志为转移的客观必然性的话，那么，教育制度在能否发挥作用、是否可发挥作用以及教育制度的具体形式、具体内容方面则有着强烈的主观性。波普尔说："规范在如下意义上是人为性的，即我们不可以为它们责怪任何人，既不能责怪自然，也不能责怪上帝；而只能责怪我们自己。如果我们发觉它们令人不快，我们的任务就是尽我们所能地改进它们。最后这句话意味着，把规范描述为社会约定，我不是说它们必定是任意性的，也不是说一系列规范性的法则将像另一组法则那样运行良好。说某些法则体系能够被改进，某些法则可能比其余的更好，我的确切意思是说，我们能够把现存的规范性法则（或社会制度）同我们已决定值得加以实现的某些标准的规范相比较。但是，即使是这样，标准也是由我们制定的，因为我们赞同它们的决定是我们自己做出的，并且只有我们为采用它们而承担责任。这些标准不会在自然中被发现。……我们是自然的产物，但自然既创造出了我们，同时又赋予我们以改造世界的力量、预见和规划未来的力量，以及做出我们在道德上为之负有责任的广泛而影响深远的决定的力量。"② 教育制度的主观性是指教育制度的可选择性、可改造性、可设计性以及教育制度主体的主观局限性。

一、教育制度的可选择性

能否在确认教育制度必然性的基础上确认教育制度的多样性、教育制度的可选择性，是关乎教育共同体的个性化存在权利的根本性问题。没有教育制度的多样性与可选择性，也就没有教育的多样性、教育的个性化。教育制度的可选择性是教育共同体多样性、教育多样性、教育个性化的重要依据。论证教育制度的可选择性，也就是从教育共同体存在的根基处论证不同类型教育共同体存在的权利、存在的可能。

---

① 卡尔·波普尔著，陆衡等译：《开放社会及其敌人》（第 1 卷），中国社会科学出版社 1999 年版，第 237 页。

② 卡尔·波普尔著，陆衡等译：《开放社会及其敌人》（第 1 卷），中国社会科学出版社 1999 年版，第 125 页。

（一）教育制度可选择的内涵

教育制度的可选择性主要是指在特定的社会发展阶段或者特定的社会关系背景下，同时有多种教育制度具有现实的可能性，这种可能性能否转化为现实性，在很大的意义上与教育制度的内容已经没有很大的关系，而主要取决于教育制度主体对教育制度的选择。

首先，教育制度的可选择性是一个存在论层面的问题。所谓教育制度的可选择性，从客观向度、存在论层面看，是指教育制度具体样态的具体非单一性，教育制度具体内容的具体性、多样性，不同社会教育共同体之间教育制度个性、特殊性的必然性。没有教育多样性这个前提，教育制度多样性的论证将失去存在论基础。所谓选择，是对既存多样条件的选择，没有多样性，就没有可能性，也就无选择可言。库利说："我们所有的选择或大多数选择都以某种方式和社会环境相联系——它是相对复杂的社会关系的组织。正是由于从我们周围的环境中产生的观念变得复杂起来，我们被迫思考、选择与总结，以便选择有用和正确的生活方式。"① 因此，教育（发展）多样性、个性发展差异性是人类进行教育制度选择的第一存在论前提。教育发展的多样性，既体现为时间上的多样性，也体现为空间上的多样性，还体现为教育发展过程的多样性。正是因为先有教育发展多样性的问题，而后才可能有如何确保教育发展多样性的教育制度设计问题，也才可能有教育制度选择性的问题。香山健一说："通过学校体制多样化以及学校、家庭、社会等教育机能网络化，放宽年龄限制、资格限制、承认例外等"，才能"扩大多种选择机会"②。与此相对，如果教育制度过分单一，或者只尊崇唯一的教育制度模式，无疑会使教育发展的多样性受阻。如果教育机构、教育组织类型过分单一，不仅不能适应外部环境的变化，不仅不能确保教育发展的多样性，而且阻碍了教育机构、教育组织的不断更新。帕斯克说："内部的差异通过产生新的观点，通过促进不平衡和适应，能够扩大一个机构作出选择的范围。事实上，控制论有一条著名的法则，这就是必不可少的多样性法则。该法则认为任何系统为适应其外界的环境，其内部控制必须体现多样性。如果人们减少内部的多样性，该系统就难以应付外界的多

---

① 查尔斯·霍顿·库利著，包凡一等译：《人类本性与社会秩序》，华夏出版社 1999 年版，第 40 页。
② 香山健一著，刘晓民译：《为了自由的教育改革》，高等教育出版社 1990 年版，第 102 页。

样性。革新的组织机构必须把多样性结合到其内部的发展进程中。"① 同时，正是因为有"人之为人的特性就在于他的本性的丰富性、微妙性、多样性和多面性"② 的问题，正是因为"每个儿童都有其独特的特性、兴趣、能力和学习需要"③ 的问题，正是因为"人性有着无限的多样性——个人的能力及潜力存在着广泛的差异"④ 的问题，而后才有如何充分考虑到"人的这些特性和需要的广泛差异"的各种教育制度设计问题，也才可能有教育制度选择性的问题。与此相对，如果教育制度崇尚单一性、统一性和标准化，无疑会使人的个性发展、多样性发展受阻。托马斯指出："自然界用尽所有的心力，尽可能使我们的一群孩子秉性各异，自然界不遗余力地把无限的可能性隐藏其中，没有人能够确定或预言这种可能性。但有时我们做父母（教师）的，在对孩子教育的过程中，却要根除这种多样性，把我们的一群本来是多样的孩子变成性格一律的集体……在这种企图中，能够取得明显进步的唯一方法是消除、阻碍、防止个体特殊的以及与众不同的个性的发展。遗憾的是，在一定程度上可以做到这一点……而这种过程恰好可以和杀人相比。"⑤ 教育制度无论在它的机制方面还是在它的精神方面，都应把个人看作具有特性的人，看作具有个性的人，看作具有各种需要的人，因为"说一切人类存在都应当在某一种或少数几种模型上构造出来，那是没有任何理由的"。⑥ 当然，多样性又可看作是教育制度追求可选择性的结果，正是由于越来越多的选择的要求，才凸显了以多样化为目标的教育制度价值追求的重要性。在 20 世纪 80 年代后期，西方发达国家出现了更深入的学校改革——以校本管理、教师授权、教师职业化和赋予家长与学生择校权等措施改善学校质量，这些措施促成了"改革运动的第二次浪潮"。而"改革运动的第二次浪潮"的一个显著特点是"选择权"。例如，在美国的教育改革中，"'选择'是个关键词汇。家长在择校以及由此引发的学校在入学时的竞争，被认为在提高家长满意度和教师士气的同时，也提高了学业和毕业率。校长和教师们被鼓励去直接和家长接触，设定明确的目标，设置专业课程，加强

---

① 迈克尔·富兰著，中央教育科学研究所，加拿大多伦多国际学院组织翻译：《变革的力量》，教育科学出版社 2004 年版，第 47 页。

② 恩斯特·卡西尔著，甘阳译：《人论》，上海译文出版社 1985 年版，第 15 页。

③ 联合国教科文组织教育丛书，赵中建编：《教育的使命》，教育科学出版社 2003 年版，第 131 页。

④ F. A. 冯·哈耶克著，邓正来译：《自由秩序原理》（上册），生活·读书·新知三联书店 1997 年版，第 103 页。

⑤ 托马斯著，钱军等译：《不适应的少女》，山东人民出版社 1988 年版，第 207 页。

⑥ 约翰·密尔著，许宝骙译：《论自由》，商务印书馆 2005 年版，第 79 页。

纪律，要求学生不断进取。选择计划不仅有利于家长们为孩子做出明智选择，而且还能给职业教育家传递信息，使他们明白，父母认为孩子成长中需要什么，学校就要提供什么，否则就是在冒失去生源和资助的危险"。① 为了真正落实家长、学生们的"选择权"，教育制度必须具有可选择性、灵活性、多样性、自主性，根据不同人的不同情况提供多种教育模式、教育类型以及学校类型，提供多样性的教育制度安排，使不同的人可以有更多的选择机会，可以有更多的机会博弈，从而使每一个人都可以按照自己的兴趣、需要和个性特点来选择一种最有利于自己发展的教育。

其次，教育制度的可选择性是一个主体论、创造论、实践论层面上的问题。所谓教育制度的可选择性，从主体向度看，是指人具有制定、创立、变革教育制度的能力与权利。在前现代的自然法状态下，教育制度对人而言是神圣的、崇高的、不可选择的，人在本质上没有创造、选择教育制度的权利可言，而只能服从、适应、顺应神圣的教育制度、一元的教育制度。庞德说："自然法直接来源于理性，但最终来源于上帝。自然法是'统治整个世界的神圣智慧的理性'。由此，自然法在短时期内被用来维护权威，而不是去撼动权威。"② 因此，教育习惯、教育习俗、教育传统、道德规范、纪律等教育制度形态在本质上都是压制个性的结构性力量，都是要求人们必须服从的整体性"教育势力"。正如詹世友所言，所有这些制度规范都是"诉诸人们的恐惧与感恩，传统的承续、权威等等非理性因素，从事严格的约束，不使人的行为有任何僭越，它们枉把人们塑造成型的同时，又体现为一种暴威和个人无理性的盲从，它们是真与假，美与丑，善与恶的绝然分界"。③ 例如，作为教育制度组成部分的纪律所要求的即是"只知服从，不问其他"的听从。韦伯曾说："纪律应该被称之为在可以标明的一些人当中，根据约定俗成的态度，一个命令能够得到不假思索的、自动的和机械的听从。"④ 纪律无非是要通过对人体的操纵、塑造和规训，使"它服从、配合，变得灵巧、强壮"而已（福柯语）。随着现代性的来临，人的理性能力、实践能力的增长，人的主体性的逐步觉醒，一切都必须放在理性的天平上称一称，人们发现教育制度在本质上并不神秘，它是人的自身创造物。莫里森曾说："在启蒙叙事中，现代性向传统和习惯开战，提倡

---

① T. R. 戴伊著，彭勃等译：《理解公共政策》，华夏出版社 2005 年版，第 118~119 页。
② R. 庞德著，陈林林译：《法律与道德》，中国政法大学出版社 2003 年版，第 12 页。
③ 詹世友著：《道德规范的本质维度："器"还是"道"?》《人文杂志》，1999 年第 5 期，第 22 页。
④ M. 韦伯著，林荣远译：《经济与社会》（上卷），商务印书馆 1998 年版，第 81 页。

理性、进步和自由。它的产物——文明而有理性的人——被赋予知识的钥匙，并且，作为了解事物结构的结果，他摆脱了意识形态的支配，摆脱了传统和习惯的谬误的支配。"① 至此，教育制度的可变迁、可变革、可创造，逐步为人们所确认。

但是，从近代理性出发所确认的教育制度的可变迁、可变革、可创造，对人的教育制度变革能力、创造能力的肯定，却是一种带有不全面性、不彻底性，带有歧视性的教育制度可选择。近代理性主义的一个重要特点是单一主体性意义上的绝对理性，是以"本质范畴"、"本质信念"与"本质追求"为基本特征的一种知识观和认识论路线。近代理性主义认为，任何事物内部都"深藏"着本质，这个本质是唯一的；本质是属于"事物自身"的，是事物自身"自然"拥有的，是事物自身的实体属性，不是任何外在力量所强加的，也不依赖于外部的任何关系而存在；本质相对于现象而言，既是一个事物的组成部分，又是一个事物之所以成为它自身的依据或基础，是其关键性的内在特征；本质是可以被认识的，而且就其存在状态而言也是等待"被揭示"的。而这种绝对理性往往为一个主体、一种主体所掌握，这种本质亦为一个主体、一种主体所认识、所揭示。虽然这一知识观和认识论路线具有重要意义，因为没有本质主义的提问方式，也就没有对教育世界教育规律的把握与对教育世界的改造，从而也就没有教育现代性的推进，没有现代教育文明，没有现代教育生活方式。但是，这种提问方式也可能走向异化，当理性与本质追问被绝对化，当其他提问方式被遮蔽时，理性与本质主义就可能走向强权理性、本质强权，人与教育世界的多样关系就可能被单一化，科学、理性与逻辑就可能成为神学，成为偏执式的意识形态。诚如布洛克所说："理性主义打破了宗教和教会对人思想的垄断以后，自己也变成了一种教条式的意识形态，同样不允许对它的假定进行检查，也同样不容异见。就是这种偏狭不容的态度，促使穆勒转而反对它，认为它是一种暴政体系。"② 因此，以这种理性为基础的教育制度可选择，虽然与自然规则意义上的不可选择性相比是一个进步，但是这种绝对理性主义的教育制度可选择性，却只确认了一个主体、一种主体对教育制度的创造、变革的主体地位。康德说："要发现某种隐藏在我们自身或是别处的东西，在很多情况下需要一种知道应如何正确地寻找苗头的特殊禀赋，一种预先判断出在

① 韦恩·莫里森著，李桂林等译：《法理学》，武汉大学出版社 2006 年版，第 289 页。

② 阿伦·布洛克著，董乐山译：《西方人文主义传统》，生活·读书·新知三联书店 1997 年版，第 193 页。

何处大概有可能找到真理的天赋，即探寻出事物的踪迹，利用最小的亲和性契机来发现或发明所要寻求的东西这种天赋。在这上头，学习得来的逻辑什么也没有教给我们。"① 卢梭也说："为了发现能适合于各民族的最好的社会规则，就需要有一种能够洞察人类的全部感情而又不受任何感情所支配的最高的智慧；它与我们人性没有任何关系，但又能认识人性的深处；它自身的幸福虽与我们无关，然而它又很愿意关怀我们的幸福；最后，在时世的推移里，它照顾到长远的光荣，能在这个世纪里工作，而在下个世纪里享受。要为人类制定法律，简直需要神明。""敢于为一国人民进行创制的人——可以这样说——必须自己觉得有把握能够改变人性，能够把每个自身都是一个完整而孤立的整体的个人转化为一个更大的整体的一部分，这个个人就以一定的方式从整体里获得自己的生命与存在；能够改变人的素质，使之得到加强；能够以作为全体一部分的有道德的生命来代替我们人人得之于自然界的生理上的独立的生命。"② 显然，普通人"凡心"障蔽，肉眼凡胎，很难真正超越一己主观的屏障，去达到一个更高的"客观"立场，从而达到对"本质"的把握，只有少数的"智者"、慧目过人的"英雄"、天赋超群的"精英"、才能卓异的"天才"，如柏拉图"理想国"里的哲学王、康德哲学中的"天才"、黑格尔哲学中作为绝对精神神秘合伙人的"思辨大师"、卢梭哲学中的"非凡人物"、中国古代那些"奉天承运"的圣君和圣贤等才能够直面"本质"并与"本质"同在。这实质上垄断了教育制度创立权，导向了教育制度霸权主义。诚如卢梭所说："为了发现能适合于各个民族的最好的社会规则，就需要有一种能够洞察人类的全部感情而又不受任何情感所支配的最高的智慧；它与我们人性没有任何关系，但又能认识人性的深处。"③ "并不是人人都可以代神明立言，也不是当他自称是神明的代言人时，他便能为人们所相信。唯有立法者的伟大的灵魂，才是足以证明自己使命的真正奇迹。……那些迄今存在着的犹太法律，那些十八世纪以来统治着半个世界的伊斯美子孙们的法律，直到今天还在显示着订立了那些法律的人们的伟大。"④ 或如尼采所说："他们说：'事情就该这样!'唯有他们才能规定'方向'和'目的'，规定什么于人有益，什么于人无益。"⑤ 与此相对，则是剥夺其他主体的教育制度创造、教育制度变革权利，否定其他主体的教育制度创

① 康德著，邓晓芒译：《实用人类学》，上海人民出版社 2005 年版，第 124 页。
② 卢梭著，何兆武译：《社会契约论》，商务印书馆 2003 年版，第 50~51 页。
③ 卢梭著，何兆武译：《社会契约论》，商务印书馆 2003 年版，第 49 页。
④ 卢梭著，何兆武译：《社会契约论》，商务印书馆 2003 年版，第 54~55 页。
⑤ 尼采著，张念东等译：《权力意志》，商务印书馆 1998 年版，第 132 页。

造、教育制度变革能力。卢梭曾说，立法者在一切方面都是国家中的一个非凡人物，"如果说一个伟大的国君真是一个罕见的人物，那么一个伟大的立法者又该怎样呢？前者只不过是遵循着后者所规划的模型而已。一个是发明机器的工程师，另一个则只不过是安装机器和开动机器的工匠"。① 即便"罕见的人物"如"国君"之流，都被剥夺了教育制度的创立权，更遑论一般的普通民众。奥斯丁认为，即使是在严格符合道德原则的理想法律制度和道德制度中，人们可以了解规则，但这些规则背后的基本原理在整体上是不知的。一切科学都要求有对权威的某种信仰，因为专家的作用是调查、分析和传播他们的发现，公众应当"在通常情况下相信我们得出的关于权威的结论……对权威的信任和顺从是完全合理的"。② 此外，近代理性主义的上述主张并未局限于理论家的言说，它们作为一种知识观、认识论路线或认识领域的意识形态，已经深深地在人类社会生活特别是认识生活中扎下根来，具有一种不言而喻的真理性，并指导着人们的现世生活。作为一种知识观和认识论路线，近代理性主义提出的一系列主张都是为了争夺社会历史生活中的知识权力。知识权力是与军事权力、经济权力、政治权力等相类似的一种权力类型，其功能在于决定知识的生产、传播和消费，决定将人类的何种认识经验纳入到知识的范畴之内，同时将其他的人类经验排斥在知识的范畴之外。历史上，那些掌握了军事权力、经济权力和政治权力的人，往往也掌握了知识权力，倾向于把他们自己所生产和应用的经验看成是（真正的）知识，而将与之不一致的其他认识经验排斥在知识范畴之外。为了说明这种权力实践的合法性，同时掩盖这种权力实践的政治目的，他们习惯于求助于绝对理性、求助于本质信念，宣称自己的认识经验是对世界本质的反映，因而具有真理性，是唯一正确的、有价值的知识。从这方面看，近代理性主义的知识观和认识论路线从一开始就具有霸权特性，就与社会或国家霸权的存在有着密切的联系，甚至本身就是一个社会特别是某一知识分子集团发明出来用以实践其知识霸权的有效工具。而知识霸权以及"思想的霸权使大多数人看不到先前存在的东西也就是被表达为相似的东西之外的可能性"③。也就是说，按照近代理性主义的知识观和认识论路线，教育制度创立、教育制度变革的权利乃至能力只能属于特定的主体，即确认了特定主体对教育制度创立、教育制度变革的垄断权，同时排斥、剥夺了其他主体参与教育制度

---

① 卢梭著，何兆武译：《社会契约论》，商务印书馆 2003 年版，第 50 页。
② 韦恩·莫里森著，李桂林等译：《法理学》，武汉大学出版社 2006 年版，第 244~245 页。
③ 韦恩·莫里森著，李桂林等译：《法理学》，武汉大学出版社 2006 年版，第 490 页。

创立、教育制度变革的权利。当然，这只是问题的一方面，另一方面的问题是，按照近代理性主义的知识观和认识论路线建构的教育制度，对知识霸权和思想霸权的产生起了巨大的作用。教育制度尤其是教育法律制度提供了一个思想库，正是这些思想构成了教育自由、权威、合法强制和个人责任等观念。即，"它创造了权利观念，而权利观念接下来又构成了保护个人的观念护墙；它把人们与其他人之间的自然关系看成是一种对抗和防卫的关系。权利是武器，法律确保人们感到：他们武装得很好，足以防止彼此的侵害。"[1] 与此相伴的是，教育制度是人们为了处理与其他人的重要教育关系而建立的诸多有意义的制度中的一种，但是，教育制度尤其是教育法律制度，"像宗教和电视图像一样，是这些众多信仰中的一种——它与其他许多非法律的但相似的信仰联合起来——它们使人们相信他们生活并工作在其中的一切等级关系都是自然的、必要的"。[2] 教育制度霸权的确立，使对统治阶级有利的思想逐渐被从属阶级的人们接受下来。"……最有效的统治形式产生的条件是，统治阶级和被统治阶级相信现存的秩序尽管有某些边缘的变革，但还是令人满意的，至少表达了每个人所期盼的绝大部分东西，因为在相当程度上讲事情必须是这个样子。"[3] 也就是说，按照近代理性主义的知识观和认识论路线建构的教育制度，往往是一种霸权性、独断性的教育制度，人们逐渐放弃了自己创立、变革教育制度的权利。

从单一主体性走向主体间性，从单一绝对理性走向交往理性、游戏理性，是教育制度可选择的重要理性、方法论基础。在此意义上，在主体间性视野中，所谓教育制度的可选择，也就是对教育关系中的所有参与主体、教育交往主体参与教育制度制定、变革权利的确认，特别是对不同教育共同体作为整体性主体，根据自身条件制定、变革适合于自身的教育制度的生存权利和发展权的确认。哈贝马斯认为，"只有那些所有人均可能感到欣悦的（法律）规范，才会被接纳为理性话语商谈的参与者"，而且"只有那种为所有公民在意见商谈和意志形成过程中理性接纳的法律，才能被视为正当的法律"。[4] 在主体性层面上，理解教育制度的可选择性的关键在于，不要对教育制度制定、变革进行单一化、线性理解，不要把教育制度的可制定、可创造、可变革等同于教育制度制定、创造、变革主体的单一化，等同于教育制度形态的单一化。

[1] 韦恩·莫里森著，李桂林等译：《法理学》，武汉大学出版社 2006 年版，第 491 页。
[2] 韦恩·莫里森著，李桂林等译：《法理学》，武汉大学出版社 2006 年版，第 490 页。
[3] 韦恩·莫里森著，李桂林等译：《法理学》，武汉大学出版社 2006 年版，第 490 页。
[4] 丹尼斯·劳埃德著，许润章译：《法理学》，法律出版社 2007 年版，第 299 页。

再次，教育制度的可选择，也是一个教育交往论层面上的问题。所谓教育制度的可选择性，从教育交往向度看，是指作为教育交往前提与教育交往产物的教育制度，并不具有单一的内容与形态。在普遍教育交往的情况下，教育交往的结果既产生教育制度趋同，也产生教育制度的多样化。显然，一些学者往往更多地看到教育交往规则的趋同，认为教育交往必然会产生具有同一性的教育制度。迪玛乔等人认为，现代组织在形式和实践上表现出极大的相似性，一旦组织领域形成，就会产生同质性的具体压力。"大多数现代组织理论都提出了多样并相互区别的组织世界，并试图解释这些组织在结构和行为上的差别。相反，我们要问的是，为什么组织形式和实践会有如此令人震惊的同质性；我们力图解释这种同质性而不是变化。在其最初的生命周期，组织领域在路径和形式上都表现出很大的多样性。一旦组织领域形成，就会产生同质性的无情推动力。"① 现代组织在形式和实践上之所以表现出极大的相似性，主要源于制度同形性。强制同形性源于政治影响和合法性问题；模仿同形性源于对不确定性的规范反映；规范同形性与职业化有关。但是，教育制度趋同只是教育交往的一个制度效果，教育交往制度效应的另一个结果，是为教育制度的多样性提供了更加广阔的发展空间和可能。一方面，教育交往所提供的"场域"为所有参与交往的教育主体提供了一个"制度认同"的可能，也提供了一个"制度认异"的舞台。教育交往是一个"制度认同"的过程，也是一个"制度认异"的过程。普遍的教育交往为教育主体的"制度认同"提供了平台。多元化社会和多文化世界的教育主体，应该承认他们对教育形势和教育问题的解释植根于他们个人的教育生活、他们社会的教育发展历史以及他们的文化教育传统。其结果就是：没有一个人或群体掌握了解决教育问题的唯一答案，而且对每一个教育问题或许都有不止一种的解决方式。因此，每一个教育主体应该相互理解、相互尊重并以完全平等的地位进行磋商，以期寻求一种共同的基础，求得某种共识，达致"制度认同"。当然，教育主体在教育交往过程中的"制度认同"，只是在有关教育制度理念、教育制度基本原则等问题上求得了"共识"而已，并未排除在一些具体教育制度安排上的冲突，因此，"不应把共识理解为众口一词的近亲。共识不是清一色的世界观所要求的众口一词，而是引导出一个无止境的过程，在这一过程中，许多异见（和利益）通过相互说服和让步，调整

---

① 薛晓源等主编：《全球化与新制度主义》，社会科学文献出版社 2004 年版，第 402 页。

并形成了不断变化着的'联合'。"① 在普遍教育交往中，教育共同体往往能更加清醒地认识到自身教育共同体教育制度的独特性。教育交往的"认异性"使教育交往参与主体更加自觉地认识到自身教育习俗、教育传统的特点，从而为教育制度的已然多样性提供了确认机制，为教育制度多样性的继续存在与发展提供了重要的主体心理产生语境。另一方面，从教育交往的结果与导向看，教育交往并不是简单地导致教育制度的趋同，也同时导致新教育制度的产生与教育制度的异化。例如，在西方，"科学引文索引"（SCI，science citation index）的原意是要帮助科研人员有效获取文献信息，但引入到我国之后就逐渐演变和异化，到今天已经成为学校排名、科研项目评审、科研申报、科研人员奖励等几乎覆盖所有科研领域最重要的评价标准之一。在西方，这样或那样的评估制度只是为科学研究者提供方便和促进科学研究的工具，但在我国，它们则成了官僚机构衡量一切的有效武器，成为异化了的官僚化评审制度。在西方，这样或那样的评估制度是开放的，具有竞争性、多元性，评审标准也与时俱进。但在我国，这样或那样的评估制度具有垄断性和封闭性。在此，伯林有关制度异化的论述，确实是入木三分。伯林曾说："规律与制度本身就是人类心智与双手的产物，它们历史地满足特定时代的需要，后来被误解为无情的客观力量……我们受制度、信念或神经症的暴虐……我们受到我们自己创造的——虽然不是有意识地——那些邪恶精灵的囚禁。"②

教育交往的结果具有多样性，这不仅表现在，任何教育交往既是解决教育问题的过程，也是产生教育问题的过程；任何教育交往都可能在具体的历史条件下，因为某些必然或偶然的原因而发生断裂，而教育交往的断裂本身便必然导向教育制度的多样化。也表现在，可持续的教育交往结果也不是仅仅导致教育制度的一元化。任何教育交往都是有限交往，对于教育共同体之间的教育交往而言，总有教育利益基础，总有教育交往边界，而不同教育利益的存在，教育交往边界的存在本身，便说明了教育制度的多样性。也就是说，不管是从教育交往的"前史"，还是从教育交往结果看，都不存在简单的教育制度的趋同性、教育制度的同形性，而是恰恰相反，教育制度的多样性、教育制度的可选择性，日益成为教育交往世界中的突出现象。

① 刘军宁等编：《直接民主与间接民主》，生活·读书·新知三联书店 1998 年版，第 60 页。

② 以赛亚·伯林著，胡传胜译：《自由论》，译林出版社 2003 年版，第 213~214 页。

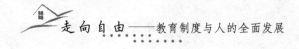

（二）教育制度可选择的张力

教育制度可选择，是诸多张力的辩证统一。

首先，教育制度可选择，是不可选择与可选择的辩证统一，是无限与有限的具体历史统一。教育制度选择的有限性，在本质上，也就是在人与自然环境（人化的自然界）、人与社会环境、人与制度环境的关系中，人的现实创造力的有限性。教育制度选择的无限性，也就是人具有不断创造教育制度的能力，其本质是作为整体而存在的人的实践能力的无限性，人进行社会化、制度化的不断性、无限性。亚里士多德所说的"人天生是政治动物"，在一定意义上，正是对人类创立教育制度能力无限性的一种确认。

教育制度可选择的有限性，具体表现为人们创立教育制度、选择教育制度时的历史性、条件性。马克思指出："人们自己创造自己的历史，但是他们并不是随心所欲地创造，并不是在他们自己选定的条件下创造，而是在直接碰到的、既定的、从过去承继下来的条件下创造。一切已死的先辈的传统，像梦魇一样纠缠着活人的头脑。"[①] 就教育世界而言，这些"条件"包括社会生产力水平、教育发展水平、教育传统、人的素质状况，"既往"的教育制度以及教育资源等。这些已有的条件，一方面为人们创立教育制度提供了基础，另一方面也现实地制约着人们创立教育制度。诚如兰德曼所言："人类的存在决不会重新开始；相反地，它总是发现它本身被'投入'到它不寻求的一种历史形势中。我们全部是由我们在其中成长和存在的共同群体的传统塑造的，我们是由自己的过去塑造成的。我们是这种'遗产'的承担者，这种遗产也为我们的未来规定了路线。……因此，任何时候人的决定的主权，都要受到过去生活的砝码的限制。"[②] 对教育制度可选择而言，教育制度变革、创新同样受制于社会既有的主客观条件、社会"既有"的教育制度。伯格曾说："在经验上，制度是一个客观的现实。它是个人出生前即已存在，而当人死后仍持续下去，这种历史之自身就是现存各制度的传统，具有高度的客观性；相对而言，个人的一生只是客观的历史和社会中的插曲。……无论个人是否喜欢，制度是外在于人，并且持续存在于现实中。"[③] 这些既存主客观条件对当下的教育主体而言，就是不可选择的条件。也就是说，在历史条件与现实教育主体的关系这个意义上，教育制度可选择首先是不可选择性。教育制度可选择的有限性，不仅决定于历

① 《马克思恩格斯选集》（第 1 卷），人民出版社 1995 年版，第 253 页。

② M. 兰德曼著，阎嘉译：《哲学人类学》，贵州人民出版社 2006 年版，第 199 页。

③ P. L. Berger & T. Luckmann 著，邹理民译：《社会实体的建构》，（台湾）巨流图书公司，1991 年版，第 76 页。

史环境，也决定于进行选择的教育主体本身。进行教育制度选择的主体自身的不完善、自身的理性之有限，是教育制度选择具有有限性的重要主体原因。正如恩格斯所揭示的那样，人的主体性、人的能力是有限与无限的辩证统一。所谓无限能力，是指从整体人类这个层面而言，只要人类存在，就具有在教育实践中不断发展自身的能力，不断加深对教育世界的认识，不断把握教育客观规律的可能。所谓有限能力，是指对任何具体、现实的教育主体或教育共同体而言，其对教育世界的认识、认识能力与实践能力都不具有终点性，都不具有绝对的完善性。康德认为，"物自体"或"自在之物"不可知。尼采认为，"自在之物"是荒谬的。假如我们不考虑一切关系、"特性"、物的"活动"，那么剩下的也就没有物了。因此，"自在之物"不能从逻辑上或经验上去证明它的存在，"关于认识的空谈是最大的空谈。人们想弄清自在之物的来历。但是，看啊！根本就没有什么自在之物！不过，假如真有那么一个自在，一个绝对之物，那么它因而也就是无法认识的！绝对之物是无法认识的，否则就称不上是什么绝对的！"①艾耶尔更是指出："我敢肯定，节外生枝地谈论什么本质或必然或可能的世界是得不偿失的。以我所见，这样来谈论问题是一种倒退，尽管近年来很时髦。"②恩格斯的洞见，康德、尼采、艾耶尔等人的主张，在一定意义上也正是对现实教育主体有限主体能力的确认。正因为现实教育主体处于有限理性之中，而人和教育生活世界的关系是复杂乃至模糊不清的，且人们还会根据不同的教育价值观对它们进行评价，所以，在大多数情形中，人之理性根本不可能在解决人类教育生活世界所呈现出的疑难教育情形方面发现一个而且是唯一的一个终极正确的答案。一个具有有限理性的人往往会发现，在他判断一起教育事件或决定所应遵循的教育制度、教育规范时，他会面对各种各样的教育制度、教育规范和各种可能性。仅凭理性，教育主体并不总是能够在两个或两个以上可以用来解决某个教育问题的教育制度教育规范中做出一个确然的和完全令人信服的选择。

对教育制度选择、创新而言，教育主体能力的现实有限性、主体性，决定了教育制度可选择的有限性。人总有一种形而上的追求，希望能追求所谓最终的、永恒的、不变的理想教育制度，企图在人类教育发展的某一时刻能够获得这种教育制度，从而一劳永逸地解决所有的教育问题。这种愿望过去不能，现

---

① 尼采著，张念东等译：《权力意志》，商务印书馆1998年版，第190~191页。
② A. J. 艾耶尔著，李步楼等译：《二十世纪哲学》，上海译文出版社1986年版，第36页。

在不能，将来也不能实现，所有这样的企图都只不过是幻想、虚妄，都要被人类发展的历史辩证法所击碎。我们只能说教育制度就其本性而言，或者对漫长的世代系列来说是相对的而且必然是逐步趋于完善的。马克思指出："真理是在认识过程本身中，在科学的长期的历史发展中，而科学从认识的较低阶段向越来越高的阶段上升，但是永远不能通过所谓绝对真理的发现而达到这样一点，在这一点上它再也不能前进一步，除了袖手旁观惊愕地望着这个已经获得的绝对真理，就再已无事可做了。在哲学认识的领域是如此，在任何其他的认识领域以及在实践行动的领域也是如此。"① 马克思的这一论述同样适合于我们对于教育制度的认识与理解。教育主体对任何具体教育制度的认识、把握，都不可能在瞬间达到完善与完满，人们所创立的任何教育制度都不可能具有终结性。莫里森曾说："启蒙的宏大叙事（例如在黑格尔那里）就是，一种完全理性的社会将导致社会秩序与和平。但是，尽管寻求彻底的社会合理性给我们以程序和理性计算，但它是建立在神话基础上的。该神话就是这样一种思想：在原则上，一切事物都是可知的，尽管我们'实际上'永远不可能认识它。"② 世易时移，法亦变矣。处于变迁社会中的教育关系，始终处于变革之中，而作为教育关系固化的教育制度，也应该处于不断的变革之中。博登海默曾说："一个法律制度，如果跟不上时代的需要或要求，而且死死抱住上个时代的只具有短暂意义的观念不放，那么显然是不可取的。在一个变幻不定的世界中，如果把法律仅仅视为是一种永恒的工具，那么它就不可能有效地发挥作用。"③ 在这个意义上，人们对教育制度的认识、创立、变革也就处于永恒的过程之中，不可能有绝对完满、绝对完善的教育制度。路德说："不存在任何完美的成就；一切都在创造之中。我们看不到终点，而只看到走向终点的道路。光辉的顶点尚未到达，细致入微的改进还在继续。"④ 如果说，教育制度化是人的社会化过程中的一个客观的必然过程，那么，任何具体的、单一的教育制度的创立都只是整体制度化、社会化过程中的一个片段，任何具体的、单一的教育制度的作用与意义都是有限的，都不具有永恒性、完美性、绝对的普适性。富勒曾说："没有任何法律制度——不论它是法官创制的还是立法机构制定的——可以被

---

① 《马克思恩格斯选集》（第 4 卷），人民出版社 1995 年版，第 216 页。

② 韦恩·莫里森著，李桂林等译：《法理学》，武汉大学出版社 2006 年版，第 302 页。

③ E. 博登海默著，邓正来译：《法理学》，中国政法大学出版社 2004 年版，第 340 页。

④ 鲁道夫·奥伊肯著，万以译：《生活的意义与价值》，上海译文出版社 2005 年版，第 98页。

起草得如此完美，以至于没有留下争论的空间。"① 现实教育主体的本体有限性，决定了与现实教育主体相伴、由现实教育主体创立的教育制度的有限性。

其次，教育制度可选择，是必然与偶然的具体历史辩证统一。教育制度可选择的必然性，一是指教育制度产生的必然性，即教育制度是人的社会化过程的必然现象。人的教育活动方式在社会化过程中产生或改变，社会化的主要渠道是教育制度化安排，因为，教育制度为人们提供了一定的教育行为模式，社会或教育共同体力图用这些教育行为模式去模塑其成员，而社会或教育共同体则通过自己的行为去认识、验证、实践这些教育行为模式，当他们接受了这些教育行为模式和教育行为规范并付诸教育实践，以至在任何同类场合都以这种模式行事时，这套教育行为模式即被制度化了。在这种意义上，教育制度化的过程即是人的社会化过程。二是指教育制度可创立的必然性，即人们可自主创立教育制度的必然性。在这两层含义的统一中，教育制度可选择的必然性是指人们在教育过程中必然走向自觉的制度化，必然走向自觉的以自主创立的教育制度进行自我约束。教育制度选择的偶然性，是指人们的必然教育制度化过程往往呈现出非统一的多样形态，人们创立教育制度受诸多不确定性主客观因素的影响，在看似必然的教育制度化过程中往往呈现出机遇性、机缘性。把握教育制度创立、变革中的偶然性、机遇性，是认识教育制度可选择必然与偶然张力的重点。

确认教育制度可选择的偶然性，在一定意义上，也就是确认教育制度创立的过程性、世俗性、当下性。教育制度创立与选择的过程在本质上从属于人的教育实践过程，教育制度创立、教育制度变革是人的教育实践过程的一个重要方面，在本质上是一种教育制度实践。人的教育实践过程是解决教育问题与产生教育问题的统一。一方面，教育实践是对已有教育问题的解决，另一方面，教育实践又必然会产生出新的教育问题，在此意义上，任何教育实践过程都带有一定程度的异化性。在此问题上，可以借鉴马克思在《1844年经济学哲学手稿》中对黑格尔劳动观的评价和分析。马克思指出："黑格尔站在现代国民经济学家的立场上。……他只看到劳动的积极的方面，没有看到它的消极的方面。"② 也就是说，在马克思看来，教育实践是创造性实践与异化性实践的辩证统一，是"积极方面"与"消极方面"的辩证统一。教育实践是由具体的世俗人、当下人所从事的具体世俗性、当下性教育实践，世俗人、当下人作为非神

① 朗·L. 富勒著，郑戈译：《法律的道德性》，商务印书馆 2007 年版，第 67 页。
② 《1844 年经济学哲学手稿》，人民出版社 2008 年版，第 101 页。

圣性主体，不可能完全把握教育制度创立、变革的全部规律、细节，特别是普遍联系对象性的所有偶然方面，这就使教育实践总带有"摸着石头过河"的特点。也正是由于教育实践带有"摸着石头过河"的特点，决定了我们除了不断进行探索和尝试之外，没有创立、建设教育制度的其他"好"办法，我们所能做的，就只能是在干中学，边干边学，在教育实践中摸索。诚如柯武刚所说："多数恰当知识都是边干边学的产物，它们是由无数不同的人在分散化的试错选择过程中获得的。"①

在教育制度变革、教育制度选择过程中，教育实践的世俗性、适应性、当下性、语境性得以充分体现。在教育制度变革、教育制度选择过程中，人们往往有一幅美好的蓝图和一种完美的设想，就是希望一次性、一劳永逸地构建起一个完美的教育制度框架。但从教育制度的现实与历史看，构建永恒的、完美的教育制度是不可能的，也是不真实的，教育制度总是处于不断的变革之中。科勒曾说："每一种文明的形态都必须去发现最适合其意图和目的的法律。永恒的法律是不存在的，因为适合于一个时期的法律并不适合于另一个时期。法律必须与日益变化的文明状况相适应，而社会的义务就是不断地制定出与新的情势相适应的法律。"② 教育制度总是处于不断的变革之中，其重要的深层原因就在于，和人的有限主体性、教育世界的变化性密切相关的教育制度实践的世俗性、适应性、当下性、有限性。教育制度是主体间性关系、主客体关系的固化、反思、凝结，但是，客观世界、主观世界、主客体关系、主体间关系又总是处于不断的发展变化之中，这就使任何具体的教育制度规范作为稳定的教育行为方式与行为期待的工具，始终表现出相对于变革语境而言的相对"无能性"、"滞后性"。教育制度的"无能性"、"滞后性"问题会在教育制度的不同层面中表现出来。如果一项教育制度的规定极为详尽具体而且不易得到修正，那么它在某些情形下就可能成为教育制度变革的羁绊。一些教育制度主体在实施其制度变革任务时，可能会受到一些在维持现状方面具有既得教育利益的有影响的群体的阻碍。教育制度变革过程往往也是缓慢而棘手的，教育主体往往倾向于对即时性教育利益（尤其与政治利益高度相关时）做出快速反应，而对于变革过时的教育制度或使充满教育传统因素的教育制度的现代化等问题方面反应迟钝。在很大程度上，教育世界中的"教育人"或教育体制中的"内部

---

① 柯武刚等著，韩朝华译：《制度经济学》，商务印书馆 2000 年版，第 55 页。

② E. 博登海默著，邓正来译：《法理学》，中国政法大学出版社 2004 年版，第 147～148
页。

人"很少进行教育制度变革，即使变革，也是犹豫不决的、填隙式的、修修补补式的。即使他们有权推翻过时的教育制度，他们仍可能亦步亦趋地遵循这些制度。凡勃伦曾说："人们对于现有的思想习惯，除非是出于环境的压迫而不得不改变，一般总是想要无限期地坚持下去。""不管怎样，人们在为了符合改变了的形势的要求而调整思想习惯的时候，总是迟疑不决的，总是有些不大愿意的，只是在形势的压力之下，已有的观点已经站不住的时候，才终于这样做。"① 教育制度变革的真正推动者往往是来自教育世界之外的"局内人"。博登海默曾说："法律往往落后于时代……法律制度中真正有深远意义的变化通常来自外界：人们往往是通过行使政治权力以推进立法行动而实现这些变化的，同时这些变化愈深刻，权力在实现这些变化方面的作用也就可能愈大。"② 可见，任何教育制度都是由人所制定、所创造、所选择，但所有的教育制度制定、教育制度创造、教育制度选择又必然带有偶然性、有限性。确认教育制度可选择的偶然性、世俗性、当下性，并不是导向、导致教育制度相对主义，而是在本质上确认人作为教育主体，具有不断变革教育制度的能力与权利。

再次，教育制度可选择，是决定论与选择论的统一，是自然历史过程与实践创造过程的统一。所谓教育制度的可选择中的决定论，是指任何教育制度最终都与教育发展以及人的身心发展的客观规律相关联，教育发展规律、人的身心发展规律的客观性决定了教育制度选择中的不可选择性。所谓教育制度变革、教育制度变迁中的选择论，一方面指向任何教育制度都是人的教育实践的创造物，都是在人的教育实践活动中形成的。另一方面更指向人具有针对具体教育关系与教育关系层面，自主选择使用什么形态、什么样式的教育制度促进教育发展与人的发展、确定教育行为界限、形成教育秩序的能动性。人们不是被动地接受各种形态、样式的"既存"教育制度，而是主动地、有选择地接受各种形态、样式的"既存"教育制度，正所谓以史为鉴，以古明今。"既存"教育制度是为了教育发展与人的发展，对"既存"教育制度的选择、变革是为了今天或明天的教育发展与人的发展。曼海姆认为，人们过去接受的观念是错误的，过去的制度也是坏的，而现代的制度则具有天然的优越性。同时，可以创建一个与时代发展相适应的完全"新式"的制度。然而，谁能创造出完全当代的文化和完全当代的制度呢？要创造这种无历史的文化，并且在这些无历史的制度中活动，将会需要何种类型的具有了高等的智力、丰富的想象力，并且

————————

① 凡勃伦著，蔡受百译：《有闲阶级论》，商务印书馆 2002 年版，第 141 页。
② E. 博登海默著，邓正来译：《法理学》，中国政法大学出版社 2004 年版，第 374 页。

没有感受或沾染过任何过去文化的人呢？显然，曼海姆的主张是不明智的。我们认为，尽管教育制度充满了变化，但是现代教育生活的大部分仍处在与那些从过去继承而来的教育法律制度相一致的、持久的教育制度之中；那些用来评判教育世界的信仰也是世代相传的遗产的一部分。希尔斯说："个人和机构不得不改变过去的行为和信仰方式，创造新范型的并非总是自由的想象，它常常是适应环境的'需要'。创造了新范型后，即使有人遵循前辈积累起来的沿袭物所提供的范型，并坚持按照这种范型去行动和信仰，某些传统仍必然要改变其原貌。对这些人来说，传统不仅仅是沿袭物，而且是新行为的出发点，是这些新行为的组成部分。"① 例如，文艺复兴的主要目的并不是复兴古希腊、罗马哲学，而主要是反对封建神学和经院哲学，宣传人性，反对神性，提倡平等，反对封建等级制度。是资产阶级思想的解放运动。而文艺复兴时期的一系列教育制度变革诸如重视教育培养人的作用；扩大教育对象，创建新形式的学校；扩展教育内容以及扩大学科范围；创造与运用新的教学方法等等，正是资产阶级教育制度实践的开始。

对于教育发展与人的发展而言，在教育制度与教育规律的关系中，一方面，教育规律从本体论上决定教育制度的基础构成，不符合教育规律的教育制度只具有形式上的意义，另一方面，教育制度在"现实论"上使教育规律得以具体呈现、实现，不转化为教育制度的教育规律是盲目起作用的命运式、自发状态的规律。教育制度选择，是以教育规律为基础的选择。教育世界是变化的，变化是有规律的。所谓教育规律，也就是在教育发展过程中相对稳定、固定的对象性关系的存在状态，以及与这种关系相对稳定的变化趋势。例如，教育与社会经济、政治、科技、文化以及人口的关系，就是教育与社会一种基本的、必然的、稳固的关系，普遍性质的关系，是一种不依人的意志为转移的客观规律。如果没有教育发展过程中对象性关系的相对稳定，就没有教育规律，也就没有教育制度可言。在此意义上，教育规律论是教育制度论的一般本体论基础。所谓教育制度，也就是人对教育规律的自觉认识、把握及将教育规律运用于教育发展过程。但是，教育规律决定教育制度，并不等于教育规律与教育制度的关系是线性的一元对称关系。其一，教育发展有规律，不等于教育只有一条普适、抽象的规律。教育规律论是对教育发展、教育交往客观性的确认，但这种确认不等于说教育发展、教育交往只有一种模式、一种形式。正如马克思哲学所指认，对认识教育规律而言，关键不在于指出教育发展有规律，关键

---

① E·希尔斯著，傅铿等译：《论传统》，上海人民出版社 1991 版，第 62 页。

在于把握具体对象性关系的具体联系内容与具体联系变迁趋势，也就是说，关键在于具体揭示具体对象性关系（教育与政治、教育与经济、教育与文化等）的具体发展规律。从现实性上看，并不存在任何抽象的教育规律，教育规律总是具体规律。"规律是多层次的……教育基本规律是制约一切教育工作的，这是第一层次的规律；教学方面有教学过程的规律，是制约教学工作的……这些是第二层次的规律；在第二层次之下还有更低层次的规律，如教学方法方面有知识与智能的关系、循序渐进种种规律……这是第三层次的规律。这一层次之下还有规律，如课堂教学规律……这是第四层次的规律。"[1] 在这个意义上，以教育规律为基础的教育制度也就不具有抽象、唯一的形态。其二，教育制度反映教育规律，不等于教育制度只以一种形态反映教育规律。对一定时空条件下的一种具体对象性关系而言，可以说其发展规律是一元的，但这种一元的规律并不等于这种对象性关系只存在一个教育制度规范、一个层面上的教育制度规范。如果说教育制度是对对象性关系现实运行结构与模式的反映，那么，对象性关系本身的层次性、多面性，就决定了教育制度的具体样态的多样性。比如，一种教育关系，就可能存在教育习俗、教育习惯、纪律、道德规范、教育制度、教育法律等多层面、多样态的制度。任何具体的对象性关系总是关系的总和，每一个层面的教育关系都至少对应着一个样态的具体教育制度规范。在教育制度规范与教育规律的具体、复杂对应意义上，教育规律的具体性决定了教育制度规范的多样性，教育规律实现形式的多样性决定了教育制度规范样态的多样性。

总之，对教育制度可选择而言，一方面，教育制度作为人的创造物，是可选择的，另一方面，教育制度作为具体历史条件下的创造物，作为对教育规律的具体反映，又具有不可随意选择性。教育制度可选择是自然历史过程和能动实践过程的统一，应针对具体教育关系，具体理解教育制度可选择的多重张力。

（三）教育制度可选择的意义

明确教育制度的辩证性、有限可选择性，将有助于我们正确全面地理解教育法制化的作用及其有限性。正如韦伯所揭示的，现代性制度的形成过程是一个社会的合理化进程，是社会关系的客观化和物化过程中的合理化。合理化进程的一个重要表现就是教育法律制度日益成为教育运行的主导显制度，教育法

---

[1] 潘懋元主编：《高等教育学讲座》，人民教育出版社 1993 年版，第 32 页。

律制度成为一种最重要、最有效的教育控制形式。其他所有的教育控制形式，都从属于教育法律制度方式，并在后者的审察之下运作。正如米勒所说："在任何社会里，统治者都会利用他的权力进行管制和惩罚，把强制规则和法典镌刻'在文物上甚至人们的肉体里'，从而造成一个'法规的世界'。"① 也正是基于这点，在现实教育生活中，学者们往往片面强调教育法律制度的作用，似乎只要有了教育法律制度就有了教育生活世界中的一切，民族国家也特别强调教育法律制度的作用，似乎只要提倡、实施"依法治教"、"依法办学"就有了教育世界的秩序、和平与稳定。但是，对于教育法律制度在获取教育秩序过程中作用的过分强调，是以牺牲道德规范、教育习俗、教育传统等在获取教育秩序过程中作用为代价的，其结果是获取教育秩序的成本越来越高。在社会的合理化进程中，道德规范与教育法律制度之间的平衡出现了巨大的波动。而这种失衡在很大程度上是资本主义发展所造成的。对教育法律制度机制的不断依赖代替了对作为社会互动基础的道德约束的依靠。这种动向是维持理性化教育体制的愿望所引起的。郝大维等人曾说："法律条文越多，我们就越认识到我们心灵内共通事物感（internal sense of things-in-common）的衰微，这种衰微又伴随着旨在实现共享目标的努力的衰微。"② 此外，教育法律制度是现代教育的主导制度，这是没有疑问的，但问题在于，是否现代教育制度只有教育法律制度，教育法律制度又能否解决所有的教育问题。在教育制度论视野中，任何社会的教育制度形态都是教育习俗、教育习惯、道德规范、纪律、教育法律制度等制度的复合体，多种制度形态的协调作用才能有助于教育秩序的获取。在教育发展的正常情况下，教育传统、教育习俗、业经确立的教育惯例、文化模式、社会规范、教育法律制度等等，都有助于将教育生活世界控制在合理稳定的范围之内。塔玛纳哈曾说："正是那些并未导致社会解体的一切，形成了社会秩序：主体间性、共同分享的语言、价值、习俗、惯例、信仰、行为、行为习惯、角色定位、行为的组织化体系（体制性安排）、协会、紧密的协调合作关系、共同分享的知识、自利行为、求生本能、利他主义、市场、成功范例的激励效果、自发的社会秩序，以及其他更多的林林总总，包括那些助益人类发达至社会性动物、经由进化选择的种种特性……哦，是的，还有法律。"③ 教育秩序的获取又何尝不是多种教育制度性、非教育制度性因素相互作用的结果。

---

① 詹姆斯·米勒著，高毅译：《福柯的生死爱欲》，上海人民出版社 2003 年版，第 400 页。
② 郝大维等著，何刚强译：《先贤的民主》，江苏人民出版社 2004 年版，第 70 页。
③ 丹尼斯·劳埃德著，许润章译：《法理学》，法律出版社 2007 年版，第 300 页。

如果只有其中一个形态的教育制度性因素，无法形成促进教育发展的真正的、可持续的约束机制、激励机制、预期机制、宽容机制与自律机制。因此，在教育法制化进程中，需要正确地、辩证地认识教育法律制度的作用及其有限性。

一般说来，教育法律制度是近代教育文明的重要成就，它在控制教育冲突和提供教育秩序方面发挥着无可比拟的作用。教育法律制度的作用在于尽其可能地保护个人教育利益、公共教育利益和社会教育利益，并维持这些利益之间的、与保护所有这些利益相一致的某种平衡或协调。庞德说，法律制度"正在履行着（而且很好地履行着）排解和调和各种互相冲突和重叠的人类需求的任务，从而维护了社会秩序，使我们得以在这个秩序中维护与促进文明"。[①] 同时，教育法律制度还提供了统一的行使强制力的程序和标准，从而使一个社会获得普遍的教育秩序成为可能。莫斯科维奇指出："控制的力量导致社会秩序井然，而缺乏这种力量则会导致社会动荡不安；控制的意志带来政治安定，而缺乏这种意志则会带来公共危险，并会诱发革命。"[②] 因此，为了保证教育法律制度的原则和程序得到执行，近代以来的所有国家都建立起了相应的教育组织机构，通过这些教育组织机构，"维护法律规范的责任和权利，从个人及其亲属团体的手中转由作为一个社会整体的政治机构的代表所掌管"。[③] 教育法律制度实现了对教育活动、教育行为的有效控制，获得了相对稳定的教育秩序。从利于教育秩序的角度看，教育法律制度提供了教育利益最大化的教育秩序稳定性，既为教育过程提供了一个互惠的合作环境，又制约着不同教育利益主体在追求差异极大的教育目标中不致出现俱受伤害的公然冲突，并对那些受本性驱使而去追求控制他人的专制性教育权力的人加以约束，不让他们进行教育领域中的冒险活动。教育法律制度既通过创设有利于发展人的智力和精神力量的有序条件而促使人格的发展与成熟，又通过所构建的制度性框架，为人们执行有关政治、文化、教育等方面的多重任务提供了手段和适当环境。另外，在为建设一个丰富而令人满意的教育文明的努力奋斗中，教育法律制度同样发挥着重要而不可缺少的作用。例如，教育法律制度面前人人平等原则的确立，就为教育文明的建设作了巨大的贡献。米尔恩曾说："所有隶属于一定的法律制度的人都处于一种平等的地位。任何人都不得免除服从法律的义务，从这个意义上

---

① R. 庞德著，沈宗灵译：《通过法律的社会控制》，商务印书馆 2008 年版，第 26 页。
② 塞奇·莫斯科维奇著，许列民等译：《群氓的时代》，江苏人民出版社 2006 年版，第 72 页。
③ E. A. 霍贝尔著，周勇译：《初民的法律》，中国社会科学出版社 1993 年版，第 369 页。

讲，没有人处于法律之上。任何人都有权得到法律保护或法律可能提供的任何便利，从这个意义上讲，也没有人处于法律之下。"① 当然，教育法律制度并不能直接进行或增进教育文明大厦的建设，也不能命令人们成为发明家或发现家，去构思校园建设的新方法，或去创造优秀的教育论著。然而，通过为人类社会教育组织确立履行更高任务的条件，教育法律制度就能够为实现社会中的"美好教育生活"作出间接贡献。

从理论上讲，教育法律制度的基本作用之一乃是约束和限制教育世界中的权力，而不论这种权力是私人权力还是政府权力。在教育法律制度统治的地方，教育世界中权力的自由行使受到了规则的约束，这些规则迫使掌权者按一定的行为方式行事，按规则"出牌"。诚如博登海默所说："法律制度最重要的意义之一，就是它可以被视为是一种限制和约束人们的权力欲的一个工具。"② 然而，在现实的教育实践中我们却发现，在人类教育生活中起作用的那些能动力量，总是力图渗透进教育法律制度用来保护现行教育规范和势力范围的防御性盔甲里面。换言之，权力总是不断地争夺和蚕食教育法律制度的实质。同时，教育法律制度在制止教育行政部门自身中存在的那些破坏教育秩序稳定的因素方面总是表现得不尽如人意。比如，教育行政部门中的公职人员即使是严格地按照教育法律制度的规范行事，也会沾染上严重的官僚主义，通过教育法律制度手段对教育行政部门官员教育腐败的惩罚和通过制度化的措施实施的对滥用教育权力的制约都在腐败问题的恶化中而流于失败。拉德布鲁赫曾说："法律只是道德的可能性，因此也是不道德的可能性。法律只能使道德成为可能，但又不能强求道德，因为道德行为的可能只能被理解为自由的行为；因为法律只能使道德成为可能，所以它也不可避免地使不道德成为了可能。"③ 更为甚者，教育法律制度尤其是教育法律制度还成为人们回避伦理、道德责任的一个合法借口。迈克尔认为，一个被授予权力的人，总是面临着滥用权力的诱惑，面临着逾越正义和道德界限的诱惑。"人们可以把它比作附在权力上的一种咒语——它是不可抵抗的。"④ 教育法律制度本身是一种有目的的制度，其目的是一种很有分寸的、理智的目的，那就是：使人类的教育行为服从于一般性教育规则的指导和控制。富勒曾说："法律应当被视为一项有目的的事业，其

① A. J. M. 米尔恩著，夏勇等译：《人的权利与人的多样性》，中国大百科全书出版社1997年版，第31页。
② E. 博登海默著，邓正来译：《法理学》，中国政法大学出版社2004年版，第377页。
③ G. 拉德布鲁赫著，王朴译：《法哲学》，法律出版社2005年版，第46页。
④ E. 博登海默著，邓正来译：《法理学》，中国政法大学出版社2004年版，第376页。

成功取决于那些从事这项事业的人们的能量、见识、智力和良知，也正是由于这种依赖性，它注定永远无法完全实现其目标。"① 因此，即使是最优良的教育法律制度，它的实施还需要有相应的精神条件或政治文化氛围，诸如教职员工和教育行政部门官员的依法治教意识、权利和义务观念等。亚里士多德曾在《尼各马科伦理学》一书中提出了"公正地对待他人是否容易做到"的问题。他说，这看起来是很容易做到的，因为存在一些公允待人的既定规则，并且可以毫无困难的学会这些规则，对一项简单规则的应用本身也是简单的。但是，事实并非如此。他认为，对怎样行事，怎样分配才是公正，这一工作比知道怎样恢复健康更难。"知道什么是蜂蜜，什么是葡萄酒，什么是芦根，什么是熏炙，什么是开刀是容易的。然而，怎样调配治病，用在什么人身上，在什么时刻用，这样的工作完全是医生的工作了。正是由于这样的缘故，人们认为一个公正的人，同样可以做不公正的事，因为公正的人并非不更可能有个别的不公正行为。"② 即，要知道如何、在何种情况下以及按照什么样的优先顺序来实施最优良的教育法律制度，却丝毫也不比做一位教育法律制度制定者容易。同时，为了推动和实施教育法律制度，必须求助于个人的必要性。一切教育法律制度都是在这一必要性下发生作用的，但是，这种必要性却为教育法律制度执行者、实施者加上了一个特殊的负担。庞德曾说："即使行政执行的一般制度不遭受严重反对，用行政手段执行法律的可能性也是有限的。因为法律不会自己实施。一定要有人来执行法律，一定要有某种动力来推动个人使他超越规则的抽象内容及其与理想正义或社会利益理想的一致性之上，去做这件事情。"③ 田中畊太郎也说："我们必须注意到，任何良好的制度在被利用的同时，往往也被滥用。越是良好的制度，其滥用时危害性就越大。如果教育委员没有合适的人选，或者他们以政治意图或其他违背教育实质的意图履行职责的话，非但不能从不正当的统治下保护教育制度，反而使教育置于不正当的统治之下，其危害不亚于官僚的统治。"④ 另外，当调节、控制教育活动、教育行为只有教育法律制度时，也就意味着"教育场域"的一种无情感性和一种异化，因为教育法律制度没有憎恨和激情，也没有"爱"和"狂热"，因为"法律恰正是全没

---

① 朗·L. 富勒著，郑戈译：《法律的道德性》，商务印书馆 2007 年版，第 169 页。

② 亚里士多德著，苗力田译：《尼各马科伦理学》，中国社会科学出版社 1999 年版，第 116 页。

③ R. 庞德著，沈宗灵译：《通过法律的社会控制》，商务印书馆 2008 年版，第 29 页。

④ 香山健一著，刘晓民译：《为了自由的教育改革》，高等教育出版社 1990 年版，第 23～24 页。

有感情的"（亚里士多德语）。但是，无"爱"和"狂热"的教育制度并不能保证教育秩序的正义。博登海默曾说："用规则管理人际社会关系，其本身并不能自动提供某种预防压制性统治形式的措施。即使规则的存在有助于人们在处理人际关系时消除任性与偏见的极端表现形式，但是却仍存在着这样一种可能性，即规则的内容与运作仍是苛刻的、非理性的和毫无人道的。尽管法律的秩序要素对权力统治的专横形式起着阻碍的作用，然而其本身并不足以保障社会秩序的正义。"①

其次，从调节、控制教育活动、教育行为的制度构成看，教育法律制度往往是调节、控制教育活动、教育行为的强制性因素，教育法律制度调节、控制教育活动、教育行为的成本要高于教育习俗、道德规范的成本。庞曾说："在近代世界，法律成了社会控制的主要手段。在当前的社会中，我们主要依靠的是政治组织社会的强力。我们力图通过有秩序地和系统地适用强力，来调整关系和安排行为。此刻人们最坚持的就是法律的这一方面，即法律对强力的依赖。但我们最好记住，如果法律作为社会控制的一种方式，具有强力的全部力量，那么它也具有依赖强力的一切弱点。"② 以教育法律制度作为解决教育冲突、化解教育矛盾的手段，已被教育实践充分证明是一个成本相对高昂、时间相对持久的过程。当然，我们并不是反对以教育法律制度手段解决教育冲突、化解教育矛盾，实现教育有序发展，而是认为应针对不同语境与问题采取不同样态的教育制度，乃至不同样态的教育制度之间相互协作，以化解教育矛盾，求取教育秩序，满足人们的教育需要。诚如庞德所说："自从上个世纪末以来，……满足人类需要——而不是一般安全——已经成为了口号。我们不再将法律与其他社会制度相分离，而是让法律与它们协调一致、通力合作，努力以最小的代价满足最大程度的人类需要。"③

一般而言，教育法律制度是人的全面而自由发展的前提条件，但不容讳言的是，教育法律制度对人的教育活动、教育行为的直接影响都是某种程度的伤害，会给人的身心造成某种痛苦。强权哲学的提倡者尼采认为，生活的实质就是不屈不挠地为权力而斗争，因此，权力意志的充分发挥，不应当过分地受到法律限制和不可违反的规范的约束。尼采曾说："法律制度……将是一种对生命有害的原则、一种消除和毁灭人类的力量、一个摧毁人类前途的企图、一个

---

① E. 博登海默著，邓正来译：《法理学》，中国政法大学出版社 2004 年版，第 240 页。
② R. 庞德著，沈宗灵译：《通过法律的社会控制》，商务印书馆 2008 年版，第 9～10 页。
③ R. 庞德著，陈林林译：《法律与道德》，中国政法大学出版社 2003 年版，第 146～147 页。

令人恐怖的标志，一条使人堕入死亡的暗道。""禁令的作用。——任何发布禁令的权力都知道在遭禁者那里会激起恐惧心理，它制造了'亏心'（也就是说，渴望得到某种东西，但意识到，一旦满足就会招致危险，因而不能不采取诡秘的手段小心行事）。任何禁令都会在那些不情愿屈从于禁令而勉为其难的人那里导致性格的恶化。"① 尽管崇尚权力、斗争和冲突的尼采对法律制度持怀疑态度，但其道出的法律制度的弊端确是一针见血。正因为"恶的"教育法律制度都会对人造成某种程度的伤害，霍尔巴赫才会认为如果没有法律人民反而会感到更幸福。"人世间如果完全没有法律，让人民听任自然的、健全的理智去管理，比起受繁多法令约束以致连认识本身的权利也受到干扰的情况来，他们常会感到幸福得多。"② 任何形式的教育法律制度不仅对人的教育活动、教育行为造成伤害，而且对人的认识能力也会造成破坏。"强制手段的可能的直接后果就是使我们的理解和畏惧、义务和软弱互相矛盾。强制手段首先是破坏遭到这种强制的人的认识能力，其次就是破坏使用这种手段的人的认识能力。一个人拥有一个主人的不必费力气的发号施令的特权，他就可以不必去培养做人的能力。"③ "强制手段向受害者断言他必然是错误的，因为实行强制的人认为自己比被强制的人更有力量或者更为狡猾。难道力量和狡猾永远是站在真理一边的吗？强制手段诉之于强力，并且把优势力量说成是正义的标准。一切这样的努力，在本质上都蕴藏着一种对抗性。这种对抗往往由于一方的绝望而在公开实现之前就被决定了胜负。"④ 因此，"恶的"教育法律制度最为直接的负面效应就是激起这种力量的作用对象的反抗情绪，如不满、愤怒甚至敌视等等。"强制不是说理，绝对谈不到说服。它所产生的是痛苦的感觉和厌恶的情绪。"⑤ 如果人们感到教育法律制度对自己施加的强制达到了难以忍受的程度时，他们就会以反抗的行为来加以回应。这种反抗行为的最为温和的形式是消极抵制，而激烈的形式则是直接的和公开的违抗。当然，在一个社会的教育法律制度得到较为普遍认可、遵守的情况下，来自于社会的个体的违反甚至反抗教育法律制

---

① 尼采著，张念东等译：《权力意志》，商务印书馆 1998 年版，第 235 页。
② 霍尔巴赫著，陈太先等译：《自然政治论》，商务印书馆 2002 年版，第 282 页。
③ 威廉·葛德文著，何慕李译：《政治正义论》（第 2、3 卷），商务印书馆 2007 年版，第 529 页。
④ 威廉·葛德文著，何慕李译：《政治正义论》（第 2、3 卷），商务印书馆 2007 年版，第 529～530 页。
⑤ 威廉·葛德文著，何慕李译：《政治正义论》（第 2、3 卷），商务印书馆 2007 年版，第 531 页。

度的行为不足以对教育秩序的总体构成威胁，即使是个体的违反甚至反抗教育法律制度的行为演化为一定规模的群体性违反或反抗行为，也依然可以保证总体上的教育秩序供给。但是，在任何一个社会中，掌握着教育法律制度这一强制性力量的一方都不会无视违反甚至反抗教育法律制度行为的存在，特别是对于群体性的大规模违反甚至反抗教育法律制度的行为更不会坐视不管，往往会对违反甚至反抗者采取一定的制裁。制裁形式除了给人们施加心理上的压力外，还允许执行一些剥夺权利的强制性法令。况且，教育法律制度本身就是一种强制性制度和一种强力的组织，哪里没有强制力，哪里就没有教育法律制度。这样，一些利于完善教育法律制度的"声音"和"尝试"就会被扼杀。博登海默说："制定规范的目的就在于反对和防止无序状态，亦即是反对和防止无结构的发展，因为这种发展会把社会变成一个连路都没有的大丛林。由于始终存在着这样一种危险，即人们在运用一些服务于有益目的的制度的时候有可能超越这些制度的法定范围，所以在某些历史条件下可能会发生把管理变成强制、把控制变成压制的现象。如果法律制度为了限制私人权力和政府权力而规定的制衡原则变得过分严厉和僵化，那么一些颇具助益的拓展和尝试也会因此而遭到扼杀。"① 更为甚者，在历史上的专制性条件下，统治者往往把社会中的任何一种群体性的违反教育法律制度的行为都解读为反抗性的行为，哪怕这些群体以及它们的行为并不是出于反抗教育法律制度这一强制力的目的而存在的，统治者也要对其采取"镇压"的方式，以至于把这些力量推到对立的方面去。在这种情况下，掌握教育法律制度这一强制性力量的一方最为经常的习惯性反映是继续行使这一强制性力量，并不断扩张、强化这一强制性力量，结果是在强制性力量的扩张、强化过程中也刺激了违抗力量的成长，用无产阶级的口头语来说，就是"压迫越深，反抗越激烈"。总有一天会达到教育法律这一强制性力量与违抗力量相较增长的临界点，再进一步就是教育的全面失序和教育发展的停滞。诚如博登海默所说："在某些社会条件下，亦即当无政府状态与分裂状况威胁到社会组织时，采用压制性的法律控制方法的那种诱惑就会变得极为强烈。在努力阻止分裂力量在社会中起作用并努力造成一种更高程度的社会凝聚力的时候，钟摆也可能摆向另一个极端，即强制社会停滞和墨守成规。"②

正像任何一项教育活动都需要相应的付出一样，教育秩序的获得也是有成

---

① E. 博登海默著，邓正来译：《法理学》，中国政法大学出版社 2004 年版，第 421 页。
② E. 博登海默著，邓正来译：《法理学》，中国政法大学出版社 2004 年版，第 422 页。

本的。在历史的纵向考察中，我们发现，在所有获得教育秩序的方式中，基于教育法律制度这一强制性力量的教育秩序所要求付出的成本是最大的。因为，所谓强制，就是使人不得不放弃自己意志而服从他人意志的力量，"当一个人被迫采取行动以服务于另一个人的意志，亦即实现他人的目的而不是自己目的时，便构成强制"。① 因为，通过教育法律制度这一强制性力量来维持的教育秩序是建立在力量对比的不对称前提下的，拥有教育法律制度这一强制性力量的一方不可避免地要把大部分的时间、精力和财富消耗到使社会成员处于恐惧之中和使强制性力量的作用客体与其所必需的资源相分离的努力之上。而对于不得不服从强制性力量的一方来说，他毕竟是作为有着个人意志的人而存在的，他在服从教育法律制度这一强制性力量的过程中，必然会考虑由于服从而放弃做自己想做的事情是否值得。如果不值得又不得不去做时，他就不会采取积极、主动的态度。人们虽然可能被迫服从教育法律制度这一强制性力量，但这种服从会大大降低其效能。也就是说，一个人被置于教育法律制度这一强制性力量的作用下而不得不服从的时候，他就会丧失一切有利于教育发展的积极性和主动性的行为动力，就会完全变成依赖某种指令行事的机器，一旦失去指令就会无所适从。一个人被置于教育法律制度这一强制性力量的作用下而不得不服从的时候，他就只是扮演着"顺从者"、"被领导者"、"守法者"的角色，其个性、创造性、主动性受到极大影响。诚如雅斯贝尔斯所说："个人或者被对自己的深刻不满所压倒，或者以自我忘却来解脱，把自己变为机器的一个零件，自暴自弃，不去思考其至关重要的存在，其存在变得失去个性，在不必怀疑、不受检验、静止的、非辩证的、易于交换的伪必然性的邪恶魅力引诱下，丧失了对过去和将来的认识，退缩到狭隘的、对他并不真实的、为自己需要的任何目的而作交易的现实中去。"② 因此，对教育秩序的获取来说，教育法律制度这一强制性力量所带来的是一种最不经济的结果。正如庞德所说："我们一开始面对的是社会控制未曾分化的状态……是上世纪宗教、道德与法律混杂不分的状态。在此状态下，我们今日所谓的法律，确切地说，借由组织化政治团体的力量所进行的社会控制，就三者而言适用范围最窄、功效最微。"③

　　就教育法律制度而言，教育法律制度这一强制性力量的行使必然需要相应

①　F. A. 冯·哈耶克著，邓正来译：《自由秩序原理》（上），生活·读书·新知三联书店1997年版，第164页。

②　卡尔·雅斯贝尔斯著，魏楚雄等译：《历史的起源与目标》，华夏出版社1989年版，第114页。

③　R. 庞德著，陈林林译：《法律与道德》，中国政法大学出版社2003年版，第39页。

的教育机构和人员提供支持。既然教育法律制度的创立首先是从属于提供、维护教育秩序的目的的，那么教育秩序的维护原本就是教育法律制度最基本的职能，而且，从理论上讲，教育法律制度作为维系教育共同体的支柱，作为提供、维护教育秩序最权威的规则，由它来提供、维护教育秩序的使命，成本本应当是最小的。但是，当教育法律制度被视为获取教育秩序的唯一强制性力量时，由于强制性力量必须在不断扩张中才能有效地发挥作用，就必然导致行使教育法律制度这一强制性力量的部门的增加和人员的增多。部门的增加和人员的增多必然需要相应的经济支持，即表现为政府财政需求的增长。我们知道，政府自身不是一个经济组织，政府无法在自己的活动中产生直接的经济效益，它的一切财政上的需求都需要从社会中获得，通过税收等途径向社会征收。也就是说，政府开支的每一项增长都意味着政府负担的加重。由于垄断教育法律制度这一强制性力量的政府有着无限自我膨胀的趋势，所以它总会感到财政增长的速度无法与维护教育法律制度这一强制性力量所需要的经济支持相匹配，它总是不遗余力地通过各种途径向社会征收更多的赋税，直到整个社会无法承受的那一刻为止。因此，建立在教育法律制度这一强制性力量基础上的教育秩序，本身就包含着成本无限增长的内在动力。

把教育法律制度这一强制性力量作为提供、维护教育秩序的手段还容易使政府经济实体化，并最终使政府掌握的强制性力量变成破坏教育秩序的最大力量。历史证明，任何一个依赖于教育法律制度这一强制性力量的政府都会实行对教育的超强控制，这种控制不仅表现在政治方面，而且会深入和遍及教育生活的每一个方面。政府不会超然于教育生活之外，它不是对教育实施宏观的调控，而是介入到每一项微观的教育活动之中。这样一来，政府自身就成了一个独立的经济实体，有了独立的政治利益、教育利益追求，特别是自觉或不自觉地把其所垄断的教育法律制度这一强制性力量也贯穿于教育活动之中。结果，破坏了教育生活领域中的教育平等和教育公正。一个社会一旦失去了教育平等和教育公正，也就不可能拥有良好的教育秩序。从这个角度来看，通过教育法律制度这一强制性力量来获取教育秩序的政府，往往天然具有破坏教育秩序的倾向。从现实表现来看，当政府参与微观的教育活动并把直接的教育利益作为追求的基本目标的时候，就会使政府维护教育秩序的行为走样变形，就会根据政府自身的教育利益要求而对教育领域中的违规行为是否制止做出取舍，甚至有的时候，一些教育行政部门、教育机构或"教育人"还会有意识地鼓励教育世界中违规行为的发生，以便他们可以在这种违规行为中获得收益。

再次，从教育法律制度的实践效用看，教育法律制度只有内化为人的体验、社会成员的共同意识、共同意志，才能成为具有现实性的制度。教育法律制度本身有其合法性的基础问题，所谓教育法律制度的合法性问题也就是教育法律制度本身的社会可认可、可接受的程度，也就是教育法律制度本身的公正性以及效力。博登海默曾说："一个法律制度之实效的首要保障必须是它能为社会所接受，而强制性的制裁只能作为次要的和辅助性的保障。一个合理的和令人满意的法律制度之所以会得到社会大多数成员的遵守，乃是因为它服务于他们的权益、为他们所尊重、或至少不会在他们的心中激起敌视或仇恨的情感。强制只能用来针对少数不合作的人，因为在任何正常并运行有效的国家中，须用制裁手段加以对待的违法者的人数远远少于遵纪守法的公民。"① 教育法律制度并非简单加诸社会的抽象规则体系，而是有机整合的社会组成部分，深深植根于其古今成员的社会、教育习惯和教育态度之中。而且，教育法律制度的制定者、执行者作为社会的组成部分，他们生活于其中并据此界定自己，一般对于其教育的基本习惯和态度，如果不是全部的话，那么，也是多所观照和反映，从而，教育法律制度的发展，迄今依然掌于此辈手中，将会以一种规范而普遍的方式，与获得社会广泛认可或者至少接受的教育行为方式，和谐不悖。换句话说，教育法律制度要取得合法性，要获得人们的认同、遵从，必须得到道德力量的支持。或如西季威克所言："在一个组织良好的社会中，最重要、最必要的社会行为规则通常是由法律强制实行的，那些在重要程度上稍轻的规则是由实证道德维系的。法律仿佛构成社会秩序的骨架，道德则给了它血与肉。"② 同时，还应得到教育习俗、教育传统的支持。杜威说："如果过去的事情全都过去，一切完了，那么，对待过去只有一个合理的态度。让死亡埋葬它们的死者吧。但是，关于过去的知识是了解现在的钥匙。历史叙述过去，但是这个过去乃是现在的历史。"③ 历史是过去的事情，但历史是"现在的过去"，它并没有完全过去，它以其独到的方式赓续于现在，流淌于未来。人们都是在特定的时空框架里认识世界、认识历史现象的。在这个时空框架里，空间以世界、国家、地方为坐标，时间以过去、现在、未来为坐标。失去对其中任何一个方面的把握，都有可能使自己形成的认识失之偏颇，使自己做出的判断不尽合理，使自己得出的结论难以确当。"现代世界无论有多新，总是扎根于过去。

---

① E. 博登海默著，邓正来译：《法理学》，中国政法大学出版社 2004 年版，第 364～365 页。

② H. 西季威克著，廖申白译：《伦理学方法》，中国社会科学出版社 1993 年版，第 469 页。

③ 约翰·杜威著，王承绪译：《民主主义与教育》，人民教育出版社 2005 年版，第 231 页。

过去是我们赖以生长的土壤。正是在过去，诗人、科学家、思想家和各民族积累了社会的、政治的以及其他方面的真、美、知识与经验的宝藏。只有蠢人才会忽略过去。"① 因此，教育法律制度与道德，教育法律制度与教育习俗、教育传统等的统一，教育法律制度内化为多样教育主体的体验、知识、行动，正是教育法律制度合法性的重要内容之一。

复次，教育法律制度所提供的是一个形式化的规范，它可以规范人们的教育行为却不能规范人们的道德观念。教育法律制度作为限制人们教育行为的规则，建立在理性的基础上，对非理性的情感、思想、信仰则力不从心。霍尔巴赫认为，立意非常明智的教育法律制度也总是不能收到预期的效果，尽管"有一些事情是凭理智、思维和经验能够预见到并且能够加以预防的"，然而，"人们内心的隐秘活动，他们城府深处刚刚露头的情绪，某些政治因素的作用，甚至凭借最能洞察事物的目光也从来发现不了，而这些东西归根到底却能使群众改变国家面貌，造成民族分裂，导致国家灭亡"。② 同时，教育法律制度对教育活动、教育行为的一些限制虽然在道德上很重要，但却不能在教育法律制度上予以执行。例如，一个英国教师说："孩子们，必须心理纯洁，否则我就要揍你们。"显然，这是不合法的。

人类选择了教育法律制度，便崇尚教育法律制度。可是教育发展历史也曾开过一些略带苦涩的玩笑，使教育法律制度的选择人处身于教育法律制度本身的诸多弊害之中，挣扎于教育失范状况或"坏"教育法律制度的高压之下。问题不在于教育法律制度本身的善恶、教育法律制度如何展开，因为无生命的教育法律制度在绝对意义上俯首听命于人类。因此，关键在于人对教育法律制度是什么，教育法律制度应当是什么以及二者之间关系的判断。邓正来对法律制度的如下思考，无疑对我们分析教育制度可选择具有启发意义。他说："人类制定了法律，尔后似乎就在不断地解答人类为什么要制定法律，解答得仿佛拥有真理。然而，人的自我认知有限性，人的自我辩解本能（常常体现为特定阶段的科学结论）和强大的依赖心理则遮蔽了一个更为深层的现象，即法律作为一种社会治理或控制手段，乃是人类社会化过程中的一种反自然的选择。对某种行为选择所作的事后论证，并不能说明这一行为选择一定就比另一种行为选择更合理或更正确。历史不允许假设，我们不能再设问，当法律作为一种手段

---

① 亚伯拉罕·弗莱克斯纳著，徐辉等译：《现代大学论》，浙江教育出版社 2001 年版，第 2 页。

② 霍尔巴赫著，陈太先等译：《自然政治论》，商务印书馆 2002 年版，第 285 页。

被选择之前，人们是否有可能做出其他更佳的选择，正如我们不能期求人类返璞归真到赤身裸体的原始状态一般。据此，我们是否还肯诗歌化地把法律接纳成一位至高无上的真理之神呢？"①

总之，对教育制度可选择而言，一方面，教育制度作为人的创造物，是可选择的，另一方面，教育制度作为具体历史条件下的创造物，作为对教育规律的具体反映，又具有不可随意选择性。教育制度可选择是自然历史过程和能动实践过程的统一，应针对具体教育关系，具体理解教育制度可选择的多重张力。

（四）蔡元培舍弃"以日为师"而"仿德国大学制"的实证

人们对教育制度的选择与遵守固然是对教育客观规律或对象的反映，但这种反映却不是被动的、盲目的。实际上，教育制度的实现过程是一个由教育制度主体所主导的过程。对于特定的教育制度主体来说，并非所有外在于主体的教育制度都是有意义的，而且进入主体认识范围的教育制度也并非其每一个部分、每一个侧面同时都成为主体的对象，其中体现着教育制度主体的主观选择性。马克思曾说："整个历史无非是人类本性的不断改变而已。"人的本性的改变固然有着客观的物质基础和必然性，但既然作为人类本性，其主观色彩肯定也是免不了的。人总是从自身当下的教育实践的需要出发来生成和建构自己的对象世界和教育制度框架，并积极探求那已经进入对象世界中的事物的本质和规律，其切入点是事物与人们的生活实践需要直接相关的某一部分或某些部分。离开这种确定的对象性关系，外在事物即使进入人的感知范围，人也会视而不见、听而不闻。正是由于教育制度主体的这种主观选择性，所以教育制度既来源于人们的教育实践，又能有效指导和服务于人们的教育实践。"动物的产品直接属于它的肉体，而人则自由地面对自己的产品。动物只是按照它所属的那个种的尺度和需要来构造，而人懂得按照任何一个种的尺度来进行生产，并且懂得处处都把内在的尺度运用于对象；因此，人也是按照美的规律来构造。"② 在这"任何一个种的尺度"中选择哪一个"种"，则完全取决于人的自由选择。

在此，我们以蔡元培为何舍弃"以日为师"，而"仿德国大学制"变革民

---

① E. 博登海默著，邓正来译：《法理学》（重译本序），中国政法大学出版社 2004 年版，第 2~3 页。

② 《1844 年经济学哲学手稿》，人民出版社 2008 年版，第 58 页。

国高等教育制度为例，对制度的可选择性作一简要分析。

甲午战争后的十几年间，在举国一致"以日为师"的气氛中，中国教育制度建设的取向完全以日本为鹄。面对举国教育"以日为师"的局面，蔡元培却想独辟蹊径，到德国去追寻教育的真经，探寻教育的本源。1907年，他在《为自费游学德国请学部给予咨文呈》中，对其赴德国游学的目的作了说明："窃职素有志教育之学，以我国现行教育之制，多仿日本。而日本教育界盛行者，为德国海尔伯脱（今译赫尔巴特）派。且幼稚园创于德人弗罗比尔（今译福禄贝尔）。而强迫教育之制，亦以德国行之最先。现今德国就学儿童之数，每人口千人中，占百六十一人。欧、美各国，无能媲美……职现拟自措资费，前往德国，专修文科之学，并研究教育原理，及彼国现行教育之状况。至少以五年为期。冀归国以后，或能效壤流之助于教育界。"① 蔡元培虽然"素有志教育之学"，但这可能是为了获得清政府的批准、迎合清政府追求实用之学而表达的一种"违心"之愿。蔡元培在德国四年的学习、研究情况恰证明了我们的分析，他并未研读赫尔巴特的教育学著作，也未钻研福禄贝尔的教育理论，而是醉心于哲学、历史和艺术这些并不实用的"文科之学"。关于他在德国的留学生活、学习情况，他后来曾说："我向来是研究哲学的，后来到德国留学，觉得哲学的范围太广，想把研究的范围缩小一点，乃专攻实验心理学，我看那些德国人所著的美学书，也非常喜欢。因此，我就研究美学。但是美学的理论，人各一说，尚无定论，欲于美学得一彻底的了解，还须从美术史的研究下手，要研究美术史，须从未开化的民族的美术考察起……"② 这段话的确反映了他留学时研究兴趣的发展变化过程。

留学德国期间，蔡元培虽然没有选修有关教育方面的课程，但他一直在留心考察德国的教育制度。据现有资料提供的信息表明，蔡元培翻译过若干关于德国教育制度的论著，如《撒克逊小学（国民学校）制度》。全文共计四章，第一章"普通规则"；第二章"国民学校之组织"；第三章"教员与女教员之养成及任用，及其与法律之关系"；第四章"国民学校之管理及监察"。③ 此外，还翻译了普鲁士学制④。对德国的大学，他更是极为关注。他通过所就读的莱

① 中国蔡元培研究会编：《蔡元培全集》（第1卷），浙江教育出版社1996年版，第452页。
② 中国蔡元培研究会编：《蔡元培纪念集》，浙江教育出版社1998年版，第478～479页。
③ 中国蔡元培研究会编：《蔡元培全集》（第9卷），浙江教育出版社1997年版，第452页。
④ 高平叔编：《蔡元培年谱长编》（上册），人民教育出版社1996年版，第385页。

比锡大学对德国大学的教学和学术过程作了认真的观察。他甚至还翻译了一篇题为《德意志大学之特色》的文章，并发表在《教育杂志》1910 年第 11 期上。文前附有简短说明："此篇为故伯林（今译柏林）大学教授博士巴留岑所著《德意志大学》总论，博士在德国学界有重名。是篇又为名著，颇足供参考。"这位巴留岑博士就是蔡元培所译《伦理学原理》一书的作者泡尔生（今译包尔生）。包尔生的这本书全名为《德国大学与大学学习》，蔡元培所译的是该书的绪论部分"德国大学的总特征"。包尔生在绪论中提出大学的三种不同风格，即"英国风、法国风、德意志风三者是也"。在"英国风之大学"，"大学教育之主要目的，在造就绅士必需之资格，而与以深邃之教养。彼科学之研究，职业之训练，实在大学正当权限以外"。① "法国风之大学"所包至广，自初等学校以至最高之专门学校，无不罗而该之。专门学校"对于一定职业，而授以专门之训练，教员亦为政府之官吏，掌文官试验。而于研究科学及普通之理论教育，不以为其职任之一部"。② 而"德国风之大学"，"为研究科学之实验。而一方且为教授普通及专门知识高等科学之黉舍，此为德国大学之特质。……故德国大学之特色，能使研究教授，融合而一"③，且"德国凡大学教授，为真研究学问者，为大学问家。"④ 这篇译文说明，蔡元培在德国期间除了实际的观察，还对德国大学的历史及大学特质进行了较为系统的研究。包尔生所著的《德国大学与大学学习》是论述德国大学的名著，除了蔡元培翻译的绪论部分外，对德国大学的历史发展、当时的组织建制、教学与研究诸方面的情况进行了概括和介绍，而且对德国大学的理念进行了精辟的论述。蔡元培通过阅读此书，已能大致了解到德国大学的办学特色及其办学理念。

　　1912 年 1 月，蔡元培担任民国第一任教育总长，这无疑标志着中国近代高等教育取法欧美尤其是德国新阶段的开始。在民初制定的各项教育法令规程中，蔡元培关心最多的是有关高等教育方面的问题。他曾常常谈起与范源濂的一段有趣对话："我与次长范静生君持相对的循环论，范君说：'小学没有办

---

① 中国蔡元培研究会编：《蔡元培全集》（第 9 卷），浙江教育出版社 1997 年版，第 446 页。
② 中国蔡元培研究会编：《蔡元培全集》（第 9 卷），浙江教育出版社 1997 年版，第 447 页。
③ 中国蔡元培研究会编：《蔡元培全集》（第 9 卷），浙江教育出版社 1997 年版，第 448 页。
④ 中国蔡元培研究会编：《蔡元培全集》（第 9 卷），浙江教育出版社 1997 年版，第 449 页。

好，怎么能有好中学？中学没有办好，怎么能有好大学？所以我们第一步，当先把小学整顿。'我说：'没有好大学，中学师资哪里来？没有好中学，小学师资哪里来？所以我们第一步，当先把大学整顿。'把两人的意见合起来，就是自小学以至大学，没有一方面不整顿。不过他的兴趣，偏于普通教育，就在普通教育上多参加一点意见。我的兴趣，偏于高等教育，就在高等教育上多参加一点意见罢了。"[1] 在教育总长任内，他亲自制定了《大学令》。《大学令》汲取了欧洲尤其是德国大学的理念和制度，诸如大学"以教授高深学术、养成硕学闳才、应国家需要为宗旨"；明确建立"教授治校"制度；大学设评议会、大学各科设教授会等。蔡元培曾多次谈到，《大学令》中许多内容是"仿德国制"、"仿德国大学制"。[2] 其中，评议会就是"仿德国大学制"的，"德国各大学，或国立，或市立，而其行政权集中于大学评议会。评议会由校长、大学法官、各科学长与一部分教授组成之。校长及学长，由评议会选举，一年一任。"[3] 许美德指出："虽然在新法令中并没有明确提出大学的学术自由和自治权问题，但是从中可以看出，这种大学显然是仿照了德国大学的模式，它突出了大学的特点，使大学同高等专业学校有了明显的区别。"[4] 蔡元培公开发表的第一篇文章即是思辨色彩极浓的《对于教育方针之意见》。文中反复阐述的五育并举、培养完全人格，既是他教育思想的核心，也是他改造旧教育、建设新教育的理论纲领。五育之中，公民道德教育、美感教育、世界观教育、实利主义教育的提出，都可以在他的留德生活中探寻到源头。关于公民道德教育，蔡元培说："何谓公民道德？曰法兰西之革命也，所标榜者，曰自由、平等、亲爱。道德之要旨，尽于是矣。"关于实利主义教育，蔡元培说："实利主义之教育，以人民生计为普通教育之中坚。其主张最力者，至以普通学术，悉寓于树艺、烹饪、裁缝及金、木、土工之中。此其说创于美洲，而近亦盛行于欧陆。"[5] 而对德国哲学家叔本华、康德美学理论的钻研和探讨，则构成了他美学思想和美育理论的基本框架。从中不难看出，就蔡元培个人而言，把公民道德

---

① 中国蔡元培研究会编：《蔡元培全集》（第8卷），浙江教育出版社1997年版，第508页。

② 高平叔编：《蔡元培全集》（第7卷），中华书局1989年版，第312页。

③ 中国蔡元培研究会编：《蔡元培全集》（第6卷），浙江教育出版社1997年版，第596~597页。

④ 许美德著，许洁英主译：《中国大学（1895—1995）》，教育科学出版社2000年版，第67页。

⑤ 中国蔡元培研究会编：《蔡元培全集》（第2卷），浙江教育出版社1997年版，第10页。

教育、实利主义教育等列为民初教育宗旨之一，显然离不开德国留学的影响。不仅如此，即便是在教育部的官制设置以及一些政策法令的制定过程中，留德生活所带给蔡元培的影响也是很突出的，其中最为后人所乐道的是民初教育部社会教育司的设置。清末学部由五司组成：总务、专门、普通、实业、会计，蔡元培在总长任内改五司为三司，于普通、专门两司外，增设社会教育司，分管宗教、礼俗、图书馆、美术馆、博物馆、通俗教育、讲演会等事项。蔡元培之所以主张设立社会教育司，是因为他在德国四年，深感各国社会教育之发达，而我国年长失学之人占全国大多数，社会教育异常落后。他说："学部旧设普通教育、专门教育两司；改教育部后，我为提倡成人教育、补习教育起见，主张增设社会教育司。"① 民国初年教育部设立社会教育司是我国社会教育在全国最高教育行政部门确立地位之始。

1916 年 9 月，在法国的蔡元培，接获北京政府教育总长范源濂的电报："……敦请我公担任北京大学校长一席，务祈鉴允，早日归国。"② 对于重视教育、重视学术的蔡元培而言，北京大学校长一职可以说是一理想的职位，他终于可以施展自己的抱负，实践自己所选择的德国大学制度，并把自己有关高等教育制度的设想付诸实施。许美德曾说："直到 1917 年蔡元培再次从欧洲回国以后，大学自治权和学术自由的思想才开始在北京大学和大学院里初露端倪。由于早期曾跟随马相伯学习拉丁文和欧洲哲学，再加上后来两次在德国和法国的长期考察，这就使得蔡元培的思想深受欧洲文化的影响。按照他的想法，中国的现代大学应该以德国式的自治权和学术自由作为其组建的根本基础。蔡元培'教授治校'的思想在他 1912 年草拟的教育法令中就充分反映了出来。他就任北京大学校长以后，开始按照其教育思想对北大进行改革。"③ 这些制度变革措施从实质上实现了北京大学的近代化，而且对中国近代大学制度的形成、发展产生了深远的影响。

总之，人在进行教育制度选择方面有着相当大的能动性，教育制度无一不是能动选择的结果。人从"选择什么教育制度"到"怎么选择教育制度"，无一不是能动选择的过程。桑德尔曾说："我不仅仅是经验所抛出的一连串目标、属性和追求的一个被动容器，并不简单地是环境之怪异的产物，而总是一个不

---

① 中国蔡元培研究会编：《蔡元培全集》（第 8 卷），浙江教育出版社 1997 年版，第 508 页。
② 高平叔编：《蔡元培年谱长编》（上册），人民教育出版社 1996 年版，第 613 页。
③ 许美德著，许洁英主译：《中国大学（1895—1995）》，教育科学出版社 2000 年版，第 68 页。

可还原的、积极的、有意志的行为者，能从我的环境中分别出来，且具有选择能力。"① 人对教育制度的选择根源于教育制度的复杂性和主体的目的性。人的活动都是有目的的活动，而不同的教育制度对于达到主体目的的效能是不同的，于是，人的每一活动、活动的每一步骤都要反复思量，慎重选择，两利相权取其重，两害相权取其轻。斯宾诺莎指出："人性的一条普遍规律是，凡人断为有利的，他必不会等闲视之，除非是希望获得更大的好处，或是出于害怕更大的祸患；人也不会忍受祸患，除非是为避免更大的祸患，或获得更大的好处。也就是说，人人是会两利相权取其大，两害相权取其轻。"② 人对教育制度的选择往往遵循较多利益的相对优势原则，即在较多教育利益中而不是在较少教育利益中选其一，诚如汉密尔顿所说："必须经常选择即使不是不怎么坏的，至少也应该是比较（不是完全）好的。"③ 人对教育制度的选择，就是这种相对优势原则的体现。这种相对优势原则是建立在"双赢"的逻辑关系之上的，它的逻辑假定是：在缺少制约时，个人就有机会通过害人或者以牺牲他人的教育利益为代价寻求自己的优势。这样受到伤害的人就会有积极性通过阻碍或者阻止有害于他们的教育的行为来使自己遭到的损失最小化。这样，通过牺牲他人来追求自己的教育利益为基础的双边互动行为就会导致对双方都有害的结果，即每一方都通过使用威胁和强制的手段来试图阻止他人。所以，如果个人想与他人建立双边互利的关系，那么教育制度制约就是必要的。奥斯特罗姆指出："一项有利于双赢关系的安排，以及阻碍损害或者伤害关系的安排，只能通过审慎选择、运用公共理解的行为规则、制约具有潜在多样性的人类行为而得到。"④ 简言之，不同教育利益的取舍是教育制度选择的重要原因之一。

二、教育制度的可变革性

教育制度主观性的另一重要内容是教育制度的可改造性、可变革性。所谓教育制度的可改造性、可变革性，是指教育制度处于教育实践的时间流之中，教育制度不是静态的，而是一个变迁动态的实践发生与历史转换过程。教育制

---

① J. 桑德尔著，万俊人等译：《自由主义与正义的局限》，译林出版社 2001 年版，第 25 页。

② 斯宾诺莎著，温锡增译：《神学政治论》，商务印书馆 1997 年版，第 214~215 页。

③ 汉密尔顿等著，程逢如译：《联邦党人文集》，商务印书馆 2004 年版，第 206 页。

④ 文森特·奥斯特罗姆著，毛寿龙译：《复合共和制的政治理论》，上海三联书店 1999 年版，第 46 页。

度虽然是历史的存在物，但绝对不是一个抽象的、凝固的存在物。黑格尔在批判某些机械唯物主义者把物质看作抽象时曾说："唯物论认为物质的本身是真实的客观的东西。但物质本身已经是一个抽象的东西，物质之为物质是无法知觉的。所以我们可以说，没有物质这个东西，因为就存在着的物质来说，它永远是一种特定的具体的事物。然而，抽象的物质观念却被认作一切感官事物的基础，——被认作一般的感性的东西，绝对的个体化，亦即互相外在的个体事物的基础。"① 如果把这段话里的"物质"换成"制度"，黑格尔的话同样是恰当的。因此，作为一种历史的存在物，教育制度的发展是一个不断对自身进行扬弃的过程。布罗厄斯说："在剑桥，有一种书籍被称作'永恒之书'——数百年间剑桥积累下来的繁缛琐细的校规，清晰具体地界定着剑桥人的一举一动，似乎不可改变、不可抗拒。"但是，这并不意味着剑桥大学的一切制度规则只是一种自然的延续，无丝毫的变革，恰恰相反，引领剑桥大学发展的是连续不断的制度变革，"主导剑桥的并不是不变的东西，而是不断的变化"。②

（一）教育制度可变革的实践基础

教育制度之变源于人的感性活动方式、教育实践方式的变迁。人类的生存方式、教育活动方式、教育生活方式的转换与变迁，必然引发、伴随着教育制度的转换与变革。在马克思看来，教育实践本身是具体的、历史的，教育实践是一个时间性的感性活动转换过程，是一个有历史的过程。各个人借以进行教育实践的教育关系，是随着教育活动方式、教育生活方式的变化和发展而变化与改变的。教育实践的时间性、历史性，决定了教育制度必然是一个有历史的教育实践转换过程。我们知道，当黑格尔、蒲鲁东以绝对理念、绝对理性为制度包括教育制度主体时，他们在实质上其实也就否认了制度的历史性、时间性、变化性、可选择性、可转换性。也就是说，黑格尔、蒲鲁东等人实质上只是从空间横向这个维度揭示了制度的存在性，而没有从时间纵向这个维度揭示制度的本质性。在黑格尔那里，法即制度虽然有一个从抽象法向道德，再从道德向伦理的转换过程，但这个转换过程与时间无关，与实践无关，与人无关，这种转换实质上是理念不断外化又不断回归自身的过程。也就是说，这种在黑格尔看来是本质性的转换过程，在马克思实践哲学视野中只是形式、抽象逻辑意义上的转换，是没有内容的抽象形式转换，没有逻辑范畴的逻辑推演。马克

---

① 黑格尔著，贺麟译：《小逻辑》，商务印书馆 2007 年版，第 115 页。
② 夏红卫等著：《剑桥校长剖析剑桥奇迹》，《北京青年报》，2002 年 4 月 15 日。

思指出："这完全是在逻辑学中所实现的那种从本质领域到概念领域的过渡。这种过渡在自然哲学中是从无机界到生命。永远是同样一些范畴，它们时而为这一些领域，时而为另一些领域提供灵魂。"① 这种逻辑推演的公式也就是正题、反题、合题，与个别、特殊、普遍。黑格尔所言的制度转换，也就是不同具体制度在这两个绝对理念推演公式中抽象推移的过程。可见，黑格尔实质上只是揭示了社会既存的不同具体制度间的有机统一性，而没有揭示制度的真实历史转换性。马克思指出，黑格尔对制度相互关联性的揭示，将不同制度确认为系统统一的有机体，无疑是具有重要意义的，"把政治国家看作机体，因而把权力的不同不再看作机械的不同，而是看作有生命的和合乎理性的不同，——这是前进了一大步"。② 但是，由于黑格尔缺少真正的时间意识，其对制度有机体的所谓揭示，只不过是将一般的机体概念套用到制度中而已。黑格尔制度观缺少时间性的重要原因，在于其方法论的抽象性，"他不是从对象中发展自己的思想，而是按照自身已经形成了的并且是在抽象的逻辑领域中已经形成了的思想来发展自己的对象"。③ 缺少真正的感性经验意识，不是从真实的制度实际出发，这是黑格尔制度观没有时间性的根本原因。而黑格尔制度观的这种抽象转换性，为蒲鲁东所继承。马克思指出，蒲鲁东虽然在形式上主张一种"历史的叙述的方法"，但在实质上却是主张并实践着一种"不是历史创造原理，而是原理创造历史"的抽象方法④。从形式上看，蒲鲁东似乎揭示了制度的历史性，认为社会有机体、社会制度有一个产生的过程，但这种所谓产生过程，其本质却是将空间向度上已经存在的不同领域假想为时间向度上的产生过程，并在此基础上抽象认为社会是一个有完善制度的有机体。"谁用政治经济学的范畴构筑某种思想体系的大厦，谁就是把社会体系的各个环节割裂开来，就是把社会的各个环节变成同等数量的依次出现的单个社会。其实，单凭运动、顺序和时间的唯一逻辑公式怎能向我们说明一切关系在其中同时存在而又互相依存的社会机体呢?"⑤ 只有从真实的制度实践转换过程出发，才能真正揭示制度的转换史、变革史。

马克思认为，实质上，制度有一个具体分化与产生过程，在当下社会条件下，社会并不如黑格尔、蒲鲁东所言已经进入完善的全面有制度、有规则的阶

---

① 《马克思恩格斯全集》(第3卷)，人民出版社2002年版，第13~14页。
② 《马克思恩格斯全集》(第3卷)，人民出版社2002年版，第15页。
③ 《马克思恩格斯全集》(第3卷)，人民出版社2002年版，第18~19页。
④ 《马克思恩格斯选集》(第1卷)，人民出版社1995年版，第146页。
⑤ 《马克思恩格斯选集》(第1卷)，人民出版社1995年版，第143页。

段，而是存在着局部制度与全局制度的不统一、自觉制度与自发规律等的深刻矛盾。"社会作为一个整体和工厂的内部结构有共同的特点，这就是社会也有它的分工。如果我们以现代工厂中的分工为典型，把它运用于整个社会，那么我们就会看到，为了生产财富而组织得最完善的社会，毫无疑问只应当有一个起指挥作用的企业主按照预先制定的规则将工作分配给共同体的各个成员。可是，实际上情况却完全不是这样。当现代工厂中的分工由企业主的权威详细规定的时候，现代社会要进行劳动分配，除了自由竞争之外没有别的规则、别的权威可言。""在宗法制度、种姓制度、封建制度和行会制度下，整个社会的分工都是按照一定的规则进行的。这些规则是由哪个立法者确定的吗？不是。它们最初来自物质生产条件，只是过了很久以后才上升为法律。"[1] 同时，马克思对技术、生产方式、社会制度关系的揭示，为我们具体理解制度的历史性、转换性提供了经典范例。在马克思看来，制度的变迁以生产力、生产方式、生活方式的转换，社会分工的转换为基础。他指出："分工发展的各个不同阶段，同时也就是所有制的各种不同形式。这就是说，分工的每一个阶段还决定个人的与劳动资料、劳动工具和劳动产品有关的相互关系。"[2] 马克思对所有制形式转换与社会分工转换关系的揭示，也正是对社会根本运行规则与实践方式关联的揭示。马克思指出，从"部落所有制"向"古典古代的公社所有制和国家所有制"再向"封建的或等级的所有制"的转换，其根本动力与原因正在于社会分工与社会技术样态的转换[3]。"没有蒸汽机和珍妮走锭精纺机就不能消灭奴隶制；没有改良的农业就不能消灭农奴制。"[4] "手推磨产生的是封建主的社会，蒸汽磨产生的是工业资本家的社会。"[5] "劳动的组织和划分视其所拥有的工具而各有不同。手推磨所决定的分工不同于蒸汽磨所决定的分工。"[6] "到现在为止我们都是以生产工具为出发点，这里已经表明了在工业发展的一定阶段上必然会产生私有制。在采掘工业中私有制和劳动还是完全一致的；在小工业以及到目前为止的整个农业中，所有制是现存生产工具的必然结果；在大工业中，生产工具和私有制之间的矛盾才是大工业的产物，这种矛盾只有在大工业高度

---

① 《马克思恩格斯选集》（第1卷），人民出版社1995年版，第163页。
② 《马克思恩格斯选集》（第1卷），人民出版社1995年版，第68页。
③ 《马克思恩格斯选集》（第1卷），人民出版社1995年版，第68~71页。
④ 《马克思恩格斯选集》（第1卷），人民出版社1995年版，第74页。
⑤ 《马克思恩格斯选集》（第1卷），人民出版社1995年版，第142页。
⑥ 《马克思恩格斯选集》（第1卷），人民出版社1995年版，第161页。

发达的情况下才会产生。因此，只有随着大工业的发展才有可能消灭私有制。"① 不同的生产力水平，产生不同的生产方式，不同的产生方式产生不同的制度规则。制度转换是以实践方式转换为基础的自然历史过程，改变社会实践方式是转换社会制度的根本基础。实践方式是理解、揭示制度之变革的根本向度，实践观是制度观的根本视野。

因此，在马克思实践哲学视野中，教育制度是一个随着教育实践而发展的具体分化与转换过程，应该深入历史深处，从唯物史观的高度具体地、实践地揭示教育制度的历史性、时间性，从而为教育制度可变革性提供思想基础和合法性根据。马克思指出："历史同认识一样，永远不会在人类的一种完美的理想状态中最终结束；完美的社会、完美的'国家'是只有在幻想中才能存在的东西；相反，一切依次更替的历史状态都只是人类社会由低级到高级的无穷发展进程中的暂时阶段。每一个阶段都是必然的，因此，对它发生的那个时代和那些条件来说，都有它存在的理由；但是对它自己内部逐渐发展起来的新的、更高的条件来说，它就变成过时的和没有存在的理由了；它不得不让位于更高的阶段，而这个更高的阶段也要走向衰落和灭亡。正如资产阶级依靠大工业、竞争和世界市场在实践中推翻了一切稳固的、历来受人尊崇的制度一样，这种辩证哲学推翻了一切关于最终的绝对真理和与之相应的绝对的人类状态的观念。在它面前，不存在任何最终的东西、绝对的东西、神圣的东西；它指出所有一切事物的暂时性；在它面前，除了生成和灭亡的不断过程、无止境地由低级上升到高级的不断过程，什么都不存在。"② 其实，随着人类生存方式、教育活动方式、教育生活方式形态的发展，教育制度必然转换，即从教育习俗→道德规范→教育制度（教育法律）。因此，教育制度的变革以人类生存方式、教育活动方式、教育生活方式的转换为基础，教育制度是一个随着教育实践而发展的具体分化与转换过程，教育制度转换是以教育实践方式转换为基础的历史演进过程。

（二）教育制度可变革的必要与可能

从教育制度发挥其功能的角度讲，教育制度总是要维持一定的稳定性，也就是说，教育制度不能是多变的、易变的。但事实上，教育制度又必须也确实是发展变化着的，不仅因为这是出于适应生产力发展变化而变化的客观必然事

---

① 《马克思恩格斯选集》（第 1 卷），人民出版社 1995 年版，第 104 页。
② 《马克思恩格斯选集》（第 4 卷），人民出版社 1995 年版，第 216～217 页。

实，也是因为只有这样才能适应变化着的社会与人的需要，还是因为只有这样才能实现教育制度本身的发展和进步的要求。柯武刚等人说："稳定制度的优越性在于，人们已使自己的优点最佳地适应于老的制度，并养成了近乎本能地遵守它们的习惯。……但稳定性的另一面是制度僵化的危险，即使是面临变化的环境也不例外。因此，必须要有一点调整的余地。"①

1. 教育制度变革的必要

一般而言，我们只有以潜在的教育制度稳定为背景才能充分地认识与理解教育制度稳定与变革的关系。苏格拉底前希腊哲学中关于变易的形而上学问题的讨论，对于我们分析此问题大有裨益。赫拉克利特学派被说成为主张一切都处于不断变化之中，即世界上一切事物在所有方面都是经常变化的学派。赫拉克利特说："一切都是不断消长"的，② "除了变革以外，没有什么是持久的"。③ 但赫拉克利特自己完全清楚，一切事物不可能在每一个方面时时都在变化。所有方面的无所不在的变化只会出现混沌，必须有某种规律性才能把变化理解为变化，所以，为了假定变化是以秩序为支承的，他倚靠理性，认为理性在这变易的世界中是永恒的。"这个世界对一切存在物都是同一的，它不是任何神所创造的，也不是任何人所创造的，它过去、现在和未来永远是一团永恒的火，在一定的分寸上燃烧，在一定的分寸上熄灭。"④ 火是有定形和无定形的统一，是作为"变的变"——火是无时无刻不处于变动状态的，然而火总是火，是自己的运动，具有自身的分寸、规律和尺度，这个尺度就是"逻各斯"——一切都遵循这个"逻各斯"。他的学生克拉底鲁就缺乏这种眼光，以否认任何稳定性的存在而闻名，因此，也被迫否认进行任何有意义的交流意见的可能。既然他不能始终如一地表达他的否认，根据传说，他就只好摇动他的小拇指。这一教训是很清楚的，只有以至少是相对的永恒为背景时，才能掌握变化的存在与意义。如果什么都不稳定，世界会变成各种景象都是转瞬即逝的一片混沌，也就没有任何真正的意义。当然，也不能如迈耶、海布罗纳等人以借口教育制度的稳定而否定变化。迈耶曾指出："关于社会文化的发展是人类

---

① 柯武刚等著，韩朝华译：《制度经济学》，商务印书馆 2000 年版，第 114 页。
② 克拉克·克尔著，王承绪译：《高等教育不能回避历史》，浙江教育出版社 2001 年版，第 40 页。
③ 克拉克·克尔著，王承绪译：《高等教育不能回避历史》，浙江教育出版社 2001 年版，第 50 页。
④ 北京大学哲学系外国哲学教研室编译：《古希腊罗马哲学》，商务印书馆 1982 年版，第 21 页。

存在的一个必要条件的假设是站不住脚的。19世纪前中国历史古代埃及的停滞，以及在其他文明和文化中累积性变化的缺乏，都表明稳定和保守，而不是变化，一直是人类的普遍规律……"① 海布罗纳也说："对世界上大多数只知道无变化的历史的人来说，对变革困难的强调似乎是没有必要的。但是对我们自己来说，我们的世界观受到我们独特历史经历的异乎寻常的动态性质的制约，因此强调变革的困难是一种必要的谨慎。与我们通常所接受的信念相反，变革并不是常规，而是生活中的例外。"② 我们的立场类似于柏克，教育制度变革包含着稳定，稳定也包含着变革。只有这个没有那个，将是难以理解的。当我们进行教育制度变革时，我们绝不全然守旧，也不全然图新。"继承观念能够产生出某种稳妥的保守原则和某种稳妥的承袭原则，而且丝毫不排斥革新原则。它让人们自由地获取新东西，也让人们守住业已取得的东西……所以虽然我们有所革新，但我们永远不会是全新的；虽然有所保守，但永远不会是全然陈旧的。"③ 因此，面对变化与稳定这一错综复杂的关系，我们应具有灵活性，不仅仅是对各种改变应作好容忍的思想准备，而且有更积极的意义，即愿意看到社会处于不断改变之中，乐于使自己的生活与之协调。"具有灵活性的公民认为改变是正常的；他期待他所在的环境每年，在某些方面甚至是每天，都有所改变。当这些改变迫使他在自己的领导人上、自己的政策上、自己的计划上，甚至自己的生活方式上，作出相应的改变时，他也不会感到奇怪。"④ 教育问题不会有一了百了的解决办法，调整、改进与变革教育制度将继续不断，永无尽期。正是由于教育制度变革永远无法完成，公民还必须心甘情愿地生活在并不完善的教育制度之下，其灵活性在此表现为"求全与失望之间取得平衡的一种态度"，"在两种极端之间找到一种合理的中庸之道。"⑤ 当然，灵活性并不意味着单纯为了改变而改变。同时，我们还应具备把一些看似相互对立的品质辩证地结合起来，"大胆创新与现实主义，批判精神与对人的信赖，吸收世界各国的经验与尊重民族特性，原则性与灵活性，慷慨大方与讲求经济效益。"⑥

---

① 詹姆斯·麦格雷戈·伯恩斯著，常健等译：《领导论》，中国人民大学出版社2006年版，第404～405页。
② 詹姆斯·麦格雷戈·伯恩斯著，常健等译：《领导论》，中国人民大学出版社2006年版，第404页。
③ 埃德蒙·柏克著，蒋庆等译：《自由与传统》，商务印书馆2001年版，第121～122页。
④ 科恩著，聂崇信等译：《论民主》，商务印书馆2004年版，第181页。
⑤ 科恩著，聂崇信等译：《论民主》，商务印书馆2004年版，第182页。
⑥ S·拉塞克等著，马胜利等译：《从现在到2000年教育内容发展的全球展望》，教育科学出版社1999年版，第249页。

一个教育制度，如果跟不上时代的需要或要求，而且死死抱住上个时代的只具有短暂意义的教育观念不放，那么显然是不可取的。因为教育观念、教育制度观念是历史的、暂时的。马克思指出："人们按照自己的物质生产率建立相应的社会关系，正是这些人又按照自己的社会关系创造了相应的原理、观念和范畴。……这些观念、范畴也同它们所表现的关系一样，不是永恒的。它们是历史的、暂时的产物。生产力的增长、社会关系的破坏、观念的形成都是不断运动的，只有运动的抽象即'不死的死'才是停滞不动的。"① 随着经济社会的发展，人们改变着自己的教育方式、教育生活样式。随着教育方式、教育生活样式的改变，人们无疑会改变自己的一切教育关系，并按照自己的教育关系创造相应的教育观念、教育制度观念，以便使教育制度实践臻于完善或使之更为合理。《学会生存》一书说："改革的产生可能是由于要补救一个教育体系在发挥功能时所发生的弊病和缺点，而这些弊病和缺点是必然会在经验中产生的。当前的需求就促使我们感觉到这些弊病和缺点。有许多弊病，我们可以确切地认为是'成长中的问题'。另一些则可以说是客观社会经济失调的结果。教育不能消除产生这些麻烦的原因，而只能试图缓和这些麻烦的有害后果。然而，有些使人不安的现象既不是转瞬即逝的失调，也不是环境中的偶发事件。我们忽视这种现象，将是一个错误。这种现象毋宁说是教育体系内在功能失调的征兆。我们必须识别这些征兆，恰当地分析它们，然后才能纠正它们。这个观点是许多教育家和教育官员们所共有的。它导致严格的自我批评，而且帮助改革家们获得新的观念。"② 因此，在一个变幻不定的世界中，如果把教育制度仅仅视为是一种永恒的工具，那么它就不可能有效地发挥作用。"法律必须是稳定的，但不可一成不变。"③ 庞德的这句话既揭示了一个永恒且无可辩驳的真理，又对我们思考教育制度变革提供了方法论的启示。

如果教育制度要继续成为一个生机勃勃的规范体系，能够运用智慧和精力去满足个人和社会发展的需要，那么它就必须克服自满和僵化的缺点。斯马特断言："在每个情形中，如果存在着一个规则，遵守那个规则一般来说具有优化的结果，但是，在某种特殊的情形中，如果只有通过打破那个规则我们才能获得优化的行为，那么在那种情形中我们就应该打破那个规则。"④ 也就是说，

---

① 《马克思恩格斯选集》（第1卷），人民出版社1995年版，第142页。
② 联合国教科文组织、国际教育发展委员会编著，华东师范大学比较教育研究所译：《学会生存》，教育科学出版社1996年版，第219~220页。
③ E·博登海默著，邓正来译：《法理学》，中国政法大学出版社2004年版，第339页。
④ 徐向东著：《自我、他人与道德》（下册），商务印书馆2007年版，第711页。

如果社会、教育已经急剧地发生变化，而我们仍然固守"既存"的教育制度，那么我们的行为就显得很不合理，或者甚至是非理性的。里科弗指出："我们的美国可以从欧洲学到一个东西，就是如何使教育跟上变动的时代，有时需要大规模的改革，类似教育中的革命。在俄国有过两次这样的大变动：一次在1917年，另一次在1930年代早期。第一次大变动废除了帝俄的学校制度，建立了新型的工人教育，在某种程度上受到杜威哲学理论和美国进步教育实验的影响；第二次大变动废除了这个制度，返回到马克思主义式的欧洲大陆教育制度。"[1] 从这个角度言，教育制度内容的稳定性也存在一个适度的问题，只不过教育制度的清晰和稳定难以确定一个确切的范围，这属于经验的范畴，因此无法对它们的原则作出界定。尽管如此，教育制度的可变革性，已为人类教育生活的实践所证明。汉森说："无论你把教育变革想象成什么，学校已经发生了变革，这个具体现实是一种客观存在。学校已经在其历史构成的所有方面发生了变化，其中包括课程设置、教育器具的设计、教学方法和政策形成的程序。"[2] 不仅有很多"旧"的教育制度已经或者正在消亡，"新"教育制度已经和正在生长，就是一些一直延续和留传下来的教育制度，也与其初始形态有了很大的不同。绝对不变的教育制度是不存在的，不同国家和不同社会中的教育制度存在着明显的差别，同一国家、同一教育制度在不同时期的变异和发展，都是教育制度可变革性的证明。诚如博登海默所说："只有那些以某种具体的和妥协的方式将刚性与灵活性完美结合在一起的法律制度，才是真正伟大的法律制度。在这些法律制度的原则、具体制度和技术中，它们把稳定连续性的优长同发展变化的利益联系起来，从而获得了一种在不利的情形下也可以长期存在和避免灾难的能力。"[3]

尽管教育制度变革是必要的，但我们一定要采用长远的战略和方法来设计教育制度变革。过多的连续不断的教育制度变革势必扼杀制度变革，因为这样做不能给现有教育制度留有吸收新思想和使所有有关方面都能参与教育制度变革过程的必要时间。此外，正如过去的教育制度变革实践所表明的，许多制度变革者采用的是一种过于激进的或过于理论化的方法，他们无视从经验中吸取有益的东西，或否定过去的成绩。在此情况下，教师、家长和学生乃至教育行

---

① 华东师范大学教育系、杭州大学教育系编译：《现代西方资产阶级教育思想流派论著选》，人民教育出版社1983年版，第190页。

② E·马克·汉森著，冯大鸣译：《教育管理与组织行为》，上海教育出版社2005年版，第405页。

③ E·博登海默著，邓正来译：《法理学》，中国政法大学出版社2004年版，第423页。

政人员都受到干扰，不大愿意接受和进行教育制度变革。

2. 教育制度变革的可能

（1）教育制度永远处于变革过程之中

教育制度不可能永久不变，它永远处于变革、完善之中。尽管目前的教育制度是比较千篇一律的、单一的，使人想到教育的过去是疲乏的；尽管过时的教条和教育习俗仍然深刻地影响着教育，但是"教育的历史似乎为未来的教育提出了双重的任务：——教育既要复原，同时又要革新"。"教育是一个生气勃勃的东西，一项社会事业，一栋住有善意人民的大厦。不管人们怎样讲，它对于一切新的观念都是敞开的。因此，教育必然为自我改进的愿望所推动。"[①]"教育既要复原，同时又要革新"无疑给教育制度变革提供了合理性依据。就教育制度变革而言，教育制度变革的产生是由于要补救"既存"教育制度体系在发挥其功能时所出现的弊病和缺点，而这些弊病和缺点是必然会在教育活动中产生的，是必然会影响人的发展和教育发展的。"既存"教育制度的许多弊病，我们既可以认为是"成长中的问题"，也可以认为是经济社会发展失调的结果。教育制度变革虽然不能完全消除产生"既存"教育制度的弊病，而只能试图缓和"既存"教育制度弊病的有害后果。但是，"有些使人不安的现象既不是转瞬即逝的失调，也不是环境中的偶发事件。我们忽视这种现象，将是一个错误。这种现象毋宁说是教育体系内在功能失调的征兆。"[②] 我们必须识别"既存"教育制度"功能失调的征兆"，并恰当地分析它们，然后才能进行变革。虽然"既存"教育制度具有惯性和保守性，但来自人的全面而自由发展、教育发展以及经济社会发展的刺激也会更新和改进"既存"教育制度，推进教育制度变革，并使它现代化。同时，人的全面而自由发展、教育发展以及经济社会的发展，也只有借助于教育制度才有可能。凡勃伦说："社会结构要变化，要发展，要同改变了的形势相适应，只有通过社会中各个阶级的思想习惯的变化，或者说到底，只有通过构成社会的各个个人的思想习惯的变化，才会实现。社会的演进，实质上是个人在环境压迫下的精神适应过程；变化了的环境，同适应另一套环境的思想习惯已经不能相容，这就要求在思想习惯上有所改变。"[③] 可见，教育制度的改变、变革来自社会环境的压力，并随着经济社会

---

① 联合国教科文组织、国际教育发展委员会编著，华东师范大学比较教育研究所译：《学会生存》，教育科学出版社 1996 年版，第 220 页。

② 联合国教科文组织、国际教育发展委员会编著，华东师范大学比较教育研究所译：《学会生存》，教育科学出版社 1996 年版，第 220 页。

③ 凡勃伦著，蔡受百译：《有闲阶级论》，商务印书馆 2002 年版，第 140 页。

的变化而变化。

今天各国的教育制度尤其是高等教育制度都面临着一种共同的处境，就是能否"成功"的处境。在往日的岁月，每所大学都是独立的有机体，各按其内在规律去吸收营养和发育成长。如今的高等教育制度已经成为经济发展和国家生存绝对不可缺少的手段。过去在封建王侯和教会主教的羽翼下，高等教育制度被培育成为美丽的花朵，它并不比宫廷中的乐师具有更多的推动经济发展的作用。在今天政府的安排下，高等教育制度好似高产的农作物，国家竭力给它们施加充分的肥料以求获得丰产，从而促进国家的繁荣。于是大学便变成文化上传宗接代的机构，并且也像其他遗传体系一样，具有极大的保守性。它们在向前演化的进程中，正经历着遗传体系经常遇到的进退两难的困境：一方面它们本身必须改变以适应社会的新形势，否则将遭受社会的抛弃。"环境的力量与社会的、理智的批判这两方面都在日益对大学施加压力，要求它比较能动地适应于这个正在迅速变化的世界的现实和需要。"① 另一方面，它们在适应社会的改变中，又不能破坏大学的完整性，不然就将无法完成它们所承担的社会职责。过去，校外的力量对高等教育制度的发展变化仅有微不足道的影响，现在却可能发挥巨大的影响了。过去，政府对大学采取听之任之的态度，如今却想逐步加强对大学的控制。在阿什比看来，高等教育制度不外由三种主要力量来决定。就美国而言，最突出的力量是来自请求入学者的压力；就苏联来说，最突出的力量是向学校抽调毕业生的"吸力"，或称人才的需要；就德国以及不久以前的英国来说，最突出的力量是大学体系本身的内在逻辑。"在所有先进国家中，目前存在着一件很清楚的事实：如果这三种力量之间失去平衡，高等教育体系必将垮台。在将来，有一点是肯定的，就是我所称为内在逻辑的力量，也就是大学的传统力量，必将有所改变，以便适应日益增长的其他两种社会环境的力量。"② 尽管高等教育制度的内在逻辑正在受到政府、社会和学生自身等各方面施加的压力，有一点仍然是可以肯定的，即，"到本世纪末，社会仍然需要大学。不仅需要它们来培训专业人才，还需要它们为第三代所需要的知识服务。因此，十九世纪遗产中的一些东西必须保留下来。"③ 然而，大学毕

---

① 联合国教科文组织、国际教育发展委员会编著，华东师范大学比较教育研究所译：《学会生存》，教育科学出版社 1996 年版，第 32 页。

② E·阿什比著，滕大春等译：《科技发达时代的大学教育》，人民教育出版社 1983 年版，第 13 页。

③ E·阿什比著，滕大春等译：《科技发达时代的大学教育》，人民教育出版社 1983 年版，第 20 页。

竟不是一个能够置身于现实社会之外的独立、封闭的系统，维护传统，固然使大学保留下来了它有别于社会其他机构的内在文化特质，但如果一味死守传统，就不仅会窒息它的发展生机，甚至危及其生存。因此，大学就不得不设法保持两者平衡：既不使传统在适应上成为无定见的顺风倒，也不顽固保守而偏执不化。"为了取得这种平衡，大学就必须主动进行改革并控制改革，从而适应社会需要，避免招致外力强制下的变革。"① 其实，整个高等教育制度发展的历史，无论何时高等教育制度的命运都始终与社会环境的变迁休戚相关。阿什比说："大学是继承西方文化的机构。它保存、传播和丰富人类的文化。它像动物和植物一样地向前进化。所以任何类型的大学都是遗传和环境的产物。"② 高等教育制度从来就没有成为真正意义上的"象牙塔"内的规范，正是在维护传统与回应社会变革的价值冲突之中，在经历了一次次痛苦的抉择之后，高等教育制度才不断从环境中汲取营养，焕发出新的生命力。当然，这一系列的转变并非是突变，更不是脱胎换骨，而是渐进的。诚如阿什比所言："大学仍然需要自由、独立和自主的机会，以适应新的时代。但大学也需要一些时代并不太需要的东西，因为现在变革的波长已经比人的寿命短了。大学需要完成一种改革，一旦这种改革成功，一切其他改革都可迎刃而解。这就是养成自动地进行大学内部改革以适应社会的能力。如今，大学已有一些自我改造的可能，不过，各方面的阻力很大。令人感到忧虑的是，大学还没有设计出具有高效能的内在改革机构。诚然，惯性有它的优点，不过惯性大到非外力推动便不能改革时，就成了阻力。受外力推动的变革往往是非常激烈的，以致会危害大学的传统。凡有办理大学经验的人都知道，大学的进化很像有机体的进化，是通过持续不断的小改革来完成的。大规模的突变往往会导致毁灭。大学的变革必须以固有的传统为基础。我们可以通过研究大学自中世纪直到现在的发展过程和今日世界各国大学的相互影响情况，来学习在本世纪如何掌握大学的发展规律。"③

（2）社会环境的改变

教育制度规范人类教育行为的力量多数源于它们的不变异性，但是，当环

---

① E·阿什比著，滕大春等译：《科技发达时代的大学教育》，人民教育出版社 1983 年版，第 7 页。

② E·阿什比著，滕大春等译：《科技发达时代的大学教育》，人民教育出版社 1983 年版，第 7 页。

③ E·阿什比著，滕大春等译：《科技发达时代的大学教育》，人民教育出版社 1983 年版，第 20~21 页。

境发生变化，教育制度也必须进行相应的变革。恒久不变的教育制度因其不能适应环境的变化，必然僵化，而教育制度僵化的结果是对教育发展、人的发展的伤害，因而必须对其进行调整与变革。培根说："每一种药无疑地都是一种新创之事；不愿用新药的人就得预备着害新病；盖时间乃是最大的革新家也。并且，假如时间会自然地使事物颓败，而智谋与言论又不能使其改良，其结局将不堪设想了。习俗之所立，虽不优良，不失为适合时世，这是真的；又长期并行的举动好像是互有关连的，而新的事物则与旧者不甚契合；它们虽有用，可以因为与旧的事物不融洽，所以会引起纠纷。再者，新的事物好像异邦人，很受人艳羡，可是不大得人欢心。这些话当然都对，假如时间是停留不动的；可是时间是动转不停的，所以，固执旧习，其足以致乱与革新之举无异；而过于尊崇古昔者将为今世所傻笑也。"① 柯武刚等人也说："制度就像优质葡萄酒：愈陈愈香，至少在有些时候是这样！但有时，又必须对它们进行变革，即使这会扰乱对人的行动的顺利协调。"② 例如，所有发达国家自 20 世纪 80 年代以来，都进行了重大的教育制度变革。在变革的背后除了政治、经济原因之外，更主要的原因在于教育制度本身。几乎所有发达国家的教育制度都诞生于 19 世纪，时至 20 世纪 80 年代，这样的教育制度开始呈现出英雄暮年的迹象。同时，随着经济社会的发展，人民群众的教育需求不断变化，也应当毫不迟疑地注意修理"发条业已磨损"（博登海默语）的教育制度，还应当用新的"发条"替换业已丧失功能的旧教育制度。弗莱克斯纳说，大学制度并不是固定不变的东西，而是随着时代的发展而变化的。他说："大学像教会、政府、慈善组织等人类所有其他机构一样，都是特定时代社会大网络之内的东西，而不是社会大网络之外的东西。它不是远离现实社会的东西、历史的东西、很难屈服于新的压力和影响的东西。相反，它既对现在和将来产生影响，又是时代的反映。"③ 作为历史的产物，教育制度会发生或多或少的变化，变化方面是与它们作为其中一部分的经济社会的发展方向一致的。凡勃伦说："制度是已往过程的产物，同过去的环境相适应，因此同现在的要求决不会完全一致。由于必然的事理，这种淘汰适应过程是决不能赶上社会在任一个时期所处的不断变化中的形势的；因为不得不与之相适应从而进行淘汰的一些环境、形势和生活要求天天在变化；社会中每一个相继而起的形势才告成立，它就开始变化，成为陈

---

① F·G·塞尔比编，水天同译：《培根论说文集》，商务印书馆 2008 年版，第 88—89 页。

② 柯武刚等著，韩朝华译：《制度经济学》，商务印书馆 2000 年版，第 480 页。

③ Abraham Flexner, *Universities*：*American*，*English*，*German*. New York：Oxford University Press, 1930, p. 3.

迹。发展过程向前跨进一步，这一步本身就构成了形势的一种变化，要求作新的适应，它也就成了下一步调整的出发点，情形就是这样无止境地演变下去。"[1] 例如，随着公共教育制度的大规模发展，促使了组织的理性化与官僚制度化现象的产生。带有理性、官僚制特征的学校教育制度，容易使人们（制度内之人）的性格带有强制性或抑制性特征。不仅如此，科层化或官僚化的学校对当今的信息社会或知识经济时代反应迟钝，无法满足公众的日益多样化的需求。20 世纪 80 年代以来，在世界范围内确实兴起了一场"教育重建"运动，"教育重建"的实质在于教育制度的重建。这也从某种程度上印证了鲍尔的论述或主张："为了带来变革，人们必须首先相信，变革确实是可能的，我们的世界不是凝固的，而是不断处于进步之中。"[2]

（3）时间改变人们的教育制度信念

时间改变着人们的教育信念、教育需要，从而也改变着人们的教育制度信念，改变着人们的教育制度需求。时间对于社会教育问题就像对生物学问题一样，是最有力的因素之一。它是唯一真正的创造者，也是唯一伟大的毁灭者。积土成山要靠时间，从地质时代模糊难辨的细胞到高贵的人类，靠的也是时间。数百年的作用足以改变一切固有的教育现象。人们正确地认为，如果蚂蚁有充足的时间，它也能把珠穆朗玛峰夷为平地。如果有人掌握了随意改变时间的魔法，他便具有信徒赋予上帝的权力。时间对于群体意见和信念的形成也具有重大的作用。勒庞说："群体的意见和信念是由时间装备起来的，或者它至少为它们准备了生存的土壤。一些观念可实现于一个时代，却不能实现于另一个时代，原因就在这里。是时间把各种信仰和思想的碎屑堆积成山，从而使某个时代能够产生出它的观念。这些观念的出现并不是像掷骰子一样全凭运气，它们都深深植根于漫长的过去。当它们开花结果时，是时间为它们做好了准备。如想了解它们的起源，就必须回顾既往。它们既是历史的儿女，又是未来的母亲，然而也永远是时间的奴隶。"[3] 教育制度主体总是处于一定的时间限度之内，也就是说，考虑教育制度问题时总有一个时间维度，往往不能关注教育制度的长期效果。由于时间的限制，教育制度主体无法预测到教育制度在长时段中的全部功能，也就无法实现预期目的。正因为如此，教育制度变革势所必

---

① 凡勃伦著，蔡受百译：《有闲阶级论》，商务印书馆 2002 年版，第 140 页。

② 联合国教科文组织教育丛书，赵中建编：《教育的使命》（序），教育科学出版社 2003 年版，第 5 页。

③ 古斯塔夫·勒庞著，冯克利译：《乌合之众》，广西师范大学出版社 2007 年版，第 98 页。

然。纵观人类教育制度变革史，我们可以看到，横逾整个教育文明，人类一直都在为争取较诸他们自己"既存"的教育制度更好的东西而奋斗。一日尚未称善，即一日难免不公不义，则对于理想教育制度的追寻就将持续不辍。帕斯卡尔的如下反讽可谓是画龙点睛，他说："世上有这样一些人，他们自己制定了他们严格信奉的法律，却将上帝与自然的律法尽抛脑后。"①

（4）教育制度需求

教育制度变革过程不过是"新"教育制度对"旧"教育制度的替代过程。那么，人们在什么情况下会产生对新教育制度的需求呢？菲尼说："按照现有的制度安排，无法获得某种潜在的利益。行为者认识到，改变现有的制度安排，他们能够获得在原有制度安排下得不到的利益，这时就会产生改变现有制度安排的需求。"② 也就是说，当获取"教育利益"的能力无法在现存的教育制度体系内实现时，教育制度的改变或变革就会发生。林毅夫说："从某种现行制度安排转变到另一种不同制度安排的过程，是一种费用昂贵的过程；除非转变到新制度安排的个人净收益超过制度变迁的费用，否则就不会发生自发的制度变迁。"③ 教育制度变革的动力，在于教育制度变革能够为人们带来在现有教育制度下无法得到的潜在收益。戴维斯等人认为，如果预期的净收益超过预期的成本，一项制度安排就会被创新。只有当这一条件得到满足时，我们才可望发现在一个社会内改变现有制度和产权结构的企图。陈郁在总结戴维斯、诺思的制度变迁动力论时说："果不其然，诺思教授根据自己早期对美国经济史的多方面的定量研究，认为，制度变迁与技术进步有相似性，即推动制度变迁和技术进步的行为主体都是追求收益最大化的。当然，不同的行为主体（如个人、团体或政府）推动制度变迁的动机、行为方式及其产生的结果可能是不同的，可他们都要服从制度变迁的一般原则和过程。制度变迁的成本与收益之比对于促进或推迟制度变迁起着关键作用，只有在预期收益大于预期成本的情况下，行为主体才会去推动直至最终实现制度的变迁，反之亦然，这就是制度变迁的原则。在美国历史上，金融业、商业和劳动力市场方面的制度变迁都是为

---

① 丹尼斯·劳埃德著，许润章译：《法理学》，法律出版社 2007 年版，第 50 页。
② 文森特·奥斯特罗姆等著，王诚等译：《制度分析与发展的反思》，商务印书馆 1992 年版，第 138 页。
③ R·科斯等著，刘守英等译：《财产权利与制度变迁》，上海三联书店 2000 年版，第 373 页。

了实现社会总收益的增加而同时又不使个人收益减少。"① 换句话说，只有支持
教育制度创新给他的预期收益超过他为支持教育制度创新可能付出的预期成
本，此成员才会支持教育制度创新。如果教育制度变革的预期成本超过了它们
将会提供的预期"福利"的话，理性教育行动者就不会去变革教育制度。此处
的预期成本大致可以两种方式进行思考。一种是较小的教育共同体教育制度的
变革，即起草并实施该教育制度时个人所花费的成本。这些成本可以解释，为
什么能够从教育制度变革中产生更大收益的权利，会由于它们实施的高额成本
而被否决。一种是对有关全局的整个社会教育制度的变革，即预期成本对有关
全局的整个社会教育制度变革的影响。埃格森说："集体行动的高（交易）成
本，是一个社会的成员无法就能够增加社会总结果的新规则达成一致的主要原
因。"② 解决与集体成本相关的那些众所周知的问题所花的成本，阻碍了更具社
会效率的教育制度的变革。总之，教育变革的成本能明显地影响教育制度安排
的最终形式。

（5）新的教育问题需要教育制度予以回应

瞬息万变的新情况、新事件、新问题不断出现，致使原本立意"非常明
智"的教育制度也总是不能收到预期的效果。"最合理"的教育规章也是不能
长久适用，即便被认为是不容置辩的制度原则常常在教育实践过程中被推翻。
鲍尔说："许多世纪以来，我们的教育制度以及确实作为整体的社会是以排斥
原则为基础的。教育是为少数人服务的，而愚昧则是大多数人的事。"但是，
随着人类社会的发展，随着"全民教育"思想的确立，这一歧视性的教育制度
不仅在理论上，而且在实践中被完全推翻或废除。③ 让每个人都获得受教育的
机会，已经成为实现社会平等的一个重要标志，这就是为什么在过去的 100 多
年中世界上的大多数国家都相继颁布义务教育法的原因。同时，对于发展中国
家而言，人民受教育水平的提高可以促进健康和营养状况的改善，而后者是生
活质量的直接体现。《学会生存》一书说："过去人们把一切事物都视为万能的
主宰按照事物的自然秩序所作的安排，因而甘愿忍受一切痛苦。现在不然，单
就经济、福利与生活水平而言，人们已不再甘心于把人分成不同的阶级而使自

---

① D·C·诺思著，陈郁等译：《经济史中的结构与变迁》（译者的话），上海三联书店，
1994 年版，第 7~8 页。
② Thrainn Eggertsson, *Economic Institutions and Behavior*. Cambridge：Cambridge University Press，1990，p. 214.
③ 联合国教科文组织教育丛书，赵中建编：《教育的使命》（序），教育科学出版社 2003 年
版，第 4 页。

己居于不平等的地位；也不再甘心忍受那种使整个民族受苦的挫折。他们也不再听任教育居于不发达的状态，特别当他们开始相信普及教育是促进经济'起飞'和收复失地的绝对武器时，尤其如此。"① 例如，在过去的 100 多年中，世界各国的各级教育的加速发展并不是一个自然的过程，而是得益于教育制度的创新与变革。在教育发展的历史上，有两个重要的教育制度创新：一个是国家对教育的制度安排，另一个就是教育开放。就初等教育而言，在经济特性上属于纯公共物品，是由于一定的制度安排的结果。这一套制度包括：政府对初等教育提供财政支持，学校对所有儿童开放，以及强制性要求所有儿童必须接受义务教育。这构成了义务教育制度安排的基本框架。由于财政支持和普遍服务的承诺，保证了初等教育的充分供给。由于政府对初等教育的基础设施投资成为沉没成本，增加一个孩子享受初等教育的边际成本为零。因而，基础教育具有消费上的非竞争性。同时，由于教育法律制度对于普遍服务的强制规定，基础教育又具有消费上的非排他性。这就确定了基础教育的制度性公共物品性质。也就是说，并非由于小学、初中教育是公共物品而实施义务教育，而是由于实施义务教育使小学、初中教育成为公共物品。因此，实行义务教育是一种重要的教育制度创新。除了政府的力量之外，公民个人和社会力量也是教育发展重要的推动力。这无疑得益于政府在教育发展中的另一项制度创新，即将教育向民间开放。教育向民间开放，一方面解决了政府办教育供给不足的问题，另一方面满足了个人对于教育多样性的需求。

（6）人类学习

人类从野蛮、愚昧、落后走向文明、进步就是不断学习的结果。诺思认为，学习在本质上是以文化为中心的经验与文化的双重作用过程，学习是"一种经过特定社会之文化过滤的累加过程，而文化则决定着人们对损益的判断"。② 人类从教育的无序发展到教育的有序发展的过程实际上就是教育制度形成、变革的过程。"破解"教育制度变革的奥秘确实要从人类学习过程开始。教育制度变革乃至创新过程可以在个人学习水平上，以一种奇特的方式，在文化"强外在约束"自身的水平上展开、进行。理性选择假设个人都知道自己的教育偏好并依其行事，在高度发达的现代社会中，这或许是正确的，但在人类社会初期情况就不一样了。人类从过去的野蛮走向今天的文明确实是经过漫长

---

① 联合国教科文组织、国际教育发展委员会编著，华东师范大学比较教育研究所译：《学会生存》，教育科学出版社 1996 年版，第 6 页。

② 约翰·N·德勒巴克等编，张宇燕等译：《新制度经济学前沿》，经济科学出版社 2003 年版，第 19~20 页。

学习过程的结果。许多教育习惯、教育习俗、教育制度都是学习的结果。教育习惯、教育习俗、教育制度都是通过各种不同的学习以及社交方式在代际传递的。文化传递就是社交学习的一种产物，新一代人通过模仿与强化的方式学习现存的教育制度规范。社会成员即是通过与家人、朋友、老师以及其他一些人的交往经验，学习教育行为规范和教育生活世界中的准则。通过这些经验，社会成员知道了现存的教育习惯、教育习俗、教育制度是如何支配上代人的教育生活的。学习与教育制度形成、教育制度变革实际上是相互联系、相互促进的一种关系。教育制度是人们不断地"试错"、学习的结果。教育制度乃是经由不断试错、日益积累而艰难获致的结果，或者说它是经验的总和。"大多数……规则，都不是经由主观琢磨而发明出来的，而是通过渐进的试错过程慢慢发展起来的。在这个过程中，正是无数代人的经验才促使这些规则发展成当下这个状况。"① 森指出："十分常见的是，事物恰恰如其所显现的那样，而且确实当人们努力工作而达到目标时，或多或少地就是它们原来所显现的那个样子。尽管这些成功故事的后面必定有失败或挫折的事例，但是从错误中可以取得教训，以便下一次干得更好。边干边学（learning by doing），是理性主义改革者的好帮手。"② 当然，社交学习与那些创立和选择新教育制度的学习是不同的。前者只是现存教育制度知识的传递方式，后者是新的教育制度形式在变迁过程中可能被选择的一种方式。教育制度能够一代代传下去的事实，并不能解释为什么一套教育制度可以相对于另一套教育制度而存在。博伊德等人说："文化传承本身，不会引起不同行为变化的任何频率改变……文化传递只有在某些力量增加有利于文化变化的频率时，才是一般试错法学习的捷径。"③

教育习惯、教育习俗、教育制度一方面是学习的结果，另一方面，有效的教育制度又鼓励人们不断学习。没有学习及其知识存量的积累，就不可能有教育制度的变革。任何教育活动总是在一定观念、意识形态、知识背景下的"知识化行动"。诺思说："人们在最低程度上假定，每个人的个人行为受一整套习惯、准则和行为规范的协调。这些习惯、准则和规范最初是从家庭（最初的社会化），然后通过教育过程和其他机构，诸如教会（第二次社会化）取得的。

---

① F·A·冯·哈耶克著，邓正来译：《自由秩序原理》（上册），生活·读书·新知三联书店 1997 年版，第 196 页。
② 阿马蒂亚·森著，任赜等译：《以自由看待发展》，中国人民大学出版社 2002 年版，第 256 页。
③ R. Boyd & P. J. Richerson, *Culture and the Evolutionary Process*. Chicago：University of Chicago Press，1985，p. 80.

但是，当我们认识到我们每个人的生活是由'普通'的知识来指导和这些知识基本上是理论性的时候，意识形态就努力使个人和团体的行为方式理性化。"[①] 教育制度、教育制度变革以知识存量为重要基础，"知识存量的积累对政治和经济制度的长期变迁起了潜移默化的作用"[②]。决定教育制度变革路径，形成教育制度变革秩序的一个重要原因，是人类的知识状况以及知识存量的变化。知识存量的增长不仅决定教育发展水平，也从根本上决定教育制度的现实形态和实践转换，"创新是建立在人们所拥有的现存基础知识存量上"。由于人类知识存量的增长是渐进的，而非突变的，"边干边学"是知识增长的基本方式，而历史、教育传统、知识存量构成教育制度转换的路径依赖，这样，教育制度变革在总体上也只能是渐进的，"转变是渐进的"[③]。因此，学习既引发了教育制度变革，又加速了教育制度变革的进程。

（7）社会科学知识的进步

知识的获得是由于人类战胜了常规和惯性，战胜了现成的观点和概念，战胜了我们试图理解的对象所具有的复杂性与晦涩性。一切知识都是重新探索的出发点，都会导致变革的发生。克罗齐耶说："知识令人感到恐惧。智慧与才能令人尊重，然而知识却不能赢得人们的尊重。原因在于：知识包含着变革的风险；它迫使人们接受这种风险，而不管人们是否愿意或是否需要它；它搅乱了现存的智力和社会生活。毋庸置疑，知识会为人带来发展的希望，然而，它同样也会，而且首先会给人带来现实的苦难。……知识所有的发展皆会带来一定的风险，因为它会导致一种变革的发生。"[④] 虽然变革需要通过我们、并且经由我们的努力才能实现，然而，变革的发展历程却不是我们能够控制的。"一个有能力接受这种风险的社会，将会兴旺发达；相反，一个以这样或那样的方式拒绝接受这一风险的社会，将会退化。"[⑤] 知识是思维活动的基础、材料，也是思维活动的结果。没有知识，就没有思维；没有思维，也就不可能有创新能

---

① D·C·诺思著，陈郁等译：《经济史中的结构与变迁》，上海三联书店 1994 年版，第 52—53 页。

② D·C·诺思著，陈郁等译：《经济史中的结构与变迁》，上海三联书店 1994 年版，第 232 页。

③ D·C·诺思著，陈郁等译：《经济史中的结构与变迁》，上海三联书店 1994 年版，第 184 页。

④ M·克罗齐耶著，张月译：《法令不能改变社会》，上海人民出版社 2008 年版，第 150 页。

⑤ M·克罗齐耶著，张月译：《法令不能改变社会》，上海人民出版社 2008 年版，第 150 页。

力。华勒斯坦说："若要对社会变革进行合理的组织，那就必须首先去研究它，了解支配它的种种规则。这就不仅为我们后来称为社会科学的那一类学科提供了发展空间，而且还对它们产生了深刻的社会需求。"① 社会科学知识（包括教育科学知识）是影响教育制度变革方案设计和选择的最基本的因素之一。这是因为，社会科学知识有利于人类理性的进步，增进人们理解和把握现实与未来的能力，从而是教育制度合理化变革的强大动力。教育制度变革方案的设计和选择过程，是人们在教育生活实践中学习、试错、改进的过程。人只能根据既有的知识、能力，大致地描绘未来世界的轮廓，选择自己的教育行为，安排自己的教育活动；人也只能在教育生活实践中才能发现自己的缺陷与不足，从而使自己与教育生活环境达成相对协调。人的这种不断调适过程，就是人的进化过程，就是教育制度的不断创新与完善过程，也是文明的累积进步过程。拉坦曾观察到制度变化的发生依赖于两类因素：知识基础和创新成本（与收益有关），断定我们拥有社会科学知识越多，则在设计、创新乃至实施教育制度中干得越好，"社会知识使制度绩效和制度创新得以增进，这主要是通过成功先例的逐渐积累或作为行政与管理知识与经验的副产品来实现的。……社会科学知识的进步已为制度创新的效率开辟了新的可能性。"② 社会科学知识往往是通过促进新的更为有效的教育制度变革和创新而导致了更为有效的教育制度绩效。社会科学知识的进步既促进了教育制度的变革，又降低了教育制度变革的成本。社会科学研究能力、教育制度变革能力都利用了社会科学知识。拉坦说："假定制度变迁的供给与技术变迁的供给之间的类似性是有理论根据的。正如当科学和技术知识进步时，技术变迁的供给曲线会右移一样，当社会科学知识和有关的商业、计划、法律和社会服务专业的知识进步时，制度供给的曲线也会右移。简言之，社会科学的有关专业知识的进步降低了制度发展成本，正如自然科学及工程知识的进步降低了技术变迁的成本一样。"③ 例如，20 世纪 80 年代美国进行了创建"优效学校"的努力。由于商业界的压力和公众的不满意度使学业优异和教育改革成为国家和州政府的重要议题，各个集团——包括出于自身利益而抵制改革的那些群体——有各自的需求，知识型社会要求

① 华勒斯坦等著，刘锋译：《开放社会科学》，生活·读书·新知三联书店 1997 年版，第 10 页。
② R·科斯等著，刘守英等译：《财产权利与制度变迁》，上海三联书店 2000 年版，第 352 页。
③ R·科斯等著，刘守英等译：《财产权利与制度变迁》，上海三联书店 2000 年版，第 336 页。

学校教育效率提高，改革之箭在弦待发。此时，"社会科学现在不仅是提供论据和知识，它也可以提供对优效学校的整体认识，政府和私人机构建立了全国上百个研究委员会，他们对于问题解决方式的认识竟然惊人地相似，政府的行动也大致遵从同一方向。"① 美国的公立学校教育实践由此只尊崇惟一的制度模式，即"最佳体系"。简言之，教育制度变革的进行和教育制度变革绩效的取得，都依靠相关社会科学知识的增长和供给情况。如果说，教育制度变革的需求是由社会发展、教育发展需求所引致的，那么，教育制度变革的供给则是由社会科学知识的进步引致的。因此，社会理性累进，人们理性学习有利于形成新的教育制度与教育行为习惯。

"世易时移，变法宜矣"。教育外部环境与教育构成要素等的变化，决定了教育制度在追求稳定的同时，也需要"求变"。教育制度必须通过它的变动与演化求得它的生存，绝对不存在亘古不变的教育制度。一般而言，教育制度旨在以不变应万变和保守现存的教育秩序，面对变化着的教育生活，它总有迅速老化和不能胜任的危险，如果只有一成不变的教育制度起决定性作用，就必然维护业已被认识到的不正当或不适宜的教育秩序。于是，"就会用昨天的卑鄙无耻来使今天的卑鄙无耻合法化。"② 因此，自我变革、自我创新，是任何一个教育组织、教育共同体、教育群体、教育个体在适应教育环境变革、追求更好教育生活过程中的必然选择。作为一种历史的存在物，教育制度的发展是一个不断对自身进行扬弃的过程。诚如克罗齐耶所说："一个首要的原则看来具有绝对的决定性意义：变革并非出自意愿。我们之所以要进行改变，并不是因为我们拥有一种新的想法，而是因为我们不得不进行改变；如果我们要去寻找一种新的主张，那是因为没有任何其他选择的缘故。尤其值得注意的是，一种想法再好，也不能为行动赋予合法性，仅仅有好的想法，这一想法也会不可避免地蜕变为一种愚蠢的观念。无论是为了神明在大地之上的统治得以实现而尽心尽力，还是为了追逐时尚，变革都是一项具有重要意义的事业，不能建立在人们的主观构想的基础之上。事实上，人们时刻处在变化的过程之中，因为变化是合情合理的，生活就是变化，没有变化，人们就会感到窒息。变革是为了生存。一成不变的组织必然会变得衰弱。诸种系统如不进行更新，就会变得极为

---

① 约翰·E·丘伯等著，蒋衡等译：《政治、市场和学校》，教育科学出版社 2003 年版，第20 页。

② H·科殷著，林荣远译：《法哲学》，华夏出版社 2002 年版，第 123 页。

复杂，令人无法对其进行控制。"① 对教育制度而言，能否在保持整体教育关系相对稳定的同时，为教育制度变革留有空间与可能，既关系着教育的存在状态，也关系着教育制度自身的存在状态。相对于变动的教育关系，教育制度也会变化。教育处于稳定状态，与教育制度的稳定导向相关；教育处于变革状态，与教育制度的变革导向相关。

（三）教育制度可变革的主观性

从本原意义上讲，教育制度的可变革其实是一个自然的历史过程，社会生产能力的进步与发展是教育制度可变革的根本原因，也是根本动力。马克思认为，在考察由生产力与生产关系的矛盾运动所推动的社会制度变革时，"必须时刻把下面两者区别开来：一种是生产的经济条件方面所发生的物质的、可以用自然科学的精确性指明的变革，一种是人们借以意识到这个冲突并力求把它克服的那些法律的、政治的、宗教的、艺术的或哲学的，简言之，意识形态的形式。我们判断一个人不能以他对自己的看法为依据，同样，我们判断这样一个变革的时代也不能以它的意识为根据；相反，这个意识必须从物质生活的矛盾中，从社会生产力和生产关系之间的现实冲突中去解释"。② 在此，我们需要注意的是，一部分学者把马克思这段话理解为教育制度变革只有一个原因，就是社会生产力的进步与发展，舍此之外别无他因，人的主观意识与努力无足轻重。其实，马克思这句话恰好表明他认可社会意识在教育制度变革中的作用，只不过不能把它看作是根本原因罢了。当然，这种意识在根源上也是物质性的。"人们奋斗所争取的一切，都同他们的利益有关。""一切社会变迁和政治变革的终极原因，不应当到人们的头脑中，到人们对永恒的真理和正义的日益增进的认识中去寻找，而应当到生产方式和交换方式的变更中去寻找。"③ 因此，教育制度作为人与社会之间的关系范畴，在自然变迁的大背景下，人与社会对于教育制度的变革也起着相当重要的作用，这种作用直接体现于教育制度的变革过程中。

教育制度像潮水一样随着经济社会的变化而起落，服从人们看不到的力量的牵引。阿克顿认为，事物的特征和品质是由制度塑造出来的。"制度变革是正当的，因为，为了使制度能适应事物的自然变化，作为塑造事物品格特征的

---

① M·克罗齐耶著，张月译：《法令不能改变社会》，上海人民出版社 2008 年版，第 45 页。
② 《马克思恩格斯选集》（第 2 卷），人民出版社 1995 年版，第 33 页。
③ 《马克思恩格斯选集》（第 3 卷），人民出版社 1995 年版，第 617~618 页。

制度变革也就在所难免。"① 支配人类社会的教育制度与规范性法则可以由人来制定并改变，僵化的绝对论者有关教育制度不可变革的主张显然是错误的。教育制度同认识一样，永远不会在人类的一种完美的理想状态中最终结束，完美的教育制度、完美的教育组织是只有在幻想中才能存在的东西，相反，一切依次更替的教育制度形态都只是人类社会的教育制度由低级到高级的无穷发展进程中的暂时形态。每一种教育制度形态都是必然的，对教育制度形成的那个时代和那些条件来说，都有它存在的理由，但是，随着环境的改变，随着新的、更高的条件的出现，教育制度就变成过时的和没有存在的理由了。教育制度不得不让位于更高的制度形态，而这个更高的教育制度形态也要走向衰落和灭亡。正如资产阶级依靠大工业、自由竞争推翻了一切稳固的、历来受人尊崇的教育制度一样。恩格斯指出："资本主义……把一切变成了商品，从而消灭了过去留传下来的一切古老的关系，它用买卖、'自由'契约代替了世代相因的习俗，历史的法。"② 随着时间的推移，任何教育制度都会成为不合理的，都会丧失自己存在的必然性，都会被一种新的、富有生命力的教育制度所取代。这就是历史的辩证法，"这种辩证法推翻了一切关于最终的绝对真理和与之相应的绝对的人类状态的观念。在它面前，不存在任何最终的东西、绝对的东西、神圣的东西；它指出所有一切事物的暂时性；在它面前，除了生成和灭亡的不断过程、无止境地由低级上升到高级的不断过程，什么都不存在"。③ 一句话，教育制度可变革是必然的。

尽管教育制度可变革是必然的，但是，教育制度变革到什么程度、何时变、怎么变，在很大程度上却取决于人的主观能动性。如何提出教育制度变革方案，在很大程度上也有赖于人的主观能动性。西蒙曾说："政治上有这么一句话：'没有武器，何以出击'。的确，仅仅靠指责人家的缺陷和不足，是无法推翻一项措施，或击败一个竞选人的。你必须提得出替代措施或另一人选。"④更为甚者，以什么手段、什么方式改变、变革教育制度，也取决于人的主观能动性。在柏克看来，教育制度变革是一种为教育目的而从事的工作，因此，它只能通过教育性手段来安排。"在那里，心与心之间必须有沟通。唯有心灵的联合才能实现我们追求的一切善举，要达成心灵的联合是需要时间的，我们的

---

① 阿克顿著，侯健等译：《自由与权力》，商务印书馆 2001 年版，第 334 页。
② 《马克思恩格斯选集》（第 4 卷），人民出版社 1995 年版，第 78 页。
③ 《马克思恩格斯选集》（第 4 卷），人民出版社 1995 年版，第 217 页。
④ H. A. 西蒙著，杨砾等译：《现代决策理论的基石》，北京经济学院出版社 1989 年版，第 94～95 页。

耐心会比我们的暴力取得更多的成果。"① 作为一种历史的存在物，教育制度的发展是一个不断对自身进行扬弃的过程，其变革的形态大体上呈现出渐进性积淀和革命性变革两种方式。恩格斯指出："如果旧的东西足够理智，不加抵抗即行死亡，那就和平地代替；如果旧的东西抗拒这种必然性，那就通过暴力来代替。"② 在渐进性积淀方面，教育制度变革体现为前一时期的教育制度按照一定的合理性原则转化为后一时期教育制度的构成部分。因此，教育制度变革应尽量避免与"既存"教育制度中的合理部分相冲突，这样，教育制度变革"优势"与"既存"教育制度"优势"之间的"相互抵消被减少到了尽可能小的程度"。诚如柏克所说："我们修补着，我们调和着，我们平衡着。我们能够把在人心和人事中发现的各种变化和诸多相互龃龉的原则，组织成一个和谐的整体，由此产生出的不是朴素的优越性，而是远为高级的复合的优越性。"③

教育制度所追求的是合理、规范和稳定。昨是今非，朝令夕改，都是与教育制度的建立意图相违背的。唯其追求这种稳定性，教育制度本身也容易产生惰性而趋于保守，从而使合理规范实践的功能蜕变成束缚和扼杀实践创造性生机的僵尸。因此，对教育制度进行全面性变革往往是赋予教育制度以活力的重要手段。但是，对教育制度的随意破坏和践踏，以及急于求成，草率从事，匆忙定论，则不是教育制度革命性变革的题中之意。《教育的使命》一书指出："在新的制度和机制创立之前，应对实施基础教育的现行实践和制度安排以及这一方面的现行的合作机制进行认真的评价。修复倒塌的校舍，改善对教师和扫盲工作者的培训及其工作条件，利用现行的学习计划，所有这些做法可能会比企图一切重新做起带来更大更快的投资效益。"④ 同时，教育制度变革确实是时代的需要、教育的发展以及人的发展引发的，而不是"求新"引发的。诚如培根所说："除非是极为必要而且显然有益的时候，最好不要在国家中试行新政；并且应当注意，须是改革底必要引起变更而不是喜新厌故的心理矫饰出改革底必要来。"⑤ 人对于教育制度之所以不是被动的，一方面在于教育制度作为观念形态的存在与教育制度之所以存在有原则的区别，二者不能等同，另一方面在于人对教育制度的选择与把握是一种创造性的活动和创造性的产物。教育

① 埃德蒙·柏克著，蒋庆等译：《自由与传统》，商务印书馆 2001 年版，第 128 页。
② 《马克思恩格斯选集》（第 4 卷），人民出版社 1995 年版，第 216 页。
③ 埃德蒙·柏克著，蒋庆等译：《自由与传统》，商务印书馆 2001 年版，第 128~129 页。
④ 联合国教科文组织教育丛书，赵中建编：《教育的使命》，教育科学出版社 2003 年版，第 29~30 页。
⑤ F·G·塞尔比编，水天同译：《培根论说文集》，商务印书馆 2008 年版，第 89 页。

制度主体在按照其内在尺度去认识、把握教育制度时，往往都是根据自己特定的知识结构、认知图式去同化教育制度，将蕴藏于客体中的信息主观化，进而对其进行加工、整理和改造，然后再将主观信息输出为客观信息，外化为教育制度。以这种教育制度是否取得了预期结果，达到了预期的目的，来证明其是否具有客观性。

三、教育制度的可设计性

教育制度的可设计性就是教育制度主体可以根据人的全面而自由发展和经济社会发展的需要，对教育制度进行它认为合理的和可行的设计。西方学者大多数持教育制度可设计的观点。他们甚至认为，教育制度的形成本来就是由精英设计出来的。黑格尔曾说："法律是被设定的东西，源出于人类。"[①] 康芒斯认为："如果要找出一种普遍的原则，适用于一切所谓属于制度的行为，我们可以把制度解释为'集体行动控制个体行动'。""集体行动的种类和范围甚广，从无组织的习俗到那许多有组织的所谓'运行中的机构'，例如家庭、公司、控股公司、同业行会、工会、联邦准备银行、'联合事业的集团'以及国家。大家所共有的原则或多或少是个体行动受集体行动的控制。"[②] 如果认为个人是重要的话，那么，"我们所讨论的那种个人是已经'制度化的头脑'"，他们学习各种风俗习惯，学习语言，学习和其他的个人合作，学习为共同目标而工作，学习通过谈判来消除利益冲突，学习服从许多机构的业务规则。总之，他们不是自然状态中孤立的个人，而是各种交易的经常参加者；是一种机构的成员，在这个机构里他们来来去去；是一种制度里的公民，这种制度在他们以前已经存在，在他们以后还会存在。[③] 诺思曾说："制度是一个社会的游戏规则，更规范地说，它们是为决定人们的相互关系而人为设定的一些制约。"[④] "制度是一系列被制定出来的规则、守法程序和行为的道德伦理规范，它旨在约束追求主体福利或效用最大化利益的个人行为。"[⑤] 柯武刚等人曾说："制度是广为

---

① 黑格尔著，范扬等译：《法哲学原理》（序言），商务印书馆 2007 年版，第 15 页。
② 康芒斯著，于树生译：《制度经济学》（上册），商务印书馆 1997 年版，第 87 页。
③ 康芒斯著，于树生译：《制度经济学》（上册），商务印书馆 1997 年版，第 92~93 页。
④ D. C. 诺思著，刘守英译：《制度、制度变迁与经济绩效》，上海三联书店 1994 年版，第 3 页。
⑤ D. C. 诺思著，陈郁等译：《经济史中的结构与变迁》，上海三联书店，1994 年版，第 225~226 页。

人知的、由人创立的规则，它们的用途是抑制人类可能的机会主义行为。"[1] 波普尔也说："制度的确立，总是遵循着某些规范，按照头脑中的某种目的设计的。这一点对于被有意识地创造出来的制度来讲尤为正确；但是即使是那些——绝大多数——作为人类行为的非设计的结果而产生出来的制度，也都是某种或他种有意识行为的间接结果。"[2] 尽管波普尔反对制度全都是有意识地设计出来的，但他承认制度是按照"头脑中的某种目的设计的"。马克思主义者认为，一部人类的历史就是人有意识地通过自己的有目的的对象性活动创造的历史，因此他们并不否认制度是设计的结果。马克思指出："蜘蛛的活动与织工的活动相似，蜜蜂建筑蜂房的本领使人间的许多建筑师感到惭愧。但是，最蹩脚的建筑师从一开始就比最灵巧的蜜蜂高明的地方，是他在用蜂蜡建筑蜂房以前，已经在自己的头脑中把它建成了。劳动过程结束时得到的结果，在这个过程开始时就已经在劳动者的表象中存在着，即已经观念地存在着。他不仅使自然物发生形式变化，同时他还在自然物中实现自己的目的，这个目的是他所知道的，是作为规律决定着他的活动的方式和方法的，他必须使他的意志服从这个目的。但是这种服从不是孤立的行动。"[3] 就制度设计而论，马克思在这里指出了一个基本事实，即人的全部教育活动所表现出来的一个主要的和基本的特征就是，人在教育实践活动之先，对教育实践活动过程所要取得的结果，就已经在头脑中预先存在着了。人在观念中提出和设计着教育制度，又通过教育实践活动来实现和达到教育制度。也就是说，教育制度是根据某种教育观念，为满足某种教育需要，实现某种教育目的而人为设计的。因此，教育制度是人们"交换"教育活动、"交换"教育利益和发生教育交往关系的教育行为准则，它是由生活在其中的人们选择和决定的，反过来又规定着人们的教育行为，决定了人们教育行为的特殊方式。

（一）教育制度的可设计性

教育制度设计的理论基础是，相信人类理性可以认识教育发展规律、可以认识教育制度形成、发展、变革规律，并能据此设计出理想的教育制度模式及其向理想模式过渡的全部过程，然后，运用行政手段自上而下地推行。当然，这一理论的基调似乎太过乐观。我们认为，尽管人类理性没有能力从总体上完

---

[1] 柯武刚等著，韩朝华译：《制度经济学》，商务印书馆 2000 年版，第 116 页。

[2] 卡尔·波普尔著，陆衡等译：《开放社会及其敌人》（第 1 卷），中国社会科学出版社1999 年版，第 135 页。

[3] 《资本论》（第 1 卷），人民出版社 2004 年版，第 208 页。

全把握教育发展的规律，但是人类理性可以对人类历史上各种各样的教育制度从总体上加以认识，把握其教育制度发展、变革的规律，在此基础上，把"不好"的、"不善"的教育制度废除，设计与建立出较为科学、合理的教育制度。

　　教育制度既是自发演进的，也是可设计的。教育制度有可能被精心设计和实施，也有可能在未经筹划或"自发的"过程中演化。人类是有目的的行动者，教育制度是个人有目的行为的预期或未预期的结果。个人可能（经常通过某种集体选择）设计或修正教育制度，使之发挥或更好地发挥某种作用。与此同时，教育制度也可能以未经设计的方式产生和延续，成为人们有意行为的无意结果。米尔恩认为，规则可分为"惯例性"规则和制定法规则。一方面，规则可以由具有制定规则权力的个人、机构或制定规则的实体加以制定。立法机关制定的法规，比赛管理机构制定的比赛规则，俱乐部成员在俱乐部年会上所制定的俱乐部规则。另一方面，"也存在许多从来没有被制定过的规则。语言的各项规则就是例子。它们是语言的一部分，并随着人们说这种语言而成为实在。虽然语法学家可能对这些规则进行了整理，但这并不是制定，而只是对那些说这种语言的人已经在做的事进行系统的记录和介绍。也就是说，语言规则是被发现的，而不是被制定出来的。另一些例子是习惯规则、传统做法规则和道德规则。它们根源于习惯、传统和道德的起源，并随着后者变化而改变。"① 在米尔恩看来，没有惯例性规则就根本不可能有制定法规则，但没有制定法规则却可能有惯例性规则，在此意义上，惯例性规则先于制定法规则。这种居先性是合乎逻辑的。"一项制定法规则必须正式地加以表述，因此，它要以语言和语言规则的存在为先决条件。除去技术语言的特殊情况，语言规则只能是惯例性的。它们无法通过制定来加以创造，因为表述它的语言和语言规则必须是已经存在了的。但是，制定性规则还要以各种惯例性规则的存在为先决条件，这些惯例性规则表现为习惯规则、传统规则和道德规则形式。"② 柯武刚等人也说："制度是如何产生的？一种可能性是规则及整个规则体系靠人类的长期经验而形成。人们也许曾发现过某些能使他们更好地满足其欲望的安排。例如，向约见的人问好的习惯可能已被证明是有用的。有用的规则如果被足够多的人采用，从而形成了一定数量（临界点）以上的大众，该规则就会变成一种传统并被长期保持下去，结果它就会通行于整个共同体。当规则逐渐产生并被整个

① A. J. M. 米尔恩著，夏勇等译：《人的权利与人的多样性》，中国大百科全书出版社1997年版，第19页。
② A. J. M. 米尔恩著，夏勇等译：《人的权利与人的多样性》，中国大百科全书出版社1997年版，第19～20页。

共同体所了解时,规则会被自发地执行并被模仿。不能满足人类欲望的安排将被抛弃和终止。因此,在我们日常生活中占有重要地位的规则多数是在社会中通过一种渐进式反馈和调整的演化过程而发展起来的。并且,多数制度的特有内容都将渐进地循着一条稳定的路径演变。……其他类型的制度因设计而产生。它们被清晰地制订在法规和条例之中,并要由一个诸如政府那样的、高踞于社会之上的权威机构来正式执行。"① 米尔恩、柯武刚等人虽是就制度而论,但其思想观点支持了我们的论述。当然,在实际的教育制度形成过程中,完全自发演进的教育制度和完全人为设计的教育制度并不存在。在当今社会,谁也无法否认,很大一部分教育制度都是人为设计和制定的,不可能一个社会的所有教育制度全都是自发生成的或者全都是设计出来的,许多教育制度的形成往往都是自发演进过程和人为设计过程相互交织的结果。因此,如果要区分自发生成的教育制度和人为设计的教育制度,其实已没有多少意义了。奥斯特罗姆指出:"规则体系既是自然演化的又是人们自觉设计的。它有助于个人克服在社会中遇到的各种社会困境和集体行动问题。当个人面对社会困境时,仅有习俗是不够的。如果没有自觉设计的规则、监督机制以及对违规行为加以惩罚的方法,那么,欺骗的诱惑通常是相当难以克服的。为了用自觉的方式形成社会资本,个人必须花费时间与精力同他人一起精心制定制度——即用来分配从组织化活动中得来的收益和支付成本责任的一系列规则。"② 总之,当今社会的大量教育制度是学者们、立法者们和政府决策者们在综合考虑多方面意见和可能影响下理性制定出来的。排除理性设立的教育制度这一条路子,不是无知,就是"视而不见"的偏执。

在现实教育生活中,教育制度可设计性的例子比比皆是。众所周知,"学券制"(voucher system)或"凭单计划"即是美国经济学家弗里德曼于 1955年设计的。他认为,19 世纪后半叶建立起来的公共教育制度带有政府垄断的性质,由于缺乏学校之间的竞争,导致学校效率低下,结构臃肿,因此,他坚定地主张,必须把市场引入教育领域,打破政府对公立学校的垄断。这一思想在《政府在教育方面的作用》一文中有详细的阐述:"正规学校教育在今天系由政府机关或非利润的机构提供经费,并且几乎完全由它们所管理。这种形势系通过逐渐的发展而形成。从而,目前人们都认为这是理所当然的事情,不再把注意力明确地指向学校教育受到特殊对待的理由,甚至在社会组织和指导思想方

---

① 柯武刚等著,韩朝华译:《制度经济学》,商务印书馆 2000 年版,第 35~36 页。

② 曹荣湘选编:《走出囚徒困境》,上海三联书店 2003 年版,第 29 页。

面均为自由企业占统治地位的国家里，也是如此。结果是政府的职责无原则地扩大。"① 同时，他还坚定地主张将教育服务的控制权与选择权交给家长，一旦教育服务的控制权与选择权回归家长，其益处是无穷的。"现举我们参观过的一个教会学校为例，该学校名叫圣约翰·克里索斯姆小学，位于纽约市布朗克斯区最贫穷的一个街道内。它的经费一部分来自一个叫做'纽约市奖学金基金会'的慈善机构，一部分来自天主教会，其余来自学生所交纳的学费。孩子们上这个学校，是家长的选择。这些孩子几乎都来自穷苦家庭。然而，他们的父母至少都要交纳一定数量的学费。这些孩子品行端正，求知欲强。教师专心任教。校园里非常宁静，没有嘈杂的吵闹声。"② 正是基于对政府控制教育的不信任，弗里德曼特别强调应该给予家长以更大的控制孩子教育的权力。他认为，与其他人相比，父母总是更关心自己子女的教育，也更清楚自己子女的能力和需要。更重要的是，一旦有机会的话，父母为了子女的幸福，总是愿意作出很大的牺牲，而且会做出很明智的选择。虽然有一些父母不太关心自己子女的教育，缺乏明智地进行选择的能力和愿望，然而，他们是极少数。即便如此，我们也不能因为少数家长有这些态度或能力上的缺陷，就剥夺他们为自己的子女选择教育的权力。在这一思想的强力支撑下，弗里德曼以举例的方式，描述了他大力提倡的学券制或教育凭单制度。他说："一种既能保证父母享有更大的选择自由，又能保持现有的财政来源的简单、可行的方法是实行凭单计划。假设你的孩子正在上一所公立小学或中学。就全国范围来讲，1978年纳税人（你和我）平均要为每个入学儿童花大约两千美元。如果你让孩子从公立学校退学，转入私立学校，那你每年就为纳税人节省大约两千美元。但是，你得不到一点儿节省下来的钱，除非把这笔钱退给所有的纳税人，即使如此，你最多也只能少交几分钱税款。除去纳税外，你还得付私人学费，这就是促使你让孩子上公立学校的强大动力。但是，假定政府对你说：'如果你不要我们为你的孩子出教育费，那你将会得到一张凭单，用这张凭单你可以为孩子在某一得到政府批准的学校上学交纳一定金额的学费。'凭单上的金额可能是两千美元，或者，为了使你和其他纳税人都能分得节省下来的钱，也可能是一千五百或一千美元。但不论是两千美元还是少于这个数字，它至少可以解除一部分目前限制着家长选择自由的资金困难。"③ 学券制究竟是什么呢？学券制的基本含义是每

① M. 弗里德曼著，张瑞玉译：《资本主义与自由》，商务印书馆2001年版，第83页。
② M. 弗里德曼等著，胡骑等译：《自由选择》，商务印书馆1999年版，第162页。
③ M. 弗里德曼等著，胡骑等译：《自由选择》，商务印书馆1999年版，第164页。

个学生有权获得一张向纳税人提供的、价值几千美元的代金券，该代金券可以根据学生的选择适用于公立、私立或宗教学校的入学。弗里德曼等人指出："家长也应被允许在任何一个愿意接受他的子女的学校使用凭单，不论是私立的，还是公立的，也不论是在他们居住的地区、城市或州，还是在其他地区、城市或州。这样，不仅将给每位家长较多的选择机会，同时也迫使公立学校通过收学费而自筹资金。"① 州政府将兑换学校上缴的代金券数量来支付一定的资金——可能相当于该州平均每个学生的教育支出。所有公立学校和私立学校将进行生源的同等竞争，州的教育经费将流向入学人数多的学校。这样一来，不仅公立学校之间要展开竞争，而且公立学校还要同私立学校展开竞争。也就是说，"学券制"鼓励学校间的竞争，鼓励所有学校去满足家长望子成龙的需求，从而提高了整个学校系统的教育水平。美国教育改革中心指出："如今，所提议的选择意在帮助最需要的那些儿童。……父母亲现在都知道他们有一个保证：要么他们的孩子就读的学校运行良好，要么他们有机会选择运行良好的学校让孩子就读。……然而，同样重要的是，这些计划有助于为学校自身的提高灌输很多制度动因，它们认为每个孩子的教育都具有坚定不移的优越性。"②

弗里德曼提出的学券制或教育凭单制度的设计，"重塑"了政府、学校以及家长（学生）之间一种全新的关系。我们知道，长期以来，政府是学校的举办者、办学者和管理者，政府为学校提供资金，并理所当然地要求学校按照它的意志进行运作。学校运作的每一个环节都渗透了政府的意志，这套规则主要是带有强制性的正式规则，从而使学校成为没有自主性的、没有"性格"的组织，这样的组织显然满足不了日益多样化的公众需求。学券制这一制度设计的意义在于，家长、学生真正成为教育的"消费者"，学校和教师成为教育的"生产者"；政府的支付手段也发生了根本性的改变，即直接支付给"生产者"转变为支付给"消费者"，从而把选择权第一次交给了家长和学生，他们是这场教育服务中的"消费者"，也因此第一次具有了选择的权利。弗里德曼指出："在初等和中等教育中采用凭单制度，该制度将给予不同收入的家长以选择子女所上学校的自由。……或者，在高等教育中也采用凭单计划，该计划将提高高等教育机构的教学质量，同时促使补贴高等教育的税款的分配更加公平。"③同时，由于在学校之间引入了市场竞争机制，大大刺激了学校"生产"的积极

---

① M. 弗里德曼等著，胡骑等译：《自由选择》，商务印书馆 1999 年版，第 165 页。
② T. 帕特森著，顾肃等译：《美国政治文化》，东方出版社 2007 年版，第 582 页。
③ M. 弗里德曼等著，胡骑等译：《自由选择》，商务印书馆 1999 年版，第 195 页。

性并促进了"提供者"的多元化。由于家长的选择决定了学校的生存状态，这就迫使学校打破官僚体制，提高效率，以适应市场竞争，这样也同样决定了学校要有一定的自主权，才能在竞争中立于不败之地。当然，只有容许学校具有"自己的"运作规则，这样才能保证学校"生产"的积极性以及学校类型的多样化发展。显然，"在教育市场中，规制程度越高，合格的教育券学校的多样化就越小。"①

尽管弗里德曼的这一制度设计在当时并没有引起人们足够的注意，但在20世纪90年代之后，学券制并未仅仅停留在制度设计的层面，并且得到一定程度的实验、实施。目前，美国已有两个城市和一个州正式明确实施由公款资助的学券制度，另外有十个州建立了私人和私立机构资助的学券制度。当然，质疑学券制度的声音从未间断。学券制度的反对者认为，代金券制度（即学券制度）是对公立学校的破坏，它不仅减少了学校的资金，而且让更好的学生从公立学校流向了私立学校。美国教师联盟指出："尽管多年以来支持者一直在努力证明代金券制度是'改革'公立教育的很好方式，但非常简单而明显的事实是，代金券制度是利用政府的经费送孩子到私立学校就读。它们就是一场阴谋，将公立学校的经费吸走，而不是帮助它们提高……代金券拥护者在销售'父母选择'时所使用的，尤其具有欺骗性的观点是：所有的父母都有权为他们的孩子选择很好的私立学校——'这是克林顿总统和夫人为切尔西所选择的方式。'采用这种观点的人们显然忘记指出，好的私立学校根本容纳不下申请者的数量，因此，真正有权进行选择的是学校——而不是父母。当然，他们还没有提到，父母无法选择他们支付不起的学校。"②

因此，教育制度的可设计性并不是仅仅停留于理论的猜想，而且能得到现实教育生活的支撑。

（二）教育制度可设计性的作用

教育制度的人为设计在教育制度形成、发展与变革中具有重大的作用。

首先，人的教育制度设计能够弥补仅靠教育制度演进难以满足社会对有效教育制度需求的不足。如果仅靠教育制度的自发演进，只能形成一些规范个人教育行为的教育习惯、教育习俗和教育惯例，即所谓非正式教育制度。对于解

---

① T. Husen and T. N. Postlethwaite, *The international encyclopedia of education*. Oxford: Elsevier science ltd, 1994, p. 5204.
② T. 帕特森著，顾肃等译：《美国政治文化》，东方出版社2007年版，第582页。

决社会群体面临的所有教育协调、教育合作以及教育冲突问题的方案是离不开人们设计的正式教育制度的。

其次，教育制度的人为设计能够加速教育制度的演进过程。由于教育制度自发演进的主要动力来自环境的变化，如教育的发展、教育技术的进步、人口数量以及教育资源稀缺程度的变化等，因此，在教育发展、教育技术等因素发生变化的情况下，教育制度也会随之发生演进。但是，需要指出的是，如果只有教育制度的自发演进，没有人们的有意识的教育制度设计，有利于教育发展、人的全面而自由发展的各种有效教育制度安排的形成历程将会十分漫长。以激励大学教师的人事制度的形成来看，如果没有人们的人事管理制度设计，教师的"终身雇佣制"、"优教优酬"的分配制度、"教师流动制度"等极大地调动教师教育教学、科研积极性的人事管理制度的自发形成还不知道需要多长时间。19 世纪的德国大学、20 世纪的美国大学之所以执世界高等教育发展的牛耳，除了科学知识的迅速发展和知识积累的影响外，有利于高等教育发展的新的办学体制、新的管理制度、新的教育教学制度的不断出现与完善显然起了重要作用，而后者正是人们加速教育制度设计与教育制度创新的结果。例如，在提高高等教育质量方面，现代先进的高等教育系统中最重要的多样化形式是对高等院校按地位的高低进行分级的制度设计。一个保持适当差别的等级结构根据公认的质量来区分院校和部门的水平高低，并鼓励它们在此基础上进行竞争。克拉克曾说："我们看到，英、法和日本诸国的森严的等级制度往往使若干院校处于孤芳自赏的境地，而其他院校则只能望洋兴叹而已。意大利独有的那种不明显的等级制度又阻碍了各所院校奋发进取的积极性。处于两者之间的折中做法似能打破僵局，提供激励，以形成一种百舸争流的局面。各院校纷纷招聘人才，年轻有为的学者为了寻求较好的工作条件，便开始了校际流动。于是，二流院校就能将其录用人才的质量逐渐提高到一流院校的水平。……校际流动是趋向'优化'，这是一个旨在提高水平的过程。因为它所追求的是更高的地位，而地位是与人们所察觉的水平高低紧密相关的。"[①] 没有差别和等级，就体现不出孰优孰劣。如果减少各院校差别并建立整齐划一的制度体系，各院校不仅无法正常运转，而且会削弱高等教育质量和损害教育自由。

再次，人为的教育制度设计有利于纠正教育制度自发演进中的"路径依赖"现象。路径依赖是教育制度自发演进中的一种重要现象。路径依赖类似于

---

① 伯顿·R. 克拉克著，王承绪等译：《高等教育系统》，杭州大学出版社 1994 年版，第289 页。

物理学中的惯性，一旦进入某一路径（无论是好的还是坏的）就可能对这种路径产生依赖。路径依赖意味着教育传统、以往形成的教育制度对现在和未来的教育制度演进会产生深刻的影响，意味着人们过去做出的有关教育制度选择决定了他们现在可能的教育制度选择，"路径依赖性意味着历史是重要的"①。沿着既定的路径，教育制度的变化可能进入良性循环的轨道，迅速优化，也可能顺着原来错误的路径往下滑，甚至被锁定在某种无效率的状态之下而导致停滞。一旦进入了锁定状态，要脱身而出就会变得十分困难。

路径依赖对教育制度形成、发展与变革是起作用的。教育传统、从过去演化到今天的教育信仰体制，都是一种根本性的制约因素。教育制度形成、发展与变革路径的力量决定于报酬递增和不完全教育市场两个方面，即是说，在一个不存在报酬递增和教育市场的可竞争性教育世界，教育制度是无关紧要的。但是，如果存在报酬递增和不完全教育市场时，教育制度则是重要的，自我强化的机制就会起作用。自我强化机制的四种表现为：一是初始设置成本，即设计一项教育制度需要大量的初始设置成本，而随着这项教育制度的推行，单位成本和追加成本都会下降。二是学习效应，适应教育制度而产生的教育组织会抓住教育制度框架提供的获取教育利益的机会。三是协调效应，即通过适应教育制度而产生的教育组织与其他教育组织缔约，以及具有互利性的教育组织产生与对教育制度的进一步投资，实现协调效应，更重要的是，一项正式教育制度的产生将导致其他正式教育制度以及一系列非正式教育制度的产生，以补充和协调这项正式教育制度发挥作用。四是适应性预期，随着以特定教育制度为基础的契约盛行，将减少这项教育制度持久下去的不确定性。

教育制度形成、发展与变革的路径依赖有两种极端形式，即路径依赖一和路径依赖二。在第一种情况下，一旦一条发展路线沿着一条具体进程进行时，教育系统的外部性、教育组织的学习过程以及教育发展历史上关于这些问题所派生的主观主义模型就会增强这一进程。一种具有适应性的有效教育制度演进轨迹将允许教育组织在环境的不确定下选择最大化的目标，允许教育组织进行各种试验，允许教育组织建立有效的反馈机制，去识别和消除相对无数的选择，并保护教育组织的利益，从而促进教育的发展。在第二种情况下，一旦在起始阶段带来报酬递增的教育制度，在教育市场不完全、教育组织无效的情况下，阻碍了教育的发展，并会产生一些与现有教育制度共存共荣的教育组织和

① D. C. 诺思著，刘守英译：《制度、制度变迁与经济绩效》，上海三联书店1994年版，第134页。

利益团体，那么这些教育组织和利益团体就不会推动现有教育制度的发展与变革，而只会加强现有教育制度，由此产生维持现有教育制度的政治组织、教育组织，从而使这种无效的教育制度变革路径持续下去。这种教育制度只会激励进行简单的教育利益再分配，却给教育发展带来较小的推动和较少的效益，给人的发展带来较少的动力，也不鼓励增加和扩散有关教育活动的特殊教育组织。结果不仅会出现不佳的教育效益，不良的教育发展"实绩"，而且会使其保持下去并得到自我强化。

路径依赖对教育制度发展、变革具有极强的制约作用。教育制度发展、变革的路径依赖形成的深层次原因是教育利益因素，一种教育制度形成以后，会形成某种在现存教育制度体制中有既得教育利益的压力集团，或者说他们对现存路径有着强烈的需求。他们力求巩固现存教育制度，阻碍选择新的路径，哪怕新的教育制度较之现存教育制度更有效益，更能促进人的发展。如果教育制度发展与变革中的路径依赖一旦形成，它的既定方向就会在以后的发展中得到自我强化。例如，我国教育行政部门之所以维持对要求进入"重点学校"（或示范学校）行列学校的严格"审查"和必须符合一系列"苛刻"标准，或对"重点学校"放松"审查"和降低标准的步伐较慢，就多少与原先"重点学校"是由教育行政部门指定并包揽一切的教育制度惯性相联系，对于为什么不能引入竞争机制或降低进入重点学校行列的标准，甚至取消重点学校，相关的教育利益团体总会找出各种理由为自己进行辩护。因此，通过政府主导的、自上而下的、人为设计来解决教育制度演进过程中的路径依赖问题就变得极为重要。

四、教育制度主体的主观局限性

教育制度的主观性体现为教育制度主体的主观局限性。

（一）教育制度主体主观局限性的内涵

教育制度是教育制度主体对教育发展本质、教育发展规律以及人的身心发展规律的有目的的创造性思维的产物，其获得既依赖于教育的存在状态、人的存在状态及其发展程度，也依赖于教育制度主体的认知能力。教育制度主体的认知能力就是教育制度主体对教育发展本质、教育发展规律以及人的身心发展规律的揭示能力，因而教育制度主体的认知能力所达到的程度规定着教育制度主体对教育发展本质、教育发展规律以及人的身心发展规律的揭示与把握所能达到的程度。反过来，教育发展本质、教育发展规律以及人的身心发展规律的被揭示、被把握的程度则确证和体现着教育制度主体认知能力发展的程度。

在教育的存在状态、人的存在状态及其发展程度既定的前提下，教育制度主体的认知能力和水平对于能否以及在多大程度上获得有意义的教育制度，起着决定性的作用：教育制度主体的认知能力越高，对教育发展本质、教育发展规律以及人的身心发展规律的揭示程度越高，所获得的教育制度也就越具有客观性。因此，教育制度从其属人的方面看，是一步一步不断深入的，一定的教育制度主体只能认识和把握教育发展、人的身心发展的一定层次的本质、规律。同时，教育制度作为一种形态的存在，需要诉诸语言，纳入到公用的语言描述—解释系统中才能外化为对其他制度主体来说都能接受的教育制度。然而，语言表述的近似性和语言解读的张弛性，也规定着教育制度具有相对的性质。

以教育制度主体的知识结构、思维方式、价值观念、情感意志等要素所规定的，以选择性、创造性为主要特征的认知能力的局限性，使得每一次的教育制度设计都具有相对性，并成为教育制度主观性的一个重要方面。孟德斯鸠认为，人作为一个"物理的存在物"来说，是和一切物体一样，受不变的规律的支配。作为一个"智能的存在物"，人是一个有局限性的存在物。他和一切"有局限性的智灵"一样，不能免于无知与错误；他甚至于连自己微薄的知识也失掉了。作为有感觉的动物，他受到千百种的情欲的支配。"这样的一个存在物，就能够随时忘掉他自己；哲学家们通过道德的规律劝告了他。他生来就是要过社会生活的；但是他在社会里却可能把其他的人忘掉；立法者通过政治的和民事的法律使他们尽他们的责任。"[①] 康德则从哲学上对理性的限度问题作了深刻的反思。他认为，人类盲目信任自身的认知能力、理性能力及其成果，而没有对理性进行深刻地"认识你自己"式的反思。康德对人的认知能力、理性能力的无限性表示怀疑，认为人类自以为无所不能、无尚崇高的理性存在着实践缺陷，在现实中只有不能认识事物全面本质的知性，现实理性对"物自体"永不可知。也就是说，在康德看来，相对于绝对无限的物自体，人的认知能力具有绝对的有限性，人的理性是绝对的有限理性。西蒙在批判古典经济学的完全理性假设基础上，明确提出了有限理性说。完全理性说"是奥林匹亚山神般的模型，它假定有一种非凡杰出的人，在完整一致的宇宙当中做出全面抉择。这种奥林匹亚山神般的观点也许可以当作老天爷的心理活动模型，但它肯

---

① 孟德斯鸠著，张雁深译：《论法的精神》（上册），商务印书馆1997年版，第3页。

定不能当作人的心理活动模型"。① 完全理性说中的人是一个无所不能和无所不知的超人，具备完全和十足的理性。人被视为具有列举出解决问题的所有备选方案的能力，并能从全局的角度来看待各备选方案；能够确定执行每个备选方案所产生的所有结果，能对多个结果的序列进行比较评价，能够克服自身价值倾向去评估结果；能够根据目标对选择方案进行排序；可以选择出最可能实现目标的方案。在西蒙看来，完全理性是根本不存在的。为此，他采用了一种"符合生物（包括人在内）在其生存环境中所实际具备的信息存取能力和计算能力"的理性概念——有限理性概念，"来取代经济人那种全智全能的理性行为"。② 有限理性学说特别强调人自身理性能力的限制，这种限制表现在个人正确无误地接受、储存、检索、传递、处理信息的能力，在水平和储量上所受到的限制。"我们可以把那类考虑到活动者信息处理能力限度的理论，称为有限理性论。"③ "有限理性主要被刻画为一个余类——缺乏全智全能的理性，就是受限制的理性。全智全能的缺乏，主要指的是：不能知道全部被选方案，有关外生事件具有不确定性，以及无力计算后果。"④ 一句话，人类的理性是非常有限的，受到情境和人类计算能力的很大限制。

就教育世界而言，教育制度主体的认知能力是绝对有限的。事物发展的无限性、绝对不确定性，决定了教育制度主体的现实认知能力的绝对有限性。不同于传统教育理论对教育制度主体的"经济人"、"完全理性人"假设，在现代教育理论视野中，教育领域内各因素的变动性、不确定性，教育信息的不完全性，教育制度主体教育信息处理能力的不足，教育信息处理的成本约束，都决定了教育制度主体在教育实践中不可能追求到教育制度效用最大化、最优化，而只能以"满意"、"次优"为教育制度主体决策目标。柯武刚说："合理的决策需要知识，并要在各种可选方案中作有意识的选择。为了做出合理的选择，必须了解各种可选方案。然而，获取不同方案的信息所需要的资源和时间都十分稀缺和昂贵，所以不可能无休止地收集信息。'信息成本是从一无所知变为

---

① H. A. 西蒙著，杨砾等译：《现代决策理论的基石》，北京经济学院出版社 1989 年版，第 130 页。
② H. A. 西蒙著，杨砾等译：《现代决策理论的基石》，北京经济学院出版社 1989 年版，第 7 页。
③ H. A. 西蒙著，杨砾等译：《现代决策理论的基石》，北京经济学院出版社 1989 年版，第 46 页。
④ H. A. 西蒙著，杨砾等译：《现代决策理论的基石》，北京经济学院出版社 1989 年版，第 82 页。

无所不知的成本，极少有交易者能负担得起这一全过程'。我们经常宁愿保留无知，因为获取信息太昂贵了。"① 况且，个人在获取信息之前，不可能了解获取某类信息的预期成本和效益，因此，他们不可能从尚未到手的知识中获得最大化的净收益。在实际的教育制度决策中，确实不能使收益减去成本的值最大化，而是仅仅倾向于满足教育制度决策者们在有关事件中为自己设定的"满意"、"足够好即可"的标准。尽管"经济人"追求最优，也就是从所有备选方案中选择最好的那种，他的近亲"管理人"却追求满意，也就是寻找一种令人满意或"足够好即可"的行动方案。丝莲等人指出："历史制度学者不倾向于将政治行动者看成为全知全能的理性最大化者，而是更倾向于看成为遵守规则的'满意者'。就像迪马吉奥和鲍威尔所主张的：'在组织化的生活里，那持续而反复的特性是可以解释的，不仅仅经由涉及个体的最大化行动者，更经由一个显示实践的持续性的观点，即在其视为理所当然的特性和在某种程度上自我维持的结构中的再生。'简而言之，人们并不会停留在他们生活中所做的每一个选择而自问'现在什么才会使我的利益最大化?'相反，我们大多数人在大部分的时间里，都会遵守社会所约定的规则，即使当我们这样做时与自我利益并不那么直接相关。"② 而这种"满意"的标准，其实是一种合乎现实的标准，因为人们生来所具有的理性是有限的。林德布洛姆说："为了选择最佳政策而筋疲力尽地去追求极限，通常是得不偿失的，在实际上也是不可能达到的。因此一个可供选择的战略不是要过分追求——而是决定低于极限、但可接受、能完成的目标水平。并继续追求直到达到这一水平的政策。用'满足'来代替极限。"③ 现实中的教育制度主体确实不具备无限理性、完全理性，教育制度主体的理性实践地处于理性与非理性之间，现实中的理性只能是有限理性。西蒙之"有限理性"理论的重要性在于，从经济学视野反思了人的理性的限度，揭示了在人与对象、环境的关系中，环境对象的无限变动与人的认知能力相对滞后、相对有限之间的矛盾。哈耶克也从制度层面，对绝对理性的限度问题进行了思考。在哈耶克看来，在本质上，制度变迁、变革是一个文化进化过程，即行动经验是在行动中的逐渐学习与积累过程，而不是一个以绝对理性为基础的人为设计、构建过程。"由于任何业已确立的行为规则系统都是以我们只是部

---

① 柯武刚等著，韩朝华译：《制度经济学》，商务印书馆 2000 年版，第 64 页。
② 薛晓源等主编：《全球化与新制度主义》，社会科学文献出版社 2004 年版，第 240～241 页。
③ 查尔斯·林德布洛姆著，竺乾威等译：《决策过程》，上海译文出版社 1988 年版，第 37 页。

分知道的经验为基础的，而且也是以一种我们只是部分理解的方式服务于一种行动秩序的，所以我们不能指望以那种完全重构的整全方式对该规则系统进行改进。"① 哈耶克之所以持改良、渐进式的制度变迁观，与其对制度体系的认识有关。在哈耶克看来，制度必然是一个规则体系，单独的规则不成其为规则。规则的体系化、系统性决定了任何一项规则，只有在某种已经给定的行为规则系统内才可能对行动规则做出有效的批判或改进。同时，更与其对人类理性能力的认识有关。在哈耶克看来，任何人都不可能全知全能地了解社会历史文化传统的全面内容、终极目的，也不可能全面了解规则的构成与本质，"我们能够据以判断某项特定规则之妥适性的标准将始终是某项我们为了实现即时性目的而必须视之为当然的其他规则"。而这两方面的原因决定了，"我们始终只能够对某个给定整体的某些部分进行修正或改进，但却永远不可能对这个整体做出全新的设计"。②

马克思、恩格斯更是从制度层面，对理性的具体性、有限性，人的认知能力的实践有限性进行了深刻的反思，而他们有关人的认知能力的实践有限性的反思对我们分析教育制度问题有重大的启示意义。恩格斯认为，人的认知能力具有不断发展的潜能，从此意义上可以说，人的认知能力具有无限性、至上性，存在无限理性。但是，由于认识、思维只能"只是作为无数亿过去、现在和未来的人的个人思维而存在"③，由于人的生命存在的有限性，人的认识器官、认识对象对认识的限定，人的现实认知能力又具有绝对的非至上性、有限性。"一方面，人的思维的性质必然被看作是绝对的，另一方面，人的思维又是在完全有限地思维着的个人中实现的。这个矛盾只有在无限的前进过程中，在至少对我们来说实际上是无止境的人类世代更迭中才能得到解决。从这个意义上说，人的思维是至上的，同样又是不至上的，它的认识能力是无限的，同样又是有限的。按它的本性、使命、可能和历史的终极目的来说，是至上的和无限的；按它的个别实现情况和每次的现实来说，又是不至上的和有限的。"④尽管人们往往在形式上赋予理性以无限性，但从实践内容、实践结果看，任何形式的无限理性都是有限的。形式无限与内容有限的冲突，无疑使以理性为标

① F. A. 冯·哈耶克著，邓正来等译：《法律、立法与自由》（第2、3卷），中国大百科全书出版社2000年版，第33页。
② F. A. 冯·哈耶克著，邓正来等译：《法律、立法与自由》（第2、3卷），中国大百科全书出版社2000年版，第35页。
③ 《马克思恩格斯选集》（第3卷），人民出版社1995年版，第426页。
④ 《马克思恩格斯选集》（第3卷），人民出版社1995年版，第427页。

准的教育制度制定、变革内蕴含着巨大的风险。18 世纪的启蒙学者以理性为评价社会形式、国家形式、制度形式的根本标准、最高范畴，希望以理性为尺度在全人类实现永恒的正义、永恒的真理、基于自然平等的普遍人权，但从实践结果看，"这个理性的王国不过是资产阶级的理想化的王国；永恒的正义在资产阶级的司法中得到实现；平等归结为法律面前的资产阶级的平等；被宣布为最主要的人权之一的是资产阶级的所有权；而理性的国家、卢梭的社会契约在实践中表现为，而且也只能表现为资产阶级的民主共和国。18 世纪伟大的思想家们，也同他们的一切先驱者一样，没有能够超出他们自己的时代使他们受到的限制"。① 也就是说，启蒙学者的所谓无限理性，在实践中最终只能是为特定利益共同体服务的有限理性。

作为一种绝对共同价值取向，理性是教育制度主体在制定、变革教育制度过程中必须坚持的，但应该注意作为教育共同体意志的理性的有限性。理性的有限性表现在两个方面：一是相对于永恒变动的教育对象的有限性，二是相对于具体类主体的具体性，任何教育共同体理性都不具有绝对的全体性、普遍性。卢梭说，公意不等于众意。"公意只着眼于公共的利益，而众意则着眼于私人的利益，众意只是个别意志的总和。"② 黑格尔说，整体不等于具体的简单相加，"理性是世界的共性。……任何事物莫不有一长住的内在的本性和一外在的定在。万物生死，兴灭；其本性，其共性即其类，而类是不可以单纯当作各物共同之点来理解的"。③ 罗尔斯也说，公共理性并不简单地等同于社会理性。"非公共理性有许多种，但只有一种公共理性。在非公共理性中，有各种联合体的理性，包括教会和大学、科学社团和职业群体。……合作性实体和个体要理性而负责地行动，需要对将要作出的行动进行一种推理。相对于该行动的成员来说，这种推理方式是公共的，但相对于政治社会和普遍公民而言，它却是非公共的。非公共理性由许多市民社会的理性所构成，与公共政治文化相比，它属于我所讲的'背景文化'。当然，这些理性也是社会性的，而非私人性的。"④ 可是，教育制度制定、变革的影响却具有必然、天然整体性，这样，有限（局部）理性与（无限）整体教育制度间便存在着矛盾，因而，任何教育制度变革便具有必然的永恒风险性。

在教育制度制定以及变革、（教育制度）整体存在、理性三者关系中，教

---

① 《马克思恩格斯选集》（第 3 卷），人民出版社 1995 年版，第 356 页。
② 卢梭著，何兆武译：《社会契约论》，商务印书馆 2003 年版，第 35 页。
③ 黑格尔著，贺麟译：《小逻辑》，商务印书馆 2007 年版，第 80 页。
④ 约翰·罗尔斯著，万俊人译：《政治自由主义》，译林出版社 2000 年版，第 233 页。

育制度制定、变革往往以整体理性、整体利益（普遍利益）为形式目标，教育制度制定、变革的影响也具有确实整体性，会对与此相关的所有教育个体、主体产生影响，但是，理性在本质上却具有有限性、具体性，为具体的教育制度主体所掌握，为具体的教育制度主体利益服务，为具体的教育环境所制约。这就决定了任何教育制度在实践上都是具体的，由具体的教育制度主体制定、变革乃至推行，为具体的教育制度主体的利益服务的。这样，理性在形式上的抽象性、无限性、整体性与教育实践中的具体性、有限性、局部性，决定了教育制度形成、发展与变革中必然内含有限与无限、整体与局部的矛盾，必然体现着教育制度主体的主观局限性。

正因为教育制度主体的主观局限性，使得任何一种教育制度变革方案都无法确立绝对的"支配"地位。在 20 世纪 80 年代，美国对其教育制度进行了变革，提出的变革主张亦多种多样。第一种是强化古老的官僚体制。此类变革者坚持认为，虽然美国的教育制度存在问题，但其学校教育制度的基本结构尤其是公立学校是不能改变的，即便需要改变，也只能进行小幅度的调整。福勒说："忠于旧的公立学校运动理想的人士呼吁进一步完善官僚制度，澄清管理规则、管理要求和组织等级。"① 第二种是重新组合。此类变革者坚持认为，应该沿着更显著的专业化方向发展，重新组合美国教育制度的构成部分。在此类变革者看来，现有的教育制度要求教师恪守旧的工厂模式来组织教学，无法把儿童培养成为具有批判精神和创造精神的思想者，而一旦赋予教师更多的课堂教学自主空间、更多的在学校内部决策的权力、更多的在学校外部实施专业管理的权力，学校就能培养出更多、更好的适应 21 世纪要求和美国社会需要的员工。简言之，追求专业化方向的学校教育制度重构论者希望将更多的权力从学区移到基层学校、从校长移到教师手中。同时追求更严格的教学职业专业化，使教师职业更像医生职业和律师职业。第三种是重新设计。此类变革者认为，应该沿着市场化方向，重新设计美国教育制度的各个组成部分，以使其更像市场。在此类变革者看来，公立教育的主要问题在于，由于政府垄断了学校教育，学校因此对消费者的需求反应迟钝，而一旦把教育变成市场，或者至少引进市场的某些要素，把教育者手中的权力移向家长，学校之间的竞争氛围无疑能形成，学校的敏感度和效率也会得到相应提高。福勒说："向往市场化的改革者盼望择校，希望学校教育走市场之路，而在市场上，生产者及其产品众

---

① F·C·福勒著，许庆豫译：《教育政策学导论》，江苏教育出版社 2007 年版，第 315 页。

多，人们依靠竞争维持秩序。"① 以上三类变革主张分别由不同的利益团体提出，这些团体在国会和各州议会中相互竞争，以努力使自己的变革主张被正式采纳。教育制度变革者轻松地从三类主张中获取自己所需要的东西，而无视其在教育实践中总是相互对抗。可见，没有任何一种教育制度变革主张是完美的，是没有任何瑕疵的。

（二）19 世纪初德国大学制度形成、发展与变革的实例

在 18 世纪末、19 世纪初，德国关于大学改革的思想源于新人文主义。新人文主义发源于新教统治下的北德意志，它与 15 世纪发源于意大利的文艺复兴运动的共同之处是两者都崇尚古代文化，提倡个性和自由，所不同的在于新人文主义是对希腊而不是对罗马文化的依恋。鲍尔生曾说："第一次文艺复兴运动所瞩目的是恢复古代罗马的世界，认为奥古斯丁的岁月是应该复活的伟大时代。这第二次文艺复兴运动则把雅典文学和艺术以及雅典哲学和雄辩术的辉煌岁月视为黄金时代。……新人文主义时期的一项基本任务就是论证德国人和希腊人在精神生活方面具有密切关系。仔细地讲，就这两国的历史使命而言，德国人或希腊人都是以哲学和科学、文学和艺术等思想因素为国家存在的重心，并不像罗马人或法国人那样以政治和军事为国家生存的重心。……意大利的或拉丁文学的文艺复兴的主要倾向在于复活或延续古典作家的写作，新拉丁文学就是这种努力的产物。但德国的或希腊的文艺复兴恰好是阻止向这方面发展，所以它的复活古希腊语言和文学的目标也不相同。无论如何，就复活希腊文学而言，根本不是要去模仿，而是要自己创作出可与希腊文学媲美的作品，要从希腊文学的精神方面，如果可能，还在其创作能力方面，寻求指路明灯。这种精神又导致由新人文主义者在学校中兴起了古典文学研究的革命运动。"② 在德国，将新人文主义的理想贯穿到教育中特别是大学教育中，是由洪堡等人完成的。

在德国教育史上，洪堡的名字是与柏林大学紧密联系在一起的，他不仅参与筹办柏林大学，而且根据新人文主义的思想，确定了柏林大学的主旨和方向。诚如博伊德等人所说："这所大学建立在普鲁士极端困难的年月里……当时这个国家负担着沉重的战争税，生活必需品的价格也非常昂贵，而每年给这所新大学和科学艺术院的 22 500 镑的拨款的表决，真像是战场上的最勇敢的行

---

① F·C·福勒著，许庆豫译：《教育政策学导论》，江苏教育出版社 2007 年版，第 315 页。
② 弗·鲍尔生著，滕大春等译：《德国教育史》，人民教育出版社 1987 年版，第 111 页。

为一样。"① 柏林大学的建立不只是增加了一所大学而已，而是创造了体现大学教育的新概念——重点在于进行科学研究而不在于教学和考试。柏林大学是 19 世纪德国大学新理想的最显著的代表，也是把大学作为专心致志于真正的科学研究与科学教育的机构的典型。为此，弗莱克斯纳称赞德国大学以纯学术为核心——"德国的官员和教授不仅重视教育，而且懂得教育"——并且蔑视英格兰大学以教学为中心和美国大学沉湎于"大量毫无意义的事情"②。当然，洪堡的大学思想不是凭空产生的，一方面与他青年时代在哥廷根大学的经历有关，一方面与施莱尔马赫和费希特等人的影响有关。贝格拉曾说："洪堡创立大学所依据的精神和道德准则是其他人先期设想的，""他是把早已形成的思想、把一般的趋势加以具体化来实现改革的；这种改革不是变魔术，而是收获。"③ "当洪堡本人也阐述了他自己的意见，更重要的是，他是唯一使之付诸实现的人。"④

洪堡的大学制度思想主要体现在：第一，大学办学自主。洪堡反对国家对大学办学的干预，无论在学校的事务管理方面还是在学术研究和行政方面，大学拥有完全的自由。他说："国家不应把大学看成是高等古典语文学校或高等专科学校。总的来说，国家决不应指望大学同政府的眼前利益直接地联系起来；却应相信大学若能完成它们的真正使命，则不仅能为政府眼前的任务服务而已，还会使大学在学术上不断地提高，从而不断地开创更广阔的事业基地，并且使人力物力得以发挥更大的功效，其成效是远非政府的近前部署所能意料的。"⑤ 第二，学术自由。他不但要求给教师教的自由、研究的自由，而且要求给学生以学习自由、研究自由，发展学生的独立思考能力和独创精神。柏林大学的根本思想是："大学最主要的原则是尊重自由的学术研究"。第三，教、学与研究相统一。早在 18 世纪，德国的哈勒大学和哥廷根大学已开始朝着"尊重自由的学术研究"迈进，但就其整个结构而言，它们仍然只是高等学校，教学仍然是教授的主要任务，科研只是教授的次要任务。洪堡反对将传授知识作为大学主要职能的做法，主张大学的主要任务是追求真理，科学研究是第一位

---

① 威廉·博伊德等著，任宝祥等主译：《西方教育史》，人民教育出版社 1986 年版，第 330 页。

② 伯顿·R. 克拉克著，王承绪等译：《高等教育系统》，杭州大学出版社 1994 年版，第 21 页。

③ 彼得·贝格拉著，袁杰译：《威廉·冯·洪堡传》，商务印书馆 1994 年版，第 70 页。

④ 彼得·贝格拉著，袁杰译：《威廉·冯·洪堡传》，商务印书馆 1994 年版，第 76 页。

⑤ 弗·鲍尔生著，滕大春等译：《德国教育史》，人民教育出版社 1987 年版，第 126 页。

的。没有科学研究，就无法发展科学，也不能培养出真正的科学人才。大学教学必须与科研结合起来，只有教师在创造性的活动中取得的研究成果，才能作为知识加以传授，只有这种"教学"才真正称得上大学教学或大学学习。鲍尔生说："柏林大学从最初就把致力专门科学研究作为主要的要求，把授课效果仅作为次要的问题来考虑；更恰当地说，该校认为在科研方面有卓著成就的优秀学者，也总是最好和最有能力的教师。在这种理解下，学术研究的最终目标乃是取得新颖的知识，于是大学不再以博览群经和熟读百家为能事，却要求学生掌握科学原理、提高思考能力和从事创见性的科学研究。"① 此外，还有诸如讲座制度、选课制度以及研究生教育制度等等。洪堡的大学制度思想有力地指导了德国的高等教育实践，大学的科学研究职能最终得以确立。而正是学术自由，教、学与研究的统一，使德国大学成为近代大学最发达的国家，并对世界各国产生深远影响。第一次世界大战之前的德国大学制度无疑是"帝国王冠上的一颗宝石"。尽管遭到各种非议和批评，但大学得到高度的发展，更接近自治，受到极大的尊重，并发挥了广泛的影响。麦克莱兰曾说："近代西方社会所有的大学中，德国的大学可能是最有意义的。它们首先将教学和研究职能结合起来，从而创造了近代大学模式。它们是大量近代学术和科学的源泉。在本世纪初，德国大学制度是最令世人赞美的。在其世界著名的教授中，许多被计入当代伟大的发明者、科学家和理论家之列；它对学生全面而关键的训练；它的习明纳和适应研究的教学方法；它的学术自由、严谨的精神以及丰富多彩的民间传说；甚至它给人留下深刻印象的建筑物，如图书馆和实验室，都成为引起世人羡慕、详尽研究和效仿的对象。"②

尽管洪堡的大学制度思想在具体的高等教育实践中取得了巨大的成就，但他并未认识到大学的社会服务职能，也没有建立相应的大学社会服务机构和促进大学社会服务的规章制度。讲座制客观上压制了青年教师的成长，"德国大学体制由于一味依赖那些闻名的教条式人物对系和研究机构的终身控制而陷入了困境"。③ 随着经济社会的发展，德国对其大学制度进行了一系列变革。

① 弗·鲍尔生著，滕大春等译：《德国教育史》，人民教育出版社 1987 年版，第 125 页。

② Charles E. McClelland, *State，Society and University in Germany*（1700～1914）. Cambridge：Cambridge University Press, 1980, p. 2.

③ 克拉克·克尔著，陈学飞等译：《大学的功用》，江西教育出版社 1993 年版，第 7 页。

□ 第四章
教育制度的观念前提和实践基础

　　教育制度是人类有意识、有目的的实践活动的基本条件，它的形成、发展与变革都有其观念前提。同时，教育制度观念来自人们的教育制度实践，而人们所从事的教育实践，以及在此基础上的教育交往实践，是推动教育制度产生、发展与变革的实践基础。

　　教育制度主体在教育制度的形成、发展与变革的实践中，把自己对教育制度的认识，转化为教育制度观念，作为自己选择、评价教育制度的主要依据。教育制度观念的形成有着必不可少的目的，正如欧几里德定律的一个只有位置没有数量的点，或者一条只有长度而没有宽度的线，它们没有现实的线或点来匹配。然而教育制度观念制定了标准，供我们检测、评判现实教育制度。同样的，罗盘中的标志也是这样。在现实中，船长或机长很少由南或北来确定航线，只不过通过罗盘上的这些点，人们就可以确定其方向。从此意义上言，教育制度形成、发展与变革其实就是对教育观念、教育制度观念的选择。

第一节　教育制度的观念前提

　　教育制度作为规范主体教育行为、促进教育发展和人的发展的规则体系，无论是它的内容还是形式，都受着主体教育制度意识、教育制度观念等的影响、指导和支配。人是教育制度的主体，教育制度形成、发展与变革都与人的教育制度观念、教育制度意识密切相关。

一、教育制度形成、发展与变革的观念前提何以可能

人在教育制度观念中提出和设定教育制度形成、发展与变革的目的，又通过教育制度形成、发展与变革实践活动来实现和达到目的。

（一）"现实的个人"

作为教育制度主体的人，不是抽象的个人，而是现实的个人、具体的个人。在霍布斯、康德等人看来，个人是抽象的个人。个人被抽象地描绘成一种既定的人，有着既定的兴趣、愿望、目的、需要等，而社会和国家则被描绘成或多或少满足个人要求的实际的或可能的社会安排体系。按照这一论断，教育制度统统都是一种技巧，一种可变的工具，一种能够独立完成既定个人目的的手段。"这种抽象个人观的关键就在于，它把决定社会安排要达到的目标的有关个人特征，不管是本能、才能、需要、欲望、权利还是别的什么，都设想成了既定的、独立于社会环境的。……这种个人被看作仅仅是这些特征的负载者，这些既定的抽象特征决定着他的行为，表达了他的兴趣、需要和权利。"[1]马克思对霍布斯、康德等人的这一论断进行了透彻的批判，在他看来，"人不是抽象的蛰居于世界之外的存在物。人就是人的世界，就是国家、社会"。[2]马克思、恩格斯认为，全部人类历史的前提，从而也是自己理论的逻辑前提，并不是任意提出的，"它的前提是人，但不是处在某种虚幻的离群索居和固定不变状态中的人，而是处在现实的、可以通过经验观察到的、在一定条件下进行的发展过程中的人"。[3]他们在这里所说的个人，"是现实中的个人"，也就是说，这些个人是从事活动的，进行物质生产的，因而是在一定的物质的、不受他们任意支配的界限、前提和条件下活动着的。

作为教育制度主体的人，是"现实中的个人"，而这一"现实中的个人"具有如下特征：

1. "现实中的个人"有自己特定的教育利益

作为教育制度主体的人在教育制度形成、发展与变革活动过程中，总是受自己特定的教育利益决定和制约的。这些教育利益是客观存在的，也是多方面

---

① S. 卢克斯著，阎克文译：《个人主义》，江苏人民出版社2001年版，第68页。
② 《马克思恩格斯选集》（第1卷），人民出版社1995年版，第1页。
③ 《马克思恩格斯选集》（第1卷），人民出版社1995年版，第73页。

的。他们参与教育制度形成、发展与变革实践活动，或是为了谋取一定的教育利益，或是为了保护一定的教育利益，或是为了扩大一定的教育利益，人们奋斗所争取的一切，都同他们的利益有关。"个人为了自己的私利而行动是人类行为的一个基本前提。"① 利益是一定社会关系中的物质生活条件，是社会的奠基石。首先，利益是人类活动的内驱力。利益不是旧唯物主义所理解的产生于人的自私本性，利益是表示人们活动目的、动机、过程、结果这样一个发展过程。人们的活动总是动机、目的、意志的活动，但这种动机、目的和意志不是先验的。人们从事活动的动机、目的、意志产生人们的欲望和需要。庞德曾说："我们必须以个人对享有某些东西或做某些事情的要求、愿望或需要作为出发点，也可能以不强迫他去做他所不想做的事情的要求、愿望或需要作出发点。……我们把这些要求、愿望或需要称为利益。"② 利益是"人们个别地或通过集团、联合或亲属关系，谋求满足的一种需求或愿望。"③ 利益是活动的内驱力，活动的动机和目的是由利益产生，即便是活动的手段也是由利益来决定的。其次，利益是社会存在和发展的根据。社会存在的前提，无疑是"现实的个人"，而这些个人是从事活动的、进行物质生产的。所以说，与其说社会存在以现实的个人为前提，倒不如说是以现实的个人的活动为前提。那么，推动活动向前发展的是什么？即利益。科尔曼明确把利益看成是推动社会发展的原动力，"'利益'这个概念，在关于自我与社会的关系方面，促成了一场认识革命。这种新的认识，是法国大革命的思想基础"。④ 再次，利益是社会变革的原因。社会变革不仅需要客观条件，更为重要的是，它需要主观条件，而且它以主观条件成熟为标志，缺乏主观条件的社会变革，则是不可能的。人类社会的变革一定得有人的参与，它的变革离不开人的意志和目的。这种意志和目的是从何产生的，支配人的意志和目的的是什么？不是生产关系，也不是作为生产关系总和的经济基础，而是生产关系和生产力之间的相互联系。生产关系与人的联系的中介是利益，生产关系直接表现为利益关系。利益把生产关系中各种关系同主体（人）联系起来。生产关系中的所有制关系，实质上反映的是人与人之间对生产资料中一种"占有"与"被占有"的利益关系。人们在生产活动中相互协作关系也是一种利益关系，分配关系则更是十分具体地将人与人之间

---

① 柯武刚等著，韩朝华译：《制度经济学》，商务印书馆 2000 年版，第 72 页。
② R. 庞德著，沈宗灵译：《通过法律的社会控制》，商务印书馆 2008 年版，第 33 页。
③ R. 庞德著，沈宗灵译：《通过法律的社会控制》，商务印书馆 2008 年版，第 33 页。
④ 詹姆斯·S. 科尔曼著，邓方译：《社会理论的基础》（上），社会科学文献出版社 1999 年版，第 35 页。

的利益关系表现出来。"每一既定社会的经济关系首先表现为利益"①，"资产阶级和无产阶级之间的斗争……首先是为了经济利益而进行的，政治权力不过是用来实现经济利益的手段"。② 在这些利益关系中，有占有者就有被占有者；有通过交换活动而从中获利者，就有通过活动而受损者，因为，在交换中，有人受益，总会有人受损；在分配中更是这样，有不劳而获者，有既得利益者。利益关系以十分具体的损与益、得与失的方式在主体人的身上表现出来。这样才能内化为人的主观目的意志，上升为变革社会的愿望和要求。"政治改革首先宣布，人类的联合今后不应该再通过强制，即政治的手段来实现；而应该通过利益，即社会的手段来实现。它以这个新原则为社会的运动奠定了基础。"③ 社会变革的愿望和要求，从形式上看，它是理性的，但它的直接原因是客观的，它们产生于客观的利益关系。革命的主体的思想动机正确地反映了现实的利益关系，那么，这种社会革命就会产生出实际的效果，获得实际成果。如果革命的主体没有反映现实的利益关系，那么，这种社会革命就不可能获得实际的效果，而最后导致失败。总之，思想必须以利益为基础，任何革命的变革的客观原因是利益而不是思想。利益关系是生产关系的直接反映，它亦是社会革命的原因。复次，利益是上层建筑形成和发展的基础。上层建筑是由于利益的形成而逐渐形成，由于利益的发展而逐渐发展起来的。例如，哲学、宗教、伦理道德、政治思想都是适应利益的需要而产生的。黑格尔在《逻辑学》一书中认为，哲学的产生是由于利益的推动而发展起来的。他说："事实上，从事纯粹思维的需要，是以人类精神必先经过一段遥远的路程为前提的；可以说，这是一种必须的需要已经满足之后的需要，是一种人类精神一定会达到的无所需要的需要，是一种抽掉直观、想象等等的质料的需要，亦即抽掉欲望、冲动、意愿的具体利害之情的需要，而思维规定则恰恰掩藏在质料之中。在思维达到自身并且在自身中这样的宁静领域里，那推动着民族和个人生活的利害之情，便沉默了。"④ 黑格尔把哲学看作是"纯粹思维"，这是他的偏见；但他认为，这种哲学思维是"一种必需的需要已经满足之后的需要"，而这种需要无非是指必需的吃、穿、住等需要。精神的需要则是产生这些利益以后的更高的需要，而且他还把利益与精神生活联系起来。因此，列宁在《哲学笔记》一书中，对

---

① 《马克思恩格斯选集》(第3卷)，人民出版社1995年版，第209页。
② 《马克思恩格斯选集》(第4卷)，人民出版社1995年版，第250页。
③ 《马克思恩格斯全集》(第1卷)，人民出版社1956年版，第663页。
④ 黑格尔著，杨一之译：《逻辑学》，商务印书馆1966年版，第10~11页。

黑格尔的这一思想进行了改造，列宁所加的批注是"利益'推动着民族的生活'"①。这里的民族生活既包括物质生活，也包括精神生活，但主要指精神生活。同时，利益还是政治上层建筑产生的基础。政治上层建筑无非是一定利益关系的代表，它适应一定利益关系产生，反过来它又成为它所反映的利益关系的保护者。马克思、恩格斯认为，由于活动和私有制的产生，于是"产生了单个人的利益或单个家庭的利益与所有互相交往的个人的共同利益之间的矛盾"，正是由于这种矛盾，"共同利益才采取国家这种与实际的单个利益和全体利益相脱离的独立形式，同时采取虚幻的共同体的形式"。② 由于分工和私有制的产生，因而出现了个人利益与公共利益的对立。由于这种对立，国家便以公共利益的面貌出现了，这就是国家的产生。国家就是调和个人利益与公共利益对立的手段与工具。国家不是契约的产物，剥削阶级国家都是适应了统治者的利益需要，通过暴力手段而建立起来的。

就现实教育生活世界而论，教育利益总是以这样或那样的方式受教育制度主体社会地位、经济地位和阶级地位所决定。教育利益是在外界对主观意识不断影响下产生的，它与外界保持着密切的关系，它最清楚不过地反映了当事人的社会地位，特别是经济地位，他们的社会出身、教育状况、生活经历、社会关系、职业或"非职业"状况等等。恩格斯指出："利益的统治必然表现为财产的统治"③。个人的教育利益除了受物质文化条件的制约外，还受到以经济关系为基础的社会关系、阶级关系的制约，从而他们的个人教育利益是由阶级决定的。诚如马克思所说："那时我们就会发现，这些利益又是一定的社会集团共同特有的利益，即阶级利益等等。"④ 与此相应，现实教育生活世界的教育制度，只是对于社会中的教育利益关系加以选择，对特定的教育利益予以承认，或者拒绝承认特定的教育利益。这种选择表现在两个方面：教育利益主体与教育制度内容。在任何社会中，都不可能产生为社会全体成员一致同意的教育制度尤其是教育法律。把教育法律视为"公意"的体现，只是一种对"应然"状态的理想追求。社会是由人构成的，人们相互之间构成了各色各类的教育利益主体。诚如弗里德曼所说："抽象的利益并不构成法律。构成法律的是要求，

---

① 列宁著：《哲学笔记》，人民出版社 1993 年版，第 75 页。

② 《马克思恩格斯选集》（第 1 卷），人民出版社 1995 年版，第 84 页。

③ 《马克思恩格斯全集》（第 3 卷），人民出版社 2002 年版，第 533 页。

④ 《马克思恩格斯全集》（第 45 卷），人民出版社 1985 年版，第 646 页。

即真正施加的社会力量。"① "创造法律的不是科恩、罗布森和贝茨所谓的'公众舆论',而是实际上施加作用的社会力量。但是社会力量是什么?'压力'是由什么构成的? 没有一个方便的字可以表达一个法律或政治力量单位。经济力量单位简单:它是钱,是美元。法律或政治单位更不容易抓住,更抽象。权力、影响和力量是真的现象。……这些单位,在许多方面像美元,会有些特别的特征。"② 即,现实社会生活中的教育制度反映了现存的社会教育结构。教育制度本身,即使公正地适用,也决不是完全公正的。它们是权力斗争的产物,是由占统治地位的意见形成的。教育制度的基本结构是"适合财产所有者的需要和利益的"。③ "他们个人的权力的基础就是他们的生活条件,这些条件是作为对许多个人共同的条件而发展起来的,为了维护这些条件,他们作为统治者,与其他的个人相对立,而同时却主张这些条件对所有的人都有效。由他们的共同利益所决定的这种意志的表现,就是法律"。④ 教育制度只对部分利益主体予以保护,或者主要表达部分利益主体的利益。黑格尔认为,教育世界中的官僚科层制是"普适的等级",是市民社会与国家之间的中介范式。针对黑格尔的这一主张,马克思一针见血地指出,这只是一种虚幻的假象:教育世界中的官僚科层制不过是为了强化自己的利益而使用了普遍利益的名义,它是"牟取局部利益的制度性执照"⑤。马克思认为,由于市民社会中的代表都是某种政治组织的成员,他们在代议制立法会议中获享一定的地位,因此,尽管市民社会的代表声称教育制度是"普适的与一般的",但"也不过是戴上面具的市民社会中特定的、自我的私利而已"。⑥ 教育集权体制表面上是为了维持一种公平合理的局面,但实际上却是为了维护一种带有阶级或等级偏向的利益分配格局。弗里德曼曾说:"专制主义……的信徒们都信奉中央集权,信奉靠命令进行统治,而不靠自愿合作。他们的分歧在于由谁来统治:是由血统决定的杰出人物来统治,还是由择优而取的专家来统治。他们都非常真诚地宣称,他们想要提高'全体大众'的福利;宣称他们知道什么是'公共利益',而且知道怎

---

① L. S. 弗里德曼著,李琼英等译:《法律制度》,中国政法大学出版社 2004 年版,第359 页。

② L. S. 弗里德曼著,李琼英等译:《法律制度》,中国政法大学出版社 2004 年版,第195 页。

③ L. S. 弗里德曼著,李琼英等译:《法律制度》,中国政法大学出版社 2004 年版,第212 页。

④ 《马克思恩格斯全集》(第 3 卷),人民出版社 1960 年版,第 378 页。

⑤ 丹尼斯·劳埃德著,许润章译:《法理学》,法律出版社 2007 年版,第 388 页。

⑥ 丹尼斯·劳埃德著,许润章译:《法理学》,法律出版社 2007 年版,第 388 页。

样才能比一般人更好地为其服务。为此，他们都宣扬家长式的哲学。但是，一旦掌权，他们就都会在'全体福利'的幌子下，为其本阶级谋利益。"① 教育集权体制不仅是对教育资源设置的垄断，而且也是对教育资源配置的垄断。

　　现实社会生活中的教育制度，一方面是由社会上占统治地位的阶级所制定的，是统治阶级利益在教育制度上的具体体现。弗里德曼曾说："权力是不平等地分配和不平等地行使的。法律不得不反映并维持这种分配。"② 在弗里德曼看来，只有势力和利益并不会创造法律，创造法律的是表达要求的势力和利益。一个集团可以有力量但并不想使用它，它可以放弃追求别人认为的它"真正"的利益。权力和（客观）利益，就法律而言，是不相干的，除非并且要等它们转变成要求后。③即，只有占统治地位阶级的教育利益要求才能在教育制度上得到体现，并在制定教育制度时全力维护这一利益。另一方面，教育制度变革方案的选择、教育制度变革的进程也由社会上占统治地位的阶级所决定的。社会上占统治地位的阶级往往借助于教育制度维护、扩大他们的教育利益，教育制度的制定、发展、变革的受益群体往往也是统治阶级。在马克思看来，教育法律制度只是保护少数有产者的教育利益，是维护社会上占统治地位阶级教育利益的有力武器。这无疑是正确的，但西方马克思主义者胡克却认为，教育法律制度都是保护全民教育利益的，都是保护教育平等的。他说："任何法律和国家的任何工具都不会宣布说，人的利益是可以为了财产的权利而被牺牲的，或者更准确地说，在有各种主张之间的冲突的地方，占有生产资料的各阶级的利益，是高于不占有生产资料的各阶级的利益的。的确，公开承认事实就是这样，那就会构成对已表白的在法律面前人人平等这个法律原则的侵犯；在理论上，这样一种承认，虽然是诚实的，但却全是非法的。"④ 我们认为，代表全民教育利益的教育法律，只是一个理想的"应当"而已。诚如哈贝马斯所说："一个规范比较理想意味着：它得到了所有接受者的承认，因为它解决了他们共同关心的行为问题。相反，一个规范实际存在着，则意味着：它

① M. 弗里德曼等著，胡骑等译：《自由选择》，商务印书馆1999年版，第99～100页。
② L. S. 弗里德曼著，李琼英等译：《法律制度》，中国政法大学出版社2004年版，第211页。
③ L. S. 弗里德曼著，李琼英等译：《法律制度》，中国政法大学出版社2004年版，第174页。
④ 悉尼·胡克著，徐崇温译：《对卡尔·马克思的理解》，重庆出版社1989年版，第215页。

所提出的有效性要求得到了有关人的承认。"① 教育法律制度虽然以公共利益的面貌出现，但它并不代表公共利益，只是维护、发展和扩大少数占统治地位阶级的教育利益。"社会法律理论从一个基本设想出发，即经济和社会创造法律。法律不是公正无私的，也不是没有时间性、没有阶级性的；它不是没有价值观念的。它反映权力的分配；社会势力迫使它向前。"② 教育法律制度和教育法律程序都是权力的产物，因此，"现代法律制度的一个最突出的事实就是他们说的，他们宣传的理想与他们的实际工作情况之间的巨大差别。为什么如此有许多原因。一个原因是该制度看来没有阶级性、公正，这对社会上层有作用。一定量的虚伪有双重用途：双重标准对上层有好处；与此同时，它向社会中的其他人掩盖现实。"③ 许多教育法律制度确实看起来是没有时间性的，是中立的，表达永恒的教育信念和崇高的教育理想，但它们是如何执行的却是另一个问题。恩格斯在分析英国法律的执行状况时曾说，"对待任何富人始终会异常客气，不管他的违法行为多么蛮横，'法官们总是非常抱歉'，不得不以通常都是微乎其微的罚款加以判处。在这方面，法律的执行比法律本身还要不人道得多；'法律压榨穷人，富人支配法律'和'对穷人是一条法律，对富人是另外一条法律'——这是完全符合事实的而且早已成为警世格言"。④ 弗里德曼也说，教育法律制度的执行"充满了正式法律不承认的微妙的和直率的社会控制形式"⑤。在此，我们以鲍尔斯和金蒂斯的"经济再生产理论"为基础，对教育利益与教育制度的关系问题作一分析。

鲍尔斯等人的"经济再生产理论"以马克思主义的再生产理论为基石，通过对资本主义国家经济结构、家庭结构以及教育之间关系的阐述，揭示出教育制度中的"符应原则"。鲍尔斯等曾说："我们相信，教育制度透过其社会关系与生产社会关系之间的结构性符应，而有助于将年轻人整合入经济制度中。教育的社会关系的结构，不只使学生习惯于工作场所的纪律，而且也发展个人举止的类型、自我演出的方式、自我心像，以及社会阶级认同——这些都是工作

---

① 尤尔根·哈贝马斯著，曹卫东译：《交往行为理论》（第1卷），上海人民出版社2004年版，第88页。

② L. S. 弗里德曼著，李琼英等译：《法律制度》，中国政法大学出版社2004年版，第209页。

③ L. S. 弗里德曼著，李琼英等译：《法律制度》，中国政法大学出版社2004年版，第218页。

④ 《马克思恩格斯全集》（第3卷），人民出版社2002年版，第583页。

⑤ L. S. 弗里德曼著，李琼英等译：《法律制度》，中国政法大学出版社2004年版，第213页。

胜任的决定性成分。"① 因此，在资本主义国家，教育中的各种社会关系从本质上言复制了劳动的社会等级分工，学校管理人员与教师的关系、教师与学生的关系、学生与学生的关系、学生与他们的学习关系都反映了社会权力结构和等级关系。其次，教育的等级层次、类别层次与社会的等级层次相对应，不同的教育层次为职业结构的不同层次提供劳动者。鲍尔斯等指出，"高社经背景的那些人（在家庭所得、父母教育，以及职业的综合量数上得分最高的百分之二十五）进入学院的可能性，几乎比低社经背景的学生多出两倍。对'低能力'的学生而言，那些具有较高社会经济背景的人进入学院的可能性，比低社经背景的学生多出四倍。"② 当然，在他们看来，除此之外，来自不富裕家庭的学生在学校里受到比较少的注意，教育支出较少等都是教育不平等的反映。因此，教育对复制的贡献在于：第一，它培养这样一种信仰即"经济的成功本质上有赖于拥有能力与适当的技巧或教育"，来将阶级结构与不公平合法化；第二，它借助创造那些适合资本主义经济的能力、资格、观念与信仰，来教导年轻人使他们准备进入他们在阶级支配的、异化的工作世界中的职位。换句话说，教育的功能是再制，而这些借助合法化和社会化而产生的。③ 简言之，"经济再生产理论"富有成效地解释了资本主义教育制度、资本主义学校的本质功能就是再生产不平等的劳动分工，就是为了维护资产阶级的教育利益。康奈尔的论述也从某一侧面验证了鲍尔斯等人的主张，他说，现在教育制度一开始就受到损害，被对贫困儿童和富裕儿童学校教育的不平等投资，被女童教育的制度性障碍和经济障碍，被为受压迫种族儿童提供的隔离的和劣等的学校所玷污。④ 当然，在教育的社会关系与经济生产的社会关系之间是否存在着这样一种直接的"对应"，却是值得商榷的。在后来，即使他们本人也承认，这种直接的对应并不完全存在。

2. "现实中的个人"有自己特定的目的

作为教育制度主体的人参与教育制度形成、发展与变革实践活动，无论出

---

① 塞缪尔·鲍尔斯等著，李锦旭译：《资本主义美国的学校教育》，（台湾）桂冠图书股份有限公司，1989 年版，第 190～191 页。

② 塞缪尔·鲍尔斯等著，李锦旭译：《资本主义美国的学校教育》，（台湾）桂冠图书股份有限公司，1989 年版，第 42 页。

③ 布列克里局·杭特著，李锦旭译：《教育社会学理论》，（台湾）桂冠图书股份有限公司，1987 年版，第 178 页。

④ 罗伯特·W. 康奈尔著：《教育、社会公正与知识》，《华东师范大学学报》（教育科学版）1997 年第 2 期。

于何种动机和以何种方式，总是有自己特定的目的。教育制度形成、发展与变革的要求，从形式上看，它是理性的，但它的直接原因是客观的，它们产生于客观的利益关系等。这些特定的目的有的表现得比较直接，有的表现得比较间接。恩格斯认为，无论历史的结局如何，人们总是通过每一个人追求他自己的、自觉的预期的目的来创造他们的历史。"在自然界中（如果我们把人对自然界的反作用撇开不谈）全是没有意识的、盲目的动力，这些动力彼此发生作用，而一般规律就表现在这些动力的相互作用中。在所发生的任何事情中……都没有任何事情是作为预期的自觉的目的发生的。相反，在社会历史领域内进行活动的，是具有意识的、经过思虑或凭激情行动的、追求某种目的的人；任何事情的发生都不是没有自觉的意图，没有预期的目的的。"① 新韦伯主义者柯林斯认为，教育就像是一个竞技场，各个利益集团为了达到或巩固他们的高地位阶层，都去争夺并控制教育，使教育成为达到他们目的的工具。这样，当代教育制度就成了大多数人用来促进他们自己的目的——主要是在社会流动方面的一种方式。教育已经被当代社会中的大多数人看成是改善他们自己的经济地位和获得声望的一种工具。他在《文凭社会》一书就对当代教育制度进行了具体的分析，诸如，在当代社会里，教育的资格正被用来"限制角逐社会和经济有利地位的候选人的一种稀缺资源"，并且将这些有利的社会地位卖给"教育证书的持有者"。② 当社会中这些教育证书持有者越来越多时，他们的资源和势力已经使高地位阶层和贫困阶层成为少数，并能左右学校教育的资源和政策，以便为他们服务。近数十年来，所谓的新马克思主义者也认为，中上阶层为延续自己阶级本身的利益，而"阴谋"限制其他阶级的受教机会，于是将下层子弟编入较差的中学、社区学院、职业学校就读，因而将来从事较低层级的工作。于是学校成为"复制"生产社会关系的单位，以维系资本主义社会的运作。"学校教育与家庭生活因而在于符应这种生产社会的关系，让某些具有'文化资本'的学生，在校或离校后，得以获致成功，不具备如此条件的学生，则无此机会。这种在学校进行复制学生的方式，也复制了以后的社会阶级结构。"③ 在此，布尔迪厄的"文化再生产理论"，较好地解释了参与教育制度形成、发展乃至变革的教育主体绝对不是无目的的，而是目的非常明确的。

"教育场域"带有浓郁的政治性。韦伯曾经警示：教育的专利将滋生一个

① 《马克思恩格斯选集》（第4卷），人民出版社1995年版，第247页。
② 布列克里局·杭特著，李锦旭译：《教育社会学理论》，（台湾）桂冠图书股份有限公司，1987年版，第417~420页。
③ 林义南等著：《教育社会学》，（台湾）五南图书出版有限公司，1998年版，第91页。

享有特权地位的"种性集团",那些优势集团,史无前例地运用各种权力和名衔——财产、教育和门第,武装自己。他们无须选择出身还是功绩,承继祖上还是自身能力,因为都可以兼而得之。布尔迪厄则更直接,在其"文化再生产理论"中,教育被视为权力的生成机制。他认为,教育制度有它自己的文化专断,只不过是支配阶级文化专断的变种,其目的是为了生产不平等的阶级结构和社会关系,是为了维护统治阶级的利益。教育制度"强加一种文化专断的专断权力,最终以集团或阶级之间的权力关系为基础,这些集团或阶级构成了教育行动在其中实施的社会构成。教育行动使它灌输的文化专断得以再生产,从而有助于作为它专断强加权力的基础的权力关系的再生产(文化再生产的社会再生产功能)。"① 布尔迪厄的理论是从"文化专断"这个概念开始的,他认为所有文化都含有专断的特色。因此,当我们经由社会化而获得一种文化时,我们可能也不自觉地获得了该文化的专断。在他看来,教育制度有它自己的文化专断,那是支配阶级文化专断的变种。当教育开始教人时,它尝试将支配阶级的文化专断灌输在来自其他文化的儿童身上。其结果是:(1)支配阶级的儿童发现教育是容易理解的,且显示出天才与卓越;(2)支配阶级的文化被显示是比较高级的,以及(3)一种"符号暴力"(symbolic violence)的行为借着这种蓄意的欺骗被施加在较低阶级的儿童身上。② 布尔迪厄认为:"对一个社会构成实施的不同教育行动,在被设计为整个'社会'不可分割的共有财产的一种文化资本的再生产中和谐地合作。实际上,由于这些教育行动符合在权力关系中处于不同地位的集团或阶级的物质和符号利益,它们总是有助于这些集团或阶级之间文化资本分配结构的再生产,从而有助于社会结构的再生产。"③ 因此,由于学校是文化传递的主要工具,学校在传递、再生产文化的同时,也再生产了不平等的阶级结构和社会关系。这种文化的再生产,实际上是文化资本的再生产。文化资本即是布尔迪厄提出的一个重要的概念。布尔迪厄在《继承人》中集中论述了由于这种文化资本的差异而带来的学业上的不平等:"处于最有利地位的大学生,不仅从其出身的环境中得到了习惯、训练、能力这些直接为他们学业服务的东西,而且也从那里继承了知识、技术和爱好。一种'有益的爱好'对学习产生的间接效益,并不亚于前面那些因素。除去家庭收入不

---

① P. 布尔迪约等著,邢克超译:《再生产》,商务印书馆 2003 年版,第 19 页。(有些译者将 P·布尔迪厄译为 P·布尔迪约。本书采用 P·布尔迪厄这一译法。)

② 布列克里局·杭特著,李锦旭译:《教育社会学理论》,(台湾)桂冠图书股份有限公司,1987 年版,第 212 页。

③ P. 布尔迪约等著,邢克超译:《再生产》,商务印书馆 2003 年版,第 19 页。

同可以解释学生之间的差距外，'自由'文化这一在大学某些专业取得成功的隐蔽条件，在不同出身的大学生之间的分配也很不平均。在熟悉文艺作品方面，文化特权十分明显，这只有经常去剧院、博物馆和音乐厅才能作到（学校不能组织、或者只能偶尔组织这些活动）。对那些学校内涉及更少的，一般来说距现在更近的作品来说，上述情况更为明显。从戏剧、音乐、绘画、爵士乐或电影这几个文化领域来看，大学生的社会出身越高，他们的知识就越丰富，越广泛。如果说，在使用一件乐器、通过看演出了解戏剧、通过听音乐会了解古典音乐等方面的差异不会使人感到惊讶，因为这是各个阶级的文化习惯和经济条件造成的……在认识到这一切后应当得出如下结论：文化方面的不平等，以那些不存在有组织教学的领域更为明显；文化行为受到的社会因素的制约，大于个人的兴趣和爱好。"① 在布尔迪厄看来，学校文化是与中上阶层的阶级文化相吻合的，而对于农民、一般雇员和小商人的子弟来讲，掌握学校文化就是文化移入。在学校教育中，这些来自下层阶层的子弟只有十分刻苦，往往要付出很大的代价，才能掌握那些教给有"文化教养"的阶级子弟的那些东西，这就是通常所说的精英文化。而对于那些来自具有"文化教养"阶层的子弟而言，学习学校的文化实际上就是一种继承。因此，在教育中，文化遗产以更隐蔽、更间接的方式传递，对学生产生不同的影响。因此，"来自家庭环境的一整套爱好和知识造成了大学生之间的差异，他们在学习学术文化方面只是表面上平等。实际上，使他们分化的，不是不同统计属类因不同关系和不同原因形成的差异，而是他们在一定程度上与其出身阶级共有的一些文化特征系统，即使他们不承认这一点。……总之，在决定一个大学生群体与其学业关系的所有方面，都表现出他们所属的阶级与整个社会、与社会成功及与文化的根本关系。"② 除了从"文化专断"着手对教育系统进行分析之外，他在《国家精英》一书中还揭露了高等教育作为精英生成的权力场域的实质。不同的资本，尤其是经济资本与文化资本之间在此进行隐秘且繁复的转换，学校被视为在"发达的民族国家中为社会等级制度提供证明的极为重要的制度机制"。通过某种社会炼金术（social alchemy）的运作机制，根植于经济与政治秩序中的社会秩序，经由个体的自我转换（考生及其后的学校与家庭），成了一种智力上的贵族统治（激烈考试竞争中的高分）——其后的社会等级制度被巧妙地掩饰起来。高等学校通过"录取通知"以及可以期许的"毕业文凭"不仅制造了一种

---

① P. 布尔迪约等著，邢克超译：《继承人》，商务印书馆 2003 年版，第 20~21 页。
② P. 布尔迪约等著，邢克超译：《继承人》，商务印书馆 2003 年版，第 24 页。

"成人仪式"，同时还制造了一种"制度仪式"。与其说是在其前与其后画了一条"通过"的界限，倒不如说是将那些注定了要占据社会显赫地位的人，从人群中识别且筛选出来。① 可见，布尔迪厄触及了现代社会统治的内在逻辑及其构造形式——借助这种构造，森严的社会等级制度得以掩饰自己的本质，即植根于经济与政治权力中的必然性转换为教育系统中的"温和"且"公正"的竞争。

法国的社会现实确实印证了布尔迪厄的论证分析。在法国，虽然社会等级的重重壁垒绝大部分业已不复存在，然而取而代之的，却是通过文凭与考试来对进入精英集团的路径加以控制。从表面上看，行政管理机构的一切职位皆以某种方式，一视同仁地向有才能的人开放；竞争的公平性业已获得绝大多数人的高度认同，但事实上，此种现象仍顽固地存在着：通过建构诸种规模特别小的组织，它们事实上支配了挑选的组织，就某些数量的职位来说，它们拥有一种差不多能够垄断一切的权力。毋庸置疑，经由挑选程序所确立的这些人为造就的精英集团本身，显示出强烈的限制性、独占性特征。法国的公共行政系统，其大部分的领导职位，几乎都预留给了两所著名高校——巴黎综合理工学院与国立行政学院。诚如克罗齐耶说："运气好的只有这两所高校的学生，他们的学校在排名等级之中的优势地位，令其可以成功地进入行政管理机构或享有盛名的技术部门：这几乎是一种非正式的等级制度，它将高级组织机构的成员与不太著名的组织机构的成员区分开来。每一个组织机构的专业化技能及其经历与组织结构，决定着诸种职位的分配，这一分配又进一步限制了竞争。"②

总之，人们所进行任何教育制度形成、发展与变革实践活动，从来都有着明确的目的。

3. 教育制度观念构建教育制度

既然人是有目的、有计划、有意识地活动的动物，那么，如此这般有目的、有计划、有意识地遵循、形成、发展与变革着教育制度的人们，必然有他一定的教育制度观念，并在特定教育制度观念的导引下建构教育生活和从事教育实践，进行教育制度变革实践活动。一方面，人既然是教育制度的主体，教育制度变革无疑都与人的教育活动密切相关，"思想、观念、意识的生产最初是直接与人们的物质活动，与人们的物质交往，与现实生活的语言交织在一起

---

① P. 布尔迪厄著，杨亚平译：《国家精英》，商务印书馆 2004 年版。

② M·克罗齐耶著，张月译：《法令不能改变社会》，上海人民出版社 2008 年版，第 129 页。

的。人们的想象、思维、精神交往在这里还是人们物质行动的直接产物。表现在某一民族的政治、法律、道德、宗教、形而上学等的语言中的精神生产也是这样"。① 换句话说，教育制度往往以一种观念的形态存在，作为观念的教育制度并不具有神圣性、纯粹性。"人们头脑中发生的一切思想过程，归根到底是由人们的物质生活条件决定的。"② "意识一开始就是社会的产物，而且只要人们存在着，它就仍然是这种产物。"③ 随着教育关系的发展、变迁，观念形态的教育制度必然随之变迁，并不存在所谓独立、神秘的观念形态的教育制度。另一方面，人既然是教育制度的主体，任何教育制度的形成、发展与变革必然有其教育制度观念前提。马克思在分析生产和消费的关系时曾指出："消费创造出新的生产的需要，也就是创造出生产的观念上的内在动机，后者是生产的前提。消费创造出生产的动力；它也创造出在生产中作为决定的目的的东西而发生作用的对象。如果说，生产在外部提供消费的对象是显而易见的，那么，同样显而易见的是，消费在观念上提出生产的对象，把它作为内心的图像、作为需要、作为动力和目的提出来。消费创造出还是在主观形式上的生产对象。没有需要，就没有生产。而消费则把需要再产生出来。"④ 可见，作为教育制度的消费者，人们往往在观念上构建着教育制度的形成、发展与变革。马克思更以生动的譬喻揭示了人的自由自觉的活动同动物的本能活动之间的区别："蜘蛛的活动与织工的活动相似，蜜蜂建筑蜂房的本领使人间的许多建筑师感到惭愧。但是，最蹩脚的建筑师从一开始就比最灵巧的蜜蜂高明的地方，是他在用蜂蜡建筑蜂房以前，已经在自己的头脑中把它建成了。劳动过程结束时得到的结果，在这个过程开始时就已经在劳动者的表象中存在着，即已经观念地存在着。他不仅使自然物发生形式变化，同时他还在自然物中实现自己的目的，这个目的是他所知道的，是作为规律决定着他的活动的方式和方法的，他必须使他的意志服从这个目的。但是这种服从不是孤立的行动。"⑤ 马克思在这里指出了一个基本事实：即人的全部活动所表现出来的一个主要的和基本的特征就是，人在实践活动之先，对活动过程所取得的结果，就已经在头脑中预先存在着了。达尔在分析某些决策者为什么如此决策的行为时指出，决策者往往受一系列因素的影响：他们当前的制度观念、态度、期望和信息；他们早期的或更

---

① 《马克思恩格斯选集》（第1卷），人民出版社1995年版，第72页。
② 《马克思恩格斯选集》（第4卷），人民出版社1995年版，第254页。
③ 《马克思恩格斯选集》（第1卷），人民出版社1995年版，第81页。
④ 《马克思恩格斯选集》（第2卷），人民出版社1995年版，第9页。
⑤ 《资本论》（第1卷），人民出版社2004年版，第208页。

深层的态度、价值、信仰、意识形态、个性结构和倾向；与决策有某种关系的其他人的制度观念、态度、期望、信息、信仰、意识形态和个性，等等。① 达尔的这一分析从某种程度上说明了教育制度形成、发展与变革深受人们教育制度观念等的影响。

人在教育制度观念中提出和设定教育制度形成、发展与变革的目的，又通过教育制度形成、发展与变革实践活动来实现和达到目的。如果不对人们的教育制度观念进行分析，显然也就无法解释人们的教育制度变革行为乃至创新行为。胡克说："造成一种运动的原因是从来即使有的话也很少能在鼓舞运动的信仰和学说中发现的。可是一种运动的结果，如果不参考这些信仰和学说就不可能得到解释。因为它们决定着行动的方式，决定着在行动过程中所涌现的人类毅力，以及那些往往与其说使人类导向生存毋宁说导向死亡的最终决定。""要求暂停思想而大叫行动起来，或是以郑重其事的一本正经的口吻为严肃思想而呼吁，仿佛思想就是替代行动的东西，即使在最黑暗的时刻，也不仅是错误，而且是毫无意义的。思想和行动不仅对人是自然而然的，而且在某种程度上，无论在任何具有有意识的行为的地方两者都是存在的。"② 社会历史领域内进行活动的人是具有意识的人，是经过思虑或凭激情行动的、追求某种目的的人。恩格斯指出："无论历史的结局如何，人们总是通过每一个人追求他自己的、自觉预期的目的来创造他们的历史，而这许多按不同方向活动的愿望及其对外部世界的各种各样作用的合力，就是历史。"③ 就此而言，教育制度形成、发展与变革方案是人们某种制度观念的产物，教育制度形成、发展与变革实践活动是人们在教育制度观念的引导下展开的。教育制度形成、发展与变革不仅有其制度观念的前提，而且在教育制度形成、发展与变革的过程中，人们的教育制度观念还起着十分重要的作用。人们的教育制度观念本身并不是一些抽象的目标，它们永远固守于个人的人类愿望之中，它们也通过实践和体验深深地渗入了人们的灵魂，它们常常在无明确反应的情况下发挥影响。胡克曾说："在这样的一个时代，看来也许仅仅是只管活命的问题，而不是证明、方向和价值的问题，尚在人类的意识上留有余地。忍耐、斗争、活下去——这似乎就是对一切可以合理地提出的问题的最终答案。但是人类是奇怪的动物，他们即使在为活命而斗争的时候，也是在他们知道为什么或相信他们知道为什么的时

---

① R. 达尔著，王沪宁等译：《现代政治分析》，上海译文出版社1987年版，第49页。
② 悉尼·胡克著，金克等译：《理性、社会神话和民主》，上海人民出版社2006年版，第4页。
③ 《马克思恩格斯选集》（第4卷），人民出版社1995年版，第248页。

候才斗争得最卖力气。这点就是一切有记载的历史的证词。从来没有一次显著地改变事件进程的群众运动，其参加的个人不是为某种信仰所鼓舞的。信仰也许就是时代思潮——一种决定个人身份和职责的社会价值的完整的复合体——的一部分。它也许是关于今世或来世的神话，而附有在尘世或天堂求取更大幸福的一种希望。或者它也许是被解释为正义要求的一种反对不平等的愤怒感。"① 确实，很难发现有一个自愿单为活命而斗争的人。不然，他为什么该在求取活命的斗争中冒死亡的危险呢？一个人如果准备付出足够的代价，他几乎总是能换取他的生命的。因此，即使是战斗中的人也不能对人们为什么战斗和他们怎样思想漠不关心。他之所以重视士气，多少就是承认这点，"打胜仗的都是那些思想明确而沉着和行动有力而敏捷的人（拿破仑语）"②。海费茨等人曾指出："……那种积极的远景让人觉得现在的努力与付出是值得的……通过让这一远景更为有形，提醒人们自己为之奋斗的制度观念，告诉人们未来可能的景色。透过一切可能的方式来回答人们诸如'为什么'之类的问题，你使人们有更大的意愿去忍受在奔向更美好未来的征途中的艰难。"③ 例如，人与人的差异是实际存在的，这种差异，我们自己不论采取什么态度都不能加以改变。霍尔巴赫认为，大自然使人们生长得这样千差万别，就如它把万物成就得千差万别一样。人们就其体力和智力、嗜好和思想、关于幸福的观念和获得幸福所选择的方法而言，彼此之间存在着颇大的差别。"总而言之，我们要把仿佛一开始人间就是平等的这个虚构的观念搁置在一边。人们之间任何时候都不是平等的。说不平等从来就是不可避免的，这并不是我们夸大其词。体格特点、体力差别、机警性和伶俐程度不同，都造成人与人之间的重大差别，造成人与人之间的显著不平等；同一个社会中的人如此，或者也可以说，人类第一个家庭中的成员就是如此。当说到人的精神能力，或理智能力，即关于人的智力、判断力、坚持力、洞察力，以及经受折磨的能力和毅力时，这种不平等更加引人注目。……由此可见，人类一开始就是不平等的，无论在个人素质方面，还是在所拥有的财富产业方面都是如此。"④ 当个人在茫茫人海中行动想达到某种实

---

① 悉尼·胡克著，金克等译：《理性、社会神话和民主》，上海人民出版社 2006 年版，第 3～4 页。
② 悉尼·胡克著，金克等译：《理性、社会神话和民主》，上海人民出版社 2006 年版，第 4 页。
③ 迈克尔·富兰著，中央教育科学研究所，加拿大多伦多国际学院组织翻译：《变革的力量：深度变革》，教育科学出版社 2004 年版，第 49 页。
④ 霍尔巴赫著，陈太先等译：《自然政治论》，商务印书馆 2002 年版，第 16～17 页。

际目标时，我们就会遇到这些差异以强有力的方式或者起帮助作用，或者起阻碍作用。它们必须分别来对待，有时它们可能是严重的障碍，有的可能还是不可逾越的。在一个人的世界，人与人之间的差异是大有关系的。假如我们改变一下我们注意力的性质，如我们的目标不是达到某一具体目的，而是理解人的整个社会及他们共同的问题，这样，人类共有的特性就成为我们注意的目标，而人与人的具体差异变为微不足道。因此，"我们的注意力是否应集中于人的不平等还是人的平等，主要必须取决于我们关心与目的的性质。人的差异在此种情况下是重要的，但在彼种情况下可能是不重要的；人的平等在某些情况下可能是完全被忽视的，但在另一些情况下却是至关紧要的"。① 换句话说，是否平等主要取决于"我们关心与目的的性质"，取决于人们的制度观念。只不过，在社会教育事务中，教育制度和促成教育制度的条件（诸如教育观、教育发展情况以及教育目的等）常常相互促进、相互支持。各相关成分有时可能起部分"因"的作用，有时可能起部分"果"的作用，而常常是同时具有双重作用。"我们怎样看待一种社会制度或事态——视为目的，或视为手段，或既视为目的又视为手段——要取决于我们的情况和我们的目标。"②

教育制度形成、发展与变革既是人的理性的和有目的的参与，又是其内在规律的反映，片面地强调任何一点都无法正确地分析和解释人们的教育制度变革行为。恩格斯指出："以前所有的历史观，都是以下述观念为基础：一切历史变动的最终原因，应当到人们变动着的思想中去寻求，并且在一切历史变动中，最重要的、决定全部历史的又是政治变动。可是，人的思想是从哪里来的，政治变动的动因是什么——关于这一点，没有人发问过。"③ 这种观念所表达的实际上是这样一种公式：思想变动决定政治变动，政治变动决定历史变动。进一步延伸的结果就是：思想等观念性东西决定社会政治生活的变化与发展。在恩格斯看来，这种观念显然是错误的。尽管促使人们行动起来的一切，都必然要经过他们的头脑，但是，"这一切在人们的头脑中采取什么形式，这在很大程度上是由各种情况决定的"。④ 尤其是由"各种情况"中的生产力决定的，"在充分认识了该阶段社会经济状况的条件下，一切历史现象都可以用最简单的方法来说明，同样每一历史时期的观念和思想也可以极其简单地由这一

---

① 科恩著，聂崇信等译：《论民主》，商务印书馆 2004 年版，第 258 页。
② 科恩著，聂崇信等译：《论民主》，商务印书馆 2004 年版，第 235 页。
③ 《马克思恩格斯选集》（第 3 卷），人民出版社 1995 年版，第 334 页。
④ 《马克思恩格斯选集》（第 4 卷），人民出版社 1995 年版，第 249 页。

时期的经济的生活条件以及由这些条件决定的社会关系和政治关系来说明"。①
"在历史上出现的一切社会关系和国家关系，一切宗教制度和法律制度，一切
理论观点，只有理解了每一个与之相应的时代的物质生活条件，并且从这些物
质条件中被引申出来的时候，才能理解。"② 恩格斯进一步分析说，现代历史已
经证明，一切政治斗争都是经济斗争，而一切争取解放的阶级斗争，尽管它必
然地具有政治的形式，归根到底都是围绕着经济解放进行的。因此，至少在这
里，"国家、政治制度是从属的东西，而市民社会，经济关系的领域是决定性
的因素"。在现代历史中，国家的意志总的说来是由市民社会的不断变化的需
要，是由某个阶级的优势地位，归根到底，是由生产力和交换关系的发展决定
的。"既然甚至在拥有巨量生产资料和交往手段的现代，国家都不是一个具有
独立发展的独立领域，而它的存在和发展归根到底都应该从社会的经济生活条
件中得到解释，那么，以前的一切时代就必然更是这样了。"③ 马克思在对社会
现实的研究中，形成了更为明确的思想："我的研究得出这样一个结果：法的
关系正像国家的形成一样，既不能从它们本身来理解，也不能从所谓人类精神
的一般发展来理解，相反，它们根源于物质的生活关系，这种物质的生活关系
的总和。"④ "社会结构和国家经常是从一定个人的生活过程中产生的。"⑤

　　事实上，我们永远不可能完全按照自己的意愿、目的，从根本上变革教育
制度乃至改变社会。即使我们可以说服大多数的人民，追随我们一起行动，我
们往往也不可能拥有任何一种时机来实施一项"教育制度变革方案"、"社会方
案"，这是因为社会、人际关系、教育系统乃至社会系统都过于复杂。同样也
因为我们什么力量也无法动员，我们只能成功地动员起来的，只是一种抽象
的、非实体性的意愿，是人民的诸种被唤醒的遐思和幻想。这类意愿、遐思和
幻想，几乎不可能真正地主宰人民去从事社会实践活动、教育实践活动。我们
惟有理解教育系统、社会系统的诸种特征，方能在教育系统、社会系统之中发
挥有效的作用。但是，我们往往过于频繁地拒绝按照教育、教育制度本来的面
貌去理解它，过于热衷于描绘诸种"教育制度蓝图"，这类蓝图不会给人提供
一丝一毫成功的机遇，因为它们完全无视各种复杂的人类系统的生命活力，无
视真实社会的游戏规则。每一个社会的教育皆是一个复杂的系统，这就是为什

---

① 《马克思恩格斯选集》（第3卷），人民出版社1995年版，第335页。
② 《马克思恩格斯选集》（第2卷），人民出版社1995年版，第38页。
③ 《马克思恩格斯选集》（第4卷），人民出版社1995年版，第251~252页。
④ 《马克思恩格斯选集》（第2卷），人民出版社1995年版，第32页。
⑤ 《马克思恩格斯选集》（第1卷），人民出版社1995年版，第71页。

么仅仅凭借一项教育决策，甚至仅仅凭借一项多数人原则，通过民主程序达成的教育决策，无法令教育制度发生根本性的变革，或让教育得以更新。这并不是说，存在某种固定的教育法则，可以宛若昔日的神权律法一样强加于人，使人就范。教育系统、教育制度系统的存在，是人类历史进程的产物，是人类自身建构的产物，因此是能够加以塑造、整治并改变的。然而，与此同时，每一个社会的教育、教育制度又是一种系统，也就是说，是由各种相互依存的关系组建而成的，因而并不受制于人们的主观意志。毋庸置疑，无论是教育关系，还是教育系统、教育制度系统，并非是固定不变的。"作为人类行动的产物，它们的确会发生改变。不过，这种集体行动的结果，又与每一个人的意愿之间存在差异。人们可以更加自觉地、更卓有成效地干预变革，但是，人们却不可能仅仅通过个体意愿达成的共识来强制执行一项精确设定的变革方案。人们的个人偏好，与其在和其他人相处时的真实行为之间，存在深层的差异。"① 教育关系乃至社会关系之中的行动，宛如一种游戏，游戏之中的每一个人都与他人相互依存。教育生活乃至社会生活加诸于我们身上的这类游戏，有其自身的规则，这些规则独立于我们而存在。游戏、教育系统以及社会，是一切人类活动不可或缺的中介。但是，这类中介可能会产生一种负向效应，与大多数参与者想要的或认为自己想要的结果相反。众所周知，通往奴役的道路是由善良的愿望铺成的。克罗齐耶说："经常有人会怀着让人们获得解放的美好愿望，可实践的结果却是锻造出了束缚人们的新型枷锁。一切有组织的人类行动，所有的集体的努力，所有的意识形态的动员，皆会产生种种所谓的'反常效应'，也就是说，会产生与参与者的意愿相悖的结果。我们不能将这种反常效应归咎于某种邪恶的势力——要么归咎于社会顶层的权势者，要么归咎于社会底层煽动闹事的家伙——而应视其为人们之间诸种相互依赖关系的必然产物。"②

因此，一切教育制度形成、发展与变革的终极原因，都植根于现实的社会生活、教育生活。马克思指出："随着经济基础的变更，全部庞大的上层建筑也或慢或快地发生变革。在考察这些变革时，必须时刻把下面两者区别开来：一种是生产的经济条件方面所发生的物质的、可以用自然科学的精确性指明的变革，一种是人们借以意识到这个冲突并力求把它克服的那些法律的、政治的、宗教的、艺术的或哲学的，简言之，意识形态的形式。我们判断这样一个变革的时代也不能以他对自己的看法为根据，同样，我们判断这样一个变革时

---

① M·克罗齐耶著，张月译：《法令不能改变社会》，上海人民出版社 2008 年版，第 2 页。
② M·克罗齐耶著，张月译：《法令不能改变社会》，上海人民出版社 2008 年版，第 3 页。

代也不能以它的意识为根据；相反，这个意识必须从物质生活的矛盾中，从社会生产力和生产关系之间的现存冲突中去解释。无论哪一个社会形态，在它所能容纳的全部生产力发挥出来以前，是决不会灭亡的；而新的更高的生产关系，在它的物质存在条件在旧社会的胞胎里成熟以前，是决不会出现的。所以人类始终只提出自己能够解决的任务，因为只要仔细考察就可以发现，任务本身，只有在解决它的物质条件已经存在或者至少是在生成过程中的时候，才会产生。"① 人们在教育制度形成、发展与变革过程中具有能动的作用，但这种能动作用不能创造教育制度形成、发展和变革的客观规律，只能发现"内部隐蔽着的规律"，认识和自觉运用客观规律，遵循客观规律，"历史进程是受内在的一般规律支配的"②，从而推动教育制度变革实践活动的展开。

二、教育制度形成、发展与变革的观念前提何以必要

教育观念、教育制度观念规定教育制度是指教育制度是人们依据教育观念蓝图构建的。各种因素造成教育发展、人的发展的情势，它们反映在人的教育观念里，人们依据形成的教育观念建构教育制度。依据教育观念的蓝图建构，不是说教育观念是教育制度的发生论根据，而是说教育观念是教育制度的直接依据、前提，教育制度的发生论根据不在教育观念，而在教育实践，主要是教育交往实践。

任何社会教育制度的形成、发展与变革都有其观念前提，都会受到领导和参与教育制度建设者的教育制度观念的深刻影响。

（一）教育制度观念构成教育制度形成、发展与变革的理论基础

从教育制度构成上看，教育制度是由以下四个主要部分构成：教育制度观念，构成教育制度或教育制度体系产生与实施的合理性根据；成文的和不成文的教育制度规范或教育规则体系，构成教育制度的基本内容；教育制度得以运行的组织与机构；各种物资设备，用以推动、执行和检查教育制度的运行。其中，教育制度观念是关于教育制度的基本概念与主要理念，它构成教育制度的价值基础，是教育制度不可或缺的重要部分。

教育制度观念是教育制度所体现出来的价值判断与目标定位，不同观念引

---

① 《马克思恩格斯选集》（第 2 卷），人民出版社 1995 年版，第 33 页。
② 《马克思恩格斯选集》（第 4 卷），人民出版社 1995 年版，第 247 页。

导下的教育制度形成、发展与变革就会体现出不同的性质。如果一定要将教育制度观念明确表达出来，它大致与社会正式的或非正式的、主流的或非主流的价值观念相类似。教育制度观念是教育制度得以产生的观念先导，是某项教育制度赖以产生和存在的价值观念。教育制度观念一般是不独立体现出来的，它肯定要与一定的教育规则、教育规范相联系。我们日常教育生活中所说的"合理的"教育制度与"不合理的"教育制度之分，主要源于教育制度观念的不同。这是因为，当我们说教育制度是"合理的"或"不合理的"时，看到的都是具有一定结构性的教育制度。"它具有一种特定的意义、相应的结构，人类生活、思考并活动于其中。他们早已为日常生活现实中习见而共受的结构预先所选择、所解释，决定他们的行为、确定他们行动的目标的正是这些思想客体，并提供掌握他们的手段。"[1] 不同的教育制度观念导致人们对教育制度的评断不一，但是，每一时代的主要教育制度都是其时代精神的体现，人类的普适性价值或基本价值诸如教育自由、教育公正等是评判教育制度的准则。尽管这样的价值在不同的社会中有不同的具体形式，但不管在什么文化当中，它们基本上得到了普遍的追求。柯武刚说："每个人自己特有的目标都不同于他人的目标，并随时间不同而发生变化。但当个人追求自己的特有目标时，他们的行为一般仍要服从并依赖于大体相似的基本价值。不管人们的背景和文化是什么，绝大多数人，在选择范围既定的情况下，都会将实现若干极普遍的基本价值置于高度优先的地位上，甚至不惜为此损害其他较个人化的愿望。这里所说的价值就是人们通常所追求的终极目标。它们构成了人类行为的强劲动力，它们对人的日常行为具有压倒一切的影响。"[2] 如果一个社会的基本价值得到坚定而一贯的公认，且如果必要，就会得到坚决的卫护，它们就构成了该社会的教育制度支柱，并由此而增加着教育有序化的可能性。马克思主义认为，只有把教育制度的价值判断与选择置于特定的社会和历史形态下进行考察和分析，才可能得出科学的结论。按照历史唯物主义的观点，社会主义教育制度无疑优于资本主义教育制度，这是一种本质的区别和超越。资本主义教育制度又优于封建社会和奴隶社会的教育制度，尽管这三种教育制度在私有制本性上是一致的，但以尊重人、尊崇教育民主、弘扬人性、保障教育权利、追求教育平等、倡导教育公平正义等价值为其内涵（虽然这些价值被认为具有相当的虚伪性和欺骗性）的资本主义教育制度，对于封建社会、奴隶社会的教育制度而言，仍

---

① 丹尼斯·劳埃德著，许润章译：《法理学》，法律出版社 2007 年版，第 10~11 页。
② 柯武刚等著，韩朝华译：《制度经济学》，商务印书馆 2000 年版，第 84~85 页。

然是一种辩证的否定和历史的进步。在现代社会，教育制度必须具备两大观念：一是要以追求每个人的全面发展、自由发展、充分发展，实现人的彻底解放为目的，把人当作历史、社会和教育的主体，二是要把教育真正置于经济社会发展的战略地位，增加教育投入，为教育的发展提供日益丰富的物质条件。

每一教育制度的具体安排都要受到一定的教育制度观念的支配。在很大的意义上，教育制度不过是一定的教育价值观念的实体化和具体化，是结构化、程序化的教育价值观念。细谷俊夫等人认为，现代社会以前的教育制度以"个别主义"为观念前提，而现代社会的教育制度则以民主主义和民族主义为前提。"民主主义之教育理想，即教育机会均等的思想，为决定学制系统的重要因素。……学制系统单轨化的趋向，实为此一思想的具体表现。如果譬喻支撑单轨制学制系统之此一柱石为'民主主义'的话，则另一支柱必为'民族主义'无疑。民族主义经与民主主义教育思想结合之下，始行产生国民皆学，国民接受教育之权利与就学之义务等思想，并且成立以义务教育制度为核心的国家教育组织。总之，民主主义与民族主义二者，实为单一学校运动之胚基，且为推进学制系统单轨化的动力。公众教育制度之概念，亦以这些主义为建立之基础。"① 然而，教育制度既可以以正向价值为取向，充分维护教育公平正义、保障每个人全面而自由的发展，也可以以负向价值为归依，把教育制度变成压制人的发展和教育发展、保护教育特权、维护教育等级的工具，甚至成为推行教育专制的手段。因此，教育制度必须有理性的价值导向，教育制度观念所要解决的，正是教育制度价值的合理选择与定位问题。在经济社会发展基础上的教育制度变革或教育制度创新直接源于教育制度观念的变革和更新。在观念层面，对教育制度变革的价值判断是一个复杂的事情，以规范教育权力、保障教育权利为基本内涵的现代法治国家几乎没有不尊崇教育民主、教育正义、教育平等、教育自由的，但是如何完成这些目标，实现这些价值，就需要确定比较具体的评判标准。然而，各种价值之间是存在着冲突甚至矛盾的，既需要做出定性的价值选择，也需要做出定量的价值取舍。

既然教育制度观念存在着好坏、优劣，那么在形成、发展与变革教育制度时就存在着要理性地判断和选择的问题，在教育制度形成后就存在着要自觉地调整、修正和更新的问题。这种判断、选择、调整、修正、更新的最终根据就是主体对自身根本的总体的需要及其更好地满足这种需要的方式的认识。

① 细谷俊夫等著，林本译：《世界各国教育制度》，（台湾）开明书店印行，1975 年版，第120页。

　　大体而言，教育制度形成、发展与变革必须确立正义、仁道、对人尊重、参与等观念。

　　1. 教育正义

　　从教育制度的产生和历史发展来看，不论是中国还是西方，教育制度的本义都是"正义"，都是对坚守合宜的事物或教育行为的伦理要求，其在抽象意义上是最基本、最重要的道德规范。葛德文认为："公正的政治法令不过是从道德规范中精选出来的一部分。"① 涂尔干也表达了类似的思想，"社会是一个道德规范的聚合系统，而法律在当代世俗社会中是上述道德规范的基本体现和重要后盾，以此来弥补作为现代社会聚合基础的普遍共有的制度观念的明显缺如"。② 布伦特则将正义的精神成分和制度成分有机地结合在一起了，"无论是他还是它只要给每个人以其应得的东西，那么该人或该物就是正义的；一种态度、一种制度、一部法律、一种关系，只要能使每个人获得其应得的东西，那么它就是正义的"。③ 罗尔斯指出："一个公正的宪法制度中的正确的政治理论以一种正义理论为前提，这种理论解释着道德情操在何种程度上影响公共事务的行为。"④ 如果教育制度失却了正义理论的"关照"和"牵引"，无疑会影响人们对教育制度本身的信仰和认可。"制度是由共同的规则体现规定的人们行为的方式，人们占据着由公共规则体系规定着的那些公职和职位，这本身在正常情况下就表现出一定的意图和目标。社会安排的正义或非正义和人们关于这些问题的信念深刻地影响着社会情感，它们在相当大的程度上决定着我们怎样看待另一个人的接受或拒绝一种制度的观点，决定着我们怎样看待他的试图改革或捍卫该制度的努力。"⑤ 教育制度规范是许多因素相互作用的结果，在这些因素中，每一种力量——正义感、功利的信念、习惯的力量——都具有重要地位。即使教育正义不是我们所有教育制度规范的基础，它也是决定教育交往中相互义务和权利之重要教育制度规范体系的基础。可见，强权教育制度尤其是教育法律制度的出现，最初是要在维护教育共同体秩序这一现象层面之下，维护作为教育共同体存在灵魂的最基本道德精神价值。教育制度不仅调节各种教育关系，而且在各种教育关系中充分体现了正义、公正、自由、平等、效率等

①　威廉·葛德文著，何慕李译：《政治正义论》（第1卷），商务印书馆2007年版，第82页。

②　肖金泉主编：《世界法律思想宝库》，中国政法大学出版社1992年版，第384页。

③　E. 博登海默著，邓正来译：《法理学》，中国政法大学出版社2004年版，第278页。

④　约翰·罗尔斯著，何怀宏等译：《正义论》，中国社会科学出版社1988年版，第495页。

⑤　约翰·罗尔斯著，何怀宏等译：《正义论》，中国社会科学出版社1988年版，第494页。

最基本的价值精神。正是在这个意义上，我们可以说教育制度作为一种社会控制工具，它还是"对人类理性所理解的道德准则的一种表达"。① 道德是教育制度尤其是教育法律制度的底线，一切教育制度规范的设立与实施，都以一定的道德、制度观念为基础，都是为了适应和满足一定道德、制度观念的要求。现实教育生活也告诉人们：凡是优良的具有约束力的教育制度都体现了基本的道德精神，闪耀着教育公平、教育正义、教育利益、教育秩序、教育自由、教育平等的神圣光芒。霍尔巴赫说："懂得本身的利益，合理地爱护自己：这是社会道德的基础，这是人为同类所做一切的真正的动机。"② 摈弃道德精神、文化温存、心性体贴和终极关怀的教育制度是没有生命力的，是没有效力的。"不管法律及其产生环境如何，必须使法律给人们带来好处，并为大多数社会成员造福。理性不承认一切缺乏这些特点的法律，这种法律也完全不值得有理性的人服从它。法律不能保障人们的权利，就是暴政和暴力的后果，对于暴政和暴力，社会总是有权加以抗拒的。"③ 也就是说，这样的教育制度只有教育制度的外壳而没有感人的力量，只是一时的强制力而没有持久的生命力，只是冷酷的理性规则、管制利器和牟利工具而游离了民众情感、疏离了生活世界、偏离了日常伦理。阿伦说："与一个社会的正当观念或实际要求相抵触的法律，很可能会因为人们对它们的消极抵制以及在对它们进行长期监督和约束方面所具有的困难而丧失其效力。"④ 霍尔巴赫说："法律一当只为一个人或少数人的利益服务，而对社会其余大多数人有害的时候，那就成为不公道的了。社会的存在是靠各种社会联系来维系的，法律如果削弱或破坏这些联系，那就是不公道的。"⑤教育制度是人所设立的，它必须尽可能地保护人的价值，否则就违背了人的目的。人的价值是自足的，这种价值由人的目的直接显现出来，而教育制度的价值是非自足的，它必须有利于人的价值时才具有价值，所以说教育制度本身没有价值，它的价值是工具性的，只有当我们用得着它时才是有意义的。人是教育制度的设立者，所以，教育制度需要通过道德批评才能获得价值上的合法性而不仅仅是事实上的认可。所谓规范化、标准化和数量化都只表达了某些人的规范和利益。当然，我们不能说，每条教育制度都是坏的（这显然没有

---

① 哈罗德·J. 伯尔曼著，贺卫方等译：《法律与革命》，中国大百科全书出版社 1996 年版，第 663 页。

② 霍尔巴赫著，陈太先等译：《自然政治论》，商务印书馆 2002 年版，第 9 页。

③ 霍尔巴赫著，陈太先等译：《自然政治论》，商务印书馆 2002 年版，第 24 页。

④ E. 博登海默著，邓正来译：《法理学》，中国政法大学出版社 2004 年版，第 403 页。

⑤ 霍尔巴赫著，陈太先等译：《自然政治论》，商务印书馆 2002 年版，第 25 页。

道理），而是说，一条教育制度的合法性必须由道德价值来批判。

教育正义意味着每一位家长、每一个教师、每一个管理者以及学校共同体的每一位其他成员，都必须受到同样平等、尊严和公平比赛（规则）的对待。教育正义意味着对儿童人格平等的尊重、儿童生命价值平等的关怀和儿童基本权利的平等保护，在此基础上引导儿童的精神品格健全和积极地成长。教育正义并非是道德的奢侈，与政治正义一样，教育正义是每个人作为人的现实的需要，使每个人人格健全发展的必要条件。教育影响着每个人的理想、价值、自我、人格等，一种教育制度规范不仅是一种满足现在的需要和欲求的制度手段，更是塑造人的方式，因此，教育制度规范的设计与选择必须建立在教育正义价值之上，因为只有正义的教育行动，才能构成一种平等尊重、平等关心每个人的发展和成长的教育力量。杜威曾指出："一种教育制度，能否由民族国家实施，而教育过程的全部社会目的又不受限制、不受约束、不被腐蚀呢……这个问题的无论哪一方面，都不是仅仅用消极的方法所能解决。仅注意使教育不被一个阶级积极地用来作为更加容易剥夺另一个阶级的工具，这是不够的。学校设施必须大量扩充，并提高效率，一般不只在名义上，而是在事实上减轻经济不平等的影响，使全国青少年，为他们将来的事业受到同等的教育……使所有青年能继续在教育影响之下，成为他们自己经济和社会职业的主人。"[1] 当教育制度规范追求正义时，教育活动、学校生活才有可能构成人们相互合作、相互友爱的团结关系的基础，成为提升人的自我价值、促进自我价值实现的根本条件。在这一过程中，教育制度规范本身亦获得合理性的论证。可见，凡是平等地关心和平等地尊重每一个人的每一个方面，同时公正地对待每一个人的教育制度规范，就是正义的教育制度规范。诚如卢克斯所言："如果有人减少或限制某人实现他自我发展能力的机会，这也是对他的极端不尊重。这种情况也许会以不同的方式，在不同的情况下发生。无论在资本主义还是国家社会主义的等级社会中，如果系统而持续地否定下层公民的这种机会，便构成了最坚决反对这些社会结构性不平等的理由。例如，在社会化的背景下，对机会的这种限制是当代教育社会学家所研究的一个重要的——甚至可以说最重要的——课题。一种等级化的教育体制强化了其他的社会不平等，从而阻碍着社会地位不高的人的自我发展，因此，这种教育体制便会导致否定对人的尊重（显然，这里假设教育的变革服从于政治控制）。与此类似，举另一个例子，如果可以

---

[1] 约翰·杜威著，赵祥麟等译：《学校与社会》，人民教育出版社 1994 年版，第 166~167 页。

使某些类型的工作更富有挑战性，需要发挥更大的才干或技能，承担更大的责任，而在这时却仍然把工人局限在奴性的、单调的和令人厌烦的劳作中，这就是否定了对人的尊重。此外，工人以及作为一个整体的政治社会中的公民——真正参与影响着他们的重要决策的形成和决断的可能性遭到否定，那也就是否定对他们的尊重，因为他们发展积极的自我管理这种优秀人类品质的机会也遭到了否定。"① 具体而言，正义的教育制度规范是保护个人权利的制度规范。杜威曾说："随着民主观念的传播和伴随而来的社会问题的觉醒，人们开始认识到，每个人无论他恰好属于哪个阶层，都有一种权利，要求一种能满足他自己所需要的教育，并且国家为了自身的缘故必须满足这种要求。"② 只有个人的权利得到充分的保障，个体才能获得自主的精神发展，才能把那些敏锐的思想、卓越的能力、高尚的德性、丰富的情感从灵魂深处培养起来。正义的教育制度规范"必须给全体成员以平等和宽厚的条件求得知识的机会"，"必须教育成员发展个人的首创精神和适应能力"。③ 正义的教育制度规范鼓励人的自我价值的实现，给正在成长中的人的自我价值感以支持。诚如贡斯当所言："制度必须实现公民的道德教育。一方面，制度必须尊重公民的个人权利，保障他们的独立，避免干扰他们的工作；另一方面，制度又必须尊重公民影响公共事务的神圣权利，号召公民以投票的方式参与行使权力，赋予他们表达意见的权利，并由此实行控制与监督；这样，通过履行这些崇高职责的熏陶，公民会既有欲望又有权利来完成这些职责。"④ 正义的教育制度规范给教师即所谓的教育权威以约束，教师必须给予每个学生平等的尊重。正义的教育制度规范保护儿童基本的教育自由，诸如道德自由、思想自由、学习自由等，即，教育制度在训练"明天的国家"时，应尽可能多地给儿童自由，并发展他们的主动性、独立性和应变能力等积极品质。以教育制度"训练"学生，并不是看重这种训练在教育制度上的地位而是它的目的。"这种训练是用一种健全的世界观鼓励个人的自我实现呢，还是用以控制个人，使他模仿既定的榜样，变得容易被统治？还是培养人们对等级制度盲目地尊重？事实上，如果我们要使我们的好奇心和首创精神不受挫折，那末在许多情况中，儿童和青年就需要具有超过一般水平的

---

① S. 卢克斯著，阎克文译：《个人主义》，江苏人民出版社 2001 年版，第 122~123 页。
② 约翰·杜威著，赵祥麟等译：《学校与社会》，人民教育出版社 1994 年版，第 388 页。
③ 约翰·杜威著，王承绪译：《民主主义与教育》，人民教育出版社 1990 年版，第 93 页。
④ 邦雅曼·贡斯当著，阎克文译：《古代人的自由与现代人的自由》，上海人民出版社 2003 年版，第 68 页。

力量，需要有一种克服困难的特殊能力，乃至需要养成一种不可动摇的坚强性格。"① 正义的教育制度规范在教育机会平等的条件下，能最大限度地提高最弱势群体的前景和期望。总之，教育正义是教育制度规范的首要美德，正如真理是思想的首要美德一样。一种理论无论多么精致高雅和简洁实惠，假如它不真实，就必须被抛弃或修正。同样，教育制度规范无论多么有效率和井然有序，只要它们不正义，就必须被改造或废除。当然，在教育制度规范的运作过程中，这种原则能在多大程度上得到体现，又涉及教育制度规范的运作者（教育制度规范、教育机构等的代表）与教育制度规范所面对者（教育制度规范的服务或作用对象）之间的相互交往。正义原则能否在这一过程中真正得到实现，直接关系着教育制度规范本身的职能能否合理的落实。

2. 教育仁道

较之正义观念，仁道观念更多地指向人自身的存在价值。早在先秦，儒家的开创者孔子已提出了仁的学说，并以"爱人"界定仁。孟子进而将性善说（人皆有"不忍人之心"）与仁政主张联系起来，从内在的心理情感与外在的社会关系上展开了孔子所奠定的仁道观念。在汉儒的"先之以博爱，教之以仁也"（董仲舒：《春秋繁露·为人者天》）、宋儒的"民吾同胞，物吾与也"（张载：《西铭》）等看法中，仁道的原则得到了更具体的阐发。事实上，作为"礼"作用方式的"和"，已体现了仁道的原则。仁道的基本精神在于尊重和确认每一主体的内在价值，它既肯定主体自我实现的意愿，又要求主体间真诚地承认彼此的存在意义。② 孔子以爱人规定仁，孟子则以恻隐之心为仁之端，等等，无不表现了对主体内在价值的注重。西方思想家也对仁道原则进行了一系列阐述。一般而言，人道主义当然是对人性的颂扬，人道主义总是努力恢复人的本质，它所关注的是把人当作人而不要当作非人。广义的人道主义思想家视人本身为最高价值，从而将"善待一切人、爱一切人、把一切人当作人来看待"当作善待他人和社会治理（包括教育治理）的最高原则。狭义的人道主义思想家认为人本身的自我实现是最高价值，从而把"使人自我实现而成为可能成为的完善的人"奉为善待他人和社会治理的最高原则。就教育世界而言，如果承诺教育的仁道观念，教育显然就不能以既定的教育模式来塑造受教育者，不能以某种生活样式作为唯一正确的样式让受教育者模仿和服从，不能以标准

---

① 联合国教科文组织、国际教育发展委员会编著，华东师范大学比较教育研究所译：《学会生存》，教育科学出版社 1996 年版，第 86 页。

② 在此点上，东西方思想家是一致的。哈贝马斯曾建议，我们不仅肯定要明白我们的角色，而且也要进入他人的角色。

化的知识来填塞人的心智，不能以某种制度观念作为唯一正确的制度观念让受教育者接受，否则，受教育者的生活就不是自我主宰的，他就丧失了自我的本真性，受教育者就不能真正地实现精神的自我创造。诚如哈耶克所说："承认每个人都具有我们所应当尊重的他自己的价值等级序列（即使我们并不赞同此种序列），乃是对个人人格之价值予以承认的一部分……换言之，信奉自由，意味着我们绝不能将自己视为裁定他人价值的终极法官，我们也不能认为我们有权或有资格阻止他人追求我们并不赞同的目的，只要他们的所作所为并没有侵犯我们所具有的得到同样保护的行动领域。"[1] 如果承诺教育的仁道原则，教育所施行的每一项行动都必须是谋求提升教育共同体、教育共同体成员的福祉的。康德说："使你待人——无论对你的亲人还是对其他人——仁慈的行为总是作为一种目的，而决不会仅仅作为一种手段。"[2] 康德这段话，对我们的启示意义在于：每一位家长、学生、教师、校长或教育共同体的其他成员在与别人交谈时，都把他/她自己置于他人的位置，以便探讨某种要求被接受的规范是否对人人都足够公平。显然，这一原则应当构成第一种检测、考虑学校的行动路线或学校所采取的一系列制度观念的标准。而要达此目的，教育制度规范必须以仁道为其最基本的价值取向，即教育制度规范的设计与安排应为人的自我发展和自我创造打开更多的大门，而不是故意制造一条"独木桥"，把人们的发展前景和选择机会减少；教育制度规范应平等地对待每一个人，免除任何形式的思想和行动的一致性和一元化，免除学校类型的单一化，让教育者、受教育者自主地决定自己的生活理想，自我引导地发展个性。教育制度规范应尊重多样性，在评价教师上，虽然强调义务和责任的一致性，但却尊重教学风格和个性方面偏好方面的差异性。教育制度规范应通过认同教师的专业承诺和教师的技艺知识，来表达对教师的尊重，"教师们自由决定教什么和怎样教，并可以用别样的方式表达他们个人对教学的见解。教师对这种认同的回应，则通过承担采取与专业理想一致的行为这一责任来体现"。[3] 教育制度规范还应通过给予学生以与教师、家长和其他成人一样的关怀，来表达对学生的尊重。"在学校价值体系中，最为首要的是合乎道德的关怀，并且，关怀被视为学术成功的关键。"[4] 教育制度规范应积极引导家长、教师、社区和学校参与教育的建设

① F. A. 冯·哈耶克著，邓正来译：《自由秩序原理》（上），生活·读书·新知三联书店1997年版，第93页。
② T. J. 萨乔万尼著，冯大鸣译：《道德领导》，上海教育出版社2002年版，第122页。
③ T. J. 萨乔万尼著，冯大鸣译：《道德领导》，上海教育出版社2002年版，第129页。
④ T. J. 萨乔万尼著，冯大鸣译：《道德领导》，上海教育出版社2002年版，第128页。

与发展，家长、教师、社区和学校都是伙伴，"他们享有互惠和互依的参与权和受益权，负有支持和帮助的义务与责任……如果学校要在教与学工作上做到有效而有意义，就需要家长的指点和支持；如果家长在教育孩子方面要做到有效而有意义，同样需要学校的忠告与支持。通过家长建设性地参与，学校能使学生更为建设性地参与进来；通过学校建设性地参与，家长也能使学生更为建设性地参与进来"。① 因此，不妨说，相对于正义原则同时趋向于形式的合理性，② 仁道原则所指向的首先是教育制度规范实质的合理性。教育制度规范无情无性，它"没有憎恨和激情，因此也没有'爱'和'狂热'……'不因人而异'，形式上对'人人'都一样"。③ 教育制度规范所具有的超然于人的这一面，使之在运作过程中常常表现出冷峻的、无人格的特点，这种存在形式很容易给人以异己之感。在教育制度规范的运作者与教育制度规范所服务或作用对象之间的交往过程中，如果以仁道原则为导向，则将有助于限制或消解教育制度规范对人的异己性。

3. 对人尊重

在人类社会的发展过程中，存在着一项根本的伦理原则：单个的人具有至高无上的内在价值或尊严。卢梭思想的核心是：人是最高贵的存在物，根本不能作为别人的工具。而卢梭是给予康德影响最大的人，"在康德思想的发展中，在一个具有根本性的转折点上，卢梭向康德昭示了一种新的生活历程——从此而后，他义无反顾，绝不放弃"。④ 正是卢梭对人的内在本性的发现使康德懂得并学会了尊重人。在康德的著作中，"人是目的"这一思想得到了最为深刻而系统的表述。

在康德看来，人，一般说来，每个有理性的东西，都自在地作为目的而实存着，他不单纯是这个或那个意志所随意使用的工具。在他的一切行动中，不论对于自己还是对其他有理性的东西，任何时候都必须被当作目的。"有理性的东西，叫做人身，因为，他们的本性表明自身自在地就是目的，是种不可被当作手段使用的东西，从而限制了一切任性，并且是一个受尊重的对象。所

① T. J. 萨乔万尼著，冯大鸣译：《道德领导》，上海教育出版社 2002 年版，第 129 页。
② 正义原则肯定每一个体都有权利享受同等的机会，但在现实的存在形态中，由于自然（包括生理上）及社会（包括出身、教育、社会关系）等方面的差异，个体在争取形式上同等的机会时，实际上处于不同等的出发点。尽管罗尔斯提出了差别原则，试图对此有所改善，但如同"无知之幕"的设定一样，这在相当程度仍带有理想化的色彩。
③ M. 韦伯著，林荣远译：《经济与社会》（上卷），商务印书馆 1998 年版，第 250 页。
④ 范进著：《康德文化哲学》，社会科学文献出版社 1996 年版，第 393 页。

以，他们不仅仅是主观目的，作为我们行为的结果而实存，只有为我们的价值。"① 他认为这项原则是"客观原则"，"从这里必定可以推导出意志的全部规律来"，于是得出了如下的实践命令："你的行动，要把你自己人身中的人性，和其他人身中的人性，在任何时候都同样看作是目的，永远不能只看作是手段。"② 即，不论是谁，在任何时候都不应把自己和他人仅仅当作工具，而应该永远看作自身就是目的。随后康德在《实践理性批判》一书中进一步阐明了此思想："人的确是足够罪恶的，但在其个人里面的人道对于他必定是神圣的。在全部被造物之中，人所愿欲的和他能够支配的一切东西都只能被用做手段；惟有人，以及与他一起，每一个理性的创造物，才是目的本身。所以，凭借其自由的自律，他就是道德法则的主体。"因为人作为理性的存在，他区别于一切无理性的"物件"而独具"人格"，"而惟有凭借这个人格他们才是目的本身"。③ 换句话说，我（们）的生命、劳动力和人格属于我（们），且仅属于我（们），它们并不是任由社会整体随意处置的东西。我们有理性的能力和自由的能力，而这种能力是人类自身所共有的。因此，康德"人是目的"这一原则充分体现了康德对人的尊重。在康德看来，这一原则还意味着：尊重他人，除了不能把他人当成是实现我们自身目的的客体或工具外，我们还应该把他人看成是和我们一样有着自己的目的并根据自己的原则行动的人。"不论是谁在任何时候都不应把自己和他人仅仅当作工具，而应该永远看作自身就是目的。"④ 康德所谓的"绝对命令"并不是指任何一个人的习惯或一般意义上的文化，而是指必须把每个人看成是平等的主体，他们在服务于行动的所有规则面前是平等的，康德指出："儿童必须被置于某种必然的法则之下。这种法则必须是普遍性的。在学校里尤其要注意这一点。教师一定不能在众多学生中对某一个人表现出特别的偏爱，因为这样的话，法则就不再是普遍性的了。一旦他们发现不是所有人都遵从这同一法则，就会变得难以控制。"⑤ "绝对命令"是指把每个人当成他自己来尊重的需要，是指把每个人当成他自己的目的而不仅仅是实现别人工具手段的命令，是指能够认识到每一位与我不同的人都和我一样拥有合法的自我管理的权利。康德把这种权利看成是人类尊严的核心，是无价的，是人类所创造或体现的任何其他价值的基础。他在《道德形而上学原理》一书

---

① 康德著，苗力田译：《道德形而上学原理》，上海人民出版社 2005 年版，第 47-48 页。
② 康德著，苗力田译：《道德形而上学原理》，上海人民出版社 2005 年版，第 48 页。
③ 康德著，韩水法译：《实践理性批判》，商务印书馆 1999 年版，第 95 页。
④ 康德著，苗力田译：《道德形而上学原理》，上海人民出版社 2005 年版，第 53 页。
⑤ 康德著，赵鹏等译：《论教育学》，上海人民出版社 2005 年版，第 37 页。

中，曾把拥有价值与拥有尊严作了区别。"凡有价值的均可为等值者替换；另一方面，超过一切价值，无等值物可替换者，即系尊严。"① 所以，满足人类欲望与需要的商品有市场价值；能吸引人们兴趣的（即使无此需要）也可以说具有唤起感情或想象力的价值。但世界上有些东西是不能用任何价值的尺度来衡量的；它们是无法估价的，无价的。对每个人来说便是这种情况。一个人可能是较好的教师、职员或官员，在限定的行为范围内，我们可能而经常必须称赞他们相对的价值。但作为人，他们却没有相对价值，因为凡有相对价值的，只要那是价值，都可以为另一具有相等或较大价值的同样实体所代替。一个好教师可以被更好的教师所替换；一个好官员至少可以被同样熟悉行政运作的人替换。作为一个人，却没有人可能被另一个人替换。使他在此领域内占有一席之地的就是因为它有人的尊严，那是他存在的内在的属性。尊重每个人的尊严，恰好表达了这一思想。此处所言的尊严，不包含内心的自尊或外部举止，而是每个人内在的值得尊重，一种不容任何比较性评价的内在尊严，与他的智力、技艺、才能、等级、财产、信仰无关。诚如约翰·杜威所说："在社会道德事务上，平等并不意味着数学上的相等。它意味着不能用大些、小些、优些、劣些这些概念来考虑。它意味着不论能力、力量、地位、财富在数量上的差距多大，但与其他一些——个人存在的这一事实、某些不可替换方面的观察——相比，是微不足道的。总之，它意味着这样一个世界，其中存在必须按其本身价值来考虑，而不是作为某种可与其他东西相等或转换的事物来考虑。可以这样说，它含有一种抽象的没有共同量度的数学，在这种数学中各为自己辩护并各为自己而要求得到考虑。"② 不管人与人之间有多少不同，都应该认识并珍视人的尊严。在我们思考教育与社会所应该具有的所有价值观中，对人的尊重应该居首要的地位。

对人尊重，即认为个体是负责的、明智的、关心他人的。他们应当受到尊重，并有自己的尊严。康德认为，人的独特性就在于人能够为自己立法，即人的自主性。他所说的自主性指的是理性的自我主宰，自我约束，克服自己，克服那些由爱好、欲望、一切非理性冲动带来的动机。理性是一种巨大的莫可抗御的力量，它排除一切外来的干扰，清洗全部利己的意图，保持自身为创制的道德规律的纯洁与严肃。在理性的主宰下，人们就可以不顾艰险，鄙弃诽讥，无私无畏地去担当起自己的道德责任。由于每个有理性的东西都服从，在任何

---

① 科恩著，聂崇信等译：《论民主》，商务印书馆 2004 年版，第 255 页。
② 科恩著，聂崇信等译：《论民主》，商务印书馆 2004 年版，第 256 页。

时候都不应把自己和他人仅仅当作工具，而应该永远看作自身就是目的的规律。这样就产生了一个由普遍客观规律约束起来的、有理性的东西的体系，产生了一个王国。康德称之为目的王国。目的和自然这两个王国很有相似之处，前者服从准则，服从自身加于自身的规律，后者服从外因起作用的规律。作为自在目的，有理性的东西其本性就规定他为目的王国的立法者。对一切自然规律来说他都是自由的，只服从自己所制定的法律、规律。唯有立法自身才具有尊严，具有无可比拟、无条件的价值，才配得上在称颂他所用的"尊严"这个词。

就教育世界而言，如果承诺"人是目的"，教育首先应尊重人的独特性，把人看做是自主的、需要隐私的和能够自我发展的。如果不是把人看作一个行为者和选择者，一个产生了行为和选择的自我；如果不把人作为一个人来看待，从而也不把他作为一个人来对待，而仅仅作为一个头衔的佩带者或一个角色的扮演者，或者仅仅作为达到某种目的的手段，最糟的是甚至仅仅作为一种客体，那么就是不尊重人。"如果仅仅根据他的某些偶然的和由社会限定的属性，诸如他在社会等级中的地位或他的职业角色，来决定我们对他的态度，那么我们就否定了他作为一个自主的人的地位。"① 如果没有正当理由而侵犯某人的私人空间和利益，干预他们应受尊重的活动（尤其是干预他内在的自我），那这很明显是对他的不尊重。如果承诺人是目的，教育显然就不能以既定的教育模式来塑造受教育者，不能以某种生活样式作为唯一正确的样式让受教育者模仿和服从，不能以标准化的知识来填塞人的心智，不能以某种价值观作为唯一正确的价值观让受教育者接受，否则，受教育者的生活就不是自我主宰的，他就丧失了自我的本真性，丧失了内在的价值和尊严。诚如哈耶克所说："承认每个人都具有我们所应当尊重的他自己的价值等级序列（即使我们并不赞同此种序列），乃是对个人人格之价值予以承认的一部分……换言之，信奉自由，意味着我们绝不能将自己视为裁定他人价值的终极法官，我们也不能认为我们有权或有资格阻止他人追求我们并不赞同的目的，只要他们的所作所为并没有侵犯我们所具有的得到同样保护的行动领域。"② 如果承诺人是目的，教育所施行的每一项行动都必须是谋求提升教育共同体、教育共同体成员的福祉的，所有人在教育法律面前平等并受到教育法律的平等保护，禁止歧视和以采取肯定

---

① S. 卢克斯著，阎克文译：《个人主义》，江苏人民出版社 2001 年版，第 122 页。

② F. A. 冯·哈耶克著，邓正来译：《自由秩序原理》（上），生活·读书·新知三联书店 1997 年版，第 93 页。

行动的方式保障免受歧视。《世界人权宣言》指出："每个人，作为社会的一员，有权享受社会保障，并有权享受他的个人尊严和人格的自由发展所必需的经济、社会和文化方面各种权利的实现。"[①] 如果承诺"人是目的"，教育显然应扩展某人实现其自我发展的能力，否则，这种教育就是对人的不尊重。总之，人要有自由，一个主要的前提条件，是个人要被其他人尊重为人（个人也应当这样来尊重自己），而"得到这样的尊重（至少部分地）就等于得到了自由。缺乏这种尊重，个人的自由就会受到损害：他的自主会被削弱，他的隐私会遭到侵犯，他的自我发展会受到阻挠"。[②]

4. 参与

受到教育制度影响的人越是参与到教育制度形成、发展与变革的决策过程中来，才能在教育制度变革中体现他们的需要，并获得他们的认同。吉登斯曾说："社会制度和有机体不同，它们对自己的生存没有任何需要和兴趣。如果人们不承认制度需要是以参与者的需要为前提，'需要'的概念就用错了地方。"[③] 受到教育制度变革影响的人越是参与到教育制度变革的决策过程中来，他们就越有可能付诸行动来实施这些决策。如果每一位教师能够通过某种有规则的和有机的方式，直接地参与到教育制度变革的决策中，无疑能增强他们的责任感和主人翁意识。伊万斯曾说："一个分享的愿景是革新的关键，因为它有助于形成组织内的成员感，使工作本身有意义，并由此激励（组织成员）对组织的追随。"[④] 萨乔万尼也说："教师中的授权感促进了主人翁精神的发扬，并增强了责任感和工作动机。当教师们感到自己就像走卒而不像他们自己行为的发明者时，他们的反应便是责任感减少，行为机械、冷漠，在极端的情况下则是不满和疏远。"[⑤] 参与是"思想和感情的投入"，这就是教育制度变革的"主人翁"精神。它是名副其实的自我投入，而不仅仅是在教育制度变革过程中摆摆样子和"走走过场"。这样的投入极大地激励了参与者，从而发挥他们的干劲、创造力和积极性。这也是参与和赞同不同的地方。本我的参与和"主人翁"的观念激励着人们为维护教育教育制度变革效力承担更大的职责。既然个人已经成为教育制度变革中的一员，这就使他把能否很好地制定教育制度变

---

① "人的安全网络"组织编写，李保东译：《人权教育手册》，生活·读书·新知三联书店2005年版，第498页。

② S. 卢克斯著，阎克文译：《个人主义》，江苏人民出版社2001年版，第124页。

③ W. 范伯格等著，李奇等译：《学校与社会》，教育科学出版社2006年版，第40页。

④ 冯大鸣主编：《沟通与分享》，上海教育出版社2002年版，第87页。

⑤ T. J. 萨乔万尼著，张虹译：《校长学》，上海教育出版社2004年版，第81页。

革目标乃至实施看成是与自己有着切身的利害关系。诚如霍顿所说："迄今为止，我们应知道，根本性变革不是因为人们对系统运作方式的不满而发生的，也不是权力精英们的改革计划的结果。单靠对抗不能带来激进的变革。从民间高级中学，从保罗·弗莱雷及其前人那里，从本世纪日益壮大的'基础运动'等等，我们已经知道，当我们亲自参与对自己及周围环境有着直接影响的工作时，我们会受到激励。教育系统发生变革的唯一方法是，广大教师使自己与大众、学生、不同种族的人和工人联合起来，变革各种目标、课程和指导方针，以便更多的人参与决策过程或成为教育系统的根本性变革与社会变革的支持者。"① 另外，参与也是缓解、消除教育制度变革阻力的良方。减少甚至消除教育制度变革阻力的一个最好的办法是邀请将会受到变革影响的人参与到教育制度变革的规划、设计和完成中来。对这种方法成效的解释至少有三种：第一，当受教育制度变革影响的人规划、设计变革时，新的观点和信息会随之产生，这些增加了的信息会增加教育制度变革的有效性。诚如柏克所说："迄今为止，我尚未见到哪个方案不曾被小人物的见解修补过，这些小人物的智力远远低于此项事业中先锋人物的智力。在虽缓慢，但很稳妥的前进中，每一步骤的效果都能受到关注，前一步的成败可以给下一步带来指路的灯光。如此，从灯光到灯光，我们可以被指引着安全地走完整个过程。"② 第二，参与能够建立起人们对教育制度变革的认同感，这样，教育制度变革就能够成功地完成。第三，通过让人们了解教育制度变革的本质和结果，既可以减少人们对教育制度变革的无名恐惧，还可以破除关于教育制度变革的谣言。西蒙曾说："人类并不是对变革有先天的敌意，因为人类经常逃避变革，但是也经常追求新奇。他们的反应是积极的还是消极的，很大程度上取决于他们对变革过程参与的本质和程度。简单地说，他们对于自己完成的行动（认为是自己完成的）都会做出积极的反应，而对于没有经过他们同意就对他们采取的行动就会做出消极的反应。让人感觉不舒服、让人反对的，往往不是变革本身，而是必须服从变革，而又无法控制和影响变革，因而人会感到焦虑和无助。"③ 反之，如果教育制度的形成、发展与变革是决策者理性推导的结果，既没有按照人们的实际情境去设计，也没有发挥人们参与教育制度制定、变革方案的主动性、积极性，注定不会得到人们的认同。诚如《学会生存》一书所说："具体应用改革的成败取决

---

① 波·达林著，范国睿主译：《理论与战略：国际视野中的学校发展》，教育科学出版社2002年版，第110页。

② 埃德蒙·柏克著，蒋庆等译：《自由与传统》，商务印书馆2001年版，第128页。

③ H. A. 西蒙著，詹正茂译：《管理行为》，机械工业出版社2007年版，第148页。

于教师的态度。然而，革新理论家们设计的许多方案，其目的似乎是强加在教师们身上的，是向他们提出的，而不是和他们共同提出的。这种专家统治论的家长作风是由于他们不信任教师，因此反过来引起了教师对他们的不信任。总之，教师们并不反对改革，他们反对的是别人把改革方案交给他们去做的那种方式，更不用说把一个改革方案强加在他们身上了。"[1] 如果阻止教师参与教育制度变革的决策，其后果是不堪设想的。杜威曾说："不亲自参与就会使得那些被排除在外的人员缺乏兴趣和关心。结果是相应地使人缺乏实际的责任心。自动地，如果不是有意识地那么就是无意地发展着这样一种情绪：'这不是我们的事情，这是上面人的事情；让那一帮特殊的人物去办那些所应该办的事去吧'。"[2]

教育制度的作用应该是解放人的心灵，提高人的批判能力，丰富人的知识，提高他的独立探究的能力，启迪他的同情心，使他把握好道德和实践的选择。一旦人们参与教育制度的制定、变革，他们往往会克服一己之私利，更注重公共利益。密尔在《论代议制》一书中指出："……是平民参与即使是很少的公共事务时所提供的道德方面的教益。当他参与时，要求他权衡的不是他自己的利益；对有冲突的意见，要求他不受个人偏好的支配；在每个问题上都要求他运用那些本身的存在就是为了公益的原则与格言；而且他会发现在同一工作中经常与才智之士为伍，他们对这些主张与运用较他熟悉，他们的研究会提高他理性的认识，也会激励他对公共利益的感情。他被养成为公众的一员，公众的利益也就是他的利益。"[3] 因此，为了实现教育制度规范的作用，所有公民都应参与到教育制度规范的争论、批判和选择之中，"共有"的教育制度规范建立在所有公民的努力之上，"并不限于社会成员中的某一群体，而要尽可能地扩展到所有公民"。[4] 同时，社会成员多种多样的经验、阅历与利益也可能丰富教育制度变革的决策过程，如果没有社会成员的普遍参与，这是不可能的。"政策是否明智，最终要依据所有社会成员的利益来判断；只有社会成员自己最适合于探求明智的政策。"[5] 在共同关心的教育制度变革问题上，多人智慧胜

---

① 联合国教科文组织、国际教育发展委员会编著，华东师范大学比较教育研究所译：《学会生存》，教育科学出版社 1996 年版，第 222 页。

② 约翰·杜威著，傅统先等译：《人的问题》，上海人民出版社 2006 年版，第 50 页。

③ 科恩著，聂崇信等译：《论民主》，商务印书馆 2004 年版，第 244 页。

④ 伊斯雷尔·谢弗勒著，石中英等译：《人类的潜能》，华东师范大学出版社 2006 年版，第 128 页。

⑤ 科恩著，聂崇信等译：《论民主》，商务印书馆 2004 年版，第 215 页。

过一人智慧，集体智慧胜过少数人的智慧，多人出力的筵席胜过一人筹办的。诚如科恩所说："许多人对思考过程作出贡献，各有其正确之处和考虑周到之点，如果把一切都汇集在一起，人民就会成为一个人一样，一个有许多脚、许多手和许多感官的人，还可能有多种多样的性质与智力。"① 换句话说，在教育制度变革过程中，听取不同意见乃至反对意见，无疑能集思广益，"持续有力的批评有助于避免匆忙采取行动"，无疑能对在教育制度变革过程中遇到的各种问题作出明智的抉择。托马斯曾说："不同观点的对抗经常产生一种极高明的见解。不同的观点往往建立在不同的依据、不同的思考、不同的见解、不同的参照系统的基础之上。因此，不同意见的争执有可能使个人正视那些他原本忽略了的因素，从而有助于他将别人的见解和自己的综合起来，从而得到更加全面的观点。"② 如果对在教育制度变革过程中的不同意见乃至反对意见进行压制，必然会损害整个社会参与教育制度变革的深度，"不允许这种反对，或加以限制，不论是迫使某些人三缄其口或公开宣布某些主张非法，都是堵塞参与的主要途径"。③ 只要有不公正的压制与胁迫就无法确定该项教育制度变革表达了社会成员的真正意志，而只有符合社会成员真正意志并经过其多方诘问、批判的教育制度变革行为，才会获得人们的支持。"一切可供选择的建议不仅须加以权衡比较，而且须经受最激烈的反对者的攻击。向社会提出的建议必须经得住社会审查的考验；在最后被采纳以前，它们必须击败强劲有力的批评者公开而且有组织的反对，以赢得多数的支持。"④

（二）作为人类教育活动的结果，教育制度形成、变革必定有其教育制度观念前提

作为人类教育活动的结果，教育制度形成、发展与变革必定有其教育制度观念的前提。一般而言，教育制度一经产生就具有相对独立性，并在一定程度上使得教育制度具有自身的内在逻辑。恩格斯指出："任何意识形态一经产生，就同现有的观念材料相结合而发展起来，并对这些材料作进一步的加工；不然，它就不是意识形态了，就是说，它就不是把思想当作独立地发展的、仅仅

---

① 科恩著，聂崇信等译：《论民主》，商务印书馆 2004 年版，第 215~216 页。
② M. D. Dunnette（ed.），*Handbook of Industrial and Organizational Psychology*. Chicago：Rand Mcnally，1976，p. 891.
③ 科恩著，聂崇信等译：《论民主》，商务印书馆 2004 年版，第 127 页。
④ 科恩著，聂崇信等译：《论民主》，商务印书馆 2004 年版，第 126 页。

服从自身规律的独立存在的东西来对待了。"① 同时，教育制度是一种独立于个人意志的、非人格化的机制，它"没有憎恨和激情，因此也没有'爱'和'狂热'……'不因人而异'，形式上对'人人'都一样"。② 只不过应看到，虽然教育制度一经产生就具有相对独立性，会影响和制约人们的教育制度观念，虽然教育制度的运行与活动不以单个人的教育利益和意志为转移，具有非人格化特征，但是教育制度作为人类教育活动的条件和活动的产物，必然受到人们教育制度观念的自觉指导，人们关于教育制度的制度观念与构想，必然对他们如何处理自己与教育制度的关系产生影响，必然对人们是否进行教育制度变革产生影响。因此，马克思主义一方面强调历史过程中的决定性因素归根到底是现实生活的生产和再生产，"观念的东西不外是移入人的头脑并在人的头脑中改造过的物质的东西而已"③，"人们头脑中发生的这一思想过程，归根到底是由人们的物质生活条件决定的"④，但是，与此同时，马克思主义也特别强调社会意识对历史发展的影响。恩格斯指出："以往的全部历史，除原始状态外，都是阶级斗争的历史；这些互相斗争的社会阶级在任何时候都是生产关系和交换关系的产物，一句话，都是自己时代的经济关系的产物；因而每一时代的社会经济结构形成现实基础，每一个历史时期的由法的设施和政治设施以及宗教的、哲学的和其他的观念形式所构成的全部上层建筑，归根到底都应由这个基础来说明。"⑤

　　在现实教育生活中，教育制度的形成、变革确实是人们教育实践的结果，确实有其观念前提。我们知道，个人主义是美国的核心价值观之一，而美国的教育制度恰是其个人主义价值观的体现。何谓个人主义？在不同的国家、不同的语境之下，其内涵是不同的。关于"个人主义"的美国涵义，布赖斯曾指出："个人主义，对事业的热爱，对个人自由的自豪，不仅已被美国人视为他们的最佳选择，也是他们的祈求；他们已经接受了资本主义文化这一经济美德。"⑥ 帕特森认为："个人主义是对个人首创性、自足和物质积累的一种承诺。它与自由的理念相关，把个人当做社会的基础，并由平等理念所支撑，主张应当给予每个人以通向成功的公平机会。个人主义的基础乃是这样的信念：人们

---

① 《马克思恩格斯选集》（第4卷），人民出版社1995年版，第254页。
② M. 韦伯著，林荣远译：《经济与社会》（上卷），商务印书馆1998年版，第250页。
③ 《马克思恩格斯选集》（第2卷），人民出版社1995年版，第112页。
④ 《马克思恩格斯选集》（第4卷），人民出版社1995年版，第254页。
⑤ 《马克思恩格斯选集》（第3卷），人民出版社1995年版，第739页。
⑥ S. 卢克斯著，阎克文译：《个人主义》，江苏人民出版社2001年版，第28页。

如果自由地探求自己的道路，而不是肩负不公平的重担，那都是可以发挥其最大潜力的。个人主义的根源在于这个国家当初作为一个广阔无垠社会而存在的事实。早期美国人发展出了一种对自己'粗犷的个人主义'的自豪感，从这种经验滋生了这样的观念，即人们应当靠自己的努力来竭力取得成功。"① 而个人主义的观念已经深入到美国人生活的方方面面，并成为他们一切行为的准则。美国社会中个人主义的重要性明显地表现在对教育机会平等的强调上。如果让个人负责自身的福利，那就必须赋予他们靠自己努力取得成功的公平教育机会。美国人建立起世界上最广泛的高等教育体系，这无疑反映了他们的个人主义和平等的文化信念与价值观。美国的高等教育体制包括约3000所两年制和四年制的大专院校。设计这一体制，是要让几乎每一位希望得到大学教育的人有学可上。帕特森曾说，在美国，"每个州境内至少有8所学院和大学，有11个州拥有100所以上高等院校。加利福尼亚州有322所，纽约州有320所，这两个州院校数排名最前。欧洲任何一个民主国家的高等院校数字都达不到这两个州的规模。美国广泛的高等教育体系使得大量的美国人能够获得大学学位"。②

简言之，人们的教育制度观念规定着教育制度，教育制度是人们依据教育制度观念蓝图建构的。各种因素造成教育发展的情势，反映在人们的教育制度观念里，人们依据形成的教育制度观念建构教育制度。教育制度所依据的观念不一定是正确的，但一定是自觉的；人们同意接受的教育制度观念怎样，人们建构认可的教育制度也就怎样。诚如加塞特所说："作为人类，我们的生活不能没有思想，我们的所作所为都离不开思想，生活的目的正是为了做事情。因此，正如印度最古老的书中所述的：'我们的行动听从于我们的思想，就像牛车的车轮跟随牛的脚步一样。'从这种意义上说……我们就是我们自己思想的化身。"③

三、教育制度是一种上层建筑，是教育制度观念的"附属物"

教育制度是人们通过主体有意识的活动而设立的，以保护一定的经济基础所确定的教育利益结构。教育利益冲突既是教育制度产生的根源也是教育制度

① T. 帕特森著，顾肃等译：《美国政治文化》，东方出版社2007年版，第9页。
② T. 帕特森著，顾肃等译：《美国政治文化》，东方出版社2007年版，第12页。
③ 奥尔特加·加塞特著，徐小洲等译：《大学的使命》，浙江教育出版社2001年版，第55页。

变革的根源。教育资源并不是均衡的，也不可能是均衡的。教育利益来源于对教育资源的控制，教育利益的大小取决于对教育资源控制的多少。但是，社会中的现有教育资源总是处于匮乏状态。科林斯认为，"人是社会的但具有冲突倾向的动物"。每个人都客观地在追逐其自身的利益，利益争夺的情况内在地是对立的。科林斯曾说："这里有三条线索：人生活在自己建立的主观世界中；别人手里牵了许多条线控制了一个人的主观经验；为了控制而有频繁的冲突。生活基本上是为地位而展开的斗争，这些地位决定了没有人可以对他周围他人的势力毫不在意。如果我们假设每个人都在利用所能得到的资源以使他人为他得到特定环境中的最好可能的局面效力，那么我们就获得了一个能理解大量的分层情况的指导原则。"① 那么，如何寻求一种途径以解决利益、教育利益冲突呢？显然只有依靠制度、依靠教育制度。

教育制度是适应教育利益的需要而产生的，教育制度形成、发展与变革根源于教育利益关系的变化和发展，归根到底根源于人们教育利益要求的变化和发展，归根到底来源于人们的教育利益追求和教育利益追求过程中的成本—收益计算。那么，何谓利益、教育利益呢？霍尔巴赫曾说："人们所谓的利益，就是每个人按照他的气质和特有的观念把自己的安乐寄托在那上面的那个对象；由此可见，利益就只是我们每个人看做是对自己的幸福所不可少的东西。"② 个人在一定的教育制度框架下所追求的利益即教育利益，林文达指出："教育利益是指教育所能满足个人欲望的大小或数量。个人具有不同的欲望，希望能获得满足；这些欲望不是审美的、政治的、社会的、心理的、或物质的，一旦能从教育中获得满足，便享有教育的利益。教育利益遂有审美利益、政治利益、社会利益、心理利益及物质利益等。"③ 从某种意义上言，教育利益是教育制度的基础，教育制度总是来源于个人追求自身教育利益的（有限）理性活动，教育制度实质上是一种利益制度。苏宏章指出："各种社会制度的实质是利益制度，是为了一定阶级、阶层、集团和一定人的利益而制定的。不管社会制度的代言人使用何等漂亮的词句，也掩盖不了社会制度的这一实质。"④ 与此相应的是，任何教育制度的产生都会带来各种利益，任何教育制度的产生都会有自己的受益群体。这种受益群体是一种依附群体——依附于一定制度的群体。受益群体之所以依赖于现有教育制度，并不是因为他们从理智上一定赞

---

① 于海著：《西方社会思想史》，复旦大学出版社 1993 年版，第 421 页。
② 霍尔巴赫著，管士滨译：《自然的体系》（上），商务印书馆 1999 年版，第 259～260 页。
③ 林文达著：《教育经济学》，三民书局 1984 年版，第 88 页。
④ 苏宏章著：《利益论》，辽宁大学出版社 1991 年版，第 170 页。

成该项制度，而是因为该项制度是他们利益之所系。他们不愿意为适应新的教育制度支付额外的适应成本（即适应新教育制度的成本）。这种人在教育制度变革时期随处可见。许多年长的教师对教育改革缺乏热情，有的甚至有一种难以克服的恐惧，因为再投入到改革的浪潮之中对他们而言不但在精力、知识贮备和个人信仰等方面确实有困难，而且他们也很难从这种改革中获益。相反，在改革的过程中必须抛弃几十年的教育教学经验，原来为此花费的成千上万个日日夜夜的辛勤劳动，就付诸东流了。伊利奇认为，"操纵性制度"会导致人们出现社会性或心理性"成瘾"——若人们对于制度的少量利用未能得到预期的结果，便会趋向于加大用量，从而出现"社会性成瘾"，或曰逐步加码；当人们陷入对制度的过程与产品的日益强烈的要求状态而不能自拔时，便会出现"心理性成瘾"，或曰形成习惯。[①] 看看教师们宁愿在"旧"的教育制度框架下没日没夜地操劳，也不愿在教育制度变革中担任主力军的现状，我们不得不佩服伊利奇的洞见。不仅依附于一定教育制度的群体是如此，即便是依附于一定教育制度的利益集团也是如此。柯武刚曾说："在不发达的国家里，已形成的既得利益集团可能握有统治权。而在发达的民主经济中，院外集团和谋求私利的权势集团可能把持政治过程和行政过程，抵制适应新条件的结构调整。"[②] 为什么会出现此种现象呢？主要是因为教育制度变革比教育技术手段的创新更痛苦，更触动既得利益。利益集团之所以反对"适应新条件的结构调整"，无非是害怕自己的利益受损。例如，一些后发国家在改进自己的教育制度时，之所以只愿闭门造车，而不愿"面向世界"，即使被迫"面向世界"，往往也并不是选择"最优"的教育制度来模仿，就是因为负责教育制度改进工作的，恰恰是既有教育制度的既得利益者，他们显然只有采取上述态度和方式对待"改制"，才最符合自身的教育利益。亨廷顿说："凯恩斯富于洞见的话——'从长远观点看，我们都已死去'——只适用于个人，而不适用于制度。个人利益必然是短期的。制度的利益则会与世长存。制度的卫道士必然会为这个制度千秋万代的利益着想。"[③] 既然是既得利益者阻碍了教育制度变革的进程，防止教育利益掣肘教育制度安排后发优势的最好办法，当然就是坚决不能让教育制度的既得利益者主持"改制"，而改由最能超然于该教育制度之上或者最能代表全体公

---

① 伊万·伊利奇著，吴康宁译：《非学校化社会》，（台湾）桂冠图书股份有限公司，1994年版，第 79 页。

② 柯武刚等著，韩朝华译：《制度经济学》，商务印书馆 2000 年版，第 19 页。

③ S. P. 亨廷顿著，王冠华等译：《变化社会中的政治秩序》，生活·读书·新知三联书店 1989 年版，第 24 页。

民教育利益的人或机构来主持。不过，如果没有某种外在的强制力量的干预，这些既得利益者绝不会自动交出所拥有的"改制"权力。教育制度变革的缓慢和不到位，大都由此而生。

以个人教育利益为根基的教育制度并不一定是每个人为了追求他们的利益而彼此达成契约性协定的结果，也并非所有的个人的自主利益追求都能在教育制度上有所体现。马克思指出："社会上占统治地位的那部分人的利益，总是要把现状作为法律加以神圣化，并且要把现状的由习惯和传统造成的各种限制，用法律固定下来。"[1] 在现代国家，政治家企业家们推动着绝大部分教育制度的制定过程。在改变或保留一定的教育制度规则上，他们有个人利益，反映着他们自己的欲望。樊纲说："无论社会政治制度如何，无论有多少人事实上能够参与公共选择的过程，制度改革都不是一个经济学家、少数'社会精英'认为什么应该的问题，而是一个要由社会上的主要利益集团的利益格局所决定的事情。"[2] 也就是说，只有社会中的部分人、部分集团——统治者、统治集团的利益、制度制定者的利益才能成为教育制度的根基，才能在教育制度上得到反映。只不过，要使教育制度成为纯粹保护教育制度制定者利益的制度，也几乎是不可能的，因为教育制度是一种公共物品。帕特森指出："美国的教育制度既保留了美国梦的神话，也体现了美国梦的现实。如果教育制度只适合于享有特权的精英阶层，如下观念就不可能持续存在：只要努力工作，任何人都能获得成功。教育程度和个人成功密切相关，至少按年收入来考量时是如此。事实上，如今接受大学教育和没有接受大学教育的人之间的收入差距，要比美国历史上任何时期都大。"[3]

其次，教育利益的实现要通过教育制度，教育利益的实现也体现为教育制度。教育制度是调节、限制、疏导人们教育行动的一套机制，它是"道德和谐和互惠互利原则的行为性表现"（亨廷顿语）。安德森指出："自利并不是政治考虑的基本原则，而且个人偏好也不可能从合作的、集体的各种社会计量中独立出来……实用自由主义是一种政治判断的原则，它所主张的原则规范是，根植于自由主义原则下的政策必须同时服务于公共利益和提升相关实体的行为质量。"[4] 尤其是在现代社会，教育制度本身就是教育共同体为了调节教育利益冲

---

[1] 《资本论》（第 3 卷），人民出版社 2004 年版，第 896 页。

[2] 樊纲著：《渐进改革的政治经济学分析》，上海远东出版社 1996 年版，第 7~8 页。

[3] T. 帕特森著，顾肃等译：《美国政治文化》，东方出版社 2007 年版，第 578~579 页。

[4] C. W. Aderson, Pragmatic Liberalism. Chicago：The University of Chicago Press, 1990，p. 11.

突、维护和增进教育利益而演化出来的工具。既然个人为了自己的教育利益而行动是人类教育行为的一个基本前提，但是，人们也许会用任何一种可能的方式来实现自己的教育利益，而不管是否会损害他人的教育利益。例如，可以通过考试作弊来达到自己获取奖学金、升学的目的，但是经验证明，考试作弊会导致代价高昂的冲突，并且是浪费的。因为与诚实考试相比，一个考试作弊的社会只能达到较低的满足水平。那么，如何约束个人的行动自由从而使这样的机会主义得到抑制乃至杜绝呢？只能依靠教育制度，因为对人类追求自身的教育利益行为施加约束是教育制度的功能之一。可见，如果没有教育制度，人们的教育利益争夺就不能得到约束和限制，社会中的教育利益冲突就不能得到调节，人们的教育行为就难以被疏导到公共教育利益的轨道上。亨廷顿曾说："政治制度软弱的社会缺乏能力去抑制过分的个人或地区性的欲望。按照霍布斯的理论，政治是各种社会势力之间——人与人、家庭与家庭……——进行无情斗争的战场。""道德需要有信赖，信赖包含着预测性，而预测性又要求存在规范化和制度化的行为方式。没有强有力的政治制度，社会便缺乏去确定和实现自己共同利益的手段。创建政治制度的能力就是创建公共利益的能力。"① 从原则上讲，有三种途径可以使人们为他人教育利益而努力：他们出于爱、团结或其他各种利他主义而努力有益于他人；他们受到威迫，威迫者以对他们使用暴力（命令）相威胁；他们按其自己的自由意志行动，但出于明智的自利动机，因为他们预期能获得充分的回报。那样，他们为别人做的事会产生对自己有利的副效应。② 第一种途径的动力机制能在诸如家庭、朋友圈子一类小群体中有效地起作用。因为，在小群体中，个人对他人有较好的了解，人与人之间的相互控制也因个人间彼此的深入理解而变得温和。但是，它不可能被移植到大型群体中去。奥尔森称此种动力机制为"社会激励"："可以肯定，经济激励不是唯一的激励；人们有时候还希望去获得声望、尊敬、友谊以及其他社会和心理目标。尽管在对地位的讨论中经常用到'社会经济地位'一词，表明在经济地位和社会地位之间有着某种关联，但有时候这两者肯定是不同的。因此必须考虑以下可能性：当不存在经济激励驱使个人为集团利益作贡献时，可能有一种社会激励会驱使他这么做。……应该用和货币激励相同的方式来分析社会激励。而且还能用同样的方法来分析其他类型的激励。总而言之，社会压力和

---

① S. P. 亨廷顿著，王冠华等译：《变化社会中的政治秩序》，生活·读书·新知三联书店 1996 年版，第 22～23 页。

② K. E. Boulding, "Economics as a Moral Science". American Economic Review 59 (1969)，p. 6.

社会激励只有在较小的集团中才起作用。这些集团很小，成员间有着面对面的接触。"① 第二种途径的动力机制只能借助于强制、畏惧等手段，强迫人们在某种教育制度环境下为他人教育利益服务，其结果却是"虚饰和偷懒盛行于一切人们能如此做而不受惩罚的场合"（柯武刚语）。第三种途径的动力机制是自利。对这一途径的动力机制，马克思进行了深刻的揭示。他说："每个人追求自己的私人利益，而且仅仅是自己的私人利益；这样，也就不知不觉地为一切人的私人利益服务，为普遍利益服务。关键并不在于，当每个人追求自己私人利益的时候，也就达到私人利益的总体即普遍利益。从这种抽象的说法反而可以得出结论：每个人都互相妨碍别人利益的实现，这种一切人反对一切人的战争所造成的结果，不是普遍的肯定，而是普遍的否定。关键倒是在于：私人利益本身已经是社会所决定的利益，而且只有在社会所设定的条件下并使用社会所提供的手段，才能达到；也就是说，私人利益是与这些条件和手段的再生产相联系的。这是私人利益；但它的内容以及实现的形式和手段则是由不以任何人为转移的社会条件决定的。"② 例如，教师对教学工作认真负责、关心每一个学生的健康成长，是为了自利（诸如晋升工资、获取某种荣誉）而这么做，但教师自利行为的有益副效应是教学质量得到提高、学生得到充分发展。也就是说，教师是在"无形之手"的引导下为他人教育利益而工作。当然，市场机制的这双"无形之手"在教育实践上，还必须由各种其他教育制度约束来补充，诸如教师职业道德、职业规范、职业操守，等等。很显然，只有当所获得的"报偿"能使教师继续为他人（学生）服务并且他们不会被迫与他人分享自己挣得的"报酬"时，才能激励他们从自我利益出发为他人（学生）提供优质教育服务。诚如柯武刚所说："只有在具备一整套保护私有财产的制度（规则）时，储存于千百万不同大脑中的有用知识才能被开发出来，才能成为人们的最佳能力。"③ 换言之，只有"好"的，即合理的教育制度，才能有效地调节教育利益冲突，约束个人或集团损害他人教育利益或公共教育利益的行为，并能把他们追逐自身教育利益的行为引导到有利于或起码不损害他人教育利益或公共教育利益的轨道上。"好"的，即合理的教育制度应当达到这样一种效果，那就是塞森斯格所说的："如果他不在履行对共同体有利的某个行为，或者如果他不再履行义务，他的自尊的丧失，他对共同体的福利的关切、他由于被共同

---

① 曼瑟尔·奥尔森著，陈郁等译：《集体行动的逻辑》，上海三联书店 2006 年版，第 70～71 页。
② 《马克思恩格斯全集》（第 30 卷），人民出版社 1995 年版，第 106 页。
③ 柯武刚等著，韩朝华译：《制度经济学》，商务印书馆 2000 年版，第 75 页。

体抛弃所带来的不幸，就不亚于抵消了他可以得到的任何物质上的好处。"反之，不"好"的、不合理的教育制度则是教育利益维护或教育利益实现的障碍，诚如卢梭所言："社会和法律就是这样或者应当是这样起源的。它们给弱者以新的桎梏，给富者以新的力量；它们永远消灭了天赋的自由，使自由再也不能恢复；它们把保障私有财产和承认不平等的法律永远确定下来，把巧取豪夺变成不可消灭的权利；从此以后，便为少数野心家的利益，驱使整个人类忍受劳苦、奴役和贫困。"① 在此意义上，我们可以说，教育制度是他人教育利益或公共教育利益的保障，"制度利益与公共利益不谋而合"。

再次，教育制度是以维护特定社会的教育利益为使命而存在的。社会不是以法律为基础的，那是法学家们的幻想。相反地，法律应该以社会为基础。"国家的规定，如立法权等等，却是社会产物，是社会的产儿，而不是自然的和个体的产物。"② 教育法律制度所体现的意志背后是各种教育利益。在现代社会，个人利益、公共利益与社会利益之间必然存在着矛盾，普遍利益与个人利益之间也必然存在着冲突。恩格斯指出："单个人的利益是要占有一切，而群体的利益是要使每个人所占有的都相等。因此，普遍利益和个人利益是直接对立的。"③ 那么，在教育法律制度对教育利益的控制中，个人主义应与集体主义相综合、相和谐。利己主义"能刺激人们的积极性、激励人们做不断的努力、提高人的才智、并促使人们不懈地寻求新的资源"。如果教育法律制度试图根除或反对利己主义，那么它便是愚蠢的、是无效的。然而另一方面，为了促进人类社会教育的发展，避免人心涣散，为了使社会不失去对其教育共同体成员的控制，社会凝聚力同样是必要的。恩格斯指出："利益被升格为人类的纽带——只要利益仍然正好是主体的和纯粹利己的——就必然会造成普遍的分散状态，必然会使人们只管自己，使人类彼此隔绝，变成一堆互相排斥的原子。"④ 显然，除了热忱的教育合作，否则就不能实现教育这一伟大事业所追寻的目标。"个人应当独立地发展自身，但不应当因此而丢失集体主义所具有的巨大助益。"⑤ 除了教育制度的合理安排和调节，否则也不能实现教育这一伟大事业所追寻的目标。教育制度应"尽其可能保护所有的社会利益、并维持这些利益

---

① 卢梭著，李常山译：《论人类不平等的起源和基础》，商务印书馆 1996 年版，第 128～129 页。
② 《马克思恩格斯全集》（第 3 卷），人民出版社 2002 年版，第 131 页。
③ 《马克思恩格斯全集》（第 3 卷），人民出版社 2002 年版，第 459 页。
④ 《马克思恩格斯全集》（第 3 卷），人民出版社 2002 年版，第 533 页。
⑤ E. 博登海默著，邓正来译：《法理学》，中国政法大学出版社 2004 年版，第 148 页。

之间的、与保护所有这些利益相一致的某种平衡或协调"。①

尽管如何追求、分配教育利益，表面上是通过教育制度来规范和约束的，但实际上真正起作用的是教育制度背后的制度观念。穆勒曾说："分配——这纯粹是人类制度问题。……财富分配决定于社会的法律和习惯。决定分配的法规是根据统治社会的那部分人的看法和心愿制造出来的。"② 因此，作为上层建筑的教育制度，无疑是教育制度观念的"附属物"。正如列宁所说，上层建筑是在一定观念指导下产生的，是观念的"附属物"。因而，作为上层建筑一部分的教育制度，其形成、发展与变革必将受到人们教育制度观念的影响，必然会有其教育制度观念的前提。

四、教育制度观念在教育制度形成、发展与变革中的作用

在教育制度的形成、发展、变革乃至运行过程中，人们的教育制度观念有多方面的作用。集中体现在以下几个方面：

（一）教育制度观念不仅是教育制度存在的理由，而且是教育制度形成、发展与变革的"精神向导"

历史上任何教育制度的形成、发展与变革，都必然以一种教育价值观、教育制度观念的存在与出场为根本理由。一方面，人们总是以一种教育价值观作为一种教育秩序、教育制度存在的根本理由，另一方面，人们往往以一种新的教育观念作为推动教育制度转换和变革的至高合理性。

教育制度观念是教育制度存在的根本理由。柏拉图是以教育制度观念作为教育制度存在合理性的重要代表。他认为，教育正义是教育制度存在的重要基础，教育正义的价值内容是共同善，教育关系内容是等级秩序、等级性的教育制度规范。也就是说，在柏拉图那里，教育正义是等级性教育制度得以存在的根本理由，等级性教育制度的根本内容也就是教育正义。近现代以来，虽然人们给以教育正义赋予了更多个体性意义，认为教育正义并不是简单的整体性，而是以个体为基础的整体性，是个体与整体互动的有机互动，虽然有不少教育理论工作者对教育正义观进行了改造甚至批判，但是，教育正义始终是教育制

---

① E. 博登海默著，邓正来译：《法理学》，中国政法大学出版社 2004 年版，第 156 页。
② 尼·加·车尔尼雪夫斯基著，季陶达等译：《穆勒政治经济学概述》，商务印书馆 1997 年版，第 4 页。

度的一个重要核心合理性。罗尔斯指出："正义是社会制度的首要价值，正像真理是思想体系的首要价值一样。"① 更确切地说，不管人们对教育制度观念的具体理解如何，教育制度观念始终是教育制度存在的重要理由，离开教育制度观念，教育制度便无以存在。在教育基础存在论意义上，我们可以说，教育制度观念就是教育制度，教育制度就是教育制度观念。教育制度与教育制度观念往往只能在学理上得到区分，对教育实际存在而言，教育制度观念与教育制度往往是一体化的。

教育制度观念还是教育制度发展、变革的"精神向导"。马克思、恩格斯曾对制度观念在制度发展、变革中的引导作用进行过深刻的剖析，这无疑对我们思考教育制度观念是教育制度发展、变革的"精神向导"具有启发意义。在《德意志意识形态》一文中，马克思、恩格斯指出："统治阶级的思想在每一时代都是占统治地位的思想。这就是说，一个阶级是社会上占统治地位的物质力量，同时也是社会上占统治地位的精神力量。……此外，构成统治阶级的各个人也都具有意识，因而他们也会思维；既然他们作为一个阶级进行统治，并且决定着某一历史时代的整个面貌，那么不言而喻，他们在这个历史时代的一切领域中也会这样做，就是说，他们还作为思维着的人，作为思想的生产者进行统治，他们调节着自己时代的思想的产生和分配。"② 当一个阶级处于上升阶段时，它往往作为全体社会成员甚至全人类的代表而出现，并往往以一种全体性的观念作为实现其阶级利益的口号，并以这种观念作为引导、推动整个社会变迁的精神向导。正如马克思、恩格斯所指出，启蒙运动以来，理性、平等、自由等注重现世的价值观、意义观成为处于上升阶段的资产阶级引领社会变迁的精神口号。启蒙学者们"不承认任何外界的权威，不管这种权威是什么样的。宗教、自然观、社会、国家制度，一切都受到了最无情的批判；一切都必须在理性的法庭面前为自己的存在作辩护或者放弃存在的权利。思维着的知性成了衡量一切的唯一尺度。那时，如黑格尔所说的，是世界用头立地的时代。……以往的一切社会形式和国家形式、一切传统观念，都被当作不合理性的东西扔到垃圾堆里去了；到现在为止，世界所遵循的只是一些成见；过去的一切只值得怜悯和鄙视。只是现在阳光才照射出来。从今以后，迷信、非正义、特权和压迫，必将为永恒的真理，为永恒的正义，为基于自然的平等和不可剥夺的人

---

① 约翰·罗尔斯著，何怀宏等译：《正义论》，中国社会科学出版社 1988 年版，第 3 页。
② 《马克思恩格斯选集》（第 1 卷），人民出版社 1995 年版，第 98～99 页。

权所取代"。① 以这种"解放全人类"、"建立理性和永恒正义的王国"的观念为轴心，资产阶级建立起三权分立的社会制度体系。虽然随着时间的推移，按照启蒙学者的原则建立起来的资产阶级世界是"不合理性的和非正义的"，是维护某些特殊阶级的利益的，"现实理性和正义至今还没有统治世界"②，但无论如何，平等、自由等观念都曾经是、并且仍然是资产阶级引领社会变迁、制度转换的根本价值轴心。虽然，平等、自由等价值观念可能被不同的民族赋予不同的具体内涵，甚至可能被历史性地超越，但这些价值观的历史作用其实说明了一个道理：对任何社会制度形成、变革来说，都必须、必然有主导价值观的建构与引导，没有价值观引导与价值观转换，也就没有制度变革与制度转换。其实，教育制度的形成、发展与变革何尝不是教育价值观、教育制度观念引领的结果。

当然，教育制度观念对教育制度具有召唤、引导、凝聚等作用，但这并不意味着教育制度观念对教育制度的作用就是线性的、单向的、完全正面的。在教育实践中，教育制度观念往往对教育制度的存在与变迁具有阻碍作用，对人们正确认识教育制度具有一定的遮蔽作用。例如，在现代性的初期，教育自由、教育平等是教育制度重要的观念体系，这种观念体系对现代教育制度的建构起到了至关重要的价值引导与精神支撑作用，但从现代性的结果看，所谓教育自由、教育平等并没有成为教育制度的价值中心，教育自由、教育平等这种价值观所成就、保护、维护的，只是一些人的教育自由、教育平等。在现代性条件下，教育自由、教育平等实际上成为既得利益者的教育自由、教育平等，以这种价值观为轴心的教育制度，维护的也只是一部分成为上层阶层者的利益。也就是说，从教育发展历史看，教育自由、教育平等这种所谓的全人类性教育价值观实质上已经丧失了普适性，实际上已经成为颇具特殊性的教育观念，而以这种教育观念为基础的教育制度也成为颇具特殊性的教育制度。

（二）教育制度观念为特定教育制度的形成、发展与变革提供了价值定位和合理性论证

马克思主义者反对把人只是看作某种精神，或把理性夸大为人的本质属性，但同时亦认为人的确是有精神需要、精神能力以及精神生活的存在物，现实的、能动的人的确是有意识、有理性、有思维的人。人的意识性是人区别于

---

① 《马克思恩格斯选集》（第 1 卷），人民出版社 1995 年版，第 355～356 页。
② 《马克思恩格斯选集》（第 1 卷），人民出版社 1995 年版，第 357 页。

一般动物和人之为人的重要特征之一。动物和自然界是直接同一的，动物和自己的生命活动是直接同一的。动物只是自然界的一部分，它没有意识，没有"我"，不能说出一个"我"字，而"人不但能够实现其存在，还能够对其行动进行反思。人能够抛开其他事物，只专注于自身；人能够将自身从其他事物中分离出来，首先提出'我'的存在，并将之视为一个特殊的客体进行研究。恰恰是自我意识使人有可能将自己视为一个独特的客体"。① 动物也和人一样能听、能看，但它和人不一样的地方在于它并不知道、不懂得它在听、它在看。动物具有一定的心理活动，但动物决不可能成为思考自己心理活动的生理学家和心理学家。舍勒认为，人不受本能和环境的制约，而是"不受环境限制的"，是对世界开放的。"人就是那个其行为无限'面向世界'的未知者。动物则没有'对象'；它只是亢奋地生活，与它的周围世界融为一体，并像蜗牛一样，走到哪里就把壳背到哪里，动物也把它的周围世界作为结构背到它的所到之处。动物没有能力把一个'周围世界'以自己独特的方式置于远离自己的地方，并把它名词化为'世界'，也同样没有能力把受情绪和冲动限制的'抵抗中心'转化成'对象'。……动物在本质上粘着于、迷恋于与它的有机状态相一致的生活现实，而再没有'形象地'把握住现实。"② 而人是有意识的存在物，他自己的生命对他来说是对象。"人则使自己的生命活动本身变成自己意志的和自己意识的对象。他具有有意识的生命活动，……有意识的生命活动把人同动物的生命活动直接区别开来。"③ 简言之，人是能思维的人，人是有理性的动物。

与动物不同，人们在教育制度形成、发展与变革实践活动之前，首先要解决的问题是：我们着重认识什么教育制度？我们实际能够认识什么教育制度？在对教育制度的认识中，人不是教育制度信息的被动接收器、贮存器，而是有选择地接收对自己有用的教育制度信息。现实教育生活中，有各种各样的教育制度信息作用于人，人们首先和着重认识什么教育制度，他实际能够认识什么教育制度，一个重要的方面取决于人们的教育制度观念以及由此而形成的对于教育生活的态度。其次要解决的问题是：我们是否要进行教育制度变革？为什么要进行教育制度变革？为什么要以这样的方式和方法进行教育制度变革？对于这些问题的初步解答，是在我们的头脑中进行谋划、思虑的，其结果是一定

---

① B. 莫迪恩著，李树琴等译：《哲学人类学》，黑龙江人民出版社 2005 年版，第 65 页。

② M·舍勒著，刘晓枫选编：《舍勒选集》（下），上海三联书店 1999 年版，第 1332 页。

③ 《1844 年经济学哲学手稿》，人民出版社 2008 年版，第 57 页。

的教育制度价值预设与教育制度变革实践观念的形成。或者更准确地说，人们的教育制度观念和人们的教育制度变革实践活动是互动的，一方面，人们的教育制度变革实践活动是其教育制度观念形成的基础，另一方面，人们的教育制度变革实践活动又都是在一定的教育制度观念的指导下形成的，人们的教育制度变革实践活动及其教育制度变革方式、路径取决于教育制度观念的变革，教育制度观念是人们的教育制度变革实践活动及其教育制度变革方式的前导。简言之，人们的教育制度变革实践活动的方向、教育制度变革路径的选择、教育制度变革策略的展开和教育制度变革活动结果的形成，无不渗透着人们的教育制度观念，打上人们教育制度观念的烙印。同样，在我们的教育制度变革实践中，在我们教育生活的教育制度层面上，我们首先是在教育制度观念中构想着教育制度变革，并以特定的教育制度观念来论证我们所构想和实践的教育制度变革具有价值合理性。斯密曾说："一切机械的改良，决不是全由机械使用者发明。有许多改良，是出自专门机械制造师的智巧；还有一些改良，是出自哲学家或思想家的智能。哲学家或思想家的任务，不在于制造任何实物，而在于观察一切事物，所以他们常常能够结合利用各种完全没有关系而且极不类似的物力。"① 就此而言，教育制度观念对于教育制度变革实践起着价值定位的重要作用。

1. 教育制度观念预设了人的全面而自由发展的价值理念

教育制度观念预设了人的全面而自由发展的价值理念。在我们的教育实践中，最基本的教育制度价值预设，就是主体能动性的充分自由的发挥，即人的自由，人的自由而全面的发展。在这一意义上，教育制度构成每一个人全面而自由发展的条件，它通过界定和协调人们的复杂教育行动与互动，充实和扩展着每个人自由行动的空间，为一切人的全面而自由发展创造条件，因为"每个人的自由发展是一切人的自由发展发展的条件"（马克思语）。

2. 教育制度观预设了教育平等、教育公平与教育正义的价值理念

教育制度观还预设了教育平等、教育公平与教育正义的价值理念，即公正平等地对待人人的原则和理念。由于教育制度是非人格化的规则和机制，因而它要求我们必须从价值维度上预设和界定什么叫做教育公平、教育平等，教育公平、教育平等怎样得到教育制度上的体现。查姆·佩雷尔曼对"平等"一词提出了八种不同的含义，即各人所得相同、各人按功得其所得、各人按劳得其

---

① 亚当·斯密著，郭大力等译：《国民财富的性质和原因的研究》（上卷），商务印书馆2003年版，第10页。

所得、各人按需得其所得、各人按身份得其所得、各人按法律权利得其所得、各人按适应性得其所得、各人按地位得其所得。① 简言之，不同的教育制度观念会有不同的教育制度设计与教育制度形态。

教育平等如何在教育制度上得以体现呢？首先，教育制度要维护公共利益，要做到"公"和"平"。教育公平、教育平等是教育的基本价值，教育制度制定、变革的基本出发点和目的就是要满足个人合理的教育需要和教育主张，促进教育发展和个人的全面而自由的发展，与此同时增进教育秩序和提高社会凝聚力。其次，教育制度平等，意味着教育制度可以平等地适用于所有人，而不会为了满足某一类人的需要而损害另一类人，即一视同仁。麦克尔·曼利曾指出："学校应当从现在起就播下关心他人的种子，以避免那些处境不利的阶层成为某种排斥他人的意识形态的受害者。学校还应培养人类应当超越所有社会类别的思想，在人类大家庭中，每个人，无论他是杰出的人，还是普通人，甚至是残疾人，无论是穆斯林教徒，还是基督教徒，是豪萨人还是伊博人，是爱尔兰天主教徒，还是新教教徒，在持久的一体化过程中都占有平等的地位。"② 教育制度平等意味着充分尊重人的教育权利，不考虑人们特别是青少年儿童个体之间生理的、社会的和心理的差异性，禁止任何的社会形式的排斥和歧视。教育制度平等意味着按照同一原则和标准对待相同情况的人与事，平等地规定各个社会主体的教育制度权利与义务，对任何人的教育制度权利与义务都平等地加以保护，对任何人的法定义务都平等地要求履行，对任何人的违背教育制度的行为都平等地追究责任。再次，任何人包括政府都没有超越教育制度尤其是教育法律制度的特权，不允许教育制度因人而异，因事而异，应当不论贫富，一视同仁。

要做到教育制度平等、公平，须防止和克服以下情况：一是教育制度本身不公，教育制度只反映少数统治者的意志和利益，为弱势群体的发展设置障碍或者不为其发展消除障碍，甚至"损不足以奉有余"。二是教育制度为有产者、有势者所支配。作为一种形式，教育制度在平等适用过程中会受到人们事实上的社会差异或不平等的影响，无产者、无势者因此在接近、利用教育制度的程度上可能处于劣势，其极致后果是有产者、有势者借助教育制度程序和其他形式最终超越于教育制度之外。这使得"公共教育制度"实际成为有产者、有势

---

① C. G. 维拉曼特著，张智仁等译：《法律导引》，上海人民出版社 2003 年版，第 221～222 页。

② 联合国教科文组织教育丛书，联合国教科文组织总部中文科译：《教育——财富蕴藏其中》，教育科学出版社 2005 年版，第 217 页。

者的"私人教育制度"。三是教育制度不可能保证人与人之间的完全平等或绝对平等。虽然为遭受教育歧视的群体而进行的斗争在教育制度史上一直占有显著地位，但它却从未实现人与人之间在教育领域的完全平等。人们特别是青少年儿童在自然禀赋方面存在的许多先天性的差异对于他们是否能享受同等的受教育程度、类型以及质量有着一定的影响。虽然从总体上说这种影响远不如后天的社会现实环境对于他们所能享受的受教育程度、类型以及质量的影响大，但毕竟也是一种无法避免的影响，而且这种影响是正常的和合理的。因此，对于由这些正常和合理的"自然"差异所造成的人们特别是青少年儿童之间所拥有的有所差别的教育机会，理应予以承认和尊重。密塞斯强烈反对当代追求一般性平等的热切倾向，"从平等观点而来的历史解释，乃是我们这个时代的官方哲学。平等主义是一项严重的错误，因为它反对'真正的人性'。事实上，所有人类的权利不足以使人真正平等，人类不论现在或未来都仍将是不平等的"。[①] 教育平等不等于牺牲教育标准，教育平等不等于否认个体差异。一个牺牲教育标准、否认个体差异的社会不可能是一个充满活力的社会。在马克思主义经典作家看来，平均主义的教育平等主张，抹杀了个人之间的区别，无助于激发个人进取精神，它一方面是慈善家的哲学，另一方面又是懒汉的哲学，同社会主义格格不入。"简单说来，社会主义者说平等，一向是指社会的平等，社会地位的平等，决不是指每个人的体力和智力的平等"；"至于规定人在力气和能力（肉体的和精神的）上平等，社会主义者连想也没有想过"。[②] 例如，最近 30 年间，各国政府和各国际组织特别关注教育机会平等，不断扩大学校规模，实施"全民教育"。但是，在这一过程中，往往重视成功者不足，而扶持平庸之辈却有余。这种平等主义作风从政治上讲有助于管理社会，但却牺牲了教育效率。"教育系统的这种广泛而迅速的发展以及它在许多国家中负担过于沉重，使得它无法充分地照顾到教育的公正性，而这种公正性要求人们为那些能力各异的学生提供适合其需要的学习机会。压倒一切的全民教育雄心使人们忽视了那些天禀聪颖的学生的需要并对能力不同的学生采取了完全相同的作法。正如杰斐逊所言，'再没有比以相同的态度去对待不相同的人更不平等的了。'无论传统政策有何良好愿望，但是使天禀聪颖的学生得不到适当的教育机会，就是使社会失去它为实现真正有效的发展而应拥有的最宝贵的人力资源。……发展中国家在寻求发展的过程中，需要对付各式各样的挑战。为此，

---

① 何信全著：《哈耶克自由理论研究》，北京大学出版社 2004 年版，第 59 页。
② 《列宁教育文集》（上卷），人民教育出版社 1984 年版，第 304 页。

它们需要一些经受过必要的培养和锻炼、能够适应社会－经济需要的领导人。应该承认，那些天禀聪颖的学生，即'未来的领导人'，他们在教育方面有自己的特殊需要，应该满足他们的这种需要。"① 可见，教育上的平等，要求一种个人化的教育学，要求对个人的潜在才能进行详细的调查研究。教育机会平等并不等于把大家拉平。教育机会平等不是不惜任何代价否认个人的基本自由，攻击一个人的完整性或者滥用专家统治的、官僚主义的权力。诚如《学会生存》一书所说："给每一个人平等的机会，并不是指名义上的平等，即对每一个人一视同仁，如目前许多人所认为的那样。机会平等是要肯定每一个人都能受到适当的教育，而且这种教育的进度和方法是适合个人的特点的。"②

3. 教育制度观念预设了教育制度的实际用处

教育制度观念预设了教育制度形成、发展与变革的实际用处。特定的教育制度观念还预设了教育制度的实际用处，诸如对人际关系的协调、对人际交往的扩展、对人的全面而自由发展的促进、对教育发展的推动、对教育效益的提高、对教育秩序的建构，等等。明白这些方面，我们才知道自己在教育制度变革与教育制度变革实践中应该干什么，才清楚我们为什么要这样干，使我们的教育制度变革实践获得明确的导向，并能获得即时的校准。某种特定的教育制度观念势必要求教育制度变革或创新不能脱离人们的实际教育生活，它必须是人们在实际的教育生活中能够遵守的、能得到人们的认同的。"很显然，行为规则不应当将不可能做到也不适当的英雄主义行为强加于人。就社会规范的整体体系而言，行为的规则也不能与其他行为规则相冲突。法治要求国家仅用其强制力去执行可知和可执行的规则。"③ 这就要求坚持教育制度形成、发展与变革的现实性，使教育制度的形成、发展与变革确立以人为本，为人的全面而自由发展服务的理念。不能把教育制度形成、发展与变革看成是制定一些凌驾于人们教育行为之上的"新"规则。教育制度变革只是根据人们的实际需要而展开的，并用来指导人们教育行为的规范。教育制度变革还要求教育制度变革语言具有确定性。教育制度变革用语应当准确、清晰，以避免因语言的模糊和语意的含混等因素导致理解上的歧义和运用中的偏差。如果教育制度变革是用一

---

① 联合国教科文组织总部中文科译：联合国教科文组织教育丛书《教育——财富蕴藏其中》，教育科学出版社 2005 年版，第 191 页。

② 联合国教科文组织、国际教育发展委员会编著，华东师范大学比较教育研究所译：《学会生存》，教育科学出版社 1996 年版，第 105 页。

③ Frank Lovett, A Positivist Account of The Rule of Law. Law and Social Inquiry（Winter 2002），p. 62.

种人民所不了解的语言写成的，这就使人们处于对少数教育制度变革解释者的依赖地位，而无从掌握自己的自由，或处置自己的命运。

4. 教育制度观念为人们认同教育制度勾画出理论的空间与方法

教育制度观念对于教育制度的前提预设，还为特定教育制度的建立和运行，为人们的教育制度实践（包括基于教育制度的活动与针对教育制度的活动），提供了价值合理性论证，为取得人们的合法性认同勾画出理论的空间与方位。

教育制度观念指导人们发现教育价值，从人的目的出发，按人们的需要办事。人类的任何一项教育活动，只有遵循两个尺度，即，既合教育规律又合教育目的，人们才会真正去做，去实践，也才可能取得成功。大家都知道，不合教育规律的教育制度变革活动，肯定不能做，但合乎教育规律的教育制度变革活动，也未必去做。日常教育生活中有许多有关教育制度变革的活动是合乎教育规律的，但人们并不实际去做。究其原因，就在于它不符合人的教育需要和教育目的，也就是不符合人们的教育制度观念。

作为价值主体，人们倾向于做那些他们认为是有价值的事情。合理的教育制度变革首先是有价值的制度变革，而教育制度价值取决于主体通过教育制度所要满足的需要和所到达到的目的。因此，教育制度观念是教育制度变革合理性的保障机制，构成了教育制度变革的合理性根据。例如，在教育制度变革乃至创新过程中，教育目标的确立，最能表现制度变革者以及创新者的教育制度观念。教育目标是人们所期望达到的未来状态。一个事物，只有当它被认为是有价值的，能满足人的需要的时候，才能成为积极争取的目标。有什么样的教育制度观念，就有什么样的教育制度变革目标。

（三）教育制度观念预设了教育制度产生、发展与变革的逻辑框架

教育制度观念不仅对教育制度进行了价值定位，解答了教育制度做什么和为什么这样做的问题，还进一步预制了教育制度产生、运行、变更与创新的逻辑框架，目的是从理论逻辑上解答我们在教育制度建设中"如何做"的问题，为特定教育制度的产生、运行与演变描画了一个大体框架与基本轮廓。

在教育制度观念所预设的教育制度框架中，涉及这样几个方面：

首先，教育制度观念框定了教育制度的形式合理性根据。为了实现教育制度变革特有的价值目标，我们必须保证教育制度的形式合理性。所谓形式合理性，是指一种关于不同事实之间的因果关系判断，它是纯形式的、客观的、不包含价值判断的合理性，它主要表现为手段和程序的可计算性、形式的合逻辑

性。而教育制度的形式合理性，就是教育制度对具有不同利益与价值的主体，无区别的普遍适用。教育制度适用的平等性"确立了公民在形式上的平等，从而保护他们免受政府的任意管治之害"。① 或者说教育制度的形式合理性是教育制度的本质要件与"依法治教"、"依法治校"不可缺少的要件。作为主体教育行为的公共规则和规范，教育制度要实现协调人际关系、扩大教育交往范围、形成教育秩序、促进主体自由发展的基本价值，需要有逻辑形式的支持，必须与教育发展、人的身心发展的基本逻辑与"心之秩序"相谐和。而要做到这一点，就需要那种反映了形式合理性的教育制度观念的理论支持，以使教育制度的形式合理性有逻辑上和理论上的根据，而教育制度观念是对教育制度形式合理性的观念构想和理论阐释，因而能够成为人们教育制度变革实践的观念前提，为特定教育制度的产生、变革与运行的展开与实施提供形式合理性根据。

其次，作为对特定教育制度的观念认同，教育制度观念为教育制度的效力与效率提供了观念支持。为了实现教育制度的价值目标，教育制度必须得到有效的执行和不折不扣的遵守，必须对人们的教育交往与教育行为实际地发生效力，而且应当在对教育关系的调整中体现出一定的高效率。教育制度价值维度是对特定社会教育结构的反映，是社会力量对比的观念反映，集中体现了特定社会强势利益集团与优势群体的利益和意志，因而对教育制度实施的效力与效率具有重要影响。对特定教育制度的观念认同，是人们服从和遵守教育制度的重要条件。

再次，教育制度观念为教育制度的非人格化特征与机制化运行做出理论论证。教育制度要获得人们无差别的一致遵守，不仅应当体现优势群体的利益和意志，在它的实施、执行、遵守和运行中，还必须具备非人格化的特征，即对不同的主体与特殊的情况表现出它的一般性、普遍性、平等性与公正性。这就要求我们事先界定什么是教育平等，什么是教育公正，什么是普遍有效，什么是对事不对人、不因人而宜、同样情况作同样对待的一般性。对这些方面的界定与对教育制度非人格化机制的论证，构成特定教育制度的又一重要内容。

第四，教育制度观念包含着人们对教育制度演进动力与机制的日常思考与理论探究。教育制度价值维度是对教育制度实践的"超前认识"，包含了人们对教育制度为什么变迁、怎样才能合理变迁、由什么推动和在什么条件下变迁、变迁的路径与演进规律等问题的回答，它由两个部分构成：一是人们在教

---

① R. M. 昂格尔著，吴玉章等译：《现代社会中的法律》，中国政法大学出版社 1994 年版，第 47 页。

育制度实践中对这些问题的日常意识，成为人们对待教育制度和教育制度变迁的经验见识与实践智慧，也是人们促成教育制度变迁与演进的无意识冲动；二是人们在教育制度研究中对这些问题的理论探究，为人们的教育制度实践理出了主要问题和基本思路，成为引导教育制度变迁的观念前提，并构成教育制度变迁的"反思性监控"（reflexive monitoring）。[①]

（四）教育制度观念帮助特定社会建立起教育制度实践的价值评估体系

教育制度观念不仅说明了人们为什么取消、终止某项教育制度，不仅预制了教育制度变革的主要思路与基本理念，还内含着人们评价教育制度变革的一整套评估体系，使我们明白教育制度变革方案到底运行得怎么样，以便于我们做出教育决策，确定、维护和强化教育制度变革。因为，教育制度评估无疑是依据一定的标准和程序，对教育制度变革的效益、效率及价值进行判断的一种政治行为、社会行为，目的在于取得有关这些方面的信息，作为决定教育制度变革、教育制度改进和教育制度创新是否继续进行的依据。从教育制度评估是教育制度决策根据的意义上说，教育制度观念是教育制度变革实践的观念前提。

在教育制度观念所提供的教育制度评估体系中，至少包含如下几个方面：

首先，评价的动机，即我们为什么对教育制度变革进行系统评价。任何教育制度变革都会对此做出自己的回答。从总体上看，教育制度变革评价的动机不外两种情况：一是对教育制度变革进行批判性评价，以找寻教育制度变革继续展开的必要与可能；二是为教育制度变革进行辩护，为其提供合理性根据，使其在理论上具有合法性，以便继续推进教育制度变革。

其次，评价的内容，即我们针对什么问题，对教育制度变革方案、内容的哪些方面做出系统的评估。特定的教育制度观念总会告诉我们：教育制度变革在现实生活中是否可行；教育制度变革在实际运行中的问题是什么，这些问题对教育制度变革的运行与作用会有什么样的不利影响，影响的程度有多大；教育制度变革效果究竟如何。对这些问题的回答，是我们在教育制度变革中进行有效决策的基本依据。

再次，评价的标准，即我们运用什么标准、使用什么尺度、根据什么原则对教育制度变革进行系统的评估。这是教育制度观念所包含的重要内容，它使

[①] A. 吉登斯著，李康等译：《社会的构成》，生活·读书·新知三联书店 1998 年版，第 2 章。

我们对特定教育制度变革的评价具有明晰性和可操作性。教育制度变革的优或劣、完善或不完善、"好"或"坏"，在很大程度上取决于它是不是存在一个健全而完善的价值评估体系，取决于这一评估体系在事实上的有效性与完备程度。大体而言，对教育制度变革进行评价的标准不外乎以下几个方面：第一，投入工作量。在教育制度变革执行过程中所投入的各项教育资源的质与量以及分配状况。第二，绩效。依据具体明确的目标，分析教育制度变革对客观事物与制度环境所造成的影响。绩效既包括教育制度变革推动的结果，又含有民众心目中认定的满意程度。第三，效率。投入工作量与绩效之间的比例关系。第四，充足性。满足人们教育需求、价值或机会的有效程度，反映了绩效的高低。第五，公平性。教育制度变革所投入的工作量以及产生的绩效在社会不同群体间公平分配的程度。教育制度变革的类型不一样，所反映的公平性的角度与观点也不一样。第六，适当性。教育制度变革目标和所表现的价值偏好，以及所依据的该假设是否合适。第七，执行力。探索影响教育制度变革成败的原因，进而导致因果模型的建构。第八，教育发展总目标。对教育状态与发展的数量描述与分析。既反映过去的动向，又可作为教育现状的说明，其特征是以描述性指标为主。在此需说明或注意的是：在教育制度变革或创新过程中，由于客观条件所限，找到最优的教育制度变革方案是相当困难的，所以，人们往往退而求其次，在现有条件下，选定一种较为满意的方案，做出一种"满意决策"。林德布洛姆说："为了选择最佳政策而筋疲力尽地去追求极限，通常是得不偿失的，在实际上也是不可能达到的。因此一个可供选择的战略不是要过分追求——而是决定低于极限，但可接受、能完成的目标水平。并继续追求直到达到这一水平的政策。用'满足'来代替极限。"[①] 同理，在对教育制度变革评估的实践过程中，要寻求一种近乎完美的、放之四海而皆准的评估标准也是相当困难的。因为，选择什么样的评估标准，不仅取决于评估目的、评价者，而且还取决于评价的技术与方法。

在教育制度变革过程中，教育制度观念所提供的教育制度评估体系，至少具有如下意义：

教育制度评估是检验教育制度变革效果、效益和效率的基本途径。任何教育制度变革，如果投入运行后，就再没有人去做相关的评估反馈工作，那它的效果如何就不得而知。尤其是一项构思精良，经多方面论证认定是无懈可击的

---

① 查尔斯·林德布洛姆著，竺乾威等译：《决策过程》，上海译文出版社 1988 年版，第 37 页。

教育制度变革投入运行以后，究竟有没有达到预期目标，有没有产生预期效果，或产生了哪些非预期的连带的效果，这都需要我们进行科学的评估工作。也就是说，评估人员要密切关注教育制度变革执行的动向，搜集相关的资料和信息，再加以科学的分析、论证，得出可靠的结论，以确定该项教育制度变革是否有好的效果，执行过程是否效率很高以及其效益所在。

教育制度评估是决定教育制度变革走向的重要依据。一项教育制度变革在执行过程中总会呈现出一定的形态。伴随着教育制度变革目标实现程度的不断推进，该项教育制度变革是应该继续、调整还是终止？这都必须依据一定的客观资料。能够提供这种客观资料的有效活动只有教育制度评估。教育制度变革走向一般分为三种情况：第一，教育制度变革继续，即通过科学的评估，发现该教育制度变革所指向的问题还未得到解决，其教育制度环境也没有发生大的变化。基于这种情况，还必须继续完善该教育制度以指导这个问题的解决。第二，教育制度变革调整。如果一项教育制度变革在执行过程中，遇到了新情况、新变化，既有的教育制度变革方案已明显不适应新的教育制度情况，那我们必须对既有的教育制度变革方案进行调整或充实，以适应新变化，更好地实现教育制度变革目标。第三，教育制度变革终结。教育制度变革终结分为两种情况：一种是教育制度变革目标已经实现，既有教育制度变革方案的存在已经没有意义，完成了一个教育制度变革周期，自然终结；另一种情况是教育制度环境或问题本身发生了非常大的变化，既有教育制度变革方案已明显不能解决问题，甚至会使问题变得更为严重，而且通过调整已无济无事，这时就需要终结既有教育制度变革方案，代之以新的、更为有效的教育制度变革方案。由此可见，无论是教育制度变革的继续、调整还是终结，都必须建立在科学、系统、全面的教育制度变革评估基础上。

教育制度评估是合理配置教育资源的有效手段。在教育制度变革实践中，政府的教育制度资源是有限的，但政府部门却要同时执行多项教育制度变革方案，诸如基础教育制度的变革、中等教育制度的变革、高等教育制度的变革，等等。那么，究竟哪项教育制度变革该投入多少教育制度资源，也就是说教育制度资源要怎样配置才最为合理呢？这就体现出了评估的重要意义。只有通过教育制度评估，才能确认每项教育制度变革的紧迫性、每项教育制度变革的价值，并决定投入各项教育制度变革的资源的优先顺序和比例，以寻求最佳的整体效果，有效推动政府各方面的活动。同时，通过教育制度评估，也可以对照以往的教育制度资源分配情况，看其是否合理，总结经验，汲取教训，使教育制度变革活动优质高效地进行。

教育制度评估是教育制度变革科学化、民主化的必由之路。在现代社会，国家管理活动中重要的一环就是政府利用教育制度变革来调整、组织教育活动，规划教育生活。随着社会的发展，各种新情况和新变化层出不穷，仅仅依靠传统的经验来变革教育制度已经不能应付日益复杂的教育制度问题。教育实践证明，经验型的教育制度变革必须向科学型的教育制度变革转变。而教育制度评估正是使教育制度变革迈向科学化的必由之路。通过教育制度评估，不仅可以检验教育制度变革的效果、效益和效率，更合理地配置教育制度资源，形成一种优先顺序和比例，而且可以与时俱进，随时抓住教育情况的变化，对教育制度变革做出继续、调整或终止的决定。从另一个角度来看，通过教育制度评估得出的结论体现了科学性，为下一步的民众参与教育制度变革奠定了坚实的基础。因此，教育制度评估对于教育制度变革的科学化、民主化是不可或缺的。

教育制度观念对教育制度形成、发展与变革的作用，虽然远不止以上这三个方面，但就是从这些方面看，教育制度观念也对人们的教育制度变革实践发挥了它不可或缺的重要作用，是我们研究和考察教育制度变革问题的重要入口。通过这一入口，我们不仅可以滤出教育制度观念对教育制度变革实践的作用和影响，还可以揭示出教育制度观念对教育制度变革实践发生作用和影响的方式。

第二节　教育制度的实践基础

教育制度的产生、运行必定有其观念前提，但并不意味着观念是教育制度的基础和来源，因为教育制度观念本身还另有前提。要确定教育制度观念的前提，就涉及观念从哪里来的问题。一般地说，决定人们教育制度观念的客观基础，至少有这样几方面因素：首先，教育制度观念应当体现特定社会中客观存在的经济基础与权力结构（教育权力结构）。教育制度（比如教育法）只有体现了不同主体之间的教育利益平衡与教育权力结构，才能被立法机构、教育行政部门所批准和通过，并为社会大众所接受，进而成为在教育活动中起作用的制度。反过来说，教育制度能够被通过和被接受，本身就表明它在一定程度上吻合了客观存在的教育权力结构，最大可能地实现了教育利益的平衡。其次，教育制度观念产生于人们的教育制度建设、变革、创新与教育交往实践的客观过程中。教育制度观念来自人们相互交往与相互作用的教育实践过程，是对规范人们教育行动和互动的规则体系的主观反映。再次，教育制度观念受到人们"做什么"的限制，即人们"做什么"，必然会影响、制约甚至决定人们"怎么做"。这典型地表现在生产力制约教育制度、教育发展水平制约教育制度、人的发展水平制约教育制度的客观事实中。复次，教育制度观念还会受到"既存"教育观念、教育传统或历史文化的影响与制约，"既存"教育观念、教育传统与历史文化在此表现为一种客观的力量，制约、影响和塑造着我们的教育制度观念。凡勃伦曾说："人们对于现有的思想习惯，除非是出于环境的压迫而不得不改变，一般总是想要无限期地坚持下去。因此遗留下来的这些制度，这些思想习惯、精神面貌、观点、特质以及其他等等，其本身就是一个保守因素。"① 由于人类的认识过程本质上也是一个社会过程，特定社会的教育文化传统，人们所处的社会历史环境、所积累的教育经验、所使用的语言、所遵守的教育习俗与道德规范等等，都是社会性的，是历史积淀而成的知识和信息，对教育制度的形成、发展、变革、运行具有普遍的约束力。概言之，教育制度观念是教育实践的产物，教育制度的产生与演进有其客观的实践基础。

对十二届三中全会通过的《关于经济体制改革的决定》，邓小平的评价是："这次经济体制改革的文件好，就是解释了什么是社会主义，有些是我们老祖宗没有说过话，有些新话。我看讲清楚了。过去我们不可能写出这样的文件，没有前几年的实践不可能写出这样的文件。写出来，也不容易通过，会被看成'异端'。我们用自己的实践回答了新情况下出现的一些新问题。"② 在此，他深刻而准确地认识到，以文件形式出现的制度应当有其实践基础，应当是实践创造的产物，只有这样它才能被人们接受和认可为制度。邓小平的这一认识无疑对我们有巨大的启示意义。就此而言，教育制度不是人们拍着脑袋想出来的，而是教育实践探索的结果。正是基于教育实践的探索和教育大发展、人的全面而自由发展的检验，教育制度才能被通过和被接受。反过来说，教育制度能够被通过和被接受，就在一定程度上表明它能够实际地发挥作用。因此，教育制度的产生、变革有其教育实践基础，教育实践是教育制度产生的现实基础。教育制度作为调节主体教育活动与主体间教育关系的规则或规范，是在主体的教育实践活动中产生和形成的。可以说，它体现和满足了人这一类存在物自身存在和发展的实际需要，是在人类教育实践地发展自己、完善自己，不断满足自己需求的过程中产生出来、发展起来的。教育制度的发展是主体摆脱其原始本

---

① 凡勃伦著，蔡受百译：《有闲阶级论》，商务印书馆2002年版，第140页。
② 《邓小平文选》（第3卷），人民出版社1993年版，第91页。

能的动物存在而不断拓展其社会性的标志，它是主体社会属性的一种物化形式，是分离地存在于不同社会主体教育行为之中的整合机制。教育制度一旦产生和形成，就会成为主体发展的社会客观条件，就会成为教育实践主体运用社会客观条件的主要方式。如何理解教育制度观念的实践来源，如何认识教育制度的实践基础，就成为我们理解和把握教育制度产生、发展与变革的关键环节。

一、人和教育环境之间的矛盾与教育制度

人和环境之间的对立统一，是人类生存和发展的基本主题。它有两个基本面：一个是环境决定人，一个是人决定环境。

（一）人与环境

就环境决定人而言，环境不只是自然环境，它在更为根本的意义上是指社会环境，而自然环境也只是作为"人化的自然界"（马克思语），才构成了人的环境，即人得以生存和发展的环境。对于社会环境的含义，18世纪唯物主义者主要看到教育，费尔巴哈主要看到宗教，而当代学者主要看到语言。这些都没有什么不对，只是都很片面，且比较肤浅，没有看到社会环境是一个由"人化的自然界"、不同的组织或群体、多样的人际互动交织而成的有机整体，在这一整体中，制度是重要的甚至是核心的部分。

人是文化的存在。人既是文化的生产者，又是文化的产物，人塑造了文化，文化也反过来塑造人。博尔诺夫说："即使文化是由人创造的，但人在创造文化以后，却并不能因此任意支配它，……人恰恰'受到他自己的创造物的束缚，并服从于它们'。"[①] 离开了文化，人就不能存在。成为人的过程，也就是接受文化的过程；同时，在成为人以后，他又加入到创造文化的过程之中。

人是社会的存在。人既是一种文化存在，那么也一定是一种社会存在，因为文化只能在社会之中创造，文化也只有在社会之中才能被保存下来。同样，社会也只有在文化中才能被构成。因而要成为人，就必须成为社会的存在。古希腊哲学家亚里士多德说，人并非独立自足，而是在本质上就是一个社会存在物。处在群体之外的无论是谁，都不是人，他或者是动物，或者是神。"城邦出于

---

① O·E·博尔诺夫著，李其龙等译：《教育人类学》，华东师范大学出版社2001年版，第25页。

自然的演化，而人类自然是趋向于城邦生活的动物（人类在本性上，也正是一个政治动物）。凡人由于本性或由于偶然而不归属于任何城邦的，他如果不是一个鄙夫，那就是一位超人。"①动物脱离了它的群体通常还能够生长起来，但人不能，他必须生长在一个承受传统的群体中才能成为一个完全的人。人还是历史的存在。"作为一种文化的存在的人也是一种历史的存在。这蕴涵着双重意义：他既有高于历史的力量又依赖于历史；他既决定历史又为历史所决定。""文化从根本上可规定为历史上变化着的东西。"② 文化只有在历史中才能存在，也只有在历史中才能被创造。文化也同样具有变化性，它不是永远不变的，它的变化就是历史。人也是传统的存在。支配动物的本能是其自然属性，动物没有传统；而"人的行为是受人们已经获得的文化支配的"。③ 比如，人应当如何穿衣和居住，如何生育和饮食等，都是由文化决定的。被遗传下来的文化就是传统，文化的传递主要通过教育来实现，教育既是复制传统的活动，也是复制人的活动。雅斯贝尔斯说说："创建学校的目的，是将历史上人类的精神内涵转化为当下生气勃勃的精神，并通过这一精神引导所有学生掌握知识和技术。"④ 而人恰是"可教育的动物"，"实际上，人不受教育就不可能成为一个人。"（夸美纽斯语）康德所讲授的教育学，其论点也是"人是惟一必须受教育的被造物"。兰格维尔特认为，人是可以教育的动物，是能教育而且需要教育的生物。"人是教育的、受教育的和需要教育的生物，这一点本身就是人的形象的最基本标志之一。"⑤ 因此，文化、传统、历史、社会等构成了人生存和发展的大环境，而在这些大环境中，制度占有举足轻重的地位。制度对人的生存和发展具有重大的影响和作用。关于制度对人的决定作用，波普尔曾说："我们需要的与其说是好的人，还不如说是好的制度。甚至最好的人也可能被权力腐蚀；而能使被统治者对统治者加以有效控制的制度却将逼迫最坏的统治者去做被统治者认为符合他们利益的事。换句话说，我们渴望得到好的统治者，但历史的经验向我们表明，我们不可能找到这样的人。正因为这样，设计使甚至

---

① 亚里士多德著，吴寿彭译：《政治学》，商务印书馆 1996 年版，第 7～8 页。
② M. 兰德曼著，张乐天译：《哲学人类学》，上海译文出版社 1988 年版，第 221 页。
③ M. 兰德曼著，张乐天译：《哲学人类学》，上海译文出版社 1988 年版，第 227 页。
④ 卡尔·雅斯贝尔斯著，邹进译：《什么是教育》，生活·读书·新知三联书店 1991 年版，第 33 页。
⑤ O·E·博尔诺夫著，李其龙等译：《教育人类学》，华东师范大学出版社 2001 年版，第 36 页。

坏的统治者也不会造成太大损害的制度是十分重要的。"① 阿克顿曾说："事物的特征和品质是由制度塑造出来的。"② 邓小平更是精辟地论述道："制度好可以使坏人无法任意横行，制度不好可以使好人无法充分做好事，甚至会走向反面。"③ 因此，社会环境决定人，而人是客观环境的产物。

进而言之，制度不仅是人的环境，它甚至还构成人的本质。当马克思说人是"社会关系的总和"时，马克思向我们表明：正是各种各样的制度，构成了总和多样的社会关系与社会交往活动的力量和机制。正是从这一意义上，我们可以说人是制度的动物，制度不仅是人的环境，也是构成人的本质的重要因素。因此，若要问"人是什么"？我们就可以说"人是制度的动物"。若要认识人，就离不开对人在其中生活和行动的制度的分析，离不开对制度与人的存在和本质之间内在关系的分析。这一论断无疑对我们分析教育制度环境与人的关系有着启发意义。

1. 教育制度是人的社会本质的体现

不管说人是政治的动物，还是社会关系的总和，或者如胡塞尔所说的具有"主体间性"的存在者，都是说人是具有社会性的动物，社会性是人的本质属性。体现人的社会性本质的种种事物，构成了人的社会环境，而教育是这种环境的重要部分，是人的社会本质的直接体现。《学会生存》一书说："教育本身就是一个世界，同时也是整个世界的反映。当教育在为社会的目的作出贡献时，它是服从于社会的，特别是当它在保证发展社会所需要的人力资源时，它帮助社会调动它的生产力。比较一般地说，教育一方面服从于环境条件，同时另一方面即使仅仅通过教育所产生的关于环境的知识，它也必然会影响这些环境条件。因此，教育有助于产生它本身转变和前进的客观条件。"④ 换言之，教育是在环境中进行的，因而它提供了有关环境的知识，于是教育便可以运用这种知识，帮助社会觉察到它存在的问题，而且如果人们集中力量培养"完善的人"，而这种人又会自觉地争取他们个人和集体的解放，那末，教育就可以对改变社会和使社会具有人性作出巨大贡献。而作为教育活动规则的教育制度，显然是社会环境的重要组成部分，也是人的社会本质的直接体现。因此，教育制度好坏不仅决定了人的不同命运，不同发展水平，而且影响着人在特定社会

① 卡尔·波普尔著，傅季重等译：《猜想与反驳》，上海译文出版社 2001 年版，第 491 页。
② 阿克顿著，侯健等译：《自由与权力》，商务印书馆 2001 年版，第 334 页。
③ 《邓小平文选》（第 2 卷），人民出版社 1994 年版，第 333 页。
④ 联合国教科文组织、国际教育发展委员会编著，华东师范大学比较教育研究所译：《学会生存》，教育科学出版社 1996 年版，第 83 页。

环境中可能成为什么样的人。罗尔斯认为，制度形式影响着社会的成员，并在很大程度上决定着他们想要成为的那种人，以及他们所是的那种人。制度结构还以不同的方式限制着人们的抱负和希望，因为他们有理由部分地按照他们在该制度结构内部的立场来看待他们自己，并有理由解释他们可以实际期待的手段和机会。一种制度"不仅仅是一种满足人们现存欲望和抱负的制度图式，而且也是一种塑造人们未来欲望和抱负的方式"。[①]

2. 教育制度表现着人作为社会存在物的社会特性，并使这种社会特性定型化、实体化

既然人是社会存在物，既然人具有社会性，那么，人为什么还会在教育活动中消极怠工，还害怕教育变革，还存在不与人进行教育合作的情况？原因就在于：人的社会本性的实现，必须靠一定的环境和条件，特别是教育制度的环境和条件。人的教育行为都是在教育制度环境中塑造出来的，也是在该教育制度环境中运作，并获得更高层级的标的和整合的。西蒙说："我们所有的人，在如何完整地筹划我们的行动上，在复杂的世界里所能达到的理性上，都受到极大的限制。而制度则为我们提供了一种稳定的环境，使我们至少可能达到微弱的理性。例如，我们能可靠地预料到，如果朝某个方向走上一程，就可以找到一家食品店，并且它明天还会在那个地方。靠着制度环境的这种稳定性，以及其他许多没有什么疑问的稳定性，我们就可能对自己的行动后果，进行合理而稳定的规划了。因此，我们的制度环境，就像我们的自然环境一样，在我们周围设置了一套可靠的、可感知的模式。我们没必要非得理解产生这些事件的根本的原因机制，或这些事件本身的全部细节，而只要了解那些影响我们的生活和需要的少数模式就足够了。我们所生存的环境（社会环境和自然环境）的这种稳定性和可预见性，允许我们在有限的认知能力和计算能力的约束下，去应付我们所面临的问题。"[②] 康芒斯说："如果有人认为个人毕竟是重要的，那么我们在讨论的那种个人是已经'制度化的头脑'。个人是从婴儿开始的。他们学习种种风俗习惯，学习语言，学习和其他的个人合作，学习为共同的目标而工作，学习通过谈判消除利益冲突，学习服从许多机构的业务规则，在这些机构里他们是成员。他们彼此见面，不是生理学上的身体由各种腺体维持着它的活动……而是或多或少地已经受了习惯的训练，在习俗的压力下，准备参加

---

① 约翰·罗尔斯著，万俊人译：《政治自由主义》，译林出版社 2000 年版，第 285 页。

② H. A. 西蒙著，杨砾等译：《现代决策理论的基石》，北京经济学院出版社 1989 年版，第 162~163 页。

人类集体意志所造成的那种极端不自然的交易关系……他们这些参加活动者不是个人，而是一个现行机构的公民。他们不是自然的力，而是人性的力。他们不是快乐主义经济学家所讲的那种机械的千篇一律的欲望的化身，而是变化多端的人格。他们不是自然状态中孤立的个人，而是各种交易的经常参加者；是一种机构的成员，在这个机构里他们来来去去；是一种制度里的公民，这种制度在他们以前已经存在，在他们以后还会存在。"① 因此，将教育制度恢复起来，建立起来，进行教育制度创新和教育体制创新，总是为了一个目的，就是鼓励大家上进，就是建立起能够让人们表现其社会性的教育制度环境和条件。

3. 教育制度是人们生存、发展与活动的社会环境

在人类生存发展的环境中，有自然环境、历史环境与社会环境，其中社会环境是核心部分。而在社会环境中，教育制度环境占据着突出地位，它是特定社会的教育规则体系，是教育运行的机制，是促进教育发展和人的发展的路径，决定着人的教育活动空间、教育活动能力以及教育活动方式。柯武刚曾说："制度在很大程度上决定着人们如何实现其个人目标和是否能实现其基本的价值。对于个人来讲，有些制度要优于另一些制度。制度还影响着人们所持有的价值观和人们所追求的目标。因此，制度反映着对一个人与共同体内其他人之间关系的主观理解，对制度的认可和执行完全依赖于社会所主张的文化观念。一个共同体内共有的基本价值支持着社会的凝聚力并激励人们在制度框架内行动。"② 正因为这样，只要教育制度或教育体制合理，只要教育制度或教育体制体现了社会的核心价值观，就可以获得人们的认同，就可以调动人们的积极性，就可以促进人的全面而自由发展，反之，则不能调动人们的积极性，不能促进人的全面而自由发展。我们知道，教育制度在学校的发展与变革中本具有不可替代的作用，良好的、合适的教育制度有利于减少交易成本，促使学校目标的实现。但是，如果教育制度失去了文化的滋养、道德的体贴，心性的关怀，教育制度就不能起到调动人的积极性，促进人的全面而自由发展的作用，反而阻碍学校的发展、人的全面而自由的发展。诚如友田泰正所说："公立教育制度的发展，曾伴随作为其组织的合理化和官僚制化。构成这种合理的、官僚制的、庞大制度的学校教育，对每个人来说，都有强制的、压抑性的特征。"③ 或如清水义弘所言："今日的学校，由于管理组织的官僚化、教育功能

---

① 康芒斯著，于树生译：《制度经济学》（上册），商务印书馆 1997 年版，第 92～93 页。
② 柯武刚等著，韩朝华译：《制度经济学》，商务印书馆 2000 年版，第 37 页。
③ 友田泰正著，于仁兰等译：《教育社会学》，春秋出版社 1989 年版，第 128 页。

的肥大化、教育课程的自我完结化以及教育期间的长期化等因素，因而陷入自我结构的矛盾中，以致丧失了作为教育制度的原有意义与角色。"① 充满人文关怀的教育制度有利于学校的发展，但是，过分强化刚性的教育制度或过分依赖于刚性的教育制度，已使现代学校教育制度出现危机。可见，人们进行教育制度变革与创新的目的，就是要建立一种既能促进教育的发展，也能促进人的全面而自由发展的教育制度环境。

在今日西方的许多国家，人们正试图以"择校"的方式来推动学校变革、人的发展，即把学校从"旧"有的教育秩序中解放出来，代之以新的教育制度环境，并建立全新的促进人的发展的教育制度安排。"近年来，改革者正极端地推行学校教育的'去中心'形式，如家庭学校、学券制（凭单制）、特许学校、公立学校的私营化管理等等，试图重新创造与地方规则或社会资本相联系的'乡村组织'。"② 我们知道，在正式的学校制度产生之前，家庭是儿童受教育的主要场所。随着各国纷纷颁布义务教育法，儿童于是被"赶"到学校接受正规的、统一的教育，教育便成为国家的事情。随着正式教育制度的不断强化，学校特别是公立学校似乎正成为一种"囚笼"，科层制所带来的冷冰冰的人际关系深刻地影响着学校中的成员，特别是学校或教师与学生之间的关系，进而影响每个人的发展。弗里德曼在谈到美国学校的问题时曾说："在我们的社会中，几乎再没有比学校更令人不满意的机构了，几乎没有比它更能引起不满情绪，更能破坏我们的自由了。教育机构极力捍卫其现有的权力和特权。……但它也受到了攻击。学生考试成绩普遍下降；城市学校中犯罪行为、暴力行为和秩序混乱等问题越来越严重，绝大多数白人和黑人起来反对用校车接送学生上学；在卫生、教育和福利部的严密控制下，许多大专院校的教师和管理人员感到惶惶不安，所有这一切都是对教育事业中权力日益集中、官僚主义日益严重和社会化日益增强等趋势的严厉的批判。"③ 可见，20世纪80年代以来，美国公立学校中出现的这些问题除了具有深刻的社会原因外，从教育角度而言，实质上是对教育制度、学校教育制度的一种反叛。20世纪90年代以来，家庭学校（home school）迅猛发展起来。在家庭学校中，家长具有自己的一套教育"规则"，从教学内容到教学方法都是根据儿童的特点来设计的。家庭学校没有公立学校那些对学生的教育专制、个性扼杀和僵硬的纪律，而是为孩子

---

① 清水义弘著：《地区社会与学校》，光生馆1980年版，第156页。

② Bruce Fuller and Emily Hannum，Schooling and social capital in diverse culture. Oxford：Elsevier science，2002，P. 4~7.

③ M. 弗里德曼等著，胡骑等译：《自由选择》，商务印书馆1999年版，第195页。

营造一种友好、民主、亲和、爱心的环境。作为教师的家长，更容易与孩子相互交流。一份针对家庭学校的调查结果表明：47％的人认为家庭学校可以避免负面的影响（同龄人的压力或社会氛围）；46％的人认为可以自由与灵活地进行教育；43％的人认为可以按照儿童的进度与需求进行教育；27％的人认为有利于发展儿童的独立性；23％的人认为可以加强与家庭感情的联系。① 可见，美国家庭学校教育运动出现的原因除了扎根于美国文化中的"自由精神"与深厚的历史根基外，更多的是对公立学校教育制度的不信任，对恶劣的学校教育制度环境的不满，实质上是对具有"家庭式氛围"② 这一教育制度环境的"依恋之情"或回归。

（二）人决定教育制度还是教育制度决定人

如果说环境决定人，那么，决定环境的又是什么呢？人们会毫不犹豫地说：是人，是人决定产生和决定着他的环境。马克思主义者认为，历史不外是各个世代的依次交替。每一代都利用以前各代遗留下来的材料、资金和生产力；由于这个缘故，每一代一方面在完全改变了的环境下继续从事所继承的活动，另一方面又通过完全改变的活动来变更旧的环境。"历史不是作为'产生于精神的精神'消融在'自我意识'中而告终的，而是历史的每一阶段都遇到一定的物质结果，一定的生产力总和，人对自然以及个人之间历史地形成的关系，都遇到前一代传给后一代的大量生产力、资金和环境，尽管一方面这些生产力、资金和环境为新的一代所改变，但另一方面，它们也预先规定新的一代本身的生活条件，使它得到一定的发展和具有特殊的性质。由此可见，这种观点表明：人创造环境，同样，环境也创造人"③ 既然教育制度是环境的重要组成部分，那么人决定环境就意味着人决定教育制度，因为教育制度是通过人、为了人而由人所建立起来的教育行为规范和互动规则。谢弗勒指出："所有社会制度是借助于人来运行的，只从容易引起误解的比喻的意义上而言，社会安排实是一种'机制'。就广义的教育而言，由于其包括社会中的人发展的所有

---

① Andrew F. Horner, A review of home school research. Torch Magazine (spring 1998), p. 16.
② 玛丽·杜里－柏拉等著，汪凌译：《学校社会学》，华东师范大学出版社 2001 年版，第 90 页。
③ 《马克思恩格斯选集》（第 1 卷），人民出版社 1995 年版，第 92 页。

过程，因而毫无例外地对社会中的一切制度都具有根本性的意义。"① 波普尔曾说："我们社会环境的结构在一定意义上是人造的；其制度传统既不是上帝的作品，也不是自然的作品，而是人的行动和决策的结果，是能够由人的行为和决策改变的。"② 人决定教育制度，不仅因为教育制度是人的教育活动的产物，而且还需要靠人去建设和创新。教育制度怎么样，与人怎么样直接关联呢？在谈到中国社会的制度建设时，邓小平曾指出："你要斗派性，没有敢字当头的领导班子就根本不可能；要建设必要的规章制度，要落实政策，没有这样的领导班子也搞不成。"③ 也就是说，教育制度创新、教育制度变革搞得怎么样，关键要看人的素质、特别是领导者的素质怎么样。

于是，我们好像处在了人与环境的矛盾与悖论中，到底是人决定教育制度还是教育制度决定人？马克思主义实践观为我们走出悖论、解决矛盾设定了出路。针对 18 世纪唯物主义者关于人造环境与环境造人的纷争，④ 马克思一针见血地指出："环境是由人来改变的，而教育者本人一定是受教育的"，"环境的改变和人的活动的一致，只能被看作是并合理地理解为变命的实践。"⑤ 换句话说，正是由于环境与人的悖论，正是环境的改变与人的教育活动的矛盾，才有了教育制度产生、变革的问题，也才形成了通过教育制度的变革去克服这一矛盾与悖论的途径。因此，教育实践是人与教育制度对立统一的现实基础。在教育实践的基础上，教育制度既是人的环境，又是人的产物，环境与教育制度产物之间的一致，只能被理解为教育制度建设的实践，而环境与教育制度之间的对立，则构成教育体制改革与教育制度创新的推动力量。凡勃伦曾说："制度必须随着环境的变化而变化，因为就其性质而言它就是对这类环境引起的刺激发生反应时的一种习惯方式。……人们生活在制度——也就是说，思想习惯——的指导下的，而这些制度是早期遗留下来的；起源的时期或者比较远些，或者比较近些，但不管怎样，它们总是从过去逐渐改进、逐渐遗留下来的。制度是已往过程的产物，同过去的环境相适应，因此同现在的要求决不会完全一

---

① 伊斯雷尔·谢弗勒著，石中英等译：《人类的潜能》，华东师范大学出版社 2006 年版，第 126 页。

② 卡尔·波普尔著，郑一明等译：《开放社会及其敌人》（第 2 卷），中国社会科学出版社 1999 年版，第 158 页。

③ 《邓小平文选》（第 2 卷），人民出版社 1994 年版，第 25 页。

④ 18 世纪唯物主义者认为："人是环境和教育的产物，因而认为改变了的人是另一种环境和改变了的教育的产物。"见《马克思恩格斯选集》（第 1 卷），人民出版社 1995 年版，第 59 页。

⑤ 《马克思恩格斯选集》（第 1 卷），人民出版社 1995 年版，第 59 页。

致。由于必然的事理，这种淘汰适应过程是决不能赶上社会在任一个时期所处的不断变化中的形势的；因为不得不与之相适应从而进行淘汰的一些环境、形势和生活要求天天在变化；社会中每一个相继而起的形势才告成立，它就开始变化，成为陈迹。发展过程向前跨越一步，这一步本身就构成了形势的一种变化，要求作新的适应，它也就成了下一步调整的出发点，情形就是这样无止境地演变下去。"① 在教育制度建设与改革过程中，我们要受历史和现实的教育制度环境的限制，正是由于历史不同，由于经验不同，由于现在所处的情况和环境不同，一句话，正是由于教育制度建设实践的特殊性，任一国家的教育制度改革和创新才不可能与别国一样。与此同时，人必然会受到教育制度环境的影响，为了人和教育的更好发展，我们应当创造更有利于人的全面而自由发展、更有利于教育不断进步的教育制度，我们应当不断变革不利于教育发展、人的全面而自由发展的教育制度，以使我们的教育制度成为教育发展、每个人全面而自由发展的条件。

在现实教育生活中，至少在 20 世纪 90 年代以前，在西方发达国家的教育制度变革者看来，只要投入大量的办学经费，加强对学生、教师、学校的管理，提高学术标准，就一定会提高教育质量。改革者对于学校教育抱着这样一种假设：学校决定学生学到多少知识，并促使学生改变自我，而充足的资金、良好的师资、齐全的设施、明晰的管理是决定学校运作的重要因素。然而，这种增加投入、加强管理、提高学术标准的措施达到了预期的目标了吗？尽管规定了学生需要达到的质量标准、教师需要达到的资格标准以及学校的责任，尽管在学校组织、人事等方面可称之为一场"革命"，但是，由于教育制度模式依然纹丝未动，在传统的科层体制下，这种物质资本与人力资本并没有起到应有的作用，教育改革并没有达到预期的目标。在我国，虽然地大物博，但人口众多，现阶段各级各类教育经费仍存在一定的缺口，政府教育经费的投入和社会教育经费的支持均明显低于发达国家，甚至也低于一些新兴工业化国家和同等水平的发展中国家。教育经费投入不足是造成教育供给能力不足最直接、最根本的原因，也是决定中国教育能否优先发展和人力资源开发成败的关键所在。② 很显然，在改革者眼里，良好的师资、优良的教育设施、设备以及源源不断的资金是学校发展的最重要因素，顺理成章的就是，学校变革的主要任务

---

① 凡勃伦著，蔡受百译：《有闲阶级论》，商务印书馆 2002 年版，第 139～140 页。
② 中国教育与人力资源问题报告课题组：《从人口大国走向人力资源强国》，高等教育出版社 2003 年版，第 60～61 页。

在于如何加大投入，如何培训师资等等。我们并不想否定这些措施的重要性和必要性，但是仅仅只有这些变革是不够的。

齐全的物质设备、优良的教师、良好的课程设计和教学方法、完善的组织结构等等，这些都可以被称作是"教育学"上的"输入"。[①] 人们认为教育的"输入"与"产出"是一种线形的关系，从而据此制定各项教育政策、教育制度。这种关系中的变量是可预测和控制的，众所周知的变量因素包括学校规模、班级规模、学生或教师比率、投入到学校教育中的时间，以及可利用到的课本、教学材料、教育技术和其他的物质输入；对教师的评估考虑到的是他们的培训、经验、工作量等等。教育改革者的一个基本假设就是，在学校共同体中，只要行动者（教师、学生、家长、行政人员）尽了他们最大的努力，学校就能运转得更有效率。这个基本假设同时也暗含了这样一种理念：教育过程是一个"无摩擦"的世界，在学校运作过程中，教育制度和学校文化被当作一个外在因素来看待。这是一种"孤立的"或"个体主义"的策略，它忽视了这样一种事实：即现实教育生活世界中的人往往是生活在一定的社会关系或社会结构、教育关系或教育结构之中，往往受到教育制度、学校文化、学校规则、认知心理等因素的影响。因此，在某种程度上说，教育改革往往忽视了那些嵌于人与人之间教育关系中的或者社会结构中的教育资源。"这就像新古典经济学家认为的那样，市场是一个完全的市场，从而忽视了制度、文化、人与人之间的关系等因素对经济的影响。当今的学校变革也存在着类似的情况，如果没有一个好的制度环境，不考虑人与人之间的关系，'教育学'的'输入'就不能完全有效"。[②] 显然，线形的"输入—产出"的观点无法解释教育领域中存在的问题，既然"教育学"的"输入"达不到预期的目标，作为教育的特殊组织的学校，只有借助于教育制度变革实践来达致这一目标。难怪库姆斯不无伤感地说："在回顾过去的时候，我们必须指出，大多数改革的范围和影响都是有局限性的。大多数改革只涉及某种程度的变化，或在有限范围内引进一些新的教学方法和辅助手段……很少的改革涉及从根本上变革教育体制及其基础和现行的办学模式。"[③]

---

① Robert W. Mcmeekin, Inventives to improve education. Northampton：Edward elgar publishing，2003，p. 3.

② Robert W. Mcmeekin, Inventives to improve education. Northampton：Edward elgar publishing，2003，p. 3～5.

③ 菲力浦·库姆斯著，赵宝恒等译：《世界教育危机》，人民教育出版社 1990 年版，第 22 页。

总之，教育实践特别是教育制度建设的实践，是解决教育制度问题上人与环境矛盾的主要途径。教育制度的变革与创新，不仅是一个教育理论问题，更是一个教育实践问题。

二、教育实践与教育制度

在马克思主义哲学视野中，教育制度源于人的教育实践活动，教育制度是处于教育交往过程、教育实践活动过程中的人的创造物。教育交往的需要、教育实践的需要是教育制度产生的根本动力，并不存在超越于人之外的教育制度创造主体。一方面，教育制度是人的教育实践创造物，另一方面，人对教育制度的创造、构建又是具体的、历史的、有条件的。

在论述教育制度与教育实践活动的关系之前，首先分析制度与实践的关系问题，无疑对我们厘清或更好地理解教育实践、教育交往实践的产物——教育制度，具有极大的帮助。

（一）制度源于人的实践活动

所谓制度之"源"，也就是制度的来源、源泉，谁创造了制度，也就是寻找教育制度的发生论根据。在马克思主义哲学视野中，历史是人的实践创造物。所谓历史也就是实践与时间的结合，也就是人的实践创造过程及其结果。制度作为实践、共同行动的结构、模式，在本质上正源于人的实践需要与实践创造。离开了具体的、现实的、有生命的个人去理解制度的源泉，必然导向抽象的制度观。为此，马克思对黑格尔、蒲鲁东等脱离作为主体的人的抽象制度观进行了深刻的批判。

早在黑格尔、蒲鲁东之前，柏拉图就认为，制度是一种绝对知识，且这种绝对知识具有超越时空的绝对正确性。法律、道德等具体制度规范只不过是这种绝对知识的现实与展现。制度规范也就是自然、永恒的等级秩序。在柏拉图看来，法是维系、实现共同体的共同规则，共同善、整体的幸福是立法的根本目的，"立法不是为城邦任何一个阶级的特殊幸福，而是为了造成全面作为一个整体的幸福。它运用说明和强制，使全体公民彼此协调和谐，使他们把各自能向集体提供的利益让大家分享。而它在城邦里造就这样的人，其目的就在于让他们不致各行其是，把他们团结成为一个不可分的城邦公民集体"。[①] 法律等

---

① 柏拉图著，郭斌和等译：《理想国》，商务印书馆1986年版，第279页。

制度在柏拉图眼中只不过是实现城邦、共同体整合的手段与工具。共同体实现其整合目的的手段是强制、教育共同体成员接受制度规范与法律，使大家安于由自然注定的统治者或被统治者的恒定身份与角色。在柏拉图哲学语境中，在社会关系、社会实体意义上，制度规范也就是自然的秩序，也就是天生注定的等级制度。柏拉图以金、银、铁三种不可混合的质料将人区分为永恒的三种类型。每一种人的所谓美德也就是认识到自己所在等级的责任，自觉地服从于这种不变的等级。法律、道德等作为具体制度规范，只不过是这种永恒的自然规范、永恒的等级秩序的实现与展现。而这种永恒自然规范的本质内容，也就是作为绝对知识的真理、理性、共同善。

柏拉图的制度观（即本质主义的制度观）被黑格尔全盘继承。黑格尔是这一本质主义制度观的集大成者。在黑格尔看来，世界有一个统一的绝对存在，作为绝对知识、绝对真理的绝对理念。这个理念也就是世界的唯一真正本质，而道德、伦理、法律、家庭、市民社会、国家、世界历史等无不统一于这个绝对理念，以绝对理念为最终的真理。不同于人们对伦理、国家等的多样性认识，不同于人们对伦理、国家理性的否定，黑格尔指出，不仅自然界是合乎理性的，在多样性的表象背后具有统一的"内在规律和本质"①。而且，人类社会、伦理、国家也是合乎理性的，在多样伦理与国家形态背后也有一个统一的真理、统一的精神。黑格尔曾说："法和伦理以及法和伦理的现实世界是通过思想而被领会的，它们通过思想才取得合理性的形式，即取得普遍性和规定性，这一形式就是规律。"② 也就是说，在他看来，道德、伦理、法律等都是统一的规律、规则、理性的具体展现形式，在本质上是绝对理念、绝对知识、绝对精神的外化。在纷繁复杂的生活背后，有一个统一的作为规律的规则存在。这个绝对的规律，保障、支撑着现实世界的存在与秩序。可见，在黑格尔的语境中，规则、制度也就是不变的规律，这个规则、制度在自然界与人类世界是相同的，也就是神秘的绝对知识、绝对理念。黑格尔的绝对理念也就是黑格尔意义上的规则、制度，也就是世界的绝对统一性。规则、制度、规律、统一性、绝对理念，在黑格尔的哲学语境中是同一层次的范畴。

在黑格尔法哲学视野中，法涵盖了狭义上法律、道德、伦理（家庭、市民社会、国家）等诸多领域，其法哲学中的法也就是世界运行的统一性，也就是我们所认为的制度、规则。在黑格尔看来，法、制度的主体是理念，法是理念

---

① 黑格尔著，范扬等译：《法哲学原理》（序言），商务印书馆 2007 年版，第 4 页。
② 黑格尔著，范扬等译：《法哲学原理》（序言），商务印书馆 2007 年版，第 7 页。

的外化与展现；绝对理念是法以及制度的来源与本质。"法哲学这一门科学以法的理念，即法的概念及其现实化为对象。"① "法学是哲学的一个部门，因此，它必须根据概念来发展理念——理念是任何一门学问的理性，——或者这样说也是一样，必须观察事物本身所固有的内在发展。作为科学的一个部门，它具有一定的出发点，这个出发点就是先前的成果和真理，正是这先前的东西构成对出发点的所谓证明。所以，法的概念就其生成来说是属于法学范围之外的，它的演绎在这里被预先假定着，而且它应该作为已知的东西而予以接受。"② "法的基地一般说来是精神的东西，它的确定的地位和出发点是意志。意志是自由的，所以自由就构成法的实体和规定性。至于法的体系是实现了的自由的王国，是从精神自身产生出来的、作为第二天性的那精神的世界。"③ 在这里，黑格尔实质上揭示了不同具体制度作为制度的统一性与必然性，这种揭示无疑具有重大意义。但问题在于，具体制度具有统一性是否意味着统一于理念，制度具有必然性是否意味着制度必然以绝对理念为最终来源与基础。

在黑格尔看来，一方面，法具有必然性、神圣性，另一方面，法的这种必然性与神圣性来源于绝对理念。黑格尔说："任何定在，只要是自由意志的定在，就叫做法。所以一般说来，法就是作为理念的自由。""法是一般神圣的东西，这单单因为它是绝对概念的定在，自我意识着的自由的定在之故。"④ 即，理念是世界的主体，也是法与制度的创造主体、最终源泉，衡量法与制度合理性、必然性的最终标准。法不仅是以意志为基础的，而且是以脱离其现实基础的意志即自由意志为基础的。黑格尔认为，"概念的本性"是国家制度合理性的根本标准。他说："只要国家依据概念的本性在本身中区别和规定自己的活动，国家制度是合乎理性的。结果这些权力中的每一种都自成一个整体，因为每一种权力实际上都包含着其余的环节，而且这些环节（因为它们表现了概念的差别）完整地包含在国家的理想性中并只构成一个单个的整体。"⑤ "国家应是一种合理性的表现、国家是精神为自己所创造的世界……人们必须崇敬国家，把它看做地上神物。"⑥ "国家是伦理理念的现实"，即国家是伦理精神的体

---

① 黑格尔著，范扬等译：《法哲学原理》，商务印书馆 2007 年版，第 1 页。
② 黑格尔著，范扬等译：《法哲学原理》，商务印书馆 2007 年版，第 2 页。
③ 黑格尔著，范扬等译：《法哲学原理》，商务印书馆 2007 年版，第 10 页。
④ 黑格尔著，范扬等译：《法哲学原理》，商务印书馆 2007 年版，第 37 页。
⑤ 黑格尔著，范扬等译：《法哲学原理》，商务印书馆 2007 年版，第 283~284 页。
⑥ 黑格尔著，范扬等译：《法哲学原理》（评述），商务印书馆 2007 年版，第 4 页。

现。"国家是绝对自在自为的理性东西"①，即国家是独立自存、永恒的，绝对合理的东西。"由于国家是客观精神，所以个人本身只有成为国家成员才具有客观性、真理性和伦理性。"② 针对黑格尔的上述论断，马克思分析道，黑格尔的这一论述无非是说，"国家制度是合乎理性的，只要它的各个环节都能消融在抽象的逻辑的环节中。国家要区别和规定自己的活动，不应按照自己特有的本性，而应按照概念的本性，这概念是抽象思想的被神秘化了的动力。可见，国家制度的理性是抽象的逻辑，而不是国家的概念。我们得到的不是国家制度的概念，而是概念的制度。不是思想决定于国家的本性，而是国家决定于现成的思想。"③ 因此，黑格尔的法哲学其实不过是其逻辑学的分支与运用，与其说黑格尔的法哲学是探索制度必然性的科学，还不如说黑格尔的法哲学是证明理念神圣性的科学。马克思指出："真正注意的中心不是法哲学，而是逻辑学。哲学的工作不是使思维体现在政治规定中，而是使现存的政治规定消散于抽象的思想。哲学的因素不是事物本身的逻辑，而是逻辑本身的事物。不是用逻辑来论证国家，而是用国家来论证逻辑。"④ 也就是说，第一性的东西是"事物本身的逻辑"，即现实事物发展的规律，而黑格尔却认为第一性的东西是"逻辑本身的事物"，即理念、概念之类。因此，黑格尔的"整个法哲学只不过是逻辑学的补充。十分明显，这一补充只是对概念本身发展的某种附加的东西"。⑤ 黑格尔制度观的最根本的问题在于将制度主体假定、设定为抽象的理性，"纯粹的、永恒的、无人身的人类理性"。无人身的人类理性在自身之外既没有可以设定自己的场所，又没有可以与之相对立的客体，也没有可以与之相结合的主体，所以它只得把自己颠来倒去：设定自己，把自己与自己对立，自相结合——设定、对立、结合。黑格尔曾说："理想中的必然性就是理念内部自身的发展；作为主观的实体性，这种必然性是政治情绪；作为客观的实体性则不同，它是国家的机体，即真正的政治国家和国家制度。"⑥ 即，在黑格尔那里，主体是"理想中的必然性"，"理念内部自身的发展"，而实体则是"政治情绪"和政治制度。明确地说就是：政治情绪是国家的主观实体，政治制度是国家的客观实体。马克思一针见血地指出，在黑格尔那里，"观念变成了主体"，"黑

---

① 黑格尔著，范扬等译：《法哲学原理》，商务印书馆 2007 年版，第 253 页。
② 黑格尔著，范扬等译：《法哲学原理》，商务印书馆 2007 年版，第 254 页。
③ 《马克思恩格斯全集》（第 3 卷），人民出版社 2002 年版，第 24 页。
④ 《马克思恩格斯全集》（第 3 卷），人民出版社 2002 年版，第 22 页。
⑤ 《马克思恩格斯全集》（第 3 卷），人民出版社 2002 年版，第 23 页。
⑥ 黑格尔著，范扬等译：《法哲学原理》，商务印书馆 2007 年版，第 266 页。

格尔在任何地方都把观念当作主体，而把本来意义上的现实的主体，例如，'政治信念'变成谓语"。① 问题在于，如果观念变成了主体，那么现实的主体"在这里就变成观念的非现实的，另有含义的客观因素"。② 因此，马克思明确指出，以理念作为法、制度源泉的黑格尔的法哲学是法与制度研究中的"逻辑的、泛神论的神秘主义"③。

在《哲学的贫困》中，马克思对蒲鲁东追求绝对公式、抽象原理的绝对、纯粹理性观进行了深刻批判。马克思指出，蒲鲁东眼中的理性是一种"纯粹的、永恒的、无人身的理性"④，这种纯粹理性来源于一种绝对的抽象，即抽象掉一切"偶然"所获得的必然，"用这种方法抽去每一个主体的一切有生命的或无生命的所谓偶性、人或物，我们就有理由说，在最后的抽象中，作为实体的将是一些逻辑范畴。……既然如此，那么一切存在物，一切生活在地上和水中的东西经过抽象都可以归结为逻辑范畴，因而整个现实世界都淹没在抽象世界之中，即淹没在逻辑范畴的世界之中。"⑤ 通过这种抽象掉一切内容的纯粹形式运动，将得到绝对的原理、公式，"正如我们通过抽象把一切事物变成逻辑范畴一样，我们只要抽去各种各样的运动的一切特征，就可得到抽象形态的运动，纯粹形式上的运动，运动的纯粹逻辑公式"。⑥ 以对"无人身的理性"的批判为基础，马克思对蒲鲁东从抽象、无人身的人类理性出发的抽象制度观进行了深刻的揭示和批判。马克思指出："经济学家的材料是人的生动活泼的生活，而蒲鲁东的材料则是经济学家的教条。"⑦ 因此，以绝对理性为基础考察社会，必然得出"不是历史创造原理，而是原理创造历史"⑧ 的荒谬结论，也就必然导向抽象的一元规则观。同时，马克思还对蒲鲁东制度观的非历史本质进行了深刻批判。蒲鲁东以黑格尔的绝对方法、绝对理念为方法论基础，认为存在作为"权威原理"而存在的"预先制定的规则"⑨。蒲鲁东制度观的实质无非是为资本主义制度的永恒性、天然性作哲学论证。马克思指出："经济学家们的论证方式是非常奇怪的。他们认为只有两种制度：一种是人为的，一种是

---

① 《马克思恩格斯全集》（第 3 卷），人民出版社 2002 年版，第 14 页。
② 《马克思恩格斯全集》（第 3 卷），人民出版社 2002 年版，第 10 页。
③ 《马克思恩格斯全集》（第 3 卷），人民出版社 2002 年版，第 10 页。
④ 《马克思恩格斯选集》（第 1 卷），人民出版社 1995 年版，第 138 页。
⑤ 《马克思恩格斯选集》（第 1 卷），人民出版社 1995 年版，第 139 页。
⑥ 《马克思恩格斯选集》（第 1 卷），人民出版社 1995 年版，第 139 页。
⑦ 《马克思恩格斯选集》（第 1 卷），人民出版社 1995 年版，第 138 页。
⑧ 《马克思恩格斯选集》（第 1 卷），人民出版社 1995 年版，第 146 页。
⑨ 《马克思恩格斯选集》（第 1 卷），人民出版社 1995 年版，第 163 页。

天然的。封建制度是人为的,资产阶级制度是天然的。……经济学家所以说现存的关系(资产阶级生产关系)是天然的,是想以此说明,这些关系正是使生产财富和发展生产力得以按照自然规律进行的那些关系。因此,这些关系是不受时间影响的自然规律。这是应当永远支配社会的永恒规律。于是,以前是有历史的,现在再也没有历史了。"① 总之,以绝对理念、"无人身的理性"为制度源泉,必然导向抽象制度观,导向对制度的公式性抽象理解。

不管是黑格尔还是蒲鲁东,其制度观念成为抽象制度观的重要原因在于,一方面没有认识到制度之源在于实践,而是认为"通过思想的运动"就能建设制度。马克思指出:"黑格尔认为,世界上过去发生的一切和现在还在发生的一切,就是他自己的思维中发生的一切。因此,历史的哲学仅仅是哲学的历史,即他自己的哲学的历史。没有'与时间次序相一致的历史',只有'观念在理性中的顺序'。他以为他是在通过思想的运动建设世界;其实,他只是根据绝对方法把所有人们头脑中的思想加以系统的改组和排列而已。"② 马克思在《资本论》第一卷第二版后记中再次指出:"在黑格尔看来,人脑的活动过程,即思想过程,名曰'理念',他甚至视之为一种独立的主体,乃是真实世界的造物主,而真实世界只是'理念'的外在的、现象界的形式。"③ 另一方面,没有认识到制度与人的存在论关系,制度的根本主体是人自身,而不是抽象的理念、抽象的理性或神秘的自然、神圣的上帝。超越神圣主义、神秘主义制度观的重要基础在于,将制度源泉回归于人自身,回归到人的感性实践与创造。在马克思看来,作为制度根本主体的人,是处于感性生活、感性活动中的具体的、现实的人。全部人类历史的前提是"人",而此处的人"不是处在某种虚幻的离群索居和固定不变状态中的人,而是处在现实的、可以通过经验观察到的、在一定条件下进行的发展过程中的人"。对社会而言,"人们按照自己的物质生产率建立相应的社会关系,正是这些人又按照自己的社会关系创造了相应的原理、观念和范畴"。④ 正是在实践过程中,人们自己创造了适用于自身的制度。马克思指出:"在宗法制度、种姓制度、封建制度和行会制度下,整个社会的分工都是按照一定的规则进行的。这些规则是由哪个立法者确定的吗? 不是。它们最初来自物质生产条件,只是过了很久以后才上升为法律。"⑤ 在此意

① 《马克思恩格斯选集》(第1卷),人民出版社1995年版,第151页。
② 《马克思恩格斯选集》(第1卷),人民出版社1995年版,第141页。
③ 丹尼斯·劳埃德著,许润章译:《法理学》,法律出版社2007年版,第387页。
④ 《马克思恩格斯选集》(第1卷),人民出版社1995年版,第142页。
⑤ 《马克思恩格斯选集》(第1卷),人民出版社1995年版,第163页。

义上，我们可以说，所谓制度，也就是社会的制度、实践的制度。以感性生活、感性活动中的具体的、现实的人为主体的社会实践是制度的根本来源。离开了现实的、具体的人，离开了实践的制度观，必然导向抽象与神秘。

实践的属人性，决定了制度的属人性，实践的历史性、具体性、条件性，决定了制度构建的历史性、具体性、条件性。马克思在揭示"市民社会决定国家"，在指认、确认制度源泉的属人性时，并不认为制度是一个可以随意建构的对象。在马克思看来，社会发展、制度构建都是具体的、历史的。制度源于人的创造，并不意指人可以随意创造、随意设计、随意变革制度。制度变迁、制度变革是一个自然的历史过程，制度是历史性与当下性的辩证统一。一方面，当下性是制度的重要特点。制度从根本上由当下人的当下实践创造，是人的实践构建物。"思想、观念、意识的生产最初是直接与人们的物质活动，与人们的物质交往，与现实生活的语言交织在一起的。人们的想象、思维、精神交往在这里还是人们物质行动的直接产物。表现在某一民族的政治、法律、道德、宗教、形而上学等的语言中的精神生产也是这样。"① 另一方面，历史性也是制度的内在属性。人们对制度的创造只能在既有的生产力、社会条件、自然条件等背景下进行。"人们自己创造自己的历史，但是他们并不是随心所欲地创造，并不是在他们自己选定的条件下创造，而是在直接碰到的、既定的、从过去承继下来的条件下创造。一切已死的先辈的传统，像梦魇一样纠缠着活人的头脑。"② "人创造环境，同样，环境也创造人。每个个人和每一代所遇到的现成的东西：生产力、资金和社会交往形式的总和，是哲学家们想象为'实体'和'人的本质'的东西的现实基础，是他们神化了的并与之斗争的东西的现实基础，这种基础尽管遭到以'自我意识'和'唯一者'的身份出现的哲学家们的反抗，但它对人们的发展所起的作用和影响却丝毫也不因此而受到干扰。"③ 个人是时代的产儿，时代决定个人，制度是它的时代或时代精神在思想中的反映和把握。诚如黑格尔所说："就个人来说，每个人都是他那时代的产儿。哲学也是这样，它是被把握在思想中的它的时代。妄想一种哲学可以超出它那个时代，这与妄想个人可以跳出他的时代，跳出罗陀斯岛，是同样愚蠢的。"④ 简言之，制度是人的具体创造物，是感性的人在感性的活动中不断创造、逐渐变革的结果。制度是历史性的、时间性的，只有以感性人的感性活动

---

① 《马克思恩格斯选集》（第1卷），人民出版社1995年版，第72页。
② 《马克思恩格斯选集》（第1卷），人民出版社1995年版，第253页。
③ 《马克思恩格斯选集》（第1卷），人民出版社1995年版，第92～93页。
④ 黑格尔著，范扬等译：《法哲学原理》（序言），商务印书馆2007年版，第12页。

为基础才可能真实变迁。而这种变迁又不是随意的，而受着各种环境、条件的现实制约。

总之，处于感性生活、感性活动中的具体的、现实的人，是制度的根本主体、源泉。在这个意义上，制度就是由人们在实践、交往过程中所构建并以此规范、约束人自身，并处于不断变化之中的交往结构、行为模式、思维定势、集体心理。

（二）教育交往实践与教育制度的形成、发展和变革

交往是唯物史观的一个重要范畴。在马克思主义哲学视野中，交往一方面指的是人们之间的交往活动，一方面指的是人们之间的交往关系。可以说，交往活动是交往的动态表现，交往关系是交往的静态表现。根据马克思主义的相关论述，我们可以对教育制度的形成、发展与变革问题做出以下几点探讨：

1. 教育制度源于教育交往实践

是谁向人们提出了教育制度的问题，我们为什么需要教育制度？根据马克思的观点，我们可以说，是教育交往实践。就日常教育生活层面看，教育制度在幼儿园就十分重要。我们可以看到，当孩子们分得玩具并明确这些玩具是他们的个人财产时，他们会爱护玩具，并能在受到鼓励时慷慨地将自己的财产借给其他小朋友。但另一方面，当所有玩具属于全体儿童而不是特定个人时，他们就倾向于忽略他们的"资产"，并为拥有某一件玩具而打架争抢。教育制度不仅在幼儿园的教育交往中重要，而且在整个教育生活中也非常重要。随着教育实践范围的扩大和教育活动内容的丰富，人们之间教育资源、教育信息的交换日益频繁，教育交往的范围不断扩大，形式日趋复杂，在竞争加剧的同时，教育合作的需要也不断增强。在这种情况下，人们之间的信任、教育合作和教育交往如何可能，就构成人的自由、教育自由与教育发展必须解决的重大课题。正是由于教育交往活动范围的不断扩展，教育合作的不断深入，人们才发现自己是那样的需要教育制度，才意识到他们的教育实践是那样地离不开教育制度和教育规范，才去考虑自己教育生活中实实在在地存在着的教育制度问题。教育制度减少着协调人们教育活动、教育交往实践的成本，因而有利于教育交往实践的展开。诚如柯武刚所说："制度在协调个人行动上发挥着关键作用。……现在，人们正日益认识到，制度构成着关键的社会资本：可以说，它们是导引人际交往和生活发展的'软件'。"[1] 可见，只有在教育交往实践及其

---

① 柯武刚等著，韩朝华译：《制度经济学》，商务印书馆 2000 年版，第 7 页。

不断扩大的过程中，教育制度才成为一个真正的难题和问题。

2. 教育交往实践是教育制度供给的主要渠道

人们之间的教育交往实践不仅产生了教育制度的需求，还是教育制度供给的主要渠道。只是为了满足人们教育交往实践对教育制度的客观需要，教育制度的问题才被人们考虑到，各种教育制度才被构想和设计，各种教育制度变革方案才进入人们的视野，并在人们实际的教育交往实践过程中被创造出来。柯武刚曾说：“当人们相互交往时，会在这里那里出现许多很小的创新性进步。一步一步地改良随时间而日积月累。”[1] 教育交往实践向人们提出了需要教育制度的问题，也形成了解答教育制度问题、满足教育制度需求的基本思路，即，通过创新、变革和发现一系列具体教育制度和教育规范，促进人们之间的教育交往、教育合作。而这是一个渐进的过程，在这一过程中，有观念的作用，人们可以根据一定的教育制度理念去设计一定的教育制度，但起根本作用的还是教育实践，因为只有在教育实践活动中，在实际的探索和试错过程中，在教育交往实践与人际相互过程中，合适的教育规则与良好的教育制度才得以产生出来、完善起来，从而建立起人们之间教育竞争与教育合作的框架。通过这一框架，人们之间的复杂教育交往得以可能，并能得到不断扩展。在此，我们以美国的特许学校（charter school）以及契约学校（contract school）的出现为例，对教育实践、教育交往实践不仅产生教育制度需求，而且是教育制度供给的主要渠道给予一定的分析。

我们知道，现代公共教育制度在西方建立之初，其基本理念就曾为人们描绘了一幅美好的图景，那就是自由、平等、博爱、人权等资产阶级启蒙思想以及建立在它们基础上的“教育民主”与“教育平等”。在美国，以“美国公共教育之父”贺拉斯·曼为代表的教育家倡导建立了一种由政府出资、由职业教育家管理的中小学教育制度。贺拉斯·曼认为，教育非常重要，因此政府有责任向每个孩子提供受教育的机会，“在向马萨诸塞州教育委员会提交的报告中，贺拉斯·曼反复强调……教育是一种最好的、一本万利的公共投资”。[2] 学校应当办成非宗教性质的，应接纳所有来自不同信仰、不同社会地位和不同种族的家庭的孩子。自此，“教育应当是国家的职责”成为美国政府及民众的普遍共识，诚如史密斯所言：“人们逐渐接受了这样一种看法，认为教育应当是国家

---

[1] 柯武刚等著，韩朝华译：《制度经济学》，商务印书馆2000年版，第56页。

[2] M. 弗里德曼等著，胡骑等译：《自由选择》，商务印书馆1999年版，第156页。

的职责。"① 显然，学校的这种共有性和公共性在传播美国的标准价值观，促进美利坚成为一个"大熔炉"方面发挥了关键性的作用。帕特森指出："美国公立学校……是不同民族、肤色、信仰和收入水平的美国人聚集在一起的主要方式。在大多数美国人的生活中，再也没有任何时候能够像儿童和青少年时期就读于公立学校那样如此完全地融合在一个社会多样化的环境中。……在美国，许多群体组成人民也是由公立教育的普遍宗旨所促成的，它坚持认为学生应该分享共同的课程。相反，寻求提高尖子生教育的制度对贫困学生不利，对因语言或生活环境而在入学时成绩就不好的那些人不利。……当然，其他制度也有助于美国社会的融合；但是，没有一种制度能够像公立学校融合得那么好、那么彻底。这并不是说，学校就是美国社会多样化的镜子。公立学校依然存在着大量的民族、种族和阶级隔离。"② 哈耶克也说："如果美国没有借公立学校制度在其社会中刻意推行那种'美国化'的政策，那么美国就不可能成为这样一个有效的'种族大熔炉'，同时也很可能会面临种种极为棘手的问题。"③ 但是，这种公共教育制度的公共性，其实是与政府对教育的控制与干预、政府对教育的垄断紧密相关的。尤其是凯恩斯主义④盛行以来，公众亦加入到知识分子的行列，开始对政府，特别是中央政府的能力无限崇拜。李普曼曾说："以前人们认为，由那些思想狭隘的和自以为是的人自由行使权力会很快带来专制，反动和腐朽……要取得进步就必须限制统治者的作用和权力，而现在人们则认为，统治者的能力是无限的，因此，不应对政府的权力施加任何限制。"⑤ 随着政府对公立教育垄断的加强，公立教育的质量越来越差、公立教育的问题越来越多。弗里德曼等人指出："家长们抱怨子女们所受教育的质量下降了。很多

---

① M. 弗里德曼等著，胡骑等译：《自由选择》，商务印书馆 1999 年版，第 157 页。

② T. 帕特森著，顾肃等译：《美国政治文化》，东方出版社 2007 年版，第 578 页。

③ F. A. 冯·哈耶克著，邓正来译：《自由秩序原理》（下），生活·读书·新知三联书店 1997 年版，第 161 页。.

④ 凯恩斯在《就业、利息和货币通论》一书中指出："要放弃'自由放任'原则，扩大政府功能，实行政府对经济活动的全面干预和调节。""政府机能不能不扩大，这从 19 世纪政治家看来是对于个人主义之极大侵犯。然而，我为之辩护，认为这是一种现实办法，可以避免现行经济形态为之全部毁灭。"（参见凯恩斯著：《就业、利息与货币通论》，商务印书馆 1993 年版，第 323~324 页）因此，凯恩斯主义要求政府对市场进行干预，同时强调公共物品或公共服务由政府独家供给，增加社会福利，市场的作用被大大弱化了，从而形成了"政府干预"模式。凯恩斯主义的流行促使国家权力的再度增长，以至于在社会生活、经济发展、文化教育等领域处处都能见到政府的影子，"全能政府"最终形成，并直接导致了西方社会"福利国家"的产生。

⑤ M. 弗里德曼等著，胡骑等译：《自由选择》，商务印书馆 1999 年版，第 154 页。

人对孩子们的身体健康越发感到担忧。老师们抱怨说，他们所处的教学环境，往往不利于孩子们学习。越来越多的老师在教课时担心自己的人身安全。纳税人抱怨费用上涨。几乎没有人认为我们的学校是在向孩子们传授他们所需要的解决实际问题的知识。与促进同化及创造和睦气氛的愿望相反，学校越来越成为我们从前极力避免的分裂的源泉。"[①] 面对公众对公立教育的大力批判，政府对学校管理和运作的垄断地位在 20 世纪 90 年代开始受到挑战，特许学校的蓬勃发展以及契约学校的出现就是明证。契约学校与特许学校有许多相似的地方，即政府将资金不再直接拨给所有的学校，而是通过公开招标的方式，允许多个供应商之间公平竞争，最后择优选取中标者。中标者由此获得政府资金，并与政府签订合同，政府通过合同对学校进行监督、管理，并有权终止合同。契约学校虽然也是针对需求方和供应方的一种策略，但它是一种更好的选择，因为契约学校在学校举办者和政府官员之间创造了更加清晰的、可信赖的关系。在许多方面，合同制可以被看作是"特许"观念的革命性发展。特许学校或契约学校除遵从有关学校安全、学生健康等一般办学所必须遵守的基本法律规定外，它们不受州及当地学区对一般公立学校管理条款的约束。戴伊曾说："社区教育组织从他们的学区或州的教育机构获得'特许'，来建立自己的学校。他们不受州和学区陈规约束，从而可以深化改革。"[②] 换言之，它们不处于中央集权的官僚体系之下，在学校经营、人事、课程及财政等方面享有相当大的自主权。例如，无须对学区每天的政策变化作出反应；拥有独立经费预算权，可以自由决定如何在教师薪金、购买教学设备等方面分配这些经费；雇佣适合学校特色和需要的教师，而不是随便接受那些缺乏经验的教师；自主招生，学生自愿入学而非强迫等等。政府通过合同明确规定了学校任务、资金保证以及绩效标准。可见，无论是特许学校还是契约学校实质上都是在摆脱中央权威或行政官僚的束缚，取而代之的是一种所谓的"地域性"规则。根据不同的学习对象、不同的地理环境，学校的目标任务、教学方法、课程标准等都存在差异，每所学校具有自己的一套运行"规则"。

美国的公立学校教育制度自此开始从一种"强制"的教育制度转变为一种"可选择"的教育制度。美国继 20 世纪 50 年代教育改革的"第一次浪潮"之后，在 20 世纪 80 年代后期，出现了更深入的学校改革——以校本管理、教师授权、教师职业化和赋予家长与学生择校权等措施改善学校质量——这些措施

---

① M. 弗里德曼等著，胡骑等译：《自由选择》，商务印书馆 1999 年版，第 153～154 页。
② T. R. 戴伊著，彭勃等译：《理解公共政策》，华夏出版社 2005 年版，第 119 页。

促成了"改革运动的第二次浪潮"。而"改革运动的第二次浪潮"的一个显著特点是"选择权"。"在美国的教育改革中,'选择'是个关键词汇。家长在择校以及由此引发的学校在入学时的竞争,被认为在提高家长满意度和教师士气的同时,也提高了学业和毕业率。校长和教师们被鼓励去直接和家长接触,设定明确的目标,设置专业课程,加强纪律,要求学生不断进取。选择计划不仅有利于家长们为孩子做出明智选择,而且还能给职业教育家传递信息,使他们明白,父母认为孩子成长中需要什么,学校就要提供什么,否则就是在冒失去生源和资助的危险。"①

3. 教育制度的修正、完善依靠教育交往实践

人们在教育制度之下的教育交往过程,就是人的教育行为与各项教育制度之间不断调适与磨合的过程,也是教育制度在不断修正的过程中渐趋合理的过程。任何教育制度对人们教育行为和教育交往的促进作用都很难一步到位,任何"好"的教育制度对人们教育行为的功用也非一劳永逸。人类教育制度的变迁史充分证明,教育制度中的大部分不能归功于突发性的重大教育制度创新,而应归功于适应性变革,即通过试错,通过对需求和不断变化的条件作出适应性反应的调整、改良而表现出来的创造性。适应性调整经常被教育研究者低估甚至忽略,教育研究者们普遍被较显眼的重大教育制度创新行动强烈吸引。发明了考试制度的先祖在改变人类如何选拔人才的制度上迈出了巨大的、极具有创新性的一步。但从那时起,为了提供更科学、更合理的人才选拔制度,不计其数的教育研究者、考试制度"使用者"已经在千百次变革中改善了考试制度的基本概念。因此,在教育制度建设中,我们应当坚持"宜粗不宜细"的原则,"立其大者",而把由粗到细的工作留给人们具体的教育交往去解决。教育制度所支配的教育行为所着眼的东西被限于各种情况的共性。对任何情况来说,要紧的是适用于那一类情况的教育制度规范是什么。为那一类情况规定的那类教育行为必须去做。针对那一类情况禁止的那类教育行为则不得去做。没有必要把某一情况作为个别情况加以考虑。某一情况的细节、特征和特定环境,都可以忽略不计。柯武刚等人曾说:"要使复杂的制度系统保持内在的相容性和严密性,即维持制度的秩序,并非易事。如果规则制定者在颁布具体的低级制度上能有节制,并专注于培育简单的一般规则,就能够避免不相容性。具体而琐碎的法规层出不穷不是一个合格议会的标记。相反,它是忽视一般规则而靠直接干预来实现具体目标的征兆。如此建立规则会使受规则约束的人感

---

① T. R. 戴伊著,彭勃等译:《理解公共政策》,华夏出版社 2005 年版,第 118～119 页。

到不安全，因为无人能通晓——更别说遵守——大量叠床架屋的具体低级规则。当规则激增时，整个规则系统会发生功能障碍。在这种情况下，简化和精炼低级规则并发展新的普适制度可能是使制度系统重新变得较为有效的好办法。"[1] 在人们的教育行为与教育制度之间，还存在着一个逐渐调适和磨合的过程，这一过程也就是人们之间不断的教育交往过程。米尔恩指出："必须信守诺言的规则并没有告诉人们承诺什么或对谁承诺，人们必须在他们相互交往的过程中自行决定。将一种行为描述为'信守诺言'是不完整的。人们需要知道具体的场合以及为什么会作出特定的承诺。"[2] 人们之间在教育制度下的交往过程不断验证着教育制度的合理性与合理程度，对践踏教育制度、违反教育制度的行为予以纠正，令其改正；对不利于人们教育交往与人性"向善"的教育制度，予以修正和改进，使之发生合理化的变迁；将那些在人们教育行为中实际起作用的规则与惯例发掘出来，提升为正式的教育制度乃至教育法律，合并到特定教育制度体系的框架中，从而使教育制度体系从整体上逐渐合理化、科学化。

4. 教育交往实践是教育制度发挥其功能、实现其价值的基本途径

教育制度的基本功能和主要作用就是扩大教育交往，建立起教育交往扩展的推动机制。那么，教育制度怎样才能发挥它的这种价值和功能呢？显然，只能在教育交往实践的过程中，并通过教育交往实践活动。正如教育制度不是写在纸上的文字，它必须在人们的实际生活中发挥作用一样，任何教育制度都不是外在于人们教育交往实践过程的规则与条文，它只能在人们的教育交往过程表现其存在与功能。因此，教育制度建设的首要问题不是搞出一大堆所谓"好的"教育制度，而是如何使这些教育制度实际地起作用，使它们在人们的教育交往过程中真正表现出它的应有价值。

特别应当指出的是，我们决不能像部分西方学者如哈贝马斯等人那样，因为对交往实践的强调而把它看成唯一的实践形式。我们并不把教育制度的实践基础简单地局限在教育交往实践上，而是应当看到教育实践对教育制度产生与更新所具有的重要作用，看到教育实践对于教育交往实践的基础作用。西方学者由于将个体之间的教育交往实践看成教育制度产生的唯一基础，因而无法清楚地解释教育制度产生与变革、创新的问题。这一解释存在着两个明显的缺

---

[1] 柯武刚等著，韩朝华译：《制度经济学》，商务印书馆 2000 年版，第 169~170 页。

[2] A. J. M. 米尔恩著，夏勇等译：《人的权利与人的多样性》，中国大百科全书出版社 1997 年版，第 25 页。

陷：第一，方法论个人主义与价值观个人主义。他们不仅从个人出发、并以个人为出发点看待一切教育制度问题（从而陷入方法论个人主义），而且以个人为教育制度唯一重要的价值取向，从而陷入价值论个人主义。按照方法论个人主义原理，教育生活的最终构成要素乃是个人，这些个人或多或少总是根据自己的意向和他们对自身处境的认识而采取行动。每一种复杂的教育状况、教育制度或教育事件，都是个人及其意向、境遇、信念以及教育资源和教育环境的具体组合的结果。根据一些大规模的教育现象（比如充分受教育）来解释另一些大规模的教育现象（比如教育质量低劣），可能是不成功的或是肤浅的。我们只有以个人的意向、信念、才智和教育关系为依据进行解释，否则，就不可能对这种大规模教育现象作出最低限度的解释。皮齐科曾说："方法论个人主义的原则在于这样一种信念，即个人构成了人之科学中分析的终极单位。根据这项原则，所有的社会现象，在不考虑有目的的行动者个人的计划和决策的情况下，是不可能得到理解的。方法论个人主义的倡导者论辩道，根据超个人构成物去分析社会现象，如果不是一种十足谬误的话，那也是极具误导性的。"①一句话，在方法论个人主义看来，人之个体乃是社会、政治和教育生活中唯一积极主动的参与者；个人在制定、变革教育制度时将为自己的利益行事，除非受到强制；没有人能够像利益者个人那样了解他自身的利益。第二，语言学唯心主义。哈贝马斯就基于语言互动规范结构的社会交往行动理论，特别注重人与人在语言交流过程中所形成的主体间性以及在思想观念、语言符号、道德价值等精神方面的联系，凸显了主体间的精神沟通、视界融合、道德同情等交往关系以及在相互承认言语有效性前提下的话语交流形式。所谓交往行为，用哈贝马斯的话说是"以符号为媒介的相互作用理解为交往活动。相互作用是按照必须遵守的规范进行的，而必须遵守的规范规定着相互的行为期待，并且必须得到至少两个行动的主体（人）的理解和承认。"②在他看来，交往行为作为"意义沟通的行为"以"话语"为基本单位，因而人们的"言说"或"交谈"才是最基本的交往形式，人们只有通过"日常语言"才能"相互作用"，才能达到"相互理解"这一根本目的。这样，哈贝马斯进而又把"交往行为"从"相互作用"精缩为"言语行为"，把人们广泛的社会交往研究压缩为"运用语言的行为"的研究。哈贝马斯曾说："只有交往行为模式把语言看作是一种达

① F. A. 冯·哈耶克著，邓正来译：《个人主义与经济秩序》（代译序），生活·读书·新知三联书店 2003 年版，第 6 页。
② 尤尔根·哈贝马斯著，李黎等译：《作为"意识形态"的技术与科学》，学林出版社 1999 年版，第 49 页。

成全面沟通的媒介。在沟通过程中，言语者和听众同时从他们的生活世界出发，与客观世界、社会世界以及主观世界发生关联，以求进入一个共同的语境。这种解释性的语言概念是各种不同的形式语用学研究的基础。"① 简言之，交往行为就是以语言符号为媒介，通过对话、商谈、实现人与人之间的相互的"理解"和"一致"的行为，它强调的是人与人的关系。可见，哈贝马斯的交往观主要是一种语言学意义上的精神交往。而在马克思主义哲学视野中，交往是物质交往、精神交往的统一，生产交往、生活交往的统一，政治交往、经济交往、文化交往等的统一，是多级主体之间多层面交往的辩证具体统一。因此，从马克思主义哲学视野看，哈贝马斯的交往范畴，在本质上只是一种知识论层面的精神交往，而非感性活动层面上的物质性交往。虽然哈贝马斯也使用交往实践这一范畴，但其交往实践是在哲学语言学层面上的交往，语言学层面上的交往，而非马克思哲学意义上的作为人的感性活动过程的交往实践。哈贝马斯的交往作为一种精神活动层面上的交往，在本质上与生产方式、人的物质交往无关。但是，在哈贝马斯的影响下，一些西方教育学者往往离开实践活动去理解交往，离开教育实践活动去理解教育交往，否定教育交往实践的实践基础，把教育交往活动仅仅界定为一种语言的交流与单纯的文化来往，把语言和以语言为中心的教育交往看成教育交往实践的中心。结果，他们无法解释清楚教育制度的产生、变革与创新问题。

事实上，人与人之间的教育交往活动，不可能离开那种将人们结合起来改造对象世界的教育实践。因为，教育实践的状况涉及人们"做什么"，而教育交往实践则涉及"怎么做"，正如"做什么"必将影响和决定"怎么做"一样，教育实践是教育交往实践的基础，人们怎么产生就怎么交往，现代教育决定了与之相适应的教育交往方式，决定了这一交往方式与"十字街头象牙塔"之原始社会教育的交往方式肯定不同。因此，作为人们教育交往方式与交往规则的教育制度，不仅以人们怎样交往的教育实践活动为基础，而且以人们怎样进行教育的实践活动为基础。这是历史唯物主义理解教育制度产生和变革的基本逻辑。从归根结底的意义上说，是教育的发展、人的发展决定着教育制度的形成、发展与变革，要求形成与之相适应的教育制度架构，而教育交往实践则是教育发展与教育制度变革、创新之间的中介环节和转换机制，它使教育的发展、人的发展成为教育制度变革、创新的推动力量，又通过教育交往的扩展和

① 尤尔根·哈贝马斯著，曹卫东译：《交往行为理论》（第1卷），上海人民出版社2004年版，第95页。

互动的增强，促使教育制度的变革、创新反过来推动教育的发展、人的发展。

（三）探究教育制度形成、发展、变革实践基础的重要意义

通过对教育制度形成、变革与创新的教育实践基础的探讨，不仅对我们从理论上弄清教育制度形成、变革与演化的规律，而且对我们从实践上推进教育制度建设，促进人的全面而自由发展，都具有十分重要的意义。

1. 坚持教育交往实践观，是教育制度建设的首要原则

从教育实际出发，实事求是，始终坚持教育交往实践的观点，是我们考虑教育制度价值、促进教育制度建设的首要原则。在教育制度实践的过程中，我们始终应该"用事实说话"，不仅要从教育实际出发，符合特定社会教育发展的客观情况，还得有教育实践的可行性和可操作性，应当根据各自经济社会发展的特点、教育发展的实际来决定各自社会的教育制度建设模式。杜威说："一个不仅进行着变革，而且有着改进社会的变革理想的社会，比之目的在于仅仅使社会本身的风俗习惯延续下去的社会，将有不同的教育标准和教育方法，这一点尤为正确。所以，要把提出的一般思想应用于我们自己的教育实践，必须详细研究一下目前社会生活的性质。"[1] 在建立和创新教育制度的过程中，要切合什么实际呢？无非是要切合教育发展的实际，切合教育者、学生的实际，要切合人们教育交往方式的实际，要反映人们的客观教育需要和实际教育利益，还要解决如何扩大教育交往、增强教育交流、加强教育合作、促进教育竞争的实际问题。纵观教育制度变革史，教育制度变革之所以失败，其根本原因就在于忽略了教育发展实际。一些教育制度变革者致力于看到某项期望的教育制度变革得以实施，致力于"应该变革什么"通常会逆转为了解"如何通过变革过程来完成"。富兰说："致力于某项变革的强烈愿望或许会成为确立一种有效变革程序的障碍，而且在任何情况下它们都是社会变革的截然不同的两个方面。"[2] 对于教育制度变革来说，"有志者事竟成"这一格言并不总是贴切的。人们有许多意志，但它们只是存在于变革的途中而不是指明了变革之路，"需要有一定的愿景，以为促进具体的变革提供所需的清晰思路和能量，但如果愿景所产生的只是急躁、失于倾听等，那它可能会自毁前程。用一种较为合

---

① 约翰·杜威著，王承绪译：《民主主义与教育》，人民教育出版社 2005 年版，第 91 页。
② 迈克尔·富兰著，赵中建等译：《教育变革新意义》，教育科学出版社 2005 年版，第 99页。

理的方式来说，变革的促进者既要变革自身，也需致力并熟练于变革的过程。"① 同时，一些教育制度变革者持存着这样一种假设，即教育制度世界能够被看似合理的论证所改变。教育制度变革可以通过绝对的心智得以实现，可以仅靠完美的方案得以完成。此外，还有一些教育制度变革者，忽视教育制度"生"与"长"的环境，一门心思地照搬成功的教育制度变革模式。问题在于，教育制度变革在一个地方的成功，一方面是好的教育思想或教育观点发生了作用，而更大程度上取决于使这些好的教育思想可以生根、发芽、成长、壮大的环境。成功的教育制度变革不能原样照搬或复制，原因在于复制到的只是教育制度变革本身，而真正有价值的却是酝酿教育制度变革成功的各种条件或因素，而这些东西显然是无法复制的。希利等人说："（1）改革充分考虑到地方的实际需要；（2）地方也强烈要求改革；（3）改革的推动力来自地方本身；（4）改革的计划或方案是经过多次比较论证的；（5）有足够的经费支持；（6）拥有充分的自主权。仅仅试图复制改革，就会不可避免地违背某些恰恰是决定改革成功的具体条件。事实上，人们对教育所抱有的理想、需求以及所处的环境背景都是互不相同的。相应地，在一地发生作用的东西未必在其他地方同样具有作用。甚至在已经了解了某些方面是具有地方性或针对性的条件下，再对'外部的'成果改革进行复制，其最终的命运还是危机四伏。除非改革的动力来自内部，并对改革拥有自主权（主要是通过对自身的发展有所认识和计划产生的），否则，任何机遇都不会在地方教育的发展上打下永久的烙印。我们坚持认为，不是要复制成功的改革本身，而是要首先认真了解改革取得成果的那些前提条件，惟有这些东西才是可以复制的。"② 即，教育制度变革具有厚重的"地方性"。教育制度变革者的工作重点显然不是复制那些在其他地方有效的教育制度变革方案，而是要复制那些使这些教育制度变革方案顺利推进、实施的条件。

因此，从事教育制度形成、变革与创新的人一定要有现实的立场、负责任的态度与务实的精神，一定要摆脱种种虚妄的幻想，屏蔽诸种不切实际的空想。倘若没有现实的立场、负责任的态度与务实的精神，就不会有教育制度建设的成功。克罗齐耶针对法国领导者以及知识分子崇尚空谈、忽视教育发展实

---

① 迈克尔·富兰著，赵中建等译：《教育变革新意义》，教育科学出版社 2005 年版，第 99 页。

② F·Healey and J·De Stefano, *Education reform support：A framework for scaling up school reform*. Washing，DC：Abel 2 Clearinghouse for Basic Education, 1997，p. 10 −11.

际、忽视教育实践的现状，希望他们走出办公室、走出书斋，结合教育发展现实，进入教育实践现场，进行教育制度建设实验，从事教育制度建设实践活动。克罗齐耶认为，法国知识分子以及领导者通常喜欢阐发思想和主张，热衷于规避风险。可是，在注重变革的今日世界，这种贵族式的、不负责任的做法业已不合时宜。虽然阐发思想主张是一件严肃的事情，但是行动也是一种智力的冒险。"在当今以及未来，越来越具有重要意义的，不再是观念、见解与理论——它们只是为发表演说而借用的托辞——而是能力，这种能力让人提出真正的问题，从事实出发，以实验的方式，实施解决问题的方案。"[1] 克罗齐耶的论述给我们的启示在于，从事教育制度形成、变革与创新的人不能总是待在房间里运筹帷幄、筹划巨大的教育制度建设以及变革，而应结合教育发展实际、进行发生在现实教育世界中的教育制度实验，成为教育制度建设"行动世界"中的人。

2. 不断探索和试验，是进行教育制度建设的基本方式

教育实践不是四平八稳的活动，也不是将事先设计好的教育制度原原本本地付诸实施，而是一种充满不确定性的探索、尝试、试验、试错等。以这样一种教育实践为基础的教育制度建设，本身有一个形成、调适、演变和完善的过程。在这种教育实践过程中进行教育制度变革与创新，必须不断探索和尝试，只能一步步地摸索前进。因为，在教育制度建设方面，我们所作的各项工作，都只是一些试验和探索。对我们而言，教育世界处于永恒的变动之中：人的教育生活世界会变；人的教育趣味会变；一些教育资源将变得稀缺，而另一些"新"教育资源会被发现；教育技术手段、方式方法会被革新，等等。在这一过程中，教育世界将如何变化？其他人将如何对新的教育环境作出反应？人人都必须应付这些方面的不确定性。由于教育世界和其他人都在不断变化，现存的教育制度常常会失去其有用性。因此，多数教育制度都是边干边学的产物，"它们是由无数不同的人在分散化的试错选择过程中获得的"。[2] 对我们来说，所有的工作都是新事物，所以要摸索前进。既然是新事物，难免要犯错误。避免不断犯错误的办法只有一个，那就是不断总结经验，有错误就赶快改，小错误不要变成大错误。波普尔曾说："我们在试，也就是说，我们不仅是记录下来观察，而且还积极试图解决某些或多或少是实际的而又明确的问题。如果是

---

[1] M·克罗齐耶著，张月译：《法令不能改变社会》，上海人民出版社 2008 年版，第 254 页。

[2] 柯武刚等著，韩朝华译：《制度经济学》，商务印书馆 2000 年版，第 55 页。

（并且只有是）我们准备从错误中学习的话，我们就会取得进步；要认识自己的错误，要批判地利用它们而不是教条式地坚持它们。虽然这种分析可能听起来微不足道，但是我相信，它描述了一切实验科学的方法。我们越是自由地并有意识地准备去冒试验之险，越是批判地注视着我们总是在犯的错误；这种方法就将具有越来越大的科学性。这个公式不仅包含着实验的方法，而且也包含着理论与实践之间的关系。一切理论都是试验，它们都是试探性的假说，试图看看究竟它们是否能成立；而一切试验的确证都无非是以批判的精神、以力图发现我们的理论错误在什么地方来进行的检验的结果。"① 教育制度的实践特征决定了，我们除了不断进行探索和尝试之外，没有建设好教育制度的其他办法，我们所能做的，就只能是在干中学，在实践中摸索。诚如波普尔所说："在所有事物方面，我们只能通过试错法，通过犯错误和改进来学习，我们永远不能依靠灵感，尽管灵感只要能够经过经验的检验，也许极有价值。因此，假定彻底重建我们的社会世界将会立即带来一种可行的体制，这是不合理的。相反，我们应当预料到，由于缺乏经验，我们会犯很多错误，只有通过一种持久而勤勉的小幅度调整过程，才可能消除这些错误。"② 确实，在整个教育制度的变革、创新过程中，人们更多的是在"边干边学"。段晓锋曾说："许多规则、习惯及其制度都是学习的结果，学习与制度实际上是相互联系、相互促进的一种关系。制度、规则是人们不断地'试错'、学习的结果；反过来，有效的制度又鼓励人们不断学习。"③ 我国的教育制度变革、创新就是一个活生生的写照。教育决策者就经历了一个不断探索、不断学习的"试错法"和"边干边学"过程。如邓小平所言"摸着石头过河"（有人称"摸论"）。采用实验、试点的方法，取得实际经验，然后再逐步推广或扩散，循序渐进地促进教育体制的转变。

3. 大胆进行教育制度建设

教育制度建设必须大胆，敢闯敢试，敢冒风险。既然教育制度有其实践基础，既然教育制度建设是一项"新事业"，只能在不断的探索和尝试中摸索着前进，那么，当我们在教育制度建设实践中遇到困难和挫折的时候，就应该站

---

① 卡尔·波普尔著，何林等译：《历史主义贫困论》，中国社会科学出版社 1998 年版，第 78 页。

② 卡尔·波普尔著，陆衡等译：《开放社会及其敌人》（第 1 卷），中国社会科学出版社 1999 年版，第 314 页。

③ 段晓锋著：《非正式制度对中国经济制度变迁方式的影响》，经济科学出版社 1998 年版，第 42 页。

在实践的基础上看问题，应该保持一种永不灰心、不断进取的开拓精神和良好心态，具备"思想、勇气和决心，以及来自冒险和改革意志的新的自我评价的愿望"，具备坚强的意志力。诚如斯迈尔斯所说："在每一种追求中，作为成功之保证的与其说是卓越的才能，不如说是追求的目标。目标不仅产生了实现它的能力，而且产生了充满活力、不屈不挠为之奋斗的意志。因此，意志力可以定义为一个人性格特征中的核心力量，概而言之，意志力就是人本身。它是人的行动的驱动器，是人的各种努力的灵魂。"① 在教育体制、教育制度改革的过程中，特别是在遭遇困难的时候，我们不是要放弃教育体制改革、教育制度变革，或者放慢教育制度建设的步伐，而是应当不断进取、勇于探索、大胆尝试。诚如邓小平所指出的："没有一点闯的精神，没有一点'冒'的精神，没有一股气呀、劲呀，就走不出一条好路，走不出一条新路，就干不出新的事业。"② 如果固守陈规，照过去的老框框一模一样地搞，没有一些试验、一些尝试、一些挫折、一些失败，肯定达不到我们的战略目标。在教育制度变革过程中，遇到一些风险、遭遇一些挫折，这是正常的，也是为了进步必须付出的代价，因此，应树立面对风险、错误的正确态度。波普尔认为，没有任何一项教育制度变革是没有挫折的，是没有风险的，是没有并非所愿的后果的。"注意这些错误，发现它们、揭示它们、分析它们，从它们之中吸取教训，这就是一个科学的政治家、也是一个政治科学家所必须做的工作。"③ 正是因为教育制度建设、变革存在着一定的风险，所以应当允许观望，允许失败，并为各种可能性都留出一定的空间。克罗齐耶说："没有不冒风险的变革，也就是说，不存在没有挫折的变革。所以，应该允许人们进行一些尝试而不要求产生结果。实验的成本应该被纳入到变革的成本之中。即使是失败同样也是富于教益的；而对实验进行投资，同样也是对知识和人力进行投资。"④

教育制度建设、教育制度变革，就是做前人没有做过的事。教育制度建设、教育制度变革并不是一首美妙的田园诗，要开辟教育制度变革的道路，就必须经历许许多多的挫折和障碍。没有人能够保证教育制度建设、教育制度变革一帆风顺，教育制度建设、教育制度变革很可能遭遇挫折，很有可能遇到种

---

① 陈根法著：《德性论》，上海人民出版社 2004 年版，第 84 页。
② 《邓小平文选》（第 3 卷），人民出版社 1993 年版，第 372 页。
③ 卡尔·波普尔著，何林等译：《历史主义贫困论》，中国社会科学出版社 1998 年版，第 78 页。
④ M·克罗齐耶著，张月译：《法令不能改变社会》，上海人民出版社 2008 年版，第 52 页。

种艰难险阻，甚至可能遭遇失败。但不去实践，不做实验，永远也不可能知道教育制度建设、教育制度变革的结局，更不可能有教育制度建设、教育制度变革的成功。因此，必须进行实验，即使失败，也是为下次的教育制度建设、教育制度变革实践创造成功的条件、积累有益的经验。只有不断地进行实验，不断地试错，才能最终获得成功。同时，必须培养人们去从事教育制度变革的事业，促进教育制度的发展和变革，因为，"我们社会的前途依靠民主、发展和变革。"①

4. 教育实践是判断教育制度建设成就的基本标准

既然教育制度以教育实践为基础，具有很强的实践性，那么，判断教育制度好不好，判断教育制度有多大的价值，判断教育制度发挥了多大的作用，标准只有一个，那就是人们的教育实践，就是看教育制度是否增进了人们的教育交往实践、促进了教育的发展和人的发展。霍布豪斯指出："各种社会制度和政治制度本身并不是目的。它们是社会生活的器官，是好是坏，要根据它们所蕴涵的精神来判定。社会的理想不是在求索一种完善而没有变化的制度性的乌托邦形态，而是在探求一种精神生活的知识，以及这种知识的无限制的和谐增长所需要的永无断绝的动力。"② 如果教育制度是"好"的，又在多大程度上是"好"的，主要看教育制度为保障人的发展、促进人的发展究竟做了什么贡献，看它为经济社会的发展提供了多少合格的人才。在马克思看来，只有"推翻那些使人成为被侮辱、被奴役、被遗弃和被蔑视的东西的一切关系"③，从而"把人的世界和人的关系还给人自己"④ 的教育制度，才是保障人的发展、促进人的发展的"好"教育制度。如果教育制度是"好"的，又在多大程度上是"好"的，主要看教育制度本身是否包含着道德的内容，并有着把这些内容付诸实施的具体方式和方法。如果教育制度内蕴着伦理的含义，如果教育制度是公平正义的，个人因而就具有道德的行为。罗尔斯指出："一个人的职责和义务预先假定了一种对制度的道德观，因此，在对个人的要求能够提出之前，必须确定正义制度的内容。这就是说，在大多数情况里，有关职责和义务的原则应当在对于社会基本结构的原则确定之后再确定。"⑤ 当然，在判断教育制度的

---

① 联合国教科文组织、国际教育发展委员会编著，华东师范大学比较教育研究所译：《学会生存》，教育科学出版社 1996 年版，第 134 页。
② 霍布豪斯著，孔兆政译：《社会正义要素》，吉林人民出版社 2006 年版，第 1 页。
③ 《马克思恩格斯选集》（第 1 卷），人民出版社 1995 年版，第 10 页。
④ 《马克思恩格斯全集》（第 1 卷），人民出版社 1956 年版，第 443 页。
⑤ 约翰·罗尔斯著，何怀宏等译：《正义论》，中国社会科学出版社 1988 年版，第 110 页。

"好"与"坏",在判断教育制度发挥作用的"大"或"小"问题上,必须清楚教育实践本身的两面性。我们知道,马克思虽然以实践、人的感性活动作为理解历史的主导线索,但马克思从未将实践神圣化,从未认为实践是一种没有问题的神圣活动过程。在《1844年经济学哲学手稿》中,马克思对异化劳动的分析,其实深刻揭示了劳动实践的辩证性、两面性:一方面,劳动是人的类本质,没有劳动也就没有人的生存与发展,另一方面,劳动在生产人自身、社会关系自身的过程,也生产着人自身、社会关系自身的问题,有问题的社会关系、有问题的具体人性,正是通过劳动而不断被生产、创造出来。在分析黑格尔的劳动观时,马克思指出:"黑格尔站在现代国民经济学家的立场上。他把劳动看作人的本质,看作人的自我确证的本质;他只看到劳动的积极方面,没有看到它的消极的方面。……黑格尔唯一知道并承认的劳动是抽象的精神的劳动。"① 也就是说,在马克思看来,劳动实践是一个感性的活动过程,是一个创造成果与创造问题的辩证统一过程,是一个积极创造与消极创造的辩证统一过程,劳动实践兼具积极作用与消极作用。总之,实践本身的辩证法、两面性,同时从实践论层面决定了制度及其作用的辩证法、两面性。

马克思虽没有专门就教育实践的两面性进行分析,但他对劳动实践的分析无疑有助于我们认识教育实践的两面性。我们知道,教育制度的作用源于教育关系的必然性,源于人的实践能力的有限性,也源于教育资源的稀缺性与教育规律的必然性、强制性。任何教育制度的作用都是有限的、有边界的。教育制度的作用正如一把双刃剑、一个双面币。"直到现在,通过持续了若干年代的各种社会形式,我们获得了教育,这种教育一直是我们有效地用以维持现有价值和保持力量平衡的一种精选的工具,而且这个辩证过程对于国家命运和历史进程既有其积极的作用,也有其消极的意义。"② 简言之,教育制度实践既显示出教育制度的解放力,又表明它的局限性、缺点及其具有压抑性的后果。对教育发展的主体而言,教育制度一方面具有发展、支撑的作用,另一方面也可能使人们进入制度陷阱。具体而言,教育制度为人们的教育实践提供框架与模式,是人的全面而自由发展所必需的,另一方面,教育制度也往往成为人们被迫服从的力量,教育制度总是意味着既存教育组织力量对个体显性或隐性的强制。而教育制度作用的两面性,实源于教育实践本身的两面性。教育制度是由

---

① 《1844年经济学哲学手稿》,人民出版社2008年版,第101页。

② 联合国教科文组织、国际教育发展委员会编著,华东师范大学比较教育研究所译:《学会生存》,教育科学出版社1996年版,第83页。

教育实践所创立的，教育实践本身的辩证法、非神圣性对应于教育制度作用的辩证法。因此，我们在教育制度建设过程中，一定要重视教育实践的两面性，具体分析教育制度的正功能、负功能。

第三节　教育制度的变迁与演进

我们不仅应该具备思考和设计教育制度的一套理论，不仅应该站在教育实践的基础上构想和运筹教育制度建设，而且应当用发展的眼光看待一切教育制度，深入思考和系统研究教育制度的变迁与演进。事实上，任何教育制度在其产生之初，都有一定的合理性，大都能促进教育的发展和人的发展，只是在世易时移的变化过程中，在教育实践的推进过程中，教育制度才逐渐暴露出它的不合理性，并随经济社会的发展，教育实践的深化、教育科学的进步而发生合理变迁和逐渐演进。诚如《学会生存》一书所说："许多教育实践的失灵，使教育革新成为必需进行之事。社会经济的变化与科学技术的革新，使教育革新成为迫切需要着手进行之事。教育科学的研究、教育技术的进步以及世界人民的不断觉醒，使教育革新成为可能之事。"[①]

"教育制度的发展"意味着，一是教育制度的合理性增强，在实质合理性方面更符合教育的发展和人的发展，在形式合理性方面更具有非人格化的公共性和平等性；二是教育制度合法性提高，教育制度逐渐获得了人们的普遍认同和自觉遵守，教育秩序逐渐形成；三是教育制度稳定性增加，逐渐从一时的特殊规范转变为长期的普遍规则，长时段、大范围地发挥作用；四是教育制度的功能强化与价值提高，以更高的效率实现、发挥其更大的功能、价值和作用。

一、教育制度的僵化及问题

从教育制度发展的角度而言，要顺利推进教育制度的合理变迁，需要克服妨碍教育制度变迁的各种阻力，因为正是这些阻力的综合作用，促成了教育制度的停滞与僵化。这倒不是说教育制度天生就是惰性的，天生就很僵化。

---

① 联合国教科文组织、国际教育发展委员会编著，华东师范大学比较教育研究所译：《学会生存》，教育科学出版社1996年版，第139页。

（一）教育制度僵化的内涵

一般而言，教育制度僵化的内涵大致表现在以下几方面。

首先，教育制度相对于教育生活、教育实践的滞后性。教育制度本身凸显了一种保守的倾向。这一倾向植根于教育制度的性质之中，即教育制度是一种不可朝令夕改的规则体系。一旦教育制度设定了一种教育权利和教育义务的方案，那么为了教育发展、人的全面而自由发展，就应当尽可能地避免对该教育制度进行不断的修改和破坏。一旦教育制度形成之后，也就获得了相对的独立性与稳定性，不能伴随着教育生活的变革和教育的发展而随时发生相应的变动。但是，当业已确立的教育制度同一些易变且重要的教育发展力量相冲突时，教育制度显然要为这种稳定付出代价。经济社会的变化，从典型意义上讲，显然要比教育制度变化快。在教育生活激烈变革的时代，教育制度常常会陷于瘫痪，因为它不得不为断裂性调整（有时是大规模的调整）让路。这样，教育制度难以发挥它对教育发展与人的发展的应有功能，陷入默顿所说的"功能失调"。教育制度功能的失调，意味着教育制度的僵化已经开始。

其次，教育制度本身相对于教育生活的抽象性。教育制度无论怎样具体，乃至包罗万象，它本身只能是原则的，即使它可能有时也会采取枚举的方式列例，但它并不能穷尽所有教育生活中的可能现象，它的具体运用、具体实践，有待于具体实施时的具体解释与掌握，在这种具体解释与掌握中，蕴含着某种不和谐，蕴含着某种不合理，蕴含着某种可能的缺陷，蕴含着某种可能的僵化。诚如亚里士多德曾说："科学中如此，政治学中也是如此，要把一切都准确地写下来是不可能的，因为规定总是普遍性的，而做法则要与具体相连。"[①]

再次，相对于不确定的教育生活来说，教育制度具有稳定性与确定性，它构成了教育生活不断变化的"不变的"结构与框架。教育生活实践的变动性与不确定性越是增强，教育制度框架与教育制度结构的确定性与稳定性也随之提高，二者之间的张力促进了教育行动的制度化和教育制度的结构化，结果是教育制度的逐渐僵化。时至最后，教育制度不再是不确定性教育生活实践的确定框架与"脚手架"，反而是屏蔽、扼杀、删除教育生活不确定性的"帮凶"。

第四，相对于灵活多样的教育生活实践而言，教育制度具有高度的统一性和公共性。正是由于这种统一性和公共性，才使教育制度一方面构成了教育生活多样性的约束力量，另一方面又有效地激发了教育生活的多样性。然而，随着教育制度统一性和公共性的增强，它妨碍着教育生活实践的多样化（而教育

---

① 科恩著，聂崇信等译：《论民主》，商务印书馆 2004 年版，第 128 页。

生活实践的多样化是激发创新的社会条件），从而变成一种僵化的力量。

第五，教育制度在其运作过程中，由于具体的实施细则缺乏科学性和价值追求，导致教育制度本身的不断僵化。中国封建社会的教育制度体系开始时比世界上其他国家的教育制度都较为开放和自由。这种教育制度体系不仅受国家委托担任培训官员的任务，而且对于一个人养成思想与行为的和谐一致，也确实是有成效的。但是，在其实施过程中，由于过分强调形式主义和严格的考试评级制度，从而使这种教育制度体系变得死板和僵化。

对于教育生活实践而言，教育制度僵化具有十分严重的后果。因为教育制度一旦僵化，人们自由行动的教育空间就小了，这不仅不利于调动人的主观能动性，不利于教育交往的扩展，不利于教育合作的展开，不利于教育竞争的"文明化"，而且不利于促进教育创新，使人们囿于现状，裹足不前，结果是迟滞了教育的发展，阻碍了人的发展。同时，教育制度僵化不利于教育竞争力的提升。教育竞争力的提升靠什么，靠的是人们的进取与努力，靠的是不断的教育制度创新，以使人们的进取与努力在获得相应"回报"的同时，使教育竞争力得到攀升。刘易斯曾说，"制度是促进还是限制经济增长，要看它对人们的努力是否加以保护"，"除非努力的成果确实属于他们自己或属于他们承认有权占有的人，否则，人们是不会作出努力的。……社会改革者们的努力，很大一部分是针对不断变化的制度的，以便使制度为努力提供保护"，"要激发人们的努力，就必须对人们的努力给予相应的物质报酬"。[①] 一旦教育制度僵化，不但不能提升教育竞争力，还扼杀了人们的进取心。此外，教育制度僵化还不利于特定社会人们教育水平的普遍提高。教育制度僵化使教育缺乏活力，人们不思进取，不求上进，从而使教育发展处于停滞状态，或者教育发展处于低速状态。

（二）教育制度变迁的阻力

面对教育制度僵化，一个基本的解决办法是推动现有教育制度发生合理变迁。问题是教育制度能发生这样的变迁吗？教育发展的历史经验和教育发展的历史事实已经说明：教育制度能发生合理的变迁。既然如此，教育制度为什么还会僵化，而不是适时变迁呢？其原因就在于，教育制度的合理变迁会受到许多因素的制约，会遭遇各种阻力。"'权势集团'、传统、习俗、等级制、迷信

---

① 阿瑟·刘易斯著，周师铭等译：《经济增长理论》，商务印书馆 2005 年版，第 63、64 页。

资格、不愿放弃权力或社会地位等等都起着推迟我们时代变革的作用。"① 教育制度变迁，"无论是有意的还是无意的，无论是实际的还是抽象的，都肯定要遭到强烈的抗拒。……这种阻力既来自被它的反对者称为过时的传统主义者，也来自被传统主义者称为空想主义的对未来进行推测的理论家；既来自内部的教育结构，也来自外部的政治方面的反应"。② 具体而言，这些阻力大致有：

1. 教育具有自我保存的属性

教育的基本功能之一就是重复，重复地把上一代从祖先那里继承下来的知识传给每一代。因此，"和过去一样，教育体系负有传递传统价值的职责，这是正常的事情"。教育的这一功能从一个侧面说明了为什么教育体系倾向于构成一种时间上和空间上密封的体系，为什么它们主要关心自己的生存和成功。"教育体系能够在何种程度上和以怎样的速度使它们本身适应于变化的环境？教育体系具有相当大的惯性。如果我们认为，教学的功能是使社会再生，那么我们就不应该忘记，从遗传学上来说，一种再生体系的原始性质是尽可能确切地和忠实地再生它的类型，并保证'再生的生物不变性'，以助长种类的生存，如一位生物学家所说的那样。"教育体系看起来是内向和后退的，"这种看法有助于巩固现有的结构并促使个人按照现有的社会从事生活……教育本身是保守的"。③ 教育"自我保存"的属性，即教育的"重复性"、"封闭性"与"保守性"。罗素曾说："教育，大概说来，是站在现状这一边的最强的力量而反对基本的改革：已经受到威胁的制度，当它们还有力量的时候，只要拥有教育机器，就把对于自己优越性的尊敬灌输到青年的容易加以塑造的心智中。改革者要把这局面扭转过来，就得用力把敌人从他们的有利地位上驱逐出去……把教育制度当作一种政治制度时，它就要设法去形成习惯和限制知识，并使人只能有一套一模一样的见解。"④ 教育界由于身负继承以往的历史、传统价值以及人类文化遗产的重任，因此本身就带有浓厚的守旧、维持现状的性格特征，天生就具有对任何教育变革、任何教育制度变迁都拒之门外的性质特点。"从宗教革命到文艺复兴，一直到现代的早期，中世纪以后的欧洲对文明的发展曾产生

---

① 联合国教科文组织、国际教育发展委员会编著，华东师范大学比较教育研究所译：《学会生存》，教育科学出版社 1996 年版，第 137 页。

② 联合国教科文组织、国际教育发展委员会编著，华东师范大学比较教育研究所译：《学会生存》，教育科学出版社 1996 年版，第 204 页。

③ 联合国教科文组织、国际教育发展委员会编著，华东师范大学比较教育研究所译：《学会生存》，教育科学出版社 1996 年版，第 85 页。

④ 罗素著，张师竹译：《社会改造原理》，上海人民出版社 2001 年版，第 93 页。

过有力的影响，打开了广阔的知识视野，解放了新的社会力量，并重新诠释了人文主义的含义。事实上，哲学思想的发展、心理学的新远景以及活的语言提到学术研究的高度，这些方面都扩大了我们的眼界，而且在某些地方还使实践具有了生命力。虽然如此，教育在一定程度上对于这些影响的感觉却是迟缓的。"① 学校一经组织成为一个完整的体系，它在社会上就固定下来了，只有在特殊情况下，才能改变学校的体制，但在整体上是很难变动的。虽然也会逐渐出现一些缓慢的变化，但学校体制本身及其所具有的学校性质是不能改变的。从这点而言，学校及其教育可以说是保守的，这种保守性是近代以来学校所表现出来的基本特点。赫斯伯格曾说："大学是所有社会机构中最保守的机构之一；同时，它又是人类有史以来最能促进社会变革的机构。"② 这是因为，人们公认的学校教育制度的主要目的之一，是尽可能地按其本来的面貌将当代文化传递下去，而这乃是一项鼓励维持现状的任务。阿什比曾说："大学是继承西方文化的机构。它保存、传播和丰富了人类的文化。它像动物和植物一样地向前进化。所以任何类型的大学都是遗传与环境的产物。"③ 布罗迪也说："几百年来，大学是没有发生根本性变化的、寥寥可数的机构之一。一个个帝国崛起又衰落了，其他种种社会组织都在政治、地理和环境的作用下瓦解了。但是，大学自身固有的机制却使它变化缓慢。这种'惰性'一直是大学的内在优势。"④ 简言之，教育所具有的自我保存的属性，不但不能促进教育制度变迁的迅速展开，反而使教育制度变迁变得更迟钝、更加困难。诚如拉塞克等人所说："教育系统的内部因素在对自身系统作必要调整时常常起阻碍作用，而不是促进作用。"⑤ 教育所具有的自我保存的属性，使其不但忘却了教育制度有进行自我完善的必要，反而使教育制度越发僵化，越发具有惰性。赫梅尔认为，教育系统对变化往往是无动于衷的，至少在实行市场经济的国家是如此。他说："教育系统的扩展会使它比现在更加漠视和抵制变革。进行深刻变革只有掌握特别强大的力量才会成功。那些逐渐出现政治平衡不稳定的'古老民主制

① 联合国教科文组织、国际教育发展委员会编著，华东师范大学比较教育研究所译：《学会生存》，教育科学出版社1996年版，第32页。
② 伯顿·R.克拉克著，王承绪等译：《高等教育系统》，杭州大学出版社1994年版，第203页。
③ E.阿什比著，滕大春等译：《科技发达时代的大学教育》，人民教育出版社1983年版，第7页。
④ 威廉·布罗迪著：《美国大学"征服世界"知易行难》。《参考消息》，2007年3月26日。
⑤ S.拉塞克等著，马胜利等译：《从现在到2000年教育内容发展的全球展望》（导语），教育科学出版社1999年版，第9页。

国家' 有失去进行重大改革所需力量的危险。"①

尽管教育系统内部对教育制度变迁存在着抵抗的力量，但是我们不能否认的是，教育系统在建设现代社会、促进人的发展方面的作用。从本质上而言，教育系统具有被动和主动的双重作用。诚如拉塞克等人所言："它能够进行自身演变，也能够孕育和促进令人满意的社会经济变化。教育系统内部的确存在着一些有待改变的抵抗力、心态和结构，但其中也有某些有助于解决当代严重问题的条件和可能性。"②

2. 教育制度变迁蕴含着巨大的风险

在教育制度变迁与风险的关系中，规避风险是教育制度变迁的重要动因，但教育制度变迁又必然伴随着风险，并可能导致更大的风险。熊彼特的创新理论曾被广为引用，但人们却忽视了其创新理论中的"风险"思想。在熊彼特那里，"创新"与"风险"相共生，"风险"理论是熊彼特"创新理论"的有机构成。在熊彼特看来，创新既是发展的强大推动力，也是一种"创造性破坏"的力量；创新具有创造性，是发展的发动机；同时，创新又具有破坏性，是发展的"碎纸机"。事物发展，制度变迁，往往是一种"创造性破坏的过程"、"创造性毁灭的过程"；创新制度的过程，同时也是"创造"风险的过程。③

教育制度变迁有风险，因而受到人们承受变迁风险的愿望和能力的制约。波拉克曾说："在许多文化中，冒险作为成功人士应该具有的品质受到人们的赞美。但是风险恰恰是因为不确定性而产生。在不确定性面前阐明风险，采取措施和接受风险的意愿和能力，被认为是一种特别的优势。虽然有一些冒险后来被证明是不明智的，但是没有冒险，就是对现状的含蓄接受。不愿意受不确定性的激励，才是前进的真正障碍。"④ 而不确定性通常是与风险联系在一起，确切地说，它表达了行为和结果之间难以预测的关系。其实风险本身就是一种特殊的不确定性，它是造成危险、损失的潜在因素。教育制度变迁从某种意义上说，乃是人的一种创造性行为，其后果可能蕴藏着不确定性和风险，而安于

① S. 拉塞克等著，马胜利等译：《从现在到 2000 年教育内容发展的全球展望》，教育科学出版社 1999 年版，第 110 页。
② S. 拉塞克等著，马胜利等译：《从现在到 2000 年教育内容发展的全球展望》，教育科学出版社 1999 年版，第 117 页。
③ 约瑟夫·熊彼特著，吴良健译：《资本主义、社会主义与民主》，商务印书馆 2002 年版，第 147 页。
④ 亨利·N. 波拉克著，李萍萍译：《不确定的科学与不确定的世界》，上海科技教育出版社 2005 年版，第 6 页。

现状，则不会冒多大的风险，代价相对较小。两相比较、权衡，人们无疑会选择教育制度的维持，而不是教育制度的变迁。塞西尔指出："变化不但是可怕的，它也使人疲劳……判断力和识别力在他们内心发愤。为什么抛弃安全的已知事物而去追求可能有危险的未知事物呢？没有人会疯狂到不经周密调查研究就冒风险的地步。这意味着困惑不解，精疲力竭，思想混乱，意气消沉。为什么不听之任之呢？为什么不安之若素而自讨苦吃呢？为什么不保持安全而要仓促地临危涉险呢？'我以前处境很好'，在常被引用的一个意大利人的墓志铭上刻着，'以后我会更好的；因为我待在这里'。"① 克罗齐埃在分析法国社会普遍抗拒变化时说：决定法国社会变化模式的价值观是安全、和睦和独立，是对公开冲突和从属关系的厌恶，是对暧昧状况的难以容忍，是我们曾力图展示的那种"意愿"和完全控制环境的理想。"如果人们同意这样一种假说，那么法国人就不是反对变化，而是担心混乱、冲突，担心一切会造成暧昧或不可控的状态以及一切会产生爆炸性关系的事物。就像是处于僵局的棋手或者像阵地战中相互对峙的对手，他们既期待又害怕出现缺口，当这个往往由外界打开的缺口出现时，他们全都同时发生了变化，重新造成了一个新的对峙的棋局或一个新的建筑在其他基础上的稳定的战线。他们害怕的，不是变化本身，而是这种既保护又限制他们的僵局一旦消失后，他们所冒的风险。"② 教育制度变迁带来了模棱两可性和不确定性，这种不确定性威胁着我们对一种相对稳定、平衡和可预言的教育工作环境的需要。在现实教育制度变迁进程中，追求安全感无疑成为教育制度变迁的障碍之一。沃森说："缺乏安全感的教师、管理者和家长的反应多半是尽量牢牢地坚持他们熟悉的东西，或者甚至是对某些具有过去学校特征的、曾被实验证明是正确的基本原理的回归。"③ 在现实教育生活中，大多数人都曾遇到过这样的科层制官员，不论那些教育制度看上去有多么呆板、多么不切实际，甚至确确实实极其愚蠢，他们还是固执地墨守成规，根本不想变革这一教育制度。之所以会出现这一情况，无疑是畏惧感作祟，更确切地说是追求安全感。默顿曾说："社会仪式主义者的综合征……其含蓄的人生哲学可由一系列文化俗语表达：'我不愿做出头鸟'，'我喜欢稳妥'，'我对取得的一切已感到满足'，'知足者常乐'。贯穿于这些思想中的主旨是宏伟志向易招

---

① 休·塞西尔著，杜汝楫译：《保守主义》，商务印书馆 1986 年版，第 3～4 页。
② M. 克罗齐埃著，刘汉全译：《科层现象》，上海人民出版社 2002 年版，第 275～276 页。
③ E. 马克·汉森著，冯大鸣译：《教育管理与组织行为》，上海教育出版社 2005 年版，第 424 页。

致挫折和危险，而小的志向则易带来满足感和安全感……简而言之，这种适应方式就是通过放弃主要的文化目标以及更加遵从安全的陈规和制度化规范，个别地寻求对竞争中难以避免的挫折和危险的个人解脱。"① 简言之，教育制度变迁中风险和不确定性的存在，其结果使人们在行为上呈现某种收敛态势，甚至成为保守力量，使得创新精神成为人类的稀缺品。

3. 各种初始条件的制约

教育制度变迁不是在"一张白纸"上进行，它受到各种初始条件的制约，特别是原有教育制度环境、原有教育制度观念的制约。产业革命一经开始，工业上的进步和教育的普及便发生了极为紧密的直接联系。随着产业革命的深入，普及教育和强迫入学的观念深入人心。产业革命非但没有消灭阶级冲突，反而使冲突尖锐。一些国家在城市和农村给予儿童初步的教育，以保证为了满足工业上的需要而有足够的劳动储备力。但是，那种被高贵者和富有者视为世袭领地的古典教育和大学教育却并未对普通民众开放。"在25年以前，当联合国宣布人人都有享受教育的权利时，它是在批准一个具有几个世纪历史的民主理想。但是，这个理想的实现在许多地方仍然受到阻挠，而阻挠实现这个理想的原因和这个理想初次出现时所遇到的情况相同。"② 在中国，在改革开放之初，一个基本的初始条件是"我们好多年实际上没有法，没有可遵循的东西"③，这构成了我国教育制度建设与创新的一个重要的初始条件。同时，一国的教育制度传统，也是教育制度变迁的初始条件。由于中国教育传统普遍地缺乏理性化、法制化、正规化的教育制度，因此，晚清以降，教育改革的倡导者，几乎没有不主张"全盘西化"的。康有为坚持将"上法三代"放在"旁采泰西"之前，张百熙也是先"上溯古制"，后才"参考列邦"。可这些沟通中西的努力，最后都基本落空。翻阅晚清及民国的各种学制，除了在"宗旨"部分表达维护传统伦理道德的强烈愿望外，教育制度建设方面几乎只能"旁采泰西"，只能借鉴、抄袭、模仿外国。原因是，上古学制的准确面目，令人难以把握，更谈不上将其导入晚清的学制创新。傅斯年认为，"中国的新教育制度始于庚子年以后，当时的《学堂章程》是抄日本的。民国改元，稍许有些改变，但甚少。直到1921年光景，才大改特改，改的方向可以说是模仿美国，

---

① R. K. 默顿著，唐少杰等译：《社会理论和社会结构》，译林出版社2006年版，第287页。

② 联合国教科文组织、国际教育发展委员会编著，华东师范大学比较教育研究所译：《学会生存》，教育科学出版社1996年版，第33页。

③ 《邓小平文选》（第2卷），人民出版社1994年版，第189页。

更正确些，是受美国的影响。以后经常有些小改动，改动的动力，大体来自教育部。凡是一位新任的教育部长上任总当有一番抱负，经久之后，便有一番作为，这样作为，每每是发挥自己的理想，这理想或者来源于他的留学时代的环境或者来源于他的哲学"。① 他甚至指出："1949 年前的学校制度，是抄袭的，而不可说是模仿的，因为模仿要用深心，抄袭则随随便便。只可说是杂糅的，而不可说是偏见的，因为杂糅是莫名其妙中的产品，偏见尚有自己的逻辑。只可说是幻想的，而不可说是主观的，因为幻想只是凭兴之所至，主观还可自成一系，并模仿。偏见，主观还有些谈不到，便是中国学校制度。"② 尽管现代教育制度自欧美流入中国社会以来，始终未见到何等的成功，倒贻给社会许多的病痛，但教育制度变迁的初始条件之重要性可见一斑。

4. 教育制度变迁受到领导层意志、胆略等的制约

教育制度变迁属于集体行动，因而受到领导层意志、愿望、胆略和智能的制约。若是特定社会的领导层喜欢从教育制度的角度看待问题，注重从教育制度的角度解决问题，注重从教育制度的角度思考人的全面而自由发展问题，必将有利于教育制度的合理变迁，这也是实现教育制度变迁的重要条件。尤为重要的是，如果领导层中有一批胆识、谋略过人的锐意改革者，教育制度变迁的速度会更快，教育制度变迁的推进会更顺利。刘易斯曾说："革新者始终是少数。新思想最初总是由一两个人或极少数人付诸实施的，不管是技术方面的新思想、还是新的组织形式、新的商品或其他新生事物都是如此。这些新思想也许会很快就被其余的人所接受。然而更可能的是它们遭到怀疑和不信任，因此，即使有所进展，最初的进展也只能是很缓慢的。过了一段时间，这些新思想被认为是成功的，那时就被越来越多的人所接受。因此，经常有人说，改革是精英们的事，或者说，改革到什么程度取决于某个社会领导人的素质。如果这种说法的含义仅仅是绝大多数人并不是革新者，而只是仿效别人所做的事情，那么，这种说法是千真万确的。然而，如果认为这种说法的含义是所有这些新思想均为某个具体的阶级或集团所掌握，那就多少会引起人们的误解。因为每个革新者都是单个的人，他们在某些事情上也许是先进的，然而在另一些事情上又是同样反动的；他们同其他革新者并没有必然的联系，无论是在阶级和亲属方面，还是在其他方面都没有必然的联系。然而有时有这样一种情况：革新者形成一个单独的群体，或者至少不得不成为一个意识到具有共同利益的

---

① 欧阳哲生主编：《傅斯年全集》（第 5 卷），湖南教育出版社 2003 年版，第 181 页。
② 欧阳哲生主编：《傅斯年全集》（第 5 卷），湖南教育出版社 2003 年版，第 190 页。

群体，因为他们在前进道路上遇到的障碍使他们不得不联合起来进行自卫或发起进攻。新思想最初并不是在任何一个阶级中产生的，但是，提倡者们很可能会发现，由于社会对他们的革新所进行的抵制，他们形成了一个新的阶级。"①但是，我们不得不注意问题的另一面，集体行动的领导层和决策者往往不重视教育制度建设，或者缺乏必要的智能与胆识，成为教育制度合理变迁的最大阻力。诚如刘易斯所说："统治阶级满足于现状；他们不需要寻找新机会。"② 除了统治阶级满足于现状之外，决定他们进行教育制度变迁的着眼点，往往是他们自身在教育制度变迁中的代价和收益比是否为正数，而不是整个社会在教育制度变迁中的代价和收益比是否为正数。换句话说，尽管有教育制度变革的需求，但并不一定会诱发实际的教育制度变迁。例如，到第一次世界大战之时，德国在教育行政上，厉行高度的中央集权化政策。在学校制度上，亦采取依其社会阶级而异之双轨制。待欧洲战争结束之后，魏玛共和国成立，始废除中央集权制与贵族主义特性，而努力建设民主之教育制度。魏玛共和国时期，教育制度变迁的努力并没有达到倡导者们预期的目的，也没有成功地为新社会创立耐久的基础，但是，教育制度变迁在"整个德国不可估量地提高了教育系统的效率，扩大了教育的机会"。③ 然而，当国家社会主义党在 1933 年掌握政权之后，教育制度变迁朝着一个方向发展——朝向集中，朝向英才主义，朝向教育政治化。细谷俊夫等人曾说："纳粹政府为谋求该党本身的利益，乃以严密控制整个教育制度为当务之急。是以剥夺前由各邦所行使的教育权力，而恢复建立完全中央集权化的教育制度。从表面上看来，纳粹党似乎对于依阶级而异其学制系统的贵族性制度，持有反对性意见，乃缩短中等教育年限或削减其学额等，竭尽心力以谋充实初等教育。唯其所以然者，并非基于民主思想，期以提高民众的教育程度，为此一政策的终极目标。事实上，反借大众教育之机关为工具，期以灌输纳粹主义思想，又根据其对党的忠贞性，以遴选新指导者，这才是此一政策的真意所在。"④

---

① 阿瑟·刘易斯著，周师铭等译：《经济增长理论》，商务印书馆 2005 年版，第 177~178 页。
② 阿瑟·刘易斯著，周师铭等译：《经济增长理论》，商务印书馆 2005 年版，第 178 页。
③ W. E. 康纳尔著，孟湘砥等译：《二十世纪世界教育史》，湖南教育出版社 1991 年版，第 303 页。
④ 细谷俊夫等著，林本译：《世界各国教育制度》，（台湾）开明书店印行，1975 年版，第 42 页。

5. 人的天性作祟

教育界安于现状，拒绝教育制度变迁，可能源自人们往往是依靠过去的经验行事，遵循制度化的教育行为方式为教育生活提供了很高程度的有序性和稳定性，同时减少了精神紧张以及节约了教育交往成本。如果处理一个教育问题的某种方法产生了令人满意的结果，那么人们就有可能不作任何思考便在日后效仿这一方法。如果人们对组织教育活动的方式与解决相同教育问题的方法，总是不停地重新考虑、不断地推翻，那么就显然会把一种过于沉重的负担强压在人身上。套用科恩的话说，"任何人都只有有限的精力去干他们在以前未曾干过的任何事情"。[①] 尽管当人们做某些事情的惯常方法经过一段时间以后已变得不合时宜和不恰当的时候，人们通常都会努力用更为恰当的和更为行之有效的方法去取代它们。然而，"经验表明，惰性力量经常会在迫切需要改革的道路上设置障碍"。[②] 教育界安于现状，拒绝教育制度变迁，也可能源自于人的天性。人的天性往往是宁要熟悉的东西不要未知的东西，宁要试过的东西不要未试的东西，宁要事实不要神秘，宁要实际的东西不要可能的东西，宁要有限的东西不要无限的东西，宁要切近的东西不要遥远的东西，宁要充足不要过剩，宁要方便不要完美，宁要现在的欢笑不要乌托邦的极乐。宁要熟悉的关系与忠诚，不要更有利的依附的诱惑；保持、培养和享受比得到与扩大更重要；失去的悲痛比新奇或允诺的刺激更剧烈。塞西尔说："天然的守旧思想是人们心灵的一种倾向。那是一种厌恶变化的心情；它部分地产生于对未知事物的怀疑以及相应地对经验而不是对理论论证的信赖；一部分产生于人们所具有的适应环境的能力，因此，人们熟悉的事物仅仅因为其习以为常就比不熟悉的事物容易被接受的容忍。对未知事物的怀疑以及宁可相信经验而不相信理论的这种心理，根深蒂固地存在几乎一切人的心中，并且表现在下面一些往往被人引用的格言里：'看清楚以后再跳'，'手中一只鸟抵得上林中两只鸟'，'一盎司事实抵得上一磅理论'——这些都是表示一种几乎普遍存在的守旧情绪的谚语。""绝大多数人初次见到新事物时总认为它是花样翻新，不是无用便是危险的。这些新事物使那些初次想去理解它们的人感到畏惧、烦躁、疲劳和困惑。人类的天性对它们是不敢接近和不耐烦的。人们觉得他们生活在神秘莫测的环境中；他们居住在世界上，就像儿童居住在黑房间里一样。从看不见的精神世界

---

① E. 博登海默著，邓正来译：《法理学》，中国政法大学出版社 2004 年版，第 239～240页。

② E. 博登海默著，邓正来译：《法理学》，中国政法大学出版社 2004 年版，第 240 页。

而来的危险，从别人的难以理解的情感而来的危险，从自然力量而来的危险——所有这些都萦回于人们的心头，使他们害怕那些由经验证明至少是安全而又可以忍受的事情会产生什么变化。变化不但是可怕的，它也使人疲劳。当人们试图去了解和判断一项新计划时，这种努力总要消耗精力，使他们不堪负担。判断力和识别力在他们内心发憷。"① 因此，社会中的大多数成年者，一般都倾向于安全的、有序的、可预见的、合法的和有组织的教育世界；这种教育世界是他所能依赖的，而且在他所倾向的这种教育世界里，出乎意料的、难以控制的、混乱的以及其他诸如此类的危险事情都不会发生。当然，这绝不是说，人的天性就不喜欢变动，不喜欢冒险。诚如《学会生存》一书所说："人类的天性一方面渴望安全，同时另一方面又喜欢冒险。因为渴望安全，人类便要寻求掩蔽之所。因为喜欢冒险，他便爱好处于危险之地。他要冒一切形式的危险：他在发现新事物时要冒危险；他在被人发现时要冒危险；他在面临生命的重大考验时也要冒险；同样他还要冒犯错误或误入迷津的危险。在这两种对立的感受中，每一种感受都要付出一定的代价。人们一般认为，人类从事创造性的工作所付出的代价无比高昂，因为在从事这种创造性的工作时，人们要拿出他的全部能力。但寻求安全的代价就比较节俭。"②

6. 对"既存"教育制度的依赖

在面临改变教育现状的压力时，人们往往会对长时期存在的教育制度产生依赖，这种依赖可能是"个人的保守主义倾向，即对于旧事物的依附性"。③ 这种依附性，并非基于个人的教育利益，并非基于对带给其教育资源"分配"优势的现状的重视，与此相反，这只是因人们并不愿意改变他们长期持有的（教育）预期。尽管库兰没有解释，为什么"个人的保守主义倾向"会有这么大的影响力，但似乎这与人们常常认为的思想意识对变化所具有的影响力有关。凡勃伦曾说："人们对于现有的思想习惯，除非是出于环境的压迫而不得不改变，一般总是想要无限期地坚持下去。因此遗留下来的这些制度，这些思想习惯、精神面貌、观点、特质以及其他等等，其本身就是一个保守因素。这就是社会惯习、心理惯性和保守主义因素。""不管怎样，人们在为了符合改变了的形势的要求而调整思想习惯的时候，总是迟疑不决的，总是有些不大愿意的，只是

---

① 休·塞西尔著，杜汝楫译：《保守主义》，商务印书馆 1986 年版，第 3~4 页。

② 联合国教科文组织、国际教育发展委员会编著，华东师范大学比较教育研究所译：《学会生存》，教育科学出版社 1996 年版，第 186~187 页。

③ Timur Kuran, "*The Tenacious Past: Theories of Personal and Collective Conservatism*". Journal of Economic Behavior and Organization 10 (1988), p. 171.

在形势的压力之下，已有的观点已经站不住的时候，才终于这样做。"① 同时，教育行为者对于某些教育制度已经非常习惯和适应时，会抱持着一种"习以为常的敬畏和尊重"，他们就会自然而然地接受这些教育制度规则，"他们尊重自己认为已经确立的一些行为准则，并仅据此行事"，"对一般行为准则的尊重……是唯一的一条大部分人能用来指导他们行为的准则"。② 持久的、"既存"的教育制度一方面具有稳定预期的初始效用。遵循"既存"的教育制度可以造就一个更有秩序的教育世界，能给人们带来稳定的预期。博登海默曾说："如果不依靠过去的经验，他们就无法使自己适应这个世界上的情势，甚至有可能无法生存下去。在有组织的可预见的世界同无组织的混乱的世界之间，孩子们更倾向于前者，因为如果他们在过去所习得的和所经验的东西不能对未来发生的事情提供任何指导，那么他们就会感到不安全和无所依靠。"③ "由于遵循规则为人类事务赋予了一定程度的可预见性，所以人们通常都能够知道对他们的要求以及他们应当避免采取何种行为，以防出现相反的且不利于他们的后果。"④ 另一方面还产生了一种标准化的作用：从影响人们感知教育世界的方式，变为影响人们对教育世界应该如何的看法。希尔斯曾说："对任何人来说，社会惯例、制度，以及信仰的范型之既定性，即存在于有目共睹的现象之中：对个人所见所闻的言语和行动中的象征范型的使用、附着和肯定就反映了这种既定性。经常出现的情况是，从技术上来说，改变某些既定状况的力量已经存在，但是人们并不愿意改变迄今为止一直所持的活动范型。还经常出现的情况是，对某些制度习俗的改革已经被合理地提了出来，但是能够改变其活动范型的人却并不愿意改变它们。"⑤ 他曾举例说，在大学内，教师花许多时间（或者也可能不花时间）与学生谈话的传统做法，被设想为在原则上可以改变的事情之一。对教师来说，在学生身上少花一点时间会有许多好处，但是他们自己并不愿意做出改变，因为他们所想象的教师的正确行为包含着花时间与学生谈话。在他们初次成为大学生时，他们就在教师的习惯做法中发现了这种范型，而在他们最初成为教师时，他们就在教师的习惯做法中发现了这种范型，而在他们最初成为教师时，他们又发现它是地位已确立的教师的范型。在某种程度上，他们可能感到它是令人愉快的，在某种程度上，他们也可能将它视作是强

---

① 凡勃伦著，蔡受百译：《有闲阶级论》，商务印书馆 2002 年版，第 141 页。
② 亚当·斯密著，蒋自强等译：《道德情操论》，商务印书馆 2004 年版，第 197 页。
③ E. 博登海默著，邓正来译：《法理学》，中国政法大学出版社 2004 年版，第 238 页。
④ E. 博登海默著，邓正来译：《法理学》，中国政法大学出版社 2004 年版，第 240 页。
⑤ E. 希尔斯著，傅铿等译：《论传统》，上海人民出版社 1991 年版，第 268 页。

制性的。他们最初感到的是既定东西成了师生关系中教师行为的规范。这种规范最初是外在既定的东西，以后则成了个人的习惯性做法，以及教师形象的一部分——一半是描述性的，一半是规范性的。虽然我们无法解释这一转变发生的原因，不过，它似乎揭示了持久的、"既存"的教育制度可能对教育制度变迁产生的影响。就我们此处的分析而言，认识到以下这一点已经足够了：如果某个人相信某项教育制度规定了人们的教育行为方式，那么，出于个人教育利益或个人目的，试图去改变基于这项教育制度的预期教育行为，将会面临一定的抵制。

7. 教育制度变迁的成本太大

一旦教育制度确立之后，其变迁便相当缓慢并且常常要付出相当大的代价。教育制度变迁需要一个均衡结果的变化，这个结果是教育行动者所共同期待的人与人互动、人与教育共同体互动问题的解决方案。教育制度变迁过程，其实质是利益博弈、利益较量过程：虽然出现了新的"赢利"机会或看到了"既存"教育制度的漏洞，但在现有的教育制度框架下不可能捕捉到这种机会或弥补这种漏洞，而改变现有的教育制度框架又会损害该制度的依赖群体的既得教育利益，招致现有教育制度依赖群体的联合抵制，弥补这种漏洞又会带来别的在某些人看来更加难以弥补的漏洞和新的教育利益失衡格局，从而在主张教育制度变迁与不主张教育制度变迁的利益团体之间发生纷繁复杂的利益博弈、利益较量。社会成层的冲突理论认为，争夺财富、权力和威望的斗争主要是在组织或利益团体间发生的。"社会上对于各种'商品'，诸如财富、权力或威望等，存在着连绵不断的争斗。人人都力求取得最大的报酬，这一点并不需要作任何假设；然而，由于权力和威望本来就是极为稀少的商品，而财富又常常视权力和威望而定，因此，少数人若想取得更多的商品，就会与另一些为了避免服从和被轻视的人之间产生潜在的争斗。个体之间可能相互发生争斗，但由于个体身份首先来自某一身份团体，而且因为身份团体的凝聚力是与别人争斗的一个关键因素，这样，斗争的焦点主要就集中在团体之间而不是团体内部。"[1] 而利益团体在教育制度的生成与变迁过程中频繁地进行着这类成本与收益计算。克拉克曾说："稳定和变化之间的矛盾在系统内部实际表现为既得利益者和试图获得新利益集团之间的冲突。'稳定'有它自己的代理人——一些人自觉或不自觉地为它服务。'变化'也有它自己的代理人——这些人都自觉地为它服务，因为他们会因此而得到好处。……斗争的结果和变化的范围主要

---

[1] 张人杰主编：《国外教育社会学基本文选》，华东师范大学出版社 2009 年版，第 45 页。

是由稳定的代理人和变化的代理人之间的力量对比所决定的。当既得利益者独揽大权时，现存结构会有效地抵制变化，甚至会纹丝不动——在一个时期内完全制止或阻挡了变化。当旧集团只有部分权力，而新集团能够逐渐施加一些影响时，现存结构会开始接受变化。"① 换句话说，教育制度变迁者将继续尊重现有的教育制度，除非假设他们有力量改变现有的教育制度，外部教育事件改变了现有的教育制度所产生的长期利益；或者假设其他的教育制度安排产生一个更加有利的教育资源分配方式，他们有能力解决难以对付的集体行动问题，而这个问题恰恰是教育制度变迁的先决条件。在此，何怀宏对八股取士制度的思考和分析，有助于说明"成本"或成本—收益比对教育制度变迁的阻滞。为什么八股会成为古代科举考试录取入仕的首要标准？为什么不考别的，而就考这常被认为是最无用、也最呆板、最僵死的八股？它是怎么来的？是皇帝或政府刻意牢笼士子的精心设计，还是考试制度的发展所自然逼出？为什么八股素为人诟病而又久不能废？为什么它竟然在一种涉及全国上下、地位也最重要的考试中延续了近五百年之久？为什么考试内容不紧密联系实际，联系时政？比方说就考时务策论，或以之为主，或至少允许考生在经义中评论时政，以求考试较切于政治，较切于实用呢？通过对八股取士制度历史发展的社会学考察，他回答了上述问题："此法并不是在历代的考试中没有屡次试过，也曾留下过几则佳话，然而若普遍推行，以之为一种制度，它的弊害也是迅速而明显的。这种考也许确有可能使少数有责任感和见识的士人有机会表达自己的独到政见与才学，但是这一全国规模、机会平等的公开考试，并不能只对这少数人开放（也无法先行鉴别他们），而它本身客观上又是一种与名利相联系的上升之途，大多数考生并未经过政治习练，甚至有些尚乏生活阅历，故不易有成熟的政治见解，因此，即使策论题为事实，大多数大概也只能是空发议论，乃至助长妄言之风，且此常常会导致或加剧政治上派别之争，而一些考生还可能为求取中而揣摩迎合考官的政见，乃至于在其中暗藏关节，与考官一起营私舞弊。而且，议论时事亦非一般义理那样可使考生深入发挥，也不便于考官悬一客观准绳进行衡量。总之，科场并不是合适的干政、议政之处，它不过是选择日后也许可堪造就的政治人才而已。"② 即，对教育制度变迁的某些需求（来自统治者利益团体之外的需求）由于"成本"问题，不一定会诱发实际的教育制度变

① 伯顿·R.克拉克著，王承绪等译：《高等教育系统》，杭州大学出版社 1994 年版，第242 页。
② 何怀宏著：《选举社会及其终结》，生活·读书·新知三联书店 1998 年版，第 208 页。

迁。现实教育生活中的教育制度变迁也确实如此，即便教育系统的当权者可能会作出对教育制度进行变革的决定，但是他们很少付诸行动。事实上，"有人能够靠维护现存结构而获得利益；而且，从长远来看，正是因为有人保护现存结构，才使各种力量相互作用的模式和变化的模式能够持久"。①

8. 既得利益者的阻挠

教育制度变迁，其实质无非是对教育权力、教育资源、教育利益的再分配。换言之，教育权力、教育资源乃至教育利益的再分配是教育制度变迁的"初衷"或结果。

一般而言，教育制度变迁与教育权力再分配、教育资源、教育利益再分配相关。诚如英博等人所说："变革基本上是优先权再分配的过程，有计划的变革是优先权命令式地再分配的过程。它常常被认为会导致社会力量的再分配。只要有计划创新的内部决策涉及个体和团体利益的变革，这一计划就不可避免地遭到反对。"②"原有"教育制度下形成的既得利益者，往往成为教育制度变迁或运转的阻力与障碍。教育制度本身就是一套教育权力、教育资源、教育利益分配的机制或方法，改变了教育制度就是改变了教育权力、教育资源、教育利益的分配格局。教育制度变迁的根本内容就是改变人们的教育权力关系、教育利益关系，调整各个利益主体之间的关系。在此过程中，一定会有利益主体受损失，有利益主体获利，所以我们会看到既有支持教育制度变迁的利益主体，也有反对教育制度变迁的利益主体。

当教育制度变迁涉及教育权力调整时，阻力更大。克拉克说："常见的体制形式已经在全系统上下造就了一批既得利益者。对相当大的一个阶层来说，拒斥变化意味着保住权力。这一阶层的人一旦意识到可能发生的变化，甚至只在辩论要不要变化时，就把它看作对自己权力和特权的威胁。"③ 其次，当教育制度变迁涉及教育资源调整时，阻力也不小。例如，"名校教育集团"这一制度设计得到了大多数"薄弱学校"、"农村学校"乃至"新建学校"的支持，"顾客们要求各学校公平分享资源和缩小等级的主张得到了'一无所有'的学

---

① 伯顿·R. 克拉克著，王承绪等译：《高等教育系统》，杭州大学出版社1994年版，第242页。
② D·E·英博等著，史明洁等译：《教育政策基础》，教育科学出版社2003年版，第59页。
③ 伯顿·R·克拉克著，王承绪等译：《高等教育系统》，杭州大学出版社1994年版，第238页。

校以及二流学校的支持。"① 但是，这一制度设计却遭到了"名校"的反对。这是因为，"名校"垄断优质教育资源而确立的惟我独尊、万人追捧的显赫地位，确立的庞大社会关系和社会资源网络，会因"名校教育集团"的建设而受到威胁和冲击。"名校"垄断优质教育资源谋取"垄断利益"、获取高额"赞助费"的格局，会因"名校教育集团"的建设而逐渐消失。"名校"的部分教职员工这一代表着社会地位、社会身份的"金字招牌"，会因"名校教育集团"建设而致其含金量下降、并减少他们的"额外收入"。一些具有"本部意识"的特定利益群体，会因"名校教育集团"规模的扩大，大批出身于弱势群体的学生涌进"名校教育集团"，从而降低其出身于"名校"的价值，减少其出身于"名校"的收益。再次，当教育制度变迁涉及教育利益分配时，阻力也很大。我们知道，教育制度变迁是一个非帕累托改进。帕累托改进被定义为：当从状态 A 进入状态 B 时，至少有一人受益而无他人受损。但帕累托改进概念的麻烦在于，在现实教育生活中，教育制度变迁几乎总可能使某人的利益受损。这样，即使 99.99％的人得益于某项教育制度变革，但有那么几个人的利益受损。因此，教育制度变迁不可能没有人受损，故不可能是帕累托改进。就现实教育世界而论，绝大多数人民群众均分享了经济社会发展的成果，一部分人可能享受得多些，另一部分人可能雨露均沾，但仍心有不甘。诚如鲁迅所说："曾阔气的要复古，正在阔气的要维持现状，未曾阔气的要革新。"显然，教育制度变迁在实施过程中最需要解放思想的目标人群，恰恰是"曾阔气的"、"正在阔气的"。他们时常不由自主地"左"、"右"摇摆，安于现状，有意无意地拒绝乃至反对教育制度变迁向纵深推进，以守住和扩大自己的既得利益。诚如罗尔斯所言："每个人仅仅把社会安排当作实现他的私人目标的手段。没有人考虑他人的善或他人所拥有的东西，毋宁说每个人都偏爱于选择使他得到最大份额的最有效的方案。（用更形式化的语言来表达，个人的功利函数中的惟一可变量是他占有的商品和财产，而不是由他人所占有的商品及他们的功利水平）。"② 仅上述几点，一些人就不会喜欢、一些人就会反对。

此外，教育制度变迁在很大程度上又是一项改变教育行为预期的任务，任务的难度与相关教育群体的规模有关：教育群体的规模越大，改变教育行为预期的成本将会越大，因而，教育制度变迁所产生问题的复杂性也越大。

---

① 伯顿·R·克拉克著，王承绪等译：《高等教育系统》，杭州大学出版社 1994 年版，第 218 页。

② 约翰·罗尔斯著，何怀宏等译，《正义论》，中国社会科学出版社 1988 年版，第 524 页。

　　除了教育制度变迁本身的成本外，"既存"教育制度的沉淀成本也会影响教育制度的变迁。"既存"教育制度一旦营造了"新"局面就无法挽回了，因为"新"局面会影响教育制度的变迁。沉淀成本是指投入"既存"教育制度制定、实施的时间、资金或其他资源的无法弥补的花费。沉淀成本限制了目前投入的选择范围，也就是说，已经在"既存"教育制度上投入的资金、人力制约了教育组织、教育制度制定者下一步的行动计划。汉森曾说："沉淀资金（钱已经用于投资课程和设备）也会充当反对变革的力量。举例来说，如果一个学区近期已投资数千美元建立一座有特色的语言实验室或综合开放教室，那就没有一个人会认真考虑关于放弃这个价格昂贵的项目或者对该项目进行修改的建议。"① 面对这一情况，教育制度变革者会进退维谷，进即追加投资，只会造成更大的损失；退即不追加投资，要面对的是已投入的资金由于教育制度变迁而无法收回的结果。"既存"教育制度已经投入了巨额成本但没有得到回报，教育制度变革者面对投入的沉淀成本，往往处于进退两难的境地，而教育制度投入的成本越高，教育制度变迁者下决心变革的难度就越大。

　　总之，如何将教育制度变迁的制约因素转变为促进教育制度变迁的有利条件，这是实现教育制度变迁、克服教育制度僵化的重要途径。

二、教育制度变迁的动力与条件

　　在分析教育制度变迁的动力与条件之前，我们必须了解教育制度供求的均衡与非均衡问题。所谓教育制度均衡，就是人们对既定教育制度安排和教育制度结构的一种满足状态或满意状态，因而无意也无力改变现行教育制度。从供求关系来看，教育制度均衡是指在影响人们的教育制度需求和教育制度供给的因素一定时，教育制度的供给适应教育制度需求。而所谓教育制度非均衡，就是人们对现存教育制度的一种不满意或不满足，意欲改变而又尚未改变的状态。从供求关系来看，教育制度非均衡就是指教育制度供给与教育制度需求出现了不一致。可见，教育制度变迁一方面是对教育制度非均衡的一种反应。在教育发展过程中，教育制度非均衡是一种"常态"，而教育制度均衡只是一种理想状态，即使偶尔出现也不会持续存在。另一方面，教育制度非均衡亦是教育制度变迁的诱致因素，正是不断出现的潜在"教育利益"促使人们进行教育

---

① E. 马克·汉森著，冯大鸣译：《教育管理与组织行为》，上海教育出版社2005年版，第420页。

制度变革与创新。一句话，教育制度非均衡的轨迹，就是教育制度变迁的轨迹。

教育制度变迁，即是教育制度的替代、转换和"讨价还价"过程，其实质是一种效益更高的教育制度对另一种教育制度的替代过程。因此，要使教育制度发生真正的变迁，必须具备一定的动力和条件。

（一）教育制度变迁的动力

大体而言，教育制度要发生变迁的动力主要来自以下几方面：

1. 客观环境的变化，需要教育制度发生合理的变迁

教育受环境支配，它具有一定的被动性，一些主要的教育制度变迁都是由教育以外的社会机构决定，次要的教育制度变迁才由教育部门本身决定，教育系统以外的决策机构在很大程度上左右着教育。影响教育制度变迁的因素既来自教育系统内部，也来自教育系统之外。"任何一种教育制度都是一种活生生的现实，其目的、结构、过程、内容和方法都受到两类因素的影响：外部因素，即社会经济和文化条件；内部因素，即制度自身活力。"[1] 这两类因素之间存在着持续的相互作用：外部因素被内部活力吸收，内部活力又决定着教育制度对外部影响的接受性。比较而言，教育系统之外的社会因素在教育制度变迁中往往起着决定性的作用，这种外部条件可能比内部条件对教育制度的变革发展产生更大的影响。诚如赫梅尔所说："教育的前途更多地取决于外部条件而不是教育系统的内部因素。"[2]《学会生存》一书也说："教育体系内部失调并不是进行改革和改进的唯一理由。外在因素也有影响：科学发明和科研成果也继续不断地提出各种新的途径，以便使教育实践臻于完善或使之更为合理。"[3] 中外教育制度变迁史已充分证明，凡在全国范围内进行的教育制度变迁都是由该国政府推动的。引起政府推动教育制度变迁的动因主要是由于该国原有教育制度的功能与该国的社会、经济要求以及国际竞争要求不相适应。在此背景下，该国根据经济社会发展要求以及国际竞争要求做出变迁教育制度的政治决策。教育制度变迁大都带有深刻的时代背景，具有明显的政治特征，具有强烈的经

---

[1] S. 拉塞克等著，马胜利等译：《从现在到 2000 年教育内容发展的全球展望》（导语），教育科学出版社 1999 年版，第 9 页。

[2] S. 拉塞克等著，马胜利等译：《从现在到 2000 年教育内容发展的全球展望》（导语），教育科学出版社 1999 年版，第 9 页。

[3] 联合国教科文组织、国际教育发展委员会编著，华东师范大学比较教育研究所译：《学会生存》，教育科学出版社 1996 年版，第 220 页。

济意味。今日，教育已被描述为国家增进甚或是维持人们经济福利之能力的关键内容。经济合作与发展组织在其 1993 年的一份报告中说："只有一支训练有素和具有较高适应能力的劳动力队伍才能具备适应结构性变迁的能力，也才能抓住技术进步带来的新的就业机会。在很多情况下，要达到这一目的，就必须对教育和人力资源所受到的经济待遇进行或许是严厉的再检查。"① 当然，经济基础肯定不是如今唯一作为教育制度变迁重要原因而受到强调的。尽管教育公平的目标也是作为个人社会流动性和公民责权的保障而被引证，但天平明显向经济那边倾斜了。一种担心已经取代了预感成为教育制度变迁的推动力量。用美国的报告《国家处于危机之中》里的一句经典的话来说，教育问题是"一个单方面裁军行动"。

随着客观环境的变化，教育生活世界也必然出现许多有关人的全面而自由发展、有关教育发展的新理论、新思想，而新理论、新思想具体化为教育制度安排，才能真正促进人的发展、教育发展和经济社会的发展。教育实践领域也必然出现许多新情况和新问题，而新问题需要有适应新情况的一系列教育制度作为解决的办法。这些都是不以人的意志为转移的客观要求，它构成了教育制度变迁的客观推动力量。例如，第二次世界大战后，有三种力量促进了教育制度的变迁。第一种力量是"教育先行"。多少世纪以来，教育的发展一般是在经济增长之后发生的，然而今日，"教育在全世界的发展正倾向先于经济的发展，这在人类历史上大概还是第一次"。第二种力量是"教育预见"。自古以来，教育的功能只是再现当代的社会和现有的社会关系，然而今日，"教育在历史上第一次为一个尚未存在的社会培育着新人"。第三种力量是"社会拒绝使用毕业生"。在过去，社会的发展是缓慢的，因而容易自动地吸收教育成果，至少也可以设法去适应教育的成果，然而今日，"有些社会正在开始拒绝制度化教育所产生的成果，这在历史上也还是第一次"。② 这三种力量的共同作用，促进了教育制度的大变迁。第一，重构了政府在教育发展中地位和作用，明确了发展教育的主体是政府。第二，当教育的使命是"替一个未知的世界培养未知的儿童时"，环境的压力迫使政府、社会以及教师等在思考中构建未来教育发展的制度安排。第三，通过教育制度变迁，使教育制度更好地适应经济社会的发展，更好地符合学习者的意愿和能力，更好地确保教育机会平等。

---

① B. 莱文著，项贤明等译：《教育改革》，教育科学出版社 2004 年版，第 13 页。

② 联合国教科文组织、国际教育发展委员会编著，华东师范大学比较教育研究所译：《学会生存》，教育科学出版社 1996 年版，第 35、37 页。

2. 教育理想向现实的转化，需要教育制度发生合理的变迁

教育民主，在它刚刚出现的时候，只是一种理想或理念。有了这种理想或理念，也就出现了如何实现这一理想的问题，从而要求变革"既存"的教育制度、教育体制，建立更合理的、"新"的教育制度体制，使它朝有利于平等的教育权利、平等的教育机会、平等的教育过程以及民主的管理制度的方向变迁。"如果学习者从学习对象变成了学习主体，教育的民主化才是可能的。当教育采取了自由探索、征服环境和创造事物的方式时，它就更加民主了；而不是像往常一样是一种给予或灌输、一件礼物或一种强制的东西了。"[1] 在现实教育生活中，任何重要的教育理想和理念，都要求得到教育制度上的体现，这也构成教育制度变迁的重要推动力量。例如，教育正义关注的即是教育规范和教育法律制度性安排的内容、它们对教育发展和人的全面而自由发展的影响、它们在增进人类幸福和教育文明建设方面的价值。

当然，我们千万不能迷信教育理想的作用，必须对教育理想的作用予以审慎的思考。在教育制度变迁过程中，我们必须将对于教育现实的认识置于优先地位，而不是首先讨论目标与理想。假如我们对于自己面对的教育现实缺乏真切的认识，那么我们的种种教育理想也就只能是我们心智不健全与无能的投射。教育现实居于首位，教育理想位居其后。同时，在教育制度变迁过程中，我们还必须与日常行动的经验主义分离开来。为了从根本上按照理想主义的方式来改变整个教育制度体系，我们既要投注精力来制定诸种乌托邦的教育制度变迁方案，同样也要投注精力来改进教育制度体系当下的运行机制。惟有超越盲目的经验主义，教育制度变迁才能顺利推进。

3. 教育发展，要求教育制度发生相应的变迁

教育发展只有与教育制度相连接，才能促进教育的健康发展。如果教育制度从总体上已经不适应经济社会发展的要求以及教育发展的要求，或者说具体的教育制度设置在某些环节上不合理，就很难促使教育机构按照规则的约束并沿着教育制度为之预设的轨道运行，对教育发展起有益的推动作用。此时，必须对教育制度进行变革与创新，通过教育制度的变革与创新实现教育的发展。马克思、恩格斯指出，一定的交往形式，"起初是自主活动的条件，后来却变成了它的桎梏，它们在整个历史发展过程中构成一个有联系的交往形式的序列，交往形式的联系就在于：已成为桎梏的旧交往形式被适应于比较发达的生

---

[1] 联合国教科文组织、国际教育发展委员会编著，华东师范大学比较教育研究所译：《学会生存》，教育科学出版社 1996 年版，第 105 页。

产力，因而也适应于进步的个人自主活动方式的新交往形式所代替"。① "这种联系不断采取新的形式，因而就表现为'历史'"。② 教育改革的直接目的就是促进现存教育制度体系的合理变迁，就是改革同教育发展不相适应的教育制度体制障碍，以促进教育发展。换句话说，假如要推动某一教育制度变迁的发生，可能并不是因为这一教育制度是一种压迫人的、腐朽没落的制度，而是因为这一教育制度让诸种良好的意愿落空，让教育发展停滞，而且其功效变得越来越低下。更为具体地讲，其真实状况如下所示：第一，在经济社会发展日益加快的世界里，这一教育制度所固有的教育交往形式业已成为一种严重的缺陷，阻碍了教育的发展。第二，这一教育制度只能调动很少一部分潜在的教育资源，相反却激发起了诸种无法满足的期待。第三，由于没有能力认识教育关系的现实，这一教育制度无法唤起人们潜在的良好意愿，因此，它对于教育发展环境的适应始终极为缓慢，而且总是代价高昂。这一教育制度几乎完全没有能力利用在社会之中涌现的诸种教育创新成果，即使这些成果是其成员通过教育实验而获得的。因此，从此意义上言，教育发展是教育制度变迁的根本动力。

4. 人的全面而自由发展，需要教育制度合理变迁

布洛克曾指出，在文艺复兴时代，自由狂放的人文主义者具有各不相同的个人性格。然而不论他们在别的问题上分歧有多大，却几乎毫无例外地全都强调教育的重要性。"人文主义的中心主题是人的潜在能力和创造能力。但是这种能力，包括塑造自己的能力，是潜伏的，需要唤醒，需要让他们表现出来，加以发展，而要达到这个目的的手段就是教育。"③ 其实，真正使"人的潜在能力和创造能力"得以发展的最重要条件是教育制度。因此，进行教育制度变迁的目的，就是要充分发挥每个人在教育活动中的主观能动性、积极性和创造性，使每个人的聪明才智、潜力充分地发挥出来。而要使教育制度变迁顺利展开，就必须解放思想，尊重人的自主性，提倡冒险精神，保护教育自由，为每个人个性、才能、潜力的充分发展创造适宜的教育制度条件和教育制度环境。刘易斯说："经济增长并不要求人人都冒险，但必须有一定数量的人数是革新者。反过来这又部分关系到成功的革新所能得到的报酬和声望。在每一个社会里都有一些人天生酷爱试验新技术、新产品、或新的经济形式，而蔑视公认的

---

① 《马克思恩格斯选集》（第1卷），人民出版社1995年版，第123～124页。
② 《马克思恩格斯选集》（第1卷），人民出版社1995年版，第81页。
③ 阿伦·布洛克著，董乐山译：《西方人文主义传统》，生活·读书·新知三联书店1997年版，第45页。

见解或既得利益。有的社会赞赏和鼓励这类人物，而有的社会则认为他们是应予以压制的海盗型的冒险家。但是，经济增长在很大程度上取决于社会风气培植这类人物的程度和给予他们的活动范围。"① 当教育制度体系无论在它的机制方面还是在它的精神方面，都不把个人看作具有个性的人时，当一个教育权力集中的官僚行政机构不可避免地把人当作物品，忽视人的全面而自由发展时，"如果我们不改革教育管理，不改革教育程序并使教育活动个别化，我们就既无法履行、也不能取得具体人的职责。这种具体的人是生气勃勃的，有他个性的各个方面，有他自己的各种需要"。② 总之，为了人的全面而自由发展，教育制度应该变迁，也必须变迁。

5. 教育制度自身求取合理性、合法性的需要

自二战以来，世界性教育危机日益深重，社会各界对教育体系的价值深表怀疑。"学校体系仍然只是替知识界的杰出人才而保留的。学校体系仍然是创立这种体系并控制其法规与道德价值的资产阶级的产物。因而在这种过时的教育和客观现实之间便出现了脱节的现象，学生们对此感到迷惑不解。他们变得心灰意懒，把他们的精力白白地浪费掉，或者把他们的希望寄托到别的事情上去。"③ 由于学生受害最深，因而他们率先行动起来，力图推倒壁垒森严的教育堡垒。尽管学生的抗议是模糊而天真的，但这种抗议至少在教育堡垒周边打开一个缺口。伦格兰德说："通过学生的行动，他们在教育保守主义的城垛上突破了一个不小的缺口；通过这个缺口，突然爆发了一连串久已存在的、不可避免的争论，而这些争论由于增加新的争论而扩大了；又由于缺乏耐性和新的希望而加剧了。正如在贫困、压迫和不公平的情况所发生的事情一样，在这里受害人不再屈服于他的命运了。那些仍然接受有缺点和不完全的教育并把它当作自然秩序的结果的人越来越少了。"④ 为此，各学科学者站在不同的视角，对这一世界性教育危机产生的原因进行了系统的分析和思考。在这些学者中，库姆斯的分析和思考很有见地，从某一层面揭示了世界性教育危机的实质。他认为，导致世界性教育危机的"罪魁"是制度，"自从 1945 年以来，由于在世界

① 阿瑟·刘易斯著，周师铭等译：《经济增长理论》，商务印书馆 2005 年版，第 57 页。
② 联合国教科文组织、国际教育发展委员会编著，华东师范大学比较教育研究所译：《学会生存》，教育科学出版社 1996 年版，第 196 页。
③ 联合国教科文组织、国际教育发展委员会编著，华东师范大学比较教育研究所译：《学会生存》，教育科学出版社 1996 年版，第 46 页。
④ 联合国教科文组织、国际教育发展委员会编著，华东师范大学比较教育研究所译：《学会生存》，教育科学出版社 1996 年版，第 46 页。注释①。

范围内同时发生了一系列变革——科学和技术、经济和政治，人口及社会结构方面——使所有国家都经历了异常迅速的环境变化。教育体制的发展和变化也比过去任何时候更快。但是教育体制适应周围环境变化的速度却过于缓慢，由此而产生的教育体制与周围环境之间的各种形式的不平衡正是这场世界性教育危机的实质所在"。[①] 尽管在 20 世纪 70 年代早期，世界各国进行了一系列教育改革，力图化解这场危机。但是，教育改革实施效果不彰，收效甚微，其原因在于，"大多数改革的范围和影响都是有局限性的。大多数改革只是涉及到某种课程的变化，或在有限范围内引进一些新的教学方法和辅助手段——但至少就某种特定教育环境来说，这些变化是一种创新。很少的改革涉及从根本上变革教育体制及其基础和现行的办学模式"。[②] 因此，他为缓解、化解世界性教育危机开出的药方便是教育制度改革。

在我们看来，世界性教育危机的实质，归根结底是教育制度危机，尤其是"划一性"、"强制性"教育制度的危机。早在 100 多年前，洪堡就对公立教育制度与国家之关系进行了系统的思考。他论辩道，一方面，公立教育是有危害的和不必要的，公立教育之所以是有危害的，乃是因为它阻碍了成就的多样性，另一方面，公立教育之所以又是必要的，乃是因为自由的国度决不可能没有教育机构。面对普法战争的困境以及国防建设的需要，洪堡违背了他早年的教育主张——教育，"在我看来，完全超出了政治机构应当受到恰当限制的范围"。为了追求强大的、组织化的国家，他后半生始终专注于建构一种国家教育制度，"此种教育制度后来成了世界其他国家和地区的范式——的时候，曾经激发他早期的努力和撰写论著的那种使'个人人格得到最为多样化的发展'的欲求，也就退居次要地位了"。[③] 洪堡当年对公立教育制度危害性的论证，不仅未受到重视，反而呈"扩张"之势。时至今日，导致世界性教育危机的教育制度不仅在发展中国家具有"划一性"、"强制性"，即便是奉行自由主义的市场经济国家，由于福利国家观念的影响，它们的教育系统带有厚重的计划色彩、国家背景与政治目的。友田泰正曾说："在产业社会中的学校教育制度的建立和发展，作为'公立教育'由国家支持和经营管理。这种'公立教育'

---

① 菲力浦·库姆斯著，赵宝恒等译：《世界教育危机》，人民教育出版社 1990 年版，第 3 页。

② 菲力浦·库姆斯著，赵宝恒等译：《世界教育危机》，人民教育出版社 1990 年版，第 22 页。

③ F. A. 冯·哈耶克著，邓正来译：《自由秩序原理》（下），生活·读书·新知三联书店 1997 年版，第 163 页。

……赋予学校以强烈的政治特性。学校教育被当作为了达到某种政治性、政策性目标的手段，成为操纵的对象，被认为好像是解决社会存在的各种困难和问题的'魔术棒'。"① 尽管这一制度为实现教育公平正义、促进教育发展起到了一定的作用，但也恰恰是这一公立教育制度制造了教育的危机。在友田泰正看来，公立教育制度制造的危机表现在三个方面②：第一，"公立教育制度的发展，曾伴随作为其组织的合理化和官僚制化。构成这种合理的、官僚制的、庞大制度的学校教育，对每个人来说，都有强制的、压抑性的特征。"第二，"社会选拔和分配的机能不断扩大。因为公立教育制度之所以受到人们的支持而发展起来，是由于它使每个人的能力平等地得到开发的机会，并对学力进行公正的评价，按照这种评价授予资格（学历），完成了作为社会的向上流动途径的任务。这种选拔和分配的机能，不过是对学校教育所期望的任务之一。学校教育的发展使越来越多的人越来越长期地在学校接受教育，并且学校越是更合理而公正地对能力（准确说是学力）进行评价，学校也就越成为选拔和分配的场所，从而丧失教育本来的造就人的机能。"第三，"日益庞大的学校教育制度，增强了自律性，开始失去与政治、经济等社会其他各种制度的有机联系。"既然教育危机由教育制度危机造成，那么，化解教育危机的唯一之途无疑是教育制度本身的完善、变革。可见，教育制度本身的完善、变革既是教育发展、人的全面而自由发展的需要，更是教育制度本身求得合法性、合理性的需要。诚如《学会生存》一书所说，教育制度虽然经常受到批评，说它具有惯性和保守性，但是有些来自系统内部的刺激也会更新和改进教育制度体系并使它现代化。"教育是一个生气勃勃的东西，一项社会事业，一栋住有善意人民的大厦。不管人们怎样讲，它对于一切新的观念都是敞开的。因此，教育必然为自我改进的愿望所推动。"③ 教育制度能够进行局部的变革，这是教育制度具有生命力的标志，证明它能够进行一些更加彻底的变革。

（二）教育制度变迁的条件

教育制度变迁动力的形成，只是说存在着变迁的可能性与机会，而要真正实现教育制度的变迁，还必须具备一些起码的条件。

---

① 友田泰正编，于仁兰等译：《日本教育社会学》，春秋出版社 1989 年版，第 125 页。
② 友田泰正编，于仁兰等译：《日本教育社会学》，春秋出版社 1989 年版，第 128~129 页。
③ 联合国教科文组织、国际教育发展委员会编著，华东师范大学比较教育研究所译：《学会生存》，教育科学出版社 1996 年版，第 220 页。

1. 教育制度变迁需求的出现

随着经济社会的发展、教育的发展以及教育生活世界的不断变化，教育制度逐渐显示出僵化的特征，但是新的教育生活世界、新的教育交往方式、新的教育关系结构、教育实践的推进，需要有相应的教育交往规则系统，即，需要"既存"教育制度的合理变迁。如果社会此时尚未有这种教育规则系统，那么，它就会在教育实践中创造出这样的教育规则系统。恩格斯指出："社会一旦有技术上的需要，这种需要就会比十所大学更能把科学推向前进。"① 当社会产生了对新教育制度的普遍要求时，它就不再仅囿于少数精英范围内的"奢侈品"，而成为社会大众的日常"必需品"，就会呼之欲出。一旦客观条件具备，它就会变为现实。这其中隐含着更为深刻的内容是：向教育世界提供的经过创新的这种教育规则系统不能是任意的，而只能是那种代表了新的教育生活世界、新的教育交往方式的教育规则系统与意义系统；教育制度创新需求与教育制度供给均源于教育现代化建设实践自身；教育制度创新需求与教育制度供给的主体在根本上亦是同一的，均是从事教育现代化建设的实践者，人们在教育现代化建设过程中要求并产生出新的教育规则系统。正是在这个意义上，"教育制度创新需求"成了"教育制度供给"的合理性前提、基础。

天野郁夫在论证日本高等教育制度为何发生变迁时，即把其原因主要归结为制度变迁需求的出现。他在1980年出版的《变革时期的大学》一书中说："大学是极其保守的组织体。特别是在平常，极少依靠自己的力量从内部进行改革。多数情况是，通过来自外部的压力，即与入学人数、财政、就业机会的变化等（大学的）'公的生活'有关的侧面的变化引起的，换句话说，（与大学本来的教育、研究及其他功能直接有关的）大学的'私的生活'的改革比起高等教育的稳定时期来说，在变动时期其可能性要大一些。在快速发展（数量规模扩张）的时代，新的实践变得可能，在高等教育缩小（危机）的时代，传统型的高等教育机构也不得不为生存而努力，不得不进行变革。特别是进入大众化阶段，在具有由众多的多样化的高等教育机构构成的系统国家，在危机中为生存的大学之间，大学与其他高等教育机构之间的竞争，被迫进行创新……众所周知，我国高等教育的'私的生活'正面临着如教育的空洞化所象征的深刻问题。在20世纪60年代至70年代前半期持续的高等教育的繁荣时期，与'私的生活'有关的危机不仅没有解决，而且更加严重化。和繁荣与创新相结合的美国不同，日本高等教育不经创新和实践便度过了繁荣的60年代。创新和实

① 《马克思恩格斯选集》（第4卷），人民出版社1995年版，第732页。

践的尝试只有到了 70 年代中期才逐渐真正地开始进行。但是这是不合时令的尝试。对大学的'公的生活'来说，在繁荣与危机都无法预测的时代，如何才能够动摇其'私的生活'、实现创新这样的变革呢?"① 在 20 世纪，日本高等教育制度发生的变迁与其说是大学本身努力变革"私的生活"的结果，倒不如说是"公的生活"即外部条件的变化所带来的高等教育制度变迁需求的出现。"被称为柔性化、服务化等经济的结构变化，信息化的进展，年轻人的意识或行为方式的变化，以及与信息化有很深关系的入学考试制度的改革等的冲击，已经动摇了高等教育的等级结构，并使之发生了变化。"② 换句话说，正是由于高等教育发展显然无法在现存的高等教育等级结构、现存的高等教育制度安排内实现，才导致了一种"新"的高等教育制度安排的形成。

2. 教育制度变迁的预期净收益成正数

教育制度变迁从需求转向供给的必要条件，是教育制度变迁所产生的预期净收益必须是正数。一些人认为，只要符合"卡尔多——希克斯标准"（福利经济学）的改革，就是应当推进的改革。"卡尔多——希克斯标准"意指，从状态 A 进入状态 B 时，虽然有人受益，有人受损，但受益者补偿受损者的损失后仍有所得。无论是卡尔多提出的所谓"合意的革新"还是希克斯提出的"可容许的改革"，其实就是指这样一种状态：这种改革给全体社会成员带来的总收益，在补偿改革给全体成员带来的总成本后，还有净收益。③ 这种"合意的、可容许的"改革标准，说到底是一个"集体效率的目标"。简单地说，是"总成本与总收益相抵后还有净收益"，而显然没有考虑"净收益在不同成员之间的分配问题"。而不同成员是否支持改革，又恰与改革净收益的分配状态相关。这方面，制度经济学提供了一个更为实用的标准。戴维斯等说："如果预期的净收益超过预期的成本，一项制度安排就会被创新。只有当这一条件得到满足时，我们才可望发现在一个社会内改变现有制度和产权结构的企图。"④ 这一标准，简称"戴维斯—诺思标准"。也就是说，只有支持改革给他的预期收益超

---

① 天野郁夫著，陈武元译：《高等教育的日本模式》，教育科学出版社 2006 年版，第 252～253 页。

② 天野郁夫著，陈武元译：《高等教育的日本模式》，教育科学出版社 2006 年版，第 253 页。

③ N. Kaldor, *"Welfare Propositions of Economics and Interpersonal Comparisons of Utility"*, Economic Journal, 49 (1939). J. R. Hicks, *"The Found actions of Welfare Economics"*, Economic Journal, 49 (1939).

④ R. 科斯等著，刘守英等译：《财产权利与制度变迁》，上海三联书店 2000 年版，第 274 页。

过他为支持改革可能付出的预期成本，此成员才会支持改革。但是，戴维斯、诺思在引入不确定性后分析又认为，由于制度变革过程中不确定太大，而社会各阶层成员有着相对于制度"现期消费"而言不同的贴现率。因此，社会中各阶层成员对于制度的"预期净收益"中"预期"的时间期限也不相同。结论是：低收入者贴现率较高，更选择倾向于当前报酬流量的安排，这就好比一个乞丐讨到两元钱首先考虑的是填肚子，而不可能拿两元钱买一本《致富指南》，成为百万富翁再到豪华酒楼吃燕鲍翅一样，社会高收入者贴现率较低，更看中时滞相对较长的预期。诚如刘易斯所说："个人的经济基础越牢靠，他能承担的风险也就越大。因此一个富裕的农民能大量试用新种子，而且并不熟知这些新种子能否很好地抵挡得住干旱、洪水的灾害以及其他农业风险。但是生活在仅足以糊口水平的农民就极不愿意舍弃他们知道的那些在变化多端情况下都将有收成的种子，尽管这些收成平均说来可能是低产的，因为他们简直不敢冒风险去应用新种子，不论能平均带来多好的收成，因为若是有一年失败了，那么他们就得饿肚子。"[1] 不管是"卡尔多—希克斯标准"还是"戴维斯—诺思标准"，对我们推进教育制度变迁无疑具有启示意义。

在推进教育制度变迁的过程中，必须对教育制度变迁的预期收益与预期成本进行预测、评估和论证。一旦这种预测、评估和论证的结论为"正数"，教育制度变迁就会为人们所认同，要求教育制度变迁的呼声就会很强烈。相反，预期净收益为"负数"，教育制度变迁就难以付诸实施。达林曾说："人们可以在一般意义上把一项改革看作是必要的，但如果它意味着'我'需要改革时，它便成为不可能的了。因此，对个人或群体来说什么是改革，这取决于个体或群体的收入与支出收益。"[2] 换句话说，当人们觉得有必要实施某一项教育制度变迁时，他们一般会把对教育制度变迁的付出看作是一种投资行为，当预计这种"投资行为"能够达到"回报"的目的，诸如教育制度变迁能够带来便利、成功、成就感和精神振奋时，那么他们接受或参与教育制度变迁的动机是很强的。反之，则是冷漠、反对或抵制。达林曾说："学校是为教师的利益而非学生的利益而存在的。……许多研究表明：学校所做的一切总是尽量对教职员工有利，而对学生却未必有利。……看起来，最容易推行的革新项目正是那些为教师提供便利的项目（比如，那些缩短工作时间的革新项目就比较容易实行）。而那些要求教师付出额外努力的项目（比如，增加工作时间，提高学术要求）

---

[1]　阿瑟·刘易斯著，周师铭等译：《经济增长理论》，商务印书馆 2005 年版，第 52 页。

[2]　波·达林著，刘承辉译：《教育改革的限度》，重庆出版社 1991 年版，第 23~24 页。

则难推行。教师也强烈反对那些剥夺他们的教学自主权的项目（如教学技巧）。"① 例如，教育信息技术的采用对提高教育质量确实有一定的成效，但在现实教育生活中却遭到了一部分教师的抵制和反对。为什么呢？除了教育信息技术本身的缺陷，诸如使教室变得单调死板、毫无生气、扼杀了对话的可能性、塞给学生的仅仅是死记硬背的事实、阻碍学生发展分析和判断的能力外，关键在于它直接侵害了教师的利益，"使得教师无工作可做"②。

在此，我们还必须指出的是：归根到底，人毕竟不是一架计算机。人们是否认同或支持教育制度变迁，肯定是要计算的，完全非功利的人是没有的。诚如罗尔斯所说："每个人仅仅把社会安排当作实现他的私人目标的手段。没有人考虑他人的善或他人所拥有的东西，毋宁说每个人都偏爱于选择使他得到最大份额的最有效的方案。"③ 但是，人生又绝不仅仅是运用工具理性在计算、在计较功利得失而已。从某种意义上讲，教育制度是关涉人的学问，仅凭工具理性推导出来的教育制度变迁理论，虽然也是人的一部分，也是必要的而且是有价值的，但是，如果教育制度变迁理论只限于工具理性的推导，那就未免有如荷拉修（Horatio）所说哈姆雷特的话："天地间的事物要比你那哲学所能梦想的要多得多"。千变万化而又丰富多彩的教育思想和教育人生，不是任何一种教育制度变迁概念体系或架构所能限定或规范得了的。

3. 推动教育制度变迁力量的形成

教育制度变迁由拥有政治权力的领导机构根据宪法设计出来，并由它们自上而下地强制推行。教育制度变迁取决于集体性决策，它的发生要比自愿性决策更难，因此，教育制度变迁需要政治行动。同时，教育制度变迁是集体行动，有一定程度的组织性，要由特定主体来推动、实施和参与。因此，推动教育制度变迁的行动集团的形成，是教育制度变迁发生的标志性条件。问题在于，我们面临着这样一种悖论：一方面，教育行政管理体系将所有的教育制度变迁的可能性都掌握在自己手中，因此，如果不对这一体系进行改革，要对教育制度进行变革是极端困难的。另一方面，对教育行政管理体系进行变革，必然会遭遇艰难险阻，变革几乎无法触及这一体系本身。教育行政管理体系"具有极为强大的内聚力，能够轻而易举地吸纳诸种变革并对其加以同化，而对其

① 波·达林著，范国睿译：《理论与战略：国际视野中的学校发展》，教育科学出版社2002年版，第44页。
② 菲力浦·库姆斯著，赵宝恒等译：《世界教育危机》，人民教育出版社1990年版，第138页。
③ 约翰·罗尔斯著，向怀宏等译：《正义论》，中国社会科学出版社2007年版，第52页。

自身的功能运行机制，却未做出丝毫实质性的改变。"① 那么，使用什么样的策略逼迫教育行政管理体系进行教育制度变革呢？显然应当重视人的素质对教育制度建设的作用，特别重视领导群体在教育制度变迁过程中的关键作用。钦等人曾说："我们的社会具有一种权力结构，在这个权力结构中，只有相当有限的一些团体拥有影响变革的强大力量，决定让事情发生，或不让事情发生。人们不再把现存的权力结构看作是固定不变和不可避免的了，而是觉得有可能改变这种权力结构。要是我们改变了现存的权力结构——无论是把权力移交给新人，还是使权力平分到更多的人手中——那么就可能实现新的目标。"② 而一旦对现存的权力结构进行了调整或改变，教育制度变迁的阻力会随之减少，教育制度变迁的进程亦会加快。诚如克拉克所说："根本变化意味着结构的变化，在任务和权力非常分散的系统里尤其如此。一旦结构发生变化，人员和任务的正式安排也会随之得到修正；发号施令者，接受指令者以及指令的内容也会随之改变。"如果不调整掌权者的人员结构，那么变革就会夭折。"那些从更动结构入手的变化会改变一个系统的基本偏见，并改变观念和权力的源泉——这些观念和权力反映在决策者的日程和日常工作程序之中。"③ 在持续而激烈的教育制度变迁时期，领导的成功既是一个发现自己的问题，也是一个找到策略的问题，因此，无论是从个体角度还是从领导角度言，领导队伍都应有一个良好的情绪状态。奥弗斯特里特曾说："行动产生于我们的基本渴望……对想成为劝说者的人——无论他们是做生意、在家、在学校还是搞政治的——所能给出的最好建议是：首先，激起他人的热切需要。"④ 在教育制度变迁过程中，领导还应团结多数，积聚教育制度变迁力量。领导应该"拥有一颗富于情感的心灵，他应该爱护和尊敬他的同类，对自己也应有所畏惧。尽管他可以利用禀赋直觉地瞥见他的终极目标，但他落实目标的行动应当是出于深思熟虑。"⑤ 在教育制度变迁过程中，领导应不怕失败、勇于承担风险，"你在哪里跌倒，哪里就埋藏着宝藏"。在教育制度变迁过程中，领导群体还应克服重重困难，不断探索、

---

① M·克罗齐耶著，张月译：《法令不能改变社会》，上海人民出版社 2008 年版，第 68 页。

② R. G. 欧文斯著，窦卫霖等译：《教育组织行为学》，华东师范大学出版社 2001 年版，第 257 页。

③ 伯顿·R. 克拉克著，王承绪等译：《高等教育系统》，杭州大学出版社 1994 年版，第 262~263 页。

④ 詹姆斯·麦格雷戈·伯恩斯著，常健等译：《领导论》，中国人民大学出版社 2006 年版，第 433 页。

⑤ 埃德蒙·柏克著，蒋庆等译：《自由与传统》，商务印书馆 2001 年版，第 128 页。

不断总结经验教训。从发生学角度言，教育制度有两种功能：满足人的需要与限制人的需要。不同的教育制度、不同情景中的同一种教育制度，其功能的发挥过程是大相径庭的。在现实教育生活中，教育制度功能的丧失并不等于教育制度的结构消散。"旧"教育制度对人的约束不会戛然而止，除非教育制度功能的替代物已长期存在并为社会成员广泛关注、认可。而且，"新"教育制度的产生会遭遇习惯势力（总有人相信"法是老的好"，从而厌恶变革）与"旧"教育制度既得利益者的不断反抗，人类为了自己的教育需要、教育利益会作出不可思议的疯狂举动。教育制度的变迁不仅意味着教育利益格局的调整，更意味着教育权力格局的变化。再加上教育制度的变化总与其他相关制度的变迁相伴而行，因此，"新"教育制度的产生，"新"与"旧"教育制度的交替是一充满矛盾的艰难历程。诚如曼海姆所说："制度的变革是最困难的。因为制度是被包含在社会结构之内的，而社会结构本身又是对先前的需要、价值和目标的反应。在寻求改变社会结构以实现新的价值和目标的过程中，领导者远远超过了那些只关注表面态度的政治家。为了提升人类的目标，达到较高的道德目的，实现预期的重大变革，领导者必须投身到最难驾驭的历史进程和结构之中，并最终成功驾驭它们。"[1]

4. 进行教育制度变迁试验

教育制度变迁往往是一个渐进、甚至长期的过程，总是从外围的局部变迁开始，常常需要一定的试验。康德曾说："人们往往认为，教育方面的实验并无必要，仿佛由理性已经能判断一样东西将会是好的还是不好的。这种看法是非常错误的，因为经验表明，我们的尝试经常会产生与所预期的截然相反的作用。因此人们认识到，教育也要靠实验，没有哪一代人能制定出一个完美的教育计划。"[2] 换句话说，如果教育制度变迁是一个合理的选择，那末在把各种制度变革方案付诸实践之前，尤其在应用制度变革方案之前，首先必须进行"试管"实验。试验成功带来的实际收益，会起到一种示范效应，这不仅有利于教育制度变迁的实现，还是教育制度变迁的一个必要条件和必经环节。教育制度变迁并不必然会，而且从来都不会自然而然地导致新的教育制度形态的出现。人们应该进行革新，应该进行实验，一步一步地设计出新的教育制度安排、关系机制以及重大的教育规则机制，使人们能够在由他们过去的努力所创造的新

[1] 詹姆斯·麦格雷戈·伯恩斯著，常健等译：《领导论》，中国人民大学出版社2006年版，第409页。
[2] 康德著，赵鹏等译：《论教育学》，上海人民出版社2005年版，第11～12页。

的环境之中生活。教育制度变迁的确不会自动产生，人们必须设法去发现、计划、倡导和进行教育制度变革，使教育制度实践更适当地与变化中的教育目标联系起来，并使教育制度实践和变化中的教育目标更加一致起来。

当然，进行教育制度变革"试管"实验非常困难，把教育制度体系和教育学的研究体系结合起来非常不易。把教育制度体系和教育学的研究体系结合起来充其量只适宜于大学关于制度学习理论的研究，或关于某种工具或某种方法的实验。但是，这里有一个根本问题没有解决：教育学的研究最后可能使人们对于整个教育制度体系发生怀疑，而当有这种危险存在的时候，我们又怎么能使一个教育制度体系适应于教育学的研究呢？我们认为，一种解决的办法是建立实验区域或实验部门，在这里，处在变化的形势中的各种可变因素可以同时发生作用。换句话说，如果这一教育制度体系把一个研究机关和一个特定的地区结合起来并尽量给予该地区的教师、研究人员和行政人员三结合小组以最广泛的责任，它便能克服那种在教育制度体系与教育学研究之间的矛盾。因为从研究人员的观点看（他们由此而获得机会确定真正要研究的教育制度问题），也从教师的观点看（他们在这里能够行使他们从未丧失过的那种创造性的自由），在教师的那种有创造性的自由和教育制度体系的创立者在教育学上和社会学上的那种沉重负担之间的"差别"，竟成了促进教育制度变革的动力。同时，在采用教育制度变革方案之后，还应密切地协调研究与实验之间的关系。为此，不妨成立全国性的教育发展中心或其他类似的组织，以产生一系列连续不断的教育制度变革，最后达到"教育制度的永久变革"。如今即使在教育制度体系方面实行地方分权的国家，教育制度变革也不再是通过一些分散的创造活动来实行的了。这是因为，政府已经真实意识到它在教育制度变革方面的责任，教育问题已经是中央行政机关主要关心的问题，而且对青年的未来发生了决定性的影响，舆论也注视着这些问题。"中央教育当局必须以适合于本国的方式参加这种改革工作，如果它同意改革，如果它不认为改革是破坏现有体系及其常规的因素的话。"①

由于教育制度是一个体系，一项或几项带关键性教育制度的变迁必然会诱发相关教育制度的连锁变迁，从而使教育制度的合理变迁成为一个连绵不断的长期过程。在这种情况下，教育制度变迁的机制化，将具有极为重要的意义，因为教育制度的长期变迁需要机制化的保障，将教育制度变迁的需要和机会转

---

① 联合国教科文组织、国际教育发展委员会编著，华东师范大学比较教育研究所译：《学会生存》，教育科学出版社 1996 年版，第 269 页。

变为事实上的变迁，并使教育制度长期的、大范围的变迁得以可能。因此，教育制度变迁的制度化或机制化，是教育制度变迁过程中的重要问题。解决这一问题的基本思路，就是建立和完善教育制度变迁与教育制度建设的非人格化机制，使教育制度变迁过程不随个人（特别是领导人）愿望、意志和偏好的改变而任意改变，使其保持必要的稳定性、渐进性。另一条思路是加强程序制度的建设。由于教育制度变迁是多种因素交互作用的复杂过程，充满着不确定性，往往为我们的个人智虑所难胜任，也不可能一步到位。在此情况下，建立教育制度变迁的程序性机制，就显得尤为必要，这既能填补教育制度匮乏的空白，又能减少对不确定的教育制度变迁过程过度的人为干预，为教育制度的渐进演化和累积发展预留出足够巨大的空间。

三、教育制度演进的规律性

教育制度变迁与演进过程虽然充满了不确定性，但也不是没有规律可循的。

（一）路径依赖与结构变迁

从教育制度变迁的方式看，教育制度变迁有两种情况：路径依赖与结构变迁。

1. 路径依赖

教育制度变迁的路径依赖意指，由于受到教育发展的各种历史经验和初始条件的影响，教育制度变迁依赖于它所特有的历史路径。鲍威尔说："路径依赖模式意味着制度安排不会轻易改变；它们无法迅速变化以应对周围环境的改变。支持路径依赖过程的自我强化的反馈机制使组织探索替代性选择变得非常困难。"[1] 柯武刚等人说："在制度变迁中存在着路径依赖性，制度系统会在相当程度上顺从惯性。它们通常会循相当稳定的路径缓慢演变。"[2] 可见，路径依赖是教育传统的另一种说法，其意思就是指一些教育制度虽然在社会中明显地表现出不适宜，但依然延续了很长的一段时间。例如，在古代希腊和罗马，学校是受到高度的尊敬。在学校里，上层阶级的儿童和青年人都是用功的学生。学校的理想是要培养一个人具有智力、审美感和体质平衡发展的和谐人格。知

---

[1] 薛晓源等主编：《全球化与新制度主义》，社会科学文献出版社 2004 年版，第 143 页。
[2] 柯武刚等著，韩朝华译：《制度经济学》，商务印书馆 2000 年版，第 116 页。

识、智慧、艺术欣赏和崇高的品德在少数杰出人才教育中具有最高的价值。这种贵族思想无疑是帝国的、王朝的、封建的和贵族的社会历代所肯定和采用的，因为从这种社会的结构而言，它往往致力于发展一种为少数人服务的、选择性的、高质量的教育，并承认杰出人才论是高贵的。尽管古代希腊、罗马时代的杰出人才论是不合时宜的，但在我们时代的某些教育制度体系中仍然是非常活跃的。"现有的体系由于它们具有许多等级森严的形式和歧视性的实践而受到人们的责备，但是实际上这些等级森严的形式和具有歧视性的实践，乃是一种为不同于现在社会的社会类型而设计的教育所留下的残余。"①

由于教育发展历史不同，教育发展中所积累的经验不同，教育发展所处的历史与现实情况不同，虽然所处时代可能差不多，但教育制度变迁的路子与方式不可能一样。所谓从实际出发的那个"实际"，不过是历史的结果，教育制度变迁得从这个"实际"开始，以这个实际为基础，沿着教育制度历史的特有轨迹向前演变。这是教育制度变迁的一种方式，是教育制度变迁过程的一个方面。因此，在分析教育制度变迁时，必须遵循这样一个基本原则，即现存结构的反应机制决定了往后的变化方式。阿切尔说："一旦一种特定的教育形式生成，它就会对今后的教育变革产生影响。"② 也就是说，对教育制度变革的分析、思考必须从特定时期的现成教育制度结构入手，找出这些教育制度结构给下一个时期带来了什么不同。阿切尔认为，集权型的结构具有持续集权化的倾向，而分权型的结构则有持续分权化的倾向。例如，法国的教育结构不仅没有因经济社会发展而分权，反而继续集权化。"法国的管理制度在极大的程度上体现了'官僚的必要性'。法国是西方民主国家中官僚体制最强化的国家，那儿的少数达官显宦一直操纵着权力中心，并且不断得到加强。这些官僚是清一色的大学校的毕业生，没有一个例外。法国集权型的学府具有相当大的稳定性和耐久性。即使不同政党之间发生了权力更换，这些学府的集权结构也不会受到影响。因为这些政党都有相似的集权性质。"③ 可见，一些集权体制走向分权，或分权体制走向集权的尝试往往是短期行为。克拉克说："历史上形成的

① 联合国教科文组织、国际教育发展委员会编著，华东师范大学比较教育研究所译：《学会生存》，教育科学出版社 1996 年版，第 30 页。
② 伯顿·R·克拉克著，王承绪等译：《高等教育系统》，杭州大学出版社 1994 年版，第 205－206 页。
③ 伯顿·R·克拉克著，王承绪等译：《高等教育系统》，杭州大学出版社 1994 年版，第 222 页。

权力分布形式倾向于维持原状，因而不同国家高教体制的相互靠拢是有限度的。"①

在 20 世纪六七十年代，国际教育思想界占主导地位的一个假说认为：欧洲各国的高等教育体制将重演美国高等教育体制演变的过程。当时的分析家们把眼光集中在高等教育的环境，因此认为欧美的高等教育体制必然会朝着同一个方向演变——它们都已经走完了从精英教育演变为大众教育，又从大众教育演变为普及教育的路程，所以必然会走向同一个归宿。当时的分析家认为，所有体制都会受到同样的潮流和需求的影响，如民主化运动、经济的迅速发展、知识的增长以及教育管理的政治化趋势，等等。"几乎可以肯定，要求扩充学院和大学的主张会继续得到广泛的支持"；"经济的发展，尤其是第三产业（或称社会服务业）的持续发展，形成了对高等教育的动力"；由于这些以及其他一些相同的力量和潮流，"我们有理由相信高等教育在本世纪内会继续发展"②。外部潮流成了主宰，因为，西欧于 20 世纪 50 年代和 60 年代产生的强大的发展势头拥有自己的生命力，会从西欧各国的社会内部产生一种压力，要求继续扩大高等教育体制，"这种扩展要求体制发生变化"③。因此，欧洲国家进行体制改革势在必行，不可抗拒。然而，欧洲高等教育的发展历程，证实了这一假说的缺陷和解释的无力。不同国家的教育体制相互接近的程度并没像人们原先预期的那样大。特罗后来对自己当初的预测作了这样的评论："我原来认为欧洲各国的教育体制都会发展为美国式的大众高等教育体制。从 1973 年以来所发生的情形看，我当初的分析完全错了。"④ 特罗以及之前的分析家们都过分强调了社会的需求，却低估了教育体制内部反应机制的作用。法国、意大利和另外一些国家的现存教育体制内对需求的反应机制各不相同，因此即使在似乎是相同的需要面前也肯定不会像美国教育体制那样作出反应。

在此，教育制度变迁路径依赖给我们的启示是：初始的教育制度选择是极其重要的，如果初始的教育制度选择有差错，在以后的发展中，将可能使整个

① 伯顿·R·克拉克著，王承绪等译：《高等教育系统》，杭州大学出版社 1994 年版，第 223 页。

② 伯顿·R·克拉克著，王承绪等译：《高等教育系统》，杭州大学出版社 1994 年版，第 206 页。

③ 伯顿·R·克拉克著，王承绪等译：《高等教育系统》，杭州大学出版社 1994 年版，第 206 页。

④ 伯顿·R·克拉克著，王承绪等译：《高等教育系统》，杭州大学出版社 1994 年版，第 207 页。

教育制度创新最终远远偏离目标。因此，进行任何一项教育制度变革，不仅要十分谨慎地考虑其直接后果，还要研究其长远的路径影响，以免出现积重难返的情形。比彻等人也说："很多变革——包括那些发源于内部的变化——由于未能适应现存结构的约束力而告失败了。高等教育结构和制度的产生，大都是为了保护研究者和教师的正当利益。它们帮助界定并捍卫一个组织内的主要专业领域。然而，一旦这些结构和制度得以确立，它们可能会变得很难驾驭，其顽固程度往往令人吃惊。"① 高等教育中墨守成规的现象产生于环境，"约束环境变化的，主要是社会因素，而不是心理因素：与其说这种约束力取决于各个成员采取的具体立场，不如说取决于高教体制的运转方式。"莱文对美国高等教育的研究也表明了相似的结果。他曾经对纽约州立大学布法罗分校的重大改革进行过详尽的分析，并且广泛地阅读了有关该校革新情况的文献。他最终得出的结论是："现实的体制结构在左右着变革方式方面起着举足轻重的作用。"②

2. 结构变迁

教育制度发展除遵循"自身"的逻辑外，还会反映现实教育生活实践的变化，教育制度变迁是对教育存在的反映，无论是教育权力结构的变迁，还是教育利益结构的改变，都会体现到教育制度变迁的过程中来，突破和撕裂教育制度变迁对原有路径的依存，形成和突出新的变迁路径。我们把此称之为结构性的教育制度变迁。在此，我们以终身教育制度的建设为例作一分析。

教育活动起初是分散的、片断的并为少数杰出人才服务的。这些教育活动，从各个时代和无数历史对比看来，不可避免地倾向于同一个结论：即建立一种具有普遍使命的、结构坚固而权力集中的学校教育制度体系。然而，现代社会对教育公平的追求、对人的全面而自由发展的求索要求我们建立一种全新的教育制度体系，撕裂教育制度变迁对原有路径的依赖，"来考虑对事物的另一种安排"。诚如《学会生存》一书所说："教育，如果像过去一样，局限于按照某些预定的组织规划、需要和见解去训练未来社会的领袖，或想一劳永逸地培养一定规格的青年，这是不可能的了。教育已不再是某些杰出人才的特权或某一特定年龄的规定活动：教育正在日益向着包括整个社会和个人终身的方向

---

① 伯顿·R·克拉克著，王承绪等译：《高等教育系统》，杭州大学出版社 1994 年版，第205页。
② 伯顿·R·克拉克著，王承绪等译：《高等教育系统》，杭州大学出版社 1994 年版，第205页。

发展。"① 教育正在越出历史悠久的传统教育所规定的界限，正逐渐在时间上和空间上扩展到它的真正领域——整个人的各个方面。在这一全新的领域内，教学活动便让位于学习活动。虽然一个人正在不断地受教育，但他越来越不成为对象，而越来越成为主体了。同时，受教育者并不认为，他所受的教育似乎是他的保护人，即那些有权势的人们，送给他的礼物或者是对他所履行的一种社会义务。他是依靠知识而获得教育的。这样，他便成为他所获得的知识的最高主人，而不是消极的知识接受者。"未来的学校必须把教育的对象变成自己教育自己的主体。受教育的人必须成为教育他自己的人；别人的教育必须成为这个人自己的教育。这种个人同他自己的关系的根本转变，是今后几十年内科学与技术革命中教育所面临的最困难的一个问题。"② 教育虽然建立在从最近的科学数据中抽取出来的客观知识的基础上，但它已不再是从外部强加在学习者身上的东西，也不是强加在别人身上的东西。教育必须是从学习者本人出发的。"我们今天把重点放在教育与学习过程的'自学'原则上，而不是放在传统教育学的教学原则上。"③ 同时，社会不能通过一个单独的机构对它的所有一切组成部分（无论在任何领域内）发挥其广泛而有效的作用，不管这个机构多么广大。既然教育现在是，将来也越来越是每一个人的需要，那么我们不仅必须发展、丰富、增加中小学和大学，而且还必须超越学校教育的范围，把教育的功能扩充到整个社会的各个方面。虽然学校的作用会进一步突显，但社会的教育功能并不是学校的特权。所有的部门——政府机关、工业交通、运输等都必须参与教育工作。社会作为一个整体将有更重要的教育作用，社会应该把"学习实现自我"，即人的教育，放在最优先的地位。"不要把教育的权力交给一个单独的、垂直的、有等级的机构，使这种机构组成社会中的一个独特团体。相反，所有的集体、协会、工联、地方团体和中间组织都必须共同承担教育责任。"④ 社会与教育的关系，在其性质方面，正在发生巨大的变化。一个社会既然赋予教育以重要的地位和崇高的价值，那么这个社会也必须建构一套制度体

---

① 联合国教科文组织、国际教育发展委员会编著，华东师范大学比较教育研究所译：《学会生存》，教育科学出版社 1996 年版，第 199～200 页。

② 联合国教科文组织、国际教育发展委员会编著，华东师范大学比较教育研究所译：《学会生存》，教育科学出版社 1996 年版，第 200 页。

③ 联合国教科文组织、国际教育发展委员会编著，华东师范大学比较教育研究所译：《学会生存》，教育科学出版社 1996 年版，第 201 页。

④ 联合国教科文组织、国际教育发展委员会编著，华东师范大学比较教育研究所译：《学会生存》，教育科学出版社 1996 年，第 202 页。

系以实现教育的价值，体现教育的地位。而这套制度体系就是终身教育制度。在这一制度环境下，每一个公民享有在任何情况下都可以自由取得学习、训练和培养自己的各种手段。因此，从每一个公民自己的教育而言，教育不再是一种义务，而是一种责任。"从这个意义上讲来，未来的教育必须成为一个协调的整体，在这个整体内，社会的一切部门都从结构上统一起来。这种教育将是普遍的和继续的。从个人观点来说，这种教育将是完整的和富于创造性的，因而也是个别化的和自我指导的。这种教育既是保障专业活动、促进专业活动的动力，又是文化中的堡垒和推动力。这个教育运动是不可抗拒和不可逆转的。这是我们时代的文化使命。"① 终身教育不是一种遥远的理想，而是在以一系列强化这种教育需要的变革为标志的复杂教育环境中日趋形成的一种现实。终身教育制度是学习化社会的基石，终身教育制度是建立一个教育体系的全面组织所根据的规则，诸如不再把各种教学和学习形式看作是互不相关的和几乎是重叠的，甚至是相互竞争的。

在现实生活中，面对教育制度变迁问题时，我们大都希望有操控全局的感觉，相信通过个人的理性分析，能够解决教育制度变迁中的问题。我们总是认为，出问题的是教育制度体系的某个零件，修修补补就可以了，而不愿去怀疑整个教育制度体系。这无疑是典型的"只见树木，不见森林"。我们也会说"要看大局"，但观察分析教育制度变迁问题的眼界仍集中于局部细节。要走出禁锢我们眼界的那道门，才能拓宽视野、豁然开朗，找到教育制度变迁之道。萨朗特说："作为企业，要改变世界，先要改变我们自身。这意味着几乎一切都将改变：我们的产品，我们的工作程序，我们的商业模式，我们的管理领导方法，以及我们与他人相处的方式。我们不可能只做零星的少许变动，就期望实现整体的变革。"② 也就是说，任何个人或教育组织都不可能在一夜之间单方面变革教育制度。教育制度变迁的顺利展开，一是必须树立系统的变迁观。诚如赫姆斯特拉所说："如果我仔细考虑许多机构的经历，可持续发展的意识在一直增长，因为各种形式的系统思考能让我们看到比过去更强的相互依赖性。正是这些相互依赖性让我们得出结论：不顾社会或环境的可持续性而单独考虑商业的可持续性，不但是愚蠢的，而且是鲁莽而不顾后果的行为。"③ 教育制度变迁不能从单靠积累一些"实地"自发的零星的变革中产生出来，必须对教育

---

① 联合国教科文组织、国际教育发展委员会编著，华东师范大学比较教育研究所译：《学会生存》，教育科学出版社1996年版，第203页。
② 彼得·圣吉著，张成林译：《第五项修炼》，中信出版社2009年版，第365页。
③ 彼得·圣吉著，张成林译：《第五项修炼》，中信出版社2009年版，第364页。

（教育制度）状况进行全面的诊断。对于教育制度体系的组成部分和机制以及教育制度体系同其他有关体系之间的关系，应有一个尽可能完整的图景。通过这种诊断，我们就能识别教育制度体系内部（低效益、高费用等）和外部（与劳动力市场、社会需要、个人希望等的联系不够）两者不平衡的状态，并能发现人力上、政治上或经费上现有的紧张状态。这样，可以把教育制度体系中的各种可变因素区分开来，并明确哪些因素是可以改变的，哪些因素是不可能改变的或是难以改变的。这种诊断还能提供有关教育制度运行状况的"信息"，借助这些"信息"可以构建一个模式，表现教育制度在一定情境下当时是怎样发挥作用的。由此而得到的简单抽象概念只是一个标记，标明改变现有教育制度体系可能产生的后果。例如，1957年以后，为了应对挑战，美国先后发表了一系列教育改革报告，但是，既没有动员人力，也没有筹集物力去创造新的一天的黎明，甚至没有为旧的一天开创一个新的黎明。教育改革失败的根本原因，在于过去几十年里美国人那种急于求成的、支离破碎的、大口号式的、自上而下的教育改革方式上。古得莱得说："对教育我们是有甚多的信息，却接受了甚少的教训。这实在是罕见的。具有讽刺意义的是，我们的主题是教育。是的，我们的学校需要改革，但是如果我们不放弃一些基本的关于教育的理念和我们更新学校的方法，就只能看见一点拙劣的修补和几个发明创造的孤岛。"① 时至20世纪90年代，美国各州政府针对以往教育制度变革的缺陷，其着力点放在了对教育制度体系进行"系统的改革"之上。诚如康利所说："各州准备制定新的改革计划，理顺改革中千差万别又错综复杂的关系，以显著改善本州学校教育。这些新计划将超越80年代零碎的小型的改革活动，并明确告知教育工作者必须做什么，怎样做才算成功。某些改革领域如教师教育资格认证、教师评定与解雇、学术标准与评价、教育经费及核算将与一定的奖惩机制对应起来，这些奖惩措施能激发教育工作者在保持地方自治的同时，制定新的教育计划，有效完成州下达的任务。"② 不仅美国如此，今日世界上大多数国家的教育制度变革大都采用结构变迁的方式。"改革和改组现有的教育结构并使教学方法现代化。不管在社会经济方面有没有附带的结构变化，这种教育上的改革几乎到处都被提到议事日程上来了。政府当局、许多科学团体和教育工作者们已经明显地或含蓄地采取了措施和首创性活动，为国家进行重要的革新

---

① J·I·古得莱得著，苏智欣等译：《一个称作学校的地方》，华东师范大学出版社2006年版，第400页。
② 戴维·T·康利著，侯定凯译：《谁在管理我们的学校》，华东师范大学出版社2005年版，第5页。

铺平道路。在发展中国家，已经发生了许多变化，这大半是由于中央政府发挥了首创精神的结果，虽然资力的缺乏和官僚主义惰性有时伤害了革新的热忱并使人倾向于等待别的地方实验取得成功。在一些具有巨大智力与财力资源的国家中，问题的深度和它的严重性（以及它们到现在为止遇到的失败），已经为那些强调零星的措施没有效果而主张彻底改革的人们提供了有力的论证。"[①]

3. 教育制度变迁方式的选择

人们通常过于频繁地在路径依赖与结构变迁之间摇摆不定，两种主张各有优劣。结构变迁主张声称，教育制度体制不尽合理，必须从根本上对其进行变革。教育制度体制非彻底变革不可，即使借助外力也在所不惜。路径依赖主张声称，教育制度体制尽管不合理，可是它却与教育传统乃至教育发展的"实际"相符，所以最好让其继续存在下去。结构变迁主张的长处在于，其逻辑前后一致，然而由于无法落到实处，因而也就成为发自内心的愿望：越多地去进行谴责，也就会越少地诉诸行动。就路径依赖主张而言，不能因为难以从根本上进行教育制度变革，就满足于维持现状，不能因为难以做到十全十美，就不去竭尽全力，力争做得更为出色。我们应该知道，所有不进行变革的教育制度体制，随着时间的推移都将退化。

在实际情况中，教育制度变迁究竟选择哪种方式，是由多方面因素决定的。例如，在我国，我们显然更倾向于结构性的教育制度变迁方式，这不仅体现了历史唯物主义的立场，是坚持社会存在决定社会意识这一基本原理的逻辑结论，更是基于我国教育制度传统做出的明智选择。由于我国长期处于封建社会，缺乏理性化、形式化的教育制度传统，而社会主义教育现代化都要求相应的形式化教育制度，从而形成历史经验与教育发展现实的矛盾，解决这一矛盾的基本出路不是违背教育发展现实而趋就历史、教育传统的所谓的"路径依赖"，而是改变教育发展历史、教育传统以反映现实的结构性变迁。这是在这一意义上，我们把教育体制改革与教育制度变迁看成是一场"深刻的革命"。

（二）自下而上与自上而下的教育制度变迁道路相结合

从教育制度变迁的道路上看，存在着两条虽然相反，但又相成的道路：自下而上的道路与自上而下的道路。

[①] 联合国教科文组织、国际教育发展委员会编著，华东师范大学比较教育研究所译：《学会生存》，教育科学出版社1996年版，第43页。

1. 自下而上

教育制度变迁中自下而上的道路，是指个人、地方、基层在其相互作用（竞争与合作）过程中，通过对原有教育制度的重释、修正和扩展性适用，使其发生细微而缓慢的改变，当这种改变累积到一定程度，就会引起原有教育制度的整体变迁。正是在这一意义上，在教育制度变迁过程中，应特别重视基层群众、基层单位或组织在教育制度变迁中的作用，尊重基层群众、基层单位或组织教育制度创新的首创精神；关注他们有关教育制度变迁的主张、设想，"大智兴邦，不过集众思"，"知屋漏者在雨下，知政失者在草野"；尊重他们就教育制度变迁说"不"的权利，倾听他们有关教育制度变迁的"方言"，"贤路当广而不当狭，言路当开而不当塞"。在教育制度变迁过程中，需要把基层群众、基层单位或组织的才智与意志充分发动起来，把许多人的努力集中起来，"只有那种帮助别人准备改变的人，才能接受这种改变。"香山健一说，教育制度变迁、创新不应是"上层的领导集团型改革，而必须是在放宽各种限制的基础上，鼓励各地区、各学校、各家庭实行多样的、卓有成效的、周密的试点；同时致力于具有自由、自律、自我精神的自发性、创造性和主体性的、扎根基层的颠倒型改革。"[①] 换言之，任何一项教育制度变迁，都不能缺少人们付出的种种努力，不能缺少有能力做出这种努力的人们的参与。我们通常过于轻信，以为如果一项教育制度变迁能够满足一种真正的需要，那么只要负责教育制度变迁的人精力充沛，热情如火，干劲十足，就足以克服教育制度变迁过程中的所有的障碍。不幸的是，热情永远不可能持久，也绝对无法弥补能力的欠缺。"为了实现真正意义上的变革，就必须进行创新的权力的分割，让更多的人为此负起责任。如何才能达到目标呢？怎样才能使变革富有活力呢？正确地说，就是在招募人员、培训以及人力的开发方面进行投资。"[②]

当然，在发挥人民群众教育制度创新的积极性、主动性的同时，也应大力发挥少数杰出人物、精英集团在教育制度创新中的作用。

社会是由无数个体组成的，社会活力的源泉首先不是作为整体的社会本身，而是一个个现实的个人，在一定意义上可以说，创造性的活动总是首先由少数杰出人物完成的。马克思主义在承认社会历史规律的客观性的同时，从来没有认为人在历史发展中的自觉活动的作用等于零。历史必然性的思想也丝毫

---

① 香山健一著，刘晓民译：《为了自由的教育改革》，高等教育出版社 1990 年版，第 26 页。

② M·克罗齐耶著，张月译：《法令不能改变社会》，上海人民出版社 2008 年版，第 52 页。

不损害个人在历史上的作用，因为全部历史正是由于那些无疑是活动家的个人的行动构成的。所有社会的创造性行为或者是个别创造者的工作，或者至多是少数创造性群体的工作，在任何一个连续的进步过程中，绝大多数社会成员落在了后面。换言之，文明的成长是个别创造者或少数创造性群体的工作，意味着没有创造性的大多数人将会落在后面。汤因比说："我们发现原始社会，就像我们了解的那样，处于一种静止状态中，然而文明——除了停滞的文明——处于一种动态的运动之中。现在我们应该说成长中的文明与静态的原始社会的不同在于它们的社会躯体内部创造性个体人格的动态运动，此外我们还应该指出这些创造性人格，即使按最大量计算，总计也是一个小数目。在每一个成长中的文明中，大多数参与个体都处在与静止的原始社会成员一样的停滞不前、沉寂无声的状态中。更多的情况是，成长文明中的绝大多数参与者都是具有原始人类似的热情的人，只不过添加了一个教育的外表而已。在这里我们发现真理的要素即人类的本性没有改变。"[1] 天才、社会精英等，无疑都是普通人面团中的一个酵母。"任何社会组织都是由许多个体灵魂各自的活动场所构成的一个共同舞台；行为者从来不是社会本身而总是每一个个体；在某种意义上，创造行为都是由超人完成的；超人也像其他的生灵一样，通过自己的行为来影响他的同伴；在任何社会里，具有创造能力的人总是少数人；天才们对于普通大众的影响偶尔通过直接的启示方式，但通常情况下是利用次优的社会训练方法，训练各个层次中不具备创造能力的个体灵魂的模仿能力，从而使他们能够完成单凭自己的直觉无法完成的机械性进化。这些正确的论断是在对于文明成长过程的分析中得出的，可是一般来讲，在社会历史的所有阶段的个体与社会的互动关系中同样可以清楚地看到。"[2] 在我国，1977 年 8 月 4 日，邓小平组织召开了科学和教育工作座谈会。邓小平在座谈会针对"群众推荐"这一招生制度坚决地说："今年就要下决心恢复从高中毕业生中直接招考学生，不要再搞群众推荐。从高中直接招生，我看可能是早出人才、早出成果的一个好办法。"[3] 1977 年 9 月 19 日，邓小平在与教育部个别同志谈话时指出："为什么要直接招生呢？道理很简单，就是不能中断学习的连续性。""招生主要抓两

---

[1] 阿诺德·汤因比著，郭小凌等译：《历史研究》（上卷），上海人民出版社 2010 年版，第 214 页。

[2] 阿诺德·汤因比著，郭小凌等译：《历史研究》（上卷），上海人民出版社 2010 年版，第 524 页。

[3] 《邓小平文选》（第 2 卷），人民出版社 1994 年版，第 55 页。

条：第一是本人表现好，第二是择优录取。"① 历史的质变在瞬间发生了，全国统一招生考试制度代替了群众推荐。全国统一招生考试制度的恢复，无疑是邓小平对历史的贡献。当然，这是顺应了历史趋势，但是如果没有领袖人物的出现和铁腕推进，历史在 1977 年很可能拐到别处去。英博等人认为，教育制度变革的推力有时可能出现在教育系统的外部，"有时候，问题出在教育系统的外部。它甚至不应该算做是一个问题，而只是出现了一位新的精英人物，或者是一起大的政治事件，从而要求教育制度做出某些调整或变革。"②

除了充分发挥少数杰出人物在教育制度变迁中的作用外，还应充分发挥精英集团的作用。没有任何一个社会能够不依靠精英而运转下去，任何一种复杂的人类体制，皆不可能取消专家与领导者的专业化职能。克罗齐耶说："所有的社会都产生精英，即生产负有权责的中心人群，他们通过合作与竞争的关系网络联结在一起，凭借一整套保护性的与共谋的体系，他们能够排除，或至少是限制竞争。"③ 就教育制度变迁问题而言，人们通常认为，教育制度变迁应该从小学，甚至在幼儿园就开始进行，随后逐级地实施。克罗齐耶坚决反对法国人的这种教育制度变迁思维模式，反对这种事先计划出来的教育制度变迁设想。他说："从基础开始进行改革，看起来似乎理所当然地合乎逻辑；但是，这样做一方面是不可能的，另一方面，这是一种并不高明的战略，原因在于，这种设想忘记了：具有才干与热情的人，才是实施改革的不可或缺的资源。一项出色的战略首先应该注重尽力发挥这类人力资源的优势，让他们处在能够发挥其作用的位置上；因此，这样的战略必须从最高层开始制定。"④ 为什么教育制度变迁，"必须从最高层开始制定"？这是因为，法国行政管理领域的大部分领导职位，通过文凭与考试等选择程序，几乎都被巴黎综合理工学院和国立行政学院的毕业生占据。诚如范德格拉夫等人所说："法国的高等教育像意大利一样起源于遥远的中世纪，实际上，巴黎大学是（中世纪）北部大学的原型，就像波隆那大学是意大利各大学的原型一样。不过，法国现代高等教育的既集权又多样化的结构在一定程度上是在法国大革命和拿破仑帝国时期形成的。自

---

① 《邓小平文选》（第 2 卷），人民出版社 1994 年版，第 69 页。

② D·E·英博等著，史明洁等译：《教育政策基础》，教育科学出版社 2003 年版，第 107 页。

③ M·克罗齐耶著，张月译：《法令不能改变社会》，上海人民出版社 2008 年版，第 127 页。

④ M·克罗齐耶著，张月译：《法令不能改变社会》，上海人民出版社 2008 年版，第 126 页。

1968 年以来，法国的高等教育系统进行了广泛的改革，但是实际上直到今天，拿破仑时代遗留下来的僵化的高等教育结构仍占统治地位。"[1] 换言之，通过文凭与考试等选择程序，对进入精英集团的路径进行了控制。这一做法的好处是：第一，让有才华的、充满活力的年轻人迅速走上重要的管理岗位。如果没有这种选择程序，就会出现论资排辈占据上风的危险。高级行政集团就是一个人才库，并成为培养人的才干的场所。第二，小型精英集团，分布在各种各样的领导的职能岗位与负责人的职能岗位上，他们构成了彼此熟悉、互相交流沟通的网络。这类网络非常密切，而且能量十分巨大，通过这些网络，人们可以迅速解决教育制度变迁过程中出现的许多协调性问题，并做出必要的安排与部署。第三，选择人才的考试是合法性的一个重要来源。考试为领导者拥有指挥权奠定了基础，确保领导者从事教育制度变迁这一"冒险活动"时享有行动的自由与必不可少的安全感。正是因为拥有这些精英，行政管理部门、教育管理部门才能够开展教育制度变革[2]。但是，为了换取这些"好处"，法国社会却付出了极为高昂的代价，而且这种负面效应接踵而来。尽管这种精英体制能够将年轻人迅速地提升到高级职权岗位之上，但是，这些才华横溢的精英并不是自然而然地充满活力的人。事实上，这一精英体制鼓励顺从的模式，因为精英群体越是狭小，规模越是受限，其承受的来自外界的压力就会越大。精英群体越封闭，自然就越趋向于变得傲慢狂妄、因循守旧。例如，在法国，尽管精英体制能够让年轻人迅速进入一定的权责岗位，能够提供业务工作之中的有益经验，但是，精英体制却倾向于保护从这些经验中获益的人们，使其不去获得更深层次的经验。其次，精英群体具有过于同质化的特征，欠缺让智力繁殖的能力，而惟一能够让智力的繁殖成为现实的，是精英的来源与培育方式的多样化。法国社会招募精英的体制，通常拒绝精英来源的多样化，但是为了教育制度变革、变迁的推进，精英来源的多样化，确实越来越有必要。况且，精英群体的交流沟通网络，并不是解决行政管理机构以及教育行政管理机构之间合作问题的最佳途径。原因在于，它们趋向于退化为相互敌对的帮派，为了争夺工作权责与职位，它们不择手段，肆无忌惮地诋毁对方。巴黎综合理工学院与国立行政学院的毕业生之间的你争我夺，只是这类恶战的最显眼的例子。再次，位于最高层的小型精英集团的坚不可摧，会对下级组织机构产生一种负面影

---

[1]　约翰·范德格拉夫等编著，王承绪等译：《学术权力》，浙江教育出版社 2001 年版，第48 页。

[2]　M·克罗齐耶著，张月译：《法令不能改变社会》，上海人民出版社 2008 年版，第 129—130 页。

响：一方面，这些下级组织机构会模仿精英集团，甚至模仿精英集团的种种恶习，另一方面，它们又本能地让这一精英集团陷入无能无力的境地。如果说同质的单一性在精英集团内部促使人们建立起了彼此的信任，确立了共享的语言的话，问题的另一面却又事与愿违地加深了置身于集团外部的人们的不信任感。结果是，教育制度变革者与教育制度变革实施者之间的关系，是疏离的，且充满了矛盾冲突。复次，精英集团扮演的角色是维护与发展政府的官僚主义模式。官僚主义模式的分层、集权特点，与精英集团的组织模式关系密切。在法国的所有行政管理部门之中，分层的势头有增无减。下级部门一个接着一个效仿最高层的模式，并且逐渐将这一模式强加给自己的同伴。集权则意味着命令与等级，与社会活动家、企业家相比，国家精英的价值更被看重。惟有运用集中的权力向上层施加巨大的影响力，精英集团才能证实其自身价值的合理性。精英集团坚守着如下信念：惟有受到一种距离的保护，并且身居其外，处在一种"优越的"地位之上，人们才能够制定出教育政策。显然，这一信念证明了精英集团的存在与权力集中的合理性[1]。

法国社会将教育制度变革的重任交给精英集团，充分发挥了精英集团在教育制度变革中的主导作用。尽管由于精英集团脱离了实际经验，且精英集团因与权力的接触过于紧密而趋向于因循守旧、趋向于保守，尽管精英集团为了自身的利益延阻了教育制度变革的推进，但是，精英集团在教育制度变革中的作用不容否认。克罗齐耶在尊重与肯定法国社会精英集团在教育制度变革中的作用的同时，也希望精英集团应该鼓起勇气，在自己的内心深处进行革命。"为了在未来走得更远，他们的任务不是扰乱社会秩序，而是让所有潜在的创新者能够从事创新实践，能够进行实验。"[2]

2. 自上而下

教育制度变迁中自上而下的道路，是指中央政府和各地方政府以及领导者推动的教育制度变迁过程。如果从社会学角度看，政府是一种利益集团，但由于其来源的不同，不是自发组织的，而是社会推选的，加之又是代表整个社会利益的，所以政府作为制度变迁的一个主体，与利益集团又有差异。依照西方的制度经济学理论，往往会偏重于从需求角度研究教育制度安排。教育制度创新的需求决定论模式假定，追求利益最大化的单个行为主体总是力图在给定的

---

① M·克罗齐耶著，张月译：《法令不能改变社会》，上海人民出版社 2008 年版，第 130—132 页。

② M·克罗齐耶著，张月译：《法令不能改变社会》，上海人民出版社 2008 年版，第 260—261 页。

约束条件下，谋求确立预期对自己最为有利的教育制度安排和教育权力界定。一旦行为人发现创立和利用新的教育制度安排所得到的净收益为正时，就会产生教育制度创新、变迁的需求。这种需求能否诱发出新的教育制度安排，取决于赞同、支持和推动这种教育制度创新行为主体集合在与其他利益主体的力量对比中是否处于优势的地位。如果力量优势明显，则原有的教育制度安排和权利界定将被淘汰，国家通过教育法律等形式确立有利于占支配地位行为主体的教育制度安排，从而导致教育制度创新。这是因为：任何教育制度都有其权力基础和权力结构，教育制度的选择、创新和安排就必然代表某些利益集团的利益与意志。在现实社会生活中，不同利益集团对教育资源的控制和分配、结构位置和行动的可能性等方面是不等同的，他们之间的权力和影响是严重不对称的。有些集团处于明显的优势，他们的行动对教育制度选择、创新和安排能产生重大影响，或者说他们的政治支持对领导人的最大化行为选择具有更为重要的影响。而处于劣势的集团，他们在政治机器这个庞然大物面前显得无足轻重，无力发出自己的"声音"。即使发出自己微弱的颤音，也不会引起领导人的关注和强势集团的注意。这样的权力差序，即不同利益集团行动能力和与权力相关性位置的差异，直接影响到教育制度选择、创新和安排。也就是说，教育制度选择、创新、安排在一定程度上反映的是强势利益集团的利益与意志。奈特说："制度的发展是行为人之间的一场竞赛，他们力争创立的规则会导致产生最有利于自身的均衡结果。这个竞赛取决于参与者迫使他人以违背其意愿的方式行动的相对能力。这样，制度发展和变迁成了群体成员之间一种持续的讨价还价博弈。……那些拥有相对协议优势的行为人能够迫使他人遵守制度规则，因为顺从是其他群体成员行动的最佳回应。最后，如果强势行为人能够限制他人选择某种均衡策略，那么，弱势一方不管是否愿意都只能遵守。……社会行为人尊重制度规则不是因为他们表示同意，也不是因为达成了帕累托改进，而仅仅是因为他们没有更好的选择。"① 但不管如何，教育制度变迁都是一种集体行动，必须有组织地进行，这既可以推进教育制度变迁，更能节约交易费用。诺思说："国家作为第三种当事人，能通过建立非人格化的立法和执法机构来降低交易费用。既然法律的发展是一种公共产品，它就能随之带来具有重要意义的规模经济。既然交换的基本规则已经确立，那么，只要存在法律机

① J·奈特著，周伟林译：《制度与社会冲突》，上海人民出版社 2009 年版，第 131 页。

构，谈判和行使的费用会不断减少。"① 总之，集团领导者的精心组织、领导、策划与运筹，是教育制度变迁的基本途径。

政府尤其是中央政府所倡导或推动的教育制度变革，像一连串的波浪一样，从一个部分到另一个部分不断向外推进。一个轻微的修改也可能影响教育制度体系所有的网。这样一种修改的尝试会在行政人员、教师乃至家长方面遇到阻力，而且如果这些反作用结合在一起，它甚至会使这个教育制度体系瘫痪。但是，这些修改也可能燃起一个赞助的运动并推动一些潜在的教育制度变革过程，以致当这些过程汇合在一起而互相补充时，由此而产生的现象就可能达到这样关键的地步，即能实现某种根本性的教育制度变革，乃至使整个教育制度体系转化。各种细微的教育制度变革并不能自动地产生一连串积极的连锁反应，正像不能把若干部分的变化机械地加集在一起就能达到全面变革一样。这时，便产生了"变化的网"这样一个观念。我们就是根据这个观念了解教育制度中的各种变化的结合的。在这种结合中各种变化是互相和谐一致的，而且能够增加这些变化的影响或通过回响反应产生这种影响，因而这些变化就能产生根本性的教育制度变革。

3. 自下而上与自上而下相结合

表面上看，这两条道路的方向是完全相反的，做法和特点也大为不同。但在事实上，它们是两极相通的关系，二者相反相成、相互补充。我们不仅不能抽象地将二者对立起来，而且既看到基层和群众的首创作用，又看到正确领导的重要性。诚如《学会生存》一书所说："经验证明，内部改革之所以没有成效，或造成人才和精力的巨大浪费，这通常是因为上面的管理和下面的行动之间缺乏沟通和协调不好。这样便使得那些具有创造性的、富于想象力的改革家们孤立起来了。思想与实验的传播减慢下来了。因此，……教育当局应该设立专门机关，以推进革新。"② 同时，我们还应当注意具体问题具体分析，充分认识到在教育制度变迁过程中，有组织的领导与自上而下推进教育制度变迁道路选择的优先性，这是由教育制度变迁的问题、条件、机制、现状和目标等变量决定的。教育制度变迁历史证明，虽然自上而下的教育制度变迁没有什么效果或效果不彰，并且存在着风险。"自上而下的变革是有风险的。当政府主管人员是变革的源头时，他们有可能高估变革的收益，低估变革的成本。这是事

---

① D·C·诺思著，陈郁等译：《经济史中的结构与变迁》，上海三联书店1994年版，第39页。

② 联合国教科文组织、国际教育发展委员会编著，华东师范大学比较教育研究所译：《学会生存》，教育科学出版社1996年版，第222页。

实，不仅仅因为主管人员缺乏业务人员和低级管理人员所具有的细节和专门的知识，而且由于运用于这些主管人员身上的激励。他们经常被调到本机构外短期工作。对他们的奖励不是来自本结构而是来自外部人员（同事、媒体、国会）对他们的评价。一个'与众不同'且不'随波逐流'的'能干且有进取心的人'往往比某些小心谨慎、行动迟缓的人赢得更多的赞誉。"[1] 但是，自下而上的教育制度变迁不是效果甚微，就是虽有很好的开始，却经常无法与教育当局的组织结构相连接。因此，"尽管自上而下的变革并不有效，但是，我们仍然需要这种自上而下的强制性的力量。……你确实不能强制出责任和能力，但强制确实有用。来自上层的政治力量既可以为地方改革施加必要的压力，又可以提供各种机遇，使地方的改革努力合法化。"[2] 此外，虽然自上而下地推进教育制度变迁是必要的，但要顺利推进，也必须求得下层民众、利益集团的支持。克拉克说："上层引发的变化通常需要下层的利益集团的支持，……居高临下的当权者必须'赢得整个阵营的赞同'，而不是满足于发号施令。他们必须积聚内部力量，并争取建立同盟军，进而推行自己的主张。许多由中央宣布的改革过早夭折，其原因之一是内部组织未能有效地动员起来，因而缺乏应有的支持。在一个头轻脚重的系统里，基层组织是推行政策和改革的主要力量。"[3] 一般而言，有助于教育制度变迁成功的三个主要有关方面是：一是当地社区，尤其是家长、校长和教师；二是公共当局；三是国际社会。过去许多教育制度变迁过程中出现的排斥现象都是由其中的一方或另一方参与不足造成的，自上而下或从外部强制推行教育制度变迁的种种尝试显然已失败了。教育制度变迁在一定程度上获得成功的国家都是鼓励当地社区、家长和教师果敢地参与，而且，只有不断地对话并得到财政、技术或专业等各种形式的外援，这种参与才能持续下去。显而易见，"当地社区在任何成功改革的战略中都占有首要地位"[4]。如果教育制度变迁只为持消极态度的人们服务，如果教育制度变迁不能引起下层民众、当地社区积极地亲自参加活动，那么，这种教育制度变

---

① 詹姆斯·Q·威尔逊著，孙艳等译：《官僚机构》，生活·读书·新知三联书店 2006 年版，第 311 页。

② 迈克尔·富兰著，中央教育科学研究所，加拿大多伦多国际学院组织翻译：《变革的力量》（续集），教育科学出版社 2004 年版，第 27 页。

③ 伯顿·R·克拉克著，王承绪等译：《高等教育系统》，杭州大学出版社 1994 年版，第 262 页。

④ 联合国教科文组织教育丛书，联合国教科文组织总部中文科译：《教育——财富蕴藏其中》，教育科学出版社 2005 年版，第 14 页。

迁充其量只能取得微小的成功。因此，在教育制度变迁过程中，我们应坚持走自上而下与自下而上相结合之路。

（三）量变中的质变与渐变中的突变并存

教育制度演化是一个由量变到质变的过程，是一个新教育制度因素的逐渐增加、旧教育制度因素逐渐减少的过程。只不过，不同形态演化的这一过程长短是不一样的，有的可能是漫长的变化，有的可能是朝夕间就完成变化，甚至是瞬间变化。富尔说："在一段长时期内，教育推动着、伴随着、决定着社会与政治的发展和技术与经济的发展。……如果说教育机构纯粹是保守的，甚至是压抑人的，这个看法是不确切的。一个机构就其本性而论可能会产生一些稳定性的影响；此外，教学活动本身，如同司法活动一样，倾向于重复过去，倾向于形式化、公式化。这种双重特性在迅速变革的时期尤为显著。于是教育看来既是反对社会改革的，同时又是推动社会变化的。这种双重性的演进在整个历史上一直继续着。这种演进有时是缓慢的、觉察不到的进步；有时则是较为迅速的、较大的社会变革，它能引起人们的注意，并标志着历史上重大的转折点。"[1] 因此，教育制度演化中在量变中实现质变的规律不是从时间概念上说的，而是从性质差异上说的。

在教育制度演化中，新教育制度与旧教育制度共存是一个客观事实，教育制度演化中的质变本身也是一个量的积累过程，教育制度演化过程中的质变和量变不完全等同于突变与渐变。质变和量变是与突变和渐变不同的两对范畴。质变和量变是就系统性质而言的，它只反映变化是质的变化还是在保持原来质的前提下的数量变化，并不反映事物变化的速度和稳定性。突变与渐变则是就过程而言的，反映事物变化是快是慢、是稳定还是不稳定。这意味着，时间和稳定性是衡量渐变和突变的两个标准。但是，质变和量变与突变和渐变也是两对有密切联系的范畴。质变（或量变）实现的途径、方式要靠突变与渐变这对范畴，由于概率的机缘，质变常常是和突变联系在一起的，量变常常是和渐变联系在一起的。正因为如此，哲学教科书上通常把质变表述为"一事物转变为它事物的突变和飞跃"，把量变表述为"一种逐渐、不显著的变化"。

在现实教育生活世界中，教育制度演化中的质变更多体现为一种渐进方式。虽然教育制度已经发生了局部甚至根本性的变化，但过程却是渐进的、相

---

[1] 联合国教科文组织、国际教育发展委员会编著，华东师范大学比较教育研究所译：《学会生存》，教育科学出版社 1996 年版，第 4 页。

对稳定的,没有突变。"当代教育体系的特征是,它们正在经历一个连续不断的适应、改进、变革的过程,最后达到部分的改革。尽管这种改革并没有根本改变现有的体系和实践,但它通常是产生更深远的、具有革新性质变化的前兆。这种改革往往是和这些革新的变化同时发生的,有时代替了它们。"① 具体而言,教育制度渐进演化的特点在于以历史和现实的态度将事物的运动看作是一个前后衔接的不间断的过程,即无论哪种有关教育制度演化的决策,只能在直接碰到的、既定的、从过去承继下来的条件下进行,这些条件包括历史和现实的特点,包括决策主体的本身条件,以及整个社会、组织的政治经济状况和心理结构。因此,教育制度演化的正确主张是人们必须捍卫缓慢生长和解放潜力的理念,惟有这种理念才能够达致成功的变革。"无论意愿多么美好,都将无法通过法令,通过强制的命令,来对人们进行根本性的改造。"② 即,惟有谨慎行事实施教育制度变迁的可靠保证。日本在 20 世纪的教育制度变革之所以成功,其原因在于,"不论往哪个方向走,很清楚的一点是,对具有近一个世纪传统的、独特的制度结构进行变革时,都只是在局部的、改革力度小的、缓慢的过程中推进的。"③ 教育制度演化的正确道路是敬畏业已形成的东西,进行逐步的改革,而不是革命和颠覆。"继承观念能够产生出某种稳妥的保守原则和某种稳妥的承袭原则,而且丝毫不排斥革新原则。它让人们自由地获取新东西,也让人们守住业已取得的东西……所以虽然我们有所革新,但我们永远不会是全新的;虽然有所保守,但永远不会是全然陈旧的。"④ 任何教育制度变革都是以步伐较小、规模不大的改革为特征,教育制度变革主体每取得一块地盘,才前进一小步。克拉克说:"点滴调整是普遍而典型的变革形式。由于任务和权力的分布甚广,普遍的变化一般很难引发。一个系统越是先进,以下情形就越是真实:'凡是需要全体组织协调努力才能发生的事情都不可能发生;凡是需要全体组织协调努力才能制止的事情都不可能制止'。"⑤ 在方法上,教育制度渐进演化注重事物变化的量的积累,以量变导致质变。它强调在进行改

---

① 联合国教科文组织、国际教育发展委员会编著,华东师范大学比较教育研究所译:《学会生存》,教育科学出版社 1996 年版,第 219 页。

② M·克罗齐耶著,张月译:《法令不能改变社会》,上海人民出版社 2008 年版,第 46页。

③ 天野郁夫著,陈武元译:《高等教育的日本模式》,教育科学出版社 2006 年版,第 185页。

④ 埃德蒙·柏克著,蒋庆等译:《自由与传统》,商务印书馆 2001 年版,第 121—122 页。

⑤ 伯顿·R·克拉克著,王承绪等译:《高等教育系统》,杭州大学出版社 1994 年版,第262 页。

变时维持社会和组织的稳定，因而主张不间断的修正，而不是引起动荡的大规模改变，逐步地对教育制度加以修改并最终改变教育制度。教育制度演化是在一个由历史确定的教育制度结构中发生，并以这个现行的教育制度结构为条件。虽然教育制度结构中的基本特性，在个别教育制度安排演化累积到一个临界点时会发生变化，但教育制度演化的过程仍类似于一种进化的过程。阿什比说："大学的进化很像有机体的进化，是通过继续不断的小改革来完成的。大规模的突变往往会导致毁灭。大学的变革必须以固有的传统为基础。"① 从政治决策的角度看，教育制度演化的"渐进调适"在某种条件下不失为一种有用的思想和方式。所谓"渐进调适"，就是凭借小幅调整、逐次反应、来回试错、少量创新、碎步行走、有限的行动来推进教育制度变的演化——所有这一切都会导致渐进的演化。简言之，一步一步地推进教育制度演化，每步只求落实一个目标，这么做的好处就是可以渐进。柏克说："我们都必须遵守伟大的变化规律，它是大自然最具威力的律则，同时，也可能是保护自然的手段。我们所能做的，人类智慧所能做的，只是确保变化以不知不觉的进度前进。这样，我们能得到变化带来的一切好处，免遭突变的一切不便，一切都是水到渠成。一方面，此种方式可以避免'将既得利益一网打尽'——此种情形会在那些一切影响力和重要性一下子都被剥夺的人们中间酝酿出暗淡阴郁的不满情绪。另一方面，这种渐变可以防止那些长期郁郁不得志的人因扑面而来的大量新权力而丧失理智——对此等权力这些人总是放肆而傲慢地滥用一气。然而，尽管我确实希望变化能逐步地、谨慎地进行，但在刚开始起步时，我还是倾向于'促进'这一面，而不倾向于'限制'这一面。"② 小幅的、渐进式的教育制度演化看起来步子似乎缓慢了一点，也不如激进的教育制度演化富有魅力，"痛快"与"风光"，但却是稳步达到总体演化目标的有效步骤。尼夫斯指出："在许多问题领域，渐进方式比一揽子解决方案更有效。在需要改变公众与政府的态度，并对商业运作和政策进行大规模改革时，以某些问题的解决为开端而不是一开始就追求大范围的变革，会更符合实际，也更易于操作。"③ 小幅的、渐进式的教育制度演化虽然被激进主义者看作是犹豫不决、修修补补、羞羞答答、平庸浅薄、一管之见、没有定论、谨小慎微，以及拖延耽搁。但是，"按部就班、修修补补的渐进主义者或安于现状者或许看来不像个英雄人物，但他却是

---

① E·阿什比著，滕大春等译：《科技发达时代的大学教育》，人民教育出版社 1983 年版，第 20 页。

② 埃德蒙·柏克著，蒋庆等译：《自由与传统》，商务印书馆 2001 年版，第 144 页。

③ 薛晓源等主编：《全球化与新制度主义》，社会科学文献出版社 2004 年版，第 23 页。

个正在同他清醒地认识到对他来说是硕大无朋的宇宙进行勇敢的角逐的足智多谋的问题解决者。"① 同时，小幅的、渐进式的教育制度演化，"如果它们出了错，损害不会很大，而重新调整并不非常困难。它们风险较小，且正是由于这个原因，较少引起争议。"② 因此，对于渐进主义者而言，在一个充满不确定性的教育世界里，要进行重大的教育制度演化，通过渐进方式逐渐解决教育制度演化中的矛盾冲突，实现教育制度演化目标既是一种非常理智的或"非常理性的方式"，又是非常可行的。

渐进式教育制度演化从方法上讲常常带有保守和权宜的特点，它一般适宜于比较安稳和变动不大的环境，以及从总体上说是比较好的现行教育制度或只是对现行教育制度进行微调。但是，一旦社会条件和环境发生巨大变化，一旦涉及很大的得和失——"要么全有要么全无"，一旦表明对"以往"的教育制度需加以彻底改变时，渐进式教育制度演化所主张的修正和缓行就起不到它的作用，有时甚至会对教育制度的大演化起阻碍作用。历史表明，在社会发展的某些关头，需要在教育制度上作大幅度的调整，有时甚至是抛弃"既存"的教育制度而重新确立新的教育制度。如果我们把这种方式称作激进演化的话，那么渐进式教育制度演化具有的认识论特点也并非为它所独占。激进式教育制度演化也可以是非常注重历史和现实条件的。从政策决策的角度讲，引起震荡的教育制度演化有时正是促进教育发展的一个必要条件。当然，激进式教育制度演化的速度不能过快，不能以引起巨大的冲突、巨大的矛盾乃至教育失序为代价。里普森说："没有一个社会是完全静态的，大多数的社会通常都在持续变化，这种变化在不知不觉中被吸收掉了。但是，当变化的速度猛然加快时，调整就必须迅速和急切地进行或完成。任何变革都会带来紧张，因为它偏离既定的惯例，与现存的制度相脱节。每一种变化都会产生紧张，过快的速度会导致紧张过度，将社会拖向崩溃的边缘。"③ 可见，如果教育制度演化速度过快，教育制度演化无疑具有很强的刚性，就好似要把一座旧城一下子彻底摧毁夷为平地，在短期内再建一座新城，这极容易引发社会矛盾，导致教育秩序的混乱。在太过激进的教育制度演化过程中，在那些热情大于理性的人所谓的"彻底的清除工作"中，一般来说，"整个行动是那样地生硬，那样地粗暴，那样地考

① 查尔斯·林德布洛姆著，竺乾威等译：《决策过程》，上海译文出版社1988年版，第43页。
② 卡尔·波普尔著，陆衡等译：《开放社会及其敌人》（第1卷），中国社会科学出版社1999年版，第294页。
③ L·里普森著，刘晓等译：《政治学的重大问题》，华夏出版社2001年版，第327页。

虑不周，夹杂有那样多的鲁莽和那样多的不义，与人性和人类礼制的整体发展规律那样相背离，以至那些最热烈希望改革的人也成了第一批渐渐地对他们的所作所为产生厌恶的人。然后，为了对这种矫正活动再加矫正，某些本已退去的不满情绪又被从隐伏状态中召了出来。"① 结果是，教育混乱变得不可收拾，而其中的原因尚不在于药方的毒性太大，而在于用药不当，药性过于剧烈。因此，柏克坚决反对"打着改革（reform）旗号盲目而疯狂地从事革新（innovation）的做法。"② 其次，如果教育制度演化速度过快，"既存"教育制度的缺陷会被无限放大，"既存"教育制度的合理成分会被无限缩小。激进的教育制度变革者在看待"既存"教育制度时，只着眼于"既存"教育制度邪恶和错误的一面，并且在看待这些邪恶和错误时，极尽夸张之能事。同时，他们看不见"既存"教育制度的合理成分，在其身上出现了"砸烂一切的性格倾向"。为了彻底摧毁"既存"教育制度，"他们会失去耐心，变得像狂肆的群氓一样，他们绝不会采取纠正或协调这类方法，他们会采取最直截了当的行动：免去麻烦，推倒房屋！"③ 但是，这是一种野蛮的教育制度变革策略，是一种毁灭然后重建的策略，是一种根本不适用于人类这一极为精妙脆弱的生灵的策略，是一种代价昂贵的策略。诚如克罗齐耶所言："在我们的错综复杂的社会之中，即使是那种人们认为其是有关变革问题的最为精妙周全的主张……都依然保留着或重新转向了焦土政策。燃烧，燃烧吧，因为在灰烬之上，生命将最终按照我们的意愿而生长！但事实上，生命所指的就是我们的集体的行动方式，是我们宝贵的技能，是我们按照有组织的方式互动的能力：这种自然宝藏并不像原始森林那样，取之不尽，用之不竭。任何一种毁灭都要付出代价，偿还这种代价则需要很长时间。"④ 再次，对于教育制度变迁者而言，获得成功的惟一机会，就是超越彻底摧毁"既存"教育制度的意愿，将其教育制度变迁纳入他力图变革的教育体制之中，从根本上改变教育体制的内部游戏规则。

总之，在教育制度演化过程中，有时需要采用渐变的决策方式，有时则需要剧变的决策方式，一切应当以时机、地点和客观条件而定。渐进式教育制度演化作为一种模式不应当是唯一的、排斥其他教育制度演化模式的。

---

① 埃德蒙·柏克著，蒋庆等译：《自由与传统》，商务印书馆 2001 年版，第 140~141 页。
② 埃德蒙·柏克著，蒋庆等译：《自由与传统》，商务印书馆 2001 年版，第 133 页。
③ 埃德蒙·柏克著，蒋庆等译：《自由与传统》，商务印书馆 2001 年版，第 140 页。
④ M·克罗齐耶著，张月译：《法令不能改变社会》，上海人民出版社 2008 年版，第 46页。

（四）教育制度变迁的过程是教育制度观念与教育制度实践、理性建构与自然演进对立统一的过程

在马克思主义看来，人类社会的发展一方面是一个自然历史的过程，有其不以某一个体（个人或群体）意志为转移的内在规律性，另一方面又有其不同于自然演进过程的独特性质，因为，"在社会历史领域内进行活动的，是具有意识的、经过思虑或凭激情行动的、追求某种目的的人；任何事情的发生都不是没有自觉的意图，没有预期的目的的。"[①] 也就是说，作为主体的存在，他们具有能动性和创造性。前一方面决定了主体并不能随心所欲地活动，它只能在教育规律和教育制度制约下能动地活动，不论是集体理性还是个体理性，都必须以尊重客观的教育规律和教育制度为前提，而不能超越教育规律和教育制度思考、行动。例如，在中世纪欧洲，高等教育制度诞生了。诞生于中世纪欧洲的高等教育制度，尽管在很多方面因时代变迁而发生了改变，但从总的方面来讲，"仍然继续遵守某些显然不变的规律，……它现在仍然划分为若干独立的学院。"[②] 后一方面则决定了人的教育制度观念与教育制度理性对教育发展的重要性，它表明，随着人类教育实践的发展，教育规律与教育制度将越来越成为人们在教育实践过程必须遵循的规律，教育规律与教育制度直接存在于个体的自觉活动与相互作用过程之中。

这样，教育制度既是个体进行教育活动的前提，又是这一教育活动的结果。作为个体教育活动前提的教育制度，它的变迁不仅是一个超越于个体教育行动的社会过程，还是改变个体教育行为模式和互动方式的原因，因而，教育制度变迁是一个自然演进过程。另一方面，作为个体教育活动与互动的长期后果，教育制度变迁受到人们教育制度观念的指引，是人们推动的理性建构过程。教育制度变迁的自然演进过程就是经济社会发展所引起的教育关系的变革过程，就是我们所说的教育体制的变革与创新过程。在此，对教育制度变迁起根本作用的是教育发展的基本矛盾，是经济社会的发展。在我国的语境中，这一过程被描述为教育制度变迁的理性建构过程，一个有领导、有秩序、长期的教育制度变迁过程。

[①] 《马克思恩格斯选集》（第4卷），人民出版社1995年版，第247页。

[②] 联合国教科文组织、国际教育发展委员会编著，华东师范大学比较教育研究所译：《学会生存》，教育科学出版社1996年版，第31页。

□ 第五章
教育制度与人的发展

    人总是在一定的社会制度、教育制度中生活和发展的，是"一种制度里的公民"。人的发展离不开教育制度，人的全面而自由发展需要从教育制度的视角加以探讨。事实上，随着新制度经济学在 20 世纪后期的兴起，以及其理论观点和研究方法向其他学科如政治学、社会学、教育学、法学的渗透，关于教育制度对教育发展、人的全面发展重要性的认识获得人们普遍的认同。这一发展甚至被一些人比作哥白尼式的革命。虽然人们所关注的往往是教育制度对于教育秩序和教育发展所具有的功能问题，然而其背后隐藏的却是教育制度对人的存在和发展的意义这一实质性问题。

    教育制度引导着个体的教育行为方式，规范着教育结构、教育组织的教育秩序，决定着教育事业的基本走向。甚至可以说，每一个接受过教育的人，都是由教育制度塑造的，尽管每一个人都有着自己的个性，但每一个人的知识结构与价值取向，都是"以往"或"当下"教育制度的代言人。诚如杜威所言："凡为社会制度所影响的一切人们都必须共同参与进创造和管理这些制度之中。每一个人都生活在制度之下，他的行动和享受以及所变成的结果都是受这些制度所影响的。"[①]

第一节　教育制度对现实生命的张扬与约束

    在马克思看来，生命有两种互联关系的存在形式或主要内容：一是个体自

---

① 约翰·杜威著，傅统先等译：《人的问题》，上海人民出版社 2006 年版，第 45 页。

然生命，二是社会人的生产劳动实践。对人与社会的发展来说，生产劳动实践是人的根本生命活动，所谓生命，其主要内容是人的生产劳动实践。人在生产中不仅生产了人自身，也生产了社会关系、社会意识等等。马克思指出："生产生活就是类生活。这是产生生命的生活。一个种的整体特性、种的类特性就在于生命活动的性质，而自由的有意识的活动恰恰就是人的类特性。"① 这里所谓的"自由的有意识的"，并不仅仅指意识到个体的独立性、独特主体地位，更指人们意识到主体性是一个有边界的主体性，非绝对独立的主体性，离开了对象性社会关系，便无法得到实现的主体性。

"非对象性的存在物是非存在物"②，生命（个体、社会）的对象性本质，决定了生命与教育、与教育制度的必然关联。教育是伴随着生命一起诞生的，诚如爱尔乌德所言："自最初起，一切文化之继续，即有赖于少年人之教育。文化的过程，主要就是教育的过程。最简单的物质工具之制造，通常都必须要从别人那里，才能学到制造的过程。所以文化的全体从太古时起，就是用教育的过程来保留的。"③ 社会生活对人来说总是先在的，每一个人一降生到这个世界上，就会受到社会生活的影响，这是人之为人的最基本的教育。《学会生存》一书说："在雅典，教育不是一种独自分隔的活动，不是在一定的时间内，在一定的地点，在人生的某一个时期进行的。教育是整个社会的目的。这个城邦就教育着人。雅典人是通过文化、通过教仆对儿童的教育，而受到教育的。"④ 实际上，儿童乃至成年，都是在他们的环境、家庭和社会中，直接地、现成地吸取经验，从而获得他们大部分的教育的。通过这些途径获得的知识是比较重要的，因为这种知识乃是一个人能否接受学校教育的先决条件，而学校教育又反过来为学习者提供一个框架，使他能把经验中得来的知识系统化和概念化。当然，学校，即向年轻一代有条不紊地施行教育所设计的机关，在培养对社会发展有贡献并在生活中起着积极主动作用的人方面以及在训练人们适当地准备从事工作等方面，"现在是，将来仍然是具有决定性的因素"。⑤ 简言之，在与生命的关系中，教育制度也就是生命的持存本身，生命的持存必然有教育制度

---

① 《1844 年经济学哲学手稿》，人民出版社 2008 年版，第 57 页。
② 《1844 年经济学哲学手稿》，人民出版社 2008 年版，第 106 页。
③ A. 爱尔乌德著，钟兆麟译：《文化进化论》，上海文化出版社 1989 年版，第 137 页。
④ 联合国教科文组织、国际教育发展委员会编著，华东师范大学比较教育研究所译：《学会生存》，教育科学出版社 1996 年版，第 201 页。
⑤ 联合国教科文组织、国际教育发展委员会编著，华东师范大学比较教育研究所译：《学会生存》，教育科学出版社 1996 年版，第 15 页。

相伴；同样，离开了生命，教育制度也就没有了载体，教育制度是生命的现实条件与感性实现，在生命过程中，教育制度无所不在。

我们视教育制度与生命同一，不是指教育制度没有其局限与制约，而是指教育制度与生命的关联在现实中首先是一个事实。不管主体对此事实状态的价值评判如何，生命与教育制度从未分离。教育制度的终止与生命的终止是共时的。即使是历史长河中稍许短暂的现世对象性存在，在其现世存在的过程中总也有教育制度相伴。在这个意义上，不少具体的教育制度规范之间或许没有直接的关联，但在深层结构上，曾经的教育制度规范、与一种评价主体价值观截然不同的教育制度规范、甚至已经消失的教育制度规范毕竟又都是教育制度规范。不同样态与内容的具体教育制度规范总有共性可循。

教育制度作为生命的条件，其意义不仅在于教育制度为生命的张扬、拓展、选择提供了现实条件，也在于教育制度制约着生命，使生命永不可能完全随心所欲，教育制度往往使理想的生命状态不具现实可能。在激励的意义上，教育制度是生命实现其潜能、发挥其能力的现实关系条件；没有教育制度，生命活动便不可能进行。在制约的意义上，教育制度是压制生命的无形而有力的力量，教育制度不会为任何特殊的个体提供完全属于其个人的自由。教育制度如空气，无所不在，又似乎无影无踪。教育制度如重力，给人行动的可能，又限制着行动的范围。

在制约的意义上，教育制度往往成为异化的制度。所谓教育制度的异化，也就是教育制度在与人的关系中成为超越于人的主体性之上的无形力量，成为约束人自由活动的枷锁。应该承认，异化性是教育制度的必然属性之一，但当这种异化性过于宏大，走向极端时，一种制度便成为异化性的教育制度。异化的教育制度往往与所谓文化传统、教育制度传统相共生，异化的教育制度往往通过一种神秘的观念、无形的权威维持其存在。异化教育制度的深层依据在于人自身对整体、对全面关系、对对象性关系变迁规律的不完全确知，源于人的能力或人性的某种必然现实缺陷。逐渐减少教育制度的异化性，增加教育制度的澄明性，增加人选择教育制度的空间与可能，是人类在教育发展过程中所始终追寻的一个目标。

具体而言，教育制度既是张扬现实生命的条件，也是约束现实生命的前提。换句话说，教育制度对现实生命的张扬与制约，是通过教育制度的激励机制和约束机制实现的。

一、教育制度对现实生命的张扬

从事或参与教育活动的人总是希望"收益"最大化，因而总是不断寻觅能够达到最大化的教育决策、教育信息和教育途径。然而，在现实教育生活中，最大化的努力和结果之间、人们的希望和现实之间总是存在着差距。这一教育现象的产生，如果抽象掉其他因素不论，则主要是教育制度方面的原因，即教育制度是否对人的教育行为给予激励以及激励程度的大小。

教育制度是一种激励机制，它构成了人们在教育、教学方面发生"交换"的激励结构。通过提倡什么反对什么、鼓励什么压抑什么，实际地引导人们的教育行动方向，改变人们的"相对收益"及其"偏好顺序"，影响人们的教育行为选择，激发或者制约人们能力的发挥。"制度确定了人们的选择集合"，也"限制了人们的选择集合"。[①] 任何教育制度都有激励功能，但不同教育制度产生的激励效应不一样，因此才有不同国家或同一国家不同时期中，人们的教育价值观念、工作学习态度、工作学习积极性和创造性的不同，才形成主体能动性或人的本质力量大小发挥的差异。没有激励作用的教育制度是不存在的，但对社会、个人来说，激励程度的大小差异，足以决定教育发展、个人发展的速度。科班曾对中世纪欧洲创办的博洛尼亚大学和萨莱诺大学进行了系统的研究，在研究过程中他发现同处意大利且发展前景大致相似的博洛尼亚大学幸存了下来，而萨莱诺大学却消失了。萨莱诺大学消失的原因究竟是什么呢？他的回答是："萨莱诺的主要弱点在于它没有发展一个保护性的和有凝聚力的组织以维持它的智力活动的发展。"考朋在其系统的研究中，得出了如下总结性的结论："中世纪大学的历史加强了这样的观点，如果要使智力活动的契机不被取消，那么在取得学术成就之后，必须迅速作出制度上的反应。缺乏固定的组织，在开始时也许为自由探究提供机会，但是经久不息和有控制的发展只有通过制度上的构架才能得到。"[②] 个人正是在教育制度限定范围内，参照教育制度提供的相关信息，作出从事何种教育活动的选择的。如果特定的教育制度安排鼓励人们从事发明创造和智力性活动，教育就会持续增长，如果这种教育制度为人们提供的是不良刺激，那么非教育性活动就会盛行不衰，教育也会走向停

---

① D. C. 诺思著，刘守英译：《制度、制度变迁与经济绩效》，上海三联书店 1994 年版，第 5 页。

② 伯顿·R. 克拉克著，王承绪等译：《高等教育系统》（导言），杭州大学出版社 1994 年版，第 4 页。

滞和衰落。据此，个人不仅可以预知教育行为的后果，而且可以计算采取何种方式实现自己的目标最为合算。也正是基于中世纪大学制度激励滞后导致教育发展停滞、教育机构消亡的经验教训，克拉克一生才专注于教育制度的研究，"我将大力推动研究高等教育内在本质的观点，集中研究制度上的构架，就是支持、维系，实际上有助于创造'智力活动契机'的正规组织"。① 总之，教育制度的有效性决定着个人选择的有效性，从而决定着教育发展，也决定着人的发展。

一个社会如果没有实现教育发展，那是因为没有为教育方面的智力性活动、创新性活动提供激励，也就是说，没有从教育制度方面保证智力性活动、创新性活动的行为主体应该得到的最低限度的报偿或好处。现代社会之所以形成了以往任何时代都不曾有过的智力性活动、创新性活动，之所以出现了以往任何时代都不曾有过进行教育创新的热情和动力，其原因就在于教育制度释放和调动了人们追逐稀缺教育资源的欲望、追求新知识的潜能，建立了制度化的教育组织。因此，一个有效率的教育制度的根本特征在于它能够提供一组有关教育权利、教育责任和教育义务的规则，能为一切智力性活动、创造性活动提供最广大的空间，每个人都不是去想方设法通过"占别人的便宜"或采取不正当手段来增进自己的教育利益，而是想方设法通过刻苦努力、不断探索，并由此实现自己的教育利益最大化。

限于篇幅，本书仅就作为教育制度重要组成部分之一的考试制度的激励机制作一思考，而思考考试制度的激励机制其实就是分析考试制度的"产儿"——考试分数的激励机制。

在现当代教育学视域中，考试制度的"产儿"考试分数成为获取非基本教育权利以及稀缺教育资源的分配机制，成为驱动教育发展、个人发展的动力，成为提高教育质量、教育效益的引擎，成为牵引教育发展变化的"有形之手"。同时，考试分数还破坏了传统社会教育等级制度的结构与价值，它是教育变迁中的不会停止的引擎，它助燃欲望，扩展期望，消除怠惰，它既给教育带来稳定和安宁，也给社会带来秩序和道德，更给受教育者带来希望、憧憬、理想、苦难和失望。"考试分数"已成为现代教育的"图腾"，多少人为"考试分数"贡献了自己的热血和青春，多少人因"考试分数"受尽了磨难和打骂，多少人被"考试分数"束缚了智慧的风采，多少人在"考试分数"中编织自己生活的

---

① 伯顿·R. 克拉克著，王承绪等译：《高等教育系统》（导言），杭州大学出版社 1994 年版，第 4 页。

经纬……从教育制度的视野阅读考试分数,我们发现了考试分数与人的价值、自由发展、交往的关联,解读出考试分数随着人对人自身本质的追问与把握一起生成并演绎,体味到考试分数是历史对人性张扬的一种必然的选择。

(一)考试分数是历史对人性张扬的一种必然选择

考试分数势如破竹地冲击着一切特殊主义的标准,为人类社会相互交换其智力、知识、信息找到了一个公共的标尺,为人的自由发展提供了公平竞争的舞台。不同利益、不同价值主体之所以能进行教育合作、教育交换,就在于他们之间有着共通性,这种共通性构成他们教育合作、教育交换的中介和通道。这种共通性就是对物的依赖性。所谓现代社会,其实就是一个由以物为中介的自由主体所组成的社会。货币就是现代社会一种交换媒介的原型,布希丁把货币定义为:"那些习惯上被用来交换各种各样其他财富的财富,它们被人们要求,主要是因为一种对于它们具有可以这样被交换的持久能力的信念。"[1] 藤尼斯认为:"面对金钱,任何人都是自由的和不受约束的"[2],哈耶克则说:"钱是人们所发明的最伟大的自由工具之一"。[3] 只不过,货币的直接功能基本上局限于经济领域。而社会生活及发生于其中的交换要比"经济领域"广阔得多,在教育生活领域,"考试分数"犹如经济领域中的货币,构成了教育生活中的普遍主义的标准与尺度。福科曾说:"学校变成一种不断考试的机构。考试自始至终伴随着教学活动。它越来越不是学生之间的较量,而是每个人与全体的比较。这就有可能进行度量和判断。"[4] 或如吴康宁所说:"学校是以成就为中心,而且是不得不以成就为中心的社会组织。之所以这样说,是因为学校既是对学生进行个体社会化的教育机构,也是对未来社会成员进行各种甄别的选拔机构。既要甄别,就得有一定的依据,这种依据不是学生的性别、年龄及家庭背景等先天特质,而是学生的学习成绩、能力水平等后天所达到的成就。学生的先天特质只是学校在对学生施加影响时或许会注意到的因素,而不是学校在对

① P. 布劳著,孙非等译:《社会生活中的交换与权力》,华夏出版社1988年版,第309页。

② F. 藤尼斯著,林荣远译:《共同体与社会》,商务印书馆1999年版,第106页。

③ F. A. 冯·哈耶克著,王明毅等译:《通向奴役之路》,中国社会科学出版社1997年版,第88页。

④ 米歇尔·福科著,刘北成等译:《规训与惩罚》,生活·读书·新知三联书店1999年版,第210页。

学生进行评价或赋予地位时所依据的框架。"① 学校被称作"筛选装置",作为一种制度的学校具有以年级和阶段为基本单位的等级结构,学校根据智力(学力)评价学生,以便确定其升入高一年级,或升入上一级学校。学校虽然不是选拔和分配教育资源的唯一机构,但是,学校在选拔和分配教育资源的全部过程中占有中心位置。诚如天野郁夫所说:"学校教育越发展,考试发挥的选拔功能也就越得到强化。"②

考试分数的出现本身就标志着人类迈出了严格封闭的特殊主义的小圈子,打碎了"身份社会"套在人类身上的枷锁,考试分数构成了人类教育生活世界中的普遍主义尺度和"契约"。"为了评定学习的结果,人们已经开始普遍采用普通考试、竞争性的测验和统一的评分方法。"③ 经验事实不断告诉我们:当一个以"身份"、"家庭出身"为标准的"分配"或"配置"教育机会的机制被一个以考试分数为标准的"竞取"教育机会的机制所取代时,情况发生了逆转。

首先,考试分数作为设定人们能否竞取非基本教育权利之教育机会,其实是当事人自己为自己设定能否竞取非基本教育权利之教育机会。它否决了仅仅依靠"身份"而不做任何努力就能享有非基本教育权利之机会的特权,它主要依靠的是每个当事人自身的努力,通过自由竞争,自己设定能否竞取非基本教育权利之机会,考试分数因而成为创设人们是否享有非基本教育权利之机会的种种手段中最合理的手段,它能激发和维持人们学习的主动性、积极性和创造性。罗尔斯说:"贵族制等阶级社会不正义,是因为它们是出身这类偶然因素成为判断是否属于多少是封闭的和有特权的社会阶层的标准。这类社会的基本结构体现了自然中发现的各种任性因素。但是人们没有任何必要听命于偶然因素的任意支配。"④ 在罗尔斯看来,这些体制是不公平的,因为他们根据出生的偶然性来分配教育权利、教育资源以及教育权力。如果你生于贵族家庭,那么你就拥有各种从那些生而为奴的人们那里剥夺而来的教育权利与教育权力。可是,你所出生的环境并不是你的行为结果。因此,基于这些任意性的因素而设定你的教育生活前景,是不公平的。正如帕斯卡尔所说:"贵族身份是一种极大的便宜,它使一个人在十八岁上就出人头地、为人所知并且受人尊敬,就像

---

① 吴康宁著:《教育社会学》,人民教育出版社 1998 年版,第 266～267 页。

② 张人杰主编:《国外教育社会学基本文选》,华东师范大学出版社 2009 年版,第 136 页。

③ 联合国教科文组织、国际教育发展委员会编著,华东师范大学比较教育研究所译:《学会生存》,教育科学出版社 1996 年版,第 99 页。

④ 约翰·罗尔斯著,何怀宏等译,《正义论》,中国社会科学出版社 1988 年版,第 102 页。

别人要到五十岁上才配得上那样。这就不费力气地赚了三十年。"① 而考试分数纠正了这些任意性，至少是在某种程度上。换句话说，相对于封建制和种姓等级制社会而言，它代表了一种进步，因为它反对一成不变的出生等级制度，它允许每个人都合法地奋斗与竞争。

其次，考试分数在某种程度上理顺了教育交往的机制：优胜劣汰、适者生存取代了身份、特权和先天注定。考试场域的主导逻辑是能力原则，其后遵循贤能主义（meritocracy）的技术路线，即"成就"取决于考生的"智力"与"努力"。对于考生个体而言，通过考试分数，社会检验着他们的"文化资本"，并依据其"文化资本"的数量与质量，配给相应的教育机会。凡是考试分数没有"达标"的学生，则不能获得进一步享有非基本教育权利之教育机会。诚如布鲁贝克所说："学生有权上公立大学，并不意味着这种权利是人人都有的。一个人必须达到入学考试标准才能享受这种权利。"② 事实上，在现代社会中，"成绩优劣"已成为是否享有非基本教育权利之机会的标准。《学会生存》一书说曾指出："现在又重新确认了一种意识形态，这种意识形态是以成绩优劣为根据的。从历史上讲，这种意识形态是民主的，因为这是以成绩优劣取得权利去代替过去那种以出身与幸运取得权利。"以"成绩优劣"为根据"享有"教育机会，在一定程度上堵塞了"裙带关系或任人唯亲"。③ 考试分数的实质就是承认、鼓励和保护每一个人为充分发挥自己的聪明才智而去竞取非基本教育权利之机会。因此，考试分数是人们心灵的通约，是教育交往的纽带。

再次，通过考试分数竞取非基本教育权利之机会是对身份的根本否定，国家或政府不是根据人的身份而是根据考试分数来"分配"教育机会，实现了"分数面前人人平等"的教育理想。"考试分数"从最终的意义上讲，恰是个人自治，即自己主宰自己，非基本教育权利之机会自己竞取，自己筹划自己的未来，自己通过努力改变自己的命运，考试分数由此弘扬着人的主体品格、权利意识、自治精神。换句话说，考试分数这一普遍主义标准为人类相互交换其智力、知识、信息找到了一个公共的标尺，它势如破竹地冲击着一切特殊主义的标准，推倒了一切外在地、僵死地限制人们教育活动范围的"城墙"，打破了一切身份等级和地域限制的束缚，为个人智慧、才能、力量充分自由的发挥创

① 帕斯卡尔著，何兆武译：《思想录》，商务印书馆 1997 年版，第 148 页。
② 约翰·S·布鲁贝克著，王承绪等译：《高等教育哲学》，浙江教育出版社 2001 年版，第 69 页。
③ 联合国教科文组织、国际教育发展委员会编著，华东师范大学比较教育研究所译：《学会生存》，教育科学出版社 1996 年版，第 105～106 页。

造了前所未有的自由发展空间。用亚当·斯密的话来说就是，"一切特惠或限制的制度，一经完全废除，最明白最单纯的自由制度就会树立起来。每一个人，在他不违反正义的法律时，都应听其完全自由，让他们用自己的方法，追求自己的利益"。①

第四，考试分数乃"天生的平等派"，在竞取非基本教育权利之教育机会问题上，它否决了身份标准，而以"考试分数"取代之。它认同人人自由发展，人人通过努力去设定自己的教育权利，去谋求自己的发展，去主宰自己的命运和前途。人人自由竞争，"王侯将相宁有种乎"，个人享有非基本教育权利之机会完全是由个人后天的能力和努力决定的。霍尔巴赫指出："那些除了祖先以外没有什么可以夸耀的人实在没有任何权利获得奖赏，因为祖先的才能并不会跟名字一道传给子孙。在下层人士中间，在那些社会地位最不起眼的人们中间，常常遇到这样的人：'他们的祖先虽然不是什么人物，但他们自己却有充分高尚的品质'。"②一个人是否享有非基本教育权利之机会是由个人能力高低、努力程度、环境、机遇等众多未知的因素决定的，充满了不确定性、或然性，它不是由任何人、任何机关"指定"和"分配"的。因此，个人是否享有非基本教育权利之机会是在一种复杂的竞争环境中偶然造成的，此时享有非基本教育权利之机会并不能确保彼时亦享有，反之亦然。享有非基本教育权利之机会是变动的，是向所有人开放的，并不能为少数人所独占。这种享有非基本教育权利之机会的变动不居给所有人以压力和动力，享有非基本教育权利之机会的人生怕已有的机会丧失而不得不加倍努力，未能享有非基本教育权利之机会的人为了改变自己"教育机会缺损"的处境而奋发努力向上，社会赋予了他们通过"考试分数"改变自己"教育机会缺损"处境的机会，因而他们有不断努力、奋发上进的动力。

第五，考试分数建立了这样一种"教育生态"——考试分数成为"购买"非基本教育权利之机会的唯一"货币"。韦伯曾说："如果说我们在一切领域里都听到疾声呼吁要求实行有规则的教育进程和专业考试，那么不言而喻，其原因并非是一种骤然觉醒的'教育欲望'，而是争取限制提供职位和垄断职位的愿望，以利于教育专利的持有者。今天对于这种垄断化来说，'考试'是普遍的手段，因此考试不可阻挡地传播着。"③ 这样的一种教育生态，一方面破坏了

---

① 亚当·斯密著，郭大力等译：《国民财富的性质和原因的研究》（下卷），商务印书馆1988年版，第252页。

② 霍尔巴赫著，陈太先等译：《自然政治论》，商务印书馆2002年版，第166页。

③ M. 韦伯著，林荣远译，《经济与社会》（下卷），商务印书馆1998年版，第321页。

凝固的等级结构，另一方面又借助"朝为田舍郎，暮登天子堂"，或"书中自有黄金屋，书中自有颜如玉"的诱人前景不断强化了人类教育需求相对于其他需求的价值优先性，不断强化着谁都可以依靠自己的能力竞取非基本教育权利之机会，无疑使有雄心壮志的人尤其是处于社会底层的人都以为自己有无限光明的前程。特纳说："在竞争性流动制中，……每个人都受到鼓励去竞争英才地位，结果在为这种可能性作准备的过程中培养了对这个制度的忠诚与传统态度。……通过想象自己辉煌的未来，渴望成为英才的人对英才形成牢固的认同，而且英才仅是一些与自己一样的普通人的某些证据不但有助于强化这一认同，还会使他们始终不渝地相信他本人也许有朝一日会以同样的方式取胜。"① 这样，它既为"屹立在教育领域的个人成就上的一个新阶级"开辟广阔天地，又反过来把"具有坚强的意志和高超的智力的人"（亚当·斯密语）吸引到了教育领域之中。正是由于存在着这样一种"教育生态"，带给了人们无限的希望和"利益诱惑"，这种"利益诱惑"甚至令人流连忘返，"痛并快乐着"。李书磊说："这几年关于教育的讨论我们只听见城市里中产阶层（主要是知识分子）的声音，很少听一听县中校长、乡村学生家长的意见。城市知识人总在抱怨中小学生负担太重，教学太单调，高考题式太死板，这在知识人与城市的语境中是绝对有道理的；但在乡村语境中还同时存在着另外的道理。很少有乡村地方的学生与家长抱怨学习负担重，须知乡村学生要考到与城市学生相同的分数是要付出更大的辛劳的。当丰宁县的家长、学生与一中签约接受学校严苛的管理与纪律时，他们是欣然接受的，因为在此地只有这种管理才能使学生有望升学，所谓的'全面发展'对他们来说乃是不折不扣的奢侈。即如城市知识人反复批评的高考题式死板的问题，如果从城市的角度看批评得确实太对了，因为这种死板的考题不能发挥城市学生视野开阔、见多识广、阅读广泛的优势……高考命题打破陈套、给考生自由想象的空间当然是一件值得赞赏的好事，但与此同时却剥夺了农村考生的许多正当利益。"② 李书磊的上述分析，准确地表达了人们对这种"教育生态"的某种依恋。

简言之，考试分数这一普遍主义标准无疑是教育发展和进步、人的全面而自由发展的伟大杠杆。

---

① 张人杰主编：《国外教育社会学基本文选》，华东师范大学出版社 2009 年版，第 80 页。
② 李书磊著：《村落中的"国家"》，浙江人民出版社 1999 年版，第 148~149 页。

（二）考试分数重构了人的生存信念

考试分数在 18 世纪出现之后，受理性主义教育模式支配的现代人在自己的生存活动、教育活动中所体现出来的平等、开拓、个性、竞争等，同"身份社会"中人的生存状态、人生信念完全不同。霍斯金曾说："算术式的分数权力……尤其重要。这种分数评核和早期（耶稣会惯用）的级数评核，方法上有颇大不同。级数评核也将人互相比较，但目的是为了鼓吹比试，以求各人超越自己的同侪。不过分数却不但用来互相比试，而且鼓吹竞争，为的是竞夺那些能显示自我有用之处的流通价值。分数给表现树立客观价值，用数量来设定十分是完美、零分是一败涂地的标准。"[1] 可见，考试分数的出现，无疑在人的生存方式、人生信念上引起了巨大的转变。

1. 平等观念

在考试分数的驱动下，不断高涨的世俗情趣、功利追求和个性精神，逐渐把价值评判的天秤从先赋转向后致，通过主观努力竞取或享有非基本教育权利之教育机会被一步步提升为普遍的和最高的衡量标尺。康马杰曾说："依靠祖辈的人算不了什么，自己'干出来的'才是英雄好汉。"[2] 如果用公式来表达，根据"（　　　）"获得高一级非基本教育权利之机会的话，"（　　　）"应是"考试分数"而不是"门第"或"出身"。《世界人权宣言》指出："高等教育应根据成绩而对一切人平等开放"。《学会生存》一书也说："一个人应该接受哪一类教育，应该从事哪一种专业；这只应取决于这个人的知识、能力与才干。"[3] 也就是说，只有达到了相应的"分数线"，人们才可获得接受非基本教育权利之机会，才可获取进一步发展自己之机会。诚如科恩所说："人由于自己本身的努力而成为某种人"，不仅在观念上被人们广泛认可，而且在实践上为人们极力奉行。[4] 现代教育手执"考试分数"的强心针，悄悄地在贵族的高傲血统中注入了平凡的世俗血液，并告诉他们："优胜劣汰，适者生存"。帕累托说："贵族不会永存。无论出于什么原因，一段时间后，他们就消失了，这是毋庸争辩的事实。历史是贵族的墓地……英国贵族的家谱极为完整地保存

---

① 华勒斯坦等著，刘健芝等编译：《学科·知识·权力》，生活·读书·新知三联书店 1999 年版，第 47 页。

② H. S. 康马杰著，杨静予等译：《美国精神》，光明日报出版社 1988 年版，第 16 页。

③ 联合国教科文组织、国际教育发展委员会编著，华东师范大学比较教育研究所译：《学会生存》，教育科学出版社 1996 年版，第 245 页。

④ 伊·谢·科恩著，佟景韩等译：《自我论》，生活·读书·新知三联书店 1986 年版，第 158 页。

着，它们表明，只有很少的几个家族可以仍然宣称自己是征服者威廉的战友的后人，其余的家族都已消亡了……（贵族）不仅在人数上已经衰减，而且在丧失了活力这一层意义上，他们的品质也已蜕化……由于低门第家族的崛起，统治阶级在人数上和品质上得到了恢复，并给他们带来继续掌权所必需的活力。他们还通过消除自己队伍中的腐化堕落分子来恢复生机。这样，英国贵族在 19 世纪的后半期设法延长了其统治的期限，直到 20 世纪初，它的统治才日趋式微。"① 教育生活中"优胜劣汰，适者生存"的准则一再告诉人们：在分配享有非基本教育权利之机会方面，应遵循"考试分数原则"而非"特权等级原则"。其结果就是世风的彻底翻转，人们不仅废弃了古代的"特权等级"传统，抛弃了依据"身份"以及"阶级权力"享有非基本教育权利之机会的准则，而且按照"考试分数"改造和同化着整个教育生活世界，提升和营造着教育的品质，使教育生活世界成为一个平等交往的世界。富尔说："过去人们把一切事物都视为万能的主宰按照事物的自然秩序所作的安排，因而甘愿忍受一切痛苦。现在不然，但就经济、福利与生活水平而言，人们已不再甘心于把人分成不同的阶级而使自己居于不平等的地位。"② 以"考试分数"作为规范人际教育交往模式便日益取代了以"身份"谋取教育机会的古典"等级大序"，"考试分数"成为一种主导日常教育交往的普遍准则。平等观念的确立表明，人的价值得到了高扬，个体对自我的信心得以建立，人不会因为贫穷、地位低下而丧失为人的尊严。《学会生存》一书说："在发展中国家，大学学位和文凭往往取代了古代封建社会通常承认的头衔和特权，尽管朝代改变了，它们的许多社会结构还依然存在。"③ 平等观念激励着人们不断进取，努力发展和完善自己："有一种刚毅的和正当的对平等的激情，激发起所有人去渴求变得强大和受人尊敬。这一激情趋向于将小人物提升到伟大人物的行列中去。"④ 其次，平等观念还激发了人们对伟大的追求，保存了人们通过奋斗改变自己命运的梦想。中国古代的科举取士制度从某种意义上讲，既是实现社会公平的手段，也培养了人的平等观

---

① 张人杰主编：《国外教育社会学基本文选》，华东师范大学出版社 2009 年版，第 108～109 页。
② 联合国教科文组织、国际教育发展委员会编著，华东师范大学比较教育研究所译：《学会生存》，教育科学出版社 1996 年版，第 6 页。
③ 联合国教科文组织、国际教育发展委员会编著，华东师范大学比较教育研究所译：《学会生存》，教育科学出版社 1996 年版，第 56 页。
④ 《思想与社会》编委会：《托克维尔：民主的政治科学》（第六辑），上海三联书店 2006 年版，第 38 页。

念。罗兹曼说:"通过科举制度来选拔官府人才,是建立在非人格化的公平基础之上的,名额按地区分配,应考者的身份严格向主考官保密。……所以,这是一个具有许多'现代化'特征的体制。"① 在何怀宏看来,由于存在这样一种取士制度,"一种制度性的上升流动不仅已成为持久的结构性流动,而且这种结构性流动已使社会形成一种流动性结构,即流动已进入了社会的基本结构,成为其持久不变的成分"。② 正是在这样一种取士制度中,个人的梦想得以保存,社会适应得以延传。再次,平等观念的萌生还使人们确立了人的无限可完善性的信念。可完善性为人性所固有并区别于动物的特征,是一切时代都具有的,但无限可完善性则是近现代社会的产物。在等级社会中,每个人都有固定的身份,他们认为与生俱来的身份等级的限定是正当的,不会劳神费心地努力改变自己的命运,即使他们希图通过教育改善自己的状况,愿望也有限而有节制。在近现代社会中,身份、地位对获取非基本教育权利之机会的束缚完全被打破,这时人们视为正当的则是分数面前人人平等,并且命运没有限量,全在自己的努力。结果,人之完善的可能性被标立为人的价值的正当要求,并且被推向极端,产生了人的无限可完善性的观念。

简言之,平等观念的确立,使教育服从于普遍主义的基本原则——考试分数,平等成为教育的本质性原则和机理,致使教育生活发生了质变。依据"考试分数"享有非基本教育权利之机会的诉求逐渐成为一种价值应当,这无疑是尊重所有个体生命及其人格尊严的普世价值。在教育运行过程中,"分数面前人人平等"的基本功能,就在于确立了一套适用于一切受教育者的"教育机会平等"规则,以保证他们获取非基本教育权利之机会有一个不偏不倚的标准。

2. 开拓性格

传统的教育等级制度给每个人所扮演的社会角色预先设定了行为脚本,并极力压缩个人自由发挥的空间,加上宗教信仰和禁欲伦理的强制性约束,遂使社会成员养成了一种安分守己、谦卑顺从的惰性品格。正如舍勒所言:"上帝或天命给予的'位置'使每个人都觉得自己的位置是'安置好的',他必须在给自己安定的位置上履行自己的特别义务,这类观念处处支配着所有的生活关系。他的自我价值感和他的要求都只是在这一位置的价值的内部打转。"③ 但

---

① G. 罗兹曼主编,国家社会科学基金"比较现代化"课题组译:《中国的现代化》,江苏人民出版社 2003 年版,第 171 页。
② 何怀宏著:《选举社会及其终结》,生活·读书·新知三联书店 1998 年版,第 24 页。
③ M. 舍勒著,罗悌伦等译:《价值的颠覆》,生活·读书·新知三联书店 1997 年版,第 21 页。

是，在考试分数的强烈冲击下，安分守己、谦卑顺从的惰性品格被慢慢地，然而也是彻底地被改塑了。平等意识打破了固定不可移的尊卑分界，使一种竞争性生存比较在全社会被普遍激活，世俗化潮流在可以无限升值的考试分数形式上为人们的奋斗欲开辟出宽阔通道。其最佳表述如安德鲁·卡耐基所说："在你的梦中做一个国王吧！对你自己说：'我的位置在最高处'。"① 或如一句广告语"山高人为峰"。以考试分数来竞取非基本教育权利之教育机会，无疑把学子们"野心奢望的一切目标甚至更高的目标都开放给普遍竞争，因而向上爬的欲望就不再只是一个特定阶级的性格，而成为一切阶级的性格"。② 考试分数进入每个人的欲望之海，"高考分"也因此成为人生的追求。尽管学子们在教育生活中有各种各样的激情，但是这些激情的大多数或者归结于或源自于对考试分数的热爱。一些人甚至认为，谁获取了高考分，谁就可以在这个教育生活世界里为所欲为。追求高考分作为基本的学习行为动机，释放出越来越大的能量，并为个人的奋斗打开了一条通道。布鲁贝克说："众所周知，学生的主要学习动机之一是学业评分制度。从最理想的角度说，分数不应被仅仅看做是动力，而应被看做是衡量学生知识掌握程度的真正尺度。根据这种观点，分数并没有因为把学生变成一个个字母而使他们失去人情，其道理与棒球比赛把球员变成一个个数字一样。"③ 更为重要的是，高涨的个性精神不仅使积极追求自我价值变得正当，而且成为标志人格成就的崇高荣誉。"分数也可以为自我树立以数目来衡量的价值。发明分数之后出现了IQ智能测验，并不是偶然的事。智能测验其实也是一种考试评核的分数，从原来测量实际的表现，转化为测量那些被设定为潜藏于表现背后的内在质素。就这样，这些新型的学习者变成（懂得）自我规训、自我实现（的重要），是一群惧怕失败、永远追求奖赏的求真者。"④ 尤其是在今日之社会，社会各阶级之间的分界线已经变得越来越模糊，越来越不确定，在这种情况下，"高考分"学生所树立的荣誉准则很少阻力地扩大了它的强制性的影响作用，通过社会结构甚至通过权力结构一直贯串到最下层。其结果是：每个阶层的学生都把"高考分"学生的学习精神、学习

---

① R. K. 默顿著，唐少杰等译：《社会理论和社会结构》，译林出版社 2006 年版，第 270 页。

② 约翰·密尔著，许宝骙译：《论自由》，商务印书馆 2005 年版，第 87 页。

③ 约翰·S·布鲁贝克著，王承绪等译：《高等教育哲学》，浙江教育出版社 2001 年版，第 117 页。

④ 华勒斯坦等著，刘健芝等编译：《学科·知识·权力》，生活·读书·新知三联书店 1999 年版，第 47 页。

方式以及学习方法等作为他们学习上的典型、榜样，并全力争取达到"高考分"学生这个理想的标准。库尔库耳说："一个模仿的学生，一个用来供人模仿的人，这个概念在传统教育学中占着统治地位。这类教育学的动力不是发展人格，使人不断关心他的自由、他的自我责任，而只是获得大量知识。"① 与正面强调"高考分"学生这个理想的标准相伴随的，则是对那些在其抱负上退缩者的惩罚。

简言之，在学校乃至社会这个时空范围内，考试分数具有至高无上的权威，考试分数就是一切，拥有了"高考分"就拥有了一切，而那些成绩差的学生则一贫如洗，就像一个囊中空空的乞丐，任人羞辱——"差生"、"双差生"、"学习特困生"等。这种气质和性格的实质意义在于，"不是特定的事物目的在指导追求和行动，而是对某阶段的单纯超越——即'破纪录'——成为推动一切的基本动机"。② 按照这样的心理定势，学子们总是不满足于现状，不满足于已获取的考试分数，总是不能安心享受他们已获取的考试分数，总是不拘泥于已获取的考试分数而时时驰想于未来可能获得的考试分数。因而，一种活力充沛、干劲十足、不断进取的乐观气质和开拓型性格就在学校这一"场域"扎根并蔓延开来。

3. 功利追求

当教育公平成为教育文明"普照之光"时，由于考试分数万能的评价手段，对考试分数的占有和享受，必然要同对稀缺教育资源的渴望和追逐发生联结，从而诱导和激发人们把考试分数提升为教育动机程序上的首要体验单位。霍斯金曾说："这也是个可以算度的世界，评分制度已经渗透到每个个人和组织的角落。基本上，已经再没有不能量化的东西（因此，我们用诸如十全十美、劳动时数，以至第一名等这些前所未见的字眼来量化所有事物，包括人的智能，我们都觉得很自然）。……我们都成为了可算度的人。不论男女老幼，每个人都身为各类'以统计常态来划分的类别'。不论在学校、体育、政治或商业生涯，我们都在内心计算，以求击败他人（甚至要击败自己），以期当第一名，这种不懈的驱动力是历史上罕见的。"③ 换句话说，学子们比以前更"热

① 联合国教科文组织、国际教育发展委员会编著，华东师范大学比较教育研究所译：《学会生存》，教育科学出版社1996年版，第104页。
② M. 舍勒著，罗悌伦等译：《价值的颠覆》，生活·读书·新知三联书店1997年版，第23页。
③ 华勒斯坦等著，刘健芝等编译：《学科·知识·权力》，生活·读书·新知三联书店1999年版，第77页。

爱"考试分数,并非因为他们的心灵更加狭隘,而是因为在一个"可以算度的世界"背景下,考试分数显得更为重要乃至更为合理。当依附于某种"威望"来竞取教育机会的"特权"消失后,学子们不再被、也很少被通过家庭出身、家庭地位等加以区别,除了考试分数以外,几乎没有任何东西(即便有,也是以考试分数为基础)能在学子们之间做出明确的"区隔"(诸如"优生"、"差生")或者能够使某些人比一般人更突出。建立在考试分数之上的"区隔"随着其他"区隔"威力的减弱甚至消失而更显重要。且这种"区隔"越是严格和细致,就越能体现身处某一考试分数"龙虎榜"上位置排列的快乐,也越能激发学生们不断改变自己在考试分数"龙虎榜"上位置的热情。福柯曾说:"在18世纪,开始用'等级'来规定人在教育制度中的地位分配形式:即学生在课堂、走廊、校园里的座次或位置;每个学生完成每项任务和考试后的名次;学生每周、每年获得的名次;年龄组的序列;依据难度排成的科目序列。在这套强制性序列中,每个学生依照其年龄、成绩和表现有时处于某一等级,有时处于另一等级。他不断地在空间系列中移动。有些空间是表示知识或能力的等级的'理念'空间,有些是表示价值或成绩的物质的大学或教室空间。这是一种经常性变动。人们通过这种变动在由间隔序列划分的空间中替换着位置。"[①] 福柯在此虽然是就"等级"的分配意义而论,其实"考试分数"的分配功效何尝不是如此。当所有传统的等级、特权、荣誉、高贵、德性、才识不再是地位显赫的标志和学子们追求的目标之后,考试分数则取而代之成为教育的主宰。故,学子们努力学习的背后首要的或者次要的动机是对考试分数的热爱。在他们眼里,考试分数代表着教育世界中一切美好的事物,它是这些美好事物的化身。而在对考试分数的"热爱"中,学子们变得生机勃勃,精神焕发、乐此不疲。诚如维布伦所言,学子们犹如"一台高速的苦乐计算器,他游移不定,像一个汇集了无数相同幸福感的欲望之球,种种刺激因素驱使他乐此不疲,但却始终完整无损。他既无前因也无后果。除非有某种冲击力迫使他朝这个或那个方向运动,不然就处于稳定的均衡状态。在要素空间中自行其是,围绕他自己的精神轴心进行匀称旋转,直到力的平行四边形把他击败。于是他又顺着合成力的方向运动。一旦冲击力消失,他就会静止下来,又像以前那样成为一个不受外界影响的欲望之球。"[②] 因此,短促无常的观感享乐已经变成一种深想熟虑

---

① 米歇尔·福柯著,刘北成等译:《规训与惩罚》,生活·读书·新知三联书店1999年版,第166页。

② S. 卢克斯著,阎克文译:《个人主义》,江苏人民出版社2001年版,第127页。

的、精于算计的对考试分数的渴望，这种渴望所指向的目标，就其本性而言只是象征性的，并且似乎是坚不可摧的。学子们获取"高考分"的动机，在于企图在对稀缺教育资源的竞争中力争上游，胜过别人，从而获取非基本教育权利之机会，乃至猎取荣誉，赢得同学的妒羡。学子们获取"高考分"的动机主要在于使自己在学校、班级或同学中的"地位"得到承认和认可，一旦如愿，他们会感到非常的满足和愉快。吴康宁曾说："由于成就评价的基本要求是具有客观性与可比较性，因此，以完全量化的指标——学校成绩——为依据的认知评价往往会在实际上成为学校对学生的成就评价的实质性部分或关键性部分。这是因为，除了认知评价之外，学校对学生其他方面的评价都无法据以完全量化的指标，充其量只能如……某中学操行评定表那样，据以界限较为模糊的等第，即 A、B、C、D 或优、良、中、差。从这个意义上来说，学校对学生的成就评价往往容易成为认知中心的。事实上，'认知成就'也确已成为学校对学生进行地位分配的重要依据，在许多学校中，学习成绩如何通常成为学生能否担任班干部的重要因素……无论是数学成绩还是语文成绩，'干部'学生（班委以上）中的'好'者比例都远远高于'群众'学生中的'好'者比例，'干部'学生中的'中'者比例远远低于'群众'学生中的'中'者比例，而'干部'学生中的'差'中比例近乎为零。"[1] 也就是说，在学校、班级中某种"地位"的竞争以及让别人认可自己的地位，是教育生活中追求"考试分数"的重要因素。

追求考试分数的"获取欲"或"欲求态度"变成了合规律性的教育生活起支配性的灵魂，追求考试分数的人的特性已获得道德、教育法律等的认可。从前个别人基于特殊兴趣的"出人头地"的想法和获取显赫"社会地位"的想法明确地、有意识地、乐意地去努力学习，现在则变成了欲求乃至嗜求的对象；新的获取精神和学习精神"把中世纪—古代之世界观重视质量的凝思性认识态度变为重视数量的计算性认识态度，从而规定着世界和科学"。[2] 而所有这一切共同构成了教育世界深刻的全面转变，即教育世界成为交易的世界，"让我们做成一笔交易"成为教育世界的"铁律"。教师、家长和其他人把他们的才能、精力作为资本，向学校及其孩子们投资，以换取一定的考试分数。与此相似，孩子们则忍受学校教育的仪式，为的是得到他们所渴望的金星奖章、教师的表

---

① 吴康宁著：《教育社会学》，人民教育出版社 1998 年版，第 267 页。

② M. 舍勒著，罗悌伦等译：《资本主义的未来》，生活·读书·新知三联书店 1997 年版，第 13 页。

扬、家长的赞赏，以及升入高一级学校必须达到的分数。只要交易各方都得到了自己想要的考试分数，教育世界的交易就会继续下去。当然，对考试分数的过分强调和推崇，导致了对一些不仅有内在价值，且有工具性价值的重要学习和发展领域的忽略，而被忽略的领域原本可能导致获得更有效的、效率更高的基本技能和掌握学术科目及有关学科。诚如伊莱亚斯所说："社会和情感方面的能力，是指理解、管理和表达个人生活的社会与情感方面的能力，其方式是能够成功地处理诸如学习、形成关系、解决日常问题、接受成长与发展方面复杂的要求等生活任务。这种能力包括自我意识、控制冲动、协同工作、关心自我和关心他人。社会的和情感的学习是一种过程，通过这一过程，儿童和其他成年人发展了获得社会能力和情感能力所必需的技能、态度和价值观。"[1]

4. 个性精神

追求考试分数为教育带来了效率，也给人们带来了从旧（诸如德行、关系、特权等）的束缚中解脱出来的希望。这种希望不仅在于教育主体性的确认，更重要的是，考试分数使人们斩断传统的依附和归属纽带，斩断"人的依赖关系"，成为自主独立的原子式个体。迈克尼尔曾说："一种教育制度……为了实现如此之高的目标，而将考试分数作为升级和高中毕业的标准，（并）排除了根据学生认知与智力的发展、他们的成长、他们的社会意识和社会良心以及社会的和情感的发展来讨论学生学习的可能性。就仿佛'整个儿童'都已经成为一个固定的个体一样。"[2] 获取考试分数的能力不是天生的、世袭的素质，而是自身努力取得的素质，"一切智力上的优越都是积极努力的结果"，[3] 这为崇尚自我价值的个性精神提供了适宜的生长土壤。在考试分数盛行的社会，人们视清规戒律为草芥，把塑造一个与众不同的"我"奉为至上目标；人们推翻了非礼勿求的自我限定原则，异常崇拜出类拔萃的精神。"如果不能出人头地，为人又有什么意思呢？"[4] 这个实已给出答案的设问，表明个人价值已在愈益公开的形式上转变成了教育生活追求所环绕的轴心，表明个人的成就需要在整个社会的社会价值和个人价值系统中占据着中心地位，给人提供了一个新的和非常重要的自我评价标准，"不要对别人过于关注，特别是同班的其他孩子：社

---

① T. J. 萨乔万尼著，张虹译：《校长学》，上海教育出版社 2004 年版，第 254 页。

② L. McNeil, Contradictions of school reform, London：Routledge, 2000, p. 733.

③ 约翰·密尔著，汪瑄译：《代议制政府》，商务印书馆 1984 年版，第 48 页。

④ 伊·谢·科恩著，佟景韩等译《自我论》，生活·读书·新知三联书店 1986 年版，第 156 页。

会交往要从属于学业上的追求".① 人是自身教育生活的主宰者和创造者,日益成为一种得到普遍认同的生活信条。拉斯韦尔说:"任何组织严密的生活方式都要按照自己设计的模式来塑造人的行为。……资本主义社会的个人主义必须从人的襁褓时期开始,直到他埋葬入土之日为止,反复地进行灌输。在作为众多资本主义国家之一的美国,个人成就与个人责任的生活从(一个人)有知觉的一天开始,就在歌曲中和故事中被吹捧上天。储蓄硬币的扑满灌输着勤俭节约的习惯,在校园中搞贸易活动传播着资产阶级的价值标准。学校中个人得分的制度在同学之间造成竞争性的差距。'成功和失败全在你自己'。'努力就能成功'的意思就是'如果你努力去干,就会成功;如果得不到成功,就是你努力不够'。"② 也就是说,与"荐举"时代安分守己、听天由命的"本分"观念相悖,一种自我选择、自我设计、自我成就的新观念进入了人们的视野。考试分数无疑是一种以新的方式强调意志自由,推崇人的主体能动性和创造性,以及人可以通过开发自己的潜能、发挥自己的能力,通过自己的努力来战胜命运的力量的利器:"如果我为了替自己辩护,把自己的不幸解释为命运不好,那我便使自己屈从于厄运。如果我把不幸归罪于变化,我便使自己屈从于变化。但如果我自己承担一切责任,我就以此捍卫了自己作为人的可能性。我能够影响同我密不可分的东西的命运。我是人的共性的组成部分。"③

简言之,在现代社会,随着"考场"的扩展,"考试分数"的盛行,主体意识空前觉醒,人被看成是不可化约的"单子",获得了前所未有的独立性、自主性和个性。人之所以有尊严,在于他能够为自己自主地理性地设定他的终极价值,把这些价值变成了他的永恒的目的,并理性地选择达到目的的手段。"人的尊严……在于个人自由地选择他自己的价值或理想,或者说在于服从'成为你之所是'的戒条。"④

5. 竞争意识

所谓教育竞争,意指双方或多方为争夺共同期望的稀缺教育资源而展开的竞赛、争取和角逐。斯克拉顿说:"竞争意识已是人类理智的必要组成部分,

---

① 克里夫·贝克著,戚万学等译:《优化学校教育》,华东师范大学出版社 2003 年版,第 30 页。
② H. D. 拉斯韦尔著,杨昌裕译:《政治学》,商务印书馆 2005 年版,第 19~20 页。
③ 伊·谢·科恩著,佟景韩等译《自我论》,生活·读书·新知三联书店 1986 年版,第 460~461 页。
④ 列奥·施特劳斯著,彭刚译:《自然权利与历史》,生活·读书·新知三联书店 2003 年,第 46 页。

它与我们据以赋予世界以价值的自豪感和自尊感联系起来，就这一点而论，悲伤于竞争意识的较为庸俗的表现形式是毫无意义的。"① 教育竞争既贯穿于自人类社会产生以来的整个人类教育历史进程之中，又存在于个体或群体的生存和发展过程中，存在于人们之间的社会关系、教育关系中。在人类社会的教育实践活动中，不同主体的各方面的教育需要或教育利益不可能同时均衡地得到满足，因而势必使稀缺教育资源成为人们共同追求和争夺的目标，从而相互之间形成竞争。教育生活中的竞争产生于人们的正当教育利益不能得到同时满足所形成的冲突，它是刺激人们努力学习的重要动力。

现代教育区别于前现代教育的一个重要区别，在于是否建立起竞争的机制。所谓"优胜劣汰"的竞争规则，几乎已经成为现代教育体制的基础性原则。柯林斯说："在美国，民主的管理支持了学校发挥鼓励竞争的作用，这样，即使只存在少量的英才职业也需要有大量的机会以鼓励竞争。因此，我们说这是一种'竞争性流动'的学校制度。"② 现代性教育，提倡的也恰恰是一种追逐成功的竞争精神，教育制度体制也不断鼓励每个人把自己人格的优越建立在战胜他人的成功之上。舍勒说："在'竞争制度'中，实事性的职份及其价值的观念，原则上要在所有人之间的态度基础上才会展开；这种态度便是希求更多、更大存在的愿望。于是，每一个'位置'都变成这场普遍追逐中的一个暂时的起点。"③ 在现实教育生活中，学子们在"教育场域"中享有的一切"好处"基本上都是通过竞争性考试获取的。例如，学子们如何获取奖学金呢？一般都是通过竞争性的考试而获取的。尽管从许多方面来看，通过竞争性考试而获取奖学金这一激励机制，存在着诸多弊病。诚如罗素所说："它把争强好胜的精神带进了小小少年的奋斗过程中；它让他们宁愿从对考试的有用与否方面而不是从知识的内在旨趣或重要性方面来看待知识；它鼓励那种过早表现出来的回答问题的机灵，而不鼓励他们培养出面对困难、独立解决困难的能力。最糟糕的是，这种制度会让年轻人过度劳累，成人以后就精力减退、兴趣全无了。毫无疑问，由于这种原因目前许多才华出众的人都已变得庸庸碌碌了。"④ 然而，通过竞争性的考试而获取奖学金的制度却大规模地推广开来。既然有如

---

① 罗杰·斯克拉顿著，王皖强译：《保守主义的含义》，中央编译出版社 2005 年版，第 91 页。

② 张人杰主编：《国外教育社会学基本文选》，华东师范大学出版社 2009 年版，第 51 页。

③ M. 舍勒著，罗悌伦等译：《价值的颠覆》，生活·读书·新知三联书店 1997 年版，第 21 页。

④ 罗素著，李国山等译：《自由之路》（上），文化艺术出版社 1998 年版，第 107 页。

此之多的弊病，为什么还能大规模地推广开来呢？答案可能是，因为该激励机制是对人"争强好胜本能"、"竞争和个人主义本能"的一种回应；因为该激励机制能为教育发展创造"有序"的环境且操作"简便"；因为该激励机制可以"培养刻苦学习的习惯，不浪费社会的大量钱财"①，更可能是因为该激励机制为学子们提供了之所以努力学习的预期或回报，提供了能调动学子们学习积极性的物质或精神动力。

简言之，"考场"如战场，战场凭的是战略战术，"考场"则是实力和公平的较量，"考场"是展示学子们竞争力的舞台。

（三）人的自由、自由发展是以表达与实现自身的"考试分数"为前提的

考试制度从某种意义言，就是一种选拔制度。所谓选拔，就是"根据一定的标准，从某一集团中把特定的人选拔到特定的（比通常更高的）地位上去的一种活动。"② 考试制度本来是一种客观的、合理而公正的能力评价规则，而不是以选拔为直接目的。可是，当考试制度被当作激励学习的手段，并同奖惩结合起来使用时，它就具有了（间接的）选拔功能。现代教育选拔制度是按照社会上大多数人所支持的价值和规范操作的，并以其实现为目标。帕森斯所说的业绩本位、普遍主义、感情中立性、限定性、自我志向等 5 个"模式函数"，巧妙地表现了现代社会中为大多数人所支持的价值。现代社会的各种选拔制度，只有不依据身份和出身（普遍主义），对一个人的能力进行不掺杂感情色彩的（感情中立性）客观评价（业绩本位）进行选拔，才能赢得多数人的支持。杨（M·Young）的"能力主义"准确地表现了以这种价值和规范为基础的产业社会中最正统的选拔和分配的社会意识。③ 换句话说，现代教育选拔制度不同于"人对人"的传统教育选拔制度，它以考试分数作为其起点，并以考试分数的高低作为竞取非基本教育权利的标准。现代教育选拔制度其实就是考试分数的选拔，它打破了传统教育选拔制度强加给人的种种依附关系的锁链，一定程度上解放了人性。刘海峰说："为了有效地制衡人情与关系的困扰，客观公平地选拔人才，中国人发明了考试。由于考试选才让所有应试者接受同样挑战，将个人的才学和能力放在首位，能破除血统论、解脱人情困境，因而历来被视为可以客观公正地选取优秀人才的公平尺度，或称'量才尺'。"④ 同时，

---

① 罗素著，李国山等译：《自由之路》（上），文化艺术出版社 1998 年版，第 108 页。

② 张人杰主编：《国外教育社会学基本文选》，华东师范大学出版社 2009 年版，第 132 页。

③ 张人杰主编：《国外教育社会学基本文选》，华东师范大学出版社 2009 年版，第 135 页。

④ 刘海峰著：《高考存废与科举存废》，《高等教育研究》，2002 年第 2 期，第 42 页。

以考试分数为内核的现代教育选拔制度是"权利本位"的制度，它通过界定各主体之间的教育权利边界，来规划主体自由行动、自由发展的权利空间。从这个意义上说，以考试分数为内核的现代教育选拔制度是实现自由发展的机制，通过它，抽象的、在逻辑上存在的可能性，能够转变为真实的、可遇可求的教育机会和教育权利，从而使自由、自由发展的原则和理念能够有效地转变为可以兑现的东西。反过来说，没有以考试分数为内核的教育选拔制度，自由、自由发展就只是停留在原则和理念层面的东西，无法变成人们可以竞取的真实教育机会和教育权利。作为自由、自由发展实施机制的以考试分数为内核的现代教育选拔制度的意义在于，它在规划人们自由行动空间的同时，为人们的选择、创新和发展规划了一个确定的空间，从而使他们不必考虑他人的任意干涉，而能专注于自己教育权利的有效运用和才能的充分发挥。在此，以考试分数为内核的现代教育选拔制度成了一个保护个体自由发展和教育权利的坚实屏障，在有效抵挡权力意志干涉的同时，促进了个人主观能动性的发挥，使自由、自由发展的可能性变成现实。

考试分数自身形态的演绎及考试分数与人的关系的发展，说明了人们拥有怎样形态的考试分数，就有怎样的自由度。从量上看，人们拥有考试分数的高低，反映出他在教育活动及其教育机会分配关系中所处的地位和发挥的作用，这直接决定了他满足自身发展需要、实现自己目的的自由程度；从质上看，人们如何获得考试分数以及他与考试分数有怎样的互动关系，则决定了他的自由类型以及他的发展程度。当然，考试分数对人的自由的表达程度、人的实际的自由状态以及人的发展程度，最终取决于他所处社会的实际生产力与生产关系的水平以及国家教育政策的价值选择和教育制度安排，支撑考试分数实质上是社会实际生产力与生产关系的发展水平以及国家教育政策的价值选择和教育制度安排。

（四）考试分数促使主观价值客观化，使人的意志和教育权利具体化、物化

考试分数的出现是人的自由交往的结果，其中经历了两种重大转化：由人的关系向物的关系的转向；由物的关系向符号的关系的转向。在此转换中，首先使人得以超出他在何地、何种类型学校受教育的局限性、地域性和个人的主观任意性，摆脱自身生存境遇的偶然性、特殊性的束缚。"有人曾经说过，有一种广泛流行的选拔和考试制度能尽量使每个受试者的机会'客观化'，而这个制度所依据的原则可以表述如下：'为了对某人作出可靠的判断，主要的事

情是首先不去认识他！'。"① 通过考试分数这一媒介，人与人的教育活动及其结果得以"等价交换"，由此考试分数赋予人以实现自己各种目标的具体、现实而又有效的手段与途径，使人的主观价值客观化，使人进入普遍性存在而获得某种独立的自由。其次，随着人们教育交往活动的日益频繁扩大，考试分数进一步由物的关系提升为符号的关系。这时考试分数不只是充当配置或分配稀缺教育资源的标准，更代表人际教育交往的一般性工具，考试分数变成了教育交往的符号。亚历山大认为，高考分是获得有利地位和荣誉的工具性手段，不仅如此，高考分还是以一种文化价值的方式表现出来的符号性奖赏，如同人们用符号表示普遍性的成就那样。因为分数分配是随着它被有效地合法化为对个人能力、成就、地位、财产的公正评价后才被接受的。②

在现代教育生活中，人的教育权利、人的意志的实现，人的自由活动，必然经过物化、对象化的途径，考试分数正好充当了沟通主观教育权利与客观教育条件的媒介和桥梁。在教育"分数化"过程中，人的主观价值、个人意志在某种程度上得以衡量、定格和承认。霍斯金等人认为："分数就是可量度性原则下的无形技术，它不单是给予表现一个数字，更给予你这个人一项价值。有史以来，分数首次为个人成败提供客观量度标准。人总希望取得第一，害怕一分不值。怎样去证明自己呢？只有靠表现及客观的评审。"③ 具体而言，考试分数意味着权利，它表示一个人有从道德上或教育法律上要求、主张或享有某种稀缺教育资源的资格，一个人一旦获得了这种资格，就表明他享有某种实际的教育机会。作为享有非基本教育权利的考试分数，其重要性在于，它从道德上和教育法律上保证了个人追求自己的教育利益和价值的正当性与合法性。哈尔斯说："一个人的获致地位（即根据某些客观标准而完成的业绩）比他先赋的地位（即他出身于什么样的家庭）更为重要。这并不是说家庭背景不再影响子女的职业，而是意味着优越的地位不再能够直接继承，而必须作出社会公认的实际成就来证明其地位的合法性。"④ 比如"高考分数"，就是指一个人有出于自愿去追逐高等教育利益的权利。当这种权利为道德允许时，表明他追逐高等教

① 联合国教科文组织、国际教育发展委员会编著，华东师范大学比较教育研究所译：《学会生存》，教育科学出版社 1996 年版，第 102 页，注释①。
② 杰夫里·亚历山大著，贾春增等译：《社会学二十讲》，华夏出版社 2000 年版，第 53～63 页。
③ 华勒斯坦等著，刘健芝等编译：《学科·知识·权力》，生活·读书·新知三联书店 1999 年版，第 96 页。
④ 张人杰主编：《国外教育社会学基本文选》，华东师范大学出版社 2009 年版，第 109 页。

育利益的活动在道德上是正当的；而为教育法律所允许时，则表明他追逐高等教育利益的活动在教育法律上是合法的。人们平常所说的"考出高分"，就是争取各种合情、合理、合法的教育权利，就是争取一种可以进行某种层次教育活动的权利。其次，考试分数表示一个人具有某种选择的机会。就此而言，考试分数不仅意味着一个人具有获得追求某种层次、某种类型教育的权利或资格，更为重要地表现为一个人具有这样一种机会：在面对稀缺教育资源时，他有权根据自己的"考试分数"情况，做出自己独特的选择，并按照自己的选择享受某种类型、层次的教育。其重要价值在于，它表明了人所特有的开放性质，标示出人作为"能在"（海德格尔语）的存在状态，因此他必须在，而且只能在针对各种难以预测其"后果"的某种类型、层次教育的可能性进行选择的过程中，才能探明自己作为人所能具有的本质力量和自由个性。诚如兰德曼所说："人并不具有在其他生物中有典型性的不变的本质，而是处在总要创造他本身的情形中。由于他不以任何计划为基础，所以他设计他本身。'人创造人'。人绝不会固定地存在着，而是处在不断超越自己的过程中：他一次又一次地投入纯洁的未来，成为他要成为的样子。"① 就此而言，考试分数是一个人证明其个性、才能和力量的机会。再次，考试分数意味着主体实现自我潜能的能力。一个人所取得的"考试分数"的"高低"，既是他能力大小的标志，也是其能力发展水平高低的指示器。从一定意义上说，追求"高考分"，是一个人的一种内在需要，而一个人实际地获得了最大可能的"高考分"，则表明他有能力实现自己的理想和愿望。在此，"考试分数"不是一个人所要努力争取的"物"，不是一个人为了达到某种目的所运用的手段和工具，它本身就是一种价值，标明一个人达到了"自觉、自为、自主的状态"。

（五）考试分数使人由个别的存在进入普遍的存在，提升人的社会化程度

什么是社会化呢？我们在此所谓的社会化是指学生借以获得一种特殊的文化身份或教育身份的过程，同时也是指它对这种身份的反应。伯恩斯坦说："社会化过程是一个复杂的控制过程。依靠社会化过程，在儿童身上唤起某种道德、认知及情感意识，同时赋予这个过程一种特殊的形式和内容。社会化使儿童体察到社会的形形色色的有序性，因为这些有秩性在期待儿童扮演的各种角色中成为独立存在的实体。那么，在某种意义上，社会化就是使儿童获得安全感的过程。这一社会化过程通过下述方式在个体身上有选择地发生作用，使

---

① M·兰德曼著，阎嘉译：《哲学人类学》，贵州人民出版社 2006 年版，第 200 页。

人感到特定的社会安排是必然的，个体的活动是受到限制的。现代社会的社会化的基本机构是：家庭、同辈团体、学校和工作场所。"① 很显然，既然社会化有特定的含义，那么，限制讨论的范围就很有必要。在此，我们将把关于社会化的讨论限制在学校场域中的"考试分数"上。

在现代教育生活中，考试分数成为度量教育质量、教育效率，学生学习质量、学习效率以及学生努力程度的标准，同时也就成了一切最不公平中最为公平的天平。考试分数不承认任何种族、性别、年龄上的差异，更不承认门第、血统以及经济状况等方面的不同，而只承认每个学习者在能力、努力程度方面的差异。这是"社会公正"在教育方面的表现。考试分数的这种抽象而又冷酷的普遍性，能变换由种族、性别、年龄、门第、血统、阶层、出生以及经济状况等带来的差别与不平等。考试分数由于自身所拥有的这种威力，进而将"一切的一切"联结起来，给人提供通向最终价值的桥梁与纽带。它一方面拉开了人与人之间的距离，使各人都能在自己的自由空间内思想和行动，不受他人的强制和压迫。另一方面又把共同依赖于"分数"、"能力"的自由主体扭结起来，相互交换知识、信息和劳动。其实，人们在教育生活中学习考试、认识考试分数，通过考试分数满足自身需求，实现自己的目的和人生价值。霍斯金指出："分数给表现树立客观价值，用数量来设定十分是完美、零分是一败涂地的标准。分数也可以为自我树立以数目来衡量的价值。"② 当社会是按"考试分数"选拔人并对人进行培养时，虽然会使人受着难以忍受的束缚，但是他们其实是愿意服从（至少是不得不服从）这一安排的。因为，通过考试分数而对人施加的影响，会逐渐在每个人身上塑造新的人格，而新的人格反过来又使每个人身上具有更好的人格。人实际上是因为生活在社会中才成为一个人的。由此，人们不仅了解考试分数的秉性，同时也学会与他人相处，学会与社会交往，成为社会的人，进而把握人性并丰富人性，考试分数为人性的张显、为人的发展提供了手段和途径。

更为重要的是，考试分数具有授予文化身份、教育身份的功能。在现代社会，教育资源的分配过程，从参与其中的个人方面来说，是教育资源的获得过程。人们依靠自己的能力和努力，获得进入非义务教育阶段某种类型、层次学校的教育资源。从社会方面来看，个人获得非义务教育阶段教育资源的过程，

---

① 张人杰主编：《国外教育社会学基本文选》，华东师范大学出版社 2009 年版，第 335—336 页。

② 华勒斯坦等著，刘健芝等编译：《学科·知识·权力》，生活·读书·新知三联书店 1999 年版，第 47 页。

也就是按一定的标准"分配"各个人进入某种类型、层次学校的过程。这种获得和分配教育资源的过程，也可以说是竞争和选拔的过程。人为追求获得某种类型、层次学校的教育资源而竞争，社会按一定的标准（主要是考试分数），将适合于某种类型、层次学校的人选拔出来，而教育同这种竞争和选拔的过程密切相关。因此，现代社会的学校常被称为"筛选装置"，或被叫做"社会选拔和分配机构"。既然如此，考试分数具有授予一种可以影响人们社会地位的身份的作用，人们追求考试分数，其实质就是追求和提升个人的社会经济地位。说得更彻底一些，考试分数的文化身份、教育身份功能，其实就是一种社会分层的功能，一种影响人们社会流动的重要因素。人们因不同的文化身份、教育身份而处于不同的社会阶层，也因文化身份、教育身份的改变而产生社会流动。正是这种功能或这种因素，成为人们渴望接受更多教育，获得"高考分"的强大动力，促使个人不断地追求向上流动，力争达至更高的社会阶层，占据更为有利的社会地位。尽管教育的文化身份、教育身份功能古已有之，但是，随着现代教育尤其是学校教育的发展，考试分数在授予文化身份、教育身份方面发挥的功能越来越得到强化。在前现代社会里，由于贵族等级制已安排好了人的社会地位，古代社会的文化身份、教育身份几乎完全是一种派生的、无须选拔的、锦上添花式的象征或单纯的荣誉，而很少具有独立的功利价值。而在现代社会，阶级结构是流动的，子女不论出生于何等阶级、何等家庭，都可以自由地参加竞争，根据自身的努力和能力与考试分数，重新选择非义务教育阶段的某种类型、层次教育资源，进而获取某种社会地位。换句话说，考试分数获得了巨大的实用价值和一种具有独立性的决定社会阶层的功能。例如，在美国，由于不存在世袭的等级和封爵制度，"美国人更加依赖自己的大学体系，指望这个机构培养人们的势利观念，建立社会等级机制。在别的国家，人们不仅仅依赖大学来实现社会地位，还有其他的传统途径。而在美国，尤其是本世纪以来，只有高等院校这样的组织，可以成为实现所有最高荣誉的来源。或者说，受高等教育至少是实现地位追求的最佳途径。"[①] 即，人们接受高等教育不是为了追求知识，而是获得尊敬和社会地位。考试分数授予的文化身份、教育身份的实用性主要体现在两方面：第一，求职入门的必备资格。"学位过去是现在仍然是欧洲大陆系统进入专业和行政部门（前者包括学校教学和学术专业本身）就业所需进行的极为严格的国家证书考试的第一步，甚至常常是唯

---

① 保罗·福塞尔著，梁丽珍等译：《格调》，广西人民出版社 2002 年版，第 202 页。

一的基础。"① 第二，与个人的经济收入紧密挂钩，文化身份、教育身份具有很高的含金量。

总之，作为考试制度"产儿"的考试分数，调动着学子们的学习积极性，发挥着学子们的主观能动性，激励着学子们用心向学，加速了学子们的社会化进程，彰显了学子们的现实生命质量，促进了学子们的发展。

当然，考试分数既张扬人性，又对其有着不可忽视的侵蚀作用。分数面前人人平等的招生制度，相对来说是最为公平的。可是，我们为了公平所付出的代价也是非常巨大的，那就是牺牲了整整一代人的自由和谐的发展。为了在考试中名列前茅，忽视智育培育的单纯训练普遍盛行。"奖优制度对进行教育的环境，可能发生一些不良的影响，尽管我们如果预先计划，有可能控制它们。过分强调考试成绩可能是一个后果。查·珀·斯诺在……《两种文化和科学革命》中，有对'剑桥大学数学荣誉学位考试'的评论。里面有一段说得好：'经过一百多年，数学荣誉学位考试的性质已逐渐具体化了。争夺名列前茅的竞争越来越猛烈；职业就靠它。在大多数的学院里，我自己的学院当然也如此，如果某人获得了剑桥大学数学荣誉学位考试第一名或第二名，他马上就当选为学院院务委员会委员。一整套指导人们准备应考的办法产生了具有像代、利特尔伍德、罗素、埃丁顿、琼斯、凯恩斯那样品质的优秀人物，接受二、三年的应考训练，这种考试尽竞争的能事，极其艰难。在剑桥的大多数人，都为此为骄傲。就像英国的每一个人，不管他们是做什么的，都为我们现行教育机关而感到骄傲一样。……除了一点以外，旧数学荣誉学位考试各方面都似乎是圆满的。然而，这个例外的一点，在某些人看来，却是很重要的。这就是——有创造力的青年数学家们，例如哈代和利特尔伍德坚持说——这种训练全然没有智育上的优点。他们更进一步说，荣誉学位考试扼杀了庄严的英国数学，百年来使它完全断了气'。"② 为了在考试中尽可能地得高分，不得不压抑自己的兴趣和爱好，花成倍的时间和精力去钻研自己不喜欢、不擅长的学科。结果是"全面的丰收"，导致全面的平庸。更有甚者，学习成了苦不堪言的差事；大考小考的排对分等，使学校成为造就失败者的场所，进而导致厌学和恐学，导致内心的畸变和人格的扭曲。"测试只对勤奋的顺从者有利，而不利于叛逆者和

---

① 伯顿·R·克拉克著，王承绪等译：《高等教育系统》，杭州大学出版社 1994 年版，第 54 页。

② 杰罗姆·S·布鲁纳著，上海师范大学外国教育研究室译：《教育过程》，上海人民出版社 1973 年版，第 54~55 页。

创新者。"① 历史形态中的考试分数在给人带来自由的同时也给人加上了锁链。曾几何时，考试分数展现其强大的颠倒乾坤的功能，由为人服务的工具嬗变为主人，人反倒成了它的奴隶。人在考试分数面前被彻底异化了，这不仅扭曲了人与考试分数的关系，更给考试分数戴上了神秘的光环，成为人顶礼膜拜的对象。更为甚者，当成绩标准取代出身标准成为能否接受非基本教育权利之机会的条件时，考试成绩又完全被出身标准所替代。"18 岁（考试）后，成绩就演变成了出身。这时候一个人的评价取决于他所进或他所毕业的大学名称，而不是他的成绩或长处。"② 这种现象被称之为"赢得的出身"。例如，日本东京大学和京都大学垄断高级职位的现象已经导致严重的裙带关系问题。虽然这种系统为政府部门的企业界培养了少量的高质量人才，但它在自身内部形成了阻碍培养更多的人才和出更多高质量研究成果的封闭圈。学术上的近亲繁殖已经成为典型，在东京大学一些重要学部经常 100％是同校毕业生。而这种小规模的封闭式亚系统实际上在 18 岁进大学时就已冻结了大学毕业生和未来学者的生活机会。

二、教育制度对现实生命的约束

教育制度真实地影响、制约着人们的教育活动，为人们的教育活动提供了规则、标准和模式，将人们的教育活动导入可合理预期的轨道，给人们提供了从事教育活动的实际空间。教育制度通过一系列规则为人们的教育活动划定了界限，告诉人们能与可以去做什么，不能和禁止去做什么。教育制度所划定的这一边界，既包括教育权利与教育义务的明晰，也包括教育活动空间和教育活动范围的确定。教育权利实质就是规定人们的教育行为规则和教育活动空间，教育义务则是行使教育权利的约束和责任。无教育权利的人不会去承担教育义务，无教育义务的人将滥施教育权利，两者均将导致教育的混乱。

（一）教育制度划定教育活动空间

"制"给予边界，"度"又留下空间。科斯等人认为，在既定的制度下面，

---

① 约翰·S·布鲁贝克著，王承绪等译：《高等教育哲学》，浙江教育出版社 2001 年版，第 119 页。
② 伯顿·R·克拉克著，王承绪等译：《高等教育系统》，杭州大学出版社 1994 年版，第 71 页。

"每个人不过是一只拴在树上的狗"①。制度就是拴着狗的绳子的长度，正如绳子的长度决定了狗活动的范围一样，制度也决定了人的行为选择的空间。除非在范围小于绳子半径的地方放上一块骨头时狗会回过头来啃，否则，狗总会因力图挣脱绳子而使自己活动范围最大，即达到绳子的长度。而在既定的制度下，人的行为选择也总会达到制度允许的边界范围，使自己的效用最大化。即使有时某个人的行为在外人看来没有达到最大化，也是因为"有骨头可啃"，所以，对行为选择者自身来说，仍是得到了最大的满足。

教育制度作为规则，也即限制。教育制度的限制表现在，它规定人们能做什么、不能做什么，该怎样做、不该怎样做，从而划定了一条教育行为的边界。教育制度所划定的教育行为边界标志着教育共同体认可的教育行为准则，在界限以内的教育行为，得到社会许可、赞赏、鼓励，超越界限的教育行为，则受到教育共同体的排斥、舆论谴责和权威部门的惩处。罗尔斯曾说，作为公开的规范体系，教育制度"指定某些行为类型为能允许的，另一些则为被禁止的，并在违反出现时，给出某些惩罚和保护措施。……一种制度可以从两个方面考虑：首先是作为一种抽象目标，即由一个规范体系表示的一种可能的行为形式；其次是这些规范指定的行动在某个时间和地点，在某些人的思想和行为中的实现。"② 教育制度对教育行为设定要求，遵守教育制度者对于要做什么毫无自由裁量权，因为教育制度已经告诉他要做的一切。米尔恩曾说："为了遵守一项规则，所必需的一切就是知道它是什么，并能够认识它所适用的场合。规则支配的行为是简单的对或错的行为。一项规则或者获得遵守，或者遭到违反。"③ 任何教育生活世界都要选择人类可能的教育行为这个弧上的某个片段，只要这一教育生活世界要完成整合，它的种种教育习俗、教育习惯、教育制度等就倾向于去推进它所选择的那个片段的表达，同时又去阻止那些相反的表达。西蒙曾说："权威的职能是加强个人遵守群体或权威操纵人员制定的规范。例如，立法机构颁布的法令，不仅被政府各级行政当局当成命令接受，而且也被服从法律的所有人接受。如果谁不服从，就有一套详细阐述的约束条例可以用来制裁违抗者。许多最重要的社会制度的核心都是由权威体制和一套执行权威的约束手段组成的。国家本身就是一个基本的例子，产权法、教堂，甚至家

---

① 《中国经济时报》，1998 年 5 月 7 日。
② 约翰·罗尔斯著，何怀宏等译：《正义论》，中国社会科学出版社 1988 年版，第 54～55 页。
③ A. J. M. 米尔恩著，夏勇等译：《人的权利与人的多样性》，中国大百科全书出版社 1997 年版，第 23 页。

庭也属于这一类。"① 教育行政部门、各级各类教育机构、学校组织等都有自己的教育规范，且这些教育规范纵横交错，构成一个内在的联系网络，通过各种组合确定现实的人从事教育活动的空间。简言之，人们只能在教育制度提供的范围内或设计的框架中活动，不能脱离它、跨越它。正如狗活动的范围取决于绳子的长度一样，个人教育行为选择所达到的满足程度则取决于教育制度。

教育制度是教育行为的框架，规范与协调人在教育生活中的教育行为，规定着人们的教育活动空间及其创新可能。教育制度如同一条条边界，限制着人们的教育行动方向、教育活动路线，由此划定了人们的教育活动空间。人们的教育活动无不处在教育制度之中，人们的教育活动空间被教育制度所限定，教育制度确定和限制了人们的选择集合。在教育制度规定的空间内活动，人们会受到鼓励，得到保护，产生安全感，于是更加严格地遵循这种教育活动范围，这就进一步强化了教育制度的权力。试图越过教育制度规定的教育活动范围，就会受到惩戒，产生风险，强烈地感受到教育制度的约束力。福科认为，我们应该把惩罚这个词理解为能够使儿童感到羞辱和窘迫的任何东西：一种严厉态度，一种冷淡，一个质问，一个羞辱，一项罢免。学校实行一整套微观处罚制度，纪律确立了一种"内部处罚"。他说："纪律也带有一种特殊的惩罚方式。它不仅仅是一个小型法庭模式。规则处罚所持有的一个惩罚理由是不规范，即不符合准则，偏离准则。……学生的'错误'不仅仅包括轻微的违纪，而且包括未能完成功课。……'凡是前一天没有记住功课的学生，必须背下功课，不得有任何差错，在第二天要重背。他将被迫站着或跪着听课，双手合握。或者，他将受到其他处罚'。"② 如果"越界"没有受到惩罚，或者受到惩罚的概率很低，"越界"便成为一种常规，说明这种教育制度的约束力已经严重削弱。洛克曾说："取消了希望与畏惧之后，一切纪律便都完了。我也承认，善有奖，恶有罚，这是理性动物的唯一的行为的动机；它们不啻是御马的缰索和鞭策，且使得一切人去工作，去接受领导，可见奖罚的办法在儿童身上也是应该利用的。"③

每一个人都生活在特定的教育制度之下，他的行动和享受以及所变成的成果都是受特定的教育制度所影响的。人的教育行为均依赖于人为的教育制度结

① H. A. 西蒙著，詹正茂译：《管理行为》，机械工业出版社 2007 年版，第 162 页。
② 米歇尔·福科著，刘北成等译：《规训与惩罚》，生活·读书·新知三联书店 1999 年版，第 202 页。
③ 纳坦·塔科夫著，邓文正译：《为了自由》，生活·读书·新知三联书店 2001 年版，第 186 页。

构，这种教育制度结构指限制人类教育行为，并将他们的努力导入特定渠道的正式教育制度乃至非正式教育规则及其实施效果。在此，我们以义务教育制度为例，来说明教育制度的这一功能。在当代社会，有一种普遍的论点认为，如果我们的同胞与我们共享某些基本的知识和信念，我们所有人都将面临较少的风险，我们便会从我们的同胞那里得到更多的利益。而在具有民主制度的国家中，还有一个更加重要的考虑，那就是民主不大可能在部分文盲的人民中实现，除非在最小的地方范围内。罗素认为，人们拥护国家实施义务教育制度的动机主要有：一是这一制度使人能够读书和写字，这本身是值得称道的事；二是无知的国民对一个文明国家来说简直就是尊严的丧失；三是没有教育，民主政治就是空谈。然而，上述理由都是次要的，真正主要的理由是，人们感到文盲是极不体面的事。① 当义务教育制度普遍而牢固地建立后，它会产生多种作用。"无论是心地善良还是心生邪恶的青年，这一制度都能使他们更加安分守己。它能改善人们的生活方式并减少犯罪现象；它能使人们的日常行为更加符合公共利益；它能使社会对其中心机构的管理更加关注。没有这一制度，民主制度就不可能存在，或者只是一个空洞的形式。"② 正因为如此，罗素热情盛赞免费的义务教育制度，"为所有人提供免费受教育机会的制度是唯一与自由原则相一致的制度，也是唯一可为充分发挥才能提供合理希望的制度"。③ 虽然义务教育制度无论对父母还是学生而言，都没有增进他们免受限制的自由，但毋庸置疑的是，这种制度有助益于自我实现的自由，而且还扩大了孩子在日后生活中的各种机会。

就现实教育生活世界而论，从维护教育目标实现和保障教育有序稳定的角度言，教育制度对人们教育行为划定界限的规定越详细越好，但是，教育制度对人们教育行为划定界限的规则越细，意味着人们教育活动的空间越小，而人们越是遵守规则，循规蹈矩于被分割得越来越狭小的空间范围内，就越显得机械、呆板，这显然不利于发挥人的积极性、主动性和创造性，不利于发挥人们在教育活动中的创新和自由，也不利于人的发展。

（二）教育制度既保护又限制现实教育自由、教育行动自由

教育制度所规定或者限定的人们的教育活动范围，其实就是人的现实教育

① 罗素著，李国山等译：《自由之路》（上），文化艺术出版社 1998 年版，第 224 页。
② 罗素著，李国山等译：《自由之路》（上），文化艺术出版社 1998 年版，第 224 页。
③ 罗素著，李国山等译：《自由之路》（上），文化艺术出版社 1998 年版，第 108 页。

自由、教育行动自由的空间，现实的教育自由、教育行动自由以这种限制为前提。教育制度保护各种个人自主领域，使其免受外部的不恰当干预。故，教育制度保护着个人在教育生活世界中的现实的教育自由、教育行动自由。当然，用教育制度保护个人在教育生活世界中的现实的教育自由、教育行动自由的权利——个人自治空间——从来不是无边界的。换句话说，教育制度既保护又限制个人在教育生活世界中的现实的教育自由、教育行动自由。教育制度始终是增进现实的教育自由、教育行动自由的一种重要力量，与此同时也是限制现实的教育自由、教育行动自由范围的一种重要工具。

1. 何谓现实教育自由、教育行动自由

自由是人的自由。从主体和对象的区别上看，自由存在三种情况：其一，人对自然界的自由。这是人作为人的"类"自由，即个人作为人类一员所具有的自由。我们可以说这是一种积极自由，它表现了人对自然的征服和胜利，"自由自觉的活动"是其主要标志；也可以说这是一种自由天性，使人作为人所具有的基本规定性。其二，与人作为人类一员的自由相对的，是人作为个体对自己的自由，表现为个人对自己本能的克制和对自己潜能的发挥。在此，自由与人性紧密相连，就自由是对自己动物本能的克服和超越而言，是主体克服了自身好逸恶劳、贪生怕死、及时行乐等等性恶特征所取得的积极成果，它标志着人的自律。但就自由是人的内在本性（包括生命、潜能、"贪欲"和"权势欲"等）的充分发挥和表现而言，自由具有恶性的特征，因为主体试图用这样一种方式胜出他人，特别是贪欲和权势欲的满足，必然导致与他人的冲突、对他人的压制，因而具有性恶的特点。其三，个人对他人的自由。在人际交往不断扩大的现代社会，在人身依附关系不断破裂、人对人获得独立性的情况下，个人对他人的自由或者自由人之间的相互自由，就从自由的各种情况中凸显出来，成为自由的首要含义。对自由的上述思考，成为我们分析现实的教育自由、教育行动自由的基础。

一般而言，现实教育生活世界中人的现实的教育自由、教育行动自由，就是个人在与社会或他人的关联中获取的自由，它意味着权利、机会和能力。博登海默说："自由不只是排除外部约束和免受专断控制，而且还包括了在服务于被称之为人类文明的伟大事业中发挥个人的天赋和习得的技术的机会。在这个意义上，自由可以被描述为'一种条件，亦即型构一个目的、借助有组织的文化手段使该目的转变为行之有效的行动并对这种行动的结果充满乐趣所必要的和充分的条件。'……如果社会不为他提供符合其能力的有益工作和建设性活动的机会，那么他也同样不会感到自己是个真正自由的人。因此，追求和实现目的的自由就如同不受外部障碍之约束一样，是自由这一概念基本含义的一个重要的且必不可少的向度。"① 具体而言，现实教育自由、教育行动自由的内涵如下。

首先，就现实的教育自由、教育行动自由是人作为主体所特有的资格而言，现实的教育自由、教育行动自由是个人应当秉有的一种基本权利。作为权利的现实的教育自由、教育行动自由表明，人是他自己教育的主人，有自己的独立人格，有权自由地思想、言谈和行动。卢克斯曾说："要有自由，一个主要的前提条件……是个人要被其他人尊重为人（个人也应当这样来尊重他自己）。其实这在逻辑上必定如此，因为根据我的分析，得到这样的尊重（至少部分地）就等于得到了自由。缺乏这种尊重，个人的自由就会受到损害：他的自主会被削弱，他的隐私会遭到侵犯，**他的自我发展会受到阻挠**。"② 作为权利的现实的教育自由、**教育行动自由**表明，人是自由自决的行动者。如果一个人的教育行为是自主的，就是说，并非他人意志的工具或对象，或独立于他的意志的外在或内在力量的结果，而是他作为一个自由的教育行为者所作出的决定和选择的结果，那么，这个人在教育世界中就是自由的。他的自主性就表现在这种自决的决定和选择之中，"个人的自由裁量权是'权力'概念的最为突出的特征"③。如果他的教育行为不是由他的自觉的"自我"而是由其他东西所决定的，那么他在教育世界中的自主性就会被减少。

其次，就现实的教育自由、教育行动自由是开发和发挥自己潜能的可能性而言，现实的教育自由、教育行动自由是一种机会。现实的教育自由、教育行动自由是个人应当秉有的一种基本权利，有可能只是提供了行使这些权利的一种形式机会，而非实际机会。作为一种权利的实际实施，主要表现为主体获得教育权利和各种稀缺教育资源的机会和可能性，表现为人们获得塑造自己的机会、获得自我认识而自我治理的机会，也表现为主体能够决定他的教育生活道路，从而实现他的潜能的机会。"每一个人都同样是一个人；每一个人都享有平等的机会来发展他自己的才能，无论这些才能的范围是大是小。"④ 现实的教育自由、教育行动自由的理想，是人类社会所有成员的潜能的最大限度的发挥，是人们对优异才智和卓越品格的不断追求。生活在现实的教育自由、教育行动自由之中其实就是能够处于一个这样的不断创造自我的过程中，在这个过

① E. 博登海默著，邓正来译：《法理学》，中国政法大学出版社 2004 年版，第 422 页。
② S. 卢克斯著，阎克文译：《个人主义》，江苏人民出版社 2001 年版，第 124~125 页。
③ 丹尼斯·劳埃德著，许润章译：《法理学》，法律出版社 2007 年版，第 182 页。
④ 约翰·杜威著，傅统先等译：《人的问题》，上海人民出版社 2006 年版，第 47 页。

程中人们的精神和情感得以丰富和拓展，人们的价值目标得以实现，人们的才智和品格得以提升。密尔曾说："唯一实称其名的自由，乃是按照我们自己的道路去追求我们自己的好处的自由，……每个人是其自身健康的适当监护者，不论是身体的健康，或者是智力的健康，或者是精神的健康。"① 简言之，一个人如果能够实现他的人类潜能，他在教育世界中就是自由的；而如果这种自我实现受到（人为操纵的因素）妨碍，那么他在教育世界中就是不自由的。

再次，现实的教育自由、教育行动自由不仅仅是获得自我实现的权利的机会，虽然权利和机会本身就表现着人的现实的教育自由、教育行动自由，但只有在他们获得真正实现的情况下，才能成为现实地确认人的现实的教育自由、教育行动自由的东西。就此而言，现实的教育自由、教育行动自由是一种能力，它不仅是"借助于对事物的认识做出决定的那种能力"（马克思语），而且是一种根据自己需要和目的实际地改造事物的实践能力。换句话说，现实的教育自由、教育行动自由意味着主体实现自我潜能的能力。一个人所取得的现实的教育自由、教育行动自由度的大小，既是他能力大小的标志，也是其能力发展水平高低的指示器。这是因为，现实的教育自由、教育行动自由不仅建立在"理性"的基础之上，而且必须通过教育的"引领"。黑格尔曾说："'自由'如果当做原始的和天然的'观念'，并不存在。相反地，'自由'要靠知识和意志无穷的训练，才可以找出和获得。所以天然状态不外乎是无法的和凶暴的状态、没有驯服的天然冲动的状态、不人道的行为和情感的状态。"② 因此，从一定意义上说，追求思想、意志、行动方面最大可能的教育自由，是一个人的一种内在需要，而一个人实际地获得了思想、意志、行动方面最大可能的教育自由度，则表明他有能力实现自己的理想和愿望，有能力突破阻碍其思想、意志和行动达到教育自由状态的各种强制因素。

2. 现实教育自由、教育行动自由何以必要

存在于社会中的现实的教育自由、教育行动自由肯定是具有教育价值的，它注定要对特定社会或社会群体的存在和发展发生作用与影响。

首先，现实的教育自由、教育行动自由是教育得以存在的条件，并为教育健康发展所必需。现实的教育自由、教育行动自由作为人的一种权利需要通过教育求得满足，从而使个人现实的教育自由、教育行动自由的满足成为教育稳步发展的必要条件。教育发展的首要目标是实现人的现实的教育自由、教育行

---

① 约翰·密尔著，许宝骙译：《论自由》，商务印书馆 2005 年版，第 14 页。

② 黑格尔著，王造时译：《历史哲学》，上海人民出版社 2006 年版，第 38 页。

动自由，通过教育发展来扩展人的现实的教育自由、教育行动自由，并运用个人的现实教育自由、教育行动自由来促进教育的发展。森指出："所有的人都享有个人自由对一个良好的社会是重要的。这个论断可以看做是包含了两个不同的组成部分，即（1）个人自由的价值：个人自由是重要的，在良好的社会中应该确保每一个'算数'的人都享有它；（2）自由平等享有：每一个人都'算数'，向一个人提供的自由必须向所有人提供。这两点结合起来确定了个人自由应该在共享的基础上向所有人提供。"① 同时，教育是一个复杂的系统，个人是教育系统最基本的要素，教育系统要获得存在和发展的条件，需要个人发挥能动性、主动性和创造性，否则教育本身是无法支撑下去的。哈耶克说："我们之所以需要自由，乃是因为我们经由学习而知道，我们可以从中期望获致实现我们诸多目标的机会。正是因为每个个人知之甚少，而且因为我们甚少知道我们当中何者知道得最多，我们才相信，众多人士经由独立的和竞争的努力，能促使那些我们见到便会需要的东西的出现。"② 每个人都具有实现其人格潜力的强烈欲望，都具有建设性地运用其能力的强烈欲望，都具有充分发挥其能动性、主动性和创造性的强烈欲望。套用霍金的话来讲，"一个人应当发挥其能力，而不管是什么能力，这从客观上来讲是'正确'的"。③ 只有当人的能力以及能动性、主动性和创造性等不为压制性的桎梏束缚时，一种有助益于尽可能多的人的高度教育文明才能得以建立。毋庸置疑，主动能力的发展、思想资源的丰富以及创造性才能的发挥，都对教育发展和人的全面而自由发展做出了巨大的贡献。

其次，现实的教育自由、教育行动自由的价值，体现在它对教育的发展和进步需要的满足上，体现在它对人的全面而自由发展、个性发展需要的满足上。一方面，教育的发展和进步、人的全面而自由发展是人类社会所追求的基本目标，这是社会需要现实的教育自由、教育行动自由的主要理由。因为，所谓教育的发展和进步，就是在现有基础上获得新的进展和新的创造，这就需要人们打破常规，进行大胆的尝试、探索和创新，而人们打破常规的探索和创新精神，人的全面而自由发展，只能以现实的教育自由、教育行动自由为前提。另一方面，正是为了人的全面而自由发展、个性的发展。每个人才需要现实的

---

① 阿马蒂亚·森著，任赜等译：《以自由看待发展》，中国人民大学出版社 2002 年版，第 236 页。

② F. A. 冯·哈耶克著，邓正来译：《自由秩序原理》（上），生活·读书·新知三联书店 1997 年版，第 28～29 页。

③ E. 博登海默著，邓正来译：《法理学》，中国政法大学出版社 2004 年版，第 301 页。

教育自由、教育行动自由，需要对个人基本教育权利的保障，需要对个人理性和人格的尊重。现实的教育自由、教育行动自由的实践在于阻止任何社会"把它自己的观念和行事当作行为准则来强加于所见不同的人，以束缚任何与它的方式不相协调的个性的发展"。① 如果没有现实的教育自由、教育行动自由，社会可能迫使一切人（特别是儿童）都按照某种模型来形成个性。缺乏现实的教育自由、教育行动自由将不仅给社会，而且给个人带来毁灭性的后果。现实的教育自由、教育行动自由并不仅仅是为了新思想的诞生，现实的教育自由、教育行动自由的缺失还使得社会从根本上堵塞了教育，也使得社会中不再以培养精神人格为教育的归宿。因为没有现实的教育自由、教育行动自由，人们就不可能去寻找有价值的生活目的。

再次，现实的教育自由、教育行动自由还是实现教育公平的动力机制。现实的教育自由、教育行动自由不仅表现为教育领域的教育竞争自由，即表现为不同个人之间平等地参与竞取稀缺教育资源的活动的自由，而且是教育竞争的前提条件。通过广泛的教育竞争，不仅教育资源可以获得有效的配置，而且人们将会获得与他们的"贡献"和"付出"相匹配的地位，实现起码的教育公平，在一定程度上堵塞了"裙带关系或任人唯亲"。诚如辛格所言："做出努力，让按需要和努力而不是天赋能力去付酬的原则得到更广泛的接受，这既是现实的，也是正确的。"② 博登海默也说："虽然人们应当享有足够的平等以使每个人都能达到最适合于他的地位，但是如果没有'对于不等的成就给予不等的报酬'这种激励，那么所谓最适当地使用才能就会成为一句空话"。③ 可见，现实的教育自由、教育行动自由不仅是教育不断发展和进步的保证，也是人的全面而自由发展的前提。

尽管现实的教育自由、教育行动自由是个人显示其价值、表现其个性与力量的方式与条件，对个人的生存和发展来说，现实的教育自由、教育行动自由是不可或缺的东西，因而它本身就是人们自觉追求的价值目标。正是由于现实的教育自由、教育行动自由可以促进教育的发展和进步，有利于教育持续稳定的发展，因此才获得了社会的认可，并为现代国家所积极推进。这样，现实的教育自由、教育行动自由无论对个人还是教育本身，都具有重要价值。

---

① 约翰·密尔著，许宝骙译：《论自由》，商务印书馆 2005 年版，第 5 页。
② 彼得·辛格著，刘莘译：《实践伦理学》，东方出版社 2005 年版，第 43 页。
③ E. 博登海默著，邓正来译：《法理学》，中国政法大学出版社 2004 年版，第 316 页。

3. 现实教育自由、教育行动自由的实现机制

从性质上言，教育制度确保现实的教育自由、教育行动自由的价值就是教育制度作为一种工具，对人的存在和发展所具有的功能和作用。教育制度价值的这一特点，决定了教育制度对于现实的教育自由、教育行动自由的工具性和现实的教育自由、教育行动自由对于教育制度的目的性。因此，教育制度若是要体现出它的工具价值，就需要一套激励机制，按照经济社会发展的客观要求，通过抑制现实的教育自由、教育行动自由所具有的有害因素和不合理方面，去实现和扩展个人的现实的教育自由、教育行动自由空间。在此，教育制度使现实的教育自由、教育行动自由成为可能的主要方式，就是为现实的教育自由、教育行动自由划界，就是用无形而明晰的边界去克服有形、但封闭的"城墙"的局限，通过消除任性的权力意志和无所不在的道德意志的统治，去凸显人的尊严、人的主体性、人的自主性以及人的自我发展能力。

具体而言，教育制度从这样几个层面构成了现实的教育自由、教育行动自由得以可能的社会机制。

（1）教育制度为人的全面而自由发展创造了空间

教育制度是自由活动的游戏规则，它在一个漫长的历史过程中，逐渐推倒了一切外在的、僵死地限制人们教育活动的"城墙"，慢慢地破除了一切身份等级和地域限制的束缚，为个人才智、才能、力量、个性充分自由的发挥，创造了前所未有的自由空间。赫恩斯塔因等人曾说："20世纪渐渐成为一个由金钱、权力、地位来划分社会阶层的世纪。古代用世袭头衔来划分社会阶层的办法已经消失，取而代之的是一套更复杂的、相互交叠的办法。社会身份固然还很重要（不过已经不再伴随着剑或头冠），但赤裸裸的财富、教育证书、才干也一样重要（才干的重要性日趋明显）。我们认为20世纪持续进行了这一转变，因此21世纪将开启一个认知能力成为决定性分化力量的世界。这一转变比前一个转变更奥妙、更重要。社会阶层是社会生活的火车头，但现在是智力在拉动它。"① 但是，我们不能把教育自由、教育行动自由的权利看作是一种绝对的和无限制的权利，任何教育自由、教育行动自由都容易为肆无忌惮的个人和群体所滥用，因此，为了人的全面而自由发展，教育自由、教育行动自由就必须受到某些限制。换句话说，教育制度既要保护又要限制个人的现实教育自由、教育行动自由。现实的教育自由、教育行动自由是由教育制度（尤其是教

---

① 彼得·狄肯斯著，涂骏译：《社会达尔文主义》，吉林人民出版社2005年版，第73～74页。

育法律制度）严格限定的，现实的教育自由、教育行动自由的程度取决于适当的约束、限制。

一般而言，教育自由是漫长社会过程进化的产物，是教育制度的遗产，一旦失去教育制度的保护，教育自由不可能持久。此种意义上的教育自由，是公认的社会安排的结果，而不是社会安排的先决条件。诚如兰德曼所说："设计我们自己的自由，却受到某些事先给予的事实的限制。……人类的存在决不会重新开始；相反地，它总是发现它本身被'投入'到它不寻求的一种历史形势中。我们全都是由我们在其中成长和存在的共同群体的传统塑造成的，我们是由自己的过去塑造成的。我们是这种'遗产'的承担者，这种遗产也为我们的未来规定了路线。如果我们作决定的可能性继承了这种遗产，那么只有这时，这些可能性才最深刻地是为了我们自己的。因此，任何时候人的决定的主权，都要受到过去生活的砝码的限制。"① 由于存在不是从无开始，所以它不是悬挂在虚空中的。它不仅处在一般的历史形势中，而且面临具体生活情境中的种种任务，这些任务也在我们决定的前提之中。"我们能够用这种或那种方法去完成这些任务；但是，我们是必须完全完成一切任务，还是仅仅完成某些特殊的任务——我们作决定的这种框架，却并不存在于我们的决定权之中。"② 也就是说，脱离了过去教育经验、教育制度的教育自由是盲目的自由，既不体现真正的社会连续性，也不是真正的个人选择的体现。它不过是道德真空中的一个姿态而已。欧克肖特说："自由就像野味馅饼的制作法一样，不是一个好主意；它不是一种从某种思辨的人性概念演绎出来的'人权'。我们享有的自由只是某种安排、程序：一个英国人的自由不是反映在人身保护法的程序中的什么东西，在那一点上它是利用那个程序的有效性。我们希望享有自由，不是一个我们独立于我们的政治经验预先策划的'理想'，它是已经在那经验中暗示了的东西。"③ 在康德看来，教育中最重大的问题之一是，人们怎样才能把服从于法则的强制和运用自由的能力结合起来。他说："强制是必需的。……应该让儿童习惯于忍受对其自由所施加的强制……他必须尽早感受到来自社会的不可避免的阻力，以便能认识到为了独立而谋生和奋斗是多么艰辛。"④ 罗素认为，在教育领域中和在其他领域中一样，自由都有个限度的问题。一个人赞成教育上

---

① M·兰德曼著，阎嘉译：《哲学人类学》，贵州人民出版社 2006 年版，第 199 页。
② M·兰德曼著，阎嘉译：《哲学人类学》，贵州人民出版社 2006 年版，第 200 页。
③ 迈克尔·欧克肖特著，张汝伦译：《政治中的理性主义》，上海译文出版社 2003 年版，第 46 页。
④ 康德著，赵鹏等译：《论教育学》，上海人民出版社 2005 年版，第 13 页。

的自由，并不是说让儿童们整天为所欲为，教育必须施加纪律和权威的影响。"不言而喻，如果儿童不受管束，那么大部分儿童将不会去学习和读书。这样，他们就可能不如在受过教育之后那样适应其生活环境。所以，我们必须拥有教育机构，儿童在某种程度上必须受到约束。""虽然教育中也尊重自由，只要它能和教导相配合，并且虽然还可以容许比习惯上更多的自由而无害于教导，但是如果要对儿童教些东西，除了理智非常发达而不与寻常同伴在一起的儿童以外，显然不能给以完全的自由，而有些与自由的距离是无可避免的。这就是为什么教师负着很大的责任的一个理由：儿童是必然或多或少地要听命于他们的长者，不能让他们做自己的保护者。"① 因此，教育制度与现实的教育自由、教育行动自由并不是彼此排斥、彼此对立的概念。惟有有了前者，后者才有可能。例如，在 20 世纪 60、70 年代，美国一系列的法庭判例清楚地规定，学生不因进入学校而失去政治自由，作为美国公民，他们享有言论自由、结社自由和集会自由，但教师和学生的自由同样是有限制的，他们的自由之所以得到保护，是因为其自由的行使没有破坏学习过程，没有对别人行使自由构成障碍。例如，教师在讲课时，学生没有自由绕着教室跑动；教师宗教信仰自由，却不能用自己的宗教信仰自由改变学生的宗教信仰。20 世纪 80 年代，轰轰烈烈的择校运动高举的是父母抚养子女的自由权利，但是，择校自由有一定的限制，家长没有将子女抚养成文盲的自由，也没有把孩子送到身体和心理上受到虐待的学校的自由。同时，为了更大的教育自由，为了教育发展和人的发展，现实的教育自由、教育行动自由也应受到某种限制。为了给学生创造一个自由的、简单方便的学习环境，使他们得以摆脱以往的教育可能给他们造成的"精神创伤"，人们必须花费力气，对学生加以研究。不仅内如此，还应该有一个更为自由地组建起来的组织机构——这一组织机构因而也必然有着复杂的结构——来引导和支持学生，使学生能够轻松自如地运用所学。克罗齐耶认为，当今的法国学校之所以给人一种压抑感，其开设的课程之所以深奥难学，原因并不在于学校的现代化程度过高，而在于其令人绝望的落后：教师培训体系和内部组织模式的落后。总之，现实的教育自由、教育行动自由并非灵丹妙药，为了教育的健康发展、人的全面而自由发展而采取某些教育制度上的限制是完全必要的。

一旦现实的教育自由、教育行动自由缺乏教育制度的限制与约束，现实的教育自由、教育行动自由形同于放纵，这无疑是对现实的教育自由、教育行动

---

① 罗素著，张师竹译：《社会改造原理》，上海人民出版社 2001 年版，第 93～94 页。

自由的误用、滥用。泰戈尔曾说："实际上，哪里没有约束，哪里就会有放纵的疯狂，灵魂也就不再是自由的，它为此会受到损伤，从无限中分离出来，尝到犯罪的痛苦。每当灵魂屈从于诱惑而远离法则的束缚时，就像从母亲臂腕中夺走的孩子，他大声呼喊：'别打我！'然后恳求说：'噢，以法则束缚我吧。束缚我的身心。请紧紧地抱住我，让我在法则的拥抱中与欢乐结为一体，保护我，通过坚实的拥抱，以摆脱致命的罪恶的疏忽'。"① 例如，在 20 世纪 60、70 年代，美国实施了一项教育制度，引进了在英国孤儿院中产生的开放教育，给予儿童过多的自由，在这一时期，一些课堂教学秩序实际上受到了损害。强调儿童自由，听任其自主选择活动，使得课堂教学在人们眼中成为混乱不堪的场所。针对这样的状况，教师和家长很快重新声明秩序的重要意义，在一些学校，人们干脆在教室中建起砖墙，将大的"开放教室"改为较小的空间，在这样的空间里，课堂教学秩序的维持更为容易。也就是说，一个人自由地追求自己的教育目标常常会影响他人的同样追求，所以，现实的教育自由、教育行动自由永远必须明确自己与他人现实的教育自由、教育行动自由的界限。《世界人权宣言》第 29 条指出："人人在行使他的权利和自由时，只受法律所确定的限制，确定此种限制的唯一目的在于保证对旁人的权利和自由给予应有的承认和尊重，并在一个民主的社会中适应道德、公共秩序和普遍福利的正当需要。"如果没有教育制度对教育自由的约束，现实的教育自由、教育行动自由权利就成了放纵权；没有对现实的教育自由、教育行动自由的恰当约束，社会将堕入无政府状态，教育世界将呈现"失范"状态。博尔丁精辟地表达了这一思想："自由托庇于道德、金钱、法律和常识，宛如置身于栅栏的保护之中。如这个栅栏很宽敞（或无外人限制我们的主权），我们就是自由的。若你的美好自由限制了我，我们就需要政治权力；若违反了规则，就需借助法律，削减自由——为了自由。"② 更为重要的是，为了整体的（国家的）教育目标的实现，适当地限制乃至牺牲个人的教育自由是完全必要的。例如，美国宪政的大部分历史无疑是最高法院试图在教育自由与政府权力这两个逆向观念之间创制一种可行的平衡和综合的努力而已。只有如此，我们才能理解美国宪法有关教育条款的意义。诚如斯通所说："人并不是孤立地活着，也不是仅为自己而活着。这样，一个复杂社会的组织工作就具有了重大意义，在这种社会中，个人主义必

---

① 泰戈尔著，宫静译：《人生的亲证》，商务印书馆 2007 年版，第 76 页。

② K. E. Boulding, *Principles of Economic Policy*. London：Staples Press，1959，p. 110.

须服从交通规则，一个人为所欲为的权利必须服从市区规划法令，有时甚至还要服从限价规则。正是应在何处划定界限的问题——这条界限标志着个人自由和权利的适当范围同政府为更大的利益而采取行动的适当范围之间的分界线，以确保只在最低限度的范围内牺牲上述两种类型的社会利益——构成了宪法的一个永恒课题。"①

（2）教育制度增强自由行动者之间的教育交往

作为抽象、明确、平等的规则，教育制度为自由主体提供了有效的预期机制，增强了自由行动者之间的教育互动、教育交往和教育合作。在人类的教育活动中，教育制度既然是人们的行为准则，人们建立教育制度无非是为了减少不确定性，获得一种比较稳定的预期，并据以选择和确定自己的教育行为。假设几个学生受邀参加学校的开学典礼。学生到底如何穿着并不重要，可是，假如其他学生都穿着一致，只有他打扮奇特，那么他就会感到相当尴尬，因为他知道，他的这种与众不同很可能招致其他学生的反感。因此，每个学生必定要以他对其他学生着装的预期来打扮自己才行：假如别的学生都穿着校服来，那么他也穿着校服来；假如别的学生都穿着燕尾服来，那么他也穿着燕尾服来；假如其他学生的装束千奇百怪，那么他也就随便穿什么都可以了。可见，任一行为方所可能采取的任一行为的结果，都取决于其他学生的行为。换句话说，每个学生必须根据他对其他学生的行为的预期来决定他自己的行动。但是，每个学生的理性能力有限，每个学生在决定自己的穿着打扮时既需要支付信息费用，又得面对学校生活环境与教育活动中的不确定性，这就使得每个学生必须根据他对其他学生的行为的预期来决定他自己的行动变得异常困难。如何使这一困难化解呢？显然需要教育制度（或学校规章制度）。每个学生既需要凭借教育制度以确保自己的穿着得体，又需要借助教育制度以促进彼此之间的合作，将外部效应内在化。休谟说："一种对于共同利益的普遍性意识。社会中的所有成员都相互表达这一意识，并且人们得以在这一意识的引领下，以一定规则去规范他们的行为举止。例如，我发现对我有利的做法是让另一个人拥有他的财物，条件是他也以同样原则对待我。一旦这种共同利益的意识表达出来了，并且为双方所认识了，那么，它就产生出一种适当的解决办法和行为。这就完全可以恰当地称为我们之间的约定或者协议，即便并没有许诺的成分掺杂其中。因为我们每个人的行为都与其他人有个相应的关照，而且都是基于这样

---

① E. 博登海默著，邓正来译：《法理学》，中国政法大学出版社 2004 年版，第 303 页。

一个假设，即对方也会以某种方式回应我们。"① 尽管休谟阐述的是约定的本质，但其精神实质无疑有助于我们对教育制度预期功能的认识。教育制度的抽象性和平等性、决定了它的非人格化特征。教育制度"不因人而异"，形式上对"人人"都一样。康德说："儿童必须被置于某种必然的法则之下。这种法则必须是普遍性的。在学校里尤其要注意这一点。教师一定不能在众多学生中对某一个人表现出特别的偏爱，因为这样的话，法则就不再是普遍性的了。一旦他们发现不是所有人都遵从这同一法则，就会变得难以控制。"② 教育制度只针对客观上存在的行为和事实，而不会因人而异，而且我们在制定教育制度时，事先并不知道谁、在什么情况下会使用它们，即教育制度具有对事不对人的"盲目性"和"无知性"。因此，教育制度既打破了特殊主义的羁绊，可以作为自由主体相互预期的公共机制，又使一个人能够充分地保有自己的自由，用亚当·斯密的话来说就是，"一切特惠或限制的制度，一经完全废除，最明白最单纯的自由制度就会树立起来。每一个人，在他不违反正义的法律时，都应听其完全自由，让他们用自己的方法，追求自己的利益。"③

（3）教育制度使抽象的教育自由、教育行动自由得以兑现

作为清晰、明确的公共规则，教育制度通过对人们现实教育自由、教育行动自由空间的界定，使逻辑上抽象的现实教育自由、教育行动自由的可能性，变成一种人们教育行动上可以力争和竞取的教育权利与教育机会。教育制度尤其是现代教育制度是"权利本位"的制度，它通过界定各主体之间的教育权利边界，来规划主体自由行动的权利空间。孟德斯鸠曾说："在一个国家里，也就是说，在一个有法律的社会里，自由仅仅是：一个人能够做他应该做的事情，而不被强迫去做他不应该做的事情。……自由是做法律所许可的一切事情的权利；如果一个公民能够做法律所禁止的事情，他就不再有自由了，因为其他的人也同样会有这个权利。"④ 人们在行使他的教育权利和现实的教育自由、教育行动自由时，只受教育法律所确定的限制，确定此种限制的唯一目的在于保证对别人的教育权利和现实的教育自由、教育行动自由给予应有的承认和尊重。罗素曾说："我们所要追求的自由不是压制别人的权利，而是在不妨碍他

---

① 大卫·刘易斯著，吕捷译：《约定论》（引言），生活·读书·新知三联书店2009年版，第9页。
② 康德著，赵鹏等译：《论教育学》，上海人民出版社2005年版，第37页。
③ 亚当·斯密著，郭大力等译：《国民财富的性质和原因的研究》（下卷），商务印书馆1988年版，第252页。
④ 孟德斯鸠著，张雁深译：《论法的精神》（上册），商务印书馆1997年版，第154页。

人的前提下按照我们自己选择的方式进行生活和思考的权利。"① 从此种意义上说,教育制度是实现现实教育自由、教育行动自由的一种机制,通过它,抽象的、在逻辑上存在的可能性,可以转变为真实的、可遇又可求的教育权利和教育机会,从而使现实教育自由、教育行动自由的原则和理念能够有效地转变为可以兑现的价值。"说自由与平等之间互不相容这个普遍的断言,乃是以一个极其形式主义的和有限制的自由的概念为根据的。它忽视和排除了这一事实:即一个人实际的自由是依赖于现有制度的安排所给予的行动权力的。它以一种完全抽象的方式来理解自由。在另一方面,把平等与自由统一起来的民主理想就是承认:实际具体在机会与行动上的自由依赖于政治和经济条件平等化的程度,因为只有在这种平等化的状态之下,个人才有在事实上的而不是在某种抽象的、形而上学的方式上的自由。"② 教育制度是现实教育自由、教育行动自由得以可能的社会机制,它在规划人们自由行动空间的同时,为人们的选择、创新和发展划定了一个确定的、安全的行动空间,从而使他们不必考虑他人的任意干涉,而能专注于自己教育权利的有效运用和个性、才能的充分发挥。如果一个人不需要服从任何人,只服从教育制度,那么,他在教育生活世界里就充满着自由。如果一个人严格遵守已公布的教育制度,那么,他便不会害怕对他的现实教育自由、教育行动自由的侵犯。罗尔斯说:"一个遵守已公布的法规的人不必害怕对他的自由的侵犯"③。或如阿克顿所说:"只有当人们学会遵守和服从某些法则之后,自由才开始真正出现。而在人们尚未学会遵守和服从某些法则之前,自由表现为无拘无束的放纵和无政府状态。"④ 在此,教育制度是现实教育自由、教育行动自由和教育权利的"保护伞",在有效抵挡权力意志干涉的同时,促进了个人主观能动性的发挥,使现实教育自由、教育行动自由的可能性变成现实。

(4) 教育制度法治原则的确立为人的全面而自由发展创造了条件

作为一种把形式正义当作根本性教育制度定义的规则体系,教育制度是一种实现教育公平的机制,进而确立了教育制度的法治原则,而法治原则的确立,又从根本上改变了人与人之间的依赖关系,既为每一个人赢得了作为主体的尊严感,又为一切人的全面而自由发展创造了条件。霍布豪斯说:"在假定法治保证全社会享有自由时,我们是假定法治是不偏不倚的、大公无私的。如

---

① 罗素著,李国山等译:《自由之路》(上),文化艺术出版社1998年版,第221页。
② 约翰·杜威著,傅统先等译:《人的问题》,上海人民出版社2006年版,第96~97页。
③ 约翰·罗尔斯著,何怀宏等译,《正义论》,中国社会科学出版社1988年版,第231页。
④ 阿克顿著,侯健等译:《自由与权力》,商务印书馆2001年版,第315页。

果一条法律是对政府的，另一条是对百姓的，一条是对贵族的，另一条是对平民的，一条是对富人的，另一条是对穷人的，那末，法律就不能保证所有的人都享有自由。就这一点来说，法律意味着平等。"① 从表面上看，人们对教育制度的遵从好像缺乏人性，也没有"心性体贴"，似乎只有冰冷的规则和无情的正义命运般地支配着一切，然而，从实质上看，正因为教育制度的规则化、形式化，才使教育制度与现实教育自由、教育行动自由能够兼容。因为自由主体只服从教育制度尤其是教育法律，并通过对教育法律的服从获得法律的保障，抵抗他人意志的任意干涉和强制。"自由统治的首要条件是：不是由统治者独断独行，而是由明文规定的法律实行统治，统治者本人也必须遵守法律。我们可以从中得出一个重要结论，即自由和法律之间没有根本性的对立。相反，法律对于自由是必不可少的。当然，法律对个人施加限制，因此它在一个特定时候和一个特定方面与个人的自由是对立的。但是，法律同样也限制他人随心所欲地处置个人。法律使个人解除了对恣意侵犯或压迫的恐惧，而这确实是整个社会能够获得自由的唯一方法和唯一意义。"② 当然，人们对教育法律的服从与对意志的服从完全不是一回事，既然教育法律没有"人性"，"盲目"且"无知"，因此，就人们在教育法律面前完全平等这一点而言，人们对教育法律的遵守，本身就表明其意志是自由的，表明一个人具有对任何其他人的尊严感。

（5）教育制度既是一种限制力量，也是一种解放力量

教育制度既是对现实教育自由、教育行动自由予以限制的力量，也是一种解放的力量。教育制度之于个体教育行动的意义并不只是消极的、约束或控制性的，更为重要的是积极的、扩张的、解放性的。诚如涂尔干所说："纪律是有用的，不仅对社会利益而言是一种不可或缺的工具，因为没有这种工具，常规活动就不可能产生，而且对个人自身的福利来说也是有用的。通过纪律这种手段，我们可以学会对欲望进行控制，没有这种控制，人类就不可能获得幸福。因此，纪律甚至在很大程度上有助于人格的发展，而人格对于我们每个人来说都具有根本的重要性。限制我们的倾向并约束我们自身的能力……正因为规范可以教会我们约束和控制我们自己，所以规范也是解放和自由的工具。"③ 纪律实质上是矫正性的，具有缩小差距的功能。拉萨勒曾说："在各种补救性惩罚中，罚做作业在教师看来是最正当的，在家长看来是最有利的。"譬如，

---

① 霍布豪斯著，朱曾汶译：《自由主义》，商务印书馆 2009 年版，第 9～10 页。
② 霍布豪斯著，朱曾汶译：《自由主义》，商务印书馆 2009 年版，第 9 页。
③ 爱弥尔·涂尔干著，陈光金等译：《道德教育》，上海人民出版社 2006 年版，第 39 页。

对那些"没有完成全部书写作业或没有尽力做好书写作业的学生，可以罚他们写或背某些补充作业。"[①] 尽管如此，教师仍应该尽可能地避免使用惩罚，相反，他应该多奖励少惩罚。诚如福柯所说："纪律仅仅用奖励给予回报，因而使人能得到晋升。"[②] 懒惰的学生与勤奋的学生一样，希望获得奖励比畏惧惩罚更能使他振奋。因此，当教师被迫使用惩罚时，如果他能先赢得学生的心，是大有助益的。同时，教育制度使人获得解放，能够使人从任性提高到普遍性。黑格尔说："有教养的人首先是指能做别人做的事而不表示自己特异性的人，至于没有教养的人正要表示这种特异性，因为他们的举止行动是不遵循事物的普遍特性的。在对其他人的关系上，没有教养的人还容易得罪别人，因为这些人只顾自己直冲，而不想到别人如何感觉。"因此，教育制度的目的正是要"打磨"这种特殊性，并使其教育行为合乎事物发展的普遍性，"教育就是要把特殊性加以琢磨，使它的行径合乎事物的本性"。[③] 一旦人们学会遵守和服从教育制度之后，现实的教育自由、教育行动自由才开始真正出现，人们的创造性才能得到充分的施展。而在人们尚未学会遵守和服从教育制度之前，现实教育自由、教育行动自由表现为无拘无束的放纵和无政府状态，人的创造才能也不可能得以施展。诚如《学会生存》一书所说："发挥人的创造性并不是放任人性的自由表现。发明与发现也要遵守一种为人们自由接受的纪律，也要模仿别人所选择的模式，尤其是要反对那些矛盾的模式。否定纪律的作用和拒绝遵守一切规则，都是不可能的。……纪律和规则同发明创造的本能是最相一致的。"[④]

(6) 放纵教育自由损害教育效率

未加限制的现实教育自由、教育行动自由还会损害教育效率。自由的本性要求选择、机会和途径的多样性，但是多样性的成本高于单一的同时适合所有人的方案。例如，反映美国人偏好自由的课程政策是高中阶段的选课制度。基于这一制度，美国建立了大量的高中，并且开设大量的课程，允许学生进行多种多样的学校、学习领域和课程的选择。这一制度增加了额外的成本。一些规

---

① 米歇尔·福柯著，刘北成等译：《规训与惩罚》，生活·读书·新知三联书店1999年版，第203页。

② 米歇尔·福柯著，刘北成等译：《规训与惩罚》，生活·读书·新知三联书店1999年版，第204～205页。

③ 黑格尔著，范扬等译：《法哲学原理》，商务印书馆2007年版，第203页。

④ 联合国教科文组织、国际教育发展委员会编著，华东师范大学比较教育研究所译：《学会生存》，教育科学出版社1996年版，第187页。

模较大的高中须编印选课指南来描述选课事项，同时还要设置指导教师来花费大量的时间解释不同的选择。在这种情况下，一方面一些特殊的课程选课率极低，另一方面一些教师不得不花费时间开发新课程。正是出于成本的原因，一些高中限制了选课的范围，它们并不是自愿实施选课限制的，但是，成本意识强烈的学校委员会和州的立法机关却相当强烈地要求压缩选课空间。而为了避免诸如选课制给教育效率带来的损害，许多教育机构鼓励学习者对他们的教育自行负责。学生有选择的自由，但他们对自己和对学校也要承担某些责任，这两方面是并行不悖的。《学会生存》一书说："学习者，特别是成人学习者，必须有选择他要进哪一类教育机关、获得哪一种训练的自由。他应该能进入适合于他程度的教育体系，并挑选他感兴趣的选修学科。但他们也要根据有关教育机关的教学内容和一般教学法所规定的目标，安排学校里所有的或大部分的必修科目。但这绝不妨碍个人扩大选择范围。"①

总之，教育制度与现实教育自由、教育行动自由之间存在辩证统一的张力关系。就现实教育自由、教育行动自由而言，教育制度同时具有限制和解放（扩张）的双重功能。就现实教育自由、教育行动自由对教育制度限制的突破看，现实教育自由、教育行动自由作为对教育制度限制的超越和突破，本身是以遵从教育制度为前提的，在教育制度限制的范围内，个人没有自由的。

当然，对教育生活世界中现实自由、行动自由的限制、对教育行为给予规范的"教育制度"本身，是以教育生活世界中的现实自由、行动自由以及个性多样化发展为基础的，是对教育生活世界中的现实自由、行动自由以及个性多样化发展的确认和保证。教育制度，就其实质来讲是对教育生活世界中现实自由、行动自由的约束，而教育制度是最大的政治善行，教育生活世界中现实自由、行动自由是"好的"教育制度的最高目的。否则，这样的教育制度就不是"好的"教育制度。在现实教育生活世界，对儿童的行动自由给予约束的"教育制度"本身，一方面是儿童能够认可和接受的，"从父母对婴儿的控制开始，无人能逃出社会的控制。'自主'（Freedom）和'自由'（Liberty）意味着一种情形，在这种情形中不乏控制但控制在一定意义上是可以接受的"。② 另一方面是以儿童有权要求获得快乐和幸福、获得全面自由发展以及"发展最多样化的个性"为出发点的，是对"儿童自身，作为他自己的目的，并作为一个独立

①　联合国教科文组织、国际教育发展委员会编著，华东师范大学比较教育研究所译：《学会生存》，教育科学出版社1996年版，第263页。
②　查尔斯·林德布洛姆著，王逸舟译：《政治与市场》，上海三联书店1996年版，第59页。

的人"的尊重和保护。罗素曾说："如果要维持班级的秩序和进行任何一种教学，那么服从与纪律被认为是不可缺少的。在某种范围内这是对的；但是比较那些认为服从与纪律本身有其必要的人所想的范围要小得多。服从就是一个人的意志听从外来的指挥，是和权力相对的东西。在一定的场合下，可能两者都需要。……但是，当这样做成为必要的时候，是一件不幸的事情：所需要的是自由选择目的而不必加以干涉。"① 否则，儿童就会被"种种外在的意志所消融"，儿童就会被塑造成个性雷同的"平庸之才"，成为"那些垂涎于儿童的纯真无邪的邪恶势力的猎物"（罗素语）。一句话，教育制度的正当性，在于它是否能够为所有的人在教育生活世界中的现实自由、行动自由提供一种合理的正当的教育条件。

（三）教育制度约束与限定教育活动的边界

教育制度在确定界限的时候，应给人的积极性、主动性、创造性以充分的空间，应能充分发挥人的潜能，激发人创造的活力，使人在教育实践中充分展现自己的本质，促进教育不断向前发展，并向着有利于人的全面而自由的方向发展。而人恰是在积极的、主动的和创造的活动中并通过积极的、主动的和创造的活动来完善他自己的。他的积极的、主动的和创造的机能就是那种对文化最敏感的机能，就是那种最能丰富和超越成就的机能，也就是那种最容易受到压抑与挫折的机能。阿德勒认为，精神仅仅是能自由运动的、有生命的生物的属性。精神与自由运动的关系是固有的。"精神获得的一切发展和进步都以生物的自由运动性为前提条件。这种运动性刺激、提高着精神生活的强度，并且要求精神生活永远具有更大的强度。假设我们已经对个体的所有运动了如指掌，那么我们能想象得出他的精神生活已经停滞了。'唯有自由造就伟人，强制只能扼杀和毁灭他们'。"② 反之，如果教育制度在确定界限的时候，没有一点调整的余地，不仅会导致教育制度僵化，而且还会阻碍人的主动性、创造性的充分发挥。柯武刚曾说："当规则是开放的，即，能适用于无数未来情境时，就会比情境具体的规则更少僵化问题。但如果新的环境演化了出来，则即使是开放的规则也是需要调整的。"③ 即便是禁令性的教育制度，也不能明确地给出有目标指向的、应该干什么的命令，应该给人们留下自主判断和行动的巨大空

---

① 罗素著，张师竹译：《社会改造原理》，上海人民出版社 2001 年版，第 100~101 页。

② A. 阿德勒著，陈太胜等译：《理解人性》，贵州人民出版社 2000 年版，第 3 页。

③ 柯武刚等著，韩朝华译：《制度经济学》，商务印书馆 2000 年版，第 114 页。

间。只有如此的教育制度才是"好的"，才是促进人的全面自由发展的。莫迪恩说："为'人'奋斗是我们时代的基本任务。为'人'而奋斗就是反对那些可能会取消人、把人变成循规蹈矩者、在精神上消灭人的各种形式的异化。"①因此，教育制度对教育行为的约束与限定应有一定的边界。如果缺乏边界意识，教育制度反而会带来如下一些危害。

1. 绝对遵从教育行为界限规则成为中心价值

教育世界对教育制度所划定的教育行为界限规则的紧密遵从、固守成为一种仪式，绝对遵从成为中心价值。在一定时期内，教育秩序得到了保证——以失去灵活性为代价。因为教育制度文化所许可的可供选择的教育行为范围受到了教育规则的严格限制，适应新条件的基础就很少了，于是便产生了一个恪守传统的、"神圣的"，以恐新症为标志的教育世界。教育世界的官僚化、制度化在早期即引发了反对之声，人们反对的是它看上去的那种冷酷无情和僵硬刻板，反对的是那种集体的专断，它比过去的统治者个人的反复无常有过之而无不及。托克维尔针对"一个庞大的监护权"时曾警告说，它将它的臂膀伸向整个社会，"用细小的复杂的规则网络来覆盖社会的表面，这些规则是细微而统一的，更具原创性的头脑和最生机勃勃的个性都无法穿透它脱颖而出"。② 人们对教育世界官僚化、制度化深思熟虑的反对主要基于以下两点考虑。一是忧虑个人会被这种教育制度机制吞噬，与工具相分离，与学习、工作相异化，最终像凡勃伦所论证的那样，被训练成无能的人：成为所谓的组织男女，反人类、反个人，反他们自己的真实本性。二是原本人们工作、学习的目的会被逐渐淹没在组织的手段之中，曾经是理性的工作程序变成了愚蠢的例行公事，设计用来促进沟通的文案工作现在阻碍或歪曲沟通。当工具价值取代了终极或最终价值时，目的和手段的等级结构关系就被颠倒了。换言之，本作为"工具性价值"的教育制度乃至教育纪律却转化成了"最终价值"，导致了本末倒置情况的出现，导致了创新的匮乏，导致了人的主动性、积极性的被压制。默顿曾说："无论在什么情况下，纪律均被理所当然地解释为照章办事。它不再是为达到特定目标而制定的衡量标准，却演化为科层组织中的直接价值。这种目标的本末倒置引起的过分强调纪律性，就发展成为思想僵化、工作死板。形式主义乃至繁文缛节就接踵而来，并顽固坚持在细微末节上循规蹈矩。……科层权

---

① B. 莫迪恩著，李树琴等译：《哲学人类学》，黑龙江人民出版社 2005 年版，第 207 页。
② 詹姆斯·麦格雷戈·伯恩斯著，常健等译：《领导论》，中国人民大学出版社 2006 年版，第 294 页。

力爱好者就是这种本末倒置的一个极端产物。这类人从来不会忘记任何一条对他的行动有约束力的规章制度，因而对很多服务对象都爱莫能助。严守权力的局限和死抠条款不肯越雷池一步的做法，造成了上述结果。"① 也正是这些能增进服从可能性的规章制度、纪律导致了过分关心严守规章，造成胆怯、保守和技术主义的工作作风。

2. 人被简化为欲望主体

在对人们教育行为划定界限的详尽的教育规则面前，人被简化为一架没有知觉、没有情性的机器，或干脆被变成一堆支离破碎的欲望主体。由于属于人的个人因素的情感和追求被排除在教育制度过程之外，教育制度中也就不再有人作为主体应该承担的责任。主体的人从教育制度中消失了，人变成事物，至多，人是被教育制度的规律机械决定的物体。或如韦伯所说的"铁的牢笼"面前，个人的积极性、主动性和创造性都被"悬置"起来了。人甚至成为教育制度这部大机器的零部件或"螺丝钉"，没有人性和个性，没有内心生活和情感，也没有自己的精神世界，人们在"妄自尊大情绪的掩饰下产生一种机械的麻木僵化"（韦伯语）。诚如弗罗姆所说："我们无法选择问题，我们无法选择我们的产品；我们被推着前进——被什么力量？一种制度，一种任何目标及目的都无法超越的制度，这种制度使人成了附属物。"② 这些详尽的教育规则有组织地"控制"教育世界、"分割"教育生活，然后一点一点地按照教育规则"眼"里的形象塑造教育世界、刻画教育生活，规范人们的教育行为，导引人们的教育生活，而这些教育规则对每个人来说都构成了一堵想象出来的墙，在墙脚处，人类的激情被阉割，人类的想象被压制，人类的教育生活被切割得支离破碎。诚如加尔布雷思所说："组织中的首要并且是最明显的有害趋势，是纪律取代了思想，这在大组织中尤甚。纪律是必不可少的，我们必须接受并乐意追求一个共同的目标，只有如此才能使组织可能存在并且更加有效率。完全遵守纪律的个人被一个含义丰富的隐喻赞扬为'一个好士兵'。但是与此同时，纪律的实施过程无疑会压制，并且经常会取代创造性的思想。那些有独立见解的人——他们认识到组织里的缺点和错误，并且看到或预见到了改变的需要——可能被认为是不合作、不负责任或是古怪的人。用一个政府喜欢的说法，就是他

---

① R. K. 默顿著，唐少杰等译：《社会理论和社会结构》，译林出版社 2006 年版，第 351～352 页。

② E. 弗洛姆著，孙恺祥译：《健全的社会》，贵州人民出版社 1994 年版，第 69 页。

或她'没有用'。"①

　　3. 人与教育组织疏离

　　教育制度"眼"里的教育组织、教育组织"眼"里的人，其行为模式是通过一系列规则被塑造出来的。在我们的社会中，教育组织执行了许多我们必须执行的愉快的和不愉快的任务。教育组织是个人通过教育合作，共同实现某种教育目标的主要工具。阿桑斯曾说："在高度分化的社会里，组织机制的发展是'做成事情'的基本途径，它能够实现凭单个人的能力所不能实现的目标。"② 因此，教育世界中的任何一个教育组织每时、每刻都在对其教职员工施加影响乃至压力，要求人们讲究条理，谨慎行事，严守规章。或者说教育组织可以被看作是规则的一种极端形式而已，在那里规则制定得十分详尽，乃至囊括了所有的活动，成为组织管理的一个内部指令。例如，教育组织、学校组织通过规定节奏、安排活动、调节重复周期等，对人们的活动进行严格的控制。诚如福柯所说："在小学里，时间的划分越来越精细，各种活动必须令行禁止，雷厉风行。"③ 与此同时，人们还设法确保时间使用的质量，如不断的监督，监工的鞭策，消除一切干扰。其目的在于造成一段充分利用的时间。"在工作时间，不得用手势或其他任何方式引逗工友，不得玩耍、不得吃东西、睡觉、不得讲故事或笑话。"④ 一个教育组织要想成功运转，它就必须在行为上具备高度的可靠性，要与预先制定的行动规则保持高度一致。西蒙曾言："顺从社会压力并不是我们这一代人的新奇发明。我们也不应该走另一个极端，说我们的时代是非常叛逆的时代。正是在课堂上看到很多学生都穿格子条纹的蓝色牛仔裤，让我产生了这个念头。是哪种非从众性造成大家不约而同地穿起同一类蓝色牛仔裤，按非正式的安排生活呢？我们不是孤立的野人，而是社会动物。多数人如果处于孤立状态而且还需要解决含糊、复杂且无组织依靠的问题，一般都不具有生产力，甚至感到极为不适。因此我们不能总结说，为我们提供社会支持和社会互动的办公室，是一个对我们充满敌意的环境。"⑤ 例如，当你去一

① J. K. 加尔布雷思著，王中宝等译：《美好社会》，江苏人民出版社 2009 年版，第 86～87 页。

② 塞特斯·杜玛等著，原磊等译：《组织经济学》，华夏出版社 2006 年版，第 37 页。

③ 米歇尔·福柯著，刘北成等译：《规训与惩罚》，生活·读书·新知三联书店 1999 年版，第 170 页。

④ 米歇尔·福柯著，刘北成等译：《规训与惩罚》，生活·读书·新知三联书店 1999 年版，第 170～171 页。

⑤ H. A. 西蒙著，詹正茂译：《管理行为》，机械工业出版社 2007 年版，第 144 页。

所新大学工作，你将学习如何通过规章制度协调你和别人的工作。你会拿到许多制度章程，如计算机手册、行政执行手册、教职工规章制度和图书馆指南等，这些制度章程会告诉你协调工作的规范守则。

虽然教育制度或教育纪律在任何一个教育组织中都具有根本性的作用，它确实有利于维持教育组织的正常运转，但教育组织的正常运转却导致了人与教育组织的疏离，导致了人的个性发展的残缺不全。斯巴达教育的全部特征都是由追求军事效力的愿望决定的。从生到死，儿童和成人的日常生活都像军营生活一样严酷。男童七岁离开母亲的照顾时如像父兄们为了战争而组成军事组织那样，被编入当地的"小队"和"团体"，并在各级管理人员的监督之下，绳之以严格的纪律。正如色诺芬所说，"守纪律和服从的精神在斯巴达盛行"。在"守纪律"盛行的环境下，青年人"沿街行进时，双手叉在斗篷里，默默前行，也不左顾右盼，只是一味谦恭地盯着地面。"这种压抑性的纪律，在斯巴达人的全部举止中表现得淋漓尽致，即便是在轻松愉悦的环境中，"他们的神态言行也是严厉而固执"。斯巴达教育的结果，"总的说来，损毁了个性。"① 怀特曾创造了一个新名词"组织人"。组织人就是已经把自己的灵魂卖给了组织的管理者。他的服饰、婚姻、行为举止甚至思想完全由组织的需要来决定。但是最重要的是，组织人是群体的一个成员。他忠于该群体，遵守该群体的规范，并通过群体来从事个人的工作。他的角色行为绝对不包括表现个性、独立创新和特立独行。诚如阿德勒所说："为奴性精神所渗透的人同样不能很好地适应要求创造性的职位。他们只在遵守别人的命令时才能感到舒服。奴颜婢膝的个体依靠他人的法则和法律生活，而且，这种类型的人寻求奴颜婢膝的职位几乎是不由自主的。我们可以在各种各样的生活关系中发现这种奴性态度。人们能够从外在姿势中推测出这种奴性态度的存在，这种外在姿势是有些打躬作揖的态度。我们看见这些人在他人面前打躬作揖，仔细地聆听每个人说话，在不经衡量和考虑的情况下，就会执行他人的命令，并且回应和首肯他人的感情。"② "组织人"把顺从作为荣誉，有些人更是在使自己服从时"找到了真正的欢乐"。"组织人"必须服从，甚至是一条没有明文写出但却是根深蒂固的"律令"，许多人把它作为一种固定不变的信条来赞许。同时，"组织人"也感到这是一条他们必须遵守的永恒"律令"。但是，"没有反抗，人类的心灵将会变得

---

① 威廉·博伊德等著，任宝祥等主译：《西方教育史》，人民教育出版社 1986 年版，第 13 页。

② A. 阿德勒著，陈太胜等译：《理解人性》，贵州人民出版社 2000 年版，第 200 页。

顺从，"除此之外，组织人"或迟或早会变得有依赖性，并且了无生机"。最后，"组织人"纯然成为一台机器，对他而言，"除了义务、服务和更多的服务，就没有别的了。每一种独立的姿势从他的生命中消逝了"。①

4. 教育制度规范控制人，成为"制度专制"的暴力

更为可怕的是，这些对人们教育行为划定界限越来越详细的教育规范、教育规则反过来成为控制人、统治人的力量，成为一种"制度专制"的暴力。人"造"了教育规范、教育规则，教育规范、教育规则却通过神秘的道成肉身式的凶暴的倒转变成了人。我们看到了一个教育世界的形成，在这个教育世界里，说人不能够再在其中生活并不是夸大其词，当然，他可以继续在那里生活，但是在这种情况下，他永远难以说成是充分发展的人。伯林曾说："规律与制度本身就是人类心智与双手的产物，它们历史地满足特定时代的需要，后来被误解为无情的客观力量……我们受制度、信念或神经症的暴虐……我们受到我们自己创造的——虽然不是有意识地——那些邪恶精灵的囚禁。"② 在教育制度"专制"的"场域"里，个人不需要思考、不需要反思，且不能公开地利用自己的理性去判断、去选择，个人受制于或者相信外在教育制度的控制、误导、诱使、压制、强迫等，个人的积极性、主动性和创造性由此消失殆尽。人变成了教育制度的奴隶，教育制度被作为目的而不是手段来追求，渐渐地获得了巨大的力量，以至于抢夺了人的位置，而把人置于被征服、被奴役的地位。潘能伯格指出："人努力保证自己生存安定的手段支配了人自己，因为他必须将自己生存的安全托付给这些手段。现代人、现代文明和现代技术的特征就是人变成了自己的手段和发明的奴隶，他为它们劳动，使自己适应它们的内在逻辑。人发明来控制世界的这些手段反过来主宰了人，这就像古代的人对有限存在的神化和崇拜一样，他们尊敬它们，就好像其中充满了神圣的力量。"③ 因此，面对制度对人们行为划定界限的规定越来越详细的状况，某种程度的违反教育制度，甚至可能是健康的。众所周知，再也没有更可靠的办法，能比一切都照章办事更使教育发展、人的发展停滞不前的了。霍尔巴赫甚至发出了如下的激进言论："人世间如果完全没有法律，让人民听任自然的、健全的理智去管理，比起受繁多法令约束以致连认识本身的权利也受到干扰的情况来，他们常会感到幸福得多。"④ 尽管霍尔巴赫的言论确实极端，但无疑有振聋发聩

---

① A. 阿德勒著，陈太胜等译：《理解人性》，贵州人民出版社 2000 年版，第 201 页。
② 以赛亚·伯林著，胡传胜译：《自由论》，译林出版社 2003 年版，第 213～214 页。
③ B. 莫迪恩著，李树琴等译：《哲学人类学》，黑龙江人民出版社 2005 年版，第 145 页。
④ 霍尔巴赫著，陈太先等译：《自然政治论》，商务印书馆 2002 年版，第 282 页。

之效。

总之，教育制度一方面既有为培养创造精神提供支持的力量，也有为压制创造精神而施加"限制"的力量。教育制度在这个范围内承担着以下一些复杂的功能："保持一个人的首创精神和创造力量而不放弃把他放在真实生活中的需要；传递文化而不用现成的模式去压抑他；鼓励他发挥他的天才、能力和个人的表达方式，而不助长他的个人主义；密切注意每一个人的独特性，而不忽视创造也是一种集体活动。"① 因此，从有利于发挥人的积极性、主动性和创造性而言，教育制度应当给人的选择留出充分空间，使其能自主、自立、自强，自己解决问题，自己做出选择，自己承担责任。教育应该使每个人尤其借助于青年时代所受的教育，能够形成一种独立自主的、富有批判精神的思想意识，以及培养自己的判断能力，以便由他自己确定在人生的各种不同的情况下他认为应该做的事情。

第二节　教育制度对教育关系的规范与调节

人们由复杂的交往关系网络结合在一起。他们不像单行线道路上的车流那样，都朝同一个方向行驶。在数不清的交叉路口，他们改变方向，做出反应并相互影响。源于其相互合作、竞争以及需求和行动而产生出相互关系，人们无法将自己从这些关系中分离出来。诚如里普森所言："个体与个体之间、个体与群体之间以及群体与群体之间既合作又竞争的相反相成的作用形成了各种社会关系。"② 在现实教育生活世界，人们在教育活动中结成的各种关系便是教育关系。作为一种特殊的社会关系，教育关系是教育关系主体围绕教育目的之实现而形成的各种关系。而教育制度则用一整套教育行为规范、准则规定、调节着人们之间的教育关系，正是由于有了教育制度，才有了教育制度确定和代表的丰富的教育关系，人在本质上才是"一切社会关系的总和"。也正是由于教育制度对教育关系的规范与调节，人的发展才成为可能。

在现实教育生活世界中，人是通过教育制度与他人、与社会发生关系的。人一出生就面对既定的、既存的教育制度，生活在既定的、既存的教育制度之

---

① 联合国教科文组织、国际教育发展委员会编著，华东师范大学比较教育研究所译：《学会生存》，教育科学出版社 1996 年版，第 188 页。

② L. 里普森著，刘晓等译：《政治学的重大问题》，华夏出版社 2001 年版，第 212 页。

中，耳濡目染地受着既定的、既存的教育制度的影响。人通过既存的教育制度了解教育生活的过去，了解教育关系的历史，以获得未来教育生活的起点和支点，进而继续奋发创造。本尼迪克特说："每人都是被分别送到这个世界上来的，他就必须从这个世界入手来创造他个体的生活。"① 事实上，我们皆为自身存在境遇的囚徒，为我们的诸种关系所限定，我们为他人而生存的需要、与他人共存的需要以及反对他人的需要，同样也构成对于我们的限定。如果置身于这种境遇和活动之外，我们就根本无法做出决策，也完全不知道自己要做什么。这就是为什么从诸种社会关系的真实情境中剥离出来的抽象的主张，仅仅只能极为片面地说明我们行为的真实状态。克罗齐耶说："社会关系之中的行动，宛如一种游戏，游戏之中的每一个人都与他人相互依存。一方若要获取胜利，或要保全自己的地位，就必须考虑到另一方可能做出的诸种反应。社会生活加诸于我们身上的这类游戏，有其自身的规则，这些规则独立于我们而存在。这类游戏受到我们无法直接接触的诸种机制的管制、指导、修正，并由这类机制加以维系。这些游戏是诸种系统的底层结构，我们在这类结构之中，来组织安排诸种活动，这类结构包括最为宏大的、最为复杂的系统，即整个社会。"② 同时，合作与竞争既是人的"存在之境"，也是人的发展的动力和条件。人与人之关系最终不外乎是合作关系、竞争关系，因此，研究教育制度与教育关系之关系，也就研究教育制度与人的发展之关系。

一、合作与竞争

（一）选择合作，还是选择竞争

就人类社会而言，互相矛盾的是，尽管人类社会预先假定合作，但是许多人却以相反的方式行事，并相信竞争更优越。实际上，在关于社会思想的著作中，合作与竞争间矛盾的例子大量存在。许多例子将说明，根据竞争与合作的预设方式不同，哲学和其他伦理学的结论是相当不同的。在伦理学理论中，许多学说强调人们的合作关系方面和行为过程基于人们之间的相互需要。福音书说："爱你的邻人像爱你自己一样。"或者如黄金律所说的："为他人做的，就像他人为你所做。"乔杜尼用雄辩的口气说："人不是一个孤岛和独立存在，人

---

① 露丝·本尼迪克特著，王炜译：《文化模式》，生活·读书·新知三联书店 1988 年版，第 231 页。
② M. 克罗齐耶著，张月译：《法令不能改变社会》，上海人民出版社 2008 年版，第 2 页。

们都是一个陆地的碎片，一个大陆的部分，如果海水冲走了一个土块，冲走一个海岬，冲走你的朋友或是你自己，结果都是一样的。欧洲因此而变小了，任何人的死都损害了我，因为我与整个人类相关。不需要知道丧钟为谁而鸣，它就是为你而鸣。"① 而与普遍友善相反的是普遍自私的信念。马基雅维里曾说："关于人类，一般地可以这样说：他们是忘恩负义、容易变心的，是伪装者、冒牌货，是逃避危难、追逐利益的。当你对他们有好处的时候，他们是整个儿属于你的。正如我在前面谈到的，当需要还很遥远的时候，他们表示愿意为你流血，奉献自己的财产、性命和自己的子女，可是到了这种需要即将来临的时候，他们就背弃你了。"② 霍布斯谈到人类丝毫不减"自我中心的特点，他认为在每个人的自觉行动中，（行为）对象对于他自己多少都有益"。他甚至尽一切力量争辩道，怜悯"来自于想象同样的（或另一个）灾难可能会降临到自己身上"。③ 很明显，这是用歪曲事实来挽救理论。19 世纪席卷英美的经济理论认为，竞争原则构成工作的最强大刺激，它甚至对社会整体和其成员都产生了最大利益。创立这一学说的亚当·斯密相信：最有潜力的动机是"当要自由和安全地应用它时，每个个体所具备的以改善自己的条件天生努力"。当这一信条被用于《国民财富的性质和原因的研究》的开篇主题"论分工"时，由此产生了独特的经济联系。每个人在经济关系中追求并满足各自的利益，同时也满足他人的利益。斯密认为，人类几乎随时随地都需要同胞的协助，"没有成千上万人的帮助和合作，一个文明国家里的卑不足道的人，即便按照（这是我们很错误地想象的）他一般适应的舒服简单的方式也不能够取得其日用品的供给的"。④ 但是，社会上，除乞丐外，没有一个人愿意全然靠别人的恩惠过活。而且，就连乞丐，也不能一味依赖别人。"要想仅仅依赖他人的恩惠，那是一定不行的。他如果能够刺激他们的利己心，使有利于他，并告诉他们，给他做事，是对他们自己有利的，他要达到的目的就容易得多了。不论是谁，如果他要与旁人做买卖，他首先就要这样提议：请给我以我所要的东西吧，同时，你也可以获得你所要的东西。这句话是交易的通义。……我们每天所需的食料和饮料，不是出自屠户、酿酒家或烙面师的恩惠，而是出于他们自利的打算。我们不说唤起他们利他心的话，而是唤起他们利己心的话。我们不说自己有需

---

① L. 里普森著，刘晓等译：《政治学的重大问题》，华夏出版社 2001 年版，第 28～29 页。
② 尼科洛·马基雅维里著，潘汉典译：《君主论》，商务印书馆 2009 年版，第 80 页。
③ L. 里普森著，刘晓等译：《政治学的重大问题》，华夏出版社 2001 年版，第 29 页。
④ 亚当·斯密著，郭大力等译：《国民财富的性质和原因的研究》（上卷），商务印书馆 2003 年版，第 13～14 页。

要，而说对他们有利。"① 这是自私发展到很高程度，但被一些限制（因素）所缓和，因为斯密认识到即使是自恋者也必须合作。

古典理论家们毫无理由地认为，普遍的自私决定经济行为，并渗透至社会关系中。19世纪生物学的推论支持这种论点。进化概念设想人类与其他动物共处于一条持续的生物链中，假定"自然"的基本需求可能在社会范围内修正而不能彻底消除或永久改变，则可以说其他物种的特性为我们人类理解自己提供了相似点。于是问题产生了："自然"的性质是什么？"自然"教给人们什么？人们看到同一现象，因强调不同的数据资料而得到相反的结论，这是常有的事。

一系列的讨论构成希腊哲学家赫拉克利特论题的各种变异。赫拉克利特曾宣称"冲突是一切之源"，这个世界被视作一片丛林，而丛林如战场，使用你的爪子便是自然法则。这样，弱者的命运是被强者或奸猾者所统治或消灭。斯宾塞将这一学说运用于社会理论，得出的结论非常简单：让狗咬狗。他在《社会静力学》一书中认为，进化是一个普遍的规律。社会同生物一样是一个有机体，在这两种有机体之间存在着许多相似之处，都遵循着"生存竞争、适者生存"的法则。他认为，麻烦、痛苦和死亡，是大自然加于无知及无能的惩罚，当然也是矫正它们的手段。"部分通过淘汰那些发展水平最低的人，部分通过使余下的人受到无休止的经验的磨练，大自然确保既懂得生存的条件，又能够按照它们行事的人种的成长。"② 如果人们变得无知和变得明智一样安全，那就不会有人变成明智的。如果使无知与明智处于同等地位，那么，可怜的白痴将充塞整个世界。白痴无疑会造成一种令人悲叹的人的素质——一种不断犯错误，又需要重新矫正的素质——一种永远趋向于自我毁灭的素质。而"大自然的全部努力就是要摆脱这类的人——从世界上把他们清除掉以便为较好的人腾出地方"。③ 只有经得起大自然考验的人，才能存活下来。换句话说，只有对通常和偶发的生存需要都能较好地适应的人，才能存活下来。"根据哲学的一般法则，必须把那些因自己的愚蠢、恶习或懒惰而导致丧失生命的人，与那些因虚弱的内脏或残疾的肢体而牺牲的人归入同一类。前者所处的场合和后者所处的场合一样，存在着一种致命的不适应；从理论上说，是道德方面的，智力方面的，还是身体方面的不适应，并不重要。这样不完善的人是大自然的失败，

① 亚当·斯密著，郭大力等译：《国民财富的性质和原因的研究》（上卷），商务印书馆2003年版，第13~14页。
② H. 斯宾塞著，张雄武译：《社会静力学》，商务印书馆2007年版，第196页。
③ H. 斯宾塞著，张雄武译：《社会静力学》，商务印书馆2007年版，第197页。

当发现他们是这类人时大自然就要把他们召回。他们和其余的人一道受到考验。如果他们完善到足以活下去，他们就确实活下去了，而且他们有理由活下去。如果他们不是完善到足以活下去，他们就会死亡，而且他们死亡也是最好不过的。无论这一法则的作用看起来有多么不规则——无论看上去像是有许多应该簸出去的糠皮被留下来，而许多应该留下来的谷粒却被扔掉了；可是适当的考虑必然使人人感到满意，因为平均的效果是为社会清除了在某一方面或其他方面有根本缺陷的那些人。"① 随后达尔文在其《物种起源》一书中论证并发展了斯宾塞的上述观点并提出了"物竞天择，适者生存"的生物进化规律。即生物为了生存彼此相互斗争，在斗争中，不适者被淘汰，适者生存而延续。社会达尔文主义者把生物进化论套用来观察人类社会生活，认为人既然是一种生物，也就不能不受物竞天择规律的支配，结局是优胜劣汰。但是，俄国无政府主义者克鲁泡特金则得出了相反的论断。他认为，"互助"才是一切生物（包括人类在内）进化的真正因素。克鲁泡特金并不完全否定生物之间存在竞争，他认为任何生物都不是营个体生活的，而是营群居生活，在一群之内，各单个生物之间只有互助，而无竞争。虽然群与群之间存在着生存竞争，但竞争的抉择不是什么适与不适，而是群的互助性之强弱。互助性强的生物群生存而延续，互助性弱的生物群则被淘汰。经过世代相传今天存续下来的生物，都是互助性很强的生物，而人类便是互助性最强的生物；再发展下去，自然界终将消除竞争。他甚至断言，不论是在动物界还是人类中，竞争都不是规律。恰恰相反，不要竞争，避免竞争才是自然的倾向。"'不要竞争！竞争永远是有害于物种的，你们可以找到许许多多避免竞争的办法！'这是自然的倾向，虽然不是永远为人们所充分认识，但它是永远存在的。这是丛山、密林、江河和海洋给我们的铭言。'所以，团结起来——实行互助吧！这是给个体和全体以最大的安全，给他们以生存、体力、智力、道德和进步的最有保证的最可靠办法。'这就是自然对我们的教导；那些在各自的纲中达到最高地位的动物就是这样做的。人类——最原始的人类——过去也是这样做的。……这就是人类为什么达到了我们现在所处的地位的理由。"② 对比确实很明显，几乎没有比克鲁泡特金与达尔文等人之间的观点更对立的了。既然合作和竞争产生的结果如此不同，那么何者更可取呢？我们能否拥有人们既合作又竞争的社会？如果不能，那我们应实践哪一个并以此鼓励他人呢？

---

① H. 斯宾塞著，张雄武译：《社会静力学》，商务印书馆 2007 年版，第 198 页。
② 克鲁泡特金著，李平沤译：《互助论》，商务印书馆 2010 年版，第 77~78 页。

（二）合作优于竞争

所谓合作，即是人类实践活动中相互作用的一种基本形式，合作是人们为实现共同目的或各自利益而进行的相互协调的活动，也是为共享利益或各得其利而在行动上相互配合的互动过程。波普诺说："合作是指这样一种互动形式，即由于有些共同的利益或目标对于单独的个人或群体来说很难或不可能达到，于是人们或群体就联合起来一致行动。"① 合作的结果是共享发展的成果。人是合作的动物，没有合作，就没有人类社会的存在和发展，也就没有个体或群体的生存和发展。巴纳德指出："人的有机体只有同其他人的有机体相关联才能行使其机能，……一个具有生命的物体随着同其他类似的有机体的相互作用，越来越成为独特的、个别的、单独的，正如同一个有着许多条线交叉的点似乎比只有两条线交叉的点更像一个点一样。"② 在巴纳德看来，是"合作"而不是分工造就与完善了人的特性。我们知道，人最初只是一个自然存在物，个人的自然存在是任何人类历史的第一个前提。作为自然存在物，个人必然具有自己独特的需要、能动性、对象性、感受性和受动性这些个人的属性。但是，人类个体从降生到世界的第一天起，就生活在与他人的相互依赖关系之中。这是由于人类个体依靠本能不能存活，他的生命、自然力、思维能力和生活能力的有限性决定了个体只有在和他人的合作关系中才得以生存和发展。亚里士多德曾说："我们确认自然生成的城邦先于个人，就因为（个人只是城邦的组成部分）每一个隔离的个人都不足以自给其生活，必须共同集合于城邦这个整体（才能大家满足其需要）。"③《学会生存》一书认为，从生物学上和生理学上讲，人是毫无防备的，而且并不特别适合于他的环境。然而，尽管他在本能方面有许多内在的缺点，他却逐渐设法保证了他自己的生存和后来的发展。"他在连续不断地对环境作斗争的过程中，求得生存，并且慢慢地组成了社会，以便从事集体活动。首先，他组成家庭单位和原始部落，集中于追求生活所必需的物质方面的需要，然后进一步获得知识和经验，学会怎样去求知和怎样表达他的欲望和意愿，从而构成了他的智能。"④稀缺的资源，有限的体力、智力、能量以及强迫人类合作的技艺。只有当人们能够以他们希望的方式满足他们生理的和心

---

① 戴维·波普诺著，李强等译：《社会学》，中国人民大学出版社 1999 年版，第 132 页。

② G. L. 巴纳德著，孙耀君译：《经理人员的职能》，中国社会科学出版社 1997 年版，第 9～10 页。

③ 亚里士多德著，吴寿彭译：《政治学》，商务印书馆 1996 年版，第 9 页。

④ 联合国教科文组织、国际教育发展委员会编著，华东师范大学比较教育研究所译：《学会生存》，教育科学出版社 1996 年版，第 26 页。

理的需要，并建立起亲密的关系，才存在社会生活。除人类脆弱性的事实需要合作外，与他人的接触、合作也是人类生活不可避免的"遭遇"。在人生的早期，生活、食物和教育上都依赖父母和其他人，到长大成熟，需要同其他伙伴一起相互切磋学习，共同探讨问题，一起去做那些不能独自完成的事情。需要迫使我们相互依赖，群体性是植根于人性之中的。亚里士多德认为，人类生来就有合群的性情，"人类虽在生活上用不着互相依赖的时候，也有乐于社会共同生活的自然性情；为了共同利益，当然能够合群，（各以其本分参加一个政治团体）恰如其本分而享有优良的生活。就我们各个个人说来以及就社会全体说来，主要的目的就在于谋取优良的生活"。① 事实上，人总是生活在许多群体之中。凯克斯说："人们生来就属于一个小的群体，通常是家庭，而且他们的生活的头几年依赖于它们。他们生活在与父母或保护人、其他的孩子还有性伴侣的亲密的关系网络中；而当他们进入更大的社群时，他们就扩展了他们的关系。他们有了朋友和敌人，他们与他们认识的人们的关系多种多样：合作、竞争、看望、支援、教育、学习、模仿、钦佩、恐惧、嫉妒、发怒。"② 我们通过与同伴的合作才能满足的不仅有食物、居所和衣物的需求，还有不断拓展的以文明进步为标志的需求。即便是无政府主义者克鲁泡特金亦认为，人性本质上是合作的。③ "互助"是人类生物天性中的一个基本部分，合作而非竞争是所有动物天性中的一个基本部分，这可从整个人类历史中观察到。这一论断不仅适用于整个自然界，也适用于人类。"和平和互助是族或种之类的通例；而那些最懂得如何团结和避免竞争的种，能取得生存和进一步发展的最好机会。它们繁荣昌盛，而不合群的种则趋于衰败。显然，如果说人类对于这一个如此普遍的通例当成是例外的话，……那就和我们对自然的一切了解完全相违了。"④ 在克鲁泡特金看来，不论是在动物界还是人类社会中，竞争是例外而非惯例。"十分可喜的是，不论是在动物界还是人类中，竞争都不是规律。它在动物中

---

① 亚里士多德著，吴寿彭译：《政治学》，商务印书馆 1996 年版，第 130 页。

② 约翰·凯克斯著，应奇等译：《为保守主义辩护》，江苏人民出版社 2003 年版，第 55 页。

③ 克鲁泡特金认定"互助"是生物的本能，"互助法则"是一切生物包括人类在内的进化法则。他不仅企图从蒙昧人、野蛮人和中世纪以及近代人之间找出天生的、不变的、同一的人性，而且把动物和人放在一起，要从中抽出共同的属性。而这个共同的属性就是他所谓的"互助本能"。姑不论把"互助本能"说成是一切生物的共同本性，在科学上是如何的站不住脚，即以克鲁泡特金用这个共同本性来解释人类社会生活、说明社会历史现象这一点而论，也足见其在历史科学上是一窍不通的。

④ 克鲁泡特金著，李平沤译：《互助论》，商务印书馆 2010 年版，第 79—80 页。

只限于个别的时期才有，而自然选择也不需要它而另有更好的用武之地。以互助和互援的办法来消除竞争，便能创造更好的环境。在生存大竞争——花费最少的精力以取得生命的最大限度的充实和强度——中，自然选择正是在不断地寻找能尽量避免竞争的道路。"① 一般而言，在很大程度上由于照顾后代的需要，合作和照料相比于竞争对生存而言更为重要；合作这种集体行为是我们刚刚演变为人类的那个时期的"野蛮人"的重要特征。什么是进步？进步意味着苦难减少、幸福增加。进步并不意味着创造财富或革新，它们有时是管用的手段，但绝非最终目标。但是，我们的社会已经变得过于个人主义，有着过多的争斗，但共同目标不足。我们过度崇拜成功和地位，从而削弱了彼此间的尊重。因此，我们必须停止对金钱的顶礼膜拜，创建一个更人道的社会——在这个社会中，人类体验的生活质量才是评判标准。莱亚德曾说："我们越来越把个人利益看作唯一可靠的动机，将人与人之间的竞争看作能最有效发挥他们才能的途径。这往往适得其反，通常也无助于营造快乐的工作场所，因为地位竞争是一种'零和游戏'（zero-sum）。反之，我们需要一个基于'正和游戏'（positive-sum）的社会。人类是利己主义与利他主义的混合体，但通常而言，相互帮助比钩心斗角让人感觉更好。"②

大量的历史事实已充分证明，当人们合作时，他们的境况往往优于不合作。博弈论分析的"囚徒困境"就充分说明了这一论点。"囚徒困境"这个词指两个囚徒不能串供（合作）的情形。在受审时，每个囚徒都面临一个两难选择，即吃不准到底该拒绝供认以使检察机关无从定罪，还是该坦白以期将全部责任都推给另一囚徒，从而争取改善自己的处境。只要这两个囚徒无法相互合作，他们就都面临着同样的两难选择。如果两人相互合作并彼此作出了信守约定，例如相互承诺都不招供，他们就都能得到较好的结局。而在他们无法串供但可能招供以自保时，就会相互揭发，这样两人的境况都将变糟。诚如阿克塞尔洛德所言，常识（和博弈论）证明，合作在进行协调的人中往往是互利的。事实上，与争胜相比，合作常常为参与者们创造出更多的可取结果来。③ 当然，我们一定要注意的是：尽管"囚徒困境"的理性逻辑很完美，但是如果我们去询问警察，当疑犯处于囚徒困境的结构中，囚徒是否都会坦白，我们得到的回

---

① 克鲁泡特金著，李平沤译：《互助论》，商务印书馆 2010 年版，第 76—77 页。
② 理查德·莱亚德著：《资本主义需要摆脱"零和游戏"》，《参考消息》，2009 年版 3 月 21 日。
③ R. Axelrod, *The Evolution of Cooperation*. New York：Basic Books, 1984, p. 12～16.

答肯定不会如此简单。警察会告诉我们，审讯员必须采取各种各样的攻心战术，才能使囚徒坦白。警察的实践和囚徒困境的推理为什么会有差异呢？这差异来自于人们对囚徒困境中假设条件的忽略。这些假设条件把参与的囚徒都规定为利己的、理性的、不受外力干涉的。正是这些假设条件删除了结构中的参与者的主观能动性，使参与者成为完全受制于结构的棋子。这样的假设可以使问题简单化，可以使问题的结构脉络清楚，有助于结构的逻辑化。但是，也为结构论埋下了种子。当人们引用囚徒困境的案例做社会分析的时候，往往忘记了其中的假设条件，把现实的社会活动简化为下棋，把人简化为棋子。在现实生活中，人并不是千篇一律的棋子，而是千差万别的有能动性的主体。以警察审讯疑犯为例，疑犯千差万别各不相同，即使在"寻求最大自身利益"的抽象框架下，"自身利益"对于不同的人、不同的能动主体，其内容也会有不同。有的人会把"名声"、"义气"看得很重，视"名声"为自身利益的主要部分。有的人的社会处境很复杂、很困难，如果出卖同伙而出狱，或者会受到帮派的非难，或者受遭到朋友的抛弃。至于"有理性"，不同人的理性程度也大不相同，有人处事能够冷静而理性，有人则非常情绪化。一般来说，能够控制情绪绝对理性的人是少数，大多数人都会有不同程度的情绪化。正是因为人们的自身利益不同、理性化程度不同，警察才需要采取攻心战术。所谓"心"，就是参与者的"主观能动性"。这"主观能动性"不是由囚徒困境的结构决定的。警察的实践会告诉我们，"心"是直接决定"行"的因素，只有攻击囚徒的心，使其心动，才能使其坦白。

合作从某种意义上说优于竞争。这是因为，竞争制造分裂，而合作产生团结；竞争具有破坏性，而合作是建设性的。竞争导致自我与他人的对立，而合作使自我与他人和谐相处。事实上，甚至为攻击他人而结合起来的团体也有内部合作措施。因此，合作行动对于社会生活、政治生活、教育生活都是非常重要的。德洛尔说："世界是我们的村庄：一家着火，我们所有人头上的屋顶马上都受到威胁。一人想独自重建，那他的努力只有象征性意义。团结互助应成为我们的口号：我们每个人都应承担起自己对集体负有的责任。"[1] 就教育生活而言，培养青年学生的合作精神、合作意识，养成合作行为尤为重要。杰拉尔德等人说，应该向青年学生提出新目标和新"神话"。这种目标和神话与作为当今行为与实践基础的目标和神话截然不同，"它们提倡提高人的而不是物的

---

[1] 联合国教科文组织教育丛书，联合国教科文组织总部中文科译：《教育——财富蕴藏其中》，教育科学出版社 2005 年版，第 238 页。

价值，重视质量而不是数量，主张合作而不是竞争，突出多样性而不是专门化等等"。①

二、教育制度激励、规范教育合作

(一) 何谓教育合作

教育合作是人类教育实践活动中相互作用的一种基本形式。教育合作是人们为实现共同的教育目的或各自的教育利益而进行的相互协调的活动，也是为共享教育利益或各得其利而在行动上相互配合的互动过程。在人类教育实践活动中，当个体或群体依靠自身的力量达不到一定的教育目标时，就需相互配合协调，共同采取教育行动，从而形成教育合作。《世界全民教育宣言》特别强调广泛的教育合作在实现全民教育目标中的作用。"国家、地区和地方各教育当局对提供全民基础教育有着各自的责任，但不能期望它们提供实现这一任务所需要的人力、财力和组织力量。在所有各级建立新型有活力的伙伴关系是必要的：在所有下属教育部门和所有教育形式之间的伙伴关系中，确认教师、行政管理人员和其他教育人员的特殊作用；教育部门同规划、财政、劳动、通讯等其他政府部门以及其他社会部门之间的伙伴关系；政府同非政府组织、私营部门、地方社团、宗教团体以及家庭之间的伙伴关系。"② 同时还应加强国际合作，促进教育发展和人的发展。保持所有国家之间智力上和行动上合作；工业化国家之间的合作；发展中国家之间的合作；基于人口的、语言的和社会的种种理由，各个邻近国家之间的合作；每个国家和世界性的教育、科学和文化机构的合作等等，以便把它们各自的经验、教育变革的尝试和对教育发展的意见作为世界宝藏的一部分贡献于世界。"今天，通过互相交流而分享这种共同的财富，这既是国际合作的迫切任务，又是达到国际合作的最好途径。"③ 因此，教育合作的结果是共享其利或各得其利。一方面，教育合作增加了物质性的收益，即教育合作增大了教育规模，有助于产生规模效应；教育合作使合作者之间容易产生外部性等，从而有助于聚集效应。另一方面，教育合作增进了精神

---

① S. 拉塞克等著，马胜利等译：《从现在到 2000 年教育内容发展的全球展望》，教育科学出版社 1999 年版，第 70 页。

② 联合国教科文组织教育丛书，赵中建编：《教育的使命》，教育科学出版社 2003 年版，第 19~20 页。

③ 联合国教科文组织、国际教育发展委员会编著，华东师范大学比较教育研究所译：《学会生存》，教育科学出版社 1996 年版，第 19 页。

性的收益，即教育合作是实现人的自我价值的前提条件；教育合作有助于消除人类精神上的某种不确定性，团队使人具有了某种归属感和安全感。教育合作是人类教育的一种普遍现象，如果没有教育合作，就没有人类社会的存在和发展，也就没有个体或群体的生存和发展。"世界上的儿童是天真、脆弱且需要依靠的。他们还好奇、主动且充满希望。儿童时代应该是欢乐祥和的时代，是游戏、学习和成长的时代。他们的未来应在和谐与合作中形成，他们应在拓宽视野和获得新经验的过程中不断成熟。"①

（二）教育合作的前提

教育合作在"无序"状态下无法实施，只有在教育秩序中才能进行。

从发生学的角度讲，教育秩序根源于公共教育利益的要求，一部人类教育史就是充满着教育利益争夺的历史，教育秩序的本质就是教育利益的分配。这不仅是由于人类可资利用的教育资源是匮乏的，而且是由于人的教育利益追求与教育利益实现之间存在着永恒的矛盾。教育利益的实现程度永远小于教育利益追求的目标。正是由于这个原因，教育系统中各个成员之间、成员与群体之间、群体与群体之间必然会产生教育利益竞争、教育利益摩擦和教育利益冲突。各种社会力量为获取教育利益而互相排斥，采取某种形式的对抗、对峙。这种对抗一旦超出教育系统的承受力和容纳力，就会造成整个教育系统的离散与分化，破坏教育共同体应有的稳定性，造成某种程度的混乱、失序甚至是教育结构或教育组织的瓦解。

就现实教育世界而言，在一些区域、一些教育组织中确实没有良序的教育生活，没有良好的教育合作，那儿的教育秩序处于混乱状态，那儿的教育发展处于"无序"、"失序"（或失范）状态。无序或失序表明，在教育发展中存在着断裂（或非连续性）和无规则性的现象，亦即缺乏智识所及的模式——这表现为从一个事态到另一个事态的不可预测的突变情形。那么何谓失序？在涂尔干看来，失序指一个社会或群体中相对缺乏规范的状态。一旦没有任何的规章制度，"人们再也不知道什么是可能做到的，什么是不可能做到的，什么是公平的，什么是不公平的，什么是合理的要求和希望，什么是超越了限度的要求和希望"。② 麦基弗等人则从心理学的角度对失序这一概念作了如下解释："'失

---

① 联合国教科文组织教育丛书，赵中建编：《教育的使命》，教育科学出版社2003年版，第56页。

② 爱弥尔·涂尔干著，冯韵文译：《自杀论》，商务印书馆2005年版，第270页。

范'——麦基弗重新使用了早已废除的十六世纪的拼写——'指一种脱离道德基础，不再有任何准则而仅有互不相关的冲动，不再有延续感、民族感和责任感的人的精神状态。失范者精神世界贫乏，只顾自己，对任何人都不负责。他嘲弄其他人的价值观，他仅有的信条就是否定一切的哲学。这样的人生活在既无未来又无过去的一条细细的情感线上。'总而言之，'失范指一种个体的社会团结感（其精神力量的主体）被打破或被致命地削弱的精神状态。'"[1] 简单说，"无序"或者"失序"，并不是一种对秩序本身的彻底否定。无论是"无序"还是"失序"都会有一种相应的秩序存在，只不过是这种秩序形式不符合公共理性的要求而已。公共理性是一种能够在最大程度上代表更多人利益的一种理性，这种理性的操作性内涵就是使事物能够处在一种应然的、正当的、合理的状态之中。而在没有教育秩序的地方，教育合作肯定无法展开，"无秩序的地方有混乱"。[2] 当教育发展处于混乱和无政府状态之中时，由于信息、监督和执行问题常常难以解决，教育的健康发展和人的全面发展是不可能的，教育合作也是不可能的。可靠的教育约定无法作出，人们相互沦为他人机会主义行为的囚徒而难以自拔。涂尔干曾说："人们常说，如果要让民族获得幸福，它们就必须得到很好的治理；儿童与成年人一样，他们也需要感受到在他们身外有一种约束他们、维护他们的法律。遵守纪律的班级，会有一种健康的气氛和良好的情趣。每个人都各就其位，而且感觉也不错。相反，没有纪律就会产生混乱，而受害最多的却是那些似乎为没有纪律约束而手舞足蹈的人。这样，人们就不再知道孰好孰坏，该做不该做，什么是允许的什么是非法的了。因此，他们就会陷入一种心神不定的状态，一种对儿童来说非常不幸的带有传染性的狂热状态。于是，他们性情的变化无常就达到了顶峰，很快就从一个极端走向另一个极端，由笑到哭，由哭到笑。这是因为，如果儿童发觉没有任何东西在他身外构成界限，去节制他的行为，迫使他不越过他的本性，那么，他就会像成年人一样，不再在正常的条件下行事。"[3] 在教育秩序混乱的地方，教育交往必然代价高昂，人们失去一切约束，信任和合作必然趋于瓦解，文化结构也趋于崩溃。在教育秩序混乱的地方，教育生活将处在混乱之中，一个人的自由可能将是他人的噩梦，在相互冲突和相互伤害中，任何一个人的价值和抱负都不可能实现。在一个无序的教育世界中，个人并不是处在自由之中，而是处于恐惧

① R. K. 默顿著，唐少杰等译：《社会理论和社会结构》，译林出版社 2006 年版，第 302 页。

② 柯武刚等著，韩朝华译：《制度经济学》，商务印书馆 2000 年版，第 161 页。

③ 爱弥尔·涂尔干著，陈光金等译：《道德教育》，上海人民出版社 2006 年版，第 113 页。

疑虑和胆大妄为的摇摆之中，处在无能为力和无所不敢的放纵的摇摆之中。正因为如此，人们才特别强调秩序的重要。富勒曾说："没有秩序，正义本身是不可能的。"① 中国政治哲学也特别强调"治"，也就是秩序。苏力曾说："许多法学家认为正义问题是法学的核心问题；但我更倾向于霍布斯的观点，秩序先于正义。若是没有基本的秩序，就根本不会有社会生活，也就无法形成社会的制度；因此，每个人就无法安排自己，甚至无法理解自己生活的意义，社会制度正义或不正义的问题甚至都无从发生，无从判断，因为任何关于社会低度正义或不正义之评价，以及之后可能有任何改善，都必须以秩序和正义为前提。从经验上看，尽管世界上有少数英雄'宁可站着死，绝不跪着生'，但'好死不如赖活着'的俗语，'宁为太平犬，不为乱世人'的感叹，都表明大多数普通人首先想的是如何活下去，只有活下去才有改善生活追求正义的可能。因此，才会有'恶法亦法'这样看似极端的法理学命题。"② 也正因为如此，人们才特别强调教育秩序的重要。古得莱得曾说："教师必须控制课堂环境。如果学生的行为变得无法控制，教师就不能实践教学的中心任务。……教师意识到他们和他们的学生每天生活在比较拥挤的匣子式的教室里，因此尽管他们愿意按照他们对好的教学法的信念去工作，但他们仍感到需要有控制学生的权利，以防止不守纪律的学生占上风，为学生创造必需的学习条件。如果教师对教室里的学生失去控制，他/她就不能够积极地表彰学生的成就。在一个失去控制的班级里，是不能进行学术性学习的。"③ 总之，教育秩序是人们最需要的东西，是人们开展教育合作的必要条件，不管人们各自喜欢的是什么东西，都需要有教育秩序作为能够去追求幸福的条件。尽管教育秩序的许多方面不是教育生活必要的，但是可以为寻求更好的或者至少是更为舒适、更为幸福的教育生活创造条件。诚如富勒所言："除非有益于某事，否则，秩序本身并不给我们带来什么益处。"④

既然教育合作在"无序"状态下无法实施，只有在教育秩序中才能进行。那么，何谓教育秩序呢？教育秩序的基本含义是合教育规律性，是教育发展的井井有条，是教育发展的稳定与平衡，是教育发展的协调一致，是教育发展的多样统一。教育秩序是在教育发展进程中存在着某种程度的一致性、连续性和

---

① 丹尼斯·劳埃德著，许润章译：《法理学》，法律出版社 2007 年版，第 86 页。
② 陈来等主编：《孔子与当代中国》，生活·读书·新知三联书店 2008 年版，第 179 页。
③ J. I. 古得莱得著，苏智欣等译：《一个称作学校的地方》，华东师范大学出版社 2006 年版，第 188 页。
④ 丹尼斯·劳埃德著，许润章译：《法理学》，法律出版社 2007 年版，第 86 页。

确定性，是在人类教育生活中形成的，人们之间应有和实有的关系状态与常规。教育秩序与人之外的其他生命存在物及自然的秩序是根本不同的，人类社会的教育秩序是生成的，而不是既成的，是通过人类教育实践活动的创造并通过人类教育实践活动来实现的。换言之，教育秩序是一种"人为的"秩序，不管人类社会的教育秩序多像自然所为，在多大程度上是得自然造化之妙，它都是人有意而为的产物。教育秩序除了具有一致性、确定性的特征之外，它具有的最本质的特征是制度性。也就是说，教育秩序是教育主体之间相互作用、相互制约、遵循教育制度而形成的一个稳定的、连续的、有机的统一状态。如果没有教育制度的存在，教育秩序也就无从产生，人类社会的教育生活就会陷入混乱。因此，教育秩序的基本标志是教育主体行为的制度性。

（三）教育制度为教育合作创造条件

教育制度的创立起源于一定程度的教育秩序作用，将人类的教育行为导入可合理预期的轨道。教育制度通过抑制或禁止可能出现的、不可预见的、机会主义①的和乖僻的个人行为，从而使教育制度具有形成教育秩序的功能。布罗姆利说："没有社会秩序，一个社会就不可能正常运转。制度安排或工作规则形成了社会秩序，并使它运转和生存。""社会只要有一套能够保证社会秩序的有体系的规则和奖惩制度就足够了。"② 具体而言，教育制度之所以能为教育合作创造条件，关键在于教育制度具有如下两项功能。

1. 形成教育秩序

教育制度的关键功能是形成教育秩序。首先，教育制度是教育行为规则，并由此而成为一种引导人们教育行动的手段。教育活动具有高度复杂的相互关联性，因此对他人的教育行为预测就成为个人选择的必要前提。但信息的不完全、理性的有限性和道德判断的分歧使人的教育行为往往难以确定，唯有在一定的教育制度框架下，人的教育行为才具有可预知性。因为一定的教育制度框

---

① 机会主义描述人们追求最大化满足的短期行为。它不顾及这类行为对他人的影响，也不顾及一个共同体内公认的行为规范。这种行为具有离心性的从而有害的长期后果，它使人们的行为在长期内变得难以预见。例如，靠偷窃、赖账来满足一个人的欲望就是机会主义的行为。"我用机会主义表示靠诡计谋求私利的行为。它包括，但绝不仅限于，说谎、偷窃和欺诈。" （O. E. Williamson, *The Economic Institutions of Capitalism*: *Firms, Market and Relational Contracting*. New York and London: Free Press, 1985, p. 47.）制度，永远包含着惩罚，其作用就在于抑制机会主义。
② D. W. 布罗姆利著，陈郁等译：《经济利益与经济制度》，上海三联书店1996年版，第55页。

架作为教育行为主体责、权、利的明确划分和强制规范，就使每个教育行为主体的目的、手段及与之伴随的后果之间具有客观的因果关系，因此每个教育行为主体的教育行为不仅具有最大程度的可预知性、可计算性，而且具有相对的稳定性，给教育主体间的教育合作创造了条件。换言之，教育制度使他人的教育行为变得更可预见，为教育交往、教育合作提供一种确定的结构，并为人类选择和学习提供了"外在支架"①。教育制度是一套关于教育行为和教育事件的模式，它具有系统性、非随机性，从而使复杂的教育交往、教育合作过程变得更易理解和更可预见，并防止着教育混乱和任意的教育行为。西蒙说："组织和制度允许群体中每个成员稳定地预期在特定条件下其他成员的行为。这种稳定预期，是理智地思考社会群体行为结果的一个根本前提。组织和制度提供一般性刺激因素和注意力导向因子，来引导群体成员的行为，还向群体成员提供刺激行动的中间目标。"② 的确，教育制度促进着可预见性，并防止着混乱和任意的教育行为。即使受教育制度约束的教育行为并非百分之百地确定，人们仍会觉得它比混乱更恰当、更合理。

其次，教育制度协调人们的各种教育行动，建立起相互间的信任，减少教育合作的摩擦成本。当整个社会是基于一种合作、互惠、信任等一系列的态度和价值观去指导人们的教育交往，当人们在教育生活中自觉地遵守一些共同的教育制度规范，那么，这无疑将大大减少人们在教育生活中的交易成本。米尔恩曾说："没有信任这样的东西，人类社会就根本不会存在，就此而言，信任是社会生活的一个必不可少的先决条件。"③ 除非所有的人都值得信任，否则就存在着其中一人为获得更多而可能欺骗他人的危险。而教育制度恰恰为避免这一危险提供了工具，教育制度"为社会成员间的信任提供了必要的基础，没有它，社会成员就不可能进行各种不同形式的合作"。④ 一旦人们相互之间建立起了信任，这种信任既使教育合作成为教育共同体的共同生活，又使教育合作中的摩擦成本减少。正如纽顿所言："不仅是在社会和政治生活中，甚至是在被假定为非人格性的市场关系中，动员值得信任的社会关系的能力被看作是一种

---

① J. N. Drobak and J. V. C. Nge (eds.), The Frontiers of the New Institutional Economics. San Diego: Academic Press, 1997, p. 269~290.

② H. A. 西蒙著，詹正茂译：《管理行为》，机械工业出版社 2007 年版，第 96 页。

③ A. J. M. 米尔恩著，夏勇等译：《人的权利与人的多样性》，中国大百科全书出版社 1997 年版，第 46 页。

④ A. J. M. 米尔恩著，夏勇等译：《人的权利与人的多样性》，中国大百科全书出版社 1997 年版，第 45 页。

关键性的资源。信任是供给和需求的必要纽带，它将消费者和生产者相互衔接起来。它加快交易速度，它将理性的傻子变成有效率的合作者，它还避免解决任何事情都动用金钱且须在法律上无懈可击的合约的需要。"① 更为重要的是，促进了教育秩序的生成。信任是一个在教育关系和教育系统中产生并维持教育合作的整合机制，信任构成了教育秩序的基础——使形式上自由的人能相互交往。西里格曼说："任何建构社会秩序和互动的社会架构的连续性的长期努力都必须建立在社会行动者之间相互信任的稳定关系的发展基础之上。"② 而当教育秩序占据主导地位时，人们便可以预见未来，从而能更好地与他人合作，也能对自己冒险从事创新性试验感到自信。哈耶克说："所谓社会的秩序，在本质上便意味着个人的行动由成功的预见所指导的，这亦即是说人们不仅可以有效地运用他们的知识，而且还能够极有信心地预见到他们能从其他人那里所获得的合作。"③ 这样，人们在寻找能与之进行教育合作的合作者方面将更易于发现其所需要的信息，更易于猜测什么可能是这种合作的代价和回报，结果是发现和应用更有用的知识。如果没有教育制度框架内的相互信任，个人往往难以专心致志地利用其专业知识服务他人，也很难投身于教育生活世界之中去观察教育、研究教育，总结教育经验，探索教育规律，结果大量的有益教育行动永远不会发生。当然，当代社会不断增加的教育诉讼倾向、不断增加的具有约束力的仲裁的使用、"一个干涉主义的司法制度的出现"等都是信任衰竭的重要指标。福山说："在规则和信任之间常常存在一种相反的关系：越多的人依靠规则来规范他们的互动，他们之间越少信任，反过来也一样。"④

再次，教育制度减少人们在知识搜寻上的消耗，提供人们关于教育行动的信息。教育制度是以往世代所获得的"知识仓库"，是人们为追求其个人目标而与他人交往、合作时所必需的。在面对永恒的知识问题时，教育制度使人们在一定程度上相信，他们与别人的交往、合作将按他们的预期进行。我们知道，信息搜寻是一项既困难又有风险的事。柯武刚曾说："从时间、努力和资源的角度来看，获取信息和分析新知识都是代价高昂的。因此，无人愿意获取

---

① 李惠斌等编：《社会资本与社会发展》，社会科学文献出版社 2000 年版，第 384 页。

② A・Seligman, *The Problem of Trust. Princeton*, New Jersey：Princeton University Press, 1997, p. 14.

③ F. A. 冯・哈耶克著，邓正来译：《自由秩序原理》（上），生活・读书・新知三联书店 1997 年版，第 200 页。

④ F・Fukuyama, *Trust：The Social Virtues and the Creation of Prosperity*. New York：Free Press, 1995, p. 224.

复杂运作所需要的全部知识。相反，人们更愿意通过自己与他人的交往，设法利用他人的知识。实际上，在知识搜寻成本高昂而成果又不确定的情况下，人们只获取特定的部分信息并保留对其他信息的无知是合乎理性的（理性的无知）"。① 即，借助教育制度提供的信息，可以降低了信息搜寻的成本。例如，为了强化教育制度所具有的节省知识特性，人们往往要用由符号构成的信号来使教育制度变得更确定。例如，校园教学楼里张贴的"请讲普通话"迅速而确切地告诉我们，要"讲普通话"；校服在学校集体活动以及班级活动中增强着行动的协调性。毫无疑问，符号是一种物质性的东西，但它的功能完全要依赖于符号所代表的教育制度。符号很方便地代表和提示着被复杂化了的教育规则。一句话，符号诱发了有条件的、往往是半自动的反应，从而有助于简化搜集和评估知识的过程，还使教育制度的执行更直截了当。

除此之外，借助教育制度提供的信息，人们可以确定自己的教育行动，只要自己的教育行动是符合教育制度规则的，其教育行动就能达到目的。借助教育制度提供的信息，也可以预期他人的教育行动。由于人的教育行动是与他人发生关系的，是和他人的教育行动互动的，因而获取他人的教育行动信息尤为重要。只有知道他人的教育行动，知道他人对自己教育行动的反应，才能决定自己的教育行动，才能合理地调节与他人的关系，从而达到自己的目的。奈特等人曾说："一个人仅当所有其他人的行为是可预测的并且他能够正确地预测的时候，才能在任何规模的群体中理智地选择或计划。"② 在现实教育生活中，人们从事任何一项教育活动，不担心该教育活动是否做过，而担心没有教育制度，即没有程序、没有教育模式、没有尺度。在此情况下，人们显然无法得知他人的反应，从而也不知道自己正在从事的教育活动会产生什么结果。这往往导致如下两种情形：一是无所适从，二是产生从众心理。

第四，教育制度保障教育生活的正常展开和教育合作的有序进行。教育秩序是教育生活中的教育关系结构。根据功能论的观点，教育结构的协调是教育功能正常发挥的基础。教育秩序正是依凭各种明确而严格的教育规则，来设定教育生活的全体参与者的地位——权利和义务，借以规范人们的教育行为并建立相互之间的合理的依赖关系、合作关系。显然，教育秩序的这种设定和规范过程，也正是教育生活的展开过程。教育秩序是教育生活的秩序，教育生活是

---

① 柯武刚等著，韩朝华译：《制度经济学》，商务印书馆 2000 年版，第 65 页。
② G. M. 霍奇逊著，向以斌等译：《现代制度主义经济学宣言》，北京大学出版社 1993 年版，第 158 页。

教育秩序的生活。教育秩序的设定和规范水平，直接决定着教育生活的效果和效率，直接决定着教育合作的水平，也直接决定着人的全面而自由发展。涂尔干曾说："社会生活不过是各种有组织的生活形式中的一种而已，所有现存的组织都以某些明确规范为前提，倘若忽视了这些规范，必然会招致严重的混乱。……人们完全有必要让自身从无休无止地去寻找恰当行为的这种做法中摆脱出来。必须把各种规范确定下来，这些规范决定着什么关系是适当的关系，人们得服从什么样的规范。"①

第五，教育制度可以满足人们对教育行为选择及其事件发生的可预期性需求。随着教育的发展，教育生活也变得日益复杂，人们在教育交往、教育合作中的行为表现以及教育事件的发生和发展都具有很大的不确定性和多变性，这种不确定性和多变性不仅使人感到不安和焦虑，而且使教育交往、教育合作变得困难。因此，人类社会就需要以某种方式使复杂多变的教育生活具有一定的稳定性和有序性。盖尔纳曾说："人类是这样一种物种，它的行为并非是在遗传上就事先设计好了的。它那过度易变的潜在性（不论在任何一个团体）必须受到限制，如果人类可能要聚合、合作、交流的话。集体的仪式反复给我们灌输人类共同服从的强制力，就这样便确实将我们人性化了。我们之所以合作是因为我们的想法一样，而我们想法一样就要归因于仪式了。涂尔干式的《社会契约论》好就好在它不是循环论的。它并不假定那些建立社会秩序的人有理性和社会责任心。它说明了如何引导那些缺乏两者中或一种的人们去获得它。就这样，仪式使社会成为可能，并使我们成为人性的。"② 在稳定、有序的教育环境中，人们对于自己在某种特定的场合应如何行动以及他人将会对自己的行为作何种反应可以有一定的预期，人们对于自己如何与他人合作以及合作的成效就会有比较明确的预期。这种可预期性既可以满足人们对教育秩序的心理需求，又可以实现人们对教育生活便利和教育活动效率的追求，更可以实现人们对教育合作的期望。哈耶克曾说："如果不存在秩序、一贯性和恒久性的话，则任何人都不可能从事其事业，甚或不可能满足其最基本的需求。"③

第六，教育制度既引导、约束人们为了他人的教育利益而用自我约束的方式去调适自我教育利益，又教导人们去设计调整各层次、各利益群体的教育生

---

① 爱弥尔·涂尔干著，陈光金等译：《道德教育》，上海人民出版社 2006 年版，第 31 页。

② 欧内斯特·盖尔纳著，周邦宪译：《理性与文化》，贵州人民出版社 2009 年版，第 31 页。

③ F. A. 冯·哈耶克著，邓正来译：《自由秩序原理》（上），生活·读书·新知三联书店 1997 年版，第 199 页。

活的共存与教育合作的适当规则。福斯特曾说:"整个宏伟的技术事业——其结果是迄今都无法想象的原子发现——若要成功,那么它所需要的就远远不只是一种科学仪器和物资设备;此一事业对活着的人的社会文化和伦理文化提出了如此之大的要求(活着的人应当协调该巨大机器所具有的各种功能并防止滥用这些功能),以致在现实中所有的技术都只能代表一种必将失败的事业,除非精神上的和道德上的复苏给它以援助。没有伦理的技术,就像一个没有灵魂和没有良心的活物一样。"① 可见,一种在教育资源和知识上都具有高度发展的教育文明,并不能确保一种"善的教育生活",除非它教导人们为了他人的教育利益而用自我约束的方式去调适自我教育利益,教导人们尊重他人的尊严。如果人类教育的主要目标是发挥人类所有潜在的建设性力量,那么关于在建设教育文明过程中的个人努力和社会努力之间的适当关系这个关键问题,从有人类以来就存在了。显而易见,一个生活在社会真空中的孤独的个人根本无法达致其本性所驱使他去达致的自我实现。如果没有一个教育制度框架给他提供学习的机会,那么他就不可能最充分地发挥其潜力和能力。而另一方面,人格也远远不只是有组织的群体努力中的一种功能成分。这样一种有组织的群体或集体,永远无法完成那些可以使一种教育秩序被恰当地称之为教育文明的任务,因为要完成这些任务需要富有创造力的个人进行合作。因此,在建设教育文明中的个人努力与社会努力之间就必须有一种积极的互动关系。总之,人类社会对教育秩序的需求只有通过在教育生活中形成一定的教育制度规范才能得以满足。在教育世界里,一套协调人际合作的框架是由教育习俗、共同的伦理道德规范、正式的教育法律规章和教育管理条例那样的教育制度来提供。

2. 维护教育秩序

教育制度不仅具有形成教育秩序、增进教育秩序的功能,更为重要的是,教育制度还具有保护教育秩序的功能。当然,教育制度要发挥保护教育秩序的功能,教育制度本身必须是正义的。教育秩序代表的常常是教育共同体的集体意志,而不是个人意志。并且,为了达成一定的教育秩序,在某些情况下个人意志还必须屈服于教育共同体集体意志的要求。在某些情况下,个人意志之所以会对教育共同体集体意志产生某种屈从主要是因为个体在观念中接受了正义感的导引,从而激发了他内在的行为冲动或欲望。罗尔斯曾说:"由于一个组织良好的社会是持久的,它的正义观念就可能稳定,就是说,当制度(按照这个观念的规定)公正时,那些参与着这些社会安排的人们就获得一种相应的正

---

① E. 博登海默著,邓正来译:《法理学》,中国政法大学出版社 2004 年版,第 327 页。

义感和努力维护这种正义的欲望。"① 正义感的形成往往是针对那些无私与善良的人而言的，而对于那些利己性功利主义的人们来说，所谓的正义感实际上就是一种利益感。米尔恩说："做一个不道德的利己主义者就是做一个'坐享其成者'（free rider），也就是说，这种人光获取社会生活的各种益处，却不分担社会生活的各种负担。一个人正是只有成为共同体的成员，他才能成为一个个体，并完全有机会追求他个人的自我利益。如果他不使共同体的利益优先于他个人的自我利益，那么他就是一个坐享其成者。"② 因此，教育秩序的形成不能只靠人们的正义感进行调解，还必须要靠正义的教育制度来进行维护。正如诺思所言："至为关键的是，任何一个成功的意识形态必须克服搭便车的问题，其基本目的在于促进一些群体不再按有关成本与收益的简单的、享乐主义的和个人的计算来行事。"③ 或如庞德所言："我们认为正义并不意味着个人的德行，它也并不意味着人们之间的理想关系。我们认为它意味着一种制度。我们认为它意味着那样一种关系的调整和行为的安排，它能使生活物资和满足人类对享有某些东西和做某些事情的各种要求的手段，能在最少阻碍和浪费的条件下尽可能多地给以满足。"④ 只有当社会成员相信这个教育制度是公平正义的时候，他们才不会采取机会主义的搭便车行为，才会自觉地遵守教育制度，即便私人的成本—收益计算要求他们去违反这些教育制度时，他们也不会付诸行动。米尔恩曾说："要具有一种美德，就应该能够和愿意按照原则行事并遵守与某方面的道德相关的各种规则，而不管相反的诱惑是什么。"⑤ 在教育交往过程中，人们之所以会遵从于一定教育秩序的要求不仅是因为教育秩序能够带来某种程度的稳定，而且也是因为它能够对人的教育利益进行某种保护，并使之形成一种人们所期望得到的教育效益或教育效率。但是，"如果人们仅仅追求他们自己的利益是一条心理学的法则，他们就不可能具有一种有效的（按照功利原则规定的）正义感。理想的立法者最多是能设计出种种社会安排，使那些从个人的或集团的利益出发的公民们被说服得以能最大限度地扩大幸福总量的方式行

---

① 约翰·罗尔斯著，何怀宏等译，《正义论》，中国社会科学出版社 1988 年版，第 456 页。

② A. J. M. 米尔恩著，夏勇等译：《人的权利与人的多样性》，中国大百科全书出版社 1997 年版，第 54 页。

③ D. C. 诺思著，陈郁等译：《经济史中的结构与变迁》，上海三联书店 1994 年版，第 59 页。

④ R. 庞德著，沈宗灵译：《通过法律的社会控制》，商务印书馆 2008 年版，第 32~33 页。

⑤ A. J. M. 米尔恩著，夏勇等译：《人的权利与人的多样性》，中国大百科全书出版社 1997 年版，第 33 页。

为。在这个观念中，利益的最终统一完全是人为的：它取决于理智的机巧，而人们照着制度体系去做仅仅是由于他们把这样做看作是实现他们各自利益的一个手段。"① 教育秩序存在的方式是多种多样的，人们之所以用正义来统摄教育制度安排，其目的就在于建构一种能够促进社会以及教育系统内部发展的科学合理的教育秩序。

（四）教育制度规范教育合作

在现实教育生活中，教育合作是我们不可逃避的"存在之境"。米尔恩说："人类生活总是在社会共同体中进行的，在任何地方都一样——之所以必须这样，是因为不这样就不会有下一代，人类生活就将终止。"② 人类为什么需要教育合作呢？是因为我们每个人来到这个世界的时候，面对的已经是一个合作的教育世界，教育合作几乎成为必然的选择，"我们是我们传统的选择，而不是我们选择了传统"（哈耶克语）。同时，"我是谁"、"我将要到达什么地方"、"我将选择什么"都是在合作这个存在之境中获得的，"善的生活"也是在合作这个存在之境中获得的。"我们"存在于"我"的内心深处并构成其生活的源泉，另一方面，"我们"本身，许多人的团结是无数自由生命的团结，是"我"与"你"之间自生的相互作用与交往的团结，是自由的教育交往主体之间的合作。雅斯贝尔斯曾说："所谓教育，不过是人对人的主体间灵肉交流活动（尤其是老一代对年轻一代），包括知识内容的传授、生命内涵的领悟、意志行为的规范、并通过文化传递功能，将文化遗产教给年轻一代，使他们自由地生成，并启迪其自由天性。因此教育原则，是通过现存世界的全部文化导向人的灵魂觉醒之本源和根基，而不是导向原初派生出来的东西和平庸的知识（当然，作为教育基础的能力、语言、记忆内容除外）。"③《教育的使命》一书也说："当学习者是教学过程的合作伙伴而不仅仅被视作'投入人'或'受益人'时，他们才会从教育中获益更多。"④ 个人只有通过自己与其他人的联系，通过在其他人中间的生活，就像超越个人界限、在其他人中间存在，才能真正自由

---

① 约翰·罗尔斯著，何怀宏等译，《正义论》，中国社会科学出版社1988年版，第457页。

② A. J. M. 米尔恩著，夏勇等译：《人的权利与人的多样性》，中国大百科全书出版社1997年版，第46页。

③ 卡尔·雅斯贝尔斯著，邹进译：《什么是教育》，生活·读书·新知三联书店1991年版，第3页。

④ 联合国教科文组织教育丛书，赵中建编：《教育的使命》，教育科学出版社2003年版，第37页。

地生活。涂尔干曾说："如果把人类从社会中获得的一切都丢掉，人类会堕落成什么样子：他会跌至动物的水平。如果说人类能够超越动物停滞不前的阶段，这主要是因为他还没有退化到只有他个人努力的结果，而是与同伴定期合作的结果；这样，每个人的活动才会更富有成效。"① 正是因为有了这种"合作"、"教育合作"才会使人类得到提升，使人类既能胜过动物，也能超越自己。

但是，教育合作这一人的存在之境并不能确保"良善的生活"，除非有教育制度的保驾护航。"良善的生活"的达成需要教育合作，而这也只有在具备了管理人际交往、教育合作的恰当"游戏规则"时才有可能。教育制度首先是一种建立教育关系的伦理方法，是教育关系的保障形式。教育制度规范具有表达性，即每一规范都包含一个旨在实现某种教育秩序价值的目的。教育制度是一种规范的复合体，人们设计它就是为了把人类从偶然中、从复杂而混乱的世界中拯救出来，把人们放心地置于通往目的性和创造性活动的道路上。柯武刚等人说："制度帮助人们理解复杂而混乱的周围世界，因而在相当程度上保护了人们，使人们得以免于面对不愉快的意外和他们不能恰当处理的情形。所以，制度有助于我们应付对不能驾驭生活所怀有的原生焦虑。由制度支撑的信心使我们能够承受试验的风险，能富于创造性和企业家精神，并能够鼓励他人提出其自己的新思想。"② 当然，我们也不能凭借教育制度强迫一个人过"良善的生活"，过充满理性而且有价值的生活。富勒说："我们只能努力把比较大的和比较明显的随机性和非理性从他的生活中排除出去。我们能够创造理性的人类存在所必需的条件。对该目的的实现来讲，这些条件是必要条件而不是充分条件。"③ 其次，教育制度（安排）尤其是"先前"的教育制度给教育世界里和教育组织中的人际合作提供一套框架，并使这样的人际合作较具可预见性、可信赖性。福山说："建立合作规范，往往有一个前提，即群体的成员先前已有一套共同遵守的规范。这种共同的文化不仅让人们有共同的词汇，而且有共同的手势、面部表情和个人习惯，彼此易于沟通。文化有助于人们识别真假，认出谁是合作者谁是骗子，以及传递行为规则，使得群体内部的行动易于预测。"④ 例如，我们可以看一看"考场"的考试规则。"考场"的考试规则含有明确的考试条款和对违规行为（或作弊行为）的强制性惩罚措施，这些条款和

---

① 爱弥尔·涂尔干著，陈光金等译：《道德教育》，上海人民出版社2006年版，第239页。
② 柯武刚等著，韩朝华译：《制度经济学》，商务印书馆2000年版，第111页。
③ 韦恩·莫里森著，李桂林等译：《法理学》，武汉大学出版社2006年版，第410页。
④ S. P. 等主编，程克雄译：《文化的重要作用》，新华出版社2010年版，第156页。

惩罚措施管束着"考生"们的行为。且这些条款和惩罚措施不只适用于某一具体的考试或"考生",它们没有时期限制,因而可适用于未来的无数场"考试"。由于具有这些品质,这些条款和惩罚措施才能影响"考生"的行为,或者使"考生"的行为变得"规范",变得易于预见。再次,教育制度有助于为了长期的、有效的人际合作与教育合作而抑制我们固有的自私的冲动。柯武刚说:"人际合作通常都需要有制度框架。制度框架能增加逃避义务的风险,增强互利合作的习惯,达到抑制……本能性机会主义的目的。"① 复次,教育制度还增加了互利合作的机会,基于适当教育制度的教育合作具有较强的优越性。例如,某县有两所国家示范性高中,前些年为争夺县内优质生源展开惨烈竞争,后来两所学校签定了一个避免县内优质生源无序竞争的合作协议。为什么签定这一协议呢?原因在于,只要两所国家示范性高中在优质生源的获取问题上不合作,他们就都会被拖入昂贵的优质生源大战并面临学校财政吃紧的危险。双方都越来越认识到,在县内优质生源的去向问题上展开某种合作对双方都有好处。于是,他们进行谈判以确定规则、监督程序和对违规的惩罚措施;一步一步,他们建立起了信赖,使其在县内优质生源的去向问题上展开合作成为可能,结果化解了他们的囚徒困境,并使办学成本降低。

如果没有教育制度对教育交往、教育关系的调控,就不可能有教育秩序。一旦没有教育秩序,"我们就会生活在一个疯狂混乱的世界之中。在这个世界中,我们会被反复无常且完全失控的命运折腾得翻来覆去,似同木偶一般。人类试图过一种理性的、有意义的和有目的的生活的所有努力,都会在一个混乱不堪的世界里受挫"。② 如果没有教育制度对教育交往、教育关系的调控,就不可能有有效的教育合作、教育交往。因为,遵从教育制度规范是一切教育合作的先决条件。默顿曾说:"当社会稳定时……对文化目标和制度化的手段都遵从——是最常见的、也是分布最广的。如果不是如此,那么社会的稳定性和连续性就不能维持。构成所有社会秩序的各种期望是通过社会成员的模式行为而得以维持的。这些成员反映出对既定文化模式的遵从,尽管这些模式从长久看或许也在发生着变化。实际上,正是因为行为典型地要以社会的基本价值为取向,我们才可以说人类集合成了社会。除非价值的积淀为互动的个体所共享,否则就没有社会而只有社会关系——如果无序的互动可以这样叫的话。"③ 例

① 柯武刚等著,韩朝华译:《制度经济学》,商务印书馆2000年版,第111页。
② E. 博登海默著,邓正来译:《法理学》,中国政法大学出版社2004年版,第230页。
③ R. K. 默顿著,唐少杰等译:《社会理论和社会结构》,译林出版社2006年版,第273页。

如，美国参议院的每位议员都力图代表他的选民的教育利益，这无疑会与其他代表不同选民的参议员发生冲突，当然这是发生在教育利益完全相反的情况（零和博弈）下的。然而有很多机会，两位参议员可以采取对双方都有利的行动。这些对双方都有利的行为导致了参议院内的一套复杂的行为规范或者俗规的产生。其中，最重要的是回报准则，即帮助同僚解决难题并得到回报。因此，"可以毫不夸张地说，相互回报是参议院的生活方式"。① 如果没有教育制度对教育交往、教育关系的调控，从强制性的制度约束的限制中解放出来的人类，就会成为野兽，"不能约束自己免于有害的放纵，追求兽性的快乐而牺牲情感上和智慧上的快乐——这样的人只能指望被人看低，只能指望人们对他有较少的良好观感"。② 人甚至可能沦落为一种最为可怕的奴隶状态，束缚在人的欲望的内在压力之中，成为自己的奴隶。"欲望都是他的主人，就像是其他一切事物的主人一样。他听任这些欲望的摆布；他无法支配这些欲望。一句话，当各种倾向都得到释放，而不受到任何限制的时候，它们自己就会变得专横跋扈，这些倾向的第一个奴隶恰恰就是那个能够体验到它们的人。"③ 也就是说，如果没有教育制度对人的行为约束，教育合作将无从建立，一个人对教育利益的追逐可能将是他人的噩梦，在相互冲突和相互伤害中，任何一个人的价值和抱负都不可能实现。而教育制度在"限制受本能驱使的机会主义上占据着中心地位"（柯武刚语），因此，人正是在教育制度的保护和支持下，借助于教育制度的力量才走出了盲目和放纵，借助于教育制度的力量才走出了由于失去约束、规范的需求与欲望而引起的焦虑的深渊。诚如罗素所说："无政府主义者所幻想的那种没有法律禁止任何行为的社会理想，至少就目前情况来看，与他们所希望看到的社会稳定是不相容的。为了得到并维持一个尽可能接近他们的理想世界，仍然有必要借助法律禁止某些行为。"④ 如果没有教育制度对教育交往、教育关系的调控，不但教育合作无法展开，人也不可能获得解放与发展。教育制度本身是教育共同体行动控制个体教育行动，是教育共同体教育行动抑制、解放和扩张个体教育行动。个人能或不能做、必须这样或必须不这样做、可以或不可以做的事，由教育共同体教育行动使其实现。教育制度之于个体教育行动的意义并不只是消极的、约束或控制性的，更为重要的是积极的、扩张

---

① Donald R. Matthews，U. S. Senators and Their World，Chapel Hill：University of North Carolina Press，1960，p. 100.

② 约翰·密尔著，许宝骙译：《论自由》，商务印书馆 2005 年版，第 93 页。

③ 爱弥尔·涂尔干著，陈光金等译：《道德教育》，上海人民出版社 2006 年版，第 36 页。

④ 罗素著，李国山等译：《自由之路》（上），文化艺术出版社 1998 年版，第 80 页。

的、解放性的。诚如博登海默所说："法律通过创设有利于发展人的智力和精神力量的有序条件而促进人格的发展与成熟。"①

总之，人类在教育生活中的合作、交往需要极大地依赖于人们可信赖的、相当规律的教育行为模式。如果这些教育行为模式受到破坏，就会出现预料不到的负效应。相反，教育合作要求具备关于教育交往和协调的一般的、抽象的和具有适应性的规则——简言之，需要教育制度。只有借助于教育制度，教育合作才能得以实施，人的发展才有可能，教育生活质量亦才会提高。

三、教育制度调节、约束教育竞争

教育制度通过形成教育秩序，为约束过度的教育竞争、实现教育合作创造了条件。人与人之间的教育关系并非只有合作，而且还要竞争，"人类在本质是遗传了竞争和个人主义的本能"（马林斯基语）②。竞争不仅是社会发展和进步的助推器，而且竞争事实上本身就是一种合作。格龙多纳曾说："要想得到财富和卓越地位，就必须竞争，这是有利于发展的社会的特点，它不仅表现在经济中，而且也表现在社会其他方面。企业家、政治家、知识分子和各行业专业人士成功的关键都在于竞争。在阻碍发展的社会中，竞争却受到谴责，被说成是一种敌对行为。他们主张用团结、忠诚和合作来取代竞争。代替企业竞争的，是社团主义。政治是围着领袖人物转，知识界不得不按照既定的教条来调整自己的生活。只有体育运动接受竞争。阻碍发展的社会对竞争持否定的看法，这反映出他们使妒忌合法化，追求乌托邦式的平等。这种社会虽然批评竞争而赞扬合作，但实际上的合作往往还不如'竞争性'社会中那样常见。我们可以争辩说，正如体育运动所表明的那样，竞争事实上也是一种合作，因为竞争双方都不得不尽力而为，从而共同受益。"③ 当然，成年男女身上的争强好胜本能决不是完全固定的，也决不是完全自我利益化的，一方面是"环境、教育和机遇等作用于可塑性极大的本性而产生的结果"④，另一方面也可能是民族性格决定的，或民族文化长期熏染的结果。诚如恩格斯所言："德国人是一个从不重利益的民族；在德国，当原则和利益发生冲突的时候，原则几乎总是使利

① E. 博登海默著，邓正来译：《法理学》，中国政法大学出版社 2004 年版，第 377 页。
② 彼得·狄肯斯著，涂骏译：《社会达尔文主义》，吉林人民出版社 2005 年版，第 96 页。
③ S. P. 亨廷顿等主编，程克雄译：《文化的重要作用》，新华出版社 2010 年版，第 93 页。
④ 罗素著，李国山等译：《自由之路》（上），文化艺术出版社 1998 年版，第 102 页。

益的要求沉默下来。对抽象原则的偏好，对现实和私利的偏废，使德国人在政治上毫无建树；正是上述这些品质保证了哲学共产主义在这个国家的胜利。"①

（一）何谓教育竞争

所谓教育竞争，是双方或多方为争夺共同期望的稀缺教育资源而展开的竞赛、争取和角逐。教育竞争既贯穿于自人类社会产生以来的整个人类教育历史进程之中，又存在于个体或群体的生存和发展过程中，存在于社会关系、教育关系之中。恩格斯指出："竞争贯穿在我们的全部生活关系中"②。刘易斯曾说："竞争精神贯穿在人类的全部活动中；人们喜欢表现自己的力量，无论在游戏、狩猎、吸引异性、唱歌等方面都是如此；在某些领域，比如在争夺政治权力、夺取宗教和社会地位的领导权方面，这类斗争可能颇为激烈、冷酷无情和无休无止。不过，好在总有某种限定如何进行竞争的准则，比如说控制政治权力斗争的准则；还总有些人认为竞争的天性对心灵有危害，并且焦急地尽一切可能来约束它。这些思想情绪既适用于经济生活中的竞争，也适用于任何其他领域的竞争。"③ 在人类社会的教育实践活动中，不同主体的各方面的教育需要或教育利益不可能同时均衡地得到满足，因而势必使稀缺教育资源成为人们共同追求和争夺的目标，从而相互之间形成竞争。

教育竞争是教育生活中的常态，如今在国家之间、学校之间、学科之间、班级之间、教师之间、学生之间以及学生家长之间都存在着激烈的竞争。艾略特说："个人要求更多的教育，不是为了智慧，而是为了维持下去，国家要求更多的教育，是为了要胜过其他国家，一个阶层要求更多的教育，是为了要胜过其他阶层，或者至少不被其他阶层所胜过，因此教育一方面同技术效力相联系，另一方面同国家地位的提高相联系……要不是教育意味着更多的金钱，或更大的支配人的权力或更高的社会地位，或至少一份稳定而体面的工作。"④ 现代教育也确实是沿着艾略特给出的路径发展的。一方面是为了国家在竞争中获胜，即"国家的自我保存"。另一方面是为了个人在竞争中获胜，以便获得他人和社会承认的"自我保存"。这两方面的"自我保存"是"结合"在一起的。

① 《马克思恩格斯全集》（第3卷），人民出版社2002年版，第493页。
② 《马克思恩格斯全集》（第3卷），人民出版社2002年版，第471页。
③ 阿瑟·刘易斯著，周师铭等译：《经济增长理论》，商务印书馆2005年版，第50~51页。
④ T. S. 艾略特著，王恩衷编译：《艾略特诗学文集》，国际文化出版公司1989年版，第204页。

国家为了"自我保存",而大规模地举办教育,是为了能够在经济上超越其他国家,在国际社会具有较强的竞争优势,获得更多的经济利益和政治"话语权"。国家为了获得"承认"、为了在竞争中"获胜"而把教育放在了重要的地位。《从人口大国迈向人力资源强国》一书说:"如果能够探索出有效的途径,造就一大批具备创新能力的创新人才来,这将提升中国未来的经济和技术竞争力。否则,中国将难以在国际上建立起竞争优势,也不可能对世界文明做出新的更大贡献,中国将仍旧是世界上的二流国家。"[①] 个人为了自我保存,就必须获得国家和社会的"承认"或"认可",而社会和教育恰是以"竞争"的方式来分配"认可"或"承认"的。因此,在教育中,每个人都被迫参与竞争,胜过其他人,使他人和社会承认他具有的优势。越来越辉煌地在教育中压倒他人,就可以获得自我满足的幸福。这样,教育是人生最为重要、最为严峻的一场竞赛。这场竞赛,唯一的目标就是战胜他人,位居最前。只有在竞争中获胜,才能在教育和社会中获得"认可",才能实现自我保存。

现实教育生活也不断告诉我们:不论在什么地方,只要教育资源仍属稀缺,教育机会仍"供不应求",哪怕是在极低级的教育发展形态下,在教育体系中就有了人与人之间对获取稀缺教育资源进行竞争的特性。诚如庞德所说:"哪里有许多人发生接触,哪里就有人们对享有某些东西和做某些事情的各种要求。从来没有一个社会,居然会有如此多的满足这些要求的剩余机会,以致在满足这些要求时不再有什么竞争。各种利益之间之所以产生冲突或竞争,就是由于个人相互间的竞争、由于人们的集团、联合或社团相互间的竞争,以及由于个人和这些集团、联合或社团在竭力满足人类的各种要求、需要和愿望时所发生的竞争。"[②] 简言之,教育资源稀缺、教育利益冲突或试图在社会比较上使自己处于优势的心理倾向,直接导致了日常教育生活中广泛存在竞争。

当然,教育竞争使教育不可避免地散发出浓烈的经济化味道。即便在"身份社会",人们对稀缺教育资源的"享有"也是"竞争"的结果。只不过,"身份社会"的"竞争"是一种封闭的竞争、一种"静悄悄"的竞争、一种没有"硝烟"的竞争,决定人们能否"享有"某种稀缺教育资源的往往是身份、血统、关系、特权以及等级之间的竞争。例如,在"文化大革命"时期,我国"废除"了竞争性的招生考试制度,改行"群众推荐、领导批准"的招生制度。

---

① 中国教育与人力资源问题报告课题组:《从人口大国迈向人力资源强国》,高等教育出版社 2003 年版,第 50~51 页。

② R. 庞德著,沈宗灵译:《通过法律的社会控制》,商务印书馆 2008 年版,第 33 页。

在这一招生制度施行过程中，尽管中央反复强调、三令五申，找关系，"走后门"之风却一直屡禁不绝。直到"文化大革命"结束、重新恢复竞争性的高考制度以后，找关系，"走后门"这一顽疾才像被一双无形的但却有力的大手给制伏了。这里，起决定作用的不是道德感化，不是行政命令，不是政治运动，更不是阶级斗争，而是制度，一种曾被当作"封、资、修"而予以打倒的竞争性考试制度。"群众推荐、领导批准"这种独特的招生方法在其实际操作过程中，往往使群众处于"无能为力"的状态中。这种方法一旦与不受限制、无法监督的权力相结合所产生的巨大漏洞和强烈诱惑，使"走后门"成为招生工作中的常规。于是，"后门"的竞争取代了考试分数的竞争；对权力的渴望取代了对学习成绩和道德品质的关注；精心营造"关系网"的努力取代了莘莘学子孜孜不倦的苦读。奥肯指出："他们希望少一些赛跑，多一些互助友爱的跳舞。……然而一种降低竞争重要性的大前提，意味着摒弃个人主义的刺激；结果不是极大地牺牲效率，就是牺牲创造其他可选择的刺激制度。"[1] 但是，奥肯没有给予彻底论述或注意到的是：取消这种竞争，牺牲了效率，却并未真正消除利益争夺，带来什么"四海之内皆兄弟"。取消了竞争性的考试制度，上大学的竞争依然激烈，犹如取消市场，物质利益的争夺依然存在一样。取消的其实只是竞争的某些规则，竞争本身却改头换面，在缺乏正当规则之下，以"关系学"的方式大行其道。"不论……如何想方设法力图消除竞争，竞争还是见之于各个领域。"[2] 可见，教育生活中的竞争是教育发展加于竞争者的一种强制性法则，对每个竞争者都起作用，任何人都得处身于教育竞争的"场域"中。

（二）教育竞争的功能

在现实教育生活中，社会设定了许多成功—失败情境，处于这一情境中的人只能面对两种结果：自己成功或别人成功。体育中的锦标赛是这种情境的典型。所有参加比赛的人员中，只有一人可以取得冠军，取得绝对意义上的成功，其他人在冠军面前则都是失败者。（如果群体竞争性项目，成功者同样也只能有一个队，其他队都是失败者。）这种成功—失败情境使得人们牢固建立起了"对手"的概念，直接激发了人们的竞争动机与行为。舍勒曾说："在'竞争制度'中，实事性的职份及其价值的观念，原则上要在所有人之间的态度基础上才会展开；这种态度便是希求更多、更大存在的愿望。于是，每一个

---

① 阿瑟·奥肯著，王奔洲等译：《平等与效率》，华夏出版社 1999 年版，第 83 页。
② 阿瑟·刘易斯著，周师铭等译：《经济增长理论》，商务印书馆 2005 年版，第 51 页。

'位置'都变成这场普遍追逐中的一个暂时的起点。"① "不是特定的事物目的在指导追求和行动,而是对某阶段的单纯超越——即'破纪录'——成为推动一切的基本动机。"② 同时,教育生活中的竞争是建立在教育利益之上,它是如何获取稀缺教育资源之争,是如何更好、更快地提高自己、发展之争,其目的在于超越自己。在社会心理学中,我们可以称试图在社会比较上优越于别人的需要为超越意识。超越意识是直接同人们自我价值肯定需要相联系的。超越别人是一个人获得自我价值肯定的重要途径。为此,人们在许多社会情境中都有超越别人,同时又担心被别人超越的倾向。这样,超越意识直接转化成了竞争意识。与教育利益冲突引起的教育利益竞争相对应,可以称这种为争上游的竞争为超越竞争。学校中争取相对优秀成绩的竞争,生活中力争得到对自己有主要影响的重要他人的肯定的竞争(如学生争取老师好评)等,都属于超越竞争。诚如卡耐基所说:"在你的梦中做一个国王吧!对你自己说:'我的位置在最高处'。"③ 或如舍勒所说:"竞争是争名夺誉的竞赛,竞赛便要争先夺取目标;这目标有力地左右着从竞技训练和比赛直到……人的生活。在这种为夺取胜利而进行的竞争中,在这种追求……的可爱竞争中,万事万物都在'彼此争先恐后'、都力争超过对手:戴在胜利者头上的桂冠是何等令人陶醉,有幸抵达'本质'、认识和占有'本质'将多么令人振奋。"④ 总之,教育生活中的竞争是一种人类教育交往的动态演化过程,这一过程激励着人们去追求自己的教育权益。教育生活中的竞争产生于人们的正当教育利益不能得到同时满足所形成的冲突,它是刺激人们不断学习、不断进取的重要动力,"冲突和竞争能够激励人们出成就"⑤。具体而言,教育生活中的竞争具有如下功能:

1. 减少无知

为了在竞取稀缺教育资源的竞争中获胜,每一个竞争的参与者都会努力搜寻着能改善他们地位、改善他们发展、提高他们竞争力的"新知识","新方

---

① M. 舍勒著,罗悌伦等译:《价值的颠覆》,生活·读书·新知三联书店 1997 年版,第 21 页。

② M. 舍勒著,罗悌伦等译:《价值的颠覆》,生活·读书·新知三联书店 1997 年版,第 23 页。

③ R. K. 默顿著,唐少杰等译:《社会理论和社会结构》,译林出版社 2006 年版,第 270 页。

④ M. 舍勒著,罗悌伦等译:《价值的颠覆》,生活·读书·新知三联书店 1997 年版,第 57 页。

⑤ 伯顿·R. 克拉克著,王承绪等译:《高等教育系统》,杭州大学出版社 1994 年版,第 306 页。

法"。由此，教育竞争成为一种使许多人全力以赴地投入信息搜寻（"好"的学习模式方法、"好"的学习方式）活动的过程，这种活动尽管代价高昂，充满风险——对置身于其中的人而言，它绝对不是一种舒适的处境，但对于促进整个社会的教育进步、人的发展来讲却非常有益。人们去何处以及如何寻找"新知识"、"新方法"是因人而异的，这主要取决于个人的主观经验和个性差异。人们将采用五花八门的寻找方法，诸如模仿、学习、听专家讲座、自我总结，等等。与其他一些方法相比，如与由少数几个专家代表大众来寻找"新信息"相比，"新知识"、"新方法"搜寻努力的广泛基础和搜寻的多样性能获得更多、更好的，并能在教育竞争中派上用场的，且适合教育主体个性差异的"有用知识"。诚如哈耶克所言，竞争是"对发现一类事实的过程，即只要不借助于竞争，这类事实就不会被任何人知晓，也绝不会得到利用。"[1]

2. 扩散知识

在竞争性教育生活中，竞争中的成功者会受人追逐、会受人赞扬、会有名气，他亦便是个人物，便有价值。康德曾说："只有通过自己的成绩才能脱颖而出，为人重视。"[2] 与此同时，在教育竞争中的获胜者会招来模仿者，成功的"模仿者"又常常被其他人竞相仿效。菲施澳夫曾说："对历史的研究显示，人类社会总是需要'偶像崇拜'，这种崇拜对象通常是比较特殊的人，可能是最佳猎人，最佳运动员，也可能是最美丽、最聪明或是最高尚的人。"[3] 这样，在教育竞争中的获胜者的学习方式、学习技能会以编码信息的方式四处传播。在现代文明社会中，社会各阶级之间的分界线已经变得越来越模糊，越来越不确定，在这种情况下，"竞争中的成功者"所树立的荣誉准则很少阻力地扩大了它的强制性的影响作用，并通过社会结构甚至通过权力结构一直贯串到最下层。霍尔巴赫曾说："偏爱自己，关心个人利益，希望出人头地——这是每个人身上表现出来的情感。管理社会的人没有更有效的办法鼓励社会成员为公共利益服务。因此政府应该满足有功于国的公民的这种欲望，把某些权利、爵位、称号、特别荣誉标志、奖赏给予他们，表示他们卓尔不群；其他人都希望学习政府所推重的人的长处，所以并不反对如此彰明昭著的特别优待。"[4] 其结果是，每个阶层的人们都把"竞争中的成功者"的学习精神、学习方式、学习方法等作为他们学习上的典型、榜样，并全力争取达到"竞争中的成功者"这

---

[1]　柯武刚等著，韩朝华译：《制度经济学》，商务印书馆 2000 年版，第 277 页。

[2]　康德著，赵鹏等译：《论教育学》，上海人民出版社 2005 年版，第 14 页。

[3]　《我们为何追星不止?》，《参考消息》，2010 年 1 月 13 日。

[4]　霍尔巴赫著，陈太先等译：《自然政治论》，商务印书馆 2002 年版，第 141 页。

个理想的标准。库尔库耳指出："一个模仿的学生，一个用来供人模仿的人，这个概念在传统教育学中占着统治地位。这类教育学的动力不是发展人格，使人不断关心他的自由、他的自我责任，而只是获得大量知识。"①尽管库尔库耳在这里批评了传统教育学中"一个模仿的学生，一个用来供人模仿的人"只是获得大量的知识，但也恰恰说明了模仿"竞争中的成功者"在教育生活中是何等的普遍。

3. 抑制错误

当人们在教育竞争系统中犯错误或失败时，他们会很快从别人的眼光中以及胜利者对自己的打击中认清自己的错误、认识到自己的不足。他们会明白，自己没有以最有利于他人的方式、没有以最正当的方式运用自己的才智，从而也没有最好地增进自己的利益。与正面强调"竞争中的成功者"这个理想的标准相伴随的，则是强调对那些在其抱负上的退缩者、在其"竞争中的失败者"的惩罚。学生们被告诫"不要做一个半途而废者"，因为在成功文化辞典里如同青年人词汇里一样，"是没有'失败'这个词的"。成功文化宣言表达得很清楚：你不应放弃，不应停止努力，不应降低目标，因为"目标低下即是犯罪，而失败却不是。"默顿曾说："学校……是传承盛行价值观的官方机构，城市学校的大量课本都暗示或明确宣称'教育通向智力发达，从而也就通向工作和金钱的成功'。训练人们去实现未遂其志向这一过程的核心是关于成功的文化原型。"② 这种"成功文化"告诫学生要接受三个文化公理：既然崇高的目标面向一切人，因而所有的人都应该为之奋斗；目前表面上的失败只不过是通向最后成功的一个小站；真正的失败是降低自己的雄心壮志，是放弃自己参与竞争的权利。拉斯韦尔下面这段话虽不是专门就教育生活中的竞争而言，但其蕴涵的真义却有指向性意义。拉斯韦尔曾说："富有的、成功的叔叔，富有的、成功的执事，富有的、成功的校友，富有的、成功的银行家都成了奉承别人或是炫耀自己的谈话焦点。这些人的画像装饰在墙壁上，他们的半身铜像点缀在客厅中，他们的出现为各种聚会增添光彩。在'失败者'谋求捐助，或进行偷窃，或从事其他更坏的勾当时，无论在餐桌上，或托儿所里，或大街拐角处都能听到对'失败者'鄙视的称呼。"③ 因此，在教育生活领域的新辞典里，"谦卑"

---

① 联合国教科文组织、国际教育发展委员会编著，华东师范大学比较教育研究所译：《学会生存》，教育科学出版社 1996 年版，第 104 页。

② R. K. 默顿著，唐少杰等译：《社会理论和社会结构》，译林出版社 2006 年版，第 267 页。

③ H. D. 拉斯韦尔著，杨昌裕译：《政治学》，商务印书馆 2005 年版，第 20 页。

与"怯懦"同义，"本分"与"没出息"等价，"低分"与"无能"等值，唯积极进取、努力学习以参与到竞争中的"胜利者"才值得大书特书。诚如拉斯韦尔所言："日常谈话、小说、电影都支持个人对成功或失败负责这个主题思想。他失败了，因为他……他成功了，因为他……在资产阶级社会中，从属的通讯工具的主题不是失业所造成的绝望，不是收成不好所造成的不安定，不是禁令重重所带来的行政工作效率的降低，而是个人动机和个人奋斗。"① 因此，在学校乃至社会这个时空范围内，"竞争中的成功者"具有至高无上的权威，"竞争中的成功者"拥有一切，而那些"竞争中的失败者"则一贫如洗，就像一个囊中空空的乞丐，任人羞辱——"差生"、"双差生"、"学习特困生"等。按照这一评价人的"心理定势"或"社会定势"，学生们总是不满足于现状，不满足于已取得的成绩，总是不拘泥于已取得的成绩而是时时修正自己的"错误"，不断总结"失败"的经验教训，因而，一种活力充沛、干劲十足、不断进取的乐观气质和开拓型性格就在学校这一"场域"扎根并蔓延开来。

（三）教育竞争的副作用

教育主体自由竞争稀缺教育资源尽管有一定的进步意义，它既是教育迅速发展、教育质量不断提高的一个基本动力装置，又是参与稀缺教育资源的自由竞争的个人自由的基本标志之一。但是，教育主体竞争稀缺教育资源本身会带来一定的副作用，尤其是当教育本身并没有对竞争给予正确引导时，其副作用更巨。"普遍的竞争气氛已成为各国内部尤其是国际上经济活动的特点，它愈来愈突出竞争精神和个人的成功。事实上，这种竞争现在终于导致无情的经济战争，导致贫富之间的紧张关系，从而造成各国和整个世界的分裂；这种竞争也激化了历史上存在的敌对情绪。教育有时因为对竞赛概念的解释不正确而有助于这种气氛继续存在下去，这是令人遗憾的。"② 具体而言，教育竞争存在着以下一些问题。

1. 盲目的教育竞争导致教育关系恶化

盲目的教育竞争会导致无政府主义，形成恶性竞争，引起毁灭性的后果。罗素曾说："当争强好胜的本能被用于获取财物时……是有害的，因为财物的数量有限，一个人得到了别人就没份了。当争强好胜的本能以这种形式表现出

---

① H. D. 拉斯韦尔著，杨昌裕译：《政治学》，商务印书馆 2005 年版，第 20~21 页。
② 联合国教科文组织教育丛书，联合国教科文组织总部中文科译：《教育——财富蕴藏其中》，教育科学出版社 2005 年版，第 82 页。

来时，必然会引起恐惧，而残忍又几乎必然会由恐惧发展而来。"① 任何两个人如果想取得同一东西而又不能同时享用时，彼此就会成为仇敌。恩格斯曾说："正因为每一个人具有与其他人相同的利益而互相吞噬的凶猛野兽——竞争者不是凶猛的野兽又是什么呢？"② 他们的目的主要是自我保全，有时则只是为了自己的欢乐；在达到这一目的的过程中，彼此都力图摧毁或征服对方。也很容易造成如霍尔巴赫所言的人们"一味干互相毁灭的勾当"这样的情况。他们每个人都按自己的愿望，力图把他认为对自己幸福有益的东西争取到手，"当某几个人对某一件东西或某一个人（例如某一女人）都满怀强烈的激情时，会产生什么后果。如果对某一个对象他们同样酷爱，他们就会变成仇敌，彼此之间的角逐就会达到非常激烈的程度，以致为了占有这个共同的嗜好品而互相毁灭。同样，当两个竞争的民族都想夺取同一个目标时，它们之间也会燃起敌对情绪，而要通过战争来解决争端。"③ 里普森说："当个人的自我利益凌驾于他人利益之上并且影响了其他人时，就发生了竞争。在这种形式下，每个人都试图寻求利益和优势，以压倒妨碍他的竞争对手。由于这个天性，竞争置个人和团体于互相敌视的关系中。因而，它是破坏性的，导向最终的结果也是自我毁灭的，因为竞争的目的就是消灭敌人，目的达到后竞争就终结了。凡是竞争不受约束之处，它便趋向垄断，直到彻底摧毁自我存在的各项条件。彻底残暴的竞争将割断自己的喉咙。"④ 也就是说，如果放任教育竞争而不加以约束或限制，人与人之间的关系必然恶化，教育生活世界必然由理性走向非理性，引来教育领域的无序和混乱。教育生活领域中的"竞争和个人主义的本能"之所以会带来教育失范，在于人性的基本规定是"自私"或"自利"的，人们总是试图"以最小的耗费获取最大的收益"。这种人性潜在的倾向就是贪婪，证明自己竞争能力的"教育场"、"考场"正好给这种人性提供了一个广阔无垠的扩展空间。在其他外部条件具备的情况下，这种人性规定就会必然走向极端性的贪婪，带来人的行为走向疯狂，结果以教育的失序告终。同时，这种人性潜在的倾向就是贪婪，而在贪婪的背后不但有一颗冷漠的心，更透露出一双双贼亮的利己眼目。滕尼斯曾说："利己主义者对别人的幸福和痛苦是无所谓的，愈是彻底的利己主义者，对他人的祸福就愈是漠然置之，他们的灾难也好，他们的福祉也好，他都不放在心上。然而如果显得有益于他的目的，他既能有意地对

---

① 罗素著，李国山等译：《自由之路》（上），文化艺术出版社 1998 年版，第 102 页。
② 《马克思恩格斯全集》（第 3 卷），人民出版社 2002 年版，第 449 页。
③ 霍尔巴赫著，陈太先等译：《自然政治论》，商务印书馆 2002 年版，第 16 页。
④ L. 里普森著，刘晓等译：《政治学的重大问题》，华夏出版社 2001 年版，第 28 页。

他们的灾难落井下石，也能让他们的幸福锦上添花。"①

2. 盲目的教育竞争导致不计手段和不顾后果的无限野心

由于德行（如价值观、信仰、情趣、精神世界等）在获得稀缺教育资源方面所占的比重下降，摆脱束缚的自由人在教育竞争过程中合乎逻辑地表现出了不计手段和不顾后果的无限野心。例如，一些学生为了在竞争性考试中获取高分，使用了各种各样的花招和手段，诸如抄袭，服用非法处方药帮助自己集中注意力，想方设法在考前获取试题，遇到难题时用手机给朋友发短信以迅速得到答案，等等。朱克曼在《美国：内疚文化转向羞耻文化?》一文中指出："有残障的学生在学业能力倾向测验（SAT）中可以延长考试时间，这一无可厚非的惯例如今成了作弊的途径。如今，许多学生的父母设法开出残障医疗证明，让孩子在参加 SAT 时获得更多考试时间从而增加被大学录取的希望……70%以上的学生承认在前一年的考试中至少有过一次作弊行为。为什么？假如学生看到其他同学作弊而老师没看见或没制止，许多人当然就会认定作弊是保持竞争力的重要手段。技术的进步使作弊变得越来越容易。例如，手机彩信使学生可以把试卷拍下来传给教室外面的朋友。"② 在我国，一些学生在考试中利用高科技作弊的现象越发严重。一些学校为了防止学生作弊，在考场安装了手机信号屏蔽器，但"道高一尺，魔高一丈"，防屏蔽作弊装备立即涌现，并大行其道。"内地学生为求考试得高分，其创造力之惊人，想象力之丰富，令人叹为观止。集体购买和使用高科技作弊工具自不必说，日前还有一位到香港求学的女研究生，用金钱购买试卷而银铛入狱，将她在内地行之有效的一切向钱看的'潜规则'，依样画葫芦地照搬到香港，最后当然难逃银铛入狱的命运。"③ 可见，当竞争者数量众多或者竞争者实力相当时，当德行在获取稀缺教育资源方面所占的比重下降时，竞争对手便难免会有投机取巧的行为。

3. 盲目的教育竞争导致集体的非理性和总体的无效率

按照集体行动的逻辑，个人理性地追求自身利益往往会导致集体的非理性和总体的无效率，从而使个人教育利益的最大化不仅不可能自动地导致集体教育利益的最大化，反而会造成大量外部不经济的情况，如片面追求升学率、教育腐败、对弱势群体的歧视，等等。诚如莱亚德所说："我们越来越把个人利益看作唯一可靠的动机，将人与人之间的竞争看作能最有效发挥他们才能的途

---

① F. 滕尼斯著，林荣远译：《共同体与社会》，商务印书馆 1999 年版，第 184 页。
② 《美国：内疚文化转向羞耻文化?》，《参考消息》，2006 年版 11 月 3 日。
③ 《内地教育"潜规则"毁了大学生良知》，《参考消息》，2006 年版 12 月 26 日。

径。这往往适得其反，通常也无助于营造快乐的工作场所，因为地位竞争是一种'零和游戏'（zero-sum）。"① "在某些情况下有利于智力开发的竞争原则有可能适得其反，变成按学业成绩进行严格的筛选。因此，学业上的失败就成了不可逆转的事，而且经常导致社会边缘化和社会排斥现象。许多国家，尤其是发展中国家，目前都遇到了令决策者感到棘手的一个问题：义务教育期限的延长不合常情地恶化了社会处境最不利的和（或）学业失败的青年人的状况，而不是改善他们的状况。即使在世界上教育经费最高的那些国家中，学业失败和辍学现象也影响到相当大一部分学生。这就使两类青年之间有了鸿沟；由于这一鸿沟延伸到职业界中，它的影响就更为严重。没有毕业文凭的青年在谋职时总是处于几乎难以改变的不利地位。其中一些人因被企业视为'不可雇佣的人'，便最终被排斥在职业界之外，失去融入社会的任何机会。"② 现仅以北京大学的招生为例作一分析。北京大学招生实行按省分配录取名额、省内按考试分数择优录取原则。若仅从个人视角与过程视角来看，这是一场能力取向的"贤能主义"主导的公平竞争。考试分数面前人人平等，获致性（成就、考试分数）因素掩盖了先赋性因素，成为招生录取场域中的决定性因素。若从整体视角与结果视角看，按省分配名额的录取原则，导致各省的录取指标、录取分数差异悬殊。先天性因素——"你所是"与获致性因素——"你所为"之间形成一个繁复的社会拓扑结构、身份之争、地域之别与资本之用——在招生录取场域却成为隐匿不显却无处不在的关键性因素。更具体地说，在"高考分"省，诸如浙江、山东等，农家子弟凭借"高考分"进入北京大学（体现了考试场域贤能主义主导的技术路线），在"低考分"省，诸如新疆、贵州等，农村考生因为"低考分"不能进入北京大学，垄断大中城市优质教育资源的干部子弟却以省内相对的"高考分"、全国相对的"低考分"跨入北京大学。刘云杉等人通过对 1978 至 2005 年间跨入北京大学的农家子弟的系统研究，曾得出如下推论："北大的农村新生多来自高考高分省，这一群体分数均值就偏高；而政策照顾的受益者多为省会城市的干部家庭出身的学生，而非这一区域的农村学生。在此，先赋性因素——身份团体、社会网络、家庭的经济资本、毕业中学的文化资本——具有和获致性因素（考分）不相上下的作用，前者甚至决定

① 《资本主义需要摆脱"零和游戏"》，《参考消息》，2009 年版 3 月 21 日。
② 联合国教科文组织教育丛书，联合国教科文组织总部中文科译：《教育——财富蕴藏其中》，教育科学出版社 2005 年版，第 42 页。

了后者。"① 因此，考试场域看似客观公正的贤能主义用过程的公开、个体的公正遮蔽了优质教育资源分配过程中、稀缺教育机会竞争过程中的权力性因素，招生录取场域中的政治原则（各省均占一定比例的代表制）所惠及的却是边远省份的干部子弟。

4. 盲目的教育竞争造就狂热的"考试分数"崇拜者

教育生活中的竞争最终造就了一群狂热的知识追求者、狂热的"考试分数"崇拜者，造就了一大批具有计算型性格的"巨人"，一大批只关注自我利益的"精明者"。诚如杜威所说："学校中过分重视学生积累和获得知识资料，以便在课堂回答和考试时照搬。……知识常视为目的本身，于是，学生的目的就是堆积知识，需要时炫耀一番。"② 但是，教育生活中的竞争忽视了对智慧的向往，对心性的关怀，对人生的思考，其目的不在于引导那些接受教育的儿童进入更高的人生，去感受蕴藏在人类生活中的深邃的经验和普遍的问题，去以那些人类不屈不挠去追求的价值来开拓心性，也不在于引导儿童在公共生活中通过思、言、行而追求人格的优秀和卓越，更不在于培育儿童的德性。诚如雅斯贝斯所言："一种对教化的敌意已经形成，这种敌意将精神活动的价值贬低为一种技术的能力，贬低为对最低限度上的粗陋生活的表达。这种态度是同这个星球上的技术化过程相关联的，也同一切民族中的个人生活与历史传统相脱节的过程相关联。由于这一过程，一切事物都被置于新的基础之上。"③ 的确，教育生活中的竞争把人们置于新的基础上，即置于人们的"利欲"之上，而不是置于人们的"精神"之上。因此，教育生活中的竞争是以牺牲人类精神成长为代价的，这显然是得不偿失的。例如，在我国现行的高考制度下，"县中模式"对学生心智的影响值得关注和思考。在我国，办学历史悠久、师资雄厚的高中大多分布在县与地两极，强大的"县中"为来自农村、县市两极的学生进入重点高校铺就了一条相对宽敞的道路。"县中"这类分布在下，或者说从民间文化、从历史深处长出来的优秀中学，为乡镇、县市等中下层的优秀学生提供了优质的教育资源。在扩大精英人才选拔的开放性，推动社会的流动、促进社会公正上，发挥了积极作用。可以说，"县中模式"是当下制度背景下，基层社会凝聚智力、物力与人力，聚合优质教育资源，提供优质教育质量的独特

---

① 刘云杉等著：《精英的选拔：身份、地域与资本的视角》，《清华大学教育研究》，2009年第5期，第58页。

② 约翰·杜威著，王承绪译：《民主主义与教育》，人民教育出版社1990年版，第168页。

③ 卡尔·雅斯贝斯著，王德峰译：《时代的精神状况》，上海译文出版社2003年版，第139页。

模式。但是，"县中模式"的弊端同"县中模式"的基本性质有着不可分割的联系，可以被视为是一个铜板的另一面："有光的地方，就有阴影"。"县中模式"的教育理念是"吃得苦中苦，方为人上人"，"县中"亦有考试"集中营"之称、也有高考分"制造厂"之名。"在高训诫的纪律空间中，教育以'总体制度'（total institutions）的方式来运作，这些制度被设计用来彻底转变学生的心智、身体和自我，以适应名牌精英学校和未来精英集团的预定要求。这类学校用严厉甚至苛刻的制度来进行时间控制与空间控制，用频繁的、高竞争、高淘汰的考试来控制学生的心智结构。"县中"用'选择性禁闭'使学生与他们的家庭隔离开来，也使他们和同龄的其他群体隔离开来，彼此之间形成既竞争又认同的同源性群体，这一群体的同源性又进一步强化了他们共享的社会化进程和社会资本的封闭性。从此意义上来看，这些著名的中学成就了学生新的社会身份与身份团体。然而，在'选择性禁闭'中强化出来的学生将如何面对这个丰富多彩的世界？"① 同时，"县中模式"在培养团结与合作之类的美德时，它还使用相反的一些方法，"培养不健康的竞争精神"。

5. 盲目的教育竞争侵蚀教育公平

教育生活中的竞争往往是奖励强者、幸运者和顺从者，而责备和惩罚不幸者、迟钝者、不能适应环境者以及那些与众不同的和感到与众不同的人们。戴明对当今管理制度曾进行了深刻的剖析："流行的管理体系很摧残人。人与生俱来的，是激情和固有的内在动机、自重、尊严、好奇心和学习的快乐。而摧残这些的外力从幼儿学步时就陆续出现了，如万圣节最佳服饰奖、学校的分数、金色五角星等等，类似的东西一直持续到大学。在职场、人群、团队、小组被分出等级，位居前列的获得奖励，落在后面的受到惩罚。目标管理、配额、奖金、商业计划，这些加在一起，一步步地加深这种损害——一种尚未得知也不可能得知的损害。"② 在他看来，如果不改变我们流行的教育制度体系，就绝不可能改变流行的管理制度体系。从某种程度讲，这两者其实是一个体系。虽然教育制度体系通常有利于社会上、经济上特权阶级的成员和那些在学业上最富有禀赋的人们，然而却"破坏或损害了大量学生的前途"。布鲁纳说："奖优制度是一个充满竞争的制度，学生在竞争中被推向前头，并在他们的成就的基础上接受更多的好机会，包括后来生活中的职位越来越多地和不可改变

---

① 刘云杉等著：《精英的选拔：身份、地域与资本的视角》，《清华大学教育研究》，2009年第5期，第58~59页。

② 彼得·圣吉著，张成林译：《第五项修炼》（修订版序言），中信出版社2009年版，第2页。

地取决于早期的学校成绩。不但以后的教育机会，而且其后的职业机会，都越来越成为早期的学校成绩所确定。晚成熟的人，早期的造反者，来自不关心教育的家庭的儿童，——他们在全面推行的奖优制度下，全都成为时常是无意义的不可改变的决定的受害者。"① 其实，布鲁纳的论述并不全对，教育生活中的竞争并不仅仅是责备和惩罚不幸者、迟钝者等，"强者、幸运者和顺从者"也遭到了惩罚，他们同样是这一制度的"受伤者"。

可见，教育主体之间的自由竞争要有效地发挥其促进教育发展、人的全面而自由发展的功能，需要具备一定的教育制度前提。

（四）教育制度调节教育竞争

怎么解决教育主体竞争稀缺教育资源存在的上述问题呢？历代思想家、教育家们进行了细致、深入的探讨。归结起来，人们提出了形形色色的解答思路，诸如道德及文化的思路、市场解答的思路、制度解答的思路等。柯武刚的以下论述虽不是专门就教育制度与教育竞争而论，但其思想无疑具有启发意义。他说："传统的印度教哲学中，非竞争被视为一种理想，达摩。这个词源于梵文词 dhar：承担，忍受，并常常被译为'不假思索地服从习俗、责任，养成宿命地接受现实的品德。'在达摩原则下生活可能比在竞争支配下生活更舒服，因为人们不假思索地遵循已确立的规则，而不论其是否对他们构成实质性损害。他们无须承受知识搜寻上的交易成本。当既有制度控制着生活的所有细节时，信息成本和搜寻成本都会很低。权力等级制保持不变。达摩的信徒接受既存制度，不问其后果如何。这是一个保守的、不自由的社会和停滞经济的标志。经济增长和使冲突最小化的自由社会都需要不规律的制度创新：对旧规则的挑战和检验，以及从新环境出发对旧规则的再认可或调整。因此，竞争不仅要依赖既有规则，而且还要依赖对规则的修改。"② 就教育世界而言，我们认为，在上述解答思路中，教育制度解答具有优先性。也就是说，在如何解决教育主体自由竞争稀缺教育资源问题的各种解答思路中，教育制度的解答在现代社会中是最为有效、也最为基本的解答方式。

由于人的理性有限、信息不对称，人自身不可能很好地处理教育竞争中的关系问题，正是从这个意义上讲，教育制度就是人们在教育竞争过程中经过多

---

① 杰罗姆·S. 布鲁纳著，上海师范大学外国教育研究室译：《教育过程》，上海人民出版社 1973 年版，第 53～54 页。

② 柯武刚等著，韩朝华译：《制度经济学》，商务印书馆 2000 年版，第 279 页。

次、反复博弈而达成的一系列"契约的总和"。作为"契约的总和"的教育制度使教育竞争得到了双重扬弃：一方面，人们为了得到共同期望的稀缺教育资源而不得不结成一定的教育竞争关系，从而使教育竞争普遍化、公开化、自由化、合法化，使教育竞争成为给个人开辟比较自由的、新的活动场所的唯一的、可能的方式。另一方面又扬弃了"原始"教育竞争的生物学性质，使教育竞争文明化、"高尚化"：它为竞争者参与教育竞争提供了庄严的竞争规则。一个能提供一种更加公平的教育稀缺资源分配方式、竞争方式的教育制度可以堵塞住那些让争强好胜的本能发挥有害作用的渠道，并让它在那些会有益于人类教育发展的渠道中发泄出来。教育制度恰是通过下面一系列办法来调节教育竞争，以力图达致教育秩序。诚如庞德所说："承认某些利益；由司法（今天还要加上行政过程）按照一种权威性技术所发展和适用的各种法令来确定在什么限度内承认与实现那些利益；以及努力保障在确定限度内被承认的利益。"①

具体而言，教育制度从这样几个层面构成了教育竞争得以可能的社会机制。

1. 教育制度是教育竞争得以展开的游戏规则

教育制度在一个漫长的历史过程中，逐渐推倒了一切外在的、僵死地限制人们竞争性教育活动的"城墙"，慢慢地破除了一切身份等级和地域限制的束缚，为个人才智、才能、力量、个性充分自由的发挥，为个人竞取稀缺教育资源创造了前所未有的空间。在此，我们以教育制度重要组成部分之一的考试制度为例作一分析。《学会生存》一书指出："为了评定学习的结果，人们已经开始采用普通考试、竞争性的测验和统一的评分方法。这即使还没有在法律上废除传统特权，但事实上已经做到了这一点。"② 现代教育选拔制度不同于"人对人"的传统教育选拔制度，它以"考试分数"作为其起点，并以"考试分数"的高低作为购买稀缺教育资源的"货币"。而现代教育选拔制度其实就是"考试分数"的选拔，它打破了传统教育选拔制度强加给人的种种依附关系的锁链，一定程度上解放了人性。刘海峰指出："为了有效地制衡人情与关系的困扰，客观公平地选拔人才，中国人发明了考试。由于考试选才让所有应试者接受同样挑战，将个人的才学和能力放在首位，能破除血统论、解脱人情困境，因而历来被视为可以客观公正地选取优秀人才的公平尺度，或称'量才尺'。"③

---

① R. 庞德著，沈宗灵译：《通过法律的社会控制》，商务印书馆 2008 年版，第 33 页。

② 联合国教科文组织、国际教育发展委员会编著，华东师范大学比较教育研究所译：《学会生存》，教育科学出版社 1996 年版，第 99 页。

③ 刘海峰著：《高考存废与科举存废》，《高等教育研究》，2002 年第 2 期，第 42 页。

尽管"呆板的、形式主义的和丧失个性的考试制度在教育过程的每一个阶段上都造成了损害",尽管这种考试制度给学生升级,也给学生降级,那些在考试中不及格的人因心灵上燃烧起来的期望没有能够实现而变得心灰意冷了,尽管实行这种考试制度的结果使受教育者之间发生了不顾一切的互相竞争,尽管这种考试制度是以"能人统治论"为根据选拔人才的,是保护杰出人才的,尽管这种考试制度在培养团结与合作之类的美德时,也诱发了不健康的竞争精神,但由于它确保了人的主体性的较大发展和人的独立自主性的增强,克服了基于种族的、民族的或意识形态的差异的挑选制度的丑恶,故除了极少的例外和一些临时性的实验以外,"考试制度仍然到处都在采用"。[①] 但是,用教育制度保护个人参与教育竞争的权利——个人自治空间——从来不是无边界的。换句话说,教育制度既保护又限制个人参与教育竞争的自由。参与教育竞争的自由是由教育制度(尤其是教育法律制度)严格限定的,参与教育竞争自由的程度取决于适当的约束、限制。

2. 教育制度为自由主体参与教育竞争提供了有效的预期机制

在人类的教育活动中,教育制度既然是人们的行为准则,人们建立教育制度无非是为了减少参与教育竞争的不确定性,获得一种比较稳定的预期,并据以选择和确定自己的教育行为。面对稀缺的高等教育资源,人们怎么公平地予以分配呢?《世界人权宣言》明确指出:"高等教育应根据成绩而对一切人平等开放"。即,只有达到了相应的"分数线",人们才可以获得接受高等教育之机会。为此,人们制定了公平分配的全盘通用的规则和程序,"这种规则通常被叫做标准——精心设置的入学障碍、必修课程的程序,通过考试的必要条件以及对证书质量的控制等等。"[②] 同时,教育制度只针对客观上存在的行为和事实,而不会因人而异,而且我们在制定教育制度时,事先并不知道谁、在什么情况下会使用它们,即教育制度具有对事不对人的"盲目性"和"无知性"。因此,教育制度既打破了特殊主义的羁绊,可以作为自由主体相互预期的公共机制,又使一个人能够充分地保有自己参与教育竞争的自由。

3. 教育制度为每一个人参与教育竞争创造了条件

作为一种把形式正义当作根本性教育制度定义的规则体系,教育制度是一种实现教育公平的机制,进而确立了非人格化的竞争机制,而非人格化的竞争

---

① 联合国教科文组织、国际教育发展委员会编著,华东师范大学比较教育研究所译:《学会生存》,教育科学出版社 1996 年版,第 107 页。

② 伯顿·R. 克拉克著,王承绪等译:《高等教育系统》,杭州大学出版社 1994 年版,第 285 页。

机制的确立，又从根本上改变了人与人之间的依赖关系，既为每一个人赢得了作为主体的尊严感，又为一切人们参与教育竞争创造了条件。例如，竞争性考试制度的一般精神是形式主义，它排除了各级官员在招生事务处理中的个人偏好、专断和任意——"对人不对分"，使一切招生事务都成为可计算的、可预测的和可控制的——"对分不对人"。正如韦伯所说：它"没有憎恨和激情，因此也没有'爱'和'狂热'……'不因人而异'，形式上对'人人'都一样。"① 一方面，通过非人格化的竞争机制，人们可以竞取他们所需要的稀缺教育资源，充分展示其本质力量、自由个性和把握机会的能力，表现他们作为主体的积极性、主动性、创造性，另一方面，在非人格化的竞争机制下，人们之间的教育竞争是和平而有秩序的，不会因为价值观和信仰的不同而发生暴力冲突，教育利益和教育权力的冲突也能得到制度性的解决。

4. 相互性的教育交往机制

由于教育制度的客观性、公共性、形式性，因此人们把它当成了人人皆可利用的社会工具。凭借这一工具，相互独立和相互竞争的人们得以相互沟通和交流。就此而言，教育制度又是促进相互竞争的自由主体之间的交换机制，从而使作为"相互利益的合作的冒险形式"的社会（罗尔斯语）成为可能。人们之所以能够在这一教育制度形式下相互竞争也是因为他们需要合作，而作为交换机制的教育制度，又为这种基于竞争的合作提供了可能和条件。即，相互独立和相互竞争的人们选择了文明的竞争方式，而拒绝不文明的竞争方式。文明的教育竞争说到底是一种人道的竞争，其原则是：自己生存，也让别人生存；自己发展，也让别人发展，在发展中比高下。正是文明的教育竞争，推动着教育实践活动和人的活动能力的发展。正如休谟所言："高尚的竞争是一切卓越才能的源泉"。

如果说教育合作产生了教育制度的可能性，教育竞争则产生了教育制度的必要性。在一个完全不存在教育冲突、教育竞争的社会里，在一个人性永远完美的世界里，教育制度便失去了存在的必要，而在一个完全没有和谐的教育世界里，建设教育制度又是不可能的。教育制度无非是对维持教育秩序、防止和化解教育冲突从而促成竞争双方得以形成合作的一种安排。或者说，教育制度为人们提供了教育竞争与教育合作、互动与博弈、分化与组合的框架，通过这一框架，人们之间的复杂教育竞争、教育合作成为可能。柯武刚等人说："在许多时候，独立行事的个人之间难免发生冲突。当不同的人追求其个人目标、

---

① M. 韦伯著，林荣远译：《经济与社会》（上卷），商务印书馆1997年版，第250页。

行使其自由意志时，常常会影响到他人；其中，有些影响是不受欢迎的。于是，就会产生如何以较低的代价和非暴力方式来解决冲突的问题，以及如何使个人行动自由受到最佳约束以避免破坏性冲突的问题。行为规则，通过划定自主行动的范围，能起到这样的作用。"① 现以现代考试制度为例作一分析。现代考试制度一方面是竞争机制，是一种社会对个人的选择机制，优胜劣汰是它的根本原则。另一方面现代考试制度又是教育合作机制。教育竞争需要教育合作，教育竞争越激烈、越充分，竞争者各方面就越是需要教育合作，也越有可能成功地达成教育合作。现代考试制度既是一种达成教育合作的制度，同时又为教育合作的达成提供了现实的条件。因此，尽管"呆板的、形式主义的和丧失个性的考试制度在教育过程的每一个阶段上都造成了损害"，尽管这种考试制度给学生升级，也给学生降级，那些在考试中不及格的人因心灵上燃烧起来的期望没有能够实现而变得心灰意冷了，尽管实行这种考试制度的结果使受教育者之间发生了不顾一切的互相竞争，尽管这种考试制度是以"能人统治论"为根据选拔人才的，是保护杰出人才的，尽管这种考试制度在培养团结与合作之类的美德时，也诱发了不健康的竞争精神。尽管它存在着如罗素所刻画的下述弊病："从第一次进学校起一直到离开大学为止。从头到尾，没有别的，只有一个长时期的辛苦忙碌于考试的赏赐和课本上的事实。""考试制度和教学主要是为谋生作训练这一事实，引导青年人用一个纯粹功利的观点来看待知识，把它作为赚钱的道路，而不是当作智慧的门径。如果这仅影响到那些没有真正智能兴趣的人，那还没有什么大关系。但是不幸得很，受影响最大的是那些智能上的兴趣最浓的人，因为考试的压力落在他们身上最为严重。把教育当作占据他人上风的一种手段，对于他们也最为严重，对于其他人也达到某种程度；这样互相传染开去，使大家无情地追求和歌颂社会的不平等。任何自由而无私的思考显示出，在乌托邦里没有什么不平等会存在，而实际上的不平等，几乎都是违反正义的。但我们的教育制度，除失败以外，往往把这一点完全隐藏起来，因为那些成功的人已经踏上依靠不平等来得到利益的道路，受到曾经教过他们的人的一切鼓励。"② 但由于它确保了人的主体性的较大发展和人的独立自主性的增强，克服了基于种族的、民族的或意识形态的差异的挑选制度的丑恶，故除了极少的例外和一些临时性的实验以外，"考试制度仍然到处都在采

---

① 柯武刚等著，韩朝华译：《制度经济学》，商务印书馆 2000 年版，第 145 页。
② 罗素著，张师竹译：《社会改造原理》，上海人民出版社 2001 年版，第 105 页。

用"。①

总之，教育制度所规约的教育生活中的合作关系、竞争关系，不仅是人具有社会性的机制，而且使这些教育关系成为人的现实教育关系、成为人的发展的机制。

第三节　教育制度对个性发展的引导与制约

就教育制度与人的个性发展而言，大致存在着几种错误的观点：一种观点认为，教育制度是背离个人自然发展的，而且是这种发展的障碍。另一种观点认为，个人在大多数方面是可以自我完善的，如果他不受限制，他就可以得到很好的发展。还有一种更极端的观点认为，决定人们发展、塑造人们个性的是存在于头脑中的各种幻想、价值观和信念。勒庞曾说："深刻影响群体禀性的手段，不能到制度中去寻找。我们看到，有些国家，譬如美国，在民主制度下取得了高度的繁荣；而另一些国家，譬如那些西班牙人的美洲共和国，在极为相似的制度下，却生活在可悲的混乱状态中。这时我们就应当承认，这种制度与一个民族的伟大和另一个民族的衰败都是不相干的。各民族都受着它们自己性格的支配，凡是与这种性格不合的模式，都不过是一件借来的外套，一种暂时的伪装。毫无疑问，为强行建立某些制度而进行的血腥战争和暴力革命一直都在发生，而且还会继续发生，人们就像对待圣人的遗骨一样，赋予这些制度以创造幸福的超自然力量。因此，在某种意义上可以说，是制度反作用于群体的头脑，它们才引起了这些大动荡。然而，其实并不是制度以这种方式产生了反作用，我们知道，不管成功或失败，它们本身并没有以这种方式产生反作用，因为它们本身并不具有那样的能力。影响群众头脑的是各种幻想和词语，尤其是词语，它们的强大一如它们的荒诞。"② 勒庞的论述从一个侧面告诉我们，凡是与民族性格不符的制度不能决定人们的发展，塑造人们的个性，然而他没有告诉我们，与民族性格相符的制度是否能决定人们的发展，塑造人们的个性呢？综观教育发展史，教育制度与人的个性发展存在着密切的关联。

个性的发展过程涉及教育制度的制约。教育制度既包含实质层面的目的性

---

① 联合国教科文组织、国际教育发展委员会编著，华东师范大学比较教育研究所译：《学会生存》，教育科学出版社 1996 年版，第 107 页。

② 古斯塔夫·勒庞著，冯克利译：《乌合之众》，广西师范大学出版社 2007 年版，第 101 页。

规定，又具有引导与约束双重作用。引导表现为积极意义上的指引，约束则以消极意义上的限制为指向。

一、个性发展

从广泛的历史视域看，个人与社会的互动不仅仅表现为社会对个体的引导、影响唯有通过个体的接受、理解才能实现，而且在于社会本身的演进与个体存在形态变化之间的内在关联。马克思在谈到社会的变迁、演进时指出："人的依赖关系（起初完全是自然发生的），是最初的社会形式，在这种形式下，人的生产能力只是在狭小的范围内和孤立的地点上发展着。以物的依赖性为基础的人的独立性，是第二大形式，在这种形式下，才形成普遍的社会物质变换、全面的关系、多方面的需要以及全面的能力的体系。建立在个人全面发展和他们共同的、社会的生产能力成为从属于他们的社会财富这一基础上的自由个性，是第三个阶段。第二个阶段为第三个阶段创造条件。因此，家长制的、古代的（以及封建的）状态随着商业、奢侈、货币、交换价值的发展而没落下去，现代社会则随着这些东西同步发展起来。"[①] 按照马克思的说法，社会形态的变迁与个体存在形态的变化之间，呈现出对应的关系：社会的最初形态相应于个人对其他个人的依赖性；社会的第二大形式，以个人对物的依赖性为特点；社会发展的第三个阶段，则基于个人的全面发展及自由个性之上。在社会历史的以上变迁中，个人的存在意义无疑得到突显：它的存在形态构成了区分不同历史阶段的重要依据。

（一）个性发展的前提与基础

从"最初的社会形式"走向近代，"人的独立性"逐渐取代了人的依赖性。在近代社会，伴随着主体意识的觉醒，人被看成是不可化约的"单子"，获得了一定程度的独立性和自主性。个人从其所依附的共同体中解放出来，从各种先赋性身份中解放出来，从血缘、姻缘和地缘为基本纽带的身份、传统、习俗、宗教和道德的约束中解放出来，从对他人（"主人"）的人身依附和意志奴役中解放出来，获得了人身的自由、独立和人格上的尊严，人们作为"一般的人"走到一起，"相互承认为理智的人或者平等的人"。此外，随着物质交换关系的普遍展开，商业活动和商品交换又把独立的人们聚合到一起，把各种各样

---

① 《马克思恩格斯全集》（第 30 卷），人民出版社 1995 年版，第 107～108 页。

的都召集到商品市场的舞台上，"磨掉他们的差异和不平，给大家以相同的表情、相同的语言和发音、相同的货币、相同的教育、相同的贪婪、相同的好奇心"，满足各自不同的需求和愿望，表现各自的能力、实现各自的价值。① 一切神圣的东西都在财富和金钱的天平上权衡着自己的轻重，人们在货币面前取得了完全的平等（虽然是形式上的）。从理论上讲，人的价值和地位都可以从市场上获取，人所拥有的一切都是自致性和获得性的。通过商品市场，人的一切能力、愿望、希求，似乎都可以得到满足，限制不再来自先赋身份方面的约束，而是来自个人自己主观能动性所能发挥的程度。可见，较之各种形式的人的依赖性（包括个体之归属于类、群体、社会系统），"人的独立性"无疑为个人的多方面发展提供了更多的可能。只不过，随着物质交换关系的普遍展开，个性的发展逐渐受到另一重意义上的限定。近代以来，与资本主义生产方式相联系的市场经济将"普遍的社会物质变换"提到了突出地位。从经济层面看，社会物质变换以商品交换为核心，后者的基本原则是等价交换。进而言之，对于参与交换活动的个人来说，他们之间的差异性往往显得无足轻重。事实上，在同一等价交换原则下，个体的特殊性并不进入交换过程，相反，这些特性常常被抹平："不管活动采取怎样的个人表现形式，也不管活动的产品具有怎样的特性，活动和活动的产品都是交换价值，即一切个性，一切特性都已被否定和消灭的一种一般的东西。"② "主体只有通过等价物才在交换中相互表现为价值相等的人，而且他们通过彼此借以为对方而存在的那种对象性的交替才证明自己是价值相等的人。因为他们只是彼此作为等价的主体而存在，所以他们是价值相等的人，同时是彼此漠不关心的人。他们的其他差别与他们无关。他们的个人的特殊性并不进入过程。"③ 简言之，商品交换所确认的，不是个体的独特性、差异性，而是个体之间的相等、相同；以等价交换为普遍原则，人的个性每每难以得到真正彰显。随着劳动力的商品化，人本身也开始进入交换市场，而在同一等价交换原则下，人的个性的特点被进一步掩蔽于一般等价物之下。

商品交换过程对个体性的消解，本身又以劳动的抽象形态为其前提。为了使商品的交换价值可以在量上相互比较，就需要扬弃劳动的特殊形式而将其还原为抽象的一般的劳动："生产交换价值的劳动，同使用价值的特殊物质无关，

① F. 滕尼斯著，林荣远译：《共同体与社会》，商务印书馆1999年版，第294页。
② 《马克思恩格斯全集》（第30卷），人民出版社1995年版，第106~107页。
③ 《马克思恩格斯全集》（第31卷），人民出版社1998年版，第359页。

因此也同劳动本身的特殊形式无关。其次，不同的使用价值是不同个人的活动的产物，也就是个性不同的劳动的结果。但是，作为交换价值，它们代表相同的、无差别的劳动，也就是没有劳动者个性的劳动。因此，生产交换价值的劳动是抽象一般的劳动。"① 在抽象劳动层面，不仅劳动对象的差异被忽略，而且劳动者及其操作活动的具体特点也隐而不显。劳动在质上的这种同一，使劳动者的个性差异变得似乎没有实质的意义。抽象劳动及与之相关的交换关系对个性的湮没，使个体的内在价值也面临着消解之危险。抽象劳动的交换和流通过程不仅使个体之间彼此同一、相等，而且也使个体可以相互替换："流通在一定的环节上不仅使每个人同另一个人相等，而且使他们成为同样的人，并且流通的运动就在于，从社会职能来看，每个人都交替地同另一个人换位。"② 当个体主要被视为可替换的对象时，其存在的内在价值便开始消退。个体价值的这种弱化，在更内在的层面表现为人的物化或工具化倾向。当抽象劳动将劳动者的个性特点完全抹平之时，个体与其他存在之间便不再有实质的差异，而劳动的商品化，则进一步将人化为可以用同一尺度加以衡量的物。在普遍的社会物质变换关系中，人与人之间的关系往往蕴涵于物与物的关系之中，人自身的价值也每每通过还原为某种等价物而得到体现，与之相联系的是人对物的依赖性。

人的商品化与物化过程的进一步发展，则表现为外在之物对内在之我的支配。在现代社会，这一点表现得愈益突出。无所不在的体制约束以及与之相联系的程式化过程，使个体的创造性愈益变得多余。人的作用无非是履行制度的功能或完成某种程序，而大众文化的膨胀，又使个体从审美趣味到行为方式都趋向于划一化并逐渐失去批判的能力。与技术导向的逐渐形成相联系，各个专业领域的专家、权威通过不同途径和方式不断向人们颁布各种行为与选择的准则，并由此造成习惯性的服从：除了接受与听从权威的意见之外，人们似乎别无选择。作为物的依赖性的延伸，以上过程使现实的个体及其价值都难以彰显。

如何使个体的内在价值真正得到实现，无疑应当特别重视的是"自由个性"。在马克思主义教育哲学视野中，个性主要指自由个性。马克思曾将"自由个性"视为社会发展第三阶段的主要特征，同时也从历史的维度突显了"自由个性"的意义。"最初的社会形式"以人的依赖性为其主要特点，在这种依

---

① 《马克思恩格斯全集》（第31卷），人民出版社1998年版，第421页。
② 《马克思恩格斯全集》（第31卷），人民出版社1998年版，第360页。

赖关系中，个体往往归属于他人或外在的社会系统，缺乏真实的个性与自主品格。通过超越人的依赖关系而达到人的自主性与独立性，构成了自由个性的重要方面。因此，自由个性表现为超越人的依赖关系。而人的依赖性前后相关的，是"物的依赖性"。如果说人的依赖性蕴含着对人的个体性、自主性的消解，那么，物的依赖性则意味着通过人的工具性或物化而掩蔽人的目的性规定或内在价值。在超越人的依赖性的同时，自由个性同时要求扬弃物的依赖性。从正面言，自由个性要求扬弃物的依赖性，就在于确认人的内在价值、肯定人的目的性规定。

对人的依赖性与物的依赖性的双重扬弃，更多地从否定或消极的层面体现了自由个性的特点。从肯定或积极的方面看，自由个性则具体地体现在个人的全面发展之上。马克思在谈到自由个性时，便同时将其与"个人全面发展"联系起来。在宽泛的意义上，个人的全面发展首先涉及身与心的关系。这里的"身"包括广义的感性存在以及与之相联系的感性能力，"心"则泛指意识及精神世界，"全面发展"在此意义上意味着身与心的并重。"身"作为感性存在，同时又与天性或自然的规定相联系，"心"作为精神世界则包含着人的文化内涵，与之相应，"个人全面发展"也关乎天性或自然的规定与"人"的关系。

人化之维作为文明发展的历史积淀，更多地体现了人的社会性品格，相对于此，自然之性则内在于每一具体个体，并与人的个体性规定有着更贴近的联系。个体的全面发展一方面表现为以"他们的社会关系作为他们自己的共同的关系"①，并充分地实现其社会潜能；一方面又展示其独特的个体规定。可见，个人的"全面发展"以社会性与个体性双重展开为其具体的内涵。广而言之，自由个性意味着扬弃存在的片面性。就意识层面而言，它要求超越知、情、意之间的界限和彼此的限定，使个体在理性和情意等方面获得充分的发展；在人格规定上，它所指向的是真、善、美的统一；从精神世界看，它则以现实能力与内在境界的融合为理想目标。个性的以上发展，意味着超越整齐划一的人格形态。从知情意的交融，到真善美的统一，从能力的发展，到境界的提升，个体成就的现实形态都丰富而多样，其间不存在普遍的模式的单一的进路。

（二）个性自由发展的内在过程

以人的全面发展为内容，自由个性同时体现于价值创造的过程。个性的自由形态并不仅仅以观念的、精神的方式存在，它总是渗入人的价值创造过程，

---

① 《马克思恩格斯全集》（第30卷），人民出版社1995年版，第112页。

并通过这一过程而得到具体的展示。价值创造既指向世界的变革，也包括自我的造就，无论是知情意的统一，抑或真善美的交融，都形成于变革世界与成就自我的过程中，并进一步作用、体现于后者。对个体而言，价值创造的过程既构成个性自由发展的现实之源，又为自由个性提供了丰富而具体的内容。与之相应，自由个性本身也以创造性为其题中之义。

自由个性体现于个体的具体存在方式，便表现为超越不同形式的限定。当人尚未受到人的依赖性或物的依赖性制约时，人的能力、兴趣、活动方式等，往往处于各种形式的限定之中。在人的依赖性处于主导地位的历史条件下，个人首先被定格于某种凝固不变的社会角色；在物的依赖关系中，个人则往往被归结为某种物化的功能承担者；就人的存在形态和存在方式而言，个性的自由发展以扬弃以上种种限定为其历史前提，它既要求个体潜能的多方面实现，也以个体活动在深度与广度上的多方面展开为指向。马克思在谈到个人的理想存在方式时，曾对此作了形象的阐述："在共产主义社会里，任何人都没有特殊的活动范围，而是都可以在任何部门内发展，社会调节着整个生产，因而使我有可能随自己的兴趣今天干这事，明天干那事，上午打猎，下午捕鱼，傍晚从事畜牧，晚饭后从事批判，这样就不会使我老是一个猎人、渔夫、牧人或批判者。"[1] 这里重要的是个体不会"老是"同一特定个体，它意味着超越外在角色、功能对个人的限定，使个人真正得到多方面的发展。

个性的多样形态，内在地涉及个性发展的定向性与不同发展可能之间的关系。从过程的层面看，发展的后起阶段总是以先前的阶段为其出发点和前提，但发展的先前阶段却并不一定必然引起后起的阶段，这里存在着某种不对称性。个人的品格、能力等方面的相对成熟、稳定存在形态，往往可以从其早期的环境、教育、自身的天赋以及努力之中找到某种端倪和源头，然而，这并不是说，他的早期发展已必然规定了后来的形态，由于个体自身及社会境遇等的变化与作用，其个性常常蕴涵着不同的发展可能，这里不存在绝对不变的定向。基于以上事实，似乎可以区分潜能的现实化与可能的实现。潜能的现实化在某种程度上预设了一种确定的趋向，作为结果的发展形态业已作为发展的定向蕴涵于出发点之中。可能的实现则并不以既成、单一的定向为前提，它蕴涵了不同的可能趋向，同时也为个体自身的创造发展提供了必要空间。马克思指出："要使这种个性成为可能，能力的发展就要达到一定的程度和全面性。"[2]

----

① 《马克思恩格斯选集》（第1卷），人民出版社1995年版，第85页。
② 《马克思恩格斯全集》（第30卷），人民出版社1995年版，第112页。

不难看出，这里交错着个性发展过程中的必然性与可能性及偶然性、定向与自我的创造性等关系。个性的形成与发展无疑有其内在的根据，这种根据同时也规定了发展的趋向，然而，不能因此将其仅仅理解为一个必然的、命定的过程。个性发展过程中总是受到个体自身及各种社会因素、条件的影响，其中既包含与境遇变迁等相联系的偶然性的制约，也渗入了个体自身内在的创造作用。将个性的自由发展单纯地视为潜能的现实化或仅仅归结为可能的实现，都有其片面性。潜能所蕴涵的定向性与可能所蕴涵的创造性，在个性自由发展过程中更多地呈现互动的形态。

可能的实现及潜能的现实化在不同意义上都展开为一个过程。广而言之，个性的发展本身内在地蕴涵着历史性和过程性。从过程维度看，个人的全面性具有不同的内涵。在社会演进的较早阶段，个体似乎也呈现出某种全面的形态，但这是一种在社会关系的分化与劳动的分工都尚未充分发展的历史阶段中具有原始意义的"全面"，它与自由个性论域中的全面发展，不能等量齐观。马克思曾指出："在发展的早期阶段，单个人显得比较全面，那正是因为他还没有造成自己丰富的关系，并且还没有使这种关系作为独立于他自身之外的社会权力和社会关系同他自己相对立。留恋那种原始的丰富，是可笑的，相信必须停留在那种完全的空虚化之中，也是可笑的。"[1] 作为自由个性体现的全面发展，是扬弃了物的依赖性和人的依赖性之后所达到的人的存在形态：相对于原始的全面性和原始的丰富性，它奠基于社会发展的更高阶段，包含着更为深刻的历史内涵。正是在这一意义上，马克思指出："全面发展的个人——他们的社会关系作为他们自己的共同的关系，也是服从于他们自己的共同的控制的——不是自然的产物，而是历史的产物。"[2] 因此，作为历史的产物，自由个性和人的全面发展有其现实的前提，除了在社会历史层面扬弃人的依赖性及物的依赖性等等之外，还需要关注自由时间，亦需要关注制度。

（三）个性自由发展的形态

从个性发展的前提与基础，转向个性自由发展的内在过程，便进一步涉及自由的不同形态。从积极的方面看，个性的自由发展意味着通过创造性的活动，实现具体的、多样的价值理想，后者在个体的层面表现为个人的自我实现或自我成就。从消极的方面而言，个性的自由发展则以摆脱各种形式的支配、

---

[1] 《马克思恩格斯全集》（第 30 卷），人民出版社 1995 年版，第 112 页。
[2] 《马克思恩格斯全集》（第 30 卷），人民出版社 1995 年版，第 112 页。

干涉、限定为指向，在历史的维度上，这种"摆脱"首先表现为对人的依赖性与物的依赖性的扬弃。

就其原初及抽象的形态而言，积极意义上的自由源于自我决定、自我主宰等意愿，其更一般的内涵则是"从事……的自由"（be free to do……）。伯林在其《自由论》一书中指出，这种自由来自"个人想成为他自己的主人的愿望"："我希望成为我自己的而不是他人的意志活动的工具。我希望成为一个主体，而不是一个客体；希望被理性、有意识的目的推动，而不是被外在的、影响我的原因推动。我希望是个人物，而不希望什么也不是；希望是一个行动者，也就是说是决定的而不是被决定的，是自我导向的，而不是如一个事物、一个动物、一个无力起到人的作用的奴隶那样只受外在自然或他人的作用，也就是说，我是能够领会我自己的目标与策略且能够实现它们的人。"① 积极自由往往倾向于从一定的价值立场出发，坚持、推行某种观念、主张，努力贯彻与实现与之相关的理念，并以此来变革世界、成就自我。这种进路如果单向地、过度地发展，在个体的层面上容易导向以自我的意志、观念、理想影响他人甚至强加于他人，在社会的层面上则将导致以某种单一、普遍的模式塑造人，由此常常引起独断的思维方式与强制的行为方式。同时，理念的推行常常与理性的设计联系在一起，当二者与思想的灌输和实践的改造相结合时，便易于导向理性的专制。也就是说，一旦自主的"自我"由实际的、经验的个人转变成"真正的"、"更高的"或"理性的"自我，接着再转变成自我作为其中一分子的集体，那么，这种意义上的自由就可能变成并且已经变成了奴役："被解放的自我将不再是个人而是'社会整体'了"，而且"人们在屈从于寡头政治和独裁者的权威时……却仍然自称这种服从在某种意义上也是对他们自己的解放。"这样一来，"这种'更高的'自我很快就会同各种机构、教会、民族、种族、国家、阶级、文化和政党，以及普遍意志、公共利益、社会进步力量、由最进步的阶级所组成的先锋队、命定扩张论等等更为模糊的实体打成一片。"在这一转变过程中，"最初的自由学说就蜕变成了一种权力学说，时而也成了一种镇压的学说，成为专制政治最得力的武器……"②可见，这里似乎存在某种悖

① 以赛亚·伯林著，胡传胜译：《自由论》，译林出版社2003年版，第200页。只不过，本书所说自由的积极形态与消极形态与伯林所区分的积极自由与消极自由虽有相通之处，但又不尽相同。本书所讨论的自由的二重形态，主要以个性的自由发展为视域。同时，伯林在总体上对积极自由持批判性立场，并较对地肯定了消极自由的意义，本书则倾向于对二者作双重扬弃。
② S. 卢克斯著，阎克文译：《个人主义》，江苏人民出版社2001年版，第52页。

论：对自由"积极"的追求使人常常走向了自由的反面。历史地看，理性、民主、平等、革命等观念在片面地推行、贯彻之下，每每被赋予某种强制的性质；在积极地实现、达到某种主张、理念的形式下，这种主张、理念本身往往异化为抑制、干涉、操纵人的思想与行为的工具。因此，积极形式下的自由进路，无疑呈现了某种负面的意义。消极形态的自由以摆脱外在支配、控制、限定为指向，"免于任何外在权威的控制"，换言之，这是一种通过摆脱而获得的自由，即"免于……的自由"（be free from……）。诚如伯林所说："我们一般说，就没有人或人的群体干涉我的活动而言，我是自由的。"① 然而，在寻求摆脱限定的同时，消极形态的自由似乎或多或少地趋向于消解既成的价值理想与目标。如果说，积极形态的自由蕴涵着"从事……"的要求，那么，消极形态的自由则以"不从事……"为内蕴，后者如果单向发展，便每每引向放弃实质的、普遍的价值承诺。在摆脱成为主要乃至唯一的选择和进路时，价值的认同、价值的承诺常常就失去了内在的根据，由此导致的往往是虚无主义的价值取向。

自由的以上二重性各有自身的规定。"积极自由"取向固然肯定了人的创造性并确认了价值导向的意义，但片面地强调以上方面，又蕴涵着独断与强制的偏向。"消极自由"取向诚然有助于抑制积极自由可能导致的独断性与强制性，但自身又因缺乏价值的承诺及忽视规范的引导而在逻辑上容易走向虚无主义。可见，与个人全面发展相联系的自由个性显然不能与之简单等同。

二、教育制度与个性发展之关系

个性的发展过程涉及教育制度的制约。教育制度既包含实质层面的目的性规定，又具有引导与约束双重作用。引导表现为积极意义上的指引，约束则以消极意义上的限制为指向。与注重一般观念在变革世界与发展自我中的作用相应，积极形态的自由取向以认同和肯定普遍规范的意义为其题中之义。相较之下，以超越、摆脱、否定等为进路，消极形态的自由则在逻辑上蕴涵着对规范的疏离，后者与价值目标的消解彼此相应，往往使价值原则对变革世界、造就自我的范导作用难于落实。

① 以赛亚·伯林著，胡传胜译：《自由论》，译林出版社 2003 年版，第 189 页。

（一）教育制度对个性发展的规约

个性的发展一方面离不开价值理想的引导与价值创造的展开，另一方面又应当充分尊重个体的内在特点，避免以独断、强制的取向消解个体存在的多样性、具体性。

没有教育制度约束的个性发展肯定是不存在的，没有限制性条件的个性发展是不可思议的。库利指出："脱离了社会秩序就没有人的存在，人只能通过社会秩序来发展自己的个性，并且随着社会的发展而发展。"[①] 凡勃伦认为，教育制度不但是精神态度与性格特征的一般类型或主要类型所由形成的淘汰适应过程的结果，而且它也是人类教育生活与人类教育关系中的特有方式，另一方面，"变化中的制度也足以促进具有最相适应的气质的那些人的进一步汰存，足以使个人的气质与习性，通过新制度的构成，对变化中的环境作进一步的适应"。[②] 人类潜质既有高尚的追求也有自甘堕落，既有剧痛也有欢欣，既有令人愉悦的残暴也有理性的芬芳。《学会生存》一书说："人类生下来就是'早熟的'。他带着一堆潜能来到这个世界。这些潜能可能半途流产，也可能在一些有利的或不利的生存条件下成熟起来，而个人不得不在这些环境中发展。……事实上，他总是不停地'进入生活'，不停地变成一个人。"[③] 而教育制度恰在于为人类潜质的发展划定限度，指引着人"进入生活"，塑造着人的个性，引导着个性乃至人性向善的方向的发展，使其"变成一个人"。塑造在此意味着规训和教导，而规训或训诫则把"动物性转变成人性"。康德说："动物通过其本能已经是其全部，一个外在的理性已经把一切都为它安排好了。人却要运用自己的理性。他没有本能，而必须自己给自己的行为制订计划。但因为他不是一生下来就能这样做，而是生蛮地来到这个世界，所以就必须由别人来为他做这件事。""由别人来为他做这件事"，意味着由教育制度来规范其人性、约束其行为。人只有置于教育制度之下，才能去除野性，防止人由于"动物性的驱使而偏离其规定"，因为教育制度"限制人，以使其不会野蛮鲁莽地冒险"，并把"野性从人身上去除"。[④] 人只有置于教育制度之下，才能使人性趋于"善"，并使其向"善"的禀赋得到发展。教育制度一方面为把"某些东西教给人"，

① 查尔斯·霍顿·库利著，包凡一等译：《人类本性与社会秩序》，华夏出版社 1999 年版，第 297～298 页。
② 凡勃伦著，蔡受百译：《有闲阶级论》，商务印书馆 2002 年版，第 138 页。
③ 联合国教科文组织、国际教育发展委员会编著，华东师范大学比较教育研究所译：《学会生存》，教育科学出版社 1996 年版，第 197 页。
④ 康德著，赵鹏等译：《论教育学》，上海人民出版社 2005 年版，第 4 页。

另一方面为使"某些东西靠其自身发展出来"搭建了平台，创设了机制。这样，"从中全部的'善'能够在世界中产生出来。被放进人之内的那些萌芽，必须得到更大的发展。因为人们不可能在人的自然禀赋中找到恶的根据——天性没有被置于规则之下，这才是恶的原因。在人之内只有向善的萌芽。"① 如果没有教育制度对人性的规范及其行为的约束，"人性之全部自然禀赋"不能得到充分的发挥，人也不能成为人，"未受培养的人是生蛮的，未受规训的人是野性的。耽误规训是比耽误培养更糟糕的事情，因为培养的疏忽还可以后来弥补，但野性却无法去除"。②

教育制度对于生活于其下的个人而言，是一种既定的力量，它限定、规范和塑造着人们的教育活动和教育关系以及人们的个性。"社会的制度形式影响着社会的成员，并在很大程度上决定着他们想要成为的那种个人，以及他们所是的那种个人。"③ 教育制度结构以不同的方式限制着人们的抱负和希望，因为他们有理由部分地按照他们在该教育制度结构内部的立场来看待他们自己，并有理由解释他们可以实际期待的手段和机会。教育制度不仅仅是一种满足人们现存发展和抱负的制度图式，而且也是一种塑造人们未来发展和抱负的方式。孟德斯鸠指出："社会诞生时是共和国的首领在创设制度，此后便是由制度来塑造共和国的首领了。"④ 胡克认为，每一个人"总是要受到他那个时代和文化的限制。他的精力和聪明也许是盖世无双的，但他的种种愿望和他着手要做的事业都如同黑格尔所说：早已植根于'客观精神'之中。而所谓'客观精神'也就是如今的人类学家所谓的文化——那是指超乎个人之上的种种制度，如语言、家庭、宗教、法律、艺术和科学，等等。在某种意义上说，我们必须这样来理解：他的行为决不是代表一个个人适应环境的活动，而是文化的一个方面和它的另一方面交互作用的结果。伟人所能够做的只是当时的文化环境允许做的，但文化只能允许向一个方向去发展——这一点却是关键所在。没有真正可以选择的余地"。⑤ 个人总是置身于而不是抽离于他所处的教育制度环境之中，个人的教育生活总是由其教育制度所塑造。个人的教育生活正是在教育制度环境的背景上表演的，在教育制度中展开的。米尔斯曾说："有时，制度比童年

① 康德著，赵鹏等译：《论教育学》，上海人民出版社2005年版，第9页。
② 康德著，赵鹏等译：《论教育学》，上海人民出版社2005年版，第5页。
③ 约翰·罗尔斯著，万俊人译：《政治自由主义》，译林出版社2000年版，第285页。
④ 卢梭著，何兆武译：《社会契约论》，商务印书馆2003年版，第50页。
⑤ 悉尼·胡克著，王清彬等译：《历史中的英雄》，上海人民出版社2006年版，第42~43页。

时代的切身环境更严重地影响了个人生活。"① 个人则是由包括教育制度在内的
多种因素塑造的,"尽管人看起来是'自己造就'的,然而他似乎仍是通过气
候和土地、种族和阶级、语言、他所属的集团的历史、遗传、孩提时代的个人
境况、后天养成的习惯、生活中的大小事件而'被造成的'"。② 因此,教育制
度既构成人的发展、个性发展的现实空间,同时还构建了人的现实的教育生活
世界,形塑着人的未来的教育生活世界。事实上,作为生活于世界之中的主体
人、现实人,其个性的发展不受教育制度的规约是不可能的,不经受教育制度
的"压抑"也是不可能的。这是因为,"如果社会不把压抑个人精神作为自己
的首要使命,它又到哪里去取材堆积文明的大厦?如果社会不立意于压迫个
人,强制个性,它又怎能去维持有效的普遍秩序。"③ 但是,如果教育制度对个
性发展的规约超过了一定的限度与边界,也会适得其反。例如,一个由文化人
类学家、早期儿童发展专家和具有人类学研究经验的学前教师组成的研究小
组,对中国、日本、美国的学前教育机构进行了系统的跨文化研究。其研究结
果显示,中国学前教育机构的教室内一切是严肃的、墨守成规的,过分倾向于
学业方面的行为控制。一位日本学前学校的管理者曾这样评价中国的学前教育
机构:"孩子们看起来是如此的压抑。没有任何东西是自发的。学校给人的感
觉是那样的冷淡,那样的缺乏欢乐。孩子们被期望的就是变得如此的不像孩
子。所有一切都强调:坐要笔挺、要绝对肃静、站队要成直线。这让我想起旧
时代的日本学校。我希望中国不要从我们这里学去这些东西。"④ 换言之,我国
的幼儿园教育制度规范在对儿童的个性发展进行规约时,并未给儿童的个性发
展留出一定的自由空间,而是使儿童生活在大量的规范控制和约束之下。这
样,儿童的个性被泯灭,儿童的创造性被扼杀,儿童的所谓个性发展被窒息。
诚如米德笔下的儿童所言:"在这个世界中,我们被人像机器一样操纵着,被
迫学习一整套的行为规范,力争能够接受良好的教育,以便将来能够像父母那
样地生活。"⑤ 儿童的生活本是自由的、无拘无束的,但是我们所谓的"教育"

---

① C. 赖特·米尔斯著,陈强等译:《社会学的想象力》,生活·读书·新知三联书店 2005
　年版,第 11 页。

② 萨特著,陈宣良等译:《存在与虚无》,生活·读书·新知三联书店 2009 年版,第 585
　页。

③ 谢选骏著:《荒蛮·甘泉》,山东文艺出版社 1987 年版,第 234 页。

④ 黄全愈著:《素质教育在美国》,广东教育出版社 1999 年版,第 63 页。

⑤ 玛格丽特·米德著,周晓红等译:《文化与承诺》,河北人民出版社 1987 年版,第 84
　页。

儿童，其实就是要求儿童放弃自己的自由生活方式，而接受成人制度化的生活方式。为此，一些有识之士呼吁，教育制度应该允许儿童以自己的方式生活，应该给儿童个性发展留出空间。"人们总喜欢说：'这个世界的未来是属于孩子的。'然而，这个世界却不属于孩子。这个违反逻辑的常识在中国很少有家长和教育工作者注意过。孩子的周围，总是设置着一道道有形的或无形的深院高墙：正是'为了孩子的未来'这种美丽的口号限制了孩子的自由空间，阻断了孩子的自由梦想。为什么我们不往后让一让，给孩子留出一块自由的空间，给他们一双属于自己的翅膀，让他们享受一下在高空自由翱翔的乐趣，领略一下俯视万物众生的灵感。"[①]

（二）教育制度对个性发展的支持

教育制度不仅为每个人的全面而自由发展、每个人个性的多样化发展提供支持和帮助，而且是人的全面而自由发展、每个人个性的多样化发展的决定性条件。

人之为人的特性就在于他的本性的丰富性、微妙性、多样性和多面性，每个儿童都有其独特的特性、兴趣、能力和学习需要，人类最丰满、最多样的发展具有绝对和根本的重要性。费瑟斯通曾说："儿童都是独一无二的。这一个性不仅是一种不可否认的现实，而且，还是一套重要的、说明如何最佳抚养和教育儿童的线索，就像聪明的家长明白，姐姐和弟弟是不一样的，必要时要创造一个良好的学习环境去发展儿童的特殊兴趣和热情，开发更为共同的课程目标。倾听每个孩子的呼声是教学以及家庭教育的核心内容。"[②] 科亚克在《如何去爱一个孩子》一书中说："100 个儿童就是 100 个独立的个体，是 100 个人，而不仅仅是未成年人，不仅仅是将来的人，而是确确实实的、现在的、今天的人。"[③] 每一个学习者都是一个非常具体的人。他有他自己的历史，这个历史是不能和任何别人的历史混淆的。他有他自己的个性，这种个性随着年龄的增长而越来越被一个由许多因素组成的复合体所决定。这个复合体是由生物的、生理的、地理的、社会的、经济的、文化的和职业的因素所组成的，而这些方面对于每一个人来说，都是各不相同的。进入教育过程的个体也是一个具有文化

---

① 黄全愈著：《素质教育在美国》，广东教育出版社 1999 年版，第 163 页。

② 约瑟夫·费瑟斯通等著，王晓宇等译：《见证民主教育的希望与失败》，华东师范大学出版社 2005 年版，第 45 页。

③ "人的安全网络"组织编写，李保东译：《人权教育手册》，生活·读书·新知三联书店 2005 年版，第 289 页。

遗产的儿童，他具有特殊的心理特征，在他的内心有家庭环境的影响以及经济状况的影响。"儿童是各不相同的，其不同的程度远远超过了我们至今所能认识到的。……儿童是很难对付的。他们不会同样地成长起来。"① 因此，教育制度的设计和实施应迎合儿童的天性、个性多样化发展的需要，应充分考虑到人的个性差异和人的不同需要。

人类要成为思考中高贵而美丽的对象，显然不能靠着把自身中一切个人性的东西都磨成一律，而要靠在教育制度所许可的他人权利的范围之内把它培养起来和发扬出来。"相应于每人个性的发展，每人也变得对于自己更有价值，因而对于他人也能够更有价值。他在自己的存在上有了更大程度的生命的充实；而当单位中有了更多的生命时，由单位组成的群体中自然也有了更多的生命。"② 每个人个性的多样化发展，要求教育制度既要尊重个人所具有的微妙而复杂的作用，又要尊重个人所具有的各式各样的表达形式和手段，更要尊重个人所具有的各种不同的个性、气质、期望和才能。"只有当一个人感到每个学生都是一个独立个体，都有自己的权利和个性，而不仅仅是拼板玩具的零件，或团队中的士兵，或一个国家的公民时，他才有教育别人的资格。在每一个社会问题中，尤其在教育中，尊重人的个性是智慧的开端。"③

教育制度应为人的自我发展和自我创造打开更多的大门，而不是故意制造一条"独木舟"。一旦"教育自由"和多样化的教育制度相结合，便会生发出"个人的活力和繁复的分歧"，而这些东西又自相结成"首创性"（密尔语）。费瑟斯通曾说："对儿童思想、创新和创造力的发现是过去 200 年人类伟大的知识成就。世界各地的父母和教师基于这一发现开展着实践活动，使学习变得更加愉快和实在，使孩子们的童年成为一段从事艺术、理性和尝试更加丰富和美好生活的见习期。忽视这一绝妙的历史性的发现，即我们的儿童会思考和联想，并且这一脑力工作可能是儿童自身健康发展的最重要的动力，是对儿童精神的犯罪和儿童智力的极大浪费。我相信，创造性地且良好地使用自己的大脑所带来的愉快和乐趣是世界各地儿童内在的自然权利之一。美如同食物、水和爱一样是儿童生活所必需的。儿童的玩耍不仅是一种娱乐，而且是所有人类文化的一种早期的娱乐，一种化装表演，包括我们称之为'高级'的文化。如果以'标准'的名义使我们的学校从一个儿童可以探索、开玩笑、追求热情、歌

---

① 联合国教科文组织、国际教育发展委员会编著，华东师范大学比较教育研究所译：《学会生存》，教育科学出版社 1996 年版，第 196 页。

② 约翰·密尔著，许宝骙译：《论自由》，商务印书馆 2005 年版，第 74 页。

③ 罗素著，李国山等译：《自由之路》（上），文化艺术出版社 1998 年版，第 237 页。

唱他们的生活以及提出绝妙思想的地方偏离，那将是莫大的讽刺。"① 因此，一切针对儿童的行为，不管是直接的行为还是间接的行为，都必须以儿童的最大利益为首要标准，以儿童的最大利益为一种首要考虑。创造一个更加适合儿童的世界，始终如一地遵循儿童第一的原则，"人类应该给予儿童最好的一切"。

教育制度不能以既定的教育模式强制性地塑造每个个人，不能以某种生活样式作为唯一正确的样式强制性地让每个个人模仿和服从。这是因为，"由于世界的镜像被体验为无限，人也不应该仅仅具有单一的可能性；他应该实现无限多的可能性。他并不具有有限的形式，他不应该始终处于这种有限的形式中，他在获得了每一种已经取得的形式之后，必须进一步向前发展并取得新的形式。他永远在寻找自己。……斯本格勒在歌德之后经常把这种欲望叫做'浮士德的'欲望：他在进取中发现痛苦和欢乐，他每时每刻都不满足"。② 教育制度更不能以标准化的知识充塞他们的心智，不能违背他们的自发爱好硬塞给他们枯燥乏味、烦琐零乱的信息材料，不能以某种价值观作为唯一正确的价值观让每个个人接受，不能以某种统一的规格培养人。这是因为，"人不仅仅是他自身行动的主人，也是他自己的主人，人是他自身存在的主人，更确切地说，人可以自己决定他将成为一个什么样的人：成为一个诚实的公民、一个辛勤的劳动者、一个慷慨的妇人、一个热情的母亲，或自我封闭，成为一个不幸的、好争吵的、虚荣的、傲慢自大之徒"。③ 否则，每个个人的生活就不是自我主宰的，他就丧失了自我的本真性，每个个人就不能真正地实现精神的自我创造。教育应该培养求真理的愿望，而不是相信某种特殊的信条就是真理。亨廷顿等人曾说："我们看到，有利于发展的价值观体系所培育的人，敢于创新和提出异议。培育人才的主要工具是教育，但这种教育必须有助于受教育的个人去探求自己的真理，而不是强制灌输什么是真理。在阻碍发展的价值观体系中，教育却是灌输教条的过程，培养出唯唯诺诺的应声虫。"④ 因此，教育制度不能规范人们的思想，不能压制思想的自由，不能压制学术自由，一旦把教育制度当作一种通过奴化来达到思想一致的手段，会将思想引导到腐朽，会压制创造力的生成和发挥。格龙多纳曾说："如果个人的思想和信念都是听命于别的人，

---

① 约瑟夫·费瑟斯通等著，王晓宇等译：《见证民主教育的希望与失败》，华东师范大学出版社 2005 年版，第 48~49 页。

② M. 兰德曼著，阎嘉译：《哲学人类学》，贵州人民出版社 2006 年版，第 195~196 页。

③ B. 莫迪恩著，李树琴等译：《哲学人类学》，黑龙江人民出版社 2005 年版，第 88 页。

④ S. P. 亨廷顿等主编，程克雄译：《文化的重要作用》，新华出版社 2010 年版，第 94~95 页。

其结果就会是个人丧失原动力和创造性。"①

　　教育制度不能把人的个性磨成一律，不应模塑人性，"人性不是一架机器，不能按照一个模型铸造出来，又开动它毫厘不爽地去做替它规定好了的工作；它毋宁像一棵树，需要生长并且从各方面发展起来，需要按照那使它成为活东西的内在力量的趋向生长和发展起来。"② 罗素就对此种强制性、权力性教育制度持较为"谨慎"的立场。他认为，教育制度是一种权力性制度，此种权力性制度的实施往往是通过"控制权"来强制人们的教育行为，即通过使用公开的或隐蔽的"制度暴力"把个人的意志强加于他人的那样一种权力。这种权力性教育制度实质上就在于"压制他人，因为只有当别人被强制去做他们并不想做的事情时，这种权力才显示出来。"③ 在他看来，只有表现在"劝导、教育、引导人们获取智慧或实现新的幸福生活上"的权力性教育制度，才对"人类完全有益"。同时，权力性教育制度，"在某些程度上是不可避免的"，因此，"凡是施教的人必须找到一条按照自由精神来行使权力的道路。"他认为，在权力性教育制度成为不可避免的地方，"所需要的是尊敬"。为了使儿童生长和发展得完全，行使权力性教育制度的人"一定要十分透彻地充满尊敬的精神。"④ 教育制度应免除任何形式的思想和行动的一致性与一元性，让每个个人自主地决定自己的生活理想，自我引导地发展个性。教育制度尊重和保护人的思想和行动的多样性，其目的就是弘扬人的主体品格、权利意识，培养人的自治意识、自治精神和自治能力。赫尔德曾说："'自治'意味着人类自觉思考、自我反省和自我决定的能力。它包括在私人和公共生活中思考、判断、选择和根据不同可能的行动路线行动的能力。"⑤ 否则，就会以某种生活理想"规训人"，以某种行为模式压制人，以某种生活方式强制人，从而为人的多样化发展、个性化发展设置重重"关卡"。密尔曾说："同一些事物，对于这个人在培养其较高本性方面是助益，对于另一个人则成为障碍。同一种生活方式，对于这个人是一个健康的刺激，足以使其行动和享受的一切官能得到最适当的应用，对于另一个人则成为徒乱人意的负担，足以停歇或捣碎一切内心生活。"⑥

① S. P. 亨廷顿等主编，程克雄译：《文化的重要作用》，新华出版社 2010 年版，第 92 页。
② 约翰·密尔著，许宝骙译：《论自由》，商务印书馆 2005 年版，第 70 页。
③ 罗素著，李国山等译：《自由之路》（上），文化艺术出版社 1998 年版，第 102 页。
④ 罗素著，张师竹译：《社会改造原理》，上海人民出版社 2001 年版，第 94 页。
⑤ 戴维·赫尔德著，燕继荣等译：《民主的模式》，中央编译出版社 1998 年版，第 380 页。
⑥ 约翰·密尔著，许宝骙译：《论自由》，商务印书馆 2005 年版，第 80 页。

教育制度不能规范人的思想，不能统一人的理解，不能减少人的选择，反而应鼓励每个个人的多元化选择，激励他们试验自己的新思想和新观念，支持他们的思想与行动不同于常规，容许他们犯错误，听取他们的"声音"。在此教育制度的支持下，每一个人都可以就任何教育问题自由地发出不同的"声音"，自由本身就是指有怀疑的可能，有犯错的可能，有探究与试验的可能，有向权威说"不"的可能，而不必担心因为"声音"的不完善性甚至是离经叛道的"荒诞性"而受到任何肉体或精神上的惩罚。"我们制度的终极目的正是如此：我们可以思考自己喜欢的，可以说出自己所想的。""我们永远不能确定自己所奋力压制的看法是错误的；即便确定了，对它的压制也是个错误。"① 在此教育制度的支持下，个人在自由空气里自由呼吸的权利得到了保障，"怪癖之才"获得了生长的土壤，"怪癖之才"不仅不会受到吓唬不去做，反而受到鼓励去做出与常人不同的行动。由此，人的首创性和个性也就获得充分的发展。"凡性格力量丰足的时候和地方，怪癖性也就丰足；一个社会中怪癖性的数量一般总是和那个社会中所含天才异禀、精神力量和道德勇气的数量成正比的。"②如果"怪癖之才"的野性受到教育制度的强制性约束，那么，既不能最大限度地发挥自己的潜能，也不能充分地展露自己的个性。罗素曾说："假如人性中的野性的一面永远受制于仁慈而无知的官僚所订立的清规戒律的话，则地球上将无生活的快乐可言，求生的欲望也会日渐萎靡，直至死寂。就是现在这个充满恐怖的世界再变坏一千倍，也比那样一个僵化的世界要好。"③

总之，只有在这种平等、自由的精神交往中，教育制度才能真正激发个体积极探索真理的热情和敢于言说的勇气，如此，创新之路方能开拓，人类文明方能生生不息。

三、不同教育制度形态对个性发展的影响

个性的发展过程涉及教育制度的制约。教育制度既包含实质层面的目的性规定，又具有引导与约束双重作用。不同教育制度形态对个性发展的制约产生不同的影响。

---

① D. B. 贝克著，王文斌等译：《权力语录》，江苏人民出版社 2008 年版，第 106 页。
② 约翰·密尔著，许宝骙译：《论自由》，商务印书馆 2005 年版，第 79 页。
③ 罗素著，李国山等译：《自由之路》（上），文化艺术出版社 1998 年版，第 110 页。

（一）"划一性"教育制度对个性发展的阻滞

在中外教育历史上，都曾出现过机械划一的，崇尚单一性、统一性和标准化的教育制度模式。在政治史上，苏格拉底有关政治论辩的前提，可以概括成这样的原则："整个城邦的一切应该尽可能地求其划一，愈一致愈好。"亚里士多德对其主张进行了诘问，甚至直接指出苏格拉底有关政治论辩的前提是不正确的。他说，一个尽量趋向整体化（划一）的城邦最后一定不成其为一个城邦，"城邦的本质就是许多分子的集合，倘使以'单一'为规趋，即它将先成为一个家庭，继而成为一个个人。……这样的划一化既然就是城邦本质的消亡，那么，即使这是可能的，我们也不应该求是实现。"① "一个城邦，执意趋向划一而达到某种程度时，将不再成为一个城邦；或者虽然没有达到归于消亡的程度，还奄奄一息地弥留为一个城邦，实际上已经变为一个劣等而失去本来意义的城邦：这就像音乐上和声夷落而成单调，节奏压平到只剩单拍了。"② 当然，亚里士多德并不是全盘否定苏格拉底有关政治论辩的前提，"在某种程度的划一，无论在家庭或在城邦，都是必要的；但完全的划一却是不必要的"。③可惜的是，先贤亚里士多德的"声音"并未引起我们的重视，随着工业化的推进，人类在教育制度设计、建设上反而是追随苏格拉底的志趣向前迈进。此种教育制度模式的主要特点是带有强制性的"整齐划一"，但在使每个学生都有"轨"可寻之时，也牺牲了他们的个性发展，束缚了他们的想象力和创造性。即便在今天，大多数的教育制度体系，无论在它的机制方面还是在它的精神方面，都不把个人看作具有特性的人、具有个性的人。一个权力集中的官僚行政机构不可避免地会把人当作物品。费瑟斯通认为，我们今天生活的时代，是城市的郊区学校面临着前所未有的移民和家庭多样化的时代，然而，令人不解的是，这个时代一个重要的教育政策主题是，努力使对教师和学校课堂的官僚管理标准化更加严格。"今天的一些政策制定者和学校的管理者实际上正强迫幼儿园成为更加僵化的和管得过死的地方。童年就像我们的森林和沼泽地一样岌岌可危。""今天更多的学校不是去想办法为学生提供很多与学习相关的机会，让他们掌握完整的知识和健全的理智，而是迫于压力进一步把学习标准化，实际上是简单化，推崇旧的工厂式的千篇一律的课程。"④ 因此，如果我们不改革

---

① 亚里士多德著，吴寿彭译：《政治学》，商务印书馆 1996 年版，第 45 页。
② 亚里士多德著，吴寿彭译：《政治学》，商务印书馆 1996 年版，第 57 页。
③ 亚里士多德著，吴寿彭译：《政治学》，商务印书馆 1996 年版，第 57 页。
④ 约瑟夫·费瑟斯通等著，王晓宇等译：《见证民主教育的希望与失败》，华东师范大学出版社 2005 年版，第 46 页。

教育制度、不改革教育管理制度、不改革教育程序并使教育活动个别化，我们就既无法履行、也不能取得具体人的职责。这种具体的人是生气勃勃的，有他个性的各个方面，有他自己的各种需要。

1. 日本、法国教育制度"划一性"阻滞人性发展的实例

日本教育制度的"划一性"可谓是其中的典型代表。日本教育制度的"划一性"主要表现在：第一，固执于"六三三"学制的单线型学校制度。第二，由于偏重"偏差值"这一划一的能力评价标准，因而造成考试竞争的划一化。第三，由于初等、中等教育内容（学习指导大纲和教科书等等）和指导方法的划一主义和绝对平等主义，一方面出现落后学生，另一方面又阻碍有能力者的提高。第四，由于学校设置的审批和规划的划一主义从而丧失了学校的个性。第五，在官立、私立学校上偏重官立学校，以及与此相关的划一主义的领导。第六，修业年限、年龄规定以及学分规定的划一性和僵化性。第七，企业、政府机关等偏重学历的划一人事制度。第八，"日教组"等教职员组织的意识形态划一性及其领导。香山健一对日本教育制度的这种"划一性"作了传神的刻画："在教育中也进行军事训练和集体劳动等各种集体训练，毫不顾及学生的个性，以同样的模式，同样的步调、同样的工作，对学生进行教育，因此，学生的能力不能充分伸展。"[1] 小原国芳也对抹杀儿童个性发展、忽视儿童天性的"划一性"、强制性的日本教育制度作了精彩的描述："为了培养纯真的人性……为了能正常地成长发育，就要求有适当的自由……去年冬天，我在院子里栽了几株水仙，把两三株长势好的水仙移入花盆，加以精心照料。但两三个月后，这几株水仙却枯萎了。而另外几株留在院子里的水仙却长势很好，现仍在开花。卢梭的高明就在于此……不给学生以自由的旧教育方法，不是正在杀害我们的孩子吗?"[2] "如果将这种活动能力旺盛的、冲动力丰富的，而且快活的、美好的、幻想的、生机勃勃的、心胸坦率的儿童时代，按'大人'的模式加以规范的话，那么孩子就不能成为完全的孩子。日本的孩子不能真正享受儿童时代，还未成为'儿童'就转为'大人'。不能成为儿童便不能完成为人，便不能完成人的生活。"[3] 而教育制度的"划一性"导致了日本社会以及教育界"过

---

[1] 香山健一著，刘晓民译：《为了自由的教育改革》，高等教育出版社1990年版，第37页。

[2] 小原国芳著，刘剑乔等译：《小原国芳教育论著选》（上卷），人民教育出版社1993年版，第346页。

[3] 小原国芳著，刘剑乔等译：《小原国芳教育论著选》（上卷），人民教育出版社1993年版，第351页。

分重视学历的社会意识、侧重偏差值的考试竞争、青少年犯罪、校内暴力行为"为特征的"教育荒废"病。换言之，"教育荒废"病的思想根源来自于"划一主义"的教育制度。

当然，这种泯灭、抹杀儿童自由天性、个性发展的"划一性"教育制度，并非日本所独享，法国曾"有幸"与日本为伴。阿兰·派尔菲曾在《法国病》一书中说："文部大臣从口袋中取出怀表，得意地对拿破仑三世说：'陛下，眼下的一瞬间，法国所有高中五年级的学生，都在进行拉丁文的法文翻译。'这位大臣的欢悦正是雅各宾党的欢悦，法国的欢悦。……但从文明的角度看，进步基于差别。……真正的统一感产生于容忍，即宽容。"① 在阿兰·派尔菲看来，法国的堕落无疑也产生于"划一主义"和"否认差别"。勒庞曾对法国教育制度进行了深刻的、细致的反省与批判。在19世纪末20世纪初期，法国的教育制度建立在十分错误的原则上，尽管法国一些教育家、思想家对这一教育制度提出了尖锐的批评，但当时的法国教育制度仍没有丝毫的"改变"。他认为，法国的教育制度是在如下"观点"的支配下建立的。即，它是以根本错误的心理学观点为基础，认为智力是通过一心学好教科书来提高的。由于采用了这种观点，人们便尽可能强化了许多手册中的知识。从小学直到离开大学，一个年轻人只能死记硬背书本，他的判断力和个人主动性从来派不上用场。受教育对于受教育者来说就是背书和服从，"学习课程，把一种语法或一篇纲要牢记在心，重复得好，模仿也出色——这实在是一种十分可笑的教育方式，它的每项工作都是一种信仰行为，即默认教师不可能犯错误。这种教育的唯一结果，就是贬低自我，让我们变得无能"。② 此种教育制度既不会使人变得更道德，也不会使人幸福；既不能改变受教育者的本能，也不能改变他天生的热情。而更严重的危害在于，教育制度"使服从它的人强烈地厌恶自己的生活状态，极想逃之夭夭。工人不想再做工人，农民不想再当农民，而大多数地位卑贱的中产阶级，除了吃国家职员这碗饭外，不想让他们的儿子从事任何别的职业"。③ 法国的学校不是让受教育者为生活做好准备，而是只打算让他们从事政府的职业。在政府的职位上取得成功，无须任何必要的自我定向，或表现出哪

---

①　香山健一著，刘晓民译：《为了自由的教育改革》，高等教育出版社1990年版，第85～86页。

②　古斯塔夫·勒庞著，冯克利译：《乌合之众》，广西师范大学出版社2007年版，第104页。

③　古斯塔夫·勒庞著，冯克利译：《乌合之众》，广西师范大学出版社2007年版，第104页。

怕一点个人的主动性。此种教育制度在"社会等级的最底层创造了一支无产阶级大军，他们对自己的命运愤愤不平，随时都想起来造反。在最高层，它培养出一群轻浮的资产阶级，他们既多疑又轻信，对国家抱着迷信般的信任，把它视同天道，却又时时不忘对它表示敌意，总是把自己的过错推给政府，离了当局的干涉，他们便一事无成"。① 尽管国家用教科书制造出很多有文凭的人，然而它只能利用其中的一小部分，于是只好让另一些人无事可做。因此，它只能把饭碗给先来的，剩下的没有得到职位的人便全都成了它的敌人。从社会金字塔的最高层到最低层，从最卑贱的小秘书到教授和警察局局长，有大量炫耀文凭的人在围攻政府部门的各种职位。例如，只在法国的塞纳一地，就有 2 万名男女教师失业，他们全都瞧不起农田或工厂，只想从国家那儿讨生计。被选中的人数是有限的，因此肯定有大量心怀不满的人。可见，只有从根本上改变法国的教育制度，废除教科书制度和考试制度，才能使受教育者"回到田野和工厂"。即便时至今日，法国教育制度在极大的程度上仍体现了"官僚的必要性"。法国是西方民主国家中官僚体制最强化的国家，那儿的少数达官显宦一直操纵着权力中心，并且不断得到加强。这些官僚是清一色的巴黎综合理工学院与国立行政学院的毕业生，没有一个例外。"法国集权型的学府具有相当大的稳定性和耐久性。即使不同政党之间发生了权力更换，这些学府的集权结构也不会受到影响。因为这些政党都有相似的集权性质。"②

法国的古典教育注重向受教育者灌输大量肤浅的知识，不出差错地背诵大量教科书，既不能提高受教育者的智力水平，更不能提高受教育者的判断力、开拓精神和个性。然而，一切受教育的人所需要的恰是能提高智力能力的专业教育，"在今天，凭自己意志的力量、开拓能力和创业精神统治世界的民族中，这种教育依然强盛"。③ 泰纳认为，在 19 世纪末 20 世纪初，法国的教育制度与英国和美国的教育制度大体相似。他通过对法国教育制度和英国、美国教育制度的比较，明确指出了这两种方式的后果。"观念只有在它们自然而正常的环境中才能形成。要促进观念的成长，需要年轻人每天从工厂、矿山、法庭、书房、建筑工地和医院获得大量的感官印象，他得亲眼看到各种工具、材料和操

---

① 古斯塔夫·勒庞著，冯克利译：《乌合之众》，广西师范大学出版社 2007 年版，第 105 页。

② 伯顿·R·克拉克著，王承绪等译：《高等教育系统》，杭州大学出版社 1994 年版，第 222 页。

③ 古斯塔夫·勒庞著，冯克利译：《乌合之众》，广西师范大学出版社 2007 年版，第 106 页。

作，他得与顾客、工作者和劳动者在一起，不管他们干得是好是坏，也不管他们是赚是赔。采用这种方式，他们才能对那些从眼睛、耳朵、双手甚至味觉中得到的各种细节，有些微不足道的理解。学习者是在不知不觉中获得了这些细节，默默地推敲，在心中逐渐成形，并且或迟或早会产生出一些提示，让他们着手新的组合、简化、创新、改进或发明。而法国年轻人恰恰在最能出成果的年纪，被剥夺了所有这些宝贵的接触、所有这些不可缺少的学习因素。因为有七八年的时间他一直被关在学校里，断绝了一切亲身体验的机会，所以对于世间的人和事，对于控制这些人和事的各种办法，不可能得到鲜明而准确的理解。……十人之中，至少九个人在几年里把他们的时间和努力浪费掉了，而且可以说，这是非常重要甚至是决定性的几年。他们中间有一半甚至三分之二的人，是为了考试而活着——我这里指的是那些被淘汰者。还有一半或三分之二成功地得到了某种学历、证书或一纸文凭——我指的是那些超负荷工作的人。在规定的某一天，坐在一把椅子上，面对一个答辩团，在连续两小时的时间里，怀着对科学家团体即一切人类知识的活清单的敬畏，他们要做到正确——对这种事所抱的期望实在太过分了。在那一天的那两个小时里，他们也许正确或接近正确，但用不了一个月，他们便不再是这样。他们不可能再通过考试。他们脑子里那些过多的、过于沉重的所学不断流失，且没有新东西补充进去。他们的精神活力衰退了，他们继续成长的能力枯竭了，一个得到充分发展的人出现了，然而他也是个筋疲力尽的人。他成家立业，落入生活的俗套，而只要落入这种俗套，他就会把自己封闭在狭隘的职业中，工作也许还算本分，但仅此而已。这就是平庸的生活，收益和风险不成比例的生活。而在 1789 年以前，法国就像英国或美国一样，采用的却是相反的办法，由此得到的结果并无不同，甚至更好。"①

法国教育制度与英国、美国教育制度存在着巨大的差别。19 世纪末 20 世纪初期，英国、美国的专业学校虽然没有法国多，但英国、美国的教育并不是建立在啃书本上，而是建立在专业课程上。例如，英国、美国的工程师并不是在学校，而是在车间训练出来的。这种在车间训练工程师的做法表明，每个人都能达到他的智力允许他达到的水平。如果他没有进一步发展的能力，他可以成为工人或领班，如果天资不俗，他便会成为工程师。与个人前程完全取决于他在 19 或 20 岁时一次几小时考试的做法相比，这种办法更民主，对社会也更

---

① 古斯塔夫·勒庞著，冯克利译：《乌合之众》，广西师范大学出版社 2007 年版，第 107～108 页。

有利。泰纳曾说："在医院、矿山和工厂，在建筑师或律师的办公室里，十分年轻便开始学业的学生们，按部就班地经历他们的学徒期，非常类似于办公室里的律师秘书或工作室里的艺术家。在投入实际工作之前，他也有机会接受一些一般性教育过程，因此已经准备好了一个框架，可以把他们迅速观察到的东西储存进去，而且他能够利用自己在空闲时间得到的各种各样的技能，由此逐渐同他所获得的日常经验协调一致。在这种制度下，实践能力得到发展，并且与学生的才能相适应，发展方向也符合他未来的任务和特定工作的要求，这些工作就是他今后要从事的工作。因此在英国或美国，年轻人很快便处在能够尽量发挥自己能力的位置上。在 25 岁时——如果不缺少各种材料和部件，时间还会提前——他不但成了一个有用的工作者，甚至具备自我创业的能力；他不只是机器上的一个零件，而且是个发动机。而在制度与此相反的法国，一代又一代人越来越向中国看齐——由此造成的人力浪费是巨大的。"[1]至于是什么原因造成了法国教育制度与实践生活不断扩大的差距，泰纳给出的答案是："在教育的三个阶段，即儿童期、少年期和青年期，如果从考试、学历、证书和文凭的角度看，坐在学校板凳上啃理论和教科书的时间是有点长得过头了，而且负担过重。即使仅从这个角度看，采用的办法也糟糕透顶，它是一种违反自然的、与社会对立的制度。过多地延长实际的学徒期，我们的学校寄宿制度，人为的训练和填鸭式教学，功课过重，不考虑以后的时代，不考虑成人的年龄和人们的职业，不考虑年轻人很快就要投身其中的现实世界，不考虑活动于其中、他必须加以适应或提前学会适应的社会，不考虑人类为保护自己而必须从事的斗争，不考虑为了站住脚跟他得提前得到装备、武器和训练并且意志坚强。这种不可缺少的装备，这种最重要的学习，这种丰富的常识和意志力，我们的学校全都没有教给法国的年轻人。它不但远远没有让他获得应付明确生存状态的素质，反而破坏了他的这种素质。因此从他走进这个世界，踏入他的活动领域之日起，他经常只会遇到一系列痛苦的挫折，由此给他造成的创痛久久不能痊愈，有时甚至失去生活能力。这种试验既困难又危险。这个过程对精神和道德的均衡产生了不良影响，甚至有难以恢复之虞。十分突然而彻底的幻灭已经发生了。这种欺骗太严重了，失望太强烈了。"[2] 因此，法国的教育制度只能培养出心怀不满和不适应自己生活状况的人，并把多数受过这种教育的人变

---

① 古斯塔夫·勒庞著，冯克利译：《乌合之众》，广西师范大学出版社 2007 年版，第 108～109 页。

② 古斯塔夫·勒庞著，冯克利译：《乌合之众》，广西师范大学出版社 2007 年版，第 109～110 页。

成了社会的敌人，"它让无数学者加入了社会主义者阵营"。① 法国的衰败源于法国的教育制度，源于法国的教室。泰纳曾说："我们目前的教育制度是造成衰败的一个重要原因，它非但没有提升我们的年轻人，反而把他们变的低贱而堕落，想到这一点真让人痛心疾首。"② 布尔热认为，法国教育制度只会培养头脑狭隘、缺乏开拓精神和意志力的资产阶级或无政府主义者，他们"是两种同样有害的文明人，只会陷入无关痛痒的老生常谈或肆无忌惮的破坏"。③

其实，在教育发展历史中，不仅是只有日本、法国，"划一性"几乎成为所有国家教育制度中的一种"集体无意识"。在我国，"划一性"、"封闭性"和"机械性"的教育制度也不输日本、法国。首先，培养目标划一性。我国基础教育的教育计划、教学大纲、教材的选用多年来基本上是全国统一的，高等学校的专业设置、专业培养目标、各专业主干学科、主要课程等基本上是全国统一的。其次，在教学内容上，我们普遍以知识体系为中心来组织教学活动。教学的内容主要是过去知识的再现，在统一的教育模式下追求思维的一致性，让学生寻求唯一正确的答案，忽视学生个性和自主性的发展。再次，评价标准的单一性。考试分数是衡量教师的教学质量和学生的学习质量的唯一标准，缺乏科学性和多样性。由于教学目标、教学内容和教学评价标准的划一性，忽视了教育对象的个性差异，就像工厂的批量生产一样，以同一模子铸造统一型号的"产品"，扼杀了众多学生的兴趣、爱好和创造性，抑制了受教育者的个性发展。正因为如此，每次大的教育制度变革，针对的都是这种违反儿童天性、个性发展的"划一性"教育制度。

当然，进入新的历史时期，日本对其教育价值观念、教育伦理精神进行了全面的清理和反思，并在此基础上构建了自己的教育制度。日本临时教育审议会在 1985 年提交的《关于教育改革的第一次审议》报告中，就把"重视个性原则"作为"改革基本设想"的八项原则之一，并且把"重视个性的原则"作为贯穿整个教育改革的最根本性的原则。"在这次教育改革中首先必须重视的

---

① 古斯塔夫·勒庞著，冯克利译：《乌合之众》，广西师范大学出版社 2007 年版，第 104 页。勒庞认为，"我们就要进入的时代，千真万确将是一个群体的时代"。在他看来，这个"群体的时代"表现在观念变迁上，最突出的特点就是民主和社会主义观念的广泛普及，它让持有保守主义和精英主义立场的勒庞深感恐惧。因此，他对民主和社会主义理念持极端轻视的态度，这是我们在分析勒庞的思想时一定要去其糟粕的地方。

② 古斯塔夫·勒庞著，冯克利译：《乌合之众》，广西师范大学出版社 2007 年版，第 110 页。

③ 古斯塔夫·勒庞著，冯克利译：《乌合之众》，广西师范大学出版社 2007 年版，第 110 页。

是'重视个性的原则',这是贯穿一切的基本原则。""重视个性的原则是这次教育改革的主要原则,教育的内容、方法、制度、政策等一切领域都必须按照这一原则进行彻底的转变。"① 在"重视个性原则"的指导下,日本从教育制度层面着手推行了一系列大胆的改革,"进一步引进重视多样而不是划一、柔软而不是僵化、分权而不是集权、自由自律而不是统治的各项制度和政策"。② 诸如彻底改革政府部门、企业的录用标准;修改大学设立标准和批准条件,破除划一性,促进个性化;改革包括一次性统一考试在内的各种考试制度;修改学分制,推进中、高等一贯制,实现高校教育多样化;"破除学校及教育界的封闭社会体制,积极地向社会开放课堂、学校及整个教育界";"破除学校及教育界的划一主义体制,把课堂、学校和教育世界变成丰富多彩、充满个性与多样性的世界。"③ 当然,日本构建的这一新型教育制度要想真正得以实现,必须对其价值观进行根本性的改变,否则,仍然是水中月、镜中花。其实不仅是日本,世界上的绝大多数国家都对自己的教育制度进行了系统的反思和变革。

2."划一性"教育制度对个性发展的戕害

"划一性"教育制度不仅在人与人之间建立起一种从属关系,导致意义与自由的丧失,甚至人自身的技术化、匿名化,而且对个性发展造成伤害和阻滞。"划一性"的教育制度既否认了学生的差异性,又修剪了学生个性的多样性,造成学生思想的"一体化"和精神的"一致性",造成学生能力的"萎缩"和"残疾与侏儒式的"人格。雷国鼎曾对"划一性"教育制度的弊端进行了透彻的论证,其论深邃精当。他认为,教育由国家统制,势难容差异之设施,分歧之意见及形式个别之教育体系存在。须知所谓创造、生长和人格发展等,唯有在合理之自由内始可实现,而各种品性之陶冶及学习之指导,亦赖乎自由之试验。国家之旨意,端在考核每一公民已否接受最低限度之教育,倘使干涉过严,则必形成强制之划一和专断之统治,其与自由试验之精神终必大相径庭。国家教育制度之建立,自以国家理想为准据,而此一国家理想之确立,绝非出于政府之武断和强制,而须视地方变动之情形及人民自由意志之表现,否则,必将流于形式主义或渐趋僵化。故一种健全之教育制度,必保持自由伸缩之余

---

① 香山健一著,刘晓民译:《为了自由的教育改革》,高等教育出版社 1990 年版,第 16 页。

② 香山健一著,刘晓民译:《为了自由的教育改革》,高等教育出版社 1990 年版,第 102 页。

③ 香山健一著,刘晓民译:《为了自由的教育改革》,高等教育出版社 1990 年版,第 88 页。

地，俾便彼此交换意见，协调步骤，以获致圆满之结果。"……教育上之极端中央集权，致使个人之抱负，难有伸展机会，其结果势非摧残创造力和阻挠社会之进步。中央政府但依自身利益而规划一切活动，遇事求其整齐划一，要求个人全心服从政府之领导，而不容其他。于此种集权统治下，必使全国陷于专制淫威之悲状，且将所有自然组合之团体，毁灭殆尽。各级教育同受政府规定之课程、学科、教法及考试之支配，此种现象，无论就国家团结或民族文化立场言，均非有利之举。简言之，空洞抽象之统一概念，应代以有组织之统一观念，始为国家之福。"① 不仅中央集权体制下的教育制度戕害个性发展，分权体制下的教育制度同样对个性发展造成损害。

虽然义务教育制度、基础教育制度的确立，对于提高国民素质确实发挥了巨大的作用，但对于这一带有强烈国家色彩的强制性、"划一性"制度，罗素、哈耶克等却生发了"究竟是利多弊少还是利少弊多"的疑问。罗素认为，义务教育制度教导年轻人尊重现存的种种制度，避免所有对现在当权者的过激的批评和对外国采取猜疑和轻视的态度，它以国际主义和个人发展为代价来增进其国家的稳定性。这种对个性的摧残来自于权威过度的压迫，"集体的情感受到鼓励，而个人情感却受到忽视。一切与现行信仰不一致的东西都被毫不留情地压制。由于整齐划一的东西对统治者极为有利，因而，它备受推崇，而这种统一性是以智力衰竭为代价的事实却被置之不顾。总之，这一制度产生如此之多的弊端，以至于我们不得不发问：迄今为止，普遍义务制教育在总体上是利多弊少，还是利少弊多"。② 哈耶克也认为，正是那种高度集权化的且由政府支配的教育制度，将控制人们的心智的巨大权力置于权力机构的操纵和控制之中。"事实上，在国家教育制度下，所有基础教育都有可能被某一特定的群体所持有的理论观点所支配，亦即那种想当然地以为其拥有着那些解决问题的科学答案的群体（在过去的三十年里，美国所发生的情况在很大程度上就是如此）；特定群体支配教育这种可能性的存在，应足以警告我们：将整个教育制度置于国家管理或指导之下，切切实实地隐含着种种危险。"③ 我们虽不完全赞成罗素、哈耶克就教育制度尤其是义务教育制度所作的评述，但其对"划一性"教育制度的思考确有合理性。

---

① 雷国鼎著：《西洋近代教育制度史》，（台湾）教育文物出版社有限公司 1985 年版，第 41、74 页。
② 罗素著，李国山等译：《自由之路》（上），文化艺术出版社 1998 年版，第 225 页。
③ F. A. 冯·哈耶克著，邓正来译：《自由秩序原理》（下），生活·读书·新知三联书店 1997 年版，第 164 页。

具体而言，"划一性"教育制度对个性发展的戕害主要表现在以下方面。

首先，"划一性"教育制度垄断了教育资源、教育利益的分配，个人常常出于争夺教育资源、教育利益的盘算而迎合这一制度。当面对稀缺的教育资源时，获取一种取悦于社会的素质成为人们的首选。"在那里，阿谀奉迎、掩盖基本意愿、容忍对基本人类价值的严重侵犯是共同的现象。那些共同体的制度没有得到基本价值的良好支持，也没有在协调人的行为上很好地发挥作用。"尤其是带有歧视性的"划一"教育制度，更"没有以一种明晰的方式肯定和实践基本的人类价值。这样，在规则受到侵犯时，就不会有自愿准备好卫护基本价值的个人来很好地支持该社会的内在制度和外在制度"。①"划一性"教育制度麻醉了人们的心灵。在"划一性"教育制度下受益常常会增加人们对这一制度的依赖，也会增加人们对这一制度安排下的教育利益的认同。这种依赖与认同常常发展到这样的程度，以致到最基本的成本—收益都难以维持平衡的时候，人们出于对自谋出路的恐惧，也企图维持这种低效率的制度。"划一性"教育制度造成个人内心的焦虑与紧张，"……学校激发起了很多青年对他们将来实际上永远得不到的那种生活和工作的渴望。结果，渴望与机会之间巨大和日益加大的差距在这些社会与千百万青年及他们家庭的生活中造成了极大的压力"。②"划一性"教育制度通过一系列强制性的规范禁锢人们的思想，压制人们的个性，阻碍人们的个性发展。它对人们的言行举止往往有强硬的规定，并力图使每个人都适合于被强硬规定所认可的言行举止，追求人们言行举止的"齐一化"，"所悬为厉禁的乃是独异性"。"划一性"教育制度"是要用压束的办法，像中国妇女裹脚那样，斫丧人性中每一突出特立的部分，把在轮廓上显有异征的人都造成碌碌凡庸之辈。"③它既限制个人的自我实现，个性发展，控制个人，使他们模仿既定的榜样，变得容易被统治，又压制个人独立思考和敏锐的批判能力，培养个人对等级制度的盲目尊重。罗素说："自由发问是被阻止的，并且在世界最重要的事情上，儿童所遇到的不是武断就是冷酷的沉默。"④它既实现着外部的霸权，又实践着强制的形式，它"限制个人的发展而使他们只具有非常狭隘的经验；对于那些几个世纪以来最使人们受益的人生特

---

① 柯武刚等著，韩朝华译：《制度经济学》，商务印书馆 2000 年版，第 90 页。
② 菲力浦·库姆斯著，赵宝恒等译：《世界教育危机》，人民教育出版社 1990 年版，第215 页。
③ 约翰·密尔著，许宝骙译：《论自由》，商务印书馆 2005 年版，第 82 页。
④ 罗素著，张师竹译：《社会改造原理》，上海人民出版社 2001 年版，第 98 页。

殊性质，它却压根不做任何努力让自己的社会成员接触和认识它们。"①

其次，"划一性"教育制度通过一系列细化的管理规章强制性地操纵每个人的行为，通过特殊的塑造机制把每个人造就成特定类型的人，培养成某种"规格化"的人。在罗素看来，"规格化是罪恶之源。教育当局将孩子们看作没有独立人格的人。他们将孩子看作实现社会宏伟计划的材料：工厂中未来的'手'或者战争中的'刺刀'，等等"。②在"划一性"教育制度环境下，人们的肉体受到严格的规训，受到极其严厉的制度性权力的控制。而那些制度性权力强加给它各种压力、限制或义务。吉伯特曾说："在进入大多数训练学校后，人们会看到各种姿态拘谨的可怜士兵，人们会看到他们肌肉僵硬、血液循环不畅。"③显然，这是一种操练的肉体，而不是理论物理学的肉体；是一种被权威操纵的肉体，而不是洋溢着动物精神的肉体；是一种受到有益训练的肉体，而不是理性机器的肉体。可见，"划一性"教育制度对肉体的操纵，其目的在于使肉体成为"驯服的、训练有素的肉体"，"驯顺的肉体"。不仅人们的肉体受到严格的规训，而且人们的思想也受到严密的监视，稍有"越轨"便会受到严厉的惩罚，人们失去了自由思想的权利和能力。罗素认为，人怕思想，好像世界上没有比它更可怕的东西了——比毁坏更可怕，甚至于比死还可怕。思想是颠覆性的和革命的，破坏的和可怕的，思想对于权益，对于已建立的制度和舒适的习惯是毫不留情的；思想是无政府的和无法律的，对于权力不关心，对于历代以来久经考验的智慧也不放在心上。思想看到地狱的深处而不怕。它看到人像一件软弱的微小东西被包围在深不可测的寂静之中。但是它仍然举止骄傲，不为所动，好像它是宇宙的主宰一样。正是因为如此，"划一性"教育制度不是为思想自由创造条件，提供思想自由的空间，而是对思想自由怀着恐惧。"恐惧使人倒退——害怕他们所抱的信仰会被证明是误信，害怕他们所赖以生活的制度会被证明是有害的，害怕他们自己会被证明不应该像他们一向所想象的那样受人尊敬。'工人应该自由地想到财产么，那么我们富人将变成什么样？青年男女应该自由地想到战争吗？那么军队纪律将变成什么样？滚开吧，思想！回到成见的荫庇之下去，否则财产、道德和战争都要受到危害！人，与其让他们的思想自由，还不如让他们愚蠢、懒惰和沉闷。因为他们的思想如果自由了，那么他们或许不会像我们想的一样。因此不管要付出什么代

---

① 克莱斯·瑞恩著，张沛等译：《异中求同》，北京大学出版社 2001 年版，第 92 页。

② 罗素著，李国山等译：《自由之路》（上），文化艺术出版社 1998 年版，第 237 页。

③ 米歇尔·福柯著，刘北成等译：《规训与惩罚》，生活·读书·新知三联书店 1999 年版，第 175 页。

价，都必须避免这种灾害。'反对思想的人在他们不易察觉的灵魂深处就有这样的论调。所以他们在教会里、学校里和大学里就这样做起来了。"① 可以说，"划一性"教育制度是教育自由、思想自由的"死敌"，对教育自由、思想自由充满恐惧，因而也极力地限制甚至摧残教育自由、思想自由，并"用尽一切方法来把它消灭掉"（罗素语），使得整个教育界处于一种噤若寒蝉的奴役状态，使得整个教育界处于一种死气沉沉的压抑状态，"教育通常是作为依靠灌输成见，来维持现状的手段，而不是用气度豁达的榜样和大胆思想的刺激来培养自由思想和高尚的眼界"。② 人类教育事业的创造的原理是希望，不是恐惧。一切使人成为伟大的，都是从要得到好东西的尝试中产生出来，而不是从要避免思想上认为坏事情的斗争中产生出来的。这是因为，"没有一种从恐惧出发的制度能够促进生活。人类事业的创造的原理是希望，不是恐惧。一切使人成为伟大的，都是从要得到好东西的尝试中产生出来，而不是要从避免思想上认为坏事情的斗争中产生出来的。正因为现代的教育这样难得受到伟大希望的鼓舞，所以它也这样难于完成伟大的结果。今天统治着掌握青年教育的那些人的头脑的，是保全过去的愿望，而不是创造未来的希望。教育的目的不应该在于被动地注意死的事实，而应该注重于一种活动，以我们的努力所要创造出来的世界为方向。教育应受到鼓励，不是以惋惜的心情追求那已灭亡的希腊和文艺复兴时代的美景，而是追求辉煌的远景，指出将来应有的社会，思想在未来的时间内所要完成的胜利和人窥测宇宙的日益广阔的眼界。凡是在这样的精神之下教育出来的人，将会充满生命、希望和喜悦，能够尽他们的力带给人类一个比较过去更光明的未来，而且对于人类的努力所能创造出的光荣具有信心"。③ "划一性"教育制度贬低了人们的人格尊严，剪断了人们精神发展的翅膀，造就盲目的信仰者，并以"赏罚"来诱惑人们"归顺"，以手中的"权杖"让人们俯首帖耳。为了造就个人对组织乃至专制统治者的盲目信仰，"为了产生这个高度的信仰……采用培养遏制的方法来阻止新思想的滋长，于是儿童的本性被歪曲了，他们自由的展望被遏制了。对那些头脑不是很活动的人来说，结果是成见万能；对于那少数思想没有完全被扼杀的人来说，变成愤世嫉俗，智能无力，恶意讥评，能把一切活的东西看成愚蠢，只会毁灭他人的创造的冲动而自己又不能加以补充"。④ 所有这一切精神控制、思想钳制和价值专制，都是否定

---

① 罗素著，张师竹译：《社会改造原理》，上海人民出版社 2001 年版，第 107 页。
② 罗素著，张师竹译：《社会改造原理》，上海人民出版社 2001 年版，第 156 页。
③ 罗素著，张师竹译：《社会改造原理》，上海人民出版社 2001 年版，第 107～108 页。
④ 罗素著，张师竹译：《社会改造原理》，上海人民出版社 2001 年版，第 99 页。

使人成为人的做法。"在俯首帖耳之中，不仅存在着极其危险的东西和丑陋邪恶的东西，而且还存在着自相矛盾，这种矛盾在随顺服贴的同时就显示出了它的不合情理。一个动物还远非一种完整意义上的存在，因为它缺乏自我意识……它对自身的生存了无所知。但是，如果一个人本身也没有灵魂的要求和自己的意志，而被另一个灵魂来牵动其四肢，那便是荒唐和反常的了。这样的人不过像是他人的工具。……依靠别人的人已经不复为人了，他已失去了自己的地位和身份，而除了别人的占有物以外，再一无所是。"①

再次，在"划一性"教育制度的"治理"下，个人缺乏独立的自我意识，缺乏必要的能动性、自主性，主动性、选择性，没有自主性的教育活动，没有独立自主的意义和价值，且彼此间存在着不对等的统治与被统治、占有与被占有、教育与受教育的关系。现以师生关系为例作一分析。一般而言，良好的师生关系是教育质量的保证。教育活动最基本、最具体的表现，在于师生之间的接触。在古代个别教育制度或师徒制中，由于一个教师只教少数学生，教师与学生之间自由交流的机会比较多，自然容易产生密切的关系，从而对学生起到潜移默化的作用。随着学校规模逐渐变得庞大以及教育制度的科层化，整个教育组织中的人际关系变得复杂。由于科层制带有"非人格化"与"标准化"的色彩，注重服从与秩序，将学生置于一种"规训的体制"之下，从而使师生关系变成"一种统治者和被统治者的关系"。诚如弗莱雷所说："仔细分析一下校内或校外任何层次的师生关系，我们就会发现，这种关系的基本特征就是讲解。这一关系包括讲解主体（教师）和耐心的倾听客体（学生）。在讲解过程中，其内容，无论是价值观念还是从现实中获得的经验，往往都会变得死气沉沉，毫无生气可言。教育正承受着讲解这一弊病的损害。"② 同时，随着现代社会对人才的需求，学校强调对学生技能与知识的传授，不太重视人格的陶冶，致使教师与学生的接触面越来越窄，师生感情难免日趋疏淡。福柯从微观权力的视角对至今仍盛行的"规训体制"进行了深刻地剖析。该体制对教育空间进行了"合理"的安排，一切都置于教师精细的"分类"目光之下，这确保了教师对学生的"监视"或"惩罚"，教师成为教育制度的"代理人"。在福柯看来，教师与学生之间实际上是一种权力关系和知识关系，体现了一种权力关系的颠覆和一种知识系统的建构。规训权力是通过自己的不可见性来施展的，同

---

① 恩斯特·卡西尔著，刘东译：《卢梭·康德·歌德》，生活·读书·新知三联书店 2002
年版，第 21 页。

② 保罗·弗莱雷著，顾建新等译：《被压迫者教育学》，华东师范大学出版社 2001 年版，
第 24 页。

时，它却把一种被迫可见原则强加给它的对象。福柯说："权力借助于它不是发出表示自己权势的符号，不是把自己的标志强加于对象，而是在一种使对象客体化的机制中控制他们。""权力的施展不是像一种僵硬沉重的压制因素从外面加之于它所介入的职能上，而是巧妙地体现在它们之中，通过增加自己的接触点来增加它们的效能。全景敞视机制不仅仅是一种权力机制与一种职能的结合枢纽与交流点，它还是一种使权力关系在一种职能中发挥功能，使一种职能通过这些权力关系发挥功能的方式。"① 因此，学校成为"规训"的场所，教师事实上成为"规训者"，通过一种隐蔽的方式实现对学生的控制。对于这样一种权力关系，从根本上来说，是基于教师与学生之间的知识关系，学生通过教师获得知识，教师在知识的传授过程中完成对学生的"规训"。

在当今的课堂中，教师与学生之间的这种控制与被控制的关系依然存在。为了一种所谓的"师道尊严"，始终把学生置于一种被动者的地位。在知识经济或信息时代，知识的性质发生了根本的变化，知识可以通过各种渠道进行传播，学生获得知识的途径大大增加。当今的知识更具有"境域性"特征，"任何的知识都是存在于一定的时间、空间、理论范式、价值体系、语言符号等文化因素之中的；任何知识的意义也不仅是由其本身的陈述来表达的，而且更是由其所位于的整个意义系统来表达的；离开了这种特定的境域，既不存在任何的知识，也不存在任何的认识主体和认识行为"。② 在教学中，学习经验不再是事先安排的固定经验或成套的材料，而是师生在沟通和相互影响中的意义交流；学习的过程亦非单维度的认知活动以及信息的单向灌输，而是包含情意和人格系统的整体性学习。因此，知识的传授与交流离不开人与人之间的沟通即人与人之间的关系。教师与学生之间的相互沟通、平等交流、信任的关系就是一种重要的社会资本，教育者如果有意识地对教育者与受教育者即人与人之间的关系进行"投资"，是能获得回报的，因为它们可以为行动者（教育者）有目的的行动提供便利，即它能促使教学更有效、更顺利地进行。一旦当教师以"立法者"的姿态高高在上而不愿与学生平等地交流、对话，甚至以粗暴的态度对待学生的时候，这时教师与学生之间知识、信息交流的网络被人为地切断了。

教师与学生的交际性质——这是整个学校活动赖以建立的基础。大体上

---

① 米歇尔·福柯著，刘北成等译：《规训与惩罚》，生活·读书·新知三联书店 1999 年版，第 232 页。

② 石中英著：《知识转型与教育改革》，教育科学出版社 2001 年版，第 151 页。

说，师生交际的方式有两种不同的类型：一种是专制主义的，另一种是所谓人道主义的。前者是靠强制手段、处分和分数的恐吓来维持的，后者是建立在师生平等相处、相互信任和相互尊重的基础之上的。在按专制主义方式教学的情况下，分数是不能取消的。怀有专制主义思想的教师是带着满满的"一口袋"分数走进教室的，要是没有了分数，他就会像一个陷入了敌人的营垒而又失去了战刀的士兵一样束手无策。有了分数，他又像一个在集市上开始做买卖的小贩：有知识——就给你满分，没有知识——不及格。这样一来，就使学生都把兴趣放在追求分数上，而不是放在掌握知识、发展能力上。一句话，"划一性"教育制度"毒化"了师生关系。

第四，在"划一性"教育制度的"治理"下，道德教育灌输的只是一些符合统治者利益的正统观念、"神圣"与"至善"的道德观念。此种道德教育，既使较有才干的教师成为伪君子，因而在道德上树立起一种不好的榜样，又"使褊狭和群居本能的糟糕形式得以产生"。同时，"为了维护正统，孩子们被培养成毫无慈悲心、气量狭小、残酷无情而又自负好斗的人"。[①] 更为甚者，一些道德的恶魔假借为了学生的利益，而达到自己不可告人的目的。叔本华曾说，哲学家、律师、博学之人等从来就不是他们所自称的，作为一种角色，他们仅仅是面具，在面具的背后，"你只会发现一副唯利是图的商人嘴脸"："一些道德的恶魔，不仅为他们的亲信构筑起一座座护耻遮羞的高墙深垒，而且还高高举起一道道帷幕来掩藏他们的虚伪、欺诈、伪善、僭妄、愚蠢和诡计，……在一切道德的虚假掩饰的背面，即在私下里最为隐秘的幽暗处，往往是邪恶大行其道，耀武扬威！"[②] 这些道德的恶魔整天高唱着道德的高调，但是"道德"或者成为禁锢人们的精神工具，或者成为掩饰社会各种恶的伪善的外衣。在专制性教育制度的"治理"下，道德教育的目的是扼杀人的德性，把"'杀人'作为有品德的生活的顶点"。[③] 无论是统治者还是被统治者，都不能自由地表现自己最真实的内心世界，都不能正当地追求自身的利益。人们的一言一行，都要看是否符合"划一性"教育制度的需要。通常情况下，他们所说的，不是他们所想的；他们所做的，不是他们所愿的。他们所表现出来的所谓德性也是为了避免或保护他们自己的利益不受侵害，而不是出于个体内心的自由选择。一个下属（教师）可能对于他的上司（校长或行政部门的官员）有所愤怒

---

① 罗素著，李国山等译：《自由之路》（上），文化艺术出版社 1998 年版，第 236 页。
② 叔本华著，范进等译：《叔本华论说文集》，商务印书馆 2006 年版，第 515～516 页。
③ 罗素著，李国山等译：《自由之路》（上），文化艺术出版社 1998 年版，第 239 页。

或仇视，一个学生可能对于他的老师、校长有所不满或怨恨，但是因为他的上司、教师掌握着生杀大权，因而这个下属、学生不仅不能合法地表现出他的愤怒或怨恨，甚至还要表现出对其上司、教师的"尊敬"、"礼貌"、"友谊"、"忠诚"等等。这种非发自个人内心选择的所谓德性，已经失去了德性的本真意义，蜕变为一种"社会生活术。"罗素曾对伊顿学院和牛津大学学生所养成的"礼貌"作了精彩的评论。他说："几乎一切从它们那里出来的人，都养成一种对于'礼貌'的崇拜，这对于生活和思想，跟中世纪的教会有同样的危害性。'礼貌'跟表面上的虚心是很相配合的，准备听取各方面的意见，对于反对者也是和蔼有礼。但是，它并不合于根本上的虚心，也不是内心准备重视另一方面的意见。它的本质自以为最重要的事情是一种待人接物的行为，这一种行为可以减少平等人中间的摩擦到最低限度，而对于下面的人可以巧妙地使他们产生一种印象，使他们相信自己的浅薄。当作一种政治上的武器，在一个谄上骄下的民主里，来保持富人的利益，那是再好没有了。"①

第五，在"划一性"教育制度的"治理"下，个人依附于一定的教育共同体，甚至也只在归属于教育共同体的意义上才被称作人，个人的品质与教育共同体的品性趋同。教育共同体基本上是通过规则、制度所形成的外部力量来达到展示个人的"客我"的目的，通过预先设计好的"客我"来压制"主我"，实际上是以"客我"来掩盖"主我"。弗洛姆曾对"客我"压制"主我"的现象进行了深刻的揭示，"早期教育对成长中的儿童所施加的约束，是促使儿童成长与发育的惟一训练方法。但是，在我们的文化中，教育的结果常常是消灭了自发性，额外的感觉、思想和欲望替代了原始的心理行为。"②"原始的"一词在此意味着"自发的"、"原动力的"或"自我的"。例如，当一个从未有集体生活经验的儿童开始过集体生活时，他会与周遭的世界发生激烈的冲突。一方面，儿童"不可避免地产生某种程度的敌意和反叛，而周围的世界马上对儿童的这种放荡不羁给予打击，当然儿童并不是对手，他们通常不得不屈服了。教育的主要目的之一就是消除这种敌意的反应。所使用的方法多种多样，从威胁、惩罚（这是硬的一手）到哄骗、'耐心说服'（这是软的一手）无所不用。"另一方面，成人教给儿童许多根本不属于他的感觉，教育他要喜欢人，要与人为善，要逢人就笑。"我们的教育就是要培养儿童这种自动的反应，好像电灯

---

① 罗素著，张师竹译：《社会改造原理》，上海人民出版社2001年版，第98页。
② E·弗洛姆著，黄颂杰主编：《弗洛姆著作精选》，上海人民出版社1989年版，第83页。

开关一样，只要你一开或一关，电灯就会自动地亮或熄灭。"① 压制自发性，就是压抑主我，结果使儿童成为"客我"制度规范的被动承受者，如弗洛姆所言——按控制者的要求自动反应。其实，在现实教育场域中，个人的"我想"、"我认为"、"我同意"、"我希望"、"我能行"等话语在教育共同体的对话中很少听到。这意味着，在教育共同体极力关注"客我"及展示"客我"的制度力量的前提下，共同体中个人的自我迷失在被制度、被规范所遗忘的"角落"。正如弗洛姆所说："如果一个人按照别人所要求的那样去思维，感觉和决断，正是在这过程中，他失去了他的自我。"② 尤其是在现代社会，大众通讯媒体的发展为教育共同体提供了制约个人的特殊工具，特别当它们把人当作一个消费者和一个公民的时候，而不管这个人有什么能力。这个人处于很有强迫性的宣传气氛的环境中，而且在行为上要服从教育共同体强加于他的准则，损害了他的真正需要以及他在智力上和情感上的同一性。这样的环境，对个人造成了一种精神错乱的危险。

由于个人依附于一定的教育共同体，他们往往非常急于与教育共同体其他成员对自己的期待保持一致，个人常常生活在幻觉之中，他自以为自己知道自己想要的东西是什么，而实际上他想要的只不过是别人期望他要的东西。"他所想、所感、所愿都是别人期望的样子，而他却自以为是自己的。正是在这个过程中，他丧失了自我，而自我则是自由个人真正安全的基础。"③ 自我的丧失加剧了趋同的必要性，因为它使人对自己的身份深表怀疑，如果我认为的我就是别人期望的我，我不是我，那"我"是谁？答案无非是：我没有个性，没有自我，只有别人期望我成为什么样子的自我的"映象"，我就是"你所期望的我"。叔本华曾说："一个人不被看作本来的他，而被当作别人眼里的他，这是平庸之辈压抑个性的惯常手段，只要有可能，他们总是将个性扼杀在萌芽之中。"④ 个性的丧失又使得趋同更为迫切，只有严格按照他人的期望生活，只有遵循教育共同体的专制性教育制度规范，才能确信自我存在，否则就有危险，不但可能被唾弃，而且可能遭受孤立。"无论是谁，只要他一旦打算做出超乎人们所期望的事情，社会就会马上高呼：'不要偏离轨道！'，'不要偏离轨道！'于是乎，排挤、白眼、哄劝、讥讽纷至沓来，直到他又重新按常规去行动为止

---

① E·弗洛姆著，黄颂杰主编：《弗洛姆著作精选》，上海人民出版社 1989 年版，第 83—84 页。

② E·弗洛姆著，黄颂杰主编：《弗洛姆著作精选》，上海人民出版社 1989 年版，第 93 页。

③ E. 弗罗姆著，刘林海译：《逃避自由》，国际文化出版公司 2002 年版，第 181 页。

④ 叔本华著，范进等译：《叔本华论说文集》，商务印书馆 2006 年版，第 377 页。

——或者直到他通过对准则做适当的修改，建立一个新的从众基础，从而确定了自身的位置为止。"① 在害怕遭受孤立这一"畏惧"情绪的支配下，个人只得"从众"，从而降低自己的追求，放弃竞争，墨守成规成为保护自己的最好的选择。"含蓄的人生哲学可由一系列文化俗语表达：'我不愿做出头鸟'、'我喜欢稳妥'、'我对取得的一切已感到满足'，'知足者常乐'。贯穿于这些思想中的主旨是宏伟志向易招致挫折和危险，而小的志向则易带来满足感和安全感。这是对显得可怕、能引发不信任感的情形而做出的反应。……简而言之，这种适应方式就是通过放弃主要的文化目标以及更加遵从安全的成规和制度化规范，个别地寻求对竞争中难以避免的挫折和危险的个人解脱。"② 更为糟糕的是，由于团体比个人更易于追逐时尚，个人往往放弃了自己的价值立场。莱辛在《我们选择住进监狱》一文中曾清楚地表明了团体对个人的压制："那些有着丰富社团活动经历的人，也许注意到他们自己的所作所为，他们也许会同意世界上最困难的事就是站出来反对他的社团，反对一批他的同仁。许多人承认他们感到最惭愧的回忆是：仅仅因为别人这样说，他们也跟着把黑的说成白的。"③ 由于个人依附于一定的教育共同体，他们非常害怕自己与众不同，非常害怕自己有独特的个性和言行举止，心灵本身屈服于枷锁之下。"不仅在涉及他人的事情上，就是在仅关自己的事情上，一个人或者一个家庭之间也从来不对自己问一问：我择取什么？什么合于我的性格和气质？或者，什么能让我身上最好和最崇高的东西得到公平的发挥的机会，使它生长并茂盛起来？他们对自己所问的是：什么合于我的地位？和我位置相同经济情况相同的人们通常做的是什么？或者（还要更糟），位置和情况都胜于我的人们通常做的是什么？……他们根本是除了趋向合乎习俗的事情外便别无任何意向。……甚至在玩乐的事情上，他们首先想到的也是投众合时；他们欢喜在人群之中；他们只是在一般常做的事情之中行其选择。趣味上的独特性，行为上的怪癖性，是和犯罪一样要竭力避免的。"由于不许随循其本性，结果就没有本性可以随循。"他们的人类性能枯萎了：他们已无能力再有任何强烈的愿望和生来的快乐，一般也没有是

① 查尔斯·霍顿·库利著，包凡一等译：《人类本性与社会秩序》，华夏出版社1999年版，第207页。
② R. K. 默顿著，唐少杰等译：《社会理论和社会结构》，译林出版社2006年版，第287页。
③ D·Lessing, *Prisons We choose to Live Inside*. Toronto：CBC Enterprises, 1986, p. 51.

各人自生自长、本属各人自己的意见和情感。"① 可见，个性缺失的人无疑是处在"精神的动物世界"。马克思曾把那些无差异性、无独特性、无个性个体的结合比喻为一袋马铃薯。然而，专制性教育制度为此所支付的代价也实在是太过昂贵。放弃自发性与个性，其结果是生命受阻。从心理角度讲，尽管人仍是个活生生的生物体，但他已成了一个机器人，在情感和心智上已经死亡。虽然还活着，可他的生命却像沙子一样从指缝里溜走了。"他摆脱了外在的束缚，可能随心所欲地按自己意志行动思想。如果他知道自己的所欲、所想、所感是什么的话，他是能够按自己的意志自由行动的，但他并不知道，他趋同于匿名权威，拿不是自己的自我当自我。越是这样，他就越觉得无能为力，便越被迫趋同。"② 拉德布鲁赫曾说："没有个性的个体可以与自然科学中的原子相类比，也经常与他们进行比较，一个物品即使被复制成千上万次或者其影像反射无数次，它们也都永远是一样的。"③

第六，在"划一性"教育制度的"治理"下，人们不可能寻得教育生活的意义与价值，不可能有参与讨论和言说的舞台。"谁不赞成我，谁就是反对我"，要么是、要么非，黑白分明，忠奸立辨是"划一性"教育制度评价人、管理人的简单尺度。"只要哪里存在着凡原则概不争辩的暗契，只要哪里认为凡有关能够占据人心的最大问题的讨论已告截止，我们就不能希望看到那种曾使某些历史时期特别突出的一般精神活跃的高度水平。并且，只要所谓争论是避开了那些大而重要足以燃起热情的题目，人们的心灵就永不会从基础上被搅动起来，而所给予的推动也永不会把即使具有最普通智力的人们提高到思想动物的尊严。"④ 如果社会在教育观念和教育制度上不能宽容每个人的生活方式，每个人的个性绝不可能有自由发展的余地。"划一性"教育制度往往采取各种方式打击、排斥、贬低、歧视那些不合时宜的个性。"划一性"教育制度像一只章鱼，每个人都难以逃脱它的触手。"教室并不是用来生产知识，而只是消费；它不会教困在里边的人产生见解，只教他们去消费别人的意见。"⑤

生活的丰富性得之于人的多样性，"人之为人的特性就在于他的本性的丰

---

① 约翰·密尔著，许宝骙译：《论自由》，商务印书馆 2005 年版，第 72 页。

② E. 弗罗姆著，刘林海译：《逃避自由》，国际文化出版公司，2002 年版，第 182 页。

③ G. 拉德布鲁赫著，王朴译：《法哲学》，法律出版社 2005 年版，第 65 页。

④ 约翰·密尔著，许宝骙译：《论自由》，商务印书馆 2005 年版，第 39~40 页。

⑤ 约翰·泰勒·盖托著，汪小英译：《上学真的有用吗？》，生活·读书·新知三联书店 2010 年版，第 27 页。

富性、微妙性、多样性和多面性"①，而"划一性"教育制度忽视了这一点。正如《学会生存》一书所说："大多数的教育体系，无论在它的机制方面还是在它的精神方面，都不把个人看作具有特性的人。一个权力集中的官僚行政机构不可避免地会把人当作物品。如果我们不改革教育管理，不改革教育程序并使教育活动个别化，我们就既无法履行、也不能取得具体人的职责。这种具体的人是生气勃勃的，有他个性的各个方面，有他自己的各种需要。"② 教育不可能依靠单一模式或标准化来实现个性发展这样一个目的，为了适应个性发展的这种独特性和综合性，为了充分发展人自身多方面的因素和特性，可选择性、多样性是教育制度的唯一选择。"我们不信奉划一，我们作为教育者，要时时留意个人差别、独创见解和主动性。这是民主主义精神。"③

（二）"多样性"教育制度对个性发展的彰显

"划一性"教育制度仅仅给人提供单一发展的可能性，个人只能在教育制度的规约下按照唯一的可能性或路径被动发展为"规格化"的人。"'一规适万物'……忽略了构成真实世界的知识和欲望所具有的丰富多样性，不利于社会中所有多种多样的成员。"④ 而"多样性"教育制度则根据不同人的不同情况提供多种教育模式、教育类型，提供多样性的教育制度安排，使不同的人可以有更多的选择机会，可以有更多的机会博弈，从而使每一个人都可以按照自己的兴趣、需要和个性特点来选择一种最有利于自己发展的教育。因此，多样性教育制度无疑为个性发展创造了必要的条件，使个性自由发展成为可能。

1. "多样性"教育制度的内涵

教育发展的多样性是人类社会生活多样性在教育领域的折射和要求。人类文化、环境、种族和遗传的差异决定了人类社会生活的多样性，而作为人类社会实践活动的教育始终是以人类社会生活为背景、对象、内容和目的的。例如，在一个社会中，高等教育既是经济发展的一种动力，又是终身教育的一个核心组成部分。它既是知识的保管者，又是知识的创造者，还是传播人类积累

---

① 恩斯特·卡西尔著，刘东译：《卢梭·康德·歌德》，生活·读书·新知三联书店2002年版，第15页。
② 联合国教科文组织、国际教育发展委员会编著，华东师范大学比较教育研究所译：《学会生存》，教育科学出版社1996年版，第196页。
③ 香山健一著，刘晓民译：《为了自由的教育改革》，高等教育出版社1990年版，第34页。
④ 柯武刚等著，韩朝华译：《制度经济学》，商务印书馆2000年版，第175页。

的文化和科学经验的主要工具。在智力资源作为发展因素与物质资源相比将越来越占优势的未来社会，高等教育和高等教育机构的重要性、多样性只会日趋增加。"社会压力和劳动市场的特别需求导致高等教育机构和学科出现异常多样化的局面。高等教育没有摆脱'为了满足经济的迫切需要而从政治上有力地和紧急地确认教育改革的必要性'这种思想的约束。大学已不再垄断高等教育；事实上，各国的高等教育系统，无论是在它们的结构、计划和学生方面，还是在经费筹措方面，现在都已变得多种多样，纷纭复杂，很难对它们作出明确的分类。"[①]　教育是人类社会得以延续和发展的重要手段，它必须要具有"生产和再生产"社会生活多样性特征的能力和机制，否则人类社会正常的发展就会受到阻碍或被引入歧途，世界的多样性就会受到削弱。

　　教育发展的多样性，首先体现为时间上的多样性，即在不同的历史时期，教育发展的模式是不同的。其次体现为空间上的多样性，即在不同的国家，由于各国社会、历史和文化的差异，教育发展的具体道路和方式也不相同。再次体现为教育发展过程的多样性，教育发展是一项复杂的工程，是全面性的发展，但是这种全面性的发展往往要有个过程。复次体现为教育内容多样性，即摆脱单一模式，因为这种模式是引起竞争的根源，也往往是失望的根源。第五表现为教育体制和教育结构的多样性，即教育的种类和途径多样性。第六表现为学习尤其是实际技能学习的方法和地点多样性，诸如学制可长可短、在职学习、工读交替制课程等。

　　在世界范围内，教育制度的多样性表现为各个国家教育制度的民族性（或本土化、乡土化）和特色化。就民族国家而言，教育制度的多样性意味着各个国家和各个民族所选择的教育发展道路和方式必然不同。涂尔干曾说："根本就不存在一种对整个人类都普遍有效的教育，可以说，在任何社会中，都有不同的教育体系相互并存，并一道发挥作用。"[②]　由于各国的国情、经济结构特征、生活方式、历史传统、风俗习惯等的差异，必然会在教育的发展过程中反映出来，从而决定着教育制度的多样性。因此，教育制度的多样性，就从根本上要求我们在推动教育发展的过程中，必须走适合各民族国家国情的教育发展之路。只有这样，各民族国家的教育才能达到预期的目标。邓小平提出的走有中国特色的社会主义道路，正是出于对各国社会和教育发展多样性所具有的重

---

① 联合国教科文组织教育丛书，联合国教科文组织总部中文科译：《教育——财富蕴藏其中》，教育科学出版社 2005 年版，第 123 页。

② 爱弥尔·涂尔干著，陈光金等译：《道德教育》，上海人民出版社 2006 年版，第 265 页。

要现实意义的充分认识。他说："我们的现代化建设,必须从中国的实际出发。无论是革命还是建设,都要注意学习和借鉴外国经验。但是,照抄照搬别国经验、别国模式,从来不能得到成功。这方面我们有过不少教训。把马克思主义的普遍真理同我国的具体实际结合起来,走自己的道路,建设有中国特色的社会主义,这就是我们总结长期历史经验得出的基本结论。"① 同时,即便在民族国家内部,不同文化群体有选择符合自身文化特征与需要的教育(制度、内容)。正如格林所说:"我们必须承认国家的文化多元特性,这意味着在课程发展方面必须承认社会的多样性并尊重来自不同文化的人们的价值观念,而不对任何一种文化作价值判断。为此,我们必须促使学生和家长与他们目前认为是'另类'的事物进行有意义的接触。"②

在一个国家教育体系框架内,教育制度的多样性则表现为许多相关教育要素的多样性,如办学主体的多样性、教育行政制度的灵活多样性、学制多样性、教育机构多样性、教育条件多样性、内容多样性、模式与方法多样性、评价制度的多样性等等。教育要素的多样性已成为当前世界各国教育制度变革的大趋势。诚如《学会生存》一书所说:"多值班级、统一学校、不分级学校、过渡课程、无墙学校、综合学校、多科学校、流动班、不分科学校、森林空地学校、哈兰比学校、社区学院、无距程大学、随到随学中学、工人大学、无形大学、装饰学校、开放大学、拉尼奇大学、开放学校、农场学校、平行学校、模数课程、自由大学、个别教学……这些不胜枚举的例子说明了过去十多年来在发达国家和发展中国家同样出现的革新浪潮。"③ 现仅就教育机构尤其是学校的多样性作一分析。学校的多样性意味着各种各样的学校可以自由地成长,并办出自己的特色,在特色中求生存、谋发展。没有任何既定的整体规划和协调,只要能满足当地社区和学生的需要,能为社会培养出合格的劳动者即可。格雷戈里安曾说:"美国高等教育的优势之一在于,它没有一个正式的全国规划。各州不仅有综合性大学,还有州立学院、两年制专科学校、城市学院和高等补习学校。"④ 如果教育机构、学校类型过分单一,不仅不能适应外部环境的变化,更难以培养合格的人才以及教育组织机构的不断更新。帕斯克曾说:

---

① 《邓小平文选》(第3卷),人民出版社1993年版,第2~3页。

② 翁文艳著:《教育公平与学校选择制度》,北京师范大学出版社2003年版,第95~96页。

③ 联合国教科文组织、国际教育发展委员会编著,华东师范大学比较教育研究所译:《学会生存》,教育科学出版社1996年版,第170页。

④ 《美国高教何以全球领先》,《参考消息》,2007年版8月17日。

"内部的差异通过产生新的观点，通过促进不平衡和适应，能够扩大一个机构作出选择的范围。事实上，控制论有一条著名的法则，这就是必不可少的多样性法则。该法则认为任何系统为适应其外界的环境，其内部控制必须体现多样性。如果人们减少内部的多样性，该系统就难以应付外界的多样性。革新的组织机构必须把多样性结合到其内部的发展进程中。"① 如果教育体制过分单一，或者只尊崇唯一的教育制度模式，无疑会使学校的多样性受到侵犯，无疑会使学校特色化发展受阻。因为，不同的教育制度模式造就了不同的学校特色、造就了学校不同的个性。诚如丘伯所说："所有的学校——包括历史上的学校、当前的学校和未来的学校，公立学校和私立学校——都在适应其所处的制度环境的过程中发展了自己的组织形式，这些组织形式又反映了它所适应的制度环境。不同的制度环境，尤其是不同的制度管理体系，总是先天地支持一定形式的组织结构而抑制其他组织形式的发展。结果是，不同的体系形成了不同的教育组织，也就是具有不同特色的学校。在一种制度环境内形成的学校组织形式与另外一种制度环境下的学校组织形式完全不同。"②

2. "多样性"教育制度对个性发展的促进

教育制度的多样性是对个体先天性差异的尊重和适应。从遗传学的角度讲，每个人的天赋条件有着较大的差别，人与人之间先天性的差异也很大。"不论环境如何重要，我们都不应当忽视这样一个事实，即个人生来就极为不同，或者说，人人生而不同。即使所有的人都在极为相似的环境中长大，个人间差异的重要性亦不会因此而有所减小。"③ 由于受遗传因素的影响，人的智力因素与非智力因素均有着明显的差异，并导致学习能力上的差别。同时，教育制度多样性也是对个体在发展潜力方面"自然"差异的承认与尊重。根据威廉斯之见："人性有着无限的多样性——个人的能力及潜力存在着广泛的差异——乃是人类最具独特性的事实之一。人种的进化，很可能使他成了所有造物中最具多样性的一种……'以变异性或多样性为基石的生物学，赋予了每一个个人以一系列独特的属性，正是这些特性使个人拥有了他以其他方式不可能获得的一种独特的品格或尊严。就潜力而言，每一个新生婴儿都是一未知量，因

---

① 迈克尔·富兰著，中央教育科学研究所，加拿大多伦多国际学院组织翻译：《变革的力量：透视教育改革》，教育科学出版社 2004 年版，第 47 页。

② 约翰·E. 丘伯等著，蒋衡等译：《政治、市场和学校》，教育科学出版社 2003 年版，第 23 页。

③ F. A. 冯·哈耶克著，邓正来译：《自由秩序原理》（上册），生活·读书·新知三联书店 1997 年版，第 104 页。

为在他的身上存在着无数我们并不知道的有着相互关系的基因和基因组合，而正是这些基因和基因组合促成了他的构造及品行。作为先天及后天的综合结果，每个新生婴儿都有可能成为迄今为止最伟大的人物之一。不论这个婴儿是男是女，他或她都具有成为一个特立独行的个人的素质……如果忽视人与人之间差异的重要性，那么自由的重要性就会丧失，个人价值的理念也就更不重要了。"① 人们在自然禀赋方面存在着许多先天性的差异，这具体表现在智力、体能、健康以及性格诸方面的不同，"一个人虽然从本质上说在种类上与另一个人相同，这就是说，两个人由于遗传的原因，在拥有的性质与能力上天生就有程度上的高低，有着多与少的差别。此外，一个人不仅由于遗传原因在天赋上有别，而且在后天才能的获取上也可能有优有劣。这可能完全是由于个人努力的不同造成的。不过，在某种程度上也可能是由于个人力求进取过程中有利或不利的环境造成的结果。"② 个体人之间的这些"自然"差异对于其发展潜力有着一定的影响。也就是说，尊重个体人之间的"自然"差异就意味着承认学生之间发展的差异性，教育就是使每个学生在自己已有的基础上，尽可能地充分发展，最终是使每个人"各得其所"，而不是达到统一的要求，给个体差异的"填平补齐"。否则，就是对学生"自然"差异的漠视以及对学生之间发展差异的剥夺。例如，"划一性"教育制度带来了一张张完全一样的面孔，人的多样性实现因而失去了广泛的社会场所。于是，无数的蜗壳被建立，人们躲在其中苦心经营他的小自我，暴露在外的是清一色的硬而脆的壳体。正如由于"划一性"教育制度对个性发展的损害，才使教育制度多样性成为必要。"事实上，尊重个人的多样性和特性是一个根本原则，这一原则应导致摒弃任何标准化了的教学形式。正规教育系统常常受到不无道理的指责，说它限制个人的充分发展，因为它强迫所有儿童接受同样的文化和知识模式，而不充分考虑个人才能的多样性。例如，正规教育系统越来越趋向于优先提高抽象认识，这很不利于提高人的其他素质，如想象力，交往能力，对领导集体劳动的兴趣，美感或灵性，或动手能力等。儿童的天赋和天生兴趣从他们出生之日起就是各不相同的，因此他们不可能从社区的教育资源中得到同样的好处。他们甚至可能因为

---

① F. A. 冯·哈耶克著，邓正来译：《自由秩序原理》（上册），生活·读书·新知三联书店1997年版，第103~104页。

② 穆蒂莫·艾德勒著，郗庆华等译：《六大观念》，生活·读书·新知三联书店1998年版，第203页。

学校不适于发挥自己的才能和实现自己的愿望而处于困难境地。"① 正是由于"每个儿童都有其独特的特性、兴趣、能力和学习需要",因此,教育制度的设计和教育计划的实施应该考虑到这些特性和需要的广泛差异,教育行政制度的建设应适应个人需求的多样性。

个别化教学制度就是一种能促进个性发展的较成功的制度安排。个别化教学制度按照每一个学生的要求和才能,给每个学生布置一个学习计划。在这个计划中包括他所要吸收的数据和他所要进行的研究和实践工作,这些工作有时在小组进行,有时一个人单独进行。学校也给了他自己考核自己作业的方法。学校的教学大纲已不再是一种分成几个同等重要的章节连续进行的讲授,而是创造出一套一套可以分成许多单元的教学内容,且这些单元是可以换掉进行的,"由于这些单元是可以互相换掉的,学生就可以按照不同的知识水平选择一条最适宜的途径"。同时,由于各人的学习进度不同,学校的时间因此不再被分成许多划一的课时。多种多样的工作代替了整齐划一、步调一致的共同前进,学生有一定的时间按照个人进度进行学习。"专门用来学习的时间,在一定程度上,根据过去的经验,可以划分成为:教学时间(个别的或大组的教学)、小组活动时间、个人消化时间、传递的时间和(个人的或集体的)考核时间。"②

其次,教育制度多样性是对个人尊严的重视、是对个性的尊重。人类的生命连接着过去、现在与未来,而每个人存在于家庭、学校、地区、国家等各个层次复杂的相互依存关系中。在时间和空间的纵横扩展中,每个人都以其独立的个性存在着,都是作为无可替代的独立个体存在着。而带有个性的人聚集起来,往往会形成创造的活力、社会的活力。"个人当中的多样性以及个人的独特性被认为是合乎需要的,因为多样性丰富着演化的潜能——这可谓社会的'思想和能力基因库'。"③ 例如,从基础教育开始,教学内容就应该可以按照一个人不同的环境和要求而有所改变,教学方法和进步也可以在一定程度上个别化。随着学习者的成长和判断成熟,他在选择和组织他的学习项目方面应有较大的伸缩余地。为此,我们就比较容易衡量学生在各个学科中个人的能力,而且个人也将比较容易按照自己真正的兴趣去掌握这些学科。由于人是一个个性

① 联合国教科文组织教育丛书,联合国教科文组织总部中文科译:《教育——财富蕴藏其中》,教育科学出版社 2005 年版,第 41 页。
② 联合国教科文组织、国际教育发展委员会编著,华东师范大学比较教育研究所译:《学会生存》,教育科学出版社 1996 年版,第 171 页。
③ 柯武刚等著,韩朝华译:《制度经济学》,商务印书馆 2000 年版,第 182 页。

的存在，因此，面对个体的生命，教育制度必须正视每个生命的独特性，以独特性为基础，尊重个人的尊严、价值、个性。

第四，教育制度多样性有利于促进个人全面而自由的发展。按照"以人为本"的原则，教育的根本目的就是促进每一个受教育者的全面而自由的发展。而每一个人都是自然实体与社会实体的统一、认知与情感的统一、智力因素与非智力因素的统一、理性与非理性的统一，其发展都具有独特性和综合性。"每一个学习者的确是一个非常具体的人。……他有他自己的个性，这种个性随着年龄的增长而越来越被一个由许多因素组成的复合体所决定。这个复合体是由生物的、生理的、地理的、社会的、经济的、文化的和职业的因素所组成的。"① 因而，教育制度需要把一个人在体力、智力、情绪、伦理各方面的因素综合起来，使他成为一个完善的人、全面而自由发展的人。香山健一曾针对日本教育制度的划一性、僵化性弊病，提出了救治日本教育的良方，即"突破近代化时代教育的划一性，实行充分发挥每个人的个性的多样教育、育人教育以及地区、学校、家庭等的个性化、多样化教育。"② 同时，从事教育工作的人们必须领悟到在这世界上每个人都以独一无二的个性而存在着，因此应给予每一个丰富多彩的小小的个性世界以深切的关心和爱护。"我们不信奉划一，我们作为教育者，要时时留意个人差别、独创见解和主动性。这是民主主义精神。"③ 从事教育工作的人也必须领悟到对每个个人个性差异的尊重，每个个人兴趣的追随，每个个人见解的理解，恰是其创造才能得以施展和发挥的前提。诚如达伦多夫所说："创造发明是天经地义的，而差别和多元则是这种创造发明的要旨。"④

（三）"可选择性"教育制度对个性发展的高扬

教育的多样性与可选择性密切联系，有时我们很难把二者区分开来。一方面，多样性是可选择性的基础，选择是在多样性基础上展开和发展的，选择的

---

① 联合国教科文组织、国际教育发展委员会编著，华东师范大学比较教育研究所译：《学会生存》，教育科学出版社1996年版，第196页。
② 香山健一著，刘晓民译：《为了自由的教育改革》，高等教育出版社1990年版，第130页。
③ 香山健一著，刘晓民译：《为了自由的教育改革》，高等教育出版社1990年版，第34页。
④ 伯顿·R.克拉克著，王承绪等译：《高等教育系统》，杭州大学出版社1994年版，第314页。

问题只是社会关系中复杂性的问题的一种表现，"我们所有的选择或大多数选择都以某种方式和社会环境相联系——它是相对复杂的社会关系的组织。正是由于从我们周围的环境中产生的观念变得复杂起来，我们被迫思考、选择与总结，以便选择有用和正确的生活方式。"① 正是因为先有教育多样性的问题，而后才可能有选择性的问题。"通过学校体制多样化以及学校、家庭、社会等教育机能网络化，放宽年龄限制、资格限制、承认例外等"，才能"扩大多种选择机会，以便尊重受教育的儿童、学生、家长的权利和意见"。② 在简单的社会里，选择被限制在较小的范围，生活也是相对机械的，而社会交往的多样化或是与此相同的社会组织的复杂性决定了选择的范围，也决定了选择的难度。另一方面，多样性又可看作是教育制度追求可选择性的结果，正是由于越来越多的选择的要求，才凸显了以多样化为目标的教育价值取向的重要性。例如，在美国，"选择制学校给家长、孩子们……提供了选择学校的自由，这又有力地推进了学校以及教育教学模式的多样化"。③ 但总的来说，多样性仅仅是可选择性的必要条件，而不是充分条件。从多样性是可选择性的基础这个意义上说，多样性是可选择性的必然要求。

1. "可选择性"教育制度的合法性依据

"可选择性"教育制度的合法性依据在于：尊重主体性、自主性和个性。

尊重选择就是尊重主体性。选择是主体性的反映，"选择是有明确意识的，因此它本质上必定是反省意识的核心"。④ 而这种反省意识（自我意识）则是主体性的重要组成部分。主体活动是一种有选择的活动，人的活动的目标、手段和方式，无一不是能动选择的结果；人的活动从"做什么"到"怎么做"，无一不是能动选择的过程。桑德尔曾说："我不仅仅是经验所抛出的一连串目标、属性和追求的一个被动容器，并不简单地是环境之怪异的产物，而总是一个不可还原的、积极的、有意志的行为者，能从我的环境中分别出来，且具有选择能力。"⑤ 主体的选择性根源于客体的复杂性和主体的目的性。人的活动都是有

---

① 查尔斯·霍顿·库利著，包凡一等译：《人类本性与社会秩序》，华夏出版社 1999 年版，第 40 页。

② 香山健一著，刘晓民译：《为了自由的教育改革》，高等教育出版社 1990 年版，第 102 页。

③ 崔相录编著：《中小学多样化特色化大趋势》，教育科学出版社 1998 年版，第 74 页。

④ 查尔斯·霍顿·库利著，包凡一等译：《人类本性与社会秩序》，华夏出版社 1999 年版，第 49 页。

⑤ J. 桑德尔著，万俊人等译：《自由主义与正义的局限》，译林出版社 2001 年版，第 25 页。

目的的，而不同的客体对于达到主体目的的效能是不同的，于是人的每一活动、活动的每一步骤都要反复思量，慎重选择，两利相权取其重，两害相权取其轻。斯宾诺莎指出："人性的一条普遍规律是，凡人断为有利的，他必不会等闲视之，除非是希望获得更大的好处，或是出于害怕更大的祸患；人也不会忍受祸患，除非是为避免更大的祸患，或获得更大的好处。也就是说，人人是会两利相权取其大，两害相权取其轻。"① 另一方面，选择也是个体人自主性的反映，"没人能完全把他的权能，也就是，他的权利，交付给另一个人，以至失其所以为人；也不能有一种权力其大足以使每个可能的愿望都能实现"。"我们必须承认，每人保留他的权利的一部分，由其自己决定，不由别人决定"。② "人的心是不可能完全由别一个人处治安排的，因为没有人会愿意或被迫把他的天赋的自由思考判断之权转让与人的。……此天赋之权，即使由于自愿，也是不能割弃的"。③ 个体人的自主性主要从自我的发展方向等方面体现了其自主选择的权能。如果说主体的能动性主要表现为主体的能力，那么主体的自主性则主要表现为主体的权利。密尔认为，每个人一旦成年，为他们自己阐释个人经历的意义和价值，就属于本人的权利和特权。对那些越过身心成熟的底线的人而言，就生活的主要问题进行自我决定的权利是不可被剥夺的。如果没有选择的权利，社会可能迫使一切人（特别是学生）都按照某种模型来形成个性。就个性的发展而言，"个人乃是最高主权者"，人是"他自己的身和心"的守护者，"每个人是他自己的权利和利益的唯一可靠保卫者"。④

尊重选择，就是尊重个性、差异性。个体人个性的价值就在于进行选择，个性可以被理解为个人在宏观社会的制约下按照自己的差异性与独立性所进行的选择。个性的价值就在于自由选择。在萨特看来，"自由不是一种给定物，或一种属性，它只能在自我选择中存在"。⑤ "它意味着：选择的自主"。⑥ 可见，自由是选择的自由，而不是不选择的自由。"实际上，我们是进行选择的

---

① 斯宾诺莎著，温锡增译：《神学政治论》，商务印书馆 1997 年版，第 214～215 页。
② 斯宾诺莎著，温锡增译：《神学政治论》，商务印书馆 1997 年版，第 226～227 页。
③ 斯宾诺莎著，温锡增译：《神学政治论》，商务印书馆 1997 年版，第 270 页。
④ 约翰·密尔著，汪瑄译：《代议制政府》，商务印书馆 1984 年版，第 44 页。
⑤ 萨特著，陈宣良等译：《存在与虚无》，生活·读书·新知三联书店 2009 年版，第 581 页。
⑥ 萨特著，陈宣良等译：《存在与虚无》，生活·读书·新知三联书店 2009 年版，第 587 页。

自由"①；选择是自由的选择。诚然，我们不能选择自己的出生和死亡，但我们却可以选择对它们的态度，却可以通过自己的行动决定它们的意义。人一生下来就必须进行选择，即使不选择也是一种选择，即选择了不选择。"在某种意义上，选择是可能的，但是不选择却是不可能的，我是总能够选择的，但是我必须懂得如果我不选择，那也仍旧是一种选择。"② 因此，生活的主题永远是选择的，选择是人生的责任，"个人能够选择，并且只有个人才能选择"。③ 选择是走向存在、成长的唯一方式，假若不作选择，就永远成不了一个个人。"人是自己造就的，他不是做现成的；他通过自己的道德选择造就自己。"④人是依靠自己使自己成其为人的，"我永远在进行自我选择，而且永远不能作为已被选择定的存在，否则，我就会重新落入单纯的自在的存在中去。永远进行自我选择的必然性和我所是的被追求的追求是一回事。"⑤ 选择才能使人成为"这一个"人，成长为"这一个"人。密尔指出："凡是听凭世界或者他自己所属的一部分世界代替自己选定生活方案的人，除需要一个人猿般的模仿力外便不需要任何其他能力。可是要经由自己选定生活方案的人就要使用他的一切能力了。他必须使用观察力去看，使用推断力和判断力去预测，使用活动力去搜集为作决定所用的各种材料，然后使用思辨力去作出决定，而在作出决定之后还必须使用毅力和自制力去坚持自己的考虑周详的决定。他需要和运用那些属性，是随着其行为当中按照自己的判断和情感来决定的部分之增大而与之恰正相应的。……但是作为一个人类，他的相对价值又是怎样呢？真正重要之点不仅在于人们做了什么，还在于做了这事的是什么样子的人。"⑥ 在生活实践中，自我的价值往往通过自主的选择而得到体现。从"应该成就什么"（what I ought to be）这一角度看，自我的人格并非预定或既定，而是具有生成的特点，这种生成过程固然受到外在社会环境等影响，但同时又始终离不开自我本身的反思、探求和选择。存在主义将个体的在世理解为一个不断自我筹划、谋

① 萨特著，陈宣良等译：《存在与虚无》，生活·读书·新知三联书店 2009 年版，第 588 页。
② 萨特著，周煦良等译：《存在主义是一种人道主义》，上海译文出版社 2005 年版，第 24 页。
③ 德·雅赛著，陈矛等译：《重申自由主义》，中国社会科学出版社 1997 年版，第 76 页。
④ 萨特著，周煦良等译：《存在主义是一种人道主义》，上海译文出版社 2005 年版，第 26 页。
⑤ 萨特著，陈宣良等译：《存在与虚无》，生活·读书·新知三联书店 2009 年版，第 583 页。
⑥ 约翰·密尔著，许宝骙译：《论自由》，商务印书馆 2005 年版，第 69 页。

划的过程，强调个体究竟成就什么，主要取决于自我本身。在萨特看来，懦夫与英雄并非天生：在于"自我选择"。他说："是懦夫把自己变成懦夫，是英雄把自己变成英雄；而且这种可能性是永远存在的，即懦夫可以振作起来，不再成为懦夫，而英雄也可以不再成为英雄。"① 这一看法从一个方面注意到了自我的选择与自我的生成之间的联系。我国古代儒家的成己学说，也肯定了自我本身的抉择对成就理想人格的意义。孔子便反复指出："为仁由己，而由人乎哉。"② "我欲仁，斯仁至矣。"③ 仁是人格的内在规定，"由己"、"欲"则体现了自我的要求和选择。在这里，自我是否达到仁的品格，便以自我本身的抉择为前提。选择并不是在生活场景中做这个或者做那个，不仅仅是具体行动的选择，虽然我们永远处在这种选择之中。选择是过什么样的生活的选择，是成长为什么样的人的选择。选择意味着生活将导向何方，"选择既是一种创造自我的方式，同时也是一种将自我与外界联系起来的方式"。④ 选择的结果就是生活向前进了一步，从某种意义上说，这是一种个性的充分展示和弘扬行为，"选择是一个成长的过程，是对由生活提供的材料进行选择和积累的发展着的智能组织力，这个过程无疑在儿童和青年的意识里是最富有活力的"。⑤ 选择的结果就是生活向前进了一步，并推进到一种自主的生活，从某种意义上说，这是一种自由的行为或创造的行为。奥伊肯指出："倘若生活要有意义，自由便是必不可少的。必须能给我们的活动一种个人的特征，并推进到一种自主的生活。否则，我们的生活便不完全属于我们自己，而是由自然或命运指派给我们，它在我们内部发生，却不是由我们决定。这样一种半异己的经验，从外部强加给我们的角色，势必使我们对它的要求漠不关心，倘若我们冷漠置之的东西竟然吸引了我们的全部精力，竟然变成了我们的个人责任问题，我们的生活便将在令人气馁的矛盾中挣扎。"⑥ 当然，这种自主的生活处在"行进"状态，永无终结。这种自由自觉的行为是一种创造行为，而创造行为是推动人类进步与革新

---

① 萨特著，周煦良等译：《存在主义是一种人道主义》，上海译文出版社 2005 年版，第 20 页。

② 《论语·颜渊》。

③ 《论语·述而》。

④ 黑格尔·E. 巴恩斯著，万俊人等译：《冷却的太阳》，中央编译出版社 1999 年版，第 137 页。

⑤ 查尔斯·霍顿·库利著，包凡一等译：《人类本性与社会秩序》，华夏出版社 1999 年版，第 42 页。

⑥ 鲁道夫·奥伊肯著，万以译：《生活的意义与价值》，上海译文出版社 2005 年版，第 66 ~67 页。

所必需的。创造性劳动是以探索和求新为特征的，它是个人主体性的最高表现和最高层次，是人之主体性的灵魂。所谓创造性，包含两层含义：一是对外在事物的超越。主体通过变革和改造旧事物，产生新颖、独特的新事物，它常常与改革、发明、发现联系在一起。二是对自身的超越。主体在改造客观世界的同时，也改造了自身，使"旧"我转变为新"我"，实现自身的否定之否定。可见，创造性劳动既是衡量个人主体性的尺度，也是表现社会文明程度的标志。

与此相应的是，也正是为了个性发展，每个人才需要选择。一般而言，一个人个性发挥和实现程度，取决于他所得到的选择自由的程度。因为，正如存在主义所说，一个人的个性如何，他究竟成为什么人，不过是他自己的行为之结果："人从事什么，人就是什么。"（海德格尔语）于是，一个人只有拥有选择自由，能够按照自己的意志去行动，他所造成的自我，才能是具有自己独特个性的自我；反之，他若丧失选择自由、听任别人摆布，按照别人的意志去行动，那么，他所造成的便是别人替自己选择的、因而也就不可能具有自己独特个性的自我。而自我实现的根本条件是个性的发挥，个性发挥的根本条件则是自由、选择自由。说到底，选择自由便是自我实现的根本条件，二者成正相关变化：一个人拥有的选择自由越多，他的个性发挥得便越充分，他的创造潜能便越能得到实现，他的自我实现的程度便越高，反之，自我实现的程度便越低。难怪马斯洛一再指出："自我实现者较一般人拥有更多的自由意志，更不容易为他人所主宰。""这些人较少屈服于外界的压力和阻力，他们较为自由。一句话，较少适应社会上存在的文化类型。""他们可以称为有自主性的人，他们受自己的个性原则而不是社会原则的支配。"[1] 如果主体丧失了选择自由，个性的发展、人性的解放就会成为一句空话。因为，个性的发展、人性的解放意味着人可以自由地选择，且自由地塑造自己。德拉·米兰多拉在《关于人的尊严的演说》中说："上帝终于决定，凡是可以给予一无所有之人的，凡是属于每个个人的一切，都应毫无保留地给予他们……他对他这样说：亚当呀，我不给你固定的地位、固有的面貌和任何一种特殊的才能，以便……你可以……取得和占有完全出于你自愿的那种地位、那种面貌和那些才能。……我给了你自由，你不受任何限制，你可以决定你自己的天性。……我既不把你造成天上的东西，也不把你造成地上的东西，既不把你造成死的，也不把你造成不死的，

---

① A. 马斯洛著，许金声译：《动机与人格》，华夏出版社1987年版，第329页。

你……是你自身的雕塑者和创造者；你可以堕落成为野兽，也可以再生如神明。"① 如果主体丧失了选择自由，社会可能迫使一切人都按照某种模型来形成个性。而选择的目的恰在于发展人的个性，确立人的自我意识，根据人本身的权利把人当作人看待，而不是作为社会政策的对象，或者政治策略的工具；恰在于阻止任何社会"把它自己的观念和行事当作行为准则来强加于所见不同的人，以束缚任何与它的方式不相协调的个性的发展。"② 如果主体丧失了选择自由，也就不可能去寻找有价值的生活目的。而一旦确立了主体的选择权，不仅促进了主体个性的充分自由的发展，而且促进了社会的发展，"相应于每人个性的发展，每人也变得对于自己更有价值，因而对于他人也能够更有价值。他在自己的存在上有了更大程度的生命的充实；而当单位中有了更多的生命时，由单位组成的群体中自然也有了更多的生命"。③

2. "可选择性"教育制度对个性发展的推进

个体人个性的价值就在于他们在自我实现的过程中成为一个自主的选择者，成为实现自己的精神成长可能性的自我决断者，他们是自己生活的创造者，而不是"他者"的工具，他们是自我实现的自我引导者，而不是附属任何别的东西，他们是自我发展和精神成长的主宰者，而不是由他人决定应该成为什么样的人。正是由于人是自主的选择者，正由于人总是选择自己所不是的，否定自己所是的，"逃离我所是的东西，并使之虚无化"，④ 人才能赋予教育生活世界以意义；正是因为人是自主的选择者，才体现出人的尊严和高贵。要达到这一目标，既要尊重主体的选择权，又要使"每一个儿童都应该受到独特的对待"。⑤

（1）教育主体的选择权

现代教育，同传统教育观念与教育实践相反，应该使它本身适合于学习者，而学习者不应屈从于预先规定的教育、教学规则。学习者的地位和作用是确定任何教育制度体系的性质、价值与最终目的的重要标准。学习者的地位主要是由教育制度尤其是学校教育制度允许他自由的程度，挑选学习者所采用的

---

① S. 卢克斯著，阎克文译：《个人主义》，江苏人民出版社 2001 年版，第 50 页。

② 约翰·密尔著，许宝骙译：《论自由》，商务印书馆 2005 年版，第 5 页。

③ 约翰·密尔著，许宝骙译：《论自由》，商务印书馆 2005 年版，第 74 页。

④ 萨特著，陈宣良等译：《存在与虚无》，生活·读书·新知三联书店 2009 年版，第 597页。

⑤ 约翰·洛克著，熊春文译：《教育片论》（编者导言），上海人民出版社 2005 年版，第17 页。

标准以及学习者所能承担的责任的性质与限度等方面来决定的。"我们应使学习者成为教育活动的中心；随着他的成熟程度允许他有越来越大的自由；由他自己决定他要学习什么，他要如何学习以及在什么地方学习与受训。这应成为一条原则。即使学习者对教材和方法必须承担某些教育学上的和社会文化上的义务，这种教材和方法仍应更多地根据自由选择、学习者的心理倾向和他的内在动力来确定。"① 具体而言，在现实的教育生活中，作为教育主体的个人一般具有如下选择权。

首先，个人具有自己选择学习内容、学习目的、学习方法、学习时间和空间的权利。权威、专家不应该试图把自己的学习需要强加于社会，成功的学习应该与人们自身需求、个性特点和发展密切联系，应该与自身所处环境相协调，应该明显适应目标以及既定的高标准。每个人都应该尊崇主体自己选择的学习道路，而不是屈从于那些达到特定目标的既定路线。郎沃斯曾说："学习意味着学习属于学习者本人，而不是教师——这彻底改变了教育者和学习者之间的关系，把教师从'高高在上的圣贤'转变为'身边的指导者'，意味着利用能够使人们回归学习习惯中去的工具和技术——个人学习计划、创造性的合作学习和指导。"② 也就是说，学习行动是自主的、自治的，而非以各种形式的强制。比如，通过制度设定苛刻的筛选通道而限定学生，以致使学生不得不按照筛选所规定的学习内容和学习方式进行学习，不得不通过这个通道认定价值，这样其实自然地把学习导向强烈的竞争和褊狭的领域，这种学习就是逼迫的，因而不是主体自主选择的。诚如盖托所说："每一个人都是通过开放式的学习而获得个性化的教育。开放式的学习承认：凡事皆有可能通向独立自主的好生活——不管是汽车修理、扑克玩家，还是脱衣舞女，人生是要自己设计的。与此同时，任何遇到的人都可能是你的老师，不管他是洗车工、发牌手、舞女、赛车手，还是其他任何人。开放式学习中，'教'是很关键的，但它不是一种职业，任何有东西可传授的人都可以教。谁是老师、谁不是老师，都由学生说了算，而不是由政府来决定。像苏格拉底那样，不必非获得一个教师执照才能教。你能感觉到这些关于开放式学习的设想很特别，如果有学生不想

---

① 联合国教科文组织、国际教育发展委员会编著，华东师范大学比较教育研究所译：《学会生存》，教育科学出版社 1996 年版，第 263 页。

② 诺曼·郎沃斯著，沈若慧等译：《终身学习在行动》，中国人民大学出版社 2006 年版，第 13 页。

跟你学，他也不会面临考试不及格。在开放式的学习里，学生是积极的主导者。"① 这一选择权对于主体而言非常重要，它保护了教育主体确定自己的学习目的和深化学习兴趣的自主性，这是个人以自己的方式和以自己的爱好充分发展才能、发展个性的必需条件。"'学习'是词典里最重要、也最容易误解的单词之一。它意味着以不同的方式做事，完完全全关注学习者的需求；提供学习者能够根据他们自身的学习方式和需求进行学习的工具和技术。学习不是传授，也不是培训，更不是狭隘的教学意义上的教育。它有更宽泛的意义。从最广义而言，包括社会、经济、政治、个性、文化以及教育的意义。"② 尽管让学习者选择他们需要学习和想学习的内容——这种主张在某些情况下，几乎不能为人们所接受，并且在学校亦因不受欢迎而遭到排斥，"学习者作为顾客，自己支配所买的东西——这种观点至今仍然没能吸引学习提供者"③，但是，它们正随着新的学习理念和方法的产生而逐步瓦解。自主权并非总是意味着学习者决定课程内容，虽然他们的决定可能导向正确的方向。至少，自主权可以理解为学习是教师或讲师和学生共同接受的主题，并且教师或讲师至少作出了一些努力来向学生证明学习特定内容的需要、他们将给予的观点和新知识、学生该用何种方法学习。这种师生间的契约能提升师生双方的责任感和动机，并为学习者提供了一个为什么学习、谁学习、什么时间学习以及怎样学习的清晰观点。拉塞克等人曾说："由于学生积极参与自学过程，由于每个学生的创造性都受到重视，指令性和专断的师生关系将难以维持。教师的权威将不再建立于学生的被动与无知的基础上，而是建立在教师借助学生的积极参与以促进其充分发展的能力之上。……一个有创造性的教师应能帮助学生在自学的道路上迅速前进，教会学生怎样对付大量的信息，他更多的是一名向导和顾问，而不是机械传递知识的简单工具。"④

其次，个人拥有选择、认同道德理想与道德原则，追求自己幸福的权利。作为道德主体，每个人都是平等的，有权享有某些重要的独立空间，不受他人

---

① 约翰·泰勒·盖托著，汪小英译：《上学真的有用吗?》，生活·读书·新知三联书店2010年，第34页。

② 诺曼·郎沃斯著，沈若慧等译：《终身学习在行动》，中国人民大学出版社2006年版，第12~13页。

③ 诺曼·郎沃斯著，沈若慧等译：《终身学习在行动》，中国人民大学出版社2006年版，第25页。

④ S. 拉塞克等著，马胜利等译：《从现在到2000年教育内容发展的全球展望》，教育科学出版社1999年版，第105~106页。

意志的强制。哈耶克曾说："智识自由是以更为宽泛的自由为基础的，换言之，没有这种更为宽泛的自由作为基础，智识自由亦就无法存在。但是，自由的终极目的乃在于扩大人们超越其前人的能力，对此，每一代人均须努力贡献自己的一份力量——亦即为知识的增长和为道德信念和审美观念的不断进步作出自己的贡献。在此一领域中，任何上级或上级机构都无权将一套关于何为正确或何为善的观念强加给人们，而只有进一步的经验才能决定什么观点应当盛行。"① 这就意味着个人享有按照自己的道德判断、选择自己的道德行动、选择自己的生活理想、实现自己的道德价值、创造自己的美好生活的权利。萨特认为，人生的价值就在于自己选择自己，既没有普遍的人性和普遍的价值标准作为选择的准则，也不能从个人过去的经历中找到这种准则，没有什么伦理道德可以规范个人的选择，"除了他自己外，别无立法者"。② 每一位个体都是道德法则的创立者，行为的任何准则都要由自我本身去"发明"："你是自由的，所以你选择吧——这就是说，去发明吧。没有任何普遍的道德准则能指点你应当怎样做：世界上没有任何的天降标志。"③ 即，个体的每一选择，似乎都同时表现为普遍的立法。德澳尔金更明确地表达了类似的观点，在对道德自律作界说时，他指出："当，而且仅当个人是道德原则的创立者及这些原则的创始人时，他是道德自律的。"④ 也就是说，个人的自由创造是道德律的主要来源。个体有权利形成自己的善的观念和道德观念、追求自己所认可的善、道德的自由。道德选择权向教育提出，在任何时候、任何地方，都不能对学生强制灌输某种道德价值观，都不能强制性地迫使学生遵循或者服从某些道德原则，不能把一定的道德行为的范式、道德理想、道德样板、道德榜样强制性地通过一定方式让学生接受。柯尔伯格曾说："灌输既不是一种教授道德的方法，也不是一种道德的教学方法。说它不是一种教授道德的方法，是因为真正的道德包括对那些可能处于冲突中的价值作出审慎的决定；说它不是一种道德的教学方法，是因为合乎道德的教学意味着尊重儿童正发展着的推理能力和对他们所学内容的评

---

① F. A. 冯·哈耶克著，邓正来译：《自由秩序原理》（下），生活·读书·新知三联书店1997年版，第182页。
② 萨特著，周煦良等译：《存在主义是一种人道主义》，上海译文出版社2005年版，第31页。
③ 萨特著，周煦良等译：《存在主义是一种人道主义》，上海译文出版社2005年版，第15页。
④ 汤姆·L. 比彻姆著，雷克勤等译：《哲学的伦理学》，中国社会科学出版社1990年版，第200页。

价能力。"① 同时，道德选择权要求教育不能以任何理由强制学生执行道德行为，"人道主义的核心价值观是道德自由：那个人从过度的束缚中解放出来，以便他们能够实现他们的潜能，最大限度地做出自由选择"。② 简言之，应尊重个体的道德选择，尊重个体的生命，否则便是"无我"的道德，而"无我"的道德不但不能培养个体的道德情感、道德意志和道德行为，反而摧毁了道德本身。尼采说："非我化的道德首先就是没落的道德，把'我走向毁灭'这一事实变成了命令：'你们都应毁灭'——并且不仅仅变成命令！……这种迄今为止一直在宣扬的道德，这非我化的道德流露出'要毁灭的意志'，它彻头彻尾否定了生命。"③

再次，个人拥有选择个性自主发展的权利。也就是说，个人有实现自己的价值、获得个人发展、创造自己独特的精神气质的权利。笛恰默说："我们有充足的理由相信，自己是自己生活中的'主角'，而不是他人游戏中的'陪衬'。"④ 个人有追求不同生活方式的权利，每个人都得过一种生活，那种生活是独一无二的，不可替换的。"要想给每人本性任何公平的发展机会，最主要的事是容许不同的人过不同的生活。在任何时代，只要看一项独立自由运用到怎样程度，就相应地可以知道那个时代怎样值得为后代所注视。就是专制制度也不算产生了它的最坏结果，只要人的个性在它下面还存在一天；反之，凡是压毁人的个性的都是专制，不论管它叫什么名字，也不论它自称是执行上帝的意志或者自称是执行人们的命令。"⑤ 保障个人拥有个性自主发展的权利，不仅是个人发展批判性思维、追求人格品质优秀的条件，而且也是提高个人的自尊和自信的背景性条件。这种自尊和自信是个人作为个体的社会成员实现自我价值的基础，是他们对自己的社会价值进行期望的基础。

（2）教育制度保护和支持教育主体选择权的实现

个人的选择权要真正实现，必须得到教育制度的保护和支持。

"可选择性"教育制度走出了机械划一的，崇尚单一性、统一性和标准化的"划一性"教育制度模式的藩篱，打破了"划一性"教育制度模式下人的"同质性"。"可选择性"教育制度充分尊重并保护个体的先天性差异以及个体

---

① 戚万学著：《冲突与整合》，山东教育出版社 1995 年版，第 23~24 页。

② 保罗·库尔茨著，余灵灵等译：《保卫世俗人道主义》，东方出版社 1996 年版，第 100 页。

③ 尼采著，张念东等译：《权力意志》，商务印书馆 1998 年版，第 105 页。

④ W. 范伯格等著，李奇等译：《学校与社会》，教育科学出版社 2006 年版，第 112 页。

⑤ 约翰·密尔著，许宝骙译：《论自由》，商务印书馆 2005 年版，第 75 页。

在发展潜力方面的"自然"差异，尊重个体人本身所具有的合理差异。科恩说："人与人之间的差异是实际存在而且异常巨大的。这种差异，我们自己不论采取什么态度都不能加以改变。当个人在茫茫人海中行动想达到某种实际目标时，我们就遇到这些差异以强有力的方式或者起帮助作用，或者起阻碍作用。它们必须分别对待，有时它们可能是严重的障碍，有的可能还是不可逾越的。在一个人的世界，人与人之间的差异是大有关系的。"① 尊重个体的先天性差异以及个体在发展潜力方面的"自然"差异，就意味着承认个体之间发展的差异性，而"可选择性"教育制度的出发点就是使每个个体在自己已有的基础上，受到适当的教育，尽可能地充分发展，最终是使每个人"各得其所"，而不是达到统一的要求，给个体差异的"填平补齐"。否则，就是对个体"自然"差异的漠视以及对个体之间发展差异的剥夺。郎沃斯指出："发展滞后、不成熟、残疾、适应性差、动机缺乏、周期性倦怠、片面的学习方式以及社会性的剥夺都是现代生活中广为人知的影响考试成绩的因素，如果把这些人类的失败转变为社会的失败就是否定教育的全部用途。人们需要支持和帮助来提高自己在学习环境中的自尊和信心。"② "可选择性"教育制度不仅认可个性的多样性，也包括个人需要、利益、价值、意见等等的多样性，而且还尊重、保护种种多样性不受到任何外在个人或制度因素的威胁。在"可选择性"教育制度环境下，每一个人都有权力在法律框架内表达个性化的声音，并为自己的个性化要求、判断和行为进行辩护。"可选择性"教育制度重视个人的尊严，其实就是对人的独特性、差异性的尊重。人类的生命连接着过去、现在与未来，而每个人存在于家庭、学校、社区、国家等各个层次复杂的相互依存关系中。在时间和空间的纵横扩展中，每个人都以其独立的个性存在着。带有个性的人聚集起来，形成集团的活力。因此，重视人的独特性、差异性以及个性发展始终是"可选择性"教育制度的主题。"从事教育工作的人们……必须领悟到在这世界上每个人都以独一无二的个性而存在着，因此应给予每一个丰富多彩的小小的个性世界以深切的关心和爱护。"③ 每一个人都是自然实体与社会实体的统一、认知与情感的统一、智力因素与非智力因素的统一、理性与非理性的统一，其发展都具有独特性和差异性。因此，现代教育制度对人之个性的尊重就是对人

---

① 科恩著，聂崇信等译：《论民主》，商务印书馆2004年版，第258页。
② 诺曼·郎沃斯著，沈若慧等译：《终身学习在行动》，中国人民大学出版社2006年版，第78页。
③ 香山健一著，刘晓民译：《为了自由的教育改革》，高等教育出版社1990年版，第37页。

之价值的尊重，因为"与个性相反的东西就是平庸，就是平均标准"。① 正是基于这样的认识，杜威指出："成年生活的一切制度的考验标准，就是那些制度在连续的教育推行中所生的效果。……政府、实业、艺术、宗教和一切社会制度都有一个意义，一个目的。那个目的就是解放和发展个人的能力（不问其种族、性别、阶级或经济状况如何）。换句话说，他们的价值标准就是他们教育各个人使他达到他的可能性的极致的那个限界。"教育制度是有许多意义的，但如果它有一个道德的意义，那么这个意义在于一切教育制度和教育组织的最高标准，"应当对社会每个成员的完满生长有贡献"。②"可选择性"教育制度对人的独特性、差异性的尊重，就是为了促进每一个受教育者的全面自由发展，就是为了使人日臻完善，使他的人格丰富多彩，表达方式复杂多样，使他作为一个人来承担不同的责任。费瑟斯通曾说："把所有教育看成是一个更加个性化的和全社会的共同事业，将它作为对年轻人进行社会的和学术的训练的方式，只有这样才能满足时代的需求。我们应该把学校建成一个儿童得以全面发展的、对其学术和智力提高有帮助的生活环境，而不是推崇那些越来越没有人情味的、被考试驱使着的和相当官僚的学校；应该把对话和戏剧表演作为和谐的和人性化的学校日常生活内容的一部分，所有家庭都能从中受益。"③"可选择性"教育制度使每个人的潜在的才干和能力得到了充分发展，这既符合教育的从根本上来说的人道主义的使命，又符合应成为任何教育政策指导原则的公正的需要，也符合既尊重人文环境和自然环境又尊重传统和文化多样性的内源发展的真正需要。诚如里普森所说："每个人都是个别的，人们运用才能发展自己的个性，这是一个值得每个人正当追求的和社会应该鼓励的目标。"④

"可选择性"教育制度免除了对人的个性发展的无理干预，提供了多样性的教育制度安排，创造了最大的个性发展、精神成长空间，使个人享有最大限度的自我创造和发展。马斯洛曾说："从促进自我实现或者促进健康的角度来看，良好环境应该是这样的：提供所有必需的原料，然后退至一边，让机体自己表达自己的愿望、要求，自己进行选择。"⑤ 伯林曾说："用迫害威胁一个人，让他服从一种他再也无法选择自己的目标的生活；关闭他面前的所有大门而只

---

① 约翰·杜威著，王承绪译：《民主主义与教育》，人民教育出版社 2005 年版，第 134 页。
② 约翰·杜威著，许崇清译：《哲学的改造》，商务印书馆 2004 年版，第 110 页。
③ 约瑟夫·费瑟斯通等著，王晓宇等译：《见证民主教育的希望与失败》，华东师范大学出版社 2005 年版，第 46 页。
④ L. 里普森著，刘晓等译：《政治学的重大问题》，华夏出版社 2001 年版，第 27 页。
⑤ A. 马斯洛著，许金声译：《动机与人格》，华夏出版社 1987 年版，第 329 页。

留下一扇门，不管所开启的那种景象多么高尚，或者不管那些作此安排的人的动机多么仁慈，都是对这条真理的犯罪：他是一个人，一个有他自己生活的存在者。"① 即，教育制度的设计与安排应为人的自我发展、自我创造和个性发展打开更多的大门，而不是故意制造一条"独木桥"，把人们的发展前景和选择机会减少。教育制度的设计与安排应彻底抛弃僵化、尖子主义、封闭性和在学生面前设置的人为障碍。《学会生存》一书指出："每一个人应该能够在一个比较灵活的范围内，比较自由地选择他的道路。如果他离开这个教育体系，他也不至于被迫终身放弃利用各种教育设施的权利。"② "可选择性"教育制度保护和尊重个体的选择权，免除了个体在教育生活中任何形式的干预、强制和压迫，为他们创造了多样的机会和丰富的情境，通过他们的选择能力和选择活动，在自己的教育生活世界中运用各种生命活力，创造、发展自己。《教育——财富蕴藏其中》一书指出："教育应当促进每个人的全面发展，即身心、智力、敏感性、审美意识、个人责任感、精神价值等方面的发展。应该使每个人尤其借助于青年时代所受的教育，能够形成一种独立自主的、富有批判精神的思想意识，以及培养自己的判断能力，以便由他自己确定在人生的各种不同的情况下他认为应该做的事情。"③

"可选择性"教育制度尊重个人目标的选择，尊重个人的价值判断。没有哪种特定的目标是由社会为我们定死的，没有哪种特定的成规具有这样的权威，以至于我们超越个人的判断与个人的可能拒斥。我们能够并且应该以这样的方式去确定我们的目标任务：通过我们个人的自由去评判我们的文化结构，去评判祖先遗留给我们的理解不同生活方式的母基——正是有了这样的母基，才为我们提供了能够要么肯定要么拒绝的多种生活可能性。没有什么"是对我们进行的设定"，没有什么权威能够超越我们自己的价值判断。伯恩斯曾说："'教师'——无论具有何种外表——都既不能以强制的方式对待学生，也不能将学生当成工具，而是把学生作为真理和相互实现的探求者。他们帮助学生确定道德价值：并不是通过将他们自己的道德观强加给学生，而是通过设定各种造成困难的道德选择的情景，然后鼓励冲突和争辩。他们试图帮助学生将道德推论提升到更高的层次，因而做出更高水平的原则性判断。教师自始至终为学

① 以赛亚·伯林著，胡传胜译：《自由论》，译林出版社 2003 年版，第 196 页。
② 联合国教科文组织、国际教育发展委员会编著，华东师范大学比较教育研究所译：《学会生存》，教育科学出版社 1996 年版，第 228 页。
③ 联合国教科文组织教育丛书，联合国教科文组织总部中文科译：《教育——财富蕴藏其中》，教育科学出版社 2005 年版，第 85 页。

生提供了一个可以学习的社会和智力环境。这并不是支持在家里或教室中的'放纵'或自由放任；相反，是要帮助学生去尊重他们所主张的公平、平等、诚实、责任和正义。这也并不是否认教授和学习具体技能的重要性。"① 因此，任何时候，教育机关、教育者都不能强迫个体，依照非自主的选择去生活、去接受某种教育。密尔指出："说一切人类存在都应当在某一种或少数几种模型上构造出来，那是没有任何理由的。一个人只要持有一些说得过去的数量的常识和经验，他自己规划其存在的方式总是最好的，不是因为这方式本身算最好，而是因为这是他自己的方式。"② 实际上，由于每个人的生活的历程的差异，由于人的多样性，由于"儿童各自拥有独特的特性、偏好、脾性、性情以及心灵的才具与倾向"，③ 每个人可能有他自己的生活理想，具有他自己的实现自我的形式，每个人都可能面临着不同的生活际遇，这就意味着每个人都得自己做出选择。任何社会权威、任何教育机构都不可能拥有某种他们知道如何让我们正确地选择方向的知识和方法，严格地说，教育权威无法为每个人提供有效地实现个人的自我价值的指导。如果认为个体只能在某种方式下更幸福，就驱使他们按照这种方式去生活；如果以为个体看不到自己的真实目的，就必须设置一个权威，代替他们选择，为他们做主；如果把个体当作是"教育"或者是社会的素材，根据个体以外的目的和愿望加以塑造，这样个体就处在"他治"中，就生活在强制中。"他治是以命令关系的形式出现的，主要依靠公民承认自己从属的地位，同时承认其上级的统治权威。"④ 这样做，既贬损了个体的人格尊严，又侵害了个体的自主选择权利。"如果采取某一行动或威胁要采取某一行动，以图将他人的种种抉择的价值（代价）加以劣化，劣化到足以强迫他非作出某些抉择不可或强迫他不能作出某些别的抉择，并且使受强制者因已经对威胁屈服才在精神上得释重负。那么，这种行为一望而知是不正当的，是一种侵权行为。"⑤ 这样做，既否定了学生的差异性，又修剪了学生个性的多样性，造成学生思想的"一体化"和精神的"一致性"。因此，每一个人，如果他愿意，都应该被赋予由他本人塑造他的生活的权利，只要这样做不过分干

---

① 詹姆斯·麦格雷戈·伯恩斯著，常健等译：《领导论》，中国人民大学出版社2006年版，第434～435页。

② 约翰·密尔著，许宝骙译：《论自由》，商务印书馆2005年版，第79～80页。

③ 约翰·洛克著，熊春文译：《教育片论》（编者导言），上海人民出版社2005年版，第17页。

④ 科恩著，聂崇信等译：《论民主》，商务印书馆2004年版，第276页。

⑤ 德·雅赛著，陈矛等译：《重申自由主义》，中国社会科学出版社1997年版，第28页。

预他人。密尔宣称，除非个体被允许过他愿意的生活，"按只与他们自己有关的方式"，否则文明就不会进步；没有观念的自由市场，真理也不会显露；也就没有自发性、原创性与天才的余地，没有心灵活力、道德勇气的余地。社会将被"集体平庸"的重量压垮。所有丰富与多样的东西将被习惯的重量、人的恒常的齐一化倾向压垮，而这种齐一化倾向只培育"萎缩的"能力，"干枯与死板"、"残疾与侏儒式的"人类。[①]

　　"可选择性"教育制度尊重并保护个人选择学习内容、学习目的、学习方法、学习时间和学习空间的权利。封闭的、划一的教育制度体系倾向于具有选择性和竞争性，它主要依靠这个教育制度体系内部规定的标准，来决定允许谁和不允许谁学习，在什么年龄学习。而"可选择性"教育制度则倾向于不要选择性、竞争性和规定性。主要根据参加者自己的旨趣选择听什么讲演和学习什么科目，选择读什么书，用什么方法。《学会生存》一书指出："在手段与方法的选择上，人们应该有充分的自由。这些手段和方法包括：全日制教育、半日制教育、函授教育以及直接利用知识来源的各种形式的自我教育。……学习者可以按照他的意愿任意变换使用。""教学内容……可以按照一个人不同的环境和要求而有所改变，教学方法和进度也可以在一定程度上个别化。随着学习者的成长和判断成熟，他在选择和组织他的学习项目方面应有较大的伸缩余地。"[②] 同时，"可选择性"教育制度废除了在不同教育学科、课程、等级之间、在正规教育与非正规教育之间一切人为的、过时的障碍。例如，学生能够在一个学校里面自由地从一个阶段转到另一个阶段，也能自由地从一个学校转到另一个学校；学校的时间不再被分成许多划一的课时。当然，"可选择性"教育制度是与"多样性"教育制度、"开放性"教育制度相辅相成的，这一方面是以另一方面为前提的。诚如《学会生存》一书所说："除非个人能够沿着任何途径达到他的目标而不受公式化准则的阻碍，否则，他就没有真正的选择自由；他的进步只能依靠他的能力与愿望。除非有各种各样可以充分选择的途径，否则，流动性就没有意义。"[③]

　　在尊重个性、主体性、自主性已成为人类社会和世界教育发展主旋律的今天，"可选择性"教育制度符合人类社会和教育尊重与张扬个性、主体性、自

[①] 以赛亚·伯林著，胡传胜译：《自由论》，译林出版社 2003 年版，第 195 页。

[②] 联合国教科文组织、国际教育发展委员会编著，华东师范大学比较教育研究所译：《学会生存》，教育科学出版社 1996 年版，第 228 页。

[③] 联合国教科文组织、国际教育发展委员会编著，华东师范大学比较教育研究所译：《学会生存》，教育科学出版社 1996 年版，第 230~231 页。

主性的趋势。诚如《从人口大国迈向人力资源强国》一书所说："经济全球化带来的教育、培训机构多样化发展趋势已成定局。在管理方面，教育的公共治理结构必然取代传统的教育行政管理模式，政府直接举办教育、统一规定人才培养规格的传统做法已不再适应市场经济为主导的社会经济发展需要，特别是在非义务教育阶段，学习投入与收益基本关系的逐步形成，将把学习者推到教育培训中心的位置，学习者以买方的身份自主决定学习时间、学习内容、学习地点、学习形式、达到的标准将逐步成为现实。要适应这种发展变化，提供教育者就必须改变以往以自我为中心的角色，增强适应和服务意识，主动实现从教育者为主体到学习者为主体的革命性转变，按照学习者的需求和全面发展的需要设计新的学习制度。由以往的统一设置标准化专业、教材、课程的传统做法转变到以学习者为中心、满足学习者多种需求上来。在实施教育和培训的过程中凸显'以人为本、学习之邦、教育品质、教育关怀'的新时代教育新理念。"①

第四节　教育制度对人性发展的促进与规约

人类是在自身的发展中，逐步认识到自身以及作为自身延展结果的社会的共同需要的。教育制度就是在人类寻求满足这些需要的途径、手段和方法的过程中产生、发展的。教育制度一旦形成就成为深刻影响人的存在和发展的社会条件，这主要表现为人在现实教育制度中所获得的规定性构成了人的最基本的规定性。正是教育制度与人之间密不可分的关系，才使得教育制度本身的存在和发展有了合理的根据与理由。

在马克思主义哲学视野中，人的劳动创造了人的社会关系，是社会关系的基石和源泉，而人的社会关系又是劳动的必然形式，社会关系制约着劳动和人本身，由此也决定了人是能动与受动的统一。人类社会所特有的存在物——教育制度是人类教育实践活动的产物与结果，是教育关系的表征与整合形式，即人类对于自身复杂的教育关系的管理与控制方式。在此意义上，我们可以说教育制度是人的本质对象化的结果，是人的本质力量的集中表现。也就是说，教育制度的发展意味着人的本质力量的增强，教育制度的进步表明了人的本质的

---

① 中国教育与人力资源问题报告课题组：《从人口大国迈向人力资源强国》，高等教育出版社 2003 年版，第 90 页。

深化和发展。反过来说，人的本质力量的增强，人的本质的深化和发展，同样表明了教育制度的进步与发展。

人的本质与人性、人的主体性是有机的统一整体。人的本质是人性的内在根据、源泉和动力，它决定着人的各种属性，而人性是对人的本质的具体表现，人的本质总是通过人性加以丰富和展现。人的本质是人的主体性的基础，人的主体性则是人的本质的丰富和深化，人的主体性可以说是人的最高、最本质的属性。人性是人的主体性的前提，主体性是在人性的前提下对于人的更高层次的规定性。一个人一旦成为主体就具有主体性，主体性成为他的人性的核心。

一、人性

人性问题是人类关于自身认识上争议最大的问题之一。人们在感叹人性的复杂和多变之时，也提出了各种各样而又相互矛盾的对人性的理解。如人是理性的还是非理性的，人究竟是善的还是恶的，等等。对于人性的不同认识，"对人性的不同信念，通常反映在各种个人生活方式和不同政治经济制度之中"。①

何谓人性呢？不言而喻，"人"是全称，是一切人；"性"则与"实体"相对，是"属性"。因此，人性就是一切人都具有的属性，是一切人的共同性。一切人的共性，也就是男人与女人以及两性人、大人与小孩以及婴儿等等一切人的共性，简言之，人性即人生而固有的本性，是人与生俱来的自然属性。我国古代先哲告子曰："生之谓性。"② 荀子曰："凡性者，天之就也，不可学、不可事。礼义者，圣人之所生也，人之所学而能，所事而成者也。不可学、不可事而在人者，谓之性；可学而能，可事而成之在人者，谓之伪，是性伪之分也。"③ "生之所以然者谓之性。"④ "性者，本始材朴也"，"是无待而然者也"。⑤《中庸》劈首就指出："天命之谓性。"董仲舒说："生之自然之资谓之性"，"性

---

① L. 史蒂文森著，袁荣生等译：《人性七论》，商务印书馆 1994 年版，第 6 页。
② 《孟子·告子章句上》。
③ 《荀子·性恶》。
④ 《荀子·正名》。
⑤ 《荀子·荣辱》。

者，质也。"① 韩愈说："性也者与生俱生者也。"② 爱尔伍德在总结西方思想家的人性论时曾说："我们所说的人性，乃是个人生而赋有的性质，而不是生后通过环境影响而获得的性质。"③ 人性、一切人的共性无疑可以分为两部分：一部分是更为一般的、低级的，是人与其他动物的共同性，是人所固有的动物性，如能够自由活动等等；另一部分则是比较特殊的、高级的，是使人与其他动物区别开来而为人所特有的属性，是人的特性，如能够制造生产工具以及具有语言、理性和科学等等。只不过，在东西方哲学史上，都曾出现将人性与人性之一部分（亦即人的特性、人性的高级部分）等同起来的错误。

人性是区别于动物的全部类特性，是人的本质的表现和实现。黑格尔说："有人以为，当他说人本性是善的这句话时，是说出了一种很伟大的思想；但是他忘记了，当人们说人性本恶的这句话时，是说出了一种更伟大得多的思想。"④ 在他看来，恶是历史发展的动力的表现形式。一方面，每一种新的进步都必然表现为对某一神圣事物的亵渎，表现为对陈旧、日渐衰亡的、但为习惯所崇奉的秩序的叛逆，另一方面，自从阶级对立产生以来，正是人的恶劣的情欲——贪欲和权欲成了历史发展的杠杆。尽管黑格尔对人性的认识和思考有一定的深度，但我们认为，在对人性的认识问题上，马克思主义对人性的理解更为科学和全面，因为人的类特性不仅仅是善恶的问题，而是有更广泛的理解域。在马克思、恩格斯看来，人性实质上是人在其活动过程中作为整体所表现出来的与其他动物所不同的特性。这种特性主要指人在同自然、社会和自己本身三种关系中，作为自然存在物、社会存在物和有意识的存在物所表现出来的自然属性、社会属性和精神属性。它们相互联系、相互作用，形成人性的系统结构，完整地表征了作为整体存在的人。⑤ 也就是说，人性是人作为类存在与动物相区别的共同特性，即人的自然性、社会性与意识性的统一。人的自然性、社会性和意识性是不可分割的整体，三者完整统一的结合才构成了丰富多彩的人性。马克思主义人性论最突出的特点就是强调人是社会的存在物，人性的根本则是人的社会性。因为人的自然性是社会化的自然性，人的意识性是凝聚了社会内容的意识性，所以人性是建立在人的社会活动基础之上的人的自然

---

① 《春秋繁露·深察名号》。

② 韩愈：《原性》。

③ Charles. A. Ellwood, *An Introduction to Social Psychology*. New York, London：D. Appleton and Company, 1920, p. 51.

④ 《马克思恩格斯选集》（第4卷），人民出版社1995年版，第237页。

⑤ 袁贵仁著：《马克思的人学思想》，北京师范大学出版社1996年版，第58页。

性、社会性和意识性的统一。人的本质作为人性的动力和源泉表明了人性是一个不断生成、完善的过程，人性通过人的需要而现实地展现出来。人性是人的需要的内在根据，人的需要是人性的外在表现。

教育制度作为人的本质的对象化形式，它与人性之间必然具有这样或那样的联系，在某种意义上，甚至可以说教育制度是人性发展的产物。人性是教育制度价值原则选择的重要依据，现实教育生活中的教育利益冲突是教育制度产生的基础和发展的内在根源。教育制度一经形成又对人性产生巨大的作用。因而，在人类教育的历史发展过程中，教育制度总是与人性问题联系在一起，二者相互作用、相互影响。研究教育制度与人的存在和发展的关系，必然将教育制度与人性联系在一起，因为"一切科学对于人性总是或多或少地有些联系，任何学科不论似乎与人性离得多远，它们总是会通过这样或那样的途径回到人性"。①

二、教育制度与人性发展的一般理论

人发展什么、怎样发展、人性发展水平如何，根本上是由生产力决定的。马克思指出，全部人类历史上的第一个前提无疑是有生命的个人的存在，而"个人怎样表现自己的生活，他们自己就是怎样。因此，他们是什么样的，这同他们的生产是一致的——既和他们生产什么一致，又和他们怎样生产一致。因而，个人是什么样的，这取决于他们进行生产的物质条件。"② 而人发展什么、怎样发展、人性发展水平如何，直接的则是由社会关系即社会制度决定的。马克思主义认为，"自由的有意识的活动恰恰就是人的类特性"，而"自由的有意识的活动"只有在社会中，按照制度的安排，通过社会活动才可能实现。"正像社会本身生产作为人的人一样，社会也是由人生产的。活动和享受，无论就其内容或就其存在方式来说，都是社会的活动和社会的享受。"③ 制度是保证社会活动和享受得以实现的关系范畴，但是，在专制制度下人们所从事的并不是与人的本质相符的那种"自由的有意识的活动"，而是与人的本质相悖离的那种活动，是一种非人的活动。"专制制度的唯一原则就是轻视人类，使人不成为其人，而这个原则比其他很多原则好的地方，就在于它不单是一个原

---

① 休谟著，关文运译：《人性论》（上册），商务印书馆 2008 年版，第 6 页。
② 《马克思恩格斯选集》（第 1 卷），人民出版社 1995 年版，第 67~68 页。
③ 《1844 年经济学哲学手稿》，人民出版社 2008 年版，第 83 页。

则，而且还是事实。专制君主总把人看得很下贱。他眼看着这些人为了他而淹在庸碌生活的泥沼中，而且还像癞蛤蟆那样，不时从泥沼中露出头来。"① 因此，在马克思主义看来，专制制度必然具有兽性，并且和人性是不相容的。马克思主义的论述无疑对我们思考教育制度与人性发展具有重大的启发意义。

就教育世界而言，西方思想家、教育家对教育制度与人性发展给予了足够的关注和重视。从表面看来，教育制度规定和限制了人性发展的方向和程度，这是教育制度作用的消极方面。人性发展受到人们所处的具体的教育关系、教育制度的制约和塑造。教育是培养人的活动，教育制度是保证教育良好运行的规则，也是限制人们教育活动界域的框架。教育制度通过规范人们的教育活动以规定人性发展方向，教育制度的意义本身就在于"改变人性以形成那些异于朴质的人性的思维、情感、欲望和信仰的新方式"。② 因此，教育学者尤其是西方教育学者一再强调，应该通过教育制度设计、教育制度建设、教育制度安排等方式来规范人性，促进人性发展。

（一）卢梭的洞见

卢梭以某种天才的洞察力和富有激情的笔调，表达了对西方近代文明、教育文明的否定，从提升人性"善"的水准上，对一切权威和专制制度进行了猛烈的批判。卢梭在几乎所有曾表达过他的教育思想的著作中，都或隐或显地表现出一种对理想社会构造的强烈期待。他的教育主张潜藏着的判断是：迄今为止，有关人性发展、教育发展的一切教育制度设计以及教育制度安排都是"强制"的，都是违反自然的、违反人性的。《爱弥儿》这部著作无疑渗透着他对教育理论与教育实践的关怀。《爱弥儿》第一卷的第一句话就说："出自造物主之手的东西，都是好的，而一到了人的手里，就全变坏了。他要强使一种土地滋生另一种土地上的东西，强使一种树木结出另一种树木的果实……甚至对人也是如此，必须把人像练马场的马那样加以训练；必须把人像花园中的树木那样，照他喜爱的样子弄得歪歪扭扭。"③ 此话的意思是说，人是好的，人也是坏的。就人的自然来说，人是好的，就人在我们身上制造的一切偏见、权威、需要和先例以及教育制度来说，人是坏的。在他看来，"压在我们身上的一切社会制度都将扼杀他的天性，而不会给它添加什么东西。他的天性将像一株偶然

---

① 《马克思恩格斯全集》（第1卷），人民出版社1995年版，第411页。
② 约翰·杜威著，傅统先等译：《人的问题》，上海人民出版社2006年版，第162页。
③ 卢梭著，李平沤译：《爱弥尔》（上卷），商务印书馆2006年版，第5页。

生长在大路上的树苗，让行人碰来碰去，东歪西扭，不久就弄死了"。① 卢梭对教育制度"强制"的强烈批判态度，在他的自然主义教育思想中得到了淋漓尽致的展现。正是为了逃避社会中在他看来无所不在的教育制度"强制"，他要求给儿童一种自然的教育。

卢梭把教育分为三类，"或是受之于自然，或是受之于人，或是受之于事物"。自然的教育旨在使我们的才能和器官获得内在的发展；人的教育乃是他人教我们如何利用这种发展；事物的教育是指我们对影响我们的事物获得良好的经验。在他看来，我们每个人都是由这三种教育，以及从事这三种教育的教师培养起来的。"一个学生，如果在他身上这三种教师的不同的教育互相冲突的话，他所受的教育就不好，而且将永远不合他本人的心意；一个学生，如果在他身上这三种不同的教育是一致的，都趋向同样的目的，他就会自己达到他的目标，而且生活得很有意义。这样的学生才是受到了良好的教育的。"这一论断又牵涉到三种教育的不同性质，"自然的教育完全是不能由我们决定的，事物的教育只是在有些方面才能够由我们决定。只有人的教育才是我们能够真正地加以控制的，不过，我们的控制还只是假定的。因为，谁能够对一个孩子周围所有的人的言语和行为通通都管得到呢？"② 也就是说，自然的教育是不可能为之的，但它却规定了教育的目标。要想让三种教育圆满地配合，必须"要使其他两种教育配合我们无法控制的那种教育"。在他看来，家庭位于自然与社会之间，是教育的最好园地；家庭教育尊重差异性，故它亦是自由教育。而要使家庭这一教育园地充分实施自由教育，"家庭教育制度"就得遵循每个人特有的自然特性（如性别、年龄、性情等）。如能做到这一点，就是"好"的"家庭教育制度"。不过，在现实教育生活中，三种教育确实在彼此发生冲突，这就要求我们在教育成一个人还是教育成一个公民之间做出选择，因为我们不能同时教育成这两种人。"自然人完全是为他自己而生活的；他是数的单位，是绝对的统一体，只同他自己和他的同胞才有关系。公民只不过是一个分数的单位，是依赖于分母的，它的价值在于他同总体，即同社会的关系。"③ 这意味着，存在着顺从自然和改变自然这两种看似矛盾的教育制度：一种是特殊的和家庭的，另一种是公共的和共同的，而两者分别针对的是"人"与"公民"的基本命题。而要培养"公民"，"必须抽掉人类本身固有的力量……赋予他们以

---

① 卢梭著，李平沤译：《爱弥尔》（上卷），商务印书馆 2006 年版，第 5 页。
② 卢梭著，李平沤译：《爱弥尔》（上卷），商务印书馆 2006 年版，第 7 页。
③ 卢梭著，李平沤译：《爱弥尔》（上卷），商务印书馆 2006 年版，第 9 页。

他们本身之外的、而且非靠别人帮助便无法运用的力量。这些天然的力量消灭得越多，则所获得的力量也就越大、越持久，制度也就越巩固、越完美。从而每个公民若不靠其余所有的人，就会等于无物，就会一事无成"。① "凡是想在社会秩序中把自然的感情保持在第一位的人，是不知道他有什么需要的。如果经常是处在自相矛盾的境地，经常在他的倾向和应尽的本分之间徘徊犹豫，则他既不能成为一个人，也不能成为一个公民，他对自己和别人都将一无好处。"② 也就是说，通过自然的教育，自然的教育制度安排，把人"培养成一个自然的人，但不能因此就一定要使他成为一个野蛮人，一定要把他赶到森林中去。我的目的是：只要他处在社会生活的漩流中，不至于被种种欲念或人的偏见拖进漩涡里去就行了；只要他能够用他自己的眼睛去看，用他自己的心思去想，而且，除了他自己的理智以外，不为任何其他的权威所控制就行了"。③ 这里，一个崭新的受过教育的人的形象被树立了——他蔑视权威，人格独立；追求自由，坚持真理；敢于向一切世俗的偏见挑战。尽管公民教育的着力点在于改变人的天性，但对于一个国家而言，却不能缺少，"唯一有效的方法是给国家的儿童以正当的教育"。④ 在卢梭看来，教育问题非常重要，按照柏拉图的范例，应该由最高行政部门管理国民教育。1772 年，他在《关于波兰政治的筹议》一文中指出："培养人民的才能、性格、兴趣和道德，并使波兰人民不同于其他国家的人民的，正是国民教育机关。……这些行政长官应该了解波兰青年应获得使他们成为爱国者所需要的有关自己国家的一切知识，并通过体育锻炼和游戏学会为了共同目的而协同行动。"⑤ 由于培养良好公民的教育不必是一种自然的教育，那么，公民教育如何造就"合格的公民"呢？显然需要借助教育制度。"好的社会制度是这样的制度：它知道如何才能够最好地使人改变他的天性，如何才能够剥夺他的绝对的存在，而给他以相对的存在，并且把'我'转移到共同体中去，以便使各个人不再把自己看作一个独立的人，而只看作共同体的一部分。"⑥ "如果整体所获得的力量等于或者优于全体个人的天

---

① 卢梭著，何兆武译：《社会契约论》商务印书馆 2003 年版，第 51 页。
② 卢梭著，李平沤译：《爱弥尔》（上卷），商务印书馆 2006 年版，第 10~11 页。
③ 卢梭著，李平沤译：《爱弥尔》（上卷），商务印书馆 2006 年版，第 360 页。
④ 威廉·博伊德等著，任宝祥等译：《西方教育史》，人民教育出版社 1986 年版，第 292 页。
⑤ 威廉·博伊德等著，任宝祥等译：《西方教育史》，人民教育出版社 1986 年版，第 292 页。
⑥ 卢梭著，李平沤译：《爱弥尔》（上卷），商务印书馆 2006 年版，第 10 页。

然力量的总和，那么我们可以说，立法已经达到了它可能达到的最高的完美程度了。"① 也就是说，凡是能改变人的天性，有助于造就合格公民的教育制度，就是"好"的教育制度。如果相反，教育制度走向了人性发展的对立面，成为人性发展的桎梏，它必然要被人们否定、抛弃。卢梭说："社会和法律就是这样或者应当是这样起源的。它们给弱者以新的桎梏，给富者以新的力量；它们永远消灭了天赋的自由，使自由再也不能恢复；它们把保障私有财产和承认不平等的法律永远确定下来，把巧取豪夺变成不可取消的权利；从此以后，便为少数野心家的利益，驱使整个人类忍受劳苦、奴役和贫困。"② 即，一旦不合理的教育制度成为人性发展的障碍，必将遭到人们的无情抛弃。正因为如此，恩格斯对包括卢梭在内的启蒙思想家们评价道："他们不承认任何外界的权威，不管这种权威是什么样的。宗教、自然观、社会、国家制度，一切都受到了最无情的批判；一切都必须在理性的法庭面前为自己的存在作辩护或者放弃存在的权利。思维着的知性成了衡量一切的唯一尺度。"③

在卢梭思想的启发下，对教育制度"强制"持批判立场的思想家越来越多。在他们"眼"中的教育制度"强制"，不外乎权力的垄断、责任制的匮乏、参与渠道的阻断、支配与屈从关系的盛行、价值一元化、工具才能的备受器重、无处不在的"强制"手段，等等。他们对教育制度"强制"的批判或者基于一种对人性的关注、或者基于个性发展的需要、或者基于一种对现代性（如理性、权力、技术、科层制）的反叛。

（二）康德的言说

康德在《论教育学》一书中曾说过这样两句话：（1）"人只有通过教育才能成为人。"（2）"人只有通过人，通过同样是受过教育的人，才能被教育。"④ 如果单从字面去理解，我们大体上可以读出这样的意思：（1）教育乃是人之所以成为人，并区别于其他的根本要素——教育即是人性，是人的自然（human nature）；或者按照康德在同一段话中的说法，"除了教育从他身上所造就出的东西外，他什么也不是"。所以，教育从根本上说是人的规定性。（2）任何教育都是人的教育，都由人来执行，教育是依靠"人"来塑造"人"的过程，

---

① 卢梭著，何兆武译：《社会契约论》，商务印书馆 2003 年版，第 51 页。
② 卢梭著，李常山译：《论人类不平等的起源和基础》，商务印书馆 1996 年版，第 128～129 页。
③ 《马克思恩格斯选集》（第 3 卷），人民出版社 1995 年版，第 355～356 页。
④ 康德著，赵鹏等译：《论教育学》，上海人民出版社 2005 年版，第 5 页。

"人是唯一必须受教育的被造物。我们所理解的教育，指的是保育（养育、维系）、规训（训诫）以及连同塑造在内的教导"。教育制度规约着人性，规约在此意味着规训和教导，而规训或训诫则把"动物性转变成人性"。"动物通过其本能已经是其全部，一个外在的理性已经把一切都为它安排好了。人却要运用自己的理性。他没有本能，而必须自己给自己的行为制定计划。但因为他不是一生下来就能这样做，而是生蛮地来到这个世界，所以就必须由别人来为他做这件事。"① "由别人来为他做这件事"，意味着由教育制度来规范其人性、约束其行为。当然，教育制度如果仅仅建立在"警示、威胁、惩罚等等东西的基础上"，那么它只是对人的一种"规训"而已。规训只是为了"防止越轨行为"，即便是"防止越轨行为"的规训，也"决不能是奴役性的，而是要让孩子感受到他的自由，只是他不能妨碍别人的自由"。② 因此，在他看来，人只有置于"人性的法则之下"，才能去除野性，③ 防止人由于"动物性的驱使而偏离其规定"，因为教育制度"限制人，以使其不会野蛮鲁莽地冒险"，并把"野性从人身上去除"，他甚至得出如下的结论："人们把孩子们送进学校时，一上来首要的目的并不是到那里学习知识，而是让他们能由此习惯静坐，严格遵守事先的规定，以便他们在将来不会随便想到什么就真的马上做什么。"④ 人只有置于"人性的法则之下"，才能让他感受到法则的强制，"因为强制是必需的。……应该让儿童习惯于忍受对其自由所施加的强制……他必须尽早感受到来自社会的不可避免的阻力，以便能认识到为了独立而谋生和奋斗是多么艰辛"。人只有置于"人性的法则之下"，才能使人性趋于"善"，并使其向"善"的禀赋得到发展。教育制度一方面为把"某些东西教给人"，另一方面为使"某些东西靠其自身发展出来"搭建了平台，创设了机制。这样，"从中全部的'善'能够在世界中产生出来。被放进人之内的那些萌芽，必须得到更大的发展。因为人们不可能在人的自然禀赋中找到恶的根据——天性没有被置于规则之下，这才是恶的原因。在人之内只有向善的萌芽"。⑤ 如果没有教育制度对人性的规范及其行为的约束，"人性之全部自然禀赋"不能得到充分的发挥，人也不能成为人，"未受培养的人是生蛮的，未受规训的人是野性的。耽误规训是比耽误

---

① 康德著，赵鹏等译：《论教育学》，上海人民出版社 2005 年版，第 3 页。
② 康德著，赵鹏等译：《论教育学》，上海人民出版社 2005 年版，第 22 页
③ 在康德看来，"野性"指的是"不受法则规约"。见伊曼努尔·康德著，赵鹏等译：《论教育学》，上海人民出版社 2005 年版，第 4 页。
④ 康德著，赵鹏等译：《论教育学》，上海人民出版社 2005 年版，第 4 页。
⑤ 康德著，赵鹏等译：《论教育学》，上海人民出版社 2005 年版，第 9 页。

培养更糟糕的事情，因为培养的疏忽还可以后来弥补，但野性却无法去除"。①
如果教育制度违反了人性本身发展的需要，人性的发展无疑是残缺的。

　　一般而言，在教育制度的基本理路上，康德与卢梭并无多大区别。然而，
康德有一个基本判断，可以说与卢梭大相径庭。在他看来，卢梭对自然状态的
假设，与其说是人的自然状态，不如说更具有动物性的特征。因此，在教育制
度问题上，我们最先应该追问的，不应是人的自然的差异性，而是人的自然与
动物自然之间的差异。在教育制度问题上，康德从来不反对教育制度设计、教
育制度安排应遵循人的自然本性和自然发展，在"教育的最初阶段……一定不
要在自然的安排上再增加什么，而只要不妨碍自然就行了"。② 但是，康德认
为，教育制度设计、教育制度安排的着力点应放在抑制儿童的冲动上，防止人
由于动物性的驱使而偏离其规定。"在教育中，人必须受到规训。规训意味着
力求防止动物性对人性造成损害——无论是在个体的人身上，还是在社会性的
人身上。……规训就是对野性的单纯抑制。"③ 在他看来，人的自然本质上不仅
仅是差异性，而且也是一般性；人的自然除了包含有纯粹"私"的部分外，还
包含有"公"的部分；除了具有认识一般自然法则的知性基础外，还具有认识
社会法则的基础，并且将纯粹外部的法则理解和转换成内部的法则。正是这一
点，我们才能明白康德的说法：公共教育优于私人教育，"公共教育不仅在技
能培养方面，而且在造就一个公民的品格方面，都显得优于家庭教育。后者则
不仅经常产生家族性的缺陷，而且还会使其一直流传下去"。④ 换句话说，公共
教育是对私人教育的提升，它把"教导和道德塑造"予以有机地结合。公共教
育制度比"私人教育教育制度"更可取，因为通过与公民同伴接触，施于学生
的教育制度规范才会具有道德的效果，学生们才能"学会衡量自己的能力，学
会通过别人的权利认识自己行为的限制"。⑤ "人们需要校园的塑造或教导，以
便有技能达到其所有的目的。这种塑造给人以其自身作为个体的价值。而通过
对明智的塑造，人成为公民，这样他就取得了一种公共的价值。它既学会为其
自己意图驾驭公民社会，也学会投身其中为其服务。最后，通过道德塑造，他
获得了一种对于整个人类的价值"。⑥ 由于学校组织只取决于最开明的专家的判

① 康德著，赵鹏等译：《论教育学》，上海人民出版社 2005 年版，第 5 页。
② 康德著，赵鹏等译：《论教育学》，上海人民出版社 2005 年版，第 18 页。
③ 康德著，赵鹏等译：《论教育学》，上海人民出版社 2005 年版，第 10 页。
④ 康德著，赵鹏等译：《论教育学》，上海人民出版社 2005 年版，第 13 页。
⑤ 康德著，赵鹏等译：《论教育学》，上海人民出版社 2005 年版，第 14 页。
⑥ 康德著，赵鹏等译：《论教育学》，上海人民出版社 2005 年版，第 15 页。

断，故"通过那些有着更广泛禀好的人——他们关注世界之至善，而且能够具有那种关于一个未来的更佳状况的理念——的努力，人类之本性才可能逐渐接近其目的"。① 可见，康德与卢梭的根本分歧，就在于自然与教育制度规范之间并不像卢梭设想的那样存在必然的对立。换句话说，教育制度设计、教育制度安排的基本问题，是如何在自然与教育制度规范之间建立恰当的关系问题，而不是将教育制度设计、教育制度安排仅仅限于如何遵循"自然法则"。故，"好"的教育制度，就是儿童自己本身中支配自己生活的法则和纪律。他说，儿童一开始应遵循学校的准则，然后是人性的准则，"儿童起初服从的只是法则。准则也是法则，但却是主体性的，它是从人自己的知性中产生出来的"。② 只有当他们都"按照同样的准则来行动，而这些准则必须要对他们来说成为另一种自然时，他们才会整齐划一"。③ 当然，这种看法不是说教育制度本身就是"好"的，只有当教育制度对自决的人最后证明它是"好"的时候，它才算是"好"的。

（三）涂尔干的思考

除了卢梭、康德外，涂尔干对教育制度与人性发展的关系问题也进行了系统的思考。涂尔干对教育的思考，与他对"社会现象"的思考直接相关联。在他看来，社会并非完全是个人力量自由发展的产物，无须任何强制。相反，"社会现象是由外界的强制力作用于个人而产生的现象。这种强制力，或者通过强制个人来直接地实现，或者在强制个人时由个人的反抗而间接地实现，或者通过群体内部的传播力而实现"。④ 可见，他是用"强制"来定义"社会现象"。

关于此种"强制"的确切含义，涂尔干进行了系统而详细的论证："无疑，我也用强制一词来表示社会现象的特征。不过，这种强制不是卢梭等人所说的那种所谓由人的智慧制造出来的机器、所谓人创造出来自己坑害自己的陷阱。我所说的强制是指个人感受到的一种集体力量，这种力量支配个人，使个人顺从。这种集体力量是自然的，并不是人造的机器，也不是离开现实、可以按照个人的意愿随便增减的。它来自现实的内部，是由一些确实的原因必然地产生出来的。社会强制既然是由个人心悦诚服地产生出来的，要使个人服从这样的

---

① 康德著，赵鹏等译：《论教育学》，上海人民出版社2005年版，第9页。
② 康德著，赵鹏等译：《论教育学》，上海人民出版社2005年版，第36页。
③ 康德著，赵鹏等译：《论教育学》，上海人民出版社2005年版，第6页。
④ 爱弥尔·涂尔干著，胡伟译：《社会学方法的规则》，华夏出版社1999年版，第10页。

强制，自然不必要机械地压迫个人，只要利用人类自然的服从心和人类自然的弱点就足够了。……社会作用于个人的这种优越力量不仅是物质的，而且是精神的和道德的，个人对它不仅不会感到恐怖，而且相反会自觉地服从它。个人对社会力量加以思考反而会使他认识到社会力量远远比个人力量更为丰富、更为完备、更加持久，使他明白为什么人类对于社会力量会那么甘心情愿地服从，从而使个人产生依附于社会力量的感情，甚至会使个人对它的尊敬心理变为一种习惯。"① 而他对"教育"的理解与思考，也是建立在这种"强制"概念的基础之上的。他说："教育儿童的现象，不论过去还是现在，总是一个不断强迫的过程。儿童视听言动的方式不是生来就如此的，而是通过教育的强迫力使然。起初，是强迫儿童饮食有节，起居适当，然后强迫他爱清洁、守安静、听教训，接着强迫他懂得待人的礼节、社会习俗、行为规范，以后又强迫他学会做事，等等。等到儿童长大了，教育的强迫力逐渐消失，但是他幼时接受的教育行为已经成了他'与生俱来'的习惯，不需要强迫他自己也知道照样做下去了。斯宾塞的教育学说与此相反，主张理性教育，即所谓让儿童自主、放任自流，不加以强迫。但是他这种教育学说只不过是个人臆想，从未听说过有哪个民族实行这种方法，因此不足以作为对上述事实的反驳材料。社会强制力之所以特别表现在教育方面，是由于教育的目的在于将个人培养成为社会的一分子。"②

以"强制"界定"教育"、"教育制度"，是涂尔干教育思想的一大特色。在他看来，教育制度是一种（强制）力，当我们的欲望和需求变得过度时，这些力就会形成对抗作用。很显然，这些力并不是物质上的东西，不过，即使它们不直接作用于身体，也能够激活精神。"这些力本身包含着所有用来束缚、包纳和约束我们的意志，将我们的意志引入某种方向所必需的东西。……每当我们的行动违背了它们的指令时，我们肯定会感受到它们，因为这些力所表现的是我们终究无法战胜的抵抗力。当一个正常的人试图通过一种与道德背道而驰的方式行动时，他会清楚地感到有某种东西在阻止他，就像他试图举起非常沉重的物那样。"在他看来，正是因为有了教育制度这种"力"对人的欲望和需求的约束，人们的需求与欲望反而能得到满足和实现。教育制度体系"对每个人来说都构成了一堵想象出来的墙，在墙脚处，大量的人类激情简直都死光了，再不能前进了。同样，正因为这些激情受到了抑制，所以才会有可能满足

---

① 爱弥尔·涂尔干著，胡伟译：《社会学方法的规则》，华夏出版社 1999 年版，第 100 页。
② 爱弥尔·涂尔干著，胡伟译：《社会学方法的规则》，华夏出版社 1999 年版，第 7 页。

他们。"① 正是因为有了教育制度这种"力"对人的自然本性的约束，人的自我实现才得以成为现实。"为了获得一种自我实现的完整意义，一个人根本没有什么必要见到展现在他眼前的无尽远景，在现实中，他会发现再没有什么事情能像实现这样一种飘忽不定的前景那样不幸的了。他绝对没有必要认为，他的眼前是一种没有任何明确终点的事业，相反，这种限制绝不意味着，人必须找到某个固定的位置。……重要的是，行为要有一个清楚的目的，人们可以把握这一目的，这种目的也可以限制和决定行为。"② 如果人们摆脱所有教育制度的约束和规范，不再维系于某一明确目标并通过同样联系而受到限制和控制的需求与欲望，人性的发展不仅会在"无限中迷失自我"，而且还会导致焦虑感的产生。"一个完全摆脱所有外部约束的人，一个甚至比历史告诉我们的专制君主还要专制的暴君，一个任何外部力量都不能产生约束或影响作用的暴君。确切地说，这种人的欲望是不可抗拒的。……这些欲望都是他的主人，就像是其他一切事物的主人一样。他听任这些欲望的摆布；他无法支配这些欲望。一句话，当各种倾向都得到释放，而不受到任何限制的时候，它们自己就会变得专横跋扈，这些倾向的第一个奴隶恰恰就是那个能够体验到它的人。"③ 针对时人依持的教育制度是"对人的自然本性的侵害，因为它阻碍着人们不受限制的发展"的观念和看法，他批驳说："这样的看法有道理吗？恰恰相反，倘若一个人没有能力将自身限制在明确的限度内，那么这就是一种疾病的征兆，对所有形式的人类行为，甚至更为一般地说，就所有形式的生物行为而言，一概如此。"④ 教育制度不仅不是"对人的自然本性的侵害"，反而有利于"人的自然本性"的健康发展。"道德特性的某些本质要素，只能被赋予纪律。只有通过或凭借这种道德特性，我们才能教给儿童们怎样按捺住他的欲望，并为他的各种各样的渴望确定限度，限制并借助这种限制来确定他的各种活动目标。这种限制是幸福和道德健康的条件。"⑤

当然，如果教育制度确实对人性构成了侵害，那么无论它从教育上说可能如何有用，都永远不会产生，即使产生了，也不会持续多久，因为它"不可能扎根于人的良知深处"。诚然，教育制度的取向是社会的利益，而不是个人的利益，但是，另一方面，"如果这样的制度从根本上威胁或打乱了个人生活，

---

① 爱弥尔·涂尔干著，陈光金等译：《道德教育》，上海人民出版社 2006 年版，第 34 页。
② 爱弥尔·涂尔干著，陈光金等译：《道德教育》，上海人民出版社 2006 年版，第 33 页。
③ 爱弥尔·涂尔干著，陈光金等译：《道德教育》，上海人民出版社 2006 年版，第 36 页。
④ 爱弥尔·涂尔干著，陈光金等译：《道德教育》，上海人民出版社 2006 年版，第 31 页。
⑤ 爱弥尔·涂尔干著，陈光金等译：《道德教育》，上海人民出版社 2006 年版，第 35 页。

那么它们也会打乱自身存在基础"。① 因此，如果教育制度要"有用"，它必须是"人性本身所需要的……是人性通常用来实现自我的方法，而不是极度贬低人性或破坏人性的方法"。② 只有教育制度是"好的"和"神圣的"，孩子们才能"获得幸福和道德安宁"。③

（四）简要概述

教育制度的发展程度在一定程度上规定了人性发展的程度，而有什么样的社会，就有什么样的教育制度，也就有什么样的人性表现。确保人性发展的教育制度，都受制于社会的概念并适合它。教育是附属于社会的一个体系，它必然反映着那个社会的主要特征。在一个不公平的社会里，希望有合理、人道的教育，这将是徒劳的。涂尔干曾说："教育只是社会的映象和反映。教育模拟社会并以缩小的形式复制社会，而不是创造社会。当民族本身是健康的，教育就健康；但是教育和民族一起变质，它自身是不会自行改变的。如果道德环境是污浊的，由于教师们自己生活在其中，所以他们不可能不被感染，那么他们如何使他们所培养的学生接受不同于他们已经接受的指导呢？每一代新人都是他们的前辈扶养起来的，因此，后者为了改良他们的后代就应该改良他们自己。"④ 而在不同社会的教育制度背景下，人们的教育价值观念、教育生活态度、教育活动方式及潜能发挥程度存在差异。罗尔斯曾说："影响人们实现其天赋才能的各种因素，包括鼓励和支持的社会态度以及与有关训练和使用这些才能的各种制度。因此，即使是一种潜在才能，在任何既定的时候也不是某种不受现存社会形式和迄今为止的生活过程中各种特殊偶然性因素影响的东西。"⑤ 在不同社会的教育制度背景下，人的教育需要满足程度、人的教育活动的自由自觉性的发挥以及教育交往关系、教育交往范围也有很大不同。当然，作为历史和社会产物的教育制度，并不是历史和社会的消极产物。教育制度是促进未来教育发展和人的发展的主要制度性因素，它必须为人性适应未来社会的变化提供制度性支持。一方面，教育制度应使人们知道如何接受这些变化并从中得到好处，从而培养一种"能动的、非顺从的、非保守的精神状态"，另一方面，教育制度在"纠正人与社会的缺点的过程中发挥作用"。尽管教育制

---

① 爱弥尔·涂尔干著，陈光金等译：《道德教育》，上海人民出版社 2006 年版，第 31 页。
② 爱弥尔·涂尔干著，陈光金等译：《道德教育》，上海人民出版社 2006 年版，第 40 页。
③ 爱弥尔·涂尔干著，陈光金等译：《道德教育》，上海人民出版社 2006 年版，第 320 页。
④ 爱弥尔·涂尔干著，冯韵文译：《自杀论》，商务印书馆 2005 年版，第 408 页。
⑤ 约翰·罗尔斯著，万俊人译：《政治自由主义》，译林出版社 2000 年版，第 286 页。

度不能单独克服社会的邪恶，解决教育领域的所有问题，但它确实应为人性的发展，为人们增强控制自己命运的能力，为人们发展自己的能力、创造力以及实现自己的潜在能力创造必要的条件。诚如《学会生存》一书所说："解放人民的才能，挖掘他们的创造力，在发展明天的世界教育的未来前景中，居于首位。"①

三、不同性质教育制度对人性发展的影响

教育制度对人性发展具有普遍性的教育作用。这种教育作用主要是通过确立一定的权利义务关系，指导、规范人们的教育行为，通过协调评价他人的行为，惩罚违规的教育行为，奖励遵守规则的教育行为，使人们可以从对各种教育行为结果的教育制度评价中预测个人的教育行为结果，从而树立起遵守教育制度、教育法律的观念。教育制度通过追究违规者的教育行为，达到教育违规者和警醒世人的教育目的。教育制度调整的对象，是为了实现教育目的而开展的教育活动过程中所发生的各种社会关系。教育制度的出发点是为了实现培养一定质量规格的人，教育制度所确认的教育权利、义务，以及各级各类教育实施的具体步骤、各项措施等，无不是为了促进人性发展，实现教育目的。

就教育生活世界而言，不同性质的教育制度对人性发展具有不同的作用。杜威说："从广义和最后的意义上讲来，一切制度都是有教育作用的，这就是说，它们在构成一个具体人格的态度、性情、才能与无能等方面是起着一定的作用的。这个原理特别能应用于学校方面。因为家庭与学校的主要职责就是直接影响情绪、理智和道德上态度与性情的形成与成长。所以，这个教育过程在主导的方面是以民主的或非民主的方式进行的，就成为一个特别重要的问题了；它不仅对于教育本身重要，而且在于它对于一个专心致力于民主生活方式的社会的一切兴趣与活动方面的最后影响也是重要的。"② 尽管"一切制度都是有教育作用的"，但是只有"好"的教育制度才是有用的，才能促进人性的发展。

（一）"坏的"教育制度对人性发展的伤害

所谓"坏的"教育制度是指背离人性发展的制度。教育制度本来是人的存

---

① 联合国教科文组织、国际教育发展委员会编著，华东师范大学比较教育研究所译：《学会生存》，教育科学出版社1996年版，第169页。
② 约翰·杜威著，傅统先等译：《人的问题》，上海人民出版社2006年版，第49页。

在和发展的条件，但在背离人性的条件下，它却反过来威胁人自身的存在和发展，成为奴役人们的力量。"坏的"教育制度赖以建立的基础理论中，充满着对自然、规律、客体、工具、理性的过分强调和恪守，于是造成了教育制度的机械、呆板与僵化，也造成了教育实践活动中太多的清规戒律、条条框框，人的主体性和感性生命的激情本质丧失殆尽。这只要看看我们许多"权威"们所制定的教育制度、教育规章，就知道"坏的"教育制度不是在激发生命创造的本质，而是在把人往"动物"的方向引导：只要训练，不要理解；只要服从，不要自主；只要模仿既定的榜样，不要个人的自我实现；只要对等级制度的盲目尊重，不要独立思考和敏锐的批判力；只要被动适应，不要主动超越，"学校成了人类心智的屠宰场"（夸美纽斯语）。斯克拉顿说："教育是个特殊的过程，以其对象是理性（或潜在地具有理性）的存在物为先决条件。不管推行何种程度与性质的纪律，只有当一个孩子把自己的理智天性运用于这一过程时，他方能接受教育。他学习、讨论和思考，但不论有什么样的使他埋首书本的约束，他只有运用自身的悟性，才能使注意力集中到学习上。教育过程与'训练'过程迥然不同，把两者混淆起来是荒谬的。后者如同训练一匹马，不存在任何悟性的问题，只是要求严格的执行。事实上，这两者之间一直是混淆不清的，'条件反射'一词习惯上被用来指一切要求遵守纪律的教育，就好像教育过程及其结果与训练一匹马在实质性环节上毫无二致。"① 具体而言，"坏的"教育制度对人性发展的伤害主要表现在以下几方面。

1. "坏的"教育制度以追求所谓的教育管理效率为旨归

为了提高教育管理效率，背离人性发展的"坏的"教育制度成为教育领域的主要制度。在泰罗科学管理制度的脉络下，一个组织被看作是一个根据蓝图给定的规格而建造的机械装置。组织是为了达成某一给定的目的而设计的，车间里的工人仅仅被视作机器的延伸物而已。泰罗说："对一个工人来说，如果他要以搬运生铁作为一种经常的工作的话，那么一个首要的前提是他必须是愚蠢和迟钝的，以至从他的智力构成来看，甚至更像是头牛，而不像任何其他动物。……他必须经常在一个比他更聪明的人的培训下……"② 显而易见，泰罗的这一主张是错误的：难道能够思考、判断和做决策的人真的同公牛一样吗？如果泰罗把这几种能力从工人的工作中去掉，则简直是把人当作牲口了。卡尼

① 罗杰·斯克拉顿著，王皖强译：《保守主义的含义》，中央编译出版社 2005 年版，第 129—130 页。

② F. W. 泰罗著，韩隆昶等译：《科学管理原理》，中国社会科学出版社 1984 年版，第 83 页。

格尔批评道："他（指泰罗）所宣称的目的，就是要夺走工人（他通常将他们与牛或马相比）手中的一切控制权，交给管理者。然而他还坚持说他的目标仅仅是以'热烈的、兄弟般的合作来取代争斗和内耗'。"① 泰罗的科学管理思想、管理制度、管理方法不仅遭到来自热心于保护劳工利益的社会改革家的围剿，而且还来自工人自己。利维特指出："工人们消极怠工，破坏产品。这是一次有组织的社会性抗争。在工厂里，人们不信任工业工程师——有效人——甚至痛恨他们。他们一露面，工作就慢了下来。当他们制定高标准时，工人们则表示我们不知道如何去完成它。而当他们征求工人们的意见时，人们则故意隐匿能够加快工作的诀窍。"② 尽管如此，科学管理理论还是深入人心，受到了美国教育界和教育家们的大力"追捧"和"提倡"，他们逐渐注重效率原则，于是以工具理性为旨归的"科学的"教育制度在美国各级各类学校迅速蔓延，且各级各类学校更是以率先引入科学的教育制度为荣。1907 年，巴格莱在其《课堂管理》一书中指出："可以把教室管理当做商业问题"，主张学校应像工厂、商家一样追求效率。③ 丘伯利甚至把学校描绘成为社会消费而加工原材料的工厂："从某种意义上说，我们的学校就是工厂。原始产品（儿童）被造就成成品以满足各种生活需要。20 世纪的文明对产品制造的规格提出了要求，根据规格的规定来塑造学生是学校的职责。这就要求有良好的工具、专门机器，对产品进行不断的度量，看看是否按规格行事，是否消除了制造中的浪费以及是否带来产品的多样化。"④ 既然学校是"加工原材料的工厂"，那么，将工商业部门的管理模式、管理制度引入学校以提高效率成顺理成章之事。为此，学校管理应建立明确的目标和统一的标准，"在任何组织中，负领导和监督责任的人员必须明确该组织为之努力的目标……领导者和监督者必须不断地使下属人员了解到关于将要进行的工作、所要达到的标准、必须应用的方法、准备使用的材料和器具等方面的详细指标"。⑤ 学校建立统一的标准，就能实现组织成员的纪律、秩序和目的的统一性，就能从更有内聚性和更有秩序的组织中获得效益。

---

① Robert Kanigel, *The One Best Way*. New York：Penguin Books，1997，p. 19.
② 哈罗德·J. 利维特著，张文芝等译：《管理心理学》，中国人民大学出版社 1989 年版，第 327 页。
③ Bagley, *Classroom Management*. London：MaCmillan，1907，p. 2.
④ Ellwood P. Cubberley, *Public School Administration*. Boston：Houghton Mifflin，1916，p. 325.
⑤ John F. Bobbitt, *Some General Principles of Management Applied to the Problem of City-School Systems*，National Society for the Study of Education，Supervision of City Schools，Twelfth Yearbook，Part I. University of Chicago Press，p. 7~8.

同时，为了提高学校管理效率，学校管理者还应对教育过程进行必要的控制和监督，不能任由每个教师各行其是，"效率意味着集中化和监督者对全部执行过程实施明确的指挥"。而学校管理者的责任在于努力发现"执行每一个具体教育任务过程中的整套最好方法"，并为教师提供"如何进行工作、如何达到标准、如何采用各种方法及如何使用器具的详细指导"。① 另外，校长、学区局长的选择对于教育效率的达成尤为关键。那么，怎样才算是最好的校长、学区局长呢？丘伯利认为，最适宜于"成功地掌管大企业的人——制造商、商人、银行家、承包商以及那些有大量实践经验的专业人员——将是首选人物"，而最差则是"没有经验的年轻人、不成功的人、已从商界退休的老人、政治家、酒吧经营人、没受过教育或缺少相应知识的人、在小商行中谋职的人以及妇女"。② 简言之，科学管理制度在学校起到了商业界和工业界相同的作用——创造了一个以金字塔式的组织为主要特色的环境：教师是教育流水线上的工人；学生是产品；学监是最高行政长官，学校受托人是董事，纳税人是股东。

尽管科学管理理论、科学管理制度在其思想观念的吸引力方面已失去了往日的辉煌与光彩，但以科学管理理论为蓝本而设计的教育制度却塑造了教育组织生活的形式和功能。像所有现代组织一样，学校具有很多科层组织的典型特征——权力分配的等级化、分工的专业化、明确的规章制度、人际关系的非个人化、职业的定向等。以追求效率为目的的教育管理制度在教育界并不是昙花一现，相反却成为教育界的"圣经"，它犹如"幽灵"一样盘旋于校园上空，犹如"紧箍咒"一般把教育共同体及其成员牢牢锁住。而学校科层制本身就是以组织目标、效率为核心的制度。学校科层体制从某种程度上讲，确实提高了学校效率，但这种效率究竟是"谁的效率"呢？是以付出什么样的代价而获取的呢？鲍尔说："谈效益、讲效率虽无可厚非，问题在于大家似乎预设了效益效率纯粹属于客观和技术性的范畴，百利而无一害。忽略了去问这些效益终究是'谁的效益'；而为了达致这些效益，雇员又要付出什么样的代价。"③ 萨乔万尼等人也说："'组织效能'运用的是技术理性、功能理性、线性逻辑。唯有效率才是最高价值，而忠诚、和谐、道义、美、真理都算不上最高价值。一个

---

① John F. Bobbitt, *The Supervision of City Schools*. Chicago：University of Chicago Press，1913，p. 89.

② Ellwood P. Cubberley, *Public School Administration*. Boston：Houghton Mifflin，1916，p. 124~125.

③ 华勒斯坦等著，刘健芝等编译：《学科·知识·权力》，生活·读书·新知三联书店1999年版，第131页。

人可以经营一个高效率的死亡集中营或一座高效率的修道院。在这两种情境中的任何一种情境下，效率原则都是基本相同的。"① 这是鲍尔、萨乔万尼等追问的问题，也是我们必须关注的问题。

近年来，为了提高教育效率，世界上一些国家纷纷抛弃了教育的本真追求，而一再要求管理工作以"效率"为其价值取向。就教学工作、课程设计而言，要求教学工作与课程设计以"效率"、"成本效益"、"可审计性"等为目标的压力越来越大。阿普尔说："不但各行各业普遍走向脱技除艺，教学工作也不例外，尤其当教师的决策权被逐渐削弱，教学工作越发变得一板一眼以及不受教师控制。虽然这种情况只有在某些国家才特别严重，但普遍说来，校方要加强控制教学工作、授课形式及课程内容的决心十分明显。"② 为了使这一工作真正落到实处，一些国家建立了教师评审制度，即对教师的教学质量、教学时间、课堂秩序给予评分，且教师的薪酬要与教学表现直接挂钩。1985 年，英国教育官员约瑟极力呼吁推行教师评审制度，"只有通过教师评审制，有关部门才能掌握每位教师的能力及教学技巧，从而适当地调配每间学校的人力资源。而且个别教师的专业发展，亦有赖一个有系统的评审制，提供参考依据……事实是其他领域正广泛应用管理学经营，我只想致力将管理学原则及经验援引到教育工作者当中，发挥积极作用"。③ 约瑟所说的管理学在"其他领域"大行其道，"其他领域"无非是指工商企业部门。说穿了，约瑟一番话其实是呼吁校方赶紧向人家学习，将工业管理的模式照搬如仪，教师评审的概念、程序乃至培训管理人才的方式等，都要从工业管理模式引入。由于约瑟等人倡导的主张与当时撒切尔主义的政治论述一脉相传，因而其信徒甚多，其结果是彻底地将一些支持完人教育，但声音微小的诉求，例如教学平等、兼容并蓄、发展学生才能和鼓励学生参与等压下去。取而代之的是那种强大的、鼓励效率为上和照顾工业的社会和经济需要的论点，以及强调竞争及国家利益的"滥调"。1988 年颁布了《教育改革法案》以及随后的立法明确规定："实行国家评审制，以确保所有的学校每隔四年接受一次国家评审，国家评审的标准由'教育标准

① T·J·Sergiovanni and R. J. Starratt, *Supervision*: *Human Perspectives*. New York: McGraw-Hill, 1988, p. 218.

② M. Apple, *"Mandating computers the impact of new technology on the labour process"*. *Paper presented at the international Sociology of Education Conference*. Birmingham: Westhill College, 1986, p. 12.

③ 华勒斯坦等著，刘健芝等编译：《学科·知识·权力》，生活·读书·新知三联书店 1999 年版，第 134 页。

局'制定。"① 这样，"英国已渐渐发展出一套有别于美国的教师评审制度。除了传统的地区教育局的评审员或顾问仍然到学校进行评审外，不少学校纷纷学习工业管理的模式，建立起一套内部评审计划……虽然到目前为止，支持教学要与教师能力挂钩的声音未成气候，但中央政府已积极鼓励学校推行教师评审制，并逐步草拟法例授权教育局长强制推行全国性教师评审"。② 工业管理的概念及惯用措施向教育界的扩展，引致了教师评审也采用一些企业的做法，如订立评审目标等，在审视以往的成绩后，制订具体目标，向被评审者施加压力，要求他们在指定时间内达到目标等。

问题在于，教育行政当局在搬用工商企业的"绩效评估"模式时，完全忽略了教育的发展规律以及管理模式的转变。一般来说，"绩效评估"非常符合20世纪五六十年代的管理世界——那是一个由命令加控制的管理者运作的官僚机制世界，但在今天强调团队精神和授权的气氛下，"绩效评估"本身遭到了各方的质疑。马伦批评说："当前强调标准、绩效为本的评估和公开的奖惩，反映了一种表面可见的、讲究有序的教育改革模式——制定明确的目标，为支持那些目标而调整影响组织各个部分的政策，互相补充而不是互相抵消，评估绩效，然后实施奖励和惩罚。可是，在改革的目标是一种类似于教育这样具有很强人性的事业的情况下，这种一般的、机械的处方就会出故障。在某种程度上，无论是州政府还是地方学校，都不能以如此纯粹的理性方式来行事，因为'教学工作在本质上具有不充分的技术性，而学校教育在本质上具有充分的政治性，是不会允许其这样去做的'。"③ 即便是以提高教学效率为最终目的的教师评审制也存在相当多的问题。评审制的整个过程其实是一种政治活动，管理层都是别有目的地利用它——用它来掩盖法律纠纷，证明教师收入不同水平的合理性；用它来奖励自己的盟友，处罚自己的"敌人"。评审制使教师变成了异化的技工，基本上失去对教学环境的控制权，从而破坏了学校组织的总体绩效。为了获得令人满意的评估结果，教师们常常偏离他们的努力方向，仅仅为了在学校管理层所选定的评估指标上自己表现得还不错，遵守那些毫无任何意

---

① 托尼·布什著，强海燕等译：《当代西方教育管理模式》，南京师范大学出版社 1998 年版，第 6 页。

② G. Turner and P·Clift, *Studies in Teacher Appraisal*. Lewes：Falmer Press, 1988, p. 21.

③ Betty Malen, *"On Rewards Punishments, and Possibilities：Teacher Compensation as an Instrument for Education Reform"*. Journal of Personnel Evaluation in Education 12 (1999)：p. 387.

义的规则或从事那种可以即刻获得蝇头小利的活动，而放弃长期更大的利益。评审制为组织成员提供了有关可接受的最低工作绩效水平的暗示，这无疑会"引导一个组织的劳动者将其努力程度只调节到可接受的最低水准"。[1]"天网恢恢"，疏而不漏，评审制令教师感到监视无处不在，自然不敢越轨半步。评审要量化工作表现，等于将教师变成一堆可以描述、算度，并能相互比较的数据。每个个体身处评审的法眼下，失去了自主性与个人发展的机会，教师沦落为技工。鲍尔说："一些牵涉意识形态或政治后果的决定往往栽在官僚行政制度之下，其他棘手问题如道德或文化身份的讨论等，亦在效率为先的大前提下，被搁在一旁。谈效益、讲效率虽无可厚非，问题在于大家似乎预设了效益效率纯粹属于客观和技术性的范畴，百利而无一害。忽略了去问这些效益终究是'谁的效益'；而为了达致这些效益，雇员又要付出什么样的代价。例如雇员在工作上享有的自主性和个人发展的机会，以及参与决策的机会，都在效益为先的前提下大大减少。"[2] 各种教育评价制度包括"绩效评估"的日益窄化，各学校教师奖惩或升职等办法，都面临着以论文数量产出"量化"教师，教师沦为论文机器。这既与科学领域尤其是社会科学领域重视道德思想传承的学风大相径庭，又背离了教师不仅传授知识、创新知识，而且还承担着育人重任的承诺。苏霍姆林斯基告诫教师："你不仅仅是活的知识库，不仅仅是一名专家，善于把理智财富传授给年轻一代，并在他们心灵中点燃求知欲望和热爱知识的火花，你是创造未来的雕塑家，是不同于他人的特殊雕塑家，教育创造真正的人，就是你的职业。"[3] 同时，激发了人们自身利益需求的冲动，很难保持一份平常心，踏踏实实地潜心于周期长、工作量大、回报率低的基础研究。早在20世纪60年代，科塞对美国大学的现状就深有感触地说："当代大学年轻一代学者在发表作品方面有一种内在的压力，换句话说，大学已经把教师前进的等级系统机构化了和制度化了。在这种体系中，只有发表了令人满意的著作才能得到晋升，这样有抱负的学院人也许不得不抛开那些花费数年才能完成的大规模知识计划，而去追求发表对职务晋升有直接作用的范围狭窄的作品，就像洛根·威尔逊所说的'无功利的活动和成熟期缓慢的长期计划，在要求短期效益的

① E. 马克·汉森著，冯大鸣译：《教育管理与组织行为》，上海教育出版社2005年版，第42页。
② 华勒斯坦等著，刘健芝等编译：《学科·知识·权力》，生活·读书·新知三联书店1999年版，第131~132页。
③ 于漪著：《现代教师学概论》，上海教育出版社2001年版，第92页。

制度压力下化为泡影'。"① 这些都反映出教育管理制度的片面性，而重视论文产出管理术正在斫伤我们的传承，正在把教师的责任感和使命感转化为数字。况且，量化评审的结果倾向于被夸大或使差异缩小化，"80％或更多的员工被评价为高于平均水平。这倾向于高估了大多数人的贡献，并忽略了那些业绩不良的人"。② 更为严重的问题是，对教师教学工作的量化评审几乎是不可能的，诚如汉森所说："由于教育过程对学生来说是一个经历累积的过程，要持续多年，涉及许多教师；而且因为学校外部因素的影响是不可测的，因此，确定个别教师的功效是不可能的。"③

尤其值得我们关注的是，学校科层体制在追求效率的背后，往往还隐藏着阶级的偏见。凯茨曾说："有足够的证据表明，受到工业化威胁的贫苦的工人阶级支持了工艺变革时期民主的地方主义。然而中等阶级由于工艺学增加了正规学校教育的重要性，而力求使他们的孩子获得好处；因而他们支持一种精心设计的、注重实业的、年级制的学校制度。……这种制度在组织上是科层结构的，在职能上是带阶级偏向的；两种特性相互联系，相互支持。近代科层组织是资产阶级的发明，代表着资产阶级社会势态的结晶。……具有讽刺意味的是，学校改革家认为他们正在促进价值自由和不分阶级的学校；这种结构却逐渐削弱了这种学校。在学校传播的这些特点，代表了一种沙文主义的新教徒的主张，适合于维多利亚时代中等阶级价值观念所描绘的正当的都市生活。学校改革家由于看不见文化偏见和缺乏社会流动，因而相信这样一种制度促进了机会的均等，结果恰好走到改革家意图的反面。科层组织其结果只不过是加强了这样一种观念，即教育是社会中较好的一部分人对其他人所做的某种事情，为的是使他们成为守秩序、有道德和温顺的人。"④ 维持这样一种带有浓厚阶级偏见的学校科层组织的基本手段，至少在目前对社会的有识之士而言，已不是什么效率，至少没有考虑到个人为求取这些效率所付出的代价，而是一种彻头彻尾的、带有某种政治色彩的管理，"管理其实是一种推崇理性的组织形式，而

---

① 刘易斯·科塞著，郭方等译：《理念人》，中央编译出版社2001年版，第310页。
② 斯蒂芬·罗宾斯等著，孙健敏等译：《组织行为学》，中国人民大学出版社2005年版，第557页。
③ E.马克·汉森著，冯大鸣译：《教育管理与组织行为》，上海教育出版社2005年版，第93页。
④ 理查德·D.范斯科德等著，北京师范大学外国教育研究所译：《美国教育基础》，教育科学出版社1985年版，第18页。

在实践上则成为一种'政治技术'，不过披上'客观中立'的外衣而已"。①

2. "坏的"教育制度破坏了正常的教育生态

凭依教育制度来"治理"教育生活世界，教育生活世界逐渐走向了制度化、专业化，并渐渐在各级教育组织中建立起一个管理阶层。

首先，作为"真理的统制罗网"的教育制度，容许管理阶层主宰被管理的下属人员，并将他们物化。教育制度倾向于用抽象的科学的理性认识去客观地描述教育现实，倾向于把人视作无主体性的客体，而缺乏基于人的主体性的否定性思维，把人与人之间的主体性的交往关系降格为主体与客体的关系，降格为主体与物的关系，其结果就是人与人的关系走向了异化，变成了物的关系。福柯曾说，知识、权力与身体互相连结，互为影响，以达致征服个体的目标。教育制度其实是"微观权力学"的一种，它以规训为基础，是"建构工业资本主义及与之配合的社会制度的重要工具"。② 教育制度是一个对不同教育生活层面进行日夜不停和功能性的监视架构，以确保教育组织的每个成员都受到监视。教育制度可以被视为微观的权力结构和权力关系，涉及日常教育生活的每一部分，将教育组织内不同层面的人及活动联系起来。这些不同的微观权力结构是对权力的具体运用，各有独特的运作机制和体现权力的程序及技巧，以发挥特定的政治、教育功效。在这个由"社会角色、个人志愿及欲望所构成的网络中，教师、技术人员和工人都只是由权力（重复）建构出来的人物而已。"③在教育生活场域中，管理阶层主宰着被管理的下属人员，反过来，被管理的下属人员诸如教师又主宰着学生的生活，建构了权威型的师生关系。"日益增多的知识与传统，几千年来都是从教师传给学生的，随着这种情况便产生了严格的、权威性的、学院式的纪律，反映着社会本身就是建立在严格的权威原则之上的。"④ 当师生关系成为死板的等级关系时，它不但使学生感觉不到自己应有的责任、使学生不能作出他可能作出的积极而自由的反应，反而使师生关系变得更糟，并伴随着恐惧、绝望等挫败情绪。克莱蒙特研究生院教育与改革研究

① 华勒斯坦等著，刘健芝等编译：《学科·知识·权力》，生活·读书·新知三联书店1999年版，第147~148页。

② 华勒斯坦等著，刘健芝等编译：《学科·知识·权力》，生活·读书·新知三联书店1999年版，第149页。

③ 华勒斯坦等著，刘健芝等编译：《学科·知识·权力》，生活·读书·新知三联书店1999年版，第150页。

④ 联合国教科文组织、国际教育发展委员会编著，华东师范大学比较教育研究所译：《学会生存》，教育科学出版社1996年版，第29页。

所在 1992 年发表的一份报告中指出，关系的品质和其他关于关系的主题是学校改进的决定性着力点，关系的品质决定学校的品质。"学校教育的参与者所感受到的校内危机，是与人类的各种关系直接联系在一起的。最常提及的是师生关系。凡是关于学校之积极事物的记录，通常都包括对一些具有关心、倾听、理解、尊重他人和诚实、开明及敏感品质的个人的报道。……当校内关系差的时候，便存在恐惧、谩骂、恫吓或暴力事件，并伴随沮丧或绝望感。"[1] 当然，反对师生之间死板的等级关系，不能成为否定教师主导作用的托词。一些学者曾为师生之间死板的等级关系进行了辩护，"反对古老的权威主义的斗争已使我们忽视了教师必须发挥积极作用，并使我们处于一种贫乏的精神状态去处理我们时代的完全不同的一个问题。我们的问题不是对青年的指导太多了，而是太少了。这一点是带有关键性的。我们可能对所谓'权威主义'产生恐惧心理，但这种恐惧心理不能否认我们的说法。"[2]

其次，作为一种"真理的统制罗网"的教育制度，使得学校生活非人格化。作为一种"真理的统制罗网"的教育制度摧毁了学校日常生活场域中管理者与管理者、管理者与被管理者之间的关系。学校组织几乎都是金字塔式的架构，而这种宝塔式的结构是教育管理当局为了鼓励下属人员向上爬而有意设计的。只不过，这种鼓励并不需要多少就会十分有效，因为"早期的训练和教育已经鼓励了这种向上爬的行为"。由于学校的高层职位有限，而试图一展身手者大有人在，两者结合造成了向上爬的竞争。金字塔和向上爬的欲望导致了个人竞争，但这样的竞争对于有效地完成学校的教育任务并无多大好处。"企图利用组织内部竞争的好处并将它们应用于人际竞争看来并不安全。一支足球队可以成功地同其他球队竞争，但这并不意味着其内部成员相互竞争能有什么好结果。"[3] 人际竞争还导致了自我与社会需要之间的内心冲突。"在父母和学校鼓励我们去竞争的同时，我们的依赖性也鼓励我们的社会需要。踩着别人的肩膀向上爬是不道德的。所以人际竞争可能破坏人的感情并引起犯罪感。"[4] 更为可怕的是，教育当局的上层人物成为人际竞争的最后仲裁者。他可以根据自己

---

① T. J. 萨乔万尼著，张虹译：《校长学》，上海教育出版社 2004 年版，第 96 页。
② 联合国教科文组织、国际教育发展委员会编著，华东师范大学比较教育研究所译：《学会生存》，教育科学出版社 1996 年版，第 86 页。注释①。
③ 哈罗德·J. 利维特著，张文芝等译：《管理心理学》，中国人民大学出版社 1989 年版，第 350 页。
④ 哈罗德·J. 利维特著，张文芝等译：《管理心理学》，中国人民大学出版社 1989 年版，第 350 页。

的偏好任意裁决，而不受任何的约束与"制衡"。一般而言，学校之间的竞争，是以不具"人性"的市场（即学校的教育质量、学校毕业生的质量）来判断其是否成功，但学校内部的竞技游戏就不同了，每个竞争者很大程度上依赖于上层人物对他所做出的评价。正因为这样，竞争者就学会了谄媚的本领。利维特分析道："在爬金字塔的过程中，人很像个孩子。小孩修剪草地效果的还坏取决于父母的反应。父母说好，孩子就认为好；父母说不好，孩子就会觉得很糟。孩子的判断完全依赖于父母的标准。而且孩子学会了巴结讨好的本领。"[①] 作为一种"真理的统制罗网"的教育制度还破坏了学校日常生活情境中师生之间和学生之间亲密的关系。希思描述了这种学校生活："学生们并不经常看朋友，除了教师之外很少与其他成人联系，很少参加课外活动（包括体育比赛），很少有机会担任领导职务，经常有攻击性行为和无礼行为，经常作弊。家长不再访问学校，或者也并不了解教师。"[②]

再次，依靠科层的权威，是很多学校工作得以完成的最为简单、最为直接的方法，而科层的权威恰存在于各种指令、规则、规章、工作陈述和工作期望之中。为了保障学校组织的平稳运行，学校领导的命令被赋予了不容置疑的权威，学校领导成为发号施令者，"他们说：'事情就该这样！'唯有他们才能规定'方向'和'目的'，规定什么于人有益，什么于人无益"。[③] 而下属人员要"听我的"，无疑会使下属人员参与管理学校的权利被剥夺，下属人员的任务无非就是忠实地执行上级的各种命令。鲍尔指出："引入管理学后，教师的教学工作受到控制，办学犹如办工业，受制于生产及市场竞争的逻辑。以行政理性主导的管理制度排拒了教师有效地参与校政的决策。教师被行政程序牵制，集体参与校政决策不再复见。"[④] "听我的"领导是管理——精细式的领导，技巧圆熟的领导实践虽然常常使人们去合作，但它不能唤起使学校运作并运作良好的承诺，因为它势必在教师中造成一种从属状态。格兰特指出："今日绝大多数学校都存在一种较弱的规范性氛围，表现为一种规则体系，较好的也只是反映了一种选民之间淡薄的'道德共识'的过程。现代公共学校很少是一个具有

---

① 哈罗德·J. 利维特著，张文芝等译：《管理心理学》，中国人民大学出版社 1989 年版，第 351 页。

② Douglas H. Heath, *Schools of Hope: Developing Mind and Character in Todays'Youth*. San Francisco: *Jossey-Bass Publishers*, 1994, p. 81.

③ 尼采著，张念东等译：《权力意志》，商务印书馆 1998 年版，第 132 页。

④ 华勒斯坦等著，刘健芝等编译：《学科·知识·权力》，生活·读书·新知三联书店 1999 年版，第 131 页。

共享美德的社群，更多的是一种松散的科层组织。"① 理论上言，科层制学校有上行和下行两条沟通渠道，而实践中总是只有下行一个方向。许多下属并不把信息告知上级，他们因没有参与决策的机会而感到沮丧。这种状况，用哈贝马斯的话说，无非是以目的理性作主导的子系统侵害了以互为主体性原则建构的结构的一个过程。在这样一种制度环境下，"其他非管理专才，只有被管的份儿，或许间中会被咨询，没有决策的权力。在一些方向性的问题上，教师能发挥的影响力大为削弱"。② 久而久之，学校成员就会在单向的"命令—服从"关系中迷失"自我"，丧失了作为独立个体的主体精神，学校成员变得没有思考的能力，也没有超越其指定角色的行动能力。难怪杜威一再强调指出，学校管理人员的"领导应当是通过和别人交换意见从而激发和指导智慧的领导，而不是那种孤立地依靠行政方法专横独断地将教育目的和方法强加给别人的领导"，学校管理人员的领导"将是刺激和指导理智方面的领导，和其他的人处于一种'取和予'的关系之中，而不是一个高高在上做老爷的领导，权威主义地下达教育目的和教育方法。他将是站在瞭望台上，以各种方式给予别人以学术上和道德上的责任，而不是为他们确定要完成什么工作任务"。③ 其实，学校领导并不意味着管理，学校领导者的职责是提供道德上的领导。学校领导是一种相互鼓励和相互促进的关系，它把追随者变成领导者，并把领导者变成为道德的代言人。学校领导者也许是"邪恶的、残忍的和极端地危害生活、自由、财产的，追求以迫害他人为乐的"，④ 故，学校领导者应受道德的约束和制衡。正如加德纳所说："他们能够表达使社会团结起来的价值观念。最重要的是，他们能够设想并清晰地表达这样的目标，它们能提升人们摆脱他们专注的琐事，带领他们超越使社会四分五裂的冲突，促使他们团结起来去追寻值得他们付出最大能力的目标。"⑤ 学校领导者应给人以力量，满足他人的动机，实现双方共同具有的目标，并最终把自己和追随者都变成共同坚持形式价值和终极价值的人。伯恩斯说："对人们实施领导的过程是：具有特定动机和目的的人们，在

① R．J·Nash, *Answering the "Virtuecrat"*: *A Conversation with Character Education*. Corwin Press Inc, p. 43.
② 华勒斯坦等著，刘健芝等编译：《学科·知识·权力》，生活·读书·新知三联书店1999年版，第132页。
③ 约翰·杜威著，傅统先等译：《人的问题》，上海人民出版社2006年版，第54页。
④ 曹荣湘选编：《走出囚徒困境》，上海三联书店2003年版，第52页。
⑤ 詹姆斯·麦格雷戈·伯恩斯著，常健等译：《领导论》，中国人民大学出版社2006年版，第437页。

与其他人的竞争和冲突中，调动各种制度的、政治的、心理的和其他的资源，去激发、吸引和满足追随者的动机。"① 学校领导者最基本的行为是诱导人们明白或意识到他们所切身体验的东西，使他们强烈地感觉到自己的真实需要，对他们的价值给予有针对性的界定，从而把他们引向有目的的活动。学校领导者"也许会扩大其追随者的必需的业务量，改变其利己主义观念，那追随者的需要提高到一个更高的水平。此外，他们还给追随者以信心，增强他们对成功的期望，从而更加重视领导者有意为他们谋福祉的行动。这些行动，加上组织文化的变化，提高了追随者的积极性，努力地完成领导者的预定计划，以至于其表现不但超过领导者的最初期望，而且超过了追随者自己的最初期望。……领导者极大地提高了追随者的积极性，使他们以超过领导者及他们本人的期望的巨大努力去完成任务。"② 学校领导的最持久具体的行动，是创建某种教育制度规范——在具有创造力的领导者死后很长时间，它还在继续实施道德领导，促进所需要的教育变革。

第四，学校管理者是被迫按已有的教育制度去做而不是自己决定去做，是被迫去贯彻而不是去引领。学校管理者在教育制度规范的框架内办学，而忽视理念、人、情感和直接的对话。从某种意义上讲，这是一种"病态式"的管理理论和实践。这种"病态式"的管理理论和实践遵循着逻辑的、合理的、科学的证据以及科层的权威是唯一合理的管理及领导价值观。它造成的直接结果是对情感和道德的严重忽视；是把个体看作理性的、与团体成员身份相割裂的独立角色的倾向；是一种把自利看作首要驱动力的实践，也是一种漠视利他和自我牺牲之重要性的实践；是把领导看作包含管理和人际技能而对本质和目的缺乏关注的过程。诚如巴伯所说："我们的困境，因此不是缺乏领导者，而是缺乏可以支持领导者的那些价值观念；不是领导的失败，而是追随的失败，是民众意愿的失败，领导本可以从这种民众意愿中获得力量……"③ 学校的教职员工则只能在限定性任务和指令性规章的框架中来解决教育、教学中的问题，他们扮演着"顺从者"、"被领导者"、"守法者"的角色，其个性、创造性受到极大影响。诚如雅斯贝尔斯所说："个人或者被对自己的深刻不满所压倒，或者以自我忘却来解脱，把自己变为机器的一个零件，自暴自弃，不去思考其至关

---

① 詹姆斯·麦格雷戈·伯恩斯著，常健等译：《领导论》，中国人民大学出版社 2006 年版，第 12 页。
② 曹荣湘选编：《走出囚徒困境》，上海三联书店 2003 年版，第 52～53 页。
③ 詹姆斯·麦格雷戈·伯恩斯著，常健等译：《领导论》，中国人民大学出版社 2006 年版，第 440 页。

重要的存在，其存在变得失去个性，在不比怀疑、不受检验、静止的、非辩证的、易于交换的伪必然性的邪恶魅力引诱下，丧失了对过去和将来的认识，退缩到狭隘的、对他并不真实的、为自己需要的任何目的而作交易的现实中去。"① 随着时间的推移，他们中的许多人把安全维系在既定的解决教育、教学问题的常规之上，因此也就没有能力去适应新的环境条件提出的要求，妨碍了学校组织目标的达成。这一情况的出现，是由于学校这一科层组织的特性所决定的。一般而言，科层组织每时每刻都在对其职员施加压力，要求他们"讲究条理，谨慎行事，严守纪律"。科层组织要想成功运转，它就必须在行为上具备高度的可靠性，要与预先制定的行动规范保持高度一致，因此，纪律在科层组织中具有根本的重要性。问题在于，对纪律的过分强调，致使组织机构的奋斗目标转化成了行为规范的具体细节；"工具性价值"转化为最终价值。默顿指出："无论在什么情况下，纪律均被理所当然地解释为照章办事。它不再是为达到特定目标而制定的衡量标准，却演化为科层组织中的直接价值。这种目标的本末倒置引起的过分强调纪律性，就发展成为思想僵化、工作死板。形式主义乃至繁文缛节就接踵而来，并顽固坚持在细微末节上循规蹈矩。这种做法可以膨胀到使对服从规章制度的特别关心干扰组织实现既定的奋斗目标，如常见的技术主义或烦琐拖拉的公事程序。科层权力爱好者就是这种本末倒置的一个极端产物。"② 科层权力爱好者从来不会忘记任何一条对他的行动有约束力的规章制度，因而对很多服务对象都爱莫能助。严守权力的局限和死抠条款不肯越雷池一步的做法，造成了本末倒置情况的产生。具体而言，目标的置换或"目标的错位"在学校中表现为这样一种倾向：学校忘记了它们的目的，任由工具性的过程和程序本身成为目的；规章是强制性的，盖因规章是存在着的；课堂监督和评价活动每天在数以万计的学校中重复着，却收效甚微；校本管理成了终极目标，而不是一种（教育）重构的途径；学校改进计划被认为等同于学校而改进。其结果无疑是"对用于解决问题的思考与创新加以桎梏，也是对鼓励额外投入和非凡表现所必需的领导魄力和领导卓见加以桎梏。这种桎梏代表了一种平庸者的默契。"③

① 卡尔·雅斯贝尔斯著，魏楚雄等译：《历史的起源与目标》，华夏出版社 1989 年版，第 114 页。

② R. K. 默顿著，唐少杰等译：《社会理论和社会结构》，译林出版社 2006 年版，第 351 页。

③ T. J. 萨乔万尼著，冯大鸣译：《道德领导》，上海教育出版社 2002 年版，第 8 页。

3．"坏的"教育制度"目中无人"

"坏的"教育制度漠视人性，抹杀个人的自由。韦伯在推崇科层制的理性化的同时，也注意到当代社会为了追求教育效率而将科层组织推进到人类的一切活动领域时，实际上给自己建造了一个既无处不在又无法逃逸的"铁的牢笼"，从而把人性囚禁起来，被囚禁于其中的个人变成了"制度化"的个人，成为所谓的组织男女：反人类、反个人、反他们自己的真实本性。韦伯曾说："科层制能使组织规模成长壮大，能使控制加强，能使效率提高，这是一种进步。但它需要付出精神或情感方面的沉重代价。过去那种有助于赋予生活以目的和意义的个人之间忠诚的联系被科层制的非私人关系破坏了。对自发情感的满足和欢乐被合理而系统地服从于科层制机构的狭窄的专业要求所淹没。总之，效率的逻辑残酷地而且系统地破坏了人的感情和情绪，使人沦为庞大的科层制机器中附属的而又不可缺少的零件。"① 在这一"铁的牢笼"面前，人的一切欲望、情感、个性、内心世界、精神状态等等，都被一概抹平了，或者被"悬置"起来了，人们在妄自尊大情绪的掩饰下产生一种机械的麻木僵化。"铁的牢笼"压垮人的精神，剥夺人的个性，人犹如齿轮上的轮牙或理性与权力的囚徒。福柯在《规训与惩罚》一书中细致地展示了这一景象：一边是几乎无所不能的管理机器，设计得非常精密，目的在于将法律直接镂刻到"个人的特性"里；另一边则是孤独的个人，他的自由本能被压了回去，被禁闭了起来，"最后只能把自己发泄到自己身上"。以追求教育效率为鹄的教育制度，无非是边沁的"全景敞视塔"的现代版本，②"全景敞视塔乃一个监控百姓的一般化模式，在日常生活中执行监控任务，确定各种权力关系"。（福柯语）③ 现代的教育制度跟古代的全景敞视塔发挥同样的监控功能。教育制度既包括一套行为准则、一套控制技巧，亦包括管理者与下属同样奉行的一系列实践。要有效控制

① D. P. 约翰逊著，南开大学社会学系译：《社会学理论》，国际文化出版公司1988年版，第292页。
② 边沁在其《圆形监狱》一书中提出这样一个建议：监狱应修建成圆形，以便对犯人进行连续不断的监视。该书的书名就是从希腊语中的"一览无余"这个词引申出来的。对于"敞视式监狱"的优越性，边沁给予了这样的评价："圆形监狱的重大优越性是不言自明的，企图证明这种优越性只能是画蛇添足，反而会把它弄模糊了。持续不断地处于监察者的睽睽目光之下，实际上就是摆脱了做坏事的力量乃至于要做坏事的想法。"参见詹姆斯·米勒著，高毅译：《福柯的生死爱欲》，上海人民出版社2003年版，第300～301页。
③ 华勒斯坦等著，刘健芝等编译：《学科·知识·权力》，生活·读书·新知三联书店1999年版，第135页。

教职员工，首先要在学校内成立一个独立的管理阶层，致力提高学校的行政效率。这个管理层要由专业人士负责，并享有举足轻重的权威地位。一旦教职员工被潜移默化，接受这种管理模式，他们就会对其他各种形式的监控习以为常，不再抗拒。而这种管理形式的特别之处，"在于无人能够集大权于一身，操控一切。这个管理机制一经启动，不论是主管抑或下属，有权抑或无权，都无一幸免，受制于这个管理机制"。① 此外，教职员工、受教育者也越来越需要"教育秩序"，如果这种教育秩序发生动摇，人们就会惊慌失措；如果人们被某种力量从这种教育秩序中抽离出来，获得完全的"自由"，他们又会感到束手无策。面对这一困境，韦伯为人类社会的发展勾勒出一幅悲观主义的前景。他写道："每当想到世界有一天将会充满着这样一些小小的齿轮——一些小人物紧紧抓着职位不放并极力钻营更高的职位——就像埃及历史的景象重现……真使人不寒而栗。这种对官僚制的追逐真使人绝望透顶。就好像在政治中……我们只需要'秩序'，此外别无他求；倘若一旦秩序发生动摇，我们就会感到六神无主，畏缩不前；倘若完全脱离秩序，就会感应到孤立无援。难道世界有朝一日只有这种人而没有别的人存在吗？我们现已经被完全卷入了这样一种进化过程，现在最主要的问题不是怎样促进和加速这一过程，而是设法反抗这个机器，免于灵魂被分割标价出售，摆脱这种至高无上控制一切的官僚式生活方式，以保持人类中一部分人的自由。"② 韦伯在这里像一位犹太教先知，他向人们指出了社会未来发展的危险前景，痛斥制度化对人们心灵的毒化，号召人们奋起反抗这个戕害人的本性的理性化进程，生动地表现了他内心崇尚自由主义原则的一面。

"坏的"教育制度忽视教育的本质，"目中无人"，过分强调标准化。在教育制度的控制下，个体被淹没在各种统计数据中，类似于升学率、论文数等数字使人与工厂流水线的产品一起进入流通领域，科学标准既标定了产品，也标定了人，数量化把人当成了机器更把人塑造成了机器。个体的所有特殊癖性、个体的所有个性差异都要被铲除，非人格化的、数字化的有序性抹杀了个体的多样性，因为它会影响教育制度的执行，从而影响教育效率的提高。霍克海默、阿多尔诺说："在文化工业中，个性就是一种幻象，这不仅是因为生产方式已经被标准化。个人只有与普遍性完全达成一致，他才能得到容忍，才是没

① 华勒斯坦等著，刘健芝等编译：《学科·知识·权力》，生活·读书·新知三联书店1999年版，第135页。
② 苏国勋著：《理性化及其限制》，（台湾）桂冠图书股份有限公司1989年版，第254页。

有问题的。虚假的个性就是流行：从即兴演奏的标准爵士乐，到用卷发遮住眼睛，并以此来展现自己原创力的特立独行的电影明星等，皆是如此。个性不过是普遍性的权力为偶然发生的细节印上的标签，只有这样，它才能够接受这种权力。单个人坚忍不拔或花枝招展的外表，都不过是耶鲁锁这样的大众产品，它们之间的差别是以微米计算的。"① 一般而言，作为一种控制形式，标准化产出要求人人生产相同的产品或达到相同的绩效水平的情况下会得以实现。在学校中，这些目标能够与标准化考试、可度量的目标以及其他使人们按要求行事的标准化产出指标相符合。标准化产出可以不同于标准化的工作过程，既然已确立了产出的要求，人们就能够保留决定如何去达成目标的自由。提供这种自由的斟酌权恰是这种策略的力量所在。然而，一个重要的关注点是，学校的产出要求是否能被标准化，是否能被具体化到足够的细节描述来使每个人都知道什么是必须完成的，而同时又不要因太过详尽而使课程变得过于狭隘，使得基于个体差异的种种需求被忽视。标准化产出可能会最终扼杀学生的独创性、个性。泰纳早在 20 世纪初对法国教育组织的集权化和非人格化的描述颇为精当，至今依然有效。他说："在任何方面都不像在教育体系方面那样，由上而下推行的规章制度以其如此明确和如此多样的条款束缚和控制着整个生活。这种学校生活由一个僵硬的、帝国一切初高中都统一的、必须严格执行的、有着详细规定的规范所限定。这一规范预见并规定了一切：精神和身体的作息，教学的内容和方法，课堂用书，翻译或背诵的段落，每个图书馆藏书 1500 册的书目，未经教育部长同意不得擅自多加一本书的禁令，上课、自习、课间休息、散步等的时间、方式、着装等等，凡此种种，无所不至。这些规定是针对老师的，更是针对学生的，这是有预谋地在扼杀天生的好奇心、本能的研究精神、与众不同的独创性以及个性……"② 标准化产出可能还会最终损害人们所拥有的有关工作过程的自由度。萨乔万尼指出："在许多学校中，教学活动被科层系统大量地编写成条文，对教师做什么、什么时候做、怎样做甚至为什么做作了编排……而且，我们还常要求某些教师，特别是新教师为他们所不擅长的事情担负责任。教学工作往往是支离破碎和割裂化的，这就使教师难以对自己正在从事的工作形成全局意识。课程是来自遥远的命令，教材是别人选择的，教学常规化到了习惯性活动的程度。"③ 例如，根据非常具体的逼近标准化考试的程度

---

① 马克斯·霍克海默等著，渠敬东等译：《启蒙辩证法》，上海人民出版社 2006 年版，第140 页。

② M. 克罗齐埃著，刘汉全译：《科层现象》，上海人民出版社 2002 年版，第 290 页。

③ T. J. 萨乔万尼著，冯大鸣译：《道德领导》，上海教育出版社 2002 年版，第 76 页。

来甄别良好的学校教育，教师可能会完全听命于校长、学生可能会完全听命于教师。教师和学生必须怎样运用时间、教师必须怎样教，学生必须学什么和怎样学等，都有具体而详细的规定。对此，古得莱得展示了这样一幅图片："学生变得越来越顺从，不认为他们应该为自己的教育担负起日益增多的独立决策的责任。一方面，许多教师都表示他们明白学生逐渐成长为独立的学习者的重要性；另一方面，他们中的大多数人又认为自己需要控制课堂的决策过程。教室是一个受到种种限制又以种种方式限制人的环境。因此毫不令人吃惊的是，许多教师害怕对这种环境失去控制。他们不给学生过多的'空间'，很可能是害怕他们喧宾夺主。学生们无疑已经看到了教师发出的信号。正像一名高中生简洁地表述道：'我们是笼中鸟，门开着，但是外面有只猫。'……从某种程度上讲，教师也是身在笼中，带着社会对课堂行为的种种期望。社会希望教师管好他们的课堂。"① 确实，教师由于教条武断扼杀了学生的好奇心与批评精神，而不是反复培养学生的好奇心与批评精神，这样做的结果可能害多利少。如果教师忘记为人师表，他们就很可能由于自己的态度而永远削弱学生向相异性开放的能力。王晓明曾勾勒了一幅令人不寒而栗的图景："那种头脑和手脚都规规矩矩、神情漠然，很少有什么强烈的兴趣……除了自己那点小小的利益、欲望和娱乐，对别的一切都很少在意的'乖'孩子，似乎正在校园里大面积地繁殖……'现代社会'更一定会以各种方式，竭力将人改造成一堆安分守己、各司其职的零件。说不定'乖孩子'正是现代生活的一种苦果，虽然缺了点脑子和血性，却有助于维护稳定、保持效率，以那大机器的操纵者的眼里来看，真可以说是利大于弊。"② 然而，现实的教育生活不断诉说着：每个人个性的发展是社会共同生活的福祉。个人的自由发展意味着个性的多元。个性的自由发展，是每个人在教育中自主地选择自己的兴趣和发展的目标的条件下实现的。为此，教育制度规范不能强制性地设立唯一值得追求的具体目标，不能强制性地把每个人纳入唯一的发展轨道，不能为每个人设立同样的教育行为模式和教育生活方式。也就是说，教育制度规范在任何意义上都不能限制人的个性的自由发展，因为"教育的目的在于充分发展人的个性并加强对人权和基本自由的尊重"。

---

① J. I. 古得莱得著，苏智欣等译：《一个称作学校的地方》，华东师范大学出版社 2006年版，第 117 页。
② 王晓明著：《后一种可能》，《读书》，2003 年第 5 期。

4. "坏的"教育制度"操控人"

教育制度是权力规范,"谁拥有金子,谁制定规则"。教育制度详细规定了教育活动、学习活动的每一个细节,强制个体遵守规范,使之成为符合规范要求的标准化的人。教育制度不仅被赋予了"合法惩罚"的功能,而且还提高了管理者"深入控制"的能力。霍斯金等人认为,各种权力性教育制度是通过书写中心主义来运作的,这就意味着权力越来越要通过书写来行使,知识越来越多要通过书写来传递。现代组织及组织成员都是以书写为中心,那就是说,在书写处于优先地位的世界里,一切都集中在书写。因此,所有教育活动、学习活动的开展都要有教科书、手册、计划、资料、设计图样、备忘录、评估、预算、账目、分析等。教育制度"总是关乎一种——'保持距离的行动'——主要通过多种书写形式、其次才是通过言词作出指令。它以书写为中心,通过持续不断的备忘录、指示、命令、预算、账目及评估来执行。"① 至此,不仅学生,而且教职员工都时刻处于教育制度的监督之下,整个教育生活、学习生活变得循规蹈矩、一板一眼、从不变更。正如福柯所言:"规范的法官无处不在。我们正处于教师—法官、医生—法官、教育者—法官、'社会工作者'—法官的社会之中;而规范的普遍统治正是以他们为基础的;每个人,不论在哪里他都会发觉,他的身体、手势、举止、才能和成就都得受到规范的制约。"② 教育制度对个人的"造就"体现为一种操纵,一种为了"征用"而进行的训练,一种对人的多样性进行规则化和秩序化的技术。

我们现以教师评审制度为例作一分析。教师评审制度使每个个体被置于评审的法眼底下,受制于无形的规训权力。福柯认为,评审制度乃检查与考试制度的一种,"检查把层级监视的技术与规范化裁决的技术结合起来。它是一种追求规范化的目光,一种能够导致定性、分类和惩罚的监视。它确立了个人的能见度,由此人们可以区分和判断个人……检查把权力的仪式、试验的形式、力量的部署、真理的确立都融为一体"。③ 即,检查/考试是一种齐常化凝视、一种监控,使评核、分类和惩处成为可能。可以说检查/考试就像一对天眼,使每个个体纤毫毕现,任由逐一品评裁决。评审面试无疑是一种权力仪式,是

---

① 华勒斯坦等著,刘健芝等编译:《学科·知识·权力》,生活·读书·新知三联书店1999年版,第97页。

② 阿兰·谢里登著,尚志英等译:《求真意志》,上海人民出版社1997年版,第208~209页。

③ 米歇尔·福科著,刘北成等译:《规训与惩罚》,生活·读书·新知三联书店1999年版,第208页。

一场（监）看与被（监）看的仪式，亦是一门将被评审者客体化的技术。评审面试将知识的建构与权力的展现结合，被评审者要乖乖地让评审员认识和记录存照。一般而言，检查和考试是依凭下述机制来实施的。首先，检查和考试把可见状态转换为权力行使的良机。福柯曾说："规训权力是通过自己的不可见性来施展的。同时，它却把一种被迫可见原则强加给它的对象。在规训中，这些对象必须是可见的。他们的可见性确保了权力对他们的统治。正是被规训的人经常被看见和能够被随时看见这一事实，使他们总是处于受支配地位。此外，检查是这样一种技术，权力借助于它不是发出表示自己权势的符号，不是把自己的标志强加于对象，而是在一种使对象客体化的机制中控制他们。在这种支配空间中，规训权力主要是通过整理编排对象来显示自己的权势。考试可以说是这种客体化的仪式。"① 因此，检查与考试是一个"宰制的空间"，披上不偏不倚的外衣进行检查和监察；它也是一个强迫被评审者客体化的过程。规训之所以可能，完全有赖一个有效的观察和监视机制。这个机制通过使个体所思所作完全暴露于监控之下，以达致权力的行使效果。被威吓的个体受制于权力之下，一举一动一目了然。其次，检查和考试为个人整存了不少资料，俨如一个详尽的档案馆，内藏员工的档案、学习情况、工作记录及其他最新资料作参考和决策之用。由于一切重要决定如升迁、加薪或解雇，员工的资质，工作能力，以及他们的弱点和缺失等方面的评价，都以白纸黑字存档为记，因此，这些白纸黑字存档"俘获"了员工。福柯曾说："检查留下了一大批按人头、按时间汇集的详细档案。检查不仅使人置于监视领域，也使人置于书写的网络中。它使人们陷入一大批文件中。这些文件俘获了人们，限定了人们。检查的程序总是同时伴有一个集中登记和文件汇集的制度。一种'书写权力'作为规训机制的一个必要部分建立起来。"② 在"书写权力"之下，一切事物都正在或倾向以书写为中心。每个人不仅需要学习阅读，并且要书写。每个人都要学习不同的学科，以接受纪律、制度规范的规训。其结果是，"无论学生、上班族、军人乃至家庭，都变成知识专家的研究对象，出现在各种计划、图表、会计数据、评估报告、应用手册、指南等，全由各门学科的专家来鉴定。多种不同媒介也在这个世界中增生……不过，无论是经由新媒体借以扩散的种种科技硬体上的联系，还是组织方式上的软体联系，最终都有赖书写的权力。书写中心主

---

① 米歇尔·福科著，刘北成等译：《规训与惩罚》，生活·读书·新知三联书店 1999 年版，第 211 页。

② 米歇尔·福科著，刘北成等译：《规训与惩罚》，生活·读书·新知三联书店 1999 年版，第 212~213 页。

义统治着这个世界"。① 由于检查伴有一套书写机制，检查就造成了两种相互关系的可能性："首先是把个人当作一个可描述、可分析的对象，这样做不是为了像博物学家对待生物那样把人简化为'种'的特征，而是为了在一种稳定的知识体系的监视下，强调人的个人特征、个人发育、个人能力；其次是建构一个比较体系，从而能够度量总体现象，描述各种群体，确定累积情况的特点，计算个人之间的差异及这些人在某一片'居民'中的分布"。② 也就是说，根据这些记录，员工的工作表现可以被度量，这有助于将员工分级和制订种种标准及规范，"作为一种制度，它总是通过会计的数据不断对人事评估、订立规矩和目标、提出推算预算及事后的检讨等进行检查、评级"。③ 有约束性的规范一旦制订，对稍有偏离者便可施以"惩罚的艺术"，"工厂、学校、军队都实行一整套微观处罚制度，其中涉及时间（迟到、缺席、中断）、活动（心不在焉、疏忽、缺乏热情）、行为（失礼、不服从）、言语（聊天、傲慢）、肉体（'不正确的'姿势、不规范的体态、不整洁）、性（不道德、不庄重）。与此同时，在惩罚时，人们使用了一系列微妙的做法，从光线的物质惩罚到轻微剥夺和羞辱。这样既使最微小的行为不端受到惩罚，又使规训机构的表面上无关紧要的因素具有一种惩罚功能。因此，在必要时任何东西都可用于惩罚微不足道的小事。每个人都发现自己陷入一个动辄得咎的惩罚罗网中"。④ 再次，检查和考试为整存档案的技巧所包围，使个体沦为"个案"。要建构个体性，首先得制造"详尽的个人档案，好使当局能在错综复杂的符号网络中，确定个体的身份及位置"。⑤ 员工在这些年年递增的资料记录中生活打滚，而所谓事业就是从这些资料数据中整合而来。按照福柯的说法就是，"每个人都被约化和定型为可以某几种特征一言以蔽之的个体"。⑥ 即，每个员工的个人历史，包括升贬，个人素质如责任感、智能、合作程度或其他个人问题等都一一记录在案。普通个性

---

① 华勒斯坦等著，刘健芝等编译：《学科·知识·权力》，生活·读书·新知三联书店1999年版，第76~77页。

② 米歇尔·福科著，刘北成等译：《规训与惩罚》，生活·读书·新知三联书店1999年版，第214页。

③ 华勒斯坦等著，刘健芝等编译：《学科·知识·权力》，生活·读书·新知三联书店1999年版，第97页。

④ 米歇尔·福科著，刘北成等译：《规训与惩罚》，生活·读书·新知三联书店1999年版，第201—202页。

⑤ P. Rabinow（ed.），The Foucault Reader. London：Peregrine，1986，p. 22.

⑥ 华勒斯坦等著，刘健芝等编译：《学科·知识·权力》，生活·读书·新知三联书店1999年版，第141页。

——每个人的日常个性进入了描述领域，被注视、被观察、被详细描述，被一种不间断的书写逐日地跟踪。而评审制度根据普遍和特殊的标准对员工的工作表现评分，跟标准的效益指标比较以后，记录便会存档。整个评审过程其实是对个体的齐常化评断，以规范来评审个体，反过来又要求个体遵从规范。福柯认为，现代社会认可了一种"无限制的规训"。这种规训不仅向囚犯，而且向每一位现代人提出"无休无止的质询"，进行"漫无边际的调查，作出明察秋毫、分析透彻的评述，写出将放入一个永不封口的档案袋里去的鉴定，刑罚上的有意宽大同考察时的极端好奇交织在一起"，以此造就"俯首帖耳的人们"。①可见，推行教师评审的过程其实就是"主体建构过程"，即由个体亲自参与建构一个所谓自我，个体的身体、灵魂以至行为操行都受"主体建构过程所支配"。接受评审面试的经验既像向神父告解又像见心理医生，被评审者需要自我表白。在循循善诱下，被评审者不但要招认自己的弱点，自我批判，还要主动找出惩罚或改造自己的方法。在福柯看来，这一做法其实是一种塑造自我的技术。他说："（让）个体通过自己或别人的干预，改造自己的身体、灵魂、思想、行为操守甚至做人处世之道，以得到快乐、纯净、智慧、完美甚至永恒。"②将评审理解为一种"告解"确实有重大含义。评审从此包括自我表白及救赎两方面，并且更能将个人及组织紧密地联系起来。福柯曾说："告解是一种论述的仪式，在此告解的人不单是论说者，同时也是论述内的主体。告解也是一种要在一定的权力关系下进行的仪式，因为告解者必须有旁人在场（或至少让告解者'感'到有人在场）作为其告解的对象，这样聆听告解和告解的人便构成一种权力关系。聆听告解的人不仅充当对话者的角色，还会站在权威的位置，要求和鼓励告解的人表白，甚至会在中途作出仲裁。这个人既是判官，又负责惩罚、原谅或慰藉告解的人。"③可见，告解式评审面试是以二元对立的价值观，例如正常/不正常来处理问题的。这与宗教世界里，原罪跟忠信永恒对立的思维同出一辙。

不仅教师受制于无形的规训权力的侵害，学生也同样受制于无形的规训权力的约束。制度化并不是彻底地消除学生之间的差异，它反而鼓励各种各样的差异性，甚至强使差异出现，以便划出能确定各种不同差异的界限，不规范者

① 詹姆斯·米勒著，高毅译：《福柯的生死爱欲》，上海人民出版社2003年版，第303页。
② 华勒斯坦等著，刘健芝等编译：《学科·知识·权力》，生活·读书·新知三联书店1999年版，第143页。
③ 华勒斯坦等著，刘健芝等编译：《学科·知识·权力》，生活·读书·新知三联书店1999年版，第143页。

的外在边界，以便在规范化的价值上排列每个人的能力、素质以及未来，即通过"赋予价值"（诸如能力、素质、水准）的度量，造成一种必须整齐划一的压力。福科曾说："在规训权力的体制中，惩罚艺术的目的既不是将功补过，也不是仅仅为了压制。它进行五个阶段的运作。它把个人行动纳入一个整体，后者既是一个比较领域，又是一个区分空间，还是一个必须遵循的准则。它根据一个通用的准则来区分个人，该准则应该是一个最低限度，一个必须考虑的平均标准或一个必须努力达到的适当标准。它从数量上度量，从价值上排列每个人的能力、水准和'性质'。它通过这种'赋予价值'的度量，造成一种必须整齐划一的压力。最后，它划出能确定各种不同差异的界限，不规范者（军事学院的'耻辱'等级）的外在边界。在规训机构中无所不在、无时不在的无休止惩戒具有比较、区分、排列、同化、排斥的功能。总之，它具有规范功能。"① 在某种意义上，规范化力量是强求一律的。学校正是通过一种不断重复的权力仪式，成为一种不断考试的机构，考试因此被编织在学习过程中，而规训权力就在这种整理编排学生的过程中显示自己的权势，即根据能力和表现即根据毕业后的使用前途来编排学生；通过对学生施加经常性的压力，使之符合同一模式，使他们学会"服从、驯服、学习与操练时专心致志，正确地履行职责和遵守各种纪律"。这样，他们就会变得大同小异，相差无几。检查与考试技术把监督和规范化技术结合起来，它追求规范化，同时也导致对个体的定性、分类和惩罚的等级性监视，检查与考试制度制造了一种把个人水平与标准化要求的对照机制，把个人纳入标准化的轨道中。"在某种意义上，规范化力量是强求一律的。但由于它能够度量差距，决定水准，确定特点，通过将各种差异相互对应而使之变的有用，它也有分殊的作用。人们很容易理解规范力量是如何在一种形式平等的体系中起作用的，因为在一种同质状态中（这种状态就是一种准则），规范导致了各种个体差异的显现。这既是实用的要求，也是度量的结果。"② 教育制度规范化的裁决主要实现的是一种存在于个体的心智和身体的标准化，个人仅仅具有与他人不同等级的标明个体身份的个体性，他可能具有的仅仅是一种虚假的个性，是一种取消了个人真实性的个体性。诚如雅斯贝尔斯指出："当一般水平上的执行功能的能力成为成就的标准时，个人就无足轻重了。任何一个人都不是必不可少的。他不是他自己，他除了是一排插

---

① 米歇尔·福科著，刘北成等译：《规训与惩罚》，生活·读书·新知三联书店1999年版，第206页。

② 米歇尔·福科著，刘北成等译：《规训与惩罚》，生活·读书·新知三联书店1999年版，第207～208页。

销中的一根插销以外，除了是有着一般有用性的物体以外，不具有什么真正的个性。这些强有力地预置在这种生活中的人都没有认真地想要成为他们自己的愿望。"① 因此，在教育制度的个体化中，个性并不能形成，人性并不能得到发展。

5. "坏的"教育制度"奴役人"

教育制度本是由人制定的，伴随着它的理性化而来的却是教育生活的非理性化。奖惩、绩效、升学率、论文数量等主宰了人的命运，控制了人的心智。戴明对当今管理制度曾进行了深刻的剖析："流行的管理体系很摧残人。人与生俱来的，是激情和固有的内在动机、自重、尊严、好奇心和学习的快乐。而摧残这些的外力从幼儿学步时就陆续出现了，如万圣节最佳服饰奖、学校的分数、金色五角星等等，类似的东西一直持续到大学。在职场、人群、团队、小组被分出等级，位居前列的获得奖励，落在后面的受到惩罚。目标管理、配额、奖金、商业计划，这些加在一起，一步步地加深这种损害——一种尚未得知也不可能得知的损害。"② 显然，如果不改变我们流行的教育制度体系，就绝不可能改变流行的管理制度体系。人建设了教育制度，但他同他的劳动果实——教育制度疏离了，他不再是他所建造的教育制度规范的真正主人了；相反，这个"人造"的教育制度成了他的主人，他必须对它卑躬屈膝，尽力奉承它。换句话说，教育制度不过是"人为自己立的法"，是一种"人造的产品"，但是"人为自己立的法"一经产生，它就具有了生命力，具有了它自己运行的逻辑，并在独立运作过程中，逐渐成为控制人、奴役人的"异化"物。人为自然立法，人亦为社会立法，此两者皆缘自人为自己立法。但教育制度积淀后，就成为一种控制。人在建筑家园的同时，也筑就了铁壁。他亲自创造的劳动产品——教育制度成了他的上帝。他似乎是受自利的驱使，但实际上他的全部自我连同其全部具体的人格却成为他亲手"制造"的教育制度之目的的工具。"他自欺欺人，幻想着自己是世界的中心，然而却深陷于一种强烈的微不足道感和无能为力感之中。"③ F·卡夫卡的作品淋漓尽致地揭示了人的无能为力这一主题。他在《城堡》中描写了一个想与城堡中的神秘居民取得联系的人，据说他们能告诉他该做些什么，并能指明他在世界中的位置，他毕生都在狂热地

---

① 卡尔·雅斯贝斯著，王德峰译：《时代的精神状况》，上海译文出版社 1997 年版，第 42 页

② 彼得·圣吉著，张成林译：《第五项修炼》（修订版序言），中信出版社 2009 年版，第 2 页。

③ E. 弗罗姆著，刘林海译：《逃避自由》，国际文化出版公司 2002 年版，第 85 页。

努力与他们取得联系，但却始终未能成功，到头来还是一个备感无用而又无助的孤独者。格林的论述更是淋漓尽致地描绘了人的孤立之感和无能为力之感："我知道，与偌大的宇宙相比，我们太微不足道了，我知道我们什么也不是；在如此浩大的宇宙中似乎没有任何东西在某种程度上既能淹没人又能使人重新获得信心。那些计算，那些人无法理解的力量，是完全不可抗拒的。那么，究竟有没有我们可依赖的东西？我们虽已陷入幻觉的泥潭中，但其中尚有一样真东西，那便是爱。此外什么都没有，完全是空。我们跌入了一个巨大的黑暗迷宫，我们怕极了。"① 尽管个人的孤立与无能为力感被掩盖了，掩盖在日复一日的固定活动中，掩盖在得自于私人或社会关系上的肯定与认可中，掩盖在事业成功中，掩盖在任何一种分散这方面注意力的方式中，掩盖在"娱乐"、"社交"、"升迁"等中。只不过，"他所能做的一切就是像一个长途跋涉的士兵或流水线上的工人那样随波逐流。他能活动，但独立感、意义感已不复存在。"② 而人的独立感、意义感等的丧失，可以看作是特定意义上的异化，因为"异化是一种体验方式，在这种体验方式中个人觉得自己是一个外人，或如人们所说的他变得和自己疏远起来。他体验不到自己是自我世界的中心、自己行动的创造者——而他的行动和行动的结果却变成了他的主人，他要服从它们，甚至他要崇拜它们"。（弗罗姆语）③ 因此，"坏的"教育制度，其实就是一种异化的教育制度，就是一种奴役人的教育制度。

首先，"坏的"教育制度，意味着形式合理性的教育制度对崇高价值的摧毁和对生命价值的贬抑，人本身被当作被使用的工具，成为发挥作用的职能人。杜威曾说："大的系统倾向于脱离行政者而几乎是自动地进行工作。工作和具体事务十分紧迫，因而和教育的学术和道德方面的问题的联系就疏远了。非个人的事务代替了个人关系而且总是机械的。向着这个方面发展的趋势日益增加，因为社会上的商业标准和方法强有力地影响着教育系统的成员，从而教师也就被当做是工厂里的雇工模样看待。"④ 在"坏的"教育制度环境下，所谓人的价值也只是被使用的价值，即有什么用处。人的全部存在变质为教育流水线作业的一部分，成为教育流水线作业上的一个齿轮，如果他有很多"资本"，便是一个重要的齿轮；如果没有"资本"，便是个无足轻重的齿轮，但都总是

---

① E. 弗罗姆著，刘林海译：《逃避自由》，国际文化出版公司 2002 年版，第 95～96 页。
② E. 弗罗姆著，刘林海译：《逃避自由》，国际文化出版公司 2002 年版，第 94 页。
③ 沈恒炎等主编：《国外学者论人和人道主义》（第 1 卷），社会科学文献出版社 1991 年版，第 226 页。
④ 约翰·杜威著，傅统先等译：《人的问题》，上海人民出版社 2006 年版，第 53 页。

一个服务于自身目的之外的齿轮。"人类已经并正在丧失其一切根基。人类成为在地球上无家可归的人。他正在丧失传统的连续性。精神已经被贬低到只是为实用功能而认识事实和进行训练。"① 人的使用价值被置于"生命价值"之上，又被置于"文化价值"、"精神价值"之上，舍勒曾说："在现代文明的发展中，人之物、生命之机器、人想控制因而竭力用力学解释的自然，都变成了随心所欲地操纵人的主人；'物'日益聪明、强劲、美好、伟大，创造出物的人日益渺小，无关紧要，日益成为人自身机器中的一个齿轮。"②

其次，"坏的"教育制度，意味着教育制度只专注于世俗的目标，专注于教育的效率，把人们"利欲"的满足，知识和技能的训练作为自己的价值取向。即便培养了一些掌握特定知识和技能的专家，但"一个这样的专家就像工厂里的工人一样，他穷其一生心血去制造某种特殊的诸如螺丝钉、老虎钳或曲摇柄之类的零件，的确，就某些特定的机械仪器讲，他确实达到令人难以置信的熟练程度。这种专家也可以比作一个从未离开过自己居所的人，在这里，他完全熟悉所有的一切：每一层台阶，每一个角落，每一块木板；就像维克多·雨果的《巴黎圣母院》中的嘎西莫多了解的教堂一样；教堂外面，一切对于他都是陌生的、不可知的。"③ 的确，教育制度被置于新的基础之上了，置于人们的"利欲"之上了，而不是人们的精神之上，这意味着"坏的"教育制度从根本上背离了教育精神、道德精神。例如，"坏的"教育制度激励机制信奉的准则是："所能获得的奖赏使人们去做"。尽管所能获得的奖赏常常使人们去做，但是反之亦然，不能获得奖赏就不能使人们去做。换言之，这种制度激励机制聚敛了人的注意力，并且使人对工作的回应变得狭隘，其工作行为烙上了深深的商业气息、交易气息。人们在持续参与这种交易的同时，获取他们想要的东西，否则，人们或谋求交易上的磋商谈判，或不再履行职责，他们对工作的投入是斤斤计较的。进一步言，为维持这种激励规则，就要求有一种忙忙碌碌的领导。领导者必须不断调节奖赏，以此换取学校成员的工作，不断揣摩哪种奖赏能引起学校成员的兴趣，哪种奖赏不能引起学校成员的兴趣，而且还要想出使这种交换得以持续的方法。结果，学校成员变得愈益依赖奖赏和他们的领导者来激发他们的工作动机。"所能获得的奖赏使人们去做"既阻碍了学校成员

① 卡尔·雅斯贝尔斯著，魏楚雄等译：《历史的起源与目标》，华夏出版社 1989 年版，第 114 页。
② M. 舍勒著，罗悌伦等译：《价值的颠覆》，生活·读书·新知三联书店 1997 年版，第 161 页。
③ 叔本华著，范进等译：《叔本华论说文集》，商务印书馆 2006 年版，第 344 页。

成为自我管理者和自我激励者，又扼杀了学校成员的创造性。德西等人曾说："依靠外部奖赏将会降低动机激发的能量，而且，为奖赏而工作势必造成人们受到奖赏控制的感觉。这种感觉转而影响了他们随后的表现和创造性。"[1] 同时，"所能获得的奖赏使人们去做"还改变了学校成员对某种活动的依恋，使得外在的因素取代了内在的或道德的因素。学校成员一旦有了"为一个合理的工作日报酬干一个合理的工作日的活"的定义的话，他们往往会倾向于非常细致地计算工作投入与获得报酬之间的恰当等式。换言之，他们现在专注于外在的而不是内在的、道德的理由。当可计算的东西与狭隘的视焦相结合时，维系高层次表现的成分就被着力剔除了。更为可怕的是，如果学校生活的模式使其成员养成一种习惯，指望他所做的每一件好事都得到奖赏，那么，"当他发现社会本身并不能够这样准时而精确地奖励道德高尚的行为时，他会体会到何等巨大的幻灭啊！他将不得不重构他的一部分道德自我，学会一种学校不会教给他的冷漠"。[2]

再次，"坏的"教育制度，意味着"制度的专制"，这种教育制度强制性地向人们灌输着一种所有人必须遵从的准则，它在对人的心智的钳制中，在奖惩的诱使中，个人对外在的"专制性制度"产生了一种非理性的盲从、迷信乃至虚假。塔科夫曾说："旧有那种要人跟随规则与榜样的教育方法，除了对天赋异禀的极少数人外，其实对任何人都不适合；为要勉力跟随这方法，人们要么无法达到要求，要么变得阳奉阴违，甚而沦至更不堪的情况。"[3] 在面对价值冲突和观念冲突时，个人失去自主精神，缺乏理性的判断力。在教育制度的裹胁下，个人形成一种精神的无助感，他不能自由地思索和判断，不能通过表达、抗辩、讨论、协商、妥协、说理、拒绝等方式争取自己的权利，仅仅成为遵守教育制度的"奴隶"。福柯曾对这一制度规范抨击道：从学校到各行业，从军队到监狱，我们社会的主要惯例体制表现出邪恶的效能，极力对个人施以监控，"消除他们的危险状态"，通过反复灌输训诫条例来改变他们的行为，结果将不可避免地造就一些毫无创造力的"驯服的团体"和听话的人群。[4]

第四，"坏的"教育制度，意味着个人处于"他治"状态。个人对自己教

---

① T. J. 萨乔万尼著，冯大鸣译：《道德领导》，上海教育出版社 2002 年版，第 30～31 页。

② 爱弥尔·涂尔干著，陈光金等译：《道德教育》，上海人民出版社 2006 年版，第 150 页。

③ 纳坦·塔科夫著，邓文正译：《为了自由》，生活·读书·新知三联书店 2001 年版，第 203 页。

④ 詹姆斯·米勒著，高毅译：《福柯的生死爱欲》，上海人民出版社 2003 年版，第 13 页。

育生活道路何去何从的问题的决断是建立在外在的强制性的教育制度的影响基础之上的，而不是自己思考之后选择的准则。个人不用思考、不要反思，不能公开地利用自己的理性去判断、去选择，个人受制于或者相信外在的教育制度的控制、误导、诱使、压制、强迫等。伯林曾说："规律与制度本身就是人类心智与双手的产物，它们历史地满足特定时代的需要，后来被误解为无情的客观力量……我们受制度、信念或神经症的暴虐……我们受到我们自己创造的——虽然不是有意识地——那些邪恶精灵的囚禁。"① 个人认命和屈服于外在的教育制度的强制和奴役，个人处在缺乏自由的生存状态之中，"世俗权威、科学和演绎逻辑本质上是一种规则系统，它制作一些条文让我们去遵循。它们所称道的主张是以认为知识比我们更为重要的形式表现出来的'技术理性'。我们作为校长、教师和局长，均处于从属于这种知识的地位。当它们被孤立地运用时，从某种意义上说，世俗权威、科学和演绎逻辑是在利用我们来达到它们的目的，而不是我们用以达成我们目的的工具。当领导之脑和领导之心直接驱动领导之手时，这些认识的方式就变成表达成功的代言人。伴随着这些官方的认识方式，斟酌决定的自由减少了，甚至被抛弃了。没有了斟酌决定的自由，学校管理者就没有了自由的决策，而只有去执行；没有了斟酌决定的自由，学校管理者就没有了编写学校条文的自由，而只有遵循他人提供的本本"。② 人作为教育的主体、文化的主体，本是具有主动性、能动性与选择性且相对独立的个体。而"坏的"教育制度恰恰忽视了这一点，以一种"居高临下"的姿态俯视人，以"盛气凌人"的态势要求人，其结果只能是人的个性被埋没，并"落入听不到我们自己个性的声音的危险之中"。人的生活道路只能由自己选择，"每一个个体也都只对他自己负责。我们不能认为自己是已经被给定了的，我们必须有意识地接受和'选择'我们自己。"③ 我们必须自由地决定我们各自的存在，用海德格尔的话说，就是"我们设计自己"。

第五，"坏的"教育制度，意味着教育领域人与人之间关系的异化，准确地说，即人与人之间的关系已异化为物与物之间的关系。"坏的"教育制度，意味着个人被严重地片面化和原子化。"坏的"教育制度在教育领域表现为建立控制层次、建立严格的劳动分工、建立书面案卷制度、建立纪律等等，这导致了人的主体性的丧失和严重的主体间疏离。卢卡奇指出："由于劳动过程的

---

① 以赛亚·伯林著，胡传胜译：《自由论》，译林出版社 2003 年版，第 213～214 页。
② T·J·萨乔万尼著，冯大鸣译：《道德领导》，上海教育出版社 2002 年版，第 16～17 页。
③ M. 兰德曼著，阎嘉译：《哲学人类学》，贵州人民出版社 2006 年版，第 197 页。

合理化，工人的人的性质和特点与这些抽象的局部规律按照预先合理的估计起作用相对立，越来越表现为只是错误的源泉。人无论在客观上还是在他对劳动过程的态度上都不表现为是这个过程的真正的主人，而是作为机械化的一部分被结合到某一机械系统里去。他发现这一机械系统是现成的、完全不依赖于他而运行的，他不管愿意与否必须服从于它的规律。"① 在"坏的"教育制度环境下，一个人与他人的具体人际关系已失去了其直接性与人情味特征，而呈现出一种操纵精神与工具性特点。例如，市场机制引入教育生活之中，致使竞争成为处理人际关系的准则。很显然，竞争对手之间的关系必须以人与人之间的相互漠不关心为基础，如有必要，甚至会毫不留情地摧毁对方。在教育领域中，教育管理者与被管理者转换为"老板"和"打工仔"这一现象，不仅仅只是一种话语的转变，而是在人际关系中弥漫着一种漠不关心的精神。"老板"这个词表明：拥有某种教育资源的人"雇佣"另外一个人（即"打工仔"），就如同"雇佣"了一台机器。他们相互利用，以寻求各自的利益。在这种关系中，双方都是实现目的的一种手段，都是对方的工具。这并非两个人的关系，它从不超出相互利用的范围。教育管理者与"教育消费者"的关系也遵循这个工具性准则。教育消费者是一个受操纵的对象，教育管理者并不把他视为有血有肉的人，其目的也不在于满足他的教育需求。而异化现象最重要、最危险的方面或许 在个人与自我的关系上。教育工作者不但卖"教育服务"，而且也卖自己，觉得自己是一件"商品"。体力劳动者出卖自己的体力，而教育工作者则出卖他们的"人格"。如果他们要出卖他们的"教育服务"、"科研成果"、"专利"或"作品"的话，就必须有人格。这种人格必须博人欢心，但除此之外其主人还必须符合一些其他要求：必须精力充沛，有创造性，能适应各种各样的特殊职位。同其他商品一样，市场决定了这些人类特质的价值，甚至他们的存在。正像一件有使用价值的滞销商品毫无价值一样，如果一个人所具有的特质没有用处，他便毫无价值。因此，自信、"自我感"只不过是别人评判的一种指示，使他确信自己价值的不是他自己，而是声望和在市场上的成功。叔本华曾说："教师教授学生是为了挣钱，他们所寻求的不是真理而是自我炫耀和声誉名望；学者们进行研究不是为了获取丰富的知识和颖锐的悟力，而是为了装腔作势、夸夸其谈。"② 如果他受人追逐，在教育圈中有声望、有名气，那他便是个人物，便有价值；如果他默默无闻，便什么也不是。"声望对现代人之所以如此

① 卢卡奇著，杜章智等译：《历史与阶级意识》，商务印书馆 2009 年版，第 153~154 页。
② 叔本华著，范进等译：《叔本华论说文集》，商务印书馆 2006 年版，第 339 页。

重要，其原因就在于这种'人格'成功成了自我评价的依托。它不但决定了一个人在实际事务中是否能够领先，而且决定了一个人能否保持对自己的自我评价或是否跌入自卑的深渊之中。"① 然而，问题却在于，真正能够流芳千古的声誉、决非一蹴而就，必定经历一个缓慢的过程。因此，"一个有名望的年轻人到老年时则可能湮没于无闻之中。另一方面，一个人若才智超群，虽然最初可能默默无闻多年，尔后却会因此而获得令人炫目的荣誉"。② 奥伊肯说："一片纷乱错杂，无休止的奔忙追逐，热切地抬高自己，自负地推行自己的主张，反对其他人的要求；生活被异己的而非自己的兴趣所占据；缺乏内在的问题或内在的动机；没有纯粹的热情或真诚的爱；尽管有一切夸张的表白甚至某些确实诚实的工作，培养和提高自我始终仍是主旋律；人带着他的各种好恶，成为善与恶、真与假的最高仲裁者，因此，努力的主要目标是赢得社会赞赏与尊重的外表。所有这一切，无论它如何表白成对理想目标的追求、受理想情感的指导，却处处暴露出它内在的虚伪，令人反感的不实在，一切精神的无力和空洞。"③

总之，在异化的教育制度环境中，人只能是小写的人、客体的人、被奴役的人、没有自我的人；人只能是顺从的"奴隶"、温顺的羔羊、任人配置的"零件"、任人宰制的"客体"……并最终成为如边沁所言的"一批人形的机器"，或如韦伯所言的"专家没有灵魂，纵欲者没有心肝"。

（二）"好"的教育制度对人性发展的促进

既然教育制度构成人性发展的现实空间，直接决定着人性发展的水平，那么一个必然的推论便是：要促进人性发展，我们就必须充分重视教育制度因素和教育制度路径。离开教育制度这一路径去探寻促进人性发展的现实道路无异于缘木求鱼。同时，教育制度的性质、结构和内容的不同，它所构建的人性发展的现实空间便不同，对人性发展的作用也不同。"好"的教育制度有效地促进人的发展，而"坏的"、"恶的"教育制度则限制、妨碍人的发展，甚至使人的发展扭曲和变形。邓小平指出："我们过去发生的各种错误，固然与某些领导人的思想、作风有关，但是组织制度、工作制度方面的问题更重要。这些方面的制度好可以使坏人无法任意横行，制度不好可以使好人无法充分行事，甚

---

① E. 弗罗姆著，刘林海译：《逃避自由》，国际文化出版公司 2002 年版，第 86 页。
② 叔本华著，范进等译：《叔本华论说文集》，商务印书馆 2006 年版，第 381 页。
③ 鲁道夫·奥伊肯著，万以译：《生活的意义与价值》，上海译文出版社 2005 年版，第 98—99 页。

至走向反面。"① 波普尔说："我们需要的与其说是好的人，还不如说是好的制度。甚至最好的人也可能被权力腐蚀；而能使被统治者对统治者加以有效控制的制度却将逼迫最坏的统治者去做被统治者认为符合他们利益的事。换句话说，我们渴望得到好的统治者，但历史的经验向我们表明，我们不可能找到这样的人。正因为这样，设计使甚至坏的统治者也不会造成太大损害的制度是十分重要的。"② 因此，我们必须解答的一个关键性问题便是，什么样的教育制度才是"好的"、"善的"教育制度？罗素认为，要判定一个教育制度的好坏，除了依据它所产生的经济和政治效果外，还至少得同样地依据它在经济和政治之外产生的效果。明白地说，教育制度只有重视并有意识地只求非经济方面的"善"才能被证明是"好的"教育制度。他认为，"好的"制度所构建、所塑造的世界呈现出这样的景致："我们必须寻求的是这样一个世界，在那里创造精神充满活力，在那里，生活就是一次充满了欢乐与希望的历险，它不再受到保护自己财产并抢占他人所有欲望的驱使，而由一种进行建设的冲动主导着。这是一个感情不受约束的世界；爱不再带有任何统治欲望，残忍与嫉妒将被幸福和一切本能的自由发展所清除。人的所有本能建立起了生活并使生活充满精神的愉悦。这样的世界可以实现；只等人们满怀希望地去创造它。"③ 罗素在此似乎给了我们一个答案，但太过理想、抽象和大胆，是否能寻求到实现这一答案的路径，实在没有把握。米尔斯说："现在，每个地方的人都在寻求了解他们身居何处，他们又将何去何从，以及对创造历史并对未来承担责任，他们能有何作为。这样的问题，没人能够给出一劳永逸的答案。每个时代都有它自己的答案。"④ 但是现在，对我们来说尽管困难重重，我们也必须表明我们的立场，必须找出我们自己的答案。因此，从现实教育生活世界出发，以现实教育生活为基点，我们认为，凡是"好的"、"善的"教育制度，能促进人性发展的教育制度，至少应具备以下特点。或者说，凡是具备以下特点的教育制度，都能促进人性发展。

1. "好的"教育制度"以人为本"

教育制度的价值取向是人文，是以人性发展为根本，为人性发展服务的。人是教育的中心，是教育的目的；人是教育的出发点，也是教育的归宿；教育

① 《邓小平文选》（第 2 卷），人民出版社 1994 年版，第 333 页。
② 卡尔·波普尔著，傅季重等译：《猜想与反驳》，上海译文出版社 2001 年版，第 491 页。
③ 罗素著，李国山等译：《自由之路》（上），文化艺术出版社 1998 年版，第 132 页。
④ C. 赖特·米尔斯著，陈强等译：《社会学的想象力》，生活·读书·新知三联书店 2005 年版，第 179 页。

在人的交往与活动中展开；人在教育交往与活动中成长和发展；人是教育的基础，也是教育制度的根本。康德认为，人只有通过教育才能成为人。除了教育从他身上所造就出的东西外，他什么也不是。"把人教育成为有理性的人和有自由决定自己命运的人，正在成为教育的主导思想。"① 人是教育的目的，也是自身的目的。洪堡认为，各级各类学校，其根本的目的都应该培养"有教养的人"。"一切学校……都必须只是把'有教养的人'的教育作为培养目标。"② 所谓"有教养的人"，就是思想高尚、情感丰富、意志坚强、有着成熟性自由的人，内在力量得到充分发挥和发展的人。福禄培尔指出："我们要把注意力放在人身上，亦即我们的孩子们身上的灵性的普遍形成上，放在真正的人性，即作为个别现象和作为这样一种人性的神性的形成发展上，并坚信，这样的话，真正被陶冶为人的每一个人也将被教育为适应公民生活和社会生活中任何个别要求和个别需要的人。"③ 第斯多慧指出："德国的教育学首先要求人的教育，然后才是公民的教育和民族成员的教育；首先是人，然后才是德国公民和职业上的同行，而不是反之。"④ 教育的目的是培养身心和谐发展，既真又善且美的"完人"。雅斯贝尔斯指出，"教育是人的灵魂的教育"，"所谓教育，不过是人对人的主体间灵肉交流的活动（尤其是老一代对新一代），包括知识内容的传授、生命内涵的领悟、意志行为的规范，并通过文化传播功能，将文化遗产教给年轻一代，使他们自由地生成，并启迪其自由天性。"⑤ 一句话，教育在于培养全面而自由发展的人，"一切为了学生，为了一切学生，为了学生的一切"，"教育只有一个目的，那就是培养人"。（罗勒语）如果教育未能确立培养全面而自由发展的人这一目的，教育制度也就失去了支撑和灵魂。诚如罗勒所说："目标具有确切而重要的功能，没有这些目标教育就肯定要失败，并由此导致人类本身的毁灭。"⑥

教育的目的和任务不在于向学生传授一些具体的知识和技能，而在于把学生培养成能够根据自己的自由意志采取正义行动的人，遵循"绝对命令"的

① 弗·鲍尔生著，滕大春等译：《德国教育史》，人民教育出版社1986年版，第2页。
② 赵祥麟主编：《外国教育家评传·洪堡》（第2卷），上海教育出版社1992年版，第14页。
③ 福禄培尔著，孙祖复译：《人的教育》，人民教育出版社1991年版，第308页。
④ 张焕庭主编：《西方资产阶级教育论著选》，人民教育出版社1979年版，第375页。
⑤ 卡尔·雅斯贝尔斯著，邹进译：《什么是教育》，生活·读书·新知三联书店1991年版，第3~4页。
⑥ S. 拉塞克等著，马胜利等译：《从现在到2000年教育内容发展的全球展望》，教育科学出版社1999年版，第228页。

人，也就是自由人。教育的目的和任务除了向学生传授知识外，必须不断向学生提出榜样或精神理想，提供"各种可以促使人们为公认有益的行动和价值观念而奋斗的答案"（拉塞克语）。教育的目的和任务除了向学生传授知识外，还必须在个性的情感与道德方面建立一种和谐状态。学生只具有人类智慧和人类技巧是不够的，他还必须感到自己和别人之间、自己与大自然之间融洽无间：具有一种人类和谐。他还必须体认到人的尊严，对人权的尊重、对他人的爱、对别人的宽容、对生活的尊重，树立某些价值观念，诸如责任感、诚实、正直等。"教育历来是、今天依然是一项社会性十分突出的工作使命。个人的充分发展既要靠加强个人的独立自主能力，也要靠培养关心他人或者是发现他人的这样一种道德态度。人性化是指个人的内在发展、自由和责任的统一，是其得到充分发展的标志。"① 学生只具有一定的知识技能是不够的，他还必须掌握人类的普世价值观，认识到尽管这些价值观源远流长，但却能够不断自我更新，在任何时代都充满活力。他还必须学会在原有价值观的基础上，创立新的价值观，使之有利于让个人适应新时代的要求。诚如拉塞克等人所说："除了传播知识外，教育还担负着让人们具备正确对待这些知识的态度的使命。教育应该培养人的批判精神，培养对不同思想观念的理解与尊重，尤其应该激发他发挥其特有的潜力。简言之，教育首先应该是发展认识的手段，而不再仅仅是训练和灌输的工具。"② 教育的目的和任务并不完全是向学生灌输一些属于"古旧范畴的传统知识"，而是培养学生以下的"四会"：一是"学会认知"——将掌握足够广泛的普通知识与专业能力的学习结合起来。二是"学会做事"——培养学生的交往能力、与他人共事的能力、管理和解决冲突的能力。三是"学会共同生活"——"教育的使命是教学生懂得人类的多样性，同时还要教他们认识地球上所有人之间具有相似性又是相互依存的。"四是"学会生存"——"教育应当促进每个人全面发展，即身心、智力、敏感性、审美意识、个人责任感、精神价值等方面的发展。应该使每个人尤其借助于青年时代所受的教育，能够形成一种独立自主的、富有批判精神的思想意识，以及培养自己的判断能力，以便由他自己确定在人生的各种不同的情况下他认为应该做的事情。"③ 总

---

① 联合国教科文组织教育丛书，联合国教科文组织总部中文科译：《教育——财富蕴藏其中》，教育科学出版社 2005 年版，第 199 页。
② S. 拉塞克等著，马胜利等译：《从现在到 2000 年教育内容发展的全球展望》，教育科学出版社 1999 年版，第 86～87 页。
③ 联合国教科文组织教育丛书，联合国教科文组织总部中文科译：《教育——财富蕴藏其中》，教育科学出版社 2005 年版，第 76～82 页。

之，一切教育制度都必须以人为本，这是教育制度的基本价值假设。

（1）"以人为本"的教育制度，意味着肯定人的价值和尊严、尊重人的自主性

"以人为本"的教育制度意味着教育制度的设计、安排和运行以现实的人为中心。教育制度是为人而存在，而不是人为教育制度而存在。功利主义者明确指出："制度是为人而设，而人非为制度而设。"① 教育制度服务的主体是具有自我意识、独立自主、自由自决的每个现实个人。人是目的，教育制度要肯定人的价值，尊重人的尊严，充分肯定、满足和发展个人正当合理的利益。人的权利反映人的价值和尊严，教育制度要尊重、保护和促进人的教育权利，包括人的受教育权、教育自由权、教育平等权、教育自主权等等。在范伯格看来，权利是有价的物品，是重要的道德造物。"一个没有权利的世界，不论它是如何充满仁慈，对于义务尽心尽责，却都将遭受深重的道德贫困……一个享有权利主张的社会，其中一切人等，实际上或者潜在地，均因受人敬重而倍享尊严。"② 当然，教育权利并不是一个抽象的、一般性的概念，它的实际内涵具有丰富的现实性和历史性，是要随着社会经济、政治和文化的发展而不断丰富的。

在人的各种教育权利中，人的教育自主权是最基本的权利之一，因此，人的教育自主权必须得到教育制度的平等保护与尊重。萨托利认为，平等是作为一种道德辩护，实际上是作为一种道德理想应运而生的，但这又是一种太容易堕落的理想。它以恢复公正这一最纯洁的努力开始，却可能作为贬低他人抬高自己的托辞而告终。而且，正如次等者希望能与他们的上司平等一样，相等者有可能（变本加厉）要成为超等者，即凌驾于相等者之上。果真如此，平等的实践就可能击败它的原则：它的雄辩术将会刺激追求不平等的人疯狂地打击或侵凌与他们平等的人。然而，越是相信平等易得，就越会使平等沦入这样的结局：要么自贬并自毁，要么自欺。因此，"从结构上说，平等的概念至今仍然具有两面性。只要看一看平等如何与自由发生关系就完全可以证明这一点，因为平等既可以成为自由的最佳补充，也可以成为它最凶恶的敌人。平等与自由的关系是一种既爱又憎的关系，这取决于我们所要求的是与差异相适应的平等，还是在每一项差异中找出不平等来的平等。平等越是等于相同，被如此理解的平等就越能煽动起对多样化、自主精神、杰出人物、归根结底也就是对自

① 约翰·杜威著，许崇清译：《哲学的改造》，商务印书馆 2004 年版，第 107 页。
② 丹尼斯·劳埃德著，许润章译：《法理学》，法律出版社 2007 年版，第 222 页。

由的厌恶。"① 教育制度在此所要求、所保护、所尊重的"平等"是个人自主教育权利的平等。

由于教育自由与教育权利不可分，享有一分教育权利，即享有一分教育自由，因此，隐藏在教育权利平等之下的根本价值追求是教育自由。"以人为本"的教育制度以一种对自主权利和自主能力相互关系的新认识为基础，以自主教育权利的平等或"教育自由"的平等为起点。布坎南曾说："一个人只有当他或她不是由于别人（不管是个人还是集体）强制而从事某项活动时，这个人才是自由的。至于这个人是否具有从事这项活动的能力与能量，对于他是否有从事该项活动的自由，是两件不同的事情。把关于平等的自由的讨论与从事活动的能力与能量的讨论连在一起，只会混淆讨论的问题，或者，把自由问题的讨论引申到包含能力与能量的讨论，也是会混淆不同的事情的。"② 确实，教育自由本身作为现代教育生活的一项基本权利，不是直接建立在主体能力的基础之上的，相反，在现代教育生活中，主体自主能力的发展还必须以其自主权利的存在为前提。一般而言，在人的各种教育权利中，教育自由是首要的基本权利，也是人的最高价值。我们这里所言及的教育自由是具有现实和历史内涵的自由，包括人的思想自由、信仰自由、学术自由、言论自由、教学自由、学习自由，等等。诚如克拉克所说："自由体系包括科研自由、教学自由和学习自由这三大学术思想。那些从事科研的人声称，他们必须有最大限度的自由，否则就无法像样地工作，无法促进科学的进步和学术活动的展开。那些认为教学工作的人早就精心炮制了这样一种观点：他们必须有畅所欲言而不受惩罚的自由，否则社会就不能得益于自我批评，弊端就得不到克服。那些从事学习的人——在许多不同的国家都是如此——则主张个人有选择学习内容的自由，甚至有选择学习方法和学习进度的自由。"③ 因此，教育制度应保障、维护和扩展人的教育自由，教育制度的基本作用，"似乎比任何时候都更在于保证人人享有他们为充分发挥自己的才能和尽可能牢牢掌握自己命运而需要的思想、判断、感情和想象方面的自由。"④

---

① 乔·萨托利著，冯克利等译：《民主新论》，东方出版社1998年版，第383页。
② 詹姆斯·M. 布坎南著，平新乔等译：《自由、市场与国家》，上海三联书店1989年版，第241页。
③ 伯顿·R·克拉克著，王承绪等译：《高等教育系统》，杭州大学出版社1994年版，第280页。
④ 联合国教科文组织教育丛书，联合国教科文组织总部中文科译：《教育——财富蕴藏其中》，教育科学出版社2005年版，第85页。

简言之，发展的实现全面地取决于人们的自由的主体地位，自由、自立的主体才是发展的主要动力。发展与进步只有以人性发展、人的日臻完善、人格的丰富多彩、表达方式的复杂多样为标尺和最终目的，才能将合规律性和合目的性统一起来，因为发展、进步评价所依据的是价值关系，而人是价值的唯一主体，"'人的发展'已经作为一种构建和评价选择性发展战略的中心而出现"。①

（2）"以人为本"的教育制度，意味着充分满足人性发展的需要

人自觉地对教育制度进行设计、建设的现实依据是人性发展的需要。究竟什么是我们所说的"需要"呢？简单地说，我们所说的需要是每个人人性发展的需要。在现实生活中，教育制度设计、变革究竟是客观需要还是人性发展需要呢？贝尔等人认为是客观需要。贝尔曾说："'需要'是所有人作为同一'物种'的成员所应有的东西，'欲求'则代表着不同个人因其趣味和癖性而产生的多种喜好。我以为社会的首要义务是满足必需要求，否则个人便不能成为社会的完全'公民'。"② 弗洛姆认为："一个健全的社会是一个符合人的需要的社会——这里所说的需要，并不一定就是指人觉得他所需要的东西，因为即使是最病态的目的，也可能被人主观地认为是最需要的；这里所说的是指人类客观的需要，我们可以从对人的研究中知道这些需要。"③ 然而，在我们看来，教育制度设计、变革应以个性发展的需要为基础，因为客观需要只有通过其个性发展的需要才能站出来"说话"。人的存在意义就在于他不仅是一个生物的人，更重要的是他还是一个独立的精神个体，他充满着对完满精神生活的无限向往和渴望。鲁道夫说："人若不摆脱其特定生存形式的有限性，承认精神生活即现实的自我直观性乃是他自身本性的本质，他便不可能把自己提高到自然之上。我们已经看到，迷恋于直接环境不可能给生活以内容。在它提供给我们的生存背后，永远有一种深刻的、无法满足的渴望。它是一种情绪极为热烈的生活，但它缺乏实质；倘若精神世界将提供这一实质的话，我们就必须在那里寻找我们的真正本性。那里的要求，不是努力追逐某种遥远的东西，而是回到人的自我，实现人自己的本性。……我们不可以再限制自己，只关心生活这一具体特征，而必须把更新我们的全部存在作为目标，全力以赴以使我们的日常生活摆脱一切使之复杂使之泄气的东西。但是，虽然一个崇高的理想由此竖立在

---

① 米勒斯著：《人的发展和社会指标》，《国外社会学》，1997年第3期，第34页。
② 丹尼尔·贝尔著，赵一凡等译：《资本主义文化矛盾》，生活·读书·新知三联书店1992年版，第22页。
③ E.弗洛姆著，孙恺祥译：《健全的社会》，贵州人民出版社1994年版，第16页。

我们面前，该理想仍然位于我们的范围之内，而不是在它之外。我们认识到生活的根本关系并不在于与任何外在于我们的存在形式相连结，而是在于与一种精神世界的联合，它与我们的实质本身是一致的。"① 人的现实的需要以及生存需要，只有与作为人的精神生活内容的理想结合，方能体现人存在的意义与价值。吉登斯说："社会制度和有机体不同，它们对自己的生存没有任何需要和兴趣。如果人们不承认制度需要是以参与者的需要为前提，'需要'的概念就用错了地方。"② 因此，教育制度设计、建设的方式、路径应体现人性发展的要求，应体现其对人性发展的关切。雅斯贝尔斯曾说："世界上已经出现了各种不同类型的对人类未来的关切，然而，有一种以前人们从未感到的关切。这就是对人性本身的关切。"③ 适应人性发展的教育实践活动要求的教育制度，往往与人性发展要求一致，因此人们会自觉地选择这种教育制度。不适应人性发展的教育实践活动的教育制度，往往与人性发展要求不一致并会阻碍人性发展，这时人们会自觉地变革这种教育制度，建立一种适应人性发展要求的教育制度，使教育制度成为人性发展的条件。因此，教育制度作为一种客观条件、客观环境要有利于人性发展。

教育制度设计或建设还应充分尊重、满足每个人的"特殊教育需要"。所谓"特殊教育需要"，特指其需要来自残疾或学习困难的所有儿童和青年。许多儿童经历过某些学习困难，并因而在学校教育期间有时会有特殊教育需要。而特殊教育需要体现了所有儿童都可从中获益的已被证明是合理的教育学原理，并设想人的差异是正常的。学习必须据此来适应儿童的需要，而不是儿童去适应预先规定的、有关学习过程的速度和性质的假设。儿童中心的教育学有益于所有的学生，其结果将有益于作为整体的社会。经验显示，"儿童中心的教育学可在确保获得较高的成绩水平的同时，极大地减少大量存在于许多教育制度中的辍学和留级现象，并可帮助避免资源的浪费和希望的破灭。希望的破灭已是低质量教育和'划一标准'的教育思想之习以为常的结果。"④ 此外，"儿童中心的学校是以人为导向的社会的培训基地，而这一社会尊重所有人的

---

① 鲁道夫·奥伊肯著，万以译：《生活的意义与价值》，上海译文出版社 2005 年版，第 61—62 页。
② W. 范伯格等著，李奇等译：《学校与社会》，教育科学出版社 2006 年版，第 40 页。
③ 卡尔·雅斯贝尔斯著，魏楚雄等译：《历史的起源与目标》，华夏出版社 1989 年版，第 167 页。
④ 赵中建编：联合国教科文组织教育丛书《教育的使命》，教育科学出版社 2003 年版，第 135—136 页。

差异和尊严。"例如，全纳性学校，即充分满足了每个人的"特殊教育需要"。"全纳性学校的长处不仅仅是它们能向所有儿童提供有质量的教育，而且它们的存在是帮助改变歧视性态度，创造受人欢迎的社区和建立一个全纳性社会的关键一步。"① 当然，全纳性学校也面临着的挑战，即发展一种能够成功地教育所有儿童，包括处境非常不利和严重残疾儿童的儿童中心教育学。不管怎样，教育制度设计或建设都应尊重、满足具有特殊教育需要的儿童和青年。

教育制度为人性的发展而存在，它只有服务于人、促进人性发展才有意义，才有存在的价值。教育制度的基本任务就是让人回到他自己，让他重新意识到自己的尊严、价值、壮丽和使命，为"人的发展"而奋斗。莫迪恩指出："为'人'而奋斗就是反对那些可能会取消人、把人变成循规蹈矩者、在精神上消灭人的各种形式的异化……为'人'而奋斗同时意味着为社会而奋斗，因为真正的社会是人的社会，在其中最深层的纽带存在于生活在共同体中的具体的人的内部，所有的人在这里协调一致地行动，朝着一个共同的目标：实现可以将千百万不幸者和穷人从悲惨、屈辱的境遇中解放出来的社会正义。"② 教育制度的基本任务就是满足人们文化活动和文化享受的需要，是提高生活质量的条件。里戈曾说："对生活质量的追求必然会发展到文化方面，因为文化即生活的尊严。"③ 文化活动和文化享受是人性发展的主要方面，而能真正满足人性发展需要的文化是能将教育、劳动和生活一体化的文化。把劳动纳入学校，把教育纳入劳动，实行学习与劳动交替。寓教育和文化于娱乐之中。劳动并不是对人的惩罚，劳动和消遣一样，"都是个人自我实现和充分发展的机会"④。教育制度的基本任务就是把世界还给人，把教育还给人，把人还给他自己，让他有权决定自己的发展道路、发展方式等，而不是听任别人的安排和主宰。

（3）"以人为本"的教育制度，意味着人性的丰富，提升与完善

以人为本的教育制度，意味着教育制度不仅要奠基于现实人性发展的基础之上，而且还要通过教育制度安排等，丰富、提升、完善人性。任何教育制度都有自己的人性基础，任何教育制度理论都有着某种人性假设作为自己的逻辑

---

① 联合国教科文组织教育丛书，赵中建编：《教育的使命》，教育科学出版社 2003 年版，第 135 页。
② B. 莫迪恩著，李树琴等译：《哲学人类学》，黑龙江人民出版社 2005 年版，第 207 页。
③ S. 拉塞克等著，马胜利等译：《从现在到 2000 年教育内容发展的全球展望》，教育科学出版社 1999 年版，第 84 页。
④ S. 拉塞克等著，马胜利等译：《从现在到 2000 年教育内容发展的全球展望》，教育科学出版社 1999 年版，第 85 页。

前提。无论是局限存在物假设、经济人假设，还是有限理性人假设、权力无休止界限假设等等，都是对某个时代现实人性的某种抽象，是现实人性某一方面的反映，而不是现实人性的全部，更不是现实人性的边界。现实人性有着复杂的结构、丰富的内容，同时人性总是随着人的活动的发展而不断发展着的，是一种不断否定和生成自身的超越性、历史性存在，而不是摆在那里的、被某种先验本质所规定的现成的存在。人性的发展没有绝对的界限。

奠基于现实人性基础上的教育制度不仅要通过自身的规定性来实现对某种人性的肯定、固化，或者防范和钳制，而且要通过自身为人性丰富内容的展开和健康发展提供可能的现实空间。同时，教育制度还要通过不断的变迁和创新为人性的不断生成、完善提供机制与保障。例如，在教育发展历史中，有两个重要的教育制度变革、创新为人性的不断生成、完善提供了机制和保障：一个是国家对教育的制度安排，一个是教育开放。就初等教育而言，在经济特性上属于纯公共物品，是由于一定的制度安排的结果。这一套制度包括，政府对初等教育提供财政支持，学校对所有儿童开放，以及强制性要求所有儿童必须接受义务教育。这构成了义务教育制度安排的基本框架。由于财政支持和普遍服务的承诺，保证了初等教育的充分供给。由于政府对初等教育的基础设施投资成为沉没成本，增加一个孩子享受初等教育的边际成本为零。因而，基础教育具有消费上的非竞争性。同时由于法律对于普遍服务的强制性规定，基础教育又具有消费上的非排他性。这就确定了基础教育的制度性公共物品性质。也就是说，并非由于小学、初中教育是公共物品而实施义务教育，而是由于实施义务教育使小学、初中教育成为公共物品。因此，实行义务教育是一种重要的制度创新。除了政府的力量之外，公民个人和社会力量也是教育发展的重要推动力量。这得益于政府在教育发展中的另一项制度创新，即教育向民间开放。教育向民间开放既解决了政府办教育的供给不足的问题，又满足了个人对教育多样性的需求。总之，通过教育制度变迁形成的教育发展史，无非是不断改变着的人性而已、无非是不断促进人性的发展而已。

（4）以人为本的教育制度，意味着为人性发展提供最基本的自由保障

人性发展，按照森的见解，是人的选择能力的扩大、人的自由的扩展，"发展可以看做是扩展人们享有的真实自由的一个过程"。[①] 人性发展意味着，人的生存和发展条件的改善，从而使人获得较之以前更多的解放和自由；人们

---

① 阿马蒂亚·森著，任赜等译：《以自由看待发展》，中国人民大学出版社 2002 年版，第1 页。

拥有的社会条件（包括物质的、精神的和制度的）对个体生存、享受和自由发展具有实质性的意义。柯武刚等人曾说："自由意味着个人能在一定范围内享有受保护的自主权以追求其自选目标。"[①] 因此，每个人，作为社会的一员，有权享受社会保障，并有权享受他的个人尊严和人格的自由发展所必需的经济、社会、文化和教育方面各种权利的实现。为了使人性发展真正落到实处，为了给人性自由发展提供真正的保障，我们应从如下几方面着手：一是要大力发展教育，提高人们的素质。加尔布雷思曾说："在当今世界上，没有任何一国受过良好教育的人民是贫穷的，也没有任何一国愚昧无知的人民不是贫穷的。在民智开启的地方，经济发展自然水到渠成。一个国家的前途，不取决于它的国库之殷实，不取决于它的城堡之坚固，也不取决于它的公共设施之华丽，而在于它的公民的文明素养，即在于人们所受的教育，人们的学识、开明和品格的高下。这才是利害攸关的力量所在。"[②] 二是要致力于建立一个崇尚人性、公平和相互关怀的社会，这个社会是一个人人都必须享有人的尊严的美好世界。如果说教育应更加面对社会、政治和经济的现实，那么社会也应该更加面向青年学生和更好地适合他们的愿望以及他们对自主、真实性、参与、变革和正义的需求。拉塞克等人曾说："应该创建一个更加人道、更加合作、更加尊重个人创造性和自我发展的社会，以使青年们在其中感到自在并自愿地去巩固它。青年一代将这样开始成为负责'地球之舟'的船员，而不是消极被动的乘客。"[③] 同时，还应致力于建设一个满足每个人需要的社会。一个健全的社会是一个符合人的需要的社会。简言之，教育发展、人性发展为"好社会"之本。三是尊重人的发展权利。发展权利是每个人不可剥夺的人权，每个人及各国人民均有权参与、促进并享受经济、社会、文化和政治的发展，在这种发展中所有人权和基本自由都能获得充分实现，"教育权和发展权都致力于一个最终目的，那就是充分尊重和保障所有人权"。[④]

以人为本的教育制度，其最高的价值标准就是自由。在教育世界里，不仅个人向往自由，而且各教育团体和教育组织也都追求自由。行动的自由是进行选择、鼓励积极性、从事创新、维护批评和促进多样化的基本条件。克拉克曾

---

① 柯武刚等著，韩朝华译：《制度经济学》，商务印书馆 2000 年版，第 85 页。
② J. K. 加尔布雷思著，胡利平译：《好社会》，译林出版社 1999 年版，第 112 页。
③ S. 拉塞克等著，马胜利等译：《从现在到 2000 年教育内容发展的全球展望》，教育科学出版社 1999 年版，第 70 页。
④ 艾德等著，黄列译：《经济、社会与文化的权利》，中国社会科学出版社 2003 年版，第 287 页。

说:"自由是基础,它能保证人们在采取行动时有更多的选择余地,在批判过去和现存的政策时有更大的回旋余地,还能保证其他有益活动的展开。所有这些在自由状况中开展的活动有助于多元化和多样化。"① 公民若是没有从事教育活动和选择教育活动的广泛自由,也就没有发展的自由,因而也就没有教育质量的提高和合格人才的大量涌现。"在一个以社会和经济改革为主要动力的迅速变革的世界里,可能更重视想象力和创造性;它们是人的自由的最明显的表现,有可能受到某种个人行为准则规范化的威胁。21 世纪需要各种各样的才能和人格,而不只是需要杰出的个人,当然这种人无论在何种文明中也都是很重要的。因此,应该向青少年提供一切可能的美学、艺术、体育、科学、文化和社会方面的发现和实验机会,这将补充人们对以前各代人或现代人在这些领域里的创造所做的吸引人的介绍。许多国家重视功利而不重视文化的教育,艺术和诗歌应该在学校里重新占有重要的地位。对提高想象力和创造性的关注,还应导致进一步重视从儿童或成人的经历得来的口头文化和知识。"② 换句话说,教育质量的提高和合格人才的大量涌现,其关键因素在于人的创造力的自由发挥。创造力的自由发挥以人的各种基本自由得到充分的尊重和保障为前提,以人作为人本身享有尊严和价值为前提。"个性的多样性,自主性和首创精神,甚至是爱好挑战,这一切都是进行创造和革新的保证。"③ 同时,构成自由这一价值体系的基础是个人自我表现的欲望。自由被用来表示更多的人能够按照自己的意愿行动——发展自己的个性,"几乎每个接受高等教育的人都有不同的期望,不同的背景、不同的性格,因而他们的具体要求也不尽相同。要求自我表现的愿望必然导致要求多样化的愿望,甚至会导致怪癖。更多的人现在认为高等教育能帮助他们变得富有创造性。不管是在神话世界还是在现实世界,富有创造性的人们早已向世人证明:怪诞不经何尝没有裨益。"此外,"自由不仅是发展的首要目的,也是发展的主要手段"。④ 因此,对教育发展的评价必须以人们拥有的自由是否得到增进为首要标准。

---

① 伯顿·R. 克拉克著,王承绪等译:《高等教育系统》,杭州大学出版社 1994 年版,第 279 页。

② 联合国教科文组织总部中文科译:联合国教科文组织教育丛书《教育——财富蕴藏其中》,教育科学出版社 2005 年版,第 86 页。

③ 联合国教科文组织总部中文科译:联合国教科文组织教育丛书《教育——财富蕴藏其中》,教育科学出版社 2005 年版,第 86 页。

④ 阿马蒂亚·森著,任赜等译:《以自由看待发展》,中国人民大学出版社 2002 年版,第 7 页。

教育自由与教育公正一样，具有独立价值，即使为了提升学生的素养和品质，也不能藐视教育自由的价值。因此，教育制度的最高的价值追求是教育自由，教育制度对教育自由的任何约束都是为了更好地扩展教育自由。诚如彼得斯所说："教育中对儿童的限制，必须证明其对提升儿童的素养和品质是非常必要的。为了规则而设置规则，或者为了满足教师的权力欲而设置规则，对任何理性的人来说，都是令人厌恶的。一些规则被认为对限制似是而非的自由和提升儿童的素养和品质是合理的，但限制是越少越好。而且，这些限制有明确的内容，并考虑儿童的年龄、学校的规模等因素。"①

（5）以人为本的教育制度，意味着为人性发展创造有效的激励乃至约束机制

构建人的精神世界，促进人的精神健康成长是教育之为教育的意义所在，而教育制度的目的恰在于为人的精神健康成长创造有效的激励乃至约束机制。人之为人，就在于人不仅是一种客观物的存在，而且人还是一种精神的存在。使人成为人的是精神，人为精神所引导，"人的本质是精神"。舍勒认为，使人之为人的东西，甚至是一个与所有生命相对立的原则，人们绝不可能用"自然的生命进化"来解释这个使人之为人的原则；而如果要用什么来解释的话，就应把原因归结到事物本身最高的原因——那个它的部分显现就已是"生命"的原因。"希腊人早已提出这样一个原则，并且名之以'理性'。我们宁愿用一个更全面的词来形容这个未知数。这个词一则也包容了理性的概念，而同时除了理念思维之外也包括一种既定的观照——对元现象或本质形态的观照；再者，还包括了确定等级的尚待说明的情感和意志所产生的行动，例如善、爱、悔、畏等等——这就是精神（Geist）一词。那个精神在其中，在有限的存在范围内显现的行为中心，我们要名之以人本身，以严格区别于一切功能性的'生命'中心。"② 精神包括了人之为人的所有方面，"人之为人的显著特征就在于，他脱离了直接性和本能性的东西，而人之所以能脱离直接性和本能性的东西，就在于他的本质具有精神的理性的方面。"③ 一般而言，精神大致可分为客观精神和个体的主观精神。人类精神有其客观化表现，这具体表现为历史与文化。人

---

① R. S. Peters, *Ethics and Education*. George Allen and Unwin Ltd, 1966, p. 118～119.

② 马克斯·舍勒著，刘晓枫选编：《舍勒选集》（下），上海三联书店1999年版，第1330页。

③ 汉斯·格奥尔格·加达默尔著，洪汉鼎译：《真理与方法》（上卷），上海译文出版社2004年版，第14页。

生活在历史文化传统中，其实就是生活在客观精神中，人永远处于客观精神（即文化）的背景之中，在其中人建立了他所有的社会关系。客观精神为每一代人所创造，同时又熏陶着每一代的每一个人。个体的主观精神是在客观精神中寻求支撑点，客观精神是个体精神发展的基础，个体只有理解和接受客观精神的培育才能发展。施太格缪勒指出："客观精神虽然受诸个体精神的支持，而且仅仅在它们当中活动，但是另一方面却由于它获得支配它们的力量而包含它们并且再构成它们……客观精神并不是遗传下来的，这就是说，人并不是从出生的时候起就具有过去获得的精神内容，而是必须在人生的历程中自觉地学得。"① 个体通过理解向客观精神开放，与客观精神形成交流，从而使个体精神的生长"接受"客观精神的引导。加达默尔指出："每一个使自己由自然存在上升到精神性事物的个别个体，在他的民族的语言、习俗和制度里都发现一个前定的实体，而这个实体如他所掌握的语言一样，他已使其成为他自己的东西了。所以，只要单个个体于其中生长的世界是一个在语言和习俗方面合乎人性地造就的世界，单个个体就始终处于教化的过程中，始终处于对其自然性的扬弃中。"② 人在历史文化传统中"占有"客观精神，从而建构自己的主观精神，其实就是人的培育和教育的过程。培育和教育意味着一场极其深刻的精神变革。雅斯贝尔斯说："教育是一件极其严肃的工作，因为教育不断地将新一代带进完整的精神结构，使他们在完整的精神之中生活、工作和交往。"③ 阿德勒也说："学校是每个儿童体验精神发展历程的场所。因此，它必须适于健康的精神成长的要求。只有当学校和健康的精神发展的需要相协调的时候，我们才能说这是良好的学校。只有这样的学校才能被我们认为是适于社会生活的学校。"④ 在教育过程中，个体的精神成长不仅是对客观精神的接受，而是在理解客观精神的进程中创造着自己的成长过程，创造着自己的精神，创造着自己的人生，形成自己人生的创造性的超越。创造意味着超越，因而它包含着对"已有"的"遗忘"。"遗忘不仅是一种脱落和一种缺乏……它也是精神的一种生命条件。只有通过遗忘，精神才获得全面更新的可能，获得那种用新眼光去看待一切事物的能力，以致过去所信的东西和新见到的东西融合成一个多层次的统

---

① W. 施太格缪勒著，王炳文等译：《当代哲学主流》（上卷），商务印书馆 1986 年版，第299 页。

② 汉斯·格奥尔格·加达默尔著，洪汉鼎译：《真理与方法》（上卷），上海译文出版社2004 年版，第 17 页。

③ 金生鈜著：《理解与教育》，教育科学出版社 1999 年版，第 111 页。

④ A. 阿德勒著，陈太胜等译：《理解人性》，贵州人民出版社 2000 年版，第 225 页。

一体。"① 在个体的精神运动中，遗忘就意味着对"已有"的一种否定，意味着创造，创造就意味着不断更新和超越。个体的精神成长是无止境的，它永远处于"发展中"、"运动中"，而正是在"运动中"，"人逐渐成为一个新人，他的精神存在进入一种不断再造的运动，这种运动一开始就包含着交往，并且通过更好地理解新的变易而唤醒一种新式的个人生存。这种生存正处在与自己的生命活动密切相关的循环之中。在这一运动中（甚至在它之外），首先有一种特殊类型的人性在扩展，它生存在有限之中却趋向无限的极点。"② 问题在于，在个体创造自己的精神成长过程中，人的创造并不必然是指向善的，是无限的。换句话说，人的创造可能必然包含着"恶"的可能性：人可以凭借创造使精神不断升华，同样，人也可以凭借创造变成聪明而凶残的动物。如何求解这一问题呢？显然，一方面需要道德、精神的人格教育，教育人类的每一个人对他人、对自身、对人类负责，真正把人类的创造指向真善美。另一方面则需要对人类的教育行为予以规范、约束或激励。

教育制度所追求的往往是现实教育生活中所缺乏的，也往往是人性中最高贵的那一部分的发展。说白了，就是为人追求或达到"崇高"提供一种合理、有效的框架。"崇高"意味着人的生活的一种价值水准，使人不满足于目前的发展水平，不断地向人性所能达到的高峰攀升，在审美意识维度上，去追求高贵和典雅，去体验忘我和超越。也许，我们能从康德关于"崇高"的论述中具体而深刻地体会到属审美意境的"崇高"的内涵。"崇高"在 17—18 世纪，大都指的是外在事物，而康德则在此之上加入了人的自身。康德曾说："崇高的感情和优美的感情。这两种情操都是令人愉悦的，但却是以非常之不同的方式。""崇高使人感动，优美则使人迷恋。……崇高也有各种不同的方式。……第一种我就称之为令人畏惧的崇高，第二种我就称之为高贵的崇高，第三种我就称之为华丽的崇高。""崇高必定是伟大的，而优美却可以是渺小的。崇高必定是纯朴的，而优美则可以是着意打扮和装饰的。"③ 虽然崇高与优美是不同的，但两者的关系却不是互相排斥的，而是互为补充。崇高如果没有优美来补充，就不可能持久，它会使人感到可敬而不可亲，会使人敬而远之而不是亲而近之。另一方面，优美如果不能升华为崇高则无由提高，因而就有陷入低级趣味的危险，虽则可爱但却不可敬。康德认为，人性的美丽（优美）激发了感

---

① 汉斯·格奥尔格·加达默尔著，洪汉鼎译：《真理与方法》（上卷），上海译文出版社 2004 年版，第 19 页。
② 胡塞尔著，吕祥译：《现象学与哲学的危机》，国际文化出版公司 1988 年版，第 144 页。
③ 康德著，何兆武译：《论优美感和崇高感》，商务印书馆 2005 年版，第 2，4 页。

情，人性的尊严（崇高）则激发了敬仰。他说："真正的德行只能是植根于原则之上，这些原则越是普遍，则它们也就越崇高和越高贵。这些原则不是思辨的规律而是一种感觉的意识，它就活在每个人的胸中而且它扩张到远远超出了同情和殷勤的特殊基础之外。……唯有当一个人使他自己的品性服从于如此之广博的品性的时候，我们善良的动机才能成比例地加以运用，并且会完成成其为德行美的那种高贵的形态。"① 最高的美乃是与善相结合、相统一的美，而最高的善亦然。道德高尚必须伴有美好的感情，美好的感情也不能缺少道德的高尚。美，说到最后，更其是一种道德美而不是什么别的。而最高的美是可以培养的，并且是和德行相联系的。庸俗的享乐不需要培养或修正，只有最高的美（那是一种精神活动或精神状态）才需要。最高的美可以培养，也就意味着人性是可以改善的，可以提高的。而人性自身的美丽和尊严，就在于引导着自己的道德生活，这本身就是崇高的体现，它就是崇高。"在道德品质上，唯有真正的德行才是崇高的。"②

对于宇宙而言，人无疑是渺小的，可是对于人自己而言，他却可以拥有属于自己的精神空间，用渺小的物质躯体追求崇高的精神归属。一方面，人的自然结构的最大特点是非专门化和非特定化，而人的非特定化与人的更高的能力有着内在的联系，人的非专门化则说明人具有更强的适应性。"人，实际上只有人，才有不同于一切别的动物的结构。与人相比，动物作为特定化了的本能的造物，都是相似的，而人却靠一种新的能力生活。"③ 这个新的能力就是人解释世界、改造世界、理解自身、改造自身的理性的精神创造能力。另一方面，人拥有其他生物所不能比拟的智力潜能和精神情趣，"人作为自然存在物，而且有生命的自然存在物，一方面具有自然力、生命力，是能动的自然存在物；这些力量作为天赋和才能……存在于人身上"。④ 在自然意义上，人仅仅有人成为人的潜能，但生命的潜能只有在对象化的物质活动和精神活动中才能实现。潜能的丰富与否并不是人与其他生物的本质区别，人与其他生物的根本区别在于人有精神。舍勒曾说："人的本质及人可以称做他的特殊地位的东西，远远高于人们称之为理智和选择能力的东西，即便人们在量上随心所欲地设想自己具有无限理智和选择能力，人的本质仍旧不可企及。"⑤ 教育归根结底要发展的

① 康德著，何兆武译：《论优美感和崇高感》，商务印书馆 2005 年版，第 14 页。
② 康德著，何兆武译：《论优美感和崇高感》，商务印书馆 2005 年版，第 12 页。
③ M. 兰德曼著，阎嘉译：《哲学人类学》，贵州人民出版社 2006 年版，第 168 页。
④ 《1844 年经济学哲学手稿》，人民出版社 2008 年版，第 105 页。
⑤ M·舍勒著，刘晓枫选编：《舍勒选集》（下），上海三联书店 1999 年版，第 1329 页。

是人的精神，"引出"受教育者的精神来。教育不仅传播着人类最高尚的理想，而且传播甚至更新着文化价值观念。拉塞克等人曾说："教育能够而且应该在发展伦理，培养未来社会必需的性格、品质方面负起责任。这些必需的性格、品质包括：向他人开放，有个人判断能力，能适应变化并能积极、创造性地掌握这些变化。"① 而教育制度恰为人的精神活动，为人追求崇高提供了激励，教育制度激励在此的本意不在于造就一个"遍地英雄"的群雄纷争的社会局面，而在于激励普通民众对英雄品质的肃然起敬和对伟岸人格的心驰神往，并在个人生活中保持一种积极向上的态度，去竭力实现人生所能达到的理想高度。难怪萨乔万尼一再说："学校制度品格的中心是作为人们行为举止之权威来源而起作用的思想和承诺。这种权威确立了各种价值观和目的的形式与内容，而后者决定了以实现学校自身义务为首要目的的首创精神。"②

（6）"以人为本"的教育制度，意味着教育公平的实现有了制度性的保障

教育公平是社会成员对教育是否"合意"的一种价值评判，其实质是要求教育权利在社会成员之间合理分配，每个人都能得到其所应得的；各种教育义务由社会成员合理承担，每个人都应承担其所应承担的。因此，以人为本，需要高举教育公正和共同发展的大旗，需要政府在保障公平竞争、教育机会公平以及平等获得和平等享有教育设施的前提下，在教育制度安排上系统落实每个人都获得发展的权利。

政府作为公共事务的最大管理者，发展教育是其义不容辞的责任。因此，政府各级领导必须认识到位，重视教育公平在经济社会发展中的重要作用。首先，教育公平对教育发展乃至经济社会的发展具有重要的引领作用。没有教育公平的引领，教育的发展并不必然带来教育公益性的增强、失学人数的减少、基本公共教育服务的均等化等，反而有可能导致两极分化。教育公平作为教育制度的重要价值和基本特征，就像一面旗帜、一座灯塔，引导着教育的发展方向，也不断增强着社会的向心力和凝聚力。《学会生存》一书认为，如果经济发展的结果没有废除特权和促使人类更为公平，那么这种经济发展是没有意义的。"发展的最后目标必须是使个人生活不断得到改善并使全体人民都得到利益。如果特权、过度的财富和社会上不公平的现象继续存在，那么发展就失去

① S. 拉塞克等著，马胜利等译：《从现在到 2000 年教育内容发展的全球展望》，教育科学出版社 1999 年版，第 101 页。

② T. J. 萨乔万尼著，张虹译：《校长学》，上海教育出版社 2004 年版，第 88 页。

它的意义了。"① 其次，教育公平对教育发展具有重要的保障作用。教育公平通过教育权利的合理分配、教育义务的合理承担，使人们各尽其能、各得其所、和谐相处，保证教育的和谐稳定和有序发展。反之，倘若缺乏教育公平，人们自然心不平、气难顺，教育制度的运行、教育政策的执行等就容易因一些人的不理解、不合作而矛盾不断、阻力重重。当教育不公较为严重时，不同利益群体之间还可能出现严重对峙，造成社会的不稳定，破坏社会和谐，阻碍教育发展。可以说，教育不公平的社会必然是一个不和谐、不稳定的社会，极端的教育不公平必然导致教育发展的中断，甚至是社会的动荡。再次，教育公平对教育发展具有重要的动力作用。教育公平与教育效率既有相互排斥的一面，也有相互统一的一面。持续的教育效率必定要以教育公平为基础。当一个社会只注重教育效率而导致教育公平缺失时，贫富的悬殊、规则的不公、社会的动荡等使得教育效率也不可能长久维持。这时，必须通过提高教育公平水平来提升教育效率，让教育公平成为教育发展的动力。从这个意义上说，教育公平与教育效率如同教育发展的两个轮子，共同驱动着教育的发展。我们应该根据特定历史阶段教育发展的需求，在教育公平与教育效率之间作出合理安排，以形成有利于教育发展的最强动力。复次，国民整体素质的提高，离不开教育公平。促进教育公平，就要坚持合理配置教育资源，加快缩小客观存在的教育城乡、区域和校际差距。

政府投资于教育就是投资于未来，关怀教育就是关怀未来。政府应把对教育的投资看作是先导，看作是对工农业投资能否取得高额回报的前提，政府"把时间、精力和资金用于基础教育，可能是对人民对国家的未来所能做的最有意义的投资。"② 由于现实和历史条件的限制，许多社会成员本来具有的潜能难以充分地开发出来，难以进入平等的竞争状态。虽然人无法选择出生，无法选择父母，无法选择家庭，但只要他拥有健全的大脑，只要他有学习的条件，只要他有受教育的机会，他就不会陷入命运决定论的泥沼，他就有可能摆脱分层给他带来的负重，他就有可能在自己求得流动和发展的同时，像斯密所揭示的那样，做出有利于公共社会的贡献。斯密说："一个人不能适当使用人的智能，假如说是可耻的话，那就比怯懦者还要可耻。那是人性中更重要部分的残废和畸形。国家即使由下级人民的教育，得不到何等利益，这教育仍值得国家

---

① 联合国教科文组织、国际教育发展委员会编著，华东师范大学比较教育研究所译：《学会生存》，教育科学出版社 1996 年版，第 55 页。注释①。

② 联合国教科文组织教育丛书，赵中建编：《教育的使命》，教育科学出版社 2003 年版，第 41 页。

注意，使下级人民不致陷于全无教育的状态。何况，这般人民有了教育，国家可受益不浅呢。"① 因此，实现教育公平，需要政府采取切中肯綮的举措。实现教育公平，需要在社会、文化和经济部门采取支持性政策。教育公平的实现，"有赖于政治上的承诺和决心，而承诺和决心要得到适当的财政措施的支持，并随着教育政策的改革和制度的健全而得到加强。"② 其中，最为重要的举措就是不断增加教育投入，大力发展教育，不断做大蛋糕，并努力分好蛋糕。"扩大公共部门的支持，意味着利用负责人力开发的所有政府机构的资源，这要通过在明确承认教育是各种争取国家资源的要求中，虽不是唯一但却是一项重要要求的情况下，增加对基础教育设施拨款的绝对数和比例。认真注意提高现有教育资源和计划的功效，不仅会产生更多的资源，而且还可期望吸引新的资源。"③ 一般而言，教育公平方面出现的各种问题，从根本上说是发展中的问题，既有发展不够的问题，也有发展不尽科学的问题，因此必须通过科学发展的办法来解决。实现教育发展与实现教育公平，是相辅相成的两个方面，不注重教育公平就谈不上教育发展，没有教育发展也不可能实现真正的教育公平。政府一方面必须大力发展教育，不断做大蛋糕，为实现教育公平奠定坚实的基础。在此基础上，还应采取各种有针对性的举措，努力把蛋糕分好，让全体人民共享教育发展成果。例如，教育公平作为政府的一项重要制度安排，应废除基于种族、肤色、性别、文化、阶级等社会区隔基础上的教育特权、教育歧视或教育剥夺，向所有人平等开放由社会提供的教育资源。也就是说，政府应该向所有儿童、青年提供基础教育；应该扩大高质量的基础教育服务，减少差异。"许多世纪以来，我们的教育制度以及确实作为整体的社会是以排斥原则为基础的。教育是为少数人服务的，而愚昧则是大多数人的事。随着通讯和交通的发展，我们既有能力支付教育又有能力维持教育，这已成为现实。"④ 总之，国家干预和国家责任是实现教育公平的根本保证，政府有责任"平等地发展个人潜力"，"使每个人从一开始就有足够的权力（物质条件）以便得到相同

① 亚当·斯密著，郭大力等译：《国民财富的性质和原因的研究》（下卷），商务印书馆2003年版，第344—345页。
② 联合国教科文组织教育丛书，赵中建编：《教育的使命》，教育科学出版社2003年版，第20页。
③ 联合国教科文组织教育丛书，赵中建编：《教育的使命》，教育科学出版社2003年版，第21页。
④ 联合国教科文组织教育丛书，赵中建编：《教育的使命》（编者的话），教育科学出版社2003年版，第4页。

的能力而与所有其他人并驾齐驱。"①

　　教育公平问题千百年来与人类社会始终相伴相随，不仅在于它是社会发展的必需品，更因为实现教育公平是一个艰难过程，需要各方面形成合力、不懈努力。一方面，政府应承担教育公平的主要责任。实现教育公平，不可避免地会涉及教育权利和教育利益的分配与调整，有时还伴随着尖锐的斗争。没有公共权力作保证，没有完善的教育制度为保障，教育公平的实现很可能寸步难行。另一方面，政府应调动社会各方面力量发展教育的积极性，并整合社会力量，使其发挥协同作用。没有社会的协同，教育公平总是不全面、不完善的。实现教育公平，政府的作用是决定性的，但政府又不是无所不能的。随着经济社会的发展，教育公平问题日益复杂化，政府的教育制度设计往往难以面面俱到，这就要求社会积极介入，发挥协同作用。尤其是各种社会组织和各类企业，都应积极参与到公益性教育事业中来，对处于困境而无力自行摆脱的社会群体提供更多援助和关爱。

　　除此之外，个人应培育社会公平正义之心。社会是人的社会。实现教育公平，个人不能置身事外。个人具有公平正义之心，是实现教育公平相关制度有效运行的基础。罗尔斯说："在作为公平的正义中，人们同意相互分享各自的命运。他们在设计制度时利用自然和社会的偶然因素，只是在这样做有利于共同利益的情况下。"② 如果个人缺乏公平正义之心，总想在教育利益分配中多占便宜甚至不劳而获，必然导致极端个人主义，带来社会的非理性，使整个社会陷入无序状态。科埃略说："当人们不以共享共赢的方式看待别人的价值观、作为和理想的时候，战争的土壤就会变得更为丰沃。这时，我发现了达尔文的错误：这一切都不是物竞天择的结果，而是人类自己欲望的表达。"③ 可以肯定，如果个人缺乏公平正义之心，总是由屁股决定脑袋：当自己属于社会不公中受损的一方时就愤愤不平、希望马上改变；而一旦自己属于受益的一方时则沾沾自喜，千方百计阻挠变革，那么，实现教育公平的道路必将变得漫长而坎坷。只有每个人都具有公平正义之心，为实现教育公平不懈努力，才能让教育公平放射出比太阳还要灿烂的光辉。

　　总之，公平正义的社会是我们的理想，也是我们的创造，而教育、教育制度就是我们创造未来的"利器"。

---

① 乔·萨托利著，冯克利等译：《民主新论》，东方出版社 1993 年版，第 389 页。

② 约翰·罗尔斯著，何怀宏等译，《正义论》，中国社会科学出版社 1988 年版，第 103 页。

③ 汤姆·科埃略著：《人生的战争》，《参考消息》，2011 年 4 月 14 日。

2. "好的"教育制度具有协调性

各级各类教育是一个不可分割的整体，教育系统各部分也是相互依存的；人性发展是全面的、和谐的，这就要求教育制度必须是和谐的，否则教育制度某一部分对人性发展的促进作用会为其他部分的消极作用所抵消。换言之，教育制度服务于人的全面而自由发展这一目标不是靠其单独地得到遵守，而靠其形成相互支持的教育制度群。教育制度是一个复数的集合，而不是单一的制度文本，它的内涵是极其广泛的。诺思认为："制度可以分为三大类，或三个层次，即（1）宪法秩序；（2）制度安排；（3）规范性行为准则。宪法秩序是第一类制度，它规定确立集体选择的条件的基本规则，这些规则是制定规则的规则。它包括确立生产、交换和分配基础的一整套政治、社会和法律的基本规则。这些规则，一经制定，那就要比以它们为根据制定出来的操作规则更难以更动，因而变化缓慢。这第一类制度的重心在于集体选择的条款和条件。第二类制度是指制度安排，这一类包括诺思和奥尔森的分类中提到的操作规则。它包括法律、规章、社团和合同。第三类是指规范性行为准则。跟宪法秩序一样，这些行为准则也要比制度安排变化缓慢、难以更动。这一类的准则对于赋予宪法秩序和制度安排以合法性来说，是很重要的。实际上，是它们为规范性研究社会提供了基础。规范性行为准则与意识形态和文化背景有关。"[1] 一般而言，教育领域的各有关教育部门、教育组织以及教育团体都有自己的规范、准则，各种规范、准则纵横交错，构成了一个内在联系的网络，通过各种组合确定现实的人从事教育活动的社会空间。"在大专院校，人们也宣布了有关管理招生工作、确定毕业要求、规定教职员录用条件以及建立管理学校的制度等方面的规则或一般性政策。"[2] 如果各种规范、准则之间是彼此协调的，它们就会促进人与人之间的可靠合作，促进教育发展、人的全面而自由发展。柯武刚等人曾说："如果各种相关的规则是彼此协调的，它们就会促进人与人之间的可靠合作，这样它们就能很好地利用劳动分工的优越性和人类的创造性。例如，交通规则——一套制度——将若干限制强加于单个驾驶员，但却使得人们在总体上享受到了更快捷、更安全的交通；确立各种保护产权的制度使人们能与他人进行买卖活动并建立信用关系。"[3] 同时，教育制度本身是一个系统，只有当各种各样的要素和组成部分形成一个恰当和谐的整体时，教育制度才能造就秩

① 汪洪涛著：《制度经济学》，复旦大学出版社 2003 年版，第 18 页。

② E. 博登海默著，邓正来译：《法理学》，中国政法大学出版社 2004 年版，第 233 页。

③ 柯武刚等著，韩朝华译：《制度经济学》，商务印书馆 2000 年版，第 32 页。

序，并抑制侵蚀可预见性和信心的任意性机会主义行为。例如，根据教育制度的架构方式可以把教育制度分为两类：指令性的教育制度、禁令性的教育制度。这两类教育制度的结果是，人们的教育行动得到协调。在指令性教育制度的场合，这种协调靠"有形之手"和领导者的计划来实现；而在禁令性教育制度的场合，则靠人们自愿和自发的行动。如果各种要素、各种规则之间不协调，甚至彼此冲突，则教育制度系统就不可能平稳运行，教育制度就会是低效率甚至无效的，会造成人的发展的片面化和畸形化。正是在此意义上，鲍尔明确指出："教育以某种融合才能和知识的工厂形式服务于社会。如果没有综合的教育制度，已经成为过去几十年标志的科学和技术的进步就不可能得以实现。……提及科学和技术的惊人进步时自然会使人们想到研究机构和大学，但我们必须牢记，造就明天的科学家的这一'生产线'延伸至小学和幼儿园。这样，解决这类问题的方法在一定程度上依赖于更好的理解和知识，依赖于一个国家从最高点到最基础的教育制度的有效性。"①

教育制度的协调性意味着教育制度的各个层次（根本教育制度、具体教育制度、特殊教育制度，或教育基本法、教育法律法规与学校规章、教育文化与传统）、各个类型（教育管理制度、教育教学制度、思想政治工作制度）、各个类别（正式教育制度、非正式教育制度）、各个架构方式（指令性的教育制度、禁令性的教育制度）、各个要素（教育价值、教育规范、教育组织等）之间彼此贯通、协调运作。这里的教育制度不仅是指教育教学制度，还包括教育管理制度和思想政治工作制度；不仅是指正式的教育制度安排，还包括教育习俗、教育习惯等非正式教育制度安排。斯科特曾说："制度是由各种认知性、规范性和调节性的结构和活动组成，它们为社会行为提供了稳定性和意义。制度由各种载体——文化、结构和常规——来运载，并且在多重管辖权限层面上运作。"② 在斯科特看来，教育制度的三个支柱就是"认知性的"、"规范性的"和"调节性的"。认知性教育制度塑造了过滤器，人们通过它来观察现实，并且在解读周围世界时，由此获得"世界的"含义。认知性教育制度引导教育个体认识教育教学活动以及如何在教育教学过程采取行动。例如，为什么应存在义务教育、为什么教育必须与宗教分离等，而这些都是认知性教育制度应该解释清楚并让人们接受的内容。规范性教育制度强调关于教育者应当如何通过合法的

① 联合国教科文组织教育丛书，赵中建编：《教育的使命》（序），教育科学出版社 2003 年版，第 3 页。

② W. R. Scott, *Institutions and Organizations*. Thousand Oaks, CA: Sage Publishers, 1995, p. 33.

手段追求有价值的结果方面的价值观和准则。例如，教练应当教育队员，良好的体育运动道德高于"不惜一切代价获取胜利"。再如，尽管教师做家庭教师并没有违法，但为了避免应试教育转移阵地，我们还是提倡学校教师不做家庭教师。调节性教育制度通过用以建立、监督、制裁活动的正式和非正式规章来描述种种行动，承担发挥稳定作用的角色。例如，学校的规章制度、国家法律以及专业标准，管理着教师和管理者的行动。斯科特的上述论述对我们的启示在于，教育制度创新或变革所要求的决不只是教育制度某一方面的创新或变革，而是教育制度的整体创新或变革。例如，我国目前实行的传统的教育制度——主要以青少年为对象、在学校内进行一次性国民教育——已经不再适应时代的要求。教育的目的在于使人成为他自己，"变成他自己"，教育应该与就业、个人发展和享受以及经济增长建立更加密切的关系，教育"不应培养青年人和成人从事一种特定的、终身不变的职业，而应培养他们有能力在各种专业中尽可能多地流动并永远刺激他们自我学习和培训自己的欲望"。[①] 因此，变革"既存"的教育制度，建立终身教育制度势成必然。而要实现这一目标，必须构建与终身教育制度相适应的、开放的、灵活的、协调的各种类型、层次的教育制度安排，打破各种类型、层次的教育制度安排之间的藩篱，建立不同类型、层次的教育制度安排网络。诚如刘易斯所说："一旦制度开始发生变化，就会越变越厉害。旧的信仰和关系改变了，新的信仰和制度渐渐变得相互一致起来，并朝着同一方向进一步变化。"[②] 一种新的教育制度安排的出现往往会拉动相关的教育制度安排发生相同方向的变迁，这种连锁效应十分类似于产业变动的连锁效应。

教育制度的协调性最重要的是教育制度包含的各种价值之间的协调。促进人的全面发展的教育制度所追求和实现的共同教育价值是多样的，如教育自由、教育平等、教育公正、教育效率等等。教育制度的各种价值之间存在着复杂的相互依赖性，有时具有互补性，即一种教育价值的实现往往会促进另一种或者多种教育价值的实现，但是在某些情况下，它们之间也存在着冲突，如较大的个人教育自由往往会导致个人之间的实际上的教育不平等，教育效率的实现有时会导致教育公平的丧失。教育制度必须对它所追求的各种教育价值之间可能的冲突进行协调，而这种协调是根据不同时期的实际情形，根据实际的社

---

① 联合国教科文组织、国际教育发展委员会编著，华东师范大学比较教育研究所译：《学会生存》，教育科学出版社 1996 年版，第 14 页。

② 阿瑟·刘易斯著，周师铭等译：《经济增长理论》，商务印书馆 2005 年版，第 175 页。

会经济、政治和文化发展水平动态地进行的。如在教育公平和教育效率之间某一时期可能是教育效率优先，兼顾教育公平，另一时期则是教育公平优先，兼顾教育效率，或者同一时期围绕最终教育价值在性质不同的领域分别有着不同的原则。只有教育制度的各种价值之间保持一定的次序与和谐，教育制度运行和谐从根本上说才是可能的。例如，在社会转型时期的我国，教育效率是目前我们进行教育制度创新、变革的灵魂。"我们最大最基本的国情，是在用有限的资源举办着全世界最大的教育，开发全世界规模最大的人力资源。这就决定了在教育的微观层面上必须把效率原则摆在突出的地位，提高教育资源配置和资源使用等各个方面的效率。为此，就要努力消除一切制度性延误、制度性阻碍、制度性浪费。要充分发挥市场机制在资源配置方面的效率优势；在重构公共财政制度基础上，做大公共财政收入的'蛋糕'，提高投资配置与使用效率。在制度创新中要强调相关制度的关联效益，注重各种制度的协调与互补，处理好局部与全局、短期措施与长远安排关系。"[1]

3. "好的"教育制度具有科学性

教育制度的科学性，是指教育制度在外在形式上是否符合教育制度本身的逻辑演进、是否符合教育制度本身的逻辑结构、是否合乎规范，在内容上是否合乎人的身心发展规律和教育发展规律。具有形式合理性和实质合理性的教育制度才能推动教育事业的发展和人的发展，促进社会的进步和人的精神的全面成长。博登海默曾说："只有业已建立了大体能够满足基本需求的有效制度的社会，才可能指导或鼓励那些旨在使我们生活于其间的物质世界与精神世界变得更加丰富和更具色彩的活动，才有可能指导或鼓励那些旨在满足人们参与一项伟大事业欲望的活动。"[2] 教育制度的基本形式是教育法，而建立教育法的是真理而不是权威。也就是说，作为具有普遍性和抽象性的教育法，其中应当蕴藏着集正确性与公正性于一体的合理性。伯尔曼曾说："在确保遵从规则方面，其他因素如信任、公正、信实性和归属感等远较强制力为重要。"[3] 只有如此，它才能取得有理智的人们的信仰和有效服从，才能减少各种外力强制的运用机会。

教育制度不同于个别性、特定性、一次性的命令、指示或决定，而是一种

[1] 中国教育与人力资源问题报告课题组：《从人口大国迈向人力资源强国》，高等教育出版社 2003 年版，第 116~117 页。
[2] E. 博登海默著，邓正来译：《法理学》，中国政法大学出版社 2004 年版，第 407 页。
[3] 哈罗德·J. 伯尔曼著，梁治平译：《法律与宗教》，中国政法大学出版社 2003 年版，第 17 页。

包含着普遍性的允许、命令或禁止非特定的人们如何行为的教育规则。一般而言，禁令性的教育制度规范相对而言容易得到保证。"汝不应偷盗"的规则是具有普适性、普遍性的，它给行为者提供了巨大的自行决策的空间。它适用于未知的、数目不限的人和教育情境。普适性、普遍性是说，无人应高踞于教育制度之上。罗尔斯把制度理解为一种公开的规范体系，"这些规范指定某些行为类型为能允许的，另一些则为被禁止的，并在违反出现时，给出某些惩罚和保护措施"。① 教育制度适用于一类人，而非特定的、具体的人；它是反复多次适用而非只适用一次。康德指出："儿童必须被置于某种必然的法则之下。这种法则必须是普遍性的。在学校里尤其要注意这一点。教师一定不能在众多学生中对某一个人表现出特别的偏爱，因为这样的话，法则就不再是普遍性的了。一旦他们发现不是所有人都遵从这同一法则，就会变得难以控制。"② 教育制度规范在本质上乃是长期性的措施，指涉的也是未知的教育情形，而"不指涉任何特定的人、地点和物"。③ 教育制度没有憎恨和激情，因此也没有"爱"和"狂热"，"不因人而异"，形式上对"人人"都一样。"要求法治的人是在要求上帝和神明而不是别人来进行统治；而要求人治的人则是在引狼入室；因为人的激情就像野兽，强烈的激情甚至会使人中英杰也误入歧途。而在法律中，你有理智没有激情。"④ 只有这样，教育制度才能是"对所有形形色色对保障个人生活机会感兴趣的人所要求的"教育秩序，才能有效防止各种任性和专断。⑤ 换句话说，在教育制度规范所涉及的范围内不应该有不受教育制度规范影响的主体和行为，教育制度是教育有序化的关键，它把教育结构和教育活动的主要领域都纳入自己的调整范围。因此，教育制度对教育关系的调整不是个别调整而是规范性的一般调整，每一教育制度规范都对某一类人或事发生作用。

4. "好的"教育制度具有价值性

教育制度的价值性，是指教育制度是由人运作和完成的，教育制度要与其成员的价值观念相吻合并得到它所指向的社会成员的认同和忠诚，这样的教育制度才能满足人的需要，促进人性的"向善"发展。康德说："人应该首先发

① 约翰·罗尔斯著，何怀宏等译：《正义论》，中国社会科学出版社 1988 年版，第 54 页。
② 康德著，赵鹏等译：《论教育学》，上海人民出版社 2005 年版，第 37 页。
③ F. A. 冯·哈耶克著，邓正来译：《自由秩序原理》（上），生活·读书·新知三联书店 1997 年版，第 264 页。
④ G. de Q. Walker, *The Rule of Law: Foundation of Constitutional Democracy*. Melbourne: Melbourne University Press, 1988, p. 93.
⑤ M. 韦伯著，林荣远译：《经济与社会》（上卷），商务印书馆 1997 年版，第 251 页。

展其向'善'的禀赋；天意并没有将它们作为完成了的东西放在他里面；那只是单纯的禀赋，还没有道德上的分别。改善自己，培养自己，如果自己是恶的，就要让自己变得有道德——这就是人应该做的。"① 人怎样才能发展其向"善"的禀赋呢？只有在具有"合乎人性"的教育制度的规约下，"人的天性"才能"越来越好地得到发展"。那么，什么样的教育制度是"合乎人性"的呢？首先，教育制度要顺应人的天性，顺应人的成长的天然顺序。卢梭说："大自然希望儿童在成人以前就要像儿童的样子。如果我们打乱了这个次序，我们就会造成一些早熟的果实，它们长得既不丰满也不甜美，而且很快就会腐烂：我们将造成一些年纪轻轻的博士和老态龙钟的儿童。儿童是有他特有的看法、想法和感情的；如果想用我们的看法、想法和感情去代替他们的看法、想法和感情，那简直是最愚蠢的事情；我宁愿让一个孩子到十岁的时候长得身高五尺而不愿他有什么判断的能力。"② 教育制度要适应儿童天性的自然发展，为他们天性的自然发展准备条件，为他们天性的自然、自由地发展创造适宜的环境。卢梭的这一教育制度思想无疑具有划时代的意义，诚如杜威所说："卢梭所说的和所做的一样，有许多是傻的。但是，他的关于教育根据受教育者的能力和根据研究儿童的需要以便发现什么是天赋的能力的主张，听起来是现代一切为教育进步所做的努力的基调。他的意思是，教育不是从外部强加给儿童和年轻人某些东西，而是人类天赋能力的生长。从卢梭那时以来教育改革家们所最强调的种种主张，都源于这个概念。"③ 同时，教育制度要与人的发展水平相一致，并相互配合。英格尔斯曾说："那些先进的制度要获得成功，取得预期的效果，必须依赖运用它们的人的现代人格、现代品质。无论哪个国家，只有它的人民的心理、态度和行为，都能与各种形式的经济发展同步前进，相互配合，这个国家的现代化才真正能够得以实现。""在当代世界的情况下，个人现代性素质并不是一种奢侈，而是一种必需。它们不是派生与制度现代化过程的边际收益，而是这些制度得以长期成功运转的先决条件。现代人素质在国民之中的广为散布，不是发展过程的附带产物，而是国家发展本身的基本内容。"④

其次，教育制度不仅要与它所"处"的文化传统相适应，而且是教育组织文化或学校文化的反映。教育制度不仅应取得教育组织文化或学校文化的认

---

① 康德著，赵鹏等译：《论教育学》，上海人民出版社 2005 年版，第 7 页。
② 卢梭著，李平沤译：《爱弥尔》（上卷），商务印书馆 2006 年版，第 91 页。
③ 约翰·杜威著，赵祥麟等译：《学校与社会》，人民教育出版社 1994 年版，第 221 页。
④ 阿列克斯·英格尔斯等著，顾昕译：《从传统人到现代人》，中国人民大学出版社 1992 年版，第 445 页。

同，而且应从文化传统、教育组织文化或学校文化那里获得支持。欧文斯曾说："教育组织——各个中学和大学——都有显著的组织文化的特征。……'组织文化'是告知人们什么可以接受，什么不可以接受的规范，组织最珍视的主导价值观念，组织成员认同的基本假定和信念，要与雇员相处并被接受为成员必须遵守的游戏规则，指导组织与雇员和顾客友好相处的理念等。组织文化的这些因素是组织成员经过一段时间共同协作发展而来的。在组织的发展历史中，他们不断得到完善，为那段历史的见证人所共享、认同。"① 教育组织文化或学校文化凝聚着教育组织、学校成员共享的哲学、价值观、信仰、期待、态度和行为规范。所有这些相互联系的品质反映出教师、行政人员和其他参与者之间如何对待教育决策和教育问题的明确或含蓄的认同，即"这儿做事的方法"。教育制度如果背离了教育组织文化或学校文化，肯定是无效的。诚如罗伯逊所说："有些规范，尤其是道德态度，已被制定成法律。法律只不过是一种条例，它由某一政权正式颁布，并受到国家权力机构的支持……那些与文化规范背道而驰的法律……常常是无效的，并往往会被废弃。"②

　　再次，教育制度必须是"善的准则"。康德认为，教育制度如果仅仅建立在"警示、威胁、惩罚等等东西的基础上"，那么它只是对人的一种"规训"而已。而在他看来，教育制度的本质恰是"善的准则"，是以"准则而非规训"为鹄的。这是因为，规训只是为了"防止越轨行为"，而准则却是对"思维方式加以塑造"。③ 即便是"防止越轨行为"的规训，也"决不能是奴役性的，而是要让孩子感受到他的自由，只是他不能妨碍别人的自由。"④ 儿童通过规训所造成的只是一种习惯，而且会随着年龄的增长而消失。因此，儿童应依照准则而行动，而不是被某种愿望所驱动。具体而言，"善的准则"体现着关怀。教育世界必须平等地对每一个人有一种诚挚的关怀和爱，关怀和爱意味着以人为目的，意味着对人的自我创造担负着责任。关怀和爱是教育人性化的主要表现，也是教育制度的价值诉求。当然，关怀和爱的责任不能成为操纵和支配的借口。"善的准则"体现着信任。信任意味着对他人存在的承诺，离开了对人的信任，教育制度就无可避免地退化成操纵、自我中心和监视。在信任的基础之上，交流和合作、尊重和理解的关系才能形成。布伯认为，当教育者赢得了

---

① R. G. 欧文斯著，窦卫霖等译：《教育组织行为学》，华东师范大学出版社 2001 年版，第 165 页。

② I. 罗伯逊著，黄育馥译：《社会学》（上），商务印书馆 1994 年版，第 76~77 页。

③ 康德著，赵鹏等译：《论教育学》，上海人民出版社 2005 年版，第 35 页。

④ 康德著，赵鹏等译：《论教育学》，上海人民出版社 2005 年版，第 22 页。

学生的信任时，学生对接受教育的反感就会被克服而让位于一种奇特情况："他把教育者看作一个可以亲近的人。他感到他可以信赖这个人，这个人并不使他为难，而正在参与他的生活，在有意要影响他之前能与他相亲近。于是他学习提问了。"① "善的准则"体现着尊重。在教育世界里，每个人都是不同声音的表达者，如果每一个人都以尊重的态度倾听他人的声音，如果教育者平等地尊重每一个人的见解、思想、个性，"善的准则"就已经在发挥作用了。教育世界中的尊重是建立在平等、公正的心态之上的，它排除任何意义上的分等、贬低、轻视和歧视。埃利诺等人说："真正重视差异的核心就是尊重差异。不能想象如果不尊重差异，如何能达成包含不同见解的共识。不尊重差异常常会排斥，至少尽可能少地听取他人意见，压制创造性，助长不信任。"② "善的准则"体现着欣赏。欣赏与尊重相关，每个人在教育共同体中的价值和品质同等重要，每个人的声音都是同等值得重视的，每个人的价值都是值得珍视的。在"善的准则"这一背景下，欣赏是真正倾听和理解他人声音的基础。欣赏意味着以一种谦逊的态度和宽容的情怀对待他人的意见，这样才能把每个人"邀请"到教育场域之中，才能使每个人大胆地表达自我，表达自我内心中的"絮语"。任何盛气凌人、自我贬低、贬损他人的态度，都与"善的准则"相背。"善的准则"体现着希望。教育者应该对受教育者满怀希望，希望意味着期待受教育者精神健康地成长。唯有教育者持有希望，受教育者才能免于失败的恐惧。简言之，"善的准则"追求的是人性的崇高与丰满，它根据每个人的传统和信仰，在充分欣赏、尊重每个人的情况下，促使每个人将其思想和精神境界提高到普遍行为模式和在某种程度上超越自我的高度。

第四，教育制度必须从一种关于追求客观结果、实现技术技能的制度转变成一种充满价值关怀的制度。塞尔兹尼克曾说："当组织被输入价值的时候，这些组织就变成了公共机构，也就是说，它们不仅作为工具，而且作为直接的个人满足之来源和负载群体完整性的推进装置而被珍视。这种输入使组织产生一种性质截然不同的个性。机构化推进顺利的地方，有特色的观点、习惯和其他承诺成为一体，给组织生活的方方面面增添了色彩，并给予它一种远远超出正规协调和命令的社会性的整合。"③ 一般而言，教育组织不过是达成教育目标

① 华东师范大学教育系、杭州大学教育系编译：《现代西方资产阶级教育思想流派论著选》，人民教育出版社 1983 年版，第 302 页。
② 琳达·埃利诺等著，郭少文译：《对话：变革之道》，教育科学出版社 2006 年版，第 124 页。
③ P. Selznick, *Leadership in Administration*. New York: Harper & Row, 1957, p. 40.

的技术工具。作为工具，它们赞美效能和效率的价值，其做法更多地涉及"正确地做事"而不是"做正确的事"。但是，一旦教育组织超越了效能和效率，超越了对目标和角色的关心，它们就成为应答性、适应性、价值性的事业，目的成为内在于学校组织结构的东西，并且在学校的一切工作中体现这些目的。

第五，教育制度是正义的，教育机会、教育资源的分配原则是正当的、合乎道德的。教育制度分配着人们的基本教育权利和义务，决定由社会合作产生的教育利益之划分的方式，因此，教育制度本身是否合乎道德原则、是否正义就成为带有根本意义的问题。在罗尔斯看来，对教育制度的道德原则的选择，优先于对有关个人的道德原则的选择，因为有关个人教育职责和教育义务的解释都明显地要涉及教育制度的道德，要以教育制度的正义为前提或包括对正义教育制度的支持。为此，他明确指出："正义是社会制度的首要价值，正像真理是思想体系的首要价值一样。一种理论，无论它多么精致和简洁，只要它不真实，就必须加以拒绝或修正；同样，某些法律和制度，不管它们如何有效率和有条理，只要它们不正义，就必须加以改造或废除。……作为人类活动的首要价值，真理和正义是决不妥协的。"[①] 如果教育制度与人们的价值取向、发展水平、文化传统相悖离，必然受到道德力量的抵制和威胁、人的素质的制约而使其"变成一个毫无意义的外壳"。

纵观教育制度发展的历史，我们可以看到，凡是优良的具有约束力的教育制度都具有"价值合理性"。霍布豪斯曾说："各种社会制度和政治制度本身并不是目的。它们是社会生活的器官，是好是坏，要根据它们所蕴涵的精神来判定。社会的理想不是在求索一种完善而没有变化的制度性的乌托邦形态，而是在探求一种精神生活的知识，以及这种知识的无限制的和谐增长所需要的永无断绝的动力。"[②] 伯尔曼也说："人们不会衷心拥戴一种政治制度和经济制度，更不用说一种哲学，除非对他们来说，这种制度或哲学代表着某种更高的、神圣的真理。如果在人们看来，有一种制度与他们信仰（用全部的生命去信仰，而不仅仅是在理智上认为如此）的某种超验实体相悖，他们就会抛却这种制度。"[③] 只有教育制度是公平正义的，人们才会"价值合理地"遵从教育制度。诚如柯武刚等人所说："任何制度都不应当将人分为三六九等，不应当在不同

① 约翰·罗尔斯著，何怀宏等译：《正义论》，中国社会科学出版社 1988 年版，第 3~4 页。
② 霍布豪斯著，孔兆政译：《社会正义要素》，吉林人民出版社 2006 年版，第 1 页。
③ 哈罗德·J. 伯尔曼著，梁治平译：《法律与宗教》，中国政法大学出版社 2003 年版，第 65 页。

集团之间亲疏彼此。那样的话，制度很难得到遵守。"① 只有如此，人们对教育制度的遵从与认同，才会"是内在的敬畏，而非外在的或神的惩罚的恐惧；是自知之明和内在的尊严，而非他人的意见；是行动和作为的内在价值，而非单纯的言语和内心激动；是知性，而非情感；是心绪的欢快和虔敬，而非忧伤、恐惧和蒙昧的虔诚。"② 只有教育制度通过其仪式与传统、权威与普遍性触发并唤起人们对整个教育生活的意识、唤起人们"对待生活的各种可能的终极态度"（涂尔干语）以及对某种崇高事业的意识的时候，人们才会遵守与认同教育制度。涂尔干指出："为了培养儿童对纪律的偏好，用强力实施纪律或使他们机械地服从纪律，都是不合适的做法。儿童必须自己感觉到，在某一规范中，究竟什么是他应该自觉遵守的东西。换句话说，他必须感受到规范中的道德权威，这种权威为规范赋予了值得尊重的价值。儿童的服从除非是一种内在的尊重感的外在表现，否则就不是真正合乎道德的。"③ 而一旦摈弃道德精神、文化温存、心性体贴、人性光辉和终极关怀的教育制度是没有生命力的，它只有教育制度的外壳而没有感人的力量，只是一时的强制力而没有持久的生命力，只是冷酷的理性规则、管制利器和牟利工具而游离了民众情感、疏离了生活世界、偏离了日常伦理。一句话，我们应该在教育制度和社会的道德精神价值之间找到平衡，因为，"在没有精神空间的地方，精神不能生存，人类掌握不了自己的命运"。④

5. "好的"教育制度具有开放性

人性发展的内容和水平是开放的、不断发展的。这种发展的开放性根源于人的生物学特点——人的器官及其功能的非专门化、非特定化，以及由此带来的人的本能的匮乏，人生来就是一种"有缺陷的生物"。博尔诺夫说："正是由于要通过较高的能力来弥补现存的缺陷这种必要性，人成了'不断求新的生物'，成了虽不完美，但因此而能不断使自己完美起来的生物。尼采曾在这一意义上说过，人是一种可以理解为还'不确定的'即不定型的、其本质还处在发展中的动物。"⑤ 人的不确定性、不完善性、未完成性，进而造成了人最显著

① 柯武刚等著，韩朝华译：《制度经济学》，商务印书馆 2000 年版，第 114 页。

② 康德著，赵鹏等译：《论教育学》，上海人民出版社 2005 年版，第 46 页。

③ 爱弥尔·涂尔干著，陈光金等译：《道德教育》，上海人民出版社 2006 年版，第 114 页。

④ S. 拉塞克等著，马胜利等译：《从现在到 2000 年教育内容发展的全球展望》，教育科学出版社 1999 年版，第 85 页。

⑤ O. E. 博尔诺夫著，李其龙等译：《教育人类学》，华东师范大学出版社 2001 年版，第 37 页。

的特征：无限地向世界开放和生成。"人是一个未完成的动物"，因此，他只有向世界开放，通过不断的学习，才能发展他自己、完善他自己。"人永远不会变成一个成人，他的生存是一个无止境的完善过程和学习过程。人和其他生物的不同点主要就是由于他的未完成性。……为了求生存和求发展，他不得不继续学习。"① 人的发展的开放性更是根源于人的现实本质——人是实践的存在物，人的实践活动是一种自主的、创造性的生成活动：正是实践的特点、本质内容和实践的内在矛盾运动使人不是力求停留在某种已经变成的东西上，而是处在变易的绝对运动之中，处于发展的状态。兰德曼说："自然和历史一次一次地迫使我们面对'挑战'。民族和时代的差别，只是由于一些民族和时代在它们的生活习惯中已经变得'僵化了'，因而不能有意义地控制挑战。只有另一些民族和时代的'创造性反应'，才把来自同一类型的停滞重复的文化，提高到更高的行为形式。"② 作为人的教育活动的条件和产物，同时也是人的发展的存在形式和现实空间的教育制度，必须是明确的、清晰的，它规范人类教育行为的力量多数源于它的不变异性。但是这并不是说它就是呆板的、硬化的、封闭的，它还必须具有开放性。教育制度应当具有开放性，以便允许行为者通过创新行动对新的教育环境作出反应。"当规则是开放的，即，能适用于无数未来情境时，就会比情境具体的规则更少僵化问题。但如果新的环境演化了出来，则即使是开放的规则也是需要调整的。"③其次，经济社会发展的是开放的，教育是"面向世界"的。人类社会自身发展的历史进程证明了一个事实，那就是从封闭走向开放，从野蛮走向文明。任何一个民族、一个国家如果仍然封闭，画地为牢，要想在民族之林中崛起，发展成为具有综合国力的强国是不可能的。封闭的社会借助教育促进社会发展的目的，在于谋求它本身永远存在下去，但这是不可能的。鲁伦说："这种封闭社会产生一个封闭的教育体系，而这个教育体系又对青年强加制约，因而又反过来保持并延续这个封闭社会。"④ 而人类社会的教育制度变迁、变革，尽管历经坎坷和曲折，每一教育制度虽然都以偶然性的形式出现，但是仍然是一个由低级向高级，由简单到复杂的发展过程。民族之间的融合、国家的交往、经济的互补、教育的交流、文化

---

① 联合国教科文组织、国际教育发展委员会编著，华东师范大学比较教育研究所译：《学会生存》，教育科学出版社 1996 年版，第 196 页。

② M. 兰德曼著，阎嘉译：《哲学人类学》，贵州人民出版社 2006 年版，第 170 页。

③ 柯武刚等著，韩朝华译：《制度经济学》，商务印书馆 2000 年版，第 114 页。

④ 联合国教科文组织、国际教育发展委员会编著，华东师范大学比较教育研究所译：《学会生存》，教育科学出版社 1996 年版，第 87 页。注释②。

的沟通，所有这些都在表明人类社会正走向一个不断开放的时代。达仁道夫说："愈来愈多的人开始把他们的状况同其他人的状况作比较，'一个世界范围的信息交流体系'使他们获得有关其他人的状况的信息。"[1] 2002 年，美惠子在一次主题演讲中说："未来对于我们来说很陌生。它与过去最大的不同在于：地球本身变成构筑和度量未来的单位。塑造未来的标志性议题，都是全球性的。我们同属于一个无法回避的、相互依存的网络：生态系统的相互依存；更具流动性的信息、观念、人力、资本、商品和服务之间的相互依存；以及和平与安全的相互依存。我们确实被绑在了一起，被编织在同一张命运之网中。"[2] 今日之世界，知识像水银流进每一个裂缝，并且像气体散布进每一个真空装置。阻止与知识革命相联系的事实和观念在世界范围内的流动，几乎是不可能的。奥本海姆说："无限制地接触知识，无计划和无约束地联合人们推进知识——这些是可以构成一个庞大，复杂，永远不断增大，永远不断变化，永远更加专门化和熟练的技术世界，然而又是一个人类共同体的世界的东西。"[3] 这个世界，无疑远远超出了民族国家。同时，面对世界性的危机，各种文化之间应展开对话，以寻求解决危机之道。加罗迪说：世界上各种文化之间的对话对于使我们走出困境很有必要。为建立一种真正的对话，每个人从一开始就应该坚信：别人有些东西值得学习。通过各种文明之间的对话，人类将能够生存下来和生活下去。在世界走向开放的时代，在各种危机四伏的世界中，教育显然不能置身事外，它在培养人们视野广阔的世界观方面大有作为。"人们指望教育不仅能满足人与社会的基本要求（和谐的个人发展、社会正义等），而且还希望它也能面对世界的重大问题，培养青年一代适应明天的世界及其要求。"[4] 即，只有教育的开放才能培养出开放型人才。例如，建立在参与和前瞻基础之上的创新的学习，就是面向世界性问题，并使个人能以创造性和建设性的方式对待这些问题。赫梅尔在论及明天的教育时说："最近的将来应完成的事业是：在工业化国家和发展中国家之间找到可接受的平衡以及建立全人类的团结。我们的星球犹如一条漂泊在惊涛骇浪之中的航船，团结对于全人类的生存是至关

---

① 拉尔夫·达仁道夫著，林荣远译：《现代社会冲突》，中国社会科学出版社 2000 年版，第 91 页。

② 彼得·圣吉著，张成林译：《第五项修炼》，中信出版社 2009 年版，第 356 页。

③ 克拉克·克尔著，王承绪译：《高等教育不能回避历史》，浙江教育出版社 2001 年版，第 16—17 页。

④ S. 拉塞克等著，马胜利等译：《从现在到 2000 年教育内容发展的全球展望》，教育科学出版社 1999 年版，第 101 页。

重要的。"① 况且，学习的国际化诸如新知识的流动、学者的流动、学生的流动、课程的内容等已成为世界性趋势。克尔说："虽然学者仍旧是一个国家的公民，也正在更加变成全世界学术的一个公民，因而越来越多地生活在两个世界，具有双重公民身份。"② "美国的高等教育系统具有十分不同于在别处所发现的特征。因为在美国正在发生的某些事情并不意味着它已经在别处发生，或者在任何别的地方将会发生。美国的模式不再是从西欧的模式衍生而来，而且它们并不必然构成别处能够仿效的模式。但是，高等教育确实具有某些跨越很多国家的共同的成分。它是许多机构中最具国际性的机构。教授成员、学生和思想在各国之间以只有商业和工业中的最高级人员的流动、原料和成品的流动，以及技术的流动可以相配的方式来来往往地流动着。因而，高等教育比多数其他人类努力的领域的有组织的活动更加是一个国际的社会。"③ 再次，教育的开放与否，直接关系到国家的教育与人力资源开发，对于提高教育和人力资源开发的国际竞争力有重要关系。总之，人性发展的内容和水平是开放的、经济社会发展的是开放的以及教育是开放的，决定了教育制度必须是开放的。具体而言，教育制度的开放性表现在以下几方面：

在宏观的视野中，世界是流动的，人类教育制度文明的交流、相互借鉴是它的常态。教育制度是人类制度文明的组成部分，作为人类战胜自然、管理人类教育的工具，它具有普遍性和共通性，能在国与国之间交流与移植。尽管教育制度实质上是属于国家性质的，一个国家有它自己选择的主权，但是这种教育制度却可以从国际范围内吸收各种教育观点，可以从包含在所有国家丰富教育经验中的那些有用的事例里获得助益，可以从一些共同的教育观念、教育计划、教育发展方向中得到启发。戴维斯等人说："民族国家必须越来越敏锐地面对（经济）压力，不断地改进自己的比较优势，这一切催生出一个十分重要的现象：日益扩张的市场网络，促进着主要工业国家建立标准化的知识体系。国家通过正规教育承担着组织和传播知识的使命，这样，这些发达国家就在学校制度上形成了趋同态势。"④ 而凡是认识到教育制度的这种性质，对外国的优

---

① S. 拉塞克等著，马胜利等译：《从现在到 2000 年教育内容发展的全球展望》，教育科学出版社 1999 年版，第 102 页。
② 克拉克·克尔著，王承绪译：《高等教育不能回避历史》，浙江教育出版社 2001 年版，第 34 页。
③ 克拉克·克尔著，王承绪译：《高等教育不能回避历史》，浙江教育出版社 2001 年版，第 259 页。
④ F. C. 福勒著，许庆豫译：《教育政策学导论》，江苏教育出版社 2007 年版，第 302 页。

秀教育制度文化成果，采取兼收并蓄、择其善者而从之的国家，其教育制度发展就快，教育制度发达程度就高。反之，就会闭关自守，夜郎自大，就会窒息教育制度文明的生命和活力，就会落后。尽管教育制度实质上是属于国家性质的，一个国家有它自己选择的主权，但是这种教育制度却同时也可以从国际范围内吸收各种观点，并可以从包含在所有国家丰富教育制度经验中的那些有用的事例里获得助益。《学会生存》一书指出："现代国家，即使只考虑它们自身的利益，也不能不发觉，增强国家之间的合作和更自由地、更有组织地交换文献和经验，将有助于它们在自己的事业上取得更廉价和更迅速的进步。"① 因此，只有以开放的姿态，扩大教育制度文明的交流，才能取别人之所长，补自己之所短。既要大胆谨慎地把外来"先进的"教育制度结合到本国教育制度之中，又要力争保持本国教育制度的统一性和整体性。在这一问题上，日本的教育制度建设较好地处理了"外域"与"本土"的关系，既吸收了"外域"的成果，又在借鉴富有生命力和有意义的本民族教育传统过程中推陈出新。勒克莱克曾评论道："（在日本）尽管人们受的教育不再像以前那样强调必须始终注意西方文明以便从中汲取科学技术的秘密，但是它仍然一贯强调熟悉国外的传统和经验。虽然日本人偏居一隅并有明显的本位主义，但他们很早就习惯于研究外国的成果而毫不担心会失去个性和忽视遗产，就看这种遗产是否有足够的抵抗力了。"② 在教育制度文明的交流过程中，应处理好普遍性与特殊性的关系问题，注意防止犯如 B·苏契道尔斯基所说的两种错误："人们可以发现这样一些错误（它们常常是无可挽回的），这些错误是由一些带有危险的平均主义性质的万金油式的方法造成的，而那些方法只是教育目标的极为拙劣的漫画表现。主张不惜一切代价保持地方传统的人总是喋喋不休地要求'寻根究源'，以此作为真实性的唯一保障。特殊性和真实性似乎成了平庸化和身份失落感的解毒药……教育的目的不应是一种陷阱或圈套。在确定这些目的的时候，既要避免过于普遍主义的归纳，又要避免过于突出的唯我主义。"③ 简言之，只有把世界性的"先进"教育制度吸收到本国、本民族的传统教育制度中去，把世界性教育制度思潮吸收到本国、本民族的民族生活中去，才能更新它们自己而又保持

① 联合国教科文组织、国际教育发展委员会编著，华东师范大学比较教育研究所译：《学会生存》，教育科学出版社 1996 年版，第 3 页。
② S. 拉塞克等著，马胜利等译：《从现在到 2000 年教育内容发展的全球展望》，教育科学出版社 1999 年版，第 85 页。
③ S. 拉塞克等著，马胜利等译：《从现在到 2000 年教育内容发展的全球展望》，教育科学出版社 1999 年版，第 226－227 页。

它们的民族特点。教育制度，只有由于它自己能够进行变革，才能生存下去。

教育制度的开放性是保持教育发展活力以及教育持续发展的基本前提。与行政垄断相联系的是教育体系的封闭性、划一性、僵死性，而与创建学习型社会、人的全面而自由的发展相联系的教育制度对内向社会开放，对外向世界开放。在思想、观念开放的同时，大胆试验、主动探索，寻求多种形式、多样化发展的教育之路。实际上，几乎所有国家都有许多可以促进教育发展与人的发展的教育制度安排。尽管各国教育制度互不相同，但是现有教育制度的"系谱"总是从一些封闭的、略加限制的教育制度体系一直排列到一些开放的、不加限制的教育制度体系。封闭的教育制度体系往往倾向于具有选择性和竞争性，它主要依靠这个制度体系内部规定的标准，来决定允许谁和不允许谁学习，在什么年龄学习。开放的教育制度体系则倾向于不要选择性、竞争性和规定性，它主要根据参加者自己的旨趣选择听什么讲演和学习什么科目，选择读什么书以及用什么方法。当然，在这两个极端之间还有各式各样的教育活动和教育结构。在这个"系谱"中，靠近封闭的、有选择性的、有竞争性的一端是传统结构的正规教育制度体系；稍微移向另一端，就是一些"可供选择的"学校、多单位学校以及在结构上和教学大纲上含有一定灵活性的"个别规定的教学"。还有一些机构，如自学中心、半工半读制以及"开放大学"等，在结构上是比较松散的，但是它们仍然偏向于有规定的学习。接近这个"系谱"的另一端的是一些结构松散的教育计划，如在职训练制等。再靠近这一端的就是各种沟通信息和从事教育的媒体。随着经济社会的发展、教育的发展，教育制度体系的开放性日显重要。而一个全面的开放的教育制度体系能够帮助学习者在这个体系中纵横移动，并扩大他们可能得到的选择范围。当然，学习者的流动性和选择的多样性是相辅相成的，这一方面是以另一方面为前提的。除非个人能够沿着任何途径达到他的目标而不受公式化准则的阻碍，否则，他就没有真正的选择自由；他的进步只能依靠他的能力与愿望。除非有各种各样可以充分选择的途径，否则，流动性就没有任何意义。诚如《学会生存》一书所说："在不同的教育学科、课程、等级之间，在正规教育与非正规教育之间，一切人为的、过时的障碍，都应一律加以废除。更新教育应该逐步施行，并且要使一些积极的居民优先获得这种更新教育。"[①] 总之，开放性的教育制度，不仅为个人的自由平等创造条件，而且促进教育的发展。

---

① 联合国教科文组织、国际教育发展委员会编著，华东师范大学比较教育研究所译：《学会生存》，教育科学出版社 1996 年版，第 231 页。

教育是"面向未来"的，教育有助于创立更加美好、更加人道、更加公平的社会，教育制度的开放性即意味着向未来社会开放。按照社会学的顺序，教育是为一个尚未存在的社会培养着新人。米德说："我们必须把未来置于一个男女老少的共同体中，置于我们之中，好像未生的胎儿在母亲的子宫里一样。它已经在这儿了，已经需要哺育、援助和保护自己，已经需要许多的东西。如果这些东西在他出生以前还没有准备好，那就嫌太迟了。所以正如青年们所说的，未来就是现在。"① 当教育的使命是替一个未知的世界培养未知的儿童时，环境的压力迫使我们在思考中构想着一幅未来的教育制度蓝图。因此，我们应按照对未来社会的设想中所包含的教育价值观来思考教育制度、构想教育制度，按照对未来社会的设想中所包含的人才观来设计新的"人类方案"，并把这些思考、新的"人类方案"转化为具体的教育制度安排。

当然，千万不能忽略的是，教育制度作为处理具体的人与人之间关系的教育规范，具有时代性、民族性。教育制度与每个民族的教育传统、教育生活方式、流行的教育哲学及其意识形态密切相关的。诚如《学会生存》一书所说，教育制度是"每个民族的民族意识、文化与传统的最高表现。"② 不论是什么样的教育制度，或是教育制度中的哪一条条文、规则，都只能是某个时代、某个民族的产物。教育制度深深地植根于一个民族的历史之中，其真正的源泉乃是本民族普遍的教育信念、教育习惯、教育习俗、教育传统和"民族的共同意识"。教育制度具有强烈的"民族特性"，是由"民族精神"决定的。教育制度并不是孤立存在的，而是在民族的教育习惯、教育习俗和教育传统的基础上产生的。萨维尼说："法律随着民族的成长而成长，随着民族的强大而强大，最后随着民族个性的消亡而消亡。"③ 教育制度的这种时代性、民族性，决定了我们在借鉴、吸收和移植外国教育制度时必须采取谨慎的、有选择的态度。每一个时代、每一个民族、每一个国家都有其独特而具体的需求和目的，都有其独特的传统。因此，适用于各个时代、各个民族、各个国家的统一的教育制度是不存在的。每一个时代都有自己的创造活力和改造工作，每一个国家也一样。卢梭说："一切良好制度的这种普遍目的，在各个国度都应该按照当地的形势以及居民的性格这两者所产生的种种对比关系而加以修改；应该正是根据这种

---

① 联合国教科文组织、国际教育发展委员会编著，华东师范大学比较教育研究所译：《学会生存》，教育科学出版社 1996 年版，第 36 页。注释③。
② 联合国教科文组织、国际教育发展委员会编著，华东师范大学比较教育研究所译：《学会生存》，教育科学出版社 1996 年版，第 218 页。
③ E. 博登海默著，邓正来译：《法理学》，中国政法大学出版社 2004 年版，第 93—94 页。

种对比关系来给每个民族都确定一种特殊的制度体系，这种制度体系尽管其本身或许并不是最好的，然而对于推行它的国家来说则应该是最好的。"① "除了一切人所共同的准则而外，每个民族的自身都包含有某些原因，使它必须以特殊的方式来规划自己的秩序，并使它的立法只能适合于自己。"② 不管两个国家的背景和传统如何相似，将一种教育制度从一个国家原封不动地转移到另一个国家的做法是不可取的。阿克顿说："我们的制度是我们这个民族自身的一部分及其产物，它不是一件可供一位能工巧匠模仿制作的外套服装。它能教给外国政治家的道理是，把任何政治变革与他们自己人民的传统和性格密切结合起来，区别哪些制度是偶然和暂时的，哪些制度是民族的和不可改变的。"③ 教育制度是民族智慧的结晶，教育制度是发源于本土的种子，期望一种适合于所有时代、所有民族、所有国家的单一性教育制度是荒谬的。况且，只有充分体现"民族精神"、"民族性格"的教育制度，才是世界的教育制度，才可能以本民族独有的、丰富多彩的教育制度文化对世界教育共同体做出贡献，并帮助世界教育共同体防止那种千篇一律的教育生活方式与教育思维模式。就我国的教育制度建设而言，我们既要学习、借鉴西方的先进的教育制度，更要总结、提炼"本土"教育制度资源，立足"本土"教育实际创造自己的教育制度。诚如张五常所说："中国奇迹的出现是中国人自己造出来的，中国的制度是中国人自己做出来的，我们试了很多方法，试得可以了。邓小平说试一试、看一看，这么多县，就在某些县试，为什么要引进西方的东西呢？可以考虑西方的东西，但是中国的制度要靠自己。"④

6. "好的"教育制度具有合理性

自韦伯之后，合理性概念成为了分析社会问题的一个重要平台，但也是一个很不容易把握的平台，因为它本身饱含着强烈的价值意蕴。劳丹说："20世纪哲学最棘手的问题之一是合理性问题"⑤。合理性本身作为事实判断和价值判断兼而有之，甚至有时两者之间就是相互交融，互为条件的。韦伯说："行为，尤其是社会行为，仅仅以一种方式或者另一种方式为取向，是极为罕见的。同样，行为取向的这些方式当然绝没有包罗行为取向方式的全部分类，而是为社会学目的而创造的、概念上是纯粹的类型，现实的行为或多或少地接近它们，

---

① 卢梭著，何兆武译：《社会契约论》，商务印书馆 2003 年版，第 67 页。
② 卢梭著，何兆武译：《社会契约论》，商务印书馆 2003 年版，第 68 页。
③ 阿克顿著，侯健等译：《自由与权力》，商务印书馆 2001 年版，第 390—391 页。
④ 戴志勇著：《张五常："平生没有见过这么好的制度"》，《南方周末》，2008 年 9 月 11 日。
⑤ L. 劳丹著，刘新民译：《进步及其问题》，华夏出版社 1990 年版，第 116 页。

或者从它们当中产生的——还更经常一些——混合类型的。只有成果才能表明它们对于我们是否适宜。"① 因此，我们在此所说的合理性，是在尽可能价值中立和纯分析基础上言说的。

教育制度合理性，主要是就教育制度本质规定而言的。教育制度合理性的内涵主要是指教育制度的内容符合教育制度的内在规律。在一个以某种教育理念支持的教育制度系统内，其教育制度是否遵守该教育理念规定的"逻辑"，其表现出来的功能与价值是否与其"教育理念"具有逻辑上的一致性。例如，教育制度是否具有逻辑的一致性，是否能体现教育制度的本性与目的，是否推进了教育的健康发展以及促进了人的全面而自由发展，等等。归根到底，就是教育制度最终是否促进了人的发展。教育制度合理性的外在体现就是教育制度是否真正合事实、合逻辑、合规范、合目的性。

在所有的合理性内涵中，形式合理性是最基本的。所谓形式合理性，指的是一种纯形式的、客观的、不包含价值判断的合理性，它主要表现为手段和程序的可计算性、形式的合逻辑性。韦伯曾说："当目的、手段和与之伴随的后果一起被合理性地加以考虑和估量时，行动就是工具合理性的。这包括合理性地考虑针对目的而选择的手段、目的对伴随结果的关系，最后是合理性地考虑各种不同可能目的的相对重要性"。② 一句话，这种合理性"是与手段和目的有关，与行为方式对目标的适宜性有关"。③ 因此，形式合理性的"质量"是无法判断的，但人们可以判断其"数量"：越是符合目的的行为，越是有利于目标实现的行为，就越有效，就越是合理。

教育制度的形式合理性以教育制度得到实施和遵守的一般性和普遍性为取向，它并不考虑实施这一教育制度安排是否会有益于某人或有损于某人这样的特殊情况，它将有关特殊目的、有关德性与善的问题授权人们自己解决，划归个人私事领域。当然，教育制度的形式合理性往往意味着实质非理性，因为教育制度的形式合理性具有非人格化和价值中立的特点，比如现代官僚制度、现代教育法律制度和纪律都是如此。

教育制度的实质合理性（或价值合理性），指教育制度就其内容而言是合乎理性的，或者说它在与人的目的的关系上是合人目的的。由于人的目的和需

---

① 马克斯·韦伯著，林荣远译，《经济与社会》（上卷），商务印书馆 1997 年版，第 57 页。

② 苏国勋著：《理性化及其限制》，（台湾）桂冠图书股份有限公司 1989 年版，第 97～98 页。

③ M. Horkheimer, *Zur Kritik der instrumentellen Vernunft.* Frankfurt a. M, 1974, p. 15.

求是多种多样的，因而教育制度在实质上合理的含义也是多方面的，但主要是指符合人们的实际教育利益和教育价值观念（包括道德价值、宗教价值、审美价值和传统）。也就是说，教育制度应当给服从者带来教育利益上的好处（或最大的好处），应当符合人们在道德、宗教和审美方面的价值偏好和价值追求，应当符合人们教育生活的传统、习惯。诚如阿基比鲁所说："对于任何一种教育制度来说，它若想成为有意义的和有成效的教育制度，就必须以一种明确的、深思熟虑的、富于理性的哲学或世界观为基础，还必须依据这样一些方面的有关信条行事：即人类和全人类的本性、个人和社会的价值观念体系、被人们认为最值得掌握的知识体系。"① 只有如此，才能被人们看成是实质上合理的东西，才能得到人们的赞成、承认、支持和认同，才能取得人们服从和遵守的自觉承诺，因而才具有真正的合法性、权威性和有效性。相反，一项教育制度安排要是不能给人们带来教育利益上的好处，即不能增进人们的教育利益；或者与人们的教育价值观相违背，即触犯人们关于什么是道德的、美好的、神圣的观念方面的禁忌；或者违背了人们世世代代生活于其中的教育传统、教育习俗，那么，它是不可能获得人们自觉自愿遵守和服从的，也就谈不上它具有实质合理性。

教育制度合理性在外化的过程中还有一种合理性形式，这就是教育制度实施过程中的程序合理性。所谓程序合理性，意指对同样环境中的人一视同仁，并且应使约束以同样的标准适用于所有人，不问其阶级和身份。换句话说，程序合理性是指不考虑其内容如何，是否公平，也不考虑其形式如何，是否逻辑上一致，只要在一定的时间段内、对于任何所涉及的主体都能前后一致地使用，这本身就具有了一定的合理性。埃克斯坦曾说："在英国人看来，程序不仅仅是程序，而是必须照章办事的神圣规矩。"② 即便面对教育制度的不公正，也应始终如一地执行。诚如罗尔斯所说："即使在法律和制度不正义的情况下，前后一致地实行它们也还是要比反复无常好一些。"③ 教育制度实施过程中的程序合理性具有更为纯粹的非人格化特征，更具"对事主义"的普遍性、平等性和价值中立性。哈林说："这种规章确保了一定程度的操作统一性，并与权力结构一起使各种各样活动的协调成为可能。这种规则不受个人变动的影响，确

---

① 杰·阿基比鲁著，董占顺等译：《教育哲学导论》，春秋出版社 1989 年版，第 109 页。

② S. P. 亨廷顿等主编，程克雄译：《文化的重要作用》，新华出版社 2010 年版，第 163 页。

③ 约翰·罗尔斯著，何怀宏等译：《正义论》，中国社会科学出版社 1988 年版，第 55 页。

保了一定程度的连续性和稳定性。"① 值得注意的是，程序合理性也存在一定的问题，首先，程序合理性忽略了个人在利用程序的能力方面的差异。每个人的能力是由他的家庭背景、教育水平、智力以及社会关系所决定的，而这些因素，无疑是因人而异的。第二，程序合理性完全忽视了教育制度的正义性。这里的问题所在，不是教育制度正义本身是否是一个值得追求的目标，而是程序合理性往往演变为对现存教育秩序、教育制度的辩护，并排除任何教育制度变革的可能性。当然，以上论证并不否认程序合理性的价值，而是说，程序合理性仅仅是一个必要条件，而非充分条件。例如，一些人认为，教育制度的不正义总是存在的，因为自然才能的分配和社会环境中的偶然因素是不正义的，这种不正义必然要转移到人类的社会安排之中。但是，罗尔斯对此种主张给予了否定。他认为，自然资质的分配无所谓正义不正义，人降生于社会的某一特殊地位也说不上不正义。这些只是自然事实。正义不正义是制度处理这些事实的方式。"贵族制等阶级社会不正义，是因为它们使出身这类偶然因素成为判断是否属于多少是封闭的和有特权的社会阶层的标准。这类社会的基本结构体现了自然中发现的各种任性因素。但是人们没有任何必要听命于偶然因素的任意支配。社会体系并不是超越人类控制的不可改变的体制，而是人类活动的一种类型。"②

教育制度合理性的真正内容，应该是教育制度的合目的性与合规律性。人类对教育的适应和改造，要获得预期的成效，必须以遵循教育规律为前提。教育规律是不依人的意志而存在的客观必然性，它既不能被创造，也不能被消灭。合教育规律的活动方式以它的成效起示范作用而逐渐被公众所接受，变成某种教育习俗、教育伦理和教育法律即普遍的教育行为模式。当这种教育行为模式为整个群体或多数人认同、模仿和遵从时，它就转化为一种教育行为规范。韦伯说："一旦社会中的大多数人都已经接受了这种行为方式，它便会成为新的社会常规，并使人们对之产生'应然感'。一旦社会中产生了专门的人员来以强制力保障这种新的规则，它便成了法律。"③ 教育制度乃至规范之所以能够保证主体活动的顺利和有效，是因为它反映了教育对象身心发展的规律和教育活动的规律。换句话说，教育制度的运行和发挥作用必须合乎教育对象身

---

① 托尼·布什著，强海燕主译：《当代西方教育管理模式》，南京师范大学出版社 1998 年版，第 53 页。
② 约翰·罗尔斯著，何怀宏等译：《正义论》，中国社会科学出版社 1988 年版，第 102—103 页。
③ 李猛编：《韦伯：法律与价值》，上海人民出版社 2001 年版，第 64 页。

心发展的规律和教育活动的规律。同时，教育制度不仅包含真的成分，而且包含善的成分，这一成分就是教育制度中的利益、公平、正义因素。这些因素是教育制度得以形成的必要条件。也就是说，经由道德担保和制衡的教育制度，即"为生命，为伟大的生命服务"（舍勒语）的教育制度，不仅是教育走向自由、公正和发展的关键，也是个人自由地形成个人的生活目的、承担责任、形成自律的关键。杜威曾指出："如果学校不创造一种有批判性的鉴别能力的大众智慧，那么将会无限制地产生偏见和燃烧的激情。我们的主要的保障就是由学校对各种社会力量给予一种明智的理解。根据我的判断，对于情况和力量的明智理解必然会支持一种新的一般的社会方向。"① 否则，就会陷入韦伯所言的理性主义的梦魇。在理性主义建构的世界里，充斥着大批扔掉灵魂的人，充斥着纵欲声色、埋没良心的人。这些人本已身陷牢笼，但脑里仍发着春秋大梦，并认定自己就是将人类发展推向史无前例的巅峰的英雄。"没人知道将来会是谁在这铁笼里生活；没人知道在这惊人的大发展的终点会不会又有全新的先知出现；没人知道会不会有一个老观念和旧理想的伟大再生；如果不会，那么会不会在某种骤然的妄自尊大情绪的掩饰下产生一种机械的麻木僵化呢，也没人知道。因为完全可以，而且是不无道理地，这样来评说这个文化的发展的最后阶段：'专家没有灵魂，纵欲者没有心肝；这个废物幻想着它自己已达到了前所未有的文明程度'。"② 只注重教育制度的形式合理性往往导致了教育制度的实质非理性，实际上就是"理性化导致了非理性的生活方式"。

总之，不管我们如何理解"教育制度"一词，也不管我们是乐观地、悲观地或仅仅是从辞源学上去理解它，人类教育的未来不可避免地与教育制度紧密相连。尽管我们发现，教育制度的发展是不受人们支配的，它们服从它们自己的逻辑而它们的逻辑是非人性的，因而感到非常灰心。但是事实上，教育制度的发展过程是人类自己建立起来的，而且他控制着这些过程的各个方面和根源，控制着从研究到消费的一系列决策过程：应用、承担、投资、生产和分配。不管我们认为人类重新掌握他自己命运的能力是大还是小，我们只能说，合理的教育制度必须以下列准则为根据：目前的社会与未来的社会能够或将能证明教育制度本身并不是目的，它们的真正目标是为人类服务。即，教育制度必须成为教育事业基本的组成部分；教育制度必须同一切儿童、青年或成人的

---

① 约翰·杜威著，傅统先等译：《人的问题》，上海人民出版社 2006 年版，第 64 页。
② M. 韦伯著，于晓等译：《新教伦理与资本主义》，生活·读书·新知三联书店 1996 年版，第 143 页。

教育活动结合起来，以帮助个人既控制教育的力量，也控制社会的力量，并从而控制他自己，控制他所作出的决定和行为；教育制度还必须帮助人类养成教育制度精神，因而使他能变革、发展教育制度而不致为教育制度所奴役。

7. "好的"教育制度具有合法性

教育制度合法性包括两个方面的内容：一方面是教育制度能否以及怎样以教育价值观念和教育价值规范所认可的方式有效运行，另一方面是教育制度有效性的范围、基础与来源。就其本质而言，教育制度的合法性就是教育制度所涉及主体对于教育制度的承认，对教育制度正当性的认可。

在所有关于合法性的定义中，韦伯的定义得到较广范围的认同。他认为，一种秩序系统的存在取决于它是否有能力建立和培养其成员对其存在意义的普遍信念，也就是说，合法性表明秩序系统获得了该系统成员的认同和忠诚。"合法的适用可能由行为者们归功于一种制度：基于传统：过去一直存在着的事物的适用；基于情绪的（尤其是感情的）信仰：新的启示或榜样的适用；基于价值合乎理性的信仰：被视为绝对有效的推断的适用；基于现行的章程，对合法性的信仰。"① 如果某一社会中的公民都愿意遵守当权者制定和实施的法规，而且还不仅仅是因为若不遵守就会受到惩处，而是因为他们确信遵守是应该的，那么，这个政治权威所制定的制度法规就是合法的。如果大多数公民都确信权威的合法性，法律就能比较容易地和有效地实施，而且为实施法律所需的人力和物力耗费也将减少。《布莱克维尔政治学百科全书》中对"合法性"词条的解释是："任何一种人类社会的复杂形态都面临着一个合法性的问题，即该秩序是否和为什么应该获得其成员的忠诚的问题。"② 显然，韦伯及其追随者采取的都是一种基于经验主义的合法性论证方式，即对于当下的制度法规合法与否，并不是用一个更高的道德标准来评判，它只是坚持了经验科学的客观性和价值中立性，来对已存在的制度法规作出客观的解释。它研究"是"（is），从而将"应当"（should）剔除出去。用帕森斯的话说，决定合法性功能程度的因素"在具体情况下始终是个经验问题，而且决不能先验地假定。"③ 换句话说，在韦伯及其追随者看来，制度法规拥有一种自己独有的、不依赖于道德的合理性。

---

① M. 韦伯著，林荣远译，《经济与社会》（上卷），商务印书馆1997年版，第66页。
② 戴维·米勒等主编，邓正来主译：《布莱克维尔政治学百科全书》，中国政法大学出版社2002年版，第439页。
③ T. 帕森斯著，梁向阳译：《现代社会的结构与过程》，光明日报出版社1988年版，第144页。

　　韦伯及其追随者既然抛弃了古典自然法传统非常看重的终极价值关涉，对合法性的探究就必定更多停留在工具和技术的层面。按照这种逻辑，只要人民群众对制度法规表示支持和忠诚，该制度法规就有合法性，不必去理会这个制度法规是什么性质的，以及通过什么手段来赢得人民群众的支持和忠诚的。在比较糟糕的情况下，不要说对理想教育秩序的畅想和追逐，就连民众的参与都被挤压到一个局促和尴尬的地步。更要命的弊病在于，由于排除了事先考察现存信念的可能性，国家权力机关完全可以把无法检验的信条强加于社会成员而与后者保持一种不对称的关系。例如，该如何解释在法西斯主义国家，民众对制度法规的忠诚也曾盛极一时？那种制度法规以及秩序是合法的吗？因此，哈贝马斯批评韦伯及其追随者的解释是片面的。哈贝马斯说："如果合法性信念被视为一种同真理没有内在联系的经验现象，那么，它的外在基础也就只是心理学意义。"[①] 况且，"韦伯的那个假设——一种独立的、与道德分离的、内在于法律本身之中的合理性，被认为是合法律性的赋予合法性力量的理由——并没有得到证实。"[②] 当然，他试图将合法性理论从经验论证的轨道再度拉回到立足于价值的规范分析上来，还与法兰克福学派秉持的社会批评立场有关。哈贝马斯提出，"合法性意味着某种政治秩序被认可的价值"[③]，而不是得到认同的"事实"。这种价值虽然可以在经验的范围内体察，但同时更离不开对某种标准和真理的探求。既定秩序尤其是政治秩序的合法律性，只有从一种具有道德内容的程序合理性出发才能取得它的合法性。既定秩序尤其是政治秩序的合法律性，始终来源于法律的形式属性中隐含的道德内容。正如李普塞特所说："合法性是指政治系统使人们产生和坚持现存政治制度是社会的最适宜制度之信仰的能力。当代民主政治系统的合法程度，主要取决于解决造成社会历史性分裂的关键问题的途径。有效性主要是工具性的，而合法性是评价性的。组织是根据政治系统的价值标准是否符合自己的标准来判定它是否合法。"[④]

　　就教育世界而论，教育制度既然是社会教育价值标准的物化体现，其生存的根本性基础也就在于它在何种程度上获得了社会赞同。社会赞同的真正含义

---

① 尤尔根·哈贝马斯著，刘北成等译：《合法性危机》，上海人民出版社 2000 年版，第127 页。

② 尤尔根·哈贝马斯著，童世骏译：《在事实与规范之间》，生活·读书·新知三联书店2003 年版，第 580 页。

③ 尤尔根·哈贝马斯著，张博树译：《交往与社会进化》，重庆出版社 1989 年版，第 184页。

④ S. M. 李普塞特著，张绍宗译：《政治人》，上海人民出版社 1997 年版，第 55 页。

是来自于每个个体发自内心的真实判断，正是这种真实判断赋予教育制度的权威合法性。斯密说："制度中的人……似乎在想象，他能够像在棋盘上随意摆布不同的棋子一样，轻而易举地安排一个大社会中的不同成员。他没有考虑到，棋盘上的棋子，除了手指强加给它们的移动原则以外，没有任何其他原则；但是，在人类社会这个巨大的棋盘上，每一个人都有着他自己的运动原则，而且这些原则还与立法机构可能强加给他的运动原则完全不同。如果这两种原则恰好相吻合并趋向于同一个方向，那么人类社会中的人与人之间的竞技或生活就会顺利且和谐地进化下去，而极有可能是幸福的和成功的。如果这两种原则相反或对立，那么人类社会中的人与人之间的生活就会以悲惨的方式持续下去，而且这种社会也肯定会始终处于最为失序的状态之中。"① 不论"民主的"教育制度还是"专制的"教育制度，只要一经确立，就是对教育制度框架中的每一个个体形成一种强制潜力。而区别仅在于，强制潜力只能赢得服从，但决不会产生社会赞同。社会赞同可以产生自愿的服从，但服从绝不全是社会赞同的产物。为此，我们对于教育制度合法性进行了如下推论：第一，一个教育制度是合法的，当且仅当它是所有人都同意的教育制度。在这里，"同意"意味着：在所有可能的教育制度选择 a，b，c，…n 中，人人都自由地选择了a。但是这个标准过于苛刻，无论在理论上还是事实上都不可能有一个完美到"人人同意"的教育制度。于是，退而求其次。第二，一个教育制度是合法的，当且仅当它是多数人都同意的教育制度。这是现代社会的一个典型理解，它是民主教育制度的根据。但这个理解中有一个往往被忽视的严重缺陷，它把人不分黑白地看做是个抽象符号，是个无分别的人一变元，就好像人人都是一般货色，是一些数目。只有把人抽象成无分别、无面目的东西，才能够"加总"计算，那种就有关教育制度问题的数量化的投票才显得公正。可是事实上，人有贤愚，有善恶，有小人君子，有好人坏人。我们显然没有信心认为君子多于小人，相反，有许多迹象表明小人更为多见。由此，不被精英认可的教育制度一定是坏的。因此，这一推论应修订为：第三，一个教育制度是合法的，当且仅当它是多数人都同意的教育制度，并且，多数人中至少包含了多数精英。因此，所谓教育制度合法性，就是说教育制度一定是超越了个人私利，为大家所承认并接受的，是合乎法理、情理和社会期待的。换句话说，如果说教育制度合理性关心的是教育制度系统如何有效运行这一问题的话，教育制度合法性关

---

① F. A. 冯·哈耶克著，邓正来等译：《法律、立法与自由》（第1卷），中国大百科全书出版社2000年版，第52页。

心的则是选择某项教育制度的理由是什么。

教育制度合法性是指教育制度的这样一种特性，这种特性不仅来自正式的教育法律或命令，而更主要的是来自根据某一教育价值体系所判定的、由社会成员给予积极的社会支持与认可的教育制度的可能性或正当性。换句话说，教育制度合法性中的"法"，可能是法律、教育法律，也可能是社会公认的道德行为准则，还可以是教育传统、教育习惯、教育习俗或者某种神圣信仰。教育制度是一国"教育场域"的教育行为规则，这种规则的形成根源于一国的教育传统、教育文化、教育价值观乃至意识形态等诸多因素。诚如博伊德所说："犹如雅典过去是'希腊的教育者'一样，希腊现在成为各国教育的领导者了，就连学校这个概念也是来源于希腊的，各国在学校制度上从希腊自由采用的，不仅是学科和方法，甚至还包括教材。然而，他们并未盲目地仿效。每一个民族，都从希腊楷模的宝库中，采用了自己所需要的东西，并使之适应自己特定的环境。"① 例如，近代德国进步的、以研究为方向的大学后来广为世界各地所羡慕和仿效，"德国大学的灵活性及其发展的内在逻辑，使德国大学体现出一种专业化的、以研究为方向的理想，从而成为其他先进国家进步的高等教育体制模式。"② 只不过，那些仿效它的国家都各按其不同的社会背景，有选择地借鉴德国大学的做法，使德国的传统适应本国的需要。阿什比说："在英美大学的血液中，都有德国大学的宝贵传统，只是各国为适应本国的学术传统和社会风尚而有所取舍罢了。"③ 在借鉴、采纳外来教育组织形式方面，日本表现得较为积极和突出。1868年明治维新后，日本政府有意识、有选择地向西方学习。日本政府官员认为，为实现国家现代化所需要的东西主要是，"兰学"（意指一般西学）、英美的技术、德国和奥地利的宪法、法国的初等教育和德国的高等教育。珀金说："德国高等教育十分适合于日本，因为德国的政府体制和社会状况与日本有些相似，在这种社会中，高等教育体制由国家控制，并适合于为国家制定的政治、军事和经济发展规划培养政府官员、专业人员和工程师。"④

---

① 威廉·博伊德等著，任宝祥等主译：《西方教育史》，人民教育出版社1986年版，第44页。
② 伯顿·R. 克拉克著，王承绪等译：《高等教育新论》，浙江教育出版社2001年版，第38页。
③ E. 阿什比著，滕大春等译：《科技发达时代的大学教育》，人民教育出版社1983年版，第12页。
④ 伯顿·R. 克拉克著，王承绪等译：《高等教育新论》，浙江教育出版社2001年版，第43页。

为此，日本的新兴大学有意识地模仿德国模式，设法律、医学、自然科学、哲学各学部和讲座制。每个讲座由一名教授担任，并由讲师、助教和研究生协助教授工作。这样，讲座成为日本大学学术组织的基本单位（至少在早期阶段是如此），既重视科学研究，也重视道德教育和品格形成。但是，实际上，日本的高等教育制度与德国相去甚远。日本的高等教育制度建设，为的是适应自己民族的需要。日本的高等教育制度尽管具有很强的西方"遗传性状"，但同时也是适应日本环境的、具有日本独特性的高等教育制度。诚如范德格拉夫所说："当那些从国外模仿学习来的东西，融进一个具有不同利益不同信念的结构时，这些外来的成分都已经被扭曲和改造了。"①

如果背离了这诸多因素，无疑是不合"法"的。教育发展的事实充分证明，完全不顾历史性和民族性的教育制度建设，最终都将因这种建设无法被社会所完全接受和与一定的社会精神相吻合，而陷入危机和破产。郭秉文在其《中国教育制度沿革史》中说："盖国情有不同，时事有变迁。善于彼者或不善于此，宜于古者或不宜于今，故教育制度无绝对善者无绝对不善者，要以合乎境地审乎。"② 傅斯年亦说："我以为学外国是要选择着学的，看看我们的背景，看看他们的背景。"③ 黄问歧更是对我国教育制度建设中的种种问题进行了一针见血的分析："我国教育制度，时而抄袭日本，时而模仿美国，近更有人主张效法欧洲，凡此皆皮毛之谈而非根本办法。中国有中国之历史与环境，决非完全仿效他国之成法而能有济；盲目追随，徘徊歧路，终于效益。必以斟酌国情，参考历史，厘定中国国产之教育制度，庶可负复兴民族挽救危亡之责任。"④ 从某种程度言，教育制度是"自根自生"，纵使有些可从外域"移植"，也应该与本国教育传统、教育习俗、教育文化等融合。加塞特说，如果学校确实是国家的一个职能机构，与其内部人为创造的教学气氛相比，它更多地依赖于所处的民族文化气氛，这种内在和外在的平衡是造就一所好学校的基本条件。"即使承认英国的中等教育和德国的高等教育制度是完善、理想的，它也并非是不可转变的，因为机构和制度只是一个较大系统的一部分，它们的存在

---

① 约翰·范德格拉夫等编著，王承绪等译：《学术权力》，浙江教育出版社 2001 年版，第 216 页。
② 郭秉文著：《中国教育制度沿革史·绪言》，商务印书馆 1922 年版，第 4 页。
③ 欧阳哲生主编：《傅斯年版全集》（第 5 卷），湖南教育出版社 2003 年版，第 189 页。
④ 中国第二历史档案馆编：《中华民国史档案资料汇编》第五辑、第一编、教育（一），江苏古籍出版社 1994 年版，第 162 页。

整体上是与创造和维护它们的国家相一致的。"① 即，教育机构不是完全"可以转移的"，而必须适应各国特殊的历史和环境。因此，教育制度要合法，必须具备"本土情怀"、"乡土本色"，必须走"寻根求源"之路，必须把"人置于自己文化传统的中心，懂得自己是什么人和如何成为这种人的。"② 当然，对于这个"法"是否符合教育公平正义的追问，则是它的关键所在。

8. "好的"教育制度具有可操作性

教育制度的可操作性与它的科学性、价值性相关，是指教育制度必须与它所建基其上的社会历史的发展阶段相适应，必须具有实际的可行性，不能仅停留在理论上而成为教育制度的乌托邦。首先，教育制度不能超越社会历史发展阶段，超越社会历史发展阶段在教育实践中容易产生一种"寻求最优教育制度"，"轻视次优教育制度"的冲动，其结果往往是欲速则不达。教育制度要具有操作的可能性、可行性，否则会产生教育制度乌托邦。一种教育制度从理论上"讲得通"到实际中"做得到"尚有相当长的路要走，有相当多的问题要解决，说白了尚有很多不可预见的成本要支付。某些教育制度安排从抽象的理论观点看可能是有利的，但由于它与教育制度结构中其他现行教育制度安排不相容，因而是不适用的。林毅夫指出："正式的制度安排指的是这样一种制度安排：在这种制度安排中规则的变动或修改，需要得到其行为受这一制度安排管束的一群（个）人的准许。也就是说，无异议是一个自发的、正式的制度安排变迁的前提条件。因此，正式的制度安排变迁，需要创新者花时间、花精力去组织、谈判并得到这群（个）人的一致性意见。"③ 现以国家举办的高等学校为例予以分析。1996 年 3 月，中共中央印发的《中国共产党普通高等学校基层组织工作条例》规定："高等学校实行党委领导下的校长负责制。校党委统一领导学校工作，支持校长按照《中华人民共和国教育法》的规定积极主动、独立负责地开展工作，保证教学、科研、行政管理等各项任务的完成。"1998 年 8 月颁布的《中华人民共和国高等教育法》第 39 条规定："国家举办的高等学校实行中国共产党高等学校基层委员会领导下的校长负责制"。高等学校基层委员会的领导职责是："执行中国共产党的路线、方针、政策，坚持社会主义办

---

① 奥尔特加·加塞特著，徐小洲等译：《大学的使命》，浙江教育出版社 2001 年版，第 48 页。

② S. 拉塞克等著，马胜利等译：《从现在到 2000 年版教育内容发展的全球展望》，教育科学出版社 1999 年版，第 253 页。

③ R. 科斯等著，刘守英等译：《财产权利与制度变迁》，上海三联书店 2000 年版，第 390 页。

学方向，领导学校的思想政治工作和德育工作，讨论决定学校内部组织机构的设置和内部组织机构负责人的人选，讨论决定学校的改革、发展和基本管理制度等重大事项，保证以培养人才为中心的各项任务的完成。"校长的职责是："全面负责本学校的教学、科学研究和其他行政管理工作。"同时，校长行使下列职权："拟订发展规划，制定具体规章制度和年度工作计划并组织实施；组织教学活动、科学研究和思想品德教育；拟订内部组织机构的设置方案，推荐副校长人选，任免内部组织机构的负责人；聘任与解聘教师以及内部其他工作人员，对学生进行学籍管理并实施奖励或者处分；拟订和执行年度经费预算方案，保护和管理校产，维护学校的合法权益；章程规定的其他职权。"毫无疑问，国家举办的高等学校的这一领导体制确实充分体现了高等学校发展的需要，是一种很好的教育制度理念。但问题在于，在国家举办的高等学校中党组织的"核心"作用与校长全面负责教学、科学研究和其他行政管理工作的"中心"作用之间如何协调便是一个很实际的问题。目前，这一教育制度安排在国家举办的高等学校，就鲜明地表现出三种形态：如果校长与书记脾气相投，关系良好，那么，整个学校党政关系就是"哥俩好"，校长支持书记的党委工作，书记支持校长的行政管理工作，党政良性互动，学校发展较快；如果书记与校长不能很好地合作，那么就会出现校长强，唯"中心"独尊专行，书记强，唯"核心"马首是瞻；书记与校长"两虎"相遇，则是互不相让，甚至以各种名义动用各自所属的职能部门打乱仗，其内耗乃至最后是你"亡"我"灭"学校"死"。更有甚者，有些时候出现这样一种现象，同一个领导，当在书记岗位时，言必称"核心"，轮岗到了校长岗位时，万事以"中心"为大。应该说，不论书记校长，一般都是共产党员，为什么会出现这种情况呢？一句话，教育制度的非现实性原因使然。从理论上讲，"核心"与"中心"是完全可以得到有机统一的，但是作为一种教育制度乌托邦，它的实现是以极其严格的条件为前提的，我们必须保证这校长与书记都有极高的政治觉悟、有极高的领导协调技巧、有完整全面地对学校发展的理解且在这种理解上两者还能达到高度的一致，而且以上所有这些条件还必须同时实现。我们怎么能保证这些条件恰好机缘凑合在一起？显然是不可能的。雅斯贝尔斯曾说："乌托邦式的计划（对人类无法制造之物的计划）：有些人认为一切事情都可以做到，人定胜天，这种信念十分害人，它导致了人们想要依照计划做出超人，达到此目标的途径或是生物方面的培养，或是创造有利的生存条件。然而，由于我们知识与能力的限制和它根本就不可能实现，因而这些计划只会在实际的尝试中毁灭。"① 当然，我们绝对不否认这种领导体制理念的相当完美，也相当有必要。但从这些年国家举办的高等学校的各种具体制度实际运行来看，要想真正实现这一制度安排，恐怕还需要进一步的探索。否则，本来是一个好的教育制度理念，可能会在理论上成为教育制度乌托邦，在教育实践上画虎不成反类犬，变成一种更为糟糕的教育制度。

其次，教育制度是规范人们各种教育行为的，要遵守教育制度，人们就得认识、了解教育制度规则，不能要求人们服从没有公布的"内部规则"、"秘密法"或含糊、多变的教育制度。难怪罗尔斯指出，当我们谈到一种制度因而社会的基本结构是一种公开的规范体系时，其意思无非是说，"每个介入其中的人都知道当这些规范和他对规范规定的活动的参与是一个契约的结果时他所能知道的东西。一个加入一种制度的人知道规范对他及别人提出了什么要求。他也清楚：别人同样知道这一点，他们也清楚他知道等等。"② 因此，教育制度"作为一种行为指南，如果不为人知而且也无法为人所知，那么就会成为一纸空话。"③ 换句话说，教育制度要富有成效，必须易于理解。同时，教育制度规则还必须是肯定的、明确的。规则的语言必须明确易懂、简明扼要、严谨一致，避免含有歧义的用语。霍尔巴赫曾说："法律订得神秘、含糊、复杂，说明立法者故意设置陷阱，引人入彀。法律应该写得清楚明白，使应该守法的人一目了然。"④ 因为，"一般说来，人们必须掌握几个简单的概念。一个内容错误但被表述得清晰明确的观念，经常比一个内容正确但被表述得含糊复杂的观念更能掌握群众"⑤。也就是说，教育制度必须在两种意义上具有确定性：它必须是可认识的（显明的），它必须就未来的环境提供可靠的指南。教育制度的确定性意味着，正常的公民应能清晰地看懂教育制度的信号，知道违规的后果，并能恰当地使自己的教育行为与之对号。教育制度规则设定的教育权利、教育义务必须是具体的、确定的，而不是原则性的、抽象的，即教育制度规则设定的自由裁量范围不能过大，否则就不易操作或会产生不公正结果。简言之，教育制度应当是公知的且确定的。

---

① 卡尔·雅斯贝尔斯著，邹进译：《什么是教育》，生活·读书·新知三联书店1991年，24页。

② 约翰·罗尔斯著，何怀宏等译：《正义论》，中国社会科学出版社1988年版，第55页。

③ E. 博登海默著，邓正来译：《法理学》，中国政法大学出版社2004年版，第339页。

④ 霍尔巴赫著，陈太先等译：《自然政治论》，商务印书馆2002年版，第282页。

⑤ 托克维尔著，董果良译：《论美国的民主》（上卷），商务印书馆1997年版，第185页。

9. "好的"教育制度具有公共性

教育的公共性是指教育涉及社会公众、公共经费以及社会资源的使用，影响社会成员共同的必要利益，其共同消费和利用的可能性开放给全体成员，其结果为全体社会成员共享的性质。而教育尤其是现代教育则是指由政府向社会成员提供，可以为每个社会成员消费的最基本的教育服务的总称。它是从多种观点出发，有目的、有计划地加以组织和运筹的，目的在于实现广大国民的教育福利。在此意义上，教育尤其是现代教育具有明显的公共性。教育的公共性主要体现在以下几个方面：第一，教育的目的与功能的公共性。教育直接服务于个人，影响着个人能力的发展以及社会经济地位的提高，并为个人带来合法的、可观的个人利益。同时，教育还会影响学校、社会以及社会团体、社会文化的发展状态，决定经济社会的发展水平。教育既能促进人的全面而自由的发展，也能推动经济社会的进步。因此，教育具有直接使公民个人受益，间接使整个社会受益的功能，是人类社会赖于生存和发展的重要基础。教育是民族振兴、社会进步的基石，是提高国民素质、促进人的全面而自由的发展的根本途径。第二，教育价值观的公共性。受教育权是公民权的一个重要组成部分，"教育是一项人权，是实现平等、发展与和平目标的一个重要工具。"① 在民主法制、自由平等、公平正义理念下，每个公民都有权通过接受教育提高自己的素质和劳动能力而获得收益。教育的内涵在于公平，它面向的是整个社会成员而不是少数精英阶层。教育是一种集体财产，人人都应有受教育的机会，人人都能受到适合自己的教育。《学会生存》说："给每一个人平等的机会，并不是指名义上的平等，即对每一个人一视同仁，如目前许多人所认为的那样。机会平等是要肯定每一个人都能受到适当的教育，而且这种教育的进度和方法是适合个人的特点的。"② 与经济组织的效率或利益价值、追求个人效率最大化的本位主义和自利性本质不同，教育以实现公共利益为宗旨。因此，教育的公共性强调社会公共利益与社会公平，在谋求社会福利的基础上促进经济社会的发展、人的全面而自由的发展。第三，教育成果的公共性。教育成果具有"社会共享性"，即教育所产生的结果能使所有社会成员都潜在地共同受益。教育成果的公共性表现为它超越了人为的地理界限，不但对公民个人产生直接的影响，而且对整个社会也产生巨大的影响，从而使所有社会成员都在客观上潜在

① 联合国教科文组织教育丛书，联合国教科文组织总部中文科译：《教育——财富蕴藏其中》，教育科学出版社 2005 年版，第 109 页。
② 联合国教科文组织、国际教育发展委员会编著，华东师范大学比较教育研究所译：《学会生存》，教育科学出版社 1996 年版，第 105 页。

地、共同地受益，没有一个个体或团体可以置身于其影响之外。因此，教育问题的解决不仅仅是为了满足公民个人的利益需要，而且也是为了实现具有社会共享性的公共利益。第四，教育影响的公共性。教育涉及政治、经济、文化以及社会、家庭、学校的各个方面，是一种特殊的社会关系，具有全局性的影响力。教育超越了"私域"的范畴，既寄托着亿万家庭对美好生活的期盼，也决定着能否建成富强、民主、文明、和谐的现代化国家。这一事实促使政府制定发展教育的公共政策。同时，教育问题既超越了地域的限制，对一个国家内部的公共生活产生重大影响，也超越了国界的限制，对全人类的共同生活造成潜在的或现实的影响。"正是教育系统，尤其是学校，能够为推动和解和社会一体化进程提供最好的机会，或是唯一的希望。"① 第五，教育管理主体的公共性。国家、政府和社会公共组织共同构成教育管理的主体。作为教育管理主体，具有不同于其他"私域"组织的公共性特征。在现代社会，这一特征主要表现为代表大多数人的利益，依法行使公共教育权力，把实现公众依靠个人无法实现的利益作为现代教育存在的价值体现。第六，教育问题的公共性。所谓公共问题是指那些社会成员在公共生活中共同受其广泛影响，具有不可分性的公共社会问题。显然，教育即属于公共问题。由于教育关系到不同群体的利益，通过市场调节不能真正有效地实现社会公平，而且教育作为公共物品存在着外部不经济和"搭便车"现象。因此，国家必须运用公共权力，通过立法或制订规则的方式来解决教育公共问题。"不论教育系统的组织情况如何，其非集中化程度或多样化情况如何，国家都应对公民社会承担一定的责任，因为教育是一种集体财产，不能只由市场来调节。特别是在国家一级，要在教育问题上达成共识，确保总体的协调一致，并提出长远的看法。"②

公共性作为教育的基本特征，既是分析教育制度的基本性质与行为归宿的一个重要分析工具，也是评判教育制度基准性价值的基本价值和逻辑起点。因此，"好的"教育制度的基本价值与逻辑起点便是教育的公共性。具体而言，合理性、公益性、公平性和公开性是体现教育公共性的教育制度的几个重要维度。第一，合理性。教育的公共性要求教育制度能够保障教育的合理性，即教育制度应客观反映教育规律，促进教育发展以及人的全面而自由的发展。理性是教育制度的基本概念和范畴之一，包括教育制度的客观性、可预期性、权威

---

① 联合国教科文组织总部中文科译：联合国教科文组织教育丛书《教育——财富蕴藏其中》，教育科学出版社 2005 年版，第 217 页。

② 联合国教科文组织教育丛书，联合国教科文组织总部中文科译：《教育——财富蕴藏其中》，教育科学出版社 2005 年版，第 154 页。

性和普遍适用性。理性的教育制度所具有的这些特征，绝不仅仅是教育制度的外部特征，而是具有某种价值倾向的体现与表征。任何教育制度要让公众信服、认可，并在实际教育生活中发挥作用，就必须使之真正反映教育规律以及人的身心发展规律。教育制度应当最大限度地贴近教育领域的各个层次、各个方面，准确地反映教育制度关系的各种要素，真切地体现来自教育的各种价值需求，并根据客观条件的可能性加以协调。教育制度所确立的各种教育行为准则能使公共利益与个人利益得到协调、平衡，符合大多数人的长远利益要求。合理性还要求教育制度制定者掌握广博的教育与制度知识，在客观、中立的立场上，运用熟练的专业知识，遵循教育制度制定程序，充分、全面、准确、客观地反映教育规律以及人的身心发展规律，尽量减少教育制度的不确定性。第二，公益性。教育的公共性要求教育制度制定者能保障教育使个人与社会同时受益功能的实现。需要指出的是，教育的公共性理论并非教育的公共利益本位论。公共利益本位论把行政权看作天生或唯一的公共利益代表，把行政权力放在绝对优越的地位，忽视了对行政机关的控权。其结果必然是忽视教育制度对个人利益的保护。而教育的公共性理论主要探讨的是教育本身的性质问题，这一性质体现了教育的民主性。教育的公共性要求教育制度不仅仅要规范行政权力的产生与授权，而且还要对行政权力的行使进行全面的监督以及问责。公共性视野中教育的公益性，要求教育制度应保证个人私益与社会公益的同时满足。公共性之于教育制度，是公众意志在公共领域的表达，是有意识的、合理的教育制度设计与安排。从教育的公共性原则出发，教育行政机关在教育制度关系中虽享有法定的权力，但必须承担相应的法定责任。因此，教育的公共性明确了教育行政机关及其工作人员的责任。第三，公平性。教育的公共性要求教育制度能够体现教育权利的平等保护观念。博登海默认为，教育制度"对于基本权利的承认，有可能只是提供了行使这些权利的一种形式机会，而非实际机会……受教育权的实际实施，也同样取决于是否存在着足够数量的教育机构以及这些机构所确立的收费标准。"① 由于人人享有的平等受教育权利，只有在实践中具体化为人人享有平等的受教育机会才具有实际意义，因而如何保障教育机会平等就成为教育制度研究的重要内容。例如，由于男女在社会中的角色和地位的不同，"理论上"的教育平等经常导致"事实上"的歧视。在很多情况下，基于人人平等这样一种形式上的平等理念并不能帮助弱势人群。这一理念应该更趋向于实质上的平等，应该考虑到多元、差异、劣势和歧视的因素。

---

① E·博登海默著，邓正来等译：《法理学》，中国政法大学出版社 2004 年版，第 309 页。

正如尚嫡在其《平等与歧视的结构》一文中所强调的那样："中立不能体谅对劣势的敏感，而劣势会阻碍一些人受益于平等对待。因此，我们的关注点必须转移到强调'平等的结果'和'平等的受益'上来。"① 真正的男女平等只有在形式上和实质上的平等都全部实现后才可以获得。可见，在教育公平问题上，最值得关注的不是历史造成的发展差距，而是导致教育不公平的制度性因素。实现教育公平，关键是要保障公民依法享有受教育的权利，重点是促进义务教育均衡发展和扶持困难群体，根本措施是合理配置教育资源，向农村地区、边远贫困地区和民族地区倾斜，加快缩小教育差距。教育公平的主要责任在政府，全社会要共同促进教育公平。第四，公开性。教育的公共性要求教育制度能够保障教育的民主性，保障教育决策、教育资源分配、教育信息等的公开、透明。教育的公共性要求逐步打破教育由少数人特别是社会统治者的垄断、主宰、专制，而使之为越来越多的人所享有、掌握和利用。教育的公共性还具有程序性价值，涉及监督政府、信息公开和公民参与等。公众对公共教育政策制定、教育资源分配等信息，应有知情权、参与权和监督权。

总之，以人为本、科学性、价值性、协调性、开放性、合理性、合法性、可操作性、公共性，是促进人性发展的教育制度所应具有的基本特点，也是我们进行教育制度设计、建设乃至创新必须坚持的基本原则。其中以人为本是最核心的原则，这是由教育价值在教育制度中的核心地位所决定的。没有这一原则，即使教育制度是科学的、协调的、开放的、多样的、可操作的，也不会促进人性发展，事实上，某些专制性教育制度本身也是协调的、可操作的，甚至是"开放的"。而以人为本的教育制度如果失去了科学性、协调性、开放性、可操作性，则同样也不会达到其最终目的。唯有坚持以上诸原则，我们才能使教育制度设计、建设保持一个正确的方向，才有可能为促进人性发展切实地寻找到现实的路径。

---

① "人的安全网络"组织编写，李保东译：《人权教育手册》，生活·读书·新知三联书店2005 年版，第 178 页。

□ 参考文献

一、著作类

1. 《马克思恩格斯选集》（第1—4卷），人民出版社1995年版。

2. 《马克思恩格斯全集》（第30卷），人民出版社1995年版。

3. 《马克思恩格斯全集》（第31卷），人民出版社1998年版。

4. 《共产党宣言》，人民出版社2004年版。

5. 《资本论》（第1—3卷），人民出版社2004年版。

6. 《1844年经济学哲学手稿》，人民出版社2008年版。

7. 柏拉图著，郭斌和等译：《理想国》，商务印书馆1986年版。

8. 亚里士多德著，吴寿彭译：《形而上学》，商务印书馆1983年版。

9. 亚里士多德著，吴寿彭译：《政治学》，商务印书馆1996年版。

10. 亚里士多德著，苗力田译：《尼各马科伦理学》，中国社会科学出版社1999年版。

11. 黑格尔著，贺麟等译：《精神现象学》（上、下卷），商务印书馆1997年版。

12. 黑格尔著，王造时译：《历史哲学》，上海人民出版社2006年版。

13. 黑格尔著，贺麟译：《小逻辑》，商务印书馆2007年版。

14. 黑格尔著，范扬等译：《法哲学原理》，商务印书馆2007年版。

15. 康德著，苗力田译：《道德形而上学原理》，上海人民出版社2005年版。

16. 康德著，何兆武译：《论优美感和崇高感》，商务印书馆2005年版。

17. 康德著，赵鹏等译：《论教育学》，上海人民出版社2005年版。

18. 康德著，邓晓芒译：《实用人类学》，上海人民出版社2005年版。

19. 卢梭著，李常山译：《论人类不平等的起源和基础》，商务印书馆 1996 年版。

20. 卢梭著，何兆武译：《社会契约论》，商务印书馆 2003 年版。

21. 卢梭著，李平沤译：《爱弥儿》（上、下卷），商务印书馆 2006 年版。

22. 罗素著，张师竹译：《社会改造原理》，上海人民出版社 2001 年版。

23. 罗素著，李国山等译：《自由之路》（上、下），文化艺术出版社 1998 年版。

24. 马克斯·舍勒著，罗悌伦等译：《价值的颠覆》，生活·读书·新知三联书店 1997 年版。

25. 马克斯·舍勒著，刘晓枫选编：《舍勒选集》（上、下），上海三联书店 1999 年版。

26. 约翰·罗尔斯著，何怀宏等译：《正义论》，中国社会科学出版社 1988 年版。

27. 约翰·罗尔斯著，万俊人译：《政治自由主义》，译林出版社 2000 年版。

28. 爱弥尔·涂尔干著，冯韵文译：《自杀论》，商务印书馆 2005 年版。

29. 爱弥尔·涂尔干著，陈光金等译：《道德教育》，上海人民出版社 2006 年版。

30. 爱弥尔·涂尔干著，胡伟译：《社会学方法的规则》，华夏出版社 1999 年版。

31. 卡尔·波普尔著，陆衡等译：《开放社会及其敌人》（第 1、2 卷），中国社会科学出版社 1999 年版。

32. 卡尔·波普尔著，何林等译：《历史主义贫困论》，中国社会科学出版社 1998 年版。

33. 卡尔·波普尔著，傅季重等译：《猜想与反驳》，上海译文出版社 2001 年版。

34. F. A. 冯·哈耶克著，王明毅等译：《通向奴役之路》，中国社会科学出版社 1997 年版。

35. F. A. 冯·哈耶克著，邓正来译：《个人主义与经济秩序》，生活·读书·新知三联书店 2003 年版。

36. F. A. 冯·哈耶克著，刘戟锋等译：《不幸的观点》，东方出版社 1991 年版。

37. F. A. 冯·哈耶克著，邓正来译：《自由秩序原理》（上、下），生活·读书·新知三联书店 1997 年版。

38. F. A. 冯·哈耶克著，邓正来等译：《法律、立法与自由》（第 1、2、3 卷），中国大百科全书出版社 2000 年版。

39. F. A. 冯·哈耶克著，杨玉生等译：《自由宪章》，中国社会科学出版社 1999 年版。

40. F. A. 冯·哈耶克著，冯克利等译：《致命的自负》，中国社会科学出版社 2000 年版。

41. 维特根斯坦著，李步楼译：《哲学研究》，商务印书馆 2000 年版。

42. 马丁·海德格尔著，陈嘉映等译：《存在与时间》，生活·读书·新知三联书店 2009 年版。

43. A. J. 艾耶尔著，李步楼等译：《二十世纪哲学》，上海译文出版社 1986 年版。

44. 鲁道夫·奥伊肯著，万以译：《生活的意义与价值》，上海译文出版社 2005 年版。

45. 汉斯·格奥尔格·加达默尔著，洪汉鼎译：《真理与方法》（上、下卷），上海译文出版社 2004 年版。

46. 尤尔根·哈贝马斯著，曹卫东译：《交往行为理论》（第 1 卷），上海人民出版社 2004 年版。

47. 尤尔根·哈贝马斯著，刘北成等译：《合法性危机》，上海人民出版社 2000 年版。

48. 尤尔根·哈贝马斯著，张博树译：《交往与社会进化》，重庆出版社 1989 年版。

49. 尤尔根·哈贝马斯著，童世骏译：《在事实与规范之间》，生活·读书·新知三联书店 2003 年版。

50. 卡尔·雅斯贝斯著，王德峰译：《时代的精神状况》，上海译文出版社 1997 年版。

51. B. 莫迪恩著，李树琴等译：《哲学人类学》，黑龙江人民出版社 2005 年版。

52. M. 兰德曼著，阎嘉译：《哲学人类学》，贵州人民出版社 2006 年版。

53. 汉娜·阿伦特著，竺乾威译：《人的条件》，上海人民出版社 1999 年版。

54. 伊·谢·科恩著，佟景韩等译《自我论》，生活·读书·新知三联书店 1986 年版。

55. 恩斯特·卡西尔著，甘阳译：《人论》，上海译文出版社 1985 年版。

56. M. 布伯著，陈维纲译：《我与你》，生活·读书·新知三联书店 1986

57. 穆蒂莫·艾德勒著，郗庆华等译：《六大观念》，生活·读书·新知三联书店 1998 年版。

58. 霍布豪斯著，朱曾汶译：《自由主义》，商务印书馆 2009 年版。

59. 德·雅赛著，陈矛等译：《重申自由主义》，中国社会科学出版社 1997 年版。

60. 约翰·密尔著，程崇华译：《论自由》，商务印书馆 2005 年版。

61. 以赛亚·伯林著，胡传胜译：《自由论》，译林出版社 2003 年版。

62. 埃德蒙·柏克著，蒋庆等译：《自由与传统》，商务印书馆 2001 年版。

63. 阿克顿著，侯健等译：《自由与权力》，商务印书馆 2001 年版。

64. 卡尔·曼海姆著，黎鸣等译：《意识形态与乌托邦》，商务印书馆 2000 年版。

65. 米歇尔·福柯著，刘北成等译：《规训与惩罚》，生活·读书·新知三联书店 1999 年版。

66. 詹姆斯·米勒著，高毅译：《福柯的生死爱欲》，上海人民出版社 2003 年版。

67. 乔·萨托利著，冯克利等译：《民主新论》，东方出版社 1998 年版。

68. 科恩著，聂崇信等译：《论民主》，商务印书馆 2004 年版。

69. 托克维尔著，董果良译：《论美国的民主》（上、下卷），商务印书馆 1997 年版。

70. 叔本华著，范进等译：《叔本华论说文集》，商务印书馆 2006 年版。

71. 尼采著，张念东等译：《权力意志》，商务印书馆 1998 年版。

72. 拉尔夫·达仁道夫著，林荣远译：《现代社会冲突》，中国社会科学出版社 2000 年版。

73. 汤姆·L. 比彻姆著，雷克勤等译：《哲学的伦理学》，中国社会科学出版社 1990 年版。

74. 萨特著，周煦良等译：《存在主义是一种人道主义》，上海译文出版社 2005 年版。

75. 萨特著，陈宣良等译：《存在与虚无》，生活·读书·新知三联书店 2009 年版。

76. A. J. M. 米尔恩著，夏勇等译：《人的权利与人的多样性》，中国大百科全书出版社 1997 年版。

77. "人的安全网络"组织编写，李保东译：《人权教育手册》，生活·读书·

新知三联书店 2005 年版。

78. C. 弗克兰著，王永中译：《社会的精神基础》，生活·读书·新知三联书店 2003 年版。

79. 邦雅曼·贡斯当著，阎克文等译：《古代人的自由与现代人的自由》，上海人民出版社 2003 年版。

80. H. 马尔库塞著，刘继译：《单向度的人》，上海译文出版社 2006 年版。

81. 查尔斯·霍顿·库利著，包凡一等译：《人类本性与社会秩序》，华夏出版社 1999 年版。

82. 卢卡奇著，杜章智等译：《历史与阶级意识》，商务印书馆 1992 年版，第 149 页。

83. 刘易斯·科塞著，郭方等译：《理念人》，中央编译出版社 2001 年版。

84. J. 桑德尔著，万俊人等译：《自由主义与正义的局限》，译林出版社 2001 年版。

85. S. 卢克斯著，阎克文译：《个人主义》，江苏人民出版社 2001 年版。

86. 克莱斯·瑞恩著，张沛等译：《异中求同》，北京大学出版社 2001 年版。

87. 阿马蒂亚·森著，任赜等译：《以自由看待发展》，中国人民大学出版社 2002 年版。

88. E. H. 卡尔著，陈恒译：《历史是什么?》，商务印书馆 2007 年版。

89. 阿诺德·汤因比著，郭小凌等译：《历史研究》（上、下卷），上海人民出版社 2010 年版。

90. E. 希尔斯著，傅铿等译：《论传统》，上海人民出版社 1991 年版。

91. 郝大维等著，何刚强译：《先贤的民主》，江苏人民出版社 2004 年版。

92. 费希特著，梁志学选编：《自由的体系》，商务印书馆 2008 年版。

93. 袁贵仁著：《马克思的人学思想》，北京师范大学出版社 1996 年版。

94. 苏国勋著：《理性化及其限制》，（台湾）桂冠图书股份有限公司 1989 年版。

95. 慈继伟著：《正义的两面》，生活·读书·新知三联书店 2001 年版。

96. H. D. 拉斯韦尔著，杨昌裕译：《政治学》，商务印书馆 2005 年版。

97. D. B. 贝克著，王文斌等译：《权力语录》，江苏人民出版社 2008 年版。

98. 托马斯·R. 戴伊著，彭勃等译：《理解公共政策》，华夏出版社 2005 年版。

99. 迈克尔·欧克肖特著，张汝伦译：《政治中的理性主义》，上海译文出版社 2003 年版。

100. 鲍桑葵著，汪淑钧译：《关于国家的哲学理论》，商务印书馆 2006 年版。

101. 霍布豪斯著，孔兆政译：《社会正义要素》，吉林人民出版社 2006 年版。

102. S. P. 亨廷顿著，王冠华等译：《变化社会中的政治秩序》，生活·读书·新知三联书店 1989 年版。

103. A. 塞森斯格著，江畅译：《价值与义务》，中国人民大学出版社 1992 年版。

104. 威廉·葛德文著，何慕李译：《政治正义论》（第 1、2、3 卷），商务印书馆 2007 年版。

105. L. 里普森著，刘晓等译：《政治学的重大问题》，华夏出版社 2001 年版。

106. 霍尔巴赫著，陈太先等译：《自然政治论》，商务印书馆 2002 年版。

107. W. 金里卡著，刘莘译：《当代政治哲学》（上、下），上海三联书店 2004 年版。

108. 尼科洛·马基雅维里著，潘汉典译：《君主论》，商务印书馆 2009 年版。

109. 斯宾诺莎著，温锡增译：《神学政治论》，商务印书馆 1997 年版。

110. T. 帕特森著，顾肃等译：《美国政治文化》，东方出版社 2007 年版。

111. 查尔斯·林德布洛姆著，竺乾威等译：《决策过程》，上海译文出版社 1988 年版。

112. 悉尼·胡克著，金克等译：《理性、社会神话和民主》，上海人民出版社 2006 年版。

113. 悉尼·胡克著，王清彬等译：《历史中的英雄》，上海人民出版社 2006 年版。

114. 约瑟夫·熊彼特著，吴良健译：《资本主义、社会主义与民主》，商务印书馆 2002 年版。

115. 休·塞西尔著，杜汝楫译：《保守主义》，商务印书馆 1986 年版。

116. 罗杰·斯克拉顿著，王皖强译：《保守主义的含义》，中央编译出版社 2005 年版。

117. 马克斯·韦伯著，林荣远译：《经济与社会》（上、下卷），商务印书馆 1998 年版。

118. D. C. 诺思著，刘守英译：《制度、制度变迁与经济绩效》，上海三联书店 1994 年版。

119. D. C. 诺思著，陈郁等译：《经济史中的结构与变迁》，上海三联书店 1994 年版。

120. D. C. 诺思等著，厉以平等译：《西方世界的兴起》，华夏出版社 1992

年版。

121. D. W. 布罗姆利著，陈郁等译：《经济利益与经济制度》，上海三联书店1996年版。

122. R. 科斯等著，刘守英等译：《财产权利与制度变迁》，上海三联书店2000年版。

123. 柯武刚等著，韩朝华译：《制度经济学》，商务印书馆2000年版。

124. 查尔斯·林德布洛姆著，王逸舟译：《政治与市场》，上海三联书店1996年版。

125. 青木昌彦著，周黎安译：《比较制度分析》，上海远东出版社2001年版。

126. 康芒斯著，于树生译：《制度经济学》（上、下册），商务印书馆1997年版。

127. G. M. 霍奇逊著，向以斌等译：《现代制度主义经济学宣言》，北京大学出版社1993年版。

128. 阿瑟·刘易斯著，周师铭等译：《经济增长理论》，商务印书馆2005年版。

129. M. 布坎南著，吴良健等译：《自由、市场和国家》，北京经济学院出版社1988年版。

130. M. 弗里德曼著，张瑞玉译：《资本主义与自由》，商务印书馆2001年版。

131. 曼瑟尔·奥尔森著，陈郁等译：《集体行动的逻辑》，上海三联书店2006年版。

132. J. 奈特著，周伟林译：《制度与社会冲突》，上海人民出版社2009年版。

133. J. K. 加尔布雷思著，王中宝等译：《美好社会》，江苏人民出版社2009年版。

134. F. 福山著，刘榜离等译：《大分裂》，中国社会科学出版社2002年版。

135. F. 福山著，彭志华译：《信任》，海南出版社2001年版。

136. 凡勃伦著，蔡受百译：《有闲阶级论》，商务印书馆2002年版。

137. 亚当·斯密著，郭大力等译：《国民财富的性质和原因的研究》（上、下卷），商务印书馆2003年版。

138. 韦森著：《社会制序的经济分析导论》，上海三联书店2001年版。

139. 韦森著：《经济学与哲学》，上海人民出版社2005年版。

140. 薛晓源等主编：《全球化与新制度主义》，社会科学文献出版社2004年版。

141. 曹荣湘选编：《走出囚徒困境》，上海三联书店 2003 年版。

142. 汉斯·凯尔森著，沈宗灵译：《法与国家的一般原理》，中国大百科全书出版社 1996 年版。

143. 孟德斯鸠著，张雁深译：《论法的精神》（上册），商务印书馆 1997 年版。

144. 韦恩·莫里森著，李桂林等译：《法理学》，武汉大学出版社 2006 年版。

145. G. 拉德布鲁赫著，王朴译：《法哲学》，法律出版社 2005 年版。

146. 梅因著，沈景一译：《古代法》，商务印书馆 1997 年版。

147. E. 博登海默著，邓正来译：《法理学》，中国政法大学出版社 2004 年版。

148. R. 庞德著，陈林林译：《法律与道德》，中国政法大学出版社 2003 年版。

149. R. 庞德著，沈宗灵译：《通过法律的社会控制》，商务印书馆 2008 年版。

150. 丹尼斯·劳埃德著，许润章译：《法理学》，法律出版社 2007 年版。

151. 哈罗德·J. 伯尔曼著，梁治平译：《法律与宗教》，中国政法大学出版社 2003 年版。

152. H. 科殷著，林荣远译：《法哲学》，华夏出版社 2002 年版。

153. 齐格蒙·鲍曼著，洪涛译：《立法者与阐释者》，上海人民出版社 2000 年版。

154. Lan R. 麦克尼尔著，雷喜宁等译：《新社会契约论》，中国政法大学出版社 1994 年版。

155. 朗·L. 富勒著，郑戈译：《法律的道德性》，商务印书馆 2007 年版。

156. L. S. 弗里德曼著，李琼英等译：《法律制度》，中国政法大学出版社 2004 年版。

157. C. G. 维拉曼特著，张智仁等译：《法律导引》，上海人民出版社 2003 年版。

158. R. M. 昂格尔著，吴玉章等译：《现代社会中的法律》，中国政法大学出版社 1994 年版。

159. 马克斯·韦伯著，埃德华·希尔斯等译：《论经济与社会中的法律》，中国大百科全书出版社 1998 年版。

160. 安东尼·吉登斯著，李康等译：《社会的构成》，生活·读书·新知三联书店 1998 年版。

161. 安东尼·吉登斯著，赵旭东等译：《社会学》，北京大学出版社 2003 年版。

162. 塞奇·莫斯科维奇著，许列民等译：《群氓的时代》，江苏人民出版社 2006 年版。

163. 古斯塔夫·勒庞著，冯克利译：《乌合之众》，广西师范大学出版社 2007 年版。

164. P. 布劳著，孙非等译：《社会生活中的交换与权力》，华夏出版社 1988 年版。

165. F. 滕尼斯著，林荣远译：《共同体与社会》，商务印书馆 1999 年版。

166. 戴维·波普诺著，李强等译：《社会学》，中国人民大学出版社 2002 年版。

167. 爱德华·汤普森著，沈汉等译：《共有的习惯》，上海人民出版社 2002 年版。

168. 克鲁泡特金著，李平沤译：《互助论》，商务印书馆 2010 年版。

169. C. 赖特·米尔斯著，陈强等译：《社会学的想象力》，生活·读书·新知三联书店 2005 年版。

170. R. K. 默顿著，唐少杰等译：《社会理论和社会结构》，译林出版社 2006 年版。

171. H. A. 西蒙著，詹正茂译：《管理行为》，机械工业出版社 2007 年版。

172. H. A. 西蒙著，杨砾等译：《现代决策理论的基石》，北京经济学院出版社 1989 年版。

173. 彼得·圣吉著，张成林译：《第五项修炼》，中信出版社 2009 年版。

174. 丹尼斯·C. 缪勒著，杨春学等译：《公共选择理论》，中国社会科学出版社 1999 年版。

175. 詹姆斯·麦格雷戈·伯恩斯著，常健等译：《领导论》，中国人民大学出版社 2006 年版。

176. 哈罗德·J. 利维特著，张文芝等译：《管理心理学》，中国人民大学出版社 1989 年版。

177. M. 克罗齐埃著，刘汉全译：《科层现象》，上海人民出版社 2002 年版。

178. M. 克罗齐耶著，张月译：《法令不能改变社会》，上海人民出版社 2008 年

179. 阿伦·布洛克著，董乐山译：《西方人文主义传统》，生活·读书·新知三联书店 1997 年版。

180. 雅各布·布克哈特著，何新译：《意大利文艺复兴时期的文化》，商务印书馆 1988 年版。

181. 露丝·本尼迪克特著，王炜译：《文化模式》，生活·读书·新知三联书店 1988 年版。

182. 克利福德·格尔兹著，纳日碧力戈等译：《文化的解释》，上海人民出版社 1999 年版。

183. 马凌诺斯基著，费孝通译：《文化论》，华夏出版社 2002 年版。

184. S. P. 亨廷顿等主编，程克雄译：《文化的重要作用》，新华出版社 2010 年版。

185. 丹尼尔·贝尔著，赵一凡等译：《资本主义文化矛盾》，生活·读书·新知三联书店 1992 年版。

186. 华勒斯坦等著，刘健芝等译：《学科·知识·权力》，生活·读书·新知三联书店 1999 年版。

187. 华勒斯坦等著，刘锋译：《开放社会科学》，生活·读书·新知三联书店 1997 年版。

188. 彼得·辛格著，刘莘译：《实践伦理学》，东方出版社 2005 年版。

189. 马克斯·韦伯著，于晓等译：《新教伦理与资本主义精神》，生活·读书·新知三联书店 1996 年版。

190. 亚当·斯密著，蒋自强等译：《道德情操论》，商务印书馆 2004 年版。

191. E. 弗洛姆著，孙恺祥译：《健全的社会》，贵州人民出版社 1994 年版。

192. E. 弗罗姆著，刘林海译：《逃避自由》，国际文化出版公司 2002 年版。

193. 欧内斯特·盖尔纳著，周邦宪译：《理性与文化》，贵州人民出版社 2009 年版。

194. 弗洛伊德著，高觉敷译：《精神分析引论》，商务印书馆 2005 年版。

195. 吉尔伯特·赖尔著，徐大建译：《心的概念》，商务印书馆 2005 年版。

196. A. 阿德勒著，陈太胜等译：《理解人性》，贵州人民出版社 2000 年版。

197. 联合国教科文组织、国际教育发展委员会编著，华东师范大学比较教育研究所译：《学会生存》，教育科学出版社 1996 年版。

198. S. 拉塞克等著，马胜利等译：《从现在到 2000 年教育内容发展的全球展望》，教育科学出版社 1999 年版。

199. 联合国教科文组织教育丛书，赵中建编：《教育的使命》，教育科学出版社 2003 年版。

200. 联合国教科文组织教育丛书，联合国教科文组织总部中文科译：《教育——财富蕴藏其中》，教育科学出版社 2005 年版。

201. 洛克著，熊春文译：《教育片论》，上海人民出版社 2005 年版。

202. 约翰·杜威著，王承绪译：《民主主义与教育》，人民教育出版社 2005 年版。

203. 约翰·杜威著，赵祥麟等译：《学校与社会》，人民教育出版社 1994 年版。

204. 约翰·杜威著，许崇清译：《哲学的改造》，商务印书馆 2004 年版。

205. 约翰·杜威著，傅统先等译：《人的问题》，上海人民出版社 2006 年版。

206. P. 布尔迪约等著，邢克超译：《再生产》，商务印书馆 2003 年版。

207. P. 布尔迪约等著，邢克超译：《继承人》，商务印书馆 2003 年版。

208. P. 布尔迪厄著，杨亚平译：《国家精英》，商务印书馆 2004 年版。

209. 伯顿·R. 克拉克著，王承绪等译：《高等教育系统》，杭州大学出版社 1994 年版。

210. J. S. 布鲁贝克，王承绪译：《高等教育哲学》，浙江教育出版社 2001 年版。

211. 约翰·亨利·纽曼著，徐辉等译：《大学的理想》，浙江教育出版社 2001 年版。

212. 奥尔特加·加塞特著，徐小洲等译：《大学的使命》，浙江教育出版社 2001 年版。

213. 克拉克·克尔著，王承绪译：《高等教育不能回避历史》，浙江教育出版社 2001 年版。

214. 约翰·范德格拉夫等编著，王承绪等译：《学术权力》，浙江教育出版社 2001 年版。

215. 伯顿·R. 克拉克著，王承绪等译：《高等教育新论》，浙江教育出版社 2001 年版。

216. 克拉克·克尔著，陈学飞等译：《大学的功用》，江西教育出版社 1993 年版。

217. 纳坦·塔科夫著，邓文正译：《为了自由》，生活·读书·新知三联书店 2001 年版。

218. 爱弥尔·涂尔干著，李康等译：《教育思想的演进》，上海人民出版社 2003 年版。

219. 查尔斯·赫梅尔著，王静等译：《今日的教育为了明日的世界》，中国对外翻译出版公司 1993 年版。

220. 迈克尔·富兰著，中央教育科学研究所，加拿大多伦多国际学院组织译：《变革的力量：透视教育改革》，教育科学出版社 2004 年版。

221. 迈克尔·富兰著，中央教育科学研究所，加拿大多伦多国际学院组织翻译：《变革的力量：深度变革》，教育科学出版社 2004 年版。

222. 迈克尔·富兰著，中央教育科学研究所，加拿大多伦多国际学院组织翻译：《变革的力量》（续集），教育科学出版社 2004 年版。

223. O. E. 博尔诺夫著，李其龙等译：《教育人类学》，华东师范大学出版社 2001 年版。

224. 约翰·E. 丘伯等著，蒋衡等译：《政治、市场和学校》，教育科学出版社 2003 年版。

225. 玛丽·杜里－柏拉等著，汪凌译：《学校社会学》，华东师范大学出版社 2001 年版。

226. E. 马克·汉森著，冯大鸣译：《教育管理与组织行为》，上海教育出版社 2005 年版。

227. R. G. 欧文斯著，窦卫霖等译：《教育组织行为学》，华东师范大学出版社 2004 年版。

228. B. 莱文著，项贤明等译：《教育改革》，教育科学出版社 2004 年版。

229. 香山健一著，刘晓民译：《为了自由的教育改革》，高等教育出版社 1990 年版。

230. J. 萨乔万尼著，冯大鸣译：《道德领导》，上海教育出版社 2002 年版。

231. J. 萨乔万尼著，张虹译：《校长学》，上海教育出版社 2004 年版。

232. 卡尔·雅斯贝尔斯著，邹进译：《什么是教育》，生活·读书·新知三联书店 1991 年版。

233. E. 阿什比著，滕大春等译：《科技发达时代的大学教育》，人民教育出版社 1983 年版。

234. 波·达林著，范国睿译：《理论与战略：国际视野中的学校发展》，教育科学出版社 2002 年版。

235. 托尼·布什著，强海燕主译：《当代西方教育管理模式》，南京师范大学出版社 1998 年版。

236. J. I. 古得莱得著，苏智欣等译：《一个称作学校的地方》，华东师范大学出版社 2006 年版。

237. 华东师范大学教育系、杭州大学教育系编译：《现代西方资产阶级教育思想流派论著选》，人民教育出版社 1983 年版。

238. F. C. 福勒著，许庆豫译：《教育政策学导论》，江苏教育出版社 2007 年版。

239. 弗·鲍尔生著，滕大春等译：《德国教育史》，人民教育出版社 1987 年版。

240. 威廉·博伊德等著，任宝祥等主译：《西方教育史》，人民教育出版社 1986 年版。

241. 菲力浦·库姆斯著，赵宝恒等译：《世界教育危机》，人民教育出版社 1990 年版。

242. 约瑟夫·费瑟斯通等著，王晓宇等译：《见证民主教育的希望与失败》，华东师范大学出版社 2005 年版。

243. 诺曼·郎沃斯著，沈若慧等译：《终身学习在行动》，中国人民大学出版社 2006 年版。

244. 约翰·泰勒·盖托著，汪小英译：《上学真的有用吗?》，生活·读书·新知三联书店 2010 年版。

245. 克里夫·贝克著，戚万学等译：《优化学校教育》，华东师范大学出版社 2003 年版。

246. 保罗·弗莱雷著，顾建新等译：《被压迫者教育学》，华东师范大学出版社 2001 年版。

247. 戴维·T. 康利著，侯定凯译：《谁在管理我们的学校》，华东师范大学出版社 2005 年版。

248. 天野郁夫著，陈武元译：《高等教育的日本模式》，教育科学出版社 2006 年版。

249. 中国蔡元培研究会编：《蔡元培全集》（第 1—10 卷），浙江教育出版社 1997 年版。

250. 金生鈜著：《理解与教育》，教育科学出版社 1999 年版。

251. 金生鈜著：《规训与教化》，教育科学出版社 2004 年版。

252. 中国教育与人力资源问题报告课题组：《从人口大国迈向人力资源强国》，高等教育出版社 2003 年版。

二、论文类

1. 李江源：《我国高等教育管理制度的特征及缺失》《高等教育研究》，2001 年第 2 期。

2. 李江源：《高等教育制度创新不足略论》人大复印《高等教育》，2001 年第 10 期。

3. 李江源：《论我国高等教育制度的特征及缺陷》人大复印《高等教育》，2001 年第 6 期。

4. 李江源：《教育政策失真的因素分析》《教育理论与实践》，2001 年第 11 期。

5. 李江源：《略论计划体制下我国大学制度的特性》《高教探索》，2001 年第 2 期。

6. 李江源等：《教育制度变迁与中国教育现代化进程》《华东师范大学学报》（教科版），2002 年第 1 期。

7. 李江源：《论教育制度创新》人大复印《教育学》，2002 年第 9 期。

8. 李江源：《论我国社会转型过程中的教育制度推进》人大复印《教育学》，2002 年第 11 期。

9. 李江源：《论教育制度的缺陷与创新》《教育理论与实践》，2002 年第 6 期。

10. 李江源：《"重工业优先发展战略"与大学制度的变迁》《中国高教研究》，2003 年第 5 期。

11. 李江源：《教育制度的缺陷与补救路径》人大复印《教育学》，2003 年第 5 期。

12. 李江源：《论社会转型时期的教育失序与教育制度重建》人大复印《教育学》，2003 年第 8 期。

13. 李江源：《论教育制度认同》人大复印《教育学》，2003 年第 10 期。

14. 李江源：《略论蔡元培的大学制度思想》人大复印《高等教育》，2003 年第 5 期。

15. 李江源：《教育发展与教育制度创新略论》《清华大学教育研究》，2003 年第 2 期。

16. 李江源：《教育传统与教育制度创新》《教育理论与实践》，2003 年第 6 期。

17. 李江源：《论教育制度的缺陷与完善路径》《湖南师大学报》（教科版），2003 年第 3 期。

18. 李江源：《略论计划体制下大学制度的"保护—束缚"机制》，《集美大学学报》，2003 年第 2 期。

19. 李江源：《教育制度：概念的厘定》《河北师范大学学报》（教科版），2003 年第 1 期。

20. 李江源：《也谈教育制度》人大复印《教育学》，2004 年第 5 期。

21. 李江源：《论社会转型时期教育制度执行中的制度规避》人大复印《教育学》，2004 年第 6 期。

22. 李江源：《教育制度的本质与现代转型》（上、下）人大复印《教育学》，2004 年第 8 期。

23. 李江源：《论社会转型时期教育制度执行的有效性》人大复印《教育学》，2004 年第 12 期。

24. 李江源：《论我国大学制度变迁的"路径依赖"》人大复印《高等教育》，2004 年第 8 期。

25. 李江源：《教育制度的现代转型及功能》《教育理论与实践》，2004 年第 1 期。

26. 李江源：《教育规范的基础及自由发展的中介》《教育理论与实践》，2004 年第 11 期。

27. 李江源：《论教育制度公正》《河北师范大学学报》（教科版），2004 年第 3 期。

28. 李江源：《从社会哲学视野看教育制度的现代转型》《学术研究》，2005 年第 1 期。

29. 李江源：《教育规范：自由发展的中介》《社会科学战线》，2005 年第 2 期。

30. 李江源：《论教育制度的结构》人大复印《教育学》，2005 年第 9 期。

31. 李江源等：《论教育制度的伦理道德之维》《教育理论与实践》，2006 年第 1 期。

32. 李江源：《教育习俗与教育制度创新》《社会科学战线》2006 年第 4 期。

33. 李江源等：《论洋务运动时期中国高等教育制度的变革》《高教探索》，2006 年第 6 期。

34. 李江源等：《论教育习俗》人大复印《教育学》，2007 年第 1 期。

35. 李江源：《论教育制度终结的障碍及策略》（一、二）《湖南师范大学学报》（教科版），2006 年第 4 期。

36. 李江源：《论教育制度创新的必然性与偶然性》《集美大学学报》（教科版），2006 年第 1 期。

37. 李江源：《论现代教育制度的妥协功能》人大复印《教育学》，2007 年第 12 期。

38. 李江源：《教育制度变革中的妥协：一种教育哲学的阅读》《教育理论与实践》，2007 年第 12 期。

39. 李江源：《论教育制度变革中的妥协机制和妥协程序》《清华大学教育研究》，2007 年第 4 期。

40. 李江源等：《论"百日维新"期间中国高等教育制度的变革》《高教探索》，2007 年第 5 期。

41. 李江源：《论教育制度的观念前提》（上、下）人大复印《教育学》，2008 年第 3 期。

42. 李江源：《论教育制度变革的妥协之道》《清华大学教育研究》，2008 年第

5 期。

43. 李江源：《道德：教育制度规范合理运作的前提》《湖南师范大学学报》（教科版），2008 年第 1 期。

44. 李江源等：《论教育制度变革中的权威》《湖南师范大学学报》（教育科学版），2008 年第 5 期。

45. 李江源等：《论教育制度的稳定性与变革》人大复印《教育学》，2009 年第 12 期。

46. 李江源等：《自由：教育的价值之维》《社会科学战线》，2009 年 2 期。

47. 李江源等：《论"清末"期间中国高等教育制度变革》《高教探索》，2009 年第 5 期。

48. 李江源等：《官僚机构：教育制度变革主体》《河北师范大学学报》（教科版），2009 年第 4 期。

49. 李江源等：《教育秩序：教育制度建设的价值追求》《清华大学教育研究》，2009 年第 5 期。

50. 李江源等：《论教育生活中的妥协》《教育学术月刊》2009 年第 8 期。

51. 李江源：《论教育制度变革的观念前提》《湖南师范大学学报》（教育科学版），2009 年第 5 期。

52. 李江源等：《教育制度与人的全面发展》《河北师范大学学报》（教科版），2010 年第 1 期。

53. 李江源：《论教育制度变迁》人大复印《教育学》，2011 年第 3 期。

54. 李江源：《教育制度的实践基础》《湖南师范大学学报》（教育科学版），2010 年第 3 期。

55. 李江源：《论教育制度的约束功能》《湖南师范大学学报》（教育科学版），2010 年第 6 期。

56. 李江源：《教育自由的教育制度回答》《教育理论与实践》，2010 年第 1 期。

57. 李江源：《教育合作何以可能：教育制度的解答》《教育理论与实践》，2010 年第 12 期。

58. 李江源：《教育公正：教育制度建设的首要价值》《教育科学论坛》，2010 年第 10 期。

59. 李江源：《教育制度的可选择性》《社会科学战线》，2011 年 12 期。

60. 李江源：《以人为本：教育制度建设的价值追求》《教育理论与实践》，2011 年第 12 期。

61. 李江源等：《考试分数：一种人学的阅读》《湖南师范大学学报》（教育科

学版），2011 年第 5 期。

62. 李江源：《论教育制度的若干本质特征》《河北师范大学学报》（教科版），
2011 年第 11 期。

63. 李江源：《教育制度可变革》《清华大学教育研究》，2011 年第 4 期。

□ 后 记

总算不负近十年来的苦心与辛劳，终于该为《走向自由——教育制度与人的全面发展》一书写篇后记了。

一

此项研究工作的缘起，先要追溯自己内心的某些嬗变和波动。经历了 20 世纪 80 年代知识分子挥斥方遒，指点江山，以为市场化改革、民主政治和法治文明即是解决一切问题灵丹妙药的狂欢时代，也亲历了 20 世纪 90 年代后资本力量主宰全局，高歌猛进背后鱼龙混杂、良莠难辨的"迷惑"岁月，更是迈上了在 21 世纪初期思想变化最为激烈的"心路"，那是自己在学术上最为困惑、痛苦和感受到考核压力的年代。这促使我反思"制度无用论"和"制度万能论"的局限，进而踏入了辨识教育制度的世界，转向了识读教育制度的历程，走上了"教育制度与人的发展"的书写道路。同时近十年，被课题、期刊、论文牵着鼻子走的学界渐渐浮出水面，与之相伴随的是有些学人的"矮化"、"平面化"以及在"矮化"、"平面化"中节节支离，节节破碎的学风。在这一进程中，有人选择了犬儒，有人选择了"乡愿"，有人选择了嬉哈，有人选择了批判，有人选择了建设，而我选择的则是"临难不苟"。今时所谓"难"，并不在烽火连天的命悬一线，也不在艰难时世的冻馁之忧，也不在人际关系的紧张，更不在浮华世界的"不适"之虑，而在于种种随风潜入夜般诱惑下的"襟怀宽广纳百川，豁达大度笑云烟"的情愫，"能容毁誉风中过，坐看烟云笔底穿"的淡定，"心地一平原"的胸襟，亦在于种种润物细无声般滋养下的坚持、自守和担当。《走向自由——教育制度与人的全面发展》一书，字字句句背后正是我一年又一年坐寂寞冷板凳的坚持和自守；正是我一天又一天从纷繁杂乱的生活场景退回到宁静校园的求索与担当，"众神称赞的是灵魂的深沉而不是灵魂的喧闹"。正是我每时每刻从喧嚣吵嚷的外部世界抽身到寂寞书斋"痛并快乐着"的沉思与追问。其实，孤独、寂寞是人的宿命。我们每个人都是这世界上一个旋生旋灭的偶然存在，在孤独、寂寞中诞生，又在孤独、寂寞中离去。没有任何人、任何事情能改变我们的这一命运。电影《返老还童》中的船长曾对本杰明说："无论什么肤色，什么体型，人都是孤独的。但可怕的不是孤独，而是惧怕孤独。"人生路途中的孤独、寂寞，就像是天空中那抹淡淡的蓝色，当我们不经意地抬起头，便再也无法回避它那久久的光芒。光芒之下，每个人都演绎着不一样的人生段落——孤独、寂寞的守候是一种高尚；孤独、寂寞的沦陷是一种毁灭。"我看到，它独处一隅，看着它，探索茫茫四域，从身体里，抛出细丝，一缕，一缕，一缕，不知疲倦，从不收起。而你，哦，我的心灵，你在哪里，在无尽的空间的海洋里，被包围，被孤立。你不停地思索、探求、伸展，寻求可以连接的地方，直到架起你需要的桥，落定你韧性的锚，直到你抛出的游丝抓住了某地。哦，我的心灵。"惠特曼的这首《一只沉默而耐心的蜘蛛》所描绘的意境，正是我当下的心境——抛出游丝，希望抓住了某地，希望找寻到了安顿自己灵魂的处所。如果换一种表达方式，生活大致平静，内心总有波澜——亦可以传神地刻画我当下的心境。

虽说越来越惯于寂寞的生活，每天只是被动地接上偶尔的几个电话、被动地说上偶尔的几句话，被动地干上偶尔的几件小事，被动地在校园里游走，被动地在窄缝中穿行，但这种与人无争、寡言少语并不意味着我已修炼到了"繁华事散逐香尘"、"事如春梦了无痕"乃至视一切皆为"神马浮云"的地步，宾默尔的告诫即曾时时回响于耳际，哲学家喜欢研究对生活问题的道德解决，并且把道德想象成康德式的理性先验绝对命令，但道德游戏终究必须同时是生存游戏，否则根本行不通（宾默尔著，王小卫等译：《博弈论与社会契约》，上海财经大学出版社2003年版）；并不意味着我已错迈了"君子之道"所辟出的入德之门——"君子之道，暗然而日章；小人之道，的然而日亡。君子之道，淡而不厌，简而文，温而理，知远之近，知风之自，知微之显，可与入德矣"（《中庸》）；并不意味着我已遗忘了"学高为师、身正为范"，"静心教书、潜心育人"的教诲；并不意味着我已丧失了民间情怀与文化乡愁，"每到春来，惆怅还依旧"（欧阳修《蝶恋花》）；并不意味着我已淡忘了"村边古道三岔口，独立斜阳数过人"的随意，"倚杖柴门外，临风听暮蝉"（王维《辋川闲居赠裴秀才迪》）的逍遥，"晚风吹行舟，花路入溪口"（綦毋潜《春泛若耶溪》）的闲适，"古今多少事，都付笑谈中"的恬淡，"感时花溅泪，恨别鸟惊心"（杜甫《春望》）的善感，"会挽雕弓如满月，西北望，射天狼"（苏轼《江城子·密州出猎》）的豪情；并不意味着我已能坦然面对来自有心人"善意"的提醒、无心者"好意"的点拨；并不意味着我已屏蔽了鲜活的现实生活，已隔断了与同路友人学术对话的通衢大道，已阻绝了与前世今生许多大师的思想交流，已幽禁在"朝朝不见日，岁岁不知春"（寒山《杳杳寒山道》）的网中央；并不意味着我已忘却了在梦中编织自己生活的经纬、在梦中读着别人的故事流着自己的泪；并不意味着我已寻到了"诗意地栖居"（海德格尔语）的圆满状态。毋宁说，守望寂寞的生活、坚守沉默少语的状态，倒是为了"仰望星空"——追求真理与维护社会良知、追随在夹缝中行走的文化人的足迹和咬定问题不放。如贝娄所言："在我看来，大学一向是个卸去伪装的地方，我在摒弃不良思想的艰巨工作中，可以从这儿找到帮助。……我甩掉多余之物，使自己的精神肌体恢复呼吸能力，我维护植根于生活的朴素，但我从不把大学看作逃避'外部世界'的圣殿和避难所。"（布卢姆著，战旭英译：《美国精神的封闭》（序），译林出版社 2007 年版）其实，一个民族的繁荣进步，确实需要一批心忧天下、勇于担当的人，需要一批从容淡定、冷静思考的人，需要一批刚直不阿、敢于真言的人。朱熹为白云岩书院写的一副对联就刻画了知识分子的责任与担当："地位清高，日月每从肩上过；门庭开豁，江山常在掌中看。"秉持与人无争的情怀、持存澹泊宁静的心态，即是为了固基悟道、修养心性——修感恩之心，去恶守善；修敬畏之心，去乱守戒；修宽容之心，去怨守和；修平常之心，去欲守静。况且，在当下的问道、问学苦旅中，若还有哪门子学派、哪路学说、哪家主张能引我出神、着迷，就不能只是学术流派新潮得令人目眩，就不能只是理论玄妙得叫人着魔，就不能只是概念炒作得引人心醉，就不能只是"词句革命"（马克思语）震撼得使人发癫，就不能只是标题花哨得唤人发狂，就不能只是"话语"时髦得令人痴迷，还要有助于刺激"我在"的"思"，还要有益于"思"入我所神往的学术群落，"思"入人类永恒面对且亘古长存的问题，"思"入"既明且哲，以保其身"（《诗经·大雅·烝民》）的至境。如此悲悲切切、鼓荡难平的心气，或许是源自对某些不良刺激的纠结。不过，恰是这道底线，帮我初步阅览了学术生发、流变与跃迁的脉络，帮我大致理解了学术流派虽竞相登场却如过眼烟云的残酷，帮我大概领悟了"各领风骚数百年"已成奢望的无奈。诗人臧克家说："有的人活着，他已经死了；有的人死了，他还活着。"学术的发展大致也如此。同时，学术的流变与发展又是漫长的，正如尼采所言，"有的人死后方生"。那些与时髦、新潮不太契合的作品和作者，在未来的发展中未必不会焕发青春活力，正所谓"流水无情草自春"；许多目前尚未显赫的人文社会科学著作，也许将俘获未来人们的心智，正所谓"笙歌散尽游人去，始觉春空"（欧阳修《采桑子》）。也恰是这道底线，帮我部分摆脱了"心之秩序"（舍勒语）脱序的危险——至少头顶和彼岸的那盏灯引导着我；至少"心"中之道德律令、戒慎恐惧、随时处中约束着我——"君子之中庸也，君子而时中；小人之中庸也，小人而无忌惮也"（《中庸》）；至少"贫而无谄，富而无骄"（《论语》）的人生信条支撑着我；至少"风声雨声读书声，声声入耳；家事国事天下事，事事关心"的入世情怀唤醒着我；至少挚友"无声胜有声"的支持温暖着我；至少无不可过去之事，有自然相知之人伴随着我；至少"远山的呼唤"给了"野百合也有春天"的信心和勇气；至少"在水一方"的学术名著强烈地吸引着我，品味学术名著，如同品味爱情——是投契、是相许、是沉浸、是融合；至少"成为知识分子"（鲍曼语）——既靠思想生活，也为思想而活的梦想激励着我；至少泰戈尔《吉檀迦利》描述的"彼岸世界"的意境吸引着我——"在那里，心是无畏的，头也抬得高昂；在那里，知识是自由的；在那里，世界还没有被狭小的家园的墙隔成片断；在那里，话是从真理的深处说出；在那里，不懈的努力向着'完美'伸臂；在那里，理智的清泉还没有沉没在积雪的荒漠之中；在那里，心灵是受你的指引，接近那不断放宽的思想与行为——进入那自由的天国。"（《泰戈尔诗选》，湖南人民出版社1982年版）至少可以倚仗着本土以及外域制度、教育制度的本根，去参验现实教育生活的"精髓"，去体悟现实教育世界的"道法"。

二

作为一名教育制度的思想者，应当去思那些真正需要思的教育制度，去思那些在现实教育世界中既存的教育制度，去思那些在现实教育生活中并不存在的"理想"教育制度。我相信，思想形成人的伟大，"我在思"即能获得人的全部尊严，"能思想的苇草——我应该追求自己的尊严，绝不是求之于空间，而是求之于自己思想的规定。我占有多少土地都不会有用；由于空间，宇宙便囊括了我并吞没了我，有如一个质点；由于思想，我却囊括了宇宙。"（帕斯卡尔著，何兆武译：《思想录》，商务印书馆1997年版）我相信，"我在思"能体验到生命的存在，能感悟到生活的意义，能找到自己的"精神家园"。我相信，我能把自己对教育制度的思明明白白、原原本本地表达出来，"一直是我看到了真理，我想把我看到的真理展示给别人"（纽曼语）。我相信，语言是"我"

的家，"并非语言寓于人，而是人栖居于语言，人站在语言当中向外言说。"（布伯著，陈维纲译：《我与你》，生活·读书·新知三联书店 1986 年版）但是，当我真正走入既有的学术世界时，真切地感受到的是边缘化，是与丰富多彩的现实教育制度生活的疏离与阻隔：我在使用别人的概念、模仿别人的推理、跟踪别人的思路、验证别人的论理、说着"他者的话"。"我在思"乃在思"他者之思"，我貌似在思其实正在拒斥思的出场；我"说"的"话"、我"言"的"理"并不是从我"站在语言当中"的"向外言说"；我"说"的"话"、我"言"的"理"并不是我心灵独白的外化，并不是我心路历程的镜子。因此，我"说"的"话"、我"言"的"理"成为最无力的"说"与"言"；我"说"的"话"、我"言"的"理"成为自慰式的"镜像"（罗蒂语）。我"先在"地默认了现成的教育制度话语、现成的教育制度理论合理地"言"、"说"了现实的教育生活，从而理所当然地、合法地充当我继续"说"、"言"的起点。因此，在我的教育制度研究过程中，便始终有一个集体的"说"、"言"，他者的"说"、"言"在牵引着我、诱惑着我、命令着我的"说"、"言"。我在—故我思—故我说的追求、植根于生存的个体性体验的"我在性说话"竟成"水中月"；孜孜以求的"别一样的言说方式"，多姿多彩、气象万千的表达方式终成"镜中花"。我亦俨然成为一个实实在在的思想广告人、观点传播人、主张宣传人以及文化交易人——因为，"语言比任何其他因素更具决定性地界定了我们在这个世界上的不同生存方式"。（贝尔著，李琨译：《社群主义及其批评者》，生活·读书·新知三联书店 2002 年版）

尽管做一名教育制度思想者的梦想，终究因自己才疏学浅、道行不深成"竹篮打水"，但我对思仍心向往之。因为，思是一种向未知之地的旅行，是"在路上"的"不离不亲"。唯有"离"，才能具有一种视野，才能重新阅读现实的教育制度，才能把游移不定的双眼聚焦于鲜活的现实生活之中，才能把张望的心灵之根深深地扎在脚踩的大地之上，"人诗意地栖居在这片大地上"（荷尔德林语）。人类此在在其根基上就是"诗意的"，"诗意地栖居"意指，"置身于诸神的当前之中，并且受到物之本质切近的震颤。此在在其根基上'诗意地'存在——这同时也表示：此在作为被创建（被建基）的此在，绝不是劳绩，而是一种捐赠。"（海德格尔著，孙周兴译：《荷尔德林诗的阐释》，商务印书馆 2004 年版）作为一个有灵性的生命，人需要一个精神家园。海德格尔说："'家园'意指这样一个空间，它赋予人一个处所，人唯在其中才能有'在家'之感，因而才能在其命运的本己要素中存在。"（海德格尔著，孙周兴译：《荷尔德林诗的阐释》，商务印书馆 2004 年版）但是，浪漫诗人和浪漫哲人敏锐地觉察到，现代文明的发育却造成了"诸神纷争"、"诸神阙如"乃至"上帝死亡"的现实，超越的神圣世界的消失以及上帝的隐藏使昔日诸神从坟墓中再度走出，各种价值的主宰神企图操纵我们的命运，并为争夺对我们生命的控制而展开了永恒的斗争。世界的脱魅化和理智化，社会生活的合理化和官僚化造成了人的物化、异化，生命和世界的意义已然消失，"通往真实的存在之路"、"通往真实的幸福之路"已成幻象。韦伯说："我们这个时代，因为它所独有的理性化和理智化，最主要的是因为世界已被除魅，它的命运便是，那些终极的、最高贵的价值，已从公共生活中销声匿迹，它们或者遁入神秘生活的超验领域，或者走进了个人之间直接的私人交往的友爱之中。"（马克斯·韦伯著，冯克利等译：《学术与政治》，生活·读书·新知三联书店1998年版）社会的日益科层化和广泛工业化导致了人的"非人化"，人成为市场社会中被相继加以使用的一件物品，渐渐退化成"工业绵羊"，做"一个积极的行动者，人类力量的负载者"（弗洛姆语）已成梦想。人在庸俗的功利品位和冷漠的科学理性的支配下，变得污浊而破损——"专家没有灵魂，纵欲者没有心肝"（韦伯语），就像"一只被弃的碎壶的残片"、就像"一批人形的机器"（边沁语）一样，其生命的血液已经流散到沙土中去了。因此，性灵的漂泊乃是浪漫主义者的基本生存体验，而精神返乡则成为他们首要的价值关怀。他们赋予自己一个神圣天职，就是在诸神退隐的漫漫黑夜里，用诗的深情倾诉给人间引来一线朗照的亮光，用诗的深刻表达给人类唤回丢失的家园。浪漫主义的世界观是真正的诗神的世界观，一切是诗，诗就是一切。诗是历史的孕育基础，不只是一种文化现象，更不是一个"文化灵魂"的单纯"表达"。"在诗中，人被聚集到他的此在的根基上。人在其中达乎安宁；当然不是达乎无所作为、空无心思的假宁静，而是达乎那种无限的安宁，在这种安宁中，一切力量和关联都是活跃的。"（海德格尔著，孙周兴译：《荷尔德林诗的阐释》，商务印书馆2004年版）唯有"离"，才能具有一种情怀，才能敞开一条逍遥于"识"现实教育生活"庐山真面目"的幽径，才能把玩读书之乐趣，"读书为学底用途是娱乐……在娱乐上学问底主要的用处是幽居养静"（培根语）；才能玩味读书之愉悦，寓学于乐，寓乐于心，陶冶心性，培植情操，"溪云初起日沉阁，山雨欲来风满楼"。唯有"离"，才会放弃，才会走向生活的另一个起点——"这里的黎明静悄悄"，使人轻松返回"快乐老家"。唯有"离"，才会不忘归家的路，才会"夜来幽梦忽还乡"（苏轼《江城子》），才能具有回家"亲"的可能。唯有"思"未知的教育制度，才能寻到回归现实之家的路途，荷尔德林所言的"返乡"、李白所言的"举头望明月，低头思故乡"才能得以实现，人类也才有栖居的可能。"诗人的天职是返乡，惟通过返乡，故乡才作为达乎本源的切近国度而得到准备。"（海德格尔著，孙周兴译：《荷尔德林诗的阐释》，商务印书馆2004年版）也就是说，"思"未知的教育制度既能给人提供意义解说，也能承担起信护生命价值的救赎功能。唯有"思"未知的教育制度，才能既仰望笼罩于头顶的"灿烂星空"——真理与良知，又能走出书斋，进入社会现场，有效地参与到公共领域的社会生活中去，参与到鲜活的现实教育制度实践中去，承担起创造思想和介入现实的双重使命。学术何为？在旅途中的真思。思，是以人类个体的生命热情、生活体验所消融了的时间中的历史追问；思，是一种基于现实、立足于现实又提升现实、超越现实的"内在超越精神"；思，是一种在批判旧世界中发现新世界、在理想与现实、在历史的确定性和终极的指向性之间，既保持一种"必要的张力"，又不断打破这种微妙的平衡；思，流淌于知与后来人彼此互动与重塑的旅途中。思是激活的、炽热的、深邃的、流动的，也许博大，也许精微；也许艰深晦涩，也许言简意赅，但是，思总是牢牢地扎根于大地，总是在走向当下的生成，总是"此在"种种生活的言说，总是"不再从完美的形式获得安慰，不再以相同的品味来集体分享乡愁的缅怀"（利奥塔著，岛子译：《后现代状况》，湖南美术出版社1996年版），因而不致僵化、凝固和死寂，不致陷入"知识至上论"或"真理唯一论"的窠臼。正因为如此，才有人申论匠气学究的无知。用赫尔岑的说法，那些不带思想的学者，其实处于反刍动物的地位。他们咀嚼着被反复咀嚼过的食物，惟是爱好咀嚼而已。用帕斯卡尔的话说，那些不带思想的学者，其实就是"一块顽石或者一头畜牲"。形而上学家的智慧，大抵耗于建造空中楼阁、大概消费于游谈无根的"幻想"。在随风摇摆的幻影中、在游离现实的梦幻中，他们看见的是理念的自由天堂，是乌托邦筑就的"太阳城"。然而，思是大地的，正如植根于土壤的向日葵，在"朝露待日曦"、在顶着露珠迎向朝阳之时，才具有最鲜活的生命。贝娄说："当胆怯的智慧还在犹豫的时候，勇敢的无知已经行动了！"这句话的隐含之意是，思考和阅读也许可以让我们明白一些最为基本的事理和道理，但不能直接提升我们的气节和勇气，更无法直接激发行动。只有进入社会现场，有效地参与公共生活，才能把"胆怯的智慧"打造成"行动的智慧"。成为知识分子意味着社会参与，意味着学术实践与生命实践的有机结合，"改变世界的不是理论。理论如同飓风，它们最多能做的，是在一刹那间，将人类建造的一切夷为平地。……倘若没有人的行动、意志、希望及责任，那么就可能什么都做不了。"（克罗齐耶著，张月译：《法令不能改变社会》，上海人民出版社2008年版）当然，社会也应为离群索居的天才，提供隐入象牙塔的空间。因此，"在路上"是一种思想观照现实的态度、立场和思想影响现实的策略、路径。同时，"在路上"还是文化人的生活方式——思想在路上、心灵在路上、生活在路上。"在路上"无疑是真正的知识分子的精神特质，"流浪"、"自我放逐"是真正的知识分子自我确认的精神生存方式。如果有个学术自我在成长，那它的精神气质一定是"流浪者"。流浪者的家园永远在心灵，流浪者的家园永远"在路上"。当然，"在路上"的行走，必然遭遇风险、质疑、闲话乃至秽语。面对风险，我只想耐心地沉下去看个透，并不为任何风险所惧。如费希特所言："面对威严的峭壁丛山和汹涌瀑布，眼观猛烈翻腾的火海风云，我昂首挺胸，无所畏惧。我说：我永生不死，我藐视你们的威力！来吧，你们都冲击我来吧！你，大地，你苍天，任你们混成一团，放肆胡闹！"（费希特著，梁志学选编：《自由的体系》，商务印书馆2008年版）面对质疑，我只想一直劬劳疾力、摩顶放踵，继续苦其心志、劳其筋骨；我只想谨记《中庸》告之的大道——"人一能之，己百之；人十能之，己千之"，尽管未必能达致"愚必明，柔必强"。面对闲话乃至秽语，我只想报以默默的、充满理解的微笑，报以深深的、衷心的感激；我只想谨遵苏轼的教诲："莫听穿林打叶声。何妨吟啸且徐行。竹杖芒鞋轻胜马。谁怕。一蓑烟雨任平生。"（苏轼《定风波》）。其实，凡俗的我们在这个世界上行走，受到别人闲话乃至秽语的非议是不可避免的，"人生如逆旅，我亦是行人。"（苏轼《临江仙》）只不过，不能被闲话的唾沫淹没向上的渴望、被秽语的喧闹扰乱宁静的心境、被非议的眼神封锁荡漾的激情，因为有理由相信，即使黑暗无边，总有一盏灯能为我们点燃，为我们驱散心灵上的阴霾，给我们温暖、慰藉、信心和勇气，哪怕，那仅仅是一点微光。人在路上，心无旁骛；思在路上，爱在心间；我在路上，路在前方。

现行教育制度的"僵化"、"划一"以及"机械"，使得就算今后仍有普适的"基准"、"准则"，仍要有待于更加透彻的"思"之力量，如维特根斯坦所言，"事实的逻辑形象就是思想"，"思想是有意义的命题"。正是在教育制度文明的此一根基处，"思"的穿透力又有了作为，"你真正的生命是你的思想"，"思想——人的全部的尊严就在于思想"（帕斯卡尔语），批判的事业又走上了诉求的前台，不断"说""思"之"话"，不断"论""思"之"理"。由此决定了，尽管同在关注教育生活世界的事务与规则，但是跟既定框架内的"言"、"论"不同，真正体现出人文关怀的教育制度，决不会是"头痛医头，脚痛医脚"式的小修小补，而必须以满足人民群众精神文化需求为出发点和落脚点，促进人的全面而自由发展为归宿，深入推进教育体制改革，冲破观念的禁锢，打破教育体制的障碍；必须以"激进亢奋"的姿态，去怀疑、评估教育制度的价值预设；必须以"冒进"的立场，釜底抽薪的行动去思考、构想教育制度的"人本"追求；必须以"狂飙突进"的态度，去审视、参悟教育制度的民间情怀、道德关涉。由此也决定了，尽管同在"揭露"现行教育制度的弊端，我"说"或"论"的教育制度"画面"也许并不如想象中的"光鲜"，可能会遭到批评或"责难"。在此，我想借用马克思在《哥达纲领批判》中的一句话来为自己"辩解"——"我已经说了，我已经拯救了自己的灵魂。"（《马克思恩格斯选集》（第3卷），人民出版社1995年版）我也想借用马克思在《政治经济学批判》一书的"序言"来为自己"壮胆"——"我的见解，不管人们对它怎样评论，不管它多么不合乎统治阶级的自私的偏见，却是多年诚实研究的结果。但是在科学的入口处，正像在地狱的入口处一样，必须提出这样的要求：'这里必须根绝一切犹豫；这里任何怯懦都无济于事'。"（《马克思恩格斯选集》（第2卷），人民出版社1995年版）尤为有意思的是，也许再没有哪个时代，会有这么多学人想要"唤醒"教育制度智慧、想要"重建"教育制度文明、想要追寻教育制度精神，这既凸显了教育制度文明的深层危机，又展现了超越的不竭潜力和直抵教育制度真核的追求。"纵览古今，人类诸文明创发演进，蜿蜒曲折，穿越时空，而能延续至今，均因它们能在发皇延续的历史进程中，容纳百川，汲取不同文明的要素，将自身汇合成浩荡的巨流。不必讳言，近代西方文明所以后来居上，盖因蕴含在其典章制度、法政架构中的学说义理，有足多者。百年以前，中国思想界的先贤已然认识到，处于列国环伺竞争的现代世界，既不能仅以'船坚炮利'为能事，亦不能依旧空腹高心侈言心性，它意味着学术的重点要移至与'公共'相关的理论的汲取与制度的建构上来。"（柏克著，蒋庆等译：《自由与传统》，商务印书馆2001年版）

三

"问道"、"问学"始终"在路上"。米兰·昆德拉说，道路在雾中。因此，要是没有聆听、分享"树木的对话，溪水欢腾的乐章"的同行者，"在路上"的行吟也许过于孤单。要是没有"不在场的他者"（吉登斯语）馈赠的教育制度资源，"在路上"的攀爬会因"精神贫困"而"潦倒"。难怪叔本华告诫说："只有从那些哲学思想的首创人那里，人们才能接受哲学思想。因此，谁要是向往哲学，就得亲自到原著那肃穆的圣地去找永垂不朽的大师。"（叔本华著，石冲白译：《作为意志和表象的世界》，商务印书馆1982年版）要是没有学术世界"高僧大德"留下的足迹，"在路上"的徜徉将会因没有"路标"（海德格尔语)、没有"石头可摸"而迷失方向。要是没有对家和家人的眷恋,"在路上"的游走将是无根的漂泊。要是没有对"真、善、美","民主法制、自由平等、公平正义"的向往,"在路上"的求索将被"两岸猿声"时不时的啼叫而扰乱前行的节奏。"在路上"的"问道"与"问学",最大的得益来自直接或间接地与各方大师的精神交流,我既能感受到理论之美、思维之美、纯粹之美,又能领略到学术融于生命后的通达与丰厚,生命沉浸于思想中所呈现的睿智与高尚。

多年以来,在本书撰写、出版的过程中,帮助、批评和鼓励我的人不计其数。很抱歉只能挑出些我最常求助的人,不得不略过许多关心、帮助过我的人,不能一一道谢。诚如普鲁斯特在《追忆似水年华》一书中所说:"我肯定从很多人的只言片语和举手投足上得到过不少收获,但是我又完全不记得他们是谁了。"感谢一直"给力"乃至"敲打"我的北京师范大学劳凯声教授、浙江大学田正平教授,两位先生践履的教育理想、示范的教育追求、展现的教育情怀、躬行的教育人生把愚笨的我"牵"进了深邃的教育研究之门;两位先生敏锐的问题洞察能力、思考问题的穿透能力、直抵问题本质的分析能力、深邃的问题解答能力、精准的文字表达能力把慧根低下的我"带"进了丰富多彩的教育世界;两位先生"桃李不言"的智者人生、"居高声自远"(虞世南《蝉》)的君子人格、"草木有本心"(张九龄《感遇》)的贤人风骨把生性玩劣的我"引"进了幸福的教育生活世界。两位先生崇尚的是科学,追求的是真理,展现的是美丽,践行的是奉献。他们执着进取的人生之路,是一部教育后学不断激励自我、完善自我、奉献自我的人生读本。可以说,本书能有目前这个样子,完全是劳先生、田先生与我、敬仕勇、沈成明共同努力的结果。在此,我借花献佛,把梅特里写给哈勒尔的"献辞"恭送给两位先生:"一个人从天上往地下看,别人就都变得渺小不足道了,最宏伟的宫殿就都变成了草棚,千军万马就显得像一群为了一粒谷而拼命打架的蚂蚁——在一位像你这样明哲的人看来,万事万物就是这样。你看见人们的那些无谓的骚动就付之一笑,他们的人数虽然多到大地难容,却是无缘无故地挤来挤去,他们谁也不称心,乃是当然的事。"(梅特里著,顾寿观译:《人是机器》,商务印书馆 2007 年版)感谢给予期许、厚爱的家人,他们的生活哲学颇得儒家中庸思想、道家无为思想和佛家出世思想的真传,为人处事颇有儒道佛之遗风——"中也者,天下之大本也;和也者,天下之达道也。致中和,天地位焉,万物育焉"(《中庸》);"心安茅屋稳,性定菜羹香"(洪自成《菜根谭》);"事在人为,休言万般都是命。境由心造,退后一步自然宽"(青城山天师洞对联),"天下事了犹未了,何妨如不了了之。世外人法无定法，然后知非法法也"（成都宝光寺对联）。他们教会了我如何拥有坚实的理想、求实的精神、厚实的文化、朴实的交往、平实的心态——"人怎么对待他的命运，怎么塑造命运，命运在内心对他意味着什么，都只有取决于人。我们绝不能推卸我们的责任，我们是由我们自己创造出来的。"（兰德曼著，阎嘉译：《哲学人类学》，贵州人民出版社 2006 年版）他们教会了我如何书写自己的人生字典——把自己当作珍珠，时时有被埋没的痛苦！把自己当作泥土，让别人把自己踩成一条路！他们教会了我如何感悟"成熟"——成熟是一种明亮而不刺眼的光华，一种圆润而不腻耳的音调，一种无需对别人察言观色的从容，一种停止了向周围申诉求告的大气，一种不理哄闹的微笑，一种不在乎别人冷眼而逍遥于天地间的坦荡，一种洗刷了偏激的稳重，一种祛除了躁狂的平静，一种得意淡然、失意泰然的平和，一种收放自如的优雅，一种无须张扬的厚实，一种并不"神圣"的崇高，一种并不陡峭的高度。在此，我要特别感谢我的母亲。母亲似山涧里流淌着的一条小溪——清澈、平和、柔美、富有生命力。母亲一直用她那爱意浓浓的臂弯停着我的轻狂，用她那宁静的港湾为我阻挡着世间的风浪。风吹走了太多的温情，雨冲刷了太多的记忆，任风吹不走、任雨冲不掉的始终是母亲那份悠然的关怀，每次离家前那沉甸甸的叮嘱以及那牵挂的眼神。其实，我的母亲就是一部书，值得我去参悟一生。她用岁月和奉献换来了关于人生的厚重体验，她用善良和爱心书写的"凡人历史"，随时给我以启迪、信心和力量。感谢宝贝女儿李放教会了我领悟生命的真谛、读懂人生的壮美、书写"宅男"的世界——是女儿给了我一切，让我的生命精彩。是女儿给我光亮、给我力量、给我欢快美丽的世界；是女儿给我碧绿、给我蔚蓝、给我诗意栖居的绿洲；是女儿给我欢笑、给我向往、给我温暖幸福的明天；是女儿陪伴、点缀、描画我每一天，为我的生命喝彩。一日又一日，从昔日到明日，我们相依相随，揣着那份无尽的依恋；一年又一年，从春天到冬天，我们相伴相爱，守着那份无穷的眷恋。生命如此精彩，我默默地珍爱、静静地感怀；生命更加精彩，我悄悄地期待、深深地祝愿。感谢生活以及过往的人生岁月，它们教会了我如何领悟人性——人既不是天使，也不是禽兽，但不幸在于想表现为天使的人却表现为禽兽（帕斯卡尔语）。它们教会了我如何思考人生——人之于沧海不过一粟，之于天地不过一尘，浮华一世和奋斗一生所书写的人生读本终究不同，尽管"事如芳草春长在，人似浮云影不留"。（辛弃疾《鹧鸪天·和人韵有所赠》）它们教会了我如何阅读多彩的人生画卷——多少吉、凶、祸、福，化作了渺渺逝水；多少荣、辱、得、失，化作了袅袅浮云；多少悲、欢、离、合，化作了澹澹梦影；多少恩、怨、爱、恨，隐隐地未能忘情。它们教会了我理解人生是一首承载寂寞的乐章——在寂寞中，我们的心可以被一泓清水洗涤得格外澄明；在寂寞中，我们可以审视天地万物的气象，在闲适中领悟从容；在寂寞中，我们可以吟诵古风，在神闲中领悟"古来圣贤多寂寞"的豪情。寂寞到了极致，人生将变得清醒而深刻。它们教会了我如何回忆生活——是让匆匆的脚步带领我错过沿途的风景，让岁月只给我留下满头白发和道道皱纹，还是让未来的生活充满甜美的回忆？停下来，寻一个宽松的午后，舒缓心情，领略自然中最幽雅的风情；觅一份淡雅的茶香，沉淀生活，品味心灵中最深埋的恬静。感谢自己既是一个理想主义者又是一个现实主义者，既是一个仰望星空的人又是一个脚踏实地的人——仰望星空是为了放怀于创想与创造，脚踏实地是为了执着于进取与开拓。感谢自己在喧嚣的尘世中学会了清醒的拒绝——拒绝浮躁和浮华，拒绝卖弄与做作，拒绝华而不实与故弄玄虚，拒绝逢迎与投机，拒绝肤浅与虚伪，拒绝卖弄风雅与粗俗鄙陋，拒绝自欺欺人与钻牛角尖，拒绝指鹿为马、颠倒黑白与望梅止渴、画饼充饥，拒绝用情绪哪怕是非常强烈和自称伟大的情绪代替事实、逻辑与常识。感谢自己慧根虽浅，尚且好学，在那些似乎是没有尽头的夜晚，在一栋昏暗高楼的透出白炽灯光的窗户里面，到处布满了一个伏案身影的艰辛、执著和激情。感谢北京师范大学、浙江大学、四川师范大学的片片沃土对我多年的滋养和哺育，"为什么我眼里常含泪水？因为我对这土地爱得深沉。"（艾青《我爱这土地》）感谢一直给予我谆谆教诲、无言鞭策、无声鼓励的众多前辈学者，他们都是具大智慧之人，正所谓"故大巧在所不为，大智在所不虑。"（《荀子·天论》）当此书定稿之际，前辈学者的深厚学识和长者风范，对后进者的一片拳拳之意，对学术事业的真诚与厚望，都历历如在眼前，此时作者的心情，当然是无法用"感谢"二字来形容的。感谢为了前方的梦想，始终与我一路同行、默默鼓励的生活中的各位诤友，他们都是胸有成竹的雅君子，腹容大海的伟丈夫，正所谓"列坐其次。虽无丝竹管弦之盛，一觞一咏，亦足以畅叙幽情。"（王羲之《兰亭集序》）感谢提供宝贵思想资源、真知灼见的我的合作者们，他们都是平和、平实、坦荡之人，正所谓"高处不胜寒，民间更温馨。"在合作的过程中，我们学会了相互欣赏、相互学习、相互创造和积累的良好之为学习惯。感谢对文稿进行初步阅读和提出修改意见的我的研究生们，他们都是具旺盛勃发之生命活力、不可限量之发展潜力的莘莘学子，正所谓"昂头冠三山，俯瞰旭日晟。"（郝经《原古上元学士》）。感谢提供帮助的四川师范大学、四川师范大学教育科学学院的各位领导、同事、朋友。我在此之所以不说出老师、同事、朋友和学生的名字，是想让因理解、合作和帮助而建立起来的友谊以默契的方式存在。当他们拿到这本书时，他们肯定知道，他们的帮助、我的感谢、我们之间的友谊，都深藏在书的哪些字里行间。感谢参考和引用大量相关资料与文献的原作者和原出版者。感谢刊发我近些年来"书写"的有关教育制度研究习作的诸多杂志以及各位编辑。感谢四川教育出版社安庆国社长、张纪亮编审、赵文编辑、穆戈编辑的细心工作、耐心审读和完美定格。日日夜夜的感谢——在梦醒时分；时时刻刻的拥抱——在梦的尽头。

我的感谢发自肺腑，我所有的感谢将化作我继续撰写《教育制度变革论》、《教育制度创新论》、《妥协：教育制度变革之道》、《教育制度价值论》、《教育制度哲学》的勇气和动力。

使我感到歉疚的是，除了因为时间仓促，许多观点尚未展开和深入外，本人以及合作者的学养、功力也限制了本书在有关教育制度与人的全面发展这一难度较大的领域作自由的驰骋，其中难免有捉襟见肘，乃至错误和不当之处，尚望方家不吝指正。

李江源

2011 年 5 月"问道"狮山

□ **作者简介**

李江源

1964 年 11 月生，四川南充人，教育学博士，教授。现供职于四川师范大
学教育科学学院。主要研究领域为教育政策、教育制度等。

敬仕勇

1975 年 6 月生，四川南充人，教育学硕士、哲学硕士，中学高级教师。成
都高新滨河学校校长、党支部书记。主要研究领域为教育管理、教育制度等。

沈成明

1964 年 2 月生，四川自贡人，教育学硕士，中学高级教师。现供职于自贡
市自流井区民政局。主要研究领域为学校管理、基础教育理论等。